대통령학

The study of the presidency

대통령학

The Study of the presidency

박병종·지영환 지음

Abraham Lincoln

景仁文化社

한국의 대통령제, 이대로 좋은가?

지난해 교수들이 뽑은 사자성어로 '군주민수(君舟民水)'가 선정되었습니다. '군주민수'는 순자(荀子) 왕제(王制)편에 나오는 사자성어로 '강물(백성)이 화가 나면 배(임금)를 뒤집을 수 있다'라는 의미를 담고 있습니다. 이는 국정농단으로 촉발된 촛불민심이라 볼 수 있습니다. 통치자의 가치관과 행동이 국가 전체에 얼마나 큰 파장을 불러일으키고 있는지 몸으로 체감하고 목도하고 있습니다. 그렇다면 불확실성의 시대에 살고 있는 우리에게 과연 올바른 군주 상(像), 즉 현 시대가 요구하는 바람직한 대통령상(像)은 무엇일까요?

헌법 제1조 1항에는 '대한민국의 주권은 국민에게 있고, 모든 권력은 국민으로부터 나온다'고 적시되어 있습니다. 우리 모두가 잘 아는 말이지만, 실제로는 국민들이 직접 주권과 권력을 행사하기 보다는 국민들이 선택하고 국민들을 대신해서 권한을 받은 리더, 대통령이 국가를 대표합니다. 국민들에게 받은 권력으로 대통령이 잘못된 정치를 하면 그 결과는 고스란히 국민들이 감수해야 합니다. 또, 잘못된 정책으로 예산을 낭비하면 국민들이 갚아야 하고, 잘못된 외교의 피해도 국민의 몫입니다. 그만큼 대통령의 권한과 의무, 그리고 역할과 책임은 한 나라의 흥망성쇠를 좌우할 만큼 그 영향력은 절대적이다고 할 수 있습니다. 이는 우리의 역사를 통해서도 쉽게 알 수 있는 사실이기도 합니다.

과거의 국정농단 사태는 제왕적 대통령제를 여실히 보여주는 대목이며, '1987년 헌법 체제'의 구조적 폐해가 극단적으로 드러난 사건이기도 합니다. 다시는 이와 같은 사태가 재발하지 않도록 국정운영 체제를 수평적으로 전환하는 개헌을 강력히 추진해야 하는 것입니다. 그러기 위해서는 대통령제에 대한 심도있는 연구가 선행되어야 하고, 과거와 현재를 통해 미래를 설계할 필요가 있다고 하겠습니다.

제왕적 대통령제의 문제를 해결하기 위해서는 국정운영의 비효율성과 적폐를 과감히 청산하는 제도적·법률적 시스템 마련이 가장 시급하다고 하겠습니다. 냉소와 절망의 대상이 된 중앙집권적이고 권력집중형 통치체제를 과감히 탈피하는 진정한 '지방분권 시대'가 열려야 합니다. 국가의 권한과 권력을 중앙과 지방에 적절히 배분하여 국정운영의 효율성과 민주성을 확보하고 지방의 자율성과 다양성을 보장해야 하는 것입니다. 또한, 국가재정수입 중 일정율을 법률로 정하여 지방재정의 몫으로 일괄 배분하여 중앙에 의존하지 않고 지방 스스로 살림을 운영하고 책임지도록 해야 합니다. 지방분권은 국가 대개혁의 첫걸음입니다.

학문적으로 대통령학이 가장 발전한 미국에 비해 우리나라는 권위주의적 문화의 경향이 강하고, 민주정치 역사가 짧아 연구대상이 되는 대통령 숫자도 적습니다. 또한 '지역주의'와 '대북관계' 변수는 대통령학의 이론적 성숙에 걸림돌이 되는 요인이기도 합니다. 시대가 요구하고 국민이 바라는 올바른 대통령을 선택하기 위해서는 지난 역사를 통해서 정치적 리더십을 분석하고 연구하는 노력이 필요할 것입니다.

그런 점에서 이 책은 한국과 미국의 역대 대통령이 내세운 리더십 모형을 재정립하고 대통령과 의회관계를 객관적이고 역사적 관점에서 서술되어 있습니다. 이 책을 통해 미래 세대에 희망을 불어넣는 대통령, 한국이 지향해야 할 정의로운 리더십을 고민해보고 바람직한 대통령제의 정착으로 대한민국의 긍정적인 발전과 변화가 있기를 염원합니다.

2018년 3월 1일
고흥군수 박 병 종

차 례

제1편

국가의 최고 통치자?

第1章 황제

황제(皇帝)? 왕이나 제후를 거느리고 나라를 통치하는 임금을 왕이나 제후와 구별하여 이르는 말이다. 제국(帝國)의 세습 군주의 존호이다. 동양에서 황제는 진시황제에게서 시작되었다. 기존 중국에서 최상위 군주의 호칭은 왕이었다. 주나라의 천자만이 왕의 직위를 가졌고, 주변 제후들은 오등작에 따라 차등되는 호칭을 부여받았다. 그러나 춘추전국 시대를 거치면서 주나라 천자의 권위는 바닥에 떨어졌고 점차 왕을 칭하는 나라가 늘어나 모든 국가들이 왕을 칭하기에 이르렀다. 다시 중국을 통일한 진의 시황제는 왕과 차별화되는 칭호를 원했고, 삼황오제(三皇五帝)[1]에서 각기 황과 제를 따와 황제라는 칭호를 만들었다.[2, 3] 황제의 아들은 왕이나 친왕으로 봉해졌다. 제(帝)는 본래 제정일치(祭政一致) 사회였던 상나라에서 조상신을 일컫는 호칭이었으

---

1 삼황오제(三皇五帝, sānhuáng wǔdì)는 중국의 고대 신화에 등장하는 제왕들로 세 명의 황(皇)과 다섯 명의 제(帝)를 말한다. 이들 여덟 명의 제왕은 중국 문명의 시조로 추앙되며 근대 이전의 중국에서 신화가 아닌 역사로서 추앙되었다. 현대의 역사학계에서는 삼황오제 신화가 후대에 창조되고 부풀려진 신화이며, 역사적 사실이 아니라 판단하고 있다. 그러나 1990년대 이후부터 중국은 중화민족주의에 입각하여 국가 차원의 개입을 통해 삼황오제를 실존 인물로 격상하려 하는 움직임을 보이고 있어 학계의 우려를 낳고 있다. 삼황(三皇) : 중국 역사상 삼황오제에 관한 설은 전국 시기에 이르러서야 나타나기 시작한다. 먼저 삼황에 대해서는 일반적으로 아래와 같이 7종의 설이 있다. 1. 천황(天皇), 지황(地皇), 인황(人皇) :《사기(史記)》〈보삼황본기(補三皇本紀)〉에 인용된 《하도(河圖)》,《삼오력(三五曆)》 2. 천황, 지황, 태황(泰皇) :《사기》〈진시황본기(秦始皇本紀)〉 3. 복희(伏羲), 여와(女媧), 신농(神農) :《풍속통의(風俗通義)》〈황패편(皇霸篇)〉 4. 복희, 신농, 공공(共工) :《통감외기(通鑒外紀)》 5. 복희, 신농, 축융(祝融) :《백호통(白虎通)》 6.수인(燧人), 복희, 신농 :《풍속통의》〈황패편〉에 인용된 《예위(禮緯)》〈함문가(含文嘉)〉 7. 복희, 신농, 황제(黃帝) :《십팔사략》,《제왕세기(帝王世紀)》와 손씨주(孫氏注)《세본(世本)》오제(五帝) : 1. 복희(伏羲), 신농(神農), 황제(黃帝), 당요(唐堯), 우순(虞舜) ;《황왕대기(皇王大紀)》 2. 황제(黃帝), 전욱(顓頊), 제곡(帝嚳), 당요(唐堯), 우순(虞舜) :《세본(世本)》,《대대례(大戴禮)》,《사기》〈오제본기〉 3. 태고(太皋: 복희), 염제(炎帝: 신농), 황제(黃帝), 소고(少皋), 전욱(顓頊) :《예기(禮記)》〈월령(月令)〉 4. 황제(黃帝), 소고(少皋), 제곡(帝嚳), 제지(帝摯), 제요(帝堯) :《도장(道藏)》〈동신부(洞神部)·보록류(譜錄類)·곤원성기(混元聖記)〉에 인용된 양무제(梁武帝)의 말 5. 소호(少昊), 전욱(顓頊), 고신(高辛), 당요(唐堯), 우순(虞舜) :《상서서(尙書序)》,《제왕세기》,《십팔사략》.

2 《사기》 6권 진시황본기 시황 26년.

3 중국에서 황제란 명칭은 기원전 221년 진시황제에 의해 최초로 쓰였으며, "황제"의 어원으론 삼황오제에서 따왔다는 것이 정설이다. 이후 1912년 선통제가 위안스카이에게 퇴위당할 때까지 2000여 년이 넘는 기간 동안 황제란 명칭은 중국의 통치자로 존속되었다.

나[4] 시황제가 황제라는 칭호를 만든 이후 황제의 약어로 사용되었다. 그 아들과 딸은 오히려 공자(公子)·공주(公主)라고 일컬었다.[5] "황제(皇考皇帝)께서 총명(聰明)·신무(神武)하고 높은 덕(德)이 하늘에 이르러, 지성(至誠)은 건강(乾剛)과 합하고 광대(光大)함은 곤후(坤厚)에 짝하였으니, 진실로 하늘이 내신 지극한 성군이시다.[6]"

짐(朕)? 황제가 스스로를 이르는 말이다. 자기 자신을 가리킬 때 쓰는 1인칭 대명사이다. 고대 중국에서는 일반 사람들도 '나'라는 뜻으로 사용하였던 말인데 시황제(始皇帝)가 중국을 통일한 후부터 황제에 한해서 쓰도록 정하여 이로부터 제후왕(諸侯王)들은 자신을 '과인(寡人)'이라고 하게 되었다. 한국에서는 고려 태조 때부터 임금이 스스로를 '짐[7]'이라 하였으나 중국 원(元)나라의 간섭을 받기 시작한 충렬왕 때부터 '고(孤)'로 고쳐서 사용하였다. 조선시대의 역대 왕들은 주로 '과인'이라 하다가 1897년(광무 1) 고종이 국호를 대한제국으로 고쳐 중국과 종속관계를 끊고 황제에 오르면서 '짐'이라는 칭호를 사용하였다.[8]

천하 통치 방침을 알리는 명 황제의 칙유[9]

"황제(皇帝)는 천하(天下)의 문무 관원(文武官員) 군민인(軍民人) 등에게 칙유(勅諭)

4 貝塚茂樹·伊藤道治,《中国の歴史》1권〈原始から春秋戦国〉. 講談社, 1974.
5 세종실록 15권, 세종 4년 2월 16일 계묘 3번째기사 1422년 명 영락(永樂) 20년, "왕녀는 공주라 일컬어 내직의 칭호와 구별하다", ;《시경(詩經)》의 주해(註解)에, '진(秦)나라가 이미 황제를 일컬었는데도 그 아들과 딸은 오히려 공자(公子)·공주(公主)라고 일컬었다.'고 하며,《원사(元史)》에도 또한 왕녀(王女)는 대개 공주(公主)라고 일컬은 글이 있습니다. 본조(本朝)의 예제(禮制)는, 명호(名號)는 걸핏하면 옛날 것을 본받는데 다만 왕녀(王女)와 내직(內職)만은 모두 궁주(宮主)라 일컬으니, 대개 전조(前朝)의 그전 것을 그대로 받아 고치지 못한 것입니다. 옛날의 제도에 의거하여, 왕녀는 공주라 일컬어 내직의 칭호와 구별하기를 원합니다."
6 태종실록 6권, 태종 3년 8월 10일 을묘 1번째기사 1403년 명 영락(永樂) 1년.
7 실록 1권, 태조 1년 7월 20일 기해 3번째기사 1392년 명 홍무(洪武) 25년; "순제(舜帝)는 말하기를, '짐(朕)은 참소하는 말이 선인(善人)의 일을 방해하여 짐의 여러 사람을 놀라게 함을 미워한다.' 하였으니, 참소하는 말이 쉽사리 사람을 미혹하게 하여 순(舜)임금과 같은 성인으로서도 오히려 염려로 삼았으니 두려웁지 않습니까? 대개 참소하고 아첨하는 무리들은 온갖 방법으로 죄를 꾸며 인주(人主)를 미혹시키니, 달콤한 말과 겸손한 말의 청탁이 때때로 따르게 되고, 차츰차츰 헐뜯고 살을 에이는 듯한 참소를 때때로 듣게 된다면, 무능한 사람을 물리치고 유능한 사람을 등용시키는 일과 죄 있는 사람을 형벌하고 공 있는 사람을 상주는 일까지 모두 그 적당함을 잃게 되어, 위망(危亡)이 곧 이르게 될 것입니다.《시경(詩經)》에 '군자(君子)는 참언(讒言)을 조심해야 될 것이니, 난(亂)이 이로써 증가하기 때문이다.' 하였으니, 만약 총명으로써 간사를 살핀다면, 온갖 간사가 능히 도망할 수 없으며, 참언(讒言)이 근절(根絕)될 것입니다."
8 2017. 2. 12. 검색. http://terms.naver.com/entry.nhn?docId=1145126&cid=40942&categoryId=32972
9 태종실록 5권, 태종 3년 6월 18일 갑자 2번째기사 1403년 명 영락(永樂) 1년.

한다. 짐(朕)은 생각건대, 하늘이 일대(一代)의 인군(人君)을 내면 반드시 일대(一代)의 정치(政治)를 이루나니, 예로부터 그렇지 않음이 없다. 그러나 그 사이에 다스림[治]이 성쇠(盛衰)가 있고, 정사(政事)가 득실(得失)이 있는 것은 또한 인군이 사람을 잘 쓰고 잘 쓰지 못하는 소치로 말미암는 것이다. 또 당(唐)나라·송(宋)나라로 말하면, 당 태종(唐太宗)이 어지러운 것을 다스려서 바른 데로 돌리는 재주가 있고, 세상을 구제하고 백성을 편안히 하는 덕(德)이 있어, 능히 정관(貞觀)의 정치를 가져와서, 쌀 한 말[斗]에 3전(錢)을 하고, 바깥 문을 닫지 않았으며, 사방이 조용하고 편안하며, 오랑캐가 복종하여, 근고(近古)에는 비교할 이가 없는데, 그 까닭을 찾아 보면, 당 태종이 능히 천하의 어진이를 써서, 왕규(王珪)·위징(魏徵)은 혐의와 원망에서 석방하였고, 이정(李靖)·울지경덕(尉遲敬德)은 원수와 적(敵)에서 들어 썼고, 방현령(房玄齡)·두여회(杜如晦)는 다른 대(代)에서 썼으며, 송 태조는 개주(介胄) 가운데에서 일어나 구오(九五)의 위(位)를 밟아 사방을 무마(撫摩)·안집(安輯)하고, 열국(列國)을 빼앗아 평정하고 세상과 더불어 휴식(休息)하여, 크게 승평(昇平)을 누리어 3백여 년의 홍기(洪基)를 열어 놓고, 성명(聲名)·문물(文物)의 풍속을 일으켰으니, 그 까닭을 찾아 보면, 송 태조도 또한 능히 천하의 어진이를 쓴 것이다. 범질(范質)·왕부(王溥)는 모두 선대(先代)의 구신(舊臣)이고, 석수신(石守信)·왕심기(王審琦)는 다 전조(前朝)의 숙장(宿將) 인데, 송 태조가 들어 맡기었으니, 이것으로 본다면 당 태종·송 태조가 적심(赤心)을 미루어 사람을 썼기 때문에 사람들이 모두 마음을 다하여 섬기어, 마침내 모두 일대(一代)의 명군(明君)과 현신(賢臣)이 된 것이다. 믿을 만한 역사에 실려 있어 소연(昭然)하게 볼 수 있다.

짐이 고황제(高皇帝)의 적자(嫡子)로서 연국(燕國)에 번병(藩屏)이 되었는데, 고황제께서 연국의 땅이 호로(胡虜)와 접경(接境)하였다고 하여 여러 번 변방의 일을 부탁하시었다. 뒤에 의문 태자(懿文太子)가 훙서(薨逝)하매, 고황제께서 짐이 대사(大事)를 맡길 만하다 하여, 동궁(東宮)에 정위(正位)하여 기본을 튼튼히 하려고 하시었는데, 불행히 고황제께서 승하하시매, 윤문(允炆)이 유조(遺詔)를 꾸미어 위(位)를 잇고, 제왕(諸王)과 골육을 살해하여, 흔단(釁端)을 품은 뜻이 이미 심하고, 짐을 의심하는 마음이 실로 깊어서, 즉위한 지 얼마 아니되어 맨 먼저 간신(奸臣)을 보내 포위하고 핍박하기를 솥 속의 고기와 그물 속의 토끼처럼 하여 결코 살 수가 없었다. 짐이 실로 부득이하여 군사를 일으켜서 스스로 구제한 것이고, 처음에 어찌 천하에 마음이 있었겠는가? 마침내 한 지방의 무리를 가지고 천하의 군사를 대적하여, 3, 4년 동안에 큰 싸움이 수십 번이고, 작은 싸움은 수도 없으되, 승첩(勝捷)을 얻어 마침내 화란(禍亂)을 평정하였으니, 이것이 어찌 인력으로 할 수 있는 것이랴? 천지·종사(宗社)의 신령과 부황(父皇)·모후(母后)의 도움에 힘입어, 천명이 모이고 인심이 돌아오니, 그러므로 여기에 이른 것이다. 짐이 즉위한 처음부터 감히 일호(一毫)의 사의(私意)를 쓰지 못하고 생각하기를, 천하는 부황(父皇)의 천하요, 군민(軍民) 관원(官員)은 모두 부황의 적자(赤子)이니, 부황의 성헌(成憲)을 고치고, 부황의 천하를 탁란(濁亂)시키는 간악한 자는 제거해야 된다고 여겨, 모두 이미 베어 죽이고, 그 나머지 문무 관원은 그전대로 써서 의심하지 않고, 승진시키고 상주며 내치고 벌주는 것을 한결같이 지당(至當)한 것을 따를 뿐이다. 대저 당 태종과 송 태조도 오히려 이대(異代)의 신하를 썼거든, 하물며 짐은 부황의 신하가 본래 수원(讐怨)이 있는 다른 사람의 비교가 아닌 것이겠는가? 근자에 간혹 무지한 소인이 오히려 의심을 품고, 짐이 적심(赤心)을 미루어 위임(委任)한 뜻을 생각지 않고, 한가하게 있으면 망령되게 이의(異議)를 하고, 일을 처리하면 마음껏 하려고 하지 않으니, 이들 무리는 대개 천명(天命)을 알지 못하기 때문이다. 인군(人君)은 하늘을 대신하여 만물을 다스리기 때문에 천자(天子)라 하고, 천명을 받들어 행하기 때문에 천리(天吏)라고 한다. 만일 천명이 있지 않다면, 무릇 힘이 있는 자는 모두 얻어 할 수 있을 것이다.

또 근대(近代)로 논(論)하면, 원(元)나라가 천하를 차지하매, 국가[海宇]의 넓음과 인민[生齒]의 번성함과 국용(國用)의 풍부함과 병갑(兵甲)의 성(盛)한 것을 누가 이길 수 있겠는가마는, 천명(天命)이 이미 가매, 군웅(群雄)이 아울러 일어나서, 우리 태조 고황제께서 한 치의 땅[寸土]과 한 백성의 의뢰할 것도 없이 마침내 화란(禍亂)을 평정하여 천하를 차지하였으니, 이도 역시 인재를 이대(異代)에서 쓰고, 감정을 원구(怨仇)에서 푼 때문이다. 그래서 왕업을 창건하여 대통(大統)을 전하고, 예(禮)를 제정하고 악(樂)을 만들어서, 몸소 태평을 이루기를 40년을 넘겨 하였으니, 이것으로 본다면 또한 사람을 쓴 소치(所致)에 지나지 않는다. 우리 부황께서 공(功)을 쌓고 인(仁)을 거듭하여, 성덕(盛德)이 하늘을 감동시켜, 천명(天命)의 융성한 권고(眷顧)가 한없는 복(福)을 내리었기 때문에, 복이 짐의 몸에 이르러 대통을 이었으니, 짐이 어찌 감히 천명과 부황의 덕을 어기어 다스리겠는가? 생각하면, 짐이 지난날에 친히 봉적(鋒鏑)을 당할 적에 사로잡은 장사(將士)를 한 사람도 죽이지 않았으니, 이런 때에도 오히려 죽이지 않았거든, 하물며 지금 이미 천자(天子)가 되었으니, 사사로운 원망과 미움으로 인하여 사람에게 죄를 가하겠는가? 그러므로 사람을 쓸 적에 피차(彼此)를 구분하지 아니하고 일체(一體)로 보아서, 만일 나라에 충성을 다하는 자이면 비록 원수라 하여도 반드시 상을 주고, 만일 마음속으로 다른 꾀를 품는 자이면 비록 친하더라도 반드시 주살(誅殺)할 것이다. 또 천명을 받들어 정토(征討)한 장사(將士)로 논(論)한다면, 짐을 따라 치고 싸워, 몸소 시석(矢石)에 당하여 만사일생(萬死一生)으로 짐의 부황의 은혜를 갚았으나, 법(法)을 범(犯)하는 사람이 있으면, 짐이 또한 용서하지 않겠다. 왜 그런가 하면, 법도(法度)는 본래 부황(父皇)의 법도이니, 짐이 어찌 감히 사사로이 하겠는가?

지금 천하가 한집[一家]이 되고, 사해(四海)가 통일이 되어, 군민(軍民)이 서로 즐기고 함께 태평을 누리니, 감히 태조의 은혜를 생각지 않고 망령되게 이의(異議)를 일으키고, 스스로 피차(彼此)를 나누어, 마음속으로 의심하고 꺼리어서, 뜻에 부족한 것이 있어 꾸짖고 헐뜯으며, 원망하고 비방하여 제 직사(職事)를 편안히 여기지 않는 자가 있으면, 반드시 천재(天災)와 인화(人禍)가 있어, 일이 발각되어 관(官)에 이르면 그 집의 삼족(三族)을 멸(滅)할 것이다. 짐이 우러러 성헌(成憲)을 준수하고, 여정(輿情)을 굽어 살피어 지공(至公)한 마음을 미루고, 인후(仁厚)한 덕화(德化)를 넓히어 해내(海內)에 혜택을 입히고 백성을 사랑하고 길러서, 전대(前代)의 규모(規模)에 비교하고 높이어 지치(至治)를 이루려고 하니, 너희들 천하의 문무 관원(文武官員)과 군민인(軍民人) 등은 짐의 가르침을 준수하여 각각 마음을 다하고, 망령되게 의심을 품어서 허물과 죄를 부르지 말면, 모두 부귀(富貴)를 무궁하게 보전할 수 있을 것이다. 그러므로 칙유(勅諭)하는 것이니 마땅히 지극한 회포를 본받아라."

서양은 로마의 초대 황제 아우구스투스의 칭호에서 비롯한다. 그의 칭호인 '임페라토르 카이사르 디비 필리우스 아우구스투스(Imperator Caesar Divi Filius Augustus)'에서 '임페라토르(Imperator)'는 원래 개선장군이란 뜻이었으나 점차 황제를 가리키는 단어로 변용되었고 영어 '엠퍼러(emperor)'의 어원이 되었다. '카이사르(Caesar)'는 카이사르 가문의 이름이었으나 점차 황제를 가리키는 보통 명사가 되어 독일어 '카이저(Kaiser)'와 러시아어 '차르(царь)'로 변형되었다.[10] 동아시아에서 황제나 국왕(國王)의 2인칭 경칭은 폐하(陛下)이다. 이는 "높이 우러러 볼 사람이기에 뜰에서 층계 위로 우러러 뵌다."라는 뜻이다. 제후(諸侯)의 2인칭 경칭은 전하(殿下)로 "계단 아래 뜰에서 우러러 뵌다."라는 뜻이다. 즉 군주가 있는 곳이 다를 뿐이고 신하는 언제나 '뜰(뜰층계의 아래)에 자리하게 된다. 다만 그 품격에서 폐하가 전하보다 높았다. 태상황, 태황태후, 황태후 등은 황제를 폐하라 부르지 않는 대신 황상(皇上), 성상(聖上) 등으로 불렀다. 황제의 1인칭은 짐(朕)으로, 본래 일반 1인칭이었으나 시황제가 황제만이 쓸 수 있는 1인칭으로 바꾸었다.[11]

동아시아

황제는 여러 제후를 책봉하고 연호(年號)를 정했으며 제후국은 조공을 바치고 연호

---

10 Stephen Howe, 《Empire: A Very Short Introduction》, Oxford University Press, 2002.
11 https://ko.wikipedia.org/wiki/%ED%99%A9%EC%A0%9C. 2017. 3. 1.자 검색.

를 받아 썼다. 그래서 전통적으로는 이를 수직관계와 종속성으로 인식하려고 했다.[12] 그러나 실제 외국 간의 조공책봉은 어느 정도 국력의 차이를 반영하여 형식상 차등적 관계를 설정하기는 하지만, 내정간섭은 없는 상호 인정과 후왕박래(厚往薄來)[13]의 외교 행위로서 당시의 자주적 국제 질서였다.[14]

중 국

진시황제가 황제의 칭호와 각종 용어를 정립한 이래 중국의 여러 왕조는 자국의 최고 군주(君主)를 황제라 하였다. 이는 한족이 건국한 왕조뿐만 아니라 몽골과 만주에서 생활하던 여러 기마민족(騎馬民族)이 세운 요나라[15]·금나라[16]·원나라[17]·청나라[18]

---

12 이마니시 류(今西龍), 〈朝鮮半島の年號 附 事大主義一斑〉(1910), 《高麗及李朝史硏究》, 国書刊行会, 1974 에 재수록. 신채호, 〈조선역사상 일천년래 제일대사건〉, 《조선사연구초》, 1929.

13 가져오는 것[조공]은 가볍게 하고 보내는 것[회사]은 후하게 함. 제후국이 '예(禮)'를 갖추면 황제 국도 예를 갖추어 더한 덕을 베풀어야 함, 《예기》 31편 〈중용〉.

14 이용희 저 노재봉 편, 《한국민족주의》, 서문당, 1977. 권선홍, 〈유교문명권의 국제관계 : 책봉제도 를 중심으로〉, 《한국정치외교사논총》 vol.31 no.2, 한국정치외교사학회, 2010.

15 요(遼)나라? 10~12세기에 거란(契丹)이 중국 북방의 네이멍구[內蒙古] 지역을 중심으로 세운 왕조로 서, 916년 건국 당시의 명칭은 거란국(契丹国)이었지만, 938년 연운16주(燕雲十六州)를 획득한 뒤 나라 명칭을 요(遼)라 하였다. 1125년 여진(女眞)에 세운 금(金, 1115~1234)에 멸망되었지만, 야율 대석(耶律大石)이 중앙아시아에 서요(西遼, 1132~1218)를 건국하여 1218년 칭기즈칸(成吉思汗, 1155?~ 1227)의 몽골에 병합될 때까지 존속되었다. http://terms.naver.com/entry.nhn?docId=1164283&cid= 40942&categoryId=333942017.3.1자 검색.

16 金나라? 퉁구스족(族) 계통의 여진족이 건립한 왕조(1115~1234)이다. 창건자는 완안부(完顔部)의 추장 아구다[阿骨打]이다. 여진족은 본래 10세기 초 이후 거란족이 세운 요(遼)의 지배를 받고 있었 으나, 12세기 초 북만주 하얼빈[哈爾濱] 남동쪽의 안추후수이[按出虎水] 부근(지금의 松江省) 아청[阿 城]에 있던 완안부의 세력이 커지자, 그 추장인 아구다가 요를 배반하고 자립하여 제위(帝位)에 올 라, 국호를 금(金)이라 하였다. 그가 곧 금나라 태조(재위 1115~1123)이다. 금은 건국 120년 만에 멸망하였다. 2017.3.1.자 검색.
http://terms.naver.com/entry.nhn?docId=1069852&cid=40942&categoryId=33395

17 元나라? 13세기 중반부터 14세기 중반에 이르는 약 1세기 사이, 중국 본토를 중심으로 거의 동(東) 아시아 전역을 지배한 몽골족의 왕국(1271~1368)이다. 13세기 초, 칭기즈칸에 의해 구축된 몽골제 국(蒙古帝國)은 유라시아 대륙의 북방초원에 정치적 기지를 두고, 대륙남방의 농경지대를 그 속령 (屬領)으로 삼아 지배한 유목국가(遊牧國家)로, 속령으로부터의 가혹한 수탈과 부정기적인 약탈로써 경제적 욕구를 충족하였다. 그러나 유목제왕(遊牧帝王)과 그를 둘러싼 유목봉건영주층(遊牧封建領主 層), 또는 유목민 지배층과 농경민 피지배층 사이에 정치적·경제적 모순이 발생하여 제국은 끊임 없이 동요되었다. 68년 원나라는 수도 대도를 명나라의 군대에 빼앗겨 혜종(惠宗:토곤 테무르)가 몽골 본토에 쫓김으로써 원나라의 중국지배는 끝이 났다. 그뒤 몽골본토에 터를 잡은 원군은 얼마 동안 명군과 항쟁을 계속하였으나 쇠퇴하여 내분(內紛)으로 소멸되었다. 이를 북원(北元)이라 한다. 2017.2.1.자 검색. http://terms.naver.com/entry.nhn?docId=1131034&cid=40942&categoryId=33396

18 淸나라? 명(明)나라 이후 만주족 누르하치[努爾哈赤]가 세운 정복왕조(征服王朝)로서, 중국 최후의 통 일왕조(1636~1912)이다. 만주인은 수렵·어로를 주된 생업으로 하는 퉁구스족의 일파로서 본래 여

등도 마찬가지였다. 이들은 기존에 칸(Khan) 등의 고유한 칭호를 사용하였지만, 중국을 넘볼 정도로 강력해지면 여지없이 칭제건원하여 중국식 황제의 칭호를 채용하였다. 그러다가 1912년 청나라가 멸망하면서 폐지되었다. 1934년 만주국에서 잠시 부활하기도 하였으나 1945년 만주국이 해체되면서 완전히 없어졌다. 이와는 별도로 당나라의 고종은 황제 칭호 대신에 '천황(天皇)'이라는 칭호를 쓰기도 하였다.[19]

한 국

한국은 역사 이래 중국으로부터 책봉을 받아 보통 왕(王)의 칭호를 썼다. 대한제국을 제외하고는 황제를 공식적으로 칭한 적은 없고 황제국에서 사용하는 용어들을 종종 차용하였다. 임의적으로 황제라 불리기도 하였다.

신령스럽고 이상한 일[靈異].《단군고기(檀君古記)》에 이르기를, "상제(上帝) 환인(桓因)이 서자(庶子)가 있으니, 이름이 웅(雄)인데, 세상에 내려가서 사람이 되고자 하여 천부인(天符印) 3개를 받아 가지고 태백산(太白山) 신단수(神檀樹) 아래에 강림하였으니, 이가 곧 단웅천왕(檀雄天王)이 되었다. 손녀(孫女)로 하여금 약(藥)을 마시고 인신(人身)이 되게 하여, 단수(檀樹)의 신(神)과 더불어 혼인해서 아들을 낳으니, 이름이 단군(檀君)이다. 나라를 세우고 이름을 조선(朝鮮)이라 하니, 조선(朝鮮), 시라(尸

진(女眞) 또는 여직(女直)이라 불리었다. 그 일부는 12세기에 화베이[華北]로 진출하여 금(金)왕조를 세웠으나, 만주에 잔류한 대부분은 점차 정착농업을 영위하였으며, 명조 말기에는 해서(海西)·건주(建州)·야인(野人)의 3부로 나누어져 명나라의 간접통치를 받고 있었다. 명나라는 여진족의 여러 부족에 대하여 시종 분열정책을 취하였으나, 조선의 임진왜란(1592~98)을 전후하여 만주에 대한 명나라의 통제력이 이완된 틈을 타서 건주좌위(建州佐衛)의 수장(首長) 누르하치가 여진의 여러 부족을 통일하고 1616년 스스로 한(汗)의 위(位)에 올라 국호를 후금(後金)이라 하고, 흥경(興京)에 도읍하였다. 이 사람이 청의 태조이다. 한편, 제국주의시대로 이행(移行)해 가는 심각한 위기감은, 단순히 유럽 선진국의 기술 이식뿐 아니라, 전통체제 그 자체를 변혁하지 않으면 안된다는 캉유웨이[康有爲] 등의 변법자강운동(變法自强運動)을 불러일으켰다. 그러나 광서제(光緖帝)까지 동조한 변법자강운동도 서태후(西太后) 등 수구파의 반대로 겨우 100일 유신(維新)으로 막을 내렸고, 의화단(義和團)운동을 계기로 한 외국 군대의 베이징 진주로 수구파가 최종적으로 몰락하였을 때는 입헌안(立憲案)을 비롯한 여러 개혁안이 처음으로 채용되었다. 그러나 때는 이미 늦어서 중국 민중의 동향은 혁명의 기운으로 향해 달려가고 있었으며 멸만흥한(滅滿興漢)의 민족주의는 화교·유학생·민족자본가의 반(反)봉건주의와 합류, 쑨원[孫文]이 주도하는 중국혁명동맹회(中國革命同盟會)에 결집되어 신해혁명(辛亥革命:1911)을 성공으로 이끌었으므로 1912년 선통제(宣統帝) 푸이[溥儀]의 퇴위와 함께 청왕조는 종말을 고하였다. 그것은 또한 중국 민중의 전제군주제와의 결별이기도 하였다. 중국의 근대사는 청왕조 말기부터 시작된다. 2017. 2. 1.자 검색.
http://terms.naver.com/entry.nhn?docId=1146466&cid=40942&categoryId=33398

19 上元元年 ~(중략)~ 八月壬辰, 皇帝稱天皇, 皇后稱天后. (상원 원년 팔월 임진일(역주:율리우스력 674년 9월 20일), 황제가 천황이라 칭하고 황후를 천후라 칭했다.《신당서》(新唐書)〈본기 제3 고종〉.

羅), 고례(高禮), 남·북 옥저(南北沃沮), 동·북 부여(東北扶餘), 예(濊)와 맥(貊)이 모두 단군의 다스림이 되었다. 단군이 비서갑(非西岬) 하백(河伯)의 딸에게 장가들어 아들을 낳으니, 부루(夫婁)이다. 이를 곧 동부여(東扶餘) 왕(王)이라고 이른다. 단군이 당요(唐堯)와 더불어 같은 날에 임금이 되고, 우(禹)가 도산(塗山)의 모임을 당하여, 태자(太子) 부루(夫婁)를 보내어 조회하게 하였다.[20]

고구려(高句麗)

임금이 친히 영숭전(永崇殿)에 제사하고, 마침내 단군(檀君)·고구려 시조(高句麗始祖)·기자전(箕子殿)에 나아가 제사를 행하였다. 승지(承旨) 홍응(洪應)에게 묻기를, "고구려 시조가 누구인가?" 하니, 홍은이 대답하기를, "고주몽(高朱蒙)입니다." 하였다. 임금이 말하기를, "삼국(三國) 중에서 고구려가 막강하였다."[21]

BC 37년에 주몽(朱蒙)이 이끈 부여족의 한 갈래가 압록강 지류인 동가강(佟佳江 ; 渾江) 유역에 건국하였다. 고구려는 일찍이 기마민족의 문화를 받아들여 졸본 지방에서 일어나 동방 침입의 요로인 퉁거우[通溝]로 옮긴 뒤 낙랑군과 임둔군(臨屯郡)의 교통로를 단절시키는 등 한족(漢族)과의 투쟁과정에서 강대해졌다.

한사군(漢四郡)이 설치된 이후 현도군(玄菟郡)의 지배권 안에 있었으나 태조왕(太祖王, 재위 53~146) 때부터 강력한 대외발전을 꾀하였다. 태조왕은 현도군을 푸순[撫順] 방면으로 축출하였고, 요동군(遼東郡)과 낙랑군(樂浪郡)을 공격하여 청천강 상류까지 진출하였으며, 임둔군의 옛 땅에 자립한 옥저(沃沮)와 동예(東濊)를 복속시켜 동해안까지 세력을 확장하였다. 그는 왕위의 형제상속제를 확립하여 고대국가체제를 갖춤으로써 고구려의 실질적인 시조가 되었다.

고국천왕(故國川王, 재위 179~197)은 왕위의 부자상속제(父子相續制)를 마련하였고, 5부의 행정구역을 설정하는 등 체제 정비를 단행하여 왕권이 더욱 강화되었다. 동천왕(東川王, 재위 227~248) 때는 중국의 위(魏)·오(吳)·촉(蜀) 3국의 대립 시기였는데, 이때 동천왕은 요동군의 실권자 공손연(公孫淵)과 통교하고 위나라를 견제하는 등 국제적 안목을 넓혔으나, 242년 서안평(西安平)을 공격하다가 관구검(毌丘儉)의 반격을 받아 환도성(丸都城)까지 함락되었다.

---

20 세종실록 154권, 지리지 평안도 평양부.
21 세조실록 22권, 세조 6년 10월 17일 기미 1번째기사 1460년 명 천순(天順) 4년.

봉상왕(烽上王) 때는 선비족인 전연(前燕)의 모용외(慕容廆)의 침입을 두 차례 받는 등 위기를 겪다가 313년 미천왕(美川王, 재위 300~331) 때는 서안평을 확보하고 낙랑군과 대방군을 정복, 한반도에서 한사군 세력을 완전히 몰아내 고조선의 옛 땅을 회복하였다.[22]

광개토대왕(廣開土太王)

고구려 제19대 왕(재위 391~413). 소수림왕의 정치적 안정을 기반으로 영토를 확장한 정복 군주이다. 한국 최초의 연호를 사용하였으며, 동예를 통합하고 동부여를 정벌하였다. "광개토대왕[23]의 이름은 담덕(談德)이고 고국양왕의 아들이다. 완전한 묘호(廟號)는 국강상광개토경평안호태왕(國岡上廣開土境平安好太王)이다. 이를 줄여서 광개토태왕(廣開土太王), 호태왕(好太王)으로 부르기도 하나, 일반적으로 광개토대왕(廣開土大王)을 더 많이 사용하고 있다. 재위 시의 칭호는 영락대왕(永樂大王)이었는데, '영락(永樂)'은 한국에서 사용된 최초의 연호로 알려져 있다."[24]

---

22 http://terms.naver.com/entry.nhn?docId=1061183&cid=40942&categoryId=33375,2017.2.19자 검색.

23 386년(고국양왕 3) 태자로 책봉되었으며, 391년 고국양왕 사후에 즉위하였다. 즉위 초부터 대방(帶方)을 탈환하고자 백제의 북쪽을 공격하여 석현(石峴) 등 10성을 함락하였고, 396년(광개토왕 6)에는 친히 수군을 거느리고 백제를 정벌하여 58성을 차지하였으며, 왕제(王弟)와 대신 10인을 볼모로 삼아 개선하였다. 이리하여 한강 이북과 예성강 이동의 땅을 차지하게 되었다. 400년에는 신라 내물왕의 요청으로 5만의 원군을 보내어 왜구를 격퇴시켰으며, 동예(東濊)를 통합하고(410), 신라와는 하슬라(何瑟羅)를 경계로 삼았다. 또 연(燕)나라의 모용희(慕容熙)를 반격하여 신성(新城)·남소(南蘇)의 2성 등 700여 리의 땅을 탈취하였고, 405~406년 후연(後燕)의 모용희의 침입을 2번 받았으나 요동성(遼東城)과 목저성(木底城)에서 모두 격퇴하였다. 407년 모용희를 죽이고 자립한 고운(高雲)과는 수교를 맺기도 하였다. 410년에는 동부여(東夫餘)를 정벌하여 64성을 공파함으로써 동부여가 고구려의 판도 안에 들게 되었다. 또한 남하하여 한강선까지 진출하였으며, 서쪽으로 후연을 격파하고 요동지역을 확보함으로써 만주의 주인공으로 등장하였다. 능은 소재 미상이나 414년 장수왕이 중국 지린성[吉林省] 지안현[集安縣] 퉁거우[通溝]에 건립한 광개토대왕릉비에 업적이 기록되어 있다. https://search.naver.com/search.naver?where=nexearch&query=%EA%B4%91%EA%B0%9C%ED%86%A0%ED%83%9C%EC%99%95&sm=top_sug.pre&fbm=1&acr=1&acq=rhkdroxh&qdt=0&ie=utf8. 2017.2.19.자 검색.

24 http://navercast.naver.com/contents.nhn?rid=77&contents_id=1886., 고운기 | 한양대 문화콘텐츠학과 교수.

광개토대왕[25]

-전략 전술

사방 이리떼로 둘러싸인 고립무원(孤立無援)에서
그는 평정했다
무기 아닌 넓은 가슴으로 평정했다
서민 속으로 들어가는 통치술,
신묘(神妙)한 전략 전술로 영토를 넓혔다
그곳을 다스렸다

광개토의 하늘[26]

능정 밤 마당에서 올려다본 별들 말발굽 자국 같다
어디서부터 달려왔는지
어디로 달려갔는지 모르는 발자국이 빛난다
그때 나는 광개토대왕 별을 찾아 헤맸다
그의 지혜를 기억하기 위해 이름을 지었다고 하던가
나는 그 별의 세계로 들어가서
저 넓은 대륙을 달려나간 사람
동북아시아의 격동을 헤치고 연나라 요동 요서
동부여 북부여 연해주 베이징 몽골 송화강
흑룡강 시베리아까지 말을 몰았던 시대의 사람들을 생각해본다
나는 우리의 한민족 한 가슴속에 달고 있는
저 하늘을 하염없이 바라본다.
그는 12세에 태자로 책봉되어

---

25 지영환, 『날마다 한강을 건너는 이유』시집, 민음사, 2006, 87면.
26 지영환, 『별처럼 사랑을 배치하고 싶다』시집, 민음사, 2018, 87면.

18세에 고구려 제19대 왕위에 올랐던 별

미개한 곳을 개척하여 문명화시키려고

연나라와 싸워 북으로 오르고

신라에 침입한 왜구를 무찔렀고

요동을 확보하여 만주지방의 주인공으로 올랐던 별

391년, 처음으로 연호를 정하여

중국과 대등함을 보였던 별

저 환한 영상을 되새기는 하늘에는

총총하게 빛나는 별들로 가득 차 있다.

그 광활한 북쪽하늘을

바라보면 아직도 말발굽 소리가 들려오는 듯하다.

　　신라는 독자 연호를 사용한 때가 있고 김춘추에게 태종(太宗)이라는 묘호(廟號)를 올리기도 하였다. 발해는 각종 기록에서 독자 연호의 사용과 황상, 황후(皇后) 등의 용어가 나타나지만 묘호를 올리지 않고 왕이라 칭하였다.[27] 고려는 묘호를 올렸고, 태조와 광종 때 약 20년 동안 독자 연호를 사용한 적이 있다.[28] 수도 개경을 황도(皇都)라 부르고[29] 원구단에서 하늘에 제사 지냈으며[30] 황제라 부른 기록들이 있다.[31] 이렇듯 고려는 외부로는 중국에 칭신하고 내부적으로는 황제국 체제를 지향했다.[32] 다만 공식 직함은 내부적으로도 왕이었던 것으로 보인다.[33] 황제보다는 왕[34] 왕태후, 왕후, 왕태자라는 말을 절대적으로 더 많이 썼고 시호도 대왕(大王)으로 올렸다. 광종조차 독자연호를 쓴 시기는 약 7년 뿐으로 후주나 송나라의 연호를 받아들였으며[35] 스스로도 왕이라고 일컬었다.[36] 원나라의 부마국이 된 충렬왕 이후로는 관제와 왕실의 호칭을

27　정혜공주묘지, 정효공주묘비. 송기호, 〈용해구역 고분 발굴에서 드러난 발해국의 성격〉, 《고구려발해연구》, 고구려발해학회, 2010.

28　《고려사》 1권 세가 제1 태조 원년, 2권 세가 제2 광종 원년.

29　《고려사》 2권 세가 제2 광종 11년.

30　《고려사》 59권 제13 길례.

31　〈고달사원종대사혜진탑비〉(975년). 〈태평2년명마애약사불좌상〉(977년).

32　김기덕, 〈고려의 제왕제와 황제국체제〉, 《국사관논총》vol.78, 국사편찬위원회, 1997.

33　박재우, 〈고려 군주의 국제적 위상〉, 《한국사학보》vol.20, 고려사학회, 2005.

34　〈고미현서원종〉(963년), 〈운문사원응국사비〉(1147년).

35　《고려사》2권 세가 제2 광종 2년, 광종 14년.

36　〈대반야바라밀다경 사경 권수〉(952년), 이기백 편저, 《한국상대고문서자료집성》, 일지사, 1987.

모두 제후국의 규격에 맞추었고 조선 시대에도 이를 계승하였다. 그러면서도 조종(祖宗)의 묘호를 회복하고 국왕과 왕비의 사후 대왕과 후(后)의 존호(尊號)를 올렸다. 1894년 청나라의 연호를 폐지하고, 임금을 대군주폐하(大君主陛下)로 격상해 불렀다.[37] 1897년 고종은 광무(光武)로 연호를 바꾸고 원구단에서 한국 최초의 황제에 올라 대한제국을 선포하였다.[38]

유기환이 황제로 칭할 것을 주청하다[39]

외부 협판(外部協辦) 유기환(俞箕煥)[40]이 올린 상소의 대략에, "오제(五帝) 때에는 '황(皇)'보다 더 높은 칭호가 없었고 하, 은, 주 삼대(三代) 때에는 '왕(王)'보다 더 높은 칭호가 없었습니다. 황제는 역시 왕이고 왕은 곧 황제입니다. 한(漢) 나라, 당(唐) 나라, 송(宋) 나라, 명(明) 나라에서 왕의 칭호를 한결같이 황제로 높이게 되었습니다. 그러니 신하된 사람치고 누가 자신의 왕으로 하여금 가장 높은 자리에 있게 하려고 하지 않겠으며 극존의 칭호를 정하려고 하지 않겠습니까? 구라파에서 황제라고 부른 것은 로마에서 시작되었으며 그 후 게르만과 오스트리아는 로마의 옛 땅으로서 황제라고 불렀던 것입니다. 독일은 게르만 계통을 이어 마침내 황제로 칭호를 정하였습니다. 우리나라의 의관(衣冠)과 문물(文物)은 모두 명(明) 나라의 제도를 따랐으니 그 계통을 이어서 칭호를 정한들 안 될 것이 없습니다. 또한 청나라와 우리나라는 다 같이 동양에 있으므로 독일과 오스트리아가 로마의 계통을 이어받은 것이나 다름없습니다. 폐하는 유신(維新)의 명에 응하여 독립의 권리를 마련하였고 연호(年號)를 세우는 등 여러 가지 업적이 다 빛나니 급히 칭호를 정함으로써 조종(祖宗)의 큰 위업을 빛내고 만백성의 소원에 부합되게 하소서." 하니, 비답하기를, "그대의 말이 근거가 없다고 할 수는 없지만 이것은 부당한 일이니 굳이 이처럼 번거롭게 청하지 말라."

---

37 《조선왕조실록》고종 31년 12월 17일.

38 그러나 정작 내실이 부족하여 열강의 내정간섭은 심화됐고, 결국 1910년 일본 제국과의 한일 합병으로 황실은 이왕가로 격하되었다.
https://ko.wikipedia.org/wiki/%ED%99%9A9%EC%A0%9C. 2017.3.1.자 검색.

39 고종실록 36권, 고종 34년 9월 26일 양력 4번째기사 1897년 대한 광무(光武) 1년.

40 1881년(고종 18) 신사유람단의 수행원으로서 일본을 시찰하였다. 1889년 부산항방판(釜山港幇辦)을 지냈으며, 그 뒤 궁내부참서관(宮內府參書官)을 역임하였다. 1896년 궁내부협판에 임명되었다가 곧 궁내부대신서리사무·한성부관찰사를 역임하였다.

김재현 등 716명이 황제로 칭할 것을 연명으로 상소문을 올리다[41]

치사(致仕)한 봉조하(奉朝賀) 김재현(金在顯) 등 관원 716명이 올린 연명 상소(聯名上疏)의 대략에, "신 등이 생각하건대, '우리 폐하(陛下)께서는 뛰어난 성인의 자질과 중흥(中興)의 운수를 타고 왕위에 오른 이후 34년 동안 총명한 지혜로 정사에 임하였고 신무(神武)를 발휘하여 사람을 죽이는 것을 함부로 하지 않았습니다. 밤낮으로 정력을 기울여 나랏일이 잘되게 하려고 애썼으며 변란을 평정하는 데 있어서는 형벌을 쓰려고 하지 않았으니 그 크나큰 공렬은 천고(千古)에 으뜸가는 것이었습니다. 자주권을 잡고 독립의 기틀을 마련하여 드디어 연호(年號)를 세우고 조칙(詔勅)을 시행하며 모든 제도가 눈부시게 바뀌었으니 이는 참으로 천명(天命)이나 인심으로는 할 수 없는 일을 한 것입니다. 어찌 지혜나 힘으로 할 수 있는 것이겠습니까? 이것이 이른바 주(周) 나라는 비록 오래된 나라이지만 그 천명은 오히려 새롭다.'는 것이니 아! 거룩하고 훌륭합니다. 그런데 미처 하지 못한 것으로는 오직 황제의 큰 칭호를 정하지 못한 일입니다. 신들이 그 근원을 거슬러 올라가면서 하나하나 말씀드리겠습니다. 대체로 복희(伏羲)와 신농(神農)은 '황(皇)'이라고 불렀고 요(堯)나 순(舜)은 '제(帝)'라고 불렀으며 하우(夏禹)나 성탕(成湯), 주 문왕(周文王)이나 무왕(武王)은 '왕(王)'이라고 불렀습니다. 역대의 변천은 비록 다르지만 가장 높인 것은 한결 같았습니다. 진(秦) 나라와 한(漢) 나라 이후로 '황'과 '제'를 합쳐 '황제(皇帝)'로 불렀으며 '왕'의 지위는 드디어 오작(五爵)의 위에 놓이게 되었습니다. 구라파의 각 나라는 우리와 문화나 제도가 같지 않지만 '황'과 '왕'의 구별이 있었습니다. 로마가 처음으로 황제의 칭호를 썼는데 게르만이 로마의 계통을 이어 그 칭호를 답습하여 썼고 오스트리아〔奧國〕는 로마의 옛 땅에 들기 때문에 역시 황제라고 불렀습니다. 독일(德國)은 게르만의 계통을 이었으므로 극존의 칭호를 받았으며 러시아〔俄國〕, 터키〔土耳其〕는 모두 자주의 나라이므로 다 가장 높은 칭호를 썼습니다. 우리나라는 지역 경계가 중국과 잇닿아 있고 나라가 나누어지고 통합된 것이 일정하지 않았습니다. 그러나 신라(新羅), 고구려(高句麗), 백제(百濟) 세 나라는 각각 그 땅의 주인으로 다 같이 왕의 칭호가 있었으며 심지어 송양(松讓), 가야(伽倻), 예맥(濊貊), 여진(女眞), 탐라(耽羅) 등의 작은 나라들도 각기 왕으로 불렀습니다. 고려 때 통합하여 다만 묘호(廟號)만 썼으며 본조(本朝)에서는 옛 관습을 그대로 물려받았습니다. 이것은 당(唐) 나라와 송(宋) 나라 이후 그 나라들이 멀리서 존호(尊號)를 견제하였기 때문입니다. 오직 우리 폐하(陛下)께서는 성덕(聖德)이 날로 새로워져 문교(文敎)가 멀리 미치고 머나먼 외국들과 외교 관계를 맺어 만국(萬國)과 같은 반열에 놓이게 되었는데도 오히려 옛 칭호를 그대로 쓰고 있으니 실

---

41 고종실록 36권, 고종 34년 9월 29일 양력 2번째기사 1897년 대한 광무(光武) 1년.

로 천심(天心)을 받들고 백성들의 표준이 되는 도리가 아닙니다. 적이 살펴보건대, 구라파와 아메리카의 여러 나라들은 모두 다 평등하게 왕래하고 높고 낮음의 구분이 없는데 아시아의 풍속은 그렇지 않으므로 그 칭호를 보고 혹 불평등하게 대우한다면 교류함에 있어서 지장을 가져오지 않을 수 없습니다. 이것은 참으로 충신(忠臣)과 의사(義士)들이 밤낮으로 분개하는 것입니다. 이제 빨리 황제의 칭호를 올려 여러 나라에 공포한다면 시기하고 의심하는 것이 날로 없어지고 우의(友誼)가 더욱 돈독해져 앞으로 길이 천하 만대에 할 말이 있을 것입니다. 우리나라의 강토는 한 나라와 당(唐) 나라의 옛 땅에 붙어있고 의관(衣冠)과 문물(文物)은 다 송 나라나 명(明) 나라의 옛 제도를 따르고 있으니, 그 계통을 잇고 그 칭호를 그대로 쓴들 안 될 것이 없습니다. 이것은 바로 독일이나 오스트리아가 다같이 로마의 계통을 이은 것과 마찬가지입니다. 독립과 자주는 이미 여러 나라가 공인하였으니 당당한 존호(尊號)에 거하는 것은 응당 실행해야 할 큰 법도인데 폐하께서는 무엇을 꺼려서 하지 않는 것입니까? 신 등이 《공법(公法)》을 가져다 상고하여 보니, 거기에 쓰여 있기를, '나라의 임금이 반드시 황제의 칭호를 가져야만 칭제(稱帝)하는 나라들과 평등하게 외교권을 행사할 수 있는 것은 아니다.'고 하였는데 신들은 이 말이 황제를 칭해서는 안 된다고 하는 말은 아니라고 생각합니다. 그럼에도 불구하고 우리나라에서는 그렇게 하지 않으니 어찌된 일입니까? 갑오 경장(甲午更張) 이후로 독립하였다는 명분은 있으나 자주(自主)의 실체는 없으며 국시(國是)가 정해지지 않으니 백성들의 의혹이 없어지지 않고 있습니다. 오늘날을 위한 계책으로는 마땅히 위의를 바로세우고 존호를 높임으로써 백성들 마음이 추향(趨向)하는 방향이 있게 하는 데 있습니다. 또 그 공법의 주석(註釋)에 '러시아의 임금이 칭호를 고쳐 황제로 하였는데 각 나라들에서 좋아하지 않다가 20년을 지나서야 인정하였다.'라고 하였습니다. 신 등이 이에서 보건대 우리가 우리나라의 일을 행하고 우리가 우리나라의 예(禮)를 쓰는 것은 우리 스스로 행할 수 있다고 생각합니다. 공인을 빨리 받는가 늦게 받는가 하는 일에 대해서는 미리 예측할 필요가 없습니다. 또 논의하는 자들이 말하기를, '「왕」이나 「군(君)」이라고 하는 것은 한 나라 임금의 칭호이며 「황제」라는 것은 여러 나라를 통틀어 관할하는 임금의 칭호이므로 넓은 영토와 많은 백성들을 가지고 여러 나라를 통합하지 못하였다면 황제라고 불러서는 안 된다.'고 합니다. 그러나 우리나라는 삼한(三韓)의 땅을 통합하여 영토는 사천리를 뻗어있고 인구는 2천만을 밑돌지 않으니 폐하의 신민(臣民)된 사람치고 누군들 우리 폐하가 지존(至尊)의 자리에 있기를 바라지 않겠으며 지존의 칭호를 받기를 바라지 않겠습니까? 옛 것을 인용하여 오늘에 증명하고 여정(輿情)을 참작하고 형세를 헤아려 보아도 실로 시행하지 않을 수 없습니다. 바라건대 폐하는 여정(輿情)을 굽어 살펴서 높은 칭호를 받아들여 만국에 공표하여 천하에 다시 새로운 관계를 세우신다면 종묘 사직(宗廟社稷)을 위하여 더없이 다행하고 신민에게 더없이 다행이겠습니다.”

하니, 비답하기를, “지금 이 어려운 시기에 짐에게 무슨 일인들 권하지 못하겠는가마

는 전연 당치 않는 칭호로 부르자고 말하는 것은 실로 경들에게서 기대하던 바가 아

니니, 시국을 바로잡을 계책이나 강구하고 다시는 이에 대하여 번거롭게 하지 말라.”

《고종실록》 총서[42]

【고종 통천 융운 조극 돈륜 정성 광의 명공 대덕 요준 순휘 우모 탕경 응명 입기

지화 신열 외훈 홍업 계기 선력 건행 곤정 영의 홍휴 수강 문헌 무장 인익 정효 태황

제 실록(高宗統天隆運肇極敦倫正聖光義明功大德堯峻舜徽禹謨湯敬應命立紀至化神烈巍

勳洪業啓基宣曆乾行坤定英毅弘休壽康文憲武章仁翼貞孝太皇帝實錄)】

황제(皇帝)의 휘(諱)는 희(㷩)이고, 자(字)는 성림(聖臨)이고, 호(號)는 주연(珠淵)이

다. 처음의 휘는 재황(載晃)이고, 자는 명부(明夫)였다. 흥선 헌의 대원왕(興宣獻懿大院

王)의 적실의 둘째 아들로서, 어머니는 여흥 순목 대원비(驪興純穆大院妃) 민씨(閔氏)

이다.【본향(本鄕)은 여흥이다. 판돈녕부사(判敦寧府事) 증 영의정(贈領議政) 민치구(閔

致久)의 딸이다.】임자년(1852)【철종(哲宗) 3년】7월 25일 계유일(癸酉日)에 정선방(貞善

坊) 사제(私第)【흥선 대원왕의 사제이다.】에서 탄생하였으며, 계해년(1863)【철종 14

년】12월 8일 경진일(庚辰日)에 철종이 승하(昇遐)하자 신정 익황후(神貞翼皇后)의 명

으로 문조 익황제(文祖翼皇帝)의 뒤를 이어 철종 장황제(哲宗章皇帝)의 대통(大統)을

입승(入承)하였다.

아버지는 문조 익황제이고 어머니는 신정 익황후 조씨(趙氏)【본향은 풍양(豐壤)이

다. 풍은 부원군(豐恩府院君) 조만영(趙萬永)의 딸이다.】이다. 처음에는 익성군(翼成君)

에 봉해졌고, 12일 갑신일(甲申日)에 관례(冠禮)를 행하였으며, 13일 을유일(乙酉日)에

창덕궁(昌德宮) 인정문(仁政門)에서 즉위하였다. 34년 정유년(1897) 9월에 의정부 의정

(議政府議政) 심순택(沈舜澤)이 문무의 관리들을 거느리고 황제의 칭호를 올릴 것을

청한 결과 17일 계묘일(癸卯日)에는 천지에 제사를 지내어 고한 다음에 황제의 지위

에 올랐다. 나라 이름을 대한(大韓)으로 정하고 광무(光武)라는 연호(年號)를 사용하였

다. 11년 7월 19일 무신일(戊申日)에 황태자(皇太子)에게 황제의 자리를 넘겨주었고,

대정(大正) 8년 1월 21일【무오년(1918) 12월 20일 계유일(癸酉日)】에 덕수궁(德壽宮)

함녕전(咸寧殿)에서 승하하였다. 왕위에 있은 지 44년이고, 나이는 67세이었다. 홍릉

(洪陵)에 합장(合葬)하였다.【양주군(楊州郡) 미금면(渼金面) 금곡리(金谷里)에 있으니,

을좌 신향(乙坐辛向)이다. 대정 8년 3월 4일에 장사를 지냈으며 표석(表石)이 있다.】

---

42 고종실록 1권, 고종 즉위년 12월 13일 을유 2번째기사 1863년 청 동치(同治) 2년.

황후(皇后)는 효자 원성 정화 합천 홍공 성덕 명성 태황후(孝慈元聖正化合天洪功誠德明成太皇后) 민씨(閔氏)로,【본향은 여흥(驪興)이다.】증 영의정(贈領議政) 여성 부원군(驪城府院君) 민치록(閔致祿)의 딸이다. 신해년(1851)【철종 2년】9월 25일 정축일(丁丑日)에 탄생하였고, 병인년(1866)【고종(高宗) 3년】에 왕비로 책봉되었으며, 을미년(1895) 8월 20일 무자일(戊子日)에 경복궁(景福宮) 곤녕합(坤寧閤)에서 승하하였으니, 나이는 45세였다. 광무(光武) 원년(1897) 10월 12일【정유년(1897) 9월 17일】에 황후(皇后)로 추봉(追封)하였다. 홍릉(洪陵)이다.【광무 원년 11월 22일에 처음 양주군(楊州郡) 청량리(淸涼里)에 장사를 지냈다가 대정(大正) 8년 2월 16일에 이곳으로 이장(移葬)하였다.】

황태자가 상소하여 황제의 성수가 51세가 되고 등극한 지 40년이 된 것을 축하하여 존호를 올리고 연회를 베풀 것을 청하다[43]

황태자가 올린 상소에, "삼가 아룁니다. 신자(臣子)가 군부(君父)에게 원하는 것은 오직 복록이 그치지 않고 장수하는 것뿐입니다. 때문에 나라의 경사는 그 일에 따라서 각기 명칭이 같지 않지만 임금의 장수를 경하하는 의식보다 더 큰 것이 없습니다. 우리 왕조에서 이미 시행한 전례들을 두루 상고해 보건대 언제나 경사를 빛내는 의식을 성대하게 차렸지 간소하게 한 적이 없습니다. 내년은 바로 우리 부황(父皇) 폐하께서 51살이 되고 왕위에 오른 지 40년이 되는 두 가지 큰 경사가 겹친 경사스러운 해이며 또한 우리 왕조에서 보기 드문 큰 경사입니다. 그러니 그 의식은 마땅히 이전보다 더 성대하게 해야 할 것입니다.

소자(小子)가 폐하의 장수를 기뻐하고 세월의 흐름을 아쉬워하는 정성으로 은혜의 만분의 일이나마 갚으려는 생각에 해드리고 싶은 것이 어찌 끝이 있겠습니까마는 감히 넘어설 수 없는 것이 예법입니다. 응당 시행하여야 할 예법으로서 절대로 그만둘 수 없는 것이라면 애당초 이 소자의 청을 기다릴 필요도 없지만, 상신(相臣)들과 예관(禮官)들이 반드시 이 아들이 말한 다음에 거행하는 것도 역시 전례이기 때문에 이렇게 말하는 것입니다. 우리 부황 폐하의 크나큰 공로와 훌륭한 업적은 고금에 뛰어났습니다. 오랜 나라를 넓혀 새로운 명(命)을 받았고 대업(大業)을 일으켜 왕통을 전하였으며 원구단(圜丘壇)에 슬기로운 조상들을 배향하여 제사지내고 다섯 임금을 황제로 추존하였으니, 모든 귀신들이 모두 흠향하고 온갖 예법이 충분히 갖추어졌습니다. 대체로 선대를 훌륭하게 잇고 왕통을 물려받은 자리에 올라 크나큰 공적을 쌓음으로써 전대의 업적을 더 빛내고 자손만대 무궁하게 태평세월을 누릴 터전을 닦은 것으로

---

43 고종실록 41권, 고종 38년 12월 22일 양력 1번째기사 1901년 대한 광무(光武) 5년.

말하면 하늘과 땅이 생긴 이래 아직까지 없었습니다. 크나큰 결단을 내려 모든 권한을 쥐고 참작하여 줄일 것은 줄이고 보탤 것은 보탠 결과 온갖 법도가 다 정돈되어 위엄은 만방에 떨치고 혜택은 백성에게 크게 베풀어졌습니다. 재물이 크게 늘어났을 뿐 아니라 백성들이 편안하게 되어 모든 백성들이 받들면서 칭송하니 부황 폐하의 높고도 큰 공로와 업적은 무어라 형용할 수가 없습니다. 금 글자로 아로새긴 역사책은 방에 차고 넘치게 많게 만들어도 그 사적을 비슷하게나마 묘사할 수 없으니 훌륭한 덕을 드러내어 휘호를 올리고 잔치를 열어 장수를 경하하는 의식을 가지는 것은 당연한 일입니다. 아무리 부황 폐하께서 겸손하게 거절하시더라도 사양할 수 없는 일입니다. 소자에게는 하늘땅과 더불어 끝이 없는 지극한 통한(痛恨)이 있습니다. 우리 모후(母后) 폐하께서는 아름다운 덕이 태임(太任)과 태사(太姒)와 나란하여 종사(宗社)에 공을 남기시고 이 아들에게 은택이 미치어 오늘까지도 도움을 받는 것이 실로 많건만 존호를 올린 데서는 아직 빠진 글자가 많습니다. 게다가 금년은 우리 모후 폐하의 보령(寶齡)이 51세가 되는 해로서 세상을 떠난 지 오래되어 아득히 옛날과 같건만 봄가을 가리지 않고 능의 나무를 부여잡고 통곡하여도 갈수록 더욱 아득합니다. 기쁜 일이 있어도 기쁨을 표현할 곳이 없고 오직 나라에 경사스러운 일이 있는 기회에나 지극한 정을 조금 표시할 수 있을 뿐이니 부황 폐하께서도 안타깝고 슬픈 마음이 있으실 것입니다. 이에 감히 지극히 간절한 마음으로 폐하 앞에 외람되게 아뢰오니 부황 폐하께서는 굽어 살피시어, 내년 정월 초하룻날 백성에게 고포(告布)하고 경하하는 의식에서 존호(尊號)를 가상(加上)하고 존호를 추상하는 일과 내진연(內進宴)과 외진연(外進宴)을 마련하는 등의 절차를 모두 속히 예원(禮院)에서 전례대로 마련하게 함으로써 위로는 조종(祖宗)의 떳떳한 법을 따르고 아래로는 신하와 자식의 큰 소원에 부응하여 주소서."

하니, 비답하기를, "너의 상소를 보고 너의 마음을 잘 알았다. 수명(壽命)이란 하늘이 주는 것으로서 인력(人力)으로는 어쩔 수 없는 일이니 또한 이렇게 된 것은 우연일 뿐이다. 만일 이것으로 짐에게 덕을 돌리는 것은 어떨지 모르겠다. 공렬(公烈)이라고 하는 것도 모두 하늘과 조종(祖宗)들이 도와 준 덕분이니 짐에게 무슨 공이 있어서 감당하겠는가? 너의 상소에 들어있는 비통한 말들은 짐도 차마 넘길 수 없지만 눈앞의 백성들의 일이 다급하니 결코 이처럼 화기애애한 일을 할 겨를이 없다. 하려고 하면 훗날에 어찌 적당한 날이 없겠는가? 청을 들어줄 수 없으니 너는 이해하라."

일본

일본은 야마토 시대부터 대왕(大王)의 칭호를 사용했고 대략 7세기에 천황(天皇[44, 45],

덴노)으로 개칭하였다.[46] 무로마치 시대에는 쇼군이 일본 국왕으로 책봉받기도 하였다.[47] 메이지 유신 이후 왕정복고가 이루어지면서 막부가 폐지되고 천황 중심의 근대적 내각제를 채택하였다. 제2차 세계 대전에서 패전한 후로도 천황제는 존속하였고, 21세기 현재 제호(帝號)를 유지하고 국제적으로 'Emperor(황제)'가 통용 표기되는 유일한 나라이다.[48]

"동황제(東皇帝)니 서황제(西皇帝)[49]니 하고 길을 빌려달라[假道]고 하는 등의 말은 일찍이 대인도 직접 적장에게서 들었을 것이오. 우리 나라의 절박한 사정은 그만두고라도 당당한 중국이 이 기회를 타서 왜적들을 토벌하지 않고 도리어 그들의 화의(和議)를 허락하는 것은 옳지 않은 일이 아니겠소. 적추(賊酋)를 왕으로 봉한다는 소문으로 말하면 이것은 간악함을 장려하고 도적질을 가르치는 행위인 것이오. 우리 나라가 작지만 천년 동안 의(義)를 지킬 줄 알고 있는데, 대인 때문에 적을 토벌하지 않고 놓아주어 그들로 하여금 득의(得意)하여 돌아가게 한다면 어찌 마음이 서운하지 않겠소

---

44 원래는 중국에서 쓰던 말로, 만물을 지배하는 황제라는 뜻이다. 일본 이외의 국가에서는 중국에서 당나라 고종(高宗)이 천황이라 칭한 외에는 예가 없다. '천황'이란 일종의 지위를 가리키는 경우와 그 지위에 있는 특정 개인을 가리키는 경우가 있다. 제2차 세계대전 전에는 천황은 국가의 원수(元首)로서 절대적인 통치권(정치 대권)과 통수권(군사 대권)을 한 몸에 장악하고 행사하였으나, 현재의 헌법에서는 "일본국 및 일본국민 통합의 상징"이라고 규정하고 있다.
  2017. 3. 1.자 검색; http://terms.naver.com/entry.nhn?docId=1146330&cid=40942&categoryId=31680
45 나라시대(奈良時代: 710년~794년)에 편찬된 일본에서 최고(最古)의 역사서『일본서기(日本書紀)』에는 "기원전 660년에 1대 진무(神武) 천황이 즉위하였다."라는 기록이 전하고 있다. 이것이 기록에 보이는 최초의 천황에 대한 언급이다. 그러나 진무 천황 즉위 기록은 후대 사람들이 작성한 것이고, 실제로 천황제가 성립된 것은 7세기경이라는 것이 정설이다. 일본의 천황은 처음에 4세기 지방 부족연맹의 장(長)으로부터 출발했으나, 7세기 중엽 다이카 개신(大化改新)을 통해 고대 천황제가 확립되면서 현인신(現人神), 즉 살아 있는 신이라 추앙받으며 일본에서 최고 유일(最高唯一)의 지위를 확보하였다. 천황이라는 용어가 공식적으로 처음 사용된 것은 7세기 초, 일본의 쇼토쿠(聖德) 태자가 중국 수나라에 보낸 국서(國書)인데, 여기에 "동쪽 나라의 천황(天皇)이 서쪽 나라의 천제(天帝)에게"라는 대목이 나온다. 천황은 고대에는 최고의 권력자였다가 쇼군(將軍)이 다스리는 막부(幕府) 체제였던 중세(中世)에는 지위가 하락했다. 그리고 1868년 메이지(明治) 유신으로 중앙집권체제가 확립되면서 권력을 회복하였다. 20세기 들어, 군부와 우익세력에 의한 신격화(神格化) 작업이 진행되었으며, 제2차 세계대전에서 패전한 뒤 1946년 1월 1일, 쇼와(昭和) 천황이 이른바 '인간선언(人間宣言)'을 한 것을 계기로 신성(神性)을 부정하고, 국가와 국민통합의 상징적 존재로 규정되었다.
  ; 일본 개황, 2011, 외교부, 2017. 3. 1.자 검색.
  http://terms.naver.com/entry.nhn?docId=956624&cid=43787&categoryId=43788
46 本位田菊士, 〈'大王'から'天皇'へ--古代君主号の成立をめぐって〉,《ヒストリア》89, 大阪歴史学会, 1980.
47 《선린국보기》(善隣國寶記).
48 http://www.kunaicho.go.jp/
49 동황제(東皇帝)니 서황제(西皇帝) : 당시 일본의 천황은 자신을 해가 뜨는 나라의 황제라 칭하여 동황제라 하고, 중국 황제를 해가 지는 나라의 황제라 칭하여 서황제라 한 사실을 가리켰는데 이는 일본국은 떠오르는 해처럼 장차 흥성할 나라이고 중국은 지는 해처럼 장차 쇠망할 나라라는 뜻을 내포하였다.

이까. 대인이 우리 나라에 나왔으니, 만대(萬代)를 우러를 일이 이번 이 일에 달려 있
소이다. 다시 한번 살펴주기 바라오.[50]"

베트남

베트남은 대외적으로는 중국 황제의 책봉을 받아 '왕'의 칭호를 썼지만 대내적으로
는 '황제'를 칭하고 독자적인 묘호와 연호를 사용하였다. 최후의 왕조인 응우옌 왕조
는 19세기 프랑스령 인도차이나에 편입되어 식민지가 되었어도 명목만은 유지하다가
1945년 완전히 막을 내렸다.

유럽

서구에서 황제는 초대 황제 아우구스투스[51]가 사용한 칭호에서 유래한 이래 기본적
으로 로마 제국의 최고 지배자를 일컫는다. 아무리 강대한 나라라도 로마 제국의 전
통을 물려받지 못하면 사용할 수 없었고, 아울러 교회의 승인도 필요했다.

황제의 권력(imperium)은 이론상 황제가 가진 '호민관 특권'(potestas tribunicia)과
'대행 집정관 권한'(imperium proconsulare)에 따른 것이었다.[52]

동아시아와 유럽의 황제 개념 차이[53]

동아시아의 China에서 생긴 황제와 유럽의 로마에서 생긴 황제는 연원도 개념도 정
통성도 의미도 모두 다르다. 기실 로마의 황제는 엄밀히 말하면 황제가 아니라
Emperor를 일본인들이 황제라는 한자어로 번역한 것이다. 황제는 춘추전국시대 이후
전국을 종결시키고 중원을 통일한 진(秦)나라에서 시작되었다. 진나라의 왕 영정이
기존의 왕(王) 칭호에서 더 높고 훌륭한 칭호를 원해서 황제(皇帝)라는 칭호를 새로
만들어 썼다. 그래서 그가 바로 황제의 첫 번째로 시작했으니 최초의 황제라는 뜻의
'시황제(始皇帝)'로 불리는 것이다.

---

50 조선실록 37권, 선조 26년 4월 1일 을유 5번째기사 1593년 명 만력(萬曆) 21년.

51 아우구스투스(Augustus, BC63.9.23~AD14.8.19)? 고대 로마의 초대 황제이다. 내정의 충실을 기함
   으로써 41년간의 통치기간 중에 로마의 평화시대가 시작되었으며, 베르길리우스, 호라티우스, 리
   비우스 등이 활약하는 라틴문학의 황금시대를 탄생시켰다.

52 Frank Frost Abbott(1901). 《A History and Description of Roman Political Institutions》Elibron
   Classics. 342면. 0-543-92749-0.

53 http://blog.naver.com/jsdlus7830/220215006866. 2017.1.30.자 검색; "동아시아와 유럽의 '황제'개념
   의 차이", Ilterish Khagan., 블로그 부분게재.

유럽 로마에서 기원한 황제는 제정시대[54][55]부터 시작되었는데 일반적으로 옥타비아누스가 2차 삼두정치를 끝내고 단독으로 정권을 잡으면서 시작했다고 알고 있다. 영어 단어 Emperor의 유래는 옥타비아누스 아우구스투스가 Imperium이라는 군대 지휘권을 갖게 되면서 동시에 권력을 잡는데서 유래했다. 원래 임페리움은 사령관(Imperator)이 지휘하는 군사구역을 말하는데 이를 지휘하는 자가 임페라토르이다. 임페라토르는 공화정 시기에는 개선장군을 의미하기도 했는데 사령관이 전쟁에서 승리하고 개선하는 대표였기 때문이다. 이것이 옥타비아누스 이후에는 프린켑스(제 1시민, 원수)가 갖고 그 이후 황제가 가져서 황제를 상징하는 또 다른 말이 되었다. 한편 독일어 Kaiser와 러시아어 Tsar는 로마의 권력자 Caesar(카이사르)에서 유래했다. 카이사르가 로마에서 막대한 권력자였고 옥타비아누스가 카이사르 이름을 사용한만큼 '카이사르'라는 이름은 황제를 의미하는 대명사가 되었다. 로마에서 제정초기에 황제는 엄밀히 말하면 황제가 아니라 프린켑스(원수)였다. '하늘의 대리자' 이런 것은 없고 로마의 실권자이자 로마 신의 가호를 받는 자였다. 공화정에서 막 제정으로 이행될 당시에는 명목상으로 원수이자 제1시민, 공화정의 수호자였다. 실질적으로는 정치, 군사를 모두 장악한 최고실권자였고 로마의 대표였다. 나중에는 황제가 신격화되어 로마의 신이 되었다. 황제 신격화 하나만큼은 동아시아의 황제와 비슷한 측면이 있다.

---

54 로마제국(Roman Empire)은 왕정시대(BC 753~BC 510), 공화정시대(BC 510~BC 27), 제정시대(BC 27~476)로 크게 분류 할 수 있습니다.

55 아우구스투스의 제국쟁란(帝國爭亂)의 평정으로 로마는 제정시대(帝政時代)로 접어들었다. 이로부터 대략 200년간, 지중해 세계는 일찍이 보지 못한 평화를 누리게 되었는데, 그 기간에 지배계급 사이에는 투쟁이 있었으나, 유능한 관료조직 아래 제국의 통일과 운영이 유지되었다.
http://terms.naver.com/entry.nhn?docId=1184718&cid=40942&categoryId=32967. 2017. 1. 30.자 검색.
옥타비아누스는 100년의 로마 내란을 드디어 종료시키고 기원전 27년에 아우구스투스(존엄한 자)란 칭호를 원로원으로부터 받고 정식 제정시대를 개막한다. 옥타비아누스는 양아버지인 카이사르의 죽음의 교훈을 통해 실질적으로는 권력이 집중된 제정 시대의 초대 황제이지만 "국가 비상시에 집중되었던 모든 권력을 원로원과 시민에게 돌려준다"고 아이러니하게 공화정의 부흥을 선언하면서 원로원의 열광적인 지지를 얻었다. 옥타비아누스와 그의 가신들은 뛰어난 정치선전 능력을 이용하여 공화정을 열망하는 로마인을 만족시키면서 실질적으로 훌륭히 '제정' 수립을 수행하였던 것이다. 아우구스투스제는 전 로마군에 대한 지휘권과 호민관의 정책결정에 대한 거부권 및 종교적으로는 최고직인 대신지관에도 취임하고 집정관에서 물러난 뒤에도 집정관과 동등한 권한을 획득하고 원로원에서는 그의 제안에 우선권이 주어졌다. 또, 시민에 의한 선거제도가 있었지만 현실적으로 모든 요직을 아우구스투스제가 선정한 인물이 선출되었다. ; 유동기 원장의 『마키아벨리 로마사이야기』⑤, "제정 시대의 서막", 건치신문, 2013. 3. 11자. 부분 게재.
http://www.gunchinews.com/news/articleView.html?idxno=25693

고대～근세

로마 제국이 동서로 갈라지면서 황제도 2명이 되었다. 이 중 서로마 제국은 5세기 중후반에 멸망하면서 그 제위(帝位)가 비어 있다가, 프랑크 왕국의 샤를마뉴가 800년 12월에 교황으로부터 서로마 황제의 관을 받았다. 이후 오토 1세의 신성 로마 제국으로 이어졌고 16세기부터는 합스부르크 왕조가 세습했다. 동쪽의 로마 제국(비잔티움 제국)은 안정적으로 제위를 유지하였다. 헤라클리우스황제 때부터 라틴어 임페라토르 카이사르 아우구스투스 대신 그리스어 '바실레우스(Βασιλεύς, 황제)'를 칭호로 사용하였다. 15세기 러시아를 통일한 이반 3세는 비잔티움 제국이 멸망하자 그 정통성의 계승과 동방 정교회의 수호를 주장하며 스스로 차르(Tsar)에 올랐다. 명분은 비잔티움 제국 마지막 황제의 조카딸과의 혼인과 모스크바로 동방 정교회의 중심지가 이동한 점이었다. 1721년 표트르 1세는 아예 러시아 제국을 선포하고 임페라토르(Imperator)를 칭하였다. 한편 비잔티움 제국의 콘스탄티노플을 함락시킨 오스만 제국의 술탄 메흐메트 2세는 자신이야말로 콘스탄티노플 총대주교의 보호자이자 제3의 로마의 황제라고 주장하였으나 교회의 인정을 받지는 못하였다. 이외에도 비잔티움 제국 및 교황의 인정을 받아 공식적으로 황제가 된 제 1차 불가리아 제국이 있다. 비잔티움 제국이 약화된 틈을 타서 황제로 인정되긴 하였으나 이후 약화되면서 100여 년 만에 멸망하였다.[56]

근대～현대

1804년 프랑스의 나폴레옹은 샤를마뉴로부터 위그 카페, 그리고 자신으로 그 정통이 이어진다며 프랑스 제국을 선포하고 스스로 황제에 즉위하였다. 이전까지만 해도 스페인의 카스티야 왕국이나 발칸 반도의 세르비아 제국에서 황제를 자칭한 적은 있었으나 공인 받은 것은 아니었다. 1801년 영국의 조지 3세는 아일랜드 왕국을 합병했을 때 국내의 황제 칭호 권유를 거절하기도 하였다. 반면에 나폴레옹에게 자극받은 오스트리아 대공국의 대공이자 신성 로마 제국의 황제였던 프란츠 2세는 오스트리아 제국을 수립하여 전무후무한 두 개의 황제를 겸하였다. 신성 로마 제국은 1806년 나폴레옹에게 해산 당했지만 각지에서 황제가 난립하면서 황제 즉위의 원칙은 깨지고 그 가치도 떨어졌다. 독일은 19세기 중후반 여러 대외전쟁에서 승리하여 통일된 후 호엔촐레른 왕가의 빌헬름 1세가 프랑스의 베르사유 궁전에서 독일 제후들의 추대를 받는 형식으로 제위에 올라 독일 제국을 선포하였다. 20세기 초 유럽에서 제호를 쓰

---

56 https://ko.wikipedia.org/wiki/%ED%99%A9%EC%A0%9C. 2017. 3. 1.자 검색.

는 나라는 러시아, 오스트리아, 독일, 터키의 4국이었는데 제1차 세계 대전의 결과 모두 폐지되었다.

페르시아

기원전 550년 키루스 2세 이래 페르시아 제국의 황제는 전통적으로 파디샤(Padishah) 혹은 샤한샤(Shahanshah)라 하였다. 이는 고대 페르시아어 흐샤야티야 흐샤야티야냠, 즉 '왕 중의 왕'이 축약된 형태이며 보통 황제로 번역한다. 사파비 왕조와 카자르 왕조에서는 페르시아의 황제가 이슬람교 시아파의 우두머리를 겸했기 때문에, 질룰라(Zill'ul'lah)라는 호칭이 황제의 휘(諱) 앞에 붙기도 하였다. 황후는 샤흐바누(Shahbanu)라 불렸는데 사파비 왕조 이후에는 마흐돌리야라고 부르기도 했다. 친왕은 샤흐자드(Shahzade)라고 불리고 미르자(Mirza)라는 존칭이 붙었다. 내친왕은 샤흐자데(Shahzadeh)라고 불렸으며 베곰(Begom)이라는 존칭이 붙었다. 20세기 팔라비 왕조까지 이어졌으나 1979년 이란 혁명으로 폐지되었다.

이슬람 문화권

이슬람 문화권에서 군주의 의미를 가지는 칭호는 칼리파, 술탄, 에미르 등이 있는데 칼리파가 실권을 가지고 다스렸던 초기 이슬람 제국과 술탄이 다스렸던 셀주크 투르크 계통의 여러 국가들을 제국이라 칭한다. 그러므로 칼리파 및 술탄을 황제로 번역할 수도 있지만, 일반적으로 번역하지 않고 고유의 칭호로서 사용한다. 오스만 제국은 비잔티움 제국을 멸망시킨 뒤 제3의 로마제국을 자처했으므로 로마 황제의 칭호도 함께 사용했다. 페르시아의 파디샤도 자칭했고, 술타네스 셀라틴(Sultanes Selatin, 술탄 중의 술탄)라는 호칭도 사용했다. 또한 압바스 왕조 칼리파의 후손에게 칼리파 지위까지 양도받아 칼리파를 자처하기도 했다. 당시 오스만 제국이 지배한 문화권 내에서 황제에 해당하는 칭호를 모두 사용한 것이다. 오스만 제국 이후 술탄은 격이 낮아져 오스만 제국과 무굴 제국, 페르시아 등지에서는 친왕의 개념으로 쓰였다.

인도

무굴 제국의 황제도 파디샤라고 하였다. 영국은 무굴 제국을 멸망시키고 1877년 인도 제국으로 계승시켜서 영국의 국왕이 그 황제를 겸하기도 하였다.

아프리카

솔로몬으로부터 이어지는 세계 최장수 왕조라 주장하는 에티오피아의 솔로몬 왕조는 3세기에 재위한 엘라 아메다 1세부터 네구사 네게스트(Negusa Nagast, 왕중의 왕)라는 황제 칭호를 사용하였다. 상징은 예수를 나타내는 왕관을 쓴 사자로 '유다의 사자' 라고 불린다. 1974년 군부 쿠데타가 일어나 하일레 셀라시에 1세는 최후의 황제가 되었다.

아메리카

잉카 제국과 아즈텍 제국의 군주는 일반적으로 황제로 호칭된다. 멕시코는 매우 짧은 2번의 제정이 있었다. 제1제정은 스페인으로부터 독립한 후 1822년 아구스틴 데 이투르비데가 스스로 제위에 올랐다가 1823년 공화정으로 전환되었다. 1864년 프랑스의 나폴레옹 3세는 멕시코를 보호국으로 삼을 목적에서 막시밀리안 1세를 내세워 제2제정을 열었으나 1867년 베니토 후아레스에 의해 공화정이 부활하였다. 포르투갈의 식민지였던 브라질은 나폴레옹 전쟁으로 브라간사 왕가가 피난오면서 그 지위가 격상되었다. 결국 왕실이 본국으로 돌아간 후 1822년 독립하여 남아있던 페드루 1세를 황제에 올려 브라질 제국을 선포하였다. 그러다가 1889년 공화정으로 전환되었다.

第2章 천자

천자(天子)는 하늘의 아들이라는 뜻으로 황제의 별칭으로, 한자문화권 국가에서 쓰였다. 중국 역사상 한족이 그들의 군주를 천자로 부른 것은 상당히 오래된 일인데, 기록에는 기원전 1000년 경에 이미 주(周)의 지배자를 천자 혹은 천왕(天王)이라 불렀다. 천자는 훗날 진시황제가 스스로 제위에 올라 잠시 쓰이지 않다가, 초 의제(楚 義帝)가 제위에 오를 때 부활하여, 뒷날 전한 고제가 스스로 제위에 오르면서 황제를 천자라 부른 이후 정착되었다. 그로부터 중국의 황제를 지칭할 때 천자의 칭호가 지속적으로 쓰였다.

도읍터에 관한 논의에 판삼사사 정도전이 국가 치란은 사람에 달려 있음을 역설하다.[1]
"중국에서 천자가 된 사람이 많되 도읍하는 곳은, 서쪽은 관중으로 신이 말한 바와 같고, 동쪽은 금릉(金陵)으로 진(晉)나라·송(宋)나라·제(齊)나라·양(梁)나라·진(陳)나라가 차례로 도읍하여 중앙에는 낙양(洛陽)으로 양나라·당나라·진(晉)나라·한나라·주나라가 계속 이곳에 도읍하였으며, 송나라도 인해 도읍을 하였는데 대송(大宋)의 덕이 한 나라·당 나라에 못지 않았으며, 북쪽에는 연경(燕京)으로서 대요(大遼)·대금(大金)·대원(大元)이 다 도읍을 하였습니다.〈중국과 같은〉천하의 큰 나라로서도 역대의 도읍한 곳이 수사처(數四處)에 지나지 못하니, 한 나라가 일어날 때, 어찌 술법에 밝은 사람이 없었겠습니까? 진실로 제왕의 도읍한 곳은 자연히 정해 좋은 곳이 있고, 술수로 헤아려서 얻는 것이 아닙니다."
환관의 제어, 불교의 배척, 여자의 외출제한 등 12개 조목을 건의한 대사헌 남재[2]의

---

1 태조실록 6권, 태조 3년 8월 12일 기묘 2번째기사 1394년 명 홍무(洪武) 27년.
2 구정(龜亭) 남재(南在, 1351~1419)? 이성계를 도와 조선개국에 공을 세운 공신이다. 개국공신 1등에 책록되고 의성군에 봉해졌다. 후에 경상도 관찰사, 우의정, 영의정 등을 지냈다. 본관 의령(宜寧). 자 경지(敬之). 호 구정(龜亭). 초명 겸(謙). 시호 충경(忠景). 이색(李穡)의 문인. 진사시(進士試)에 합격한 뒤 좌부대언(左副代言)을 지내고, 동생 은(誾)과 함께 이성계(李成桂)를 도와 조선개국에 공을 세웠다. 1392년(태조 1) 포상을 피하여 은거하였으나 태조에게 처소가 알려져 재(在)라는 이름을 하사받고 개국공신 1등에 책록, 중추원학사 겸 대사헌이 되고 의성군(宜城君)에 봉해졌다. 중추원판사·문하부참찬사를 거쳐, 1396년 도병마사(都兵馬使)로서 대마도(對馬島)를 정벌하였다.
   http://terms.naver.com/entry.nhn?docId=1075264&cid=40942&categoryId=33383. 2017.3.11.자 검색.
   "의령 부원군(宜寧府院君) 남재(南在)가 죽었다. 조회와 저자[市]를 3일 동안 정지하고, 부의(賻儀)로

상서문

"귀신의 도(道)는 착한 사람에게는 복을 주고 악한 사람에게는 재앙을 주게 되니, 사람이 덕을 닦지 않고 번거롭게 자주 제사지내는 것이 무엇이 이익되겠습니까? 옛날에 천자는 천지(天地)에 제사지냈고, 제후(諸侯)는 산천(山川)에 제사지냈고, 대부(大夫)는 오사(五祀)에 제사지냈고, 사서인(士庶人)은 조부와 아버지에게 제사지냈는데, 각기 당연히 제사지낼 만한 것에 제사지낸 것이니, 어찌 스스로 착한 일을 하지 않고서 오로지 귀신만 섬겨 그 복을 얻으려는 이치가 있겠습니까. 원컨대, 지금부터는 제사의 예전(禮典)에 기재되어 도리상 마땅히 제사지내야 될 것을 제외하고서 그 외의 부정한 제사[淫祀]는 일절 금단(禁斷)시켜, 이로써 일정한 법으로 삼고 이를 어긴 사람은 엄격히 다스리게 하소서"[3]

서 쌀과 콩 각 70섬, 종이 2백 권을 주고 관에서 장사를 비호(庇護)하고 시호를 충경(忠景)이라 하였는데, 자신을 위태하게 하면서 윗사람을 받든 것이 충이고, 의(義)에서 행하면서 일을 이루는 것이 경이다. 재는 경상도 의령이 본관이다. 젊어서 과거에 급제하고, 지금 일에도 밝고 옛 일에도 통달하였다. 대성(臺省)을 역임하고 중외에 드나들어 경세 제민(經世濟民)하는 재간이 있었다. 〈고려가 조선으로〉세상이 바뀔 무렵에〈태조를〉추대하는 모략이 재한테서 많이 나왔고, 갑술년 사이에 상왕이 왕자로서 명나라에 들어갔을 때 재가 따라갔는데, 그때 함께 갔던 재상이 자못 불공하였으나 홀로 재만은 예로서 공경하였다. 무인년에 그의 아우 남은(南誾)이 정도전(鄭道傳)·심효생(沈孝生)과 더불어 여러 적자를 없애버리기로 모의하였으나, 상왕이 재는 모의에 간여하지 않았다 하고 사저(私邸)에 두었다가, 사건이 평정된 뒤에 죽음을 면하게 하여 귀양보내고 다시 소환하였다. 여러 번 벼슬이 승진하여 우의정에 이르고 부원군에 봉하게 되었는데, 상왕이 기구 대신(耆舊大臣)으로서 특히 예모(禮貌)를 더하여 대우하였다. 이때에 이르러 병으로 죽으니, 나이 69세였다. 그의 손자 남휘(南暉)는 상왕의 네째 딸 정선 공주(貞善公主)와 결혼하였다. 그가 젊었을 때에는 집이 가난하여 종 하나 말 한 필이었으며, 합문 지후(閤門祗候)로서 아홉 해나 승진하지 못하니, 그의 부옹(婦翁)도 예대(禮待)하지 않았다. 개국 공신이 되자, 세도를 믿고 남의 노비를 많이 탈취하였다. 무인년에 변정 도감(辨定都監) 제조(提調)가 되었을 적에 어떤 사람이 재를 고소한 일이 있는데, 재가 성을 내어 딴 일을 가지고 여러 가지 방법으로 핍박하니, 그 사람은 분해서 죽었다. 그 까닭에 만년에는 재산이 제법 부유하였다. 또 그 아우 남실(南實)과 살림을 다투어서 종신토록 화목하지 못하였으며 남실은 아침밥을 겨우 먹는데도 구휼하지 않았다." 세종실록 6권, 세종 1년 12월 14일 갑신 2번째기사 1419년 명 영락(永樂) 17년.

필자는 생각한다. 그 옛날에는 거대한 산이 연결 되었는데 지금은 도로가 뚫려 섬처럼 생긴 그의 가계 묘지 시공을 잇는 풍수를 산책한다. 봄에는 두릅나무 새순이 코를 찌른다. 사람들은 그를 남산(南算)이라 불렀을까 동산의 궤도를 돌다보면 알 수 있으리라. 남재선생이 감춘추관사(監春秋館事)로서 과거를 관장해 권도(權蹈)·성개(成槩) 등을 시취(試取)한 상상을 나는 하곤 한다. 그의 묘지는 경기도 문화재 자료 제114호. 경기도 남양주시 별내면 화접리 282-7번지에 있다. 남재 선생이 1419년 12월 14일 별세하니, 나라에서 조회(朝會)와 저자를 정지하고 부의를 내리고 세종이 직접 조문하였다.

3 태조실록 2권, 태조 1년 9월 21일 기해 3번째기사 1392년 명 홍무(洪武) 25년.

第3章 군주

군주국가에 있어서 나라를 다스리는 최고 통치자는 군왕(君王)·군주(君主)·주군(主君)·인군(人君)·왕(王)·왕자(王者)·나랏님·상감마마·황제 등으로 불렸다. 군주(君主)[1]의 칭호는 크게 두 가지로 나뉜다. 군주의 지위를 나타내는 말(왕호) : 왕, 칸, 황제, 술탄, 파라오 등 군주[2]를 가리키는 말 (이름 제호) : 태조, 세종, 만력제, 루이 14세 등이 있다.

임금이 강녕전(康寧殿)에 나아가니, 왕세자(王世子)가 효령 대군(孝寧大君) 이보(李補)·고령군(高靈君) 신숙주(申叔舟)·상당군(上黨君) 한명회(韓明澮)·좌의정 황수신(黃守身)·남양군(南陽君) 홍달손(洪達孫)·이조 판서 한계희(韓繼禧)·병조 판서 김국광(金國光)·호조 판서 노사신(盧思愼)과 승지(承旨) 등이 입시(入侍)하였다. 임금이 신숙주·한명회·김국광과 구치관(具致寬)에게 명하여 모화관(慕華館)에 가서 무과(武科)에 등준(登俊)한 사람 유보(留補) 등에게 시험을 보고, 조용히 이야기하다가 정치하는 방법에 말이 미치자 이내 글을 짓기를, "군주(君主)가 되는 도리와 세상을 다스리는 도리와 흥왕(興旺)하는 도리와 나라가 멸망하는 도리는 많은 말을 빌릴 필요도 없이 알 수가 있다. 사람이 누군들 옳지 않겠는가마는, 시비(是非)는 곤궁한 데에서 힘써지고 안일(安逸)한 데에서 태만하게 되므로, 이에 일체의 모든 황음(荒淫)이 따라서 일어나게 되니, 이른바 색황(色荒)·금황(禽荒)·성황(聲荒)·교황(驕荒)·만황(慢荒)·안일황(安逸荒)·호대황(好大荒)이다. 이같은 모든 황음(荒淫)이 일에 따라 문득 일어나게 되니, 시비(是非)를 분변하는 마음이 이미 거처(去處)를 잃게 된다. 그런데도 여러 신하들이 두 손을 마주 잡고 공경하므로, 밖으로는 스스로 엄격하지마는 한 부인(婦人)이 마음을 어지럽게 하므로 속으로는 스스로 미혹(迷惑)하게 된다. 여러 신하들이 두손을 마

---

1 세습적으로 나라를 다스리는 최고 지위에 있는 사람이다.
2 "군주의 마음은 정치를 하는 근원입니다. 마음이 바르면 모든 일이 따라서 바르게 되고, 마음이 바르지 않으면 온갖 욕심이 이를 공격하게 되니, 그런 까닭으로 존양(存養) 성찰(省察)의 공부를 지극히 하지 않을 수 없습니다. 순제(舜帝)의 긍긍업업(兢兢業業)과 탕왕(湯王)과 문왕(文王)의 율율익익(慄慄翼翼)은 곧 그 세상이 태평하고 화락해진 근본입니다." 태조실록 2권, 태조 1년 11월 14일 신묘 1번째기사 1392년 명 홍무(洪武) 25년.

주 잡고 공경하는 까닭으로 특별한 충성이 없게 되고, 한 부인(婦人)이 마음을 어지럽게 하는 까닭으로 깊은 사랑이 있게 된다. 특별한 충성이 없으면 군주(君主)는 현친(賢親)을 잃게 되고, 깊은 사랑이 있으면 정사가 항상 같지 않아서, 내외(內外)가 불화(不和)하고 형상(刑賞)이 문란(紊亂)한 것이 항시 이에서 연유(緣由)되니 미리 알지 않아서는 안된다. 요약하여 말한다면 군자(君子)를 친하고 소인(小人)을 멀리하고 여러 신하들을 몸받게 하고 여러 백성을 사랑하는 것이다."[3]

---

3 세조실록 39권, 세조 12년 9월 14일 임오 1번째기사 1466년 명 성화(成化) 2년.

第4章 국왕

국왕(國王) 또는 왕(王)은 군주의 칭호의 일종이다. 임금이라고도 한다. 황제(천자)와 동격인 자주국의 왕도 있고, 제후국(諸侯國)의 왕도 있다. 주로 남성인 경우를 가리킨다. 여제(女帝) 또는 여황(女皇)은 제국에서 여성인 군주의 칭호로써, 여황제(중국어:女皇帝), 여황(베트남어:Nữ hoàng), 여성천황(일본어:女性天皇)이라고 부른다. 엠퍼로스(영어:Empress)는 황후를 가리키는 낱말이기도 한다.

하윤이 지어 올린 악장 2편. 교서를 내려 칭찬하다

영사평부사(領司平府事) 하윤(河崙)이 악장(樂章) 두 편(篇)을 올리니, 교서(教書)를 내려 주어 칭찬하였다.
"거룩한 왕자여!
덕이 매우 빛나시니,
그 학문은 밝으옵고,
그 문장은 경서(經書)로다.
천자께서 교지를 내리시니,
나라 사람들이 조심하오.
군부(君父)의 사신(使臣)이라
받들기에 겨를없소.
천자를 벌써 뵙고 자세하게 아뢰니,
얽은 죄가 사라짐은 국가의 창성이라.
부지런한 왕자시여!
옳은 도릴 따르시어
전대(專對)[1] 하고 돌아오니,
종사(宗社)의 빛이옵네.

---

1 전대(專對) : 독단으로 자유로이 응답(應答)함.

군세이신 우리 임금 오래 살고 건강하오.

왕자께서 돌아오니 즐거움이 한이 없소

위의 시(詩)는 근천정(覲天庭) 5장(章)이다.

"부지런한 임금이여!

밝은 덕에 머무시고

효우(孝友)로 정사(政事)하니,

높은 이름 그침없소

그 마음을 조심하여

한결같이 사대(事大)하니,

가르침을 받들음에

해 돋는 곳 미쳐 갔네.

황제께서 명명(明命)하니

금인(金印)이 빛나옵고

또 무엇을 주었는가?

구장(九章)의 곤의(袞衣)일네.

절하고 수명(受命)하니

천자께서 성명(聖名)하며,

절하고 수명하니

종사(宗社)도 영광이라.

아! 우리 임금 천도(天道)를 받으시어

인(仁)을 본받고 백성을 보호하니,

천년토록 오래 살리.

즐거울손 님이시여!

해 오르듯 밝으시어,

바른 법을 남기시니,

만세(萬世)에 받들겠소.

위의 시(詩)는 수명명(受明命) 6장(章)이다. 임금이 이것을 보고, 김첨(金瞻)을 불러 이를 주면서 말하기를, "관현(管絃)에 올려서 연향악(宴享樂)으로 하라." 하고, 참찬의정부사(參贊議政府事) 권근(權近)에게 명해 교서(敎書)를 짓게 하고, 좌대언(左代言) 이승상(李升商)을 보내어 이를 가지고 가서 하윤에게 내려 주게 하였다. "왕은 이르노

라. 대체로 들으니, 임금과 신하의 사이에는 경계를 말[進戒]하는 것이 귀(貴)하고, 성악(聲樂)의 도(道)는 상(象)을 이루는 데 있다고 하였다. 그러므로 구서(九敍)의 노래를 우(禹)가 벌써 지었고, 갱재(賡載)[2]의 노래를 고요(皐陶)[3]도 또한 불렀다. 이것은 순(舜)의 조정에서 임금과 신하가 서로 경계(警戒)함으로써 지치(至治)를 일으킨 이유이다. 주(周)나라에 이르러서는 그 도(道)가 점점 갖추어져 아(雅)와 송(頌)을 짓게 되어 지금까지 양양(洋洋)하다. 경은 타고난 자질이 명민한데다 학술(學術)이 정밀하니, 보는 바가 발라[正] 뛰어남[卓爾]이 매우 높고, 지키는 바가 굳어 확호(確乎)함을 뽑을 수 없소. 들어와서 모책(謨策)을 개진(開陳)함에 반드시 바르게 하고 이익됨을 다 말하며, 나가서 정사(政事)를 시행함에 반드시 정밀하고 자상하게 하였다. 일찍이 힘을 다하여 사직(社稷)을 정하고 또 정성을 다하여 천명(天命)을 도왔다. 그대의 크나큰 업적을 가상하게 여기어 다시 동맹(同盟)을 하고, 여러 관료(官僚)의 장(長)이 되게 하여 나의 다스림을 돕게 하였다. 이제 올린 근천정(覲天庭)·수명명(受明命) 두 편(篇)의 악장(樂章)을 보니, 바로 노래 부름에 그치는 것이 아니라 경계(警戒)를 말함에 절실하오. 오직 내가 천정(天庭)에 들어가 뵌 것은 신하의 직분(職分)으로 당연한 것이며, 그 명명(明命)을 받은 것은 천자(天子)의 은수(恩數)가 다행하게도 부덕(否德)한 이 사람에 이른 것이니, 모두 아름다울 것이 없었다. 경[4]이 이에 시가(詩歌)를 지어 권면하고 경계하는 뜻을 붙였으니, 아마도 영원히 그 어려움을 생각하여 무궁토록 보전하게 하려 함이다. 충의(忠義)의 정성이 지극하여 가상할 만하며 더욱이 사의(辭義)의 우아함과 성기(聲氣)의 화(和)함은 옛날의 작자(作者)에게 짝[追配]하여 또한 후세(後世)에 전할 만하오. 이를 볼 때에 진실로 부끄러움을 느끼는 바이다. 이미 유사(有司)에게 명하여 관현(管絃)에 올려 연향악(宴享樂)으로 삼아 경계한 말을 잊지 않기로 하였다. 아! 칠덕(七德)[5]으로 춤추며 노래함에 사공(事功)이 미치지 못함을 부끄러워하고, 오언(五言)[6]을 출납함에 이익[益]이 다스림에 있으니, 소홀히 하여 어김이 없음이 옳겠다."

---

2 갱재(賡載) : 임금의 시(詩)에 화답하여 시(詩)를 지음.

3 고요(皐陶) : 순(舜)의 신하. 법리(法理)에 통달(通達)하여 법을 세워 형벌을 제정하고 또 옥(獄)을 만들었음.

4 경(卿)? 임금이 신하를 부르는 말이다. 중국과 한국의 관직명, 또는 고위 관인을 일컫고, 중국 주나라에서 태사(太師)·태부(太傅)·태보(太保)를 3공(公), 그 아래의 소사(少師)·소부(少傅)·소보(少保)를 3고(孤)라 하고, 다시 그 아래의 천관총재(天官冢宰)·지관대사도(地官大司徒)·춘관대종백(春官大宗伯)·하관대사마(夏官大司馬)·추관대사구(秋官大司寇)·동관대사공(冬官大司空) 등을 6경이라 하거나 3고와 합쳐 9경이라 한 데서 비롯되었다.
http://terms.naver.com/entry.nhn?docId=566365&cid=46621&categoryId=46621

5 칠덕(七德) : 정치상의 일곱 가지 덕(德). 곧 존귀(尊貴)·명현(明賢)·용훈(庸勳)·장로(長老)·애친(愛親)·예신(禮新).

6 오언(五言) : 인(仁)·의(義)·예(禮)·지(智)·신(信)의 다섯 가지 덕(德).

第5章 임금

중국의 선진문헌(先秦文獻)을 살펴보면 고조선시대부터 후(侯) 또는 왕을 칭했음을 알 수 있다. 서기전 9~8세기경의 사실을 기록한 『시경』 대아한혁편(大雅韓奕編)에 의하면 연(燕)나라 근처에 예족(濊族)과 맥족(貊族)을 다스리는 한후(韓侯)가 있었다고 한다. 이 후는 그 성격을 확실히 알 수 없으나 동이계(東夷系)인 한의 군장(君長)이었던 것으로 추정되며, 『삼국지』 동이전에 나타나는 삼한의 신지(臣智)·험측(險側) 등과 마찬가지로 거수(渠帥)에 해당하는 지배자였을 것으로 보인다. 실제로 당시 동예에는 불내예후(不耐濊侯), 옥저에는 옥저현후(沃沮縣侯)가 있었다. 서기전 4세기경의 고조선에도 후와 왕을 칭한 기록이 있다. 『삼국지』 동이전에는 『위략(魏略)』을 인용하여 "조선후가 스스로 왕을 칭하였다."고 하였는데, 이는 당시 고조선이 철기문화의 수용을 바탕으로 연맹왕국을 형성하여 전국칠웅의 하나인 연나라와 대항할 수 있을 만큼 국력이 강해졌음을 뜻한다. 『사기』 조선전에는 서기전 194년 위만(衛滿)이 연나라로부터 망명해 오자 준왕이 박사 벼슬을 주고 변방을 지키게 했는데, 뒤에 위만이 도리어 조선을 공략해 준왕은 남쪽 한(韓) 땅으로 달아나 한왕을 칭했다고 기록되어 있다. 서기전 109년 한무제(漢武帝)가 위씨조선을 침공하자 내분이 일어나 우거왕은 암살당하고 결국 위씨조선은 멸망했다고 한다. 또, 북방의 부여왕과 남쪽의 마한 목지국(目支國)을 다스린 진왕(辰王)도 있다. 그러나 특별히 주목되는 것은 우리 민족의 시조로 받들어지는 단군왕검(檀君王儉)의 존재이다. 단군왕검은 하늘에서 내려온 환웅(桓雄)의 아들로서 고조선의 임금이 되었다고 전해진다. 단군왕검은 단군과 왕검의 복합어이다. 오늘날, 단군은 무당 혹은 하늘을 의미하는 몽고어의 '뎅그리(tengri)', 그리고 왕검은 정치적 군장을 의미하는 '엄큼' 혹은 '림금·을감'의 대역어로서 임금의 뜻을 가진 말로 해석하고 있다. 즉, 단군왕검은 제사장과 정치적 수장의 구실을 겸하던 제정일치 시대의 군장으로 간주되고 있다. 한편, 단군왕검은 천제(天帝)인 환인(桓因)의 손자이며 하늘에서 내려온 환웅의 아들이라 하여 태양의 아들을 상징하듯이, 부여·고구려·백제 등 부여족 계통의 나라에서는 공통적으로 태양을 의미하는 '해'를 이름 앞에 붙여 호칭함으로써 해씨(解氏) 성이 나타났다.[1] 신라는 초기에 고유한 왕호를 사용하

---

1 "왕호의 변천", 한국학중앙연구원, 2017.2.12.자 검색 부분 게재.

였다. 『삼국사기』를 보면 제1대 혁거세를 거서간(居西干), 제2대 남해를 차차웅(次次雄), 제3대 유리에서 제18대 실성까지 16왕을 이사금(尼斯今), 제19대 눌지에서 제22대 지증까지 4왕을 마립간(麻立干)이라 칭하고 있다. 신라는 법흥왕 때부터 고유왕호인 마립간을 버리고 정식으로 중국식 왕호를 사용하게 된다. 이미 지증 때 국력신장 및 왕권강화와 더불어 일련의 개혁정치를 시행하면서 군신의 건의를 받아들여 국호를 신라, 왕호를 신라국왕이라 쓰기로 정했으나 오랜 인습으로 말미암아 실현을 보지 못하다가, 법흥이 즉위하자 곧 실천에 옮기게 된 것으로 보인다. 『삼국사기』·『삼국유사』 및 당시의 금석문 등에는 '대왕'이라는 칭호가 곳곳에 나타난다. 삼국이 연맹왕국 내지 고대국가로 발전하면서 체제가 정비되고 왕권이 강화되어가는 시기에 대왕의 칭호가 등장하게 된다. 고구려는 20년(대무신왕 3) 3월 동명왕묘(東明王廟)를 세웠고, 백제는 18년(온조왕 36) 5월에 동명왕묘를 건립했으며, 신라는 6년(남해차차웅 3) 정월에 시조묘를 세워 4계절에 제사를 지냈다. 고려는 처음부터 중국과 같은 묘호를 사용하였다. 창업지주(創業之主)를 '태조', 수성지군(守成之君)을 '종(宗)'으로 하였으니 이는 왕조의 자존의식과 권위를 충분히 발휘한 것이라 하겠다. 왕이 스스로를 칭할 때는 짐(朕)이라 했고, 왕명을 조(詔)·선지(宣旨), 왕위계승자는 태자라 칭하였다. 삼국시대와 마찬가지로 시호로서 대왕이라는 칭호도 사용하였다. 왕건(王建)은 즉위 다음 해에 3대를 추증하여 증조고(曾祖考)를 시조원덕대왕(始祖元德大王), 할아버지를 의조경강대왕(懿祖景康大王), 아버지를 세조위무대왕(世祖威武大王)이라 한 바 있고, 그 후 대 왕들도 『고려사』와 『고려사절요』에 보이는 것처럼 시호를 '태조신성대왕(太祖神聖大王)' 또는 '혜종의공대왕(惠宗義恭大王)' 등으로 표기하고 있다.

조선왕조는 고려 전기의 관례에 따라 말기까지 묘호와 시호를 사용했지만, 고려 후기의 몽고간섭기와 마찬가지로 짐·조·주·폐하·태자 등과 같은 자주적인 용어는 사용하지 못하고 여(과인)·교·정·전하·세자 등의 용어를 답습하였다. 그러나 왕호 사용에 있어서 고려시대와는 몇 가지 다른 점을 발견할 수 있다.[2]

과인(寡人)? 덕이 적은 사람이라는 뜻으로, 임금이 자기 자신을 낮추어 이르는 말이다. "내가 작은 몸으로 다행히 천지(天地) 종사(宗社)의 도움에 힘입어 큰 기업을 이어받아, 숙야(夙夜)로 공경하고 정신을 가다듬어 다스리기를 도모해서, 승평(昇平)에 이르기를 기약하였다. 그러나 덕(德)이 밝지 못하고, 때로 조처하는 데에 어두워서, 백성

---

http://terms.naver.com/entry.nhn?docId=537331&cid=46620&categoryId=46620
2 "왕호의 변천", 한국학중앙연구원, 2017.2.12.자 검색 부분 게재.
   http://terms.naver.com/entry.nhn?docId=537331&cid=46620&categoryId=46620

이 혜택을 입지 못하였다. 또 인사(人事)가 아래에서 느껴지면, 천변(天變)이 위에서 응하기 때문에, 예전의 왕노릇하는 이는 매양 재변을 만나면 반드시 인사(人事)를 닦았다. 혹은 몸을 삼가하여 행실을 닦고, 혹은 정령(政令)을 발하여 인정(仁政)을 베풀었으니, 대개 그 근본에 반성하여 실상으로 하늘에 응하는 것이었다. 근자에 천변과 지괴(地怪)가 여러 번 견고(譴告)를 보이었으니, 실로 과인의 부덕한 소치로 말미암은 것이었다. 위태하게 여기고 두려워하기를 연못의 얼음을 건너는 것 같이 하여, 몸을 신칙(申飭)해 닦고 살피어 그 허물을 면하기를 생각하였다. 백성의 괴로운 것을 불쌍히 여기는 데 마땅히 부지런하여, 천심(天心)에 조금이라도 보답하여야 하겠다. 건문(建文) 원년 8월 초9일 새벽 이전의 이죄(二罪) 이하는, 이미 발각되었거나 발각되지 않았거나, 이미 결정(結正)되었거나 결정되지 않았거나, 모두 용서하여 면제하라. 비록 일죄(一罪)에 관계되더라도 서로서로 연관되어 의사(疑似)에 속하는 것은 곧 신문(申聞)하여 왕지(王旨)를 받아서 시행하라."[3]

동 양

「왕(王)」이라는 말은 중국에서 만들어졌다. 상나라(商)와 주나라(周)의 군주는 왕을 칭하고 있었다. 당시 왕은 천자의 칭호였으며, 춘추시대(春秋時代)에 주나라의 통치 능력이 쇠약해져 군웅할거의 시대가 되어도 봉건제 아래, 각 군주는 주왕(周王)을 존중하고 왕을 자칭하는 일이 없었다. 초나라(楚), 오나라(吳), 월나라(越)가 왕을 자칭하는 것은 주나라를 무시하는 것으로 보았다. 그러나 전국시대(戰國時代)에 들어서는 봉건제가 붕괴하기 시작하여, 각국의 제후가 왕을 자칭하여 왕의 가치가 폭락했다. 그 때문에 전국시대를 통일한 진왕 영정(秦王 嬴政)은 스스로를 황제(皇帝)라고 칭하게 되었다. 그 뒤에 일어난 한나라도 황제를 군주 명칭으로 사용하고, 삼국시대나 동진(東晉) 16국 시대, 5대 10국 시대 등 황제가 난립하는 시대는 있었지만, 마지막 왕조인 청나라까지 황제는 중국 군주의 명칭으로 계속 쓰여졌다.

한(漢)나라와 삼국시대의 경우 왕은 태수급 지방관으로 황제와 황태자(皇太子) 이외의 황족들을 태수급 지방관으로 삼았는데 일반 사족(士族)들이 지방관을 담당하는 지역은 군(郡)이라 하며 그 수장을 태수(太守)라 하지만 황족이 지방관을 담당하는 지역을 국(國)이라 하며 그 수장을 왕(王)이라 했다. 다만 국의 왕은 태수와는 달리 단지 얼굴마담일 뿐이었고 태수가 직접 다스리는 군과는 달리 국은 왕이 아닌 국상(國相)이 실질적으로 다스리는 입헌군주제 지방이었다. 결과적으로 왕은 황실 종친으로 태어난 것 하나만으로 얻어지는 직책이며 군이나 국이 주(州)의 예하에 놓이기 때문에

3 정종실록 2권, 정종 1년 8월 8일 을사 2번째기사 1399년 명 건문(建文) 1년.

행정분류상 주의 수장인 자사(刺史)의 휘하에 놓이게 된다. 한편 왕은 황제에 뒤잇는 지위로 여겨져, 황제의 일족이나 공신에게 봉해 줄 수 있는 칭호가 되었다. 또, 황제의 지배가 미치지 않는 외국의 군주를 왕으로 "책봉"하여, '세계를 지배하고 있다고 하는 관념'을 만들려고 한 것이 바로 책봉 체제이다. 그 때문에, 중화 문화권에서는 "왕"은 중국 황제로부터 받는 칭호이며, 중국 황제에 복종한다는 증명이 되었다. 또한 외국의 군주의 경우는 국왕(國王), 국내 황족의 경우는 친왕(親王) 또는 군왕(郡王) 등에 봉하였으며, 국왕은 군왕 등 보다 지위가 높았다. 그 때문에 외국의 왕이라 해도 별로 중요시하지 않는 나라의 경우에는 군왕 등으로 격하의 칭호를 주는 경우도 있었다. 한국에서는 고조선이 이웃 연나라의 역왕(燕 易王)이 자신을 왕으로 칭하자, 그에 대응해 군주의 칭호를 후(侯)에서 왕으로 칭하였다. 그 후, 조선시대 까지 왕이라는 호칭을 사용하다가 1897년(광무 1) 고종이 대한제국 황제를 칭하였고, 이에 따라 대한제국이 멸망할 때까지 왕의 지위는 중국처럼 황족들이 사용하였다. 일본에서는 초기에는 그 임금을 왕(大君: 오키미)으로 불렸다가 그 후에는 중국의 책봉 체제를 무시하고, 군주에게는 자칭 황제의 칭호인 천황(天皇)이라는 칭호를 사용해 왔다. 한편, 일본의 실질적인 지배자였던 정이대장군(征夷大將軍)은 중국이나 조선과의 외교에서 일본국 대군(日本國大君)의 칭호를 이용했다.[4]

서 양

구주(歐洲) 또는 유럽(Europe)의 군주에는 황제(Emperor), 국왕(King), 공(Prince)이라는 3개의 개념이 있다. 원래는 각 지역마다 독자적인 군주의 명칭이 있지만, 로마 제국 이후의 유럽의 질서에서는 황제나 교황(Pope)으로부터 왕으로서 승인을 받은 존재만이 왕이며, 그러한 승인을 받지 않는 소군주는 총칭적으로 프린스로 불렸다.

황제가 공화제 로마의 직명을 기원으로 하고 있는 데 대해, 영어의 king과 같은 게르만계의 왕의 명칭은 혈통을 의미하는 kin로부터 파생하고 있기 때문에, 보다 혈통이 중시되었다. 황제는 실력이 있는 사람이 추대되는 것이 기본이며, 이 때문에 로마 제국, 비잔틴 제국에서는 자주 실력자가 무력 투쟁이나 쿠데타에 의해서 황제가 되었고, 신성 로마 제국에서는 선거 제도를 통해서 황제가 뽑혔다. 코르시카 섬 출신 군인에 지나지 않던 나폴레옹 보나파르트는 이 점 때문에 황제가 되었다.

게르만계의 왕은 원래는 전쟁시에 임시로 선택되는 것으로, 이것이 게르만·슬라브

---

4 https://ko.wikipedia.org/wiki/%EC%99%95, 2017.3.1.자 검색.

계의 선거왕제로 연결되어 있지만, 이 경우에서도 왕의 혈통을 중요시하는 것이 선출의 조건이 되었다. 또 켈트족계의 타니스트리제(制)에서도 왕의 혈통을 가지는 사람이 선택된다. 19세기 중반 이후 새롭게 독립한 나라들이 군주제를 채용한 경우, 많은 나라에서는 본래 왕이 존재하지 않거나 이미 왕가의 후손이 없어진 경우가 많았지만, 그 경우에도 자국의 귀족으로부터 군주를 선택하지 않고 외국 군주의 일족을 왕으로 추대한 일이 자주 있었다(루마니아, 그리스, 불가리아, 노르웨이 등). 그것은 왕이란 왕의 혈통을 가진 사람이 되는 것이라고 하는 개념이 있었기 때문이다. 또한 유럽에서는 대부분의 경우, 왕조 교체가 있어도 방계나 모계의 혈통을 가진 자에 의해 이루어졌다. 왕위 계승법에 의해 여성의 왕위 계승을 인정하는 경우와 그렇지 않은 경우가 있다. 프랑스나 독일, 이탈리아 등 살리카법 지역에서는 여성의 왕위 계승을 인정하지 않는 예가 많다. 근대에는 여성의 왕위 계승을 인정하는 나라가 증가하고 있다. 여성 군주를 여왕(女王)이라고 한다.

第6章 조선왕조실록에서의 대통령 등장

조미 조약을 체결하다

조미 조약(朝美條約)이 체결되었다. 〈조미 조약(朝美條約)〉 "대조선국과 대아메리카 합중국[大亞美理駕合衆國]은 우호관계를 두터이 하여 피차 인민들을 돌보기를 간절히 바란다. 이러므로 대조선국 군주는 특별히【전권 대관(全權大官) 신헌(申櫶), 전권 부관 (全權副官) 김홍집(金弘集)】을 파견하고, 대미국 대통령은 특별히 전권 대신(全權大臣) 해군 총병[水師總兵]슈펠트[薛裴爾 : Shufeldt, R.W.]를 파견하여 각각 받들고 온 전권 위임 신임장[全權字據]을 상호 검열하고 모두 타당하기에 조관을 작성하여 아래에 열 거한다. 제1관 이후 대조선국 군주와 대미국 대통령(大統領) 및 그 인민들은 각각 모두 영원히 화평하고 우애 있게 지낸다. 타국의 어떠한 불공평이나 경멸하는 일이 있을 때 에 일단 확인하고 서로 도와주며, 중간에서 잘 조처하여 두터운 우의를 보여준다."[1] ... 〈중략〉

조법 조약을 체결하다

"조법 조약(朝法條約)이 체결되었다.〈조법 조약(朝法條約)〉대조선국(大朝鮮國) 대군 주(大君主)와 대프랑스 민주국[大法民主國]대통령[大伯理璽天德]은 양국의 영원한 우 호를 간절히 염원하여 피차 왕래하면서 오랫동안 통상하는 일을 의정하였다. 그리하 여 대조선국 대군주는 특별히【전권 대신(全權大臣) 정2품 자헌 대부(資憲大夫) 한성부 판윤(漢城府判尹) 김만식(金晩植), 가선 대부(嘉善大夫) 협판 내무부사 겸 외아문 장교 당상(協辦內務府事兼外衙門掌交堂上) 데니[德尼 : Denny, Owen N.]를】선발하고, 대프 랑스 민주국 대통령은 특별히【흠차 출사 조선 전권 대신(欽差出使朝鮮全權大臣)어사 영광(御賜榮光) 4등(等) 훈장 이탈리아[義國]관면(冠冕) 2등 대성 훈장 패용(大星勳章 佩用) 외무부 교섭과 시랑(外務部交涉科侍郎) 코고르당[戈可當 : Cogordan]을】선발하 여 편의한 대로 행사할 수 있는 전권 대신으로 삼는다. 각기 편의한 대로 행사하라는 유시를 서로 대조 검사하고 모두 타당하므로 곧 회의한 각 조항을 아래에 열거한다....

---

1 고종실록 19권, 고종 19년 4월 6일 신유 3번째기사 1882년 조선 개국(開國) 491년.

〈중략〉"2

한국에 있는 미국인의 발명, 제품 도안, 상표, 저작권 보호 조약이 체결되다

"한국에서 발명, 의장(意匠), 상표 및 저작권 보호에 관한 일 미 조약(日美條約)이 맺어졌다.〈일 미 조약(日美條約)〉일본국 황제 폐하와 아메리카 합중국 대통령은 한국에서 그 관리 또는 국민의 발명, 의장, 상표 및 저작권에 대한 보호를 확보하기 위하여 조약을 체결하기로 결정하고 일본국 황제 폐하는 아메리카 합중국 주재 특명전권대사(特命全權大使) 정3위 훈(勳) 1등 남작(男爵) 다카히라 쇼고로[高平小五郎]를, 아메리카 합중국 대통령은 국무 대신 대리(國務大臣代理) 로바아도 베에곤을 각각 전권 위원(全權委員)으로 임명한다. 이에 따라 각 전권 위원은 서로 위임장을 보이고 이것이 양호하고 타당하다는 것을 인정하여 다음의 여러 조항들을 협의하고 결정한다....〈중략〉"3

미국주재 전권 대신으로 있다가 돌아온 박정양을 소견하다

二十四日。召見回還駐箚美國全權大臣朴定陽。復命也。敎曰: "該國地方, 較諸日本, 爲幾倍耶?" 定陽曰: "地方以我國里法計之, 東西八千五百五十里, 南北四千八百里。此就地球全圖閱認者, 而每逢該國人聞之幅員之廣, 不下於亞洲之中國, 歐洲之俄羅斯云矣。" 敎曰: "駐該國時大統領接待之節果何如? 而每於接見時, 以握手爲禮乎?" 定陽曰: "其接待之節, 與各國一例, 極其和洽。而西俗以握手爲接見之禮, 故臣亦入其邦遵其禮, 以握手爲禮矣。" 敎曰: "該國極其富强云, 果然耶?" 定陽曰: "該國之富强, 非但以金銀之贍饒也。兵甲之精利也, 專在於內修之務實, 而財政則以港稅爲最, 其次烟酒, 其次地租, 外他雜稅, 亦云不少。年來歲入, 殆過三億七千一百四十餘萬圓, 歲出二億六千七百九十萬圓, 較其出入, 餘剩爲四分之一。故或有各港入口稅減額之論, 又或曰: '各港入口, 若爲減稅, 則他國物貨之紬緞器用, 日增輸入, 價額隨以廉歇, 民樂於貿用, 不肯製造, 則民自懶惰, 國以貧弱'云。減稅之論, 竟不施行, 其所富饒, 已可知也。而其裕財之方, 亦可推知矣, 大抵該國財用之源如此, 而猶爲節用無濫, 故日就富饒, 爲各國之最, 則其富饒之要, 專由於節用, 節用之要, 專在於規模。而該國規模旣周且密, 一有定式, 人莫敢違越矣。" 敎曰: "該國規模, 極其周密云, 果何如耶?" 定陽曰: "以官人論之, 視國事如家事, 各守厥職之定規, 一心靡懈, 以民人論之, 士農工商, 各事其事, 統計全國, 罕有遊食之民, 故財用由是而富饒, 規模由是而周密矣。" 敎曰: "該國富饒之爲最於各國, 實由規模之周密, 而人心之淳實, 亦爲各國之第一云,

---

2 고종실록 23권, 고종 23년 5월 3일 을미 1번째기사 1886년 조선 개국(開國) 495년.
3 순종실록 2권, 순종 1년 8월 13일 양력 1번째기사 1908년 대한 융희(隆熙) 2년.

果然否?"定陽曰:"各國人心, 雖不敢盡詳, 而美國則立國不過百餘年, 土地尚多未墾處, 專以募集人民爲務。且以教育一事, 爲國之大政, 故人心自爾淳實矣。"敎曰:"駐該國時, 何國公使, 最爲親密乎?"定陽曰:"公使交涉, 務相和藹, 故別無親疎之有間, 而與我國立約國之公使, 益親矣"敎曰:"日本人往來各國, 多倣良規, 至改法律云, 果然否?"定陽曰:"日本人往來於各國, 政治法律, 棄短取長, 多有倣行矣。"敎曰:"美國財用之富饒, 法度之周密, 果如所聞。而專以農業爲務云, 果然否?"定陽曰:"非獨農也。士農工商, 各務其業, 而美之南土, 最務農業矣。"敎曰:"美之開國未幾, 其政規若是, 士農工商, 俱修其業, 則似勝於英國。而英國則但以商業爲務云, 果然否?"定陽曰:"英國地狹人多, 專賴貿遷, 故自多商民, 勢固然矣。"敎曰:"該國港口抽稅, 多以値百抽五云, 果然否?"定陽曰:"美之港稅, 輕於出口, 勸其居民之勤於製造, 重於入口, 抑其外貨之挪去比貨也。所以或抽五或抽十, 隨其物品, 利於民者, 輕其稅而進之, 害於民者, 重其稅而止之。至於紬、緞、烟、酒等稅, 有過於本額者, 他國初到之商民, 往往有以本品, 當其稅額云矣。"敎曰:"該國之地方, 若是廣大, 民屋亦爲宏麗, 而大統領館舍, 別無華美云, 果然否?"定陽曰:"大統領館所, 與人民私第, 無區別, 若較於富民之屋, 反多不及, 極其儉完, 但其異於私第者, 屋制均以白塗, 國人謂之白屋矣。"敎曰:"該國南隣智利、巴西, 北界英國、俄羅斯等屬地, 而是北美國乎?"定陽曰:"南北界限, 果如聖敎, 而雖稱北美合衆國, 若以阿美利加洲全幅論之, 爲居中矣。"敎曰:"該國海陸軍制, 不甚修備云, 果然? 而亦有常備豫備後備兵否?"定陽曰:"該國常備陸軍, 不過三萬名, 分屯各鎭臺, 現今華盛頓所儲兵, 無過數三百名。以其國較其兵, 不甚多額, 而此外又有民兵之稱, 各地方各村閭, 有兵學校, 敎民鍊習, 無政府糧餉之費, 每有國亂, 千萬精兵, 立刻可致, 所謂'寓兵於民', 其爲國之心, 官民無間矣。"敎曰:"兵學校是公立乎? 私立乎?"定陽曰:"或有公立, 或有私立矣。"敎曰:"沿路有檀香山云, 是何地耶?"定陽曰:"是係布哇國屬島矣。"敎曰:"布哇國, 是小國也。來往之路, 果爲歷見, 而其地方幾何乎?"定陽曰:"布哇是太平洋中, 合群島成一國者也 較諸琉球國及我國之濟州, 似無過大。而臣於赴美時, 船泊其境, 夜深而不能下陸, 不得詳覽。而其港口與國都, 極其凋殘。四十年前疱疾流行, 人民多損, 近來募集歐、亞各洲之民, 僅爲成樣云矣。"敎曰:"布哇, 一島國, 而美國、英國, 曾有交爭云, 何故耶?"定陽曰:"英國欲吞布哇, 布哇不堪其侵, 願屬於美, 蓋地近故也。美國素無慾於人之土地, 故不準其屬國之願, 而仍許獨立自主, 到今救護矣。"敎曰:"駐此美國之公使丹時謨, 已爲遞職, 而新差公使, 旋爲圖免云, 未知何故。而且聞丹時謨之言, 我國新公使派出後, 美國新公使亦派到云, 果然否?"定陽曰:"美國專尙內修, 而外交爲次, 故出使人之俸金, 較諸泰西稍薄。或有不願之人, 係是民主國, 故人各有自由之權, 政府不得强之。至於我國新公使派出一節, 丹時謨之言無怪矣。無論某國, 出使他國者, 皆願他國使之來駐本國, 且願其高等者, 欲其他之優於本國也。此固近日外交各國之恒情矣。"敎曰:"往來異域, 至于今日, 勞苦雖多, 而每聞各國人論, 善辦使事云, 是可幸也。"定陽曰:

"往役義重, 何敢言勞? 而學識蔑劣, 自多償誤, 惶恐震懍, 無所仰奏矣."

미국주재 전권 대신(美國駐在全權大臣)으로 있다가 돌아온 박정양(朴定陽)[4]을 소견(召見)하였다. 복명(復命)하였기 때문이다. 하교하기를, "그 나라 면적이 일본에 비하여 몇 배나 되는가?" 하니, 박정양이 아뢰기를, "면적은 우리나라에서 거리를 재는 법으로 계산하면 동서가 8,550리이고 남북이 4,800리입니다. 이것은 세계지도를 보고 안 것이고, 그 나라 사람을 만날 때마다 들어보니 강역(疆域)의 넓이는 아세아주의 중국이나 구주(歐洲)의 러시아보다 작지 않다고 했습니다." 하니, 하교하기를, "그 나라에 주재해 있을 때 대통령이 접대하는 절차는 어떠했으며 접견할 때마다 악수로 인사를 하던가?" 하니, 박정양이 아뢰기를, "그들이 접대하는 절차는 기타 각 나라들과 같았으며 극히 친절했습니다. 서양 풍속에서는 악수하는 것으로 접견할 때의 항상 된 예절로 여기기 때문에 신도 그 나라에 들어가서는 그 인사법을 따라 악수로 인사를 했습니다." 하니, 하교하기를, "그 나라는 매우 부강하다고 하는데 과연 그렇던가?" 하니, 박정양이 아뢰기를, "그 나라가 부강하다는 것은 비단 금이나 은이 풍부하다거나 무기가 정예하다는 것뿐만이 아닙니다. 그것은 전적으로 내부를 정비하고 실리에 힘쓰는 데 있으며, 재정은 항구세를 가장 기본으로 하고, 그 다음은 담배와 술이고, 그 다음은 지조(地租)이며 기타 잡세도 적지 않다고 합니다. 근년에 한 해의 수입은 거의 3억 7,140여 만 원을 넘고 한 해의 지출은 2억 6,790만 원이니 지출과 수입을 대비할

---

4 대한 제국의 정치가. 자는 치중(致中), 호는 죽천(竹泉), 시호는 문익(文翼). 본관은 반남(潘南). 1866년(고종 3) 문과(文科)에 급제, 참판(參判) 등을 지냈고 1881년에는 조사 시찰단(신사 유람단)의 일원으로 도일(渡日), 선진문물을 시찰하고 돌아와 이용사 당상경리사(理用司上經理事) 가 되었다. 이듬해 대사성·이조 참판(吏曹參判)·좌승지(左承旨)를 거쳐 1883년 기기국 총관(機器局總辦)·내무 협판(內務協辦)·협판군국사무(協辦軍國事務)·대사헌·협판교섭통상사무(協辦交涉通商事務) 등을 역임, 도승지(都承旨)·협판내무부사(協辦內務府事)를 지냈다. 1887년(고종 24) 주미전권공사(駐美全權公使)에 임명되었으나 위안스카이[袁世凱]의 압력으로 출발을 연기, 연말에 청나라의 방해 공작을 무릅쓰고 미국 대통령 클리블랜드(Cleveland)에게 신임장을 제정했다. 청나라의 압력으로 사직, 1889년 귀국하여 1894년 호조 판서·교정청 당상(校正廳堂上)·한성부 판윤(漢城府判尹)을 지내고 갑오경장(甲午更張)으로 군국기무처(軍國機務處)가 신설되자 회의원(會議員)이 되었다. 이해 김홍집(金弘集)의 1차 내각에 학부 대신(學部大臣)이 되고 이듬해 김홍집의 내각이 붕괴되자 내각 총리 대신(內閣總理大臣)이 되어 과도 내각(過度內閣)을 조직했다가 왕궁 호위병 교체 문제로 사표를 제출했으나 일본의 협조로 유임되었다. 이해 을미사변(乙未事變)으로 파면되었다가 김홍집 3차 내각의 내부 대신이 되고 1896년(건양 1) 아관파천(俄館播遷)이 일어나 김홍집이 살해되자 내부 대신으로 총리 대신 서리와 궁내부 대신 서리를 겸직했다. 이해 9월 내각을 의정부로 개혁하자 참정 대신(參政大臣)이 되고 1898년(광무 2) 독립 협회(獨立協會)가 주최하는 만민 공동회(萬民共同會)에 참석, 시정의 개혁을 약속 했으나 수구파(守舊派)의 반대로 좌절되었다. 11월 황국 협회(皇國協會)가 폭력으로 독립 협회를 탄압한 사건이 일어나 내각이 경질(更迭)되자 다시 내부대신이 되었다. 대한 제국 당시 불편부당한 온건 중립파로서 진보적인 개화 사상을 갖고 이상재(李商在) 등 개화파 인사들의 뒤를 돌보았다. http://terms.naver.com/entry.nhn?docId=881228&cid=43671&categoryId=43671

때 남는 것이 4분의 1이나 됩니다. 때문에 어떤 사람들은 각 항구에 들어오는 물건의 세를 줄이자고 논의하기도 하고, 또 어떤 사람들은 각 항구에 들어오는 물건의 세를 줄인다면 다른 나라에서 명주, 비단, 도구 같은 물건 등의 수입이 날로 증가하여 들어오고 그에 따라 값이 싸지면 백성들은 사서 쓰기를 좋아하면서 만들려고 하지 않을 것이니, 백성들이 자연 게을러지고 나라가 빈약하게 될 것이라고 합니다. 그리하여 세를 줄이자는 논의는 결국 시행되지 못했으니, 그 나라가 부유해진 이유를 이미 알 만하고, 재정을 넉넉하게 하는 방법도 이를 미루어 알 수 있습니다. 대개 그 나라 재정의 원천이 이와 같은데도 오히려 비용을 절약하고 낭비하지 않기 때문에 날로 부유하여 각 국의 으뜸이 되었으니, 그 나라가 부유하게 된 요점은 전적으로 비용을 절약하는 데 있고, 비용을 절약하는 요점은 전적으로 규모에 달려 있습니다. 그 나라의 규모가 주도면밀하여 일단 정한 규정이 있으면 사람들이 감히 어기지 못합니다." 하니, 하교하기를, "그 나라의 규모가 매우 주도면밀하다고 했는데 과연 어떠한가?"

하니, 박정양이 아뢰기를, "관리로 말하면 나랏일을 자기 집안일과 같이 여기며 각각 자기 직책의 정해진 규정을 지키고 한마음으로 게을리하지 않으며, 백성으로 말하면 사농공상(士農工商)이 각각 자기 일에 종사합니다. 전국을 통계해도 놀고먹는 백성이 드물기 때문에 재정이 이로 인하여 부유하고 규모가 이로 인하여 주도면밀한 것입니다." 하니, 하교하기를, "그 나라가 다른 나라보다 가장 부유한 것은 실로 규모가 주도면밀한 데 원인이 있겠지만, 인심이 순박하기도 각 국에서 첫째라고 하는데 과연 그러한가?" 하니, 박정양이 아뢰기를, "각 국의 인심을 다 알 수 없으나 미국은 독립한 지 100여 년에 불과하여, 토지는 아직 개간하지 않은 곳이 많으므로 전적으로 백성들을 모집하는 일에 힘쓰고 있습니다. 그리고 교육에 대한 문제를 나라의 큰 정사로 삼기 때문에 인심이 자연 순박합니다." 하니, 하교하기를, "그 나라에 주재하고 있을 때 어느 나라 공사(公使)와 가장 친밀했는가?" 하니, 박정양이 아뢰기를, "공사들의 교섭에서는 서로 좋게 지내기에 힘쓰기 때문에 별로 친소(親疎)의 차이가 없었습니다만, 우리나라와 조약을 맺은 나라의 공사와 더욱 친밀하게 지냈습니다."

하니, 하교하기를, "일본 사람들은 각 국에 왕래하면서 좋은 제도를 많이 모방하여 법률을 고치기까지 하였다고 하는데 과연 그런가?" 하니, 박정양이 아뢰기를, "일본 사람들이 각 국에 왕래하면서 정치와 법률에서 단점을 버리고 장점을 취하여 모방한 것이 많습니다." 하였다. 하교하기를, "미국이 재정이 풍부하고 제도가 주밀하다는 것은 정말 소문대로이다. 그런데 전적으로 농사일에 힘을 쓴다고 하는데 과연 그렇던가?" 하니, 박정양이 아뢰기를, "농사만이 아닙니다. 사농공상이 각각 자기 일에 힘쓰고 있는데, 미국의 남쪽 지방에서는 농사에 가장 힘쓰고 있습니다." 하니, 하교하기를, "미국은 나라를 세운 지 얼마 되지 않는데 그 정치 제도가 이러하고, 사농공상이 모두 자기 일을 잘하고 있으니 영국보다 우세할 것 같다. 그런데 영국은 상업만을 위주로 한다고 하던데 과연 그런가?" 하니, 박정양이 아뢰기를, "영국은 땅이 좁고 인구가 많아서 무역에만 의존하기 때문에 자연 상인이 많으니 당연한 일입니다." 하니, 하교하기를, "그 나라에서는 항구세를 많은 경우 100분의 5를 받는다고 하는데 과연 그런가?" 하니, 박정양이 아뢰기를, "미국의 항구세는 수출세를 낮게 하여 주민들이 생산에 힘쓰도록 장려하고, 수입세를 높여 외국 물품이 백성들의 돈을 거둬 내가는 것을 억제하고 있습니다. 그래서 혹 100분의 5도 받고 혹 100분의 10도 받는데, 그것은 그 물품에 따라서 백성들에게 유리한 것은 세를 가볍게 하여 들여오도록 하고 백성에게 해로운 것은 세를 무겁게 하여 막아 버립니다. 명주, 비단, 담배, 술 같은 것들은 관세가 원가보다 높은 것이 있으므로, 다른 나라에서 처음 오는 상인들은 가끔 세금이 원가에 맞먹는다고 말합니다." 하니, 하교하기를, "그 나라는 면적이 그렇게 넓고 백성들의 집도 크고 화려하지만 대통령의 관청은 별로 화려하지 않다고 하던데 과연 그런가?" 하니, 박정양이 아뢰기를, "대통령의 관청은 백성들의 개인집과 구별이 없으며 부유한 백성들의 집에 비교하면 도리어 미치지 못할 정도로 매우 검소합니다. 그러나 개인집과 다른 것은 건물을 전부 흰 칠을 했기 때문에 나라 사람들이 '백옥'이라고 합니다." 하니, 하교하기를, "그 나라는 남쪽으로 칠레와 브라질을 이웃하고, 북쪽으로 영국, 러시아 등에 속한 땅과 경계를 하고 있는데 이것이 북미국(北美國)인가?" 하니, 박정양이 아뢰기를, "남북의 경계는 과연 전하의 하교와 같은데 비록 북미합중국(北美合衆國)이라고는 부르지만 아메리카주 전체를 놓고 말한다면 미국은 그 복판을 차지하고 있습니다." 하니, 하교하기를, "그 나라는 해군, 육군의 제도가 그다지 정비되지 못하였다고 하는데 과연 그러하며, 또 상비병(常備兵), 예비병(豫備兵), 후비병(後備兵)이 있는가?" 하니, 박정양이 아뢰기를, "그 나라에 상비 육군은 3만 명에 불과한데 각 진영에 배치했으며, 현재 워싱턴에 주둔하여 있는 군사는 몇 백 명에 불과합니다. 그 나라의 크기에 비하여 군사를 보면 그리 많지 않았지만, 그 밖에 또 민병(民兵)이라고 부르는 것이 각 지방, 각 촌락에 있고 군사 학교가 있어서 백성들에게 훈련을 가르치는데 정부에서 군량을 대주지 않아도 나라에 변란이 있을 때마다 천만 명의 정예병을 선자리에서 동원시킬 수 있습니다. 이것이 이른바 '군사를 백성에 부속시킨다.'라고 하는 것인데, 나라를 위하는 마음은 관리나 백성이나 차이가 없습니다." 하니, 하교하기를, "군사 학교는 공립(公立)인가, 사립(私立)인가?" 하니, 박정양이 아뢰기를, "공립도 있고 사립도 있습니다." 하니, 하교하기를, "오가는 길에 단향산(檀香山)이 있다고 하던데 그것은 어떤 곳인가?" 하니, 박정양이 아뢰기를, "그것은 하와이에 속하는 섬입니다." 하니, 하교하기를, "하와이는 작은 나라이다. 오가는 길에 과연 두루 보았겠는데 그 면적은 얼마나 되던가?" 하니, 박정양이 아뢰기를, "하와이는 바로 태평양 가운데 있는데 여러 섬이 모여 한 나라를 이룬 것으로서 오키나와나 우리나라 제주(濟州)에 비교하여도 많이 크지 않을 것 같습니다. 신이 미국으로 갈 때에 배가 그 경계에 닿았으나 밤이 깊어서 육지에 내리지 못하여 자세히 보지 못했습니다. 그런데 항구와 수도는 매우 영락되어 있었습니다. 40년 전에 천연두가 유행하여 사람들이 많이 죽었기 때문에 근래에 구라파, 아시아 각 주(洲)의 백성들을 모집하여 겨우 모양을 갖추었다고 합니다." 하니, 하교하기를, "하와이는 한 개의 섬나라인데 미국(美國)과 영국(英國)이 그전에 서로 분쟁한 일이 있었다고 하니 무슨 까닭이었는가?" 하니, 박정양이 아뢰기를, "영국에서 하와이를 병탄(竝呑)하려고 하므로 하와이는 그 침략에 견딜 수 없어 미국에 속하기를 원했으니 그것은 대체로 영토가 가깝기 때문이었을 것입니다. 그러나 미국은 본래 남의 땅에 욕심이 없었기 때문에 속국이 되겠다는 그 나라의 소원을 승인하지 않고 그대로 자주 독립하게 하여 지금까지 보호하고 있습니다." 하니, 하교하기를, "우리나라에 주재하는 미국 공사(美國公使) 딘스모어〔丹時謨 : Dinsmore〕는 이미 체직(遞職)되었지만 새로 임명된 공사도 곧 그만두려고 한다는데 무슨 까닭인지 모르겠다. 그리고 딘스모어의 말을 들어보면 우리나라에서 새 공사를 파견한 후에 미국의 새 공사도 파견되어 온다고 하는데 과연 그런가?" 하니, 박정양이 아뢰기를, "미국은 자체의 실력을 기르는 데만 힘쓰고 외교는 부차적인 일로 여기기 때문에 사신으로 나가는 사람들의 봉급이 서양 여러 나라들에 비하여 좀 적습니다. 혹시 원하지 않는 사람도 있습니다. 이는 민주국이기 때문에 사람들이 각각 자유로운 권리를 가지고 있는 만큼 정부에서 강요할 수 없습니다. 우리나라에 새 공사를 파견하는 문제에 대해서는 딘스모어의 말이 이상할 것이 없습니다. 어느 나라를 막론하고 다른 나라에 사신을 내보내는 것은 다 다른 나라의 사신이 자기 나라에 와서 주재하기를 원하기 때문이며, 또 등급이 높은 관리를 원하는 것은 다른 나라가 자기 나라를 우대하기를 요구하기 때문입니다. 이것은 물론 요즘 각각 외교의 일반적인 추세입니다." 하니, 하교하기를, "다른 나라에 오가면서 오늘에 이르기까지 노고는 비록 많았지만 각 국 사람들의 말을 들을 때마다 사신의 임무를 잘 처리했다고 하니 이것은 다행한 일이다." 하니, 박정양이 아뢰기를, "사신으로 가는 의리가 중한데 어떻게 감히 노고에 대하여 말하겠습니까? 학식이 부족하여 자연 잘못하는 일이 많았으니 황송하여 주달할 바가 없습니다."하였다.[5]

5 고종실록 26권, 고종 26년 7월 24일 무진 1번째기사 1889년 조선 개국(開國) 498년.

第7章　대통령

공화국의 국가원수(國家元首)

외국에 대하여 국가를 대표하고 행정권의 수반(首班)이 되는 최고의 통치권자를 의미한다. 행정부의 실질적인 권한을 갖는 경우와 형식적인 권한만을 가지는 경우가 있는데 한국은 전자에 속한다.

〈헌법상의 지위〉 대통령(大統領)[6]의 헌법상 지위[7]는 집행권의 구조에 따라 다르다. 집행권이 일원적 구조에 입각하고 있는 경우에는 미국형 대통령제에서와 같이 입법부·사법부와 함께 동렬(同列)에 위치한다. 그러나 집행권이 이원적 구조에 입각하고 있는 라틴아메리카·아프리카·중동·동남아시아 등에서는 행정부의 수반을 의미하는 대통령이 입법부나 사법부에 대하여 월등하게 우월한 지위를 차지하고 있다. 따라서 다른 국가기관이 대통령의 헌법상 또는 사실상의 권력독점에 대항하거나 그 권력행사를 효과적으로 견제할 수 없다. 이러한 대통령제를 K.뢰벤슈타인은 '신(新)대통령제'라고 하여 삼권분립에 입각한 순수대통령제와 구별하고 있다.

〈임기와 선거〉 대통령의 임기는 정부형태에 따라서 차이가 있다. 이를테면 4년제(미국·온두라스·코스타리카·볼리비아·에콰도르·콜롬비아·아이슬란드·마샬군도·팔라우공화국 등), 5년제(프랑스·엘살바도르·파나마·가이아나·브라질·수리남·우루과이·파라과이·페루·독일·몰타·불가리아·알바니아·포르투갈·라오스·몰디브·방글라데시·인도네시아·한국·키프로스·남아프리카공화국·앙골라·잠비아·카메룬·코모로·콩고·탄자니아·튀니지 등), 6년제(니카라과·멕시코·아르헨티나·칠레·필리핀·레바논·이

---

6 일본어 : 大統領(だいとうりょう), 중국어 : 總統/总统(zǒngtǒng), 베트남어 : tổng thống, 영어 : President/Presidency, 불어 : président, 이탈리아어/스페인어 : presidente, 독일어 : Präsident, 러시아어 : президент, 터키어 : Cumhurbaşkanı, 에스페란토 : Prezidanto.

7 대한민국헌법[시행 1988.2.25.] [헌법 제10호, 1987. 10. 29., 전부개정]; 제66조 ① 대통령은 국가의 원수이며, 외국에 대하여 국가를 대표한다. ②대통령은 국가의 독립·영토의 보전·국가의 계속성과 헌법을 수호할 책무를 진다. ③대통령은 조국의 평화적 통일을 위한 성실한 의무를 진다. ④행정권은 대통령을 수반으로 하는 정부에 속한다.

집트·중앙아프리카공화국·지부티·짐바브웨 등), 7년제(시리아·터키·세네갈 등) 등이 있고, 연임(連任)을 인정하는 경우와 그렇지 않은 경우가 있다. 대통령을 선출하는 대통령선거기관과 선거방식도 정부형태에 따라서 다양하다. 국민의 직접선거로 선출되는 경우(1962년 헌법개정 후의 프랑스 등)와 선거인단에 의해서 선출되는 경우(미국 등), 그리고 의회에 의해서 선출되는 경우(터키 등) 등이 있다.

〈권한과 의무〉 대통령은 내란죄 또는 외환죄(外患罪)를 범한 경우를 제외하고는 재직 중 형사상의 소추(訴追)를 받지 않는 특권을 누릴 뿐만 아니라, 국가원수 또는 행정부의 수장으로서 광범한 권한을 행사한다. 그 중에서도 특히 외교에 관한 권한, 조약의 체결·비준에 관한 권한, 선전포고(宣戰布告) 및 강화(講和)에 관한 권한, 공무원임면권, 국군통수권, 영전수여권(榮典授與權), 법률안거부권, 명령제정권, 사면·감형·복권에 관한 권한 등이 주요 권한이다. 대통령의 의무는 각 국가의 헌법에 따라 차이가 있으나, 일반적으로 헌법준수의 의무, 영업활동의 금지, 겸직의 금지, 청렴의 의무 등을 들 수 있다.[8]

〈헌법상의 지위〉제헌(1948년 제정)에서부터 현행헌법(1987년 개정)에 이르기까지 정부형태가 변경될 때마다 대통령의 헌법상의 지위도 변천해 왔다. 현행헌법상의 대통령제는 대통령제의 전형이라고 할 수 있는 미국형과는 거리가 먼 일종의 대통령제의 변형이라고 할 수 있다. 입법권·행정권·사법권을 제도적으로 분립시키고 국회의 신임여부와 관계없이 임기 동안 재직하는 대통령이 국가원수인 동시에 행정부의 수반이 된다는 점에서 기본적으로는 대통령제가 채택되고 있다. 그러나 대통령에 대해서는 미국형에서 볼 수 없는 입법부 및 사법부에 대한 상대적 우월성을 보장하고 있을 뿐만 아니라, 긴급명령권·헌법개정제안권·국민투표부의권 등 일련의 비상권한도 부여하고 있다. 따라서 현행헌법에 있어서 대통령은 국가원수로서의 지위와 행정부 수반으로서의 지위를 겸하고 있다. 국가원수로서의 지위는 대외적으로 국가를 대표하는 지위, 국가와 헌법의 수호자로서의 지위, 국정의 통합·조정자로서의 지위, 다른 헌법기관 구성자로서의 지위로 세분된다. 행정부 수반으로서의 지위는 행정의 최고지휘권자·최고책임자로서의 지위, 행정부 조직권자로서의 지위, 국무회의 의장으로서의 지위로 세분된다.

〈선거〉 현행헌법은 국민이 직접 대통령을 선출하는 직선제를 채택하고 있다(67조

---

8 http://terms.naver.com/entry.nhn?docId=1081578&cid=40942&categoryId=31645. 2017.3.1.자 검색.

1항). 대통령의 선거에 관한 사항은 법률로 정하도록 되어 있는데, 이에 관한 법률이 1994년 3월 16일 제정된 '공직선거 및 선거부정방지법'이다. 그것에 따르면 20세 이상의 국민은 대통령선거권이 있다(15조 1항). 대통령으로 선거될 수 있는 자는 국회의원의 피선거권이 있고 선거일 현재 40세에 달하여야 한다(헌법 67조 4항). 선거구는 전국을 단위로 하고, 투표구는 읍·면·동으로 하며, 개표구는 구·시·군으로 한다. 대통령선거는 임기만료일 전 70일 이후 첫번째 수요일에 실시한다. 중앙선거관리위원회는 유효투표의 다수를 얻은 자를 대통령 당선자로 결정한다. 다만 대통령 후보자가 1인일 때는 그 득표수가 선거권자 총수의 3분의 1 이상이어야 하고, 최고득표자가 2인 이상일 때는 국회의 재적의원 과반수가 출석한 공개회의에서 다수표를 획득하여야 대통령으로 당선될 수 있다(67조 2·3항).

〈임기〉 대통령의 임기는 5년으로 중임할 수 없다(헌법 70조).대통령령의 임기연장이나 중임변경을 위한 헌법개정은 그 헌법개정을 제안한 당시의 대통령에 대해서는 효력이 없다(128조 2항).

〈형사상의 특권〉대통령은 내란 또는 외환(外患)의 죄를 범한 경우를 제외하고는 재직 중 형사상의 소추를 받지 아니한다(84조).

미국 대통령

〈헌법상의 지위〉 미국의 헌법은 "행정권은…대통령에 속한다"(2조 3항)는 간결한 조문으로 대통령을 규정하고 있지만, 대통령은 국가적 위기에 처하여는 '헌법적 독재제(獨裁制)'로 이행할 수 있을 만큼 강력한 권한을 가진 공직이다.

〈임기와 선거〉 대통령의 임기는 4년이며, 1947년 대통령의 3선(三選)금지가 성문화되었다. 대통령에 입후보할 수 있는 자격은 미국에서 출생하여 미국에 14년 이상을 거주한 35세 이상의 미국시민이어야 한다. 대통령은 대통령선거인단에 의하여 선출되는데, 주(州)에서 다수표를 획득한 대통령후보가 일반적으로 그 주의 선거인표를 받도록 되어 있다. 그러나 이러한 관습에도 불구하고 예외가 있었고, 또 선거인이 그 주에서 선출된 대통령후보에게 투표를 하여야 한다는 헌법적 구속력도 없다. 각 주의 대통령선거는 4년마다 11월의 첫째 월요일 다음의 화요일에 실시하도록 되어 있고, 선거인단에 의한 투표는 12월에 시행되는데 과반수를 획득한 대통령·부통령 후보가 당선자가 된다. 과반수를 얻은 후보자가 없는 경우에는 상위자 3명 중에서 연방하원이 대통령을 선출하고, 부통령은 남은 2명의 후보 중에서 상원이 선출한다. 이때 하원에서는 각 주가 1표, 상원에서는 각 의원이 1표를 행사한다. 대통령선거의 과정은 전당대회에서의 지명획득과 그 후의 대통령선거전으로 나누어진다. 지명과정에서 후보자에게 중요한 것은 당대회와 주대의원(州代議員)의 획득이며, 대통령선거전에서는 인구가 많은 주, 즉 선거인표가 많은 주를 장악하는 것이 중요하다. 선거인표는 주단위로 되어 있고, 그 주에서 선출되는 연방의회의 상·하 양원의원의 합계와 같은 수가 되므로 인구가 많은 주에서 지지를 받지 못하면 선거인단에서 과반수를 얻기가 거의 불가능하다. 따라서 대통령후보는 인구가 많은 주를 대상으로 집중적으로 선거전을 전개하게 되며, 또 동일한 이유로 그러한 주 출신의 대통령후보가 많다.

〈권한과 의무〉 대통령은 '법률을 성실하게 집행하도록 배려하는'행정부의 최고책임자이며, 방대한 연방관료제를 관리한다. 행정 각 부의 장관은 대통령의 내각을 구성하지만 그것은 보좌기관에 불과하고 연대책임을 지지 않는다. 또한 대통령은 국가원수로서 형(刑)의 집행연기와 특사권(特赦權)을 행사하고, 연방정부를 대표하여 의식적(儀式的) 활동에 종사한다. 그리고 입법에 대한 주요 지도자로서 연방의회에 대하여 교서(敎書) 등의 형식으로 실질적인 법안을 제시하는 권한과 법률안에 대한 일정한 거부권을 갖는다. 외교권한에 있어서는 조약의 제안·교섭·체결은 대통령이 하지만, 연방상원의 조언과 승인을 필요로 한다. 그러나 행정협정은 상원의 조언이나 승인을 필요로 하지 않는다. 대통령은 대사 등 외교사절의 임명과 외국의 외교사절을 접수할 권한을 가지며, 외국정부에 대한 승인을 포함하여 모든 외교관계의 유지 및 교섭의 회로(回路)가 된다. 또한 평시 또는 전시의 군대 및 '현역에 소집된 각 주의 민병(民兵)'에 대한 최고사령관이기도 하다. 한편, 대통령은 그 권한의 확대에 따라 3,000명이 넘는 요원으로 구성된 대통령부(大統領府)를 별도로 두고 있는데, 그 주요 기관으로 국방·외교 관계의 대통령보좌관을 포함한 백악관의 스태프(staff), 예산국, 경제자문위원회, 국가안전보장회의 등을 들 수 있다. 그러나 이들 기관은 어디까지나 대통령의 보좌기관으로서 존재하는 것이고, 대통령직의 수행은 대통령 개인의 소신에 따라 좌우된다.[9]

---

9 http://terms.naver.com/entry.nhn?docId=1185146&cid=40942&categoryId=31645. 2017.3.1.자. 검색.

에이브러햄 링컨[10]

"나는 1809년 2월 12일 켄터키 하딘 카운티에서 태어났다. 부모님은 두 분 다 버지니아의 평범한 집안, 굳이 설명하자면 이류가문 출신이었다. 내가 열 살 때 세상을 뜬 어머니는 행크스라는 집안 출신이었고…… 아버지는…… 내가 여덟 살 되던 해 인디애나에서…… 켄터키로 쫓겨 갔다. 사람이 살

에이브러햄 링컨

기에는 척박한 환경이었고 숲에는 곰을 비롯한 야생짐승들이 배회하고 있었다. 나는 그 곳에서 성장기를 보냈다…… 성인이 되었을 때도 나는 아는 것이 많지 않았다. 그래도 읽고 쓰고 셈하는 정도는 겨우 할 수 있었지만…… 그것이 내 지식의 전부였다."[11]

---

10 에이브러햄 링컨(Abraham Lincoln 1809.2.12.~1865.4.15., 미국의 제16대 대통령(재임 1861~1865). 남북 전쟁에서 북군을 지도하여 점진적인 노예 해방을 이루었다. 대통령에 재선되었으나 이듬해 암살당하였다. 게티즈버그에서 한 연설 중 유명한 '국민에 의한 국민을 위한 국민의 정부'라는 불멸의 말을 남겼다.

11 대통령후보로 지명되기 5개월 전 링컨은 그 때까지의 자신의 삶을 다음과 같이 묘사했다. 에이브러햄 링컨 [Abraham Lincoln] (미국의 정부와 정치, 2004., 미국 국무부 | 주한 미국대사관 공보과) http://terms.naver.com/entry.nhn?docId=1714465&cid=43938&categoryId=43956. 2017.3.21.자 검색.

第8章 대통령 권한대행

대통령 권한대행[12]은 대통령이 궐위되거나 사고로 인하여 직무를 수행할 수 없을 때에 그 임무를 대행해서 수행하는 사람을 말한다. 대통령이 궐위되거나 사고로 인하여 직무를 수행할 수 없을 때는 대한민국 헌법 제71조[3]에 따라 국무총리 등이 권한을 대행한다.

미국 수정 헌법 제25조에 의해 대통령이 궐위되는 경우에는 부통령이 승계하여 정식 대통령이 되고, 대통령이 사고로 인하여 직무를 수행할 수 없을 때는 부통령이 권한을 대행한다.

---

1 대한민국의 대통령 권한대행(大韓民國의 大統領 權限代行)은 대한민국 헌법 제71조 "대통령이 궐위되거나 '사고'로 인해 직무를 수행할 수 없을 때 국무총리, 법률이 정한 국무위원의 순서로 권한을 대행한다."로 규정되어 있다.

2 역대 대한민국 대통령 권한대행 명단
허정-대행기간: 1960년 4월 27일1~1960년 6월 15일
곽상훈-대행기간: 1960년 6월 16일~1960년 6월 22일
허정-대행기간: 1960년 6월 23일~1960년 8월 7일(대통령 권한대행 중복 재임)
백낙준-대행기간: 1960년 8월 8일1~1960년 8월 12일
박정희-대행기간: 1962년 3월 23일1~1963년 12월 16일(이후 대통령 취임)
최규하-대행기간: 1979년 10월 26일~1979년 12월 21일(이후 대통령 취임)
박충훈-대행기간: 1980년 8월 16일~1980년 9월 1일
고건-대행기간: 2004년 3월 12일~2004년 5월 14일
황교안-대행기간: 2016년 12월 9일~2017년 5월 9일

3 대한민국헌법 [시행 1988.2.25.] [헌법 제10호, 1987.10.29., 전부개정]
전문 : 유구한 역사와 전통에 빛나는 우리 대한국민은 3·1운동으로 건립된 대한민국임시정부의 법통과 불의에 항거한 4·19민주이념을 계승하고, 조국의 민주개혁과 평화적 통일의 사명에 입각하여 정의·인도와 동포애로써 민족의 단결을 공고히 하고, 모든 사회적 폐습과 불의를 타파하며, 자율과 조화를 바탕으로 자유민주적 기본질서를 더욱 확고히 하여 정치·경제·사회·문화의 모든 영역에 있어서 각인의 기회를 균등히 하고, 능력을 최고도로 발휘하게 하며, 자유와 권리에 따르는 책임과 의무를 완수하게 하여, 안으로는 국민생활의 균등한 향상을 기하고 밖으로는 항구적인 세계평화와 인류공영에 이바지함으로써 우리들과 우리들의 자손의 안전과 자유와 행복을 영원히 확보할 것을 다짐하면서 1948년 7월 12일에 제정되고 8차에 걸쳐 개정된 헌법을 이제 국회의 의결을 거쳐 국민투표에 의하여 개정한다.
제71조 대통령이 궐위되거나 사고로 인하여 직무를 수행할 수 없을 때에는 국무총리, 법률이 정한 국무위원의 순서로 그 권한을 대행한다.

2004년 노무현 전 대통령 탄핵 당시 고건 대통령권한대행 국무총리는 청와대 수석·보좌관 회의에 한 번도 참석하지 않고 결과만 보고받았다.[4] 고건 총리는 청와대가 정부 부처로부터 현안보고를 받는 것을 비공식적으로 유지했으면 좋겠다는 의견을 전달했다.[5] 고건 총리는 정부 부처 현안보고와는 달리, NSC 상황만큼은 보고가 아닌 '친전'의 형태로 노무현 대통령에게 매일 알리도록 했다. 고건 총리는 또 북한 용천역 폭발 사고에 대한 인도적 지원을 결정할 때를 포함해 총 3차례 노무현 대통령에게 전화를 걸어 주요현안에 관해 설명했다. 그러나 63일 동안 한번도 직접 만난 적은 없다. 불필요한 논란의 소지를 없애기 위해 청와대 비서실장보다는 청와대 정책실장이 노무현 대통령에게 업무 상황을 알리도록 했다.[6] 고건 총리는 "전화할 때마다 노 대통령은 '좋습니다', '그러시죠'라고 간단하게 답했다"고 회고록에서 밝혔다.[7]

의원내각제인 영국의 경우, 영국 여왕이 명목상 국가원수이며, 총리는 사실상 국가원수로서, 한국의 경우 직무정지된 대통령과 대통령 권한대행인 총리와의 관계와 매우 유사하다. 2015년 5월, 가디언은 찰스 왕세자가 내각 각료들에게 수시로 일명 '흑거미 메모'인 비밀 서한을 보내 국방 문제, 재건축, 인사 청탁에 이르기까지 의견을 피력했다고 보도했다. 2015년 12월 15일, 가디언은 영국 왕위계승 서열 1위인 찰스 왕세자(67)가 수십년간 내각으로부터 비밀 보고를 받아왔다고 보도했다.[8] 영국의 경우와 비슷하게, 한국의 대통령이 직무정지가 되어도 대통령으로서의 지시와 명령은 할 수 없지만 일반국민으로서의 권고나 의견 제시는 할 수 있다. 그 의견이나 자문을 존중하는가 여부는 총리의 재량권이다.

4 황교안 대통령권한대행, 靑수석비서관 회의 직접 주재할까, 아시아투데이, 2016. 12. 11.
5 "고건 대행보다는 허정 수반"…탄핵 국정 이끌 황교안 대행 '롤 모델'은?, 조선비즈, 2016. 12. 12.
6 [박근혜 대통령 탄핵표결] 가결시 권한대행, 故 노무현 대통령 때와 어떻게 다르나, 금강일보, 2016. 12. 09.
7 [팩트체크] 직무정지 대통령, 업무보고 받을 수 있나?, JTBC, 2016. 12. 12.
8 찰스 왕세자, 내각서 비밀 보고 받아, 경향신문, 2015. 12. 16.

제2편

대통령 대 의회

第1章 대통령의 의의

대통령大統領(president)[1]은 외국에 대하여 국가를 대표하는 국가의 원수이다. 행정부의 실질적인 권한을 갖는 경우와 형식적인 권한만을 가지는 경우가 있는데 한국은 전자에 속한다. 외국에 대하여 국가를 대표하고 행정권[2]의 수반首班이 되는 최고의 통치권자를 의미한다. 대통령의 헌법상의 지위는 집행권[3]의 구조에 따라 다르다. 집행권이 일원적 구조에 입각하고 있는 경우에는 미국형 대통령제에서와 같이 입법부·사법부와 함께 동렬同列에 위치한다. 중요한 기능에 대해서는 상호 견제와 균형[4]이 이루어지도록 하였다. 그러나 집행권이 이원적 구조에 입각하고 있는 라틴아메리카·아프리카·중동·동남아시아 등에서는 행정부[5]의 수반을 의미하는 대통령이 입법부나 사

---

1 대통령의 국어사전적 의미는 외국에 대하여 국가를 대표하고 행정권의 수반(首班)이 되는 최고의 통치권자를 의미한다.

2 행정권은 국가의 통치권의 일부이므로 원래 국가에 속하는 것이나, 지방자치단체에 분여하거나 지방자치단체 또는 사인에게 위임하는 경우도 있다. 행정권의 내용인 행정은 국가가 그의 목적을 실현하기 위하여 그의 법질서 아래에서 하는 사법 이외의 작용을 뜻하는 것으로 그 실질적 개념이 파악되는 것이 보통이나, 입법·사법과의 구별이 이론상 반드시 뚜렷한 것은 아니며, 권력분립주의와의 관계에서 역사적으로 발전하여 온 개념이다. 한국의 행정권은 대통령을 수반으로 하는 정부에 속한다(헌법 제66조 4항).

3 미국 헌법은 대통령의 권한으로서 이 용어를 쓰고 있다. 좁은 의미로는 행정권과 구별해서 쓰이는데, 행정권이 기술적인, 따라서 비정치적인 행정작용에 관한 권한을 뜻하는 데 대하여, 집행권은 정치적인 집행작용의 권한을 가리킨다. 이 경우의 구체적인 예로서는 군사·외교 등에 관한 권한이 있다. 그 밖에 강제집행을 할 권능, 즉 '강제집행권'을 가리키기도 하며, 또한 확정된 형(刑)의 집행을 하는 국가의 권능을 가리킬 때도 있다.

4 삼권분립주의하에서는 입법기관·사법기관·행정기관의 셋으로 대별된다. 국가기관의 설치·조직과 그 권한(직무범위)은 국민의 자유와 권리의무에 중대한 관계가 있고, 또한 예산을 필요로 하기 때문에 중요한 국가기관은 반드시 국회에서 제정하는 법률에 의하도록 하는 것이 입헌주의의 원칙이다. 그러나 이보다 낮은 보조기관·조사연구기관·부속기관 등의 설치는 대통령제에 위임하는 경우가 있다. 국가기관은 그 기관을 구성하는 자연인(自然人)이 단수인지 복수인지에 따라 독임제기관과 합의제기관으로 나누어지는데, 대체로 독임제기관이 많다. 그러나 행정기관에 있어서는 최근에 행정위원회 등의 합의제기관이 증가하고 있다(선거관리위원회·감사위원회·소청심사위원회·금융통화운영위원회·토지수용위원회·징계위원회 등). 국가기관은 권한과 기능에 따라 의결기관·집행기관·자문기관·심의기관·선거기관·감사기관·행정기관·보조기관·조사연구기관·부속기관 등으로 나누어진다. 국가기관(행정기관) 중 특히 국가의사를 결정하고 외부에 표시할 수 있는 기관을 행정법상 행정관청(行政官廳)이라고 한다.

5 넓은 의미로는 입법·사법·행정 등 한 나라의 통치기구 전체를 가리키며, 좁은 의미로는 내각 또는

법부에 대하여 월등하게 우월한 지위를 차지하였다. 따라서 다른 국가기관이 대통령의 헌법상 또는 사실상의 권력독점[6]에 대항하거나 그 권력행사를 효과적으로 견제할 수 없다. 이러한 대통령제를 K. 뢰벤슈타인은 '신 대통령제新大統領制[7] 라고 하여 삼

행정부 및 그에 부속된 행정기구만을 가리킨다. 예로부터 어떠한 인간사회에서도 권력조직체인 정부적 기구가 존재하고 또한 기능해 왔는데, 근대국가의 출현은 그 획기적 발달을 가져 왔다. 즉, 영국·프랑스·미국 등에서도 J.로크, J.J.루소, 미국의 연방주의자 등의 주장을 반영하여 국민의 의사를 대표하는 의회를 중심으로 하는 정치기구가 만들어지고 정부라는 말은 입법기관을 비롯하여 필연적으로 사법·행정기관까지도 포함하여 넓은 의미로 생각되어 왔다. 오늘날 이들 여러 국가에서는 정부란 국가의 존속이나 활동을 유지하기 위한 동적인 국가권력의 작용으로 간주되고 있다. 그러나 근대에 들어와서도 아직 황제의 대권이 광범한 영향력을 지녔던 독일에서는 행정부가 가지는 권한도 강력한 것이었으며, 국법학상(國法學上) 정부는 좁은 의미로 해석되어 왔다. 한국에서도 좁은 의미로 사용되며, 헌법 제4장의 정부는 이에 해당된다. 정부는 대통령과 행정부로 구성되며, 행정권은 대통령을 수반으로 하는 정부에 속한다. 대통령은 행정권의 수반일 뿐만 아니라 국가원수(元首)이며 국군통수권(헌법 제74조), 긴급처분·명령권(제76조), 국민투표부의권(제72조) 등 강력한 권위와 권한을 지닌 정치의 중심이 되고 있다. 한국의 정부형태는 변화무쌍한 길을 걸어 왔으나, 현재의 정부형태는 대통령제 또는 대통령중심제라 할 수 있다.

6 독재(獨裁, dictatorship) 는 1인 또는 소수자에게 정치권력이 집중되어 있는 정치형태를 말한다. 독재라는 말은 매우 다의적(多義的)으로 사용되고 있으나, 일반적으로는 국민의 기본권을 보장하는 헌법에 의거한 민주정치·입헌정치에 대하여, 의회제민주주의·권력분립제 등 민주적 체제를 갖지 않고 한 개인 또는 그를 둘러싼 소수자를 정점으로 하는 집권적 전제정치, 헌법의 민주적 제도와 절차에 의하지 않은 권력적·자의적(恣意的) 지배를 강행하는 정치를 말한다. 그 기원은 고대 로마의 집정정치(執政政治:dictatur)에서 유래하였다. 고대 로마에서는 내란 또는 외침 등의 비상사태가 발생하면 원로원(元老院)의 요청으로 통령(統領)에 의하여 임명된 집정관이 6개월 기한으로 평시의 법을 초월한 독재권을 행사하였다. 이런 유래로 오늘날에도 독재라는 말은 정치권력의 집중에 대하여 사용된다. 독재는 고대 이래 전시독재·혁명독재라는 형태로 출현하였으나, 보통 비상사태의 소멸과 더불어 단기에 끝났다. 그러나 현대사회에는 사회적 위기가 구조적으로 깊고 상시화(常時化)함에 따라 위기대응을 명목으로 한 독재정치가 나타나는 국가가 있다. 특히 대중운동을 기반으로 하여 카리스마적 기대를 받는 지도자가 사회의 근본적 개혁과 끊임없는 외침을 구실로 민주주의를 내걸고 권력을 집중하는 현상이 있다. 제2차 세계대전 당시의 이탈리아의 파시스트 독재, 독일의 나치스 독재, 일본의 군국주의 독재, 소련의 프롤레타리아 독재, 북한의 김일성 독재 등이 그 전형적인 예이다. 이들은 권력의 분산을 주장하는 자유주의에 적대(敵對)하여, 지도자 독재 또는 프롤레타리아 독재라는 형태로 독재의 장기화(長期化)를 정면으로 긍정하는 이론을 갖추면서 출현하는 점이 공통적이다.

7 신대통령제(新大統領制) 는 대통령의 정치권력이 다른 어떠한 국가기관보다도 우월한 위치에 있도록 한 정부 형태로 영도적 대통령제라고도 한다. 형식상으로는 자유민주주의제도가 구비되어 있는 입헌주의적 정부형태이나, 실제로는 견제세력이 없어 헌법상 국가의 원수인 동시에 행정부의 수장인 대통령이 입법부나 사법부의 권한까지 장악하게 된다. 미국식 대통령제와는 전혀 다른 제도이다. 신대통령제하에서는 국민이 법적으로도 사실상으로도 국가의사형성에 참여할 기회를 제한당하고 있다는 점에서 이것은 권위주의적 정부형태이다. K.뢰벤슈타인에 의하면 신대통령제에 있어서는 권력분립의 원리가 채택되고 있지만 그것이 단지 부분적·불균형적으로 채택되어 있고, 대통령의 권력행사에 대한 통제와 권력남용을 방지하기 위한 제도가 마련되어 있지 않거나, 마련되어 있는 경우에도 그러한 제도가 실효를 거두고 있지 못한 것이 특징이라고 한다. 이 제도하에서 의회와 내각은 물론 명목상으로는 독립적 지위를 가진 법원까지도 대통령에 대하여 종속적 지위

권분립[8]에 입각한 순수대통령제와 구별하고 있다.

　대통령은 광의의 지배질서 또는 협의의 정치체제의 일부이자 좀 더 구체적으로는 헌법구조의 한 부분이다. 대통령은 일단 한 시대에서 국가라는 지배 및 통치 질서의 성격과 내용이 구체적으로 규정된 헌법체제의 한 구성요소이다. 그것이 바로 대통령에 내재한 역사성 및 사회적 총체성의 핵심이다. 대통령의 개성은 대통령직을 구체적이고 살아있는 정치 현실로서 드러나게 하고 작동하게 만드는 원천이다. 대통령 (president)이란 정치제도는 역사적 변천 및 문화적 경계의 이동에 따라 그 의미에 변화를 겪게 된다. 그러한 변화는 미국 정치사 자체의 맥락에서 나타나며, 문화적 경계의 이동에 따른 변화는 한국 대통령을 포함해서 미국 제도를 모방한 중남미 여러 나라에서 발견되는 현상이다.[9]

　대통령의 임기는 정부형태에 따라서 차이가 있다. 이를테면 4년제(미국·온두라스·코스타리카·볼리비아·에콰도르·콜롬비아·아이슬란드·마샬군도·팔라우공화국 등), 5년제(프랑스·엘살바도르·파나마·가이아나·브라질·수리남·우루과이·파라과이·페루·독일·몰타·불가리아·알바니아·포르투갈·라오스·몰디브·방글라데시·인도네시아·한국·키프로스·남아프리카공화국·앙골라·잠비아·카메룬·코모로·콩고·탄자니아·튀니지 등), 6년제(니카라과·멕시코·아르헨티나·칠레·

　　에 있다. 이와 같은 신대통령제의 예로는 1935년의 폴란드의 J.C.필수츠키, 이집트의 G.A.나세르, 베트남의 고딘디엠, 한국의 이승만·박정희의 통치체제를 들 수 있다.

8 자유주의적인 정치조직원리로서 국가권력의 전횡(專橫)을 방지하여 국민의 자유를 보호하기 위한 것이다. 이 이론을 처음으로 받아들인 것은 1787년 미국연방헌법이었으며, 1791년 및 공화력(共和曆) 3년의 프랑스헌법 등이 이를 채택하였다. 영국은 불문헌법국가이기 때문에, 1688년의 명예혁명이 있을 때까지 대헌장(마그나카르타)·권리청원·권리장전 등에 의한 헌법적 원칙이 문서화됨으로써 이 원칙이 서서히 나타났다. 그 뒤로 3권분립주의는 차차 헌법적 원칙으로 발전하고, 오늘날과 같이 보편화되기에 이르렀다. 한국 헌법도 입법권은 국회에(제40조), 행정권은 대통령을 수반으로 하는 정부에(제66조 4항), 사법권은 법관으로 구성된 법원에(제101조) 속한다고 규정하여 3권분립주의에 입각하였다. 3권분립 이론의 핵심은 자유주의적 요청에 따라 국가권력으로부터 국민의 자유를 지키려는 데 그 진가(眞價)가 있다. 적극적으로 국가권력의 능률향상을 위한 제도가 아니라 소극적으로 국가권력의 집중과 전횡을 막으려는 것이며, 국가권력과 그것을 행사하는 인간에 대한 회의적이고 비판적인 인간관에 근거하고 있다. 이 원칙은 기술적인 것이며, 정치적으로는 중립적인 성격을 띠고 있다. 3권분립주의는 국민주권주의와는 달리, 법치주의 한 제도로서 다른 조직원리인 군주제나 공화제와도 결합될 수 있다. 또 3권분립은 자유주의적 요소이므로, 민주주의와 반드시 결부되는 것은 아니다. 그러나 3권분립의 원칙은 오늘날 전제정부에 대한 입헌정부의 특징으로서 파악되고 있다. 한편 권력분립의 원칙에 반대하는 설도 나타나고 있다. 전제화의 우려가 없는 오늘날의 민주주의국가에서는 권력의 통합·강화가 요청되므로, 전제정치를 막기 위한 고전적인 권력분립제도는 유지될 수 없다는 주장이다. 그러나 권력분립의 이론은 앞으로도 자유주의적인 정치적 요청으로서의 의의를 가질 것이고, 국가권력의 비대와 인권침해의 우려가 있는 현실에서 볼 때 여전히 필요한 제도이다.

9 양승태, "대통령이란 무엇인가? 한 공직의 실체에 대한 새로운 접근을 위한 시론", 『한국정치학회보』(제42집 제1호), 2008.

필리핀·레바논·이집트·중앙아프리카공화국·지부티·짐바브웨 등), 7년제(시리아·터키·세네갈 등) 등이 있고, 연임(連任)을 인정하는 경우와 그렇지 않은 경우가 있다. 대통령을 선출하는 대통령선거기관과 선거방식도 정부형태에 따라서 다양하다. 국민의 직접선거로 선출되는 경우(1962년 헌법개정 후의 프랑스 등)와 선거인단에 의해서 선출되는 경우(미국 등), 그리고 의회에 의해서 선출되는 경우(터키 등) 등이 있다.

대통령은 내란죄 또는 외환죄(外患罪)를 범한 경우를 제외하고는 재직 중 형사상의 소추(訴追)를 받지 않는 특권을 누릴 뿐만 아니라, 국가원수[10] 또는 행정부의 수장으로서 권한을 행사한다. 그 중에서도 특히 외교에 관한 권한, 조약의 체결·비준에 관한 권한, 선전포고(宣戰布告) 및 강화(講和)에 관한 권한, 공무원임면권, 국군통수권, 영전수여권(榮典授與權), 법률안거부권, 명령제정권, 사면·감형·복권에 관한 권한 등이 주요 권한이다. 대통령의 의무는 각 국가의 헌법에 따라 차이가 있으나, 일반적으로 헌법준수의 의무, 영업활동의 금지, 겸직의 금지, 청렴의 의무 등을 들 수 있다.

정치가가 국정의 최고자리인 대통령에 당선된다는 것은 비정하고 치열한 권력투쟁에서 승리한 결과이다. 왜 어떤 정치가는 정권을 쟁취하고 다른 정치가는 그렇게 못하는가? 김호진은 이에 대해 세 가지 관점에서 분석한다. 첫째는 자질론이고, 둘째는 상황론이며, 셋째는 전략론이다. 요약하면 대권이란 자질과 상황과 전략의 조합이 낳은 결과물이다.

자질론은 영웅이란 지도자의 운명을 타고난 사람이며 이들이 시대를 만든다고 주장한다. 한 나라의 최고권력자는 경세제민(經世濟民)의 비전과 경륜이 있다든가, 초인적인 의지와 용기가 있는가, 사람의 마음을 사로잡는 카리스마가 있는가, 기선을 제압하는 승부사 기질이 있는가, 청중을 감동시키는 쇼맨십이나 언변이라도 뛰어나야 한다. 부도덕하지만 권모술수도 일종의 자질이고, 다른 사람보다 빠른 판단력 또한 자질이다.

그 다음으로 상황론은 자질론과 대비되는 관점으로, 자질이 모자라도 상황이 유리하면 지도자가 될 수 있고, 자질이 뛰어나도 상황이 불리하면 지도자가 될 수 없다는 것이 상황론의 기본 명제이다. 이 관점은 영웅이 시대를 만드는 것이 아니라 시대가 영웅을 만든다는 것이다. 상황론에 따르면 프랑스혁명이 나폴레옹을 영웅으로 등장시켰고, 남북전쟁이 링컨을 성공한 대통령으로 만들었으며, 국공내전이 마오쩌둥을 13억 중국인민의 우상으로 부상시켰다는 것이다.

---

10 나라와 시대에 따라 두 가지의 뜻으로 사용되고 있다. 원래 프랑크왕의 '말을 탄 통솔자'라는 뜻을 가진 marescalci 라는 칭호로부터 생긴 말이며, 중세의 유럽에서는 군지휘관이란 뜻으로 사용되었고, 13세기경부터 프랑스나 영국에서 최고위의 군인에게 주는 명예 칭호로 사용되었다. 오늘날에는 미국을 비롯한 대부분의 국가에서 대장(大將) 위에 해당하는 최고의 계급으로 취급하고 있다.

마지막으로 전략론의 관점에서 상황은 언제나 가변적이고 역동적이므로, 이 변화무쌍한 상황을 어떻게 대처하느냐에 따라 대권싸움의 성패가 갈리기 마련이다. 이것은 다름 아닌 전략의 문제이다. 전략이란 승부수와 쇼맨십, 권모술수와 선동, 합종과 연횡, 정치공작과 대중조작 같은 네거티브 전략에서부터 조직과 홍보, 비전과 정책, 슬로건과 캐치프레이즈, 토론과 유세 같은 포지티브(positive) 전략 등 실로 다양하다.[11]

대통령제의 제도적 기원: 미국 대통령

미국을 건국한 정치가들은 영국의 의원내각제 민주주의를 수정하여 대통령제를 설계하였다. 미국 대통령은 연방정부를 운영하고 국가의 원수로서 군 최고 통수권자로서의 권한을 가지며, 대사, 각료, 연방법관을 포함한 약 3,000명의 고위 공무원을 임명할 수 있다. 미국 연방헌법 제2조 제2항 제2절은 미시적 차원에서 견제와 균형(check and balance)을 대표하는 것으로 즉 공직의 설치와 공무원 임명이 의회와 대통령으로 분리되어 있고, 집행부의 공무원을 임명함[12]에 있어서 상원의 권고와 동의를 받고, 사법부의 구성원인 연방대법관을 대통령이 임명하는 점 등은 헌법의 기초자들이 권력을 분립시키고 상호 견제하도록 의도한 것이다.

의회가 제정한 법률을 공포하거나 거부할 수 있으며, 긴급 상황시에 회의를 소집할 수 있고, 사면권을 행사 할 수 있다. 아울러 의회가 제정한 법률과 법원의 명령을 집행할 책임을 지며, 헌법과 법률이 위임한 범위 내에서 대통령령(Executive Order)을 제정할 수 있고, 정부의 예산안을 편성하여 의회에 제출할 권한과 책임을 진다.

대통령학

'대통령학'은 전·현직 대통령들의 인격적 요소나 정치행태, 비서실 등 대통령직과 관련된 기구들의 행태, 그리고 그들과 의회, 사법부, 정당 등과의 관계 등과 관련된 경험적 연구가 중심을 이룬다.[13] 그러나 이 연구들은 일단 개별 국가마다 다를 수 있

---

11 김호진, 『한국의 대통령과 리더십』, 청림출판, 2006, 60-64면.
12 한국의 헌법상 공무원 임명조항은 미국헌법과 동일하지 않다. 그리고 미국은 엽관주의의 전통이 강한데 반해, 한국은 제헌당시부터 직업공무원제도를 채택하였다. 김태열, "미국 대통령의 공무원 임면권에 관한 연구", 서울대학교 학위논문, 2009, 2면에서 그는 "그러나 한국헌법이 기본적으로 대통령제를 채택하고 미국헌법을 모범으로 삼았다는 점, 국무총리의 임명에 국회의 동의를 요구한다는 점 등은 미국헌법과 무관하지 않음을 보여준다. 나아가 '公務員의 身分과 政治的 中立性은 법률이 정하는 바에 의하여 보장된다는 점에서 공무원의 임명·해임에 대한 입법부인 국회의 개입정도가 문제될 수 있다는 점도 동일하다." 고 논했다.
13 미국 정치학의 '대통령학'에 대한 소개로는 함성득, 『대통령학』, 나남, 2003, 참조.

는 대통령이라는 제도가 갖는 역사적 의미와 정치체제 및 사회·경제 구조상의 의미를 밝힐 수 없었던 경향이 있다.

미국 연방헌법에 규정된 대통령 제도는 1787년 필라델피아 헌법회의의 논쟁 과정에서 강력한 연방정부를 옹호한 연방주의자들의 주장이 反연방주의자들의 주장에 승리한 결과이자 동시에 두 주장 사이의 타협의 산물이다. 한편으로 그것은 한 사람에 귀속된 강력한 행정권(executive power)이 공화주의(republicanism) 이념과 —그것이 과연 적극적이고 구체적인 내용을 갖춘 이념인가의 문제를 떠나 당시로서는 소극적 차원에서라도 전제 왕정을 배격한다는 건국의 절대적 명제와 동일시되었던 그 공화주의 이념과— 배치되는지 여부와 관련된 논쟁에서 대표적으로 알렉산더 해밀턴(Alexander Hamilton) 등의 주장이 에드먼드 랜돌프(Edmund Randolpf)와 패트릭 헨리(Patrick Henry) 등의 주장을 압도한 결과이다.[14]

후자의 정치가들이 우려한 바는 이와 같이 강력한 행정부는 왕정체제의 부활에 버금가며, 그것은 곧 시민적 자유에 대한 위협을 의미한다고 믿었기 때문이다. 다른 한편으로 그것은 후자의 그와 같은 우려를 반영하여 집행권의 내용이나 범위가 간략하면서도 모호하게 규정되어 있으면서 중요 행정권 행사에 제약을 가하고 있다.[15] 그러한 타협의 결과 가운데 하나가 행정권 수장이 프레지던트라는 "수동성(passivity)을 암시하는" 명칭을 갖게 된 이유로 추측된다.[16] 다시 말해서 강력한 행정권을 갖는 수장의 그와 같은 강력한 인상을 완화시켜 그와 같은 우려를 불식시키기 위한 조치일 수 있다.[17] 그리고 실제로 미국의 프레지던트는 건국 이후 19세기 말까지 오래 동안 주 정부와 연방 의회의 견제로 인하여 강력한 행정권을 행사하지 못했다.[18]

---

14 양승태, "대통령이란 무엇인가? 한 공직의 실체에 대한 새로운 접근을 위한 시론", 『한국정치학회보』(제42집 제1호), 2008, 9면.

15 양승태, "대통령이란 무엇인가? 한 공직의 실체에 대한 새로운 접근을 위한 시론", 『한국정치학회보』(제42집 제1호), 2008, 10면.

16 McDonald, Forrest 1994. The American Presidency: An Intellectual History. Lawrence: Uni. Presss of Kansas. p.157.

17 라스키는 "행정권 독재에 대한 두려움이 미국의 정치적 전통의 일부"라고 진술한 바 있다. Laski, Harold, J. 1940. The American Presidency: An Interpretation. New York: Harper & Brothers., 12.

18 이 점은 권력분립론을 비판한 영국의 베이지헛(Walter Bagehot)의 영향을 받은 우드로우 윌슨(Woodrow Wilson)이 미국 프레지던트 제도에 대한 다음과 같은 불만에 잘 암시되어 있다. 그는 미국 의회의 무책임성과 영국 의회의 책임성을 비교하면서, "대통령제 하에서는 어떠한 중요한 정책결정도 대통령과 의회의 합의 없이는 이루어질 수 없으며, 이것은 영국과는 다르게 정책을 결정하는 과정에 중심적인 국가기관이 존재하지 않는다는 것을 의미한다"고 지적한 후, 더 나아가 "대통령제를 설계한 미국헌법제정자들은 국가권력을 다른 기관에게 분산시킨 것은 매우 중대한 실수(grievous mistake)였다"고까지 주장한 것이다. 강승식. "大統領制를 위한 辯論", 『세계헌법연구』제11권, 2006, p.142에서 재인용. 19세기 말까지 미국 프레지던트가 의회의 강력한 견제 속에서 권력의 위상이 약했다는 점은 그랜트(Grant)에 이르러야 백악관의 참모가 6명으로 늘어났으며, 맥킨리

건국 초기 연방 행정부 수장의 그와 같은 위상이나 권한이 불변인 채 남아 있었던 것은 물론 아니다. 그것이 미국 연방 전체가 점차 교통과 통신 수단의 발달 및 사회·경제적 통합이 진전되고 대외 관계의 중요성이 증대됨에 따라 강화되어 왔다. 그런데 여기서 중요한 점은 프레지던트 권한의 그와 같은 증대 및 강화가 집행권과 관련된 헌법 조문 자체의 변화 없이 이루어졌다는 사실이다. 그것은 곧 역사적 상황의 변화에 따라 헌법에 규정된 연방정부 집행권의 의미에 대한 해석이 달라지고, 그와 같이 달라진 해석에 일반 국민들이 묵시적으로나 명시적으로 동의하며, 의회나 주정부 역시 원하든 원하지 않던 그것을 시인할 수밖에 없게 되었고, 그러한 해석상의 변화가 최종적으로 연방대법원의 판례에 의해서 제도적으로 인정되는 과정이 미국 대통령의 위상과 권한 강화의 과정이다.

그러므로 프레지던트란 명칭에는 한편으로 그러한 제도의 탄생과 관련된 역사성이 함축되어 있다. 미국에서 프레지던트라는 이름의 제도가 중·남미나 유럽의 여러 국가 등으로 확산되면서 미국 제도와는 다른 여러 가지 변형을 보였다. 특히 중·남미 국가들의 경우 식민지 의회의 경험이 없는 상태에서 미국의 프레지던트 제도가 도입되었을 때 그것이 실질적으로 선출된 황제의 의미를 갖게 된 사실은 잘 알려져 있다.[19] 한국의 대통령 제도가 그와 같은 역사적 변화 및 문화적 확산 과정의 한 결과임은 물론이다.

공직에의 참여가 인생의 최고 목표로 간주되었던 정신적 전통이 강력하게 남아 있고 유교 왕도정치의 문화가 내재되어 있는 한국 사회에서 대통령의 최고통치권 지위는 권력 지향의 정치가들에게 인생의 모든 것을 걸게 할 만큼의 큰 호소력과 매력을 가졌을 것이다.

이러한 맥락은 헌법 자체에도 반영되어 있다. 헌법에 규정된 대통령의 지위나 권한은 대통령이란 말 그대로 국정을 통괄하는 최고의 책임자일 뿐만 아니라, 그러한 차원을 넘어 역사 앞에서의 책임까지도 함축하고 있다. 그리고 같은 맥락에서 최근 몇 년 사이에 자주 등장하는 '제왕적 대통령의 폐해'나 '분권형 대통령제' 등의 정치적 논란들에 대해서도 언급할 필요가 있다.[20]

(McKinley)에 이르러 27명이 되었다는 사실에 잘 나타나 있다. 이러한 사실에 관해서는 McDonald, Forrest 1994. The American Presidency: An Intellectual History. Lawrence: Uni. Presss of Kansas, 280 참조.

19 이에 관해서는 한태연, 『憲法學』, 법문사, 1983, 422~430면 참조.

20 현행 대통령제에 대한 최근의 정치적 논란에 대한 간략한 정리로는 박찬욱. 2004." 한국 통치구조의 변경에 관한 논의: 대통령제의 정상적 작동을 위하여", 『한국정치연구』(제13집 1호), 84~89면 참조.

헌법의 대통령직에 대한 정치철학적 차원

대통령의 지위 및 의무와 권한에 대한 포괄적인 규정은 헌법 제66조에 명시되어 있으며, 그 밖의 여러 조항에는 대통령의 외교권(제73조), 국군통수권(제74조), 비상조치권(제76조), 계엄선포권(제77조), 공무원 인사권(제78조) 등이 규정되어 있다. 제66조의 포괄적인 규정에 내포된 개념적인 문제를 검토하면, 제66조 네 개 항에 주목할 필요가 있다.

1. 대통령은 국가의 원수이며, 외국에 대하여 국가를 대표한다.
2. 대통령은 국가의 독립·영토의 보전·국가의 계속성과 헌법을 수호할 책임을 진다.
3. 대통령은 조국의 평화적 통일을 위한 성실한 의무를 진다.
4. 행정권은 대통령을 수반으로 하는 정부에 속한다.

이 네 개 항 가운데 먼저 주목되는 것은 제4항이다. 미국 헌법에서는 프레지던트에 관한 첫 번째 규정인 행정권의 귀속 문제가 한국 헌법에서는 제4항에 규정되어 있다는 사실 자체가 한국 헌법의 특수성을 증언한다. 다시 말해서 미국 헌법의 제2조 2항에 규정된 프레지던트의 권한과 의무는 행정권의 구체적 내용을 적시한 것으로 이해될 수 있는데 비해, 한국 헌법에서는 그것을 별도로 규정했다는 사실 자체가 대통령의 권한과 의무가 단순히 행정권 이상의 것이라는 점을 명시하고 있다. 물론 행정권 자체가 과연 무엇이냐는 정치사상사의 역사와 궤를 같이 한다.[21]

위의 세 항의 규정들은 마지막 항인 행정권의 귀속 규정과는 구분되는 대통령의 권한과 의무로 해석되어야 한다. 그러할 경우 위의 세 항을 행정권 이외의 어떠한 권한이나 의무로 규정되어야 하느냐의 문제가 제기된다. 그 문제는 결국 제1항에 규정된 바와 같이 한국 헌법에 규정된 국가원수 개념은 독일 헌법 이론의 'Staatsoberhaupt (head of a state)'에서 차용한 것으로 보인다. 그것은 국가에도 인체의 머리에 해당하는 부분이 필요하다는 국가유기체설에 기반을 둔 것이다.

현재 일반적으로 인정된 국가원수의 개념적 요소로는 ① 국가의 통일성과 항구성

---

21 다만 행정권과 사법권의 분리 이념의 기원으로 간주되는 몽테스키외(Monte squieu)의 경우에도 그러한 분리는 어디까지나 피치자의 자유를 보장하기 위하 방편이지 그것 자체가 목적은 아니었으며, 법이라는 일반 규칙을 특정한 사례에의 적용이라는 의미에서 행정권과 사법권은 본질적으로 같다는 것이다. 다시 말해서 법의 본질은 어디까지나 보편적 규정에 있고, 행정이나 사법이란 공히 그러한 특정한 사실이나 행위와 관련된 보편적 규정의 실현 또는 시행의 영역인 것이다. 양승태, "대통령이란 무엇인가? 한 공직의 실체에 대한 새로운 접근을 위한 시론", 『한국정치학회보』(제42집 제1호), 2008, 13면.

을 상징하고, ② 외국에 대하여 국가를 대표하고, ③ 국내적으로는 일정한 정치적 영도권을 행사하는 국가기관이다. 국가원수 개념에 대한 이와 같은 해석에 대한 반대 논리도 존재한다. 국가원수라는 말은 대외적인 국제관계에서 대통령이 국가를 대표한다는 뜻이며, 대내적으로는 국정의 최고 책임자일 뿐 국가 원수는 아니라는 논리이다. 위에서 제시된 헌법 제66조의 1, 2, 3항은 국가원수의 지위로서가 아니라 국정의 최고 책임자로서의 지위에 의거한다는 것이다.[22]

양승태는 전자의 해석을 국가원수의 '적극적 존재론', 후자를 '소극적 존재론'으로 규정하고 있다.[23] 대통령의 지위 및 의무와 권한이 '적극적 존재론'에 따라서 원수라는 하나의 개념으로 통합되어야 하는지, 아니면 '소극적 존재론'에 따라서 대외적 원수와 대내적 국정의 최고 책임자로 개념적으로 분할될 수 있는지 여부가 검토의 대상이 되어야 한다는 것이다. 그리고 이 문제는 더 크게는 국가 통치의 이념이나 목적상 한 인물에 대표성과 더불어 제66조 2항에 규정되어 있듯이 국가 및 헌정질서의 존재성과 연속성 유지의 책임을 부여함이 타당한지 여부의 문제에 대한 검토를 필요로 한다.

헌법의 대통령 관련 조항은 분명히 대통령에게 국회의원의 선출 및 입법권을 제외하고는 실질적으로 국가 통치의 모든 행위가 귀결되도록 규정하고 있다. 대통령에게는 절차상 부가되는 제한은 있지만 대법원장을 포함한 모든 공직에 대한 인사권 등 행정권 및 국가 통치행위의 최종적인 결정권이 부여되어 있으며, 대통령에게 입법권 자체는 없지만 의회에서 확정된 법률에 대한 거부권과 더불어 법률 공포라는 입법의 최종적인 확정이 대통령을 통해서 이루어진다는 점에서 대통령이 국가 통치 행위의 최종적인 귀결점임은 의심할 여지가 없다.

국민이 통치의 주체이자 객체라는 통일성의 원리가 형식적으로나마 완벽히 일치하는 정치체제는 직접민주주의 국가이다. 그러나 국가 규모가 어느 정도 이상 확대되면 직접민주주의는 현실적으로 불가능하다. 그러할 경우 국민이 통치의 주체이자 객체라는 민주주의의 근본적인 원칙을 유지하면서 변화된 현실에 적응하는 방식은 입법권과 집행권의 분리 여부에 대응하여 두 가지가 있을 수 있다. 하나는 한 사람 또는 다수의 인물에게 선거를 통하여 입법과 집행 전체를 포괄하는 통치권 전체를 일임하는 방식이다. 다수일 경우에는 소수의 합의체 통령 또는 집정관 제도에서부터 수백 명으로 구성된 의회에 이르기까지 다양한 형태가 있을 수 있다. 의회가 입법권과 집

---

22 허영, 『한국헌법론』, 박영사, 2005, 935-936면. 이러한 논리를 기초로 허영은 김철수, 권영성 등의 국가원수 개념을 비판하고 있다.
23 양승태, "대통령이란 무엇인가? 한 공직의 실체에 대한 새로운 접근을 위한 시론", 『한국정치학회보』(제42집 제1호), 2008, 14면.

행권 모두를 독점하는 제도가 의원내각제라면, 입법권과 집행권이 분리된 제도가 대통령제라고 할 것이다. 의원내각제의 경우 의원 선거 제도에 국민 대표성의 원칙이 실현되어 있음이 전제될 수 있을 때 위에서 제시한 통치의 주체와 객체의 통일성의 원리가 보전될 수 있음이 쉽게 확인될 수 있다.[24] 그런데 대통령제의 경우는 입법권과 집행권이 의회와 대통령이라는 별도의 국민 대표기관에 의해서 분리되어 있다는 의미에서 통일성의 원칙이 보전되는지 여부가 쟁점으로 등장한다. 대통령이 국가원수가 되어야 할 당위성 여부는 이러한 맥락에서 접근되어야 한다.

통치의 주체인 국민의 의사가 분리될 수 없다는 통일성의 원칙이 훼손될 수 없는 한, 동등한 국민의 대표기관이면서 입법권은 의회에 집행권은 대통령에 각각 귀속되어 분리되어 있다는 사실이 통치권 자체의 분열을 의미할 수는 없다. 통치 행위의 근거가 되는 보편적인 규범의 제정권이 다수로 구성된 국민 대표기관인 의회에 귀속되어 있다는 것은 다수의 국민 대표들에 의한 심의를 통해서 국민의사의 결정과정에 신중성을 부여하기 위한 목적의 표현으로 해석되어야 한다. 다른 한편으로 그와 같이 입법된 보편적인 규범의 특수한 사례에의 적용 및 실현, 즉 개별적인 국민들의 행동에 대한 법의 집행 권한이 대통령이라는 일인의 국민 대표에 귀속되어 있다는 것, 그것은 그와 같은 특수한 사례에의 적용이 각각 별개의 사안이 아니라 국민의사라는 단일하면서도 보편적인 주체의 일관되고 통일된 행위의 표현으로 해석될 수 있다. 이는 대통령이라는 정치가의 단일한 인격체의 결정 및 행동을 통해서 국민의사가 구체적으로 시행되어야 한다는 의미이다. 따라서 대통령은 대외적으로 뿐만 아니라 대내적으로도 국민을 대표하는 원수로 해석될 수 있다. 헌법에서 모든 법률의 공포나 국회의장 등 입법부 공직을 제외한 모든 공직의 임명 등 국가 통치의 모든 결정이 최종적으로 대통령의 재가를 통해서 효력을 발생하도록 규정한 사실은 국가를 대표할 뿐만 아니라 통치 행위를 상징하는 원수의 존재가 필수적으로 요구됨을 확인한 것이다.

개개인 국민들은 통치의 객체로서 기존의 법률 및 규범에 지배를 받아야 하다. 통치 주체로서의 국민 전체 역시 국가질서의 유지 및 국가행위의 일관성이라는 덕목의 실현을 위해서도 그렇게 되어야 한다. 그러나 통치 주체가 스스로 창조한 객체인 헌법에 '절대적으로' 종속되어 있다면 그것은 진정한 의미에서의 주체, 즉 주권자가 될 수 없다.[25] 헌법은 국가 통치에 관한 근본적인 규범을 문구로 표현한 것이기 때문에,

---

24 윌슨(Woodrow Wilson)이 미국 대통령제를 비판하면서 영국식 의원내각제를 선호한 이유도 이러한 차원에서 이해된다. 양승태, "대통령이란 무엇인가? 한 공직의 실체에 대한 새로운 접근을 위한 시론", 『한국정치학회보』(제42집 제1호), 2008, 17면.

25 이것은 칼 쉬미트(Carl Schmitt)가 "주권자는 비상사태를 결정하는 자이다(Souverän ist, wer über den Ausnahmszustand entscheidet)"라는 명제의 의미이다. Schmitt, Carl 1985. The Crisis of

국가생활에서 발생할 수 있는 긴급한 상황이나 비상적인 상태에 대응한 판단 및 행동, 또한 비록 지극히 예외적인 경우지만 국가의 보전이라는 지고의 목적을 위하여 시대적 상황에 따라 필요할 수도 있는 역사적 차원의 결단과 관련하여 일일이 그 내용을 규정하기는 불가능하다. 그러한 차원의 판단이나 행동 및 결단은 결국 국민 전체를 대표하는 한 인물에 부여될 수밖에 없으며, 그러한 권한 및 임무를 수행하여야 할 인물로서의 국가기관이 바로 국가원수인 대통령이 될 수밖에 없을 것이다. 그리고 그러한 차원의 의무와 권한이 대통령이란 말이나 그것의 헌법상 규정인 국가원수라는 말과도 완벽히 조화를 이룬다.[26]

직업으로서의 대통령직: 이상과 현실

대통령은 국가의 원수이자 통치행위의 직접적인 주체이다. 궁극적으로 대통령의 선택과 판단을 통해 결정 및 시행되는 국가정책이 입법을 통해 정립된 보편적인 규범이 집행되며, 그의 통치행위에 의해 장기적이고 역사적인 차원에서 국가생활의 이상이나 가치가 실현되거나 실현의 기초가 마련될 수 있다. 그와 같이 국가 전체의 운명 및 역사성이 부여된 직책의 막중함과 의미를 모른 채 많은 대통령 지망생들이 그 지위를 위하여 각축을 벌이는 것이 정치 현실이다.

물론 국가라는 지배질서 및 통치구조가 존재하는 한 그것에 참여하고 운영하는 사람들은 당연히 필요하다. 권력욕이란 그러한 사람들에게 필수적으로 요구되는 인간적 성향이기 때문에 그것 자체의 강함, 특히 그것의 궁극적 목표인 대통령이라는 통치구조의 정점에 서려는 강렬한 권력욕이 무조건 비난받을 이유는 전혀 없다. 인생의 모든 분야에서 그러하듯이 자기 인생의 모든 것을 투입하는 강렬한 성취욕이 없이 최고의 목표에 도달하는 경우란 없는 것이다. 문제는 그러한 욕망의 강렬함이 그 추구의 대상에 대한 어느 정도의 인식 및 이해를 수반하느냐이다.

이미 칸트(Kant)가 지적한 바와 같이, 추구 대상에 대한 인식이 없는 의욕(Wille)은 충동(Willkür)일 뿐이다.[27] 인간의 모든 의욕은 그 대상에 대한 나름대로의 인식을 전제로

Parliamentary Democracy. Ellen Kennedy trans. Cambridge: MIT Press, p.11. 국가통치가 단순히 기존의 법률이나 관습의 제약에 얽매여 있을 수는 없으며, 그것은 궁극적으로 국가의 존재성 자체를 유지 및 실현하기 위한 자유로운 판단 주체를 필요로 한다는 점은 마키아벨리나 보댕 등의 정치사상을 통해서 제기되어 왔으며, 그러한 정치사상의 역사는 프리드리히 마이네케(Meinecke 1990)가 국가이성(Staatsraeson)의 개념을 통해서 고전적으로 서술한 바 있다. Meinecke, Friedrich 1990. Die Idee der Staatsraeson in der neueren Geschichte, 이광주 옮김, 『국가권력의이념사』, 민음사.

26 양승태, "대통령이란 무엇인가? 한 공직의 실체에 대한 새로운 접근을 위한 시론", 『한국정치학회보』(제42집 제1호), 2008, 18면.

한다. 대통령직이 요구하는 자질과 능력을 겸비하면서 국가의 존재 근거 또는 이념과 한 시대 국가생활의 근본 구조 및 역사성에 대한 깊은 인식을 기초로 국가가 나아가야 할 방향을 제시하며 국민들을 이끌어 갈 수 있는 지도력을 갖춘 인물이 나타난다면 가장 이상적일 것이다. 자질을 갖춘 인물이 대통령이 되기 위해서는 그러한 인물이 물론 존재해야 하지만, 존재하더라도 선출자인 국민들 대다수가 그러한 인물을 파악할 수 있는 판단력을 갖추어야 한다.

---

27 Kant, der Kritik der praktischen Vernunft, Werkausgabe VII(Frankfurt: Suhrkamp,1968) 특히 1권 2-3절 참조. 양승태, "대통령이란 무엇인가? 한 공직의 실체에 대한 새로운 접근을 위한 시론", 『한국정치학회보』(제42집 제1호), 2008, 23면.

第2章 의회의 의의

　의회(議會)는 주로 민선의원(民選議員)으로 구성되는, 국민의 의사를 대표하고 입법을 담당하는 합의기관을 말한다. 권한은 의회정치의 시작과 더불어 점차 확대되고 있었다. 영국 의회만 하더라도 예산(豫算)의 승인이라는 재정상의 권한 외에도 보통 헌법개정에 관여하고, 정부의 대내외정책을 심의·비판하며, 장관·재판관의 소추(訴追)·탄핵(彈劾)을 행하는 등 다양한 기능을 수행하고 있다. 즉, 입법·예산에 관하여 정치의 기준을 부여하고, 행정에 대하여 통제를 가하는 기능을 한다. 그러기 때문에 원래는 일정한 기간에만 활동하는 기관이었으나, 최근에는 의회도 상설기관화하고 상임위원회는 항상 각 부처를 직접 견제하는 경향으로 바뀌고 있다. 한편, 미국 의회는 권력분립이라는 전제하에 입법작용에 한하지만, 그래도 행정권을 견제하고 국정 일반에 대하여 중요한 발언권을 행사하고 있다. 한 나라의 기관으로서의 의회는 나라마다 고유한 명칭을 가지고 있다. 이를테면 영국에서는 'Parliament', 미국에서는 'Congress'라고 한다.[1]

　의회(議會) 혹은 국회(國會)는 현대 민주국가 정치체제에서 입법부, 다시 말해 법을 심의하고 제정하는 기관을 일컫는다. 의회는 오늘날 대부분의 민주국가에서는 선거권을 가진 국민에 의해 선출된 대표들로 구성되며, 이들 대표들을 한국에서는 국회의원이라 부르고 있다. 이 정치제도는 영국에 그 뿌리가 있는 것으로 일반적으로 간주되고 있다. 그러나 인도 유럽어에서 흔히 의회를 일컫는 낱말 Parliament(영어), Parlament(독일어), Parlamento(이탈리아어) 따위는 프랑스어 parler, '말하다'에서 파생된 Parlement에서 온 것으로 풀이된다. 세계 최초의 의회는 930년에 아이슬란드에서 생겨난 알팅이지만, 이 사실이 널리 알려지지는 않았다. 의회는 현대 민주국가의 정치 체제에서 법을 제정하는 기능이외에 중요한 역할로서 행정부를 권한을 견제하는 역할을 담당하고 있다. 이를테면 의원은 정해진 절차를 거쳐 정부 예산의 심의와 결의, 그리고 정부의 장관으로부터 의문 여지가 있는 사항이나 문제에 관한 보고를 요구할 수 있다. 이와 같은 기능을 수행하기 위해 의회는 여러 심의 위원회와 청문회를 두고 있다. 또한 현대 민주국가의 대부분의 국회는 특정 이해나 정치적 이념을 고수하는

---

1 네이버 백과사전, 2011. 4. 23. 인터넷 판 참조.

몇몇 정당들에 의해 지배되는 경향이 있다. 때문에 의회는 흔히 정당정치가 이루어지는 곳이라고 하여도 과언이 아니다. 성문 헌법으로 국민주권의 원리를 선포하고 국민의 기본권리를 엄격히 보장하도록 하고 있는 근대 국가에서는 이른바 삼권분립주의(三權分立主義)에 입각하여 입법권은 국회에, 사법권은 법원에, 그리고 행정권은 정부(대통령 또는 내각)에 각각 부여함으로써 이 세 국가기관으로 하여금 각자의 권한을 서로 독립·행사하게 하고 있다. 이 경우에 주권자인 국민은 원칙적으로 정치에 직접 참여하지 아니하고 그가 선출한 대표자로서 국회를 구성, 입법 등의 중요한 국사를 처리하게 하고 있으니, 그와 같은 정치체제를 대의민주정치代(議民主政治)라 일컫는다. 국회가 바로 그러한 대의민주정치의 산물이라 할 수 있다.[2] 대한민국 국회(大韓民國國會)[3]는 대한민국 입법부의 주축이며 국민을 대표하는 단체로, 대한민국 국회의원[4]으

---

2 위키백과사전, 2011. 4. 20. 인터넷 판 참조.

3 1948년 5월 10일 남한(南韓)지역에서 단독 총선거가 실시되어 제헌의회가 설치되었고, 7월 17일 헌법이 공포(公佈)되었다. 1975년 현재의 위치(여의도)로 의사당이 옮겨가게 되었다. 현재 대한민국 국회는 단원제(單院制)를 채택하고 있다. 제2공화국 때에는 양원제(兩院制)를 채택하기도 하였는데, 민의원(民議院, 하원)과 참의원(參議院, 상원)을 두고 있었다. 국회사무처, 국회도서관, 국회예산정책처, 국회입법조사처, 상임위원회, 국회운영위원회, 법제사법위원회, 정무위원회, 재정경제위원회 → 기획재정위원회, 통일외교통상위원회 → 외교통상통일위원회, 국방위원회, 행정자치위원회 → 행정안전위원회, 교육위원회 → 교육과학기술위원회, 과학기술정보통신위원회 → 폐지, 문화관광위원회 → 문화체육관광방송통신위원회, 농림해양수산위원회 → 농림수산식품위원회, 산업자원위원회 → 지식경제위원회, 보건복지위원회, 환경노동위원회, 건설교통위원회 → 국토해양위원회, 정보위원회, 여성가족위원회 등 각 상임위원회별로 공무원인 전문위원이 있으며 수석전문위원은 차관보급으로 전문위원을 대표한다. 국회의 운영은 국회의장 / 국회의원 상임위원회는 국회운영위원회, 법제사법위원회, 정무위원회, 기획재정위원회, 외교통상통일위원회, 국방위원회, 행정안전위원회, 교육과학기술위원회, 문화체육관광방송통신위원회, 농림수산식품위원회, 지식경제위원회, 보건복지가족위원회, 환경노동위원회, 국토해양위원회, 정보위원회, 여성위원회, 특별위원회는 예산결산특별위원회, 윤리특별위원회 등 입법지원조직은 국회도서관, 국회사무처, 국회예산정책처, 국회입법조사처가 있다. 한국의 국회는 1년 동안 휴가기간을 빼고는 매일 열리는 미국, 영국 등의 의회와는 달리, 정기회 임시회의 회기로 열린다. 독재를 하던 유신헌법 시절에는 의회가 열리지 못하도록 1년 중 최고 150일까지만 열릴 수 있다고 규정하였다.(제82조). 현행 제도로는 연간 회기 일수 제한을 폐지하여, 1년 365일 국회가 열릴 수 있도록 하였지만, 16대 국회의 경우, 본회의가 한차례도 열리지 않은 임시국회가 5차례나 있었다. 즉 5달 동안 한 번도 본회의를 열지 않았다. 반면 미국 의회는 2년을 하나의 임기로 하여 전반 1년을 제1회기, 후반 1년을 제2회기라고 한다. 정기회 임시회의 구분이 없다. 대통령이 임시회 집회를 요구하는 일도 없다. 2년의 임기가 지나면, 하원은 전원, 상원은 1/3씩 단계적으로 선거를 하여 교체한다. 1년 내내 회기에 있고, 회기중에는 불체포특권이 있으므로, 사실상 의원은 임기 내내 불체포특권이 있다. 미국, 영국, 독일, 네덜란드, 이탈리아, 룩셈부르크 등이 연중회기제도를 채택하고 있다.

4 선거권 - 만 19세 이상의 한국 국민 피선거권 - 만 25세 이상의 한국 국민 임기 - 4년 정족수 - 대한민국 제18대 국회의 처음 정족수는 299석이었다. 245석은 소선거구제(小選擧區制)에 의한 지역구 의원을, 나머지 54석은 정당 투표에 의한 득표율에 따라서 비례대표를 선출한다. 비례대표의 범죄행위로 인해 의원직 상실후 정족수가 295명까지 줄어들었다가, 해당 후보 승계 차순위자들

로 이루어진다. 국회의사당은 서울특별시 영등포구 의사당로 1에 있다. 국회는 법률 제·개정권, 긴급조치에 대한 사후승인권, 사면동의권(일반 사면에 한함), 계엄해제 요구권, 공무원 임명동의권, 국무총리와 국무의원 해임 건의권, 조약체결 및 비준에 대한 동의권, 선전포고 및 강화 동의권, 국군 해외 파견 및 외국군대 주둔 동의권, 국채발행 의결권, 헌법개정 제안·의결권, 예산안 심의·확정권(단, 정부의 동의 없이 예산을 증액 할 수 없음), 대통령을 포함한 탄핵소추권, 국정감사권 등 권한을 갖고 있다.[5]

이 헌법재판소에 비례대표 국회의원의 귀책사유로 당선무효가 된 경우 비례대표 승계를 제한한 선거법 조항에 헌법소원을 내 위헌 판결이나 다시 299명으로 회복되었다.

5 국회의 권한은 입법에 관한 권한, 법률제정권, 입법권은 국회에 속하고 있으므로(제40조), 법률제 정권은 국회의 가장 본질적인 권한에 속한다. 법률안의 제출 법률안은 국회의원과 정부가 제출할 수 있다(제52조). 국회의원이 법률안을 발의함에는 10명 이상의 찬성이 있어야 한다(국회법 제79 조 제1항). 정부가 법률안을 제출할 때에는 국무회의의 심의를 거쳐야 한다(제89조 제3호). 법률안 의 심의·의결 국회는 법률안을 심의·의결한다. 국회의장은 제안된 법률안을 본회의에 보고하고 소 관상임위원회에 회부하여 그 심사를 거쳐 본회의에 부의한다(국회법 제81조 제1항). 여기서 심사 한 결과는 본회의에 회부하지 아니할 수 있으며, 위원회의 결정이 본회의에 보고된 날부터 폐회 또는 휴회 중의 기간을 제외한 7일 이내에 의원 30명 이상의 요구가 있을 때에는 그 의안을 본회 의에 부의하여야 하며(국회법 제87조 제1항), 이 요구가 없을 때에는 그 의안은 폐기된다(동조 제2 항). 본회의에서의 법률안 의결은 재적의원 과반수의 출석과 출석의원 과반수의 찬성으로 통과된 다. 서명·공포. 국회에서 의결되어 정부로 이송된 법률안은 15일 이내에 대통령이 서명·공포하여 야 하며(제53조 제1항), 특별한 규정이 없는 한 공포한 날부터 20일이 경과되면 그 효력이 발생한 다. 그러나 이송된 법률안에 이의가 있을 때에는 대통령은 이의서를 첨부하여 국회에 환부하여 재 의를 요구할 수 있다. 재의 결과 재적의원 과반수의 출석과 출석의원 3분의 2 이상의 찬성으로 의결을 하면 그 법률안은 법률로서 확정된다(동조 제2항, 제4항). 그렇지 못하면 그 법률안은 폐기 되는데, 이를 대통령의 법률안거부권이라고 하며, 대통령은 일부거부 내지 수정거부는 하지 못한 다(동조 제3항).

헌법개정의 권한은 국회는 재적의원 과반수의 발의로 헌법개정안을 제출할 수 있고(제128조 제1항), 대통령 제안이든 국회의원 제안이든 국회 재적의원 3분의 2 이상의 찬성으로 이를 의결하며(제 130조 제1항), 30일 이내에 국민투표에 붙인다(제130조 제2항). 조약체결·비준에 대한 동의권. 헌 법에 따라 체결·공포된 조약과 일반적으로 승인된 국제법규는 국내법과 같은 효력을 가진다(제6 조 제1항). 따라서 헌법은 중요조약에 대한 국회의 동의권을 인정하고 있다(제60조 제1항). 정에 관한 권한은 대한민국 헌법은 국가존속을 위하여 필요한 국가경비의 세입·세출은 국민에게 미치 는 영향이 크므로 국회의 의결을 기초로 하여 행사해야 한다는 재정의회주의를 채택하고 있다. 조 세법률주의 조세의 부과는 반드시 법률에 의거해야 함을 원칙으로 하여 조세의 종목과 세율은 법 률로 정한다(제59조). 예산심의확정권 정부는 회계년도마다 예산안을 편성하여 회계년도 개시 90 일 전에 국회에 제출하여야 하며, 국회는 회계년도 개시 30일 전까지 이를 의결해야 한다(제54조 제2항). 국회는 예산안의 심의에 있어서 정부예산안의 수정권은 가지고 있으나, 이 수정권은 지출 예산 각 항에 대하여 전액의 삭감 또는 비목의 삭제에 그치는 것이 원칙이고, 지출예산 각 항에 대하여 금액의 증액 또는 새 비목의 설치는 정부의 동의가 있을 때에만 이를 행할 수 있다(제57 조). 예비비 의결과 지출승인권 예비비는 총액으로 국회의 의결을 얻어야 하며, 그 지출은 차기 국 회에서 승인을 얻어야 한다(제55조 제2항). 기채동의권으로 정부는 국채를 모집할 때에는 미리 국 회의 동의를 얻어야 한다(제58조). 국채에 대한 국회의 동의는 기채할 때마다 동의를 얻지 아니하 고 연간의 예산총액에 대하여 개괄적으로 동의를 얻어도 된다. 예산 외에 국가의 부담이 될 계약 대통령은 분점정부(divided government: 즉 여소야대), 정보화 및 사이버 정치참여의 증대 등 새로운 거버넌스 상황의 등장으로 국정운영의 틀을 새로이 변화시킬 것을 요구하고 있다. 기존처럼 국민에게 직접 지지를 얻어 정책을 주도하는 방법은 이미 상당한 한계에 이르렀다. 상시적인 선거운동을 통한 우호적 대국민관계의 유지가 대통령의 성공적 국정운영에 기본적인 조건을 형성할지는 모르지만, 결과적으로 입법적인 성공을 통하여 정책적으로도 높이 평가 받기 위해서는 대통령과 대(對) 의회 관계의 변화가 요구된다. 백악관으로의 권력집중은 대통령의 실시간 정보를 차단하는 결과를 가져올 수도 있다. 결국 통치자는 정치적 전략과 감성으로 대통령과 대 의회와의 정치적 합의에 기초한 올바른 리더십에 의하여 도출될 수 있다.[6]

입법안에 대한 대통령의 거부권

의회는 대통령과 교환과 흥정을 통하여 영향을 상호 주고받고 있으며 정책이 입법화되는 과정에서 산출은 물론 투입과정에서도 매우 중요한 역할을 담당하는 국정운영의 한 축이다.[7] 미국 건국의 역사를 되짚어 보면 국정운영의 가장 핵심적 요소로

에 대한 동의권 예산 외에 국가의 부담이 될 계약을 체결할 때에는 미리 국회의 동의를 얻어야 한다(제58조). 예산 외에 국가의 부담이 될 계약이라 함은 국가가 1회계년도를 지나는 기간에 걸쳐 계속되는 채무를 부담하는 계약을 말한다. 결산심사권 감사원은 세입·세출의 결산을 매년 검사하여 대통령과 다음 연도 국회에 그 결과를 보고하여야 한다(제99조). 국회에서 의결을 거친 예산의 집행 결과인 결산을 심사함으로써 국회의 재정에 관한 권한을 실효 있도록 하기 위한 것이다. 일반국정에 관한 권한으로 국회는 일반국정에 관하여 정부를 감시·비판하는 광범위한 권한을 가지며, 이를 대정부 견제권 또는 정부통제에 관한 권한이라 한다. 국회의 일반국정에 관한 권한으로는 국무총리를 임명할 때 동의할 수 있는 임명동의권(제86조 제1항), 국무총리·국무위원출석요구권과 질문권(제62조 제2항), 국무총리·국무위원 해임건의권(제63조 제1항·제2항), 긴급재정경제처분명령과 긴급명령사후승인권(제76조 제3항), 계엄해제요구권(제77조 제5항), 선전포고와 국군해외파견·외국군 주류에 대한 동의권(제60조 제2항), 국정감사·조사권(제61조), 탄핵소추권(제65조) 등이다. 아울러 교섭단체 이 부분의 본문은 교섭단체#대한민국의 교섭단체입니다. 국회에 20명 이상의 소속의원을 가진 정당은 하나의 교섭단체가 된다. 교섭단체 제도의 목적은, 국회에서 일정한 정당에 소속하는 의원들의 의사를 사전(事前)에 통합·조정하여 정파간 교섭의 창구역할을 하도록 하는 것이다. 하지만 소수 정당의 의사 개진을 막는다는 단점도 상존한다. 1963년 6대 국회에서 13석의 민주당과 9석의 자유민주당과 2석의 국민의 당이 연합하여 삼민회라는 이름의 공동 교섭단체(도합 24석)를 구성했으며, 18석의 자유선진당과 3석의 창조한국당이 공동 교섭단체(도합 21석)를 구성하기로 합의했다. 16대 국회에서는 공동 여당이었던 자유민주연합이 교섭단체 구성 기준인 20석에서 3석이 부족한 17석밖에 얻지 못하자 그 기준을 10석 이상으로 완화하는 개정안이 나왔다가 통과되지 못해 새천년민주당의 현역 의원 중 일부가 자유민주연합으로 당적을 이동하는 촌극이 벌어지기도 했다. 현재 교섭단체의 요건을 의원 10명 이상으로 완화하는 방안이 논의 중이다.

6 김혁·함성득, "새로운 거버넌스 하의 미국 대통령-의회 관계의 발전적 변화-통치 중심 접근으로부터의 탈피를 통한 대통령 리더십의 변화를 중심으로-", 「한국행정논집」(제16권 제1호), 2004, 1면 참조.

설정되었던 것은 대통령이라기보다 오히려 의회였다. 대통령이 국정운영의 주도권을 쥐고 적극적 역할을 담당한 것은 실제로 20세기에 들어오면서부터였다. 미국 헌법에 나타난 대통령의 원형은 행정부 총책임자로서 대표성을 배제한 행정가였다. 대통령의 기본적 역할은 하원의원처럼 해당 지역주민들의 이익과 의사를 대표하는 것이 아닌 효율적인 행정 집행을 위한 정부관리 또는 공무원이었다. 다른 한편 의회가 국민의 의사를 정책에 반영함으로써 민주주의를 구현하는데 있었다면, 대통령의 역할과 의미는 다수나 정부의 횡포로 인해 표출된 민주주의의 남용을 최대한으로 억제하는데 있었다. 대통령이 의회와의 관계에 있어서 온 국민의 대표자로서 국민의 이익을 대변하는 것이 아니라, 의회가 국민 대다수의 의사를 정책에 반영할 때 대통령은 오히려 국민을 감시하고 경계하는 역할을 담당하는 것으로 인식되었다.[8]

대통령의 리더십과 대 의회관계

유능한 대통령은 의회관계가 좋아 뛰어난 통치(good governance)를 성취한다. 대통령 대 의회관계 비교에서 대통령의 정치력이 미치는 경우가 많으나 유동적이다. 대통령의 소속 정당과 의회의 다수당이 다른 경우, 서로 자신들의 정책목표들을 달성하려고 하며, 반대로 상대의 정책목표들에 대해서는 달성되지 못하도록 노력하게 된다. 상대의 법안에 대하여 공개적으로 반대 하는 것은 물론, 때론 정치적 위협을 표시하기도 한다. 따라서 법안이 통과된 것만이 대통령의 성공이 아니라, 종종 법안의 통과가 저지된 경우나 또는 법안 통과 이전에 의도했던 법안의 효력이 완화된 경우도 대통령의 입법적 성공으로 간주되는 경우가 종종 있다. 실례로 1995년 공화당이 의회의 다수당으로서 민주당의 클린턴 대통령(William J. Clinton)에 맞서 싸우고 있었을 때, 클린턴은 1년간 법안 및 세출예산을 통과시키는 데에는 매우 큰 어려움을 겪었다. 결국 일반국민들로 하여금 공화당이 민주당의 대통령과 행정부를 중지시키려는 노력보다 민주당 정부가 공화당 주도의 의회가 주장하는 바를 중지시키려는 노력이 더 중요함을 인식시켜 줌으로써 민주당의 승리로 끝이 났다. 당시 법안의 통과는 저조했음에도 불구하고, 적대적 의회에 대하여 대통령은 오히려 성공적 국정운영을 하였다고 평가 받는 특면이 있다.

---

7 Andres, Gary, and Patrick Griffin. 2002. "Successful Influence: Managing Legislative Affairs in the Twenty-first Century." James Am Thurber. ed. *Rivals for Power: Presidential-Congressional Relations*. 141-162. New York: Rowman & Littlefield.

8 김종완, 『의회중심에서 대통령중심으로서의 미국정치제도의 변천』, 1999, 세종연구소 ; 김혁·함성 득, "새로운 거버넌스 하의 미국 대통령-의회 관계의 발전적 변화－통치 중심 접근으로부터의 탈피를 통한 대통령 리더십의 변화를 중심으로－", 「한국행정논집」(제16권 제1호).

그러나 종종 입법 산출물에 대한 단순 통계분석을 통한 연구들은 특정 대통령의 입법 성공률로 대통령을 평가하여 실제로 계량화된 결과를 형성시킨 과정, 맥락, 전략적 목표 등의 역할과 영향들을 보여주지 못하였다. "대통령의 통치중심 접근법에서 상정하는 것처럼 국정운영에 있어서 대통령이 핵심적 지위를 차지하고 있는 것은 사실이나, 입법과정을 통하여 정책이 구현되는 이상 모든 부문에서 독점적 지위를 부여받고 있는 것은 결코 아니다. 거부권을 적극적으로 사용하고, 대국민활동을 통하여 정책의제설정 중심에 서 있으며, 여전히 전통적 의회의 영역인 입법과정에서 대통령의 역할은 국정운영의 파트너로서의 의회의 협조 없이는 극히 제한되어 있다고 보아야 할 것이다. 그리고 환경변화에 따른 새로운 거버넌스 상황은 지금까지 대통령이 선택하여왔던 국정운영의 전략에 또 다른 변화를 요구하고 있다."[9]

대통령의 대 의회와의 관계에 있어서 의회를 일관되게 상대할 수 있는 전담조직이 기능하지 못했을 때 대 의회와의 관계는 실패작으로 평가받는 경향이 눈에 띄게 많았다. 대통령의 정치적 리더십이 대 의회관계에 있어 입법적으로 성공하기 위해서는 대통령-의회 양방향의 적극적인 소통이 필수적이다.

또한 대통령이 대 의회관계에 있어 성공적 국정을 펼치기 위해서는 대통령뿐만 아니라 참모들이 의회와 지속적인 접촉이 있어야 하는데, 이를 위해서 백악관 참모들을 중요한 투표가 있을 때 의회에 상주시키면서 의회에 대한 대응성을 증진시키는 방법이 있을 수 있다. 의원들로 하여금 백악관이 의회의 입법과정에 깊은 관심을 가지고 있음을 알게 하여 대통령과 대 의회관계에 있어 서로 협력의 가능성을 높일 것이다. 또한 대통령이 대 의회의 지도자들과 좋은 관계를 유지하는 것도 대 의회관계를 우호적으로 만드는데 유리하게 작용할 수 있다. 의원들 간에 이념적 간극이 좁아지고 더욱 분명해 지고 있으므로 의회 내부의 리더십은 더욱 강화될 수 있다. 대통령이 정책적으로 수세의 위치에서 방어를 하여야 할 때 대 의회관계에 있어 매우 중요한 역할을 담당할 수 있다. 대통령과 대 의회관계 설정을 위해서는 제도적으로 의회담당실의 역할을 증대시키는 것에만 한정되는 것이 아니다. 의회담당자와 대통령이 서로 소통하지 않는다면 그 역할이 제한적일 수밖에 없다.[10] 경험적으로도 대통령에 대한 접근통로가 용이하게 확보하지 못하였을 때, 대 의회관계는 치명적인 실패를 경험하였다.[11]

---

9 김혁·함성득, '새로운 거버넌스 하의 미국 대통령-의회 관계의 발전적 변화-통치 중심 접근으로부터의 탈피를 통한 대통령 리더십의 변화를 중심으로-', 「한국행정논집」(제16권 제1호), 2004, 11면.

10 김혁·함성득, '새로운 거버넌스 하의 미국 대통령-의회 관계의 발전적 변화 -통치 중심 접근으로부터의 탈피를 통한 대통령 리더십의 변화를 중심으로-', 「한국행정논집」(제16권 제1호), 2004, 21면.

11 Andres, Gary, and Patrick Griffin. 2002. "Successful Influence: Managing Legislative Affairs in the Twenty-first Century." James Am Thurber. ed. *Rivals for Power: Presidential-Congressional*

사회통합을 위해서는 먼저 사회적 갈등이 공적인 토론의 장으로 표출되어야 하며, 갈등하는 여러 사회세력들이 공적인 토론을 거쳐 집합적 결정을 이루고, 이를 통해 확립된 공적 권위와 결정에 따르겠다는 자발적 의사와 함께, 그러한 공적 경쟁에의 참여에 어떠한 외부적 제약도 존재하지 않을 것이 요구된다. 이러한 조건을 확보하는 것이 바로 민주화라 할 수 있다.[12]

의회는 이러한 사회적 균열을 대표하는 정당들이 단일의 제도적 정체성을 공유하면서 상호 합의된 게임의 규칙 하에서 논쟁과 타협을 통해 합의를 만들어나가는 무대(arena)이다. 그리고 확립된 민주체제에서 일차적으로 사회적 균열과 갈등을 표출하는 기능을 담당하는 제도는 정당이라 할 수 있다. 정당은 차이와 균열·갈등에 기초하며, 정당을 통한 이러한 갈등의 표출은 민주주의 기본적 전제조건이 된다.

의회는 신생민주체제가 공고화되는 핵심 장소이다. 민주화 이행과정은 다른 정치행위자에 의해 진행되었지만, 민주주의 공고화 과정의 중심 행위자는 의회정치세력이 될 수밖에 없기 때문이다. 권위주의 체제 하에서 민주주의로의 최초의 돌파는 대개 '거리의 정치'를 통해 이루어지며 이 과정에서 의회정치 세력은 중심적 기능을 하지 못한다. 그러나 최초의 돌파 이후 민주주의에 대한 동의를 재생산하고 민주주의를 제도화하는 단계에서는 의회가 중심 무대가 된다. 각국의 구체적인 개별적 의회는 기능주의에서 말하는 일련의 고정된 기능들, 즉 정부형성, 입법, 이익표출, 이익대표, 행정부감독, 갈등의 중재 등등을 보편적으로 또한 평균적으로 수행하지는 않는다. 각국이 처한 역사시기와 정치상황에 따라 의회가 중심적으로 수행하는 기능들은 달랐다.

대부분의 신생 민주주의 체제의 확립과정에서 의회는 상대적으로 주변적 존재였다. 탈권위주의 민주이행 단계에서 정치 경쟁은 기존의 정치게임의 규칙 내에서 전개되는 것이 아니라, 정치적 경쟁의 규칙 자체를 변경하는 것을 지향한다. 따라서 비교적 온건한 민주이행과정, 즉 '협약에 의한 민주화'를 거친 우리의 경우에도, 의회정치 세력은 의회라는 본연의 무대를 버리고 반체제(반권위주의체제) 세력에 합류하여 '민주대연합'을 이룰 때 정치적으로 보다 중요한 역할을 해온 역설을 보여주었다.

하지만 체제변화 과정이 민주이행(transition)에서 민주주의 공고화(consolidation)로 이전하게 되면, 의회가 정치게임의 중심 무대가 된다. 이 단계에서는 상대방을 제압하거나 제거하려는 비예측적 행태는 진정되고, 서로의 위치와 갈등은 점차 알려진 규칙과 테크닉에 의해 조정된다. 이 새로운 단계에서는 의회 엘리트가 보다 중요한 역할을 수

Relations. 141-162. New York: Rowman & Littlefield. 김혁·함성득, '새로운 거버넌스 하의 미국 대통령-의회 관계의 발전적 변화－통치 중심 접근으로부터의 탈피를 통한 대통령 리더십의 변화를 중심으로－', 「한국행정논집」(제16권 제1호), 2004, 1면 참조.

12 박찬표, "민주화 이후의 의회정치와 정당," 아세아문제연구소.

행하며, 거리에서 힘의 대결이 아니라 의회의 규칙과 절차가 갈등해결의 기제로서 중요한 역할을 맡게 된다.

의회는 민주주의라는 새로운 게임의 공고화에 특히 3가지 점에서 기여한다. 첫째, 정치적·사회적 세력(구체제 세력 및 신생 세력), 특히 잠재적이고 실제적인 반체제 저항세력을 정치체제로 통합하는 기능이다. 이 문제는 민주이행과정에서 중요한 역할을 했고 또한 새로운 게임규칙에 대한 실질적인 거부권을 가지고 있지만, 새로운 게임규칙을 정하는 최초의 동맹(founding coalition)에서 배제되었던 집단과 관련해 특히 중요한 문제이다. 즉 민주화 이행 이후, 급진세력을 정치체제로 통합하고 또한 자본과 노동의 조직이해들을 통합하는 것이 핵심적 과제가 된다. 노동과 자본의 이해가 양립 가능하기 위해서는 특수한 조건이 요구된다. 노동에게는 물질적 조건의 개선을 위한 요구들이 표출될 수 있는 공간이 허용되어야 하고, 동시에 자본에게는 그 요구들이 체제 내에서 수용될 수 있는 민주적 제도가 존재해야 하는 것이 그것이다. 의회는 바로 이러한 조건을 제공한다.

의회는 좌와 우, 노동과 자본, 기타 경제적 권력집단들의 선호 사이의 실질적 타협을 구체화함으로써 민주체제가 생존하고 안정될 수 있도록 한다. 이는 의회에 대표권을 가진 모든 정당들에 대해 유효한(최소한 상징적) 참여 기회와 공적 지위를 제공하고, 또한 이들 정당이 조직하고 있는 사회경제적 집단에 대해 이러한 지위를 간접적으로 제공함으로써 가능하다. 특히 정부권력에서 일시적 또는 영구적으로 배제되어 있는 세력들은 이를 통해 일정한 보상을 찾게 됨으로써 체제를 정당한 것으로 수용하게 된다.

둘째, 의회는 정치행위자 사이의 갈등을 평화적이고 안정적으로 조정한다. 의회는 그 스스로를 구조화함으로써 즉, 의사규칙을 확립하고 실행하고 정착시킴으로써 의회 영역 내에서 평화로운 갈등의 조정을 가능하게 한다. 이를 통해 의회는 민주주의에 대한 동의를 재생산한다. 의회엘리트들은 원내외의 갈등을 조정하고 상호작용을 규제하기 위하여 심의적 결정(deliberative decisions)과 합의를 통해 의사규칙과 절차를 확립한다. 의회가 모든 주요 정치행위자에 의해 수용되는 규칙 준수적 행태(rule-abiding behavior)를 보이는 가의 여부는 갈등의 평화적 관리의 수준을 보여주는 지표가 된다.

셋째, 의회는 신생 민주체제에 대한 지지를 대중 사이에 구축하는 중심적 역할을 한다. 의회는 시민과의 선거연계 및 대표연계를 통해, 또한 의회를 가치 있고 대중을 대표하는 정치기구로 존중하는 태도를 형성시킴으로써 대중 사이에 지지를 구축한다. 대중들이 의회선거에 참여하는 정도, 의회의 존재나 의의에 대한 공격적 태도의 여부, 의회에 대한 비난과 같은 중요 정치행위자들의 공개적 언술, 의회에 대한 대중들의 신임이나 불신임의 표현, 부패나 무능력에 대한 공격, 대중들의 의회에 대한 태도 등은 의회에 대한 대중들의 지지를 보여주는 지표가 된다. 의회에 대한 대중의 지지 수준이 높을수록, 의회의 갈등관리기능이 시민사회로 확산될 기회는 증가한다. 의회에 대한 지지의 확산은 신생체제를 시민이나 조직된 사회세력들 사이에 뿌리내리게 함으로써 민주체제의 생존과 체제 정통성 확립에 기여하게 된다.

따라서 의회는 그 동안 정치체제에서 배제되었던 사회세력을 체제 내로 통합함으로써, 또한 정치행위자 사이의 갈등을 평화적으로 관리함으로써, 그리고 대중 사이에 지지를 확산함으로써 민주주의의 공고화에 기여한다.

한편 민주주의 공고화의 과제를 안고 있는 신생민주체제에서 의회의 역할을 평가함에 있어서 다음과 같은 점에 특히 주의해야 한다. 사회정치세력의 통합 및 평화적 갈등조정과정에서 의회가 중심적 역할을 수행하는 것이 정책결정과정에서 집행부에 대한 의회의 우위성을 의미하는 것은 아니라는 점이다. 민주주의 공고화 과정에서 의회의 중심적 위치란, 의회와 행정부의 관계가 아니라, 의회와 시민사회, 또는 의회와 시민사회의 여러 조직(정당, 이익집단 등)과의 관계에 초점을 둔 개념이다. 의회의 중심성은 국가정책결정과정이나 집행부를 지시·통제하는 과정에서 의회가 어느 정도 역할을 하느냐라는 측면에서 측정되는 것은 아니다.

의회의 권한이 집행부와 정당, 또는 이익집단들에 의해 침해되어 약화되었다고 하여 의회의 갈등관리 및 체제통합기능이 위협받는 것은 아니다. 의회는 주요국가정책 형성과정에 실질적 영향력을 행사해서가 아니라, 공개적으로 이러한 문제를 다룸으로써 주요 정치세력을 정치체제에 참여하게 하고 또한 이들을 협력으로 이끌게 된다. 정책결정과정에서 의회가 실제로 어느 정도 효과적인 영향력을 행사하느냐가 아니라, 의회가 다루는 문제의 중요성이 민주주의 공고화 과정에서 의회의 중심성을 결정한다는 것이다.

정리하면 의회는 주요 정치사회세력에게 정치적 대표권을 부여함으로써, 또한 사회의 중요한 문제들이 공공의 문제로서 다루어지는 장을 제공함으로써, 그리고 의회에 진출한 정치행위자들 사이의 갈등을 평화적이고 안정적으로 조정함으로써, 나아가 시민과의 선거연계, 대표연계들을 통해 대중들의 지지를 확산함으로써 민주주의 공고화에 핵심적 역할을 한다.[13]

---

13 Liebert, Ulrike. 1990. "Parliament as a Central Site in Democratic Consolidation". Ulrike Liebert and Maurizio Cotta. Parliament and Democratic Consolidation in Southern Europe. New York: Pinter Publishers. 박찬표, "민주화 이후의 의회정치와 정당," 아세아문제연구소. 이 논문에서 재인용.

第3편

대통령의 리더십:
역사적 검토

第1章 미국 대통령의 정치적 리더십과 대 의회관계

第1節 미국 주요 대통령의 정치적 리더십

미국과 한국의 대통령의 정치적 리더십을 역사적 관점에서 살펴본다. 미국의 대통령제의 기원이라 할 수 있는 조지 워싱턴(George Washington)의 재임 기간에 대통령제의 설계와 미국 건국에서 나타난 그의 리더십을 고찰한 후 역대 미국 대통령들 중에서 중대한 전환점에서 대 의회관계에서 정치적 역량을 발휘한 대통령의 리더십을 개괄한다. 그리고 2절에서는 한국의 건국 대통령과 중대한 전환점에서의 대통령들의 리더십을 비교분석한다.

〈표 3-1〉에서 기존의 레윈(K. Lewin), 화이트와 리피트(White & Lippit), 베버(Max Weber)의 모형은 민주주의 하에서 등장하는 다양한 대통령 유형을 역동적으로 설명하지 못한다. 레윈(Lewin), 화이트와 리피트(White & Lippit)는 민주주의 제도 하에서 대통령 리더십의 다양성에 주목하지 않았다. 베버는 전통과 현대에서 나타나는 리더십의 차이를 체계적으로 설명하였으나 민주주의 하에서는 대통령들이 대개 합법적 리더십을 가지고 있다. 베버도 합법적 리더십 내에서 대통령-의회 관계라는 제도 하에서의 다양성을 고려하지 않았다. 따라서 위에 열거된 학자들의 분류 기준에서 대통령들의 리더십은 유형별로 큰 차이가 없다. 그래서 바버(James D. Barber)의 분석틀을 개선한 이 연구의 연구는 다양한 대통령들의 다양한 차원에서 다양한 리더십 유형을 제시할 수 있다.

〈표 3-1〉 미국 대통령의 유형별 리더십 비교[1]

학자별 리더십 유형	미국 대통령						
	워싱턴	링컨	아이젠 하워	루즈벨트	클린턴	부시	오바마
K. Lewin	민주주의	민주주의	민주주의	민주주의	민주주의	민주주의	민주주의
White & Lippit	민주형	자유 방임형	민주형	민주형	민주형	민주형	민주형
Max Weber	합법적	합법적	합법적	합법적	합법적	합법적	합법적
James D. Barber	적극적 긍정형	소극적 긍정형	적극적 긍정형	소극적 긍정형	적극적 부정형	적극적 부정형	적극적 긍정형

이 연구는 행정부와 의회의 세 가지 관계유형 모형을 제시한 번스(James MacGregor Burns)의 이론을 적용하여, 대통령의 리더십이 의회와의 관계를 어떻게 이끌어 가는가를 분석한다. 즉, 행정부에 대한 의회의 통제가 형식화 된다는 해밀턴(Hamilton) 모형, 행정부에 대한 의회우위의 권력형태로서 행정의 능률성을 확보하는 것보다 의회가 행정의 권력남용을 견제하고 통제하는 데 중점을 둔다는 매디슨(Madison) 모형, 그리고 행정부와 의회가 상호 대등한 관계에서 원내 다수당의 지지를 바탕으로 안정된 정치를 추구하는 제퍼슨(Jefferson) 모형 속에서 대통령의 리더십이 어떻게 발휘되는가를 분석한다. 번스의 이론을 통해 대통령 개인의 정치적 역량이라든지 국회가 어느 정도 행정부를 견제할 수 있는가에 따라서 세 가지 관계유형을 도출할 수 있다. 이러한 모형 속에서 바버(James D. Barber)의 정치적 리더십 유형을 통해 대통령과 의회와의 관계를 분석할 것이다. 앞서 설명한 것처럼, 대통령 개인의 정치적 리더십의 역량으로 의회가 행정부를 견제할 수 있는가에 따라, 대통령과 의회의 관계 유형은 네 가지로 나눈다. 바버는 직책수행에 대한 대통령의 욕구를 적극성과 소극성으로 나누고, 정치적 상황 속에서 대통령이 긍정적이거나 부정적으로 대응하는 것을 토대로 긍정형과 부정형으로 나누고 있다. 이 연구 역시 대통령의 리더십을 위와 같이 네 가지로 구분하였으며, 지도자로서 사명감에 넘치고 활동적이며, 생산성을 중시하고 과업 지향적이며 목표를 분명히 하는 적극적 긍정형 리더십, 야심이 많고 권력적이며, 대단히 공격적인 적극적 부정형 리더십, 그리고 진실하고 윤리관이 강하며, 활달하고 개방적이지만, 지도자로서의 사명감이 부족한 소극적 긍정형 리더십, 마지막으로 자신에게 맡겨진 지도자로서의 역할을 충실히 수행하지만, 지도자의 역할과 책임을 축소 지향적으로 인식하는 소극적 부정형 리더십으로 대통령의 리더십을 분류하였다. 그리고 이 연구는 번스가 지적한 행정부와 의회의 세 가지 관계유형 모형에 이를 대입함으로써,

---

1 김석준, 『현대 대통령 연구1』, 2002, 대영문화사, 참조.

대통령의 리더십이 의회와의 관계를 어떻게 이끌어 가는가를 분석한다. 행정부가 입법과정을 포괄적으로 지배하며 대외정책과 재정 및 경제정책을 독점적으로 결정함으로써 행정부에 대한 국회의 통제가 형식화된다는 해밀턴(Hamilton) 모형, 행정부에 대한 국회우위의 권력형태로서 행정의 능률성을 확보하는 것보다 의회가 행정의 권력 남용을 견제하고 통제하는 데 중점을 둔 매디슨(Madison) 모형, 그리고 행정부와 국회가 상호 대등한 관계에서 원내 다수당의 지지를 바탕으로 안정된 정치를 추구하는 제퍼슨(Jefferson) 모형이 바로 그것이다. 하지만 이 유형만으로는 대통령과 의회 간의 관계변화를 설명해 낼 수 없기 때문에, 유형분류 속에 대통령의 리더십이 어떠한 역할을 하고 있는지를 분석해 볼 필요가 있다.

본 연구는 대통령의 리더십을, 직책수행에 대한 대통령의 욕구로 적극성과 소극성으로 나누고, 정치적 상황 속에서 대통령이 긍정적이거나 부정적으로 대응하는 것을 토대로 긍정형과 부정형으로 나누고 있는 바버의 리더십 유형을 대입하여 대통령의 리더십과 대 의회관계를 비교분석하는 모형을 설계하고자 한다.

1. 워싱턴(George Washington) 대통령: 대통령제의 기원

가. 대통령 권한의 제도화

1789년 뉴욕에서 워싱턴이 초대대통령으로 취임했을 당시, 연방 행정부의 존재는 미미했다. 워싱턴 이후 19세기 초까지의 대통령들은 독립과 건국의 영웅들이었으나, 대통령의 정치적 권한이 크다고 인정되지 않았다. 그럼에도 불구하고 초기의 대통령들은 외교정책이나 국내외의 안보와 연관된 업무에 있어서 대통령의 역할과 권한을 제도화시켰다. 예컨대, 워싱턴은 위스키 반란(Whisky Rebellion)에 연방군을 파견하여 진압했고, 상원과의 협의 없이 영국과 제이 조약(Jay Treaty)을 체결하였다. 또 나폴레옹 전쟁 당시 중립을 선언했다. 이러한 행위는 헌법상 국가의 안전을 책임지는 대통령직의 고유한 권한(inherent power)으로 간주되었다.[2] 워싱턴이 독립전쟁(1775~1783년)을 성공적으로 이끈 후 남북전쟁 이전까지 미국의 정당체계(1787~1816년)는 연방파와 공화파로 나뉜다. 연방파(국민공화당)는 연방정부 역할을 강조, 상공업 중심의 보호무역론을 주장한 반면, 공화파(민주공화당)는 지방 주정부 역할을 강조하고, 농업 중심의 자유무역론을 주장하였다. 본국(영국) 런던 연방정부에 당한 독립전쟁의 쓰라린 기억이 남아 있었

---

2 최명·백창재, 『현대 미국정치의 이해』, 서울대학교 출판부, 2000, 365-366면.

기에, 제1차 정당체제 동안 미국인들의 대다수는 (연방정부보다) 지방 주정부의 역할을 강조하는 공화파를 지지하였다. 미국은 (특히, '대표 없는 과세'로 상징되는) 영국 연방정부의 식민지 정책에 반발하며 독립한 국가이다. 이는 건국시절부터 연방정부와 지방 주정부를 보는 미국인들의 관점에 지대한 영향을 주었다. 워싱턴 연방정부에 대해선 근본적 불신을 갖고 있는 반면, 지방 주정부에 대해선 거의 신앙에 가까운 지지를 보였다.

나. 대통령제의 정착 배경

미합중국은 통치기구를 자유롭게 선택할 충분한 기회를 갖고 있었던 최초의 근대국가였으나 그 선택은 진공 속에서 이루어진 것은 아니었다. 독립혁명을 달성한 미국 사람들은 군주제를 거부하고 공화제를 채택한다는 점에 있어서는 의견이 일치하고 있었다. 그러나 연방규약과 각 주州에 있어서의 헌법상 경험이 합의제정부의 취약성과 의회는 국가 전체의 이익보다 사익이 난무하는 곳이라는 점이 입증되어, 독재의 폐단과 합의제의 무력함을 피하면서 자유와 이념을 바탕으로 결집된 국가의 통일과 독립을 보장할 수 있는 통치형태로 제안된 것이 대통령제였다. 대통령제는 엄격한 3권 분립이 행해지고 권력기관 상호간의 독립이 보장되며 대통령이 독립적으로 행정권을 행사하는 정부형태를 말한다. 미국의 대통령제는 타국가의 대통령제의 원형으로서 원래 몽테스키외의 권력분립론에 근거한 것이었으나, 오늘날 정당정치가 발전함에 따라 국회와 정부는 정당을 통하여 일정하게 결합할 수 있게 되어 권력의 통합경향이 나타나게 되었다.

미국에서 대통령제를 채택하게 된 근거는 대체로 세 가지로 이유를 들 수 있다.[3] 첫째로, 미국에서는 유럽에서 볼 수 있었던 봉건적·절대적 정치세력이 존재하지 않았기 때문에 미국은 영국에 비하여 근대국가의 형성도 용이하게 성취하였으며 시민계급과 무산계급과의 모순 대립도 일찍 해소되었던 것이다. 그러므로 군주의 일원적 권력체제가 아닌 근대적 자유정신에 입각한 대표원리를 전개해 나갈 수 있었던 사회구조가 마련되어 있었다는 점이다. 이러한 근거 하에서 미국은 상하원이 대등한 입장에서 같은 국민의사를 대표하고 의회와는 독립적 지위를 가지면서도 국민의사를 대표하는 대통령에게 행정권을 집중시킬 수 있었다.

둘째, 헌법 제정 당시만 해도 선거권에는 재산적 조건과 자격에 의한 엄격한 제한이 있기 때문에 엄격한 의미에서 볼 때 의회를 통하여 무산계급의 의사와 이익을 보장할 수는 없었던 것이다. 전제專制에 대한 공포심리는 대륙에서 본 바와 같은 전제적 집행부에 대해서 뿐만 아니라 인민대중과 가장 직접으로 연결할 수 있는 입법부

---

3 윤용희, "미국 대통령제에 관한 연구", 한국동북아학회, 『한국동북아논총』 제4권, 1997.

특히 하원에 대해서도 품고 있었다. 더욱이 당시 엄격한 재산조건을 선거권·피선거권의 자격조건으로 삼았던 제한선거에 의하여 당선되는 국회의원은 모두 부유한 자본가계급 출신임에 틀림없고, 이들에 의한 계급전제階級專制도 억제할 필요가 있었다. 1787년에 매디슨은 "입법부는 어디에서든지 그 활동의 범위를 확대하고 있으며 모든 권한을 자기의 맹렬한 소용돌이 속에 집어넣으려고 한다"고 말하였으며, 그 결과로 입법부가 권한을 강탈하는 것을 방지하기 위하여 강력한 행정부를 설치하자는 안을 지지하게 되었다. 그리고 동시에 자본주의의 발전과 더불어 인구가 증가하고 궁핍한 생활을 하는 소위 '버림받은 사람들'(forgotten men)인 노동자계층이 증가됨에 따라 이들의 이익을 대변해 주는 기능을 민선대통령에게 기대할 수 있다고 예견하였다. 유산계급을 대표하는 의회에서 독립한 행정주체의 존재를 인정하고 이로써 의회에 그들의 대표를 보내지 못한 사회세력의 입장을 보호할 필요성이 헌법제정회의의 대세를 지배하게 되어 행정권은 헌법적·제도적으로 독립이 보장되고 국민의 보통선거에 의하여 선출되는 대통령에게 귀속시키게 되었던 것이다.

셋째, 미국헌법의 제정자들이 영국식의 의원내각제와 상이한 대통령집정제를 채용한 것은 의원내각제가 영국의 특수사정의 원인인 것과 마찬가지로 미국도 공화제 또는 민주주의의 원리에 비추어 여러 가지 그의 특수성을 참작한 결과라 하겠다. 당시 그들이 3권분립의 대통령제를 채택한 이유로서는 영국에서의 의원내각제가 충분히 발달하지 못하고 또 주권존중의 연방제도를 전제로 하여야 할 특수성과 당시의 정치정세로 보아 강력한 집행기능을 필요로 했기 때문이라고 할 수 있겠다. 영국의 의원내각제는 17세기 명예혁명을 계기로 궤도에 오른 것이지만 18세기 미국헌법 제정 당시까지만 하더라도 헌법제정자들의 생각으로는 그것을 본따서 채택할 만한 것으로 보지 않았다. 오히려 미국이 영국과는 달리 주권을 존중하는 연방제를 유지할 절실한 필요성 즉 각 주州 중의 1개 주에 의한 다수지배를 억제하기 위하여 각 주州 위에 서서 그것을 견제하는 연방정부의 필요성과 또 기타 여러 가지 특수한 사정으로 미국에 가장 적합한 새로운 정부형태를 창설하고자 하는 생각에서 대통령제가 채택되었다.[4]

2. 링컨(Abraham Lincoln) 대통령의 정치적 리더십

1) 긍정적 리더십과 영향력

링컨과 같은 위대한 대통령은 역사의 힘을 활용하여 자신의 목표를 달성하도록 하

---

4 윤용희, "미국 대통령제에 관한 연구", 『한국동북아논총』 제4권, 1997.

는 리더십을 열정적으로 찾고 또 실천한다. 링컨이 최고의 대통령으로 평가받는 이유는 크게 두 가지다. 하나는 그가 연방을 수호함으로써 국가의 분단을 막아서 미국 역사상 가장 큰 위기를 극복했다는 것이다. 다른 하나는 노예해방을 이루어서 미국인간의 차별을 해소하고 국민통합을 이루었다는 점이다. 링컨은 분열과 혼란을 종식하고 미국을 하나의 통합된 국가로 만들었고 노예해방을 통해 인간의 자유와 인권을 보호한 위대한 지도자로 기억되고 있다. 링컨은 분열 위기에 처한 미국을 남북전쟁이라는 큰 대가를 치르면서 구해낸 영웅이었다. 그는 또 노예해방 선언으로 모두에게 자유로운 나라를 만든 위대한 성자(聖者)이자 남북전쟁을 승리로 이끌어 통일된 나라를 지켜내고 나서 암살범의 총탄에 희생된 순교자라는 이미지를 가지고 있다.

링컨의 리더십은 긍정적 리더십의 전형으로서 그의 사후에도 인류사회 전체에 중요한 가치를 제시하고 있다. 링컨은 미국 역사상 성공한 대통령으로 또 위대한 지도자 중의 한 명으로 평가받고 있다.[5] 링컨이 이러한 평가를 받는 이유는 그가 건국의 아버지들이 구상한 연방을 보존하고,[6] 노예해방을 통해 인류의 보편적인 가치인 자유와 평등을 구현하는 데 큰 기여를 했기 때문이다. 그러나 여기에는 대통령으로서의 링컨이 이룩한 이러한 업적 그 이상의 장기적인 비전이 있었다. 그래서 그의 사후에도 그의 영향력은 시공간을 초월하고 있다.

링컨은 그의 사후에도 인류사회에 대해 비전을 제시하였고 그의 영향력은 지속적이라는 점, 또한 그의 영향력은 권력과 부, 학연, 지연, 혈연 등에서 나오지 않았고 그의 정치적 성과에서 나왔다는 점에서 그는 위대한 지도자이다. 링컨은 목표를 향하여 다른 사람으로 하여금 장점, 재능, 열정을 이끌어내 긍정적이고 발전적인 방향으로 변화하게 하는 긍정적 리더십의 전형이었다. 지금까지 링컨에 관한 많은 연구는 주로 남북전쟁을 승리로 이끌어 연방정부를 수호하고 노예를 해방시킨 그의 업적을 칭송하는 차원에서 이루어져 그의 '신화'적인 성공에 열광해 온 것을 부인할 수 없다. 역사상 큰 위기 중의 하나에 봉착했던 미국은 이를 극복할 혁신적 리더십이 필요했고, 링컨은 이에 부응하는 리더십을 발휘했다. 링컨이 오늘날까지도 끊임없는 영향력을

---

5 미국의 대통령 평가는 Arthur M. Schlesinger, Sr., "Historian Rate U.S. Presidents," Life (November 1, 1948), 65-74를 시작으로 하여 그동안 다양한 방법으로 수십 차례 있었다. 아버지를 이어 아들 역시 대통령 평가를 했는데 링컨 대통령을 가장 위대한 대통령으로 평가했다. Arthur M. Schlesinger, Jr., "The Ultimate Approval Rating," New York Times (December 15, 1996), 46-51. 최근에 대통령을 평가한 책으로는 James Taranto and Leonard Leo, ed., Presidential Leadership: Rating the Best and the Worst in the White House (New York: A Wall Street Journal Book, 2004)가 있다. 이 책에서는 링컨을 워싱턴 다음으로 평가했지만 거의 모든 평가에서는 링컨을 가장 위대한 대통령으로 평가했다.

6 James M. McPherson, Abraham Lincoln and the Second American Revolution (New York: Oxford University Press, 1991), 41. 링컨은 연방보존이 전쟁목적임을 분명히 밝혔다.

행사하고 있는 이유가 국정운영에 총책임을 맡고 있는 지도자로서 링컨은 대통령이 라는 정치제도로서 통합적인 정치적 리더십을 발휘한 데에 있다.[7] 대통령에 취임하고 링컨이 가장 먼저 한 일은 백악관을 개방하여 국민들과 소통하는 일이었다. 수많은 사람들이 이러저러한 이유로 백악관을 방문하여 대통령을 만나고자 했다. 이 일은 자신을 따르는 사람과 함께하지 않으면 진정한 리더가 아니라고 생각한 링컨 자신의 선택으로 이루어진 면이 없지 않다. 근본적으로 링컨 대통령은 할 수 있는 한 많은 사람들과 만나는 것을 원칙으로 삼고 있었다.

2) 소극적 리더십과 칭찬, 설득, 관용

전쟁기 대통령으로서 링컨은 강력한 권한을 가지고 있었지만 그는 의회의 합의를 고려했고, 반대파인 남부연합과 민주당을 포용했다는 측면에서 소극적 긍정형 리더십을 보여주었다. 짐 콜린스(Jim Collins)는 위대한 리더의 공통적인 특성으로 "사람이 먼저 … 다음에 할 일"이라고 했다. 명령, 카리스마, 실리로 사람을 이끄는 패튼과 시저보다는 칭찬, 설득, 관용으로 다른 사람의 마음을 움직이는 링컨과 소크라테스와 같은 사람들이 위대한 지도자라고 말했다.[8] 링컨은 명령하지 않고 사람을 움직이며, 사람들로 하여금 최선을 다하도록 하는 방법을 잘 이해하고 있었다. 다른 사람을 움직이게 하는 진정한 리더십의 정의에 강압적인 힘은 포함되지 않는다. 링컨은 대통령이 되기 전부터 강압적인 명령이 아니라 칭찬과 설득의 유용성을 알고 있었다. 단기전으로 끝나기를 기대했던 전쟁은 장기전으로 돌입하였고 연방군은 뚜렷한 승리를 담보하지 못한 채 있었다. 링컨은 장군들에게 전쟁에 적극적으로 나서주기를 간절히 원했지만 그랜트가 등장하기 전까지의 대부분의 장군들은 하나같이 링컨의 요구에 부응하지 못했다.[9] 대통령의 변함 없는 믿음과 칭찬에 힘입은 그랜트는 어려움은 없지 않았지만 끝까지 포기하지 않고 박차를 가하여 남부동맹의 리로부터 '무조건 항복(Unconditional Surrender)'을 이끌어 내 남북전쟁을 종결시켰다. 전쟁 중에 재임했던 링컨 대통령은 사실상 강력한 권한을 가지고 있었다. 하지만 링컨은 휘하 장군들에게 명령하지 않았고 제안과 권고 등으로 설득하는 길을 택했다.[10]

---

7 황혜성, "남북전쟁기 링컨 대통령의 리더쉽", 「미국사연구」(제17집), 2003, 27-48면.

8 Collins, Jim Collins, Good to Great: Why Some Companies Make the Leap and Others Don't (New York: Harper Collins, 2001), p.35.

9 Philips, Lincoln on Leadership, 116-117. 링컨이 임명한 장군들은 스콧, 어빈 맥도웰(Irvin C. Mcdowell), 존 프리몬트(John C. Fremont), 매클레란, 헨리 할렉(Henry W. Halleck), 존 매클러낸드(John A. McClernand), 윌리엄 로즈크랜스(William S. Rosecrans), 앰브로즈 번사이드(Ambrose E. Burnside), 나다니엘 뱅크스(Nathaniel p.Banks), 율리시즈 그랜트, 조셉 후커(Joseph Hooker), 조지 미드(George G. Meade) 등이다.

링컨은 관용과 용서의 중요성을 알고 실천했다. 링컨은 연방을 탈퇴하고 내전을 일으켜서 전쟁의 책임자라 할 수 있는 남부동맹에 대해서도 일찍부터 관용과 용서로 수용하고자 노력했다. 1863년 10월 8일 의회에 보낸 연두교서에서 링컨은 '10% 안'을 밝혔다. 이는 연방을 탈퇴한 남부주들 가운데 유권자의 10% 이상이 충성을 서약하는 주에 대해서는 다시 연방소속의 주로 인정한다는 것이 핵심이었다.[11] 승리를 눈앞에 두고 링컨은 남부동맹의 지도자들도 용서하고자 했다. 링컨은 남북전쟁의 책임이 누구에게 있는지를 문제 삼지 않았다. 그리고 국민들에게 악의를 멀리하고 용서와 관용으로 새로운 시대를 맞이하자고 호소했다. 그의 두 번째 취임식 연설은 링컨의 관용의 리더십의 진수를 보여준다.[12]

3) 사회통합과 정의: '연방보존'과 노예해방

링컨 대통령은 달성하고자 하는 목표를 가지고 있었다. 링컨의 목표는 그의 취임사와 다른 중요한 연설에서 구체화되어 있다. 그것은 명료했으며 그를 따르는 사람들과 같이 달성해야 할 공동의 목표였다. 그것은 그가 밝혔듯이 "헌법보다 훨씬 오래 된 것"이었다.[13] 바로 '연방보존'이었다. 링컨은 오랫동안 미국인들을 결집시켜왔던 두 가지의 근본적인 가치인 자유와 평등의 추구를 지속적으로 공유하고 강조하고 또 강조하여 왔다. 그는 "독립선언서에서 구체화된 내용으로부터 생겨나지 않은 생각은 정치적으로 단 한 번도 한 적이 없다"고 말했다.[14] 그래서 링컨에게 연방 분리는 독립선언서와 연방헌법을 부정하는 것과 같았다.[15] 연방의 연속성은 법적으로 역사적으로 보장된 것이었다. 대통령에 취임할 때 이미 남부의 7개 주가 연방을 탈퇴하였고 다른

---

10 Donald T. Philips, Lincoln on Leadership (New York: Warner Books, 1992), p.43.

11 링컨의 10% 안은 공화당 급진파들에게 많은 비판을 받았다. 그들은 Wade-Davis Bill을 제시했는데 이는 50%의 충성을 요구하는 것이었다. 링컨은 이에 대해 거부권을 행사했다.

12 김형곤, "링컨 대통령의 리더십의 실체", 『미국사연구』 제25집, 2007, 232면.

13 Abraham Lincoln, "First Inaugural Address," March 4, 1861. 링컨은 1차 취임사에서 연방은 법적으로는 물론 역사적으로 영원한 것으로 생각했다. 연방은 헌법이 만들어지기 전 1774년의 Articles of Association에서 형성되고, 1776년 독립선언과 1778년의 Articles of Confederation로 강화되었고, 1788년 헌법의 목적을 "더욱 완전한 연방을 형성하기 위한 것"으로 규정했다.

14 Roy p.Basler, ed., The Collected Works of Abraham Lincoln (New Brunswick, N.J.: Rutgers University Press, 1953), 4:240.

15 이에 대해 링컨의 분명한 태도는 그의 연두교서에서도 드러난다. "어느 주도 그 자체의 단순한 행동만으로 연방에서 합법적으로 탈퇴할 수 없습니다. 그런 일(연방에서 탈퇴하는 일)을 행하겠다는 결의와 포고는 법적으로 무효입니다. 그리고 미합중국의 권위에 반대하여 어느 주나 주들 사이에서 일어나는 폭력행위는 경우에 따라서는 폭동이며 반란입니다. … 물리적으로 말해서도 우리는 분리될 수 없습니다. 우리는 서로에게서 각각의 지역을 없앨 수도 없으며 그들 사이에 통과할 수 없는 벽을 쌓을 수도 없습니다." Abraham Lincoln, "First Inaugural Address."

4개 주도 연방정부에 위협을 가하고 있었다. 이러한 위협은 링컨에게는 물론 미국이라는 국가 그 자체에도 위협이었다.

아직 전쟁이 시작되지 않았던 때에 링컨은 최선을 다해 전쟁을 피하고자 노력했다. 전쟁이 임박한 상황에서 어떻게 하면 전쟁을 피하고 연방을 보존할 수 있느냐 하는 문제가 대통령이 된 링컨의 최대 목표이자 역사적 사명이었다. 그래서 그는 서로 상대에게 폐쇄적이 아니라 개방적이기를, 적이 아니라 친구이기를 원했다.[16]

그러나 전쟁은 일어났고 링컨은 연방보존을 이 전쟁의 최대 목표로 삼았다. 연방보존을 위해서는 전쟁에서 승리를 해야 했다. 링컨의 목표는 전쟁승리를 통한 연방보존이었다. 링컨에게 있어서 노예제도 자체는 분명히 악이었고 폐지되어야 할 것이었다. 링컨은 노예해방을 서두르지 않았고 그 점진적인 폐지에 역점을 두었다.[17] 링컨에게 노예해방은 본래의 전쟁 목적 달성에 충실함을 더해주는 결과를 낳았다. 그의 선언대로 해방된 노예가 연방군대에 편입되어 전투에 참가함으로써 군사상의 큰 도움이 되었다. 노예해방이 남부의 노동력을 분열시키고 그 노동력의 일부가 북부의 군사력으로 전환되어 남부동맹은 전쟁수행에 큰 타격을 입었다. 링컨에게 있어 노예해방은 단순한 전략적인 차원을 넘어 결과적으로 전쟁의 새롭고 혁명적인 목표가 되었다. 남북전쟁은 링컨의 대중적 입지를 강화하고 대통령의 권한을 확대하는 결과를 낳았다. 뿐만 아니라 전쟁은 연방과 노예제도는 양립할 수 없으며, 본래부터 이 나라는 모든 인간은 법 앞에 평등하다는 원리로 세워졌다는 사실을 링컨이 국민들에게 설득하는 기회를 제공해 주었다. 1863년 11월 19일 게티즈버그 연설에서 링컨은 일부러 헌법을 인용하지 않고 독립선언서를 언급했다.

"지금부터 87년 전 우리의 조상들은 이 대륙에 자유를 신봉하고 모든 사람은 평등하게 창조되었다는 명제에 헌신하는 새로운 국민을 창조했습니다. 지금 우리는 그렇게 신봉하고 헌신하는 국민이 오랫동안 지속할 수 있는지를 실험하는 전쟁 속에 있습니다. … 하나님의 사랑 아래 우리 국민은 자유를 새롭게 탄생시켜야합니다. 그리고 국민의, 국민에 의한, 국민을 위한 정치가 지구상에서 사라지지 않도록 해야 합니다."[18]

---

16 링컨은 취임사 마지막에서 "우리는 적이 아닙니다. 우리는 적이 되어서도 안 됩니다. 격화된 감정 때문에 우리의 애정의 유대가 긴장되었을지 몰라도 그것이 끊어져서는 안 됩니다"라고 호소했다. Ibid.

17 1862년 9월 22일 노예해방령을 발표한 데 이어 그해 12월 1일에는 노예해방에 따르는 보상을 요구하는 교서를 의회에 보냈다. 링컨은 연방군의 승리가 확실해진 1865년 2월 1일에 전국적으로 노예제도를 폐지하는 수정헌법 제13조에 서명했다.

18 Abraham Lincoln, "The Gettysburg Address," November 19, 1863. 사실 링컨은 연방헌법에 따른 Dred Scott 판결에 대해 비록 이 판결이 잘못되지 않았음은 인정했지만 궁극적으로 이는 링컨의

링컨은 국민들을 설득하기 위해 노예해방의 정당성을 부여하고자 했다. 이 연설을 통해 링컨은 "종래 목표였던 연방보존에 새로운 자유와 평등의 원리를 확대"시켰다.[19] 여기에서 언급한 '국민'은 흑인과 백인이 포함된 개념이었다. 이것은 인간평등 실현이라는 숭고한 목표의 당위성을 제공하는 순간이었다. 이것은 국민들에게 미래 비전을 제시하는 것이었다.

리더십에서 목표와 비전을 세우고 이를 다른 사람들이 알도록 하고 그들이 함께 일하도록 설득하는 것은 너무나 중요하다. 목표를 통해 리더를 따르는 사람들은 동기를 부여받고 그 목표 달성에 자신의 재능과 에너지를 집중하게 된다. 연방을 보존하고 노예를 해방하는 것은 링컨 개인의 목표가 아니라 링컨과 그를 따르는 사람들 공동의 목표였다. 대통령에 재선되고 머지않아 전쟁이 끝나리라는 것이 명백한 가운데 링컨은 또 한 번의 숭고한 목표와 비전을 국민들에게 알렸다. 링컨은 연방을 보존하고 전쟁을 성공적으로 수행하는 목표를 달성하기 위해 대통령으로서 모든 방법을 강구했다. 링컨은 섬터요새 전투이후 군대동원령을 내렸으며, 버지니아와 텍사스까지 봉쇄하는 선전포고문을 발표했고, 나아가 인신보호영장 청구권을 중지시키는 일까지 선포했다.

지도자는 목표를 세우고 그를 따르는 사람들이 그 목표를 적극적으로 추진할 수 있도록 동기를 부여하고 그들을 설득해야 하는데 링컨은 바로 그런 지도자였다. 링컨은 자신이 제시한 목표를 성공적으로 수행할 수 있는 인재를 발굴하는 데 열정을 쏟았다. 대통령이 되어 내각을 구성하면서 링컨이 핵심으로 삼은 인사규정은 목표달성에 적합한 인재였다. 따라서 링컨에게 이전의 적이라도 문제가 되지 않았다. 그래서 그는 대통령 예비선거에서 최대 라이벌이었던 시워드를 국무장관에, 변호사 시절 자신을 비난했던 스탠턴을 전쟁장관에, 사사건건 반대를 하고 다음 대통령에 도전을 하겠다는 체이스를 재무장관에 임명했다. 링컨은 전쟁을 승리로 이끌 수 있는 장군을 찾는 데도 끊임 없는 노력을 기울였다. 링컨에게 연공서열은 무의미했다. 자신에 대한 무시나 도전도 문제가 되지 않았다. 링컨은 오로지 전쟁을 승리로 이끌 장군을 필요로 했다. 스콧에서 시작하여 그랜트를 찾기까지 여러 명의 장군을 해임하고 임명한 것을 보더라도 링컨이 얼마나 목표달성에 진력했는지 이해할 수 있다. 성공하는 리더십에는 목표에 집중하는 능력이 절실히 필요하다. 링컨은 전쟁 승리를 통해 연방을 보존하는 궁극적인 목표달성을 위해 매 단계별로 집중했다. 전쟁 초기에는 군대를 재건하고, 남부의 항구와 미시시피강을 장악하는 데 집중했다. 전쟁이 계속되자 그는

생각과는 위배되는 것이었다. 대통령이 되고 난 후 링컨은 인신보호영장 청구권을 금지하는 것을 비롯하여 여러 번에 걸쳐 헌법에 위배되는 정책을 내렸다.

19 Donald, Lincoln, 553.

남부동맹의 수도인 리치몬드를 공략하는 것을 목표로 삼지 않고 남군 사령관 리 장군에게 집중했다. 전쟁이 끝날 무렵 링컨은 전후 평화로운 미국의 재건에 집중했다. 링컨에게는 명확한 목표와 비전이 있었다. 독립선언서와 헌법이 보장하는 연방수호는 국민들에게 자긍심과 애국심을 다시 심어주는 계기가 되었다. 노예제도에 대한 투쟁은 이미 오래된 문제였고 전쟁은 이 문제점에 종지부를 찍는 계기가 되었다. 그리고 서로 용서하는 새로운 미국 건설에 대한 비전 제시는 국민들에게 용기와 희망을 주었다.

4) 개방적인 협력

링컨과 같은 위대한 지도자들은 독단적이지 않으며, 개방적이며 협력을 통해 합의(consensus)를 이끌어낸다. 리더십을 제외한 다른 분야에서 협력은 단순한 물리적 결합을 의미하지만 리더십에서는 단순히 힘을 합치는 이상이다. 게티즈버그 연설의 "국민의, 국민의 의한, 국민을 위한 정치가 지구상에서 사라지지 않도록 해야 합니다"에서 링컨은 개방된 협력의 원칙을 제시했다.

대통령이 되면서 링컨이 가장 먼저 한 일은 백악관 개방정책이었다. 링컨은 능력이 허락하는 한 많은 사람들과 만났다. 링컨 대통령은 국민과 어떠한 거리도 두려고 하지 않았다. 링컨의 개방적 협력정책은 연방을 수호하는 목표를 달성하는 데 가장 중요한 세력인 군인들과 링컨의 관계에서도 그러했다. 링컨은 군인이 있는 곳이면 어디라도 직접 가서 그들을 만났다. 링컨은 요새, 해군 조선소, 야전병원, 장례식, 심지어 전투가 벌어지는 전장에서 군인들을 만나 악수를 하고 군대를 사열하면서 그들을 자랑스럽게 생각한다고 말했다. 인사 스타일에 있어서도 링컨은 철저하게 개방적인 협력을 이루고자 했다. 무엇보다도 그는 이전의 경쟁자를 국무장관에 임명했다. 국무장관에 임명된 시워드는 링컨이 국가를 책임질 수 있는 지도자가 아니라고 생각했다. 그래서 그는 인사를 비롯한 여러 문제에 있어 독자적인 행동을 서슴지 않았다. 심지어 섬터요새 문제를 링컨의 의견을 전혀 고려하지 않고 남부동맹의 요구를 따르는 것이 좋을 것이라는 의견을 내놓았다. 이에 링컨이 제동을 걸자 시워드는 사표를 냈다. 그러나 링컨은 시워드 집을 직접 찾아가 설득했다. 링컨은 누가 보아도 적일 수밖에 없었던 사람을 전쟁장관에 임명했다. 링컨은 초기 전쟁장관인 시몬 카메런(Simon Cameron)을 그의 부적절하고 투명하지 않은 군사계약을 이유로 해임하고 대신 에드윈 스탠턴을 임명했다. 스탠턴은 링컨이 소속되어 있는 공화당원이 아니라 민주당원이었다. 링컨의 포용력은 그가 샐먼 체이스와 관계를 어떻게 유지했는가를 통해 확인된다. 재무장관 체이스는 대통령으로서의 링컨의 능력을 문제삼았을 뿐만 아니라 노골적으로 차기 대통령에 도전하겠다고 공언했다. 뿐만 아니라 체이스는 재무부 직원의 인사를 마음대로 하고자 했으며 심지어 전쟁수행을 위한 대통령의 자금준비가 헌법에 어긋난다고 반대했다. 이 일에 대해 대통령의 권한을 이용해 링컨이 체이스의 행동을 일축하고 명령할 수 있었지만 그렇게 하지 않았다. 링컨은 체이스에게 "남부동맹이 미합중국을 파괴시키기 위해 헌법을 유린하고 있습니다. 나는 미합중국을 구할 수만 있다면 나는 기꺼이 헌법을 위반할 것입니다"고 말하면서 그를 설득했다.[20]

그러나 링컨은 의회와는 마찰이 있었던 것이 사실이다. 특히 의회의 승인을 받지 않은 노예해방선언과 그의 너무나 온건한 재건계획은 공화당 급진파들과 링컨 사이에 갈등을 유발했다. 하지만 대부분의 일에 있어 링컨은 의회와 우호적인 관계를 유지했다. 링컨은 가능한 많은 사람을 만나고 열린 인간관계를 유지하는 것을 스스로 "여론 목욕(public opinion baths)"으로 불렀다.[21] 지도자(leader)가 그의 추종자(follower)에게 쉽게 다가간다는 사실을 안다면 그들은 자신들의 리더를 더욱 긍정적으로 생각하게 된다. 대통령이 직접 다가가는 것만큼 국민에게 친근감과 신뢰를 주는 것은 없다는 것을 링컨은 알고 있었다. 그래서 대통령이 되어 링컨은 백악관을 개방하여 사람들을 만났으며 스스로 전장을 비롯한 여러 현장을 찾아 갔다. 링컨은 전쟁이 끝나는 그 순간에도 전장에 있었다. 1865년 4월 9일 링컨은 남부동맹의 수도 리치먼드에서 워싱턴으로 돌아오는 길에 로버트 리에게 항복을 받았다는 소식을 그랜트에게 받았다. 이는 링컨의 개방적이고 협력적인 리더십이 가져온 승리였다. 링컨의 리더십이 높은 평가를 받는 것에는 전쟁을 승리로 이끌어 연방을 수호하고 노예를 해방시킨 것 이상의 이유가 있다. 그는 다른 사람에게 영향을 주어 진심으로 따르고 존경하게 만드는 리더십을 보여주고 있다.[22]

링컨은 아무리 어렵고 불리해도 정직을 포기하기 않았다. 링컨은 정직하지 않은 지도자에게는 사람이 따르지 않는다는 것을 알고 있었다. 더불어 사람들은 적의와 복수보다 관용과 용서를 더 좋아한다는 것을 알고 있었다. 그리고 링컨은 이를 정치에서 뿐 아니라 모든 인간관계에서 실천했다. 이와 더불어 링컨은 리더십의 근본원리인 명확한 목표와 비전을 제시하였으며 이를 열린 자세로 다른 사람들과 협력하여 달성했고 그 결과를 공유하고자 했다. 지도자로서 링컨은 특히, 학연, 지연, 혈연 등 많은 면에서 불리한 점이 있었다. 그는 '정직이 최고의 정책이다'라고 말했다. 링컨은 정직하지 않은 리더를 따르는 사람은 없다는 것을 알고 있었다. 링컨은 인간본성에 대한 이해를 통해 정치와 생활을 실천했다. 그는 모든 사람들은 비난보다 칭찬을 더 좋아

---

20 Hertz, Lincoln Talks, 211-222; 김형곤, "링컨 대통령의 리더십의 실체", 『미국사연구』, 제25집, 2007, 233면.

21 Sandburg, Abraham Lincoln, 237.

22 김형곤, "링컨 대통령의 리더십의 실체", 「미국사연구」(제25집), 2008, 23면.

한다는 것을 알고 이를 실천했다. 그는 모든 사람들은 강요보다 설득을 더 좋아한다는 것을 알고 실천했다. 그는 복수와 적의보다 관용과 용서를 더 좋아한다는 것을 알고 실천했다. 링컨의 리더십 실체 중 빼놓을 수 없는 것은 달성해야할 명확한 목표와 비전을 가지고 있었고 자신을 따르는 사람들과 이를 공유했다는 점이다. 이는 위대한 리더들의 공통적 특성이기도 하다. 연방수호는 독립선언서와 연방헌법이 보장하는 절대절명의 지상과제였다. 이 유산을 위해 링컨은 전쟁까지 불사하지 않을 수 없었다. 나아가 링컨은 모든 인간은 자유롭고 평등한 존재임을 다시 확인하고 노예해방을 또 다른 목표로 설정했다. 연방수호와 노예해방이라는 목표를 달성한 후 링컨은 용서를 통해 통합된 새로운 민주국가를 비전으로 제시했다.

링컨 리더십의 실체에서 가장 빛나는 점은 그가 개방적인 협력을 이루어갔다는 점이다. 대통령에 취임하자마자 링컨은 백악관을 개방했다. 그의 개방적 협력은 인사스타일에서 가장 잘 볼 수 있는데, 이전의 적, 현재의 적, 상대 당의 사람이라도 링컨에게는 아무 문제가 되지 않았다. 링컨의 인사 기준은 그 사람의 능력과 국가에 대한 헌신이었다. 링컨은 개방적 협력을 이루기 위해 백악관에서 나와 사람들이 있는 현장을 찾아 갔다. 그는 역대 대통령 중 재임기간 현장에서 가장 많은 시간을 보낸 대통령이었다. 링컨은 그가 맞이한 위기의 비극적 차원을 감지하면서도 그는 이 무시무시한 전쟁으로 인하여 몰가치적으로 사라질 수도 있는 선의의 인간본성을 결코 잃지 않았다. 그는 인간본성에 대한 이해를 바탕으로 열정이라는 도구를 가지고 미국 역사상 가장 어려운 시기를 극복했다. 링컨 리더십은 권력과 카리스마와 돈이 동반된 화려한 것이 아니었다. 그의 리더십은 인간의 본성을 자극하여 궁극적으로 승리하게 만드는 진실한 것이었다. 링컨의 리더십은 자유와 평등, 정직, 칭찬, 설득, 관용, 협력, 그리고 목표에 대한 열정의 혼합이었다.[23]

3. 아이젠하워(Dwight D. Eisenhower) 대통령의 정치적 리더십

아이젠하워 대통령은 세계 2차 대전 당시 노르망디 상륙작전의 커다란 승리로 나치 독일의 멸망을 이끌어낸 아이젠하워는 대통령이 되기 전 이미 위대한 영웅이었다. 때문에 그는 영웅이기에 가능한 정치 스타일을 펼쳐 나갈 수 있었다. 정치에는 관심이 없는 듯 했지만 사실은 여러 정책을 자신이 주도적으로 실시하며 공로는 부하직원들에게 돌리는 소위 '막후정치(hidden-hand presidency)' 가 그것이다. 이런 이유로 그의 재

---

23 김형곤, "링컨 대통령의 리더십의 실체", 「미국사연구」(제25집), 2007, 92면.

임시절 만들어진 정책들은 그가 만든 것이 아니라 덜레스 국무장관이나 애덤스 비서실장의 작품인 것으로 알려져 왔다. 의사소통능력보다는 국민적인 인기가 더 크게 작용했고 약한 정치력도 인기로 만회했다. 그러나 군출신 특유의 조직능력이나 명확한 분석력은 높은 평가를 받는다.[24]

아이젠하워 대통령은 초당적 합의와 국제적 리더십을 발휘하여 자유진영을 통합하여 미국적 세계관을 전파하였다. 그는 1953년의 취임연설에서 세계를 "유사 이래 보기 드물 정도로 선과 악이 혼재되고 무장되었으며 적대감으로 대치되고 있다"고 묘사하며 "미래가 자유세계에 소속될 것이라는 믿음"을 전세계 앞에서 선언하였다. 그는 "미국은 힘과 책임에서 성장하여 왔다. 미국은 인류역사에서 정점에 달하는 전쟁과 좌절을 극복하였다"는 자심감과 함께 이제 "전세계의 평화를 지키기 위해서 노력"한다고 밝혔다. 그리고 공개적으로 "제국주의와 세계적 리더십(world leadership)은 다른 것"이라고 표명하였다.[25] 미국사에서 1950년대는 대내적으로 '번영과 보수의 시기'이자 '국민적 합의의 시기'로 규정되고 있다. 그런가 하면, 대외적으로 미국의 1950년대는 냉전적 질서의 고착화가 진행되면서 '반공 국제주의,' '냉전적 국제주의,' 또는 '반공과 반혁명의 세계화'가 진행된 시기로 이해되고 있다. 이러한 1950년대의 시대적 조류의 중심에 아이젠하워(Dwight D. Eisenhower) 대통령이 있었다. 1952년 대통령 선거[26]에서 공화당은 20년 만에 민주당에 승리하였다. 그러나 사실, 이는 공화당의 승리라기보다 제2차 세계대전의 영웅인 아이젠하워의 '개인적 승리'라고 간주되고 있다. 그 이유는 그가 지역, 계층, 그리고 종교를 초월하여 다양한 사회 집단들로부터 고르게 표를 얻었던 데 있다. 대통령직에 취임한 후 8년 동안 아이젠하워는 보수적인 공화당 노선과 진보적인 민주당 노선 사이에서 중간적 위치를 점하고 중도적 합의노선을 지향하면서 대내·대외정책을 수행해 나아갔다.[27]

1950년대, 즉 아이젠하워 집권 시기에 이미 등장한 평가들은 주로 아이젠하워라는 인물과 그 행정부의 성과들을 찬양·숭배하는 경향이 있다.[28] 이러한 경향에서 벗어나

24 Fred I. Greenstein, The Presidential Difference: Leadership Style from Roosevelt to Clinton (New York: Free Press, 2000), 8.

25 김혁, "대외 정책에서의 대통령 정책의제설정에 대한 연구: 연두교서에서 표출된 미 대통령의 대외정책 의제설정 양태를 중심으로", 「세계지역연구논총」(제25권 제1호), 2007, 44면.

26 1952년 미국 대통령 선거에 관해서는 김남균, "1952년 미국 대통령 선거와 한국전쟁", 「미국사연구」(제20집), 2004, 141-165면을 참조.

27 권오신, "아이젠하워 대외정책의 기조: '뉴룩(New Look)' 정책과 '아이젠하워 독트린'", 「미국사연구」(제21집), 2005, 24면.

28 John Gunther's 1952 campaign biography, Eisenhower: The Man and the Symbol(New York: Harper and Brothers, 1952); Merlo J. Pusey, Eisenhower the President (New York: Macmillan, 1956); Merriman Smith, Meet Mr. Eisenhower (New York: Harper and Brothers, 1954); and Marty

최초로 비판적 성향을 띤 연구결과를 제시한 이들로는 윌리엄 섀넌(William V. Shannon)과 마퀴스 칠드스(Marquis Childs)를 들 수 있다.[29] 그들의 논지는 비판적·부정적이다. 그들은 아이젠하워가 특별한 업적 없이 8년의 임기를 채웠다고 평가하였다. 다만 아이젠하워가 미국의 요구를 일정정도 성취시키는 인물이라는 점은 긍정하였으나, 그러한 부정적 평가는 그 후 10여 년 동안 크게 변하지 않았다. 1960년대에 들어와 아이젠하워 행정부에서 근무했거나 관련 있는 인물들이 책을 내기도 했고, 아이젠하워 자신도 세 권의 책을 출판하였다.[30] 그러나 1960년대에는 민주당 집권기로서 1950년대와는 다른 경향을 볼 수 있다. 이 시기에는 공화당 지배에 대해 나름대로 비판적 견해로 접근하는 경향이 우세했다. 민주당계의 비판적 시각에 따르면, 아이젠하워의 경우 1961년에 "군산복합체"의 해악에 관해서 언급한 유명한 용어 이외는 특별히 그와 관련한 두드러진 정치적 용어를 기억해 내기 쉽지 않다는 것이다. 연설의 경우에도 주목할 만한 것이 없었다. 그런 점과 관련하여 아이젠하워가 백악관을 떠나고 정권이 바뀌어 케네디가 계승했을 때 특히 대외관계 분야와 관련해서 많은 비판이 쏟아져 나왔다. 물론 '뉴룩(New Look),' 대량보복(massive retaliation), 미사일 격차(Missile Gap), 국무장관 존 포스터 덜레스(John Foster Dulles)에 대한 평가 등과 관련된 비판적 시각이 강했고, 그 후에도 그런 주제와 관련된 연구결과들이 지속적으로 제시되었다. 대표적으로 1967년에 머레이 켐프턴(Murray Kempton)은 아이젠하워를 드러내지 않는 행동주의자이며, 마키아벨리적 성향을 가지고 있으면서도 그것을 잘 포장한 정치인이라는 긍정적 평가를 내렸다.[31] 개리 윌스(Garry Wills)는 아이젠하워를 "여러 사안들을 쉽게 보이게 만드는 것에 직업적 본능을 갖고 있는" 정치가로까지 평가하기도 했다.[32] 그러나 다음 해에 리처드 로즈(Richard Rhodes)가 주장한 것과 같이 "아이젠하워를 위대한 사람으로 이해하는 사람은 아무도 없다"[33]거나 "아이젠하워는 외교분야에 큰 업적이 없다"라 주장에 대해서 비판하는 글들이 이미 1960년대 말 이래로 많이 등장했다. 우선은 "아

Snyder, My Friend Ike (New York: F. Fell, 1956).

29 William V. Shannon, "Eisenhower as President: A Critical Appraisal of the Record," Commentary 26 (November 1958); Marquis Childs, Eisenhower: Captive Hero (New York: Harcourt Brace, 1958).

30 아이젠하워는 퇴임 후 다음과 같은 세 권의 회고록을 출판하였다. The White House Years: Mandate for Change, 1953-1956 (Garden City, N.Y.: Doubleday, 1963); Waging Peace, 1956-1963 (Garden City, N.Y.: Doubleday, 1965); At Ease, Stories I Tell to Friends (Garden City, N.Y.: Doubleday, 1967).

31 Murray Kempton, "The Underestimation of Dwight D. Eisenhower," Esquire 68 (September 1967), 108-109, 156.

32 Garry Wills, Nixon Agonistes: The Crisis of the Self-Made Man (Boston: Houghton Mifflin, 1969), 131.

33 Richard Rhodes, "Ike: An Artist in Iron," Harper's 241 (July 1970), 72.

이젠하워 재평가(Eisenhower Revisionism, '아이젠하워 수정주의')가[34] 시도되었으며, 그들은 아이젠하워가 "지적이지 못하고, 계산적이지 못하며, 행정부를 운영하는 데 소극적"이라는 평가를 공박하였다. 그러나 1972년에 역사가 허버트 파메트(Herbert S. Parmet)가 최초로 수정주의적 입장에서 아이젠하워에 대한 학문적 재평가를 내렸다.[35] 파메트도 켐프턴류의 해석을 일정부분 수용하기는 했지만, 아이젠하워가 마키아벨리적 성향을 띠었다는 부분을 부인하고 그런 측면보다는 아이젠하워를 '합의를 도출하는 인물'로 형상화시켰다. 아이젠하워와 덜레스에 대하여 파메트를 포함하여 긍정적 평가를 내리는 또 다른 인물들은 그럴만한 이유를 제시하였다. 즉, 미국이 가장 강력한 지위를 누리는 국가로 부상하는 것이 1950년대라는 사실을 부각시킨 것이다. 심한 인플레이션 없이 GNP가 크게 뛰었고, 서유럽 경제도 역시 지속적으로 확장·번창하였다. 북대서양조약기구(North Atlantic Treaty Organization: NATO) 관련사항도 무리 없이 진행되었고, 중동 오일산업도 손상되지 않았다. 태평양 지역의 미 해군, 공군 기지들도 안전하게 유지되었다. 심지어는 민주당이 제시했던 군사비용의 2/3만 소비하면서도 1961년까지 소련에 비해 월등한 군사력을 보유했다는 사실 등을 들었다.[36]

그 후에도 로브리, 에밋 휴즈(Emmet L. Hughes), 아서 슐레진저 2세(Arthur Schlesinger, Jr.) 등은 아이젠하워에 대한 기존의 긍정적 평가를 반복하였다.[37] 피터 리온(Peter Lyon)[38]은 아이젠하워를 정치적으로 빈틈없는 지도자라고 보았다. 이미 1970년대 초에 바튼 번스타인(Barton J. Bernstein)이나 블랑시 쿡(Blanche Wiesen Cook)과 같은 진보적인 역사가들이 제시한 바 있는 것이었지만, 그는 아이젠하워의 외교정책이 기본적으로 '억제적'이었다는 점에 대해서 의견을 달리했다. 1980년대에 접어들어 아이젠하워가 대외정책을 시행하는데 있어 적극적인 태도를 취해 왔다는 평가들이 계속 등장하였다. 1981년에 로버트 디바인(Robert A. Divine)은 아이젠하워가 외교정책을 운영하는데 중심에 서있었다는 견해를 폈다. 비록 아이젠하워의 외교정책의 성취도는 높지 않았지만, 질책보다

---

34 박인숙, "미국역사가들과 '아이젠하워 수정주의(Eisenhower Revisionism)'", 「대구사학」(제77집), 2004, 박인숙에 의하면, 수정주의는 두 가지 방향으로 포커스를 잡았다고 한다. 즉, 하나는 아이젠하워의 정치가 또는 대통령으로서의 리더십과 자질을 새로이 발견하거나 긍정적으로 평가하려는 측면이며, 다른 하나는 아이젠하워의 정책적 성공, 특히 아이젠하워 대외정책이 가진 평화주의적 성격을 부각시키는 것이라고 하였다.

35 Herbert S. Parmet, Eisenhower and the American Crusades (New York: Ma cmillan, 1972).

36 Stephen E. Ambrose and Douglas G. Brinkley, Rise to Globalism: American Foreign Policy since 1938 (New York: Penguin Books, 1997), p.127-150.

37 Emmet J. Hughes, The Living Presidency: The Resources and Dilemmas of the American Presidential Office (New York: Coward, McCann, and Geohegan, 1972); Arthur M. Schlesinger, Jr., The Imperial Presidency (Boston: Houghton Mifflin, 1973).

38 Peter Lyon, Eisenhower: Portrait of the Hero (Boston: Little, Brown, 1974).

는 칭찬받을 만한 점이 많았다는 주장을 펼쳤다.[39] 80년대 초에 디바인의 책이 출판된 이후 아이젠하워 재평가는 지속적으로 시도되었다. 켐프턴류의 평가는 프레드 그린스타인(Fred I. Greenstein)에게 계승되었고, 파메트식의 해석은 로버트 그리피스(Robert Griffith)에게로, 그리고 디바인식 논조는 다시 조지 헤링(George C. Herring)과 리차드 임머만(Richard H. Immerman)에게로 연결되었다.[40]

1980년대에 걸쳐 지속적으로 핵전략, 군비축소 제안, 대외 경제정책, 국가안전보장위원회 조직, 과테말라에서의 CIA 사용 문제 등과 같은 대외관계 문제에서 아이젠하워가 어떤 리더십을 보였는가 하는 주제들이 심층적으로 연구되었다.[41] 아이젠하워 재해석 문제는 1990년에 가장 큰 전환점을 맞았다. 아이젠하워 국제 심포지엄(Eisenhower International Symposi um)에서 참가자들은 대체로 아이젠하워를 '활동적 대통령 이론(the activist-pr esident theory)'에 입각하여 보려는 시각에 대해 공감하는 분위기였다. 아이젠하워는 대외문제 처리에 있어 여러 가지 정책 선택에 정통해 있었으며, 각각의 선택 사항들의 효과를 면밀히 검토한 것으로 파악된다. 또한 그는 많은 관련분야 전문가들로부터 다양한 의견을 수렴하였지만 최종 선택을 내림에 있어서는 주저하지 않았던 것으로 보인다. 결국 대외정책 결정에서 주도권을 확실히 실행했던 인물로 평가된다.[42]

그리피스(Robert Griffith)의 표현을 빌리자면, 아이젠하워의 정치논리의 핵심은 '통합된 연방(corporate commonwealth)'이라고 불리던 보수적 사회인식에 있었다. 그러므로 결국 '국제통합연방(international corporate commonwealth)'이라는 용어 역시 국내 문제에 대한 아이젠하워의 인식과 불가분의 관련성을 가지고 있었다. 그리피스는 아이젠하워를 20세기의 변화된 미국인들의 생활과 사고가 가져온 조직적인 산물이며 선택이었다고 주장한다. 즉, 트루먼 행정부 말기의 국민적 불만으로부터 벗어나려는 아이젠하워는 산업화, 대량생산과 분배, 복합적이고 상호의존적인 사회체제의 성장 등을 통해 사회 갈등을 근본적으로 치유할 방도를 찾으려고 노력하였다.[43] 물론 아이젠하워는 민주당

---

39 Robert A. Divine, Eisenhower and the Cold War (New York: Oxford University Press, 1981), p.154.

40 Fred I. Greenstein, The Hidden-Hand Presidency: Eisenhower as Leader (New York: Basic Books, 1982); Robert Griffith, "Dwight D. Eisenhower and the Corporate Commonwealth," American Historical Review 87 (February 1982); George C. Herring and Richard H. Immerman, "Eisenhower, Dulles, and Dien bien Phu: 'The Day We Didn't Go to War Revisited'," Journal of American History 71 (September 1984).

41 Richard A. Melanson and David Mayers, ed., Reevaluating Eisenhower: American Foreign Policy in the Fifties (Urbana: University of Illinois Press, 1989).

42 권오신, "아이젠하워 대외정책의 기조: '뉴룩(New Look)' 정책과 '아이젠하워 독트린'", 「미국사연구」(제21집), 2005, 148면.

일각에서 비판이 제기되고 있음을 알면서도 복지국가 개념에는 회의적이었다.[44] 다만 아이젠하워는 미국의 다양한 경제적 이익을 수렴할 수 있는 적극적 협력을 주장했다. 그런 이유에서 그는 상호 협력적이고 자율적인 사회를 건설하기 위해 '중도노선'이 필요하다고 생각했고, 이것은 줄곧 그의 신념으로 작용하였다.[45] 아이젠하워가 집권한 1950년대 미국 사회는 전후 특수의 극대화된 효과로 인해 '번영과 풍요의 시대'를 구가하고 있었다. 따라서 국민들은 자국이 세계에서 가장 위대한 나라이며, 그 잠재력은 무한하다는 믿음 속에 살면서 현상유지에 집착하고 있었다. 다만 대외적으로 전개되고 있는 냉전에 대해 어떻게 대응해야 하는가 하는 숙제가 남았다. 결국 반공문제에 관한 한 하나가 될 필요성이 제기되었고, 그 결과 '합의의 분위기(consensus mood)'가 팽배해 있었다. 이러한 시대적 상황에서 대통령이 된 아이젠하워의 신념체계도 기본적으로 그런 노선을 추구하게 된 것이다. 그런 측면에서 아이젠하워가 생각한 중도의 길이란 정치적 중립을 말하는 것이다. 즉 자본과 노동 사이, 뉴딜 진보주의와 보수파 사이에서의 중립을 말한다. 또한 리더십 스타일 역시 중립을 표방하는 것이다. 한마디로 그는 공화당 노선과 진보적인 민주당 노선 사이에서 중간 위치를 차지하려고 했다는 것이다. 그 자신도 그와 같은 타협을 '현대적 공화주의(modern Republicanism)'라고 불렀고, 그것은 곧 자유방임주의에 정부간섭주의를 적절히 배합한 중도적인 정치노선이었다.

중도 노선의 지향과 함께 아이젠하워가 생각한 '바람직한 사회'는 정부가 사회적 조화를 이끌어나가고 다수의 이익을 고양하는 사회이고, 자율적이고 협력적인 활동이 시민의식 속에 융합되어 개인의 이익과 공공의 이익이 공존하는 사회였다. 아이젠하워가 중요하게 생각했던 사회적 조화, 자기 훈련, 제한 정부, 그리고 극단적인 정파 지향성 타파 시도 등은 그의 리더십 스타일에도 녹아있다고 보인다. 이러한 내용들이 결국 합의도출을 위한 기제로 사용되었다. 아이젠하워의 이와 같은 국내문제 인식은 자연스럽게 대외문제로 옮겨가게 되었다. 아이젠하워는 대외정책과 관련하여 미국의 '도덕적 책무'를 강조하였다. 즉 국제 공산주의의 위협으로부터 자유진영을 보호하고, 자유세계의 경제적·정치적·윤리적 결합을 강화하여, 혼란한 국제질서로부터 미국의 정치적·경제적 제도를 보호하기 위해 사용하는 힘은 미국의 도덕적 책무에 의거하여야 한다고 믿었다. 그러나 대외관계에서 힘을 사용하는 데에는 국내적 합의가 필수적

43 Robert Griffith, "Dwight D. Eisenhower and the Corporate Commonwealth," American Historical Review 87 (February 1982), pp.87-122.

44 James T. Patterson, Grand Expectations: The United States, 1945-1974 (New York: Oxford University Press, 1996), pp.270-272.

45 Fred Greenstein, The Hidden-Hand Presidency: Eisenhower as Leader (New York: Basic Books, 1982), pp.68-69.

인 것이라 여겼는데 이것은 1930년대의 미국 대외정책이 보여준 실패를 다시 범하지 않기 위한 것이었다. 그런 측면에서 대외정책에 대한 국내적 초당적 합의가 절대적으로 필요하다는 생각이 강조되었다.[46] 넓은 의미로 본다면 냉전기에 미국은 세계적 판도의 국제정치에 늘 간여할 태세를 갖추었고, 실제로 동·서양 도처에서 침략적 공산세력을 막는다는 명분과 이념 아래 정치적·군사적 개입을 단행했다. 공산주의를 제재하고자 필사의 대결을 불사했던 미국의 '봉쇄정책'은 지구상의 모든 곳에서의 안전과 번영이 미국자체의 안정과 번영에 중요하다는 기본 원칙에 기초한 세계주의(globalism) 또는 국제주의(internationalism)라고 일컬어지는 '개입주의적' 외교정책을 전개하였다.[47] 미국은 자국의 경제적·안보적 이해가 걸려있다고 판단되면 언제든지 경제원조와 군사개입을 통해서 일방적으로 영향력을 행사하였다. 그런 이유로 인해 미국의 개입주의는 미·소 대결 구도 속에서 부동의 관행으로 자리 잡았다. 이러한 경향은 아이젠하워의 신념체계에도 적용되었으며, 외교정책 운영에서 약간씩 수정된 용어들을 사용하면서 그 노선을 진행시켰다. 한반도에서의 미국 대외정책의 실패와 1950년대 초반의 극단적인 정치적 분위기를 경험했던 아이젠하워는 끊임없이 국제주의적 합의의 필요성을 제기했고, 이와 같은 정신은 그 자신의 정치논리로 이어져 리더십 발휘와 실제 정책 입안에서도 중요한 요소로 기능했다.

아이젠하워의 보편적 관점이 이와 같았다면 그것을 실행하는 과정에서 그의 리더십 문제는 어떻게 나타났는가? 1960년대 초 민주당 일각에서는 아이젠하워의 무능함에 대해 비판을 가해왔는데, 특히 월트 로스토우(Walt Rostow)는 "아이젠하워는 자신을 대통령으로 선출시켜준 정책인 초당적인 국제주의적 협력에 대해 무감각했고, 행정 관료들의 새로운 문제제기에 기민하게 대응하지 못했으며 실제로 참모들이 압박할 때까지 대통령으로서의 역할을 제대로 수행하지 못했다"고 비판했다. 또한 아이젠하워는 "군사문제와 대외정책의 지지를 위해서는 의회 내의 논의를 통해 표출되는 갈등이 필수적이라는 것조차 이해하려들지 않았다"고 주장했다.[48] 그러므로 로스토우는 아이젠하워의 그와 같은 태도는 자신이 구상한 목적이나 관점들에 대한 협의와 토론을 통해 실제적 합의를 도출해내는 데 질곡으로 작용했다고 비판하였다. 그에 반해 그린스타인(Fred I. Greenstein)은 아이젠하워의 리더십은 매우 교묘하고, 세련되며, 아주 효과적으로 정치적이면서도 조직적인 전략에 입각해 있어서 그가 실제로 위력적인

46 Richard A. Melanson and David Mayers, ed., Reevaluating Eisenhower: American Foreign Policy in the Fifties (Urbana: University of Illinois Press, 1989), pp.42~44.

47 최영보 외 공저, 『미국현대외교사』, 비봉출판사, 1998, 27면.

48 Walt W. Rostow, The United States in the World Arena: An Essay in Recent History (New York: Harper and Brothers, 1960), pp.392-395.

모습을 보이지 않고서도 자신의 힘을 발휘할 수 있었다고 분석했다. 그의 리더십에는 숨겨진(hidden-hand) 리더십, 적절한 언어사용, 공공연하게 자신을 들어내지 않는 성격, 권력분점 노력, 다양한 사회 정치적 분야를 포괄하는 대중적 지지의 구축 등이 포함되어 있다고 반박했다.[49] 결국 이러한 모든 요소들이 결합되어 그의 독특한 리더십을 발휘했다고 그린스타인은 분석했다. 로스토우와 그린스타인의 아이젠하워 리더십에 대한 분석은 상반되는 측면이 있지만 적어도 이들은 아이젠하워의 리더십이 광범위한 대중적 지지에 의존하고 있었다는 점에 대해서는 의견을 같이했다.[50] 물론 로스토우류의 정통주의적 해석은 아이젠하워의 리더십이 시대의 변화에 민첩하게 대응하지 못한 측면을 강조하는 반면, 그린스타인류의 수정주의자들은 아이젠하워가 적극적으로 정책에 대응해 왔음을 강조한다. 요컨대 1950·60년대의 정통주의적 해석이나 1980년대의 수정주의적 재해석 모두 아이젠하워의 리더십 기저에 있는 합의정신에 대해서는 일치된 입장을 보이고 있다. 아이젠하워 대통령의 리더십의 핵심은 '합의정신'에 있었다는 것이다.

합의되고 조화롭게 통합된 자유세계의 성장에 대한 아이젠하워의 야망은 그의 대외정책의 주요한 외연을 설명하는데 도움을 준다. 아이젠하워의 기본적 배경이나 경험, 그리고 개인적 성향은 국제공산주의에 대항하는 서구동맹(the Western Alliance)의 필요성을 제기하는 방향으로 나아갔다. 한편으로 아이젠하워는 여론을 매우 의식했던 후임 대통령들과 달리 자신의 가치나 정책이 실제로 다수의 미국인들의 입장을 반영하는 것이라고 확신하고 있었다. 다른 한편에서도 의회 활동이나 정부 관료의 경험이 있었던 후임 대통령들과 달리 아이젠하워는 개인적으로 군대라는 특수한 공간에서 경험을 많이 쌓았고 그 과정에서 서방 지도자들과 잦은 회합을 가질 기회가 있었던 관계로 나름대로 대외관계 문제에 대해 자신감을 가지고 접근할 수 있었던 것이다. 아이젠하워는 대외문제와 관련된 분야에서는 '준비된 대통령'이었던 셈이다.[51] 국민적 합의의 분위기가 팽배해 있던 1950년대 미국 대통령으로 재임했던 아이젠하워는 국내적 성향과 보조를 맞추어 '중도의 길'이라고 일컬어지는 정치적 중립노선을 표방

---

49 Fred I. Greenstein, The Hidden-Hand Presidency: Eisenhower as Leader (New York: Basic Books, 1982), pp.57~58.

50 아이젠하워가 훌륭한 대통령으로서의 입지를 갖고, 당시 대부분의 미국인들이 그에게 열정을 느끼게 만드는 데에는 몇 가지 이유가 있었다고 설명한다. 첫째, 의사결정을 이루는데 있어서의 신중함. 둘째, 외교·국방정책과 관련된 지식분야에 대한 명백한 자기 확신. 그리고 세 번째로 공익사업에 대한 진솔한 공약 등이었다고 한다. Patterson, Grand Expectations, pp.248~249.

51 Michael Wala, "An 'Education in Foreign Affairs for the Future President': The Council on Foreign Relations and Dwight D. Eisenhower," in Reexamining the Eisenhower Presidency, ed. Warshaw, pp.1~15.

하고 지향하였다. 그것은 자본과 노동 사이, 뉴딜 진보주의와 보수파 사이에서의 중립을 말한다. 이러한 기본적 성향으로 아이젠하워는 사회적 조화, 자기 훈련, 제한적인 정부의 역할 등을 강조하였으며, 그런 내용들을 합의도출을 위한 기제로 사용해왔다. 물론 그러한 신념체계는 그의 대내·대외 정책에 그대로 투영되었다. 대외정책과 관련시켜 보았을 때 그는 '도덕적 책무'를 강조하였다. 당시 시대적 국제환경 속에서 이것은 곧 국제공산주의 위협으로부터 자유세계를 방어한다는 개념이다. 수세적 방어 개념을 공세적 방어 개념으로 전환시킨 것도 이러한 시대적 요구에 부응한 것이다.[52]

4. 루즈벨트(Franklin D. Roosevelt) 대통령의 정치적 리더십

가. 리더십의 특징: 소극적 긍정형의 해밀턴 모형

루즈벨트는 적극적 긍정형의 지도자로서 매우 의욕적이고 추진력 강한 대통령 중의 한 명이었다. 그러면서도 초당적인 리더십을 발휘하여 국내정치를 안정시켜 단합된 힘으로 국내외의 위기를 적극적으로 돌파하였다.

1) 대내외적 위기: 대공황, 제2차 세계대전

프랭클린 루즈벨트(Franklin D. Roosevelt)는 일반적으로 알려진 바와 같이 20세기의 두 가지 큰 위기-대공황, 2차 세계대전-를 극복한 대통령이었다. 그는 강한 리더십을 바탕으로 대공황 동안 강한 미국을 만들어 낸 "협동적 공동체(cooperative commonwealth)"를 창조해 냈으며, 전쟁동안 연합국의 협력과 미국의 주도로 새로운 국제질서를 창조해 냈다.[53]

프레드 그린슈타인의 분석에 따르면 루스벨트는 웅변과 정치적 기술, 그리고 그 누구도 따라가지 못할 낙관과 자신감을 불어넣는 능력 면에서 탁월했다. 프랭클린은 단순히 최고의 정치가일 뿐만 아니라, "원칙중심의 리더십(principle-centered leadership)"[54]을

---

52 권오신, "아이젠하워 대외정책의 기조: '뉴룩(New Look)' 정책과 '아이젠하워 독트린'", 「미국사연구」(제21집), 2005, 28면.

53 George McJimsey and Homer E. Socolofsky, The Presidency of Franklin D. Roosevelt (Kansas: University of Kansas Press, 2000), 8.

54 원칙 중심의 리더십의 발휘는 국민이 지도자를 믿고 또 그가 성취하고자 하는 목표에 따라 행동하도록 하는 것을 의미한다. 그것은 결코 맹신이나 맹종에 의한 것이 아니며 로봇처럼 시키는 대로 하는 것도 아니다. 그것은 속박 받지 않는 스스로의 선택의 결과이다. Stephen R. Covey, Principle-Centered Leadership (1997), 김경섭·박창규 옮김, 『원칙 중심의 리더십』, 김영사, 2001, 152~155면.

발휘하여 세계의 역사를 바꾼 대통령이다. 또한 그는 탁월한 기억력을 바탕으로 통찰
력과 인식능력도 좋은 점수를 받을 만하다. 감성적으로 루스벨트는 복잡한 사람이었
다. 어떤 경우에는 솔직했지만 그렇지 않기도 했고 간접적인 수단들을 교묘하게 잘
활용했다.[55] 또한 루스벨트는 뛰어난 의사소통능력을 가져서 의회와 국민들을 설득하
여 정부의 정책을 성공적으로 이끌어내서, 경제를 회복하고 도약의 전기를 마련하였
고, 국민들에게는 정치적 신뢰를 심어줬다. 조직력에 있어서도 백악관에 고위 보좌진
들로 구성된 조직을 처음 만들었으며 재무성 내의 일개 부서였던 예산청을 비서실로
끌어들여 연방정부의 중심역할을 하도록 만드는 등 능력을 발휘했다.[56] 1941년 루즈
벨트는 2차 대전에 참전하면서 고립주의적 정책으로부터 세계에 대한 개입의 정책으
로의 변화를 표명하였다.[57] 그동안 각종 여론조사와 다양한 연구를 통해 프랭클린은
41명의 역대 미국 대통령 중 링컨, 워싱턴과 더불어 "위대한 대통령", "최고로 성공한
대통령"의 반열에 오르고 있다. 1948년 라이프(Life)는 슐레진저(A. M. Schlesinger, Sr.)가 주
도하여 대부분 역사가로 구성된 55명의 학자들이 행한 역대 대통령에 대한 평가에서
프랭클린이 거의 만장일치로 "위대한 대통령"으로 평가받았다고 밝혔다.[58] 미국 전역
에서 활동 중인 719명의 역사가와 정치학자들을 대상으로 행한 조사에서 그는 "20세
기의 가장 위대한 대통령"으로 평가를 받아 역대 미국 대통령 중 링컨에 이어 2위를
차지하고 있다. 특히 그의 리더십과 정치력은 타의 추종을 불허하는 단연 1위를 차지
하였다.[59]

루즈벨트는 위기 상황에서도 당황하지 않고 강한 의지와 확고한 신념으로 "이루어
질 수 있는 것에 혼신을 다한 정치가"[60]였다. 게리 윌스(Garry Wills)가 지적한 바와 같이

55 프레드 그린슈타인, 김기휘 역, 『위대한 대통령은 무엇이 다른가』, 위즈덤하우스, 2000, 323면.
56 김형곤, "프랭클린 루즈벨트 대통령의 지도력 형성 배경과 본질", 「미국사연구」(제15집), 2002, 101~102면.
57 김혁, "대외 정책에서의 대통령 정책의제설정에 대한 연구: 연두교서에서 표출된 미 대통령의 대외정책 의제설정 양태를 중심으로", 「세계지역연구논총」(제25권 제1호), 2007, 132면.
58 Arthur M. Schlesinger, Sr., "Historians Rate U.S. Presidents", Life (November 1, 1948), 65-74; 그후 슐레진저는 또 한 번의 연구성과에서도 프랭클린은 "국가 장래를 위해 자신에게 미칠지도 모르는 정치적 위험을 감수하는 용기를 가진 최고의 지도자"로 선정했다. Arthur M. Schlesinger, Sr., "Our Presidents: a Rating by Seventy-five Historians," New York Times Magazine (July 29, 1962), 12-43; 반세기가 흐른 뒤 슐레진저의 아들이 아버지와 같은 방법으로 연구성과를 내놓았다. Arthur M. Schlesinger, Jr., "The Ultimate Approval Rating," New York Times Magazine (December 15, 1996), pp.46~51.
59 William J. Riding, Jr., and Stuart B. McIver, Rating the Presidents: A Ranking of U.S. Leaders, From the Great and Honorable to the Dishonest and Incompetent (1997), 김형곤 옮김, 『위대한 대통령 끔찍한 대통령』, 한·언, 2000, 301~315면.
60 Doris K. Goodwin, "Franklin D. Roosevelt," Time (December 31, 1999), 46-54; 미국의 정치학자로즈는 "FDR은 '적극적 성취형' 지도자의 표본으로 두 가지의 큰 시대적 상황과 그것을 적극적으

훌륭한 지도자와 실패한 지도자의 구분은 그가 '추종자'와 '목표'를 명확하게 구성하고 있느냐에 달려 있다[61]고 볼 때, 프랭클린은 탁월한 관리능력을 기반으로 나아가야 할 목표를 뚜렷하게 가지고 국민들을 설득하여 그들에게 희망과 용기를 주고 따르도록 만들었다. 그는 성취해야 할 목표를 앞에 두고 적극적으로 국민들에게 다가서 동의를 이끌어 내는 위대한 리더십을 유감없이 발휘하였다. 1932년 대통령 선거가 한창일 때 미국에서는 거의 3년 이상이나 광범위한 불경기가 계속되고 있었다. 미국 역사상 이토록 심각하고 오래도록 모든 분야에 영향을 끼친 침체는 없었다. 그러나 당시 정부는 이런 사태를 구원할 마땅한 처방이나 메커니즘을 가지고 있지 못했다. 대공황이 전세계적으로 영향을 주고 있는 동안 세계 여러 곳에서 민주주의와 자본주의가 쇠퇴하고 있었다. 이런 사태에 대한 해결방안의 선택은 두 가지 극단적인 방법론ㅡ파시즘과 공산주의ㅡ중에 하나라는 공공연한 선전들이 난무하였다.

1920년대 중반부터 세계경제는 비교적 안정적으로 발전했고, 특히 미국은 괄목할 만한 경제성장을 이룩했지만, 그러한 상황은 그리 오래가지 못했다. 1929년 이후 세계경제는 예전에 경험한 바 없었던 장기적 침체의 늪에 빠져 버렸다. 이제 19세기적인 개방과 경쟁의 원리로는 더 이상 세계 자본주의를 지탱할 수 없음이 분명해 보였다.[62] 세계는 급기야 5개의 경제 블록, 즉 영국의 파운드 블록, 독일의 마르크 블록, 프랑스의 금 블록, 일본의 엔 블록, 그리고 미국의 달러 블록 등으로 나뉘어졌다. 블록경제는 폐쇄적·자립적·계획적 경제원리에 바탕을 둔 경제체제로서 세계시장을 크게 축소시켰을 뿐만 아니라 의회제도의 후퇴와 전체주의적 정치체제를 불러들였다. 계획경제와 전체주의는 체제의 위기를 극복할 수 있는 대안이라기보다는 체제를 수호하기 위한 비상한 체제였다. 그리고 불행하게도 그 내부에 새로운 전쟁을 잉태하고 있었다. 블록경제들은 결국 서로 충돌하여 2차 대전을 불러왔다.[63]

대공황을 동반한 경제위기와 전체주의라는 민주화의 역물결 속에서도 루즈벨트는 인류의 보편적인 가치 추구에 근접해 있는 민주주의의 본질을 포기하지 않았다. 그는 정부의 개입을 통해 자본과 노동사이의 세력균형을 재정립하고, 인도적 기반 위에서

로 극복하겠다는 그의 리더십이 결합되어 세계 역사상 보기 드문 성공을 가져 왔다"고 강조하고 있다. Richard Rose, "Evaluating Presidents," George Edwards, III, John Kessel, and Bert Rockman, eds., Researching the Presidency (Pittsburgh: University of Pittsburgh Press, 1993), p.453.

61 Garry Wills, Certain Trumpets: The Nature of Leadership (1995), 곽동훈 옮김, 『시대를 움직인 16인의 리더』, 작가정신, 1999, 8면.

62 Charles S. Maier, The Postwar Eras and the Conditions for Stability in Twentieth-Century Western Europe, American Historical Review 86:2 (April 1981), pp.327~367.

63 김정배, "프랭클린 루즈벨트의 전후구상: 미국 헤게모니의 한계", 「한국미국사학회」(제13권), 2008, 78면.

산업제도를 재편하는 뉴딜 정책을 이끌었다. 이에 굿윈은 "루즈벨트가 1920년대의 고삐 풀린 자유방임주의와 1930년대의 잔인한 독재권력 사이에서 중립적 입장을 견지한 것은 그의 가장 영구한 업적"[64]이라고 주장했다. 민주 정부는 자선행위로서가 아니라 사회적 의무의 문제로서 고통을 당하고 있는 국민을 도울 책임이 있다고 루즈벨트는 믿었으며, 이 같은 신념체계 하에 정부개입정책을 시행했다.

1940년에 미국은 첫 번째 위기인 대공황보다 훨씬 가공할 만한 두 번째 위기에 직면했다. 히틀러의 군대가 폴란드, 벨기에, 룩셈부르크, 프랑스 등을 침공하여 유럽에서 나치의 위협에 홀로 투쟁하는 영국만 남겨두고 세계평화를 와해시켰다. 1918년 이후로 전쟁으로부터 철저히 고립정책을 펴나갔던 미국 정부는 물론 개인 기업들도 무기를 만드는 것과는 거리가 멀었고 그 결과 현대적인 비행기나 탱크, 전함 등은 거의 없었다.

그러나 이러한 불리한 상황에서도 루즈벨트는 민주주의의 활력이 되살아나면 충분히 나치의 위협에 대처할 수 있다고 확신했다. 대공황에 대한 대책이 그러했듯이 정부의 적극적인 행동이 필요하다고 생각하고, 다시 한 번 자유민주주의 체제를 활력으로 넘치게 한다면 분명 경직된 전체주의 체제를 앞설 것이라고 굳게 믿었다. 인류의 보편적 가치에 위배되는 군국주의적 확장과 자유의 말살에 맞서 루즈벨트는 시민의 자유를 증대시키고, 사회복지 프로그램을 확대함으로써 시장경제에 바탕을 둔 자유민주주의 체제를 신봉했다. 이와 관련하여 그린스타인(Fred I. Greenstein)은 "만약 프랭클린 루즈벨트가 없었다면 미국은 전체주의 국가의 대열로 밀려들어갔을 것이다. 루즈벨트의 최대 업적은 침략적 파쇼체제를 물리치고 바로 자유민주주의라는 미국 체제의 영속성을 이끈 것이다"라고 할 정도로 루즈벨트의 리더십을 높이 평가하였다.[65]

2) 전국민적 지지와 초당적 협력

루즈벨트는 오늘날의 지도자들이 갖추어야 하는 너무나 당연하고 핵심적인 자질인 원칙중심의 리더십을 소유하여 이를 발휘했다. 그는 뉴딜 정책을 실천하면서 또 2차 대전을 치루면서 이미 이루어진 정책을 일관성 있게 수행해 간 것이 아니라 변화된 상황에 따라 유연성을 가지고 일을 수행했다. 이 때문에 종종 일관성이 결여되었다는 비판을 받기도 했지만, 그것은 국가의 장기적 목표를 위한 실용주의적 타협이었다. 그는 지도자로서의 자질로 무엇보다도 중요한 능력을 가지고 있었는데, 바로 미국과

64 Doris K. Goodwin, "Franklin D. Roosevelt," Time (December 31, 1999), pp.46~54.

65 Fred I. Greenstein, The Presidential Difference: Leadership Style from Roosevelt to Clinton (New York: Free Press, 2000), 8.

세계의 미래사회에 대한 명확한 비전이 그것이다. 뉴스타트(R. Neustadt)는 자신의 의견을 대중에게 강제하고 대중을 압도하는 통치 개념의 "완벽한 리더십"[66]이라고 했고, 홉스태더(R. Hofstadter)와 데이비스(K. Davis)는 루즈벨트를 대중의 반응에 따라 움직이는 사람으로 "그는 여론을 따르는 데서 만족감을 느꼈다"고 비판하며 루즈벨트의 리더십을 "대중영합적 리더십"[67]이라고 표현했다. 그러나 루즈벨트의 리더십에는 이들이 주장하는 "완벽한 통치자"나 "대중의 인기에 영합한 기회주의자" 그 이상의 무엇이 있다. 그것은 이런 단순함의 차원을 넘어선 것이다. 그의 리더십과 통치에 대한 비판[68]도 다수 있지만, 그는 국민들로 하여금 감동을 받게 하고 스스로 동참하게 하는 능력뿐만 아니라 조화와 통합을 이끌어내는 리더십을 가지고 있었다.

윌스는 루즈벨트의 리더십의 본질을 "루즈벨트는 다른 사람을 이기게 함으로써 스스로 이기는 사람이었다고 평가했다. 위대한 리더십이란 결코 제로섬 게임이 아니며, 지도자가 얻는 것은 추종자들로부터 빼앗은 것이 아니다. 지도자와 추종자는 모두 줌으로써 받는다. 이것이야말로 워싱턴, 링컨, 루즈벨트와 같은 위대한 대중적 지도자들의 미스터리이다"[69]라고 요약했다. 말하자면 루즈벨트는 국민들 위에 군림하거나 강제하지 않고, 오히려 국민들 속으로 들어가 그들과 같이 호흡하고 봉사함으로써 그들을 이끌어갔다. 이것이 루즈벨트의 원칙중심의 리더십이었다. 루즈벨트의 원칙 중심의 리더십에 있어 국민의 마음을 감동시키는 대중적 리더십을 통한 상호간의 밀접한 신뢰감 형성(close rapport)이 가장 핵심적인 사항이었다. 그는 국민들로부터 대중적 지지를 얻기 위해 철저한 노력을 기울였다. 소아마비에 걸린 후 대통령이 되기까지의 그의 정치행로에서, 대통령이 된 후 노변정담(fireside chats)과 기자회견을 통해서, 그리고 그가 설립한 웜 스프링스(Warm Springs)에서의 행동을 통해서, 그는 먼저 국민들의 의견을 듣고, 그 여론에 부응하여 국민들의 고충을 이해하고자 노력하였다.[70]

기자회견은 루즈벨트가 국민의 마음에 다가가는 중요한 방법이었다. 그는 첫 번째 기자회견을 통해 미리 제출된 질문지에 따라 대답을 하는 방식의 활기 없는 기자회견

---

66 Richard E. Neustadt, Presidential Power: The Politics of Leadership from FDR to Carter (New York: Free Press, 1980), pp.118-119.

67 Richard Hofstadt, The American Political Tradition and the Men Who Made It (New York: Vintage Books, 1989), 316-317, pp.343.

68 수천 명에 달하는 일본계 미국인들로부터 그들의 기본적인 시민권을 박탈한 것으로 전시에 그들을 강제로 이주시킨 일, 또한 히틀러의 유대인 말살정책을 미연에 막지 못하고, 이에 단호하게 대처하지 못한 일 등에서 그는 비판을 받고 있다.

69 Garry Wills, Certain Trumpets: The Nature of Leadership (1995), 곽동훈 역, 『시대를 움직인 16인의 리더』, 작가정신, 1999, 54~56면.

70 James M. Mcpherson, To the Best of My Ability: The American Presidents (New York: A Dorling Kindersley Book, 2000), p.224.

은 그만 둘 것이라고 선언했다. 그는 일주일에 두 번씩 기자들을 만날 것이라고 약속했고 대체적으로 이 약속을 지켜 대통령 재임동안 거의 1,000회에 달하는 기자회견을 했다. 기자들 중 80%에서 85%는 그의 정책을 반대한다는 의견을 피력했지만, 루즈벨트는 기자들에 대한 솔직하고 담백한 태도를 통해 신문마다 그에 대한 보도내용이 가득하도록 했을 뿐 아니라, 공정한 보도가 이루어 질 수 있도록 하였다.[71]

루즈벨트가 대중과 소통하는 지도자가 된 데는 기자회견 이상으로 효과를 발휘한 것이 있는데, 바로 그가 난롯가에 앉아 정답게 이야기를 하듯이 편안하게 라디오 방송을 한 노변정담이 그것이다. 대공황과 2차 세계대전의 위기와 혼란 속에서 추구해야할 목표는 분명했다. 그것은 대공황으로 패기와 활력을 잃어버리고 자신감을 상실한 국가에 생기와 용기를 불어넣는 것이었고, 세계 평화를 위협하는 전체주의체제에 대해 자유민주주의의 우수함을 증명해 내는 것이었다. 성취될 수 있는 목표를 향한 자기 자신에 대한 굳은 의지와 미국 국민에 대한 흔들리지 않는 신념이야말로 루즈벨트의 성공에 있어 중요한 요인이었으며 그의 리더십의 또 다른 핵심이었다. 거기에다 루즈벨트의 리더십에는 국민에게 기쁨과 희망과 용기를 주는 능력이 있었다. 그는 목표를 향해 돌진해 가는 자신의 강한 의지로부터 나오는 명랑하고 쾌활한 힘을 다른 사람에게 전달하고, 또 그들이 함께 노력한다면 모든 것이 잘 될 것이라고 믿도록 만드는 비범한 능력을 가지고 있었다.

대공황은 뉴딜만으로 실제로 극복된 것이 아니었지만 뉴딜은 전쟁으로 세계가 완전히 변하기 전까지 국민들을 이끌어 가는 힘이자 희망이었다. 루즈벨트의 추진력과 국민들의 단합과 뉴딜을 포함한 재건계획 등이 맞물리면서 미국경제는 되살아났다. 전쟁이 발발하기까지 비록 국가 경제는 침체국면을 벗어나지 못했지만 루즈벨트가 추진한 뉴딜은 악화 일로의 경기침체를 중지시키고 미국인에게 경제적 기반을 마련해 주었다. 굿윈은 "미국에 남아있던 절망감이 사라지고 뭔가를 할 수 있다는 움직임과 부산함으로, 그리고 미래에 대한 새로운 확신과 민주주의에 대한 소생하는 희망으로 대치되었다"[72]고 강조하고 있다. 루즈벨트는 희망을 되찾고 있는 국민의 힘을 통합하여 전시경제체제로 변환시켜 수많은 공장을 건설하고, 수많은 사람들이 새 공장 건설에 참여하도록 만들었다. 이는 그가 추구하는 대의인 자유와 민주주의를 전국적으로 확산시켜 국민들이 승리의 희망을 가지도록 한 루즈벨트의 리더십에 힘입은 바 크다.

취임 후 루즈벨트는 뉴딜 정책에 대한 관료들의 반대를 극복하기 위해 수많은 기구

---

71 Doris K. Goodwin, "Franklin D. Roosevelt," Time (December 31, 1999), pp.46~54.
72 Doris K. Goodwin, "Franklin D. Roosevelt," Time (December 31, 1999), pp.46~54.

들을 만들어 내면서, 국민들의 지지를 확보하기 위한 노변정담을 했다. "우리는 이제 새롭고 복잡한 문제들을 가지게 되었습니다. 따라서 새로운 기관을 만들어 새롭게 책임을 지도록 해야 합니다. 과거의 제도로는 새로운 문제들을 해결할 수 없습니다."[73] 그래서 그는 시대와 현실에 맞지 않으면 과감하게 청산하고 새로운 체계를 찾으려고 노력했다. 물론, 미국의 경기가 뉴딜정책(1933~1939년)의 결과라기보다 유럽에서의 히틀러의 전쟁으로 인하여 대부분 회복되었지만, 그럼에도 뉴딜은 절망 속에 빠져 있는 국민들에게 희망이라는 메시지를 전달해 주었을 뿐만 아니라 국민들이 다시 시작할 수 있다는 용기를 주었다.[74] 아울러 그는 2차대전이 일어나자 자본주의를 활성화하기 위한 새로운 정책을 내놓았다. 민간기업의 반트러스트법을 완화해주고, 기업들의 투자활동을 도와주는 조치를 취했다. 그 결과 미국의 기업들은 번창했으며, 이는 역사상 최고의 생산성 향상과 전후의 경제번영을 이룩하는 밑바탕이 되었다. 이는 지도자로서의 정책에 대한 유연성을 유감없이 발휘된 결과이다. 당시의 많은 이들이 전체주의적 독재 체제에 입각한 통제경제가 문제의 해결책이라고 주장했으나, 루즈벨트는 민주주의에 입각한 자본주의의 힘을 굳게 믿고 있었다.

더불어 미래사회에 대한 명확한 비전의 제시야말로 루즈벨트가 발휘한 리더십 중 또 다른 핵심이다. 전쟁의 양상이 유리해지기 시작한 1944년에 루즈벨트는 이 파괴적인 전쟁을 뒤이을 세계에 대한 구상을 구체적으로 실천해 나갔다. 그것의 근본은 모든 사람들이 스스로를 지배할 수 있는 권한을 가진 세계였다. 이를 위해 그는 아직도 세계의 많은 부분을 차지하고 있는 식민 제국주의의 종말을 예지했다. 1941년 1월 6일, 세상의 모든 사람들의 자결권과 네 가지 본질적인 인간의 자유 – 언론의 자유, 종교의 자유, 빈곤으로부터의 자유, 공포로부터의 자유 – 에 대한 그의 요구는 이전에 나온 그 무엇보다도 보다 많은 사람들에게 보다 깊이 인식되어 졌다. 그가 죽은 지 반세기가 지난 오늘 날 루즈벨트의 비전은 아직까지 완성되지 않은 채 "인류의 가장 고귀하고 인간적인 욕구를 위한 수호신"으로 남아 있다.[75] 그러나 우리는 역사상 처음으로 대다수의 세계시민이 자신이 스스로 선택한 정부 속에서 살아가고 있다는 것을 인식할 필요가 있다. 파시즘의 무자비하고 잔인한 침략을 물리치고, 세계평화를 유지하기 위해 루즈벨트는 국제연합(United Nations)을 창조해 냈다. 서로 다른 세계의 돌발 사태를 미연에 방지할 집단안보를 위한 제도의 창설이 절실했던 것이다. 누구보다도 먼저 국제연합을 구상하고 명명한 사람은 루즈벨트였다.

73 Radio Address of the President, Outlining the New Deal Program (May 7, 1933), http://newdeal.feri.org/chat/chat02.htm 참조.

74 Doris K. Goodwin, "Franklin D. Roosevelt," Time (December 31, 1999), pp.46~54.

75 Doris K. Goodwin, "Franklin D. Roosevelt," Time (December 31, 1999), pp.46~54.

그는 또한 세계은행(World Bank)과 국제통화기금(International Monetary Fund)의 설립을 추진하는 등 국가를 넘어 세계체제의 모델을 제시하였고, 현대를 넘어 미래를 위한 비전을 제시하였다. 의회에 보낸 그의 마지막 메시지에서 그는 "이러한 제도의 창설은 공황과 경제적 번영의 대혼란 속에 다시 휩싸이게 될 수 있는 세계와 상호 신뢰, 협력, 원조를 통해 보다 나은 국가를 위해 노력하는 세계의 차이점을 완화시켜 극복하게 해준다"고 말했다.[76] 그리고 그는 그 일을 미국이 주도하도록 주선을 했다. 이러한 미래사회에 대한 비전을 통해 루즈벨트는 다음을 입증했다고 빌 클린턴은 강조하고 있다. "미국의 자유는 세계의 평화와 연결되어 있다는 것과, 미국의 안전보장은 우리들로 하여금 미국의 범위를 넘어 세계의 민주주의와 인권을 지지하도록 요구한다는 것을 입증했다."[77] 또한 루즈벨트의 미래에 대한 비전은 거의 50년 이상이나 미국의 발전과 번영의 원동력이 된 위대한 미국의 중산계층(middle-class)의 탄생을 이끌었다. 그의 새로운 이상으로부터 국가를 회복시키고 발전시키기 위한 프로그램과 기구들이 만개했다. 은행 개혁, 미국인들에게 다시 일자리를 찾아주기 위한 거대한 공공사업, 농촌 전력화 사업, 그리고 미군 권리장전(G. I. Bill of Rights) 등이 그것이다. 특히, 그가 만들어 놓은 미군 권리장전에 따라 제대군인들은 대학에 입학하여 공부할 수 있었다. 이 법은 모든 세대에게 위로 올라갈 수 있는 유동성의 문을 개방한 획기적인 입법조치 중 하나였다. 이로 인해 클린턴의 말처럼 "하나의 사회적 혁명"이 발생했던 것이다. 즉, 새로운 경제질서가 형성되었으며 그 결과 미국의 두터운 중산계층이 탄생하였다.[78]

루즈벨트의 리더십의 핵심은 성취해야할 목표를 앞에 두고 지도자와 국민이 상호작용하면서 그것을 이루어 냈다는 데 있다. 대공황을 극복하고 2차 세계대전을 승리로 이끌기 위한 뚜렷한 목표 아래 루즈벨트는 가능한 한 최대한의 여론을 형성하고 국민을 통합하는 상생(相生)의 정치를 위한 리더십을 발휘했다. 그것은 지도자의 강한 의지와 확고한 신념에 바탕을 두고서 "전염성을 가진 낙관주의(infectious optimism)"[79]로 국민들에게 전파한 상호신뢰의 리더십이었다. 그것은 제도나 정책에 대한 아집과 신분에 대한 권위의식이 아닌 인간다움의 실천과 선을 향한 위대한 실험의 리더십이었다. 나아가 그것은 미국과 세계의 미래사회에 대한 비전의 리더십이었다. 그것은

76 State of the Union Message to Congress, Address of The President (January 11, 1944 at 9:00 P.M., E.W.T. Broadcast Nationally),
    http://www.americanpresidents.org/presidents/president.asp?PresidentNumber=31 참조.
77 Clinton, "Captain Courageous," Time (December 31, 1999), pp.58~65.
78 김형곤, "프랭클린 루즈벨트 대통령의 지도력 형성 배경과 본질", 한국미국사학회, 「미국사연구」 (제15집), 2002, 126면.
79 Thomas L. Purvis, A Dictionary of American History(Cambridge, Mass.: Blackwell Publishers, 1995), p.350.

국제연합의 탄생과 미국 중산계층의 탄생으로 전후 계속된 미국의 번영의 원동력이 되었을 뿐만 아니라, 나아가 인류사회의 궁극적인 대의인 번영과 자유, 정치적 민주주의가 실현되는 원동력이 되었다는 사실을 주지해야 한다.

위기나 전쟁의 시기에 위대한 지도자가 부상하기도 한다. 루즈벨트 역시 대공황의 위기와 전쟁의 혼란을 극복해야하는 목적을 가지고서 평화 시기에는 보다 드물게 표현되는 리더십을 발휘할 수 있는 기회를 제공받은 것은 분명한 사실이다. 그러나 반드시 전쟁과 위기가 위대한 지도자가 되는 보증수표는 아닌 것도 분명하다. 그것은 무엇보다도 위대한 리더십의 발휘에 달려 있다. 조지 허버트 워커 부시(George Herbert Walker Bush: 이하 조지 부시) 대통령은 성공적으로 1990년 걸프전을 승리로 이끌었지만 재선에 실패했고, 특별히 뛰어난 지도자로 인식되지 못했다. 원칙중심의 리더십의 발휘는 지렛대와 같은 것이었다. 목표를 향해 국민들과 같이 배우고, 교육하고, 협조하고, 솔선수범하고, 혁신해 나간 상생의 리더십이었다. 그는 자주 대중연설을 통해 "능력 있는 정부의 위대한 리더십은 국민들의 총체적 지지를 받을 수 있는 정책을 형성하는 기술을 포함하고 있다. 그것은 국민들을 교육하는 것이 정치가의 가장 위대한 의무이기 때문에 늘 그들을 설득하고, 지도하고, 희생하고, 가르치는 기술을 포함하고 있다"고 강조하고 있다.[80] 루즈벨트는 세계 민주주의를 보존하고 강화시키는 데에 있어 절대적으로 필요한 리더십을 발휘하였다.

나. 대통령 대 의회 관계

프랭클린 루스벨트는 뉴딜정책(1933~39년)의 업적에 힘입어 안정적인 민주당 주도의 정당체제를 확립하였다. 민주당은 대체로 연방정부 역할을 강조하였고, 상공업 중심의 보호무역론을 주장한 반면, 공화당은 지방 주정부 역할을 강조하고, 농업 중심의 자유무역론을 주장하였다. 대공황은 시장에 대한 (연방)정부의 역할 확대를 골자로 한 프랭클린 루스벨트의 뉴딜정책을 탄생시켰다. 뉴딜정책은 당시의 관점에서 볼 때 미국 연방정부의 역할을 (소련 공산당 정부와 다를 바 없이) 확대시킨 것이었으며, 동시에 지방 주정부의 역할을 신성시해왔던 미국인들(특히 남부 백인들)의 눈으로 볼 때 더할 나위 없이 불온한 것이었다. 그러나 미증유의 경제공황 덕택에 1932년 정권교체에 성공했던 프랭클린 루스벨트는 새로운 민주당을 발판으로 이 위기를 극복해 나가고 싶었다. 그는 연방정부의 역할 확대에 미온적이었던 민주당의 정강정책을, 당시 민주당

---

80 F. D. Roosevelt, Public Papers and Addresses, ed. Samuel J. Rosenman, 13 vols. (New York: Random House, 1938~1950), 1:7, pp.55-56.

의회 지도부와 싸워가며 획기적으로 변화시켰다. 이후 프랭클린 루스벨트의 뉴딜정책은, 공화당 의원들이 이를 연방대법원에 탄핵 요구할 정도로 미국을 급격히 흔들어 놓았다.

일반적인 경제위기가 그렇듯이, 대공황 시기의 미국에서도 경제적 하부계층이 먼저 타격을 입었다. 빈민구호정책을 포함하고 있었던 뉴딜정책은 흑인, 아메리카 원주민(인디언), 히스패닉 등 경제적 하부계층에게 작으나마 국가의 혜택을 안겨다 주었다. 뉴딜정책을 통해, 많은 미국인들이 국가와 정부의 가치에 대해 다시금 생각하게 되었다. 그래서 빈곤층을 구제했을 뿐만 아니라 자본주의의 근간이라 할 수 있는 중산층을 양성하였다. 뉴딜정책이 '흑인들에게 특별히 우호적이었다'고 평가하기 어렵지만, 흑인들도 아울러 구제하게 되어서 '흑인들에게 특별히 적대적이지 않았다'고 할 수 있는 정부 의제였다. 그래서 뉴딜정책은 전통적·대표적 소외집단이었던 당시의 흑인들을 감동시키기엔 충분한 것이었다. 반면에, 백인들은(특히 남부-백인들은) 그런 프랭클린 루스벨트를 남부-민주당의 배신자라 여기게 된다. 그러나 프랭클린 루스벨트는 이에 굴하지 않았고, 자신의 행정부 내 주요 2급 보직에 다수의 흑인들을 임명해 가며 새로운 민주당의 가능성을 보여주었다.

뉴딜정책이 세계 대공황을 완전히 진정시키지는 못했으며, 실제로 세계 대공황은 제2차 세계대전을 통해 종식되었다. 미국이 제2차 세계대전 기간 쏟아 부은 전비는 대략 3,210억 달러로, 이는 제1차 세계대전 기간 전비의 10배가 넘었고 미국의 정부수립 이후 당시까지 약 150년간 국가 총예산의 2배에 달했다. 결국 뉴딜정책과 제2차 세계대전으로 (그리고 뒤이은 미-소간 냉전체제로) 인하여, 현재의 거대한 미국 연방정부가 출현하였다. 보수적이었던 당시 민주당 의회 지도부가 이렇게까지 폭발적인 연방정부의 역할 확대를 원했을 리 없었다. 그러나 (군비확보가 절실히 요구됐던) 제2차 세계대전 기간 집권여당은 민주당이었고, 민주당은 이런 예산확대를 승인했으며, 이는 향후 미국인들의 마음 속에 '연방정부의 역할 확대 = 민주당'이란 새로운 정치도식을 새겨넣었다. 이렇게 프랭클린 루스벨트는 민주당을 변화시켜 국정운영의 주도권을 장악하면서, 남북전쟁 이후 무려 72년간(1860~1932년) 이어져왔던 공화당 우위 정당체제에 종지부를 찍는다. 뉴딜정책 이후 진보정당으로 변화한 민주당은 그 이후부터 민주당 우위의 정당체제를 열어나가게 된다.

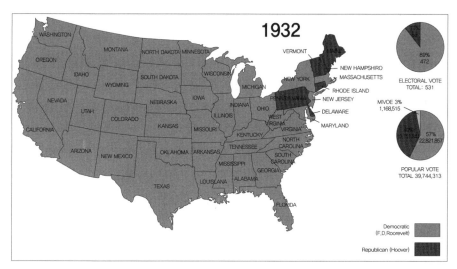

〈그림 3-1〉1932년 미국의 제32대 대통령선거 선거인단 선거 결과 (투표율 56.9%)[81]
프랭클린 루스벨트(민주당): 일반인 투표 57.4%,
　　　　　　　　　선거인단 투표 472/531표(= 88.9%)
허버트 후버(공화당): 일반인 투표 39.7%, 선거인단 투표 59/531표(= 11.1%)

　　대공황 이후에 실시된 1932년 대통령선거는 그 후 20년의 장기간의 정당체제를 결정짓는 중대선거(critical election)가 되었다. 1929년 시작된 미국발發 대공황은 1933년 말까지 당시의 거의 모든 자본주의 국가들을 위기에 빠트렸고, 그 여파는 1939년의 제2차 세계대전 발발로 이어졌다. 대공황은 남북전쟁 당시 형성된 미국의 정당체제를 근본적으로 변화시키는 계기가 된다. 그 이후 루스벨트 시대를 넘어 민주당 우위의 양당체제가 형성된다. 1932년 32대 대선은 미국 역사상 가장 일방적인 선거들 중 하나가 되었다. 민주당이 전체 48개주들 중 42개주를 휩쓴 반면, 공화당은 전통적 지지기반이던 북동부 6개주에서만 승리했을 뿐이다. 그리고 루스벨트가 집권한 16년 동안 그는 대통령 선거에서 안정적인 지지를 계속 유지하였다. 미국민들이 대공황의 경제위기의 책임을 당시 집권당이던 공화당에게 묻게 되었고, 따라서 국민들은 20년 동안 공화당에게 정권을 넘겨주지 않았다. 또한 대공황이 발생했던 1930년이 되면 민주당은 하원에서 97석이나 증감한 313석을 획득한 반면, 공화당은 101석이나 잃어버려서 117석만 차지하여 정국의 주도권을 넘겨주게 된다. 뒤이어 2년 뒤 대통령 선거에서 루스벨트는 미국 역사상 유례가 없을 정도로 압도적 표차에 의해 당선되고, 입법부에서

---

81 프랭클린 루스벨트(민주당): 일반인 투표 57.4%, 선거인단 투표 472/531표(= 88.9%)허버트 후버(공화당): 일반인 투표 39.7%, 선거인단 투표 59/531표(= 11.1%)출처: 〈http://blog.daum.net/platanus 2005/15759655〉, 2009. 5. 30. 〈http://www.historycentral.com/elections/1932State.html〉, 2009. 5. 30.

상하원의 의석수를 더 늘렸다. 루즈벨트가 사망할 때까지, 민주당은 공화당에 대해 압도적 우세였고, 국민들로부터 압도적 지지를 유지했던 루즈벨트 임기 동안에 레임덕의 우려는 없었다. 4번이나 연임하게 된 유일한 대통령으로서 그의 긴 임기는 그에게 장기적인 안목을 가지고 거대한 정부계획을 추진할 수 있는 리더십의 환경을 제공하였다. 그래서 이러한 임기변수가 분석에 미친 영향은 해밀턴 모형의 강력한 리더십을 발휘할 수 있게 하였다.

이처럼 대공황이라는 경제위기로 인해 미국 국민들은 루즈벨트 대통령(민주당, 32대, 4선)에게 압도적인 지지를 부여하였다. 더욱이 승자독식제인 선거인단 투표에서 루즈벨트는 압도적인 표차로 이겼다. 루즈벨트는 경제위기를 극복하고 전시 상황에서 위기를 극복해 냄으로써, 더 높은 지지를 획득하게 되었다. 루즈벨트는 이후 연속적으로 대통령 선거에서 승리함으로써 4선을 기록하였다. 미국정치에서 대통령은 통상적으로 재선까지 허용되지만, 루즈벨트는 국내외의 위기상황에서 4선까지 하는 유일한 대통령이 되었다. 프랭클린 루스벨트는 뉴딜정책(1933~39년)의 업적에 힘입어 안정적인 민주당 주도의 정당체제를 확립하였다.

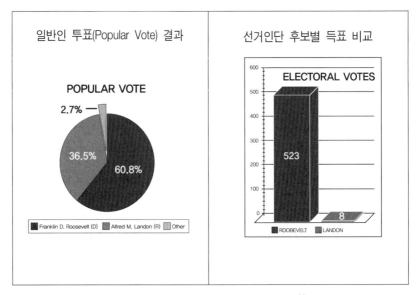

〈그림 3-2〉 1936년 대통령 선거 결과[82]

82 〈http://www.historycentral.com/elections/1944pop.html〉, 2009. 5. 30.
　　〈http://www.historycentral.com/elections/1944elec.html〉, 2009. 5. 30.

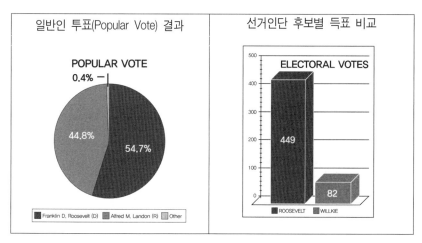

〈그림 3-3〉1940년 대통령 선거 결과[83]

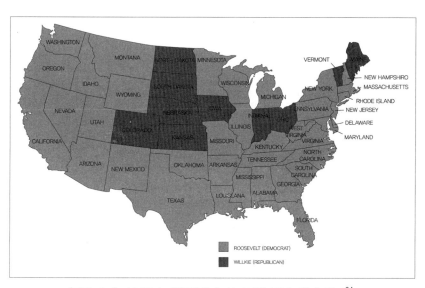

〈그림 3-4〉 1940년 대통령선거 선거인단 주별 선거 결과[84]

83 〈http://www.historycentral.com/elections/1944pop.html〉, 2009. 5. 30.
　〈http://www.historycentral.com/elections/1944elec.html〉, 검색일: 2009. 4. 12.
84 〈http://www.historycentral.com/elections/1944pop.html〉,
　〈http://www.historycentral.com/elections/1944elec.html〉, 2009. 4. 12.

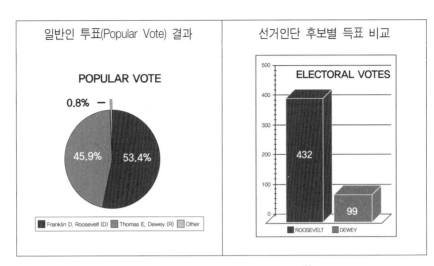

〈그림 3-5〉1944년 대통령선거 결과[85]

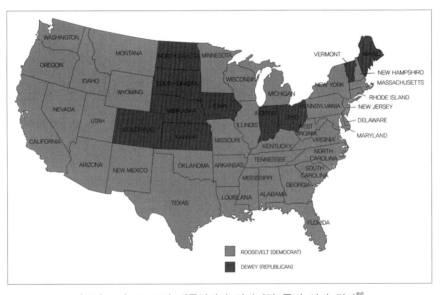

〈그림 3-6〉 1944년 대통령선거 선거인단 주별 선거 결과[86]

85 〈http://www.historycentral.com/elections/1944pop.html〉,
　　〈http://www.historycentral.com/elections/1944elec.html〉, 검색일: 2009. 4. 12.
86 〈http://www.historycentral.com/elections/1944pop.html〉,
　　〈http://www.historycentral.com/elections/1944elec.html〉, 검색일: 2009. 4. 12.

전술한 바대로 여당과 야당 간의 의석 격차는 큰 폭으로 계속 유지되었고 여대야소인 단점 정부가 지속적으로 이어졌다. 루즈벨트 사후에 권력을 이양한 트루먼 정부 시기에 단점 정부에서 분점 정부로 바뀌었고 급기야 1952년에 트루먼의 민주당으로부터 아이젠하워의 공화당으로 정권교체가 이뤄진다. 루즈벨트 시기에는 야당인 공화당의 도전이 강하지도 않았고 민주당은 공화당에 대해 압도적 우위의 의석을 차지해왔다. 루즈벨트는 대공황을 슬기롭게 극복하고 제2차 세계대전에서 승리로 세계 초강대국으로 발돋움하는 초석을 다졌기 때문에 국민들의 루즈벨트 리더십에 대한 신뢰는 변함이 없었다.

루즈벨트 대통령은 강력하게 국정을 지휘하였지만, 야당과 대중과의 의사소통 경로를 자주 열어두었으며, 합의를 중요시하였다. 그는 해밀턴 모형에서 이상적인 소극적 긍정형 리더십을 보여주고 있다. 여대야소의 경우에는 정국을 완벽하게 주도할 수 있는 모형이기 때문에, 소극적인 리더십을 통해 의회의 견제기능을 활성화 시켜주고 긍정형의 리더십을 통해 이를 포용할 필요가 있다.

〈표 3-2〉 루즈벨트 정부형태와 의회 구성변화

의회	선거년	정부형태	행정부		입법부							
			여당	대통령	하원		증감		상원		증감	
					민주	공화	민주	공화	민주	공화	민주	공화
73	1930	분점	공화	후버	313	117	+97	-101	59	36	+12	-12
74	1932	단점	민주	루즈벨트	322	103	+9	-14	69	25	+10	-11
75	1936	단점	민주	루즈벨트	333	89	+11	-14	75	17	+6	-8
76	1938	단점	민주	루즈벨트	262	169	-71	+80	69	23	-6	+6
77	1940	단점	민주	루즈벨트	267	162	+5	-7	66	28	-3	+5
78	1942	단점	민주	루즈벨트	222	209	-45	+47	57	38	-9	+10
79	1944	단점	민주	루즈벨트	243	190	+21	-19	57	38	0	0
80대	1946	분점	민주	트루먼	188	246	-55	+56	45	51	-12	+13

〈표 3-2〉에서 확인되는 바대로, 민주당은 상하 양원에서 모두 루즈벨트 대통령이 3번 연임할 때까지도 압도적 다수를 차지하였다. 루즈벨트가 4번 연임했을 때에는 비교적 민주당과 공화당이 의석 수 면에서 이전보다는 균형을 이뤘으나 여전히 민주당 우위의 양당체제였다. 오랜 민주당의 집권 이후에 트루먼 대통령 시기에야 의회의 권

력관계는 공화당이 우위를 점하게 된다.

1940년대는 미국이 정치·경제적 측면에서 영국의 쇠락과 맞물려 미국적 패러다임을 만들었던 시대이다. 그래서 많은 정치학자들은 정치·경제 위기에 따라 탁월한 업적을 보였던 루즈벨트 대통령은 미국 역사에서 성공적인 지도자 중의 한명이라 꼽을 수 있다.

프랭클린 루즈벨트의 리더십이 발휘하게 된 배경에는 대공황, 그리고 제2차 세계대전이라는 큰 시대적 사건이 동반되어, 1932년 대통령 선거가 한창일 때 미국에서는 거의 3년 이상이나 광범위한 불경기가 계속되고 있었다. 대공황이 전세계적으로 영향을 주고 있는 동안 세계 여러 곳에서 민주주의와 자본주의가 쇠퇴하고 있었다. 1920년대 중반부터 세계경제는 비교적 안정적으로 발전했고, 특히 미국은 괄목할 만한 경제성장을 이룩했지만, 그러한 상황은 그리 오래가지 못했다. 1929년 이후 세계경제는 예전에 경험한 바 없었던 장기적 침체의 늪에 빠져 버렸다. 당시 유행했던 계획경제와 전체주의는 체제의 위기를 극복할 수 있는 대안이라기보다는 체제를 수호하기 위한 비상한 체제였다. 그리고 불행하게도 그 내부에 새로운 전쟁을 잉태하고 있었다. 블록경제들은 결국 서로 충돌하여 2차 대전을 불러왔다. 대공황을 동반한 경제위기와 전체주의라는 민주화의 역逆물결 속에서도 루즈벨트는 뉴딜정책과 국민의 단합을 통해 리더십을 발휘하였고 성공적인 성과를 낼 수 있었다.

1940년에 미국은 첫 번째 위기인 대공황보다 훨씬 가공할 만한 두 번째 위기에 직면했다. 히틀러의 군대가 폴란드, 벨기에, 룩셈부르크, 프랑스 등을 침공하여 유럽에서 나치의 위협에 홀로 투쟁하는 영국만 남겨두고 세계평화를 와해시켰다. 이러한 불리한 상황에서도 루즈벨트는 민주주의의 활력이 되살아나면 충분히 나치의 위협에 대처할 수 있다고 확신했다. 대공황에 대한 대책이 그러했듯이 정부의 적극적인 행동이 필요하다고 생각하고, 다시 한 번 자유민주주의 체제를 활력으로 넘치게 한다면 분명 경직된 전체주의 체제를 앞설 것이라고 굳게 믿었다.

대공황과 제2차 세계대전의 구조적 위기를 정부 주도로 극복하였던 루즈벨트 대통령의 정부형태와 대 의회관계는 안정과 타협으로 정국주도가 가능한 해밀턴(Hamilton) 모형의 대표적 사례이다. 당시 민주당 행정부는 입법과정을 포괄적으로 지배하며 대외정책과 재정 및 경제정책을 주도적으로 결정함으로써 행정부 중심의 강력한 국가재건계획을 입안하고 실천하였다. 또 당시 압도적으로 중간선거와 대통령선거에서 이겼기 때문에 강한 여당은 행정부의 역량을 극대화시켜주었다. 대공황이라는 국가비상사태에서 루즈벨트 대통령은 경제위기 극복과 국가재건 등 행정의 능률성을 유감없이 발휘하였다.

루즈벨트 행정부는 대통령 중심적 정부의 전형이었고, 16년간 집권하면서 의회관계가 안정된 상태에서 국정을 운영한 루즈벨트 행정부는 가장 강력한 해밀턴 모형이다. 이 모형은 대통령과 의회간의 타협과 조화를 위해 안정적이고 신중한 대통령의 긍정적인 리더십이 필요한데, 루즈벨트는 의회와 국민들과 의사소통의 기회를 자주 열어 합의를 중요시하였다. 그가 보여준 소극적 긍정형 리더십은 정국주도를 가능하게 하면서도, 의회와의 관계를 타협을 통해 해결하였다.

루즈벨트 대통령은 해밀턴 모형의 장점인 추진력 있는 행정부의 역량을 극대화하고 의회로부터 초당적 협력을 통해 이상적인 대통령 모델을 제시하였다. 대통령에게는 미래에 대한 비전을 제시하고 국가목표를 중심으로 국민을 통합시킬 수 있는 능력인 원칙중심의 리더십이 요구된다. 이를 위해서 역사적 사명감, 국가목표 달성을 위한 추진력, 그리고 사회 각 부문 간의 조화와 협력을 이끌어 내는 자질 또한 절실하다. 프랭클린 루즈벨트는 대공황이라는 경제·사회적 고통 속에서 정부의 역할 확대를 통해 오늘날 미국사회의 기초를 다졌으며, 제2차 세계대전이라는 세계적 위기를 극복하는 역사적 과업을 남겼다.

루즈벨트의 리더십의 핵심은 성취해야할 목표를 앞에 두고 지도자와 국민이 상호작용하면서 그것을 이루어 냈다는 데 있다. 〈표 3-3〉과 같이 대공황을 극복하고 2차 세계대전을 승리로 이끌기 위한 뚜렷한 목표 아래 루즈벨트는 가능한 한 최대한의 여론을 형성하고 국민을 통합하는 상생相生의 정치를 위한 리더십을 발휘했다. 그러한 성과와 국민들의 지지에 힘입어 그는 4번의 임기에 걸쳐 대통령에 당선되었고 그의 소속 정당인 민주당은 지속적으로 다수당의 지위를 점했다. 그것은 국민들에게 희망과 용기를 주어 스스로 이기게 함으로써 얻어진 대중적 리더십이었다. 그것은 지도자의 강한 의지와 확고한 신념에 바탕을 두고서 "전염성을 가진 낙관주의(infectious optimism)"로 국민들에게 전파한 상호신뢰의 리더십이자 이상적인 해밀턴 모형이 되었다.

〈표 3-3〉루즈벨트 대통령의 대 의회관계 모형 분석

분 석	상황변수	
	전반부: 집권 1, 2기	후반부: 집권 3,4기
대통령 對 의회관계	여대야소	여대야소
중요사건	뉴딜정책	제2차 세계대전
모형	해밀턴	

第2節 소결

　워싱턴(George Washington) 대통령이 대통령 권한을 제도화하고 대 의회관계를 설정한 것은 대통령제의 기원이 되었다. 워싱턴 대통령은 독립전쟁을 성공리에 이끌어서 미국이 건국되었고 당시 연방파와 공화파라는 양당체제가 성립되었다. 그가 확립한 미국의 대통령제의 근간은 이후 정부에도 계속 유지되었다. 이 연구는 워싱턴 이후에 역사적으로 중대한 전환점에서 리더십을 발휘한 대통령들의 정치적 리더십을 고찰하였다. 링컨 대통령은 미국에서 노예해방을 통해 사회정의와 통합을 이룩하였으며, 남북전쟁의 위기상황 속에서도 연방제를 유지하고자 혼신의 힘을 기울였다. 그의 노력에 의해 현재 미국의 연방제 국가의 기본 틀이 유지되고 있다고 하겠다. 그는 또한 관용과 화합, 개방적인 협력을 강조하였고, 대 의회관계에서 협력적 관계를 유지하였다. 아이젠하워(Dwight D. Eisenhower) 대통령은 초당적 합의와 국제적 리더십을 발휘하여 번영과 국민적 합의의 시기를 만들어나갔다. 그가 재임하던 1950년대는 미국경제가 번창하고 세계의 초강대국으로 거듭나던 시기였다. 그가 제시하던 중도노선 지향과 함께 내세운 '바람직한 사회'는 정부가 사회적 조화를 이끌어나가고 다수의 이익을 고양하는 사회이고, 자율적이고 협력적인 활동이 시민의식 속에 융합되어 개인의 이익과 공공의 이익이 공존하는 사회였다.

　루즈벨트(Franklin D. Roosevelt) 대통령은 대공황과 제2차 세계대전의 대내외적 위기를 성공적으로 극복하였다. 그의 추진력과 초당적인 리더십에 국민들은 압도적인 지지를 부여하였으며 미래사회에 대한 비전을 제시하였다. 경제재건과 아울러 미국의 중산계층의 양성은 미국경제를 튼튼하게 하였다. 위기 상황 속에서 그는 역사적 예외로 내리 4선까지 했던 유일한 대통령이었고, 그에게 장기간 집권을 허락할 만큼 그는 리더십과 역량 및 성과 면에서 높은 평가를 받았다.

第2章 한국 대통령의 정치적 리더십과 대 의회관계

대통령의 리더십을 연구한 학자들의 개념을 적용하여 한국 대통령의 리더십을 분석해보면 다음 〈표 3-4〉와 같다.

레윈(K. Lewin)의 유형으로 한국 역대 대통령들 중 권위주의와 민주주의 유형을 효과적으로 분류할 수 있으나 노태우부터 이명박 대통령의 리더십의 다양성을 구체화하지 못하는 단점이 있다. 화이트와 리피트(White & Lippit), 막스 베버(Max Weber)의 연구도 민주주의 하에서의 대통령의 다양한 정치적 리더십은 구분하지 못한다. 이 연구는 바버의 분류를 일부 원용하여, 노태우 대통령으로부터 이명박 대통령에 이르기까지 대통령의 다양한 유형을 구체화하는데 그 연구목적을 가지고 있다.

표에서 '한국 대통령의 리더십 유형 비교'의 해설적 측면에서 의회와의 관계변화를 살펴보면 이승만 대통령의 정치적 리더십의 특성은 헌법개정과 함께 정치라이벌이나 국회에 대한 탄압도 불사하는 마키아벨리즘적인 성격 전체주의적 성향을 지닌 권위주의 지도자라고 적극적 부정형으로 말할 수 있을 것이다. 박정희 대통령과 전두환 대통령은 과업달성을 위한 목표추구적인 리더십을 갖춘 인물이었다. 이들은 정치적 위기상황을 강력한 군사적 권위주의적 리더십을 통해 극복하고자 했으며 박정희 대통령과 전두환 대통령 역시 적극적 부정형의 리더십을 가진 인물로 평가할 수 있다.

<표 3-4> 한국 대통령의 리더십 유형 비교[1]

학자별 리더십 유형	한국 대통령							
	이승만	박정희	전두환	노태우	김영삼	김대중	노무현	이명박
K. Lewin	권위주의	권위주의 관료주의	권위주의	권위주의 민주주의	민주주의	민주주의	민주주의	민주주의
White & Lippit	권위형	권위형	권위형	자유방임	민주형	민주형	민주형	민주형
Max Weber	카리스마	카리스마	카리스마	카리스마	합법적	합법적	합법적	합법적
James D. Barber	적극적 부정형	적극적 부정형	적극적 부정형	소극적 부정형	적극적 부정형	적극적 긍정형	소극적 부정형	적극적 부정형

　　노태우 대통령은 과거의 지도자들과는 달리 대통령의 역할과 직책수행에 있어 원활한 체계를 갖추지 못했고, 민주지향적인 리더십 역시 부족하여 소극적 부정형의 리더십을 가진 인물로 분류할 수 있을 것이다. 김영삼 대통령과 국민의 정부 김대중 대통령은 일단 기본적으로 둘 다 민주적 리더십을 가지고 있었다. 또한 이들은 권력의 획득 과정에서 도덕성과 정당성을 겸비하고 있었다. 김영삼 대통령은 국회와의 관계를 상호 대등한 입장으로 이끌기보다는 강력한 리더십을 통해 의회를 압도하고자 하였고, 그 결과 대통령과 여당 내부의 관계 역시 조화롭게 이끌기 힘든, 적극적 부정형의 리더십을 가질 수밖에 없었다. 행정부에 대한 권력집중이 가능한 국가적 경제위기 상황에서, 김대중 대통령은 적극적인 리더십을 통해 이를 돌파해 나갈 수 있는 사회경제적 기반을 가질 수 있었다. 이러한 긍정적인 리더십을 통해 적극적 리더십이 가질 수 있는 권력의 집중을 보완하고 의회와의 협력을 이끌어내기 위해 긍정적 리더십을 발휘하였다. 노무현 대통령의 리더십은 더욱 독특하게 해석될 수 있다. 노무현 대통령 역시 민주적 리더십의 특성을 보인다. 특히 과거의 정권과는 다르게 노무현 정권의 특징은 시민사회가 팽창하고 시민의 참여의 폭이 대폭 확대되어 정치에 작용하게 되었다는데 있다.

---

1 안병만은 바버의 분류를 원용해 적극-긍정형: 박정희, 적극－부정형: 이승만, 전두환, 김영삼, 소극－긍정형: 장면총리, 소극-부정형: 노태우로 한국의 대통령 유형을 분류한 바 있다. 안병만, "역대 통치자의 리더십 연구", 「한국 행정학회 세미나」, 1998의 논문을 참조. 위 표의 분류는 필자가 한국의 역대 대통령 리더십에 대한 각종 평가와 논문을 근거로 유추, 작성한 것이며, 이 연구는 박정희 대통령에 대해 적극-긍정형의 리더십으로 평가한 안병만과는 다르게, 박정희 대통령을 적극-부정형의 리더십으로 정의하고자 한다. 박정희 대통령은 근대화를 제시하고 자신 있게 정책을 추구하였기 때문에 긍정형의 리더십으로 인식될 수도 있지만, 박정희 대통령은 매우 권력욕이 강하며, 야심적이어서 재야인사들이나 야당인사들을 탄압하거나 투쟁의 대상으로 인식하였고, 모든 일에 치밀하게 준비하며 꼼꼼하게 집행을 통제하는 등 적극적 부정형의 전형적인 모습을 보여주고 있기 때문이다. 이에 대해서는 함성득, 『대통령학』, 나남출판, 2003, 93면 참조., 아울러 노무현 대통령·이명박 대통령의 평가와 모델은 필자가 분석한 것이다(이명박 대통령은 임기까지 살펴보았다).

물론 이러한 상황은 과거 김영삼, 김대중 정권시절 이미 시민사회의 힘이 축적되는 과정을 거쳤기 때문이기도 하다. 국민들의 개혁욕구에 부응하여, 이를 적극적으로 해내겠다는 의지를 밝힘으로서, 과거 권위주의적 리더십과는 다른 민주적 리더십을 보여주고 있다. 야당과 정책상의 문제에 대한 대결구도에서 서로에게 지나치게 대항자세를 보임으로서, 결국 정국불안 등 노무현 대통령의 리더십은 소극적 부정형의 리더십이다. 이명박 대통령은 여대야소로 정국을 장악하는 스타일인데, 종교편향 대규모 불교집회, 촛불정국 등 중간평가 의미가 담긴 4·29 재·보선 패배를 거치면서 좌편향 바로세우기 이념갈등 등 사회통합자로서 상처를 입으면서 지지도는 하락했고, 명령자로서 중앙통제를 강화하여 인사, 정책, 당정관계를 독단적으로 처리하는 등 모든 정책결정과정이 대통령에 집중되는 적극적 부정형리더십이라 설명 할 수 있겠다.

미국 대통령의 정치적 리더십을 역사적 관점에서 고찰한 앞 장章에 이어 이번 장章에서는 한국 대통령의 정치적 리더십의 특징들을 역사적으로 회고하여 분석하는데 주안점을 두고 있다.

第1節 한국 역대 대통령의 정치적 리더십

1. 이승만 대통령의 정치적 리더십

가. 리더십의 특징: 적극적 부정형

이승만은 대한민국 건국 후 첫 대통령임에도 불구하고 국부國父로서 대우를 받지 못하고 있다. 2002년 한국대통령학연구소에서 500명의 전문가를 대상으로 실시한 역대 대통령 평가의 총괄평가에서 이승만은 박정희, 김대중, 김영삼에 이어 4위를 차지했다. 하지만 연령대 별 평가순위를 보면, 이승만은 30세 이상 50세 미만에서는 5위, 50세 이상 60세 미만에서는 3위, 그리고 60세 이상에서는 2위로 나왔다.[2] 이승만이 동시대를 산 사람들로부터는 비교적 높은 평가를 받는 반면 경험을 공유하지 못하거나 부분적으로만 공유하는 세대로부터는 좋은 평가를 받지 못하고 있다. 그런가 하면 이

---

2 한국대통령평가위원회·한국대통령학연구소 엮음, 『한국의 역대 대통령 평가』, 조선일보사, 2002, 75~78면., 127-128면.

승만이 국민들의 기억 속에서 얼마나 잊혀진 대통령인가를 짐작케 하는 조사 결과도 있다. 2004년 6월 16일 한국 갤럽은 전국의 15세 이상 남녀 1,728명을 대상으로 분야별 선호도를 조사한 결과를 발표했다.[3] 이 중 전·현직 대통령 가운데 가장 좋아하는 사람을 기술하게 하는 항목이 있었다. 이 질문에 대해 박정희 47.9%, 김대중 14.3%, 노무현 6.7%, 전두환 1.7%의 순으로 대답이 나왔으며, 이승만은 김영삼과 함께 1%를 기록하는데 그쳤다. 박정희 대통령은 거의 모든 조사에서 수위를 차지하니 인정할 만하고, 김대중 대통령은 평가할 당시에는 현직 대통령이던 노무현 대통령의 바로 전임前任인 대통령이고 노무현 대통령이 현직 대통령이니 이 정도 수치를 얻을 수 있다. 이승만이 전두환보다도 뒤진 1%를 얻는데 그쳤다는 점은 매우 놀라울 만하다. 이 조사는 이승만이 사람들의 기억 속에서 차지하는 비중이 매우 낮은 대통령임을 간접적으로 확인시켰다.[4]

이승만은 초대 대통령으로서 근대 국민국가 건설의 과제를 훌륭하게 수행했다. 미국과 소련이 한반도를 분할점령하고 있고 양국 간에 냉전이 격화되는 상황에서 그는 남한만의 단정수립이라는 차선책을 택하는 결단을 내렸고, 냉전이 사회주의권의 붕괴로 끝난 현시점에서 그것은 옳은 선택임이 증명되었다. 정부수립 이후 그는 농지분배와 전쟁 그리고 반공에 대한 강조를 통해 38선 이남에 거주하는 사람들에게 한국 국민으로서의 정체성을 지니게 만들었다. 부산정치파동은 분명 그의 권력연장을 위한 친위쿠데타였다. 하지만 그 이면에는 전쟁정책을 둘러싼 한국과 미국 사이의 갈등이라는 측면과 당시 한국 실정에 적합하지 못한 내각제를 거부하고 대통령제를 강화시켜 국가적 권위를 확립한다는 측면도 있었다. 이승만은 이렇게 국민적 정체성 형성과 국가적 권위 확립 과정에서 얻어진 국부적 이미지와 정당성을 근거로 전후 상당기간 동안 안정된 지배를 행사했다. 이러한 안정은 1954년 말 집권연장을 위해 무리한 개헌을 추진하면서 흔들리기 시작했고, 1956년 대선은 그것을 단적으로 보여준 사건이었다.

이제 이승만은 국가건설 과정에서 얻어진 이미지나 정당성에 의존하기보다는 새로운 국가적 의제를 설정하고 그것을 위해 애쓰는 모습을 보여주었어야 했다. 반공 같은 네거티브(negative)―소극적, 부정적, 배타적―의제로는 더 이상 국민들을 끌어 모으기 어려웠다. 부흥이나 발전 같은 보다 포지티브(positive)한― 적극적, 긍정적, 포용적―의제가 필요한 시점이 되었던 것이다. 그러나 이승만은 이러한 의제 전환에 실패했다.

---

3 조선일보, 2004. 6. 17. 박정희 대통령 인터넷 기념관(http://www.516.co.kr/opinion.asp) 에 가면 역대 대통령에 관한 그 밖의 많은 여론조사 결과를 볼 수 있다.

4 김일영, "통치자로서의 이승만 대통령", 유영익(편), 『이승만 대통령의 역사적 재평가』, 연세대출판부, 2006.

이미 사사오입 개헌으로 자신의 이미지에 큰 손상을 입었음에도 그는 '권력에의 의지'를 접지 않았다. 측근들은 이러한 그의 의지에 기대어 자신들의 활동공간을 넓혔고 거듭 무리수를 두었다. 온통 관심이 권력연장에 있던 그와 측근들에게 다른 의제는 눈에 들어오지 않았다. 거듭되는 정치적 무리수는 미국과도 마찰을 일으켰다.[5]

나. 대통령 대 의회 관계

해방 후 단독정부 수립의 주역이었던 이승만은 독립운동가로서의 명성과 탁월한 정치적 식견을 바탕으로 여러 정파들과 제휴와 결별을 거듭해 가며 남한에서의 단독정부 수립을 정치적 목표로 내세우면서 해방정국을 주도해 나갔다. 이승만은 매우 현실적인 지도자였다. 이승만은 反소련과 반공의 일관된 노선을 견지하였으며, 좌우익 사이의 연합이나 협상 가능성도 믿지 않았다. 그의 이러한 입장은 (미·소공동위원회에서) 미·소 간의 협상을 통하여 한반도에서 통일정부를 수립할 수 있다고 보았던 미국의 태도에도 반대하는 결과를 가져와 미군정과의 충돌을 야기하기도 하였다. 이승만은 일찍부터 소련과의 협상을 포기할 것을 미국 측에 종용하였고, 우선 남한만의 단독정부를 수립하고 이를 바탕으로 남북통일이 이루어져야 한다고 주장하였다.

1948년 5월 10일 총선거에서 이승만이 이끈 정치세력이 승리함으로써 정부수립의 합법적인 기반이 마련되었고, 7월 제헌회의에서의 헌법제정을 거쳐 1945년 8월 15일 대한민국 정부, 즉 제1공화국이 수립되었다. 대한민국 정부의 수립은 일체 침략으로 잃었던 국가의 주권을 되찾고, 국민주권에 기초한 우리나라 최초의 민주공화정부를 출발시켰다는 점과 이 후 한국사회의 정치적, 사회적, 경제적 원형이 형성될 수 있었다는 점에서 의의를 찾아 볼 수 있다. 제1공화국 정부는 빈곤과 독재, 사회적 갈등 등 독립국가 초기에 나타날 수 있는 숱한 문제점과 부정적 측면들이 그대로 드러남으로써, 불명예스러운 역사의 한 장으로 남아있지만, 이후 반세기 이상 한국 현대사의 기본 토대가 구축되었던 시기였다. 정치적으로 보자면 헌법과 법률, 행정체제와 사법제도, 그리고 의회정치제도의 틀이 마련되었으며, 경제적으로는 식민지 시대의 반봉건적인 경제구조가 허물어지고, 자본제적 시장경제제도가 도입되었다. 의무교육제도가 도입되고, 문학, 예술, 영화 등의 사회문화 활동이 본격화되기 시작하였고, 미국 문화의 유입과 더불어 서구식의 상업문화가 우리 사회에 널리 확산되어 가기도 했다.

제1공화국 헌법은 대통령 중심제를 채택하고 있다. 초대 대통령은 제헌회의에서 간

---

5 김일영, "통치자로서의 이승만 대통령", 유영익(편), 『이승만 대통령의 역사적 재평가』, 연세대출판부, 2006.

접선거로 선출되었다. 제헌헌법은 입법부, 행정부, 사법부 사이의 삼권 분립과 상호 견제와 균형원리에 입각하여 정부가 운영되도록 규정되어 있었다. 하지만 통치현실은 헌법상의 규정과는 달리 삼권간 '견제와 균형'이 이루어지는 미국식의 대통령제는 아니었다. 국회는 상원 격인 참의원과 하원격인 민의원으로 구성되어 양원제로 운영되었다. 이승만 대통령은 처음 정부 수립과 국정운영과정에서 한민당의 지지를 받았지만, 헌법제정 및 내각구성문제[6]를 둘러싸고 한민당과 대립하였고, 한민당과 결별한 후 여당인 자유당을 창당하였다. 자유당 창당 이전까지 정부운영은 헌법에 규정되어 있는 행정부와 입법부 간의 견제와 균형이 어느 정도 실현될 수 있었다. 하지만 자유당 창당과 더불어 정치권력이 대통령에게로 집중되었고, 국회는 여당이 자유당을 통하여 대통령의 통제 하에 놓이게 되었다. 이승만 대통령은 국회를 장악한 후, 권력을 대통령으로 집중시키고, 장기집권을 위한 헌법 개정을 서둘러 나갔다.

1948년 제헌헌법의 정부형태는 기본적으로는 대통령중심제라 할 수 있는 것이지만, 엄격한 의미에서는 의원내각제 추진파의 한민당과 대통령제를 고집해왔던 이승만 간의 암투로 대통령제에 의원내각제 요소가 가미된 변형된 대통령제 내지 대통령제와 의원내각제의 혼합형이 되었다. 이는 곧 단원제국회에서 대통령을 선출하고 국회의 인준을 받아 대통령이 국무총리를 임명하는 대통령제에 의원내각제가 가미되는 정부형태라 할 수 있다. 한국은 제헌국회에서 간접선거를 통해 재적의원 198인 중 출석의원 196인에 의하여 무기명투표로 시행한 결과 180표를 얻은 이승만을 한국의 초대 대통령으로 선출하였다. 하지만 정부수립 초기 극심한 정치적 혼란을 겪었고 한국전쟁으로 인한 정치권에 대한 불신이 심화되었으며, 그리고 친일파와 반민족주의자 등이 포함된 정치지도자들의 정당성이 부족했다. 이러한 요인들로 인해 이승만 정권 유지의 안정성은 부족할 수밖에 없었다. 이러한 상황에서 이승만은 국회를 통한 대통령선거에서도 자신이 재선될 가능성이 희박해지자, 제 2대 대통령 선거를 앞두고 대통령선거를 국회의 간접선거에서 국민이 직접 선거하는 대통령 직선제로 헌법을 다시 바꾸려고 했다. 그리고 이러한 시도를 국회가 저지하자, 이승만 대통령은 국회를 탄압하기 시작하였고,[7] 비민주적이고 권위주의적인 리더십을 통해 정국을 돌파하려 하였다. 그는 반대파 의원들을 강제로 감금시키고, 계엄령을 선포하여 자기를 지지하

---

6 이승만 대통령은 내각에 자파 세력을 많이 참여시키고자 한 한민당의 요청을 거절하고, 초대 내각 구성과정에서 자신과 개인적으로 친분이 두터운 사람들을 임명함으로써 한민당의 압력을 받지 아니하고 정국을 독자적으로 주도해 나가고자 하였다. 우리나라 초대 내각의 명단과 소속은 다음과 같다.

7 한승조, 『한국정치의 지도이념』, 서향각, 1977, 147~149면 참조. 한승조는 이러한 사례를 통하여 이승만 대통령의 리더십 형태를 보수적 권위주의 카리스마 리더십이라 정의했다.

는 의원들만 모아 강제로 표결, 헌법을 대통령 직선제로 개정하였고 이승만은 제2대 대통령과 제3대 대통령에 연이어 당선되면서, 국회의 견제기능을 완전히 무력화시키는 행태를 보여 주었다.

국회의 과반수 이상을 차지한 여당인 자유당 역시 권위주의적인 이승만 대통령에 순종적이었고, 정치적 목적을 이루어내기 위해서는 수단과 방법을 가리지 않을 정도로 비민주적 행위를 자행함으로써 국회의 역할과 기능을 와해시키는데 큰 역할을 하였다. 하지만 이러한 비민주적인 리더십발휘, 그리고 비민주적인 의회장악은 결국 국민의 불만을 억누르지 못하였다. 자유민주주의와는 거리가 먼 권위주의적 리더십과 비민주적 행태로 인해, 정당성과 효율성, 그리고 정권의 도덕성은 크게 손상된 것이다. 결정적으로 1960년 3월 15일 실시된 제4대 대통령선거가 부정선거로 밝혀지면서, 국민들의 불만은 걷잡을 수 없을 정도로 분출되기 시작하였다.[8] 결국 권위주의형 지도자로서 그는 목적을 위해서 헌법개정과 함께 정치라이벌이나 의회에 대한 탄압도 불사하는 마키아벨리즘(Machiavellism)적인 성격을 가진 성격을 가졌던 인물이기도 하였다.[9]

또한 이승만의 정치적 리더십은 매우 권력욕이 강하며, 야심적이어서 재야인사들이나 야당인사들을 탄압하거나 이들을 투쟁의 대상으로 인식하였던 것이고, 모든 일에 치밀하게 준비하며 꼼꼼하게 집행을 통제하는 등 적극적 부정형의 전형적인 모습을 보여주고 있다. 이승만은 좌익세력이 소탕된 다음에도 야당에 대해서는 탄압일변도로 대응하는 비민주적인 정치행태를 보였다.[10] 국가수립 초기, 창조적이고 발전적인 리더십으로 의회와 상생의 정치를 만들어 내고 민주주의의 기틀을 다져야 할 필요가 있음에도 불구하고 이승만과 국회는 상생의 정치, 국민을 위한 정치를 만들어 내는데 실패했다. 그리고 이 당시의 정당체계는 전형적인 일당우위형의 모습을 보여주었다. 이승만의 권위주의적 리더십은 국회와의 관계를 심각하게 악화시키는 요인이 되었고, 대통령제에서 의원내각제로 권력구조가 변화되는 계기가 되었다.

〈표 3-5〉와 같이, 제1공화국의 이승만 초대 대통령은 국회에 의해 선출되었다. 국무총리는 대통령이 임명하되, 국회의 승인을 받도록 하였다. 대통령은 제헌헌법 이래 내우, 외환, 천재, 지변 또는 중대한 재정, 경제상의 위기에 처하여 긴급한 조치를 할 필요가 있을 때 국회의 사후승인을 전제로 긴급조치권을 발동할 수 있다. 그리고 대통령은 외국과의 조약을 체결하고 비준하며 선전포고와 강화를 행하고 외교사절을

---

8 이러한 3·15부정선거는 결국 4·19혁명을 유발하게 하는 원인이 되었고, 결국 대통령이 하야하는 사태를 겪게 되었다.

9 진덕규, 『이승만 시대 권력구조의 이해』, 한길사, 1981, 147면.

10 한승조, 『한국의 정치지도자들』, 대정진산업, 1992, 90~91면.

신임 접수한다. 대통령은 또한 국군통수권, 계엄선포권, 공무원 임면권, 헌법개정 제
안권을 가지며, 사면·감형과 복권을 명할 수 있다.[11]

<표 3-5>제1공화국 시기 헌법의 변천- 입법부와 행정부의 관계[12]

시기	제·개정 일시	기관	내 용
제 1 공	1948.07.17	행정부	·대통령: 국회간선, 임기4년, 1차에 한해 중임가능, 긴급조치권(국회승인) ·국회의결법안에 대한 거부권
			·국무총리: 대통령이 임명, 국회의 승인
		입법부	·대통령·부통령·국무총리·국무위원·심계원장·법관 탄핵소추권 ·(의원 50인 이상의 연서, 재적2/3출석, 출석2/3찬성) ·국정감사권, 조약비준과 선전포고에 대한 동의권, 예산심의권 ·국무총리·국무위원·정부위원 국회출석답변 요구권
	1952.07.07 (발췌개헌)	행정부	·대통령: 직선제 선출
			·국무총리와 국무위원은 일반국무에 관하여 국회에 대한 연대책임 ·국무총리의 제청에 의한 국무위원의 임명과 면직
		입법부	·양원제(민의원/참의원) ·민의원: 재적의원 2/3 이상 찬성에 의한 국무원불신임결의 ·탄핵소추권 (민의원 50인 이상의 발의, 각원 재적2/3출석, 2/3찬성)
	1954.11.29 (4사5입 개헌)	행정부	·대통령: 3선 중임제한 철폐
		입법부	·대통령·부통령·국무위원·심계원장·법관 탄핵소추권 ·(민의원 30인 이상의 발의, 양원 재적의원 과반수 찬성) ·대통령·부통령 선거시 최고득표자가 2인 이상인 경우, 양원합동회의에서 다수결로 당선자 결정

한편, 제헌의회는 대통령을 선출하는 권한과 더불어 대통령·부통령·국무총리·국무
위원·심계원장·법관에 대한 탄핵소추권, 국정감사권, 조약비준과 선전포고에 대한 동
의권, 예산심의권, 국무총리·국무위원·정부위원 국회출석 답변요구권 등을 갖고 있었
다. 이승만 대통령은 내각책임제 개헌을 시도하는 민주국민당(이하 민국당)과의 갈등
속에서 국회 간선으로 대통령에 재선될 가능성이 희박하자, 1951년 12월 23일 자유당
을 결성하고 대통령 국민직선개헌안을 제안하였다. 결국 내각책임제 개헌안과 대통
령직선제 개헌안을 발췌한 타협안이 통과되어 1952년의 헌법개정은 대통령 선출방식

---

11 박찬욱·원시연, "한국행정 60년: 입법부-행정부 관계", 「국회입법조사처」(국회보통권 제498호),
   2008, 30~33면.
12 박찬욱·원시연, "한국행정 60년: 입법부-행정부 관계", 「국회입법조사처」(국회보통권 제498호),
   2008, 30~33면.

을 국민직선제로 변화시켰다. 이승만 대통령은 헌법개정을 관철하기 위하여 '부산정치파동'이 보여준 바와 같이 정적에 대한 강압적 수단을 강구하기도 하였다. 이 개헌에서는 내각책임제적인 요소를 가미하여 민의원에 국무위원 불신임결의권을 주고, 국무총리와 국무위원은 일반국무에 관하여 국회에 대한 연대책임을 지며, 국무총리의 제청에 의해 국무위원이 임명되고 면직되도록 하였다. 1954년의 헌법개정 부칙에 헌법공포 당시의 대통령에 대해서는 임기의 중임제한 단서를 적용하지 않는다고 명시함으로써 이승만 대통령에 한해서는 3선 집권이 가능하게 되었다. 1960년 3·15 부정선거가 촉발한 4월 혁명으로, 제1공화국은 붕괴되었으며 통치구조는 내각책임제와 양원제로 변화되었다.[13]

이승만 대통령은 내각책임제 개헌을 시도하는 민주국민당(이하 민국당)과의 갈등 속에서 국회 간선으로 대통령에 재선될 가능성이 희박하자, 1951년 12월 23일 자유당을 결성하고 대통령 국민직선개헌안을 제안하였다. 결국 내각책임제 개헌안과 대통령직선제 개헌안을 발췌한 타협안이 통과되어 1952년의 헌법개정은 대통령 선출방식을 국민직선제로 변화시켰다. 이승만 대통령은 헌법개정을 관철하기 위하여 '부산정치파동'이 보여준 바와 같이 정적에 대한 강압적 수단을 강구하기도 하였다. 이 개헌에서는 내각책임제적인 요소를 가미하여 민의원에 국무위원 불신임결의권을 주고, 국무총리와 국무위원은 일반국무에 관하여 국회에 대한 연대책임을 지며, 국무총리의 제청에 의해 국무위원이 임명되고 면직되도록 하였다. 1954년의 헌법개정 부칙에 헌법공포 당시의 대통령에 대해서는 임기의 중임제한 단서를 적용하지 않는다고 명시함으로써 이승만 대통령에 한해서는 3선 집권이 가능하게 되었다. 1960년 3·15 부정선거가 촉발한 4월 혁명으로, 제1공화국은 붕괴되었으며 통치구조는 내각책임제와 양원제로 변화되었다.

이승만은 철저한 반공주의자로서 국내의 공산주의운동을 분쇄하였으며, 철저한 배일排日정책으로 일본에 대하여 강경자세를 견지하였다. 6·25전쟁이 발발하자 미국과 유엔의 도움으로 공산군을 격퇴하는 데 성공하였으나, 1952년 임시수도 부산에서 제2대 대통령선거를 앞두고 야당세력이 우세한 국회에서 자신의 대통령재선이 어렵게 되자, 자유당自由黨을 창당하고 계엄령을 선포, 반대파 국회의원을 감금하는 등 변칙적 방법을 동원하여 헌법을 대통령 직선제直選制로 개정하고 대통령에 재당선되었다. 1953년 미국의 전쟁처리방법에 반대, 계속 휴전을 반대하다가 휴전성립 직전에 반공反共포로의 석방을 단행, 전세계의 이목을 집중시켰다. 또한 1954년 자신의 경우에만

---

13 박찬욱·원시연, "한국행정 60년: 입법부-행정부 관계", 「국회입법조사처」(국회보통권 제498호), 2008, 30~33면.

적용되는 종신대통령제 개헌안을 발의, 국회에서 1표 부족으로 부결되었는데, 사사오입四捨五入의 해석논리를 변칙적으로 적용하여 번복하고 통과시킴으로써 1956년 대통령에 3선되었다. 1958년 12월 차기 대통령선거에 대비하여 국가보안법 등 관계법령을 개정하고 경제시책의 빈곤으로 인한 특정재벌에 대한 특혜 등으로 국민의 지탄을 받기도 하였다. 1960년 3월 15일 여당과 정부가 전국적·조직적으로 부정선거를 감행하여 대통령에 4선되었으나 4·19 혁명으로 사임하였다.

2011년 3월 26일 건국대통령 이승만 박사 136주년 탄신기념식의 학자들과 전문가 간의 회의에서 이승만 대통령 없는 박정희 시대는 없다고 볼 수 있으며, 박정희 대통령의 공적인 한강의 기적은 이승만 시대 유산을 잘 활용하였기 때문이라고 평가하였다. 김충남은 5·16으로 집권한 박정희 대통령이 '한강의 기적'을 이룬 것은 이승만 시대의 유산을 잘 활용한 때문이라고 강조했다. 그는 "박정희의 실용적 리더십은 뛰어난 것이지만 이승만 시대에 이룩한 한미동맹이라는 울타리와 잘 훈련된 군대, 교육받은 노동력에 힘입어 신속한 산업화가 가능했다"고 주장했다.[14]

이승만 대통령에게 교육은 안보 다음의 중요 과제였다. 초등학교 의무교육과 중등·고등교육의 폭발적 증가는 산업인력을 양성해냈고 특히 자유민주교육과 외국어대 설립, 원자력연구소 설립 등은 당시로서는 교육혁명이었다. 박정희 시대를 가능하게 한 한미 상호방위조약도 이승만의 중요 치적이다. 한국전쟁 중에도 정부와 국민의 결속력을 유지한 이승만의 반공지도력이 없었다면 공산정권인 북한의 침략을 막아내지 못했을 것이다. 이승만의 정치적 리더십 덕분에 한미 상호방위조약으로 주한미국의 주둔과 60만 한국군 육성, 지속적인 경제원조도 가능했다. 이승만의 한미동맹 쟁취가 없었다면 한국은 자유민주주의를 굳건히 지키는데 어려움이 컸고(공산화되었을 가능성이 크고), 박정희의 경제개발도 어려웠을 것이다. 한미동맹 결성은 이승만의 최대의 업적 중 하나로 평가받아야 한다.

이승만 대통령은 자주적 지도자로 미국과 가까웠지만 미국을 믿지는 않았고 그 불신은 1951년 육사, 1953년 해사, 이듬해 공사 등 사관학교 건립으로 자주국방의 토양을 마련했다고 밝혔다. 박정희 시대의 성공은 철저하게 이승만 시대의 업적과 기반을 바탕으로 한 것이다.[15]

---

14 김충남, 『대통령과 국가경영 – 이승만에서 김대중까지』, 서울대학교출판부, 1996.
15 『뉴데일리』, 2011년 3월 26일, http://www.newdaily.co.kr/news/article.html?no=74137.

2. 박정희 대통령의 정치적 리더십

가. 리더십의 특징: 적극적 부정형

박정희 리더십은 과업추진형으로 성공적인 경제발전과 권위주의 지배로 인하여 긍정·부정적 평가를 동시에 받고 있다. 박정희의 리더십은 매우 권력욕이 강하며, 재야인사들이나 야당인사들을 탄압하거나 이들을 투쟁의 대상으로 인식하였고, 모든 일에 치밀하게 준비하며 꼼꼼하게 집행을 통제하는 등의 행동을 통해 적극적 부정형리더십의 전형적인 모습을 보여주고 있다. 그는 강력한 카리스마로 국정을 열정적으로 책임지고 관리했으며(적극적 리더십), 대對 의회관계에서는 의회정치를 무시하고 행정부가 주도하는 통치를 계속해나갔다(부정형 리더십). 정국의 지도 하에서 군부는 군정실시 기간 동안 헌법개정을 통해 내각책임제의 권력구조를 대통령중심제로 환원시키고, 국민에 의한 직접선거로 대통령선거가 실시하도록 하였다. 그리고 강력한 군부의 통치력을 행사하여, 박정희가 제5대 대통령으로 당선될 수 있는 기반을 만들어 내었다. 박정희를 중심으로 한 혁명주체 세력들은 그들의 혁명목표를 달성하기 위해 강력한 통치체계를 구축하였다.[16] 그리고 민주공화당을 만들어 뒤이어 실시된 국회의원선거에서 국회재적의원 62.8%에 해당하는 110석으로 원내 제1당의 지위를 차지하면서 제3공화국을 시작하였다.

장면의 민주당 정부는 정부능력의 측면에서 약체정부였다. 당시의 정치적 상황은 정부와 정치지도자의 강력한 리더십이 요구되는 과도기적 상황이었으나 장면 정부는 이러한 시대적 상황에 적극적으로 대응하지 못했다. '한국정치에 초대된 영원한 손님'으로 평가받는 장면 총리 역시 미국에서 신학을 공부한 교육자 출신이고, 서구식 민주주의 이상으로 무장한 신사였지만, 난세를 이끌고 나갈 수 있는 통치력이나 정치적 수완은 갖지 못했다. 혁신적 진보세력은 4·19혁명과업의 완수를 표방하면서 장면 정부가 혁명세력의 정치적 요구에 부응하여 줄 것을 기대하였지만 이에 부응하지 못함으로써 민주당 정부의 수립을 도왔던 이들 친혁명세력을 등 돌리게 만들었다. 그런가 하면 학생, 노조, 언론, 혁신계 정치인 등 혁신세력들에 의해 연일 계속되는 '거리의 정치'에 미온적으로 대응함으로써 사회적 불안을 가중시키는 결과를 낳았고, 이들 친혁명 세력들이 일으키는 사회적 소요에 불안감을 가지고 있던 많은 보통 시민과 우익 보수세력(경찰, 군부, 공무원, 기업인 등)으로부터도 소외되는 결과를 초래하였다. 민주당 내 신파와 구파 사이의 정치적 갈등으로 장면 정부는 의회 내에서도 안정적인 자파

---

16 안병만, 『한국정부론』, 다산출판사, 1985, 126-129면.

지지세력을 확보할 수 없었기 때문에 정부의 정책을 법률로 만들어 집행해 나가는 데에도 뚜렷한 한계를 가지게 되었다. 정당정치와 의회정치의 회복으로 민주주의의 꽃이 활짝 개화하기를 기다리던 시민들에게 민주당 정부는 못마땅할 뿐이었다. 한마디로 장면 정부는 사회 각계각층의 봇물처럼 쏟아져 나오는 다양한 요구에 부응할 수 있는 능력을 결여하고 있었고, 이러한 다양한 요구와 이해상충을 조정할 수 있는 정치적 수완이나 리더십도 발휘하지 못했다.

민주당 정부의 실패는 군부를 잘못 다룬 데에서 그 직접적인 요인을 찾을 수 있다. 민주당 정부는 애초에 선거공약으로 군대의 감축을 내세워 군 고위장성을 자극하였다. 이러한 공약은 집권 후 곧 철회되었지만, 군 고위장성의 의혹을 떨쳐내지는 못하였다. 이승만 정부 하에서 군은 정치화되었고, 고위장성들 사이에 만연된 부패는 소장장교들의 불만을 샀다. 소장 장교들은 부패한 고위장성들이 군부의 요직을 차지하고 있기 때문에 자신들이 진급하지 못하는 것에 대하여 큰 불만을 가지고 있었다. 소장 장교들은 군부에 대한 정화 즉 '정군'을 주장하였으나, 장면 정부는 고위장성들의 부정부패 보다는 군부 내의 반역가능성에만 신경을 쓰고 있었기 때문에 소장장교들로부터 불만을 샀다. 장면 정부는 정치적 지지기반을 급격히 상실한 채, 사회질서 회복과 좌익분쇄를 표방하면서, '구국의 결단'으로 정부의 통치력을 복구하겠다고 나선 소장 장교중심의 군사쿠데타 음모를 저지하지 못한 채 하루아침에 붕괴되고 말았다.

5·16 군부 쿠데타로 정권을 장악한 박정희 소장 중심의 이른바 '혁명세력'은 비상계엄을 선포하고 초헌법적 통치조직으로 '국가재건최고회의'를 구성하고, '혁명내각'에 의해 만들어진 '국가재건비상조치법'에 따라 국정을 운영하였다. 각종 정당 및 사회단체의 활동이 전면 중단되었고, 국회와 지방의회도 해산되었다. 국가재건 최고회의는 입법, 사법, 행정의 삼권을 통할하는 최고의 통치기구로서 2년 7개월 동안의 군정기간을 이끌어 나갔다. 군정기간 중에는 민정이양을 위한 작업이 착착 진행되었다. 군복을 입고 통치하던 사람들이 군복을 벗고 계속 통치해 가기 위한 작업을 서둘러 나갔던 것이다. 제 3공화국의 집권여당인 민주공화당이 사전에 결성되었고, 제 3공화국의 헌법도 기초되었다. 새롭게 탄생될 공화국의 헌법은 제 2공화국의 만성적 정치불안과 사회적 소요가 의원내각제 때문인 것으로 단정 짓고, 대통령 중심의 강력한 통치력을 제도적으로 뒷받침한다는 명분하에서 대통령 중심제를 채택하였다. 국회도 양원제에서 단원제로 바꾸고, 정치적 기능과 권한도 축소시켰다.

또한 박정희는 대통령과 행정부의 권한을 크게 향상시켜, 국회의 별다른 견제를 받지 않고서 정부를 운영할 수 있게 하였다. 뿐만 아니라 필요한 경우 국민의 정치적 자유와 권리에 쉽게 제한을 가할 수 있는 헌법적 장치들이 마련되었다. 군정치하 새로운 헌법의 공포로 1963년 10월과 11월에 각각 대통령 선거와 국회의원선거가 실시되었고, 대통령 선거에서는 군복을 벗고 출마한 박정희 후보가 야당의 윤보선 후보를 15만여 표 따돌리고 제5대 대통령에 당선됨으로써 1963년 12월 17일 제 3공화국 정부가 출범하게 되었다. 3공화국 정부는 경제성장을 국정의 최고 목표로 제시하고, 정부의 적극적인 계획과 주도로 국가경제를 성장시킬 수 있는 여러 계획들을 강력하게 추진해 나갔다. 그 결과 박정희의 제3공화국 정부 하에서 한국은 세계사에 유례가 없는 고도의 경제성장을 10여 년의 짧은 기간 내에 이룩할 수 있었다. 제3공화국 정부는 경제적인 측면에서 '빛'을 발했다면, 그러나 정치적인 측면에서는 '그늘'의 어두움이 서서히 드리어지기 시작한 시기였다. 고도성장의 성장제일주의 신화 속에는 민주정치의 암울한 장래가 예견되고 있었다.

이러한 박정희의 리더십은 장기간 집권하면서 점차 경직화되었는데 그 원인으로 정치·경제구조, 개인의 성격, 지도 이념 등이 인용되고 있다. 그러면 리더십에 영향을 미친 첫째 요인인 외부요건은 어떠하였는가? 쿠데타에 의한 집권으로 물리력에 근거한 정권이었으나 1963년 제3공화국은 최소한 경쟁적 정권교체의 가능성에 근거한 정치구조로서 체제에 대한 국민적 합의를 도출하였다. 박정희 자신도 60년대 중반 민주주의를 강조하였지만 3선개헌과 유신체제의 성립 등 권위주의 체제 성립에 따른 정치구조의 변화는 박정희 개인의 영도적 권력을 극대화하였으나 정치체제에 대한 국민지지의 상실을 초래하였다.[17] 경제적인 면에서 60년대 수입대체산업과 수출을 위한 경제정책은 농업사회의 잠재적 실업자군을 노동집약적 경공업화와 고용창출로 국민의 지지를 받았지만, 70년대의 고도성장 과정에서 부의 편중, 경제의 대외종속심화, 산업간 불균형은 노동자·빈민 등 소외계층을 양산하였고 점차 권력기반을 약화시켰다.[18]

두 번째 대통령의 권력기반으로 박정희는 제3공화국 때 물리력과 국민의 지지를 모두 활용하였으나 유신체제는 관료조직과 정보기관에 의존하였다. 제3공화국의 출범으로 박정희는 공화당, 비서실, 행정부, 중앙정보부를 권력의 축으로 운영하였으나 60년대 후반부터 공화당의 위상은 약화되었다. 1971년 국군보안사령부는 권력의 한 축으로 부상하였지만, 유신말기에는 차지철의 경호실이 권력의 핵이었고 중앙정보부, 보안사는 견제 받거나 위상이 약화된 상태였다.[19] 즉 박정희의 제3공화국은 대의제 제도가 주요 권력기반의 역할을 하였으나, 유신이후 "영도적 절대권력"의 확보는 국민의 저항으로 인하여 권력유지를 점차 정보기관의 물리력에 의존하게 되었다. 그러나 박정희의 각 정보·보안기관에 대한 활용은 각 기관의 상호견제 속에 박정희의 각 기

---

17 김용철, "박정희의 정치적 리더십", 『한국정치과정론』, 윤형섭, 법문사, 1989, 79~122면.
18 이상우, 『권력의 몰락』, 동아일보사, 1987.
19 정정길, "정책과정", 「한국행정의 역사적 분석 : 1968-1984」, 조석준외, 서울대학교 출판부, 1987, 71~152면 ; 김계원, "증언" 월간조선, 1987. 10. : 448~479면.

구에 대한 신뢰는 변동적이었다.

세 번째, 대통령의 권력관이 정책결정에 어떤 영향을 미치는가? 오랜 모의 끝에 쿠데타로 집권한 박정희는 "오직 국가와 민족을 위하는 애국이념"에서 쿠데타를 감행했고 힘으로 잡은 권력은 결코 그의 수중에서 떠날 수 있는 것이 아니었다. 박정희는 3선개헌과 유신을 경제근대화, 자주국방, 통일 등으로 정당화하였고 권력의 절대화를 이루었다. 경제정책 전반의 지도자, 안보의 전략대가로 자신을 인식한 박정희는 점차 자신의 집권을 국가와 민족을 위한 소명의식으로 이해하고 정책행위에 대한 "역사적 판단"을 강조하였다.[20] 박정희는 자신의 목적을 성취하기 위해 비능률적인 정치를 혐오하였고 위난의 조국을 이끌 지도자로 자신을 이해하여 절대권력을 행사하였다.[21]

한편 한국 학계에서 대표적인 진보학자인 백낙청도 이분법적 평가가 대치하고 있는 박정희 시대에 대해 균형 있는 평가를 시도하였는데, 그의 권력의 정당성은 낮게 평가하면서도 성과의 효율성에 대해서는 높은 평가를 내렸다. 주식회사 한국에서 CEO적인 리더십을 발휘한 그의 공을 인정하지 않을 수 없다는 것이다. 그는 박정희 찬반논란의 핵심이 되고 있는 경제 업적과 관련하여 민주화 세력이 당시나 그 후 오랜 기간에 걸쳐 한국경제가 박정희 시대에 이룩한 괄목할 성과에 대해, 그리고 전제적이며 포악하기까지 했지만 유능하고 그 나름으로 헌신적이기도 했던 한국의 지도자 박정희에 대해 충분히 인정을 안 해준 것은 사실이라고 지적했다. 그는 한국식 고도성장 모델의 창안자로 박정희의 '지적 재산권'을 인정하는 데 인색할 필요는 없다고 본다며 수출 전략에 정치적 탄압과 사회적 획일화를 포함한 다른 전략들을 '한국식'으로 배합해간 주역은 박정희였다고 말했다. 그는 독재만 하고 경제성장을 못 이룬 독재자가 많다는 점에서 또 한국에서와 같은 극적인 성장을 이룩한 일은 더욱이나 드물다는 점에서 어쨌든 박정희는 유공자라고 덧붙였다. 그는 이와 함께 박정희 시대 민주화 운동 세력에 대해 "대체로 민주화 운동은 노동자의 권리와 공해 억제를 주장하고 부정부패, 정경유착 등 각종 천민자본주의적 행태를 규탄하는 데 앞장서기는 했지만 한국 경제를 어떻게 발전시킬지에 대한 현실적 대안을 제안했다고 말하기는 어렵다"고 '대안 부재'의 한계를 지적하기도 했다.

그러나 백낙청은 박정희를 조국 근대화의 역사적 전환점을 제시한 '유공자'로 평가하면서도, 그 유공자는 '지속불가능한 발전의 유공자'일 뿐임을 지적했다. 그는 박정희의 업적을 인정하더라도 그것이 고속성장뿐 아니라 역사의 진정한 발전을 위해 최

---

20 정정길, "대통령 정책관리 스타일 : 경제정책을 중심으로", 한국행정학회, 춘계학술 심포지움, 서울, 1992. 4. 16, 27~31면.

21 이강노, "대통령제와 14대 대통령 선거의 전망 : 대통령의 지도력과 정책결정요인의 비교-박정희·전두환·노태우 대통령과 비서실-", 「한국정치학회 선거와 한국정치」, 1992, 497~498면.

선의 것이었느냐는 문제는 여전히 남아 있으며, 그것이 바로 재평가 작업의 핵심이 되어야 한다고 주장하였다. 그는 박정희식 개발은 이중의 의미로 지속불가능했다며, 첫째 군사주의 문화와 대대적인 환경 파괴에 근거한 박정희식 경제 개발은 지속가능한 발전(sustainable development)과 상치되는 것만큼은 분명했고, 둘째 박정희식 개발은 훨씬 좁은 의미로 이런 개발 정책 자체가 오래 지속될 수 없다는 의미로 '지속불가능'이었다고 지적했다. 그는 '동서 냉전이라는 세계정세가 뒷받침하는 동안은 반공과 경제 성장의 결합이 박정희 정권을 지탱하는 데 효력을 발휘했다'면서도 박정희식 경제 성장은 먹고 사는 문제가 해결되면서 다른 종류의 욕구가 대두된다는 점에서 지속가능하지 못했고, 반공을 국시로 내세운 것도 국민의 통일 열망을 거스른다는 점에서 또 동서 냉전 체제가 해체되어 가는 세계정세 속에서는 지속 불가능한 것일 수밖에 없었다고 지적했다.[22]

한편 박정희의 리더십은 그가 영구집권을 위해 유신체제를 세움으로써 그의 리더십은 부정적인 원형으로 퇴보하게 된다. 일단 5·16 쿠데타 이후 박정희 군사세력들은 당시 불안정했던 내각제로부터 대통령 중심제로 환원시켰고, 이때부터 한국의 정치제도는 대통령제로 공고화 과정을 거치게 된다. 기존 정치권내 권력기반이 없는 신군부세력은 대통령제를 정권을 제도화하는 단계에서 활용할 수 있는 효과적 정부형태로 인식하였다. 그는 근대화 작업을 본격적으로 시작하면서 "조국근대화"와 "민족중흥"이라는 수사修辭를 구사하면서 정부주도의 경제개발전략에 의한 근대화 작업이 이루어지게 되었다. 미국과 영국 및 유럽 등의 서구에서는 시민계급이 주도하는 시민사회의 자율적, 자생적 발달의 결과로서 근대화가 이뤄진 것과 대비된다.

제3공화국 정부는 경제성장 제일주의를 표방하였고, 정부체제를 경제개발을 위한 개발지향형으로 개편 운용하였다. 정부주도의 체계적인 계획수립과 집행을 담당할 정부조직으로 경제기획원을 두었고, 국세청, 공업진흥청, 노동청, 해운항만청, 수출진흥회 등의 정부조직 역시 국토개발과 수출증대를 통해 경제성장을 이루려는 정부의 의지를 반영한 정부조직이었다. 1962년부터 경제개발 5개년 계획을 거듭 추진하여, 제1차 경제개발 계획 5개년 계획기간인 1962년부터 1966년까지 한국의 연평균 경제성장률은 8.3%에 달하였고, 제2차 경제개발 5개년 계획기간인 1967년부터 1971년 사이의 연평균 경제성장률은 10.5%로서 당초의 정부목표를 훨씬 뛰어 넘는 세계적인 성장기록을 수립하였다. 1969년 한 해 우리나라의 경제성장률은 15.5%를 달성한 바 있다. 정부의 강력한 경제개발정책은 한국의 산업구조에 커다란 변화를 추진하였다.

한편 제3공화국 정부는 1960년대부터 적극적인 외교노력을 통해 한국의 국제적 지

---

22 백낙청, "박정희는 '지속불가능한 발전의 유공자'", 『프레시안』, 2005. 5. 14.

위향상과 자주국방의 기틀을 다져 나가기도 하였다. 안보 분야에서는 미국 등 자유우방국가와의 군사적 유대를 강화하였고, 한일 국교정상화 및 월남파병 등을 통한 외교역량의 강화를 도모하였다. 또한 비동맹 국가들과의 적극적인 외교정책을 추진해 나갔고, 캄보디아 등 비적성 공산국가와도 교역관계를 수립하는 등의 적극적인 외교정책을 펴나갔다.

유신체제의 제4공화국은 1972년 12월 27일 유신헌법이 공포되면서 공식적으로 출범하였다. 박정희 대통령은 국가안보 역량강화와 체제능력 향상을 명분으로 1972년 10월 7일 전국에 비상계엄을 선포하고, 국회해산, 정당활동 중지, 대학휴교조치 등의 비상조치를 단행하였다. 해산된 국회를 대신하여 비상국무회의에서 필요한 입법조치를 취해 나갔다. '국민동원'의 성격이 강했던 유신헌법[23]에 대한 국민투표는 11월 21일에 실시되어 총유권자의 91.9%가 투표에 참여하여 91.5%의 찬성률을 보였다. 박정희 정부가 이와 같은 쿠데타적 비상조치를 통하여 스스로 수립한 헌정질서를 중지시키고, 보다 강력한 새로운 정부체제를 수립한 것은 어떠한 배경 하에서인가?

3공화국의 박정희 정부는 1960년대 10여 년 남짓의 짧은 기간 내에 세계사에 유례가 없을 정도의 높은 수준의 경제성장률을 기록하였다. 조국근대화와 민족중흥을 기치로 내세우며 등장한 박정희 정부의 경제적 성과는 국민들로부터도 상당한 지지를 받을 수 있었다.

하지만 문제는 박정희 대통령이 획책한 장기집권의 정치프로그램에 대해서는 야당뿐만 아니라 일반 국민들로부터도 적지 않은 비판에 직면하지 않을 수 없었다. 박정희 정부는 제1차, 2차 경제개발계획의 과감한 실천을 통해 이룩한 경제적 성과를 바탕으로 헌법 개정을 통해 대통령직을 고수하기 위한 3선 개헌을 감행하였고, 이는 만성적인 정치불안의 원천이 되었다.

---

23 유신헌법 제82조 ①국회의 정기회는 법률이 정하는 바에 의하여 매년 1회 집회되며, 국회의 임시회는 대통령 또는 국회재적의원 3분의 1 이상의 요구에 의하여 집회된다. ②정기회의 회기는 90일을, 임시회의 회기는 30일을 초과할 수 없다. ③국회는 정기회·임시회를 합하여 연 150일을 초과하여 개회할 수 없다. 다만, 대통령이 집회를 요구한 임시회의 일수는 이에 산입하지 아니한다. ④대통령이 임시회의 집회를 요구할 때에는 기간과 집회요구의 이유를 명시하여야 한다. ⑤대통령의 요구에 의하여 집회된 임시회에서는 정부가 제출한 의안에 한하여 처리하며, 국회는 대통령이 집회요구시에 정한 기간에 한하여 개회한다.

현행헌법 제47조 ①국회의 정기회는 법률이 정하는 바에 의하여 매년 1회 집회되며, 국회의 임시회는 대통령 또는 국회재적의원 4분의 1 이상의 요구에 의하여 집회된다. ②정기회의 회기는 100일을, 임시회의 회기는 30일을 초과할 수 없다. ③대통령이 임시회의 집회를 요구할 때에는 기간과 집회 요구의 이유를 명시하여야 한다.

정기회 (定期會) 매년 9월 1일 개회 (그 날이 공휴일인 경우에는 다음날), 회기(會期)는 100일 이내 임시회 (臨時會) 대통령 또는 국회 재적의원의 4분의 1 이상이 요구시, 또는 재적의원 4분의 1 이상이 국정조사 요구시 개막. 회기(會期)는 30일 이내.

경제개발에 박수를 보내고 동참하던 일반 국민들도 장기집권에 대해서는 관대하지 않았다. 1971년 대통령 선거와 뒤이은 국회의원 선거에서 민심이 그대로 반영되어 나타났다. 박정희 대통령은 온갖 부정과 관권선거를 감행했지만 야당의 김대중 후보를 겨우 94만여 표 차이로 이길 수 있었고, 국회의원선거에서도 야당이 개헌 저지선인 1/3을 확보함으로써 이제는 정상적인 헌법적 절차를 통해 더 이상의 장기집권이 불가능하다는 점이 명백해졌다. 뿐만 아니라 장기집권에 대한 저항은 야당 정치세력 뿐만 아니라 대학생과 재야 지식인들 사이에서도 걷잡을 수 없이 급속히 확산되어 갔다.

더욱이 박정희 정부의 최대 업적이었던 경제성장도 새로운 위기적 상황에 봉착하게 되었다. 오일쇼크와 달러위기로 승승장구하던 경제성장정책이 주춤거리지 않을 수 없었던 것이다. 경제개발을 위해 외국으로부터 끌어들인 외자의 원리금 상환율이 높아져 외채위기가 초래되었고, 그 결과로 지금까지 고도성장의 최대 수혜자였던 기업의 채산성이 떨어지면서 부실기업이 속출하고, 차관에 의존하던 기업들이 도산 위기에 처하게 되었다. 청계피복 노조의 전태일 분신사건으로 극적으로 표출되었던 노동자들의 생존권 요구투쟁도 급증하였고, 이로 인해 사회적 불안이 가중되어 갔다.

그런데 외자를 들여와 경공업 제품 위주로 조립생산하고, 이를 수출하여 달러를 벌어들이는 방식으로 꾸려오던 한국 경제는 1970년대에 들어오면서 뚜렷한 성장의 한계를 드러내게 되었다. 이제 수입대체재 산업은 고갈되었고, 더 이상의 경제성장을 위해서는 산업화의 단계를 '심화(deepening)' 시킬 필요가 있었다. 경공업 중심의 소비재 뿐 아니라 중간재와 자본재를 직접 생산하는 중화학 공업 육성이 필요했던 것이다. 마침 세계적인 산업구조 재편에 따라 미국 등 선진국들은 1950년대와 60년대 경제적 풍요의 원천이었던 중공업을 해외로 이전하기 시작하였고, 그 대신 새로운 첨단 고부가 가치산업으로 산업구조를 재편해 나갔다. 한국 정부는 이러한 세계산업 재편의 조류를 적극적으로 활용해야 했다. 60년대 경제성장의 원천이었던 경공업 중심의 수출정책이 국제경쟁력을 급격히 상실해갔기 때문에 중화학공업의 육성이 시급하였고, 변화하는 남북관계와 국제정세 속에서 군수산업을 육성하여 자주국방을 이루기 위해서도 중화학 공업의 육성은 필요하였다.

중화학 공업의 육성을 위해서는 막대한 재원이 필요했다. 정부는 우선 부채에 허덕이는 기업의 숨통을 터주기 위해 1972년 8·3 비상조치를 단행하였다. 8·3 조치는 기업의 대출자금을 3년 거치 5년 분할상환이라는 조건으로 동결시키고, 이자율도 1.35%로 대폭 낮추는 파격적인 비상경제조치였다. 기업들은 그동안 빌려 쓴 3,500억원의 원금상환과 이자부담으로부터 벗어남으로써 엄청난 특혜를 입을 수 있었다. 하지만 이러한 조치만으로 중화학 공업육성을 위한 재원이 확보될 수 있는 것은 아니었고, 여전히 외자도입의 필요성이 있었다.

하지만 차관형태로 빌려 오는 외국 자본은 원리금 상환의 부담이 커서 언제든지 한국경제를 외채위기상황에 빠뜨릴 수 있었다. 한국 정부는 국제통화기금(IMF)의 권유를 받아들여, 원리금 상환에 대한 부담이 없도록 외국인의 직접투자를 유치하는 조치를 취하였다. 1971년, 1973년 각각 마산과 이리에 수출자유지역을 조성하여 외국 자본이 들어 올 수 있는 투자환경을 일차적으로 조성하였다. 그렇지만 외국 자본이 원활하게 유치되기 위해서는 무엇보다도 외국인이 안심하고 투자할 수 있도록 하는 정치적, 사회적 안정을 필요로 하였다. 유신체제는 이러한 경제적 필요성의 산물이기도 했다.

유신정부는 중화학 공업육성을 위해 제3차 경제개발 5개년 계획(1972~1976)에서 전자, 기계, 철강, 비철금속, 석유화학, 조선 등 6개 부문의 전략업종을 선정하였고, 마산 창원 여천 온산 구미 등에 이들 산업육성을 위한 대규모 공업단지를 조성하였다. 1974년 정부는 또한 '국민투자 기금법'을 조성하여 기금의 평균 68%를 매년 중화학공업 부문에 지원하였고, 중화학 공업제품을 수출하는 기업에 대해서는 소득세와 법인세를 50% 감면하는 등 재정, 금융, 세제상의 지원과 특혜를 제공하였다. 정부의 정책에 힘입어 중화학공업은 연평균 20.9%의 높은 성장률을 기록하였고, 중화학 공업이 제조업 부가가치 가운데 차지하는 비율도 1970년 37.8%에서 1979년에는 51.2%로써 이제는 한국의 제조업 가운데에서 중심위치를 차지하게 되었다.

그러나 중화학 공업 중점 육성정책은 명암이 있었다. 중화학 공업은 그 특성상 대규모의 자본과 설비가 필요했기 때문에 재벌중심으로 이루어졌다. 오늘날의 현대, 삼성, 럭키, 대우 등의 주요 재벌이 기반을 다진 것도 이 때문이었다. 1973년 제1차 석유파동으로 재벌 기업들이 일시적으로 어려움을 겪기도 했지만, 마침 붐을 이루었던 중동건설 경기와 일본식의 종합상사제도를 활용하여 지속적인 성장을 이룩할 수 있었다.[24]

하지만 재벌의 성장에도 불구하고 한국경제는 1978년을 기점으로 급격히 둔화되기 시작하였다. 한국뿐만 아니라 미국, 일본 등의 선진 국가들도 물가상승과 실업증대가 동시에 이루어지는 스태그플레이션을 겪었고, 1979년 제2차 석유파동이 겹치면서 세계경제가 침체상태에 빠져들었다. 세계경제의 침체는 외부 환경에 취약한 한국경제에 큰 타격을 가하였다. 수출시장의 판로가 막혔으며 외채위기가 재현되었다. 특히 그 동안 투자를 집중해 오던 중화학 공업의 타격이 심하여 공장가동률이 급격히 떨어졌고, 따라서 실업률이 크게 증대되었다. 1970년대 10% 이상을 상회하던 경제성장률은 1979년 6.5%에 그쳤고, 이러한 경제침체는 유신체제를 위협하는 주요한 배경이 되

---

24 종합상사로 지정되면 수출금융의 혜택과 함께 시중금리의 절반 수준 이하의 값싼 금융혜택을 얻을 수 있었기 때문에, 우리나라 재벌기업들이 경쟁적으로 종합상사를 설립하였고 이를 통하여 많은 외화를 벌어들임으로써 중화학공업 육성에 필요한 투자재원을 조달할 수 있었다.

었다. 아울러 1970년의 정인숙 여인 사건으로 표면화된 집권세력의 부도덕성 문제와 1971년 사법부 파동과 파월 근로자의 KAL 빌딩 난입사건, 실미도 사건 등은 지금까지 경제개발을 위해 일사분란하게 움직이던 정부체제가 총체적으로 위기상황에 빠져 들고 있음을 나타내 주었다.

한편 한반도를 둘러싼 국제정세도 박정희 정부에게 새로운 위기감을 안겨 주는 것이었다. 제2차 대전 이후 미·소가 양 대축으로 지탱해 오던 냉전구조에 서서히 해빙의 바람이 일고 있었다. 한반도는 그 동안 냉전체제의 최전선으로 서방 진영의 맹주였던 미국과 절대적인 정치적, 군사적 동맹관계를 맺어 왔다. 하지만 미·소 중심의 양극체제는 전후 경제부흥을 이룩한 유럽, 일본 등이 국제무대에서 발언권을 높여감에 따라 다극체제로 전환되어 갔고, 이 가운데에서 중국도 사회주의 체제 내에서 새로운 또 하나의 중심 세력으로 부상하고자 하였다. 미국은 명분 없는 베트남전의 수렁에 빠져 서방진영의 지도자로서 위신에 손상을 입었으며, 국내적으로 전국에 확산되어 갔던 반전데모에 휩싸이게 되었다. 이제 변화해 가는 세계정세 속에서 미국의 닉슨 대통령은 봉쇄전략을 포기하고 중국을 방문하여 중국과의 관계를 개선하였고, 괌 독트린을 통해 '아시아인의 안보는 이제 아시아인들 스스로 지켜 가야한다'고 선언하였다. 한국에 대해서도 남북한 간의 대화를 통하여 긴장을 완화하도록 종용하였다. 이와 같이 변화해 가는 국제정세 속에서 지금까지 정권유지를 위해 전가보도처럼 활용해 오던 반공과 안보 이데올로기도 차츰 위력을 잃어갈 형편이었다. 1971년 대통령 선거에서 야당 후보였던 김대중은 '4대국 보장에 의한 전쟁억제, 남북교류의 활성화' 등을 내세운 바 있었다. 박정희 정부는 용공시비로 이에 맞대응 하였지만, 이제 박대통령 자신도 '7·4 남북공동성명'과 '남북적십자회담'을 수용하지 않을 수 없었다.

경제성장도, 안보이데올로기도 이제는 더 이상 정부에 대한 정치적 지지를 가져다 주는 정당성의 원천이 될 수 없는 상황에서 정권존속을 위해 남아 있는 한 가지 유일한 방안은 억압적 통치방식을 제도화하는 것이었고, 유신체제는 이러한 정권적 차원의 필요성에 따른 것이었다. 유신체제는 '영도적 대통령제'를 특징으로 한다. 대통령이 국가의 최고통치자로서 국정에 대한 통제권을 최대한으로 행사할 수 있도록 권력을 제도적으로 공고화해 놓고 있다. 유신헌법의 가장 큰 특징은 조국통일정책의 심의 결정과 대통령 선거 및 일부 국회의원 선출 기능을 갖는 통일주체국민회의가 헌법기관으로 설치되었다는 점이다. 지금까지 국민들로부터 직선제로 선출되던 대통령은 이제 통일주체 국민회의에서 간접선거로 선출하게 되었다. 대통령의 임기는 4년에서 6년으로 연장되었고, 대통령은 행정부 수반으로서의 강력한 통치력 행사뿐만 아니라, 입법부에 대해서도 국회의원 정수의 1/3을 사실상 선출할 수 있는 권한까지 부여되어 있었다.

반면 국회의 권한은 크게 축소되었다. 국회의 국정감사권을 없앴으며, 국회의 연간 개회일수를 150일 내로 제한하였다. 대통령의 자의적인 통치권 행사를 제도적으로 보장하고 있었던 유신헌법은 헌법개정 절차에도 그대로 반영되어 나타나고 있음을 알수 있다. 유신헌법은 대통령이 제안한 헌법은 바로 국민투표로 확정할 수 있도록 했고, 국회의원들이 발의한 헌법개정안에 대해서는 국회의 의결을 거친 후, 다시 통일주체국민회의의 의결을 거치도록 하였다. 이는 대통령 자신만이 유신체제 자체를 변화시킬 수 있게 한 것으로, 대통령이 사실상 입법, 사법, 행정의 3권을 통제하고 조정하는 최고의 영도자적 지위를 보장 한 것이었다.

유신체제의 명분은 공식적으로는 변화하는 남북한 관계와 통일환경에 능동적으로 대처하고 안보역량을 강화하는데 있었다. 하지만 유신체제 하의 실질적인 정부의 목표는 70년대 초반에 나타나기 시작한 경제위기와 이에 따른 사회적 갈등을 억압적인 방식으로 해결하고자 한 것이었다.

박정희 대통령의 통치가 끝난 지 30년이 지난 현재까지 그는 1위의 지도자로 기억되고 있다. 왜 불멸의 통치자로 마음에 남아있는지는 많은 학자들과 언론 및 사회의 관심사였다. 1997년 외환위기 이후 국가적 위기가 있을 때, 전국가적 빈곤해소와 근대화를 성공적으로 이룩한 박정희 전 대통령은 국민들의 기억 속에 다시 각인되었고, 여론조사에서 역대 대통령 평가에서 어김없이 1위를 하였다. 박정희는 한국현대정치사에서 '영웅의 시대'를 열었다. 경부고속도로건설과 베트남전 파병, 새마을운동을 비롯한 국가적 사업에서 박정희 전 대통령은 경제발전과 국가발전 및 근대화의 청사진을 제시함으로써 국민에게 자부심을 심었다. 물론 박정희가 산업화에 혼신의 힘을 다한 것처럼, 그와 박정희 정권에 대한 반대파들도 민주화에 모든 것을 걸었다. 하지만 산업화의 주역과 민주화의 주역이 일란성 쌍생아처럼 함께 태어나서 궁극적으로 한국은 경제발전과 정치발전(민주화)를 성취하였다. 박정희와 민주화 정치지도자의 헌신, 열정과 소명의식으로 한국은 한 단계 업그레이드된 발전국가로 진입하였고, 한국은 선진국으로 도약할 수 있었다.[25]

나. 대통령 대 의회 관계

박정희 대통령이 주도한 공화당은 강력한 대통령의 리더십과 의회에서의 압도적 다수확보를 통해 강력한 통치를 가능하게 하는 기반을 만들어 내었다. 공화당 정부는 출범 직후 한일협정韓日協定과 월남 파병 문제를 관철시키는 과정에서 야당을 비롯

---

25 박효종, "우리는 왜 그를 잊지 못하는가," 『조선일보』, 2009. 10. 26.

한 학생·지식인·언론·종교인 등의 범국민적인 반대에 봉착하면서, 이전의 정치와 크게 다르지 않는 비민주적 행태를 보이기 시작하였다. 학생·지식인 등 국민들의 비판과 저항이 일어나자, 계엄령을 선포해 반대세력을 탄압함으로써 독재화의 경향을 띠기 시작하였다. 박정희는 강력한 반공 이데올로기와 철권통치를 통해 의회의 기능을 왜곡시켜 나갔고 합법성과 도덕성은 상당히 부족하였다. 경제 성장 정책이 상당한 효과를 거두게 되면서 공화당 정부의 효율성과 정당성은 오히려 강화되어 가면서 장기집권이 가능하게 되는 계기를 마련하고 있었다. 이를 바탕으로, 1967년에 실시된 대통령 선거에서도 공화당의 박정희 후보는 신민당新民黨의 윤보선 후보에게 또다시 승리해 제6대 대통령이 되었으며, 국회의원 선거에서도 공화당이 압승을 거두었다. 하지만 박정희 대통령과 공화당 정부는 계속해서 비민주적인 행태를 보여 주었고 결국에는 1971년의 제7대 대통령선거를 2년 앞두고 조국근대화의 계속적인 추진을 위한 인물이라는 명분으로, 박정희에게 3선을 허용하기 위한 헌법개정문제가 제기하였다.[26] 헌법개정을 통해 제1당에게 매우 유리한 의석수를 배분시켜서 박정희 대통령은 국회를 통제하고자 했고, 의회의 행정부 견제 기능은 유명무실하게 되었다. 〈표 3-6〉에서 제시된 대로 공화당은 야당과 득표율에서 크게 앞서지 않지만(제1당과 제2당을 비교하면, 33.5%: 20.1%), 의석수는 압도적 과반 이상의 의석을 확보하였다(110: 41).

〈표 3-6〉 제 6대 국회의 득표율과 의석수[27]

정당/단체	득표수(율)	의석수(비례대표)
민주공화당	3,112,985(33.5)	110(22)
민 정 당	1,870,976(20.1)	41(14)
민 주 당	1,264,285(13.6)	13(5)
자유민주당	752,026 (8.1)	9(3)
국 민 의 당	822,000 (8.8)	2
합계(비례대표)	175(44)석	

여당은 곧바로 3차례에 걸쳐 대통령의 연임이 가능하고, 그 밖에 국회의원의 국무위원 겸직을 허용하며, 대통령탄핵소추에 있어 국회의 의결능력을 높여 대통령의 권

---

26 김운태, 『한국정치론』, 박영사, 1982, 291면 ; 이러한 상황에서 박정희는 1969년 7월 25일 "개헌문제를 통해 나와 정부에 대한 신임을 묻겠다."라고 선언하고 민주공화당이 빠른 시일 안에 개헌안을 발의해줄 것을 희망하였다.

27 이 표는 국회 홈페이지에서 확인한 정당별 의석 및 득표현황(당선 시 기준)이다. 보수당, 자유당, 정민회 등 의석이 없는 군소정당의 득표율은 생략하였다.
〈http://www.assembly.go.kr:8000/ifa/html/1_1_2.html〉의 「제6대 국회 표」 참조.

위를 보호하는 조처를 강구하는 것 등을 내용으로 하는 개헌안을 국회에 제출, 통과시키기에 이르렀다. 결국 박정희 대통령은 이를 통해 3차 연임에 성공, 장기집권의 기틀을 만들었다. 하지만 불안한 정국을 수습하고 장기 집권을 더욱 확고히 하기 위해서는 국회에서의 압도적 지지가 필요하였다.

특히 1971년 제8대 총선에서 야당인 신민당이 선전善戰하고(〈표 3-7〉 참조), 김대중 후보가 박정희 대통령에게 석패하자, 야당의 도전가능성을 원천봉쇄할 필요가 있었으며, 집권세력은 이른바 '한국적 민주주의의 토착화'를 명분으로 내세워 이듬해 유신이란 친위쿠데타를 통해 강력한 철권통치를 시작하였다. 그리고 야당인사를 탄압하는데 멈추지 않고 유신헌법에 의한 통일주체국민회의를 만들어 대통령을 선출하기에 이르렀으며, 국회의 본질적 기능을 완전히 마비시켰다. 또한 이들에 의한 선거를 통해 박정희 대통령은 제8대, 9대 연속으로 대통령에 선출됨으로써 영구 집권을 실현시켜 나갔다. 그러나 당시의 정치상황은 유신헌법의 반민주성을 들어 야당에 대한 지지가 높아져 가고, 이들을 중심으로 한 일부 사회인사 및 학생들에 의한 개헌투쟁이 격화되기 시작하였다.[28]

〈표 3-7〉 제8대 국회의 득표율과 의석수[29]

정당/단체	득표수(율)	의석수(비례대표)
민주공화당	5,460,581(48.8)	113(27)
신 민 당	4,969,050(44.4)	89(24)
국 민 당	454,257 (4.0)	1
민 중 당	155,277 (1.4)	1
합계(비례대표)	204(51)석	

제3공화국 헌법은 대통령 중심제와 단원제 의회제도를 채택하고 있었다. 제 2공화국 정부가 의원내각제와 양원제를 채택하고 있었던 것과 대조적이었다. 대통령 중심제를 채택한 것은 대통령이 국정의 중심에서 서서 정부의 시책을 강력하게 추진해가기 위한 명분에서였다. 권력을 장악한 군부 중심의 신정치세력은 제 2공화국 정부 하

---

28 G. A. Almond & G. Bingham Powell, Comparative Politics, 2nd ed.(little brown and company), 1978, pp.9-16., 이들은 정권유지를 위한 개헌과정 속에서 나타나는 정치기능 차원의 많은 문제점에 대해 지적하였다.

29 이 표는 국회 홈페이지에서 확인한 정당별 의석 및 득표현황(당선 시 기준)이다. 통일사회당, 대중당 등 의석이 없는 군소정당의 득표율은 생략하였다.
〈http://www.assembly.go.kr:8000/ifa/html/1_1_2.html〉의 「제8대 국회 표」 참조.

에서 국정의 중심인 국회가 여야 직업 정치가들 사이에, 그리고 여당이 다시 신파와 구파로 나뉘어져 서로 정치적 알력관계에 놓여 있었기 때문에 국정이 표류하고 말았다는 교훈을 내세웠다. 하지만 대통령제로 다시 돌아간 또 다른 큰 이유는 기존의 정치권내 정치적 기반이 전혀 없었던 군부쿠데타 세력이 대통령 선거의 단판승부로 국민들로부터 무력으로 쟁취한 권력을 사후 승인 받는 것이 유리했기 때문이었다.

〈표 3-8〉 제10대 국회의 득표율과 의석수[30]

정당/단체	득표수(율)	의석수(비례대표)
민주공화당	4,695,995(31.7)	68
신 민 당	4,861,204(32.8)	61
무 소 속	4,160,187(28.1)	22
민주통일당	1,095,057 (7.4)	3
유신정우회	-	77
합 계	231석	

　　제3공화국 정부의 정치제도는 무엇보다도 대통령이 수반으로 있는 행정부 중심의 강력한 통치권 행사를 위한 것이었다. 국회 역시 정부의 시책을 법률적으로 효과적으로 뒷받침 받기 위해서는 2중의 입법절차를 거치도록 되어 있는 양원제보다는 단일 국회에서 빠른 통과가 기대되었기 때문에 단원제가 채택되었다. 국회의 시민의 대표기관으로서의 성격보다는 정부의 시책을 법률적으로 뒷받침하기 위한 통법부의 역할이 기대되었던 것이다. 제3공화국 헌법은 제1공화국의 국무원제나 국무총리제를 그대로 이어받아 대통령제에다가 의원내각제적 요소를 가미하고 있었다. 하지만 제1공화국에서의 국무원제나 국무총리제도가 대통령의 권한행사를 견제하자는데 그 목적이 있었지만, 제3공화국 정부가 채택하고 있었던 국무회의제나 국무총리제도는 대통령의 권력행사에 대한 견제보다는 대통령이 국정을 보다 원활하게 통제하기 위한 장치였다. 국무회의제는 의결기관이 아니었고, 국정의 심의기관에 불과했으며, 국무총리 임명도 처음에는 국회의 동의를 받지 않아도 되었다. 그런가하면 대통령의 자문기관으로 경제과학심의회와 국가안전보장회의를 신설했으며, 대통령직속 하에 감사원을 신설하여, 대통령이 국정을 전반적으로 통제할 수 있도록 하였다.

　　대통령의 권한 강화는 국회의 상대적인 권한 약화를 의미한다. 제3공화국 헌법은 시민의 대표기관인 의회가 국정의 중심이 되어야 한다는 '의회주의'에 대한 비판 혹

---

30 표는 국회 홈페이지에서 확인한 정당별 의석 및 득표현황(당선 시 기준)이다.
〈http://www.assembly.go.kr:8000/ifa/html/1_1_2.html〉의 [제10대 국회] 표 참조.

은 회의에 기초를 두고 있는 것이었다. 의회주의는 정당이 중앙정치무대에서 주요한 역할을 담당하는 정당정치를 기초로 하며, 따라서 정당활동을 헌법으로 보장하는 제도적 장치를 둔다. 제3공화국 헌법은 정당의 해산여부에 대한 판단권을 정치적인 중립성을 갖는 헌법재판소에 두는 대신 대법원에 부여하였고, 그 대법원의 장은 대통령이 임명권을 가지고 있었다. 제3공화국 정부는 양당제로 운영되었다. 하지만 야당의 위치는 매우 취약하였다. 선거법과 정당법 자체가 야당의 당세 확장을 어렵게 만들었을 뿐 아니라, 정보기관의 정치개입으로 야당과 국회에 대한 노골적인 감시와 통제체제가 확립되었던 것이다. 야당과 국회에 대한 정부의 노골적 통제는 박정희 대통령의 장기집권을 위해 기도되었던 1969년 삼선개헌 파동을 전후로 더욱 극심해져 국회가 사실상의 마비상태에 들어가게 되었다. 국회가 국민의 대표기관으로서 민의를 집약하여 이를 공공정책으로 만드는 국정의 중심기구로써 정상적으로 작동하지 못하게 됨에 따라, 야당 뿐 아니라 학생, 지식인, 노조 등 정치과정에서 배제된 사회세력들이 거리로 쏟아져 나오는 극한 투쟁의 정치가 나타나기 시작하였고, 박정희 정부는 보다 강력한 행정적, 사법적 통제력으로 여기에 맞서 나감으로써 정치실종의 시대가 열리게 되었다.

강경노선을 주장해오던 김영삼金泳三이 야당인 신민당총재로 선출됨에 따라, 여러 해 동안 긴급조치 제9호에 의하여 금기사항이었던 개헌투쟁이 재연, YH사건, 신민당의 가처분사건, 국회에서의 김영삼 의원의 제명, 이에 따른 부산·마산의 사태와 비상계엄의 선포 등 정국은 혼란 상태에 빠지게 되었고 민주화를 요구하는 격렬한 시위가 발생했다. 이러한 시기에 10·26사태가 일어나 박정희 대통령이 저격당함으로써, 유신체제는 붕괴되고 18년 동안 계속된 박정희 정권은 종말을 고하였다. 결론적으로, 박정희 대통령은 야당과 반대세력, 그리고 의회를 무력화시키면서까지 권위주의적 리더십을 발휘하고자 하였고, 장기집권에 대한 환상을 버리지 못하였다. 그리고 여당인 공화당과 추종세력은 자신들의 정치적 입지확보를 위해서는 자신들과 뜻을 같이하는 하부정당을 야당으로 만들만큼, 국회에서의 지위확보에 열성이었다. 또한 제8대나 제10대 선거에서와 같이, 이들은 양당 간의 세력격차가 줄어 역전의 가능성이 엿보이면, 집권층은 예기치 않은 정변을 일으켜 그 가능성을 말살시키거나, 또는 그들 내부에서 새로운 지배분파가 등장시켜, 신당창당을 통해 다시 일당우위 구조를 복원시키는 악순환을 되풀이하였다. 하지만 이들의 국회다수 확보는 대통령의 비민주적이고 권위주의적인 리더십을 지원하거나, 대통령의 장기집권을 돕기 위한 방안이었을 뿐이었고, 의회의 기능을 마비시키는 비민주적 행위에 앞장서는데 필요할 뿐이었다.

제3공화국 헌법은 국회의원 후보가 되기 위해 소속정당의 추천을 받아야 한다는 규정을 통해 무소속 출마를 법으로 금지시켰다. 그리고 국회의원은 임기 중 당적을 이탈하거나 변경할 때 또는 소속정당이 해산될 때에는 그 자격을 상실하였고, 대통령·국무총리·국무위원·지방의회 의원 및 기타 법률이 정하는 공사의 직을 겸직할 수 없었다. 이는 의원내각제적인 요소를 의식적으로 제거하여 다시 대통령제로 회귀하되, 국정운영의 중심이 정당에 주어져야 한다는 정당중심주의를 주창했던 민주공화당의 정책논조를 대변하는 것이기도 했다(권찬호 1998). 이 조항은 원칙적으로는 지속되었지만 겸직금지 국무위원을 구체적으로 명문화하지 않는 방식으로 개정되어 제8대 국회부터는 겸직이 가능해졌다.

대통령의 대對 의회관계에서 유신헌법의 세세한 조항들은 고사하고, 전체적인 윤곽만 살펴보더라도 제4공화국에서 국회가 차지했던 위상을 파악할 수 있다. 제헌헌법에서 제2공화국 헌법까지는 제1장 총강과 제2장 국민의 권리의무에 이어 국회가 제3장에 위치하고 있었다. 그리고 제3공화국 헌법에서는 국회가 제3장 통치기구의 한 절로 편입이 되었으나, 순서는 이전의 헌법과 마찬가지로 대통령과 정부기구보다 앞서 기술되었다. 그러나 유신헌법에서는 제3장 통일주체국민회의, 제4장 대통령, 제5장 정부기구 뒤인 제6장에 이르러서야 국회가 위치하고 있다. 심지어 제41조는 통일주체국민회의 대의원들이 국회가 발의·의결한 헌법개정안을 최종적으로 의결·확정하는 역할을 담당하도록 규정하고 있었다. 아예 국회의 입법권 자체가 보장되지 못한 현실을 반영한 조항이었다. 또한 국회법을 통해 사실상 대통령이 임명하는 국회의장에게 막강한 권한을 부여하였다.

〈표 3-9〉 헌법에서 규정한 입법부와 행정부의 관계[31]

시기	제·개정일시	기 관	내 용
제 3 공	1962. 12. 26	행정부	·대통령: 무소속출마 금지, 임기4년, 중임가능, 법률안 거부권
			·국무총리: 대통령이 임명, 국무위원 제청, 국무위원 해임건의
		입법부	·단원제, 무소속출마 금지, 국회의원의 국무총리·국무위원 겸직 금지 ·국무총리 및 국무위원 해임건의권 ·대통령·국무총리·국무위원·행정각부의장·법관·중앙선거관리위원회위원· 감사위원 탄핵소추권 (의원 30인 이상의 발의, 재적의원 과반수 찬성)
	1969. 10. 21	행정부	·대통령: 3선 개헌
		입법부	·국회의원의 공사의 직 겸직금지 ·탄핵소추권(의원 50인 이상의 발의, 재적의원 2/3 찬성)
제 4	1972. 12. 27	행정부	·대통령: 통일주체국민회의에서 선출, 임기 6년, 국회해산권, 국가의 중요한 정책을 국민투표에 붙일 수 있음,

31 박찬욱·원시연, "한국행정 60년: 입법부-행정부 관계", 「국회입법조사처」(국회보통권 제498호), 2008, 30-33면.

			긴급조치권 (국회에 통고만, 승인 필요없음)
			국회의 국무총리 해임의결시 대통령은 국무총리와 국무위원 전원해임
공	(유신 헌법)		·국무총리: 국회의 동의를 얻어 대통령이 임명
		입법부	·통일주체국민회의는 대통령이 일괄 추천한 국회의원 후보자에 대한 찬반투표를 통해 국회의원 정수의 1/3 선출, 국정감사권 폐지, 국무총리 또는 국무위원 해임의결권, 대통령·국무총리·국무위원·행정각부의 장·헌법위원회위원·법관·중앙선거관리위원회위원·감사위원 탄핵소추권(재적의원 과반수 발의, 재적의원 2/3 찬성)

3. 전두환 대통령의 정치적 리더십

가. 리더십의 특징: 적극적 부정형

전두환은 매우 권력욕이 강했고, 재야인사들이나 야당인사들을 탄압하거나 이들을 투쟁의 대상으로 인식하였으며, 강력한 통치력을 통하여 사회전반을 억압하고 집행을 통제하는 등 적극적 부정형 리더십의 전형적인 모습을 보여주고 있다. 전두환 대통령은 통치권행사에 있어 안보, 안정, 산업화와 통일을 정치적으로 활용하면서 억압적 정책으로 대항엘리트와 저항세력을 관리했다는 점이 박정희와 유사하다. 이러한 폭력과 힘의 행사는 경찰, 군부 정보기관을 통해 이루어졌고 보안사를 중추기관으로 활용하였으나 필요에 따라 모든 권력기관을 적절하게 이용하였다. 전두환의 지도자상은 "저돌적 공격형(사자형)" 이며, 정책운영 스타일은 정책결정 및 집행에 있어서 자신 있고 일관되었지만 여론수렴이 가장 안되는 것으로 나타났다.[32] 정정길은 1980-1986년까지 전두환의 비서실을 평하면서 전두환의 박정희 비서실의 폐해에 대한 인식과 "지휘관" 중심의 행정 각 부처 운영 철학이 비서실의 약화를 초래하였다고 보았다.[33]

유신체제에 대한 시민들의 저항은 유신체제가 성립한 이후 꾸준히 지속되었다. 유신체제하에서는 대통령 긴급명령에 의해 유신체제 자체에 대해서 반대하는 일체의 말과 행동이 처벌의 대상이었다. 유신 헌법은 시민적 자유와 권리에 대한 통치권 차원의 제약과 통제를 합법화해 놓은 것이어서 정치적 목적의 집회와 출판, 언론, 결사의 자유가 철저히 통제 당하였지만, 反체제 민주화 운동은 끊이지 않았던 것이다. 1979년 부마 민중항쟁은 유신체제에 반대하는 시민세력과 유신통치세력 사이의 정면

---

32 김호진, 「한국정치체제론」, 275~282면.
33 정정길, "정책과정", 520~521면.

대결이 전국적 규모의 반정부, 반유신체제 운동으로 확산하게 된 계기였다. 부마항쟁 이후의 어수선한 정국상황 하에서 10월 26일 박정희 대통령이 유신체제의 한 중심에 있던 중앙정보부장 김재규에 의해 시해되었다. 10·26 시해사건 이후, 정국은 기존의 지배체제를 그대로 지속시키려는 수구세력과 유신체제의 혁파를 주장하는 민주화 투쟁세력 간의 팽팽한 대결구도로 나아갔다.

유신체제와 같은 억압적 통치체제를 고수하려는 일부 신군부정치 세력이 주도한 12·12 사태는 이러한 대결구도에 새로운 전환점이 되었다. 전두환 장군이 지도자가 되어 일으킨 12·12 사태를 분기점으로 시민들의 민주화 요구는 차츰 대규모의 폭력적 시위양상으로 발전하였다. '1980년의 봄'은 이제는 한국 사회가 유신체제의 질곡에서 벗어나 민주화될 수 있다는 기대와 다시 옛날과 같은 체제로 돌아가고 말 수 있다는 좌절이 교차한 시기였다. 12·12로 실권을 장악한 신군부는 계엄령 체제 하에서 정국에 대한 사실상의 주도권을 가지고 있었다. 신군부는 시민들의 민주화 요구가 폭력적 양상으로 번지기를 기다렸다는 듯이 서울에서의 대규모 시위를 신속하게 강경 진압하였고, 이어 광주 등 지방에서 산발적으로 전개된 소규모 시위에 대해서도 무장군을 동원하여 강경 진압하였다.

광주 민주화 항쟁의 강경진압 이후 신군부는 정국에 대한 통제권을 완전히 장악할 수 있었고, 이후 곧 바로 이를 제도적으로 뒷받침하기 위한 일련의 조치를 취해 나갔다. 신군부는 5월 31일 박정희 장군의 국가재건최고회의와 유사한 국가보위비상대책위원회를 허울뿐인 대통령 자문기관으로 설치하였고, 이를 통해 입법, 사법, 행정의 3권을 완전히 손에 넣을 수 있었다. 신군부의 국보위에서는 일체의 정치활동을 규제하였고, 언론을 철저히 통제하였으며, 부정부패와 사회악을 일소한다는 명분 아래 공직자 숙정과 함께 이른바 사회정화운동을 강요해 나갔다. '80년 서울의 봄'에 민주화된 정부 하에서 대통령직을 꿈꾸던 김대중, 김종필 두 정치지도자는 각각 '국가전복'을 위한 민주화 항쟁의 배후조종 혐의와 부정부패 혐의로 체포구금하였고, 김영삼에 대해서는 정계은퇴를 종용하였다.

이와 같은 일련의 조치로 권력의 기반을 마련한 신군부는 80년 8월 16일 형식적으로 대통령직을 유지하고 있던 최규하 대통령을 사실상 강압적으로 퇴진시키고, 8월 27일에는 기존 유신헌법 하의 통일주체국민회의에서 신군부의 지도자 전두환 장군을 제11대 대통령으로 선출하였다. 이어 신군부 정치세력은 대통령 7년 단임제와 간선제, 과도입법기관으로서의 국가보위입법회의, 비례대표제, 국정조사권 등을 골자로 하는 새로운 헌법안을 국민투표에 부쳐 10월 27일 공포하였다. 이에 따라 유신헌법의 통일주체국민회의가 폐지되고, 국회와 정당이 해산되었으며, 국가보위입법회의가 국회의 권한을 대행하여 선거법과 정당법 등과 같은 정치관련법을 정비하였다. 1980년

11월 정치활동의 재개와 함께 신군부세력은 집권여당으로 민주정의당을 창당하였고, 민정당은 전두환 장군을 당총재 및 대통령 후보로 선출하였다. 1981년 2월 11일 제5공화국 헌법에 따라 대통령선거단 실시가 실시되었고, 2월 25일 선거인단이 모인 대통령 선거에서 전두환 후보가 당연히 대통령으로 선출된 후, 3월 3일 제12대 대통령에 취임함으로써 제 5공화국이 정식 출범하게 되었다.

전두환 정부는 강권적 통제력을 바탕으로 시장에 직접 개입하여 이러한 경제문제들을 해결해 나가고자 하였다. 과잉중복투자에 대해서는 산업합리화를 명분으로 강압적으로 구조조정을 해나가도록 하였고, 인플레이션과 외채감축을 위해서도 원화에 대한 인위적인 평가절하를 단행하는 등의 인위적 시장 조정정책을 펴나갔다. 경제성장을 위한 부족한 자본은 외국자본의 직접투자 유치정책으로 해결해 나갔다. 이러한 경제성장의 노력이 얼마간 결실을 맺어 1986년부터 올림픽의 해 1988년까지 한국경제는 연평균 12% 이상의 고속성장과 290억 달러 이상의 경상수지 흑자를 경험하게 된다. 국제금리와 국제유가가 크게 떨어졌고, 국내 노임이 선진국에 비하여 1/5 이상 크게 낮았던 것이 무엇보다도 주요한 배경이었다. 하지만 정부가 강제적으로 시장에 개입하여 구조조정 등을 실시하는 과정에서는 부작용도 적지 않았다. 구조조정을 실시하는 과정에서 부실기업을 인수한 특정 재벌 기업에게 금융 세제상의 특혜가 주어졌으며, 반대급부로 특혜를 배분받은 기업은 정부여당에 거대한 규모의 정치자금을 대주는 등의 정경유착이 한층 더 노골화되고 대규모화되었던 것이다.

적극적 부정형 리더십으로서 전두환 대통령 리더십에 영향을 미치는 첫 번째 상황적 요소로서 주된 분석대상은 정권의 정통성 부재와 非민주성으로 특징지워진 군부 강압체제의 구조였다. 그러나 강압적 집권 못지않은 구조적 요인으로 불황에 처한 한국경제의 위기상황도 소홀히 할 수 없다. 전두환의 제5공화국은 경제적으로 매우 좋지 않은 유산을 물려받은 채 출범하였다. 제2차 오일쇼크에 이은 국제경제의 침체로 한국경제는 국제수지 악화, 고물가, 농산물 흉작과 마이너스 성장이라는 새로운 위기상황에 처해 있었던 것이다. 1970년대 중반 이후 대기업이 앞 다투어 무리하게 추진한 중화학공업 및 수출산업에 대한 과잉중복투자로 외채누적의 악순환, 인플레이션, 비효율적 과잉생산 등도 위기상황을 가속화시켰다. 전두환은 경제정의의 실현을 집권과정에서의 숱한 정치적 부담을 희석시킬 대안으로 표방하였지만,[34] 80년대초 전세계적 불황속에서 5공초의 경제적 위기상황과 안정화정책은 권위주의 정권의 속성과 결부되어 전두환의 강압적 권력행사에 기여하였다. 이것은 1987년 정치적 위기와 급

---

34 이장규, 「경제는 당신이 대통령이냐」, 중앙일보사, 1992, 10-14면; 강경식, 「가난 구제는 나라가 한다 - 경제부처 30년의 메모」, 삶과 꿈, 1992, 156-161면.

변속에 1986년말 이래 호전된 경제여건이 전두환의 강압적 물리적 행사 유혹을 자제시킨 것과 대비된다.[35]

두 번째 제도적 권력기반으로 전두환은 전 재임 기간 동안 군부에 대한 근본적 믿음은 여전하였지만 권력기관 사이의 위상에는 변화가 있었다. 집권초기 실제권력의 행사는 청와대 비서실의 허삼수, 허화평, 김재익 등 수석보좌관들이 행사하였지만 80년대 중반 장세동은 경호실장, 안기부장으로서 정치권력을 행사하였다. 특히 장세동의 85년 2월 안기부장 취임은 81년 이후 보안사·안기부의 상호견제에서 안기부의 조직적 권력을 신장시켰다. 그러나 87년 6월 항쟁 후 대통령 선거에 직면하여 전두환은 민정당의 제도적 활성화를 위한 여러 가지 시책을 도모하였다. 조직의 힘과 조직의 장長의 권력행사는 구별되어야 하지만 전두환 권력기관의 위상은 정치적 상황의 변동과 관련되어 있음을 볼 수 있다. 특히 87년말 전두환의 권력기반은 여전히 군·안기부·경호실이었으나 권력기반 내 민정당의 위상제고시도는 전두환의 권력관 변화와 상응하고 있다.[36]

전두환은 박정희와 달리 취임 초부터 비서실의 권한 약화를 도모하였고 비서실의 타 기관과의 업무협조·조정기능을 강조하였다.[37] 5공 초 허화평·허삼수는 정책임안, 집행, 인사 등 국정전반에 영향력을 행사하였고, 김재익·사공일은 경제부문에, 이학봉·허문도도 맡은 부문에선 영향력을 행사한 실세로 알려졌다.[38] 비서관들의 정책결정에 대한 영향력은 강력한 비서실장이 존재하지 않았던 5공에서 각 분야에서 대통령의 신임을 바탕으로 조언·의견개진, 정책결정과 집행, 인사문제에까지 영향력을 행사하였지만 대부분 자기영역에 국한되어 비서관들의 갈등은 별로 없었다. 1982년 여름 실명제를 둘러싼 김재익·허화평의 갈등은 '권력투쟁'으로 알려지기도 하였으나 전두환 비서실의 예외적 경우였다. 즉 '실세' 비서관은 담당부문의 정책결정에 영향력을 행사하였지만, "비정책적" 비서관도 있었고 영향력 없는 비서관들의 존재도 두드러진다.[39]

---

35 김성익, "전두환, 역사를 위한 육성증언 ① 6·29 전야의 고백", 월간조선, 1992년 1월 : 288-396면, "전두환, 역사를 위한 육성증언 ② 대권의 이동", 월간조선, 1992년 2월 : 290-397면.
36 이강노, "대통령제와 14대 대통령 선거의 전망 : 대통령의 지도력과 정책결정요인의 비교 -박정희·전두환·노태우 대통령과 비서실-", 「한국정치학회 선거와 한국정치」, 1992, 500-501면.
37 이강노, "대통령제와 14대 대통령 선거의 전망 : 대통령의 지도력과 정책결정요인의 비교-박정희·전두환·노태우 대통령과 비서실-", 「한국정치학회 선거와 한국정치」, 1992, 502면.
38 정정길, "대통령의 정책관리스타일". 한국행정학회 춘계학술 심포지움, 1992. 4. 16, 32면.
39 이강노, "대통령제와 14대 대통령 선거의 전망 : 대통령의 지도력과 정책결정요인의 비교 -박정희·전두환·노태우 대통령과 비서실-",「한국정치학회 선거와 한국정치」, 1992, 503면.

나. 대통령 대 의회 관계

10·26 사태로 유신 체제가 붕괴된 뒤에는 최규하崔圭夏가 제10대 대통령에 취임, 위기관리 내각의 구실을 했으나, 사회 각계에서 유신 잔재 세력의 제거와 조속한 민주화 조처를 요구하는 국민들의 요구가 폭발하였다. 이 시기 국보위의 위원장으로서 1980년 광주항쟁을 무력으로 진압하고 완벽하게 실권을 장악한 전두환全斗煥은 대통령선거인단에 의한 대통령 선거를 통해 제12대 대통령에 당선되었다. 전두환 리더십은 광주민주화운동의 진압방식과 언론통제가 시사하듯이 억압적인 통치권을 행사하고 문제를 해결하는 것이 특징이었다.[40] 전두환 대통령은 선거인단에 의한 대통령간선제와 7년 단임의 대통령임기를 골자로 한 헌법개정안을 공고하였고, 신군부는 제10대 국회를 해산시키고 국가보위입법회의가 그 권한을 대행하도록 하여 제11대 국회 개원까지 156일 동안 215건의 안건을 접수하여 100% 가결시켰다. 그리고 5공화국의 정당체계는 1983년 말부터 시작된 유화조치 속에서 재생한 신한민주당이 제12대 선거에서 많은 득표를 하기 전까지, 11대 선거결과로는 형식상으로 일당우위형[41]이었다.

전두환을 위시한 신군부는 합의제를 배격하고 1인 독점제를 선호했으며, 민중부문에 대해서는 억압적이었다고 할 수 있다. 그리고 전두환 대통령은 정권의 정당성 면에서, 불만을 가진 세력들을 평화적인 방법만으로는 통제할 수 없었으며, 그 결과 국가상황은 항상 혼란의 위기에 당면해 있어야 했다.[42]

〈표 3-10〉 제11대 국회의 득표율과 의석수[43]

정당/단체	득표수(율)	의석수(비례대표)
민주정의당	5,776,624(35.6)	151(61)
민주한국당	3,495,829(21.6)	82(24)
한국국민당	2,147,293(13.3)	25(7)
무 소 속	1,734,224(10.7)	10

---

40 김명기, 『한국행정론』, 한국방송통신대학출판부, 1992, 209-210면.

41 Giovanni Sartori, [Parties and Party Systems: A Framework for Analysis] (Cambridge: Cambridge University Press, 1976), pp.192-201. 여기서 사르토리는 predominant- party systems란 용어를 사용하고 있다. 사르토리(G. Sartori)는 이것을 정당 다원주의의 하위유형의 하나로 분류했으며 일당우위형 정당체계가 항상 권위주의와 연결되는 것은 아니다.

42 양동안, 『국가상황과 리더십』, 나남출판, 1994., 한승주 편저, 『리더십과 한국정치』, 나남출판, 1994, 101면.

43 이 표는 국회 홈페이지에서 확인한 정당별 의석 및 득표현황(당선 시 기준)이다. 〈http://www.assembly. go.kr:8000/ifa/html/1_1_2.html〉의 [제 11대 국회] 표 참조.

민 권 당	1,088,847 (6.7)	2
신 정 당	676,921 (4.2)	2
민주사회당	524,361 (3.2)	2
민주농민당	227,715 (1.4)	1
안 민 당	144,000 (0.9)	1
기 타	391,511 (2.4)	-
합계(비례대표)	276(92)석	

　신군부 역시, 과거 박정희 대통령의 공화당처럼 여당뿐 아니라 야당까지 만드는 정치공작을 단행한 후, 제11대 국회의원 선거를 통해 민정당을 패권정당(hegemonic party)화시켰으며, 의회의 기능은 여전히 제 기능을 발휘할 수 없는 상황에 놓여 있었다. 이러한 상황은 당에서 행정부의 각료로 진출하는 빈도를 증가시켰으며, 당정 간의 협의도 보다 긴밀해지고 제도화됨으로써 정책결정과정에서 집권당의 영향력이 작용하는 경우[44]도 상대적으로 많아지도록 만들었고 의회가 행정부를 견제하는 것은 사실상 불가능한 구조를 고착화시키게 되었다.

　제5공화국 헌법은 유신헌법과 마찬가지로 민주주의의 기본원리와 시민적 자유 및 권리에 대한 제한과 유보를 제도적으로 정당화해 놓은 성격을 갖는다. 유신체제하에서의 대통령처럼 대통령은 3권을 초월한 집중적 권력을 행사할 수 있도록 되어 있었다. 하지만 유신체제에 쏟아진 장기집권 음모의 비난을 감안하여 대통령의 7년 임기의 단임제로 하였고, 대통령의 임기연장 혹은 중임변경을 위한 헌법개정은 개정제안 당시의 대통령에 대해서는 효력이 없도록 함으로써 장기집권하지 않겠다는 단임 의지를 유일의 정당성의 명분으로 내세웠다. 국회는 형식적으로만 보자면 국정조사권이 주어지는 등 유신 국회보다는 권한이 강화되었다. 국회의원은 한 선거구에서 2명의 의원을 선출하는 중선거구제와 비례대표제를 채택하였다. 그렇지만 비례대표제에 따른 전국구 구성은 지역구 의석수가 제일 많은 당에 무조건 2/3를 배정하게 함으로써 집권 여당이 사실상 국회를 장악하는데 유리하게 만들어 놓고 있었다.

　전두환 정부는 유신체제 이상 가는 강압적인 통제력을 발휘하였지만, 민주화를 요구하는 시민들의 저항에 끊임없이 직면하지 않을 수 없었다. 5공화국 말기 시민들의 민주화 요구는 대통령을 직접 선출하겠다는 대통령 직선제 요구로 집약되었고, 전두환 정부는 4.13 호헌조치 선언으로 대응하였다. 하지만 호헌조치는 민주화를 요구하며 거리로 쏟아져 나왔던 시민들을 더욱 분노하게 만들었고, 1987년 6월 대규모의 시

44　안해균, 『한국행정체제론』, 서울대출판부, 1988, 394-395면.; 당시 당정 간의 협의체로 당정실무기획위원회, 경제문제연석회의, 당정조정협의회, 당정정책협의회 등이 만들어졌다.

민항쟁을 불러일으키는 결과를 낳았다. 그 당시 군정 종식과 민주화, 그리고 직선제 개헌을 요구하는 국민들의 시위가 전국적으로 확산되었다.

다행히 집권세력 내부의 강온파의 정치적 균열 때문에 여당내 차기 대통령 후보로 지명되었던 노태우 후보의 6·29 선언이 나올 수 있었다. 민정당의 노태우盧泰愚 대통령 후보는 대통령 직선제 개헌을 골자로 하는 이른바 6·29 선언을 발표하였다. 이에 따라 개헌이 이루어지고 대통령 선거가 실시되었다. 6·29 선언은 시민들이 요구했던 대통령 직선제 수용을 골자로 한 민주주의로의 이행 공약이었다. 이후 한국 정부는 덜 강압적인 6공화국을 거쳐, 3당 합당을 통한 문민정부의 출범, 그리고 1997년 대통령 선거를 통한 실질적인 최초의 평화적인 정권교체를 경험하는 민주주의의 성숙을 경험하게 되었다.

第2節 소결

이승만의 정치적 리더십은 매우 권력욕이 강하며, 야심적이어서 재야인사들이나 야당인사들을 탄압하거나 이들을 투쟁의 대상으로 인식하였던 것이고, 모든 일에 치밀하게 준비하며 꼼꼼하게 집행을 통제하는 등 적극적 부정형의 전형적인 모습을 보여주고 있다. 이승만은 좌익세력이 소탕된 다음에도 야당에 대해서는 탄압일변도로 대응하는 비민주적인 정치행태를 보였다. 이승만은 초대 대통령이었지만 당시 정부 수립 초기 극심한 정치적 혼란을 겪었고 한국전쟁으로 인한 정치권에 대한 불신이 심화되었으며, 그리고 친일파와 반민족주의자 등이 포함된 정치지도자들의 정당성이 부족했다. 이러한 요인들로 인해 이승만 정권유지의 안정성은 부족할 수밖에 없었다. 이러한 상황에서 이승만은 국회를 통한 대통령선거에서도 자신이 재선될 가능성이 희박해지자, 국회를 탄압하기 시작하였고, 비민주적이고 권위주의적인 리더십을 통해 정국을 돌파하였다. 그는 자신에게 유리한 선거제도를 채택하여 제2대 대통령과 제3대 대통령에 연이어 당선되면서, 국회의 견제기능을 완전히 무력화시켰다.

그리고 박정희 리더십은 과업추진형으로 성공적인 경제발전과 권위주의 지배로 인하여 긍정·부정적 평가를 동시에 받고 있다. 박정희는 매우 권력욕이 강하며, 재야인사들이나 야당인사들을 탄압하거나 이들을 투쟁의 대상으로 인식하였고, 모든 일에 치밀하게 준비하며 꼼꼼하게 집행을 통제하는 등의 행동을 통해 적극적 부정형 리더십의 전형적인 모습을 보여주었다. 그는 강력한 카리스마로 국정을 열정적으로 책임지고 관리했으며(적극적 리더십), 대對 의회관계에서는 의회정치를 무시하고 행정부가 주도하는 통치를 계속해나갔다(부정형 리더십). 박정희의 제3공화국 정부 하에서 한국은 세계사에 유례가 없는 고도의 경제성장을 10여 년의 짧은 기간 내에 이룩할 수 있었다. 제 3공화국 정부는 경제적인 측면에서 기적을 발휘했다면, 정치적인 측면에서는 암담하게도 민주주의를 봉쇄하여 권위주의가 지속시켰다. 박정희 대통령은 강력한 카리스마로 국정을 열정적으로 책임지고 관리했으며, 대 의회관계에서는 의회정치를 무시하고 행정부가 주도하는 통치를 계속해나갔다. 특히 1971년 제8대 총선에서 야당인 신민당이 선전善戰하고 김대중 후보가 박정희 대통령에게 석패하자, 야당의 도전가능성을 원천봉쇄할 필요가 있었으며, 집권세력은 이른바 '한국적 민주주의의 토착화'를 명분으로 내세워 이듬해 유신이란 친위쿠데타를 통해 강력한 철권통치를 시작하였다. 그리고 국회의 본질적 기능을 완전히 마비시킴과 동시에 박정희 대통령은 연속으로 대통령에 선출됨으로써 영구 집권을 실현시켜 나갔다.

전두환은 매우 권력욕이 강했고, 재야인사들이나 야당인사들을 탄압하거나 이들을 투쟁의 대상으로 인식하였으며, 강력한 통치력을 통하여 사회전반을 억압하고 집행을 통제하는 등 적극적 부정형 리더십의 전형적인 모습을 보여주고 있다. 전두환 대통령은 통치권행사에 있어 안보, 안정, 산업화와 통일을 정치적으로 활용하면서 억압적 정책으로 대항엘리트와 저항세력을 관리했다는 점이 박정희와 유사하다. 이러한 폭력과 힘의 행사는 경찰, 군부 정보기관을 통해 이루어졌고 보안사를 중추기관으로 활용하였으나 필요에 따라 모든 권력기관을 적절하게 이용하였다.

전두환 정부는 유신체제 이상 가는 강압적인 통제력을 발휘하였지만, 민주화를 요구하는 시민들의 저항에 끊임없이 직면하지 않을 수 없었다. 5공화국 말기 시민들의 민주화 요구는 대통령을 직접 선출하겠다는 대통령 직선제 요구로 집약되었고, 전두환 정부는 4·13 호헌조치 선언으로 대응하였다. 하지만 호헌조치는 민주화를 요구하며 거리로 쏟아져 나왔던 시민들을 더욱 분노하게 만들었고, 1987년 6월 대규모의 시민항쟁을 불러일으키는 결과를 낳았다. 그 당시 군정 종식과 민주화, 그리고 직선제 개헌을 요구하는 국민들의 시위가 전국적으로 확산되었다.

제4편

대통령의 대 의회관계 분석

第1章 이론적 검토와 분석틀

第1節 기존 연구의 검토와 비판

미국은 건국과 동시에 오랜 민주주의와 대통령제의 역사를 가지고 있다. 그에 따라 축적된 대통령학 내지 대통령의 정치적 리더십의 연구가 축적되어 왔다. 1948년 아서 슐레징어 1세(Arthur M. Schlesinger, Sr)에 의해 대통령 평가작업이 수행된 이후, 수많은 연구자를 거쳐 오면서 대통령학 연구가 발전해왔다. 또 다른 대통령학 연구 중의 하나로 토머스 베일리(Thomas A. Bailey)의 Presidential Greatness 등을 들 수 있다.[1] 1989년 윌리엄 라이딩스 2세(William J. Ridings, Jr.)와 스튜어트 맥기버(Stuart B. McIver)는 719명의 전문가를 대상으로 여론조사를 실시했다. 두 번에 걸친 여론조사는 적절하게 결합되어 1997년에 『대통령 평가(Rating the Presidents)』라는 책이 출판되었다.[2] 이 연구에서 최고의 대통령은 링컨(Abraham Lincoln), 프랭클린 루즈벨트(Franklin Delano Roosevelt), 조지 워싱턴(George Washington), 토머스 제퍼슨(Thomas Jefferson), 시어도어 루즈벨트(Theodore Roosevelt), 우드로 윌슨(Woodrow Wilson), 해리 트루먼(Harry S. Truman), 앤드류 잭슨(Andrew Jackson) 대통령이며, 최악의 대통령은 재커리 테일러(Zachary Taylor), 윌리엄 해리슨(William Henry Harrison), 밀러드 필모어(Millard Filmore), 프랭클린 피어스(Fra nklin Pierce), 율리시스 그랜트(Ulysses S. Grant), 앤드류 존슨(Andrew Johnson), 제임스 뷰캐넌(James Buchanan), 워렌 하딩(Warren G. Harding) 대통령이었다.

유형별 분류를 통한 대통령 평가는 윌리엄 페더슨(William D. Pederson)이 대표적 학자로 제임스 바버(James D. Barber)의 '대통령들에 대한 정신분석인 측면의 분류방법'[3]을 기초로 하여 1987년 『미국 정치의 학문적인 평가방법(The Rating Game in American Politics: An

---

1 Thomas A. Bailey, Presidential Greatness: The Image and the Man from George Washington to the Present (New York: Appleton-Century, 1966).

2 William J. Ridings, Jr., and Stuart B. McIver, *Rating the Presidents*(Secaucus., NJ: Citadel Press, 1997).

3 James D. Barber, "Analyzing Presidents: From Passive Positive Taft to Active-Negative Nixon," *The Washington Monthly 1* (October 1979), pp.33-34.

Interdisciplinary Approach)』이라는 책을 펴내면서 바버의 연구를 계속 발표했다.[4]

한편 정치학 분야에서 기념비적인 바버의 연구는 가장 많은 숙고와 토론을 요구하는 접근법이다.[5] 바버는 지도자의 성향을 기준으로 리더십 유형을 네 가지로 분류하고, 직책수행에 대한 대통령의 욕구를 적극성과 소극성으로 나누고, 정치적 상황 속에서 대통령이 긍정적이거나 부정적으로 대응하는 것을 토대로 나누었다. 그는 적극적 긍정형 리더십, 적극적 부정형 리더십, 그리고 소극적 긍정형 리더십, 소극적 부정형 리더십으로 리더십을 분류하였다.[6] 바버는 대통령의 행동을 미리 말할 수 있는 능력이 있다고 말했다. 바버는 비록 워터게이트 사건을 예견할 수 없었지만 그는 닉슨의 개성을 그동안 백악관을 거쳐 간 주인들 중에서 가장 위험스러운 형태 중 하나로 분류했다.[7]

또 다른 연구자로서 번즈(James M. Burns)는 대통령 개인의 정치적 역량이라든지 의회가 어느 정도 행정부를 견제할 수 있는가에 따라, 해밀턴(Hamilton) 모형, 매디슨(Madison) 모형, 그리고 제퍼슨(Jefferson) 모형으로 분류하였다.[8] 한편 피에들러(Fred E. Fiedler)는 리더십에서 리더와 구성원의 관계, 과업구조, 리더의 권력이라는 상황변수를 고려하여 리더십 이론을 정립하였다.[9]

리더십에 대한 이론적 연구자로서 허시와 블랜차드(p.Hersey & K. H Blanchard)는 리더십을 '개인과 집단활동에 영향을 행사하는 과정'이라 정의했고,[10] 플레이시만(Fleishman)은 '목표를 달성하려고 커뮤니케이션 과정을 통해 영향력을 행사하려는 시도'라고 규정했으며, 탄넨바움(Tannenbaum)은 '목표달성을 위해 행사되는 대인적 영향력'이라 규정했다.

한국은 민주화의 경험도 짧을뿐더러 민주화 이후의 대통령도 협격하게 작다. 그리고 한국의 학계에서는 대통령학 연구가 활발히 개진되지 못했고, 대통령의 리더십에

4 Ann M. Mclaurin Williaam D. Pederson, The Rating Game in American *Politics: An Interdisciplinary Approach*(New York: Peter Lang, 1987).

5 찰스 F. 파버 l 리처드 B. 파버, 김형곤 옮김, 『대통령의 성적표』, 혜안, 2003, 25면.

6 James D. Barber, "Passive-Positve to Active-Negative, The Style and Character of Presid2ent," in Joseph R Fiszman, Gene S Poschman, eds., *The Political Arena*, 3rd ed, (Boston: Little, Brown, and Company, 1972), pp.269-281.

7 Ann M, McLaurin and William D. Pederson, "Dimensions of Rating Game," in Pederson and McLaurin, the Rating Game in American Politics, pp.39-40.

8 James M. Burns, *Presidential Government: The Crucible of Leadership* (Boston: Houghton Mifflin Company, 1965); 권영성 외 역, 『미국형대통령제: 리더쉽의 위기를 중심으로』, 법문사, 1983.

9 Fred E. Fiedler, *A Theory of Leadership Effectiveness* (McGraw-Hill Com, 1969).

10 p.Hersey & K. H Blanchard, *Management of Organizational Behavior: Utilizing Human Resources*. 6th ed. (Englewood Cliffs: Prenticehall, 1993),

대한 연구의 성과도 미국의 경우에 많이 빈약하다고 하겠다. 그럼에도 불구하고 국내 학자들을 통해 개진된 주요 연구들을 소개하면 다음과 같다. 안병만의 연구는 바버의 분류유형을 원용하여 한국의 대통령 유형에는 적용하였다.[11] 그는 적극적 긍정형으로 박정희 대통령을 꼽고 있으며, 박정희 대통령은 근대화 비전을 제시하고 자신 있게 이를 추진해 나갔다. 이 연구에 따르면, 적극적 부정형으로 이승만, 전두환, 김영삼 대통령을 들 수 있다. 권력 지향적이지만, 대통령 직무를 즐기기 보다는 부정적 태도를 가지고 있다. 소극적 긍정형은 장면총리로서 그는 타협과 조화를 중시했다. 소극적 부정형은 노태우 대통령이 예시되는데, 자신감이 부족했고, 상황과 대세를 좇는 결정을 했다.

한승조의 분류법[12]은 이승만 대통령은 옹고집형 지도자로서 권위주의적, 자의적, 파격적 스타일을 가지고 있었다. 박정희 대통령은 공격적인 집념의 지도자로서 권위주의적, 성취지향적이었으며, 뛰어난 지휘능력과 집행능력을 가지고 있었다. 전두환 대통령은 저돌적인 지도자로서 소박, 단순한 행동양식을 가지고 있고, 의무감이 강한 과업추진자였다. 노태우 대통령은 소극적 상황적응적 지도자로서 신중하고 방어적인 대인관계를 구축했으며, 민원처리형 지도자였다. 김호진의 분류법[13]에서는 이승만 대통령은 가부장적 권위주의형이었고, 권력의 사인화私人化를 초래했다. 박정희 대통령은 교도적 기업가형이었으며, 전두환 대통령은 저돌적 해결사형, 노태우 대통령은 소극적 적응형이었으며, 김영삼 대통령은 공격적 승부사형으로 분류된다.

대통령이 직면하는 변수는 국내외 정치상황과 성장과정에서 형성된 개인적 성격형태를 들고, 김용철은 박정희 리더십 경직화 요인으로 성격·세계관·스타일과 같은 개인적 요인과 장기집권 정권의 성격·유신체제의 정치동태적 요인을 열거하였으며, 김호진의 장면과 박정희의 리더십 분석도 김용철과 비슷한 접근법을 채택하고 있다.[14] 또 안병영은 지도자의 리더십을 개성이나 능력과 그를 둘러싼 상황간의 작용으로 보고 노태우 대통령의 리더십을 분석하였다.[15] 구광모 등은 바버의 유형을 적용하여 행태론적·심리학적 관점에서 대통령의 리더십 행태와 국정스타일을 분석하였다. 그러나 이들의 분석은 대통령의 리더십이 구체적인 정책결정 과정이나 집행에 어떻게 작용하였는가를 분석하지 않고 있다.[16]

---

11 안병만, "역대 통치자의 리더십 연구", 한국 행정학회세미나, 1998.
12 한승조, 『한국의 정치지도자들』, 대정진, 1992.
13 김호진, 『한국정치체제론』, 박영사, 1997.
14 김종림, "대통령의 정치역할론", 한국행정학회 춘계학술 심포지엄, 1992. 4. 16 : 4-23 ; 김용철, "박정희의 정치적 리더쉽", 『한국정치과정론』, 윤형섭·신명순, 법문사, 1988, 312-349면.
15 안병영, "노태우 대통령 지도력의 세가지 특징", 『신동아』, 1991. 4, 152-163면.
16 이강노, "대통령제와 제14대 대통령 선거의 전망: 대통령의 지도력과 정책결정요인의 비교 — 박정

이부영은 분석심리학 측면에서 대통령을 분석하였고, 함성득은 리더십의 다양한 이론을 한국의 경험적인 사례에 접목하여 대통령의 리더십 변화에 대해 국정운영 중심축의 변화와 제왕적 대통령의 쇠퇴로 대통령의 역할도 명령자에서 조정자로의 변화함을 밝혔다.[17] 구세진은 미국 대통령-의회 관계의 고정관념이라고 할 수 있는 정국의 효율적 운영을 위한 대통령의 입법적 리더십, 그러나 여전히 한국에서는 대통령의 리더십에 대한 연구의 가장 큰 문제는 학자들의 현장경험이 취약하고 이론적 토대도 미약한 실정이라고 설명한다. 또한 다른 정치인에 대한 설득을 통해서만 정치가 가능하다는 제도화된 다원주의의 틀을 한국 대통령제와 연관하여 연구하였다.[18]

이들의 리더십 연구와 유형분류는 정치적 환경과의 상호작용관계 속에서 체제 내의 역학관계를 분석하고 있으며, 이러한 관계 속에서 나타나는 리더십을 상호작용의 개념으로 인식하고 있다는 공통점이 있다. 바버의 정치적 리더십 유형은 현대 사회의 리더십 유형을 가장 명확하게 정의할 수 있는 대표적 유형분류이다. 이 연구는 이러한 점에서 바버의 네 가지 리더십 유형에 초점을 맞춰 복잡한 현대의 정치적 리더십을 분류하고자 한다. 특히 이종범은 한국에서 대통령들이 국가운영에서 행사하는 영향력은 어느 다른 나라의 수반들보다도 강하다고 지적하였는데,[19] 지도자 개인의 리더십이 항상 체제를 압도해 온 한국의 상황에서, 바버의 리더십 유형은 한국 대통령의 리더십을 유형화하는데 큰 도움을 줄 것이다.

이 연구는 기존 연구에서 대통령의 정치적 리더십을 설명할 수 있는 번즈와 바버의 연구를 창조적으로 결합하여 분석틀을 제시하고자 하였다. 이 연구의 해밀턴, 매디슨, 제퍼슨 모형에 따라 미국과 한국의 대통령들에 대해 교차분석을 시도하고, 대통령별로 리더십의 동태적 변화과정을 역동적으로 설명하고자 시도하였다. 또한 이러한 대통령과 의회의 상호작용의 과정에 제도 비교를 통해 미국과 한국에서 보이는 정치적 리더십의 다양성에 대한 설명력을 높이고자 하였다. 이 연구의 정치적 리더십의 권력적 상호작용론과 제도주의 분석의 병용竝用은 기존의 대통령학과 리더십 연구들을 보완할 수 있을 것이다.

희·전두환·노태우 대통령과 비서실-", 한국정치학회, 『선거와 한국정치』, 1992, 494면.

17 함성득, 『대통령학』, 나남출판, 1999 ; 함성득, "대통령학의 이론적 고찰과 우리의 연구과제", 『한국행정학보』(제31권 제1호), 1997 ; 함성득, "의회, 정당, 대통령의 새로운 관계", 『의정연구』(제4권 제1호), 1998 ; 함성득·김동욱, "생산성을 기준으로 인식한 국회의 현실", 『의정연구』, 2000 ; 함성득, "대통령학의 이론적 고찰과 우리의 연구과제", 『한국행정학보』(제31권 제1호), 1998.

18 구세진, "한국 대통령의 대중호소 전략: 제왕적 대통령제의 쇠퇴와 대중적 리더십의 부상에 관한 제도적 접근" 서울대학교 대학원 논문, 2006, 10면.

19 이종범, "김영삼 대통령의 리더십 특성과 국정관리 유형 : 문민정부 1년의 정책평가", 『한국행정학보』, 1995, 1127-1140면.

第2節 이론적 검토

1. 대통령의 정치적 리더십

가. 리더십의 정의와 유형

리더십(leadership)의 개념정의는 제1절에서 간략하게 소개한 바대로 다양하지만, 이를 분류하면 크게 세 가지로 나누어 질 수 있다. 이는 버나드(Chester I. Barnard),[20] 데이비스 (K. Davis),[21] 스토그딜(R. M. Stogdill)의 연구처럼 특성(자질)이론적 정의와, 상황이론적 정의, 그리고 홀랜더(Edwin Hollander)의 모형처럼 상호작용(행동)이론적 정의가 그것이다.

여기서 상호작용론은 특성론과 상황론의 승수작용을 중시하는 이론으로, 정치가의 자질과 그들이 행동하고 있는 사회 내에서 맞닿을 수 있는 도덕적, 정치적 문화, 그리고 그들이 출현하게 될 수 있었던 사회적인 조건 등이 모두 정치적 리더십의 성공을 설명한다고 본다. 이 이론에서 리더십은 지도자 한사람의 전유물이 아니라 상황, 지도자, 추종자 3자의 공유물이며, 리더십이란 상황의 속성과 피지도자의 속성과 지도자 자신의 속성의 함수라는 것이다. 홀랜더에 따르면, 첫째, 리더십은 영향력을 발휘하는 (1명의 또는 몇 명의) 사람(지도자, leader)과 그 영향력을 따르는 (1명의 또는 몇 명의) 사람들 (추종자, follower) 간의 관계이다. 둘째, 리더십은 집단과정의 틀 내에서 가장 잘 연구되는 관계이다.[22]

리더십의 개념은 어느 한 가지 입장이나 인식태도로 규정지을 수 있는 성질의 것이 아니며, 지도자의 개인적 특성 및 조직의 집단효과, 그리고 지도자가 처한 시대상황 등의 상호관련 속에서 접근해야 하는 복합성을 띤다. 에치오니(Amitai Etzioni)는 리더십을 '집단이 처한 상황 속에서 한 개인이 집단의 다른 성원들에게 미치는 사회적 영향력'으로 보고, 리더와 추종자 그리고 리더와 추종자가 처한 공동의 환경에 대한 분석

---

20 그의 견해에 따르면, 지도자는 안정적인 상황 하에서 냉정·침착성이 필요하다는 전제하에 첫째로 기술적인 측면으로 체력, 기술, 지각, 지식, 기억력, 상상력 등의 개인적 우월성을 가진다. 둘째로 정신적인 측면으로 결단력, 지구력, 인내력, 설득력, 책임감, 용기와 같은 우월성을 가진다. Chester Irving Barnard, *The Functions of the Executive* (Cambridge: Harvard University Press, 1971).

21 그는 효율적인 리더의 특성으로서 지능, 사회적 성숙 및 관용, 내적 동기부여 및 성취동기, 인간관계적 태도로 들었다.

22 E. p.Hollander, *Leaders, Groups, and Influence* (New York, 1964), 1.

과 이들 요인간의 상관관계를 설명하였다.[23] 그리고 스토그딜(R. M. Stogdill)은 지도자의 특성에 영향을 미치는 신체적 특징, 사회적 배경, 지능과 능력, 인성 등에 대한 상관관계를 분석함으로써 정치적 리더십을 밝히고자 하였다. 쿤즈와 오도넬(H. Koontz & C. O'Donnell)은 리더십을 사람들로 하여금 집단목표를 위하여 자발적으로 노력하도록 그들에게 영향을 주는 기술(art) 또는 과정(process)이라고 기술하였다.[24]

위커(Marcia Whicker)와 무어(Raymond Moore)는 대통령으로서 성공을 거두는 이들의 리더십으로 뛰어난 "경영관리 능력"과 "설득력"을 꼽았다.[25] 정부 조직을 잘 이해하고 그것을 효과적으로 운영할 수 있는 능력과 정부의 정책을 국민에게 이해시키고 관련 집단간 타협을 이끌어내는 설득력을 겸비해야 한다는 것이다. 리더십은 기본적으로 "어떤 조직상황 하에서 어떠한 목적을 달성하기 위하여 집단구성원에게 영향을 주는 과정"이라 정의할 수 있다. 뉴스타트(Richard E. Neustadt)에 의하면 대통령의 권력은 "설득하는 힘 즉 교섭하는 힘"[26]으로 이해된다. 뉴스타트는 권력을 영향력으로 다루고 관계적인 개념으로 파악하지만 또한, "권력은 권위 또는 지위(position)의 기능이고 명령 계통의 강한 활용에 의해 행사될 수 있다.[27]

학자에 따라서 리더십이란 "조직이 바라는 바람직한 목표를 달성하기 위하여 조직 내의 개인 및 집단을 유도하고 조정하며, 동작하게 하는 기술 및 영향력"[28]이라고 정의되기도 하며, "집단의 임무를 수행하고 목표를 성취하기 위하여 구성원의 행동에 영향을 주는 능력으로서 집단의 결집력과 윤리의 보전능력을 포함한다"[29]고 다양하게 정의되고 있다. 리더와 리더십을 연구한 일부 전문가들은 리더십을 '영향력'으로 정의하기도 한다. 아무리 뛰어난 리더라 할지라도 따르는 사람이 없으면 리더가 아니다.

---

23 Amitai Etzioni, "Dual Leadership in Complex Organization", *American Sociological Review*, Vol.30, No.5(1965), p.689.

24 H. Koontz & C. O'Donnell, *Management* (7th eds.) (New York: McGraw-Hill, 1980).

25 Marcia L. Whicker and Raymond R. Moore, *When Presidents Are Great* (Englewood Cliffs: Prentice Hall, 1988), pp.56~65.

26 Richard E. Neustadt, *Presidential Power: The Politics of Leadership from FDR to Carter* (New York: John Wiley & Sons, Inc., 1980), pp.26-43.

27 Stephen J. Wayne, "An Introduction to Research in the Presidency," George C. Edwards III and Stephen J. Wayne. ed. *Presidential Leadership: Politics and Policy Making* (Knowville: The University of Tennessess Press, 1983), p.31. 권력을 갈등상황에서 상호작용으로 관련 당사자의 선택폭에 제약을 가할 수 있는 힘이거나 권력을 조직에 내생적인 것으로 이해하는 견해도 있다. 김영평·신신우, "한국 관료제의 기관 갈등과 정책조성", 『한국행정학회보』(제2225권 제1호), 1991, 309-311면; 이강노, "대통령제와 제14대 대통령 선거의 전망 : 대통령의 지도력과 정책결정요인의 비교-박정희·전두환·노태우 대통령과 비서실-", 한국정치학회, 『선거와 한국정치』, 1992, 496면.

28 박동서 외 4인 공저, 『행정학』, 박영사, 1980, 230면.

29 김광웅, 『발전행정론』, 박영사, 1980, 353면.

또 리더와 그를 따르는 사람이 있더라도 추구해야 할 목표가 분명치 않다면 리더십은 작용하지 않는다. 게리 윌스(Garry Wills)가 지적한 바와 같이 훌륭한 지도자와 실패한 지도자의 구분은 그가 '추종자'와 '목표'를 명확하게 구성하고 있느냐에 달려 있다.[30]

하지만 아직도 리더십의 정의 및 개념에 대한 규정은 터커(Robert C. Tucker)가 이야기 한 것처럼 '정치학자들 사이에서도 의견일치를 보고 있지 못하고 있으며',[31] 체계적인 이론의 틀이 정립되어 있지 않다. 스토그딜(R. M. Stogdill)이 결론 내린 바와 같이 "리더 십을 정의하는데 있어서 연구하는 학자들의 수만큼이나 그 정의도 다양하다"고 하겠 다.[32] 즉 〈표 4-1〉과 같이 리더십의 개념은 모호하고 광범위하게 정의되고 있는 현실 이다.[33] 아울러 정치 체제와 정치 지도자 개인이 지닌 특성 등에 의하여 리더십은 종 합적으로 정의될 필요가 있다.

〈표 4-1〉 리더십의 정의[34]

학자별	정의내용
허시와 블랜차드 (Hersey & Blanchard)	주어진 상황에서 목표달성으로 지향하는 개인과 집단 활동에 영향력을 행사하는 과정
스토그딜 (R. M. Stogdill)	특정 상황에서 목표달성을 위해 구성원에게 영향을 주는 과정
쿤즈와 오도넬 (H. Koontz & C. O'Donnell)	사람들로 하여금 집단목표를 위하여 자발적으로 노력하도록 그들에게 영향을 주는 기술(art) 또는 과정(process)
탄넨바움 (R. Tannenbaum)	주어진 상황에서 구체적 목표(들)의 달성을 통해 행사되는 대인적 영향력으로 커 뮤니케이션 과정을 통해 행사되는 것
햄프힐과 쿤즈 (Hemphill & Coons)	집단의 활동을 고유한 하나의 목표로 집중시키려는 개인의 활동
잰다 (Kenneth F. Janda)	일종의 독특한 형태의 권력관계로서 집단의 한 구성원이 자신의 행동패턴을 또 다른 구성원이 규정할 권리를 갖는다고 느낄 때 발생하는 것
슈미츠와 데코티스 (Kochan, Smidt & Decottis)	영향력을 행사과정으로써 O가 P의 행위를 변화시켰을 때, P가 O의 영향력 행사를 합당한 것으로 생각하고, 야기된 변화가 P 자신의 목표와 일치한다고 여길 때 발 생하는 힘
카츠와 칸 (Katz & Kahn)	기계적으로 조직의 일상적 명령을 수행하는 것 이상의 결과를 가져올 수 있게 하 는 영향력

30 Garry Wills, *Certain Trumpets: The Nature of Leadership* (1995), 곽동훈 옮김, 『시대를 움직인 16인의 리더』, 작가정신, 1999, 8월호.

31 Robert C. Tucker, *Politics as Leadership* (Columbia: University of Missouri Press, 1981), p.18.

32 R. M. Stogdill, *Handbook of Readership: A Survey of Theory And Research* (New York: Free Press, 1974).

33 *Ibid.*, p.259.

34 유기현, 『조직행동론』, 무역경영사, 2001, 356-394면을 부분적으로 참조하여 필자가 재구성하였다.

피터와 오스틴 (Peter & Austin)	리더십은 비전이요 우렁찬 응원가며, 열정이다
에치오니 (Amitai Etzioni)	리더십이란 집단이 처한 상황 속에서 한 개인이 집단의 다른 성원들에게 미치는 사회적 영향력이며, 이는 공식적으로 상이나 제재를 행사함으로써 집행되는 강제력과 구별되는 개념

리더십의 개념에 대한 정의는 앞에서 살펴본 것처럼 매우 다양하다. 기존 리더십 연구의 대부분은 리더의 특성, 형태 등을 주요 분석대상으로 삼는 특성적 접근법이나 행태론적 접근법이 대부분이었다. 하지만 이러한 접근법은 행위자가 처한 환경요인을 배제하고 봄으로써 리더십을 효과적으로 설명하지 못한 단점이 지적되어왔다. 리더십의 개념은 어느 한 가지 입장이나 인식태도로 규정지을 수 있는 성질의 것이 아니며, 지도자의 개인적 특성 및 조직의 집단효과, 그리고 지도자가 처한 시대상황 등의 상호관련 속에서 접근해야 하는, 복합성을 띄는 것이라고 볼 수 있기 때문에, 보다 종합적으로 연구되어야 할 필요가 있다.[35] 즉, 단순한 개인의 특성이나 지도력, 권력의 세기를 통한 영향력 행사로만 리더십을 연구하는 것은 리더십 자체에 대한 연구만이 가능할 뿐이지, 상호관계 속에서 변화하고 적용되어지는 리더십의 역할에 대해 논의할 때에는 이러한 다양한 정의 속에서 고찰할 필요가 있다.

나. 자질 중심 평가: 정당성·도덕성·효율성

정치권력의 정당성은 선거를 통한 합법성의 확보와 윤리성과 책임성을 통한 도덕성의 확보, 입법, 사법, 행정을 통한 체제의 효율성을 확보하는 것으로부터 나온다. 시머 립셋(Seymour M. Lipset)은 정당성이 정치적인 안정을 달성하게 해주는 중요한 요소라고 보았다. 그리고 정당성과 효과성의 긴밀한 상관성을 밝힌 바 있다.[36] 리더십이 갖추어야 할 기본요건으로 권력의 정당성, 도덕성, 효과성을 들면서 정치적 리더십에서의 정당성 확보, 도덕성과 효과성 확보가 중요함을 지적하였다.[37] 그 첫째로, 정당성(legitimacy)은 자발적인 동의·복종을 유발하고, 대외적인 구조적 자율성을 부여해준다는 점에서 가장 중요한 요소이다. 하지만 정당성과 효과성은 민주형 리더십뿐만 아니

35 Chung-kil Chung, "Presidental Decision Making and Bureaucratic Expertise in Korea", *Governance: An International Journal of Policy and Administration* 2(3), pp.267-292.

36 Seymour M. Lipset, *Political Man: The Social Bases of Politics* (Garden City, New York: Doubleday, 1960), pp.77-90.

37 김호진, 『한국정치체제론』, 박영사, 1999, 124-128면.

라, 모든 리더십 유형과도 상관성을 가지고 있다. 잰다(Kenneth F. Janda)가 리더십의 본질이 정당성 있는 권력[38]에 있다고 주장한 것처럼, 정치지도자는 어떤 방법으로 정권을 획득했으며 권력행사의 목적과 방법과 성과에 따라 정당성이 있느냐 없느냐의 여부가 결정된다. 보통 권위주의적 리더십은 보통 권력의 양에 치중하고, 정당성처럼 권력의 질을 따지는 것과는 연관이 낮은 것으로 논의되어 왔다. 하지만 정당성의 척도가 무엇이든 정치권력의 정당성 여부에 대한 최종 심판자는 국민이므로 국민다수가 합법성과 합리성, 전통과 관습, 그리고 지도자가 지닌 카리스마를 통해 정치권력의 정당성을 인정해야 그 권력은 유지될 수 있다.

또한 정치지도자가 문제해결능력을 효율적으로 발휘하지 못하면 그 사회는 정체되거나 퇴보하고 새로운 정치지도자를 갈구한다. 이것이 두 번째, 바로 효과성(efficiency)의 문제이다. 리더십의 효과성이란 국가목표설정과 그 실현은 물론 우발적인 각종 문제의 해결과 위기의 극복에 관련된 제반업무를 효율적으로 수행하는 능력을 총칭한다. 정치지도자가 국정운영에 있어 효과를 살리지 못하면 불만의 누적으로 체제는 위기에 직면하고 급기야 체제는 전환되거나 붕괴될 수밖에 없다.

이러한 정당성과 효과성 이외에 번즈는 도덕성을 리더십의 세 번째로 중요한 요소로 인식하고 있다. 페이지(Glenn D. Paige)는 도덕성을 리더십의 본질로 규정하였고,[39] 번즈도 도덕성을 강조하며 책임성과 윤리성을 도덕적 리더십의 주요 자질요건으로 지적하고 있다.[40]

정당성과 도덕성 및 효율성으로 미국과 한국의 대통령들을 평가해보면 다음의 〈표 4-2〉와 〈표 4-3〉과 같다.

〈표 4-2〉 미국 대통령의 자질중심 항목별 평가

항 목 〈br〉 대통령	루즈벨트(Franklin D. Roosevelt)	클린턴(William J. Clinton)	부시 (George W. Bush)
정당성	A	A	A
도덕성	A	C	B
효율성	A	A	C

38 Kenneth F. Janda, "Toward the Explication of the Concept of Leadership in Terms of the Concept of Power", *Human Relations*, Vol. 13, No. 4, 1960.
39 Glenn D. Paige, *The Scientific Study of Political Leadership* (New York: The Free Press, 1977).
40 James M. Burns, *Roosevelt: The Lion and Fox* (New York: Harcourt, Brace, 1956).

〈표 4-3〉 한국 대통령의 자질중심 항목별 평가[41]

항 목 \ 대통령	노태우	김영삼	김대중	노무현
정당성	C	A	A	A
도덕성	C	B	A	A
효율성	C	B	B+	B

　　루즈벨트 대통령은 국민들로부터 압도적인 지지를 받으면서 당선되었고(정당성 A), 소아마비에 걸리는 등 많은 장애가 있음에도 스스로 이겨내고 국민들에게 감동을 주었으며 오랜 기간 집권하면서도 권력형 비리 없이 공정하게 업무를 수행하였다(도덕성 A). 아울러 루즈벨트 대통령은 대공황과 제2차 세계대전의 대내외적 위기를 성공적으로 극복하였다(효율성 A)는 점에서 모든 영역에서 높은 평가를 받을 자격이 있다. 클린턴 대통령(William J. Clinton)뿐만 아니라 민주주의 하의 많은 대통령은 정상적인 절차에 의해 국민으로부터 높은 지지를 받고 당선되고 헌법이 규정하는 범위에서 직무를 수행하였기 때문에 정당성의 측면에서는 A를 받을 수 있다. 클린턴 대통령은 성추문 사건으로 도덕성(C)에서 심각한 손상을 입었지만 경제성장과 복지의 측면에서 높은 성과를 보였다(효율성 A). 이 연구는 부시 대통령은 테러에 대한 대처와 아프간·이라크전에 대한 도덕성과 정당성에 대해 논란이 제기되었고(도덕성 B), 경제위기에 잘 대처하지 못해서 효율성에 대해 낮은 평가(C)를 내렸다.

　　〈표 4-3〉에서 정리한 바와 같이, 한국 대통령의 자질을 평가하면 다음과 같다. 노태우 대통령과 그의 정치세력은 쿠데타로 집권하였기 때문에 정당성이 매우 낮다(정당성 C). 노태우 대통령은 직접선거를 받아들여 국민의 평가를 받기는 하였으나 79년 전두환과 함께 국민의 동의를 받지 않고 무력으로 정권을 장악하면서 정계에 진출했다. 주변 친인척과 자신의 권력형 비리가 많았던 노태우 대통령의 도덕성에 대한 평가는 낮을 수밖에 없다(도덕성 C). 노태우 대통령은 집권 이후 한국경제에서 무역적자와 경제성장률 둔화를 고려할 때 효율성도 낮은 평가를 받는다(효율성 C).

　　한편 독재정권에 대해 오랜 기간 동안 투쟁해왔고 국민들의 직접선거로 당선된 김영삼·김대중·노무현 대통령 모두 정당성에서 A라는 평가가 가능하다. 전임자보다는 심각하지 않았지만 김영삼과 김대중 대통령은 아들 등의 친인척 비리로부터 자유롭지는 못했다(김영삼 : 도덕성 B). 그러나 오랜 기간 민주화에 대해 어떤 정치지도자보다 희생해왔던 김대중 대통령은 다른 전임 및 후임 대통령보다 도덕성에서 더 나은 평가

---

41 〈표 4-3〉는 함성득, 『대통령학』, 나남출판, 2003, 300면의 표를 참조하였다. 박정희, 김대중, 노무현 대통령에 대한 평가는 필자가 수정하였다. 효율성은 대통령의 용인술과 위기관리능력을 통해 분류하였으며, 정당성은 비전과 합법성, 민주적 리더십을 통해 임의로 분류하였다.

를 내릴 수 있다(도덕성 A). 아울러 노무현 대통령은 권위주의의 청산과 정치개혁 및 지역주의 극복을 위해 정치인생을 투신해왔고, 노사모로 대표되는 자발적인 시민참여를 통해 당내 권력과 기반이 없었던 정치인 노무현을 대통령 후보로, 나아가 대통령으로 만든 것은 드라마와 같은 감동을 주었다(도덕성 A). 김영삼 대통령은 민주화 개혁과 하나회 청산을 통한 군부통치 종식, 경제실명제라는 업적을 많이 남겼지만 임기말 금융위기를 초래하였다(효율성 B). 그에 뒤이어 당선된 김대중 대통령은 비교적 성공적으로 금융위기를 극복하고 조기에 IMF 관리체제를 종식시켰으며 대북포용정책(햇볕정책)을 통해 남북관계를 비약적으로 발전시켰다. 탁월한 성과를 보여줬던 루즈벨트와 박정희 대통령과 구분하기 위해 김대중 대통령은 B+ 정도의 평가가 가능하다. 노무현 대통령의 집권이 지방분권화와 탈권위주의화 등 의미 있는 개혁은 있었으나 경제적 리더십과 정치적 역량에 있어서 전임 대통령인 김영삼 대통령과 김대중 대통령과 같은 역량을 보여주지 못했다(효율성 B).

정당성과 효율성, 도덕성이 중요한 이유는 이러한 요소들이 정치적 리더십의 안정적 발휘를 가능하게 해준다는 것이다. 또한 이러한 요소들은 적절치 않은 리더십으로 인해 영향을 받을 수 있다는 점에서 중요하다. 대통령의 정당성, 효율성, 도덕성 면에서 어떠한 문제를 노출시켰는지 살펴보고자 한다.

다. 대통령의 정치적 리더십

정치적 리더십은 일반적 리더십의 일부분으로서 권력을 중심으로 이루어지는 것이 특징이다. 정치적 리더십에 관한 정의 또한 매우 다양하다. 정치적 리더십에 관한 문제는 20세기 현대사회에 들어오면서 큰 관심의 대상이 되었다. 제1차 세계 대전 이후 경제적 불안, 전쟁의 위협, 고도의 기술사회, 사회의 급격한 변화, 압력단체의 양적 및 질적 발전 등과 관련하여 이러한 불안정 요인이 팽배한 사회 속에서 리더십의 역할을 중요시되었기 때문이다. 바로 이러한 당시의 시대적 환경에서 이른바 지도자의 정치적 리더십이 나치즘이나 파시즘의 지도자원리와 지도자국가라는 비민주적인 현상으로 나타났고 이것은 자유민주주의 체제를 심각하게 위협하였으며 이에 대한 체제수호를 위해 정치적 리더십에 대한 연구가 활발해졌다. 터커(Robert C. Tucker)는 정치적 리더십을 종래의 권력 측면에서 접근하는 것에 대해 비판을 가한 후, 정치적 리더십은 리더가 추종자 또는 국민에게 제공하는 서비스라는 측면에서 접근해야 한다고 했다. 정치적 리더십은 독재적 리더십 형태에서부터 민주적 리더십 형태까지 모든 형태의 정치지도자의 리더십이 포함한다. 따라서 정치적 리더십이란 인민대중의 지지를 얻어서 정치적 목적을 실현시켜 나가는 통치기술을 포함하며, 좁은 의미의 민주적 지도자만을 지칭하는 것은 아니라 지배와 조작적 대중 통치수단을 포함하는 넓은 의미에서의 정치가의 전반적인 기능을 포함하고 있다.

바버는 미국의 대통령을 네 유형으로 분류하면서, 승부사형인 적극적 긍정형, 야수형인 적극적 부정형, 장인형인 소극적 긍정형, 사원형인 소극적 부정형 리더십인 네 유형으로 분류하였다.

바버는 대통령의 욕구를 적극성과 소극성으로 나누고, 정치적 상황 속에서 대통령이 긍정적이거나 부정적으로 대응하는 것을 토대로 나누고 있다.[42] 개혁적인 지도자는 인본주의, 평화, 평등, 정의, 자유와 같은 높은 수준의 도덕적인 가치와 이상에 호소하여 추종자들의 의식을 높은 단계로 끌어 올리려 한다. 바버의 분류는 권력의 획득이 민주적 정당성을 갖는가, 권력의 행사가 절차적 정당성을 갖는가, 그리고 권력행사에 대해 책임을 지는가 여부를 통한 고정된 분류가 아니라는 점과, 환경과의 상호작용관계 속에서 체제 내의 역학관계를 분석해줄 수 있는 리더십 유형으로 인식되고 있다는 점에서 복잡다기한 현대의 정치적 리더십을 분류하는데 주로 이용되고 있다.

〈표 4-4〉 바버(James D. Barber)의 리더십 4유형[43]

분석	적극적 긍정형	적극적 부정형	소극적 긍정형	소극적 부정형
행태	승부사형	야수형	장인형	사원형

특징	·강한 성취욕
	·환경장악능력
	·과업지향형
	·단기성과 추구
	·정치게임과
	  도전 의식
	·활동성과
	  만족도 일치
		·강한 권력욕
		·치밀하고 꼼꼼
		·권력지향적
		·공격성과 파괴적
		·독점욕
		·정서적 불안정
		·비극과 재앙
		·의심과 가학성
		·출세지향적
			·부드러운 성격
			·원만하고 협동적
			·사랑과 칭찬기대
			·우유부단
			·낙천적·보수적
			·윤리관과 겸손
			·조용하고 진실
			·온정주의
			·상황대처 미흡
				·비정치적
				·사명감과 윤리
				  의식
				·정치불신과 몰
				  이해
				·대인관계 문제
				·유연성 부족
				·무기력
				·두려움과 복종

42 James D. Barber, "Passive-Positve to Active-Negative, The Style and Character of President", in Joseph R Fiszman, and Gene S. Poschman, eds., *The Political Arena*, 3rd ed, (Boston: Little, Brown, and Company, 1972), pp.269-281.

43 James D. Barber, "The Interplay of Presidential Character and. Style: A Paradigm and Five Illustrations," in Aaron Wildavsky, ed. *Perspectives on the Presidency* (Boston: Little Brown. 1975), pp.62-91; James D. Barber, "Passive-Positve to Active-Negative, The Style and Character of President", in Joseph R Fiszman, Gene S Poschman, eds., The Political Arena 3rd ed. (Boston little, Brown and Company: 1972); James D. Barber, "Analyzing Presidents: From Passive Positive Taft to Active-Negative Nixon," The Washington Monthly 1 (October 1979); 최진, 『대통령 리더십 총론』, 법문사, 2008, 41면.

	·명예와 영광추구 ·활력과 진보성 ·변화지향적			·자신감 부족 ·안전주의
미국 대통령	토머스 제퍼슨 (Thomas Jefferson) 프랭클린 D. 루스벨트(Franklin D. Roosevelt) 존F.케네디(John F. Kennedy) 제럴드(Gerald R. Ford) 제임스카터(James E. Carter)	존 애덤스(John Adams) 우드로 윌슨 (Woodrow Wilson) 허버트 후버 (Herbert C. Hoover) 리처드 닉슨 (Richard M. Nixon)	제임스 메디슨 (James Madison) 윌리엄 태프트 (William H. Taft) 워런 하딩 (Warren Harding) 로널드 레이건 (Ronald Reagan)	조지 워싱턴 (George Washington) 캘빈 쿨리지 (Calvin Coolidge) 드와이트 아이젠하우어 (Dwight D. Eisenhower)

그런데 바버의 리더십 유형 역시 한계가 있을 수밖에 없다. 리더십의 유형자체가 한 개인의 복잡하고 난해한 심리적 특성을 어느 한 유형으로 정의함으로써 더욱 세부적으로 리더십을 파악할 수 없는 단점을 지닌다.

가드너(John W. Gardner)는 "정치적 리더십이란 정치적 권위의 지위에 있는 자들이나 그들의 경쟁자들이 사회의 다른 구성원들과 상호 작용함에 있어서 과거, 현재 그리고 가능한 미래에 리더로서 현저하게 나타나게 된 행위를 말한다"고 했다.[44] 아담 쉐보르스키(Adam Przeworski)의 말처럼, 정치체제나 리더십의 결정요인 중에서도 사회·경제적인 상황은 선택의 구조"를 이룰 뿐, 결정적인 요소는 결국 관련된 정치행위자들의 상호작용이라 할 수 있다. 이러한 정의를 통해, 정치적 리더십이란 "대중의 지지를 얻어서 정치적 목적을 실현시켜 나가는 통치기술이며 좁은 의미의 민주적 리더십만을 지칭하는 것이 아니라 지배와 조작적인 대중통치수단을 포함하는 넓은 의미의 정치가의 전반적인 역할과 기능 및 영향력"을 의미한다고 할 수 있다. 본 연구에서는 이러한 정의를 기반으로 하여 리더십을 서로 다른 정치적 권력을 지닌 사람들 간의 권력적 상호작용관계를 통해 정의하고자 한다.

베버(M. Weber)는 정치권력의 정당성을 기준으로 리더십 유형을 전통적 리더십, 합법적 리더십, 카리스마적 리더십 등 세 가지로 분류하였다. 여기서 전통적 리더십은 오랜 시일에 걸친 전통과 관습을 배후에 가지고서 오랜 역사적 전통에 대한 신뢰가 지도자 리더십에 정통성의 근거를 부여하는 것이며, 합법적 리더십은 법규화된 질서의 합법성과 또한 그것으로서의 지배권 행사의 권리를 부여받은 지도자의 사회적 질서나 규칙에 적합한 리더십이므로 흔히 가장 정당하고 민주적이라고 인정되는 지배

---

44 John W. Gardner, *On Leadership* (New York: Free Press, 1990), p.1.

형식이다. 마지막으로 카리스마적 리더십은 지도자 개인의 능력이나 성격 등을 역사나 시대상황에 비추어 영웅화하여 절대자로 치켜세우는 리더십으로, 어떤 절대적인 특정 개인의 신격화, 영웅적 전력, 이상적 모범성이나 계시, 또는 창조된 질서의 신뢰성 등에 대한 열렬한 신뢰에 기인하는 리더십 형식이다. 구체적으로 윌너(Ann Ruth Willner)는 카리스마적 리더십이 일반적 리더십에 비하여 4가지 차별적인 차원을 내포하고 있다고 했는데, 1) 리더의 이미지 차원, 2) 이념수용의 차원, 3) 복종적 차원, 4) 정서적 차원의 4가지이다. 첫째, 카리스마적 리더의 경우 그의 추종자들은 그들의 리더가 초인간적이거나 아니면 그들 문화에서 특별한 정도의 자질과 능력을 지니고 있다고 믿는 것이다. 둘째, 리더의 이념을 정의롭고 신뢰할 수 있는 것으로 추종자가 내면화하여 동일시하는 것이다. 셋째, 리더에 복종하는 것이 그들에게 유리하고 복종하지 않을 경우 당할 징벌이나 손실을 정당하다고 믿는 것을 의미한다. 넷째, 리더십은 종종 리더와 추종자간의 정서적 일체감이나 유대에 의해 영향을 받는데 보다 강력한 리더십일수록 애정, 존경, 신뢰, 열정 등의 정서적 에너지를 이끌어 낸다.[45]

화이트(Ralph K. White)와 리피트(Ronald Lippit) 역시 리더십을 권위형 리더십, 자유방임형 리더십, 민주형 리더십유형으로 분류하였다.[46] 첫째, 권위형 리더십(authoritarian leadership)은 일반대중으로부터 지도자에 대한 판단이나 저항을 차단시키고, 무조건적인 복종을 요구하며 조직의 안전을 구성원 개인의 욕구충족에 우선하는 지도자의 행동유형을 말한다. 둘째, 자유방임형 리더십(laissez-faire leadership)은 어떤 간섭이나 정치적 통제가 배제된 리더십 유형으로, 지도자의 역할은 조직을 유지하고 제재하는데 그치고 일체의 조직행동은 구성원 각자의 자율에 맡기는 리더십 유형이다. 셋째, 민주형 리더십(democratic leadership)은 지도자의 조언에 따라 집단이 스스로 과업을 결정하고, 지도자는 조직 구성원들과의 합의를 통해 정책을 결정하며, 설득과 토론을 통해 커뮤니케이션을 하는 지도자의 행동유형이라고 할 수 있다.[47]

---

45 Ann Ruth Willner, "Charismatic Leadership" in Barbara Kellerman, ed., *Political Leadership: A Source Book*, (Pittsburgh: University of Pittsburgh Press, 1986), pp.245-245.

46 Ronald Lippit and Ralph K. White, "An Experimental Study of Leadership and Group Life" in Eleanor E. Maccoby, et. al., *Reading in Social Psychology* (New York: Holt, 1958), pp.405-511.

47 Léon Dion, "The Concept of Political Leadership: An Analysis," *Canadian Journal of Political Science*, Vol. 1, No. 1 (Mar., 1968), pp.2-17.

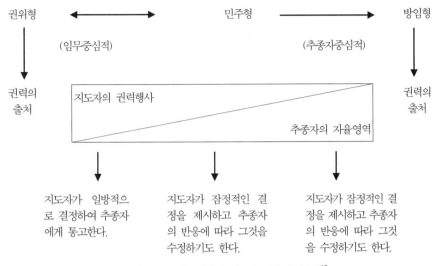

권위형   ←——→   민주형   ——→   방임형

(임무중심적)   (추종자중심적)

권력의   지도자의 권력행사   권력의
출처   추종자의 자율영역   출처

지도자가 일방적으로 결정하여 추종자에게 통고한다. / 지도자가 잠정적인 결정을 제시하고 추종자의 반응에 따라 그것을 수정하기도 한다. / 지도자가 잠정적인 결정을 제시하고 추종자의 반응에 따라 그것을 수정하기도 한다.

〈그림 4-1〉 리더십유형의 연속적 분포[48]

탄넨바움과 슈미트(R. Tannenbaum & Warren H. Schmidt)는 〈그림 4-1〉과 같이 권위형과 민주형의 상대적이고 연속적인 분포를 상징적으로 보여 주고 있다. 이 그림에 나타난 민주형의 극단을 지나쳐 추종자의 자유를 그 이상 허용하는 지도행태는 방임형에 해당하는 것이다.

레윈(K. Lewin) 역시 정치적 리더십 유형을 정치형태에 따라 민주적 리더십, 전체주의적 리더십, 권위주의적 리더십, 관료주의적 리더십 등 네 가지 유형으로 분류하였다.[49] 첫째, 민주적 리더십이란 지도자가 피치자 가운데에서 선출되고, 공개적으로 행동하고 비판을 받으며, 자신의 언행에 대해 책임을 지고 끊임없이 경질되는 리더십을 말한다. 둘째, 전체주의적 리더십은 민주적 리더십과는 대조되는 것으로 이는 역사적으로 나치즘과 파시즘의 경우에서 찾아볼 수 있다. 셋째, 뢰벤슈타인(K. Löwenstein)은 "권위주의적 정치체제란 단일의 권력보유자가 일반국민으로 하여금 국가의사를 형성하는 데 효과적으로 참여할 수 없도록 권력을 독점하는 정치체제"로 정의하였다.[50] 레윈은 이러한 권위주의 체제의 지도자를 기반으로 하여, 권위주의적 리더십을 일반대중보다는 지도자를 중심으로 체제를 안정시키고, 조직의 안전을 무엇보다도 우선하는 것으로 정의해왔다. 넷째, 관료주의적 리더십이란 사회가 점차 관료화되고 조직화

---

48 R. Tannenbaum and W. H. Schmidt, "How to Choose a Leadership Pattern," *Harvard Business Review*, Vol. 36, No. 2(March-April 1958), p.96; 오석홍, 『조직이론』, 박영사, 1980, 573면.

49 박치정, 『현대정치학』, 삼경사, 1995, 112면.

50 Karl Löwenstein, *Political Power and the Governmental Process* (Chicago University of Chicago Press, 1965), pp.31-32.

됨에 따라서 등장하게 된 리더십이다. 관료주의적 리더십은 새로이 상황을 타개하려는 적극성이 결여되기 때문에 안정된 호경기 때에는 환영을 받지만, 경제공황이나 국가 위기 시에 나타날 때 적절한 대응을 못하는 리더십이다.

한편 슈미트(Warren H. Schmidt)는 리더십 유형을 지배형태에 따라 전통적 리더십(Traditional Leadership), 제도적 리더십(Institutional Leadership), 투기적 리더십(Inflammatory Leadership), 창조적 리더십(Creative Leadership)의 네 가지 유형으로 분류하였다. 첫째, 전통적 리더십이란 정치를 군주나 귀족, 명망가 등이 독점하는 전근대적인 봉건사회의 정치 리더십을 말한다. 전통사회의 지도자는 세습신분에 의해서 지도적 지위를 차지하며, 전통과 관습에 의해 지배하기 때문에 전통적 리더십은 진정한 의미의 리더십이라고 할 수 없다. 둘째, 제도적(대표적) 리더십은 근대사회와 현대사회와 같은 비교적 안정된 정치사회에 나타나는 전형적인 리더십이다. 근대사회에서 정치는 대중의 동의와 지지를 획득해야만 했다. 정치의 지도자는 일반대중의 대표자로서 등장하였고 이들의 이익을 대변해야 했다. 대표적 리더십은 지도자는 그 사회 내부에 존재하고 있는 다양한 이해와 가치를 대표한다. 셋째, 투기적 리더십은 선동적이며 일반대중의 이익이 제도적 리더십으로 충족되지 못할 경우에 나타나는 리더십이다. 다시 말해 국민대중의 욕구불만을 투기적인 방법으로 해결하는 리더십이다. 투기적 리더십은 일종의 선동적인 행태로 등장하게 된다. 그러나 이러한 투기적 리더십이 사회의 각계계층을 만족시킬 수 있는 온건한 해답을 찾아내는 일은 실제로 불가능에 가깝다. 파시즘이나 나치즘하의 정권의 선동정치가 투기적 리더십의 예이다. 넷째, 창조적 리더십은 종래의 이익 충족 방법으로는 도저히 국민의 욕구를 만족시킬 수 없다고 판단될 때 나타나는 리더십이다. 이런 형의 리더십 역시 위기적 상황에서 단지 이익의 충족 방법을 변경시키는 것뿐만 아니라 기존의 가치체계 그 자체를 변혁시킴으로써 리더십을 획득하려고 한다.[51]

하지만 이러한 유형분류들은 너무나도 결정론적인 리더십 분류라는 한계를 가지고 있다. 특히 정치형태나 정치권력의 정당성을 통해 고정된 리더십 유형을 정의하는 것은 복잡다기한 현대의 정치적 리더십을 분류하는데 있어서 한계가 있을 수밖에 없다.

2. 대통령 대 의회 관계

이 연구는 번스(James MacGregor Burns)가 지적한 행정부와 의회의 세 가지 관계유형 모형에 이를 대입함으로써, 대통령의 리더십이 의회와의 관계를 어떻게 이끌어 가는

---

51 박치정, 『현대정치학』, 삼경사, 1995, 115-116면.

가를 분석한다. 행정부에 대한 의회의 통제가 형식화 된다는 해밀턴(Hamilton) 모형, 행정부에 대한 의회우위의 권력형태로서 행정의 능률성을 확보하는 것보다 의회가 행정의 권력남용을 견제하고 통제하는 데 중점을 둔다는 매디슨(Madison) 모형, 그리고 행정부와 의회가 상호 대등한 관계에서 원내 다수당의 지지를 바탕으로 안정된 정치를 추구하는 제퍼슨(Jefferson) 모형 속에서 대통령의 리더십이 어떻게 발휘되는가를 분석하고, 행정부가 입법과정을 포괄적으로 지배하며 대외정책과 재정 및 경제정책을 독점적으로 결정함으로써 행정부에 대한 국회의 통제가 형식화된다는 해밀턴(Hamilton) 모형, 행정부에 대한 국회우위의 권력형태로서 행정의 능률성을 확보하는 것보다 의회가 행정의 권력남용을 견제하고 통제하는 데 중점을 둔 매디슨(Madison) 모형, 그리고 행정부와 국회가 상호 대등한 관계에서 원내 다수당의 지지를 바탕으로 안정된 정치를 추구하는 제퍼슨(Jefferson) 모형이 바로 그것이다. 하지만 이 유형만으로는 대통령과 의회 간의 관계변화를 설명해 낼 수 없기 때문에, 유형분류 속에 대통령의 리더십이 어떠한 역할을 하고 있는지를 분석해 볼 필요가 있다.

알렉산더 해밀턴(Alexander Hamilton)은 연방헌법 탄생에 커다란 영향을 미쳤으며 초대 재무장관으로 연방은행 및 보호 관세 설립 등을 통해 미국 정부가 재정적으로 안정되는 데 있어 크게 이바지하였다. 그는 연방주의자라는 측면에서 반연방주의자의 대표격인 토머스 제퍼슨(Tomas Jefferson)과 대립적 위치에 서게 되는 경우가 많았다.[52]

그는 기존의 학자 및 정치가들의 모호한 입장과 달리 행정권에 대해 분명한 견해를 견지하였다. 마키아벨리는 군주의 통치술에 대해서는 많이 저술했지만 대의제적 공화국의 행정부에는 그 이론이 적합하지 않았다. 로크도 왕에 대립하는 국민의회의 권리를 역설했지만 공화제에 있어서의 행정권의 위치에 대해서는 모호한 태도를 취했다. 그러나 해밀턴은 행정부의 활력이야말로 좋은 정부를 정의하는 가장 두드러진 특징이라고 확신하였다. 외침으로부터 사회를 방위하고 법을 꾸준히 집행하기 위해서는 행정부의 활력이 필수적이며, 정의질서를 파괴하는 범법자들로부터 재산을 보호하고, 야심·파벌·무정부상태의 기도와 강탈로부터 자유를 수호하기 위해서도 행정부

---

52 Ron Chernow, *Alexander Hamilton* (New York: The Penguin Press, 2004) ; 해밀턴(Alexander Hamilton)은 독립 후 아나폴리스회의, 헌법제정회의에서 뉴욕대표로 참가하여, 강력한 연방정부 조직을 주장하였으나 반발을 초래하였다. 그러나 연방헌법 비준을 성립시키기 위하여 J. 매디슨 등과 함께 헌법을 옹호하는 논문집 *The Federalist*를 발표하였다. 이 논문집은 미국 건국 주역들의 정치사상을 알기 위한 귀중한 자료가 되었다. 워싱턴 대통령 집권 시기 1789~1795년 재무장관이 되었고, 국채액면상환(國債額面償還), 주채(州債)의 연방정부 인수, 국립은행의 창설, 보호관세의 설립 등 상공업의 발달을 중시한 재무정책을 취하였다. 그가 주장한 현명한 소수자에 의한 정치라는 정치철학은 제퍼슨 등의 반대를 받았지만 그의 정치경제사상, 특히 경제사상은 미국의 발전에 지대한 영향을 미쳤다.

의 활력이 필수적이라는 것이다. 그는 약한 행정부는 정부의 약한 집행권을 의미한다고 주장하면서 약한 정부는 나쁜 정부라고 했다.[53]

이처럼 해밀턴은 좋은 정부의 심장부로서 대통령직에서 "정력(energy)"적인 역할을 묘사하였다. "허약한 행정부는 정부의 허약한 집행을 의미한다(A feeble executive implies a feeble execution of the government)"는 것이다. 해밀턴의 공식에서 강력한 대통령의 리더십(presidential leadership)은 좋은 정부의 엔진이다.[54] 해밀턴의 모형은 과감한 것이었다. 그는 강력한 대륙국가를 구상했으며 새 연방정부에 권력을 집중시키는 모험적인 발상을 하였다. 그는 각 주로부터 그 권력의 대부분을 빼앗음으로써 각 주를 새로운 연방정부의 지역적인 행정부서나 다름없게 만들려고 했다. 그는 종신직의 대통령을 제의했으며, 대통령이 "법률안거부권, 상원의 자문을 통한 선전포고·강화·조약체결권, 국군통수권, 외교사절파견 및 군장교 임명권, 반역죄를 제외하고는 상원의 자문을 거치지 않는 일반사면권"을 행사할 수 있게 하려고 했다.[55] 해밀턴은 자기의 목표가 공권력과 개인의 안전을 결합하는 것이라고 말했다.

해밀턴은 자기의 제안이 너무 대담하다는 것을 인정했으며, 실제로 효율적인 행정부가 공화제원리를 바탕으로 과연 수립될 수 있을 것이지 의문을 가지기도 했다. 그러나 그는 "우리의 상황은 특이하다. 이 같은 상황은 우리가 적당하다고 생각하는 대로 구상할 수 있도록 많은 여지를 남겨 놓고 있다"고 말했다.[56]

해밀턴은 대통령 재직 당시 법률안 성립에 개입하여 법률의 세부 내용을 작성하고 의회에서의 입법 전략을 지배할 수 있는 중요한 계획을 세울 수 있는 권한을 장악하려고 시도하는 등, 대통령의 강력한 권한을 주장하였다. 〈그림 4-2〉는 해밀턴 모형에서 힘의 방향과 행정부와 의회와의 관계, 그리고 의회 내의 여당과 야당의 힘의 관계를 설명한 것이다.

이 모형은 견제와 균형의 체계 안에서 역동적인 행정활동을 펴는 모형이다. 해밀턴은 일찍이 행정권력과 진정한 공화주의가 양립할 수 있는지 회의를 품었지만, 그는 후에 워싱턴 행정부가 미국 역사상 진실로 창조적인 대통령제의 하나로서 우뚝 솟아 있는 그런 "입김이 센 정부"를 만드는 데 성공했다.[57]

53 James M. Burns, *Presidential Government: The Crucible of Leadership* (Boston: Houghton Mifflin Company, 1965); 권영성 외 역, 『미국형대통령제: 리더쉽의 위기를 중심으로』, 법문사, 1983, 19-20면.

54 Pendleton Herring, *Presidential Leadership: The Political Relations of Congress and the Chief Executive* (New York: Farrar and Rinehart, 1940), pp.ix-x.

55 Harold C. Syrett, ed., *The Papers of Alexander Hamilton*, Vol. 4 (New York: Columbia University Press, 1962), p.201.

56 James M. Burns, *Presidential Government: The Crucible of Leadership*, p.20.

〈그림 4-2〉 해밀턴 모형[58]

위의 〈그림 4-2〉에서 화살표는 권력의 방향을 묘사한 것으로, 해밀턴 모형은 대통령 중심적 정부 모형으로, 견제와 균형의 체계 안에서 대통령과 행정부는 역동적인 행정 활동을 수행하고, 대통령의 리더십이 입법과정을 포괄적으로 지배하는 모형이다.[59] 여기서 해밀턴 모형은 강력한 대통령이 정국을 주도하고, 행정부가 의회에 대해서 우위의 관계를 유지하는 모형이지만, 의회 내의 여당의 힘이 크지 않거나, 정치적 상황 속에서 대통령이 각 이슈에 대해 부정적으로 대응한다면, 야당과의 관계는 심각하게 악화될 수 있다.

미국 헌법 초안에 주도적인 역할을 한 매디슨은 신중하고 질서 있는 안정된 정부 및 정돈된 개인의 자유와 책임에 대한 신봉자였다. 매디슨 모형은 대담성과 활동력이 약한 신중한 정부로서 행정부에 대한 의회 우위의 바탕아래, 입법권과 행정권의 권력 균형을 이루는 모형이다.[60]

매디슨 자신은 견제와 균형의 진정한 정신에서 그의 정부를 구성하고 이끌어 나가

---

57 James M. Burns, *Presidential Government: The Crucible of Leadership*, pp.38-39.

58 지영환, "대통령의 Leadership과 대 의회관계에 관한 연구－민주화 이후를 중심으로－"고려대학교 대학원 석사학위논문, 2004, 34면 ; 현대정치에서 압도적으로 나타나고 있는 현상이라는 것이다. ← 는 의회와 행정부간의 권력균형이 깨지고 대통령과 행정부에 권력이 집중되는 것을 설명한다. 또한 여당 ≠ 야당 및 ≠의 의미는 대통령과 행정부가 정국을 주도하고 의회 본연의 기능인 입법기능까지 주도가 가능한 상황에서는 여야간의 관계가 대결구도로 이어질 가능성이 높으며, 따라서 힘의 관계를 구분할 필요가 없다. 이 논문에서는 이후의 표에서 여야 힘의 관계를 변수로 설명한다.

59 임성호, "민주주의와 관료제: 관료제의 비대화 및 병폐의 정치적 원인", 28-53면. 임성호는 이러한 해밀턴 모형이 현대정치에서 압도적으로 나타나고 있는 현상이라 주장한다.

60 매디슨(James Madison)은 1787년 헌법제정회의에는 버지니아 대표로 출석하여, 주로 헌법초안 기초를 맡아 핵심적인 역할을 했으며 이를 채택하고 이것에 의미를 부여하고 권리장전을 첨가하였다. 그는 '미국헌법의 아버지'로 일컬어지고 있다. 그는 1801년 T. 제퍼슨 행정부의 국무장관이 되고 1808년 공화당 소속으로 대통령선거에서 당선되었다. 친구인 제퍼슨의 중립정책을 계승하였으나 마침내 1812년 미국-영국전쟁에 휘말려 들었다. 그는 정치학자로서 영국의 정치철학에 조예가 깊고, 그가 헌법옹호론자로서 집필한 *The Federalist Papers*는 미국 정치학의 고전이 되었다. 매디슨 대통령은 일생을 통해 매디슨 양심의 자유, 다른 사람의 권리, 자유로운 활동, 공화국 형태의 정부, 국민의 의지에 따르는 정부, 연방에 대한 열정적인 헌신적인 열의를 보여주었다.

려고 했다. 그는 워싱턴의 명성, 해밀턴의 민중 조종능력, 제퍼슨의 정당지도자로서의 힘과 같은 것을 갖추지 못했기 때문에, 정부의 원심력이 자신의 계획을 좌절시키고 있다는 것을 곧 알아차렸다. 매디슨은 자기가 정치적인 회로를 통하여 힘을 행사하지 않으면, 그의 정적들이 똑같은 회로를 통해 자신에게 압력을 가할 것이라는 것을 발견했다. 그의 정치구조는 결코 중립적일 수가 없으며, 사려 깊게 고안된 견제와 균형의 원리도 대립되는 이해관계와 정책 중의 어느 일방을 지지한다는 것도 깨달았다. 매디슨이 원했던 재무장관 임명을 의회세력이 좌절시킴으로써, 행정권의 도구라고 생각됐던 내각은 대통령에게 대항하는 것으로 변모했다. 부통령은 대통령을 반대하여 사실상 자기가 원하는 대로 행동했다. 하원의장직, 비공식간부회의, 위원회제도 역시 매디슨을 반대하는 것으로 변모했다.[61]

매디슨이 지적한 바와 같이, 인민들은 현명한 지도자(enlighted leaders)가 항상 군림할 수 없으며, 잘 건설된 정부는 정치적 삶에서 이러한 사실을 인지해야 한다.[62] 매디슨의 지혜가 제시하는 바는 활발한 의회(viable Congress)는 활발한 대통령직(viable presidency)의 필요조건이다.[63]

이 모형은 존 애덤스(John Adams)에 의해 실제로 행사되었다. 그는 상호견제하는 권력으로 장치된 정부의 필요성을 오랫동안 역설했었고, 행정부와 입법부 사이의 관계에서뿐만 아니라 각각 그 자체 내에서도 권력이 균형되도록 훌륭하게 고안된 제도를 매사추세츠주(The Commonwealth of Massachusetts)에 만들었다. 신중하고 질서 있는 안정된 정부 및 정돈된 개인의 자유와 책임에 대한 신봉자로서, 애덤스 대통령은 해밀턴적인 많은 장치를 해체시켰으며 대부분의 헌법기초자들의 희망과 기대에 밀착된 정부모형을 실행한다.[64]

〈그림 4-3〉 매디슨 모형

61 James M. Burns, *Presidential Government: The Crucible of Leadership*, p.40.
62 Pendleton Herring, *Presidential Leadership: The Political Relations of Congress and the Chief Executive* (New York: Farrar and Rinehart, 1940), p.xv.
63 Ibid., p.xxiv.
64 James M. Burns, *Presidential Government: The Crucible of Leadership*, p.39.

앞의 〈그림 4-3〉은 매디슨 모형에서 힘의 방향과 행정부와 의회와의 관계, 그리고 의회 내의 여당과 야당의 힘의 관계를 설명한 것이다. 위의 화살표는 권력의 방향을 묘사한 것으로, 매디슨 모형은 의회가 중심이 되어 정국을 주로 주도하고, 행정부와 의회가 상호 대등한 관계에서 안정된 정치를 추구하는 모형이다. 즉, 매디슨 모형은 다시 말해서 행정의 능률성을 확보하는 것보다 의회가 행정의 권력남용을 견제하고 통제하는 데 중점을 둔 모형이다. 이러한 모형에서는 대통령과 의회간의 타협과 조화를 위해 안정적이고 신중한 대통령의 긍정적 리더십이 필요하다.

그리고 의회 내의 여당의 힘이 강하다면 행정부를 주장할 것이 아니라 소극적 리더십을 통해 행정력을 효과적으로 발휘할 필요가 있으며, 의회 내의 야당의 힘이 강하다면 적극적 리더십을 통해 정국의 주도권을 가져올 필요가 있을 것이다.

최초의 공화주의자 대통령인 제퍼슨은 헌법이 초안된 지 15년만에 강력한 국민정당을 주재했고, 입법부를 지배했으며, 심지어 연방주의자의 손아귀에 있던 사법부까지 억누르려고 했다.[65] 해밀턴 모형이 대통령직을 중심으로 하고 행정부의 활력·책략·창의력과 철저한 실용주의에 입각한 연방정부를 의미한다면, 매디슨 모형은 대담성과 활동력이 약한 신중한 정부로서 입법권과 행정권의 권력균형에 입각한 정부를 의미했다고 할 것이다. 해밀턴 모형이 보다 책략적이고 융통성 있는 정부였고, 매디슨 모형은 안정적이고 신중한 것이었으며, 제퍼슨 모형은 보다 민주적이고 잠재적으로는 더욱 강력한 것이었다.[66] 19세기에 제퍼슨식 자유주의(Jefersonian liberalism)는 개인의 자율성과 제한정부를 인민에 대한 최선의 보호로 강조하였다.[67]

〈그림 4-4〉는 제퍼슨 모형에서 힘의 방향과 행정부와 의회와의 관계, 그리고 의회 내의 여당과 야당의 힘의 관계를 설명한 것이다.

---

65 토머스 제퍼슨(Thomas Jefferson)은 1775년 버지니아 대표로서 제1·2차 대륙회의에 참가하였고, 1776년 독립선언문 기초위원으로 선출되었다. 1785년 프랑스 주재공사에 임명되고, 1790년 G.워싱턴 행정부의 초대 국무장관에 취임했다. 그러나 강력한 중앙정부제를 주장하는 재무장관 A.해밀턴과의 정책대립으로 1793년 사임하였다. 해밀턴이 주도하는 연방파(聯邦派)에 대하여 민주공화당을 결성하여 그 지도자가 되었는데, 이것이 현재의 민주당의 기원이다. 1796년 부통령, 1800년 제3대 대통령에 당선되어 새 수도 워싱턴에서 취임식을 거행한 최초의 대통령이 되었다. 재임 중 문관의 무관에 대한 우월, 소수의견의 존중, 종교·언론·출판 자유의 확립 등에 주력하고, 1803년 캐나다 국경에서 멕시코만(灣)에 이르는 광대한 지역을 프랑스로부터 구입하여 영토를 거의 배가(倍加)하는 한편, 나폴레옹전쟁에 의하여 국제긴장에 휩쓸리지 않도록 고립주의 외교정책을 유지하면서 중립을 지켰다.

66 James M. Burns, *Presidential Government: The Crucible of Leadership*, p.39.

67 David Zarefsky, "The Presidency Has Always Been a Place for Rhetorical Leadership," in Leroy G. Dorsey. ed., *The Presidency and Rhetorical Leadership* (College Station: Texas A&M University Press, 2002), p.36.

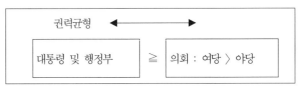

〈그림 4-4〉 제퍼슨 모형[68]

위의 화살표는 권력의 방향을 묘사한 것으로, 제퍼슨 모형은 강력한 대통령의 지도 아래 정국을 주도하고, 원내 다수당의 지지를 바탕으로 행정부와 의회가 상호 대등한 관계에서 안정된 정치를 추구하는 모형이다. 이러한 모형에서는 대통령이 강한 행정부를 주장할 것이 아니라, 소극적 리더십을 통해 행정력을 효과적으로 발휘할 필요가 있으며, 대통령과 의회간의 타협과 조화를 위해 안정적이고 신중한 대통령의 긍정적 리더십이 필요하다. 즉, 제퍼슨 모형은 강력한 대통령과 여당이 정국을 주도하고, 행정부와 의회가 상호 대등한 관계에서 안정된 정치를 추구하는 모형이지만, 절대 우위의 권력을 통해 권력의 정점에 서 있는 대통령의 통치스타일에 따라, 야당과의 관계가 악화될 수 있으며, 대통령과 의회와의 관계 역시 왜곡될 가능성이 많다. 특히 직책 수행에 있어 의회를 배제할 정도로 대통령의 리더십이 적극적이거나, 정치적 상황 속에서 대통령이 각 이슈에 대해 부정적으로 대응한다면, 여당 및 야당과의 관계를 비롯하여, 의회와의 관계 모두 악화될 수 있다.

〈그림 4-5〉는 제퍼슨 모형에서 이상적인 리더십을 그림으로 나타낸 것이다.

〈그림 4-5〉 제퍼슨 모형에서의 이상적 리더십[69]

---

68 지영환, "대통령의 Leadership과 대 의회관계에 관한 연구-민주화 이후를 중심으로-"고려대학교 대학원 석사학위논문, 2004, 29면 ; ↔ 화살표 의미는 권력균형으로 위의 모형은 제퍼슨 모형이다. 제퍼슨 모형은 강력한 대통령의 지도 아래 정국을 주도하고, 원내 다수당의 지지를 바탕으로 행정부와 의회가 상호 대등한 관계에서 안정된 정치를 추구하는 모형이다. 화살표의 의미는 서로에게 의회와 대통령 대(對) 행정부가 권력이 적절히 분산되고 있다. ≧ 위의 모형은 제퍼슨모형 임으로 강력한 대통령과 여당이 정국을 주도하고, 행정부와 의회가 상호 대등한 관계에서 안정된 정치를 추구하는 모형이며, 여당 〉 야당 의미는? 제퍼슨 모형은 원내 다수당의 지지를 바탕으로 나타 낼 수 있다.

69 양 화살표가 의미하는 바는 다음과 같다. 제퍼슨 모형에서는 강력한 대통령과 여당이 정국을 주도 하고, 행정부와 의회가 상호 대등한 관계에서 안정된 정치를 추구하는 모형이기 때문에 소극적이

여기서 소극적 리더십과 긍정형의 리더십을 제퍼슨 모형에서의 이상적 리더십으로 파악한 이유는, 제퍼슨 모형이 비록 강력한 대통령과 여당이 정국을 주도하고 있지만, 임기 및 경제상황, 차기 의회선거에서의 의석변수에 따라 의회와의 관계가 쉽게 악화될 수 있는 가능성을 가지고 있으며, 이러한 상황에서는 소극적 긍정형의 리더십이야 말로 의회와의 관계를 타협을 통해 해결할 수 있게 해주는 리더십이기 때문이다.

소극적 긍정형의 리더십은 의회와의 관계를 타협을 통해 해결할 수 있게 해주는 리더십이지만, 대통령 및 행정부가 자칫 정국주도권을 빼앗길 가능성이 상존한다. 하지만 여당이 의회에서 우의를 점하고 있고 대통령과 행정부가 정국주도의 강력한 기반을 쥐고 있는 상황에서 정국주도권을 빼앗길 가능성은 크지 않다. 한편, 이러한 대통령 리더십의 문제 이외에 대통령과 의회와의 관계를 결정짓는 또 다른 변수들이 존재한다. 이러한 변수들은 의회와 대통령의 관계를 악화시키고 개선시킬 수 있는 중요한 변수이다. 하지만 대통령의 리더십이 이러한 상황에 얼마나 잘 적응하느냐에 따라서 대통령과 의회간의 관계는 조화와 타협의 관계를 만들어 낼 수 있다.

번즈는 혁명적 리더십은 혁명을 수행하는 과정에서 나타나기 쉬우며 혁명적 리더십은 성공하기 위해서는 세 가지 차원의 전제가 필요하다고 하였다. 첫째, 혁명은 대중들의 욕구와 필요를 자극해야할 필요가 있고 대중은 선동과 정치적 행위를 통해 동원되어야 한다. 둘째, 다른 리더십과 마찬가지로 갈등을 필요로 한다. 특히 혁명적 리더십은 보다 극단적인 대립과 갈등 요소가 필요하다. 셋째, 사명감에 대한 강한 의식, 궁극적인 가치, 그리고 초월적인 목적이 있어야 한다. 또한 개혁적 리더십과 혁명적 리더십을 구분하면서 첫째, 개혁적 리더십이 성공하기 위해서는 다양한 형태의 개혁적·비개혁적 목표를 지닌 자들과 연합하는 것이 필요하며 개혁적 지도자는 그들 계급 내에서 끊임없는 분파들을 조정하며 균형 있게 다루어야 한다. 개혁적 리더십은 목적을 달성하기 위해 부적절한 방법을 사용하는 것이 허용되지 않는다. 부적절한 방법은 개혁적 리더십에 대한 추종자의 자발적 동의를 상실케 할 수 있기 때문이다. 셋째, 개혁적 지도자는 점진주의적 인물이어야 한다. 도덕적 원칙을 실현시키고 사회의 전부 또는 일부분을 완만히 변화시켜야 하기 때문이다.[70]

한국에서 채택하고 있는 대통령제는 운영과정에서 제도적으로 두 가지 딜레마에 봉착한다. 첫째, 대통령 소속 정당이 원내에서 다수의석을 차지할 경우 행정부에 의한 의회지배현상이 나타나게 되어 권력 간의 분립과 견제가 실현되기 어렵게 될 수 있다. 둘째, 대통령 소속 정당이 원내 소수당일 경우, 행정부와 의회를 각각 분점한 정당

고 긍정형인 리더십이 있어야 대통령·행정부 대(對) 의회의 관계가 원만할 수 있다는 것이다. 그리고 제퍼슨 모형은 여당의 힘이 더 강할 때를 가정한 것이다.

70 James M. Burns, *Leadership* (New York: Harper & Row Publishers, 1979), pp.202-203.

간의 대결과 교착으로 인해 국정위기가 초래될 수 있다. '여소야대'로 표현되는 이러한 분점정부(divided government)[71] 상황은 대통령제의 모국인 미국에서도 문제로 인식되고 있으며, 남미 대통령제의 중대한 약점이자 민주화 이후 한국의 정치위기를 낳는 근원이기도 하다. 이 연구는 민주적 제도를 안정적으로 운용하기 위해서는 대통령의 정치적 리더십이 정립되어야 한다고 주장한다. 제도의 상호작용의 관점에서 대통령의 리더십은 행정부와 의회와의 관계를 생산적으로 조율하고, 의회에서 여당과 야당, 다수당과 소수당의 합의를 통해 사회통합을 이루는데 중요한 기제이기 때문이다.

이 연구는 대통령의 정치적 리더십을 개성(personality)의 차원보다는 의회와 행정부 사이에서의 제도적 상호작용에 초점을 맞출 것이다. 정치가로서 개성은 그 정치가 생애 전체를 통해 나타나며, 이 연구의 주안점은 정치적 리더십과 제도적 요인을 포함한 상황변수의 관계이기 때문에, 개성은 상수(constant)로 처리할 수 있다. 미국에서는 분권적 권력구조 하에서 대통령의 제도적 역할이 결정된다. 반면 한국은 중앙집권형 국가였으며, 지방자치제가 실시된 이후에도 권력의 분산 정도가 높지 않다. 또한 미국은 대통령과 부통령을 두고 있지만 한국은 한명의 대통령에게 비교적 과다한 권력을 부여한다. 그래서 한국은 미국보다 대통령에게로의 권력집중 정도가 높고 대통령의 재량이 크다.

第3節 분석틀

1. 대통령의 정치적 리더십 유형과 대 의회관계 모형

가. 독립변수

이 연구는 독립변수로서 정치적 리더십이 임기변수, 의석분포, 정치·경제 상황이라는 상황변수와의 결합을 통해 대통령의 대對 의회관계가 어떻게 정립되는가를 밝힌

---

71 분점정부는 좁은 의미의 여소야대를 지칭한다. 오승용, "한국 분점정부의 대통령-의회관계 연구 – 입법과정을 중심으로–", 전남대학교 정치학박사학위논문, 2003, 15-16면 ; 분점정부(分店政府)는 한국의 분할이라는 용어가 어의상 '나누어 진다'는 의미만 갖는 반면, '나누어 차지한다'는 의미이기 때문에 정당이 입법부와 행정부를 차지하지 못하고, 서로 다른 정당이 입법부와 행정부를 나누어 장악하는 상황을 보다 정확히 전달 할 수 있다.

다. 한국 대통령이 국가운영에서 행사하는 영향력은 어느 다른 나라의 수반들보다도 강하다.[72] 그러한 점에서 한국에서 대통령의 리더십에 대한 객관적 논의와 올바른 의회와의 관계설정이 무엇보다 필요하다. 한국 사회에서는 국민들의 정치적 만족을 위한 이러한 기관들이 오히려 정치적 불만족을 증가시키는 최대 장애 요인으로 인식되기도 한다. 이것은 바로 대통령과 의회의 유기적인 견제와 균형(checks and balances), 그리고 조화가 이루어지지 않고, 이들의 역기능 내지는 기능 부족 현상이 나타나고 있기 때문이라 할 수 있다.

그리고 한국은 여대야소의 안정적인 정치 행정구조가 만들어졌어도, 지도자의 권위주의적 리더십으로 인해,[73] 그리고 민주화 이후의 적합한 리더십의 한계로, 오랫동안 국회의 기능이 원활히 이루어지지 못한 측면이 있다. 민주화 이후에는 지역을 기반으로 한 보스중심의 파벌정치 속에서 대통령과 의회와의 관계가 대결적인 국면으로 전환되어, 상당기간 불안정이 노정되기도 하였다. 이제 이러한 대통령의 국정운영 중심축은 변화하고 있으며 그 방향은 '대통령과 관료'에서 '대통령과 국회'로 향하고 있다.

대통령과 의회의 국정운영 축에서는 대통령의 국정이 대화를 통한 타협과 양보에 기초한 설득에 의해 운영됨으로써, 권위주의적인 카리스마 리더십의 효용성이 현저히 저하된다.[74] 민주주의의 헌법적 원리는 대통령은 국민을 통합하며, 국가적 위기나 정치적인 문제를 해결하고 미래를 조정하는 행정부의 수반이며, 의회는 다양한 이해관계를 조정해서 사회구성원이 지향하는 정치적 만족을 구현하는 입법기관이라 할 것이다. 정치적 안정을 도모하기 위해서는 독립변수인 정치적 리더십을 통해 대통령과 의회의 유기적인 견제와 균형, 그리고 조화가 이루어져야 한다.

나. 상황변수

대통령의 대對 의회관계에서 독립변수인 정치적 리더십에 동행하는 상황변수는 임기변수, 의석분포, 정치·경제 상황의 세 차원이다. 대통령과 의회와의 관계를 파악하기 위해서는 정치체제의 특징, 국가의 정치적, 경제적, 군사적, 문화적 특징과 기술, 그리고 심리학적 영향뿐만 아니라 개인의 특성을 종합적으로 살펴보는 것이 필요할

---

72 이종범, "김영삼 대통령의 리더십 특성과 국정관리 유형 : 문민정부 1년의 정책평가", 『한국행정학회보』(제1권), 1995, 1127-1140면.
73 김명기, 『한국행정론』, 한국방송통신대학출판부, 1992, 209-210면.
74 함성득, 『새대통령의 새로운 역할 : 명령자에서 조정자로』, 나남출판, 2003, 9-10면.

것이다. 또한 번즈가 지적한 대로 대통령제 아래서 대통령과 의회의 관계는 이론적으로 엄격한 권력분립을 통한 상호 독립과 견제를 원칙으로 하지만, 대통령 개인의 정치적 역량이라든지 의회가 행정부를 견제 여부에 따라 세 가지 관계유형을 측정 할 수 있다.[75]

첫째, 해밀턴(Hamilton)[76] 모형은 절제와 균형의 체계 안에서 대통령은 역동적인 행정활동을 수행한다. 그리고 행정부가 입법과정을 포괄적으로 지배하며 대외정책과 재정 및 경제정책을 독점적으로 결정함으로써 행정부에 대한 의회의 통제가 형식화되는 모형으로써, 흔히 국가비상사태의 극복이나 국가건설 등 행정의 능률성이 민주적 절차보다 우선시될 때 선호되는 권력 형태라 할 수 있다. 특히 현대에 들어서는 준입법 기능과 준 사법 기능이 행정부에 광범위하게 위임되면서, 해밀턴 모형을 따라서 행정부의 권한이 점점 확대되어가고 있다.[77] 둘째, 매디슨 모형은 대담성과 활동력이 약한 신중한 정부로서 입법권과 행정권의 권력 균형에 입각한 정부를 의미한다. 행정부에 대한 의회우위의 권력 형태로서 행정의 능률성을 확보하는 것보다 의회가 행정의 권력남용을 견제하고 통제하는 데 중점을 둔다. 셋째, 제퍼슨모형은 강력한 대통령의 지도 아래 고도의 경쟁적인 양당 제도를 갖추고 매디슨 모형보다 더욱 국민적이고 민주적이며 균형감과 추진력을 갖춘 다수결 원리를 위한 정부를 의미한다. 행정부와 의회가 상호 대등한 관계에서 원내 다수당의 지지를 바탕으로 안정된 정치를 추구한다. 대통령 개인의 정치적 역량이라든지 의회가 행정부를 견제할 수 있는가에 따라, 행정부가 입법과정을 포괄적으로 지배하며 대외정책과 재정 및 경제정책을 독점적으로 결정함으로써 행정부에 대한 의회의 통제가 형식화 된다는 해밀턴모형, 행정부에 대한 의회우위의 권력형태로서 행정의 능률성을 확보하는 것보다 의회가 행정의 권력남용을 견제하고 통제하는 데 중점을 둔 매디슨 모형, 그리고 행정부와 의회가 상호 대등한 관계에서 원내 다수당의 지지를 바탕으로 안정된 정치를 추구하는 제퍼슨모형이 존재한다면, 그 모형 별로 세 가지 유형의 정부형태가 존재할 것이다.

75 권영성, "새 정부하의 국회와 행정부 간의 관계모색: 권력분립의 원리의 구현을 위한 제언", 『국회보』, 2002년 2월호.

76 Haroid C. Syrett(ed), *The Papers of Alexander Hamilton*, vol. 4. New York: Columbia University Press, 1962., p.201.; 그는 자기의 제안이 너무 대담하다는 것을 인정했으며, '우리 상황은 특이하다. 이 같은 상황은 우리가 적당하다고 생각하는 대로 구상할 수 있도록 많은 여지를 남겨 놓고 있다.'고 지적하였다. John C. Miller, *Alexander Hamilton: Portrait in Paradox*. New york: Harper & Brothers, 1959, p.160, James M. Burns, *Presidential Government: The Crucible of Leadership* (Boston: Houghton Mifflin Company, 1965); 권영성 외 역, 『미국형대통령제: 리더쉽의 위기를 중심으로』, 법문사, 1983, 20면.

77 임성호, "민주주의와 관료제: 관료제의 비대화 및 병폐의 정치적 원인", 『한국과 국제정치』(제14권 제2호), 1998, 28-53면.

첫째, 대통령이 속한 정당과 의회의 과반수 의석을 차지한 정당이 동일한 경우, 대통령이 속한 정당과 의회의 과반수 정당이 서로 다른 여소야대의 경우, 다당제하의 대통령제 정부형태에서 어느 정당도 과반수를 획득하지 못하는 경우가 존재한다. 보통 선거주기(electoral cycle)에 따라, 대통령선거와 의회 선거가 동시에 실시(concurrent election)될 때 대통령의 소속 정당이 의회에서도 과반수를 획득하는 경우가 많아 분할된 정부형태가 드물게 나타나지만, 미국의 경우 대통령 취임 이후 실시된 중간선거에서는 상대적으로 야당이 과반수를 획득하는 경우가 보다 많이 나타난다.[78]

그리고 의회의 임기와 대통령의 임기가 일치 하지 않는 경우, 의회의 견제 기능과 대통령의 리더십은 그 시기에 따라 영향력이 달라질 수 있다. 대통령의 레임덕 현상이나 의회의 견제 기능 약화현상은 이러한 상황에서 나타나는 경우가 대부분이다. 또한 정치·경제 환경의 변화에 따라 기민한 대처를 하지 못하는 대통령의 리더십부재, 정치인들의 낮은 의식수준과 전문성, 정경유착에 따른 정치인들의 부정부패, 의회운영의 문제로 인해 대통령의 리더십과 의회관계간의 문제가 발생할 수 있다.[79] 이러한 상황에 대한 대처에 따라 입법부와 행정부 간의 견제와 균형이 무너지는 경우가 많다. 이 연구는 이러한 논의를 통해 대통령의 리더십과 의회와의 관계를 유형화시키고자 한다.

다. 대통령의 대 의회관계 모형의 분석틀

대통령제 국가의 경우 대통령이 관료제와 의회에 대하여 어떠한 정치적 리더십을 발휘하는가에 따라 의회와 관료제의 관계가 상당히 큰 영향을 받는다.[80] 한국에서는 관료들을 비롯하여 국회 내의 여당 역시 대통령의 정책의지에 절대적인 영향을 받고 있다. 이러한 정당 정부적 성격으로 인해, 의회는 대통령을 지원하고 종속되는 현상이 나타날 수밖에 없었다. 이러한 과정에서 정치 지도자의 리더십은 무엇보다 중요하다. 이 연구는 바버의 지도자의 성향을 기준으로 한 네 가지 리더십 유형을 통해, 대통령의 리더십을 적극적 긍정형 리더십과 적극적 부정형 리더십, 소극적 긍정형 리더십과 소극적 부정형 리더십으로 분류하면서, 의회의 의석분포, 임기의 변수, 경제상황의 변화 속에서, 해밀턴 모형, 매디슨 모형, 제퍼슨 모형 등 대통령과 의회와의 세 가지 관

---

78 Matthew Shugart, "The Electoral Cycle and Institutional Sources of Divided Presidential Government.", *American Political Science Review* 89(2)(June, 1995).

79 윤영오, "국회개혁에 관한 연구", 『한국정치학회보』(제29권 제4호), 1995, 234면.

80 함성득, "의회·정당, 대통령의 새로운 관계", 『의정연구』(제4권 제1호), 1998, 29면.

계유형을 살펴본 후, 대통령의 리더십에서 정당성, 효과성이 어떻게 변화되었는가를 고찰할 것이다. 대통령은 사회가 현재 놓여 있는 상황이 어떠한지를 진단하고 주어진 여건과 정보의 의미를 정확하게 해석할 수 있어야 한다. 또한 대통령은 구체적인 과제와 해결방법을 제시해야 한다. 그리고 전폭적인 지지를 획득하고 사회적 통합을 이루어 나가야 한다. 대통령이 정책수행 및 관리에 필요한 각종의 자원을 얼마만큼 효율적으로 동원하고 배분할 수 있느냐에 따라 대통령의 지도역량은 평가받게 된다.[81] 대통령이 국정을 성공적으로 수행하느냐의 여부는 그들의 역사의식, 비전, 통찰력, 관리능력으로 이어지는 정치적 리더십에 달려 있다. 그리고 이러한 정치적 리더십은 의회와의 상부상조 관계를 유지시켜줄 것이며, 설득과 타협으로 의회와의 관계를 원만하게 이끌 수 있게 해줄 것이다. 따라서 대통령의 정치적 리더십의 정당성, 효과성이 어떻게 변화하는지를 분석한다. 홀랜더(E. Holander)는 리더십이라는 것이 지도자 한사람의 전유물이 아니라, 상황, 지도자, 피지도자 3자의 공유물이며, 리더십이란 상황의 속성과 피지도자의 속성과 지도자 자신의 속성의 함수(상호작용의 산물)라고 정의하였다. 또한 페이지(Glenn D. Paige)도 상호작용론적 접근법에 입각하여 다음과 같은 이론모형을 제시했다. 정치지도자의 행태(PLB)는 지도자의 개성(P), 역할(R), 조직망(O), 과업(T), 가치관(V), 상황(S) 및 기타변수(e)와 함수관계에 있다는 것이다. PLB = f (P, R, O, T, S) + e라는 공식이 바로 그것이다.[82] 이 연구는 이러한 페이지의 함수관계를 참고하여, 다음과 같은 이론모형을 제시하고자 한다.

대통령의 대 의회관계
= f (대통령의 리더십+상황변수[의석분포, 임기변수, 정치·경제상황])

〈그림 4-6〉 대통령과 의회의 함수관계

그리고 이를 바탕으로 이 연구에서의 분석틀을 도해로 표시하면 다음과 같다.

81 Light, Paul C, *The Presidents Agenda* (Baltimore: The Johns Hopkins University Press, 1982).
82 Glenn D. Paige, *The Scientific Study of Political Leadership* (New York: The Free Press, 1977).

〈그림 4-7〉 이 연구의 분석틀[83]

리더십이론에서 상황변수의 중요성은 피에들러(Fred E. Fiedler)의 연구에서 비롯된다.[84] 리더십의 개념에는 항시 작용적인 영향력이 행사되는데 그 변수로서는 다음과 같은 요소가 포함되어 있다. 첫째, 지도자(Leader)로서, 이는 다른 구성원들에게 영향을 주거나, 영향을 주려고 노력하는 집단구성원을 의미한다. 둘째, 추종자(Follower)로서 영향을 받고 있는 영향의 대상이 되고 있는 구성원을 뜻한다. 마지막으로 상황적 요소(Situation Factor)는 지도자와 추종자 간의 영향 과정을 둘러싼 환경 요소를 지칭한다.

리더십 이론은 연구 방법에서 리더십 과정의 어느 측면을 강조하느냐에 따라, 특성(자질)이론, 상황이론, 상호작용(행동)이론이라는 세 가지 이론으로 구분된다. 여기에서 피에들러는 상황이론의 효시자이며 리더십에 대해서는 가장 먼저 추종자에 대한 영향력 정도를 특정 상황의 조절 변수로 보고 이들에 대한 관심을 가졌다. 그는 상황적 합적 이론(contingent theory)을 제시하면서 대규모의 다양한 집단의 지도자를 대상으로 그들의 리더십 유효성을 측정해본 결과 리더십은 복잡한 상황 변수에 따라 전적으로 좌우된다는 것을 발견하였다. 이러한 상황변수는 상황적 선호도(situational favorability) 또는 상황적 통제(situational control)라고 불린다. 이와 같은 상황변수는 다음과 같은 세 가지 요소로 구성된다.

1. 지도자-구성원 관계(Leader-Member Relationship): 지도자가 집단의 구성원들과 좋은 관계를 갖느냐 나쁜 관계를 갖느냐 하는 상황이 리더에게 호의적이냐의 여부를 결정하는 중요한 요소가 된다.

---

83 지영환, "대통령의 Leadership과 대 의회관계에 관한 연구 −민주화 이후를 중심으로−" 고려대학교 대학원 석사학위논문, 2004, 24면; 화살표가 의미하는 바는 대통령의 리더십에 따라 의회와 대통령의 관계가 우호나 적대로 변할 수 있다는 것이고 이에 대한 상황변수로 의석변수, 임기변수, 정치·경제상황 등을 고려할 수 있다는 것이다.

84 Fred E. Fiedler, *A Theory of Leadership Effectiveness* (McGraw-Hill Com, 1969).

2. 직위권력(Position Power): 리더의 직위가 구성원들로 하여금 명령을 받아들이게끔 만들 수 있는 정도를 말한다. 따라서 권위와 보상 권한들을 가질 수 있는 공식적인 역할을 가진 직위가 상황에 제일 호의적이다.

3. 과업구조(Task Structure): 한 과업이 보다 구조화되어 있을수록 그 상황은 리더에게 호의적이다. 리더가 무엇을 해야 하고, 누구에 의하여 무엇 때문에 해야하는가를 쉽게 결정할 수 있기 때문이다. 과업의 구조화 정도는 목표의 명확성, 목표에 이르는 수단의 다양성 정도, 의사 결정의 검증 가능성이다.

이상의 세 요소의 조합이 리더에 대한 '상황의 호의성'을 결정하게 된다. 피에들러는 상황의 호의성이라는 것을 그 상황이 리더로 하여금 자기 집단에 대해 영향력을 행사할 수 있게 하는 정도라고 정의하고 있다.

앞서 살펴본 대로 피에들러의 연구에서 사용된 상황변수로는 리더와 구성원의 관계, 직위권력, 과업구조가 고려되고 있지만, 본 연구는 대통령과 의회의 관계 유형에 영향을 미치는 대통령의 리더십 유형을 독립변수로, 상황적 호의성(situational favorableness)으로서 의석분포, 임기변수, 정치·경제상황을 상황변수로 도입한다.

2. 대통령의 정치적 리더십의 대 의회관계 결합

이 연구는 대통령의 정치적 리더십이라는 독립변수가 임기, 의석, 정치·경제상황을 포함하는 상황변수와 동행하여 종속변수인 대對 의회관계의 국정운영에 미치는 인과관계를 분석하기 위해 두 가지 가설을 제시한다. 첫 번째 가설로 부정적 리더십은 상황변수들이 유리할 때도 의회와의 관계가 개선보다는 악화되기 쉬울 것이며, 긍정형 리더십은 불리할 때도 악화되기보다는 개선의 여지가 더 많을 것이라는 것이다.

다음에서 상황변수가 호의적이거나 비호의적인 경우의 구별은 대통령의 정치적 리더십이 발휘되는데 있어 의석분포, 임기변수, 경제상황 등이 어떻게 정의되느냐에 따라 구별할 수 있다. 즉, 비호의적인 경우는 여소야대의 의석구조, 대통령의 잔여임기가 의원(한국에서 국회의원, 미국에서 상원·하원의원)의 잔여임기보다 현저히 짧을 때, 그리고 인플레이션이나 실업 등, 경제위기로 인한 국민들의 정치적 불신증가를 예로 들 수 있다.

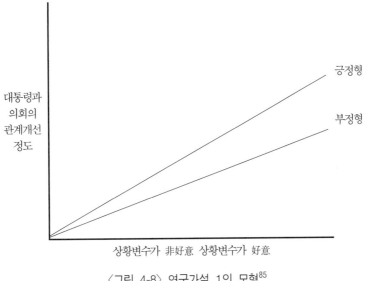

〈그림 4-8〉 연구가설 1의 모형[85]

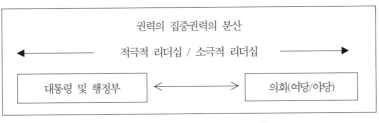

〈그림 4-9〉 연구가설 2의 모형[86]

또한 두 번째 가설은 적극적/소극적 리더십에 따라 의회와의 관계에서 정국의 주도
권을 누가 갖게 되는가가 정해진다는 것이다. 적극적인 리더십은 권력의 집중을 통해

---

85 지영환, "대통령의 Leadership과 대 의회관계에 관한 연구─민주화 이후를 중심으로─"고려대학교
대학원 석사학위논문, 2004, 24면; 이 모형은 의석변수, 임기변수, 정치·경제상황 등에 따른 대통
령과 의회의 관계개선 정도는 대통령의 리더십이 긍정적인가 부정적인가에 따라 관계개선이 좋아
질 수도 있고 나빠질 수도 있다는 연구 가설이다.
86 지영환 앞의 논문 26면; 권력의 집중 또는 분산의 경우, 권력의 방향을 화살표로 설명한 것으로
대통령과 행정부에 권력이 집중되는 것과 의회에 집중되는 것으로 나눌 수 있으며, 적극적 리더십
은 권력을 대통령에게 집중시키는 리더십이고, 소극적 리더십은 권력을 의회로 분산시키는 리더십
이다. 따라서 ↔ 는 리더십에 따라 대통령/행정부 대(對) 의회가 서로 상충할 수도 있다는 것을 가정
한 것이다. 의회(여당/야당)이 왜 함께 박스 안에 있는 지에 대해서는 대통령의 리더십이 적극적(권
력의 집중인 경우)이거나, 정치적 상황 속에서 대통령이 각 이슈에 대해 부정적으로 대응한다면, 여
당 및 야당과의 관계를 비롯하여, 의회와의 관계 모두 악화될 수 있기 때문에 구분하지 않았다.

의회에 대한 주도권을 행사하려는 것이며, 소극적 리더십은 권력의 분산을 통해 의회에 대한 마찰을 줄이려는 리더십이다. 이러한 가설에 대한 분석의 예를 들어본다면, 여대야소의 현상에서는 대통령이 권력의 분산을 위해 소극적 리더십을 발휘해야만 의회와의 관계를 원활하게 이끌 수 있을 것이다. 또한 여소야대의 현상에서는 대통령이 적극적인 리더십을 발휘하여 정국의 주도권을 쥐려고 할 것이다. 이러한 가설에 의하면 변수의 불리한 영향이 있을 때, 보다 명확하게 대통령의 리더십과 의회와의 관계를 연구할 수 있을 것이다. 그러한 이유로 이 연구는 다양한 변수에 기준을 맞춰 이러한 관계를 고찰할 것이다.

본격적인 분석에 들어가기에 앞서, 이 연구는 대통령의 리더십이 의회와의 관계를 개선시키고 악화시키는데 주요한 영향을 미칠 것이라는 가설을 설정하였다. 그렇다면 이러한 리더십이 대통령과 의회의 관계모형 속에서 어떠한 영향을 미칠 것인지를 살펴볼 필요가 있다. 미국에서 대통령과 대對 의회 관계가 국정운영에서 생산적이었던 것은 대통령의 정치적 리더십에 대해 경험의 축적과 대통령제의 제도화가 이루어져서 어떠한 통치가 바람직한 리더십의 모형인가가 연구되었기 때문이다.

가령 워싱턴 대통령은 초기 대통령제에서 대통령의 역할이 민주주의와 미국식 연방제와 정부제도에 어떻게 결합할 수 있는지 규정하였다. 링컨 대통령은 노예해방을 통해 사회통합을 이루었고 남북전쟁을 슬기롭게 해결함으로써 연방제를 유지하고 발전시켰다. 그 기간 동안 링컨은 반대파였던 남부연합과 민주당을 포용하였다. 통합적인 리더십과 아울러 의회관계에서의 협력을 강조하는 비전 때문에 미국은 분열되지 않았다. 루즈벨트 대통령은 경제위기와 세계대전을 극복하는데 주도적인 리더십을 발휘하였다.

한국 대통령들은 자신들의 정치적 리더십으로 인해 향후 정국에서 어떠한 형태로 이루어질 것인지에 대한 궁극적인 고려는 부족했던 것으로 보인다. 이승만 대통령은 목적을 위해서 헌법개정과 함께 정치라이벌이나 의회에 대한 탄압도 불사하였다. 박정희 대통령과 전두환 대통령 역시 수많은 야당 지도자 및 일반국민들을 탄압해왔다 결국 이러한 리더십은 한국 역사에서 권위주의가 자리 잡게 하는데 크게 일조를 하였다.

또한 민주화 이후 노태우 대통령은 이러한 리더십에 대한 반동으로, 의회와의 관계를 원만하게 이끌기 위해 노력하였고, 결국은 3당 통합을 통해 정국을 주도하게 되는 계기를 마련했다. 하지만 노태우 대통령의 역할과 직책수행에 있어 원활한 체계를 갖추지 못하였으며, 과거와 같이 과감한 리더십을 발휘할 수 없는 상황에 놓이게 되었다. 한편 김영삼 대통령은 다시 국정을 주도하려고 노력하였다. 하지만 민주자유당의 태생적인 한계로 당의 개혁이나 의회를 중심으로 하는 정치개혁에서는 큰 효과를 이뤄내지 못했고, 권위주의적인 리더십을 통해 의회와의 관계가 원만하지 못했으며, 결국 3당 통합으로 만들어진 거대 여당이, 한 순간에 붕괴하는 모습을 보여주었다. 반면에 김대중 대통령은 김영삼 대통령과 비슷한 리더십을 발휘했지만, 의회와의 관계를 과거와는 다르게 압도할 수 있는 힘이 있었다. 특히 IMF를 극복하고, 그 동안 잠재되었던 민주화와 통일 요구가 확대되면서 리더십을 발휘할 수 있는 기회가 되었다. 그리고 긍정형의 리더십을 기반으로 하여 의회와의 조화와 타협을 노릴 수 있는 기회를 잡게 되었다. 위의 결과만을 가지고 설명하자면, 권위주의적이거나 너무 소극적으로 정국을 주도하려는 리더십을 표방하는 대통령은 의회와의 관계가 악화되면서 임기 후 정권이 교체되거나 실각되는 현상을 보인다는 점이다. 즉, 대통령의 리더십이 어떠한 특성을 보이느냐에 따라 대통령과 의회의 관계는 변화한다는 것이다. 이 연구는 이러한 이유로 다음과 같이 가설을 설정하고자 한다. 첫째, 적극적 긍정형은 정국주도를 가능하게 하면서도, 의회와의 관계를 타협을 통해 해결할 수 있게 해주는 기반이 될 것이다. 둘째, 적극적 부정형은 정국주도를 가능하게 하지만 자칫 권위주의화로 변질될 가능성을 가지고 있으며, 의회와의 관계도 여소야대인가 야대여소인가에 따라 악화될 가능성이 상존한다. 셋째, 소극적 긍정형은 의회와의 관계를 타협을 통해 해결할 수 있게 해는 리더십이지만, 대통령 및 행정부가 자칫 정국주도권을 빼앗길 가능성이 상존한다. 넷째, 소극적 부정형은 대통령 및 행정부가 정국주도권을 빼앗길 가능성이 상존할 뿐 아니라, 의회와의 관계도 악화될 가능성이 높다. 이러한 이유로 이 연구는 제퍼슨, 해밀턴, 매디슨 모형이라는 세 가지 관계모형 속에서 이러한 가설을 검증하고, 의회와의 관계를 파악하고자 한다.

3. 상황변수에 의한 모형의 변화

가. 해밀턴 모형

해밀턴 모형에서는 종속변수인 대對 의회관계 차원에서 대통령과 의회간의 타협과 조화를 위해, 독립변수인 대통령의 정치적 리더십 차원에서 안정적이고 신중한 대통령의 긍정적인 리더십이 필요하다. 분점정부 하에서 적극적 긍정형처럼 정국주도를 가능하게 하면서도, 의회와의 관계를 타협을 통해 해결할 수 있게 해주는 리더십이나, 또한 단점정부 상황 하에서 의회와의 관계를 타협을 통해 해결할 수 있게 해주는 소극적 긍정형의 리더십이 해밀턴 모형에서는 가장 이상적인 리더십유형이라 할 수 있다. 하지만 이러한 리더십 이외에도 대통령과 의회간의 관계를 변화시킬 수 있는 다양한 변수들이 존재하며, 해밀턴 모형 역시 마찬가지이다. 해밀턴 모형도 대통령의 리더십이 이러한 변수에 얼마나 잘 적응하느냐에 따라서 대통령과 의회 간의 관계가 조화와 타협의 관계를 만들어 낼 수 있는지가 결정될 수 있다.

1) 임기변수

해밀턴모형은 대통령 중심적 정부 모형으로, 대통령과 행정부가 정국주도 및 입법주도가 가능한 상황을 가정하고 있다. 하지만 선거주기에 따라 대통령 취임 이후 실시된 의회선거로 인해, 대통령의 남은 임기보다 국회의원들의 임기가 더 남아 있을 경우에는 레임덕 현상을 불러일으킬 수 있는 계기가 될 수 있다. 역시 해밀턴 모형에서도 의회의 견제 기능과 대통령의 리더십은 시기에 따라 그 영향력이 달라질 수 있다. 하지만 다른 모형들과 마찬가지로 레임덕 현상과 같은 상황에서도 해밀턴 모형 역시 적극적 긍정형처럼 정국주도를 가능하게 하면서도 의회와의 관계를 원활하게 이끌 수 있는 기반이 될 것이다. 적극적 리더십은 대통령이 가진 행정력을 최대화 할 수 있는 것을 말한다. 또한 긍정형 리더십은 의회와의 관계를 조화와 타협의 관계로 만들어 낼 수 있을 것이다.

2) 의석변수

해밀턴 모형은 의회보다 대통령의 힘이 우세한 상황을 가정하고 있다. 하지만 의회에서 대통령의 임기 중 사회적으로 다른 이슈, 즉 경제적 변화와 같은 변수가 발생하면 대통령의 위치는 급격하게 흔들릴 수 있다. 〈그림 4-10〉은 해밀턴 모형에서 여대야소의 의석으로 여당의 힘이 강할 때, 이상적인 리더십을 그림으로 나타낸 것이다. 이것은 의회 내의 여당의 힘이 큰 상황에서, 대통령이 정국을 강력하게 주도하고, 정치적 상황 속에서 대통령이 부정형의 리더십이나 적극적 리더십을 발휘하여, 각 이슈에 대해 의회를 압도하려 한다면, 야당과의 관계를 비롯하여 여당과의 관계도 심각하게 악화시킬 수 있기 때문이라 할 것이다.

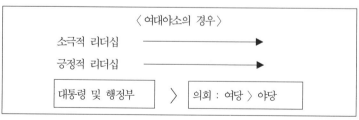

〈그림 4-10〉 해밀턴 모형에서 이상적 리더십(여대야소)[87]

여대야소의 경우에는 정국을 완벽하게 주도할 수 있는 모형이기 때문에, 소극적인 리더십을 통해 의회의 견제기능을 활성화 시켜주고 긍정형의 리더십을 통해 이를 포용할 필요가 있다. 〈그림 4-10〉처럼 여기서 소극적 리더십과 긍정형의 리더십을 이상적 리더십으로 파악한 이유는, 소극적 긍정형 리더십은 의회와의 관계를 원활하게 이끌 수 있는 기반이 되기 때문이다. 하지만 여당이 과반을 획득하지 못하게 되면, 정권 말기는 의회와 언론의 모진 질타를 헤쳐 나가야 하는 상황에까지 이를 수 있다.

또한, 해밀턴 모형은 강력한 행정부와 대통령이 의회를 압도하는 모형이기 때문에, 여소야대의 상황이 발생했을 경우에는 대통령과 여당이 야당에게 정국의 주도권을 빼앗기고, 이를 만회하기 위한 정책의 집행과 결정에 큰 제한이 생길 가능성이 있다. 〈그림 4-11〉은 해밀턴 모형에서 여소야대의 의석 변수가 발생할 경우, 이상적인 리더십을 그림으로 나타낸 것이다. 여기서 적극적 리더십과 긍정형의 리더십을 이상적 리더십으로 파악한 이유는, 적극적 긍정형 리더십은 정국주도를 가능하게 하면서도 의회와의 관계를 원활하게 이끌 수 있는 기반이 되기 때문이다.

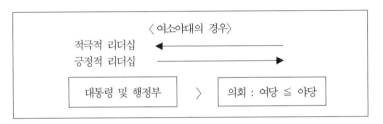

〈그림 4-11〉 해밀턴 모형에서 이상적 리더십(여소야대) [88]

해밀턴 모형에서 여소야대의 상황이 발생했을 경우에는 자칫, 대통령과 여당이, 야당에게 정국의 주도권을 빼앗기고, 이를 만회하기 위한 경제정책의 집행과 결정에 큰 제한이 생길 가능성이 있다. 이러한 상황이 도출된다면 해밀턴 모형에서는 종속변수인 대對 의회관계를 조정하여 생산적인 국정운영을 위해 독립변수인 대통령의 적극적인 리더십이 필요하다. 즉, 이러한 경우에는 정국주도권을 회복할 수 있는 대통령의

---

87 가운데 〉과 박스 안 〉의 뜻은 다음과 같다. 해밀턴 모형은 대통령 중심적 정부 모형이다. 따라서 〉 표시는 기본적으로 의회보다는 대통령과 행정부의 권력이 강하다. 그리고 "여당 〉야당" 역시 여대야소라는 기본 성격을 말하는 것이다(그리고 위의 화살표는 여대야소의 경우 필요한 리더십을 말하는 것이다).

88 지영환 앞의 논문, 37면; ≦는 여소야대라는 기본 성격을 말하는 것이다. 해밀턴 모형은 대통령 중심적 정부 모형을 의미 한다. 따라서 〉표시는 기본적으로 의회보다는 대통령과 행정부의 권력이 강함을 의미한다. ≦는 여소야대라는 기본 성격을 말하는 것이다. 그리고 위의 화살표는 여소야대의 경우 필요한 리더십을 말하는 것이다.

적극적 리더십이 독립변수로서 필요하다. 종속변수인 대통령과 의회간의 타협과 조화를 위해 안정적이고 신중한 대통령의 긍정적인 리더십이 존재한다면, 의회와 대통령의 관계는 위험한 상황에까지 이르지는 않을 것이다.

3) 정치·경제상황

정치·경제 환경의 변화에 따라 긴밀한 대처를 하지 못하는 대통령은 리더십 부재 현상에 직면할 수 있다. 특히 해밀턴 모형 하에서는 정국주도가 불가능해질 수 있다. 그리고 이러한 상황에 대한 대처에 따라 행정부의 입법부에 대한 우위가 무너지는 경우가 많다. 이러한 경우 역시 정치적·경제적 변화를 극복하고 정국주도권을 회복할 수 있는 대통령의 적극적 리더십이 필요하며, 의회간의 타협과 조화를 위해 안정적이고 신중한 대통령의 긍정적인 리더십이 존재할 필요가 있다.

나. 매디슨 모형

매디슨 모형은 의회와 대통령의 권력이 서로 균형을 이루고 있지만, 본질적으로 정국주도를 두고 대통령과 의회간의 관계가 경쟁적이 될 가능성이 큰 모형이다. 이러한 모형에서는 대통령이 강한 행정부를 주장할 것이 아니라, 소극적 리더십을 통해 행정력을 효과적으로 발휘할 필요가 있으며, 대통령과 의회간의 타협과 조화를 위해 안정적이고 신중한 대통령의 긍정적 리더십이 필요하다. 즉, 정치적 상황 속에서 대통령이 각 이슈에 대해 부정적으로 대응한다면, 여당 및 야당과의 관계를 비롯하여, 의회와의 관계 모두 악화될 수 있다. 따라서 매디슨 모형은 대통령의 리더십이 불리한 상황에 얼마나 긍정적 리더십을 발휘할 수 있는가가 가장 큰 관건이다.

1) 임기변수

매디슨 모형은 행정의 능률성을 확보하는 것보다 의회가 행정의 권력남용을 견제하고 통제하는 데 중점을 둔 모형이다. 그래서 비교적 의회의 견제가 강할 수 있는 모형이라 할 것이다. 선거주기에 따라 대통령의 남은 임기보다 국회의원들의 임기가 더 남아 있을 경우에는 소극적 리더십과 긍정적 리더십은 레임덕 현상을 불러일으킬 수 있는 계기가 될 수 있다. 이러한 상황에서 대통령은 적극적이고 긍정형의 리더십을 통해 정국주도를 가능하게 하면서도 의회와의 관계를 원활하게 이끌 수 있는 리더십을 발휘할 필요가 있다.

2) 의석변수

매디슨 모형은 여야간의 권력이 균형을 이루느냐 이루지 못하느냐에 따라 서로 다른 리더십은 필요로 한다. 매디슨 모형은 의회가 중심이 되어 정국을 주로 주도하고, 행정부와 의회가 상호 대등한 관계에서 안정된 정치를 추구하는 모형이다. 〈그림 4-12〉는 매디슨 모형에서 여대야소의 의석변수가 발생할 경우, 이상적인 리더십을 그림으로 나타낸 것이다. 여기서 소극적 리더십과 긍정형의 리더십을 이상적 리더십으로 파악한 이유는, 소극적 긍정형 리더십은 대통령과 여당이 정국을 주도하지만 대통령이 중심이 되는 것이 아니라 대통령과 의회에서의 여당이 정국을 분할하여 주도하고, 야당과의 관계 역시 긍정형의 리더십을 통해 원활하게 이끌어야 할 필요가 있기 때문이다.

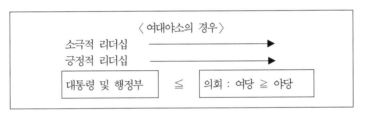

〈그림 4-12〉 매디슨 모형의 이상적 리더십(여대야소)

하지만 앞서 살펴보았듯이 대통령 취임 이후 실시된 선거에서 야당이 과반수를 획득하는 경우가 많이 나타나는데, 이 모형 하에서 의회 내의 야당의 힘이 강하다면, 대통령은 적극적 리더십을 통해 정국의 주도권을 가져올 필요가 있을 것이다. 다음의 〈그림 4-13〉은 매디슨 모형에서 여소야대의 의석변수가 발생할 경우, 이상적인 리더십을 그림으로 나타낸 것이다. 여기서 또한 적극적 리더십과 긍정형의 리더십을 이상적 리더십으로 파악한 이유는 여당이 의회에서의 힘이 약하기 때문에, 정책의 계속성을 위해서는 강력한 행정부의 힘이 필요하며, 이를 통해 대통령이 정국을 주도하고, 야당과의 관계 역시 긍정형의 리더십을 통해 원활하게 이끌어야 할 필요가 있기 때문이다.

〈그림 4-13〉 매디슨 모형의 이상적 리더십(여소야대)[89]

매디슨 모형에서 여소야대의 상황이 발생했을 경우에는 자칫, 대통령과 여당이, 야당에게 정국의 주도권을 빼앗기고 정책의 집행과 결정에 큰 제한이 생길 가능성이 있다. 즉, 이러한 상황에서 의회 내의 야당의 힘이 강하다면, 의회의 행정부 간의 권력 균형을 이루기 위해 적극적 리더십을 통해 행정력을 효과적으로 발휘할 필요가 있다.

3) 정치·경제상황

정치·경제 환경의 변화에 대통령이 적절한 대처를 하지 못한다면, 입법부와 행정부 간의 견제와 균형은 무너지기 쉬우며, 의회가 압도적으로 정국을 주도할 수 있는 가능성이 크다. 이러한 경우 대통령과 행정부는 보다 적극적인 리더십을 통해 정국의 주도권을 가져올 필요가 있을 것이다. 그리고 의회간의 타협과 조화를 위해 대통령의 긍정적인 리더십이 존재할 필요가 있다.

다. 제퍼슨 모형

1) 임기변수

제퍼슨 모형은 원내 다수당의 지지를 바탕으로, 대통령과 행정부가 정국주도의 강력한 기반을 쥐고 있는 상황을 가정하고 있다. 하지만 대통령 취임 이후 실시된 중간선거에서는 비교적 야당이 과반수를 획득하는 경우가 보다 많이 나타난다. 또한 선거주기에 따라, 대통령의 남은 임기보다 국회의원들의 임기가 더 남아 있을 경우에는 소극적 리더십과 긍정적 리더십은 레임덕 현상을 불러일으킬 수 있는 계기가 될 수 있다. 의회의 견제 기능과 대통령의 지도력은 시기에 따라 그 영향력이 달라질 수 있다. 대통령의 레임덕 현상이나 의회의 견제기능 약화현상은 이러한 상황에서 나타나

---

89 위의 화살표는 여소야대와 의회권력 주도의 상황에서는 대통령의 적극적 리더십이 요구된다는 것이다. 매디슨 모형은 의회주도의 모형이므로 "대통령 및 행정부 ≤ 의회"이다. "여당 ≤ 야당"은 여소야대의 경우를 설명한 것이다.

는 경우가 대부분이다.[90] 이러한 상황에서 적극적 긍정형 리더십은 정국주도를 가능하게 하면서도 의회와의 관계를 원활하게 이끌 수 있는 기반이 될 것이다.

2) 의석변수

제퍼슨 모형은 의회에서 여당의 힘이 우세한 상황을 가정하고 있다. 하지만 대통령의 임기 중 경제적 변화와 같은 변수가 발생하여 만약 의회에서 여당의 위치가 흔들리고, 여소야대의 현상이 발생한다면, 이러한 상황에서는 대통령의 적극적인 리더십이 필요할 것이다. 어느 행정부와 대통령이 되든지 여당이 과반을 획득하지 못하게 되면, 일관된 정책을 행사할 수 없다. 특히 이러한 현상이 정권말기에 일어난다면, 행정부는 의회의 정치적 공세를 받으며 헤쳐 나가야 하는 상황에까지 이를 수 있다.

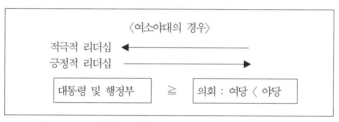

〈그림 4-14〉 제퍼슨 모형에서의 이상적 리더십 : 여소야대

위의 〈그림 4-14〉는 제퍼슨 모형에서 여소야대의 의석변수가 발생할 경우, 이상적인 리더십을 그림으로 나타낸 것이다. 즉, 〈그림 4-14〉는 강력한 대통령과 여당이 정국을 주도하고 있지만, 의회선거에서의 여당과 야당의 의석이 역전될 가능성을 상정한 것이다. 여기서 적극적 리더십과 긍정형의 리더십을 이상적 리더십으로 파악한 이유는, 적극적 긍정형 리더십은 정국주도를 가능하게 하면서도 의회와의 관계를 원활하게 이끌 수 있는 기반이 되기 때문이다. 제퍼슨 모형에서 여소야대의 상황이 발생했을 경우에는 자칫, 대통령과 여당이, 야당에게 정국의 주도권을 빼앗기고 정책의 집행과 결정에 큰 제한이 생길 가능성이 있다. 즉, 이러한 상황에서는 적극적인 리더십이야말로 권력의 집중을 통해 의회에 대한 주도권을 확보, 행사하기 위한 최선의 리더십이며, 부가적으로 긍정형의 리더십은 의회와의 관계를 타협을 통해 해결할 수 있게 해주는 리더십이다. 아울러 긍정형의 리더십은 대통령이 대화와 타협을 통해 의회를 존중하고, 여당과의 당정 협의나 야당과의 정책논의도 원만하게 하여 정부의 정책을 결정하는 경우, 대통령의 리더십을 긍정형의 리더십이라 한다.

---

90 지영환, "대통령의 Leadership과 대 의회관계에 관한 연구-민주화 이후를 중심으로-" 고려대학교 대학원 석사학위논문, 2004, 31면.

3) 정치·경제상황

대통령이 정치·경제 환경에 능동적으로 대처하지 못한다면, 대對 의회관계가 약화될 수 있다. 부시 행정부에서 집권 제2기 말기에는 이라크 전후처리의 실패와 경제위기의 심화로 부시 대통령의 정국주도권이 약화되었고, 야당인 민주당이 의회에서 다수당이 되고, 2008년 선거에서 민주당의 오바마 대통령이 당선되었다. 또한 김영삼 정권 말기에는 외환위기로 인해, 대통령의 리더십에 대한 비판이 거세게 제기되었으며, 남은 임기 몇 개월 동안 극심한 레임덕 현상을 겪게 되었다. 그리고 이러한 사건으로 인해 최초의 여야간 정권교체가 이루어지게 되는 계기가 되었다. 이러한 예를 통해, 경제적인 문제로 인하여 대통령의 리더십이 위기에 봉착했을 시에는 여당과 대통령 및 행정부 모두가 위태로울 수밖에 없다는 것을 알 수 있다.

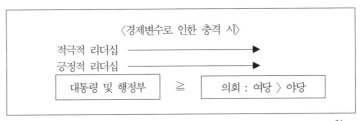

〈그림 4-15〉 제퍼슨 모형에서의 이상적 리더십(정치적·경제적 위기)[91]

〈그림 4-15〉는 제퍼슨모형에서 정치적 변동이나 경제위기와 같은 변수가 발생할 경우, 이상적인 리더십을 그림으로 나타낸 것이다. 이 그림은 강력한 대통령과 여당이 정국을 주도하고 있지만, 경제적 위기로 인해 정권의 기반자체가 흔들리는 경우를 상정한 것이다. 여기서 적극적 리더십과 긍정형의 리더십을 이상적 리더십으로 파악한 이유는 적극적 긍정형 리더십은 정국주도를 가능하게 하면서도 의회와의 관계를 원활하게 이끌 수 있는 기반이 되기 때문이다. 제퍼슨 모형에서 경제위기가 발생했을 경우에는 자칫, 대통령과 여당이, 야당에게 정국의 주도권을 빼앗기고, 정부와 여당의 경제정책의 집행과 결정에 큰 제한이 생길 가능성이 있다. 즉, 이러한 경우에는 대통령이 적극적인 리더십을 통해 이러한 문제를 해결해 나가야 하며, 의회와의 관계 역시 조화롭게 유지할 수 있는 적극적 긍정형의 리더십이 필요한 것이다.

---

91 경제변수로 인한 충격시 제퍼슨 모형에서 경제적인 문제로 인하여 대통령의 리더십이 위기에 봉착했을 시에는 여당과 대통령 및 행정부 모두가 위태로울 수밖에 없다. 대통령과 여당이, 야당에게 정국의 주도권을 빼앗기고, 이를 만회하기 위한 경제정책의 집행과 결정에 큰 제한이 생길 가능성이 있으므로, 과거 김대중 정부와 IMF의 처방처럼, 대통령의 적극적인 리더십이 요구된다는 것이다.

第2章 미국 대통령

  번즈의 이론을 통해 대통령 개인의 정치적 역량이라든지 의회가 행정부를 견제할 수 있는가에 따라서 세 가지 관계유형을 도출한 바 있다. 제3편에서는 이러한 모형 속에서 바버의 정치적 리더십 유형을 통해 미국 역대 대통령과 의회와의 관계를 분석할 것이다. 하지만 이 유형만으로는 대통령과 의회 간의 관계변화를 설명해 낼 수 없기 때문에, 유형분류 속에 대통령의 리더십이 어떠한 역할을 하고 있는지를 분석해 볼 필요가 있다. 이 연구는 대통령의 리더십을 직책수행에 대한 대통령의 욕구로 적극성과 소극성으로 나눈다. 그 다음 정치적 상황 속에서 대통령이 긍정적이거나 부정적으로 대응하는 것을 토대로 긍정형과 부정형으로 나누고 있는 바버의 리더십 유형을 대입하여 대통령의 리더십과 대對 의회관계를 비교분석하는 모형을 설계하고자 한다.

  제2장에서는 클린턴 대통령(William J. Clinton)과 조지 W. 부시(George W. 부시) 대통령의 집권 제1기와 집권 제2기에서의 리더십의 역동적인 변화와 그 국정운영의 리더십 모형을 분석한다. 1절과 2절에서 서술한 바와 같이, 클린턴 대통령은 적극적 긍정형 리더십으로, 부시 대통령은 적극적 부정형 리더십으로 유형화된다. 클린턴 대통령의 집권 제1기에는 제퍼슨 모형으로, 집권 제2기에는 매디슨 모형으로 분석된다. 그리고 부시 대통령의 집권 제1기와 집권 제2기 전반기에는 해밀턴 모형으로, 집권 제2기의 후반기에는 매디슨 모형으로 분석된다. 그래서 대체적인 국정운영은 클린턴 대통령과 부시 대통령은 상이성을 보이지만, 집권말기에는 모두 매디슨 모형으로 변화하는 공통점이 명확히 분석된다.

第1節 클린턴 대통령

  경제와 외교 부문에서 경제성장, 고용창출, 의료 및 복지 개혁, 교육, 국제분쟁 등 중요한 현안들에서 뛰어난 성과를 냈다는 측면에서 클린턴(William J. Clinton) 대통령은 적극적인 리더십을 발휘했다. 대통령으로서의 직무를 잘 이해하고 활동적인 국정운영을 폈다는 점에서 긍정형의 리더십을 가지고 있었다. 클린턴 대통령은 지도자로서 여소야대의 상황에서도 사명감에 넘치고 활동적이었으며, 경제와 외교의 수많은 성과를 실현하는데 생산성을 중시하고 과업 지향적이며 미국의 국가 목표를 분명하고도 합리적으로 제시한다. 클린턴 대통령은 정치적 역량을 바탕으로 균형된 여야 간의 관계를 통해 의회와 행정부를 조율하였다. 이러한 적극적 긍정형 리더십은 의회와의 관계를 타협과 조화로 이끌고 관계를 개선시키는데 중요한 리더십인데, 클린턴 대통령이 발휘한 정치적 상호작용으로 정국을 주도적으로 이끌었다. 클린턴 대통령의 집권 제1기는 균형된 여야관계를 통한 제퍼슨 모형의 국정운영을 추구하였고, 집권 제2기는 다수당인 야당에 의회권력을 이양하여 분점정부 하에서의 매디슨 모형의 국정운영으로 분석된다.

1. 정치적 리더십의 특징: 적극적 긍정형

가. 클린턴 대통령의 성과: 경제와 외교

조지 허버트 워커 부시(George Herbert Walker Bush: 이하 조지 부시) 대통령이 대선을 통해 징계될 만큼 충분히 실질적인 변화를 갈망하는 분위기가 속에서 빌 클린턴 백악관에 입성했고 민주당에게 1980년대 이래 권력을 안겼다.[1]

클린턴 행정부의 다자주의에 근거한 시장 경제와 자유 민주주의의 확대 정책은 대통령의 경제 우선주의에 따라 주로 경제 외교에 치중되었다. 클린턴은 당선 직후 그의 경제 외교의 모델로서 북미자유무역협정(the North America Free Trade Agreement; NAFTA)의 성사에 진력하였다. 이 계획은 상당한 미국 내의 반대에 부딪혔지만 클린턴은 단기적으로는 미국 경제에 손실이 있을지 모르나 장기적으로 보아 미국 경제와 미국의 리더십을 더욱 튼튼하게 만들 것이며, "더욱 통합되고 상호 협조적인 세계를 구축"하기 위해 필수적임을 강조하였다.[2] 클린턴 대통령은 WTO가 세계 경제를 보다 안정된 자유시장 체제로 유도할 것이기에 궁극적으로 미국 경제에 도움이 될 것이라고 의회를 설득했다. 클린턴 대통령은 실용주의적 사고에 따라 미국 경제를 위해서 아메리카 대륙뿐만 아니라 아시아 지역의 중요성도 강조하였다. 클린턴 대통령은 실질적으로 미

---

1 Thomas E. Mann and Norman J. Ornstein, *The Broken Branch: How Congress Is Failing America and How to Get It Back on Track* (New York: Oxford University Press, 2006), p.90.

2 Bill Clinton, *My Life: the Presidential Years* (New York: Vintage Books, 2004), p.106.

국 역사상 처음으로 아시아를 미국 경제와 세계 경제를 지탱하는 주요 축으로 인정하는 대통령이 되었다. 클린턴 행정부는 중국과의 관계에서도 경제 우선 원칙을 고수하였다. 중국의 인권 문제에 대한 미국 행정부의 관심을 유발하려던 인권 단체들과 의회 지도자들, 그리고 언론의 비판이 쏟아졌지만 클린턴 대통령은 중국이 자본주의 체제로 정착을 해야만 점진적으로 민주주의와 인권이 향상될 것이라고 믿고 중국에 대한 경제 우선 정책을 고수하였다.[3] NATO와 동유럽의 문제에 있어서도 클린턴 행정부는 경제적인 면을 우선적으로 고려했다. 클린턴 대통령은 NATO가 이데올로기적이며 군사적인 기구에서 동유럽의 경제를 세계 자본주의 체제 속에 편입시키는 역할을 해야 한다고 보았다. 그래서 NATO가 이전의 방어적이며 수동적인 역할에서 적극적이며 능동적으로 유럽의 경제를 세계 자유시장 체제의 안전을 유도하는 기구로 변화되기를 원했다. 그리고 보수나 진보를 막론하고 외교 싱크탱크는 대체로 "시장 국제주의(market internationalist)" 견해를 지향했다.[4] 국제 문제나 미국의 외교는 여전히 국민들의 주요 관심사가 아니었다. 클린턴 대통령은 세계의 민주주의를 확장하며 안정시켜야 한다는 윌슨주의적 이상주의를 설파했지만 그것은 지극히 수사적인 원칙론에 불과했다. 클린턴 대통령은 "민주주의를 확장하는데 소요되는 비용보다는 민주주의를 현상 유지하는 것이 수월한 과제"인 것을 잘 알고 있었고,[5] 이에 대한 국민들의 비판은 지극히 제한적이었다. 대통령은 외교 문제에 대해선 가급적 언급을 회피하였고, 국민들도 대통령의 외교력을 문제 삼지 않았다.

요컨대 클린턴 대통령은 세계에서 경제적으로 그리고 군사적으로 가장 강력한 국가의 대통령이었지만, 경제적 성과가 탁월한 반면 외교에서는 그만큼 기억에 남지 않은 대통령이었다. 분점정부의 의회는 완고했다. 구소련이라는 제국이 사라진 이상 대중들은 그다지 외교에는 무관심했다. 그를 동조하는 자들은 클린턴 행정부가 가지고 있었던 분점정부 상황의 심각한 정치적 제약에도 불구하고 클린턴 행정부의 대외정책 성과는 놀랄만한 것(miraculous)이라고 지적한다. 가령 아시아태평양경제협력체(Asia-Pacific Economic Cooperation: APEC) 포럼, 북미자유무역협정(NAFTA), 세계무역기구(World Trade Organization: WTO)에서 미국의 역할은 지대했다. 그리고 클린턴 행정부의 외교적 성과로 보스니아에서 평화유지활동과 미-중-일 간의 관계 개선, 북한, 러시아, 우크라이나와

---

3 동아시아 담당 차관보 윈스턴 로드(Winston Lord)는 상원의 임명 인준 청문회에서 중국은 폐쇄적인 정치체제를 유지한 채 자유시장 제도를 도입하는 "도박"을 하고 있는데, 이는 실패할 도박이며, 자유시장 제도가 결국은 중국의 정치를 민주화시킬 것으로 증언했다. Winston Lord, testimony in his Senate confirmation hearings, U.S. Department of State Dispatch, April 5, 1993; Hyland, Clinton's World, p.111.

4 Larry Diamond, "Promoting Democracy," *Foreign Policy* (Summer 1992), pp.25~46.

5 Bert A. Rockman, ed., *The Clinton Legacy* (New York: Chatham House, 2000), p.240.

핵위협 감소, 러시아의 평화로운 정치경제 이행, 북대서양조약기구(NATO) 확대 등을 열거할 수 있다. 반면 클린턴 대통령의 비판자의 시각에서는 타협자(compromiser)였다. 백악관에서 좁은 단기간의 정책목표는 포괄적인 전략적 목표를 달성하는 것보다 항상 우선하였다. 하지만 지지자들은 클린턴 대통령의 외교적 좌절은 약점에 근거한다고 보다는 절망스러운 정치적 상황에 기인한다고 클린턴 대통령의 외교적 리더십을 두둔한다. 1994년 의회에서 권력을 상실한 결과 클린턴 대통령의 정치적 어려움은 더 심각해졌다. 강력한 의지를 가지고 있고 밝은 전망을 제시하는(visionary) 대통령은 다양한 분절적인 행위자로 구성된 정치적 연합을 조정하는 능력이 없다면 실패할 것이다. 그런 면에서 지도자는 '뛰어난 행정가(chief executives)일 뿐만 아니라 뛰어난 조정자(chief coordinators)가 되어야 한다.'[6]는 점은 그의 놀라운 성취에도 불구하고 리더십의 부분적 한계를 보여주는 것이다.

클린턴 대통령에 대한 국민들의 평가는 찬반양론으로 갈려서 논쟁적인 부분이 있다. 그럼에도 불구하고 앞에서 열거한대로 클린턴 대통령의 성과를 종합하면 성공적인 부분들이 더 많았다. 대통령의 임기가 끝난 후에도 60% 이상의 미국 국민들이 클린턴 대통령의 치적에 대해 지지를 표명했고, 가능하다면 삼선에 동의한다고 했다.[7]

나. 낮은 도덕성과 높은 지지율

빌 클린턴 대통령은 도덕성의 위기를 불러올 수 있는 성추문에도 불구하고 높은 경제성과와 역량을 발휘하여 비교적 높은 국민의 지지를 유지하였다. 클린턴 대통령은 역설적이게도 가장 대중에게 부끄러운 대통령이면서도 가장 인기 있는 대통령 중의 한 명이 되었다. 클린턴 대통령은 젊은 백악관 인턴과 부적절한 성적 관계(improper sexual relationship)를 가졌음을 시인하였다. 클린턴 대통령은 의회 하원으로부터 그러한 관계에 대해 거짓말을 하고 그 사건의 조사를 방해하고자 시도했다는 이유로 탄핵 고소를 당했다. 동시에 클린턴 대통령이 탄핵 위기를 당한 6년차 시점 기준으로 비교해 볼 때 어떠한 전직 대통령들보다 더 인기 있었다.

---

6 Moisés Norm, "Clinton's Foreign Policy: A Victim of Globalization?" Foreign Policy Winter, 1998, pp.34-45.

7 David Gergen, *Eyewitness to Power: The Essence of Leadership Nixon to Clinton* (New York: Simon & Schuster); 서율택 역, 『CEO 대통령의 7가지 리더십』, 스테디북, 2002, 364면.

<표 4-5> 1998년 선거일 빌 클린턴(Bill Clinton) 대통령과
뉴트 깅리치(Newt Gingrich)에 대한 유권자평가[8]

Evaluation	Bill Clinton		Newt Gingrich(%)
	As Person(%)	As President(%)	
Positive	34	56	34
No opinion	8	2	11
Negative	58	42	56
Positive minus negative	-24	+14	-22

참고: 이 조사에서 응답자에게 깅리치에 대해서는 우호/비우호(favorable/ unfavorable) 선택지를 제시했고, 대통령에게는 지지/반대(approve/disapprove) 선택지를 제시했다.

1998년 초에는 클린턴 대통령이 모니카 르윈스키(Monica Lewinsky)와의 성추문 스캔들인 모니카게이트(Monica-gate)로 인해 역사상 두 번째 탄핵받은 대통령이 될 것이 확실해 보였다. 민주당은 당에 미칠 영향력에 대해 걱정했으며 공화당은 의회선거에서의 승리를 장담하였다. 그러나 탄핵결정의 중요한 시점에서도 그에 대한 지지율은 하락하지 않았다. 반면 공화당 하원의장은 사임했으며 공화당에 대한 국민의 지지는 그 당시 기준으로 과거와 비교할 때 최저치를 기록하였다. 탄핵 시도가 계속될 때까지도 미국 국민들은 클린턴 대통령을 안정적인 지지율로 지지하였으며, 클린턴 대통령이 물러나기를 원하지 않았다.[9]

클린턴 대통령은 인격적 관점에서 낮은 평가를 받았다고 하더라도, 대통령으로서의 지지는 선거일뿐만 아니라 임기 동안 지속적으로 높은 지지를 유지하였다. 42%가 불신임한 것에 비해, 56%가 분명한 지지 의사표시를 하였다. 클린턴 대통령의 지지자들은 클린턴 대통령의 "사생활(private life)"고 대통령의 성과(presidential performance)를 분명히 구분하였다. 성과에 대해서 경제 이슈가 가장 중요하였다. 예산은 균형을 맞추었고 흑자로 대통령은 사회안전보장을 가장 먼저 조치 할 것으로 기대되었다. 실업과, 인플레이션, 이자율은 낮았으며, 경제성장률은 안정적으로 호조를 보였다.

클린턴 대통령은 미국의 민간의료보험 건강관리기구(HMO: Health Maintenance Organization) 환자를 위해 "소비자 권리장전(Consumer Bill of Rights)"과 같은 개혁을 통해 대중의 지지를 이끌어냈다.[10] 젤러(John R. Zaller)가 요약한 바대로, 초점은 "평화, 번영, 그

---

8 1998 Voter News Service General Election Exit Poll; Benjamin Highton, "Bill Clinton, Newt Gingrich, and the 1998 House Elections," *The Public Opinion Quarterly*, Vol. 66, No. 1. Spring, 2002.

9 Molly W. Sonner and Clyde Wilcox, "Forgiving and Forgetting: Public Support for Bill Clinton during the Lewinsky Scandal," *PS: Political Science and Politics*, Vol. 32, No. 3 (Sep., 1999), p.49.

리고 온건(peace, prosperity, and mod eration)" 이었다.[11] 제2차 세계대전 이후의 경제지표와 클린턴 대통령 임기 동안의 경제지표를 비교해보면, 클린턴 대통령의 임기 동안에 인플레이션이 지속적으로 완화되었고 실업률이 개선된 것이 확인된다.

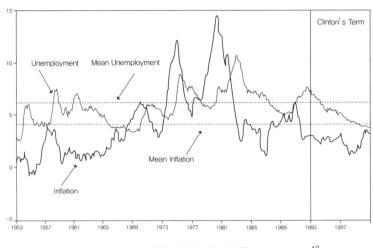

〈그림 4-16〉 인플레이션과 실업률, 1953-2000[12]

클린턴 대통령의 성격적 결함에 대한 논란은 이미 1992년 대통령 선거 전에서부터 시작되었다. 다양한 의혹이 제기되었음에도 불구하고 유권자는 1992년 선거에서 조지 부시(George H. W. Bush) 대통령 대신 클린턴 후보를 선택하였다. 심각한 수준으로까지 떨어진 클린턴 대통령의 도덕성, 정직성 등 개인적 성품에 대한 평가에도 불구하고 클린턴 대통령에 대한 지지는 높은 수준에 머물렀다. 미국인들은 그를 탄핵하려는 의회에 동의하지 않았다. 클린턴 대통령에 대한 지지 유지 요인은 세 가지 측면, 클린턴 대통령이 재임기간 동안 이룬 경제적·사회적 성공, 공화당을 비롯한 여타 클린턴 대통령의 정적들에 대한 국민의 반감에서 이해될 수 있다.[13]

클린턴 대통령을 향한 강한 대중적 지지기반은 성공적인 경제·사회·외교 정책이다. 존 젤러(John Zaller)에 의하면, 대중의 평가는 대통령의 개인적 품성보다는 업무수행

---

10 Benjamin Highton, "Bill Clinton, Newt Gingrich, and the 1998 House Elections," *The Public Opinion Quarterly*, Vol. 66, No. 1. Spring, 2002. pp.3-4.

11 John R. Zaller, "Monica Lewinsky's Contribution to Political Science," *PS: Political Science and Politics* 31 (June), 1998, p.185.

12 Brian Newman, "Bill Clinton's Approval Ratings: The More Things Change, the More They Stay the Same," *Political Research Quarterly*, Vol. 55, No. 4 (Dec., 2002). p.794.

13 서현진, "클린턴 대통령의 개인적 자질에 대한 평가가 2000년 대선에서 후보자 선택에 미친 영향", 한국아메리카학회, 『미국학논집』 제39권 2호, 2007, 62~65면.

능력에 더 좌우되었다. 클린턴 대통령은 경제상황을 호전(prosperity)시키고, 국가적 평화(peace) 상태를 유지하며, 예산의 운용 면에서도 부족함이 없으면서 동시에 다양한 국가적 문제를 해결하고 사회보장 프로그램들(successful moderate policies)을 성공적으로 수행하는 등 적지 않은 업적을 성취했다. 그래서 대중은 개인적 성품에 대해서는 관대할 수 있었다.[14] 개리 제이콥슨(Gary Jacobson)은 클린턴 대통령을 공격하는 부정적인 내용으로 가득 찬 미디어의 집중 보도는 스캔들이 터진 초기에만 여론에 약간의 영향을 미쳤을 뿐 전반적으로 여론과 지지율 변화에 중대한 영향을 미치지 못했다고 주장했다.[15] 이는 클린턴 대통령 평가에서 가장 중요한 요인은 경제이기 때문인데, 경제상황이 좋지 않았더라면 클린턴 대통령 탄핵에 대한 여론은 변화했을 가능성을 암시한다.

클린턴 대통령은 선거 기간부터 경제계획에 최우선순위를 두었고, 실제로 대통령으로서의 직무에서 많은 역량을 발휘한 것도 경제 부문이었으며, 국민들의 요구를 잘 간파하였다. 그는 재정적자 감소를 위해 관심을 기울였다. 클린턴 대통령의 신경제계획은 또한 부유층에 대한 세금인상과 예산규제를 포함했다.[16]

로렌스와 베넷(Regina G. Lawrence and W. Lance Bennett)도 스캔들과 이에 대한 매스컴 보도는 아무런 정치적 영향력을 갖지 못했는데 이는 클린턴 대통령의 공공정책 최대 수혜 집단인 흑인과 저소득층의 국민이 정책적으로 뿐만 아니라 심리적·상징적으로 그를 지지하여 탄핵결정에 강력히 반대했기 때문이라고 설명했다.[17] 따라서 이들은 클린턴 대통령의 정책이 국민에게 경제적 부와 평화를 가져다 준 시점에서 국민은 매스컴 보도보다는 그들 자신의 경험적 판단에 근거해서 정치적 결정을 내렸다고 본다.

상징적으로 흑인들 사이에 클린턴 대통령은 백인이지만 "흑인성(blackness)"을 대표한다. 코미디언 크리스 록(Chris Rock)과 토니 모리슨(Toni Morrison)과 같은 당시 저명인사들은 클린턴 대통령은 우리들의 첫 번째 흑인 대통령이라고 주장하였다. 클린턴 대통령은 많은 흑인들 사이에 흑인 같은 백인(white-Negro)으로서 여겨져 흑인들과 같은 정체성을 공유하였다. 클린턴 대통령은 존경받는 흑인 클린턴(honorary black Clinton) 대통령으로 인종을 넘어선 친밀도(interracial intimacy)를 가지고 있었다.[18] 전형적인 아프리카

---

14 John Zaller, *op.cit.*, pp.182-188.

15 Gary Jacobson, "Impeachment Politics in the 1998 Congressional Elections," *Political Science Quarterly* 114(1), 1999. pp.31-52.

16 선거기간 동안 정치적 구호는 "문제는 경제야, 이 멍청아!(It's the Economy, Stupid!)"이다. Thomas E. Mann and Norman J. Ornstein, *op.cit.*, p.90.

17 흑인과 저소득층의 국민 대다수는 클린턴 대통령이 가난한 가정에서 자라나 대통령이 된 것에 대해 그와 상징적 공감대를 형성했다. Regina G. Lawrence and W. Lance Bennett, "Rethinking Media Politics and Public Opinion: Reactions to the Clinton-Lewinsky Scandal," *Political Science Quarterly* 116 (Fall 2001), p.441.

18 Toni Morrison, "Talk of the Town," *New Yorker*, 5 (October 1998), pp.32; Eric Lott, "The First

계 미국인 유권자들은 최소 9:1의 비율로 공화당 후보보다는 민주당 후보를 지지한다.[19] 이러한 고어 후보의 투표율 높이기 위한 동원노력은 고어 후보가 플로리다에서 강했던 주요한 이유 중의 하나였다.[20]

클린턴 대통령의 8년 임기동안의 지지도는 〈그림 4-17〉과 같다. 클린턴 대통령에 대한 지지는 묘한 것(oddities)이었다. 기존의 대통령 지지도 예측 모델들이 대중들은 닉슨과 같이 기존의 역대 대통령을 스캔들에 대해 엄격히 처벌한 반면, 클린턴 대통령은 탄핵 정국 이후에도 인기를 유지하였으며, 오히려 지지율은 탄핵 절차를 밟을 때 실제로 증가하였다.[21]

국민은 정치지도자들의 도덕성에 대해 큰 기대를 갖고 있지 않다. 특히 대통령을 지지함에 있어서 이런 사적 이슈에 근거한 도덕성이나 신뢰성보다는 업적이나 업무수행 능력을 중시하기 때문에 많은 경제적·사회적 업적과 국민과의 소통에 탁월한 능력을 갖춘 클린턴 대통령은 지지 기반을 잃지 않은 채로 리더십을 유지할 수 있었다.

클린턴 대통령처럼 능력이 뛰어나고 성과가 좋았다면 대통령의 사적인 스캔들은 미국에서 공적인 이슈가 되지 못한 것이고 개인이 아닌 제도로서 대통령에게 심각한 영향을 미치지 않았음을 증명한다. 클린턴 대통령의 당선은 미국인들은 가능하면 정직한 대통령을 선호하지만 전임자인 부시 대통령처럼 가정에 충실하고 정직하지만 능력이 없는 대통령을 훌륭하다고 여기지는 않음을 보여준다.[22]

클린턴 대통령은 개인적 성품의 모든 면에서 비슷한 여론의 평가를 받아오다가 1996년 이래 조금씩 다른 평가를 받기 시작했다. 업적과 성품을 비교한 여론의 평가와 유사하게 1998년 이래 클린턴 대통령의 개인적 성품에 대한 여론의 평가는 매우 상반되게 나타났다. 정직성과 신뢰성, 국민과의 공감대 형성 면에서 클린턴 대통령은 1993년에는 55-65% 정도의 높은 평가를 받았으나 점차적으로 이러한 긍정적인 평가는 감소하였다. 특히 1997년에는 이들 항목에서 50%정도 지지율을 얻었으나 1999년에는 30% 이하의 지지율을 보였다. 한편 클린턴 대통령은 임기 중에 국민에 대한 배

Boomer: Bill Clinton, George W., and Fictions of State", *Representations*, No. 84, In Memory of Michael Rogin (Autumn, 2003) pp.101-102.

19 부시 대통령은 2000년 대선 캠페인에서 흑인들을 자극하지 않기 위해 매우 노력했다. 고어 후보는 부시에게 인종이슈에 대해 분명한 입장을 밝힐 것을 요구했다.

20 John J. Pitney Jr., "Political Warfare during Wartime: George W. Bush and the Democrats," Steven E. Schier, ed. *High Risk and Big Ambition: The Presidency of George W. Bush* (Pittsburgh: University of Pittsburgh Press, 2004), pp.46-47.

21 Brian Newman, *op.cit.*, p.782.

22 서현진, 앞의 논문, 62-65면.

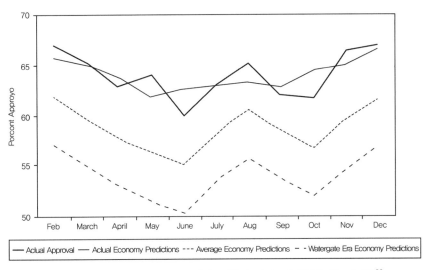

〈그림 4-17〉 다른 경제상황과 클린턴 대통령 시기 경제상황 및 지지도[23]

려와 동정심(compassionate)이 있는 대통령이라는 평가와 더불어 능력과 자질이 있는 대통령이라는 긍정적인 평가를 받아왔다.

능력과 자질 면에 있어서는 시간이 갈수록 긍정적인 평가를 받아 1996년 40% 정도에서 1999년에는 80% 정도의 지지율을 얻은 반면, 배려(care) 면에 있어서는 1996년 65% 정도에서 1999년에는 60% 정도로 약간 떨어지는 현상을 보였다.[24] 이러한 여론조사 결과를 분석한 제프리 코헨(Jeffrey E. Cohen)은 클린턴 대통령의 개인적 성품(personal traits)은 두 가지 측면으로 구분되는데 하나는 대통령으로서의 능력(competence or ability)을 나타내는 성품이고 다른 하나는 정직성과 신뢰성 등 성품(character)을 나타내는 면이라고 했다. 특히 클린턴 대통령에 대한 여론의 변화에 초점을 두면서 성격적인 면에 대한 평가는 극히 부정적으로 변한 반면 능력적인 면에 대한 평가는 매우 긍정적으로 변했다고 지적했다. 국민들의 인식을 보면, 임기 8년 동안 클린턴 대통령의 리더십, 정치적 지식과 지성에 대한 평가는 매우 긍정적인 방향으로 전환되었거나 높은 수준을 유지하고 있는 것에 반해 도덕성, 정직성, 국민에 대한 배려 등에 대한 평가는 부정적으로 바뀌었다. 이는 임기 초부터 여러 가지 스캔들에 시달려온 클린턴 대통령에 대한 국민의 불신이 르윈스키 스캔들에 의해 더욱 심화된 것으로 보인다. 코헨의 분류처럼 대통령으로서의 능력 면에서는 긍정적 평가를 받았고 개인적 성품

---

23 *Ibid.*, p.795.
24 Jeffrey E. Cohen, "The Polls: Change and Stability in Public Assessments of Personal Traits, Bill Clinton, 1993-1999," *Presidential Studies Quarterly* 31 (December 2001), pp.735-737.

면에서는 부정적 평가를 받았다.[25] 그러나 이러한 클린턴 대통령의 부정적 인식이 고어 후보에게도 영향을 미쳐 고어 후보는 클린턴 정부에 관한 이슈를 가급적 쟁점화 시키지 않으려고 노력했다.

요컨대 건전한 경제호황이 클린턴 대통령의 지지를 강화시켰고, 클린턴 대통령의 높은 경제성과가 도덕성의 위기에도 불구하고 리더십을 공고화시켰다고 평가된다. 실제 경제상황과 예상 수치를 둘 다 비교하여 고려해보면, 워터게이트에 시달렸던 닉슨 대통령의 경제성과와 비교해보면, 그와 유사하게 스캔들에 시달렸던 클린턴 대통령은 평균 인플레이션과 실업률에서 닉슨 대통령보다 우월했다고 보인다. 스캔들로 인해 지지도의 손실이 있었지만, 우호적인 경제성과가 이러한 손실을 충분히 상쇄시키고도 남았다.

2. 대통령 대 의회 관계: 제퍼슨 모형에서 매디슨 모형으로

업무에 대한 강한 열정을 가진 클린턴 대통령의 리더십은 '적극적 긍정형'으로 분석된다. 클린턴 대통령의 집권 제1기 국정운영은 경쟁적인 양당 체제 하에서 균형감과 추진력을 갖춘 다수결 원리에 입각한 제퍼슨 모형으로 분석되지만, 집권 제2기에는 분점정부 상황에서 강력해진 야당의 공세 속에 의회와의 합의를 중시하는 매디슨 모형을 추구하였다. 클린턴 행정부 하에서 민주당과 공화당은 비교적 동등한 의석수를 가지고 있었으며, 임기 초반에는 단점, 후반부에는 분점 정부를 유지하였다. 임기 중·후반에는 공화당에게 원내 다수당의 지위를 넘겨주기는 했지만 높은 지지와 경제성과를 바탕으로 안정된 정치를 추구하였다. 클린턴 대통령의 정치적 리더십과 대對 의회관계의 모형은 집권 제1기는 제퍼슨 모형으로 분석된다. 그림으로 표현하면 〈그림 4-18〉과 같다.

클린턴 대통령 재임 기간에는 2년은 단점 정부였고 나머지 6년간은 분점정부로서 다수당의 지위를 공화당에게 넘겨주었다. 클린턴 행정부는 경제성과의 측면에서 효율성이 높다. 대통령은 의회와의 관계가 원만하지 못한 측면이 있다. 대통령의 도덕성에 단점이 있었고 탄핵 위기에 처하기도 하였다. 그런데 분점정부의 상황이라 하더라도 민주당 출신 대통령에 대한 견제로서 국민들은 의회권력은 공화당에게 부여하였다. 클린턴 대통령의 경제와 외교에서의 성과를 바탕으로 정치적 역량에 힘입어 자신감 있는 국정운영을 지속하였다. 그래서 클린턴 행정부는 의회와 대등한 관계 속에서

---

25 서현진, 앞의 논문, 148면.

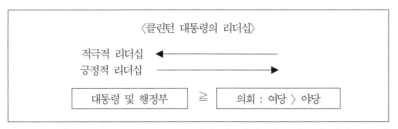

〈그림 4-18〉 단점정부(1992-1994) 클린턴 대통령의 대 의회관계 제퍼슨 모형

주도적으로 역동적인 성과를 이룩하였다.

클린턴 대통령의 집권 제2기는 매디슨 모형으로서 다수당이자 야당인 공화당이 의회를 주도하게 되고 공화당과 협조적 관계에 매우 주의하게 되는 국정운영이다. 이러한 불리한 의석변수에도 불구하고 우호적인 정치·경제 상황에 따라 클린턴 대통령은 자신의 자질과 성과에 자신감을 가지고 적극적 긍정형의 리더십을 발휘하였다.

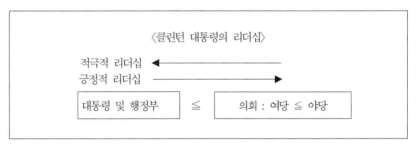

〈그림 4-19〉 분점정부(1996-2000)에서 클린턴 대통령의 대 의회관계 매디슨 모형

클린턴 대통령은 대對 의회관계에 따라 제퍼슨 모형에서 매디슨 모형으로의 성격 변화에도 불구하고 직무와 관련하여 적극적 긍정형 리더십이라 평가된다. 클린턴 대통령은 적극적 긍정형의 리더십을 구사하였다.

클린턴 대통령의 임기 중에서 많은 기간을 공화당이 다수당으로서 의회를 주도하였는데, 대對 의회관계가 그다지 원만하지 못했다. 대통령의 직무를 잘 수행해서 개인적인 역량과 정책 효율성은 뛰어났다. 그러나 이후 성추문 사건이나 클린턴 대통령의 도덕성 위기는 대통령의 부정적인 이미지 역할을 하게 된다. 이러한 부정적인 평가는 차후에 민주당으로부터 공화당으로의 정권교체에 영향을 미친다. 클린턴 대통령의 대對 의회 과정을 표로 표현 하면 다음과 같다.

<표 4-6> 클린턴 대통령의 대 의회관계 모형 분석

통치시기	집권 제1기	집권 제2기
의 석	1992~1994: 단점정부 1994~1996: 분점정부	분점정부
정치·경제 상황	- 경제호황	- 경제호황 - 1995년 보스니아 내전 - 1999년 코소보 내전 - 르윈스키 스캔들
대통령 對 의회관계 모형	제퍼슨	매디슨

〈표 4-6〉의 비교분석표와 같이, 클린턴 대통령 재임 기간에는 2년간은 단점 정부였지만 나머지 6년간은 분점정부로서 다수당의 지위를 공화당에게 넘겨주었다. 클린턴 행정부는 경제성과의 측면에서 효율성이 높은 정부였지만, 대통령은 의회와의 관계가 원만하지 못했다. 클린턴 집권 당시 국민들의 주요 관심사는 경제에 초점을 두고 있었다. 클린턴 대통령의 집권 7년 전 기간 동안 미국 경제는 대단히 성공적으로 운영된 것으로 폭넓게 인정되고 있다. 미국 경제가 이전의 경제 추세에서 극적으로 벗어난 것은 의심할 여지없이 클린턴 대통령의 집권 하에서였다. 특히 세 가지 점이 두드러진다. 연방 정부의 균형예산 달성과 재정흑자 달성, 주류 경제이론의 예상과 정면으로 모순되는 현상인 실업과 인플레이션의 동반 하락, 역사적으로 선례를 찾을 수 없을 정도의 주식시장 호황이 그것이다.

클린턴(Bill Clinton) 민주당 대통령 후보가 걸프전쟁의 영웅 부시 대통령을 누르고 대통령에 당선된 것은 미국 현대사의 이정표적인 사건이었다. 외교적 경험이 없었고, 베트남전쟁의 병역기피자로서 비애국자로 낙인찍혔던 클린턴이 제2차 세계대전의 참전영웅이자 CIA국장을 역임한 현직 대통령을 물리쳤고, 그것도 일방적인 승리였다.

클린턴 대통령의 1996년 대통령선거에서 재선에 성공할 수 있었던 데에는 여러 요인들이 있다. 가장 큰 요인은 경제적 리더십을 발휘하여 성공적인 경제성과를 달성한 데 있다. 클린턴 대통령은 1996년 초부터 경제정책, 대외정책, 그리고 대통령 직무수행 등에서 국민들로부터 항상 50% 이상의 높은 평가를 받아왔다. 그리고 '미국이 정상궤도를 달리고 있다'는 문항에 긍정적으로 응답한 사람도 50%를 웃돌고 있었고, 부시 패배당시의 20% 미만과는 크게 대조적이다. 이것은 곧 미국 국민다수가 현실에 만족하고 있으며 이를 이끌어 온 클린턴 행정부에 대해서도 만족함을 의미한다. 클린턴 대통령의 승리를 가능케 한 두 번째 요인으로 탁월한 선거전략을 들 수 있다. 1994년 중간 선거를 통해 유권자의 보수화 경향을 간파한 클린턴 대통령은 자신의 정치노선을 중도온건으로 전환하고 복지제도의 개혁, 재정적자 축소, 작고 효율적인 정부 구현 등 공화당 정책도 상당부분 수용함으로써 공화당의 공세를 무력화시키는데 성공했다. 물론 그러한 전략이 성공할 수 있었던 것은 연방정부 폐쇄 불사 등 잇단 강경책을 구사해온 공화당에 대한 국민의 실망도 있었지만 밥 돌(Bob Dole) 후보가 15% 세금감면 공약을 제외하고는 클린턴 대통령의 정책과 차별화하는데 실패했기 때문이다.

세 번째 승리요인은 '금세기 최고의 정치가적 본능을 가진 대통령', '대중연설의 천재', '선거 전략의 귀재'라고 할 만큼 뛰어난 정치가적 자질을 들 수 있다. 정책차별화가 어려운 상황에서 유권자의 선택기준은 후보자의 이미지가 될 수밖에 없고 그 점에서 유리했다.

클린턴 대통령은 경제성장, 고용창출, 의료 및 복지 개혁, 교육 등 중요한 현안들을 성공적으로 실행에 옮겨 높은 지지를 유지하였다. 여성들로부터 압도적인 지지를 받게 된 것은 여성표를 겨냥한 교육, 의료보호, 환경 등 공약의 영향도 있지만 매력적인 대통령으로서 클린턴 대통령이 가진 이미지상의 이점이 크게 작용했을 것이다.

그렇지만 클린턴 대통령의 임기 중·후반에 상하원 선거에서 야당인 공화당이 우위를 점함에 따라 공화당의 정치적 견제는 계속되었다. 선거과정에서 '21세기로 가는 다리'라는 슬로건 아래 균형예산의 달성, 의료 및 사회보장 개혁, 고용의 지속적 창출, 안정적인 세계질서 유지 등을 내용으로 하는 정책비전을 제시한다. 그러나 재정지출 축소를 추구하는 공화당의 상하 양원 계속 장악과 미국 국민의 전반적인 보수화 경향은 클린턴 대통령의 국정운영에 도전이 되었다. 또한 민주당 내에서 복지개혁법 서명 등, 클린턴 대통령의 중도온건 노선에 불만을 가진 세력이 적지 않아 클린턴 대통령으로서는 민주당의 단합을 유지하는 것도 클린턴 대통령의 과제가 되었다. 더구나 화이트워터 사건 등 기존 의혹사건은 물론 선거과정에서 논란이 된 정치 자금문제를 둘러싸고 공화당의 공세가 지속되어서 클린턴 행정부에 적지 않은 부담이 되었다.

클린턴 대통령은 위기에 처한 재선문제에 적극적으로 대응하기 시작하였으며 그 결과 클린턴 대통령에 대한 직무수행 만족도가 50퍼센트를 넘어서는 등 인기가 다시 상승하게 되었다. ① 상하양원을 장악한 공화당은 세금감면정책, 국방비증액, 복지예산 축소 등 보수적인 "미국과의 계약(Contract with America)"을 입법화 하려 했으나 클린턴 대통령은 거부권 행사를 통해 공화당 공세를 견제하고 있다. ② 클린턴 대통령은 나아가서 평화중재외교 등 대외문제에 적극적인 노력을 기울이고 있으며 미국경제도 전반적으로 상승세를 보이고 있어 대한 국민의 신뢰는 비교적 안정되어 있다. 반면 공화당은 중간선거 10대 공약에 대한 입법활동이 부진하고, 깅그리치(N. Gingerich)의장의 인기추락,[26] 공화당 초선의원들에 대한 극단적 이미지 등으로 공화당에 대한 국민

---

26 깅그리치는 대통령과 상원이라는 전략적 행위자를 다루는 방식을 몰랐고, 예산을 둘러싼 클린턴과

의 기대는 실망으로 변하고 있다. 공화당이 주도하는 104대 의회에 대한 국민지지도는 25%이하로 인기 없고 가장 성공적이지 못한 의회로 평가되었다.[27]

가. 임기변수

제퍼슨 모형은 원내 다수당의 지지를 바탕으로, 대통령과 행정부가 정국주도의 강력한 기반을 쥐고 있는 상황을 가정하고 있다. 대통령 취임 이후 2년 후부터 클린턴 대통령은 야당인 공화당에게 계속 의회권력을 내주었다. 다행히 경제성과와 그에 따른 높은 지지율 덕분에 클린턴 대통령은 역동적으로 국정을 운영할 수 있었으며, 비교적 레임덕 현상은 심각하지 않았다. 그래서 클린턴 대통령은 재선에 성공하였다. 하지만 도덕성 논란은 차기 정부에서 정권재창출 실패에 미친 요인 중의 하나였다. 그래서 공화당의 부시 대통령이 다음 대통령으로 당선됨으로써 클린턴 대통령의 정책 유산은 다음 정권으로 이어지지 못했다.

1) 1992년 대선: 안보로부터 경제로

1990년 11월 조지 허버트 워커 부시 대통령이 민주당에서 잘 알려지지 않은 후보인 클린턴 후보에게 패배하리라고 예상하지 못했다. 1992년 대선 에서의 승리로 클린턴 대통령은 1980년대부터 지속되어 온 공화당 승자연합으로부터 정권을 민주당에게로 안겼다. 1930년대 루즈벨트 대통령은 경제적 압박으로부터 이전에 우월한 승자연합이었던 공화당으로부터 정권을 가져왔다. 반대로 1960년대가 되면 뉴딜연합이 붕괴되게 된다. 1980년대 레이건 당선 이후에는 공화당이 새로운 승자연합이 된다. 클린턴 대통령의 당선은 선거에서의 의미 있는 변동 중의 하나였다.[28]

미군이 주도한 유엔 연합군은 피로하고 무기력한 이라크군을 압도했고 부시 대통령은 지상전이 시작한 이후 정확히 100시간이 된 시점에 쿠웨이트의 해방과 아울러 종전을 선포했다. 부시 대통령은 전쟁을 냉전 이후 미국이 개입한 전쟁에서 가장 눈부신 승리였다고 자부했으며, 베트남 전쟁 이후 20년 만에 "우리는 드디어 베트남 신드롬을 벗어 버렸다"고 평가했다.[29] 쿠웨이트 해방이라는 전쟁의 가장 중요한 목표가

의 갈등은 결국 대통령이 부활하고 재선되는데 궁극적으로 기여하였다.

27 김충남, "예비선거를 통해 본 미국 대통령선거 전망", 외교안보연구원, 1996.

28 Morris p.Fiorina, "A Divider, Not a Uniter－Did It Have to Be?" in Gary C. Jacobson, Colin Campbell, Bert A. Rockman and Andrew Rudaleviege. eds., *The George W. Bush Legacy* (Washington D. C.: CQ Press, 2008), p.109.

29 Michael Gellert, *The Fate of America: An Inquiry into National Character* (Washington, D.C.:

이루어진 이상, 후세인을 제거한다는 명목으로 전쟁을 계속한다는 것은 무리였고, 다가오는 재선을 생각해서도 고려할 수 없었다. 54만 명의 미군은 즉각 본국으로 돌아왔고 국민들은 환호했다. 부시 대통령의 지지율은 89%로 치솟았는데 이는 미국 역사상 최고의 기록이었다. 그러나 결과적으로 걸프전쟁과 이에 따른 부시의 지지율은 부시 대통령의 재선에 아무런 역할을 하지 못했다. 부시 대통령의 "새로운 세계 질서"는 전쟁을 위한 공허한 슬로건에 지나지 않았다. 후세인은 미국인들에게 적과 아군이라는 냉전의 이원론적 단순 사고를 잠시 유지시켜주는 역할만 했을 뿐, 걸프전쟁은 미국인들의 기억에서 쉽게 사라져갔다.[30]

미국인들은 전쟁 후 다시 일상으로 돌아왔고, 그들의 '일상'이란 경제 및 국내 문제였다. 냉전이 종결된 마당에 미국인들은 더 이상 국제 문제에 관심을 두지 않았다. 국민들은 걸프 사태를 항상 존재하는 중동의 골치 아픈 '사건' 중의 하나로 생각했고, 미국이 국제 사회의 협조로 쉽고 빠르게 사건을 해결했다고 안도할 뿐이었다. '다자주의(multilateralism)'는 자연스럽게 탈냉전의 미국 외교의 원칙이 되었다.[31] 오랫동안 미국의 적이었던 소련도 사라졌고, 강력한 미국의 리더십과 국제 사회의 협조로 성공적으로 사담 후세인을 물리친 이상 더 이상의 유사한 위기는 없을 듯 했다. 세계는 평화스러웠고 미국인들은 더 이상 미국 밖의 문제에 관심을 갖지 않았다.

조지 부시 대통령은 레이건의 '힘의 외교'의 후광과 화려한 외교 경력으로 대통령에 당선되었고, 걸프전쟁을 성공적으로 수행했지만, 정작 미국 경제를 비롯해서 국내 문제에 리더십을 발휘하지 못한 대통령에 국민들은 등을 돌렸다. 1992년 선거에서 부시 대통령은 처참한 패배를 당하며 재선에 실패했다. 아울러 클린턴 대통령은 루스벨트 대통령 이래 52년 만에 재선에 성공한 민주당 대통령이 되어 21세기로 넘어가는 역사적 시기에 유일 초강대국인 미국의 지도자로서 역사적 업적을 남기고자 하는 열정을 가지고 있었다.[32]

Brassey's, 2001), p.223.

30 H. W. Brands, The Devil We Knew: Americans and the Cold War (New York: Oxford University Press, 1993), p.219.

31 Enid Hill, "Rhetoric, Policy, and Politics in the United States," in *The Gulf War and the New World Order*, ed., Tareq Y. Ismael and Jacqueline S. Ismael (Gainesville: University of Florida, 1994), pp.201-205.

32 50%의 득표율은 연임에 성공한 역대 대통령에 비해 매우 낮은 것으로 국민으로부터 국정운영에 대한 전폭적인 신임(mandate)을 받았다고 볼 수 없다. 92년 선거에 비하면 43%의 득표율에서 7% 정도 상승했으나 선거인단 확보 면에서는 92년의 370명에서 9명 늘어난 것에 불과하다. 상하원 선거에서 공화당이 다수의석을 확보할 수 있었던 것은 미국 유권자의 전반적인 보수화 추세에서 비롯된 점이 크지만 클린턴 대통령의 재선이 기정사실화된 분위기에서 국민의 견제심리도 적지 않게 작용했다.

클린턴 행정부는 높은 지지를 바탕으로 연임을 하여 장기적인 정책방향을 세워 큰 그림으로 정책을 시행할 수 있었지만, 정부와 의회의 균형을 유지하고자 노력해야 했다. 따라서 클린턴 대통령의 리더십 모형은 제퍼슨 모형이다.[33]

근 반세기동안 미국을 사로잡았던 냉전이니 반공이니 하는 이데올로기의 열병이 일순간에 사라져 버렸다. 미국은 이제 냉전의 붕괴와 함께 제1차 세계대전 이후의 고립주의 정서와 유사한 정서에 휩싸였다. 물론 이것을 전통적인 고립주의의 부활이라고 볼 수는 없다. 제1차 세계대전 이후의 고립주의는 '세계 민주주의의 안전'을 위한 미국의 참전 이상理想이 유럽 제국주의에 농락당했다는 환멸에 기인했다면, 냉전 이후의 유사한 정서는 적敵이 상실된 상태에서 현실주의로의 회귀에 기인한 것이다. 냉전은 순식간에 몽환적 기억으로 남게 되고 그것의 그늘 속에서 가려졌던 미국의 현실적인 국내 문제들이 국민들의 관심을 사로잡았다.

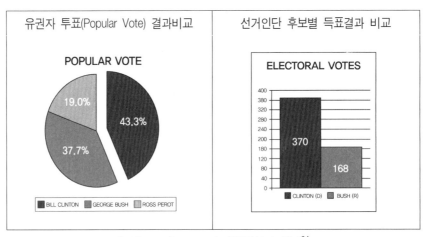

〈그림 4-20〉 1992년 대통령선거 결과[34]

1992년 선거에서 제2차 세계대전 이후 처음으로 외교 문제는 선거의 주요 쟁점에서 국내 문제에 자리를 내주었다. 조지 부시가 민주당의 마이클 두카키스(Michael Dukakis) 후보의 외교적 경험의 부재를 집중적으로 부각시켜 대통령에 당선되었던 것을 생각할 때 실로 급격한 변화였다. 그런 점에서 1992년 선거는 "베트남전쟁이 미국 정치의 덧없는 이슈로 사라지는 새로운 시작"인 셈이다.[35]

---

33 김봉중, "탈냉전, 세계화, 그리고 미국의 외교", 『미국사연구』(제23집), 2006, 123면.

34 〈www.historycentral.com/elections/1992pop.html〉, 검색일: 2009. 5. 30.

35 Melvin Small, *Democracy and Diplomacy* (Baltimore: Johns Hopkins University Press, 1996), p.161.

2) 1996년 대선: 경제적 리더십에 대한 재신임

클린턴 대통령은 '신뢰성의 위기'에 직면했음에도 불구하고 '21세기로 가는 다리'라는 구호아래 경제성장, 고용창출, 의료 및 복지 개혁, 교육 등 미래에 대한 비전을 클린턴 대통령의 웅변술, 젊음과 박력을 통해 설득력 있게 유권자에게 전하였다.[36]

그렇지만 상하원 선거에서 공화당이 우위를 점함에 따라(〈표 4-3〉 참조), 공화당의 정치적 견제는 계속되었다. 클린턴 대통령은 균형예산의 달성, 의료 및 사회보장 개혁, 고용의 지속적 창출, 안정적인 세계질서 유지 등을 내용으로 하는 정책비전을 제시했다. 그러나 재정지출 축소를 추구하는 공화당의 상하 양원 장악과 미국 국민의 전반적인 보수화 경향은 클린턴 대통령의 국정운영에 도전이 되었다. 또한 민주당내에서 복지개혁법 서명 등 클린턴 대통령의 중도온건 노선에 불만을 가진 세력이 적지 않아 클린턴 대통령으로서는 민주당의 단합을 유지하는 것도 과제가 되었다. 더구나 화이트워터사건[37] 등 기존 의혹사건은 물론 선거과정에서 논란이 된 정치 자금문제를 둘러싸고 공화당의 공세가 지속되어서 클린턴 행정부에 적지 않은 부담이 되었다.

---

36 클린턴 대통령은 의회와 법원, 그리고 주정부에서 자신의 정책에 대한 반대에 대해 소수민족에 대한 차별철폐정책을 펼치는 등 적극적인 정치적 리더십을 발휘했다.

37 http://www.kukminilbo.co.kr/event/int/cliton/cliton_scan02.html; 국민일보, 검색일 2009년 7월 20일.; 클린턴 부부는 아칸소 주지사 시절이던 1978년 오랜 친구이자 정치적 후원자인 짐 맥두걸과 함께 아칸소주 지역을 개발하기 위해 택지를 구입하고 나아가 1979년 '화이트워터'라는 부동산 개발회사를 맥두걸과 공동으로 차렸다. 그러나 클린턴은 투자금 2만5천달러를 손해보고 손을 뗐다. 맥두걸은 이와 별도로 매디슨 신용금고를 가지고 있었으며 클린턴과는 계속 우호 관계를 유지했다. 1985년 클린턴이 선거운동 당시 5만달러의 빚을 지고 어려운 상황에 처해 있을 때 맥두걸은 클린턴을 위해 정치자금을 모금했다. 이후로 맥두걸은 미 연방으로부터 많은 금액을 대출받았는데 이것이 주지사로 있던 클린턴의 직권 남용으로 이루어진 것이라는 여론에 휘말렸다. 클린턴이 대통령에 당선되고 5개월 후인 1993년 6월 화이트워터 관련서류를 보관하던 힐러리의 동료 변호사 빈센트 포스터가 의문의 자살을 하고, 클린턴 부인 힐러리가 서류를 파기했다는 주장이 일면서 끝내는 클린턴 부부를 청문회에까지 끌고 나오는 큰 사안으로 번졌다. 이 사건은 1994년 담당 특별검사인 로버트 피크스에 의해 일단 무죄로 결말이 났다. 이후 미 연방 법원은 1994년 8월 이 사건 특별검사를 로버트 피크스에서 케네스 스타로 교체되면서 새 국면을 맞이한다. 1996년 5월28일, 아칸소주 리틀록 법원 배심원단은 이 사건을 평결하면서 맥두걸 부부를 비롯 당시 아칸소 주지사 터커 등 핵심 측근 3명에 대해 유죄를 결정했다. 당시 클린턴은 어떤 혐의로도 기소되지 않은 상태였으나 이로 인해 클린턴의 재선길이 큰 난관에 봉착했음은 물론이다. 클린턴이 재선에 성공한 1997년 2월, 화이트워터 사건의 핵심 인물로 기소된 맥두걸이 자신의 감형을 위해 화이트워터와 클린턴의 관계를 검찰에 진술한 사실이 언론에 대서특필됐다. 그러나 맥두걸은 모든 것을 영구 미제로 남긴 채 1998년 8월 교도소에서 지병으로 사망했다.

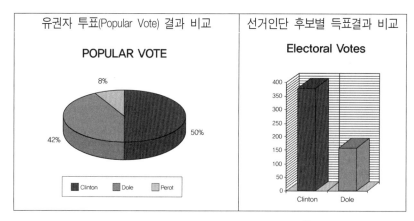

〈그림 4-21〉1996년 대통령선거 결과[38]

1996년 11월 5일 실시된 미국 제42대 대통령선거에서 민주당 후보인 빌 클린턴 대통령은 득표율 50%, 선거인단 379명을 획득하여 경쟁자인 공화당의 밥 돌 후보를 압도적으로 누르고 재선에 성공하였다. 공화당의 밥 돌 후보는 41%의 득표를 했으나 159명의 선거인단을 확보하는데 그쳤으며 3당인 개혁당(Reform Party)의 로스 페로 후보는 8%를 득표하는 저조함을 보였다.

나. 의석변수

클린턴 행정부는 의회에서는 집권 초 2년을 제외하고는 6년간 야당인 공화당에 끌려 다녔다. 또한 공화당 인사를 영입하고 균형적인 예산을 집행하는 등 대對 의회관계는 입법적 리더십을 발휘하였다. 민주당·공화당간의 선택적으로 상황에 맞는 정치력을 발휘했다. 그래서 이는 정책의 안정성에 제한적인 요소가 될 수도 있었다. 그런데 클린턴 대통령이 적극적 리더십을 발휘하여 높은 지지와 정책에 대한 우호적 평가를 이끌어 내었다. 강력한 대통령이 정국을 주도하고 있지만, 의회는 공화당이 주도하고 있어서 자주 충돌이 발생하였다. 그래서 클린턴 행정부의 리더십과 정책역량은 절반의 성공이라 하겠다.

〈표 4-7〉은 클린턴 대통령 집권 기간과 그 기간의 상원과 하원에서 민주당과 공화당의 의석분포를 나타낸 것이다. 클린턴 대통령은 높은 개인 지지도에도 불구하고 집

---

38 〈www.historycentral.com/elections/1996pop.html〉, 검색일: 2009. 5. 30.; 〈www. historycentral.com/elections/1996elec.html〉, 검색일: 2009. 5. 30.

권 8년 중 6년은 여소야대의 분점정부를 운영할 수밖에 없었다.

제퍼슨은 "빈약한 다수 위에서 위대한 구상이 건설될 수는 없다"고 말했다. 클린턴 대통령은 세기적인 입법적 개혁을 추진하기에는 지지기반이 너무 약했다. 1992년의 대통령 선거에서는 복수 후보들 중에 43%의 지지를 얻었고, 의회에서는 동반당선자들을 내지 못했다는 점은 견실한 지지기반이 없었다는 것을 뜻했다. 의료보험제도 개혁을 처음 발표했던 1993년 클린턴 대통령은 거대한 과제를 추진하는 데에 필요한 지배력을 확보하고 있지 못했다.[39]

〈표 4-7〉 클린턴 정부형태와 의회 구성변화

의회	선거년	정부형태	행정부		입법부							
			여당	대통령	하원		증감		상원		증감	
					민주	공화	민주	공화	민주	공화	민주	공화
102	1990	분점	공화	G.부시	267	167	+9	-8	56	44	+1	-1
103	1992	단점	민주	클린턴	258	176	-9	+9	57	43	+1	-1
104	1994	분점	민주	클린턴	204	230	-52	+52	47	53	-8	+8
105	1996	분점	민주	클린턴	207	227	+3	-3	45	55	-2	+2
106	1998	분점	민주	클린턴	211	223	+5	-5	45	55	0	0
107	2000	단점	공화	G.W.부시	212	221	+1	-2	50	50	+5	-5

클린턴 대통령은 1993년 취임 초부터의 성과 관련하여 도덕성 문제에 대한 논란으로 리더십 면에서 국민의 높은 기대에 미치지 못하였다. 중간선거 당시 클린턴 대통령에 대한 직무수행 만족도는 40% 정도에 그쳤다. 그 결과 1994년 말 중간선거에서 민주당은 하원의석 52석, 상원의석 9석을 상실하는 등 참패를 당하였으며, 공화당은 상원의석 52석으로 1986년 이후 처음으로 상원의 과반수를 차지하게 되었으며 하원에서도 236석으로 40년 만에 다수당이 되었다. 또한 36명을 새로 뽑는 주지사 선거에서는 25개주에서 공화당이 승리하여 50개주 가운데 31개 주지사직을 공화당 출신이 차지하게 되었다. 그러나 그 후에 클린턴 대통령은 위기에 처한 재선문제에 적극적으로 대응하기 시작하였으며 그 결과 클린턴 대통령에 대한 직무수행 만족도가 50퍼센트를 넘어서는 등 인기가 다시 상승하였다. 반면 공화당은 중간선거 10대 공약에 대한 입법 활동이 부진하고, 깅그리치 의장의 인기추락, 공화당 초선의원들에 대한 극단

---

39 David Gergen, *Eyewitness to Power: The Essence of Leadership Nixon to Clinton* (New York: Simon & Schuster); 서율택 역, 『CEO 대통령의 7가지 리더십』, 스테디북, 2002, 443-443면.

적 이미지 등으로 공화당에 대한 국민의 기대는 실망으로 변하고 있다.

한편 1996년 총의석 100석 중 3분의 1에 해당하는 34석을 뽑는 상원의원 선거에서는 공화당이 21석을 얻어 2석을 추가한 총 55석이 됨으로써 상원의 과반수를 유지하게 되었다. 민주당은 13석을 얻는데 그쳐 기존의석보다 2석 적은 총 45석이 되었다. 그리고 435명을 선출하는 하원선거에서도 공화당은 기존의 235석에서 10석이 줄어든 225석을 얻어 하원의 주도권을 계속 유지하게 되었다. 민주당은 이전 의석보다 11석이 더 많은 208석을 얻었으나 과반수에 못 미치게 되었다. 다른 한편 50개 주중 11개 주의 지사를 새로 선출하는 주지사선거에서 민주당이 7개주에서 승리함으로써 4개주에서 승리한 공화당에 앞섰다.

요컨대 의석변수의 변화에 따라 단점정부에서 분점정부로 변화라는 계기에 의해 클린턴 대통령의 리더십은 제퍼슨 모형에서 매디슨 모형으로 변화를 보이게 된다. 하지만 설명한 바와 같이 의회상황이 불리했음에도 불구하고 클린턴 대통령의 직무 성과는 우수했고, 국민들의 평가도 우호적으로 평가된다.

다. 정치·경제상황

전임 부시 행정부 시기부터 눈덩이처럼 불어나던 재정적자와 무역적자, 심각한 사회문제, 상대적인 미국의 국제적 지위하락 등으로 위기의식을 느꼈던 유권자들은 걸프전에서 화려한 승리를 쟁취했던 부시 대통령을 외면하고 '경제제일주의', '국민제일주의(people first)'를 표방했던 클린턴을 대통령으로 선출하였다. 이로써 1992년에 당선된 클린턴 대통령은 정치·경제 환경의 변화에 적극적으로 대응하여 이전보다 무역수지가 개선되었고 경제성장률도 호조를 보였다. 클린턴 대통령은 대내적으로 경제의 경쟁력 회복, 수출확대와 고용창출, 재정적자 감축, 그리고 연방정부 규모 축소를 이룩했으며, 대외적으로는 APEC 정상회담 등 적극적인 정상외교를 통해 미국의 지도적 역할을 재확인하고 중동평화의 진전, 보스니아와 북아일랜드 평화구축노력, 북한 핵개발저지, 아이티 민주화 지원 등 외교적 성과도 거두었다.

경제성과에 대하여 미국 유권자들의 클린턴 대통령에 대한 높은 기대와 역량이 클린턴 대통령 당선과 재선의 가장 중요한 요인이었다. 1989년에 이르러 미국은 이미 채권국가에서 채무국가로 변했지만 조지 부시 대통령과 공화당 행정부는 그 문제를 해결할 비전을 제시하지 못했다. 반면 클린턴 대통령은 경제상황을 개선시키고, 국내외적으로 평화 상태를 증진시키며, 재정을 안정시켰다. 아울러 클린턴 대통령은 다양한 국가적 문제를 해결하고 사회보장 프로그램들을 성공적으로 수행하여, 경제·외교·

복지 정책에서 상당한 업적을 성취했다.

클린턴 행정부 집권 제1기의 치적은 괄목할 만하다. 미국경제는 4년간 성장, 물가, 실업률, 무역수지 등 여러 면에서 매우 양호한 실적을 보여주었으며 이는 일본, 유럽연합 등 선진국들의 전반적인 경제침체와는 크게 대조적이었다. 또한 미국민의 관심사인 재정적자 감축, 범죄 및 마약추방, 불법이민 단속 등에서도 현저한 성과를 거두었다. 대통령을 지지함에 있어서 이런 사적 이슈에 근거한 도덕성이나 신뢰성보다는 업적이나 업무수행 능력을 중시하기 때문에 많은 경제적·사회적 업적과 탁월한 국민과의 소통 능력을 갖춘 클린턴 대통령은 지지 기반을 잃지 않은 채로 대 對 의회관계에서 제퍼슨 모형을 유지한다.

1996년 대선 시기 정치경제 상황을 다양한 관점에서 평가할 수가 있다.[40] 먼저 보수화 추세는 밥 돌 공화당 후보에게 유리했었다. 1994년 중간선거에서 미국 유권자의 전반적인 보수화 추세에 힘입어 공화당이 압승하였으며 그 결과 상하양원과 주지사의 다수를 차지하였다. 반면 번영과 사회평화를 가져왔던 경제상황은 클린턴대통령에게 유리하게 작용했다. 클린턴 행정부의 경제실적은 성공적인 것으로 평가되었다. 2-3% 수준의 경제성장이 유지된 가운데 2% 수준의 물가상승률을 유지하였다. 성공적인 성과 때문에 정책대결은 클린턴 대통령에게 유리했다. 1996년 선거는 결정적인 쟁점이 없고 클린턴과 돌 간에 정책노선의 큰 차이가 없었다. 그동안 공화당은 균형예산, 작은 정부, 범죄추방, 불법이민규제, 무역불균형시정 등을 주장해 왔으나 연두교서를 통해 밝혔듯이 클린턴은 중산층의 지지를 겨냥한 중도노선에 서서 이러한 문제들에 대해 이미 적극적인 정책을 추진하고 있었다. 클린턴과 차별되는 쟁점으로서 낙태문제와 재정적자 축소문제가 있으나 국민여론은 돌에게 불리하게 작용하고 있었다. 그러나 클린턴 대통령은 균형예산을 둘러싼 의회와의 대결에서 보여주었듯이 복지혜택 축소에 반대함으로써 정치적으로 약자를 옹호한다는 긍정적 결과를 얻었다.

공화당의 견제로 국내정책에 한계를 느낀 클린턴 대통령은 평화중재 등 외교적인 성과와 국민과의 직접접촉을 통해 지지를 확보하는 전략을 추진하였다. 정치경제 상황을 종합적으로 고려하면 클린턴 대통령이 대선 정국에서 우위를 유지할 수 있었다.[41]

---

40 김충남, 앞의 논문.

41 워싱턴포스트와 ABC 방송조사(3. 19)에 의하면 대통령 자격을 평가하는 질문에서 국민에게 봉사할 능력(클린턴 65%, 돌 54%), 미래에 대한 비전(클린턴 64%, 돌 57%), 국민고충이해(클린턴 55%, 돌 39%), 위기관리능력(클린턴 56%, 돌 52%) 등에서 클린턴이 우세한 것으로 나타났다. 클린턴 대통령은 또한 뛰어난 선거운동가 이기 때문에 당시 정치경제 상황으로는 공화당이 클린턴 대통령에게 이기기 어려운 구도였다. 김충남, 앞의 논문.

第2節 조지 W. 부시(George W. Bush) 대통령

적극적 부정형 리더십은 야심이 많고 권력적이며, 대단히 공격적인 태도를 가지고 있다. 조지 W. 부시(George W. Bush: 이하 부시) 대통령은 국내정치와 국제정치에서 일방주의적인 태도를 견지하였다.

테러리즘에 대한 대응에서도 평화적이고 타협을 중요시하는 진보진영과 민주당 일부의 견해를 무시하고 공격적인 외교적 성향을 폈다. 국민적인 통합보다는 공화당의 자기 진영과 지지자들의 견해에 충실 하는 정당양극화 전략을 고수하였다. 그래서 조지 W. 부시 대통령의 부정적 리더십은 의회와의 관계는 적대적인 상황으로 연출된다. 부시 대통령의 적극적 부정형은 정국주도를 놓고 심각한 혼란을 야기할 수 있는 리더십으로 이전의 대통령보다 합의와 타협을 통해 국정을 조율하는 모습을 보여주지 못했다. 부시 대통령의 부정적 리더십은 상황변수들이 유리할 때도 의회와의 관계가 개선보다는 악화되기 쉬울 수 있는데, 여대야소의 상황과 테러리즘에 대한 국내외의 합의가 있을 때에도 부시 대통령은 국민의 여론을 충분히 수렴하고 국제적 합의를 이끄는 리더십을 보여주지 못했다. 부시 대통령은 집권 제1기와 집권 제2기 전반기와 중반기까지 일방 주의적 행태를 가지고 있었고 정당 양극화 상황 하에서 해밀턴 모형의 국정운영을 하였다. 하지만 야당인 민주당이 2006년 중간 선거를 통해 다수당이 되고,[42] 경제위기와 함께 이라크 전 등 외교정책의 실패로 부시 행정부는 점차 일방주의적인 국정운영의 주도권이 쇠퇴되어서 매디슨 모형의 국정운영을 추구하였다.

---

42 Bush and congressional Republicans continued to agree on many issues, the sense of shared electoral fate had dissipated. Congressional Republicans continued to agree on many issues, the sense of shared electoral fate had dissipated. Congressional Republicans no longer believed that supporting Bush would pay off for them in electoral terms - often just the opposite. In 2006 congressional candidates welcomed fund-raising help, and the president and vice president appeared at many private fund-raisers, but few candidates wanted to appear publicly with Bush or Cheney.

1. 정치적 리더십의 특징: 적극적 부정형

가. 선거제도에서 신뢰의 위기

조지 W. 부시 대통령은 2000년 대통령 선거에서 대결했고 테크노라트형 지도자 유형이었던 앨 고어(Al Gore) 대통령 후보와 대비된다. 테크노크라트형 지도자는 정책마인드와 전문성이 돋보이지만 대중성이 약하다. 이들은 전문성과 균형감각이 있어서 정책오류는 적지만 국민의 지지는 미약하다. 이러한 요건에서 대통령이 되기 위한 승부사형에 비해 상대적으로 불리하다. 테크노크라트였던 앨 고어가 서부의 승부사 부시 대통령에게 패한 까닭이다.[43]

2000년 대통령 선거는 미국 대통령선거제도의 제도적 한계, 국정운영에 있어 정당 편향성의 연원으로 앨 고어 후보가 일반투표에서 부시 대통령보다 더 많은 득표를 했음에도 불구하고 선거인단 투표에 패배하여 당선되지 못했다.[44] 그 결과 더 많은 국민적 지지를 얻고도 오히려 낙선자가 될 수 있는 미국의 대통령 선거제도의 논의가 집중적으로 제기되었다.[45] 2000년 대선은 미국정치에서 정당 간 대립이 격화되고 위기를 불러온 기폭제가 되었다. 미국 선거제도의 가장 핵심적인 모순은 전국적 지지율에서는 이기고 선거인단 획득에서는 지는 바람에 유권자들의 지지가 상대적으로 낮은 후보가 집권할 수 있게 되는 기이한 구조적 현실이다. 이것은 특히 전국 유권자들

---

43 Gerald M. Pomper, "The 2000 Presidential Election: Why Gore Lost," *Political Science Quarterly* 116 (Summer 2001), pp.201-233. 김호진, 『한국의 대통령과 리더십』, 청림출판, 2006, 50면.

44 1824년 선거에서 민주공화당의 존 퀸시 아담스(John Q. Adams)는 같은 당의 앤드류 잭슨(Andrew Jackson)에게 선거인단 표(84표 대 99표)와 일반투표(108,740표 대 153,544표)에서 모두 패배하였으나 어느 후보도 과반수를 넘기지 못한 관계로 의회에서 최종 당선자를 결정한 바 아담스가 승리했다. 1876년 선거에서는 공화당의 러더포드 헤이즈(Rutherford Hayes)가 선거인단 표에서 185표로 민주당의 사무엘 틸든(Samuel Tilden)이 득표한 184표보다 1표 앞섰으나 일반투표에서는 틸든이 4,285,992표를 얻어 당선자인 헤이즈가 얻은 4,033,768표보다 많았다. 또 1888년 선거에서 공화당의 벤자민 해리슨(Benjamin Harrison)은 선거인단 표에서 233표로 민주당의 그로버 클리블랜드(Grover Cleveland)가 얻은 168표보다 많았으나 일반투표에서는 클리블랜드가 5,538,233표를 얻어 당선자인 해리슨이 얻은 5,440216표보다 더 많았다. Richard C. Remy, United States: Democracy in Action (New York: Macmillan, 1993), p.452. 김남균, "미국 대통령 선거제도와 선거문화: 1948년과 2004년 대통령 선거 비교", 『미국사연구』 제22집, 2005, 194면.

45 Matthew Soberg Shugart, "The American Process of Selecting a President: A Comparative Perspective," *Presidential Studies Quarterly* 34:3 (2004), 632-656; Paul R. Abramson, John H. Aldrich, Philip Paolino, and David W. Robe, "Challenge to the American Two Party System: Evidence from the 1968, 1980, 1992, and 1996 Presidential Election," Political Research Quarterly 53:3 (2000), pp.495~522.

의 지지율이 정확하게 반영되지 않는 선거인단 제도와 관련하여 집중적으로 논란의 대상이 되고 있다. 상하 양원과 같은 수로 선출되는 선거인단 제도는 승자 독식제도가 가장 큰 문제이다. 근소한 격차로라도 다수를 차지하는 후보가 그 주의 선거인단을 모두 차지하는 방식에서 비롯된다. 그래서 작은 당은 선거인단으로 대표되는 정치적 발언권을 전혀 가질 수 없다. 이러한 상황은 당선된 대통령의 리더십 자체에 정통성의 문제가 발생하여 정치권내 양극화로 발전한다. 그 결과 전국적 규모의 대통령의 리더십을 발휘하는데 영향을 미친다. 그런 점에서 문제는 단지 선거 당시의 문제로 그치지 않고 4년 내내 중대한 정치적 갈등의 소지를 갖게 하는 구조적 모순이 아닐 수 없다. 따라서 부시 대통령의 대對 의회관계는 집권 제1기 때 단점정부 해밀턴 모형과 집권 제2기는 이라크전쟁 지연, 경제위기로 메디슨 모형으로 변화된다.

나. 부시 대통령의 이분법적 세계관과 정당체제의 양극화 심화

1930년대 루즈벨트 대통령 이래 민주당은 남부 보수주의자의 지지를 잃어버리게 되었다. 미국 하원에서 민주당은 대개 남부 보수주의자(Southern conservatives)와 북부 진보주의자(Northern liberals)들로 구성되었다. 이슈 간의 갈등은 정당 노선과 이데올로기에 의해 지역 이익에 의해 추동되었다. 하지만 민주당은 남부 보수주의자 민주당원을 실질적으로 모두 잃어버리고 단일의 중도좌파(homogeneous and left-of-center) 정당으로서 지지를 얻는다. 동시에 공화당은 세금삭감(tax cuts), 공세적 국가방위(assertive national defense), 종교적 전통주의(religious traditionalism)를 포괄하는 야심찬 아젠다와 함께 남부에서 재정렬(realignment)의 결과로 보수화 되었다.[46] 정당 분극화(partisan polarization)는 유권자, 활동가, 선출된 관료로까지 확대되었다.[47]

2007년 1월 제110대 의회가 개원한 이후 애초의 기대와는 달리 이라크 연구집단(Iraq Study Group)의 제안이나 의회 다수당인 민주당의 철군요구를 비웃기라도 하는 듯 부시 대통령은 미군 2만1,500명을 증파하고, 경제지원에 10억 달러를 사용한다는 내용의 새 이라크 정책을 발표했다. 2006년 중간선거 패배 이후의 이러한 태도에서도 알 수 있듯이 부시 대통령의 정책결정 방식은 원내 다수당인 민주당의 반대의사를 개의치 않는 듯 일방적이다. 자신이 필요성과 성공 가능성을 확신하고 있는 정책이 있으면 의회나 여론의 동향 등 객관적인 정치적으로 크게 구애받지 않고 자신이 원하

---

46 공화당은 대체로 우측으로 포진하고 있었기 때문에 매우 보수적인 정책을 추구하는 것이 어설픈 타협책 보다 오히려 공화당의 지지를 결집하는데 도움이 될 수 있다는 판단을 한다.

47 Thomas E. Mann and Norman J. Ornstein, *op.cit.*, pp.11-12.

는 리더십을 발휘하는 부시 대통령의 정책결정 방식을 실천하였다.

부시 대통령은 '온정적 보수주의(compassionate conservatism)'라는 자신의 정치적 신념이 가족, 신앙, 도덕성 일치를 강조한다. 정치적인 측면에서 부시 대통령은 자신의 보수적인 시각이 미국의 모든 가정을 번창하게 만들 수 있는 최고의 기회를 제공한다고 믿었다.[48] 따라서 미국은 효과적이면서도 온정적인 방법으로 힘을 발휘해 세계의 평화를 지키고 자유를 확산시켜야 한다는 신념을 가지고 있었다.[49] 원내 공화당의 명운을 좌우했던 부시 대통령은 무엇보다도 자신의 종교적 의지와 개인적 확신을 상황에 대한 객관적 분석이나 일반적 평가보다 앞세우는 "믿음의 대통령(president of faith)"으로 평가된다.[50] 신앙과 신념에 입각한 이러한 스타일은 다양한 정치적 이슈와 관련하여 이념적으로 매우 보수적이며 공화당, 특히 공화당 우파의 입장을 지원하는 데 기여하는 것으로 해석되어 왔다.[51]

부시 대통령은 '악의 축(axis of evil)' 발언을 통해 세계 각국을 선한 나라와 악한 나라로 나눴다. 이러한 종교적 편향은 신보수주의(neo-conservatism) 이념과 결부되어 군사정책에 있어서 선제공격을 허용하는 일방주의적 외교정책의 기조가 되기도 하였다. 내편이 아니라면 오로지 '적'일 수밖에 없다는 이러한 이분법적 사고방식은 적절한 의사결정과정을 무시하여 공화당 다수 의회에서 자신이 원하는 정당편향적 정책을 편다. 국가전체의 차원에서 보면 장기적으로는 의회의 무력화의 결과가 초래된다. 이러한 리더십은 절차나 과정보다는 신속한 행동과 가시적인 결과를 선호한다. 그럼으로써 부시 대통령으로 하여금 의회 내 소수당이었던 민주당과의 적절한 대화나 타협을 소모적인 논쟁으로 생각하였다. 그러다보니 부시 대통령은 정책결정 방식을 일방적이고 독단적인 정책을 펴 결국 민주당과의 타협적인 모습을 보이지 못한다. 결과지향

---

48 온정적 보수주의는 불분명하거나 연약한 개념이 아니라 명확하며 강력한 이념이다. 그것은 좋은 의도가 아니라 좋은 결과에 초점을 맞춘다. 온정적 보수주의는 보수적이고 자유로운 시장 원칙을 가난하고 혜택 받지 못하는 사람을 포함한 모든 이를 돕기 위한 정책에 적용하는 것을 말한다. 온정적 보수주의에 대한 비전에는 미국이 국제무대에서 리더십을 확립하는 것도 포함된다.

49 캐롤린 톰슨·제임스 웨어, 『CEO 부시 리더십의 천재』, 이원기 옮김, 중앙 M&B, 2003.

50 "There were Bush's periodic stumbles and gaffes, but for the followers of the faith-based president, that was just fine. They got it－and "it" was the faith." Ron Suskind, "Faith, Certainty and the Presidency of George W. Bush." ⟨www.nytimes.com/2004/10/17/magazine/17BUSH.html?ex= 1255665600en= 890a96189e162076ei=5090⟩.

51 Even staunch supporters of the invasion voiced concerns about the way Bush tended to eschew explaining his position on Iraq and to present his views as articles of faith. The president's uncommunicativeness suggested again that he had not gone through an elaborate process before embracing the views put forward by the neoconservatives. That faith turned into policy: In general, after all, once it is known that a president has taken a strong position, there is certainty about the outcome.

적인 리더십 스타일이 낳은 정책결과는 대부분 대통령 자신과 공화당의 정책적 입장이 집중적으로 반영된 정당편향적인 것일 수밖에 없었고 궁극적으로 의회의 정책결정 과정은 정당간 대립으로 귀결된다.[52]

2004년 미국 대선에서 '전략적 극단주의'의 성공은 중요한 기존 통념을 깨며 흥미로운 퍼즐을 던진다. 다운즈(Anthony Downs)가 이론적으로 정립한 후 통념으로 굳어져 온 명제에 의하면, 양당체제에서 양측 후보는 보다 많은 표를 얻기 위해 극단적 입장을 취하기보단 이념적 중간지대로 수렴한다.[53] 이 명제가 2004년엔 현실로 나타나지 않았다. 부시 대통령은 강한 보수층, 특히 개신교, 가톨릭, 유대교 등 종파를 가리지 않고 종교세력에 호소하고 세속적인 진보 진영을 매도하는 양분화 전략에 의존했다. "부시 대통령은 자주 종교적 관점과 용어로 말하고 유권자들, 특히 대도시와 양쪽 해안지역의 진보세력에 속하지 않는 대부분의 일반 유권자는 자기와 마찬가지로 깊은 신앙심, 도덕관, 애국심을 공유한다고 강조하는 전략을 썼다."[54]

부시 대통령의 최측근 전략가 로브(Karl Rove)는 선거운동을 '3G', 즉 총기(guns), 동성애자(gays), 신(God)으로 압축 전개했다. 문화와 이념적 가치관 차원의 쟁점에 집중해 사회분열을 야기하더라도 공화당 지지층을 흥분, 결집, 동원한다는 것이 부시 선거운동의 전략이었다. 한마디로 '전략적 극단주의(strategic extremism)'라 할 수 있다. 선거운동이 본격화되면서 부시 측은 동성결혼, 낙태, 줄기세포 연구, 총기규제 등 갈등적 쟁점을 부각하며 보수층에 호소하고 진보세력을 적대시하는 데에 주력했다. '따뜻한 보수'를 표방하며 중도층에 호소했던 2000년에 비해 2004년 선거에서 부시는 확실한 '선택과 집중'이라는 표 가르기 전략에 의존했던 것이다.[55]

재선 당시 부시 대통령의 선거 전략은 이러한 전략적 양극화에 덧붙여 풀뿌리 동원 전략이 병행되었다는 점을 지적해야 할 필요가 있다. 2004년 선거를 일 년이나 앞두고 공화당의 선거 전략을 총지휘하는 칼 로브(Karl Robe)는 풀뿌리 차원의 토대 구축을 시도하였다. 부시 대통령이 풀뿌리 차원의 지지자를 동원하는 것에 선거 전략의 핵심을 설정하자 당시 공화당 내 많은 전략가들이 사려 깊은 전략이 아니라고 반발한 적이 있다. 이들은 현직 대통령이 부동층의 지지를 겨냥하지 않고 이긴 적은 없다고 지적하였고 이를 지켜본 민주당 관계자들은 즐거운 비명을 질렀다. 하지만 2004년 대통령선거에서 놀라운 정도로 공화당의 동원 전략이 성공적인 것으로 판명되면서 이 당

52 손병권, "부시(George W. Bush) 대통령의 정당편향적 의회전략: 유권자 성향과 개인적 리더쉽 스타일을 중심으로", 경남대학교 극동문제연구소, 『한국과 국제정치』(제23권 제1호), 2007, 61-62면.
53 Anthony Downs, *An Economic Theory of Democracy* (N.Y.: Harper & Row, 1957).
54 *Washington Post* 2004/7/9, A6.
55 임성호, "부시의 전략적 극단주의: 정당양극화, 선거전략 수렴의 부재", 미국정치연구회 편, 『부시 재집권과 미국의 분열: 2004년 미국대통령선거』, 오름, 2005, 84-85면.

시 칼 로브에게 경멸을 보냈던 많은 이들이 충격에 빠지게 되었다. 사실 사활적인 승부처인 플로리다와 오하이오만 보더라도 공화당의 약진은 눈부시다. 보통 투표율이 올라가면 노동계 등 풀뿌리 조직 동원력이 우세한 민주당이 유리한 것이 정설이다. 그러하기에 정밀한 예측으로 저명한 여론조사 전문가인 조그비(Zogby International)는 출구조사의 초기 결과만 보고도 민주당의 압승을 잘못 예견하기도 하였다.

사실 플로리다와 오하이오에서 민주당의 조직 동원의 힘은 놀라운 것이었다. 예를 들어 케리 후보는 플로리다에서 2000년 선거의 2백90만 표와 비교하여 3백 53만을 기록하는 놀라운 성과를 거두었다. 그리고 보수주의적 성향의 오하이오에서도 50만이나 더 득표하는 성과를 올렸다. 하지만 플로리다에서 공화당이 3백 90만을 득표하고 오하이오에서 부시 대통령이 2000년보다 45만을 더 득표하면서 민주당의 놀라운 성과가 무의미해져 버린 것이다.

다른 한편으로 이러한 공화당의 성공은 이를 주도한 칼 로브라는 전략가가 미국 정치의 최근 추세를 정확히 이해한 것에서 비롯된다고도 평할 수 있다. 예를 들어 1998년 중간선거에서 민주당은 클린턴 대통령 탄핵이라는 불리한 정국 속에서도 승리하였는데 이에는 정치의 극단적 양극화 속에서 부동층이 줄어들고 공화당의 공세에 위기감을 느낀 노동계 및 흑인 등 민주당의 열성적 지지자층인 소수진영을 중심으로 동원력이 크게 빛을 발하였기 때문이다. 이후 여전히 정치적 양극화 속에서 이루어진 2000년 선거에서도 칼 로브는 선거인단 수에서의 승리에도 불구하고 공화당의 전국 득표율에서의 패배한 것이 자신들의 지지자 층인 기독교 근본주의 진영의 열성적인 동원의 실패에서 기인한다고 진단하였다.[56] 사실 미국의 미디어 선거를 선거의 현대적 추세로 생각하고 이러한 방향으로 선거법 개정을 주도한 한국과 달리 미국의 공화당은 꾸준히 당의 대중적 토대와 직접 접촉면의 강화에 주력해 왔다.[57]

다. 지지율의 점진적 하락과 리더십의 위기

조지 W. 부시 대통령 임기 동안 국민들의 평가는 9·11 테러를 정점으로 상승했다가 점차 하락 한다. 미국의 신보수주의(neo conservatism)가 세간의 집중적인 관심을 끌게 된 것은 2003년 4월 이라크 전쟁이 끝난 직후였다. 9·11테러가 일어난 2001년 후반에

---

56 James Moore and Wayne Slater, *Bush's Brain: How Karl Rove Made George W. Bush Presidential* (New York: Wiley, 2003).

57 안병진, "민주당의 특성과 전망", 미국정치연구회 편, 『부시 재집권과 미국의 분열: 2004년 미국대통령선거』, 오름, 2005, 170-172면.

도 지식인 사회에서는 간헐적으로 신보수주의에 대한 논의가 진행되고 있었다. 미국의 이라크 전쟁 승리 이면에 신보수주의자라는 특정한 정치 세력이 전쟁 수립과 실행에 깊숙이 개입되어 있다는 사실이 알려지면서 신보수주의에 대한 세간의 관심이 크게 고조되었다. 대부분의 사람들은 미국이 2003년 이라크를 공격한 것은 2001년 알카에다 조직이 9·11 테러를 감행한 것에 대한 직접적인 보복으로 믿고 있다. 하지만 신보수주의자들은 9·11 테러가 일어났을 때 어떤 정치세력이나 정책담당자보다 테러 문제의 처리를 둘러싸고 가장 준비가 잘 되어 있었다는 반증이 신보수주의 세력이 테러 발생을 미리 예상했다는 의문을 증폭시켰다.[58] 신보수주의자들은 이라크 전쟁을 하나의 정당한 전쟁(just war)[59]으로 포장해서 미국인들에게 그 정당성을 전파시켰다.

부시 대통령은 2001년 9월 20일 의회 연설에서 그 연설 제목이 상기하듯 "우리는 위험으로부터 깨어나 자유를 옹호하도록 요구받았다(We are a country awakened to danger and called to defend freedom)"는 요지의 연설을 하였다. 부시 대통령은 신속한 의회의 대처

---

58 9·11 테러와 이에 대한 보복이 이루어진 사실에 관해 제기된 음모론에 대해 의문을 제기하고 테러 발생 자체가 신보수주의자들에 의해 충분히 공공연하게 예상되었고 그 대처방식 또한 치밀한 계획에 의해 이루어졌다는 견해는 다음을 참고할 것. Gwynne Dyer, *Future: Tense: The Coming World Order* (Toronto: McClelland & Stewart Ltd, 2004); Helen Caldicott, *The New Nuclear Danger: George W. Bush's Military-Industrial Complex* (New York: The New Press, 2004). Emmanuel Todd, *After the Empire: The Breakdown of the American Order* (New York: Columbia University Press, 2003).

59 '정당한 전쟁 이론(Just War theory)'은 몇 가지 전쟁 가능성의 조건들을 제시하는데, 즉 ① 권한을 갖는 당국이 전쟁개시 결정 ② 정당한 이유 ③ 올바른 의도 ④ 평화적인 해결책을 사용한 끝에 취하는 최후의 수단 ⑤ 발생하는 손해와 달성되어야하는 가치의 균형 ⑥ 승리할 가망성 등이 조건으로 성립되어야 한다.
이라크 전쟁을 정의의 전쟁이론에 적용시켜보면, 미국의 전쟁명분이었던 이라크의 대량살상무기가 발견되지 않음으로써, 전쟁의 정당성에 대한 의문이 제기되고 있다. 또한 미국의 대선과 관련하여 이라크 전쟁의 명분이 중요이슈로 등장하였다. 이에 대하여 부시대통령은 대량살상무기를 발견하지는 못했지만 사담 후세인은 대량살상무기를 제조할 능력이 있다는 사실을 발견했다고 언급하였다. 즉 사담 후세인은 대량살상무기를 제조할 능력이 있는 위험한 인물이라서 만약 그를 제거하지 않았다면 사담 후세인은 무기를 개발하여 미국을 위협했을 것이라고 주장하였다. 이라크 내에서 대량살상무기가 발견되지 않은 점에 대하여 부시 대통령은 미국의 침공전후에 무기를 타국에 은닉했을 가능성을 언급하면서 무기사찰이 완료되기 전까지는 단언할 수 없다고 언급하였다. 이처럼 이라크 전쟁의 정당성에 대한 논쟁은 당분간 계속될 전망이다. 실제로 이라크 전쟁의 결정과정과 배경은 복잡한 외교적 맥락에서 이해하여야 한다. 이는 국제정치에 대한 전문적 식견을 필요로 한다.
현대 국제정치에서 정당한 전쟁 이론은 통상적으로 다음의 3가지 영역으로 분류되어 논의되고 있다. 첫째, 전쟁을 수행하기 전의 고려 사항으로 정당한 전쟁의 조건(Jus ad Bellum)이다. 즉 어떠한 조건하에서 결정된 전쟁이 정당한 전쟁인지에 대한 연구이다. 둘째, 일단 전쟁이 발발한 경우 교전국들은 어떤 수단을 사용하는 것이 정의의 원칙에 부합하는가에 대한 연구이다(Jus in Bello). 셋째, 전쟁이 종료된 후의 전후 처리 과정상의 정의론(Jus post Bellum)이다. Mohammad Taghi Karoubi, *Just or Unjust War?* (Tehran Universities, Iran: Ashgate Publishing Ltd., 2004).

에 감사해 하면서 또한 공화당원과 민주당원이 하나가 되어 단결할 것을 주문하였다. 2000년 테러를 계기로 국제사회는 미국에게 대테러전의 정당성을 부여하였고, 부시 대통령의 대 테러 독트린과 일련의 미국의 외교적 행동에 전격적으로 지지와 성원을 보내게 되었다. 또한 부시 대통령은 알 카에다(al Qaeda)가 이 테러의 배후에 있고, 아프 가니스탄에 막대한 영향을 미치며, 탈레반 정권을 후원했음을 밝히고, 아프가니스탄 에 대한 전쟁을 시작으로 해서 대 테러리즘에 기초한 외교전략을 선포하였다. 그 이 후에 발생한 이라크 전쟁도 이러한 대 테러리즘의 연장선상에 있다. 부시 대통령의 연설은 이와 같은 정책기조를 반영하고 있다.[60]

〈그림 4-22〉에서 보이는 바와 같이 부시 대통령은 취임 후에 바로 실시된 조사에서 57%의 지지율을 얻게 된다. 모든 대통령이 허니문효과로 인해 높은 지지를 얻고 있는 것은 아니지만 취임 후 첫 조사에서 57% 지지율은 상대적으로 높은 지지율이라 말하 기에는 무리가 있다.[61] 부시 대통령의 지지율은 상승과 하락을 거듭하다가 9·11 테러 바로 전에 실시된 조사에서 51%의 지지를 얻어 취임 후 가장 낮은 지지율을 국민들 로부터 얻게 된다. 하지만 9·11 테러 이후 지지율은 급상승하게 되는데 9·11 테러 이

---

60 George W. Bush, Mike Gerson, *Our Mission and Our Moment: President George W. Bush's Address to The Nation Before a Joint Session of Congress, September 20, 2001* (New York: Newmarket Press, 2001). 본문에서 소개한 그 연설의 원문의 주요 내용은 아래와 같다.

Tonight, we are a country awakened to danger and called to defend freedom. Our grief has turned to anger and anger to resolution. Whether we bring our enemies to justice or bring justice to our enemies, justice will be done. ……

I thank the Congress for its leadership at such an important time.

All of America was touched on the evening of the tragedy to see Republicans and Democrats joined together on the steps of this Capitol singing "God Bless America."

And on behalf of the American people, I thank the world for its outpouring of support.

America will never forget the sounds of our national anthem playing at Buckingham Palace, on the streets of Paris and at Berlin's Brandenburg Gate.

We will not forget South Korean children gathering to pray outside our embassy in Seoul, or the prayers of sympathy offered at a mosque in Cairo.

We will not forget moments of silence and days of mourning in Australia and Africa and Latin America.

On September the 11th, enemies of freedom committed an act of war against our country. Americans have known wars, but for the past 136 years they have been wars on foreign soil, except for one Sunday in 1941. Americans have known the casualties of war, but not at the center of a great city on a peaceful morning. ……

The leadership of al Qaeda has great influence in Afghanistan and supports the Taliban regime in controlling most of that country. In Afghanistan we see al Qaeda's vision for the world.

61 루즈벨트 대통령 임기 동안 지지율이 처음 조사된 이후 취임 후 조사에서 조지 W. 부시 대통령보 다 낮은 지지율을 얻은 대통령은 레이건대통령과 조지 H. 부시 대통령 밖에는 없다. 레이건대통령 과 부시 대통령의 첫 지지율은 모두 51%였다.

후 첫 조사에서 86%를 기록하고 이후 최고 지지율인 90%를 기록하게 된다. 2002년 7월까지 매우 오랫동안 70%이상의 높은 지지율을 유지하게 된다. 이후 지지율은 점진적으로 하락하여 2003년 3월 중순 58%까지 떨어지지만 이라크와의 교전으로 다시 상승하게 되며 높은 지지율을 유지할 수 있었다.[62] 이후 부시 대통령의 지지율은 조금씩 하락하지만 재선을 위한 충분조건을 만족시켜 민주당 후보인 케리를 넘어 재선에 성공하게 된다. 하지만 재선 후 부시 대통령의 지지율은 지속적으로 하락하여 월별 평균 지지율이 50%를 넘지 못하게 되며 2006년 들어와서는 40% 이하로 떨어지는 모습을 보여준다.

가상준의 연구는 부시 대통령의 지지율을 정당일체감으로 나누어 살펴보았으며 이에 대한 결과를 〈그림 4-22〉을 통해 알 수 있다.[63] 일반 국민들에 의한 형성된 지지율과는 커다란 차이를 보이고 있는데 공화당 지지자와 민주당 지지자의 부시 대통령에 대한 평가는 9·11 테러를 계기로 상이한 양상을 보이며 변화하게 됨을 알 수 있다. 이러한 결과는 9·11 테러 이후 부시 대통령에 대한 평가에 있어 민주당 지지자와 공화당 지지자들은 상이한 태도를 가지고 있음을 보여주는 것으로 대통령에 대한 평가에 있어 너무나 커다란 차이를 보이고 있는 것이 아닌가하는 생각을 갖게 한다. 임기 초부터 두 유권자간 평가는 차이를 보이며 시작되지만 9·11 테러를 계기로 국민들의 결집이 이루어지면서 부시는 높은 지지율뿐만 아니라 일률적인 지지를 받게 되었다. 하지만 이러한 평가는 잠시였으며 이후 부시 대통령에 대한 평가는 지속적으로 차이가 발생하기 시작하여 회복할 수 없는 수준에 이르게 된다.

공화당 지지자와 민주당 지지자들의 부시 대통령에 대한 평가를 구분해 보면 〈표 4-8〉가 보여주는 것과 같다. 무엇보다 부시 대통령에 대한 평가에 있어 공화당 지지자들의 평균 지지율이 89.8%인데 비해 민주당 지지자들의 평균 지지율은 29.8%로 커다란 차이가 나타남을 발견할 수 있다. 또한 민주당 지지자들과 공화당 지지자들 간에 지지율 평균에 있어 가장 커다란 차이를 보이고 있는 시기는 2004년 대선 이후로 두 유권자 간에 차이는 약 72%로 나타나고 있다. 이와 함께 9·11 테러 이전에도 부시 대통령에 대한 평가에 있어 민주당 지지자와 공화당 지지자들은 매우 상반된 태도를 보이고 있었음을 발견할 수 있다. 이는 2000년 대통령선거 결과에 대한 민주당 지지자들의 불만에 의한 것이라 생각해 볼 수 있다.

---

62 이라크와 전쟁이 실시되고 조사된 지지율은 71%로 전쟁 전에 조사된 지지율에 비해 13%가 상승하게 된다.

63 안순철·가상준, "조지 W. 부시 대통령의 지지율을 통해 본 미국정치의 양극화", 『세계지역연구논총』(제24권 제3호), 2006, 150면.

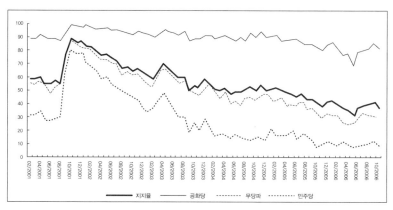

〈그림 4-22〉 정당일체감으로 본 조지 W. 부시 대통령의 지지율[64]

〈표 4-8〉 정당일체감으로 구분해 본 조지 W. 부시 대통령 지지율의 특징[65]

분석	지지율 평균	9·11 이전 평균	9·11-2004대선 평균	2004 대선 이후 평균	최고 지지율	최저 지지율
민주당 지지자	29.8%	30.10%	39.55%	12.68%	84%	4%
공화당 지지자	89.8%	88.81%	92.98%	84.47%	99%	68%
무당파	51.2%	52.48%	60.11%	35.32%	89%	21%
전 체	56.7%	56.48%	64.31%	43.55%	90%	31%

한편으로 〈표 4-8〉을 통해 발견되는 또 다른 사실은 공화당 지지자들의 부시 대통령에 대한 평가는 크게 변화하지 않았는데 비해 민주당 지지자들의 평가는 상대적으로 커다란 변화가 발견된다는 점이다. 공화당 지지자들은 9·11 테러 이전에도 88.81%의 지지율을 보여주고 있었고 2004년 대통령선거 후에도 84.47%라는 높은 지지를 보내고 있었다. 반면 민주당 지지자들은 9·11 테러 이후 상대적으로 높은 지지를 보냈으나 2004년 대통령선거 후 매우 낮은 지지를 보냄으로써 부시 대통령에 대한 반감을 그대로 드러냈다. 대통령에 대해 공화당 지지자들의 최고 지지율은 99%였으며 최저 지지율이 68%였는데 비해 민주당 지지자들의 최고 지지율은 84%였으며 최저 지지율은 4%였음을 〈표 4-4〉를 통해 알 수 있다. 이는 부시 대통령에 대한 평가에 있어 민주당 지지자와 공화당 지지자간에 매우 커다란 차이가 나타나고 있다는 점을 보여주는 것으로 부시 대통령에 대한 평가에 있어 두 유권자간에 양극화 현상이 나타나고 있다

---

64 안순철·가상준, 위의 글, 150면.
65 안순철·가상준, 위의 글, 152면.

고 말할 수 있다.

부시 행정부는 2004년 선거를 통하여 반反테러리즘 정책에 대하여 미국인 유권자들의 지지를 받았지만, 부시 대통령의 리더십과 지지율 악화는 2008년 대선에서 맥케인의 패배의 한 요인이 되었다. 부시 행정부가 주도한 반테러정책은 전 지구적 차원에서 미국의 영향력 강화를 가져왔다. 미국은 미국에 반대하는 국가에 대해 테러국가란 국내 여론만 형성할 수 있으면 언제라도 공격할 수 있는 기반을 마련한 것이다. 이것은 미국의 전통적 팽창주의 외교노선이 반테러의 명분을 만나 개입과 간섭을 강화할 소지를 높여 주었다. 따라서 미국의 팽창을 두려워하는 국제 여론과 미국의 대외정책이 정면으로 충돌할 위험요소도 그만큼 커졌으며, 일방주의 외교는 세계사회에서 심한 반발을 불러왔다. 2008년 대선에서 국제사회는 오바마의 다자주의 외교방침에 우호적인 입장을 보였다. 부시 대통령은 국정에 적극적으로 개입하면서도 민주당과 정책대립을 불러일으켜서 적극적 부정형의 리더십을 견지하였다.

2. 대통령 대 의회 관계: 해밀턴 모형에서 매디슨 모형으로

조지 W. 부시 대통령은 취임 초 일반인 투표에서는 지고 선거인단 투표에서 이기는 선거제도 상의 문제 때문에 당선되어서 정당성 논란이 있었지만 다음해 2001년에 발생한 9·11 테러는 대통령과 행정부에게 리더십을 부여할 수 있는 공간을 제공하였다. 이러한 위기 상황은 행정부가 입법과정을 포괄적으로 지배하며 대외정책과 재정 및 경제정책을 독점적으로 결정할 수 있는 계기를 제공하였다. 일부 반테러 조항의 집행과 전쟁과정에서 비민주성이 제기되었지만 국익을 강조함으로써 부시 대통령은 제반 정책결정과정을 정당화하였다.

부시 대통령의 집권 제1기와 집권 제2기의 초반과 중반(2000-2007년)의 부시 행정부는 해밀턴 모형의 일반적인 개요와 같이, 테러라는 위기 국면에서 아프간전과 이라크전에 선제공격을 감행하고 대외관계에서 비우호적인 '악의 축' 국가들에게 공세적으로 대응함으로써 대통령 중심적 정부를 건설하였다. 부시 대통령과 행정부는 그들의 정국 구상과 대외정세에 따라 역동적인 행정 활동을 수행하였고, 부시 대통령의 리더십이 입법과정을 포괄적으로 지배하였다. 부시 대통령은 적극적 부정형 리더십의 전형을 보여주었다. 부시 대통령이 대외적으로 일방 주의적이며, 대내적으로 독선적인 국정운영으로 많은 비판을 받아왔는데, 다자주의적이고 초당적인 협력관계를 맺었더라면 국제적인 테러사태와 대내적인 경제위기를 더 건설적으로 극복할 수 있을 것이다.

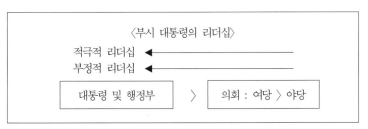

〈그림 4-23〉 단점정부(2000-2006)에서 부시 대통령의 대 의회관계
해밀턴 모형

　　부시 대통령의 집권 제1기, 집권 제2기 임기 내내 열정적이었지만 독선적인 적극적 부정형 리더십을 계속 견지하였다. 부시 대통령이 재임하던 전반기와 중반기의 6년 동안 의석변수 차원에서 여당인 공화당은 의회에서 주도권을 행사할 수 있었고, 정치적 변수에서 9·11테러가 야기한 국제적 안보구조는 부시 행정부에 강한 행정력을 행사할 수 있는 환경을 제공하였다. 그래서 부시 대통령은 전형적인 해밀턴 모형의 리더십을 발휘하였다.

　　반면 부시 행정부의 집권 후반부는 매디슨 모형으로 분석된다. 부시 대통령의 적극적 부정형의 리더십으로 말미암아 부시 행정부의 일방주의와 독선이 국민들로부터 실망을 야기하게 되었다. 2006년 중간선거에서는 부시 행정부의 지지율이 하락하고 정부신뢰가 약화되었다. 부시 대통령의 임기 말에 국민의 지지도 추락하고 공화당 내에서 맥케인 등 주요 대선후보들이 그와 거리두기를 하고, 부시 대통령이 펼쳤던 여러 정책들이 국민의 신임을 받지 못했다. 더욱이 경제위기가 심화되자 부시 정부의 책임론이 확산되었다.

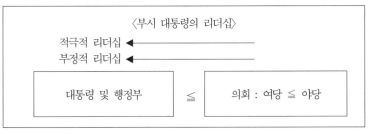

〈그림 4-24〉 분점정부(2006-2008)에서 부시 대통령의 대 의회관계
매디슨 모형

　　의석변수의 차원에서 민주당이 승리하여 의회의 주도권을 가지게 된다. 이라크전의 정당성 논란이 심해지고, 이라크전이 장기화되면서 인명 및 물질적 피해가 심해짐

에 따라 해외 여론뿐만 아니라 국내여론도 부시 대통령에게 불리하게 되었다. 부시 대통령 임기 말에 닥친 금융위기로 인해 국민들의 관심사가 공화당의 주된 강조점이 었던 안보로부터 경제로 바뀌게 되었다. 그리고 임기변수의 차원에서 부시 대통령은 다시 연임할 수 없는 집권 제2기차 임기 말에 의회와 행정부에서 주도적인 리더십을 발휘할 수 없었다. 이러한 복합적인 상황변수가 동반되면서, 적극적 부정형의 리더십 을 가진 부시 대통령은 대對 의회관계에서 적대적인 매디슨 모형의 리더십을 행사하 게 되었다.

〈표 4-9〉 부시 대통령의 대 의회관계 모형 분석

통치시기	집권 제1기	집권 제2기
의석	단점정부	2004-2006년: 단점정부 2006-2008년: 분점정부
정치, 경제상황	9·11 테러, 아프간 및 이라크전	이라크전 지연, 경제위기
대통령 대 의회관계	해밀턴	2004-2006년: 해밀턴 2007-2008년: 매디슨

2000년 대선에 이어 2004년 대선에서는 여유 있게 승리함으로써 부시 행정부는 집 권 제2기 행정부에서는 정당성의 논란을 종식시켰고 더욱 역동적인 국정수행 의지를 보여왔다. 집권 8년 중에 초반과 중반의 6년간은 공화당이 의회를 장악함에 따라 의 회가 대통령의 국정에 안정적으로 협조하였다. 하지만 이라크에서 대량살상무기가 없는 것으로 판명됨에 따라 이라크 전쟁의 정당성 논란이 불거졌고, 테러범 고문과 이라크 전쟁과 전후처리에서의 인권침해로 민주당과 미국 내 시민사회가 적극적으로 정부와 여당을 비판하였고, 부시 대통령은 이들과 협조적 자세를 보여주지 못했다.[66] 아울러 경제위기와 실업 문제가 심화되자 부시 대통령에 대한 지지가 추락하게 되었 다. 의석변수와 정치적·경제적 변수를 고려할 때 앞의 〈표 4-9〉처럼 해밀턴에서 매디 슨 모형으로 변화된다.

1990년대 들어와 점차 강화되던 미국인의 국가정체성은 2000년대 들어와 더욱 심 화되었다. 그것은 탈냉전시대에 유일한 초강대국으로서의 위상이 미국인들의 일체감

---

66 Despite multiple and major shifts in context during the first six years of his presidency, Bush did not modify his legislative strategy significantly. When changes in the political context increased his political capital, as 9/11, the 2002 election results, and to a lesser extent, the 2004 election did, Bush employed that political capital, usually aggressively … All of the president's formidable public relations resources were deployed for damage control but Bush did not move forward toward a more accommodating and bipartisan support.

형성에 주요하게 작용했기 때문이다. 여기서 여전히 미국적 자유주의의 가치가 미국 정체성의 핵심이라는 것을 다시 한 번 확인된다. 그 후 9·11사태, 이라크 전쟁, 세계 각지의 반미운동 등으로 미국인들의 일체감형성은 더욱 강화되었으며, 이는 미국사회 내에 배타적 애국주의를 더욱 고조시켰다. 이와 함께 미국 국가정체성의 핵심이라 할 수 있는 미국 예외주의의 바탕이 된 종교적 신념도 더욱 강화되었다. 2004년 선거 직후 실시한 여론조사에 의하면 미국인의 32%가 스스로를 기독교 복음주의자 (evangelist) 내지 근본주의자(fundamentalist)로 간주하고 있다. 이는 미국사회에 낙태, 동성 결혼, 줄기세포 연구 등 핵심 논란거리를 가져왔으며, 신보수주의자의 십자군적 신념 이 사회적 지지를 받을 수 있었던 배경이 되었다.[67]

　신보수주의는 미국의 전통보수주의의 관점을 적극적인 자유의 실현이라는 현대자 유주의 관점과 접목시켜서 현대자유주의에 보다 효과적으로 대응할 수 있는 사조로 20세기 후반 미국 사회에 등장하게 되었다. 신보수주의적 정책 기조는 이미 1980년대 레이건(Ronald Reagan) 행정부에 의해 채택되어졌고, 미국사회에서 점진적으로 국내정책 에 반영되어 왔다.[68] 민주당의 입장이 보다 현대자유주의적인 성격을 띠고 있다면, 공 화당의 입장은 보다 신보수주의적인 성격이 강하다. 2000년 대통령 선거에서 국민투 표에 지고도 우여곡절 끝에 선거인단 선거에서 승리하여 공화당의 부시 후보가 당선 된 이후로 감세 정책과 시장경제적 접근 방법을 통한 경제 및 사회 문제 해결과 같은 신보수주의적 정책 기조가 보다 분명하게 미국의 국내정책에 반영되기 시작했다.[69] 2004년 대통령 선거는 이와 같은 신보수주의적인 정책기조를 계속 추진하려고 하는 공화당과 현대자유주의적인 정책 기조 쪽으로 미국의 정책을 다시 끌고 가려고 하는 민주당 간의 경쟁의 성격을 띠었다고 할 수 있다. 이전의 선거들과는 달리 두 정당의 정책들이 뚜렷하게 이념적으로 구분되는 성격을 띠었으며, 두 정당 모두 절충된 입장 을 취하거나 모호한 태도로 자신들의 입장을 희석하여 보다 많은 유권자들의 지지를 획득하려는 전략이 아닌, 분명하게 자신들의 입장을 제시하는 가운데 자신들의 입장

---

67 미국은 신으로부터 선택받은 국가로서 미국의 숭고한 가치인 자유와 민주주의를 힘을 통해서라도 세계에 퍼트려야 한다는 신념을 말한다. 임성호, 앞의 글, 『한국과 국제정치』(제23권 제1호), 경남 대 극동문제연구소, 2007년 봄, 15면.

68 Mark Gerson, *The Neoconservative Vision: From the Cold War to the Culture Wars* (Lanham: Madison Books, 1997), Irving Kristol, *Neoconservativism: The Autobiography of an Idea* (Chicago, Elephant Paperbacks: 1995), Irving Kristol, "American Conservatism 1945~1995." *The Public Interest* (Fall, 1995).

69 The tax cut that was enacted into law was more than 80 percent of the size he proposed and much larger than Democrats have wanted … The political victory for Bush was enormous was well: he had achieved his top legislative goal more rapidly than Ronald Reagan had achieved his in 1981, following his landslide election in 1980, with huge coattails in both houses.

이 보다 많은 지지를 받고 있음을 증명하려는 선거전략을 취했다.[70]

이렇게 미국인의 국가정체성이 강화된 것에 비례해 정치적 양극화도 심화되었다. 민주-공화 양당 간의 이념적 차이는 더욱 크게 벌어지고 각 당 내부적으로는 동질성과 결속력이 높아졌다. 민주당은 더욱 진보적으로, 공화당은 더욱 보수적으로 바뀌며 중간세력이 약해짐으로써 양당은 극단을 향한 원심력이 증가했다. 미국은 건국 초기부터 정당정치가 발달했으며, 미국 정당의 성격에 따라 정치과정의 성격이 변화해 왔다. 특히 1970년대 이후 빈번한 분점정부의 상황 속에서도 정부의 통치능력이 유지되어온 것은 내적 결집력이 약한 정당의 성격에 기인한다.[71]

그러나 1970년대 이후 이러한 연합의 정치를 위협하는 현상이 급속히 대두되었는데, 다양한 세력들을 포용하는 기존 정당정치와 상반되게 특정한 집단만을 배타적으로 조직화하여 선거는 물론 입법과정에까지 압력을 행사하는 현상이 확산된 것이다. 기존 정당정치를 위협할 뿐 아니라 미국사회의 분열적 성향을 심화시킴으로써 미국 정치체계의 통치와 통합에 부정적 요인으로 기능하고 있다. 특히 선거과정에서 정당의 역할이 약화되었고 이익집단의 폭증 현상과 맞물리면서 더욱 확산되었다. 이러한 현상을 '단일쟁점의 정치(single issue politics)'[72]라 일컫는데, 1970년대부터 나타나 확산되었고 최근 선거와 정책결정 과정에서 중대한 문제로 대두되고 있다. 단일쟁점 집단 중에서 가장 주목을 받았던 집단이 기독교연합(Christian Coalition)이다. 기독교연합은 기독교 우파 혹은 종교적 우파로 분류되는 단체들 중의 하나이지만 그 정치적 활동력과 영향력에 있어서 다른 단체들을 압도해 왔다. 이 단체는 급진적인 사회적·도덕적 보수주의로의 회귀가 목적이기 때문에 낙태를 비롯하여 가족문제(동성애, 매춘, 편모가정)와 전통적 가치(근면, 자조, 국기에 대한 경례) 등을 주된 이슈로 삼아 핵심적인 쟁점으로 만들어 정치적 영향력을 확대시켰다. 기독교연합은 1994년 중간선거에서 정치적 영향력이 극대화되었는데, 공화당 우파로 하여금 예상을 뛰어넘는 대승을 거두게 한 최대의 공로자였다.

그러나 1996년 대선에서는 유권자들의 일반적 성향보다 지나치게 보수적이었기 때문에 당시 공화당 후보였던 밥 돌이 패배하게 된 원인이 되기도 하였다. 반면, 의회선

---

70 신유섭, "양대 정당의 선거공약과 국내정책 비교", 미국정치연구회 편, 『부시 재집권과 미국의 분열: 2004년 미국대통령선거』, 오름, 2005, 21-22면.

71 David R. Mayhew, *Divided We Govern: Party Control, Lawmaking, and Investigations, 1946~2002* (New Haven: Yale University Press, 2005).

72 특정한 집단에게 강력한 호소력을 지니는 단일쟁점들을 각 후보들과 단체들 및 이슈사업가들이 개발하여 특정집단을 조직화하고 이들을 기반으로 선거와 정책결정과정에서 영향을 미치는 현상이다. 백창재, "현대미국의 단일쟁점정치와 정당정치의 변동", 『미국학』(제24집), 서울대학교 미국학연구소, 2001, 30면.

거에서 공화당은 큰 패배를 겪지 않은 채 양원 다수의석을 유지했는데, 기독교연합이 이에 상당한 공헌을 하였다. 결국 1996년 선거는 기독교연합과 단일쟁점정치의 가능성과 한계를 동시에 보여주었다. 의회에서 선전했던 것은 단일쟁점정치의 성과이기도 하지만, 밥 돌이 보다 많은 유권자를 확보하지 못해 대중적인 인기를 유지하고 있었던 클린턴 대통령을 이기지 못한 것은 단일쟁점정치의 한계였다고 하겠다.

단일쟁점의 정치는 다수연합을 가로막는 걸림돌로 작용한다. 정당의 내적 취약성을 심화시키거나 심지어 양당체제의 분열을 가져올 수 있다. 또한 어느 당이 행정부와 양원 중 어느 하나를 장악하더라도 전국적 다수의 지지기반을 형성할 수 없게 만듦으로써 통치의 위기나 갈등을 증폭시킬 수 있다. 이는 정당의 양극화를 가져오고 미국정치의 분열을 심화시켜 사회적·정치적 통합의 문제를 악화시킬 수 있는 것이다. 또 다른 측면에서 레이건(Ronald Reagan) 행정부의 등장과 함께 미국정치의 양극화 현상이 시작되었고 그 이후 뉴딜연합이 해체되면서 미국 정당체제가 우경화되었던 것이다. 1990년대 들어와서는 민주당의 동반 보수화가 강제됨으로써 미국사회는 더욱 보수화되었으며, 이를 둘러싸고 양당 간 극심한 대립이 이어졌다. 이러한 정당의 양극화 현상은 미국정치의 위기를 배태하고 있었다.

더욱이 대통령 소속 당이 의회다수당 위치를 차지하지 못하는 분점정부의 빈번한 등장은 정당 간의 이분법적 대립을 더욱 격화시켰다. 또한 상반된 가치관에 입각한 여러 사회·문화·종교 단체들이 정당대결에 가세해 양극화된 세력대결의 장을 넓히고 있다. 물론 공화당이 1994년부터 2006년까지 12년에 걸친 의회집권과 6년간의 단점정부(unified government) 시대를 열었지만,[73] 외적 요인에 의해 정당의 양극화 현상은 더욱 심화되었다. 그 외적 요인의 결정체가 9·11사태와 뒤이은 이라크 전쟁이었다. 2001년의 9·11사태가 아주 짧은 기간 정당간의 양극적 대결을 중단시켰지만, 정파 간 대결의 소강상태는 오래가지 않았다. 2002년에 접어들자마자 양당 간의 경쟁이 본격적으로 재개되었다. 경제 문제, 예산 문제, 교육 문제, 의료정책, 정치자금 등을 중심으로 다시 정파적 대립이 가열되었다. 이처럼 정쟁을 빨리 재개했다는 것은 그만큼 미국사회 저변에 양극적 정당성향이 강하게 자리 잡고 있기 때문이었을 것이다.

정치적 양극화는 2000년 선거에서 뚜렷이 나타났고 2004년 선거에서 절정에 달했다.[74] 양당체제에서 입후보자들은 더 많은 표를 얻고자 중도로 수렴한다는 기존관념

---

73 1992년 민주당이 12년 만에 백악관을 탈환했지만 공화당은 2년 후인 1994년에 치러진 중간선거에서 소위 '깅그리치(Newt Gingrich) 혁명'을 통해 40년 만에 처음으로 연방 상원과 하원의 과반수 의석을 각각 차지하는 다수당이 되었다. 또한 전국인구의 70%를 대표하는 30명의 주지사를 차지하였다. 뿐만 아니라 2000년 선거에서 공화당은 오랜 분점정부 체제를 정리했다.

74 미국정치연구회, 『부시 재집권과 미국의 분열』, 오름, 2005.

을 깨고 부시는 보수적 지지기반을 자극, 흥분, 동원시키는 전략적 극단주의에 의존해 결국 승리를 거두었다. 미국 유권자 모두에게 호소를 하기보다 한 쪽의 유권자 진영만을 호소 대상으로 삼는 부시 대통령의 전략은 미국정치의 양극화를 더욱 심화시킨 하나의 원인이 되었다. 만약 '유권자가 정당구도에 따라 양극화되어 있지 않다면 부시 대통령의 전략적 극단주의를 채택했을까?'라는 질문도 가능하겠지만 인과 관계적 측면에서 보면 부시 행정부가 정당 양극화의 주요 원인 제공자이기 때문에 그럴 개연성은 충분하다. 선거 결과가 부시 대통령의 승리로 끝나면서 세계는 미국의 보수화 현상을 실감하게 되었다. 세계패권국가로서 미국이 세계질서를 자국중심으로 이끌어 가겠다는 메시지가 명백히 밝혀진 것이다. 뿐만 아니라 미국 내의 보수화 경향도 두드러진 것을 확인할 수 있었다.[75]

한편 감세논쟁에서도 공화당이 주도권을 잡았다. 감세정책은 사회복지 프로그램을 무력화하는 것이지만 공화당은 이를 '세금구제'라는 긍정적 용어로 표현했고 대중들은 감세정책을 '정부가 대중을 도와준다'는 프레임으로 이해하게 됐다. 반면 민주당 측은 감세정책을 반대하는 '진보적'인 이유를 대중들에게 설득시키지 못했고 의원들은 '세금구제' 같은 공화당의 용어를 사용하는 오류를 범하기도 했다.[76] 부시 대통령의 개인적 성향과 정당의 관심에 따라 대통령 후보에 투표한 유권자의 비율과 하원의원 후보에 투표한 유권자 비율이 민주-공화당이 많은 표차를 보였다는 것을 단적으로 증명하고 있다. 그리하여 이념성향과 정당지지도의 상관관계가 매우 높아지고 있다. 이념에 따라 양당의 내부 균질성과 단결도의 상승효과는 양당 간 양극적 대립이 전면적인 이념 전쟁으로 비화되어 온 상태로 심화되었음을 증명한다. 그리하여 양 정당의 대립은 선거이후에도 서로 협력적이지 못하고 적대적 관계로 발전하게 되었다.[77]

---

75 당시 선거에서는 가치관 문제를 다룬 이념의 대립이 다른 어느 선거에서보다 양당의 차이를 가장 잘 부각시키는 이슈로 등장하였다. 특히 공화당이 주도권을 잡은 이념논쟁은 선거결과를 공화당에 유리하게 이끄는 데 기여한 것으로 보인다. 주요 선거 쟁점이었던 이라크전과 감세문제에 관한 양측의 대응을 보면, 공화당은 이라크전의 목적을 '이라크 민주주의 확립, 이라크 기업가들의 자유시장 정착' 등으로 선전했고, 전쟁의 전략적 목적인 '세계 2위의 매장량인 석유사용권 확보', '미국기업의 이라크 경제통제' 같은 목적들은 은폐했다. 또한 1972년 베트남 전쟁 이후 전쟁 중에 실시된 첫 선거이며 9·11 이후 처음 치른 선거로서 안보문제가 유권자들에게는 가장 중요한 쟁점이었다. 유권자들은 정권 교체에 따른 불확실성이 안보 및 테러 위협을 고조시킬 가능성이 있다고 판단한 것 같다. 그 결과 미국인들은 '인도주의적 임무를 구현한다'는 프레임으로 이라크전을 인식하게 됐고 이는 선거승리의 동력이 됐다. 반면 민주당은 이 문제를 강력하게 대처하고 해결하는 데는 상대적으로 부시보다 약했다.

76 결국 부시 진영은 개인의 선택과 자유를 강조하고 종교적 가치를 옹호함으로써 보수층의 표를 결집시켰지만 민주당은 진보층의 표를 끌어 모으는 데 적절하게 대처하지 못했다.

77 손호철, "현대 미국사회의 변동과 정당정치의 보수화", 『국가전략』(제8권 제1호), 세종연구소, 2002, 127면.

클린턴 대통령이 1996년 대통령 선거에서 승리함에 있어 루즈벨트 이후 재선에 성공한 민주당 대통령이 된 이유가 있다면 경제, 일자리 창출, 사회안전망 등 뉴딜 정책의 원인에 따른다. 2000년 선거에서 앨 고어(Al Gore)가 선거인단 제도에 의해 패했지만 유권자 선거에서 부시 대통령을 물리칠 수 있었던 것도 부시 대통령의 감세정책을 비판으로 분석된다. 고용불안, 사회적 양극화 등 신자유주의의 부작용으로부터 정부가 보호해주기를 원하고 있는 것이다. 경제위기와 함께 미국의 자본들이 보수화되면서 이들을 잡기 위한 미국 정당체제의 보수화가 일어났고, 이와 같은 미국사회 전체의 보수화 경향은 신자유주의 정책에 대한 유권자들의 국가 불신 강화와 다시 신자유주의를 지지하는 악순환이 반복되는 경향이 나타났다. 이러한 유권자들의 보수화는 미국정치의 양극화 확대에도 기여하는데, 이러한 미국정치 양극화의 중심에 부시 대통령이 중심에 서 있었다. 부시 대통령 등장 이후 정당 편향적 의회전략과 양극화는 물론 공화당은 당내지지 기반이 약화되면서 양당 간 의회의 양극화에 몰린다. 따라서 부시 대통령의 정치·경제 상황이 클린턴 대통령과의 관계 모형과 그 변화 영향이 무엇인지 다양한 의견들이 개진되어 왔다.[78]

한편 2000년과 2004년 양대 대선에 참가한 유권자들의 정당일체감, 정치적 이념, 기독교 우파 소속 여부, 사회적 가치를 둘러싼 이슈 등이다. 백인이면서 기독교 우파에 속한 인물들은 소수파의 사회적 보수주의자들 역시 압도적으로 부시 후보를 지지한다. 그리고 저소득층에 대한 차별적 지지와 공화당 중심적이며, 이념적으로 보수적, 기독교 우파적 가치, 사회적 가치문제에 대해서 보수적인 입장, 동시에 감세의 차별적 적용을 반대하는 대체로 중상위 이상 소득 수준 유권자들의 성향이라 판단된다.[79] 2004년 선거에서 유권자들이 신보수주의적 정책 기조는 민주당의 현대 자유주의 정책 대해 지지를 보낸 유권자들도 48%에 달하는 등 두 이념적 사조 간의 첨예한 갈등이다. 신자유주의를 바탕으로 뉴딜 정책의 전통을 잇는 현대자유주의적인 입장의 민주당과 미국의 전통보수주의의 관점을 적극적인 자유의 실현이라는 현대자유주의 관점과 접목시킨 공화당의 신보수주의적 입장이 갈등의 뿌리가 깊다 할 것이다. 이러한 연속성으로 볼 때 유권자들이 국가를 불신하면서도 신자유주의를 지지하는 악순환의 고리다. 미국 정당정치 또는 국내정치가 위기로부터 벗어날 수 있는 관건이며, 2006년 11·7 중간선거 결과는 그 원인을 제공한 측면이 있다.[80]

---

78 필자의 정치학 박사 논문이 통과되어 완성하는 과정에서 손병권 중앙대학교 국제관계학과 교수님과 부시 대통령의 의회관계에 대한 심도 깊은 대화를 많이 나누었고, 외교안보연구원에서 원서 4권을 빌려주고 『강의노트』 미공개 원고까지 보고 배울 수 있는 기회를 가졌다.

79 손병권, 앞의 글, 36-48면.

80 부시 대통령 집권 제2기 정권 출범 이후 이라크 사태가 악화되자 공화당 장기집권에 대한 비판 여론이 증가하였다. 특히 이라크전의 장기화에 따른 미국내외의 반전 분위기가 크게 확산되고 미

민주당에 대한 적극적 지지보다는 이라크 전쟁의 장기화, 부시 행정부의 정책에 대한 불만, 공화당 장기집권에 대한 염증 등으로 중도 성향의 유권자들이 공화당에 대한 지지를 철회한 것으로 판단된다.

첫째, 럼스펠드(D. Rumsfeld) 국무장관의 갑작스런 경질[81]로 보아 유권자들의 지루함과 정부에 대한 신뢰성으로 회복되지 않았다. 둘째, 대통령의 업무수행을 포함하여 국정전반에 대한 유권자들의 불만 역시 민주당의 승리에 도움을 주었다는 점이다. 셋째, 공화당 패배는 경제문제로 볼 수 있다. 건전한 경제성장과 높은 생산성 향상에도 불구하고 노동자들은 일자리와 의료혜택을 잃을까봐 크게 불안해하고 있다. 많은 이들이 보기에 지금의 경제 상황은 상대적으로 소수의 부유한 이들만이 돈을 벌 수 있는 반면, 전형적 노동자 계층은 살아가는 데 어려움을 겪게 하고 있다. 극소수 부유층은 공화당과 관계를 끊을 수 없었는데, 이유는 그들 부유층에게 엄청난 혜택을 안긴 세금감면을 밀어붙였기 때문이다. 또한 철강이나 자동차산업 등의 퇴조는 부시 행정부 전부터 시작됐지만, 공화당은 해당 분야의 노동자를 보호하기 위한 어떤 정책도 제시하지 않았다는 점에서 갈등이 고조되었다. 넷째, 미국 언론들의 보도는 무당파와 젊은 층의 민주당에 압도적 지지를 보낸 것으로 드러났다. 공화당은 2004년 대선에서 효과를 발휘했던 똑같은 전략을 쓰면서 권력에 집착했고 테러 위협을 정치적으로 이용하면서 민주당이 권력을 잡으면 안전하지 않을 것이라고 유권자에게 호소했다. 또 동성결혼과 낙태 같은 문제를 논쟁하여 보수 종교인들의 표를 흡수하려 했다가 실패한다.[82] 이에 따라 11·7 중간선거는 부시 대통령에 대한 '불신임 투표' 성격을 내포하

국인 희생자가 증가하면서 부시 대통령의 지지율은 더 이상 상승할 수가 없었다. 이러한 분위기 가운데 2006년 11월 7일 치러진 중간선거는 민주당의 28개 주지사 장악과 상하원에서의 압승으로 끝났다. 2006년 중간선거에서는 하원의원 435명, 상원의원 33명, 주지사 36명을 새로 선출하였다. 하원에서는 민주당이 33석을 새로 추가하여 총 234석을 확보하여, 과반석인 218석을 훨씬 상회하였다. 반면 공화당은 선거 이전 233석에서 201석으로 32석 감소하였다. 상원의 경우 민주당이 총 51석으로 다수당 지위를 확보하게 되었다. 민주당은 하원에서 1995년 이후 경험한 소수당의 지위에서 벗어나 다수당으로 복귀하는 데 성공하였으며, 상원 역시 제107대 의회를 제외하면 사실상 12년 만에 다수당의 지위를 되찾게 되었다. 반면 공화당은 12년에 걸친 의회집권과 6년간의 단점 정부의 시대를 마감하는 시점에 서게 되었다. 미국의 중간선거에서 집권여당이 패한 것은 새삼스러운 일이 아니다. 특히 대통령의 두 번째 임기에 치러진 중간선거에서 여당이 승리한 경우는 이제까지 한번밖에 없었다. 그리고 또 미국에서는 외교 정책이 선거 승패를 좌우한 적은 있어도 선거 결과가 외교 정책을 바꾼 적은 없었다. 그럼에도 중간선거는 1994년 '공화당 혁명'에 버금가는 '민주당 혁명'으로 평가 가능하다.

81 Even worse for the Bush legacy, the intramural conflicts between political appintees in the Pentagon and the uniformed leadership proved devastating to the uniformed military. As a result, the invasions occurred with a woeful lack of consideration of the consequences of poor planning, inadequate force structure, and insufficient latitude for operational commanders to adjust strategy and tactics.

여 '무엇이든 반대'(Anything But Bush)라는 일종의 '무조건적 부시 혐오증' 성향으로 발전한다. 민주당에 대해 유권자들은 적극적인 지지를 하지 않았는데도 불구하고 민주당이 이라크전쟁 등 외교 분야, 건강보험과 최저임금 등 경제 분야에서 부시 행정부의 기존 정치적 차별성 전략이 승리의 동력이 되었다. 이것이 11·7 중간선거의 명확한 함의이다. 또한 민주당의 승리가 부시 정권의 실정에서 비롯된 것임은 자명하지만 민주당의 진보적인 노선도 한 몫을 차지하고 있다.[83]

2005년 사회보장제 개선을 위한 입법 시도가 공화당 일부 의원들과 민주당의 반대로 좌절된 뒤, 백악관의 입법 추진력은 사실상 와해되어 있었다. 차기 대선 주자였던 존 매케인(John McCain) 상원의원을 비롯한 공화당의 일부 유력인사들은 중간선거 이전부터 백악관과 거리를 두려는 움직임을 보였다. 부시 대통령이 비록 재선에 성공을 했지만, 이라크 전쟁의 경우 처음에는 9·11에 대한 적절한 대응이라고 했지만 확신이 사라졌다. 민주당은 양자무역협상에서 중국 등 상대국이 노동기준을 강화할 것을 요구하라고 요구했다. 오하이오에서 민주당은 강력한 힘을 발휘했다. 이 지역은 제조업이 많이 자리 잡고 있는 지역이고 그 동안 세계화의 부정적 여파를 가장 많이 받았던 곳이다.[84] 중간선거의 최대 패배는 본질적으로 부시 행정부가 극단적 보수주의 혹은 우경화로 대외정책으로는 이라크 전 실패에 대한 책임이 가장 크다.[85] 한편 사회적으로 민주당은 부시 행정부 하에서 양극화가 더욱 심각해졌음을 강조했다. 공화당 행정부는 중산층의 생활조차 더욱 어렵게 만들었으며 그 결과 소득불평등이 악화되어 불안정한 경제가 지속되었다.[86]

---

82 1991년 이라크 전쟁 승리로 한때 지지율이 80% 올라가 재선을 노리던 부시 대통령이 실패한 이유는 민심이 전쟁의 승리보다 경제회복을 원했다는 것을 몰랐기 때문이다.

83 민주당은 2차례 대선에서의 패배로 신민주당 노선에서 진보적 노선으로 전략적 선택을 한 것으로 보인다.

84 2006년 중간선거 결과 부시 대통령은 외교안보정책을 부분적으로 수정하는 것이 불가피하게 되었다. 민주당에 표를 던진 투표자 가운데 41%가 이라크 전 반대를 위해 민주당을 지지했다고 밝혔다. 한편 26%는 일자리 등 경제 문제에 대한 걱정에서 민주당을 지지했고 또 다른 23%는 워싱턴의 부패를 보고 공화당을 심판했다고 한다. 포괄적으로 보면 국내문제를 선거쟁점으로 인식한 층이 49%로 이라크 전을 쟁점으로 본 41%보다도 많다.

85 강명세, "미 중간선거와 부시 행정부의 국내정책", 『정세와 정책』, 2006, 9~10면.

86 오닐 외에 다음과 같은 3명의 온건파가 부시 행정부의 극단적 보수주의를 비판해왔다: 전 환경보호청장 크리스틴 토드 휘트먼(Christine Todd Whitman), 뉴저지 주 대선 재선캠페인을 이끌었던 존 이울리오(John DiIulio). 한편 부시 행정부의 외교정책에 대해 리차드 클라크(Richard A. Clarke)가 자신의 저서 Against All Enemies: Inside Americs War Against Terror (Free Press 2004)를 통해 부시의 일방주의적 정책을 비판했다.

가. 임기변수

조지 W. 부시 대통령은 이라크 대테러전쟁 외에 뚜렷한 업적을 남기지 않았음에도 불구하고 대외적인 위기상황과 국내정치의 보수화 덕분에 재선에 성공했다. 또한 공화당도 중간선거에서 지속적으로 우위를 점함에 따라 대통령과 행정부의 국정운영에 적극적으로 협조할 수 있었다. 하지만 제2기 행정부에서는 부시의 대외관계에서의 일방주의와 국내정치에서의 전략적 극단주의가 민주당과 시민사회로부터 많은 비판을 받게 되었다. 지지율은 점차 하락해갔고, 리더십은 손상되어 갔다. 아울러 2006년 중간선거에서는 당시 야당이었던 민주당이 의회를 장악하고 2008년 정권교체의 기반을 마련하였다. 부시 대통령의 적극적 리더십은 행정부의 의욕적인 정책성과를 가져왔지만, 부정적 리더십은 의회와 조화로운 관계를 만들어내지 못했다.

1) 2000년 대선과 불안정한 지지

공화당 후보 부시가 일반투표에서는 민주당 후보 앨 고어(Al Gore)보다 적게 얻고도 선거인단 표에서 과반수를 넘긴 탓에 대통령으로 당선되었다. 전체 국민의 직접투표에 의한 득표(Popular Vote)에서는 민주당의 앨 고어 후보가 앞섰(약 54만표)지만, 선거인단 투표(Electoral College Vote)에서 조지 W. 부시가 앞서(271 대 266)서 부시가 대통령이 되었다. 그렇지만 9·11 테러가 발생하자 부시 대통령은 그와 행정부를 중심으로 국력을 결집할 계기를 마련하게 되고 아프가니스탄 전과 이라크 전을 주도하게 된다. 그 당시 임기 초에 부시 대통령은 중요한 국가적 쟁점에 대해 초당적 합의를 손쉽게 이끌어내게 된다.

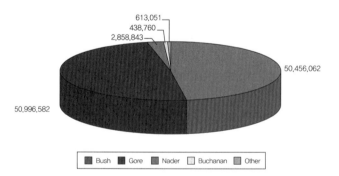

〈그림 4-25〉 2000년 대통령선거 일반인 투표(Popular Vote) 결과[87]

---

87 갤럽/USA 투데이, 2009. 5. 12.

2) 2004년 대선: 지지의 공고화

2004년 대선에서는 2000년 대선과 달리 선거인단 표와 일반투표 다수 득표자가 불일치하지 않는 일이 반복되지는 않았다. 두 후보의 최종 선거 결과는 조지 W. 부시가 51%(60,608,582표)를 얻은 반면 케리는 48%(57,288,984표)를 얻었고 선거인단 표에서는 부시가 286표를 얻었으나 케리는 252표를 얻었다. 2004년 대선에서 양대 정당인 공화당과 민주당이 선거를 지배하였고 각 당의 대선 후보는 예비 선거를 통하여 결정되었다. 각 당에서 지명된 대선후보는 격렬한 선거전을 치른 후 일반투표를 통하여 선거인단을 구성하고 이 선거인단 표에서 과반수(270표) 이상을 확보한 부시가 당선자로 결정되었다.

양 후보의 지지에 대한 지역적 분포도를 보면 부시 대통령의 공화당이 남부 및 중서부 일대에서 승리하였고 케리는 5대호 연안의 북동부와 태평양 연안에서 우세하였다. 특히 남부에서는 케리는 단 1주도 승리하지 못했다. 이는 미국에도 지역 간 정치적 균열이 있으며, 남부는 전통적으로 공화당의 지지기반이 되어가고 있으며, 북부는 민주당의 지지기반이다.

〈그림 4-26〉 2004년 미국의 제43대 대선 결과(투표율 56.7%)
조지 W. 부시(공화당): 일반인 투표 50.7%, 선거인단 투표 286/538표(= 53.2%)
존 케리(민주당): 일반인 투표 48.3%, 선거인단 투표 252/538표(= 46.8%)

2004년 미국 대통령 선거는 현직 대통령의 정치적 정통성과 대외정책에 대한 재신임을 요구하는 선거였다. 부시는 2000년 선거 당시 일반투표에서 고어보다 적은 표를 얻었기 때문에 정통성에 관한 정치적 부채를 안고 있었다. 당선은 되었지만 민주정치에서 국민의 지지를 적게 받았다는 것은 정치적 부담이 아닐 수 없었다. 또한 부시는 강경한 대외정책에 대한 국민적 신임이 필요했다.

이라크 전쟁에 대한 신보수주의자들의 정당성은 2004년 11월 미국 대통령 선거에서 미국 국민으로부터 긍정적으로 심판받았다. 선거 운동 기간에 이라크 전쟁은 후보자들과 유권자들 사이에 가장 커다란 논란거리로 다루어졌다. 이라크 전쟁을 직접적으로 다룬 후보자 간 첫 번째 텔레비전 토론에서는 물론, 내정을 주로 토론주제로 다루기로 했던 두 번째 텔레비전 토론에서도 이라크 전쟁의 정당성에 대한 공방은 주된 선거의제였다. 민주당의 케리(John Kerry) 후보는 현직 부시 대통령이 주도한 이라크 전쟁의 부당성을 계속 공격했다. 부시 대통령도 케리 후보의 공격을 피하지 않고 테러 응징과 이라크 전쟁 성공에 대한 공적을 직접적으로 드러냈다. 선거 운동 기간 내내 확실한 당선자를 예상하지 못할 만큼 치열한 접전 끝에 부시 대통령은 재선에 성공했다.

이러한 승리는 부시 대통령 개인에게는 2000년 11월 선거에서 선거인단 수에서는 승리했지만 득표수에서는 패배함으로써 훼손되었던 대통령 직무에 관한 정통성을 만회해 준 의미를 가져다주었다. 또한 부시의 승리는 신보수주의자들에게는 이라크 전쟁 수행과 중동정책에 대한 정당성을 확보해 주는 것이었다.[88]

한편 〈그림 4-27〉이 시사하는 바와 같이, 유권자는 부시 대통령에 대해 종교적 신념이 강하고, 강력한 지도자로 인식하며, 사안에 대해 분명한 입장을 가진 것으로 이해하고 있다. 반면, 유권자는 케리 후보는 지적이고, 복지에 대해 관심을 가지고 있다고 바라보고 있다. 그런데 정치·경제의 상황을 고려할 때, 유권자는 테러로 인한 대외적 위기를 극복하는 강력한 지도자를 희망하고 있었으며, 미국사회가 보수화되고 기독교적 가치가 확산되는 경향을 고려할 때, 2004년 대통령선거는 부시 대통령에게 유리한 정치 지형에서 재선이 가능 했다.

부시 대통령은 9·11 테러 이후 모든 핵심적인 역량을 반테러 업무에 집중했다. 국내적으로 국토안보부(Department of Homeland Security)를 창설하였으며 국제적으로는 아프간전쟁을 일으켰다.[89]

---

88 남궁곤, "신보수주의 연속성 관점에서 본 부시 재집권", 미국정치연구회 편, 『부시 재집권과 미국의 분열: 2004년 미국대통령선거』, 오름, 2005, 46~47면.
89 김남균, "미국 대통령 선거제도와 선거문화: 1948년과 2004년 대통령 선거 비교", 『미국사연구』(제22집) 2005, 38면.

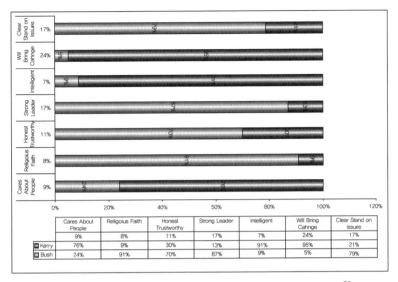

	Cares About People	Religoius Faith	Honest Trustworthy	Strong Leader	Intelligent	Will Bring Cahnge	Clear Stand on Issues
	9%	8%	11%	17%	7%	24%	17%
Kerry	76%	9%	30%	13%	91%	95%	21%
Bush	24%	91%	70%	87%	9%	5%	79%

〈그림 4-27〉 2004년 대선에서 지도자에게 기대하는 속성[90]

뿐만 아니라 국제테러와 관련된 핵심적인 국가로 이라크, 리비아, 이란과 북한을 소위 "악의 축(axis of evil)"으로 지목하였고 이들 "악의 축" 국가 중 이라크를 침공하여 사담 후세인 정권을 붕괴시켰다.[91] 그러나 이라크전쟁은 미국의 예상과 같지 않았다. 정규군 간의 전투는 쉽게 끝났지만 이라크인들은 미국의 통치를 거부하고 치열한 저항을 계속하고 있기 때문이다. 미국의 계획대로 전후 사업이 진행되지 못하자 이라크에서 제2의 베트남전의 수렁에 빠져들고 있다는 비판이 쏟아지기 시작했다. 부시 대통령의 입장에서는 자신의 대외정책에 대한 국민적 신임이 필요했다.[92]

부시 대통령이 이라크전쟁으로 곤경에 빠지자 민주당은 2000년 선거의 패배를 설욕할 기회가 왔다고 판단했다. 예비선거 단계부터 민주당 예선 후보들은 부시 대통령의 대외정책에 대한 비난을 핵심 쟁점으로 삼았다. 그러나 민주당이 이라크전쟁을 처음부터 반대한 것은 아니었다. 부시 대통령의 테러와의 전면전을 선언하였을 때 민주당 역시 부시 대통령의 테러정책을 지지했다.[93]

---

90 〈www.historycentral.com/elections/2004/2004mainelec/exitpolls/Attributes.html〉, 검색일: 2009. 5. 30.
91 부시 대통령은 2002년 1월 29일 국정연설(the State of the Union Address)에서 "악의 축"을 언급했다. 〈www.whitehouse.gov/news/releases/2002/01/20020129-11.html〉.
92 따라서 2004년 대선은 부시의 대외정책에 대한 논쟁이 핵심 쟁점임이 예고되어 있었다. 물론 테러 이외에 경제문제와 관련하여 감세안이나 사회보장제도 개선 문제 혹은 동성결혼 문제 등 많은 사회 경제적 관심거리도 중요한 이슈였다. 그러나 핵심 쟁점은 안보문제였다.
93 부시 대통령이 아프간전쟁을 시작하였을 때나 혹은 이라크전쟁을 시작할 때도 민주당은 부시를 지지했다. 그런데 이라크전쟁이 장기화되면서 전쟁에 반대하는 여론이 높아지자 민주당은 입장을

한편 공화당의 예비선거는 간단했다. 누가 후보로 지명될 것인가 하는 것은 문제가 되지는 않았다. 특별한 변수가 발생하지 않는 한 현직 대통령인 조지 부시가 후보자가 될 것이 분명했기 때문이다. 전반적으로 공화당 내 분위기는 부시를 지지하는 쪽이었다. 양당 후보자가 결정되자 2004년 9월부터 대통령 선거운동이 본격화되며 미국은 정치적으로 달아오르기 시작했다. 전쟁을 지휘하고 있는 현직 대통령과 베트남전쟁의 영웅인 야당 후보 간 쟁점은 자연스럽게 안보문제에 집중되었다. 물론 안보 외에도 동성결혼을 비롯한 여러 가지 쟁점들이 있었다.[94] 특히 부시는 자신이 불리한 이라크전쟁보다는 자신과 케리의 가치관의 차이점을 강조하면서 선거 이슈를 후보자의 가치관으로 돌리려고 노력하였다. 그러나 베트남전쟁 참전 경험을 앞세운 케리는 안보문제를 중심으로 부시의 이라크전쟁에 대한 실정을 드러내는 쪽으로 선거 분위기를 몰아가려고 애썼다.

3) 2007년-2008년: 매디슨 모형

2006년 선거 결과에서 나타난 선거의 실패가 부시 행정부의 정책 및 성과의 실패임을 보여주게 되었고, 조지 W. 부시 대통령의 리더십은 변화를 가져오게 된다. 2006년 선거 결과는 비판적인 미국의 여론이 누적되어서 나타난 것이며, 그 선거 결과 여소야대 정국으로 변화하게 되었다. 부시 대통령은 민주당이 의회에서 주도적 역할을 인정할 수밖에 없었다. 더욱이 2007년부터 찾아온 경제위기는 부시 대통령의 리더십을 약화시켰고, 공화당 내의 주요 대선주자와 정치인들도 그와 거리를 두기 시작하자, 부시 대통령의 대對 의회 영향력이 약해지게 되었다. 9·11 테러 이후와 같은 적극적인 리더십에서 소극적인 리더십으로 그 역할을 조정하게 되었으며, 대對 의회 관계를 의식하게 되어 매디슨 모형으로 부합하게 된다.

부시 대통령은 중간선거 패배가 6년간의 일방주의 외교에 있음을 인정하고 그 주역인 럼스펠드 국방장관을 즉각 경질하고 전 CIA 국장 게이츠를 후임에 임명했다.[95]

바꾸었다. 특히 민주당 예비 후보로 거론되던 인물들은 이라크전쟁을 부시 행정부의 아킬레스건으로 판단하고 그에 대한 비판의 화살을 쏘며 후보 경선에 뛰어 들었다. 2000년 선거에서 일반투표에서는 승리하고도 선거인단 득표에서는 패배하였던 앨 고어(Al Gore)가 민주당 후보로 잠재력을 가지고 있었지만 경선에 참여하지 않아서 특별한 우월한 후보 없이 경선이 진행되었다. 예상외로 메사추세츠 상원의원 존 케리(John Kerry)가 아이오와 코커스와 뉴햄프셔 예선에서 모두 1위를 차지하였고 여세를 몰아 마침내 2000년 7월 29일 보스턴에서 열렸던 민주당 전당대회에서 케리는 민주당 대통령 후보로 정식으로 지명되었다. 케리는 베트남전쟁 참전용사로 무공훈장을 여러 번 받은 전쟁영웅이었다. 그러나 제대 후 케리는 반전데모에 가담하여 베트남전쟁을 정면으로 반대하며 반전운동가로 변신했다. 케리는 상원에서 오랫동안 활동한 정치적 경력이 있었다.

94 〈www.onetheissues.org/Foriegn_Policy.html#John_Kerry〉.
95 강명세, 앞의 글, 8면.

민주당은 2006년 명백한 승리를 구가함으로써 12년 동안 잃었던 양원의 다수당 지위를 되찾았다. 민주당은 중간선거의 승리로 의회를 탈환한 후 다음 2008년 대선에서 승리할 수 있다는 희망을 가지게 되었다. 미국 중간선거는(의회에서) '공화당의 12년 지배체제'를 흔들어놓았으며, 부시 행정부의 대내외 정책에 큰 변화를 몰고 왔다. 국가 안보 같은 보수적인 의제에서도 민주당 후보들이 더 신뢰받고 있는 상황이다. 부시정부의 선거에서 미국정치의 양극화가 주목을 받고 있다. 뉴딜 이후 오랫동안 미국사회를 지배해온 진보연합은 붕괴되었지만 이를 대신할 새로운 지배적 정치질서는 형성되지 못하고 있다. 이런 배경에서 민주-공화 양당의 이념적 간격이 더욱 벌어지고 각당의 내부 균질성과 연대감이 강해짐에 따라 양당 사이에 완충 지대가 좁아지는 정치적 양극화가 뚜렷하게 목도되고 있다.

나. 의석변수

조지 W. 부시 행정부의 임기 8년 동안 6년은 여대야소의 상황이었다. 9·11 테러는 의회보다 대통령에게 우월한 힘을 부여하는 환경을 제공하였다. 그런데 부시 대통령 임기 말의 경제위기와 미국경제의 침체로 부시 대통령은 위기를 수습할 적합한 대안을 제시하지 못했고 레임덕은 비교적 일찍 찾아왔다. 아울러 부시 대통령의 임기 말에 민주당이 의회를 주도하게 되었다. 부시 행정부의 임기 초반과 중반의 6년 동안은 이러한 상황이었는데 적극적 부정형 리더십을 보여주었다. 비교적 독선적인 국정운영을 해왔고 의회와 시민사회의 목소리를 무시하고 미국정치의 양극화와 일방주의적 행태를 심화시켰다.

〈표 4-10〉부시 정부형태와 의회 구성변화

의회	선거년	정부형태	행정부		입법부							
			여당	대통령	하원		증감		상원		증감	
					민주	공화	민주	공화	민주	공화	민주	공화
106	1998	분점	민주	클린턴	211	223	+5	-5	45	55	0	0
107	2000	단점	공화	G.W. 부시	212	221	+1	-2	50	50	+5	-5
108	2002	단점	공화	G.W. 부시	205	229	-6	+6	48	51	+2	-2
109	2004	단점	공화	G.W. 부시	202	232	-3	+3	44	55	-4	+4
110	2006	분점	공화	G.W. 부시	233	202	+30	-30	49	49	+5	-6
111	2008	단점	민주	오바마	255	175	+22	-27	55	40	+6	-9

〈표 4-10〉에서 설명되는 바와 같이 조지 W. 부시 대통령은 두 번 연임한 가운데 집권 초반과 중반기에는 여당인 공화당이 의회를 장악해 단점정부를 이룰 수 있었으나 집권 후반부에는 야당인 민주당이 집권함으로써 분점정부를 허락해야 했다. 그래서 부시 대통령은 9·11 테러를 거치고 2002년 중간선거와 2004년 대통령 선거에 승리하면서 정부 주도의 강력한 리더십을 발휘하였으나 집권 후반부와 말기에는 점차 국정과 의회에 영향력을 발휘하지 못하게 되었다.

조지 W. 부시 대통령은 2000년 대통령선거에서 민주당 대통령후보인 앨 고어(Al Gore)를 어렵게 이기고 미국 제43대 대통령으로 당선되었다.[96] 조지 W. 부시의 승리는 백악관의 주인을 민주당에서 공화당으로 바꾸었으며 1994년 이후 분점정부의 미국 정부형태를 단점정부로 바꾸었다. 하지만 조지 W. 부시는 선거과정에서 불거졌던 문제점으로 정통성을 의심받게 되었다.

그러나 9·11 테러 이후 부시 대통령의 인기는 쟁쟁한 민주당 후보를 물리쳤다. 2002년 중간선거 이전에는 국민들로부터, 그리고 의회로부터 정책 승인을 받았던 시기여서 야심 있는 민주당 정치인들은 2002년 중간선거는 그들의 해가 아니라는 것을 느끼게 되었다.[97]

2000 대선에서 국민들로부터의 낮은 지지는 9·11 테러를 계기로 반전하게 된다. 9·11 테러로 인해 형성된 결집효과는 부시 대통령에 대한 지지가 상승하는 역할을 하였으며 아프가니스탄에서의 전쟁으로 지지율은 지속적으로 70%이상을 기록하게 된다. 이후 다시 지속적으로 하락하던 지지율은 2003년 이라크와 전쟁으로 재상승하였으며 그 덕분에 2004년 재선에 성공하게 된다. 부시 대통령은 9·11 테러, 아프가니스탄 전쟁, 이라크전을 통해 낮은 지지도를 끌어올리고 재선에도 성공하였지만 미국정치에 남긴 상처는 컸다. 부시 대통령의 정책에 대해 민주당과 공화당은 뚜렷한 차이를 보이며 양분되었고, 1990년대부터 서서히 진행되던 미국정치의 양극화는 급속도록 확대되었다고 말할 수 있다.

미국의 양극화와 관련되어 나타난 미국정치의 특징은 정당의 부활(party resurgence)이다. 즉 정당이 유권자 및 의원들에 미치는 영향력이 매우 커졌다는 것이다. 의원들의 의정활동에서 정당의 영향력이 강해졌으며 유권자들 중 정당에 대해 충성심을 가지

---

96 일반투표에서 조지 W. 부시는 47.9%를 얻었으나 고어는 48.4%를 획득했다. 그러나 선거인단 표에서는 부시가 271표를 얻었고 고어는 266표를 얻어 부시가 승리했다. 〈www.fec.gov/pubrec/2000presgeresults.htm〉.

97 Gary C. Jacobson, "The Bush Presidency and the American Electorate," in Fred I. Greenstein, ed. *The George W. Bush Presidency: An Early Assessment* (Baltimore: Johns Hopkins University Press, 2003).

는 사람들이 늘어나고 충성심도 강해지고 있는 현실이다.[98] 피오리나(Fiorina)는 유권자의 양극화가 발견되고 있지 않다고 주장하고 있다.[99] 한편 유권자들을 정당일체감으로 구분하였을 때 도덕성과 관련된 이슈에 한정되어 양극화가 발견되지만 유권자들의 일반적 태도는 양극화되고 있지 않다고 주장한다. 즉, 과거와 비교해 보았을 때 유권자들의 견해가 양극화되고 있다는 주장은 틀리며 다만 정당간 양극화로 인해 유권자들의 정당에 대한 구분이 분명해짐에 따라 정당간 정책적 차이를 이해하는 것이 쉬워졌고 이에 유권자가 그들의 정치적 선호도에 맞춰 정확하게 정당을 접목시키고 있다는 것이다.[100]

한편 공화당은 2002년 중간선거에서 원내 과반수 의석을 모두 확보하고 양원 다수당으로 떠올랐다. 이에 따라 조지 W. 부시 대통령은 향후 의회의 정국 주도권 장악을 비롯해 2004년 대통령 선거에서 유리한 고지를 선점하는 계기를 마련했다. 집권 공화당이 상원선거에서 과반수 의석인 50석, 민주당이 46석을, 그리고 하원선거에서는 공화당이 과반수 의석인 218석을 넘어 당초 223석보다 많은 의석을 늘려 197석을 확보한 민주당을 꺾고 승리를 거뒀다.

그러나 2006년 11월 7일 실시된 미국의 중간선거는 부시 행정부의 참패 그리고 민주당의 대승으로 끝났다. 공화당 정부는 무엇 때문에 패배했는가? 무엇보다도 극단적 보수화에 대한 여론의 심판을 지적해야 할 것이다. 그동안 부시 공화당 정부는 대통령은 물론이고 의회에서 아주 근소한 다수에 의존해면서도 정책내용은 아주 보수적이었다. 이러한 대표성과 정책추진의 괴리는 여론의 방향과 종종 반대로 갔던 부시 행정부의 무리한 대내외 정책 추진에서 드러난다. 이 가운데 부시의 공화당 정부를 패배를 안겨준 가장 주요한 요인은 부시 대통령의 이라크 전 처리에 있다. 두 번째 요인은 국내경제 문제이다. 경제 문제도 이라크 전에 버금가는 핵심쟁점이었다. 특히 두드러진 불만은 유가와 약값 상승이다. 미국 투표자는 부시 대통령이 유가와 약값 상승을 허용함으로써 석유회사들이나 제약회사들에게 특혜를 주었다고 보았다. 부시 행정부는 2001년의 분위기를 이어가기 위해 안보를 핵심 쟁점으로 부각시키려 했으나 이라크 전이 실패했다고 믿는 미국 국민의 마음을 돌릴 수 없었다. 부시의 감세정책 또한 패배의 요인이다. 미국 중산층은 부시의 감세정책을 부유층에 대한 특혜로

98 안순철·가상준, 앞의 글, 144면.

99 Fiorina, p.Morris, Samuel J. Abrams, and Jeremy C. Pope. *Culture War? The Myth of a Polarized America* (New York: Pearson Longman, 2004).

100 Dimaggio, Paul, John Evans, and Bethany Bryson, "Have Americans' Social Attitudes Become More Polarized? *American Journal of Sociology* 102: 1996, pp.690~775; John E. Evans, "Have Americans' Attitude Become More Polarized?-An Update," *Social Science Quarterly* 84-1: 2003, pp.71~90; 안순철·가상준, 앞의 글, 28면.

보고 공화당에 등을 돌렸다. 반대로 민주당의 중간선거 전략은 이라크 전 실패를 강력 비판하고 어려워진 살림살이를 내세워 공화당 심판을 강조했다. 또한 때 마침 터졌던 부패 스캔들과 경제적 실정과 연결 지워 공화당정부의 무능을 비판했다.[101]

따라서 부시 대통령은 임기 후반에 정치적 영향력의 쇠퇴에다가 의석변수의 변화, 그리고 정치적·경제적 상황의 약화를 맞이하게 된다.

다. 정치·경제상황

조지 W. 부시 대통령은 테러 이후의 국제정세에 기민하게 대응하였지만 이라크 전과 테러 전에서 정당성 논란에서 자유롭지 못했다. 부시 대통령은 경제현안을 해결하는 데 있어서는 미숙함을 보였고 그에 대처할 만한 능력을 보여주지 못했다. 그리고 전쟁에 의한 재정적자는 심해져갔고 국내 기업이 파산 위기에 내몰리고 미국경제가 침체에 빠졌다. 그러한 상황에서 부시 대통령은 그에 걸맞는 경제리더십을 보여주지 못했다. 그래서 임기 후반에는 행정부의 입법부에 대한 우위가 무너졌다고 보인다. 이러한 경우 적극적 긍정형 리더십이 필요하지만 부시 대통령은 적극적 부정형의 리더십을 견지하여 경제위기 극복에서의 초당적인 리더십을 발휘하는데 한계를 노정하였다.

재정적자와 경제위기는 민주당에게 미래 선거에서 기회로 작용하였다. 이러한 재정적자 문제는 빌 클린턴 후보가 조지 H. W. 부시 대통령을 이기고 당선되는 데에도 기여하였다. 반면 9·11 테러는 영구적으로 미국 대외정책의 맥락을 변화시켰으며, 부시 대통령이 그 이후 임기를 유리하게 이끌어나갈 수 있는 정치적 기회를 제공하였다.[102]

1) 미국정치의 분기점: 9·11 테러

2001년 9·11 테러는 미국정치에서 의회에서 양당 간의 상생적 정치는(Hyperbipartisanship)를 가져왔다. 초당적 정치란 여당과 야당 간의 근본적인 정책적 차이에도 불구하고 중대한 사안에 대해서는 이해(interest)와 신념(belief)을 공유하여, 정부의 사회·경제·외교 정책에서 합의를 실현하는 것이다. 부시 대통령은 9·11 테러가 부시 대통령의 임기에서 중대한 방향을 규정하였다고 선언하였고, 실제로 큰 반향을 일으켰다. 강력한

---

101 강명세, 앞의 글, 9면.
102 Steven E. Schier, "Conclusion: George W. Bush's Prospects," in Steven E. Schier, ed. *High Risk and Big Ambition: The Presidency of George W. Bush* (Pittsburgh: University of Pittsburgh Press, 2004), pp.249-250.

리더십과 대통령의 수사는 임기 초 정국을 결정하였다. 9·11 테러 이후 몇 개월 동안 중요한 입법 과정에서 투표에서 합의가 이뤄졌다. 대표적으로 당시 의회는 알 카에다 위협에 대처하기 위해 애국자법(Patriot Act)이라 불리는 테러대책법을 제정하였다.[103] 아울러 2001년 9·11 테러에 대해 부시 행정부는 성공적으로 위기상황을 수습하고 국내의 여론을 결집하고 국제적 리더십을 발휘함으로써 국민의 지지율을 향상시켰고, 반등된 지지율은 부시 대통령의 전반기 임기동안 안정적으로 높은 수준을 유지하였다.

조지 W. 부시 행정부의 대외위기 대응 후의 지지율은 케네디 대통령의 쿠바 미사일 위기와 1990년 조지 허버트 워커 부시(George H. W. Bush) 대통령의 이라크전 시기 지지율의 경우와 다른 점이 있다(〈그림 4-13〉). 부시 대통령의 반등된 지지율은 이전의 경우와 비교해볼 때 더욱 오래 지속되었다. 2001년 9월 22일 90%로 정점을 기록하였다는 점을 볼 때 이러한 테러 위기는 국제정치와 미국 국내정치의 일대 패러다임의 전환이라고 볼 수 있다. 또한 민주당 지도자들은 부시 대통령의 테러전의 수행을 비판하는 것을 자제함으로써 9·11 요인에 의한 지지율 효과는 오랫동안 지속되었다. 2002년 10월 초만 해도 95%의 공화당원은 여전히 부시 대통령의 대통령으로서의 성과를 지지하였다. 민주당원은 45%로 떨어졌으나 테러 공격 이전에 민주당원의 대통령에 대한 지지율인 28%에 비하면 상당히 높은 비율이었다.[104]

역사적 선거로서의 2004년 미국 선거를 지배하는 이슈는 테러로부터의 위협에 대처하는 안보정책이다. 외교안보정책이 선거에서 중요하지 않았던 적은 없지만, 2004년 선거처럼 안보 그리고 이와 관련된 대테러정책을 포함한 외교정책이 선거를 지배하는 것은 실로 수십 년만의 드문 일이었다. 유권자들의 인식, 후보자들의 연설, 선거공약과 정당의 강령, TV 광고 등에 있어서 안보 이슈는 확고하게 2004년 선거를 지배하였다.

---

103 John C. Fortier and Norman J. Ornstein, "President Bush: Legislative Strategist," in Fred I. Greenstein, ed. *The George W. Bush Presidency: An Early Assessment* (Baltimore: Johns Hopkins University Press, 2003).

104 Marc J. Hetherington and Michael Nelson, "Anatomy of a Rally Effect: George W. Bush and the War on Terrorism," *PS: Political Science and Politics*, Vol. 36, No. 1 (Jan., 2003), pp.38-39.

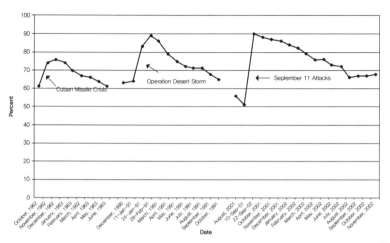

〈그림 4-28〉세 번의 대외위기의 성공적인 대응 동안의 대통령의 지지율[105]

2004년 대선을 지배하고 있는 안보 이슈는 미국의 민주주의와 외교가 안과 밖의 무대에서 안고 있는 이중의 딜레마를 극명하게 보여준다.[106] 딜레마의 한 축은 부시 독트린을 중심으로 수렴하고 있는 안보 정책의 국내 기반의 문제이다. 9·11 이후 공화당과 민주당 사이에는 외교정책의 핵심적인 원칙에 대한 상당한 합의가 존재한다. 즉, 냉전시대의 봉쇄정책 중심의 안보관은 이제 테러와의 전쟁에서 중핵을 이루는 선제공격을 포함한 공격적 안보관으로 전환되었고, 전통적인 동맹의 자리는 테러와의 전쟁에 동원되는 전지구적 연합이 대체하게 되었다.[107]

부시 독트린을 중심으로 한 새로운 안보정책의 수렴이 안고 있는 두 번째 딜레마는 국제적인 기반의 문제이다. 9·11 이후 부시 독트린 중심의 안보정책이 미국의 전통적인 동맹국 정부 또는 동맹국의 시민들로부터 비판을 받고 있는 것은 널리 알려져 있는 사실이다. 9·11 이후 미국의 동맹국들은 미국의 새로운 안보정책이 보다 안전한 미국과 세계라는 목표에 지나치게 얽매여 있고 미국 안보와 미국적 이상의 확산을 위해서 미국이 일방 주의적 힘의 투사를 마다하지 않는 현실을 불편해하고 있다. 다시 말해, 냉전시대의 반공국제주의가 여타 자유 민주국가들의 폭넓은 동의를 통해서 국제적 기반을 확보했던 것과는 지극히 대조적인 현상이 벌어지고 있다. 이에 따라서

105 *Ibid.*, p.38.
106 장훈. "2004 미국 대선과 한반도", 동아시아연구원, EAI 외교안보센터: 국가안보패널 정책보고서, 5면. 〈www.eai.or.kr/korean/upfile/project/pjbbs/NSP_ Report_5_1.pdf〉, 검색일: 2009. 5. 2.
107 George W. Bush, Statement by the President in His Address to the Nation, September 11, 2001. 〈www.whitehouse.gov/news/releases/2001/09/20010911-16.html〉. George W. Bush, State of Union Address〉. 2002. January 28. 〈www.whitehouse.gov/news/releases/2002/01/20020129-11.html〉.

부시 독트린을 중심으로 한 안보정책상의 합의에도 불구하고 민주당은 공화당과 달리 바깥세계로부터 존경받는 방식으로 미국의 안보를 지키고 동맹과의 관계를 구축해갈 것을 추구한다.[108] 따라서 2004년 대선은 미국이라는 초강대국이 외부세계와 맺는 관계의 방식에 대한 미국 민의 선택을 보여주었다. 그리고 그 선택에 따라서 미국의 새로운 안보정책의 국제적 기반은 강화되는 방향으로도 혹은 약화되는 방향으로도 흐를 수 있다.[109]

이른바 부시 혁명 이후에 나타나고 있는 미국 외교정책의 수렴이라는 새로운 현상을 심층적으로 이해하는 데에 있어서, 미국 외교정책의 역사적 전개에 대한 간략한 검토는 반드시 필요하다. 이러한 역사적 맥락에 대한 검토는 가깝게는 냉전의 종식 이후의 시기에서부터 시작될 수 있지만, 멀리는 제2차 대전 이후에 수십 년간 유지되었던 미국 외교정책의 '합의의 시대'로까지 거슬러 올라간다.

9·11 이후의 세계에 있어서, 부시 행정부가 추진하고 있는 일련의 외교안보정책에 대한 미국 사회의 이끌림이 심화되면서, 우리는 심지어 새로운 외교정책의 수렴이라고까지 부를 수 있는 현상과 마주하게 되었다. 예컨대 백악관의 주인 자리를 두고 부시 대통령과 처절한 경쟁을 벌이고 있는 민주당의 케리 후보도 이른바 부시의 선제공격론을 공개적으로 비판할 수는 없다.[110] 또한 알 카에다와 후세인 정권의 연계는 여전히 모호하지만, 이라크 전쟁 자체를 부인할 수는 없다. 다만 케리 후보는 선제공격의 조건과 방식, 이라크 전쟁의 명예로운 수습에 대해서만 논쟁을 벌일 수 있을 뿐이다.

미국 외교는 냉전 이후에 새로운 현실에 걸 맞는 외교이념을 개발하는 데에 실패해왔다는 키신저의 지적이 많은 공명을 얻을 수 있었던 것은 1990년부터 2000년까지 보여 온 미국 외교의 혼란 때문이었다.[111] 부시 대통령의 1세의 전통적인 현실주의 외교나 클린턴 대통령의 민주주의와 시장경제 확산의 외교가 있었지만, 이러한 정책들이 새로운 시대의 등장을 상징할 만큼 일관되고 체계적으로 추진되었던 것은 아니다.

---

108 2004년 공화당 선거강령의 제목이 "더 안전한 세계와 더 희망찬 미국(A Safer World and a More Hopeful America)"인데 비해서 민주당 선거강령은 "본토에서의 강함, 세계에서의 존중(Strong at Home, Respected in the World)"이라는 제목을 택한 것은 의미심장한 대비라고 할 수 있다.

109 장훈, 앞의 글, 5-6면.

110 물론 선제공격론이 2000년 대선에서 민주당의 고어 후보에 의해서 제기되었던 정책이라는 '원죄'가 어느 정도 작용하고 있는 것도 사실이다. 10월 1일의 외교안보정책 TV토론에서 케리후보는 "미국을 보호하기 위해서 미국의 역대 대통령은 선제공격의 권리를 양보한 적이 없으며 자신도 그럴 생각이 없다"고 밝히고 있다. 다만 이러한 선제공격은 국제사회의 지지, 국민의 지지를 기반으로 해서 이루어질 수 있음을 언급하고 있다.

111 Henry Kissinger, *Does America Need Foreign Policy?* (New York: Simon and Schuster, 2001), p.19.

냉전 이후의 10년은 무성한 이론적, 정책적 논의에도 불구하고 사실상 잃어버린 10년이 되고 말았다. 냉전 시대의 이념, 베트남 전쟁의 반대로 상징되는 미국 외교정책의 진보적 이념, 그리고 이러한 역사적 유산에 대해서 무관심하고 무지한 새로운 세대의 생각들이 각축을 벌여왔지만, 새로운 흐름을 주도할 만한 이념과 세력의 등장은 이루어지지 않았다.

1940-1960년대에 걸쳐서 루즈벨트적 국제주의를 중심으로 냉전외교에 대한 합의를 수용해 오던 민주당은 1960년대 후반 질풍노도의 시대에 보수적인 입장을 견지하는 반공주의 세력과 진보적인 세력으로 분열되었다. 민주당 내의 진보개혁 세력은 기성 질서에 대한 도전의 맥락 속에서 반공주의를 강렬하게 비판하였고, 이는 1968년 시카고 전당대회의 혼란과 1972년의 맥거번의 후보 지명으로 절정을 이루었다.[112] 이러한 민주당 내의 갈등은 한편으로 민주당 내에서 일단의 반공주의 그룹이 신보수주의 (neo-conservatives)라는 이름으로 독립하고 마침내 공화당에 합류하는 데에서 보듯이 심각한 내부 분열로 이어졌다. 거시적 차원에서 제2차 대전 이후 20여 년간 지탱되어 온 반공국제주의 중심의 미국 외교이념의 합의는 붕괴되었다.[113]

좁게는 외교정책의 합의는 공화당과 민주당 사이에 미국의 국가이익을 규정하고 국제질서를 바라보는 시각과 의지의 수렴을 전제로 한다고 할 수 있다. 하지만 보다 넓은 관점에서 보면, 외교정책의 합의는 단지 외교안보 이슈에 있어서의 철학과 시각의 수렴만으로 이루어지는 것은 아니다. 냉전시대의 외교정책의 합의는 국제정치의 차원에서는 반공국제주의의 기둥 위에 세워졌지만, 국내적으로는 루즈벨트 시대 이래의 뉴딜 합의 위에 서 있었다. 성장과 분배의 조화, 적극적인 정부의 역할과 복지프로그램의 확대와 같은 일련의 요소들이 미국 내 정치세력들 사이의 타협의 근간을 이루었다.[114]

112 Nelson Polsbly, *Consequences of Party Reform* (New York: Oxford University Press, 1983); Austin Ranney, *Curing the Mischiefs of Faction: Party Reform in America* (Berkeley: University of California Press, 1984).

113 John Ehrman, *The Rise of Neoconservatism: Intellectuals and Foreign Affairs, 1945~1994* (New Haven: Yale University Press, 1995).

114 장훈, 앞의 글, 6-8면.

〈표 4-11〉 미국의 공화당, 민주당의 국내정책과 외교정책의 수렴과 분열[115]

냉전시기 1945-1968	국내정책의 수렴 (뉴딜개입국가)	외교안보정책의 수렴 (반공국제주의 중심의 초당적 합의)
혼란과 모색의 시기 969-1989	국내정책의 분열 (레이건의 신우익정책)	외교안보정책 (반공국제주의 합의의 와해)
초기 탈냉전시기 1990~2001	국내정책의 수렴 (클린턴 행정부의 중도정책)	외교안보정책의 혼란 (민주, 공화사이의 유사성은 존재했지만 근본원칙의 결여)
테러전쟁의시기 2001	국내정책의 분열 (민주, 공화는 사회경제정책을 둘러싸고 심각한 대립)	외교안보정책의 수렴 (대테러전쟁,WMD확산저지 안보정책에 있어서의 수렴)

2004년 대선을 지배했던 것은 안보 정책이었다. 외교안보 정책은 대선의 주요한 행위자들인 정당, 유권자, 후보자의 인식과 언어를 지배하고 있다. 90여 면에 이르는 2004년 공화당 선거강령의 처음 39면은 테러와의 전쟁, 대량살상무기의 확산차단, 국토안보, 군비의 정비, 국제질서와 미국의 리더십 문제에 관한 정책입장을 천명하는 데에 할애되고 있다.[116] 이는 8개의 섹션 가운데 맨 마지막 섹션에서만 외교안보 문제를 간략히 언급했던 2000년 공화당 선거강령과 비교할 때에, 미국의 선거담론과 선거경쟁이 근본적으로 바뀌고 있는 것을 상징적으로 보여주는 것이라고 할 수 있다. 마찬가지로 2004년 민주당 선거강령도 처음의 3분의 1을 외교안보 이슈에 대한 입장을 밝히는 데에 쓰고 있다.[117]

또한 선거강령뿐만 아니라 부시, 케리 두 후보의 선거캠페인 연설, 인터뷰, TV 광고에서도 모두 외교안보와 관련된 이슈가 경제문제보다 더 많은 비중을 차지하고 있는 것은 분명하다. 실제로 3차례로 예정된 두 후보 간 TV토론의 첫 번째 주제는 외교안보정책이었다. 또한 특별한 주제를 정하지 않은 채 치러졌던 3번째 TV토론 역시 대부분의 시간은 안보이슈에 할애되었다. 아울러 부통령 후보들 사이의 TV토론에서도 역시 가장 커다란 의제는 외교안보 이슈였다.[118]

---

115 장훈. 앞의 글, 8면.

116 Republican Platform Committee, *2004 Republican Party Platform: A Safer World and a More Hopeful America*. New York.

117 Democratic Platform Committee. *2004 Democratic Party Platform: Strong At Home*, Respected in the World. Boston.

118 물론 미국의 선거캠페인이 고상하고 수준 높은 정책대결로만 진행되고 있는 것은 아니다. 8월 이후 부시의 지지율을 높이는 데에 결정적으로 기여한 것은 상대인 케리 후보가 베트남전에서 무공훈장을 받을 당시에 자신의 전과를 과장했다는 의혹을 제기하는 친공화당 계열 인사들-Swift Boat Veterans for Truth-의 흑색 광고였다. 이에 뒤질세라 민주당의 케리 후보 역시 부시 대통령이 1968-1973년 사이에 공군방위군으로 복무할 때에 근무태만이 심각했었음을 제기하는 부정적

이러한 정당의 선거강령의 구성이나 선거운동의 특성은 물론 유권자들의 의식의 변화를 반영하는 것이라고 할 수 있다. 베트남전에 대한 논의가 최고조에 이르렀던 1972년 대선 이래 처음으로 미국의 유권자들의 다수는 외교안보 이슈가 경제문제보다 중요하다고 꼽고 있다. 2004년 8월 퓨 리서치 센터(Pew Research Center)의 조사에 따르자면, 41%의 유권자는 외교안보 이슈가 2004년 대선에서 가장 중요한 이슈라고 응답한 반면, 단지 26%의 유권자만이 경제문제를 가장 주요한 쟁점으로 꼽았다.[119]

이러한 대통령의 자원이 외교안보 분야에서 가장 극명하게 드러나는 것은 이른바 '국기를 중심으로 단결하는 현상(rally round the flag)'이라고 할 수 있다. 외교안보상의 위기가 초래되었을 때, 미국의 국민들은 역사적으로 줄곧 현직 대통령에 대한 지지를 더욱 강화하면서 군의 최고 통수권자에게 더 많은 위임과 지지를 보내왔다. 전쟁 중에는 장수를 적극 지지한다는 미국정치의 전통에 따라서, 예를 들자면, 임기 마지막 해의 레임덕에 허덕이던 부시 1세는 걸프전이 시작되면서 90%에 가까운 지지율을 기록한 바 있다. 또한 평범한 지지율을 보이던 조지 W. 부시 대통령 역시 2001년 9·11 테러와 더불어 지지율이 한순간에 35%나 상승하였다. 또한 사담 후세인과 알카에다의 연계, 이라크에서의 WMD라는 전쟁 명분이 어느 것 하나 명확하게 밝혀지지 않았음에도 불구하고 여전히 이라크 전쟁에 대한 미국 국민의 지지는 과반을 넘었다.[120]

결국 현직 대통령이 주도하는 구심적 경쟁의 구체적인 결과는 2004년 대선을 지배하는 외교안보 이슈에서 현직 대통령이 미세하나마 우위에 서 있는 결과를 가져오고 이는 곧 민주당 케리 후보가 여러 가지 호재에도 불구하고 명확하게 부시보다 우위를 점하지 못하고 있다는 사실이다. 사실 부시 행정부 4년 동안 엄청난 규모의 재정 적자가 축적되어왔고 또한 실업문제의 양상은 심각한 지경에 이르렀지만, 이러한 경제 이슈들이 외교안보 이슈를 누르지 못하는 것이 부시 대통령에게 적지 않은 득이 되고 있다. 경제상황이 그다지 밝지 않음에도 불구하고 이것이 현직 대통령에 대한 부정적인 평가로 바로 이어지지 않는 이유는 그 연계를 외교안보 이슈가 가로막고 있기 때문이다. 미국 국민의 다수는(절대적인 다수는 아니지만) 이라크 전후 처리가 대단히 혼란스러움에도 불구하고, 여전히 테러전쟁을 수행하는 데에 있어서 부시 대통령의 리더

인 캠페인을 강화하고 있는 실정이다. *New York Times, Washington Post*, 2004년 8월·9월의 많은 기사에서 이러한 사실이 확인된다.

119 장훈. 앞의 글, 8-10면.

120 아울러 공화당이 민주당보다 외교안보 정책의 처리에 있어서 더욱 신뢰할 만하다는 미국 유권자들의 오래 된(베트남 전에 대한 비판이 본격화된 1960년대 후반 민주당의 혼란과 방향상실의 사태 이래로) 인식도 공화당의 부시 대통령이 외교안보 분야의 정책담론을 주도하는 데에 적지 않은 영향을 미치고 있다.

십이 보다 효과적이라는 데에 동의하고 있다. 반면에 대테러전, WMD 확산의 저지와 같은 핵심적인 사안에 있어서 부시 대통령과 정면으로 대비되는 정책대안을 내놓기 어려운 케리 후보로서는 다소 답답한 선거전을 치르고 있다고도 할 수 있다. 따라서 케리 후보의 외교안보 정책에 대한 유권자들의 일반적인 인식은 일관된 입장이 부족하고, 개별 정책이슈들에 대한 명확하고 세밀한 정책대안을 내놓지 못하고 있는 것으로 인식되고 있다. 결국 지배적인 이슈(안보정책)에 있어서는 명확한 대비를 형성하지 못함으로써 부동표를 흡수하는 데에 어려움을 겪고 있고, 비교적 우위에 설 수 있는 이슈(경제문제)는 선거전에서 지배적인 이슈로 부상하지 못하고 있다는 데에 케리 후보의 고민이었다.

하지만 이라크전이 장기화되면서 이라크 전쟁과정과 전후처리 이라크재건 문제 등이 이슈로 점화되면서 부시 정부에 큰 부담이 되었고, 부시 정부의 리더십이 추락했을 뿐만 아니라 공화당의 정권재창출에 큰 부담이 되었다. 이라크 전투(battle)는 끝이 났지만, 전쟁(war) 자체는 끝난 것이 아니었다. 예상치 못한 고통이 뒤이어졌는데, 법과 질서가 파괴되었고, 전쟁저항세력의 보복이 이어졌고 내전이 치열하게 계속되었던 것이다. 부시 행정부가 부족·종교·제도 균열로부터 벗어나 민주적 정부를 세우고자 하는 노력이 허황된 것임을 깨닫게 되었다.[121]

2) 미국사회의 보수화

대선의 결과는 단지 테러전에 나선 부시 대통령에 대한 재신임 여부를 가리는 것보다는 훨씬 크고 중대한 이슈와 흐름에 대한 미국민들의 판단으로 받아들여질 것이다. 그것은 무엇보다도 부시 독트린을 중심으로 한 안보정책 상의 수렴이 갖고 있는 불안정한 기반 때문이다. 9·11 이후 안보정책의 수렴현상이 갖고 있는 역설은 그 같은 수렴이 미국 사회 전반의 이념적 타협의 기반 위에 서있는 것이 아니라는 점이다. 미국 사회 전반의 이념적 구성은 최근에 들어서 이전보다 훨씬 분열이 날카로워지고 있으며 또한 이러한 분열은 매우 대등한 구조(evenly divided)로 나타나고 있다. 보수 성향의 유권자와 진보 성향의 유권자들 사이의 정책적 입장의 차이는 1987년의 조사 이래 가장 심각한 거리를 보이고 있다.[122] 다시 말해 민주당 지지자들은 대기업에 대해서

121 Gary C. Jacobson, "George W. Bush, Polarization, and the War in Iraq," in Gary C. Jacobson, Colin Campbell, Bert A. Rockman and Andrew Rudaleviege. eds., *The George W. Bush Legacy* (Washington D. C.: CQ Press, 2008), pp.63-64.
122 2003년 말에 이뤄진 Pew Research Center의 조사에 따르자면, 24개 정책 영역에 대한 보수-진보 성향 유권자의 정책거리는 1987년 이후로 최대인 평균 17%를 보이고 있는데 이는 10여년간 10-11%에 머물던 것과는 큰 대조를 이룬다고 할 수 있다.

비판적인 자세를 강화하고 있으며 동시에 사회적 안전망의 건설에 대한 기대를 더욱 높이고 있다. 이에 따라서 친기업 정서와 개인의 자유와 책임을 강조하는 공화당 지지자들과의 이념적 거리는 점차 넓어지고 있다.

이러한 이념적 간격의 확대에 있어서 주목할 만한 양상은 보수와 진보 사이의 세력 균형이 매우 균등해져 가고 있다는 사실이다. 뉴딜 체제 이래로 미국의 유권자들 사이에서 민주당 지지자는 오랜 기간 공화당 지지자들에 대해서 수적인 우세를 유지해 왔다. 그러나 2000년 선거를 전후로 해서 공화당 지지자는 꾸준히 늘어나기 시작해서 공화당 지지자와 민주당 지지자가 거의 비슷한 수적 균형을 이루게 되었다(민주당 지지자 33% 공화당 지지자 34%).[123] 이러한 보수-진보의 균형과 아울러 또 하나의 주목할 만한 변화는 최근 들어 부동층(independents)의 규모가 눈에 띄게 감소하고 있다는 점이다. 1970년대 이래로 줄곧 늘어나는 추세를 보여 온 부동층은 2004년 대선의 국면에 들어서 점차 줄어들고 있는 것으로 나타나고 있다.

부시 독트린이라는 새로운 안보정책의 수렴현상은 여전히 강고한 국내적 기반을 가지지 못한 채 불안하게 유지되는 결과를 낳을 것이다. 두 후보에 대한 대등한 지지의 양상은 곧 부시 독트린에 대한 찬성·반성 양론이 미국 사회 내에서 여전히 팽팽하게 맞선 것으로 해석될 것이고 이는 새 대통령이 자신의 안보정책을 세계인에게 뿐만 아니라 미국 국민에게도 성의껏, 효과적으로 설득해야 하는 과제를 안게 되는 것을 의미한다.[124] 부시 독트린이 안정적인 하부구조를 갖추고 장기적인 합의체제로 성장해가기에는 실로 다양한 장애물들이 앞에 놓여 있는 셈이다. 가깝게는 이라크를 매끄럽게 처리해야 하는 문제가 가로막고 있지만, 장기적으로는 미국 사회내의 이념적인 분열과 외교 안보상의 수렴 사이에서 공존의 틀을 찾아야 하는 과제가 남아 있다.[125] 결과적으로 이라크문제가 선거운동의 핵심 쟁점이 되었다.[126] 케리는 이라크전쟁은

---

123 Pew Research Center, "The 2004 Political Landscape: Evenly divided and Increasingly Polarized," Nov. 5, 2003.

124 선거결과는 또한 부시 독트린 중심의 새로운 안보정책의 국제적인 기반에 대한 평결의 의미도 갖게 된다. 9·11 이후 미국의 공세적인 윌슨주의와 공격적인 안보정책으로 인해서 미국과 미국의 동맹국간의 거리가 점차 멀어지고 있다는 것은 다수의 미국인들도 느끼고 있을 정도로 분명하다. 2년 사이 서유럽에서 미국에 대한 호감도가 눈에 띄게 후퇴하고 있으며 서유럽 지식인들 사이에서 미국 외교정책을 비판하는 경쟁이 다시 부활하고 있다는 것은 우리도 이미 알고 있는 바이다. 이에 따라서 부시 독트린의 핵심사항을 지지하면서도, 민주당의 케리 후보는 동맹국들의 지지와 협력, 존경에 기반한 미국의 리더십과 미국의 안보정책을 강조해왔다. 즉 미국 유권자들의 투표는 일방주의적인 부시 독트린(공화당)과 다자주의적 부시 독트린(민주당) 사이의 선택으로 이해될 것이다.

125 장훈, 앞의 글, 11-13면.

126 케리는 부시와의 차별화를 위하여 지나치게 베트남전쟁 참전 경험을 강조한 결과 오히려 베트남 전쟁 참전 이외의 경력이 묻혀버리는 결과를 가져왔다. 유권자들은 베트남전쟁 경험 4개월로 케

일방주의 외교의 전형으로 우방국들의 지지를 잃어버림으로써 근본적으로 실패한 정책임을 강조하였다. 실제로 이라크전쟁이 끝날 때까지도 대량 살상무기가 이라크에서 발견되지 않았기 때문에 부시 행정부는 곤경에 빠져 있었다. 테러공격 특별조사위원회에서 2004년 7월 22일 9·11 테러에 대한 최종 보고서를 제출하여 사담 후세인과 9·11 테러와는 직접적인 관련이 없다는 사실을 밝혔다.[127] 이렇게 되자 부시 행정부는 이라크전쟁을 변호해야 하는 수세적 입장이 되었다. 그러나 부시는 이라크전쟁은 세계인의 안전과 자유를 지켜내기 위한 것임을 강조했다. 특히 이라크전쟁은 잘못된 결정이 있었으며 우방국의 반발을 사고 있다는 케리의 공격에 대하여 부시 대통령은 이라크전쟁은 우방국들의 거센 반대에도 불구하고 미국과 세계의 미래를 위하여 어려운 결단을 내렸기 때문에 자신을 책임 있는 정치 지도자임을 강조했다. 또한 부시는 케리 후보가 이라크전쟁에 대한 상원의 찬반 투표 과정에서 찬성표를 던졌으면서도 선거전에서 입장을 바꾸어 이라크전쟁을 비판하는 것은 단순히 표를 얻기 위한 정치적 술수에 지나지 않는다는 점을 부각시키고자 노력했다.[128]

부시의 공격에 대하여 케리는 자신이 이라크 전쟁을 지지하는 표를 던졌던 것은 현 행정부가 왜곡된 정보를 의원들에게 제공하였기 때문이라고 반박하며 부시 행정부는 이라크전쟁에 관하여 국민을 속이고 있다고 반격했다. 2004년 대선에서 이라크전쟁은 부시에게 커다란 정치적 부담이었다. 더구나 선거 운동의 절정기인 10월에 실시된 세 차례의 대선후보 토론에서 케리가 모두 승리한 것으로 언론에 보도되자 부시 대통령의 당선은 예측하기 어려워 보였다.[129]

그러나 선거 결과는 부시의 승리로 결론이 났다. 부시 대통령은 전통적인 공화당 표밭으로 인식되던 남부 주에서 압도적으로 승리하였을 뿐 아니라 중서부 주에서도 승리함으로써 재선에 성공할 수 있었다.[130] 이 선거에서 부시 대통령의 예상 밖의 선

리를 평가한 셈이었다. 전략적 실수였다. Cook, "Did 2004 Transform US Politics", p.181.

127 The 9/11 Commission Report: Final Report of the National Commission on Terrorist Attacks Upon the United States, p.334.

128 *Ibid.*, p.334.

129 〈us.cnn.com/Election/2004/special//debate/presspundits/index.ehtml〉. 부시와 선거 막바지에 이르러 각 후보에 대한 여론 조사는 조사기관마다 통계가 달랐다. 그 중 『타임(Time)』에서 조사한 통계에 의하면 부시가 케리보다 약간(5포인트) 앞서는 것으로 조사되었다. 『타임』은 케리가 대선 토론에서는 승리하였지만 그것을 표로 연결시키지 못한 것으로 분석했다. *Time* (November 1, 2004), 9.

130 그러나 투표가 끝난 후 실시된 출구조사 결과를 보면 투표자들에게 가장 큰 영향을 미친 요인은 "이라크 문제(15%)"나 "경제 문제(20%)"가 아니라 "도덕적 가치(22%)"로 나타났다. 안보 문제에 지나치게 매달린 케리의 패인을 설명해주는 부분이다. *Time* (November 15, 2004), 31. 김남균, "미국 대통령 선거제도와 선거문화: 1948년과 2004년 대통령 선거 비교", 『미국사연구』(제22집), 2005, 26면.

전에 많은 정치평론가들이 향후 수년간 공화당 주도로의 안정적 재편을 전망하였다. 공화당으로의 안정적 재편을 진단했던 것은 성급했으며, 부시 대통령과 공화당은 장기적 안목에서 유권자들에게 희망을 안겨주지 못했다.

그러한 부시 대통령의 정책실패는 오바마 대통령의 당선에 영향을 미쳤다. 2004년 11월11일 그린버그 여론조사의 결과는 시사점을 제시하였다. 이 조사는 유권자들에게 당선된 부시 대통령의 최우선 과제를 물었는데 이중 35%가 테러와의 전쟁을 지속하는 것을 선정하였다. 예상했던 바대로 유권자 관심의 일 순위가 안보에 있음을 보여주는 대목이다. 하지만 부시 대통령이 그토록 강조하는 동성애 결혼 금지 헌법 수정안은 7번째로 19%의 지지밖에 받지 못했다. 부시 대통령의 소위 민의의 위임이라는 내용이 그리 강하지 않음을 시사해준다. 더욱 중요한 것은 앞으로 행정부와 의회가 우선순위로 다루어야 할 것이 무엇이냐는 질문에 대한 유권자들의 응답이다. 첫째는 사회적 연금의 보호이고 두 번째는 이라크전에서 다자적 지지를 획득하는 것이며 셋째는 건강보험의 확대이다. 또한 아넨버그 여론조사 회사의보고서에 따르면 정당 일체감 조사에서 31.8%가 공화당 지지자이며 34.6%가 민주당 지지자로서 비록 2000년 결과(공화당 29.9% 민주당 33.7%)보다는 약간 공화당이 약진하였으나 여전히 민주당으로의 정당 일체감을 보이는 이들이 더 많다고 지적되었다. 사실 2004년 대선에서 보인 저소득 백인층의 보수화(소위 레이건 민주당원)는 이번 선거에서만 특별한 것이 아니라 이미 1980년대부터 지속되어온 추세이다. 단 이것이 9·11 테러를 맞으면서 안보의식, 애국심 등의 가치가 보수주의적으로 강화되었던 것으로 보인다. 또한 이러한 9·11 테러라는 심대한 위기감을 창출한 사건은 여타 사회적 가치에 있어서도 보수주의적 경향을 강화시킨다. 흔히 사회적 위기의식이 커지면 가족의 가치 이데올로기가 번성하는 것은 그러한 데서 기인한다. 단 80년대부터 지속화된 경향 속에서도 과거 클린턴 대통령이 예외적으로 1992년, 1996년 연속으로 저소득 백인층 공략에서 공화당에게 우위를 보일 수 있었던 것은 의제와 정치적 수사(修辭: rhetoric)가 가족의 가치 등 전통적 가치에 경제적 포퓰리즘이 적절히 결합되었기에 가능하였다.

반면에 민주당은 권력의 연이은 상실 속에서 분파들 간의 이데올로기적 차이보다는 단결을 더 강조하였다. 선거 이후 민주당은 당내 중도파와 개혁파들 사이에서 노골적인 내분을 자제하고 있다. 백악관을 잃고 의회 양원에서 소수파인 민주당은 보다 자유로운 입장에서 야당으로서의 개혁적인 행보를 취할 수 있고 이는 다른 말로 하면 민주당을 비판하는 3당들이 민주당의 구심력 하에 흡수됨을 의미한다. 미국 대통령들의 의식구조에서 단임과 연임은 엄청난 의미 차이를 지닌다. 오직 연임 대통령만이 역사의 장에서 위대한 대통령으로 평가받을 수 있는 초대장을 발부받을 수 있다고 생각하기 때문이다. 그러하기에 현 부시 대통령은 마침내 재선에 성공하면서 단임 대통령이라는 부시 가문의 십여 년간의 콤플렉스에서 벗어났다. 사실 부시 대통령이 2000년 대선에서 집권한 바로 다음날 '국민통합'이라는 명분을 손쉽게 팽개치고 사회적 보수층 결집이라는 2004년을 위한 선거캠페인을 시작한 것은 바로 이 재선에 대한 집착이 매우 강렬했기 때문이다.[131]

미국 대통령 선거는 2000년과 2004년 박빙의 상황이었지만 결과는 달랐다. 2000년 조지 W. 부시 대통령은 앨 고어 당시 민주당 후보보다 전체 득표수에서 40만표 뒤졌다. 또 '모든 표를 재검표하라'는 플로리다주 대법원의 판결에 대해 연방 대법원이 위법이라며 개입하지 않더라면 부시 대통령은 애당초 백악관 주인이 될 수 없었을지도 모른다. 그러나 2004년 대선 결과는 부시 대통령의 정통성 시비를 불러일으켰던 대선 결과와 대조적이다. 부시 대통령은 선거인단의 과반수(270명)를 넘는 성과를 올렸을 뿐만 아니라 전체 득표수에서도 케리 민주당 후보보다 350만 표 앞서 예상과 달리 낙승했다.

부시 대통령의 재선 원인은 다음과 같다. 먼저 51%의 미국 국민들은 '테러와의 전쟁'이 진행 중인 상황에서 군 통수권자를 갈아치울 수 없다고 판단했다. 이라크전쟁의 명분이었던 대량살상무기는 존재하지 않으며, 후세인 전 이라크 대통령과 알 카에다가 관계없는 것으로 판명되었다. 1000명이 넘는 미군 사망자와 10만명이 넘을 것으로 추산되는 이라크인 사망자가 부시 대통령의 일방적이고도 성급한 결정 때문에 희생되었다는 비판이 제기되고 있다. 그러나 이 모든 게 사실이라 하더라도, 과반수를 약간 넘는 유권자들은 부시를 계속 따르기로 결정한 것이다. 부시 진영의 선거 전략가 칼 로브는 케리를 '왔다 갔다 하는 사람(flip-floper)'으로 몰아붙였고, 월남전 당시 케리가 구출한 것으로 알려진 고속정 선원들을 접촉해 케리가 전투 당시 도망가기 바빴다는 말을 퍼뜨려 무공훈장에 흠집을 냈다. 이러한 부시 진영의 네거티브 전략은 유권자들에게 케리가 '전쟁을 이끄는 지도자로서 부적격자'라는 인상을 주는 데 성공한 것으로 보인다.[132] 오사마 빈 라덴이 선거 열흘 전 TV에 모습을 나타냈던 사건도 또한 미국 국민들에게 안보에 대한 불안 심리를 가중시켰다. 빈 라덴의 부시 대통령 비난 성명은 오히려 부시 대통령의 재선을 돕는 결과를 가져왔다.

그러나 미국 국민이 부시 대통령을 선택한 가장 중요한 배경은 미국 사회의 보수화 현상에 있다. 대통령 선거와 함께 치러진 연방 상하의원 선거에서도 공화당은 승리했다. 2004년 대선에서 유권자들의 투표에 영향을 준 중요한 기준 중의 하나는 도덕적 가치관이었다. 연방헌법의 의미를 해석하는 연방 대법원의 영향력은 미국 사회에서

---

131 안병진, "미국 일방주의 Go? Stop?", 『주간동아』(제460호), 2004. 4. 11자, 78면.
132 안병진, "미국 2004년 대선을 둘러싼 5가지 쟁점에 대한 단상", 『진보평론』(제22호), 2004, 12-15면.

막강한데, 연방 대법원의 진보적인 성향을 막고자 하는 보수 기독교인의 결집이 부시 대통령의 재선을 도왔다. 낙태 반대를 지지하는 보수적인 기독교인들은 부시 행정부와 공화당이 장악한 의회가 자신들의 뜻을 관철해줄 것이라고 기대하며 부시 대통령과 공화당에 표를 몰아주었다. 이처럼 보수적인 기독교인들이 공공연히 독실한 신앙심을 피력하는 부시 대통령을 위태로운 미국의 도덕적 가치관을 회복시켜줄 구원투수로 선택했다는 점이 2004년 대선의 승패를 좌우했다.[133]

3) 무역수지 적자와 일자리 감소

한편 2005년 미국의 무역수지 적자는 약 7258억 달러로 역사상 최대치를 기록했다. 이는 2004년의 6176억 달러보다 무려 17.5%나 증가한 수치이며 4년 연속 사상 최대치를 경신하고 있다. 이 수치는 미국 GDP의 5.8%나 되는데 이 정도 무역수지 적자가 지속된다면 다른 나라라면 벌써 외환위기의 전야가 될 만한 엄청난 액수이다. 2005년 무역적자의 급등은 역시 유가급등으로 인한 석유수입액이 늘어났고 자동차와 전자, 섬유 등 소비재의 수입도 대폭 증가했기 때문이다. 특히 중국과의 적자가 무려 2016억 달러로 늘어나서 2004년보다 24.5%나 증가했고 일본, 유럽 그리고 남미 등 거의 대부분 지역과의 거래에서 적자가 늘어났다. 무역적자를 메우기 위해 매일 20억 달러 정도가 미국에 유입되어야만 하는 현실이며 게다가 부시 대통령의 집권과 함께 정부의 재정적자도 눈덩이처럼 불어났다.

미국의 높은 대외투자 수익을 보장하는 것은 기술이나 지식과 같은 경쟁력만큼이나 세계경찰이라 불리는 압도적인 군사력과 같은 정치적 요인일 것이다. 급등하는 무역적자와 함께 군비지출로 인한 재정적자도 급증하고 있다는 것은 이미 예측된 사실이다. 미국의 패권적 지위를 지키기 위한 이러한 지출이 도리어 미국경제에 큰 부담이 되고 있다. 미국경제에서 큰 문제 중의 하나는 2000년 이후 무역적자의 급등으로 미국 제조업의 일자리가 사라지고 있어서 미국경제의 기반을 약화시키고 있는 것이다.

---

133 주간동아, 460호 2004. 11. 18.

〈그림 4-29〉 달러가치와 무역적자의 변화[134]

　　미국 제조업의 고용은 1960년대 중반에서 2000년까지 오랫동안 약 1700만 명 이상을 유지하고 있었으나 2000년에서 2004년 사이 무역적자의 급등과 함께 전체의 17%나 되는 약 300만의 제조업 일자리가 사라져 버렸다. 무역적자와 일자리 감소는 보다 복잡한 관계가 있겠지만, 세계화의 충격이 미국인들에게도 예외는 아니며 하층민들에게는 더욱 큰 압박이 되고 있다. IMF조차 작년 세계경제전망에서 미국경제와 세계경제의 심각한 불균형에 우려를 표명했으며 적절한 조정이 없이는 급작스런 붕괴가 나타날지도 모른다고까지 이례적으로 지적했다.[135]

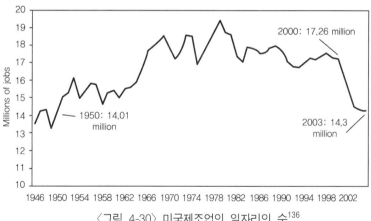

〈그림 4-30〉 미국제조업의 일자리의 수[136]

---

134 Federal Reserve Board of Governors. Bureau of Economic Analysis and Economic Policy Institute.
135 프레시안, 2006. 7. 10.〈www.pressian.com/article/article.asp?article_num=40060710114011&Section =02〉, 검색일: 2009. 5. 30.
136 Bureau of Labor Statistics (BLS).

한편 민주당은 2006년 중간선거에서 승리한 후 대외경제 측면에서는 이전보다 미국은 보호무역과 중상주의를 강화할 것을 부시 정부에 요구하였다. 민주당은 선거캠페인으로 '공정한 무역(fair trade)' 과 '미국 먼저(putting Americans first)' 를 주창하여 중산층과 서민의 지지를 이끌어내는데 성공했다. 많은 국가들과 FTA를 추진해 온 부시 행정부는 종종 민주당의 의회의 반대에 직면했다. 민주당 의원들은 지역구의 이해와 관련하여 보호주의를 옹호해왔다.[137]

第3節 소결

〈표 4-12〉에서 제시된 바와 같이 기존의 레윈(K. Lewin), 화이트와 리피트(White & Lippit), 베버(Max Weber)의 모형은 민주주의 하에서 등장하는 다양한 대통령 유형을 역동적으로 설명하지 못한다.

〈표 4-12〉 미국 대통령의 유형별 리더십 비교[138]

학자별 리더십 유형	대통령					
	워싱턴	링컨	아이젠하워	루즈벨트	클린턴	부시
K. Lewin	민주주의	민주주의	민주주의	민주주의	민주주의	민주주의
White & Lippit	민주형	자유방임형	민주형	민주형	민주형	민주형
Max Weber	합법적	합법적	합법적	합법적	합법적	합법적
James D. Barber	적극적 긍정형	소극적 긍정형	적극적 긍정형	소극적 긍정형	적극적 긍정형	적극적 부정형

레윈(Lewin), 화이트와 리피트(White & Lippit)는 민주주의 제도 하에서 대통령 리더십의 다양성에 주목하지 않았다. 베버는 전통과 현대에서 나타나는 리더십의 차이를 체계적으로 설명하였으나 민주주의 하에서는 대통령들이 대개 합법적 리더십을 가지고 있다. 베버도 합법적 리더십 내에서 대통령 – 의회 관계라는 제도 하에서의 다양성을 고려하지 않았다. 따라서 위에 열거된 학자들의 분류 기준에서 대통령들의 리더십은

---

137 앞의 글, 10-11면.
138 김석준, 『현대 대통령 연구1』, 대영문화사, 2002 표를 참조하였다.

<표 4-13> 미국 대통령의 리더십과 대 의회관계 모형 변화

구분	대 통 령			
분석	클린턴 (집권 제1기: 1993-1996) - 1993-1994: 단점정부 - 1995-2996: 분점정부 - 경제호황	클린턴 (집권 제2기 : 2007-2000) - 분점정부 - 경제호황 - 1995년 보스니아 내전 - 1999년 코소보 내 전 - 르윈스키 스캔들	부시 (집권 제1기와 집권 제2기 초반 : 2001-2006) - 단점정부 - 9·11테러 - 아프간 전쟁 - 이라크 전쟁	부시 (집권 제2기 후반 : 2007-2008) - 분점정부 - 거부권 증가 - 공화당의 부시 정 책 협력약화
대통령 대 의회 관계 모형	제퍼슨 모형	매디슨 모형	해밀턴 모형	매디슨 모형

유형별로 큰 차이가 없다. 그래서 바버의 분석틀을 개선한 이 연구의 연구는 다양한 대통령들의 다양한 차원에서 다양한 리더십 유형을 제시할 수 있다.

클린턴 대통령은 적극적 긍정형의 리더십을 발휘하였고, 집권 제1기(1993-1996)에는 제퍼슨 모형의 국정운영을, 집권 제2기(2007~2000)에는 매디슨 모형의 국정운영을 행사하였다. 도덕성에서는 낮은 평가를 받았지만 경제성과와 정책역량 덕분에 높은 지지를 유지할 수 있었다. 클린턴 대통령은 실업률 완화, 경제성장률 개선, 무역수지 개선의 측면에서 국가경제를 발전시켰다. 클린턴 대통령은 미국에 심각한 안보위기 없이 국제평화문제에 능동적으로 대처하였을 뿐만 아니라, 사회보장 프로그램들을 성공적으로 수행하였다. 하지만 여소야대 상황에서 의회와의 관계가 원만하지 못했고 스캔들로 탄핵 위기에 몰렸고, 이러한 정치적 부담으로 인해 다음 정권을 야당인 공화당에 넘겨주게 되었다.

클린턴 대통령은 경쟁적인 양당 체제 하에서 평등주의적인 추진력을 갖춘 다수결 원리라는 제퍼슨(Jefferson) 모형에 부합한다. 클린턴 행정부에서 민주당과 공화당은 임기 초반에는 단점, 후반부에는 분점 정부를 유지하였다. 도덕성 논란이 클린턴 대통령의 리더십을 다소 침식시켰지만, 그럼에도 불구하고 정책역량과 성과가 뛰어나서 높은 지지도를 유지했다. 그래서 클린턴 대통령의 임기 중·후반에는 공화당에게 원내 다수당의 지위를 넘겨주기는 했지만 높은 지지와 경제성과를 바탕으로 안정된 정치를 추구하였다. 하지만 임기 말에 클린턴 대통령은 여소야대 상황에서 점차 대對 의회관계를 중요시하는 매디슨 모형의 리더십을 보여주었다.

〈표 4-14〉 미국의 정부형태와 의회 구성변화

의회	선거년	정부형태	행정부		입법부							
			여당	대통령	하원		증감		상원		증감	
					민주	공화	민주	공화	민주	공화	민주	공화
102	1990	분점	공화	G.부시	267	167	+9	-8	56	44	+1	-1
103	1992	단점	민주	클린턴	258	176	-9	+9	57	43	+1	-1
104	1994	분점	민주	클린턴	204	230	-52	+52	47	53	-8	+8
105	1996	분점	민주	클린턴	207	227	+3	-3	45	55	-2	+2
106	1998	분점	민주	클린턴	211	223	+5	-5	45	55	0	0
107	2000	단점	공화	G.W. 부시	212	221	+1	-2	50	50	+5	-5
108	2002	단점	공화	G.W. 부시	205	229	-6	+6	48	51	+2	-2
109	2004	단점	공화	G.W. 부시	202	232	-3	+3	44	55	-4	+4
110	2006	분점	공화	G.W. 부시	233	202	+30	-30	49	49	+5	-6
111	2008	단점	민주	오바마	255	175	+22	-27	55	40	+6	-9

부시 대통령은 적극적 부정형의 리더십을 견지하였고, 집권 제1기와 집권 제2기 초반(2001-2006)에는 해밀턴 모형의 국정운영을, 집권 제2기의 후반(2007-2008)에는 매디슨 모형의 국정운영을 행사하였다. 부시 대통령은 정권 초에는 서민들의 저조한 득표로 당선되어 정당성 논란에 휩싸이기는 했지만 다음 선거에서는 무난한 득표율로 정당성을 공고하게 획득하였다. 부시 대통령의 이분법적 사고는 정당체계의 양극화를 심화시켰고, 일방주의와 이라크 전의 정당성 논란 및 경제위기는 리더십을 점차 된다. 해밀턴 모형의 일반적인 개요와 같이, 부시 행정부는 테러라는 위기 국면에서 아프간 전과 이라크전에 선제공격을 감행하고 대외관계에서 비우호적인 '악의 축' 국가들에게 공세적으로 대응함으로써 대통령 중심적 정부를 건설하였다. 부시 대통령과 행정부는 그들의 정국 구상과 대외정세에 따라 역동적인 행정 활동을 수행하였고, 부시 대통령의 리더십이 입법과정을 포괄적으로 지배하였다. 클린턴 대통령과 마찬가지로 부시 대통령도 임기 말에 분점정부 상황을 맞이하였고, 강력해진 민주당과 협조적 관계를 구사할 수밖에 없었다는 점에서 부시 대통령의 리더십 유형도 해밀턴에서 매디슨 모형으로 리더십의 변화를 보였다.

요컨대 클린턴 대통령의 임기 초는 제퍼슨 모형에, 임기 말은 매디슨 모형에 부합한다. 그리고 부시 대통령의 임기 초반과 중반은 해밀턴 모형에, 임기 말은 매디슨 모형에 부합한다.

第3章 한국 대통령

　제2장에서 미국 대통령의 정치적 리더십을 분석하였고, 제3장에서는 한국 대통령의 정치적 리더십과 대 의회관계를 모형화한다. 즉 제2장과 마찬가지로 제3장에서는 한국 대통령의 리더십을, 직책수행에 대한 대통령의 욕구로 적극성과 소극성으로 나누고, 정치적 상황 속에서 대통령이 긍정적이거나 부정적으로 대응하는 것을 토대로 긍정형과 부정형으로 나누고 있는 바버의 리더십 유형을 대입하여 대통령의 리더십과 대 의회관계를 비교분석하는 모형을 설계하고자 한다.

　노태우 대통령은 소극적 부정형의 지도자로서 권위주의 정권의 후계자였다. 민주화 열망과 함께 치러진 총선에서 민주화지도자인 김영삼, 김대중이 이끄는 야당이 선전함으로써, 노태우 대통령은 여소야대 상황에서 매디슨 모형의 국정운영을 하였다. 그런데 노태우 대통령은 3당 합당 후 인위적으로 여대야소의 의회관계를 건설함으로써 안정감 있는 제퍼슨 모형에 따라 대對 의회관계를 설정하였다.

　김영삼 대통령은 권위주의 영향에 있었던 이전 대통령인 박정희 대통령, 전두환 대통령과 달리 군부 출신이 아닌 대통령으로써 문민정부를 건설한 대통령이었다. 김영삼 대통령은 국민들의 민주화 열망과 정치개혁의 기대에 부응하면서 안정된 의석을 가지고 자신감 있게 국정을 운영하였지만 여당과 야당 간의 합의를 조율할 수 있는 민주적 제도화에 취약하였다. 그래서 김영삼 대통령은 적극적 부정형의 리더십을 견지하였으며, 안정된 여당 의석을 바탕으로 국정을 주도하는 제퍼슨 모형의 정치를 설계하였다.

　김대중 대통령은 정치와 경제에 대한 폭넓은 지식을 바탕으로 성취감이 강한 정치가였다. 김대중 대통령은 오랜 정치적 생애 동안 민주화를 위해 투쟁해왔으며, 남북한 평화번영 정책에 대한 확고한 믿음을 가지고 일관되게 통일정책을 추진하였다. 또한 외환위기 상황에서 성공적으로 경제위기를 극복하고 한국경제를 안정시키고 경제변동이 야기한 빈곤층을 지원하는 등의 복지제도를 개선하기 위해 노력했다. 김대중 대통령은 적극적 긍정형 리더십에 기초하여, 추진력 있는 정책대안을 가지고 행정부가 국정을 주도하는 해밀턴 모형과 같은 국정을 전개해 나갔다.

　노무현 대통령은 탈권위주의와 탈지역주의 등의 정치개혁에 기여하였던 점에서 긍정적인 측면이 있으나, 포퓰리즘에 의존하였고 정치의 사법화 현상을 야기하였다는 점에서 의회정치에 입각한 리더십을 발휘하지 못했다. 노무현 대통령은 김영삼 대통령과 김대중 대통령의 추진력 있는 정치행태와 달리, 소극적이고 신중한 정치적 스타일을 가지고 있었다. 노무현 대통령은 소극적 부정형 리더십의 소유자였다. 노무현 대통령은 창당 당시 매우 적은 의석수를 가지고 있었던 열린우리당의 지지를 받는 여소야대의 매디슨 모형의 국정운영 행태를 펼치다가, 탄핵 후 국민의 광범한 동정심을 바탕으로 열린우리당이 과반수의 의석을 차지한 제퍼슨 모형의 국정운영을 추진하였다. 그러나 중간평가의 성격을 갖는 보궐선거와 지방자치단체장 선거에서 잇따라 패배하고, 대통령과 열린우리당의 지지율이 추락하여 정권재창출의 전망이 어둡자 노무현 대통령은 매디슨 모형의 국정운영으로 회귀하게 되었다.

第1節 노태우 대통령

노태우 대통령은 소극적 부정형의 지도자로서 자신에게 맡겨진 지도자로서의 역할을 충실히 수행하지만, 지도자의 역할과 책임을 축소 지향적으로 인식하였다. 민주화의 열기 속에서 권위주의적 유산을 물려받은 노태우 대통령은 정국주도권도 잃기 쉬웠으며, 실제 총선 결과도 여소야대 정국으로서 주도권을 가지기가 쉽지 않았다. 야권 민주화세력의 분열 덕택에 당선되었을 뿐만 아니라 쿠데타의 주역이었던 노태우 대통령은 정당성이 취약하여, 의회와의 관계 역시 심각하게 악화될 수 있는상황이 분석된다. 노태우 대통령은 개성(personality)의 측면에서 소극적이었고, 상황과 대세를 좇는 행정가적인 결정을 했다. 노태우 대통령은 소극적 상황적응적 지도자로서 신중하고 방어적인 지도자였다. 노태우 대통령이 가졌던 소극적 리더십은 권력의 분산을 통해 의회에 대한 마찰을 줄이려는 리더십이다. 노태우 대통령의 정부의 전신이었던 권위주의 정권인 전두환 정부와는 달리 의회권력과 균형을 맞추었고, 국정운영에서 신중한 스타일을 견지하였다. 이러한 노태우 대통령의 국정운영은 매디슨 모형으로 분석된다.

1. 정치적 리더십 특징: 소극적 부정형

노태우 대통령은 내향적이고 논리적인 반면, 개성이 결여되어 있고, 현실에 안주하며, 우유부단하다는 측면도 있다. 노태우 대통령의 리더십에 대한 평가는 "성원지향형(follower-oriented)을 가미한 현상유지형", "민원봉사형 민원처리적 지도 스타일", "수동적·상징조작적이며 전시적 경향·체제유지적"으로 이러한 리더십 형태는 제6공화국의 정책표류를 가속화시켰다고 평가되었다.[1] 노태우 대통령은 국민들의 직접선거에 의해 선출되었지만 야당 후보의 분열에 의해 집권하였다. 노태우 대통령은 전두환 대통령과 경쟁관계에 있으면서 애정과 적의가 같은 서로 상반된 감정이 있듯이 강온强溫 양면성 전략을 구사했다.

노태우 대통령은 1979년 쿠데타에 의한 전두환 군부 권위주의 정권을 창출했던 인물이다. 당시 국민들 사이에는 1987년 민주화와 정권교체에 대한 여망이 커서 많은 유권자들이 노태우 후보를 지지하지 않았지만, 야당 후보인 김영삼과 김대중의 분열로 당선되었다. 노태우 대통령의 집권은 정당성이 취약했고 리더십에 있어서 국민의 신임을 크게 받지 못해 부정형의 리더십을 가지고 있었다. 김영삼, 김대중, 김종필 등의 야당지도자로부터 반대에 많이 부딪쳤으며, 3당 합당 하에서도 김영삼과 김종필의 이해관계 속에서 주도적인 국정운영을 발휘하지 못했다. 이러한 측면에서 노태우 대통령은 소극적 부정형의 리더십 범주에 속한다.

제13대 국회의 여소야대 정국에서 대통령과 여당은 국정운영에 있어서의 어려움 속에서 청문회와 같이 의회의 권리를 신장시킬 수 있는 다양한 민주화조치가 뒤따르게 되었으며, 정부 여당에 의한 독주가 사라지고 국정감사가 16년 만에 부활되는 등, 국회의 위상이 제고되었다.[2] 하지만 노태우 정부 시기에는 여당이 과반수의석 확보에 실패함으로써, 이 시기의 국정상황은 평화민주당, 통일민주당, 신민주공화당 등 야당의 상호 협조가 없다면, 의회와 행정부와의 관계가 악화될 가능성이 높았기 때문이다.

노태우 대통령은 개성의 측면에서 2인자 유형이었다. 평생 1인자의 뒤를 뒤따라다니는 2인자는 열등감(inperiority)에 사로잡혀 있기 마련이다. 전두환 대통령의 위세에 눌려 지냈던 노태우 대통령의 상황이 그랬다. 노태우 대통령은 6·29 선언이라는 충격작전을 구사해 자신의 정치적 이미지(political image)를 제고하고 이후 정국의 주도권을 행사할 수 있었다. 그러나 3당 합당과정만 보더라도 연합과 합당 그리고 김영삼과 김대중 사이를 오락가락하다가 급기야 김영삼 총재의 적극적인 제의에 이끌려 3당통합이 이루어지게 되었다. 중간평가의 경우도, 국민들에게 여러 차례 천명해놓고 여론에 휘

---

1 김호진, 『한국의 도전과 선택』, 나남출판, 1997, 281면, 한승조, 『리더십 이론과 한국정치』, 민족지성사, 116면, 안병영, '노태우 대통령 지도력의 세가지 특징' 『신동아』, 1991. 4. 154-156면, 김정길, 『대통령의 경제리더십』, 한국경제신문사, 1992.

2 정통성을 겨냥한 리더십 지향으로 인하여, 노태우 대통령은 정책입안에 있어 여론수렴에 적극적이었던 것으로 평가되고 있다. 관련논문은 한승조, 『리더십이론과 한국정치』, 민족지성사, 1988, 79면, 정정길, "대통령의 정책관리 스타일", 1992, 안병만, "역대통치자의 자질과 정책성향연구", 한국행정학회 춘계학술 심포지움, 1992.

둘리다가 결국 김대중 총재의 지원으로 유보하게 되었다. 국민과 야당의 민주화요구를 수용한 과정을 보면, 노태우 대통령의 리더십 스타일은 '선先 상황주시, 후後 적절한 대응'으로 요약할 수 있다.[3]

노태우 대통령의 '모호한 리더십'(vague leadership)은 남의 의견과 참모의 의존도가 높을 수밖에 없어 정치적 영향이 감소한 측면도 있다. 그 결과 1990년 3당 합당을 시도, 야당인 평민당과의 관계를 더욱 악화시켰고, 민주화에 대한 요구와 함께, 소극적 리더십은 정국의 주도권이 야당에게 넘어갈 수 있는 계기를 제공해 주었다. 즉, 이러한 상황에서 노태우 대통령은 매디슨 모형처럼 입법권과 행정권의 권력 균형에 입각한 정부를 추구하였으나, 정치적 이슈충돌에 대한 대처가 부정적이거나, 정국의 주도권을 빼앗기기 쉬운 리더십인 소극적 부정형 리더십을 발휘하였다. 노태우 대통령은 전두환 대통령과 함께 쿠데타를 모의했고 광주민주화운동에 대해 유혈 진압에 책임이 있으나, 전두환과는 달리 소극적이고 야심차지 않은 통치자였다.

2. 대통령 대 의회 관계: 매디슨 모형에서 제퍼슨 모형으로

의석변수의 영향으로 노태우 대통령의 리더십은 여소야대의 매디슨 모형에서 여대야소의 제퍼슨 모형으로 변화하게 된다. 군부 권위주의 정부의 후계자인 노태우 정부는 국민들의 신뢰가 높지 않아 많은 의석을 확보하지 못했다. 리더십의 위기를 느낀 노태우 정부는 인위적인 3당 합당을 통해 안정적인 국정 동력을 확보하고자 하여 3당 합당 후에는 압도적인 다수당의 협조를 받는 제퍼슨 모형의 리더십을 발휘하게 된다. 노태우 대통령의 리더십은 취임 초부터 비非카리스마적 지도자(noncharismatic leader)로 우유부단하다는 비판과 아울러 여론을 수렴하는 지도자이며 때를 참고 기다리는 인내형의 민주적 지도자상이라는 상반된 평가를 받고 있다.

1988년 2월 25일 취임한 노태우 대통령의 제6공화국 출범 이후, 4월 26일 실시된 제13대 국회의원 총선거에서는 여당인 민주정의당이 전체의석의 42%에 해당하는 125석을 확보함에 따라 한국 헌정사상 최초로 여소야대 국회가 등장하였다. 매디슨(Madison) 모형은 대담성과 활동력이 약한 신중한 정부로서 행정부에 대한 국회우위의 바탕아래, 입법권과 행정권의 권력 균형을 이루는 모형이다. 즉, 매디슨 모형은 다시 말해서 행정의 능률성을 확보하는 것보다 의회가 행정의 권력남용을 견제하고 통제하는 데 중점을 둔 모형이다.[4]

---

3 정윤재, "노태우 대통령의 정치적 리더십에 관한 연구", 한국정치학회 편, 『선거와 한국정치』, 2002.

민주화 열기 속에 치러진 1988년 총선에서 김대중과 김영삼이 이끄는 야당들의 의석이 여당의 의석보다 더 많았고, 노태우 대통령은 여소야대 상황 하에서 신중하게 국정을 추진하였다. 그런데 3당합당 후에 여대야소의 단점정부로 변화한 것은 노태우 대통령의 국정운영을 힘 있게 추진할 수 있도록 하는 큰 원동력이 되었다. 〈그림 4-31〉과 〈그림 4-32〉와 같이 노태우 대통령은 매디슨 모형에서 제퍼슨 모형으로 달라진 리더십을 발휘할 수 있게 되었다.

〈그림 4-31〉 여소야대(1988-1990)에서 노태우 대통령의 대 의회관계 매디슨 모형

노태우 대통령의 정당성의 한계 때문에 소극적 리더십을 견지하였고, 국민의 동의를 구하지 않은 인위적 합당 등의 방법으로 민주적 절차에 의한 리더십을 보여주지 못했다. 그래서 노태우 대통령은 기본적으로 소극적 부정형 리더십을 견지하였다. 민주화의 열망 속에 치러진 대선에서 노태우 대통령은 쟁쟁한 야당 후보들의 난립 덕분에 당선되었고, 의석변수 차원에서 1988년 4·26 총선에서도 여소야대 상황이 연출되어 임기초반 2년 동안은 매디슨 모형의 리더십으로 분석 된다.

국정운영의 한계를 실감한 노태우 대통령은 주도권을 회복하기 위해 3당 합당을 단행하였다. 이러한 1990년 여당인 민주정의당과 제2의 야당인 통일민주당, 제3야당인 신민주공화당이 통합해 민주자유당(민자당)을 결성하였던 인위적인 방법으로 의석변수 차원에서 여대야소 상황을 만들어내었다. 노태우 대통령은 의회에서 신생여당인 민자당은 노태우 대통령의 국정운영을 지지할 수 있는 제도적 장치를 만들어내었다. 3당 합당 후의 노태우 대통령의 대 의회관계는 변화하여 제퍼슨 모형으로 분석된다.

---

4 한국은 외형상 권력분립과 견제균형의 대통령제를 운영하였지만 대통령을 중심으로 한 권위주의적 정치문화 속에서 대통령을 수반으로 한 행정부가 입법부에 큰 영향력을 행사해 왔다. 박종민, "행정부의 입법부 지배: 변화와 지속", 「의정연구」(제4권 2호), 1998, 6-29면.

〈그림 4-32〉 여대야소(1990-1993)에서 노태우 대통령의 대 의회관계
제퍼슨 모형

노태우 대통령은 여소야대의 상황을 타개하기 위해 김영삼, 김종필에게 3당 합당을 제의하게 되었다. 그래서 거대 여당이 출현하게 된 후, 노태우 대통령은 안정적인 국정운영기반을 마련하게 된다. 하지만 그 민자당은 이질적인 정파 간의 연합이었으며, 필연적으로 갈등을 내재할 수밖에 없었다. 정책과 이념의 연합이 아니었기 때문에 정파 간에 권력 갈등이 민주적으로 해소될 수 있는 메커니즘이 없었다. 민자당에서 김영삼 대통령 집권 기간에 박철언, 박태준 등 민정계와 김종필 등의 공화계는 탈당하였다. 또한 민자당은 군부 정치세력과 일부 민주화 세력 간의 연합이어서 김영삼 대통령의 당선은 군부 정치세력의 청산을 완전히 해소시키지 못했다는 한계를 노정하게 되었다.

〈표 4-15〉 노태우 대통령의 대 의회관계 모형변화 분석

통치시기	임기 초반	임기 중반	임기 후반
의석	여소야대 불안정	여대야소 안정, 당내균열	여대야소, 대통령 탈당
정치, 경제 상황	3당 합당 (1990년 1월 22일)	—	—
대통령 對 의회관계	매디슨	제퍼슨	제퍼슨

노태우 대통령의 정치적 리더십과 대 의회관계 비교에 있어 모형의 변수의 영향에 대한 분석의 결과를 요약하면 여소야대 정국과 노태우 대통령의 개성(personality), 그리고 정치적 상호작용의 결과 노태우 대통령의 임기 초반은 매디슨 모형에 적합하다. 하지만 3당 합당 이후에는 정국운영의 스타일이 많이 달라졌고 의회와 정부 간의 비교적 균형이 있는 통치가 이뤄졌다. 임기 중반과 후반에는 노태우 대통령의 리더십 모형은 제퍼슨 모형으로 변화된 것으로 평가된다.

정권	제·개정일시	입법 행정	내 용
전두환 정부	1980. 10. 27	행정부	대통령 간선: 대통령선거인단이 선출, 임기 7년 단임, 외교·국방·통일 기타 국가안위에 관한 중요정책을 국민투표에 붙임. 비상조치권(국회승인), 국회의 국무총리 해임의결시 국무총리와 국무위원 전원해임 국무총리: 국회의 동의를 얻어 대통령이 임명
		입법부	국무총리 또는 국무위원 해임의결, 대통령·국무총리·국무위원·행정각부의장·헌법위원회위원·법관·중앙선거관리위원회위원·감사위원 탄핵소추권
노태우 정부	1987. 10. 29	행정부	대통령: 직선제 선출, 국회해산권 폐지, 임기 5년 단임. 국무총리: 국회의 동의를 얻어 대통령이 임명
		입법부	국정감사권 부활, 국무총리 또는 국무위원 해임건의, 대통령·국무총리·국무위원·행정각부의장·헌법재판소재판관·법관·중앙선거관리위원회 위원·감사원장·감사위원 탄핵소추권(재적의원 과반수 발의, 재적의원 2/3 찬성)

권위주의 시대 한국에서는 정당이 제 기능을 못하는 수가 많았다. 정당은 사회집단들의 이해를 결집하고 표출하는 통로의 기능도 제대로 하지 못했고 또 정책결정과정에서 핵심적 역할을 수행하지도 못했다. 합당 이후, 민주자유당은 국회의 막강한 여당의 힘을 통해 안정적인 정권유지와 다음 대통령선거에서의 승리를 만들었지만, 궁극적으로는 군부출신 지배세력의 근본적 속성을 벗어나지 못하게 되었다.[6] 지역을 기반으로 한 정당들의 연합을 통해 정권을 획득하면서, 기본적으로는 민주화에 대한 요구가 계속해서 분출될 수밖에 없는 정치적 한계를 벗어나지 못하였다.

전두환 대통령과 노태우 후보의 정치세력과 야당과 시민사회의 요구가 절충되어 1987년의 제6공화국 헌법이 만들어졌다. 이 헌법의 민주적 제도화는 노태우 정부, 김영삼 정부, 김대중 정부, 노무현 정부, 그리고 이명박 정부에 이르기까지 지속되고 있다. 대통령은 국민직선으로 선출되며, 임기는 5년 단임이다. 국회가 갖는 지위는 제4공화국이나 제5공화국의 헌법과 비교할 때 강화되었다. 대통령의 국회해산권이 철폐되고 국회의 국정감사권은 회복되었다. 임시회 소집을 요구할 수 있는 요건도 재적의원 3분의 1에서 제3공화국 헌법에서와 같이 재적의원 4분의 1로 환원되었다. 정기회와 임시회를 합하여 연150일을 초과할 수 없도록 했던 종전의 규정도 변경되어 현행 헌법에서는 연간 회기일수의 제한이 없다. 이와 같이 국회의 헌법적 위상이 종전보다

---

5 박찬욱·원시연, "한국행정 60년: 입법부－행정부 관계", 『국회입법조사처』(국회보통권 제498호), 2008, 30-33면.

6 이남영, "전두환·노태우 정권의 성격과 리더십", 한국정치학회 편, 『한국현대정치사』, 1995, 321면.

제고된 것은 사실이지만 대통령과 행정부가 국회에 대하여 갖는 영향력이 매우 취약하게 되었다고 판단할 수는 없다. 왜냐하면 대통령의 국회해산권 철폐는 정상적인 대통령제로의 복귀이며 대통령은 여전히 긴급명령권과 법률안거부권을 갖고 있기 때문이다.[7]

가. 임기변수

노태우 대통령은 3당 합당을 통해 안정적인 정권기반을 만드는데 성공하였으며, 다음 대통령 선거에서 당선이 유력했던 민주자유당의 김영삼 후보가 대통령으로 당선되어 안정적으로 국정을 운영할 수 있었다. 그러나 결론적으로 노태우 대통령은 그로 인해 정국상황과 국제정서에 맞물려 권위주의적 요소들을 점차 완화해나가는 등 민주화조치들이 취하기도 하였으며, 과거의 지도자들처럼 강력한 권위주의 권력을 발휘할 수는 없었다. 또한 노태우 대통령의 부정형의 리더십은 3당 합당에도 불구하고, 정국의 주도권을 얻어내는 데 실패하게 만들었으며, 이러한 인위적인 개편을 둘러싸고 1990년 3당 합당에 반대하여 평민당 의원 전원이 의원직 사퇴서를 제출하는 등 합당을 거부한 야당과의 관계를 더욱 악화시키게 되었다. 기무사와 안기부도 정권의 정치적 목표수행에 이용되었고 군부도 인사를 통하여 상층부를 자신의 인맥으로 충원하였다. 이런 경향은 노태우 대통령의 권력기반에서 정보기구와 군부가 차지하는 비중이 3당 합당으로 거대화된 민자당 못지않게 계속 중요함을 시사한다. 대통령 리더십 행사에서 초기의 대국민 설득 중시에서 권력기관의 조직적 힘으로 변화된 것은 3당 통합으로 제도적 힘이 강화되었을 뿐 아니라 레임덕 현상을 최초로 맞이한 대통령으로서 권력누수 방지라는 목적 때문에 더욱 강화되었다.[8]

나. 의석변수

의석변수의 영향에 의해 노태우 대통령의 리더십은 여소야대의 매디슨 모형에서 여대야소의 제퍼슨 모형으로 변화하게 된다. 노태우 대통령은 인위적인 3당 합당을 통해 압도적인 다수당의 협조를 받는 제퍼슨 모형의 리더십을 발휘하게 된다. 1987년

---

7 박찬욱·원시연, 위의 글, 30-33면.
8 이강노, "대통령제와 제14대 대통령 선거의 전망 : 대통령의 지도력과 정책결정요인의 비교 −박정희·전두환·노태우 대통령과 비서실−", 『한국정치학회 선거와 한국정치』, 1992, 504-506면.

6월 항쟁 당시 각계의 요구가 봇물처럼 분출돼 자유방임적 리더십 형태를 보여 무정부상태(anarchy)를 방불케 하였다.[9] 군정 종식과 민주화, 그리고 직선제 개헌을 요구하는 국민들의 시위가 전국적으로 확산되었다. 이에 민정당의 노태우 대통령 후보는 대통령 직선제 개헌을 골자로 하는 이른바 6·29선언[10]을 발표하게 되었고 이에 따라 대통령선거가 실시되었다. 이 시기는 국민들의 민주화 열기가 폭발하는 시기로, 그 어느 때보다 정권교체에 대한 국민들의 여망이 큰 시기였다. 그러나 야당인 통일민주당의 김영삼 후보와 평화민주당의 김대중 후보가 후보 단일화에 실패함으로써, 민정당의 노태우 후보가 당선되었고 제13대 대통령에 취임하게 되었다.[11] 이러한 상황이었기 때문에, 대통령선거에 이은 국회의원선거에서는 대통령 선거와는 다르게 여당인 민정당이 과반수의석 확보에 실패함으로써 국회는 평화민주당·통일민주당·신민주공화당과 함께 4당 체제로 운영되었다. 이는 여당의 일당 독재를 막고 의회 민주 정치를 실현할 수 있는 좋은 기회였다. 한국 헌정사상 최초로 여소야대 국회가 등장하고, 평화민주당, 통일민주당, 신민주공화당 등 야당과의 상호 협조를 통해 국정 현안이 다루어졌으며, 정부 여당에 의한 독주가 사라지고 국정감사가 16년 만에 부활되는 등 이 시기는 국회의 위상이 제고된 시기라 할 수 있다.

여소야대로 출발한 제13대 국회는 의정사상 최초로 청문회제도를 도입, 이에 따라 국회는 신군부의 등장배경 및 5·18광주민주화운동 등 과거사의 진실 규명을 위하여 정치 권력형 비리조사 특별위원회와 5·18광주민주화운동 진상조사 특별위원회를 구성하여 청문회를 개최하였고, 문교공보위원회에서도 80년 이후의 언론통제 및 80년 언론인해직에 관한 청문회가 개최하였다.

---

9 Ronard Lippit and Ralph K. White, "An Experimental Study of Leadership and Group", Eleanor et al, *Readings in Social Psychology* (New York: Holt, 1958), pp.405-408.

10 이러한 특성은 대세 편승 형 리더십의 한 행태로 볼 수도 있을 것이다. 대세편승형의 지도자는 권력을 획득하는 과정에서 사회의 분위기에 의존하는 경우가 많고, 권력을 획득한 이후에도 사회적 요구에 반하는 결정을 하지 못하는 특징이 있다. Kellerman, ed, Political Leadership : A source Book (Pitsburg: University of Pittsburgh Press), 1996, p.4, 27, 34.

11 김호진, 『한국정치 체제론』, 박영사, 1990, 17-28면., 김호진은 직선제 대통령선거의 결과와 과도기적 특수성을 고려해 노태우대통령을 어느 정도의 정당성을 띤 리더십으로 평가하고 있다.

<표 4-17> 제13대 국회의 득표율과 의석수[12]

정당/단체	득표수(율)	의석수(비례대표)
민주정의당	6,670,494(34.0)	125(38)
평화민주당	3,783,279(19.3)	70(16)
통일민주당	4,680,175(23.8)	59(13)
신민주공화당	3,062,506(15.6)	35(8)
무 소 속	933,161 (4.8)	9
한겨레민주당	251,236 (1.3)	1
합계(비례대표)	299(75)석	

　　하지만 여소야대 정국에서의 대통령과 여당은 국정운영에 있어서 어려움을 겪게 되었다. 특히 중요한 정책을 수립 추진하는데 있어 한계에 직면한 여당은 뜻을 같이 하는 세력과의 연합을 추진하였다.[13] 이 당시 노태우 대통령의 리더십은 정치적 역할에 대해 소극적이어서 정국의 주도권을 이끌지 못했으며, 정치적 유연성이 부족하여 막연한 원칙에 집착하게 되면서, 전형적인 소극적 부정형의 리더십을 보여주고 있다. 제13대 국회는 각 정당의 지지 기반이 지역적으로 극심하게 편중됨으로써 지역감정의 심화라는 새로운 정치·사회적 문제를 안겨 주었고, 지역출신 지도자에 대한 지역민들의 압도적 지지가 생길 수밖에 없는 모순을 보여주었다.

　　그리고 이러한 모순은 결국 정치적 신념이 다른 정당이더라도 정권획득을 위해 여당과 야당이 서로 합당을 하거나 연합을 하는 비정상적인 전례를 남기기에 이르렀다. 이에 자극받은 야당은 김대중의 평화민주당(약칭 평민당)이 신민당으로 개편되고, 또 다시 1991년에 민주당 잔류파와 합당해 민주당을 결성함으로써 정계는 민자당과 민주당으로 나뉘게 되었다. 그리고 1992년에는 정주영이 통일국민당을 만들어 3당 체제가 형성되었다.

---

12 이 표는 국회 홈페이지에서 확인한 정당별 의석 및 득표현황(당선 시 기준)이다. 신한민주당, 민주한국당 등 의석이 없는 군소정당의 득표율은 생략하였다. 〈www.assembly.go.kr:8000/ifa/html/1_1_2.html〉의 제13대 국회 표.

13 안청시, "한국정치문화의 특성과 변화", 『한국정치문화』, 서울대학교 한국정치연구소, 1991, 203-209면.

〈표 4-18〉 제14대 국회의 득표율과 의석수[14]

정당/단체	득표수(율)	의석수(비례대표)
민주자유당	7,923,719(38.5)	149(33)
민 주 당	6,004,577(29.2)	97(22)
통일국민당	3,574,419(17.4)	31(7)
무 소 속	2,372,005(11.5)	21
신정치 개혁당	369,044 (1.8)	1
합계(비례대표)	299(62)석	

매디슨 모형은 의회 내의 여야 간의 권력이 균형을 이루느냐 이루지 못하느냐에 따라 서로 다른 리더십이 필요하다. 하지만 제13대 국회에서는 중요한 정책을 수립 추진하는데 있어 뜻을 같이하는 세력과의 연합을 추진할 수밖에 없는 상황이었다.

〈표 4-19〉 제13대 국회 동의안/결의안 처리현황[15]

구 분	접수	처리	계	원안	수정	부결	폐기	철회	반려
동의안	230	230	146	141	5	81	1	2	
결의안	143	143	118	118		1	24		

위 〈표 4-19〉와 같이, 제13대 국회에서는 행정부의 동의요청안에 대한 부결이 81회 나 되는 것으로 나타나고 있는데, 이는 여당의 힘이 강하긴 하지만 의회 내에서 야당 을 압도할 만한 능력을 가지지 못한 것을 알 수 있다. 하지만 노태우 대통령과 여당은 민주화에 대한 요구와 강력한 야당의 힘을 의도적으로 분산시키면서 자신들의 정권 을 연장하려고 시도하였다. 노태우 대통령은 합당 후 제14대 국회에서 전체의석의 72%에 해당하는 216석을 차지하게 됨으로써 여소야대 정국은 2년여 만에 여대야소의 정국으로 반전시켰고, 반공과 지역주의에 기반한 반호남연합(3당통합)의 결성을 통해 그들에게 생소한 여소야대를 친숙한 여대야소 구조로 재편함으로써 곤경을 벗어나게 되었다.[16] 그러나 이는 국민들이 총선을 통해 만든 여소야대 구도를 비밀 협의와 정치 논리로 이를 깨뜨렸다는 비난에서 벗어나기 힘들었다. 여소야대 정국에서의 대통령 과 여당은 국정운영에 있어서 어려움을 겪게 되었다. 특히 중요한 정책을 수립 추진

---

14 이 표는 국회 홈페이지에서 확인한 정당별 의석 및 득표현황(당선 시 기준)이다. 공명민주당, 민중당 등 의석이 없는 군소정당의 득표율은 생략하였다. 〈www.assembly.go.kr:8000/ifa/html/1_1_2.html〉의 제14대 국회 표.

15 국회사무처 홈페이지, 〈nas.assembly.go.kr〉.

16 임혁백, "지연되고 있는 민주주의의 공고화," 최장집, 임현진 공편, 『한국사회와 민주주의: 한국 민 주화 10년의 평가와 반성』, 나남출판, 1997, 37-38면.

하는데 있어 한계에 직면한 여당은 뜻을 같이하는 세력과의 연합을 추진하였다. 제13대 국회는 각 정당의지지 기반이 지역적으로 극심하게 편중됨으로써 지역감정의 심화라는 새로운 정치·사회적 문제를 안겨 주었고, 지역출신 지도자에 대한 지역민들의 압도적 지지가 생길 수밖에 없는 모순을 보여주었다.

다. 정치·경제상황

노태우 대통령의 리더십을 분석할 때 상황적 여건으로 먼저 고려되어야 할 점은 1987년 6월 이후 "민주화" 이행에 따른 한국 정치체제의 성격이다. 노태우 정부를 군부지배체제의 변형된 연장으로 보는 사람들은 박정희 대통령·전두환 대통령과의 리더십 비교에서 개인적 성향의 차이에 초점을 둔다. 이들의 의견이 어떠하든, 1987년 6월을 전후한 정치·경제구조와 지배이념의 변화과정은 직선제 선출과 더불어 노태우 대통령의 리더십에 많은 영향을 미쳤다. 한승조는 산업화 후기시대 노태우 대통령의 정치적 리더십은 "정통성을 겨냥한 리더십으로 특징" 짓고,[17] 정정길은 제6공화국의 정치적 민주화와 통치이념의 갈등은 노정권의 경제정책이 표류하게 된 외적 여건이었다고 지적하였으며,[18] 안병만도 역대 지도자의 정책운영 스타일을 비교하면서 노태우 대통령은 정책입안에 있어 여론 수렴이 가장 잘 된다고 하였다.[19] 이러한 구조적·이념적 변화가 노태우 대통령의 리더십에 외적 구속력으로 작용하였으니 특히 노태우 정부는 초기에 여론에 민감한 리더십과 정책집행을 강조한 것이 그 경우다. 즉 1987년 6·29선언과 제13대 대통령선거에서 노태우 대통령의 승리는 민주화의 가능성에 대한 국민의 정권에 대한 높은 기대치와 더불어 노태우 대통령으로 하여금 리더십 행사에서 개인적 여론을 의식한 인기관리에 경주하도록 하였다.

제6공화국 정부는 새로운 개혁 정치의 의지를 표명하였다. 우선 군정에 대한 국민의 불만을 불식하기 위해 민간 주도형의 민주 정치를 실현하고, 지역감정 해소를 통한 국민 화합의 풍토를 조성하는 데 힘쓰며, 경제 발전과 사회 안정을 추구할 것임을 표명하였다. 또한 1988년의 올림픽대회를 성공적으로 치러, 국력 신장의 획기적인 계기를 마련하였다. 또 중국 및 소련 등 동유럽 공산권 국가와의 외교에 주력해 커다란 성과를 거두었다. 정치·경제 환경의 변화에 대통령이 적절한 대처를 하지 못한다면,

---

17 한승조, 『한국의 정치지도자들』, 대정진, 1992.
18 정정길, 『대통령의 경제리더십』, 한국경제신문사, 1994.
19 안병만, "역대 통치자의 자질과 정책성향 연구", 한국 행정학회 춘계학술 심포지엄, 1992. 4. 16, 62면.

입법부와 행정부 간의 견제와 균형은 무너지기 쉬우며, 의회가 압도적으로 정국을 주도할 수 있는 가능성이 크다. 노태우 대통령 정권에서는 물가 상승이 임금 인상을 부르고 임금 인상이 물가 상승으로 이어지는 악순환의 고리 속에 빠져 있었다. 하지만 이러한 경제적 문제를 선진국 진입을 위한 과정으로 돌리면서 구소련 및 중국과의 외교관계를 확대, 미래의 시장 확보에 전력하였고 이러한 경제적 문제는 다음 정권의 해결과제로 넘어가게 되었다.

第2節 김영삼 대통령

김영삼 대통령은 낙관적이고 야심이 많고 권력적인 성향을 가진 지도자로서 독선적인 성향을 가진 적극적 부정형 리더십을 가지고 있었다. 김영삼 대통령의 정치적 역정과 대통령 직무 과정에서 특유의 정치적 감각을 가지고 승부사로서의 특성을 보여주었다. 김영삼 대통령은 수많은 정치개혁을 일궈냈고 문민정부의 대통령이면서도, 대對 의회관계에서 국민통합의 측면에서 화합을 보여주기보다는 대결적인 국면을 이끌어내어서, 민주적 지도자로 평가되기보다는 권위적인 지도자로 평가된다. 코르니스(Gyula Kornis)가 정치를 '타협의 예술'이라 했고, 비스마르크는 '가능성의 예술(art of the possible)' 이라 했는데, 정치의 핵심적 요인은 정치력이다. 이것이 있어야 협상과 타협을 주도할 수 있기 때문이다.[20] 이러한 점에서 김영삼 대통령의 적극적 부정형 리더십은 많은 장점과 한계에도 불구하고 정치력의 한계를 보여주고 있다. 하지만 김영삼 대통령은 민주화 시대를 연 대통령으로서 대통령과 대對 의회관계의 민주적 제도화를 실천하였다. 김영삼 대통령의 국정운영은 제퍼슨 모형으로 분석 가능하다.

1. 정치적 리더십의 특징: 적극적 부정형

가. 민주화 지도자

김영삼 대통령의 성장과정과 성격유형은 부잣집 외아들 콤플렉스(only son complex),

---

20 김호진, 『한국의 대통령과 리더십』, 청림출판, 2006.

에이고즘(egoism), 영웅심리(bigman complex), 큰 인물 콤플렉스가 작용하였다. 콤플렉스 (complex)는 정상적인 사고체제를 방해하고 감정적 혼란을 유발시킨다. 따라서 김영삼 대통령의 외아들 콤플렉스는 정상적인 남아男兒의 사고체계를 방해하여 자기중심적 이고 배타적인 성격유형이다.[21]

김영삼 대통령은 권위주의 시절에는 민주화투쟁의 상징으로 민주화시대에는 문민 정부를 연 최초의 민간출신 대통령이었다. 김영삼 대통령은 보수적 군부 권위주의 정 당에 대항하며 성장해 왔다. 김영삼 대통령은 성격적으로 볼 때 순발력과 재치, 낙관 주의적 성향이 강한 동시에 극도의 예민함과 모험성·저돌성·도박성·공상성의 특징이 두드러진 외향적 감각형에 가깝다.[22]

김영삼 대통령의 리더십은 문민정부로서 비군부 통치시대를 열었으나, 정당내 민 주화 등 제도적 민주주의는 성숙되지 못했다. 리더십 행태의 측면에서 권위주의적 요 소도 남아 있었다. 김영삼 대통령의 리더십은 위기의 국면에서 선택과 승부로 발현되 었다. 혹자는 김영삼 대통령의 리더십을 '승부사형 리더십'으로 표현하기도 한다.[23] 이 러한 평가는 김영삼 대통령의 개인적인 특성을 부각시킨 것이다. 김영삼 대통령의 승 부사적 기질을 정치적 맥락 혹은 상황은 정치적 승부를 걸 때마다 그것이 가지는 정치 적 메시지를 명확하게 내세우면서 자신의 정당성을 확고히 했다는 점이 두드러진다.

김영삼 대통령이 젊은 민주화지도자의 상징으로 등장한 것은 1969년 '40대 기수론' 을 내걸고 신민당 대통령후보 지명대회에 나서면서부터다. 또한 유신종말의 계기 중 의 하나였던 'YH사건'으로 김영삼 대통령은 국회에서 제명되었지만, 이는 오히려 김 영삼 대통령의 타협하지 않는 야당 지도자로서의 위상을 확고하게 해주는 토대가 되 었다. 반유신투쟁을 통해 형성된 김영삼 대통령의 대중적 리더십의 원천은 민주화 투 사, 정면돌파의 소신과 결단의 정치행태가 시대적 상황과 대중의 민주화열망과 맞물 리면서 얻은 결과였다. 어떠한 측면에서 정치적 경쟁자인 김대중 대통령과 함께 저항 적 리더십은 김영삼 대통령이 가졌던 특유의 정치적 감각과 승부사로서 결단의 연속 을 통해 형성된 것이었다. 반민주적 권위주의 시대의 야당지도자로서의 김영삼 대통 령의 리더십은 신군부 시대인 전두환 정부시기에도 계속되는데, 신군부에 의해 가택 연금 상태에 있던 1983년 5월 18일 광주민중항쟁 3주년을 시작으로 단행한 23일의 단 식투쟁은 언론보도마저 봉쇄당했지만, 분산되어 있었던 민주화 세력의 결집을 유도 하는 중요한 계기를 마련했다.

---

21 최진, 『대통령 리더십 총론』, 법문사, 2008, 385면.
22 최진, 위의 글, 384면. 김영삼 대통령은 순발력·임기응변·재치·충동적·낙관적인 특징이 강하다. Carl Jung, *Psychological Types*(London and Herley: Routledge & Kegan Paul, 1979).
23 강병익, "김영삼, 김대중 그리고 노무현의 리더십", 『미래공방』, 2007, 79면.

나. 문민정부와 정치개혁

김영삼 대통령은 수십 년 동안 야당 지도자라는 특징 때문인지 독자적 결정을 하는 경향이 많았다. 권위주의 독재 정부에 투쟁하다 보니 비밀주의와 권위주의적 요소가 더 강화되었으며 이 과정에서 법령이나 제도를 초월하는 행동도 나타나게 되었다. 특히 국가통치의 효율성을 살리지 못하고, 국정이념과 방향은 혼란을 겪음으로써 김영삼 대통령은 문민정부의 대통령이면서도 민주적 지도자로 평가되기보다는 권위적인 지도자로 평가되기도 하였다.[24] 이러한 점에서 이 시기 김영삼 대통령의 리더십은 매우 권력욕이 강했고, 정치적 대립이슈에 대해서는 야당을 투쟁의 대상으로 인식하였으며, 강력한 통치력을 통하여 스스로 사회전반을 이끌어 가려는 적극적 부정형의 전형적인 모습을 보여주고 있다. 이러한 리더십은 대통령과 국회의 관계 역시 그리 원만하지 못하도록 만들었다.

그리고 김영삼 정부는 과거의 정권처럼 의사결정의 폐쇄성과 비공개 성향에서 벗어나지 못했다. 그리고 대통령 역시 정보 수집 및 결정과 관련하여, 다양한 원천에서 많이 듣지만 결정은 독자적으로 하는 권위주의적인 면모를 보여주었다. 이러한 체제상의 문제는 결국 아시아의 경제적 위기에 정부가 적절한 대응을 하지 못하도록 만들었으며, 김영삼 대통령의 집권 5년은 말기에 IMF에 구제 금융을 신청하는 사태로 전환되면서, 국민들에게 실망만을 안긴 채 실정으로 끝나게 되었다.[25]

종합적으로 볼 때, 김영삼 대통령의 성과에 대한 평가는 매우 다양하다. 김영삼 대통령 정부 출범 이후 개혁성과에 대한 평가는 각각의 사안에 따라 공과가 교차하고 있기 때문에 복합적 성향을 띤다. 김영삼 정부의 개혁에 대한 연구는 민주주의 공고화라는 측면에서의 정치개혁에 대한 평가와 개혁의 실패 원인을 분석한 연구들로 나누어 고찰 할 수 있다. 민주주의 공고화에 대한 개혁성과를 분석하는 연구들은 대부분 초기 개혁은 성공적이었으나 이후 개혁이 변질되기 시작했다고 분석한다.[26] 개혁

---

24 김석준, 『현대 대통령 연구 1』, 대영문화사, 2002, 240-241면.; 1993년의 김영삼 정부는 국민들의 커다란 기대 속에, 과거 32년간의 군사 정권에서 벗어난 문민정부로 출범하였고, 변화와 개혁, 세계화·국제화, 역사 바로 세우기 운동 등의 기치를 내걸고 개혁정치에 착수하였다. 1993년 2월 25일 출범한 김영삼 대통령의 문민정부 초기, 국회는 과거 비민주적이고 권위적인 군사정권의 잔재를 청산하고자 국가보안법과 국가안전기획부법을 개정하였다. 또한 깨끗한 정치, 돈 안드는 선거 풍토를 조성하기 위하여 공직선거 및 선거부정 방지법, 정치자금에 관한 법률 등 정치관계법을 개정하였고, 금융실명제 및 부동산실명제의 실시, 공직자의 재산공개를 통한 공직사회의 기강 확립 등 각 분야에 걸친 개혁 작업을 뒷받침하였다.

25 최장집, 『시민사회의 도전 : 한국의 민주화와 국가자본 노동』, 나남출판, 1993.

26 손호철, "문민정부와 정치개혁", 『해방 50년의 한국정치』, 샛길, 1995.

의 성격이 경쟁을 강조하는 경제 논리에 사회통합성을 강조하는 정치논리를 종속시키는 신자유주의 논리와, 분배의 평등성 대신 전통적 가족윤리 등을 결합한 신보수주의 내지 신 발전주의로 전환되었다는 주장도 제기되었다.[27] 이에 따라 김영삼 정부의 개혁의 목표는 민주주의를 정치제도적인 측면에서만 접근하려 했지, 의회나 정당 등의 자율성과 제도화를 통한 민주주의 공고화나 실질적 민주주의의 실현에는 놓여있지 않았다는 주장이 제기되었다.[28] 김영삼 대통령의 정치개혁은 권위주의적 군사정권의 등장으로 야기된 지역적 권력구조를 단지 지역적 네트워크와 연결된 정치엘리트의 구조다원화로 대체 했을 뿐이며 지배구조의 근본적인 변혁과 실질적 민주주의의 공고화라는 개혁은 단행하지 못하고, 법규의 실행보다는 개정자체로서 과시효과를 내는 수준의 제도적 개혁에 머물렀다고 분석한다.[29]

김영삼 대통령의 개혁실패의 원인을 분석한 연구는 대부분이 개혁방향이나 내용자체에 대한 것보다 개혁의 결과나 추진방법에 초점이 맞추어져 있다. 즉 개혁원론에는 동의하나 개혁의 방법에 문제가 있다는 것이다. 예를 들면, 너무 범위가 넓은 개혁대상을 선정함으로써 일반 국민들에게 강력한 개혁의지를 심어주는데 실패했으며, 개혁추진세력을 일부 측근에 한정시킴으로써 개혁성공에 필수적인 조건인 개혁연합세력의 구축에 실패했다는 것이다. 또한 독선적이고 즉흥적이며 편파적으로 비추어진 개혁추진방법상의 문제가 김영삼 정부의 개혁에 대한 비판적 논의의 주류를 차지한다.[30]

김영삼 정부의 개혁의 한계와 실패에 대한 분석에서 김영삼 정부의 권력의 태생적 한계를 지적하는 견해는 김영삼 정부 자신의 보수적 경향과 권력기반, 특히 3당 합당을 통한 집권이 가져온 보수적인 권력 기반 등을 강조한다. 최장집은 김영삼 정부의 개혁정책의 한계를 "보수연합에 의한 집권"에서 찾고 있다.[31] 김영삼 정부의 개혁정책에 대한 이러한 비판은 개혁 그 자체의 어려움과 문제점들을 정확하게 설명해주지 못하며, 또한 개혁의 과정이 어떻게 굴절되고 왜곡되는지에 대해서도 별다른 분석을

---

27 선학태, "세계화와 한국정치개혁의 제도화", 『한국정치학회보』(제30집 제2호), 1996.

28 윤영찬, "이상주의와 현실정치", 『신동아』(9월호), 1996.

29 서기준, "한국의 정치권력구조 개편에 관한 재고찰", 『한국정치학회보』(제30집 제2호), 1996.

30 초기의 개혁은 민주적 공고화의 가능성을 크게 고양시킬 수 있을 만큼 성공적이었다. 하지만 개혁이 경제 분야로 넘어갈 때 적지 않은 저항과 반발이 야기 되었다. 이와 더불어 세계화 정책은 장기적 비전이나 구체적 프로그램의 부재, 성격의 모호성으로 인해 개혁을 유보시키고 퇴행시키는 결과를 가져왔다고 주장한다. 이러한 개혁 정책의 실패는 개혁철학의 빈곤과 김영삼 대통령의 특유의 표플리즘적 스타일, 여론몰이, 보안위주의 개혁추진 방식 등이 주요한 원인이 된다. 강문구, "한국의 민주적 공고화와 개혁의 한계", 『21세기 정치학회보』, 12권, 2002, 1-19면.

31 최장집, "김영삼 정부 초기 개혁과 한국민주주의의 성격", 『한국민주주의의 조건과 전망』, 나남출판, 1996.

제공하지 못한다. 김영삼 정부의 집권 토대와 지지기반은 구조적 한계를 지닌 채 출발했으며 집권적 토대였던 선거과정에서의 지역적 균열과 3당 합당 그리고 이후 지지기반의 무정형성은, 김영삼 정부의 체제화는 물론 민주주의 공공화에 심각한 장애 요인이 되었다는 주장이 많이 제기되었다.[32]

강원택은 김종필의 이탈로 인한 불안정을 극복하기 위해 여론의 지지를 얻을 수 있는 개혁정책을 추진하였지만 이는 대구, 경북 지역의 세력을 압박하는 결과를 가져왔고 이러한 집권 연합의 갈등 및 분열은 김영삼으로 하여금 자신에 대한 여론의 지지에 보다 의존하게 하는 결과를 가져왔다. 따라서 김종필의 이탈은 민주계의 애당초 예상과는 달리 김영삼 정부에 대한 "실질적인 정치적 지원세력"을 잃게 하였고 보다 강력한 야당과 상대하게 되는 결과를 초래하였다고 주장하였다.[33] 백종국은 개혁의 실패는 개혁을 주도하는 개혁 연합의 부재를 중요시하며 김영삼-김대중의 개혁 연합의 필요성을 강조하였다.[34] 김영삼 정부의 개혁정책의 한계와 실패에 대해 김영삼 정부의 권력의 태생적 한계를 지적하는 견해는 김영삼 정부 자신의 보수적 경향과 권력 기반, 특히 3당 합당을 통한 집권이 가져온 보수적인 권력 기반 등을 강조한다. 그러나 김영삼 정부보다 훨씬 진보적이라 평가할 수 있는 김대중 정부의 개혁정책이 성공적이지 않았다는 사실은 개혁 정책의 실패를 권력 기반의 보수적 성격으로 간주하는 것도 그리 설득력이 없다고 생각된다.

김병문은 김영삼 대통령의 개혁을 〈표 4-20〉과 같이 위로부터의 개혁→ 단계적 개혁→ 사회 틀을 바꾸는 개혁이라는 3단계 특징으로 요약하였다. 김영삼 대통령은 집권 초기 김영삼 정부는『신한국 창조』를 국정지표로 삼고 개혁조치를 단행하였다. 잘못된 관행 혁파와 21세기에 대비한 새로운 제도 및 의식 건설이 김영삼 정부가 추진하는 3단계 개혁 정책의 특징이며 목표라 할 수 있다.

〈표 4-20〉3단계 개혁 정책[35]

단계	주요 특징
1) 위로부터의 개혁	-정치자금을 받지 않겠다고 선언함 -재산 공개를 비롯해 개혁을 주도하며 몸소 실천함 -주요 개혁정책이 대통령 자신의 결단과 실천으로 추진 됨

---

32 김석준, "한국의 정치개혁", 『한국정책학회보』(제4권 제1호), 1995.

33 강원택, "김영삼 정부시기의 정당정치와 개혁의 한계: 집권연합내의 변화를 중심으로", 『국가전략』(제8권), 1998.

34 백종국, "김영삼 개혁 연합의 선택", 『사회비평』(제14권), 1996.

35 김병문, "개혁의 성패요인 분석 - 김영삼 대통령 리더십을 중심으로-", 『한국행정논집』(제17권 제4호), 2005, 1168면.

2) 단계적 개혁	-군부통치와 고도성장 과정에서 야기 된 잘못 된 관행, 의식, 제도를 개혁하고 사회기강을 바로 잡는 "정상화"를 위한 개혁에 초점을 둠 -군의 정치개입 방지, 권력비리 등 각종 사회비리, 정경유착 비리 근절을 위해 법·제도적 장치를 마련함 -공직자 재산공개, 공직자 윤리법 강화 및 경제정의 기틀 마련을 위한 금융실명제 단행
3) 사회 틀을 바꾸는 개혁	-세계화 개혁에 착수 -한국경제의 경쟁력 제고를 위한 개방과 경제구조 조정 등 경제 질서 개편, 지식정보 시대를 준비하는 정보화 추진 전략, 사회복지 구상, 사법 개혁 교육 개혁 등이 추진됨 -세계화 개혁을 한국사회의 근본을 바꾸는 개혁으로 추진 됨

　　김종필의 탈당과 김대중의 복귀로 인한 신 3김 시대의 등장으로 정치는 마치 과거로 회귀하여 퇴색되는 분위기였다. 이러한 상황에서 김영삼 대통령은 그 동안의 개혁의 성과를 기반으로 하여 강력한 도덕성과 정당성을 바탕으로 국민의 지지를 유도하여 개혁을 마무리하기가 어려웠다. 더구나 3김 정치의 부활로 인한 지역기반 정치의 부활은 김영삼 대통령의 경쟁의식을 자극하게 되어 과거 투쟁의 정치로 회귀되는 현상을 불러 일으켰고 김영삼 대통령은 신뢰를 바탕으로 개혁을 마무리하기에는 지지세력이 미미했으며 국민들 사이에서 개혁에 대한 기대감도 그다지 크지 않았다. 이는 신뢰의 시기에 김영삼 대통령이 리더십을 제대로 발휘할 수 없는 환경을 조성하였다. 더구나 대통령 아들의 권력남용과 친인척 비리 문제가 흘러나오자, 그동안 추진한 김영삼 대통령의 개혁노력을 무산시키게 된다. 또한 대통령 아들의 권력남용으로 법적 구속되었으며, 경제정책의 미숙으로 위기상황이 발생하여 개혁은 효율성은 급속 하강하게 된다.[36]

　　김영삼 대통령은 개혁의 절차상의 문제와 과거 기득권층의 저항에 맞닿는다. 국민의 지지로 인해 군부개혁, 정치개혁법 제정, 금융실명제 등의 가시적인 정책의 성과가 있었다. 그러나 개혁의 제도화를 위한 개혁의 관리의 시기에 3당 합당을 통해 형성된 김영삼 정권의 집권연합이 김종필의 탈당으로 한 축을 잃게 된다. 3당 합당은 또 4당 체제하에서 3당이라는 현실과 오랜 경쟁적 동지인 김대중의 정치적 정책에 밀리고 있다는 현실을 깨닫지 못하고 외부 탓으로 돌리는 '투사심리'(projection) 측면이 있다.[37] 또한 5·18 특별법 처리 과정을 통해 또 다른 한 축인 민정계 기반을 잃게 된다. 더구나 1996년 12월 노동법 개정으로 인해 진보세력마저도 김영삼 정부에 등을 돌리는 정치적 현상이 발생한다. 이는 대구-경부지역의 유권자, 야당 및 진보세력, 과거 권위

---

36 김병문, 앞의 논문, 1178면.
37 최진, 『대통령 리더십 총론』, 법문사, 2008.

주의 세력의 정치인들로부터 김영삼 정부의 개혁정책은 지지의 상실이며, 결국 개혁 추진력의 약화로 이어질 수밖에 없었다. 이는 김영삼 대통령이 개혁의 관리의 시기에 실기하였음을 증명 된다. 즉, 개혁-반개혁 세력 간의 이해관계를 잘 이해하고 양 세력을 조화시켜 개혁으로 이끌 수 있는 합리적인 리더십을 발휘하지 못했다. 더구나 기아사태, 한보사태 등을 겪으면서 김영삼 대통령에 대한 정치적 정당성과 도덕성에 훼손이 오면서 김영삼 대통령의 개혁은 더 이상 국민의 지지를 받을 수 없는 상태가 되었다.[38] 이는 결국 김영삼 대통령의 개혁리더십의 실패를 의미하며 이러한 원인에는 개혁을 위한 시기의 선택과 방법에 문제가 있었다고 보인다.

김영삼 대통령은 민주화의 시대에 정치·경제·사회의 방대한 개혁을 단행하면서 결단의 리더십을 통해 많은 업적을 성취하였다. 김영삼 대통령에 취임하자 "누구로부터 한푼도 받지 않겠다"고 명명하고 5년 내내 이를 실천에 옮기려 했다. 김영삼 대통령이 칼국수를 즐겨 먹었던 것은 청렴한 정치를 하겠다는 상징과도 같았다. 김영삼 대통령의 아들인 김현철을 비롯한 홍인길 등 측근관리에 소홀해서 이들의 부정부패를 막지 못한 측면이 정치적 위기로 봉착하게 된다. 김영삼 대통령은 청와대 앞 도로의 개방, 안가 철거, 공직자 재산 등록, 수도방위사령관과 보안사령관의 전격 고체, 지방 청와대의 주민 환원, 고강도 사정 등 일련의 국정개혁 국정을 펴 대통령 재임 초반 국민지지도가 90%를 넘었다. 또한 과거 정권에서 손도 대지 못한 옛 총독부 건물을 철거하는 현장이 일본을 비롯한 세계 언론의 주목을 받았다. 금융실명제도 전격적으로 단행했다. 1996년의 2002년 월드컵 유치는 아벨랑제 국제축구연맹 회장의 지원을 받은 일본에게 이미 기선을 빼앗겨 사실상 어려웠으나 추진력으로 밀어부쳐 공동개최를 이끌어냈다. 1996년 선진국 모임인 경제협력개발기구(OECD) 가입 실현은 김영삼 대통령의 정치적 리더십을 볼 수 있다. 김영삼 대통령은 2년간의 끈질긴 노력 끝에 OECD에 가입했다. 김영삼 대통령은 국민들을 제대로 설득하지 못한 채 노동법 개정 등 후속정책을 무리하게 추진한 결과가 위기를 몰고 왔다. 국민소득 1만달러시대의 성과적 정책의 난발로 비밀스럽게 외환방어에 급급한 끝에 결국 IMF를 초래했다.[39]

요컨대 김영삼 대통령이 국정목표는 '개혁과 세계화'였다. 하지만 국민들과 소통되는 것이 아니라 '개혁집착증'으로 귀결된다. 문민정부의 개혁담론은 본질적으로 신자유주의에 기본을 함께 하지만 김영삼 대통령은 자신의 개혁 밑그림을 세계화로 진두지휘하면서 '신한국'이라는 구호를 편다. 이때부터 '국가경쟁력'이란 구호가 언론과 확성기를 타고 퍼져 나가기 시작한다. 1996년 한국의 OECD 가입도 이러한 정권의

---

38 김병문, "김영삼 대통령의 개혁리더쉽에 관한 고찰", 2001년도 한국정치학회 하계학술회의, 2001년.
39 김인수, 『시대정신과 대통령 리더십』, 신원문화사, 2003, 8장.

'국가경쟁력' 이데올로기 속에서 많은 논란에도 밀어 붙였다. 김영삼 대통령은 우리 사회를 민주주의로의 이행이후 시기에 있어 어디로 안내해 나갈 것인지에 대한 철학과 비전을 갖지 못했고 이를 실천할 수 있는 합리적 리더십을 갖지 못했다.[40]

다. 지역주의

김영삼 대통령은 김대중 대통령과 마찬가지로 지역주의가 정치적 자원이다. 김영삼 대통령은 '상도동'이라는 오랜 민주화 투쟁을 통해 형성된 특정 파벌의 지도자였다. 이른바 '1인 보스체제'를 기반으로 성장한 하향형 리더십은 권위주의적 리더십으로부터 완전히 탈피하지 못했다. 문제는 김영삼 대통령이 '민주화' 이후 기존의 정치 구도의 전환에 직면할 때 새로운 국정목표를 통한 대중과의 소통에는 무관심했던 정치적 리더십의 한계에 있었다는 점이다.[41]

그러나 한국정치는 김영삼 대통령의 개혁은 실패로 민주주의의 공고화과정에서 지체와 혼란에 빠지게 되었다. 이 지체와 혼란이 어느 때보다 심각한 것은 그것이 역사적 전환점에서 민주주의의 중대한 실험에서의 리더십실패(leadership failure)의 결과이기 때문이다.[42] 계층 간 갈등뿐만 아니라 호남배제를 중심으로 한 지역 간 균열을 치유하는 것이 사회통합의 중심적 이슈이다. 3당 통합(1990년 1월)은 바로 이러한 호남배제를 제도화한 것이며, 김영삼 정부의 성립을 가능케 한 것이다. 이러한 지역배제의 정치가 1987년 이래 민주주의로의 이행과정에서 심화되고 제도화되기에 이른 것은 한국 민주주의 발전의 치부의 하나이다. 이로 인하여 정치적 경쟁의 분획선이 민주개혁이슈를 둘러싼 민주주의 대 권위주의, 개혁 대 반개혁이 아니라 비호남이냐 호남이냐를 둘러싼 지역 간 경쟁을 중심으로 한, 개혁과 반개혁을 가로질러 반호남승자연합과 호남중심 패자연합으로 나눠지게 된 것이다. 이러한 현장은 양자의 공동책임이라고 할 수 있다. 3당 통합이 한국정치사에 있어서 지극히 퇴행적이었지만, 그것이 의미를 갖기 위해서는 구체제의 권위주의적 유산을 개혁하고 새로운 질서를 건설할 때일 것이다.

---

40 최장집, "한국 민주주의 공고화와 새로운 지도자상", 『한국정치학회』, 1997년도 충청지회 학술회의, 1997, 10면.

41 강병익, "김영삼, 김대중 그리고 노무현의 리더십", 『미래공방』(창간호), 2007, 82면.

42 최장집, "한국 민주주의 공고화와 새로운 지도자상", 『한국정치학회』(1997년도 충청지회 학술회의), 1997, 9면 ; 국민들이 초기 김영삼 정권에 보여준 열렬한 지지도에 잘 반영되듯이, 국민들이 바랐던 개혁의제는 i) 군부 권위주의의 해체와 그 유산의 청산, ii) 민주적 경쟁의 규칙의 제도화와 실천, iii) 호남배제를 핵심으로 하는 지역문제의 완화와 해소, iv) 생산체제의 구조조정과 생산과 정치의 과정에 노동의 통합을 통한 권위주의적 경제운영원리의 전환, v) 남북관계와 통일정책의 전향적 전환 등이었다.

김영삼 정부의 책임은 이 문제를 만들었다는데 있다기보다 민주정부로서 이를 해소하는데 실패했다는 점에 있다. 3당 통합이 야당을 호남에 국한된 소수당으로 전락시킨 측면이 있다. 그것이 집권여당 자체에 가져온 부메랑효과로 인하여 김영삼 정부 자체를 호남중심의 패자연합 못지않게 피해자로 만들었다. 즉 호남 문제에서 볼 수 있듯이 그것은 작은 갈등과 불신을 증폭시키는 분열과 불신, 비타협의 정치로 특징되며, 이러한 정치는 모두를 피해자로 만들었다.

김영삼 대통령의 반호남주의 멘탈리티는 김영삼 정부의 정치와 사회를 경영해 나가는 비전과 철학을 제약하고, 개혁을 실패하게 하고 종국에는 정치의 위기를 가져오게 하는데 중요한 요인이었다. 호남문제를 우회하고서는 민주화개혁이 어렵다는 사실이다. 이 문제는 대통령의 권력에 대한 지나친 자존과, 개혁을 위한 지지기반의 제약, 허약한 정당체제와 그 아래에서의 허약한 야당이라는 문제와 복합적으로 얽혀있기 때문이다. 호남문제는 개혁의 정치적 사회적 지지기반을 지역을 가로질러 확대할 수 없도록 만듦으로써, 정부의 국정목표의 효율성을 떨어뜨리게 된다. 밖으로부터의 제약은, 야당을 호남의 지지기반에 한정시키게 되는 결과로 여당은 강력하지만 허약한 야당을 대면하게 된다. 개혁은 지지기반을 확대하기보다 반대로 축소하도록 했다. 처음 대통령은 그 자신과 측근, 그리고 부산경남(PK) 중심의 민주계를 주축으로 하는 대통령 1인 중심의 개혁을 추진했다. 그러나 그러한 개혁이 제도개혁으로 발전되기는 어려운 것이었다. 김영삼 정부 후기에 이르러 "정권재창출"을 위한 지지기반의 확대를 꾀하면서 초기의 그것들은 개혁의 번복과 자기부정으로 귀결되고, 여권과 야권 간에, 그리고 여권내부에서 분열만 심화되었다. 호남을 배제하는 엘리트충원의 불균등은 이러한 과정을 통하여 김영삼 정부 하에서 그 어느 때보다 악화되었다.

2. 대통령 대 의회 관계: 제퍼슨 모형

제14대 국회에서 여당이 압도적인 다수를 차지하면서, 김영삼 대통령은 원내 다수당의 지지를 바탕으로 행정부와 국회가 상호 대등하게 협력하는 안정된 정치를 추구하고자 하였으며, 강력한 대통령의 지도 아래, 민주적인 정부를 만들고자 하였는데, 이러한 특징은 전형적인 제퍼슨 모형의 관계를 보여준다. 과거 한국에서 권위주의적 리더십을 가진 지도자들은 압도적 다수를 차지하는 여당을 통해 자신의 권력을 강화시키거나 의회의 기능을 무력화함으로써 야당을 견제해 왔다. 〈그림 4-33〉처럼 김영삼 대통령의 시기에는 적극적 부정형의 리더십의 영향으로, 정당과 의회가 소외되었으며, 문민정부의 개혁은 청와대를 중심으로 한 위로부터의 개혁이었기 때문에, 대통령이 국민과 역사에 직접 호소하는 모습[43]을 보여준다.

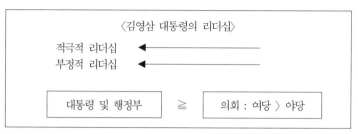

〈그림 4-33〉김영삼 대통령의 대 의회관계 제퍼슨 모형

　　대통령의 리더십이 이러한 상황에 얼마나 잘 적응하느냐에 따라서 대통령과 의회 간의 관계는 조화와 타협의 관계를 만들어 낼 수 있다. 어느 행정부와 대통령이 되든지 여당이 과반을 획득하지 못하게 되면, 일관된 정책을 행사할 수 없다. 특히 이러한 현상이 정권말기에 일어난다면, 행정부는 국회와 언론의 모진 질타를 헤쳐 나가야 하는 상황에까지 이를 수 있다. 제15대 국회는 여당인 신한국당이 과반을 획득하지 못하게 되면서, 김영삼 대통령의 정권 말기는 국회와 언론의 모진 질타를 헤쳐 나가야 하는 상황에까지 이르게 된다.

　　반유신투쟁을 통해 형성된 김영삼 대통령의 대중적 리더십의 원천은 민주화 투사, 정면돌파의 승부사라는 소신과 결단의 정치행태가 시대적 상황과 대중의 민주화열망과 맞물리면서 얻은 결과였다. 김영삼 정부는 국민들의 커다란 기대 속에, 과거 32년간의 군사 정권에서 벗어난 문민정부로 출범하였고, '변화와 개혁', '세계화·국제화', '역사 바로 세우기' 운동 등의 기치를 내걸고 개혁 정치에 착수하였다. 김영삼 대통령은 수십 년 동안 야당 지도자라는 특징 때문인지 독자적 결정을 하는 경향이 많았다. 권위주의 독재 정부에 투쟁하다 보니 비밀주의와 권위주의적 요소가 더 강화되었으며 이 과정에서 법령이나 제도를 초월하는 행동도 나타나게 되었다. 특히 국가통치의 효율성을 살리지 못하고, 국정이념과 방향은 혼란을 겪음으로써 김영삼 대통령은 문민정부의 대통령이면서도 민주적 지도자로 평가되기보다는 권위적인 지도자로 평가되기도 하였다. '1인 보스체제'를 기반으로 성장한 김영삼 대통령의 하향형 리더십은 권위주의적 리더십으로부터 완전히 탈피하지 못했다. 이러한 배타적 집단의 수장이었던 김영삼 대통령이 '민주화' 이후 기존의 정치구도의 전환에 직면할 때 새로운 비전을 통한 대중과의 소통에는 인색했던 데서 도출될 수밖에 없었던 '정치지도자'로서의 한계에 노출되었다.

---

43 최장집, 『한국 민주주의의 조건과 전망』, 나남출판, 1996, 253-258면.

김종필의 탈당과 김대중의 복귀로 인한 신 3김 시대의 등장으로 정치는 마치 과거로 회귀하여 퇴색되는 분위기였다. 이러한 상황에서 김영삼 대통령은 그 동안의 개혁의 성과를 기반으로 하여 강력한 도덕성과 정당성을 바탕으로 국민의 지지를 유도하여 개혁을 마무리하기가 어려웠다. 더구나 3김 정치의 부활로 인한 지역기반 정치의 부활은 김영삼 대통령의 경쟁의식을 자극하게 되어 과거 투쟁의 정치로 회귀되는 현상을 불러 일으켰고 김영삼 대통령은 신뢰를 바탕으로 개혁을 마무리하기에는 지지세력이 미미했으며 국민들 사이에서 개혁에 대한 기대감도 그다지 크지 않았다. 이는 신뢰의 시기에 김영삼 대통령이 리더십을 제대로 발휘할 수 없는 환경을 조성하였다. 더구나 대통령 아들의 권력남용과 친인척 비리 문제가 증폭되자, 그동안 추진되었던 김영삼 대통령의 개혁노력을 일시에 무산시키는 결과를 가져왔다. 또한 대통령 아들의 권력남용과 사법처리가 정치 쟁점화 되고, 경제 관리의 미숙으로 전 국가적인 위기상황이 닥침으로써, 김영삼 대통령의 개혁정책은 더 이상 진척되기가 어려웠다.

　김영삼 대통령은 집권 기간에 김대중, 김종필 및 박태준 등 야당 지도자와 오랜 역사 속에서 경쟁 관계를 형성해왔고 그들과 협력하려고 하지 않았다. 김영삼 대통령이 대통령 후보자로 확정된 후, 민자당 내에 있었던 박태준 등의 민정계를 배제하였고, 집권 후에 김종필 등의 공화계를 소외시켰다. 김영삼 대통령이 정당 민주주의와 합의제 정치를 보여주지 못한 것은 민주적 가치를 실현하고자 노력하지 않았다는 것을 말한다. 김영삼 대통령이 여러 정파의 야당들과 당내 인사들과 협의하고 그들을 국정운영에 참여시키고 그들에게 자율성을 부여하여 권력을 분점하여 소극적 긍정형 리더십을 발휘하였더라면 김영삼 대통령의 개혁은 더욱 성공적이었을 것이다. 김영삼 대통령이 바람직한 리더십 설계를 했더라면 임기 말에 있었던 금융위기에 대해서도 더욱 효과적으로 대처했을 것이라 판단된다.

〈표 4-21〉김영삼 대통령의 대 의회관계 모형 분석

의석	여대야소
정치, 경제 상황	공직자 재산공개(1993년 2월), 정치자금 수수 거부선언(1993년 3월), 하나회 숙청(1993년 4월), 금융실명제(1993년 8월), 김일성 주석 사망(1994년 7월), 12·12 사태 쿠데타로 규정(1994년 10월), 북·미 제네바 핵 기본합의문 서명(1994년 10월), 김대중과 김종필의 정계복귀(1995년 7월), 전두환·노태우 대통령구속 수감(1995년 11월), 한총련 사태와 연세대사태(1996년 8월), OECD 가입(1996년 12월), 한보철강 부도(1997년 1월), 기아자동차 부도 위기(1997년 7월 부도유예협약), 금융위기와 IMF 구제금융(1997년 12월)
대통령 對 의회관계	제퍼슨

최초로 문민정부 시대를 열어간 김영삼 대통령은 초기 압도적인 지지를 받으면서 국정을 운영해 나갔다. 김영삼 대통령은 그동안 누적되어 온 권위주의 및 군부정치제도 청산, 정치부패 척결 등의 일련의 개혁을 진행해 나갔으며 임기 초만 해도 90%가 넘는 높은 국민의 지지를 얻었다. 공직자 재산공개(1993년 2월), 정치자금 수수 거부선언(1993년 3월), 하나회 숙청(1993년 4월), 금융실명제(1993년 8월) 등을 실시했고, 각자의 개혁마다 국민들은 높은 성원을 정부에 보냈다. 그리고 김일성 주석 사망(1994년 7월)을 계기로 남북 관계가 경색되었고, 북한은 체제보장을 위해 핵무기 개발을 시도하자 북한과 미국은 제네바 핵 기본합의문에 서명하게 된다(1994년 10월). 그리고 김영삼 대통령은 12·12 사태를 쿠데타로 규정(1994년 10월)하고, 전두환·노태우 대통령을 구속 수감(1995년 11월)하는 등 역사바로세우기 작업을 실시하였다. 과거 민주화 운동가였던 학생운동 집단들을 연세대사태(1996년 8월)를 계기로 탄압하게 된다. 김영삼 대통령이 임기 내내 내세웠던 개혁 중의 하나는 세계화였다. 한국은 OECD에 가입(1996년 12월)하여 선진국의 지위를 국제적으로 인정받았으나 구조적인 경제모순과 국제적 환경의 악화로 한보철강 부도(1997년 1월), 기아자동차 부도 위기(1997년 7월 부도유예협약), 금융위기와 IMF 구제금융(1997년 12월)이 이어져서 김영삼 대통령의 임기 말 지지도는 급격히 추락하게 되었다. 김영삼 대통령의 임기 중반에 정치적 라이벌이었던 김대중은 정계 복귀(1995년 7월)하게 되고 김종필과 연대하여 정권교체를 이룩하였다. 김영삼 대통령의의 임기 동안 지지도의 부침은 있었지만 대체로 여대야소라는 의회구조를 유지하였으며, 김영삼 대통령의 리더십은 제퍼슨 유형을 유지한다.

가. 임기변수

정당의 영향력이 배제된 탈 정치화된 정치공간에서 언론의 힘에 의존하거나 대통령과 청와대가 중심이 된 위로부터의 개혁은 청와대의 관료기구(대통령기관)을 현저히 강화시킴과 동시에 관료기구에 크게 의존하면서 개혁정책이 추진되었다.[44] 결국 국정운영에 있어서 기득권세력이 광범하게 흡수됨과 동시에 개혁의 힘은 약화될 수밖에 없었다. 시간이 흐를수록 민주계 역시 보수화되어 갔고, 재야의 협조세력들도 외부연대가 단절되면서 김영삼 정부의 개혁추진력은 점진적으로 퇴색의 기미를 보였다.[45] 제15대 국회에서는 여당인 신한국당이 139석을 차지해 1당의 체면을 지켰으나, 과반수 의석 확보에 실패함으로서 안정적인 정권 유지가 힘들었다. 이러한 상황에서 김영

---

44 이종범, 앞의 책, 1130-1131면.
45 이종범, 앞의 책, 1133면.

삼 대통령과 여당은 통합민주당의 의원 및 무소속 의원들에 대한 영입을 시도하면서, 야당과의 불협화음을 일으켰으며, 국회의 장기간 파행이 거듭되었다.[46] 또한 야당은 검찰과 경찰의 정치적 중립보장을 위한 법률제정 및 정비에 대한 요구가 제기 되면서 상당기간 논쟁이 이루어졌으며, 제15대 들어서는 국회의 다수를 점하지 못한 상황에 서 국정의 주도권을 확보하지 못하였다.

나. 의석변수

제퍼슨 모형은 의회에서 여당의 힘이 우세한 상황을 가정하고 있다 하지만 여당이 국회 내의 압도적 의석을 확보하지 못할 경우, 제퍼슨 모형에서는 적극적 긍정형 리더십이 정국주도를 가능하게 하면서도 의회와의 관계를 원활하게 이끌 수 있는 기반이 될 것이다. 김영삼 대통령은 비공식적인 사조직이나 비선秘線조직에 기대어 국정을 처리해옴으로써, 행정에 대한 정치(의회와 정당)의 기능회복은 과거에 비해 별반 나아진 게 없는 것이 되었다. 3당 합당으로 만들어진 민자당은 김영삼 대통령의 개혁정책과 1인중심의 리더십으로 인해, 자유민주연합(약칭 자민련)의 김종필 등이 탈당, 내부 분열이 일어났고, 결국 민자당은 민심을 수습하기 위해 신한국당으로 개명해 분위기를 일신하려 하였다. 하지만 분열의 여파는 그 후 정권의 변동에까지 미치게 되었다.

<표 4-22> 제15대 국회의 득표율과 의석수[47]

정당/단체	득표수(율)	의석수(비례대표)
신한국당	6,783,730(34.5)	139(18)
새정치국민회의	4,971,961(25.3)	79(13)
자유민주연합	3,178,474(16.2)	50(9)
무 소 속	2,328,795(11.9)	16
통합민주당	2,207,695(11.2)	15(6)
합계(비례대표)	299(46)석	

또한 제14대 국회는 최다 당적 변경국회로 이름이 나 있다. 김종필이 창당한 자유민주연합과 김대중이 결성한 새정치국민회의(약칭 국민회의)등 잦은 정계개편으로 인

---

46 김현우, 『한국국회론』, 을유문화사, 2001, 665면.
47 대한민국 국회 홈페이지에서 입법부 소개 정당별 의석 및 득표현황(당선 시 기준)을 참조. 무당과 국민연합, 대한민주당, 21세기한독당, 친민당 등 의석이 없는 군소정당의 현황은 생략하였다. <www.assembly.go.kr:8000/ifa/html/1_1_2.html>의 제14대 국회 표.

해, 75명의 의원들이 모두 118회에 걸쳐 당적을 변경, 역대 국회 중 가장 많은 당적변경을 기록하고 있다.[48] 이러한 현상은 결국 행정부와 대통령의 정책에 대한 국회에서의 안정적이고 장기적인 지원이 불가능하도록 만들었고 제15대 국회의원선거에서는 다시 여소야대 현상이 재현되는 현상을 낳았다.

〈표 4-23〉 제11대 국회 이후 국회공전 일수

대별	11	12	13	14	15(-98.4.20)
일수	10	38	103	130	157

〈표 4-23〉, 〈표 4-24〉과 같이 제14대 국회에서는 국회의 공전일수가 예전에 비해 증가하였고, 국회의 결의안에 대해서는 부결 4, 폐기 16, 철회 4, 반려 1의 결과가 나온 것으로 볼 때, 의회 내에서 여당의 힘은 야당을 압도할 만한 능력을 가지지 못하였다는 것을 알 수 있다.

〈표 4-24〉 제14대 국회 동의안/결의안 처리현황[49]

구 분	접수	처리	계	원안	수정	부결	폐기	철회	반려
동의안	191	191	190	187	3	1			
결의안	199	199	174	174		4	16	4	1

또한 제14대 국회에서는 야당에 의한 정부 관료의 해임건의안이 자주 상정됨으로써 대통령과 행정부에 대한 견제가 매우 활발했음을 알 수 있다.

- [국무총리(황인성)해임건의안]발의-부결
- [국무위원(김양배)해임건의안]발의-부결
- [국무위원(국방부장관 이병태)해임건의안]발의-철회
- [국무위원(부총리 정재석)해임건의안] 등 22건 미표결-폐기
- [국무총리(이영덕)해임건의안] 등 23건 발의-부결

〈그림 4-34〉 제14대 국회 발의 주요 해임건의안

그러한 가운데, 다음 선거가 다가오자 반호남연합(3당 통합)인 민주자유당은 급속하게 분열되고 대통령을 중심으로 재편되어 신한국당으로 변모하게 되었다. 김종필을 비롯한 여러 의원들은 민주자유당을 이탈, 자유민주연합을 만들게 되었고, 김대중은

---

48 김현우, 『한국국회론』, 을유문화사, 2001, 161-163면.

49 국회사무처 홈페이지, 〈nas.assembly.go.kr〉.

평화민주당의 당명을 다시 새정치국민회의로 변경, 특정지역을 기반으로 하는 3당의 지역패권 유지가 다시 한 번 시도되었다. 이러한 변화를 통해 결국 제15대 국회에서는 여대야소 구조가 무너지는 결과를 낳았으며, 김영삼 대통령의 정권 말기에는 국회의 모진 질타를 헤쳐 나가야 하는 상황에까지 이르게 되었다.

다. 정치·경제상황

김영삼 대통령 정권초기 개혁의 전반적인 방향은 정치개혁 혹은 개혁정치가 다른 분야를 지배했다. 경제정책분야까지도 정치개혁의 논리가 지배함으로써 경제정책의 흐름을 왜곡시켰다는 비판을 받는다.[50] 그럼에도 불구하고 경제실명제, 공직자 재산공개, 군대 내 사조직인 하나회 척결 등은 군부 권위주의의 기반을 뿌리 뽑았다. 이러한 정치적 행위는 다시 과거처럼 쿠데타로 군부독재로 회귀를 막는 장치로 판단된다. 또한 민주화에 필요한 수많은 정치개혁들을 단기간 내에 이뤄냈다.

김영삼 정부는 집권 후반부에서 개혁정책의 실패, 개혁방향의 혼선과 불일치는 지배연합세력의 분열과 같은 개혁의 추진이 점화하지 못한 채 정치적 리더십이 미약해진다. 청렴함을 강조했던 것과 대조적으로 투명성을 강조했지만 그 역시 실패적 요인이다. 경제적 위기로 IMF 구제 금융을 받게 되어 치욕스러운 정부 신뢰도와 국가는 상처를 입어 임기 말에는 레임덕이 빠르게 다가왔고 독주에 개혁의 성과는 보이지 못한 결과는 국민들의 비판을 받게 된다.

김영삼 대통령은 문민 대통령이지만 권위적인 면이 부각되는 '문민독재'라는 리더십을 발휘하였다. 개혁과정에서의 공론화 부족과 정책혼선, 그리고 국민들이 느끼는 체감개혁이 이룩하지 못함으로서 개혁에 대한 냉소주의가 퍼지게 된다. 김영삼 대통령은 임기 말이 가까워지자 금융 및 노동개혁법을 추진하게 되나 실제로 보수 및 진보양 세력으로부터 지지를 받지 못하여 치명적인 정치적 리더십 손상을 보여준다.[51]

이러한 경제적 위기 상황에서 외환위기 사태가 발생하면서 IMF의 긴급구제금융을 신청하게 되는 초유의 사태와 여당과 행정부에 대한 국민들의 신뢰도는 급격히 하락한다. 그 후 자유민주연합과 국민회의가 연대한 김대중 후보가 당선됨으로써, 한국 최초의 여야간 정권교체가 이뤄진다. 이후 국회에서 IMF 구제금융에 대한 국정조사가 이루어지는 등, 행정부의 실책에 대한 국회차원의 진상조사가 이루어지도록 하였다.

---

50 이종범, "김영삼대통령의 리더십 특성과 국정관리유형: 문민정부 1년의 정책평가", 『한국행정학보』 (제28권 제4호), 1994, 1133면.

51 김병문, 앞의 글, 1178면.

第3節 김대중 대통령

김대중 대통령은 적극적 긍정형의 리더십을 가진 지도자로서 역동적인 행정부의 역할을 수행하여 민주주의 강화, 남북화해협력의 증진, 경제위기 극복 등의 성과를 이끌어냈다. 김대중 대통령은 여소야대의 상황임에도 불구하고 이전 정권인 김영삼 정부와 한나라당이 경제위기를 초래해서 다수당인 한나라당의 견제로부터 자유로울 수 있었다. 김대중 대통령 자신의 추진력과 역량을 바탕으로 해밀턴 모형의 국정운영을 추진할 수 있었다.

김대중 대통령은 오랜 민주화투쟁과정에서 군사정권의 혹독한 탄압을 이겨내고 네 번째 대통령선거 도전 끝에 수평적인 정권교체를 이뤄냈다. 김대중 대통령의 정치적 생애는 청·장년기 정계진출 도전과 실패의 고난으로 점철되어 있다.[52] 따라서 절차적 민주주의가 더 성숙해지는 계기를 만들었지만, 후천적 카리스마(acquired charisma) 지도자로서 김대중 대통령의 국정운영방식에는 권위적인 성향이 내재되어 있다. 정해진 절차나 제도에 따르기보다는 주로 개인적이 신뢰에 기초한 내집단에 의존하는 경향이 나타났고 대북 문제나 국내 문제 추진 시에 공식적인 의사결정 라인은 실세 참모들에 의한 비밀스러운 추진이 흔히 발생했다. 하지만 이 시기 김대중 대통령의 리더십은 매우 성취욕이 강했고, 결과중심적인 국정운영을 추구하였으며, 남북화해의 필요성을 제시하고 햇볕정책을 자신 있게 추진하는 등 적극적 긍정형의 전형적인 모습을 보여주고 있다. 김대중 대통령은 경제위기 극복, 지역 및 국민통합, 남북한 통일을 위한 획기적 기반 조성 등 많은 국정과제들을 목표로 삼아 이를 자기 임기 내에 모두 이룩하고자 하는 강한 의지를 갖고 있었다. 그리고 IMF 극복이라는 국가적 과제의 수행으로 인해, 여소야대 상황임에도 불구하고 김대중 대통령은 적극적인 리더십을 통해 권력을 집중시킬 수 있었고 정국을 주도할 수 있었다. 또한 이러한 환경조건 완성을 위해서는 야당의 협조가 필요했기 때문에, 김대중 대통령은 긍정적 리더십을 통해 과거의 정권보다는 국회에 대한 관계를 원만히 이끌어가려 하였다.

---

52 S. Freud, *The Ego and the Mechanism of Defence* (New York: International Univ. Press, 1998).

1. 정치적 리더십의 특징: 적극적 긍정형

가. 민주화 지도자

김대중 대통령의 리더십은 반공질서 속에서 낙인을 새긴 색깔론과 박해받는 민주주의를 통해 성장했다. 김대중 대통령의 리더십을 평가할 때 항상 비교대상이 되는 것이 김영삼의 리더십이다. 이는 독재 권력에 대항한 동시대의 대표적 야당지도자였다는 시대적 배경과 민주화 세력 내부의 주도권을 둘러싼 끊임없는 암투와 경쟁 상대였다는 점에서 당연하다고도 볼 수 있다. 한국사회에서 친북 세력과 민주화 세력은 엄연한 분리의 대상이었다. 이는 정권차원에서뿐만 아니라 대중의 인식에서도 마찬가지로 드러났다. 즉 친북과 민주화의 경계 구분은 민주화 세력에 대한 독재 정권의 분할관리 정책이었고, 국민 역시 이러한 경계 구분에 능동적으로 동원되었다. 김대중과 김영삼은 정계입문 출발부터 달랐다. 김영삼이 자유당을 탈당하고 민주당 구파에 '젊은 세대'로 본격적인 야당생활을 시작했다면, 김대중은 민주당 신파의 젊은 세대로 정치에 발을 들여놓게 된다.[53]

나. 경제적 리더십: 외환위기 극복

'한국전쟁이후 최대의 국난'이라고 불리기도 하는 외환-금융위기가 폭발하고, 이로 인해 한국이 IMF 관리체제 하에 놓이게 된 조건 속에서 김대중정권은 '민주주의와 시장경제의 병행 발전', '생산적 복지', '남북화해' 등을 국정의 제1목표로 제시하는 가운데 위기를 극복하고 한국사회의 새로운 발전을 담보하기 위한 제반 '개혁'을 착수하였다. '6·25 이후 최대의 국난'으로 여겨질 만큼 외환위기는 한국 경제구조에 큰

---

53 강병익, "김영삼, 김대중 그리고 노무현 대통령의 리더십", 『미래공방』, 2007, 84면; 김대중 대통령은 이승만 정권의 야당탄압이 1952년 부산정치파동 등으로 절정에 이르자 정계에 입문하게 된다. 그는 1960년 민의원에 당선된 후 1971년까지 6·7·8대 국회의원을 역임하였다. 김대중 대통령이 본격적으로 유력한 야당정치지도자 반열에 오르게 된 계기는 바로 1970년에 당시 당 총재인 유진산의 지원을 등에 업은 김영삼을 제치고 신민당 대통령후보로 선출되는 순간이었다. 또한, 이 시기는 영원한 정치적 라이벌로서의 '양김시대'의 시작이기도 했다. 김대중 대통령이 야당의 대선후보 경쟁에 쏠렸던 유권자의 관심으로 1971년 대선에서 박정희 후보에게 70여만 표 차이로 석패하기는 했지만, '야당돌풍'으로 이어가는 데는 성공했다. 1971년 대선은 김대중을 정권교체의 '희망'으로 만들어 주었던 반면, 유신체제가 막을 내릴 때까지 연금과 망명, 죽음직전까지 몰리며 억압받는 재야민주인사로 살 수밖에 없었던 고난의 시작이기도 했다.

도전이었으나, 1999년에 이미 김대중 정부는 IMF위기를 1년 반만에 극복했다고 선언한 바 있고 2001년 8월에는 IMF로 빌린 자금을 조기 상환하면서 위기의 극복을 공식적으로 재확인하였다. 또 김대중 정부 집권기간 중 우리 사회 스스로의 문제인식과 실천 능력에 비추어 거의 불가능하다고 생각했던 수많은 개혁과 구조조정 과제를 김대중 대통령의 리더십을 통해 위기의 극복과정에서 다양한 국가정책이 성공적으로 추진되었다.

다. 외교적 리더십: 남북 화해협력

국가의 안보를 위해서 평화유지(Peace Keeping)는 기본으로 필요하지만 민족의 통일을 위해서는 평화 건설(Peace Building)이 필요하고, 이를 위해서는 북한을 포용하는 자세로 통일정책을 추진해 나가야 한다는 것이 햇볕정책의 철학이었다. 그러나 50여년의 냉전시대, 분단시대를 살아오는 동안 안보와 평화유지(Peace Keeping), 대북불신에 더 익숙한 절대다수의 국민들에게 평화건설(Peace Building)과 대북포용은 낯 설고 위험한 일이 아닐 수 없었다. 북한도 김대중 정부 초기에는 햇볕정책에 대해서 방어적이었다.

김대중 대통령의 통일정책은 화해협력정책이다. 이 정책을 계승·발전시키겠다고 공언한 노무현 정부의 통일정책은 평화번영정책이다. 평화 지키기(Peace Keeping)을 게을리 하지 않되 북한을 포용하는 자세로 평화 만들기(Peace Building)도 추진해야한다는 같은 철학에 토대를 둔 이 두 정책은 추진전략도 같다. 첫째, 기본적으로 기능주의적 접근과 인도주의적 지원을 하는 동안 남북 간 접촉점·선·면·공간을 넓혀나가고 상호의존성을 키워 나감으로써 남북관계 개선과 한반도 평화부터 정착시키려고 한다. 둘째, 교류·협력·왕래 과정에서 북한의 개방점·선·면·공간이 넓어지고 북한이 변화하는 동안 남북 간 동질성을 키워나감으로써 통일의 기반을 닦아 나가려고 한다. 셋째, 남북이 통일문제를 주도하되 주변국들과 긴밀하게 협의하고 그들의 지원을 최대한 끌어낸다는 것이다.

차이점은 정책의 외연과 내용이 다소 확대된 데서 찾을 수 있다. 첫째, 김대중 정부에서는 경제·사회분야 남북관계 개선에 주력한 반면, 노무현 정부에서는 전 정부의 성과를 토대로 경제·사회분야 이외에 군사·안보분야에서도 관계 개선을 추구하고 있다. 둘째, 김대중 정부가 남북화해·협력에 주력했다면, 노무현 정부는 '화해를 평화로, 협력을 번영으로' 개념을 확장하고, 정책의 지역적 무대도 동북아로 확장하여 남북 간 평화번영과 동북아 평화번영을 연계시키려는 것이다. 셋째, 이전보다 정책결정과정에서 국민적 참여를 강화하는 것이다.

라. 지역주의

김대중 대통령의 리더십의 또 다른 원천 중 하나는 바로 '지역주의'이다. 주요 지지층은 계급적으로는 도시 지식인층과 전라도 지역민들이었고, 지역적으로 호남이었다. 냉전을 배경으로 한 정치적 고난과 지역주의에 의해 고통 받는 지역민들의 일체화, 즉 지역주의와 분단이라는 정치사회균열의 중첩에 의해 박해받는 리더십의 상징을 형성했고, 민주화투쟁과 중첩되면서 김대중 대통령의 '저항적 리더십'을 형성하게 된 것이다. 김대중 대통령은 지역주의의 한계를 벗어나지 못했던 것은 물론 지배 세력의 집요한 공작에 의한 것이기도 했지만, 그 역시 대통령의 꿈을 이루기 위한 계획으로 지역연합을 적극적으로 활용했다는 점에서 지역주의 최대의 '수혜자'이기도 하다. 김영삼 대통령은 '상도동계'라는 정치자원부대가 있었다면, 김대중 대통령은 '동교동계'라는 정치파벌이 있었고, 이는 김대중 대통령의 '1인 보스체제'를 견고하게 유지시켜 주는 권위주의적 리더십의 원천이었다. 이와 함께 이른바 '재야'라고 통칭되던 70-80년대 민주화운동 세력이 김대중의 리더십형성과 정치에 유력한 충원세력 역할을 했다. 물론 김영삼 역시 재야와의 소통구조를 가지고 있었다. 이러한 김대중 대통령과 재야와의 관계는 '4자필승론'에 안주했던 1987년부터 줄곧 '비판적 지지'라는 슬로건으로 이어져 왔는데, 이는 김영삼 대통령과는 대비되는 한반도문제 해결방안의 상대적 급진성에서 연유한다.[54]

2. 대통령 대 의회 관계: 해밀턴 모형

김대중 대통령은 '준비된 대통령'의 슬로건을 내세웠다. 안정의 이미지를 주는 마이너스형 리더십[55](minus leadership)으로 한국 최초의 여야간 정권교체를 이뤄냈다. 그 당시 제15대국회에서는 기존의 여당인 신한국당이 거대야당으로 존재하는 가운데, 여소야대 현상이 지속되고 있었고 처음부터 많은 어려움 속에서 놓여 있었다. 김대중 대통령이 한나라당과의 관계에서 야당의 협력이 절실했음에도 불구하고 이회창 총재와 밀월蜜月기간이 없었던 것은 서로 상극相剋인 마이너스형 리더십 스타일이었기 때문으로 분석된다.[56] 또한 정치적으로 성향이 전혀 다른 세력과 연합하여 집권한데

---

54 강병익, "김영삼, 김대중 그리고 노무현의 리더십", 『미래공방』, 2007, 86면.

55 H. Blanchard, Management, of Organizational Behavior: Utilizing Human Resources. 6th ed., Englewood Cliff, 1993.

서 오는 부담과 원내에서의 여소야대 정치구도가 그들의 행동반경을 제약하고 있었다. 하지만 IMF 관리체제라는 국가적 위기상황이 역설적으로 김대중 정권의 행보를 가볍게 해 주었다. 즉, 김대중 정권은 IMF사태로 인한 국가 비상사태의 극복이라는 절체절명의 목표와 요구가 있었으며, 이러한 시기에는 행정의 능률성이 민주적 절차보다 우선시 될 수밖에 없었다.

이러한 이유로 김대중 대통령과 대對 의회간의 관계는 행정부가 입법과정을 포괄적으로 지배하고 대외정책과 재정 및 경제정책을 독점적으로 결정함으로써 행정부에 대한 국회의 통제가 형식화되는 해밀턴(Hamilton) 모형이 성립될 수 있을 것이다. 해밀턴 모형은 대통령 중심적 정부 모형으로, 절제와 균형의 체계 안에서 대통령과 행정부는 역동적인 행정 활동을 수행하고, 대통령의 리더십이 입법과정을 포괄적으로 지배하는 모형이다. 또한 대외정책과 재정 및 경제정책을 독점적으로 결정함으로써 행정부에 대한 국회의 통제가 형식화 되는 모형이다. 이러한 해밀턴 모형에서는 대통령과 의회간의 타협과 조화를 위해 안정적이고 신중한 대통령의 긍정적인 리더십이 필요하다. 김대중 정부의 경제위기상황은 그 동안 불가능하게 여겨졌던 많은 일들을 가시권 내에 들어오게 했다. IMF의 요구로 한국은 정부는 물론이고 재벌, 금융, 노동 등 모든 부문에서 근본적 변신을 강요받았다. 이러한 요구는 김대중 대통령의 적극적 긍정형 리더십과 맞물리면서 의회와의 관계를 강화시킬 수 있는 좋은 기회로 작용하게 되었다.

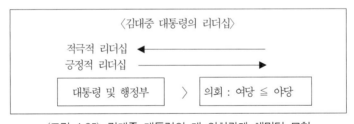

〈그림 4-35〉 김대중 대통령의 대 의회관계 해밀턴 모형

김대중 대통령의 리더십은 '박해받는 민주주의'를 통해 성장했다. IMF(국제통화기금) 관리체제의 외환위기를 재정·금융 긴축과 대외개방, 금융 및 기업의 구조조정 등을 통해 위기를 극복하였다. 김정일 국방위원장의 초대로 평양을 방문하여 6·15남북공동선언을 이끌어냈다. 또한 50여 년간 지속되어 온 한반도 냉전과정에서 상호불신과 적

---

56 최진, 『대통령 리더십 총론』, 법문사, 2008, 422면.

대관계를 청산하고 평화에의 새로운 장을 여는 데 크게 기여한 공로로 2000년 노벨평화상을 받았다. 김대중 대통령의 리더십은 매우 성취욕이 강했고, 결과중심적인 국정운영을 추구하였으며, 남북화해의 필요성을 제시하고 햇볕정책을 자신 있게 추진하는 등 적극적 긍정형의 전형적인 모습을 보여주고 있다.

〈그림 4-35〉처럼 김대중 대통령은 IMF사태로 인한 국가 비상사태의 극복이라는 절체절명의 목표를 적극적 리더십으로 강력하게 수행하였고, 이 당시 행정의 능률성이 민주적 절차보다 우선시 될 수밖에 없었기 때문에 발생할 수 있는 거대 야당과의 어쩔 수 없는 충돌을 긍정적 리더십을 통해 해결하려 하였다. 경제위기가 한나라당(신한국당의 전신)이 집권하던 시기에 있었기 때문에 한나라당이 국정운영에 대해 수많은 비판을 할 수 있는 처지가 되지 못했다.

〈표 4-25〉 김대중 대통령의 대 의회관계 모형 분석[57]

의석	여소야대
정치, 경제 상황	·현대 정주영 명예회장 소떼 5백마리와 함께 북한 방문(1998년 6월) ·금강산 관광선 첫 출항(1998년 11월) ·국민연금 적용대상이 전국민으로 확대(1999년 4월) 서해 연평도 남한-북한 제1연평해전(1999년 6월) ·'약사법 개정법률안'이 국회 통과로 의약분업 시행(1999년 12월) ·분단 이후 처음으로 남북정상회담(김대중 대통령, 김정일 국방위원장) 개최(2000년 6월 15일) ·경의선 철도 및 도로 연결 기공식(2000년 9월) ·국민기초생활보장제도 시행(2000년 10월) ·김대중 대통령 노벨평화상 수상(2000년 12월) ·여성부 신설(2001년 1월) ·IMF 지원자금 195억불을 전액 상환(2001년 8월) ·2002년 한·일월드컵 개최(2002년 5-6월) ·남한-북한 제2연평해전(2002년 6월)
대통령의 대 의회관계	해밀턴

1997년 12월 18일에 행해진 제15대 대통령선거는 한국정치사상 처음으로 선거에 의한 여당과 야당의 정권교체라는 의미 있는 선거였다. 한국 국민들은 국가자존까지 위태롭게 한 김영삼 정부의 경제실정과 국제통화기금(IMF) 경제위기에 분노하면서 야

---

57 국민의 정부 최대 업적으로 꼽히는 6·15 남북정상회담이 성사된 것도 김대중 대통령의 마이너스형 리더십·과업지향형·행정가형, 김정일 국방위원장의 선동가형·인간중심형·플러스형 리더십이 서로 들어맞았기 때문이라는 심리학적 분석이 있다; C. Jung, "a modern myth of things seen in the skies", 1964.

당후보인 김대중을 선택하여 헌정사상 50여 년 만에 처음으로 야당후보가 대통령에 당선되게 되었다. 1998년 2월 25일 헌정사상 최초로 여·야간 정권 교체된 김대중 대통령의 "국민의 정부"는 여소야대로 인해, 정권인수의 안정성이 가장 낮았고, 많은 어려움이 봉착해 있었다.

〈표 4-26〉 정권인수의 안정성[58]

분 석	대통령당선자의 근소한 승리	대통령당선자의 큰 승리
대통령당선자와 재임 대통령이 동일정당	—	정권인수의 안정성이 가장 높음
대통령당선자와 재임 대통령이 다른 정당	정권인수의 안정성이 가장 높음	—

김대중 대통령 정부시절 국회의 기능향상은 이전보다 개선된 것으로 평가받고 있다. 15대 국회는 외환위기에 대한 국정조사와 함께 정치개혁 입법을 통해 국회의 기능을 강화시키고, 공직선거법을 개정하였으며, 투명한 의정활동의 기초를 세우고자 하였다.[59] 또한 제15대 국회 4년 동안 발의된 의원법안은 1,144건으로 역대국회 중 가장 활발한 입법 활동실적을 보였으며, 이는 제16대 국회로 이어져, 16대 국회 전반기 2년 동안 발의된 의원법안이 900건에 이를 정도로 이 당시의 의원 입법 활동 역시 활발하게 이루어졌음을 알 수 있다.

〈표 4-27〉 제16대 국회 전반기 법률안 현황(2000. 5. 30 - 2002. 5. 29)

구분		제안	처리내용(본회의)				미처리
			계	가결	폐기	철회	
의원 법안	의원 20인 이상	797	331	78	229	24	466
	위원회	103	103	103	-	-	-
	소 계	900	434	181	229	24	466
정부법안		353	293	253	40	-	60
계		1,253	727	434	269	24	526

---

58 함성득, 『대통령학』, 나남출판, 2003, 252면의 표를 참조하여 필자가 재작성하였다.
59 제15대 국회는 국회법을 개정하여 국회의원 정수 축소, 연중 상시개원체제확립, 예산결산 특별위원회의 상설화, 전원위원회 및 인사청문회제도의 도입 등 정치개혁법안을 마련하였고 이러한 개혁법안은 국회개혁을 위해 요구되고 있다. 김현우, 『한국국회론』, 을유문화사, 2001, 164면.

가. 임기변수

김대중 대통령은 제15대 국회에서 비록 신한국당이라는 거대야당에 비해 힘이 미약하였지만, 적극적 리더십의 특성으로 인해 정권 내내 대통령과 행정부가 정국을 주도할 수 있는 기반을 만들어 냈으며, 긍정형의 리더십으로 인해 제16대 국회에서는 국회에서 과반수는 차지하지 못했지만 여야균형상황을 만들어 냈다. 김대중 대통령은 다른 단임제 대통령과 똑같은 임기를 부여받았지만, 집권에는 특별한 정치적·경제적 의미를 가지고 있어서 임기 동안 리더십이 공고화 될 수 있는 조건이 있었다. 김대중 대통령은 오랜 권위주의 정권 이후에 최초의 정권교체를 이룩하였다. 그리고 환란위기 이후 김영삼 정부와 집권정당인 한나라당(이전에는 신한국당)은 그에 대한 책임을 안고 있었기 때문에, 강력하게 김대중 정부의 주요 정책을 반대하지 못했다. 그리고 이러한 정치적 경제적 상황을 고려할 때 여론은 비교적 김대중 정부에게 우호적이었다. 그래서 같은 임기라 하더라도 김대중 정부에서는 대통령이 주도적인 리더십을 발휘하여 국정운영을 할 수 있었다.

나. 의석변수

해밀턴 모형 하의 의회에서 여당이 다수의 위치에 서있지 않다면, 대통령의 위치는 급격하게 흔들릴 수 있는 가능성이 많다. 특히 제15대 국회는 그 어느 때보다 국민회의와 자민련 집권연합그룹 간의 분열도 심각했고, 특히 정권 교체 이후에는 야당의 여당에 대한 공격이 강해서 제15대 국회의 정회율은 73%에 이른다. 제15대 국회 제193회 임시회는 1998년 5월 25일에 집회되었으나 후반기 원구성에 관한 교섭단체 간 이견으로 의사일정이 협의되지 못하여 폐회일(1998. 6. 23)까지 회의를 열지 못하였다. 또한 제211회 임시회는 2000. 2. 15에 집회되었으나 의사일정이 협의되지 못하여 폐회일(2000. 3. 15)까지 회의를 열지 못하였다. 하지만, 김대중 대통령은 민감한 문제에 대해서 관여를 하지 않거나, 긍정적인 리더십을 통해 의회와의 타협을 모색함으로써 국회의 역할증대와 기능강화에 노력하였다.

그러나 김대중 대통령의 집권초기에는 야당인 한나라당이 집권 초기 김종필 국무총리 임명에 대해 거부를 함에 따라 정부 임명이 늦춰지는 사태도 발생했고, IMF 극복 이후에는 자민련과 연합도 느슨해지고 한나라당의 공세로 많은 어려움을 당했다. 또한 2000년의 제16대 국회의원 선거에서도 여당인 민주당이 과반이상을 확보하지 못하면서 집권 내내 여당의 공격에 노출되어 있었다. 〈표 4-28〉에서 제시되는 바처럼 당시 새정치국민회의는 김대중이 복귀했을 무렵에 국민회의가 창당되었을 때보다는 많은 의석수를 확보했으나 호남을 주요 지지기반으로 하던 국민회의는 의회 내에서 소수파였다.

〈표 4-29〉를 보면, 제15대 국회에서는 행정부의 동의요청안에 대한 부결이 1회, 폐기 15, 철회 2에 이를 정도로 의회와 행정부 간의 경쟁이 활발한 것을 알 수 있다. 또한 국회의 결의안에 대해서는 부결 1, 폐기 28, 철회 5의 결과가 나온 것으로 볼 때, 의회 내에서 여당의 힘은 야당을 압도할 만한 능력을 가지지 못하였다는 것을 알 수 있다. 하지만 김대중 정부는 정권 내내 대통령과 행정부가 정국을 주도할 수 있는 기반을 만들어 냈으며, 〈표 4-30〉에서처럼, 제16대 국회에서는 여야균형상황을 만들어 냈으며 안정적인 정권후기를 맞이할 수 있었다.

〈표 4-28〉 제16대 국회의 득표율과 의석수

정당/단체	득표수(율)	의석수(비례대표)
한나라당	38.96	133(21)
새정치국민회의	35.87	115(19)
자유민주연합	9.84	17(5)
민주국민당		2(1)
한국신당		1
무 소 속		5
합계(비례대표)		273(46)석

〈표 4-29〉 제15대 국회 동의안/결의안 처리현황[60]

구 분	접수	처리	계	원안	수정	부결	폐기	철회	반려
동의안	212	212	194	188	6	1	15	2	
결의안	222	222	188	185	3	1	28	5	

또한 〈표 4-30〉처럼, 제16대 국회의 전반기 2년 동안은 국회의 기능이 전반적으로 강화되고, 타협과 조화의 모색을 통해 행정부와 국회간의 마찰이 과거보다 현저히 줄어들었음을 보여준다.

---

60 국회사무처 홈페이지, 〈nas.assembly.go.kr〉.

분 석	대통령 소속당	대통령 소속당의 의석	여당 과반미달 의석
1988년 총선	민주정의당	125석(41.8%)	25석
1992년 총선	민주자유당	149석(48.9%)	1석
1996년 총선	신한국당	139석(43.5%)	11석
2000년 총선	새천년민주당	115석(42.1%)	22석

〈표 4-31〉 국회 대별 전반기 법률안 제안현황[62]

구분 대수	총 계	의원법안		정부법안	
		건 수	비 율	건 수	비 율
제13대국회 전반기	628	468	75%	160	25%
제14대국회 전반기	374	120	32%	254	68%
제15대국회 전반기	785	452	58%	333	42%
제16대국회 전반기	1,253	900	72%	353	28%
계	3,040	1,940	64%	1,100	36%

〈표 4-31〉처럼 제16대 국회에서는 의원법안 발의건수를 보더라도 과거 어느 국회보다 왕성한 활동을 보여 주었다. 이는 국회의 기능이 전반적으로 강화되고, 타협과 조화의 모색을 통해 행정부와 국회간의 마찰이 과거보다 현저히 줄어들었음을 보여준다. 김대중의 리더십의 또 다른 원천 중 하나는 바로 '지역주의'이다. 김대중 대통령의 주요 지지층은 계급적으로는 도시 지식인층과 전라도 지역민들이었고, 지역적으로 호남이었다. 냉전을 배경으로 한 정치적 고난과 지역주의에 의해 고통 받는 지역민들의 일체화, 즉 지역주의와 분단이라는 정치사회균열의 중첩에 의해 박해받는 리더십의 상징을 형성했고, 이것이 다시 민주화투쟁과 중첩되면서 김대중의 '저항적 리더십'을 형성하게 된 것이다. 김대중 대통령이 지역주의의 한계를 벗어나지 못했던 것은 물론 지배 세력의 집요한 공작에 의한 것이기도 했지만, 그 역시 대통령의 꿈을 이루기 위한 계획으로 지역연합을 적극적으로 활용했다는 점에서 지역주의 최대의 '수혜자'이기도 하다. 전국적으로 고른 지지를 받지 못했다. 또한 소수집단에 속하는 호남 유권자의 지지만으로 김대중 대통령의 리더십과 국정운영은 다수세력의 한나라당과 영남 및 보수집단의 반대로부터 제한을 받기도 하였다.

---

61 김용호, "21세기 새로운 의회정치의 모색 : 분점정부 운영방안", 2002, 3면의 표.
62 국회사무처 법제실, 『제16대 국회 전반기 2000. 5. 30-2002. 5. 29 의원입법현황』, 국회사무처, 2002, 7면.

다. 정치·경제상황

앞서 살펴본 것처럼, IMF 관리체제라는 국가적 위기상황이 역설적으로 김대중 정부의 행보를 가볍게 해 주었다. 김대중 정부는 이러한 문제의 해결만이 자신들의 정치적 정당성을 확보해준다는 것을 인식하고, IMF사태로 인한 국가 비상사태의 극복이라는 절체절명의 목표와 요구를 정치적 책임으로 인정하였다. 이러한 이유로 김대중 정부와 의회간의 관계는 행정부가 입법과정을 포괄적으로 지배하고 대외정책과 재정 및 경제정책을 독점적으로 결정하는 것이 가능하였으며 정치적 기반을 안정적으로 유지시킬 수 있었다.

당시 쟁점 중의 하나였던 것 중의 하나는 '국민기초생활보장법'의 시행이다. 이 법안의 목적은 국민의 생존권 보장을 위한 구체적이고 최후의 보루로서 기능하는 법이 되며, 가능한 도움을 받는 사람들이 자활. 자립할 수 있도록 돕는 법이 되겠고, 그 특성으로는 무갹출 급여제공, 재원이 조세라는 점(사회보험제도의 경우 갹출 또는 기여금으로 운영되는 반면 '국민기초생활보장법'의 재원은 조세, 즉 세금으로 운영된다)이다. 또한 기존의 생활보호법의 국가에 의한 보호적 성격에서 저소득층의 권리적 성격으로 바뀌었다는 것 역시 하나의 특성이다. 1961년 생활보호법의 제정 이후에 1999년 IMF 경제위기로 인하여 생계유지가 어려운 저소득층의 생활안정을 위하여 생활보호, 실업급여, 공공근로, 노숙자보호, 한시생활보호, 생업자금융자 등 사회안전망 사업이 실시되었지만 많은 저소득층이 사회보장의 혜택을 전혀 받지 못하는 사각지대가 존재하여 국가가 모든 국민의 기본적인 생활을 제도적으로 보장해야할 필요성이 대두되면서 단순생계지원이 아닌 수급자의 자립자활을 촉진하는 생산적 복지 지향의 종합적 빈곤대책이 필요하게 되면서 여·야의 합의로 생활보호법을 대체하는 '국민기초생활보장법'이 제정되고 2000년 10월부터 시행되게 되었다.

第4節 노무현 대통령

노무현 대통령은 탈지역주의와 탈권위주의 상징이었다. 또한 노무현 대통령은 도덕성을 무기 삼아 정치개혁을 위해 노력해왔다. 그러나 노무현 대통령의 소극적 부정형 리더십은 집권당과 행정부 간의 정책합의를 이끌어내지 못했고, 야당을 포용하지 못했다. 그럼에도 불구하고 노무현 대통령이 추진한 지역균형발전, 검찰과 국정원 등의 권력기관의 중립화, 선거제도개혁 등은 한국 민주주의가 제도화를 통해 실질적 민주주의로 발전할 수 있는 중요한 가치를 가지고 있었다. 노무현 대통령의 정치적 리더십의 미숙함은 탄핵 등의 정치적 이슈와 선거에서의 유동성(flexibility)에 따라 다양한 국정운영 행태를 보여 왔다. 노무현 대통령의 리더십 모형은 소극적인 리더십의 매디슨 모형에서 출발하여, 의회에서 균형된 의석을 확보한 제퍼슨으로 안정된 국정운영을 하다가, 임기 말에 집권당인 열린우리당의 붕괴로 매디슨 모형으로 회귀하였다. 노무현 대통령의 임기 동안 정치적 변동이 어느 대통령보다 심했고, 노무현 대통령은 일관된 리더십을 보여주지 못했기 때문에 리더십 모형도 다양하게 변화하였다.

1. 정치적 리더십의 특징: 소극적 부정형

가. 탈脫권위주의와 도덕성 및 정치개혁

노무현 대통령의 성장과정과 성격유형은 최악의 환경, 학창시절 반항심리, 반권위주의적 리더십, 소수자(minority) 콤플렉스, 천대 피해의식 등으로 볼 수 있다. 노무현 대통령은 자연스럽게 가난콤플렉스를 등 반항아, 분노와 슬픔의 눈물을 흘리는 선동가형 표출방식으로 대통령이 되기 위한 욕구는 클 수밖에 없었다.[63]

한국은 김영삼 대통령으로부터 김대중 대통령 집권기를 거쳐오면서 '민주화' 이후 권위주의 정치와는 점차 결별하였지만, 정당체제·정당민주화·제왕적 대통령제라고 불리는 중앙집권적 권력구조형태에서 과거 권위주의시대에 형성된 구조와 리더십이 그대로 유지되어 왔다. 예컨대 정치개혁은 소위 정치관계법의 개정을 통해 단속적으로 진행되는 데 그쳤을 뿐, 제도정치구조의 핵심을 이루고 있는 정당과 정부, 그리고 정치행태는 과거질서를 넘어서지 못했다.

이런 와중에 '개혁정치인' 노무현은 3김 체제(1인 보스체제), 지역주의, 권위주의라는 한국정치 발전의 세 가지 영역의 총체적 변화에 대한 국민적 기대에 조응하면서 등장하였다. 인터넷을 주요 활동무대로 했던 '노사모'라는 지지 세력의 출현 또한 과거 계파와 파벌을 충원기제로 하는 기성 정치지도자들의 정치행태와는 차원이 다른, 탈권위주의 코드와 정확하게 맞아떨어지는 새로운 정치현상이었다. 노무현 대통령은 참여정부 초기부터 권력중심의 권위주의 정치로부터 국민중심의 참여정치로의 전환,

---

63 최진, 『대통령 리더십 총론』, 법문사, 2008, 440면.

배타적 국정운영으로부터 토론과 합의에 의한 국정운영체계 확립, 그리고 권력과 언론의 합리적 관계설정을 주창했다. 이러한 생각은 '분권형 국정운영', 국가정보원·검찰·경찰·국세청 등 '권력기관의 자율성 증대', '당정분리'로 구체화하면서 '권위주의 정치'에 대한 개혁의지를 보여주기도 했다. '분권형 국정운영'은 총리실의 인적·물적 기반확대라는 제도적 변화를 수반하기는 했지만 이보다는 총리라는 개인적 능력에 의해 좌지우지되는 양태를 보여줬고, 권력기관의 자율성 증대는 권력기관 내부개혁으로 연결되지 못하고 있으며, 당정분리는 정당정부와 정부능력의 측면에서 효과적인 국정운영에 오히려 걸림돌로 작용하였다. 또한, 참여정치는 청와대 부속기구로 존재하는 각종 위원회설치라는 또 다른 제도의 벽에 갇혔고, 토론과 합의에 의한 국정운영체계는 상호소통이 아니라 일방적 호통과 독선적 정치행태로 변질되고 말았다. 그러나 언론과의 관계는 임기 동안 원만하지 못했지만, 흠집 내기에 골몰하며 소통에는 무관심한 한국 보수언론의 행태 역시 합리적 관계설정의 중요한 장애요인이었다는 점도 고려해야 할 것이다.

노무현 대통령은 재임 동안 어깨에 힘을 주는 게 아니라 국민과 진정성 있는 소통을 해야 진짜 권위를 인정받을 수 있다는 관념을 항상 품고 있었다. 하지만 많은 사람들은 노무현 대통령의 언행에 대해 '경박하고 품격 없다'는 평가를 내렸다. 참여정부의 최대 공적 중의 하나는 '탈권위주의'이나 최악의 국정운영 지지도와 각종 민생정책에 대한 민심이반은 정부가 가져야 할 최소한의 권위조차 위협받으며 대통령의 리더십이 '희화화'되는 지경에 이르게 되었다. 노무현 대통령은 탈권위주의[64]라는 시대정신에 맞추어 수평적 리더십을 강조했지만, 내용적으로는 일방적이고 교훈적 정치행태에 머물러 있다. 노무현 대통령은 카리스마적 리더십을 강하게 비판하지만 대통령 자신도 카리스마적 요소가 많다.[65] 노무현 대통령은 리더십을 직관이라고 정의했다.[66] 대통령을 쉽게 비난하는 정치문화는 노무현 대통령의 업적이 나쁘거나 리더십

---

64 무권위 상태는 대통령의 공식적인 권위(formal authority)에서 비롯되는 합법적 권위조차 인정받지 못하거나 붕괴된 상황을 의미 한다. 결과적으로 권위주의→ 탈권위주의→반권위주의→무권위→권위주의의 악순환을 되풀이하게 된다. 공식적인 권위는 직위와 관련된 의무와 책임에 기초한 권력을 뜻한다. 최진, 『대통령 리더십 총론』, 법문사, 2008, 483면.

65 최진, 『대통령 리더십 총론』, 법문사, 2008, 479면; 비윤리적 카리스마를 지닌 대통령들은 자신의 카리스마를 비윤리적으로 활용하는 통치자로서, 권력을 개인적 이익에 사용하고 비판적인 관점을 거부하며, 자신의 결정을 의문 없이 수용하도록 요구 한다. J. M. Howell and B. J. Avolio, "The Ethics of Charismatic Leadership: Submission or Liberation?", Academy of Manegement Exective, 1992, p.45.

66 즉 리더십이란 미래에 대해 확신을 갖게 하는 것인데, 이것은 논리로 설명되는 것이 아니라, 영감과 같은 직관을 통해서 가능하다는 것이다. 리더십에는 분명 직관과 같은 개인의 능력이라는 성격이 존재하지만, 리더십의 관계적 측면, 즉 대중과의 소통을 통해 지탱되지 않은 리더십은 자기애착

한계로 볼 수 있지만, 감성을 움직이는 '영감적 호소력靈鑑的 呼訴力(inspirational appeal)'이 뛰어났다.[67]

임기 동안 해를 거듭하면서 노무현 대통령의 지지도도 추락해갔지만, 당선과 정치적 인생은 많은 국민들에게 희망이었다. 지지자들이 비주류이던 그를 민주당의 대선 후보로, 나아가 대통령으로 만드는 드라마는 국민적인 감동을 선사한 바 있다. 케네디가 TV 덕분에 대통령이 됐다면, 인터넷의 힘으로 대통령이 된 최초의 인물이 노무현이다. 민주화운동가이자 정치개혁가인 당선에는 역사적 의미까지 있다. 사회 곳곳에서 '권위주의'를 무너뜨린 것은 가장 큰 업적이다.

그러나 노무현 대통령은 국가의 최고 지도자이자 대표로서 품격과 권위를 지니고 있지 못했고, 정치적 언행이 지나치게 가벼웠다. 대통령에 대한 비난이 일상사가 된 것은 노무현 대통령의 탈권위주의의 성과이기도 하나 노무현 대통령의 리더십 한계에 기인한다. 그동안 노무현 대통령처럼 노골적으로 무시당한 대통령은 없다. 노무현 대통령이 내세웠던 지역주의 극복, 정치개혁을 노무현 대통령과 함께 실천하고자 했던 초기 노사모에는 진정성과 순수성 및 건강함이다. 하지만 대통령을 감시하겠다는 약속을 어김으로서 노사모는 친위대로 변질되었다. 과거의 인터넷은 노무현 대통령의 가장 든든한 기반이었지만 과거와 그 두텁고 공고화된 지지층은 붕괴되었다.[68]

노무현 대통령은 해체라는 단어를 자주 사용한다. 해체론적 사고와 행동이다. 해체는 단순한 부정이나 파괴가 아니라 새로운 출발을 의미하였으며,[69] 이러한 창조적 파괴주의는 파괴력(destructive) 사실과 연관 된다.[70] 기득권을 스스로 포기한 '탈권위의 상징'이었다. "저는 이번 선거를 통해 낡은 정치가 종언을 고하고, 새로운 대한민국을 이끌어갈 새로운 정치의 시대가 개막될 것임을 선언합니다." 2002년 대선을 이틀 앞둔 12월17일 기자회견에서 노무현 대통령은 '노무현 시대'를 이렇게 규정했다. 노무현 대통령은 기득권을 포기함으로써 정치개혁을 시도했다. 여당이었던 열린우리당과의 관계가 대표적이다. 공천권과 당직자 임명권을 통해 당에 전권을 휘두르는 총재이던 역대 대통령과 달리 평당원이었다. 노무현 대통령은 당정 분리를 실행했다. 2006년

이상이 되지 못할 것이다. 탈권위주의와 수평적 리더십은 소통과 설득이 전제될 때 진정한 '권위'를 가질 수 있다.

67 영감적 호소력은 상대방의 이데올로기적 신념과 가치관을 파악하여 큰 영향을 발휘할 수 있다; D. McClelland, Power: The Inner Experience (New York: Irrington, 1975), p.285.

68 서울신문, 2007. 8. 2. 30면;『미디어오늘』, 2009. 5. 23., ⟨www.mediatoday.co.kr/news/articleView. html? idxno=79881⟩, 검색일: 2009. 5. 23.

69 J. Derrida, Writing and Diference, tr Alan Bass (Chiago: The University of Chiago Press, 1978), p.280.

70 최진,『대통령 리더십 총론』, 법문사, 2008, 486면; M., Heidegger, Being and Time, tr. Macquarrie & Robinson (New York: Haper & Row, Publishers, 1962) p.44.

지방선거 참패에 이어 한나라당과의 대연정 제안, 아파트값 폭등 등으로 민심 이반이 가속화되자, 노무현 대통령은 급기야 탈당까지 요구받았다. 노무현 대통령은 "섣부른 당정 분리 때문에 국정운영이 안 된다"는 비판도 받았다. 이를 두고 이준한 교수는 "여당이 청와대의 거수기가 되는 걸 막고 국회의 독립성을 보장하는 당정 분리는 역대 대통령 누구도 시도하지 못했던 것"이라고 평가하면서도 "문제는 당정이 소통까지 끊어버리는 바람에 양쪽 다 고립돼 최악의 경우가 됐다"고 지적했다.[71]

또한 노무현 대통령을 평가할 때 도덕성과 정치개혁을 언급하지 않을 수 없다. '노무현식 정치개혁'을 가장 든든하게 뒷받침했던 것이 바로 도덕성이었다. '비주류 정치인 노무현'을 대통령으로 세운 것도 도덕성이고, 숱한 정치적 위기에서 구해낸 힘도 도덕성에서 비롯됐다. 노무현 대통령은 2002년 대선 이전부터 차원 높은 도덕성을 강조했다. 2002년 대선에서 노무현 대통령이 당선될 수 있었던 요인 가운데 하나도 보수진영을 대표한 이회창 당시 한나라당 후보의 아들 병역비리 의혹이었다.[72]

노무현 대통령은 2004년 국가보안법을 폐지하고자 공론화를 하였으나,[73] 한나라당과 우파 진영의 엄청난 반발에 부닥쳤다. 한나라당은 보안법 폐지 거부를 위해 예산안 처리를 위한 임시국회도 거부했다. 우파 단체들은 거리로 쏟아져 나왔다. 결국 국가보안법을 폐지하기는커녕 개정하지도 못했다. 아울러 노무현 대통령이 『조선일보』를 비롯한 보수 거대언론과 신문방송의 언론개혁을 위해 다퉜다.

아울러 노무현 대통령은 스스로 '진보'를 표방했다. 노무현 대통령이 진보세력 전체를 대표하지는 않는다고 하더라도 진보 진영 내에서 노무현 대통령의 비중은 과소평가할 수 없다. 노무현 대통령에 앞서 최고 권력자가 된 김영삼·김대중 대통령은 군사독재에 반대하는 민주화세력이었다. 이념적 스펙트럼 측면에서 보면 두 전직 대통령을 진보로 규정하는 데는 무리가 따른다. 진보란 기존의 법이나 틀에서 벗어나 새로운 개혁과 변화를 추구하는 것이다. 개혁과 변화에 대한 국민적 기대는 엄청난 에너지를 만들어냈다. 그 에너지는 다름 아닌 자발적인 국민의 지지와 참여다. 노무현 대통령 탄생은 물론 집권 초기 보수 진영의 탄핵공세 때 이 같은 국민의 힘은 그 위력을 여실히 보여줬다. 국민의 자발적 지지와 참여가 노무현 정권의 '대중 참여정치'라

---

71 "노무현 전 대통령 서거", 『한겨레21』 2009. 5. 25.

72 대통령이 된 뒤인 2003년 10월 최도술 당시 청와대 총무비서관이 SK그룹에서 11억원을 받은 사실이 드러났을 때는 "내가 모른다고 할 수 없다"며 재신임을 묻겠다고 했다. 2004년 대선자금 수사 때도 "불법자금이 한나라당의 10분의 1을 넘으면 대통령직을 사퇴하겠다"고 말했다.

73 "국가보안법은 한국의 부끄러운 역사의 일부분이고 독재시대의 낡은 유물이다. 국민주권·인권존중의 시대로 간다고 하면 그 낡은 유물은 폐기하는 게 좋지 않겠느냐. 칼집에 넣어서 박물관으로 보내는 것이 좋지 않겠느냐." 2004년 9월 5일 문화방송 대담에서 나온 노무현 대통령의 발언은 구시대 청산이라는 목표의식을 극명하게 보여준다.

는 실험을 가능하게 했던 측면도 있다는 게 정치권의 시각이다. 노무현 대통령의 자기희생과 도덕성에 대한 국민적 기대가 국민의 정치참여를 폭발시켰다. 그러나 노무현 대통령이 스스로 '좌파신자유주의자'로 명명하면서 이념적 정체성에 혼란을 주었고 그때부터 노무현 대통령식 대중 참여정치의 의미는 퇴색하기 시작했다. 노무현 대통령은 또 집권 말기 대연정을 제안하면서 스스로 표방했던 진보조차 자기부정하고 말았다.

노무현 대통령은 집권 과정에서 민주주의를 앞당기고 서민 복지를 증진시키려 애를 썼고 성과도 거뒀다. 노무현 대통령은 법대로 한다는 것을 강조하면서 국정원, 검찰 등 권력기구를 대통령이 개인적으로 이용했던 관행을 청산했다. 노무현 대통령은 권위주의 청산, 당정 분리, 정치와 경제 분권화, 책임총리제, 지방분권을 촉진하고, 재벌개혁과 기업경영의 투명성을 높이며, 교육과 조세제도를 개혁하고, 노사 관계를 증진하기 위해 노력했다. 정치 문화를 개혁하려는 그런 노력은 극심한 논란을 야기했다.

노무현 대통령은 구습을 끊어내고자 하는 열정은 강했지만, '그 다음'을 내놓지 못했다. 구시대의 관습과 지역주의 타파, 당정 관계 변화 등 중요한 화두를 던졌지만, 그리고 나서 어떻게 하겠다는 것인지 준비된 내용을 보여주지 못해 스스로 입지를 약화시켰다. 전시작전통제권 환수, 지역 균형발전, 행정수도 이전 등의 문제가 손쉽게 '이념 문제'로 비화될 수 있었던 것도, 이해관계가 충돌하거나 의견이 첨예하게 맞설 수 있는 사안을 당위로 밀어붙이려 했기 때문이다.[74]

정치적으로도 노무현 대통령은 과거의 참여민주주의, 견제와 균형[75]이라는 수사修辭에서 중후반기로 가면 통합, 책임을 더 강조하는 것으로 전환된다. 이는 그간 야당, 언론 등의 강력한 저항 속에서 국정이 어려워지면서 한국 정치의 구조적 결함 극복에 관심을 기울이면서 철학적 기조가 변화된 것으로 보인다. 따라서 미국식 견제와 균형

---

74 "노무현 전 대통령 서거",『한겨레21』2009. 5. 25.
75 노무현 대통령이 강조한 철학적 기조는 견제와 균형이다. 이는 "더불어 사는 균형발전 사회"라는 국정목표로 표현된다. 이는 지역 간 균형발전, 정치 체제 내 견제와 균형, 동북아내 새로운 균형형성, 경제 성장과 분배의 균형 등의 국정목표에 암묵적으로 흐르는 철학적 지향이다. 지역 간 균형발전은 수도 이전, 전국적 혁신도시 건설 등에 대한 강한 집착으로 나타난 바 있다. 그리고 정치권 내의 견제와 균형의 체제는 집권 초기 미국식 대통령제에 대한 큰 관심 및 정치사찰 등의 대통령의 기존 권력자원의 자발적 포기, 분권형 국정운영 등으로 나타났다. 동북아 균형 발전은 초기에 동북아 중심 국가론에서 균형자론으로 발전되면서 전면화된 바 있다. 경제 성장과 분배의 균형은 정부 내 개혁파인 이정우 정책위원장 등에 의해 강조되었지만 언론 및 관료진영의 강력한 공격에 포위되면서 구체적 정책 관철로까지 나아갔다고 보기는 어렵다. 오히려 집권초기부터 법인세 인하, 기업도시 건설, 국민소득 2만불 시대 목표 등에서 일관되게 보이듯이 성장주의적 철학 기조가 더 강하였다. 결국 참여나 균형의 문제의식은 일관된 정합성을 가지기보다는 주로 정치적인 차원에 집중되고 그것도 포퓰리즘적 성격이 강했던 것으로 요약할 수 있다.

의 철학 대신에 대연정이라는 유럽식 융합의 기조나 각 시민사회의 책임 정치, 책임 있는 정치를 위한 개헌론 등이 강조되었다.[76] 결국 노무현 대통령의 국정철학은 일관된 가치 지향과 노선 체계를 가지기보다는 혼란된 특성을 지닌다고 결론내릴 수 있다. 이는 비단 노무현 대통령에게만 국한되는 것이 아니라 아직 한국의 정당과 정치인들이 자유주의적 가치와 장기적 훈련과정을 거치지 못하는 미성숙한 발전수준을 그대로 반영하는 현상이다. 다만 노무현 대통령의 경우에 그 변화의 진폭이 특히 큰 점은 지적할 수 있을 것이다.

노무현 대통령의 통치 전략의 준비는 보다 거시적 정치지형이나 현대적 조건 등에 대한 종합적 시야보다는 비서실, 대변인 등의 조직을 미국식으로 개편하는 기술주의적이고 미시적 관점으로 국한되었다. 정작 현대적인 견제와 균형의 복잡하고 난관을 가진 구조 하에서 어떻게 대통령의 지지를 일관되게 유지할 것이며, 획득된 정치자본을 가지고 어떠한 방식으로 의제를 실현할 것인가에 대해 그림을 가지고 있지 못했다. 특히 취약한 이해가 두드러지는 것은 미디어 정치의 문제이다. 현대적 거버넌스에서 가장 초보적 원칙은 어떠한 정책성과를 남겼는가의 사실보다 어떻게 시민들에게 인식되고 있는가의 개념이 더 중요하다. 하지만 노무현 정부는 현대적 사회에서 이러한 사실과 개념 간극의 필연적 현실을 인정하고 이 현실 속에서 합당한 통치전략을 구상하지 못했다. 반대로 시민들에게 크게 어필하지 않는 인사개혁, 경제 성과를 반복적으로 강조하면서 오히려 시민들과의 소통에서 결정적으로 멀어지고 말았다.[77] 현대적 대통령은 상징조작(symbolic manipulation)을 통해 지지율이 오르고 지지율에 따라 획득된 정치적 자본을 필요한 의제에 지출한다. 즉 정치적 자본을 일단 형성시키는 것은 단지 포퓰리즘이 아니라 현대적 통치전략의 필수적 구성요소이다.

통치전략에서 또한 중요한 것은 '희망소구(hope appeal)'를 특별히 강조해야만 하는 선거 캠페인 시절과 달리 구체적 성과를 보여야 한다는 점에서 '기대치 게임(expectation game)'에 능해야 한다는 점이다. 기대치 게임이란 흔히 선거 캠페인의 중요한 도구인 텔레비전 토론에서 가장 중요한 전략으로 언급된다. 이는 미리 시민들의 기대치를 낮추어 이후 기대치보다 잘 수행하면 승리한 것으로 '개념적으로' 인식됨을 말한다. 마찬가지로 현대적 통치도 기본적으로는 기대치 게임이다. 이는 선거과정에서 다소 과

---

76 2007년 연두교서에서도 노무현 대통령은 다음과 같이 책임의 정치를 매우 강조하고 있다. "성숙한 민주주의 사회, 국민이 주인인 사회로 가자면, 책임있는 정부, 책임있는 언론, 책임있는 국민-시민 주권의 시대, 소비자주권의 시대, 주권을 행사할만한 의지와 역량이 있는 시민, 성공한 대통령에 매달리지 않고, 남은 기간 책임을 다하겠습니다." 노무현, 2007, "참여정부 4년 평가와 21세기 국가발전전략: 2007년 연두교서", 『오마이뉴스』.

77 안병진, "보수적 포퓰리즘의 부분적 성공과 자유주의의 새로운 민주주의 모델 정립의 실패", 『노무현 정부의 국가관리 중간평가와 전망』, 연세대학교 국가관리연구원, 2006.

열된 시민들의 기대감을 진정시키고 작은 성과를 장기적으로 축적해나가면서도 그 개념적 효과는 극대화시킴을 말한다. 예를 들어 클린턴 행정부는 1995년 하락된 정치 자본을 만회하고 보다 더 야심찬 의제 실현의 준비기간으로서 2005년 일년간 작은 의제들을 꾸준히 실천하고 효과적으로 홍보하여 이후 정부 신뢰도를 증진시켰다. 하지만 노무현 정부는 180도 반대로, 기대치를 최고로 높이고 이후 정책적으로는 큰 정책에서 실패하며 작은 정책들에 대한 치밀한 배려를 하지 못했다. 예를 들어 "헌법적 수준으로 고치겠다."는 부동산 문제에서 극한적 기대치 증가는 이후의 실패를 더욱 치명적으로 만들었다.[78]

노무현 대통령 재임 시절 종합 부동산세 도입과 사학법 등 4대 개혁법 추진으로 보수 세력의 공격을 받았고 한미 FTA 추진, 이라크 파병 등으로 진보세력도 그에게 등을 돌려 지지율이 20% 밑으로 떨어졌다. 노무현 대통령의 인생은 과거의 권위주의형 정치인과는 달리 소탈하고 서민적인 모습을 보였다. 그러나 개혁 의지는 다 성공을 거두진 못했다. 대통령 시절 추진했던 국가보안법 개정 등 4대 개혁입법은 보수층의 반발로 인해 이뤄지지 못했다. 집권 말기 시도했던 개헌 시도 역시 정치지형을 흔들려는 시도로 간주되면서 실패했다. 노무현 대통령은 자신의 지지층이었던 진보와 보수 양쪽에서 비판을 받으면서 100년 정당을 표방하면서 세웠던 열린우리당의 분열과 해체를 눈앞에서 지켜봐야 했다. 노무현 대통령은 열린우리당의 해체과정에서 여러 번 좌절감을 표현하기도 했다.

나. 탈脫지역주의

노무현 대통령은 지역주의라는 한국 사회의 오랜 병폐들을 퇴치하고 지역 균형발전을 위해 타협하지 않고 싸워 왔다. 노무현 대통령의 정치적 투쟁과 경력은 지역주의에 항거하여 지역 통합, 국민통합을 위해 노력한 측면이 있다. 1992년 부산동구의 국회의원 선거, 1995년 부산시장 선거, 1996년 서울 종로 국회의원 선거에서 잇달아 낙선했지만 지역주의 해소를 위한 뚝심은 변하지 않았다. 이 과정에서 '바보 노무현'이라는 별명으로 국민들은 민주화 경력과 정치적 도전에 매력을 느끼고 공감하게 되면서 노사모라는 팬클럽이 생긴다. 노무현 대통령은 '지역주의 타파'를 제일의 정치적 동원기제로 활용해왔고, 기회 있을 때마다 지역주의 문제를 자신의 '신념'으로 간주하였다. 대통령의 리더십이 손상되는 과정에서 지역주의 해소를 위한 정치적 선택

---

78 안병진, "노무현 대통령의 리더십 특성: 토플러주의와 포퓰리즘의 모순적 공존", 관훈포럼, 〈www.kwanhun.com/upload/%BE%C8 %BA%B4%C1%F8. hwp〉, 검색일: 2009. 5. 2.

도 큰 역할을 했다. 바로 '대연정 프로젝트'다. 지역주의는 한국정치의 주요 한 균열 구조이다. 노무현 대통령이 제안할 당시에 여당인 열린우리당 내에서 충분한 협의가 없었고, 한나라당은 이에 대해 회의적이었고 의심을 떨쳐 내지 못했기 때문에, 노무현 대통령의 '상생의 정치' 구상은 현실에 반영되지 못한 채, 이상주의에 그치고 말았다.

다. 관계적 리더십의 결여와 포퓰리즘

번즈는 "나쁜 리더십이란 없다. 나쁜 리더십은 리더십 없음을 의미한다"고 했다. 리더십에 가치중립은 없으며 어떠한 리더십도 도덕적 필연성을 가진 것으로 평가해야 한다는 것이다. 이와 연관 지어 본다면 김영삼 대통령과 김대중 대통령의 리더십은 민주화투쟁을 통해 형성되었고, '민주주의'라는 정치적이고 도덕적 필연성을 가지고 구축되었다. 반면 노무현 대통령의 리더십은 실질적인 민주주의의 진전과 탈권위주의라는 시대의 전환기적 인식 속에서 요구되는 것이었다. 정치의 위기, 정치의 불확실성 시대에 한국은 새로운 정치주체의 형성이라는 측면에서 정치적 리더십과 정당 리더십을 요구하고 있다. 이런 의미에서 현재 야기되고 있는 리더십의 부재는 대중들에게 과거로의 회귀본능을 자극하고, 마치 개인적 특성이라는 리더십의 일면만을 부각시킨다는 데 문제의 심각성이 있다. 흔히 카리스마로 상징되는 박정희의 리더십에 대한 향수는 당시 사회의 균열과 모순, 그리고 인민과의 소통이라는 관계성을 사장시켜 버린다. 시대적 가치와 조응하고 한발 앞선 비전의 제시, 인민과의 소통을 통한 자발적이고 적극적인 정치참여의 유도, 이것이 시대가 요구하는 정치의 '관계적 리더십'이다.[79]

노무현 대통령은 임기 초기부터 보수적인 언론들에 의해 인기영합주의적인 포퓰리스트라는 집요한 공격을 받아 왔다.[80] 노무현 대통령의 국정 철학은 두 가지 이유 때

---

79 관계적 리더십은 리더십이 갖는 사회적 의미에 충실한 개념이라고 할 수 있다. 즉 개인적 특성과 자원, 그리고 능력에 기반한 동원형 리더십이 아니라, 사회적 기반과 관계 속에서 형성된 '정체성의 리더십'인 것이다. 진보는 진보대로, 보수는 보수대로 기존에 주어진 조건에 안주하지 않고, 진보는 더욱 진보시키고, 보수는 더욱 보수(補修)하면서 대중의 자발성을 더욱 활성화하며 정치적 주체성을 명확히 하고 소통과 수렴을 통한 원심력을 확대시키는 리더십이다. 권위주의 시대에 형성된 김영삼 대통령과 김대중 대통령의 리더십 자원은 권위주의적 요소를 가지고 있었지만 민주주의를 정착시키는데 기여했고, '민주화' 과정과 그 이후에 이들의 리더십은 지역주의에 기반하였다. 노무현 대통령 역시 수평적 리더십과 탈권위주의 리더십이라는 시대적 요구에 부응하는 데는 성공했지만, 참여정부의 수립과 동시에 리더십은 '청와대' 안에 갇히고 말았다. 소통은 '국민과의 대화'라는 이벤트로도, 수많은 '위원회' 만들기로도 해결될 수 없다. 이러한 의미에서 갈등과 소통의 구조가 중첩된 지점에서 '관계적 리더십'의 부족으로 인해 대통령 지지율의 하락과 총선과 지방자치단체장 선거와 2007년 대선, 2008년 총선에서 패배가 초래되었다.

문에 일관된 체계를 이루고 있지 못하고 포퓰리즘[81]의 경향을 보여 왔다. 하나는 매우 실용주의적인 기질 때문에 구체적 현실의 변화에 따라 철학적 가치 지향의 진폭이 매우 크다는 사실이다. 또 하나의 이유는 아직 한국 정치의 수준이 장기간 집권을 정책연구소 등을 통해 준비하고 검증해오는 서구의 선진 정치체제만큼 정책 지향적이지 못하기에 노무현 대통령 또한 일관된 자유주의 이념체계, 정책의 기조를 내면화하고 있지 못하기 때문이다. 하지만 철학적 지향점은 집권 초기에는 참여민주주의, 견제와 균형, 포스트모더니즘의 핵심 개념인 투명성(transferency) 등을 강조한다. 집권 중후반기로 넘어가면 통합, 책임의 공동체주의로 이행해가는 것으로 보인다. 필자의 이러한 구분은 현 정부가 어떠한 철학적 가치를 내세웠는가의 기준으로 판단하는 것은 아니다. 왜냐하면 아직 발육부진의 한국 정치는 내세우는 가치 지향과 실제적 노선이 괴리된 경우가 많기 때문이다.

우선 정부는 스스로를 '참여정부'라 일컬으며 집권 초기에는 참여 민주주의적 기조를 매우 강조하였다. 이는 양승함이 분석한 것처럼 선거과정에서의 "국민의 자발적이고 능동적인 참여의 힘"의 승리를 강조해왔기에 자연스러운 논리적 귀결이다. 하지만 실제 정책상에서 참여 민주주의적 철학이 전면적으로 구현되었다고 보기는 어렵다. 단지 인터넷 인사추천제도, 검사와의 대화, 일부 시민단체들과의 정책협의 등 상징조작 차원에서의 활동을 넘지 못하였다. 그리고 정부의 참여 민주주의적 철학은 현실에서 나타날 때는 주로 시민들의 직접적 참여라기보다는 국민 대변을 자임한 개혁 정치엘리트의 포퓰리즘적 기조로 변질되어 구현되었다. 예를 들어 정부는 "기성체제, 기득권층의 이익을 대변하기 보다는 국민의 관점을 대변하고 국민의 요구에 응답한다." 는 포퓰리즘적 언술 하에 과거사 청산, 정치개혁 등을 주도해왔다.[82]

결국 앞에서 열거한 통치전략의 미비와 국민들의 실망감은 노무현 대통령이 가지는 즉흥적인 포퓰리즘적 특성과 결합하면서 불필요한 갈등들을 양산하고 스스로를 고립시키고 말았다. 최근 연두교서는 노무현 대통령이 대 시민 설득의 정치가 가지는 전략적 중요성을 과거보다 더 분명히 인식해 나가는 증거로 보인다. 그리고 이 연설에서 공세적 화법의 삼가는 것을 통해 문제의 본질을 전달하고자 하는 것도 진전된

---

80 안병진, "한국정치의 미국화 과정에 대한 분석과 조망: 노무현 대통령의 최근 대연정 발언을 중심으로"『미국학논집』(제37권 제3호), 2005, 129면.

81 여기서 말하는 개념은 정치학계에서 사용하는 민주주의의 한 유형이다. 그 광의의 의미로는 주로 자신을 국민일반 의지의 구현자로 호명하며 기존의 권력 불록과 적대적으로 대립시키는 것을 말한다.; Margaret Canovan, "The People, the Masses, and the Mobilization of Power. the Paradox of hannah Arendt's Populism", Socal Research, 2002, Vol. 69, No. 2, Summer.

82 양승함, "노무현 정부의 국정철학과 국가관리원칙", 『노무현 정부의 국가관리 중간평가와 전망』, 연세대학교 국가관리연구원, 2006, 35-37면.

커뮤니케이션 전략이다. 하지만 여전히 경제적 지표 등에 대한 과학적 설명으로 시민들과 소통할 수 있다고 믿는 것은 미디어에서의 상징적이고 감성적 정치에 대한 현대적 이해에 도달하고 있지 못함을 시사해준다. 그리고 연설에서의 공세적 화법에 대한 자제에도 불구하고 전직 대통령들에 대한 불필요한 자극적 발언들은 포퓰리즘적 개성이 여전히 많은 갈등들을 만들 수 있음을 보여주었다. 국정철학의 비일관성, 통치전략의 부재는 궁극적으로 정책수행능력이란 점에서 필연적으로 큰 한계를 노정시키고 말았다. 물론 노무현 대통령이 집착하거나, 이미 정치적으로 합의수준이 높은 이슈들에서는 정부의 정책능력은 긍정적으로 평가할 수 있을 것이다. 예를 들어 정치영역도 정책의 범주에 포함시킨다면 정치개혁법등에서 노무현 대통령은 강한 수행능력을 보였다. 그리고 정부가 최대의 업적으로 자랑하는 행정 개혁, 인사 체제 개혁 등에서도 대통령이 강한 집착을 보인만큼 업무 프로세스 혁신, 개방형 직위제 등의 적잖은 성과를 만들어냈다.

라. 정치의 사법화

노무현 대통령은 대 의회 관계에 취약했다. 그리고 여당은 물론 야당과 충돌해왔다. 수도이전 문제에 대해 정치적 합의를 거치지 않고 헌법재판소에 위임하는 등 임기 동안 정치적 사법화를 초래했다. 이는 진보적이고 투쟁적인 386 출신들을 등용하고 정당정치를 신뢰하지 않은 측면이 있다.[83] 정치의 사법화의 긍정적인 측면은 입헌주의, 즉 헌법에 의한 지배를 강화하는 점이 있지만 양 칼날과 같은 위험성도 내포하고 있는 측면도 있다. 통치자의 자의적 지배를 부정하고 공동체의 기본가치를 구현하는 헌법에 입각한 통치를 실현하는 입헌주의는 '정치과정의 헌법화'를 추구하는 정치이념이다.[84] 그러나 정치의 헌법화라는 입헌주의적 가치를 구현하기 위한 정치의 과도

---

83 김종철, "정치의 사법화'와 의의와 한계", 『공법연구』(제33집 제3호), 2005, 235-238면; 정치의 사법화는 국가의 주요한 정책결정이 정치과정이 아닌 사법과정으로 해소되는 현상을 의미한다. 그 현대적 성격을 분명히 하기 위하여 좀 더 엄격하게 정의하자면 전통적으로 정치문제는 간주되어 오던 국정현안에 대하여 사법권력이 법의 논리체계에 의존하여 해결하려는 경향을 의미한다. 일반적으로 정치의 사법화라는 표현 자체는 부정적 뉘앙스를 풍기지만 원론적으로 볼 때 정치의 사법화는 긍정적 측면과 부정적 측면을 동시에 가진다. 이렇듯 정치권력에 대한 사법적 통제를 통해 정치의 헌법화를 실현하기 위한 입헌주의의 기본원리가 법치주의 혹은 법의 지배의 원리이다. 법치주의는 국민의 자유와 권리의 제한을 위한 국가권력의 행사는 국민의 위임을 받아 국민대표기관인 국회가 제정하는 법률에 근거하여야만 한다는 헌법적 원리이다. 즉, 법치주의란 권력자에 의한 자의적 지배를 거부하고 합리적이고 예견가능성을 가진 법에 의해 공동체의 기본적인 질서가 형성되고 공동체생활이 이루어져야 한다는 원리를 말한다.

84 Jan-Erik Lane, *Constitutions and Political Theory* (Manchester: Manchester Univ. Press, 1996),

한 사법화는 오히려 또 다른 형태의 독재인 사법적 전제(judicial tyranny) 내지 제왕적 사법지배(imperial judiciary),[85] 즉 법의 중립성을 가장한 정치적 소수자의 지배를 정당화하는 민주적 정치과정의 왜소화로 정치적 지배형태가 전환될 수 있는 위험성을 내포하고 있다. 이것이 정치의 사법화의 부정적 측면이다. 좀 더 구체적으로 그 긍정적 실현의 원리인 법치주의는 입헌주의의 또 다른 기본원리인 민주주의의 실현과 긴장관계를 형성할 수 있다. 특히 위헌법률심사제도를 예로 볼 때, 정치과정에서 다수결의 원리에 따라 민주적으로 결정된 사항을 민주적 정당성이 취약한 사법권력이 무효화할 수 있다는 것은 민주적 정치과정의 왜소화를 초래하는 것이 분명하다. 정치의 사법화의 부정적 우려는 정치과정에 대한 사법적 통제의 방식이 모든 권력 작용이 헌법에 근거하여야만 법적으로 이루어져야 한다는 입헌주의의 이상을 실현하는 필연적 선택이 아니라는 점에 기초한다.[86]

헌법은 국가적 과제실현의 구체화를 가능하게 하는 실체적이고 절차적인 규칙을 정하는 정치적 법으로서 입헌주의가 이미 선험적으로 주어진 정치적 결정의 기계적 실현을 정치권력에게 요구하고 있는 것이 아니다. 따라서 정치의 헌법화는 그러한 결정에 이르는 과정과 정치적 결정이 헌법이 지향하는 가치, 특히 기본적 인권으로 유형화된 가치에 부합하도록 요구하는 합법성을 요구하고 있다. 따라서 그 합법성의 준수여부에 사법적 권력에 부여하는 것에 불과하다. 따라서 사법권력이 헌법과 법률의 해석이라는 주어진 권한을 적극적으로 행사하여 정치의 사법화가 정치과정의 재량적 판단의 여지를 최소화시키는 방향으로 진행될 때 정치의 실종이 초래되고 자기지배(self-government)를 위한 민주적 결정의 가능성을 축소하고 그 의미를 왜곡시키게 된다.

아울러 정치의 사법화는 사법 권력의 헌법적 비전, 전통적으로 검증되지 아니한 해석론으로 헌법 그 자체를 대체한 후 법적 통제 없이 관철시킨다는 점에서 위험하다.[87] 정치적 권력과 사법권력 또한 오류를 낳을 수 있다.[88] 따라서 신중한 대책이 필요하

19-40면.

85 Frank R. Strong, *Judicial Function in Constitutional Limitation of Governmental Power* (Durham: Carolina Academic Press, 1997), p.157.

86 Alec Stone Sweet, *Governing With Judiges: Constitutiomal Politics in Europe* (Oxford: Oxford Univ. Press, 2000).

87 Frank R. Strong, 앞의 책, 155-157면; John Agresto, *The Supreme Court and Constitutional Democracy* (Ithaca: Cornell Univ. Press, 1984), pp.156-157.

88 이 점에서 미국헌법의 아버지인 Hamilton이 사법심사를 옹호하면서 칼(sword)을 통제하는 행정권력과 지갑(purse)을 통할하는 의회권력에 비하여 칼도 지갑에 대한 영향력도 없고 오로지 판결만을 할 뿐인 사법권력이 '가장 덜 위험한'(the least dangerous) 권력이라고 명명한 것은 시사하는 바가 크다(Alexander Hamilton, The Federalist Paper No.78, in Alexander Hamilton et al. The Federalist Papers (Champaign: Project Gutenberg eBook edition), 505면., 그러나 가장 덜 위험하다

며 정치과정에 대한 과도한 개입은 위험 그 자체이며 이는 헌법과 이념을 전취할 수 있는 가능성이 크다.

정치의 사법화의 양면성은 입헌주의의 기본원리인 법치주의와 민주주의의 갈등관계로 포장되는 경향이 있다. 노무현 대통령이 정치의 사법화를 특징으로 하게 된 것이나 이러한 입헌주의에 내재하는 기본원리의 갈등현상으로 비춰지는 것이 전혀 근거 없는 현상은 아니다. 노무현 대통령과 그 정치적 반대세력이 상징적으로 선점하고 있는 이념적 정향에 차이가 있기 때문에 정치의 사법화가 담론화되어 이에 대한 평가도 긍정과 부정으로 극명하게 대비되어 표출된다. 노무현 대통령의 이념적 성향은 국정목표에 있듯이 다양한 민주주의의 유형 가운데 참여민주주의 설정과제를 두고 있는 반면, 반대 세력은 정치과정에서 소수화된 정책에 대한 헌법적 보호를 기본적 인권이나 국가 권력 작용에 필요한 합법성의 요건을 들어 달성하는데 용이한 법치주의 담론을 내 밀면서 정치세력을 형성하는 성향을 보였다.

노무현 대통령의 국정 목표인 참여민주주의는 정치적 반대세력 특히 해방이후 한국사회의 정치적 지배엘리트들과 엘리트 민주주의론과 정면으로 대치했다. 흔히 자유민주적 기본질서로 불리는 우리 헌정질서는 기본적으로 대의민주주의를 지향하고 있다. 대의민주주의는 정치권력을 정책형성권은 국민을 대표하는 위정자에게 위임하는 체제이다.[89] 1987년 6월의 시민항쟁 이후 성립된 제6공화국 헌법체제에서 민주주의의 공고화를 표방한 김영삼 대통령, 김대중 대통령, 노무현 대통령이 모두 의회중심의 개혁보다는 국민에게 직접 호소하는 정치를 추진해 온 것은 대통령과 의회의 관계가 원만하지 못한 것을 증명한다. 그러나 정치적 함의는 2004년 국회의원선거에서 의회권력마저 친노 개혁 정치세력에 의해 장악되고 상징적으로 국가보안법, 사립학교법, 과거사청산법, 언론개혁법 등의 개혁입법이 추진되면서 이들 개혁이 기존의 지배엘리트층의 정치적·사회적·경제적 기반을 실질적으로 붕괴시킬 것이라는 위기론이 보수정치세력에 퍼진다. 따라서 노무현 정부 전반기에 두드러진 정치의 사법화는 표면적으로는 법치주의를 내세우지만 기성지배엘리트의 고답적 민주주의관, 즉 엘리트 민주주의와 동전의 양면을 이루는 것임을 간파할 필요가 있다.[90]

는 것이지 전혀 위험하지 않다는 것은 아니며 사법권력이 스스로 칼과 지갑에 영향력을 행사하려할 때 사법권력은 더 이상 비판으로부터 자유로운 성역에 머무를 수 없게 된다.

89 엘리트주의의 핵심적인 징표는 지배자와 피지배자의 구별이다. 간접적 국민주권의 실현원리인 대의민주주의는 이러한 엘리트주의화의 위험성을 내재하고 있다.

90 김종철, "정치의 사법화'와 의의와 한계", 『공법연구』(제33집 제3호), 2005, 235-238면.

2. 대통령 대 의회 관계: 매디슨 모형으로부터 제퍼슨 모형; 매디슨 모형으로

노무현 대통령은 제16대 국회와의 관계는 매디슨 모형 하에서 분석이 가능할 것이다. 제17대 총선을 거치면서 임기 중반에 집권당인 열린우리당이 다수당이 됨으로써 임기 중반에는 노무현 대통령의 리더십은 제퍼슨 모형으로 분석된다. 하지만 지방선거에서 참패하고 열린우리당과 노무현 대통령의 지지가 추락하면서 열린우리당 내에 균열이 심화되었고 분열되었다. 열린우리당은 다수당으로서의 동력을 확보하지 못했다. 노무현 대통령의 집권 말기는 매디슨 모형으로 볼 수 있다.

〈그림 4-36〉 여소야대(2003년)에서 노무현 대통령의 대 의회관계
매디슨 모형

노무현 대통령 임기 초에 여소야대 상황에서 출발하였다. 게다가 노태우 대통령을 당선시킨 민주당은 구주류인 동교동계와 신주류인 친 노무현 세력으로 양분되었다. 2003년 11월 11일에 새천년민주당 탈당파 40명, 한나라당 5명, 그리고 개혁국민정당 출신 2명의 의원을 주축으로 하여 열린우리당이 창당되었다. 그 이후 민주당은 스스로를 야당임을 선언하였다. 2004년 1월 11일 임시 전당 대회를 통해 정동영 의원이 첫 당의장에 당선되었으며 김근태 의원이 첫 원내대표가 되었다. 두 사람 모두 개혁적인 색채를 띠고 있었던 데다 부패에서도 자유로웠기 때문에, 한나라당과 민주당에 밀려 3위를 기록하던 열린우리당의 지지율은 수직 상승하여 1위가 되었다. 높은 지지율에도 불구하고 열린우리당은 47석의 미니 여당이어서, 노무현 대통령은 의회에서 한나라당과 민주당에 주도권을 내주게 되었다. 그래서 매우 취약한 의회권력을 가지고 있어서 노무현 대통령 임기 초의 리더십은 매디슨 모형으로 분석된다.

한편, 같은 해 3월 9일 노무현 대통령 탄핵소추안이 제출되고 열린우리당은 이를 저지하고자 하였으나 결국 3월 12일 탄핵소추안은 통과되었다. 이로써 노무현 대통령의 직무수행이 정지되었다. 그러나 한나라당과 민주당의 연합을 통해 진행된 탄핵소추안 통과로, 열린우리당에겐 국민의 동정표가 주어졌고, 결국 열린우리당은 과반수

〈그림 4-37〉 여대야소(2004-2006)에서 노무현 대통령의 대 의회관계
제퍼슨 모형

국민의 지지를 얻을 수 있게 되었다. 열린우리당은 제17대 국회의원 선거에서 152석을 차지하여, 의회 과반수 정당으로 발돋움하게 되었다. 이어 헌법재판소는 5월 14일 노무현 대통령에 대한 탄핵소추안가결안을 기각하였다. 이 판결에 따라 노무현 대통령은 국정운영의 권한을 회복하게 됨으로써 국정운영이 정상화되었다. 그리고 노무현 대통령은 열린우리당의 수석 당원 자격으로 입당하여 우리당은 명실상부한 집권 여당으로 자리잡았다. 이러한 의석변수에서 여대야소 상황을 연출할 수 있게 됨으로써 노무현 대통령은 이전보다 자신감을 가지고 국정을 추진력을 가지고 운영할 수 있게 되었다. 그래서 노무현 대통령 임기 중반은 제퍼슨 모형으로 분석된다.

〈그림 4-38〉 여소야대(2007년)에서 노무현 대통령의 대 의회관계
매디슨 모형

의회의 과반수를 차지한 거대여당의 탄생은 재보궐선거에서 유권자의 자연스러운 견제심리를 불러일으켰다. 그리고 서민경제 활성화·개혁완수에 대한 국민적 요구에 신속하게 부응하지 못하고 있다는 당의 반성에도 불구하고 이후 열린우리당은 재보궐선거에서 승리하지 못했다. 열린우리당은 2006년 5월 31일 지방선거를 앞두고 2월 18일 임시전당대회를 개최하여 새로운 당 지도부를 구성하고 국민적 지지회복에 전력을 다하였다. 2006년 5·31 지방선거는 부패한 지방정부를 심판하라는 중차대한 과제를 부여받고 있었다. 우리당과 국민들은 한나라당 소속 지방자치단체장이 절대다

수를 차지하고 있었던 지방정부의 부패청산을 요구하였으나 결과적으로 열린우리당은 2006년 5월 31일에 열린 지방선거에서 전북 한곳만 얻고, 참패를 당했다. 이에 정동영 의장이 물러나고 김근태 의원이 당의장직을 승계하였다. 김근태 의장은 '서민경제회복추진위원회'를 구성하고 서민경제회복과 기업의 투자활성화, 일자리창출을 위한 정책을 추진하였다. 그러나 같은 해 7월과 10월의 재보궐 선거에서도 우리당은 연패했으며, 정당의 지지도는 여전히 회복되지 못한 채 고전을 면치 못하였다.

대선을 1년여 앞두고 열린우리당은 2006년 하반기부터 본격적으로 민주당과의 재통합, 시민사회 등 다양한 연대 등이 변화를 모색하기 시작하였다. 평화민주개혁세력의 대통합에 대한 다양한 의견과 대통합신당 건설을 앞당기고자 하는 고민 속에 당의 일부는 탈당을 선언하였다. 그때부터 국회의원들이 개별적으로 또는 단체로 탈당을 순차적으로 결행하여[91] 열린우리당은 의회 제2당으로 변모하였으며 2007년 6월에는 추가적으로 16명이 탈당하면서 2004년 4월 15일 총선때 152석이었던 의석수는 73석으로 줄게 되었다. 2007년 8월 20일 열린우리당은 손학규 전 경기도지사와 김한길을 비롯한 구 중도통합민주당 탈당파, 열린우리당 탈당파, 그리고 시민단체가 주축이 된 대통합민주신당에 흡수 합당되어 역사의 뒤안길로 사라지게 되었다. 그래서 노무현 대통령과 친 노무현지지 세력이 만든 열린우리당은 노무현 대통령의 임기 말에 소수당으로 전락하였고, 나아가 소멸되었다. 이러한 의석 상황에서 노무현 대통령은 다시 제퍼슨 모형에서 매디슨 모형의 리더십을 실행할 수밖에 없었다.

이 당시 노무현 대통령의 리더십은 정치자체에 대해서 자신감이 부족하여 소극적이어서, 능동적으로 정국을 주도하지 못했다. 정치적 유연성이 부족하여 개혁이라는 원칙에 집착하게 되면서, 전형적인 소극적 부정형의 리더십을 보여주고 있다. 즉, 제16대 국회와 대통령의 관계는 매디슨 모형처럼, 의회가 행정부와 대통령의 권력남용을 견제하고 통제하는 상황에 이르렀으며, 대통령과 의회간의 타협과 조화를 위해 안정적이고 신중한 대통령의 리더십이 필요한 상황이 조성되었다. 2002년 제17대 대령 선거에서 당선된 노무현 대통령은 입법권과 사법권, 행정권의 권력 균형에 입각한 정부를 지향해왔으며, 정치권의 부패와 권위주의 세력에 대한 심판을 부르짖어 왔다. 그리고 노무현 대통령은 당선 직후부터 대선기간 노출된 민주당 지도부와의 불협화음으로 여당인 민주당의 지원 역시 받지 못하였다. 또한 경제난과 청년실업, 잦은 말실수, 측근들의 잡음, 주요 사회갈등 조장과 대처 미흡, 탈 권위와 토론을 통한 설득리더십의 미숙함으로 국정위기에 직면했고,[92] 결국 야당에 의해 정국주도권을 뺏기게

---

91 2007년 1월 22일 임종인 의원을 시작으로 1월 23일 최재천, 이계안, 1월 28일 천정배, 1월 30일 염동연, 2월 3일 정성호 의원이 연이어 탈당하였다. 2월 6일에는 소속 국회의원 23명 집단 탈당하였다.

되었다. 노무현 대통령은 민주당 지도부와의 불협화음과 구 정치세력과의 대결구도를 만들어 민주당과의 결별수순에 들어간 후, 한나라당에 의해 끌려 다니다가, 민주당에서 친親노무현 세력인 열린우리당이 분당하자, 곧바로 신 주류의 열린우리당 지지 입장을 밝히고 거대 야당에 대한 대결구도를 더욱 강화하였다.

그런데 제17대 총선을 승리로 이끌면서, 노무현 대통령은 원내 다수당의 지지를 바탕으로 안정된 정치를 추구할 수 있고, 강력한 대통령의 지도 아래 국민의 지지를 결집하여 행정복합도시, 지방분권화 등의 개혁을 역동적으로 추진한다. 그래서 임기 중반에서는 노무현 대통령은 제퍼슨 모형의 리더십을 보여주었다. 제17대 총선의 승리에도 불구하고 이러한 리더십이 가지는 문제는 여전하다. 첫째, 소극적 리더십으로인해 여당과의 협조가 원만하지 않을 때에는 대통령과 여당이 원만한 조화의 관계를만들어 내지 못할 가능성이 있으며, 부정형의 리더십은 비록 여당이 과반 이상을 획득하고 있더라도, 임기 및 기타 변수에 의해 여당과 대통령 사이의 균열뿐만 아니라, 야당과의 관계 역시 심각하게 악화될 수 있는 가능성을 가지고 있다.[93]

참여정부 초기부터 권력중심의 권위주의 정치로부터 국민중심의 참여정치로의 전환, 배타적 국정운영으로부터 토론과 합의에 의한 국정운영체계 확립, 그리고 권력과 언론의 합리적 관계설정을 주창했다. 이러한 생각은 '분권형 국정운영', 국가정보원·검찰·경찰·국세청 등 '권력기관의 자율성 증대', '당정분리'로 구체화하면서 '권위주의 정치'에 대한 개혁의지를 보여주기도 했다. '분권형 국정운영'은 총리실의 인적·물적 기반확대라는 제도적 변화를 수반하기는 했지만 이보다는 총리라는 개인적 능력에 의해 좌지우지되는 양태를 보여줬고, 권력기관의 자율성 증대는 권력기관 내부개혁으로 연결되지 못하고 있으며, 당정분리는 정당정부와 정부능력의 측면에서 효과적인 국정운영에 오히려 걸림돌로 작용하고 있다. 또한, 참여정치는 청와대 부속기구로 존재하는 각종 위원회설치라는 또 다른 제도의 벽에 갇혔고, 토론과 합의에 의한 국정운영체계는 상호소통이 아니라 일방적 호통과 독선적 정치행태로 변질되고 말았다. 요컨대 참여정부의 최대 공적 중의 하나는 '탈권위주의'이나 최악의 국정운영 지

---

92 김인수, 『새시대 정신과 대통령 리더십』, 신원문화사, 2005, 312-313면.

93 노무현의 대통령 당선은 정치사적 측면뿐만 아니라 리더십의 측면에서도 몇 가지 의의를 갖는다. 먼저 한국이 '민주화' 이후 권위주의 정치와는 결별한 듯하지만, 정당체제·정당민주화·제왕적 대통령제라고 불리는 중앙집권적 권력구조형태에서 보면 과거 권위주의시대에 형성된 구조와 리더십이 그대로 유지되어왔다. 이런 와중에 '개혁정치인' 노무현은 3김체제(1인 보스체제), 지역주의, 권위주의라는 한국정치 발전의 세 가지 영역의 총체적 변화에 대한 국민적 기대에 조응하면서 등장하게 된다. 인터넷을 주요 활동무대로 했던 '노사모'라는 지지 세력의 출현 또한 과거 계파와 파벌을 충원기제로 하는 기성 정치지도자들의 정치행태와는 차원이 다른, 탈권위주의 코드와 정확하게 맞아떨어지는 새로운 정치현상이었다.

지도와 각종 민생정책에 대한 민심이반은 정부가 가져야 할 최소한의 '권위'조차 위협 받으며 대통령의 리더십이 '희화화'되는 지경에 이르게 되었다.

민주당 후보로 당선된 노무현 대통령은 민주당의 구파(주로 동교동계: 김대중 측근그 룹)와 신진세력(노무현 후보 지지세력) 간의 갈등을 야기했다. 그리고 정치개혁을 명분으 로 민주당의 신진세력과 한나라당의 탈당파 의원들은 열린우리당을 창당하였다. 한 나라당과 (야당임을 선언한) 민주당은 함께 탄핵을 주도하여 의회에서 가결시켰다. 그 러나 국민들은 이를 의회 쿠데타라고 인식하였고, 곧이어 실시된 총선에서 열린우리 당은 압도적인 지지 속에 과반수이상의 의석을 확보하게 되었다. 헌법재판소에서 탄 핵이 위헌으로 판결남에 따라 노무현 대통령은 다시 대통령 업무에 복귀하게 되고 과반수이상의 의석을 가진 다수당이 된 열린우리당과 함께 국정을 주도하게 된다. 그 당시 행정수도 건설 등의 중요한 개혁입법을 주도하게 된다. 그러나 노무현 대통령은 대통령 4년 중임제를 골자로 하는 개헌과 선거제도 개혁 등의 정치개혁을 추진하는데 한나라당의 협조가 불가피하다는 것을 인식하고 권력 분할을 제시하면서 한나라당에 게 대연정을 제안한다. 이는 정치개혁을 위한 노무현 대통령의 승부수였으나 한나라 당의 협조도 얻지 못하고, 진보성향의 많은 지지자들은 등을 돌리게 된다. 아울러 한 미 FTA와 이라크전 파병 등에 있어서도 노무현 대통령은 지지자와 소속 정당인 열린 우리당과 갈등을 겪게 된다.

〈표 4-32〉 노무현 대통령의 대 의회관계 모형변화 분석

통치시기	임기 초반	임기 중반	임기 후반
의석	여소야대 불안정	여대야소 안정 한나라당의 대연정 제의 거부(정 부와 열린우리당 간의 균열)	여대야소, 대통령 탈당
정치, 경제상황	국회 탄핵 소추안 가결 (2004년 3월12일), 총선(2004년4월 15일)	대연정(2005년 7월)	열린우리당 해체 (2007년)
대통령 對 의회관계	매디슨	제퍼슨	매디슨

비주류로서 정치역정을 보냈던 노무현 대통령은 대선후보가 되기 전에는 당 내에 서도 자기 세력이라는 것이 거의 없었다. 노무현 대통령은 임기 초반에는 의회에서도 소수였던 열린우리당 소속으로서 의회에서 주도적인 역할을 하지 못했다. 그러나 탄 핵정국과 총선을 거치면서 노무현 대통령은 화려하게 부활하게 되고 여대야소의 단 점정부 하에서 열정적으로 정치개혁을 실현하기 위해 모색한다. 그러나 임기 말에 열 린우리당이 분열하게 되고 대연정, 한미 FTA, 이라크전 파병 등을 거치면서 지지층이

이반되고 지지율이 하락하면서 노무현 대통령은(국민들의 지지와 당내 지지세력이라는) 정치적 자원을 상당부문 상실하고 국정에서 정치적 동력을 잃게 되었다.

2003년 취임 100일 만에 노무현 대통령은 국정위기에 직면했다. 경제난, 노조의 발목, 잦은 말실수, 측근들의 잡음, 주요 사회갈등 조장과 대처 미흡, 탈 권위와 토론을 통한 설득리더십의 미숙함으로 결국 화를 부른 셈이다.[94] 노무현 대통령의 국정 개혁 작업은 50년 동안 유지해왔던 보수중심의 주류사회를 386세대 중심의 민주화 개혁세력들로 근본부터 바꾸어보자는 데 있다. 과거 법과 원칙보다 인치에 의존했던 국정운영을 통해 정상화시켜 조화롭게 움직여 나가자는 것이었다. 하지만 대선 당시의 민주당 지도부와의 불협화음과 구 정치세력과의 대결구도를 만들어 민주당과의 결별수순에 들어갔다. 노무현 대통령은 국회 과반수 137석에 훨씬 미달한 102명의 민주당 소속으로서 다수를 차지하고 있는 한나라당에 의해 끌려 다니다가, 민주당이 친 노무현계인 열린우리당과 분당하자, 곧바로 신新주류의 열린우리당 지지입장을 밝히고 대결구도를 더욱 강화해 왔다. 노무현 대통령은 실리적 타협보다는 국민에게 심판받기를 원하는 대결을 통해 국정을 이끌어 왔다. 하지만 열린우리당의 의석은 48석으로 야당이 반대하면 어떤 법안도 통과가 불가능했고, 저돌적인 리더십으로 인해 여야를 초월한 상생의 정치를 만들어 내지 못하였다. 또한 야당을 중심으로 대통령의 친인척 비리 의혹과 대선과 관련된 의혹이 일어나면서 결국 야당과의 타협과 상생의 정치는 불가능하게 되었다. 그리고 취임 1년 만에 국회에서 탄핵안이 통과, 역사상 유래가 없는 대통령 탄핵사건이 발생했으며, 이로 인해 대통령의 국정공백상태가 지속되는 초유의 사태가 발생했다.

비록 헌법재판소의 탄핵기각으로 국정공백은 멈추게 되었지만, 결론적으로 제16대 국회 시기는 의회와 대통령과의 관계가 가장 악화된 사례를 남겨주었다. 그리고 대통령 탄핵은 제17대 국회의원 선거를 통해 야당을 심판하는 결과를 가져왔다. 국민들은 대통령 탄핵에 불만이 표출, 열린우리당 소속 후보자를 과반 이상으로 당선되면서, 노무현대통령의 정치행보에 힘을 불어넣어 주었다.[95]

---

94 김인수, 『새시대정신과 대통령 리더십』, 신원문화사, 2005, 312-313면.
95 노무현 정부시기 제17대 국회에 제출된 의원발의 법률안을 통해 국회의 자율성과 직능화 및 전문화가 향상되었다는 것이 확인된다. 이러한 의회의 자율성은 對 의회관계에서 바람직하다고 보인다. 그러나 의원발의 법률안의 가결율을 살펴보면, 제15대 국회는 40%, 제16대 국회는 27%, 제17대 국회는 21%로 나타나, 그 비율이 계속 감소하였다. 정부제출 법률안의 가결률이 51%에 달하는 것과 비교하면 가결률이 저조한 편이라 볼 수 있다. 그러나 의원발의 법률안의 특성상 국회의원은 전체 국민의 대표자이면서도 사실상 지역의 대표자로서의 지위를 동시에 가지고 있음으로 인해 지역 및 사회적 소수자를 대변하는 법률 또한 다수 제출하기 때문에 정부 부처 합의를 거친 정부안에 비해 가결률이 낮은 것은 불가피하다고 볼 수 있다.

참여정부의 출범을 전후 한 그 동안의 각종 여론조사의 결과를 보면, 정치개혁은 참여정부가 다른 어떤 분야보다도 우선적으로 추진하여야 할 분야로 지적되어 왔다. 또, 국민들은 참여정부가 가장 잘 할 수 있는 분야로 정치개혁을 꼽는 데 주저하지 않았다. 무늬만 경선을 통과한 자천후보가 아니라 국민경선이라는 진정한 의미의 경선을 통과한 최초의 대통령 후보라는 점에서, 그리고 돼지저금통으로 상징되는 큰돈에 빚지지 않은 후보라는 점에서 국민들은 노무현 대통령이 공약했듯이 정치개혁이 시작될 것이고, 또 그것이 성공하리라고 믿고 있었던 것으로 생각된다.[96] 노무현 대통령의 인식은 3김 정치 폐해의 핵심에는 보스중심의 사당적 구조가 있었다는 점에서 노무현의 당정분리는 상당히 평가받을 부분이 있다.

그리고 정치 전략의 측면에서 봐도 국민의 전폭적인 지지를 받고 있는 정치개혁을 전면에 내세워서 같이 추진한 북핵문제, 한미동맹문제 등은 조용한 외교를 통해서 해결하고자 했지만 남남갈등으로 인한 국민들의 분열은 심각하게 나타났다. 이는 군 관계자들을 만날 때마다 '자주국방과 미군철수대비'를 강조함에 따라 보수층은 주한미군철수를 노무현 정부가 바라고 있는 것이 아닌가 하는 불안감을 만들었고, 미국 방문 시에는 그 이전의 일련의 언급과는 다른 모습을 보임에 따라 진보층을 분노하게 만들었다는 점을 생각하면, 노무현 정부는 발생하는 현안에 대해서 그때그때 언급하는 방식이 아니라 보다 장기적인 국정우선순위와 그에 대한 전략을 가지고 대응하는 것이 훨씬 바람직했을 것이다.

이전 정권과 비교하면 의원초청 정치, 당정분리 정치 등의 노무현 정부가 보여주고 있는 정치에는 긍정적인 평가를 받아 마땅한 요소가 있다. 그 예로 2003년 한나라당의 지지로 이라크 파병동의안이 문제없이 통과하였으며, 또 한나라당이 통과시킨 대북송금 특검제를 노무현 정부가 받아들이는 등 그 이전에는 보지 못하였던 국회와 대통령의 관계가 정립되고 있었다.

이렇게 국회와 행정부의 관계가 새롭게 정립되는 되고 있는 것은 여당 야당이 모두 제왕적 총재의 퇴장으로 일사 분란한 행동이 어렵기 때문에 정당간의 대결이 과거보다 완화되기 시작한 데에 그 원인이 있지만, 노무현 행정부의 새로운 시도 역시 매우 중요한 원인이 되었다. 여·야 정당 대표와의 잦은 회동은 물론이고 이라크 파병 동의안의 제출 때에는 국방위원회 소속 의원들을 모두 청와대로 초청하여 설명하는 새로운 정치를 시도하였다. 이러한 의회와 행정부간의 변화는 국회내부에서의 긍정적인 변화 역시 초래하였다. 이라크 파병 동의안 처리를 앞두고는 2000년 국회법 개정에서

---

96 김민전, "참여정부 하에서의 정치개혁", 문화일보·학술단체협의회·한국정당학회 공동주최 참여정부 100일 기념 학술토론회, 『참여정부 정부 100일 평가와 바람직한 정책방향』, 2003. 6. 2.

도입된 이래 한 번도 열리지 않던 전원위원회가 개최되었으며, 의원들은 자신의 양심에 따라서 찬반 투표에 임하였고, 그 결과 당적을 뛰어 넘어서 찬반 표결이 이루어지는 크로스 보팅이 이루어졌다. 헌법이 의원들의 양심에 따라서 의정활동을 하는 것을 보장하고 있음에도 그것으로 모자라 국회법에 크로스 보팅에 대해 또 언급을 하고 있음에도 당의 거수기 노릇만 하던 의원들이 처음으로 진지하게 자신의 생각을 토론하고 또 표결하는 광경이 연출된 것이다.

노무현 대통령이 새로운 당정관계를 모색한 것은 기존의 대통령제를 제도적으로 개선할 수 있는 의미 있는 시도였다. 과거 대통령들은 국회와 직접 협상하거나 대화하는 것은 기피하였던 것은 물론, 여당의원도 직접상대하지 않았다. 당을 피라미드 구조로 만들어서 몇몇 당직자를 통하여 대통령의 뜻을 여당의원들에게 전달하는 소위 원격조정(remote control)정치를 하였다. 여당의원들로 하여금 누르면 누르는 대로 행동하게 하는 대신, 장관으로 기용하기도 하고 다음 선거에서 공천을 주고 또 선거에서 떨어지면 정부산하단체의 임원으로 내보내는 등의 보상을 해왔다. 그러나 노무현 정부는 행정부의 안을 지지하도록 민주당의원들에 대해서 압력을 행사하지 않는 대신, 민주당의원의 입각을 최소화하는 하는 등의 방식으로 반대급부를 제공하지도 않는 방식으로 당과 내각의 거리를 두는 입장을 취하고 있는 것도 대통령제 민주주의의 발전을 위한 바람직한 방향설정이라고 할 수 있다.[97]

그러나 여기에도 한계가 있다. 특검법의 처리과정을 보면, 한나라당이 통과시킨 법안을 사후에 거부권을 행사할 것인가의 여부를 고민하였고, 또 특검법을 받아들이기로 한 이후에는 재협상을 하기로 합의한다. 통과된 법에 대해서 재협상을 하는 모습을 보이는 것보다는 한나라당이 법안을 제출할 당시부터 어떤 부분은 받아들일 수 없는지를 명백히 하고 그러한 내용이 포함되는 경우에는 거부권을 명백히 하여 법안의 통과 이전에 청와대와 의회 사이에 협상이 일어나도록 하는 것이 더 바람직하다고 생각할 수 있다. 앞으로 국회가 주도하는 정책이 늘어날 가능성이 크다는 점을 감안하면, 국회가 통과한 법에 대해서 사후적으로 받아들일 것이나 혹은 거부권을 행사할 것이냐를 두고 고민하는 모습을 연출하는 것보다는 국회가 논의를 하고 있는 과정에서 대통령의 정책적 선호를 명백히 하고 국회와 청와대간의 협상이 일어나도록 하는 관행, 그리고 국회에서 법이 통과되고 난 이후에는 대통령들이 의원들을 초청해서 서명식을 하는 새로운 관행을 만들어 가는 것이 바람직할 것이다. 특히 우리의 경우 법이 만들어지는 과정이나 법이 공포되는 과정이 국민들에게 잘 알려지지 않고 있기

---

97 김민전, "참여정부 하에서의 정치개혁", 문화일보·학술단체협의회·한국정당학회 공동주최 참여정부 100일 기념 학술토론회, 『참여정부 정부 100일 평가와 바람직한 정책방향』, 2003. 6. 2.

때문에 국민의견의 수렴이 잘 이루어지지 않아 정책이 결정되고 난 이후, 혹은 정책이 집행되고 난 이후에 각종 이익집단의 반발이 끊이지 않는다는 점을 감안하면 새로운 관행의 정립은 매우 절실하다고 할 수 있다.

가. 임기변수

매디슨 모형에서는 대통령이 적극적이고 긍정형의 리더십을 통해 정국주도를 가능하게 하면서도 의회와의 관계를 원활하게 이끌 수 있는 리더십을 발휘할 필요가 있다. 노무현 대통령은 제17대 국회의원 선거를 앞두고 개혁을 위해서 열린우리당이 국회의 다수가 되어야 한다고 주장하였다. 이는 물론 해석에 따라 공무원의 정치적 중립의무를 위반한 것으로 볼 수도 있으며, 일반적인 자신의 견해를 밝힌 것으로 해석될 수도 있다. 하지만 이러한 지지발언은 결국 국회 내의 야당과의 관계를 극도로 악화시키면서 탄핵[98]의 빌미를 제공하여 2004년 3월 12일 한나라당, 민주당, 자민련 등 야 3당이 발의한 노무현 대통령 탄핵[99]소추안이 국회 본회의를 통과하였다. 헌법재판소(이하 헌재)는 국회가 제출한 노무현 대통령 탄핵소추안에 대해 2004년 5월 14일 '기각' 결정을 내렸다. 이에 따라 노무현 대통령은 헌재가 기각 결정을 공식 발표한 이날 오전 10시 29분부터 직무 정지 상태에서 벗어나 대통령 권한을 회복했다.[100] 제17대 국회에서는 비록 여당이 과반 이상을 확보했으나, 선거주기에 따라 대통령의 남은 임기보다 국회의원들의 임기가 더 남아 있을 경우에는 소극적 리더십과 긍정적 리더십은 레임덕 현상을 불러일으킬 수 있는 계기가 되었다.

이 탄핵안 가결을 계기로 한국의 정치지형과 노무현 대통령의 국정 스타일에는 상당한 변화가 있었다. 우선, 헌정사상 초유의 대통령 탄핵 후유증은 정치지형의 틀을 완전히 뒤바꿔 놓았다. 노무현 대통령은 탄핵의 불명예를 감수해야 했지만 탄핵 소추

---

98 노무현 대통령 탄핵 심판 일지 2004년 3월 9일=국회, 대통령 탄핵소추 발의 2004년 3월 12일=국회, 탄핵소추 의결, 헌재 접수, 2004년 3월 18일=헌재 재판관 첫 평의 2004년 5월 14일=노무현 대통령 탄핵 기각.

99 헌법재판소 결정 사건 2004헌나1 대통령 노무현 탄핵, 청구인 국회, "노무현 대통령 탄핵 기각 결정".

100 헌법재판소는 이날 오전 대심판정에서 재판 과정이 TV로 중계되는 가운데 이같이 최종 선고를 내렸다. 결정 내용은 다음과 같다. "탄핵 사유 안된다.; 대통령의 일부 기자 회견 발언 등이 선거법 중립 의무 및 헌법 수호 의무를 위반했지만 대통령을 파면시킬 만한 '중대한 직무상 위배'라고 보기 어렵다. 탄핵 사유 중 대통령 측근 비리는 취임 전 일이거나 대통령의 연루 여부가 드러나지 않았다. 또 국정 및 경제 파탄 사유는 탄핵 심판의 대상이 될 수 없다. 소수 의견 비공개=재판관 평의를 통해 소수 의견을 공개하지 않는 것이 옳다고 판단, 소수 의견은 물론 파면·기각·각하 등 재판관 9명의 의견이 어떤 식으로 나누어졌는지도 공개하지 않았다."

안 가결된 이후에 탄핵 소추안 의결을 의회쿠데타로 간주한 과반의석의 집권여당과 의회권력까지 확보함으로써 오히려 안정적 국정운영의 기반을 구축할 수 있었다. 반면 탄핵풍의 직격탄을 맞은 한나라당은 원내 제1당에서 제2당으로 내려앉았고, 정통 야당의 명맥을 유지해온 민주당은 쇠락을 재촉했다. 여당은 과반의석(152석)을 바탕으로 행정수도 이전과 개혁입법에 집중했으나, 이에 야당이 강력 반발하면서 여야 간에는 '행정수도 특별법' 위헌논란과 국가보안법 등 '4대 개혁입법'[101] 논쟁이 지속되기도 했다.[102]

노무현 대통령은 탄핵위기를 극복하고 탄핵 후 동정여론에 힘입어 집권당인 열린우리당이 다수당이 된 후에, 소극적 국정운영 스타일이던 매디슨모형에서 다수당을 기반으로 역동적인 국정운영 스타일인 제퍼슨모형으로 지도력을 쇄신하게 된다. 즉 균형된 의회관계를 모색하면서, 노무현 대통령은 적극적인 국정운영을 발휘하였다. 노무현 대통령은 행정수도 이전, 정치개혁, 선거제도 개편에 대해 야당과 적극적으로 대화하고 국민에게 직접 설득하려고 노력하였다.[103]

한편 노무현 대통령은 과거역사와 권위주의에 대한 청산을 착수하여 '과거사 진상규명에 대한 특별위원회'를 구성했고, 관련된 특별법 제정을 국회에서 추진함으로써 과거역사에 대한 정리를 시작했다. 2005년 12월 29일「친일반민족행위자 재산의 국가귀속에 관한 특별법」(법률 제7769호)이 공포되었다. "제1조(목적)는 이 법은 일본제국주의의 식민통치에 협력하고 우리 민족을 탄압한 반민족행위자가 그 당시 친일반민족행위로 축재한 재산을 국가에 귀속시키고 선의의 제3자를 보호하여 거래의 안전을 도모함으로써 정의를 구현하고 민족의 정기를 바로 세우며 일본제국주의에 저항한 3·1운동의 헌법이념을 목적으로 한다." 16곳 과거사委 중 2006년 7월 13일 '대통령 소속 친일반민족행위자재산조사위원회[104]'가 설치되어 본격적인 친일파 재산을 환수하

여 국가에 귀속하는 업무가 시작되었다. 친일반민족행위자재산조사위원회 김창국 위원장은 2009년 6월 현재 총 21차례에 걸쳐 친일재산을 국가에 귀속했다. 친일행위자 이완용, 민영휘, 송병준, 송종헌, 이재각, 김한승, 김두찬, 이달용, 서상훈[105], 장헌식, 고희경 등 93명, 1,123필지, 면적 7,743,844㎡, 시가 1,349억원(공시지가 733억원)상당으로, 국가귀속을 위한 조사개시 결정은 177명, 4,993필지, 면적 2,180만㎡ 공시지가 1,680억 상당이며, 일본인 토지 귀속재산 확인결정은 12차에 걸쳐 881필지, 면적 343,070㎡, 공시지가 2,288,797,715원이다.

나. 의석변수

매디슨 모형은 의회 내의 권력이 균형을 이루느냐 이루지 못하느냐에 따라 서로 다른 리더십이 필요하다. 의회 내의 여당의 힘이 강하다면 소극적 리더십을 통해 행정력을 효과적으로 발휘할 필요가 있다. 이모형 하에서 의회 내의 야당의 힘이 강하다면, 대통령은 적극적 리더십을 통해 정국의 주도권을 가져올 필요가 있을 것이다. 노무현 대통령은 열린우리당의 의석이 48석으로 국정주도가 불가능한 상황에서, 오히려 제퍼슨 모형식의 의회와의 관계를 지향한 것이라 할 수 있다. 이러한 모형지향

최용규 의원 등 국회의원 169명이 「친일반민족행위자 재산의 국가귀속에 관한 특별법안」을 발의하여 2005년 12월 8일 「친일반민족행위자 재산의 국가귀속에 관한 특별법」 국회 의결, 2006년 2월 13일 '친일반민족행위자재산조사위원회' 설립준비단 구성(국무총리훈령 제476호), 2006년 6월 29일 '친일반민족행위자 재산의 국가귀속에 관한 특별법 시행령' 공포(대통령령 제19557호), 2006년 7월 13일 '친일반민족행위자재산조사위원회'가 발족되었다. 위원장(장관급)1인·상임위원, 사무처장(차관급) 2인 포함 위원은 9인 위원장은 국회동의를 거쳐 대통령이 임명하며 위원회 기능은 친일반민족행위자의 조사 및 선정, 친일반민족행위자의 재산조사 및 친일재산 여부의 결정, 일본인 명의로 남아 있는 토지에 대한 조사 및 정리, 그 밖에 대통령령이 정하는 사항으로 국가귀속이 불가능한 친일재산의 조치와 이의신청 처리, 조사 자료의 보존·열람 등 이며, 조직은 사무처, 기획단, 조사단(2007-2008년 재직 조사단장 강여찬 현 대구지방검찰청 형사2부장검사), 법무담당관실, 조사연구관실, 운영지원과 기획총괄과, 기록관리과, 조사총괄과, 조사1과, 조사2과, 조사3과로 정원은 107명으로 자체충원 54명, 부처파견 45명, 지방자치단체 8명이다.

105 2008구합 40806; 서울행정법원은 친일파 서상훈 후손에게 "주의적 청구 및 예비적 청구는 모두 이유 없으므로 기각하기로 주문과 같이 판결한다." 아울러 판결문은 "피고 소속의 친일반민족행위자재산조사위원회 조사단 정해익, 지영환, 심철기 조사관은 2008. 4. 3.부터 2008. 4. 4.에 걸쳐 이 사건 임야 및 원고의 장남으로부터 상속 받은 경기도 여주군 여주읍 오금리 95 전 3,347㎡ 등 여러 재산에 대하여 실지조사를 하였다. 그러나 이 법정에 이 사건 임야가 사패지(賜牌地)라는 사실을 입증할 만한 자료를 제출한 바 없다."는 내용을 담았다. 서상훈은 1910년 10월 1일 조선총독부 중추원 부찬의로 임명되어 매년 800엔(圓)의 수당을 받았으며, 1921년 4월 28일부터 조선총독부 중추원 참의로 임명된 후 1943년 7월 31일 사망할 때까지 9회에 걸쳐 계속적으로 조선총독부 중추원 참의로 임명되어 1928년 11월 2일에는 종 4위에 이르렀다.

과 정면 돌파는 야당과의 타협과 상생의 정치를 더욱 불가능하게 만들었다.

<표 4-33> 제16대 국회 동의안/결의안 처리현황[106]

구 분	접수	처리	계	원안	수정	부결	폐기	철회	반려
동의안	235	235	204	196	8	11	17	3	
결의안	283	283	229	222	7	1	52	1	

<표 4-33>를 보면, 제15대 국회에서는 행정부의 동의요청안에 대한 부결이 11회, 폐기 제17대, 철회 3에 이를 정도로 의회와 행정부 간의 관계가 좋지 않았으며, 여당이 힘이 미약했다는 것을 증명해주고 있다. 또한 국회의 결의안에 대해서는 부결 1, 폐기 52, 철회 1의 결과가 나온 것을 알 수 있다. 그리고 <표 4-34>은 제16대 국회 후반기의 본회의 동의안 처리 결과이다.

<표 4-34> 제16대 국회 본회의 동의안 처리 결과(2003년 12월 30일)

의 안 명	처리일	처리결과
국회의원(최돈웅) 체포동의안	2003-12-30	부결
국회의원(이훈평) 체포동의안	2003-12-30	부결
국회의원(박주천) 체포동의안	2003-12-30	부결
국회의원(박재욱) 체포동의안	2003-12-30	부결
국회의원(정대철) 체포동의안	2003-12-30	부결
국회의원(박주선) 체포동의안	2003-12-30	부결
국회의원(박명환) 체포동의안	2003-12-30	부결

이 표로 볼 때, 행정부처의 요구로 인한 비리 연루 국회의원에 대한 체포 동의안에 대해서 국회는 여야를 막론하고 부결[107]시킴으로써, 행정부의 요구를 묵살하였다. 그리고 급기야는 취임 1년 만에 국회에서 경제파탄과 측근비리, 그리고 선거중립의무 위반 등으로 인해 탄핵안이 통과, 역사상 유래가 없는 대통령 탄핵사건이 발생시켰다.

노무현 대통령은 국회 과반수 137석에 훨씬 미달한 102명의 민주당 소속으로서 다수를 차지하고 있는 한나라당에 의해 끌려 다니다가, 민주당이 친 노무현 대통령 계인 열린우리당과 분당하자, 곧바로 신新주류의 열린우리당 지지입장을 밝히고 대결구도를 더욱 강화해 왔다. 노무현 대통령은 실리적 타협보다는 국민에게 심판받기를 원하는 대결을 통해 국정을 이끌어 왔다. 하지만 열린우리당의 의석은 48석으로 야당이

---

106 국회사무처 홈페이지, <nas.assembly.go.kr>.
107 같은 날 처리된 비리 연루 의원들에 대한 체포동의안을 모두 부결시킨 것은 여야를 막론하고 비리에 연루되어 있었기 때문으로 볼 수도 있다.

반대하면 어떤 법안도 통과가 불가능했고, 저돌적인 리더십으로 인해 여야를 초월한 상생의 정치를 만들어 내지 못하였다. 취임 1년 만에 국회에서 탄핵안이 통과, 역사상 유래가 없는 대통령 탄핵사건이 발생했으며, 이로 인해 대통령의 국정공백상태가 지속되는 초유의 사태가 발생했다. 비록 헌법재판소의 탄핵기각으로 국정공백은 멈추게 되었지만, 결론적으로 제16대 국회 시기는 의회와 대통령과의 관계가 가장 악화된 사례를 남겨주었다.

〈표 4-35〉제17대 국회의 득표율과 의석수

정당/단체	득표수(율)	의석수(비례대표)
열린우리당	8,145,824(39.2)	129(23)
한나라당	7,613,660(36.7)	100(21)
민주노동당	2,774,061(13.3)	2(8)
새천년민주당	1,510,178 (7.2)	5(4)
자유민주연합	600,462 (2.9)	4
국민통합21	119,746 (0.6)	1
무소속		2
합계(비례대표)	299(56)석	

대통령 탄핵은 제17대 국회의원 선거를 통해 야당을 심판하는 결과를 가져왔다. 국민들은 대통령 탄핵에 불만이 표출, 열린우리당 소속 후보자를 과반 이상으로 당선시키면서, 노무현대통령의 정치행보에 힘을 불어넣어 주었다(〈표 4-35〉 참조).

그런데 2006년 5·31 지방선거는 한나라당의 압승과 집권당의 완패로 규정되는 이론의 여지없는 압도적 결과였고 그것의 정치적 의미는 분명했다. 노무현 대통령은 국민들로부터 정치적 지지를 상실하고, 대통령의 리더십이 흔들리고 여당인 열린우리당의 의회 주도권은 상당 부문 상실하게 되었으나, 대통령과 열린우리당은 변화된 민심에 대해 적극적으로 대응하고 변화된 리더십과 국정운영방향을 보여주지 못했다.

〈표 4-36〉각급 단체장 선거 결과[108]

	광역단체장				기초단체장			
	1995	1998	2002	2006	1995	1998	2002	2006
열린우리당	-	-	-	1	-	-	-	21
한나라당	5*	6	11	12	70*	74	140	159

---

108 정상호. "5.31 지방선거에 대한 또 하나의 해석: '지역'없는 정당체제와 풀뿌리 민주주의의 위기", 〈blog.grasslog.net/archive/attachment/1864532907. hwp〉, 검색일: 2009. 5. 2.

민주당	4	6**	4	2	84**	84	44	19
자민련	4	4	1	0	23	29	16	6***
민주노동당	-	-	0	0	-	-	2	0
무소속	2	0	0	1	53	44	30	25
합계	15	16	16	16	230	231	232	230

* 민자당   ** 국민회의   *** 국민중심당
자료: 중앙선거관리위원회

〈표 4-37〉에서 확인되는 바와 같이 노무현 대통령은 민주당 후보로 당선되었으나 열린우리당과 민주당이 분열되고 노무현 대통령을 지지하는 열린우리당은 신생정당으로서 여당이 되고, 민주당은 스스로 야당임을 선언하였다. 열린우리당은 군소정당이었기 때문에 노무현 대통령은 국정을 운영하는데 많은 한계를 느꼈다. 탄핵 이후에 동정여론에 힘입어 열린우리당은 제1당이 되고, 민주당은 열린우리당과 한나라당 간의 양당 대결구도 하에서 17대 총선에서 많은 의석을 빼앗기게 되었다. 2007년에는 열린우리당의 탈당과 분열로 다시 열린우리당은 다수당의 지위를 넘겨주게 되었다. 그리고 열린우리당은 민주당과 다시 합당을 추진하였다. 이러한 의석수의 변화로 노무현 대통령은 수도이전, 지방균형발전, 국가보안법 개정논의 등의 주요 정책에 있어서 국정을 안정적으로 추진력 있게 행사하는데 많은 한계를 겪었다.

〈표 4-37〉 노무현 대통령 임기 동안의 의석변수(2003-2007년)

대 수	대통령 임기	연 도	교섭단체	의석분포(무소속제외)		상황변수
				여	야	
제16대	김대중	2000	여1 야1	119(43.6)	133(48.7)	여소야대
		2001	여2 야1	134(49.4)	131(48.7)	여야균형
		2002	여2 야1	112(41.0)	130(47.6)	여소야대
제17대	노무현	2003	여2 야2	149(54.5)	101(36.9)	여소야대
		2004	여1 야3	151(50.5)	145(48.8)	여대야소
		2005	여1 야3	144(48.1)	150(50.1)	여야균형
		2006	여1 야4	139(46.4)	153(51.1)	여소야대
		2007	여1 야2	73(24.4)	162(54.1)	여소야대

다. 정치·경제상황

정치·경제 환경의 변화에 대해 대통령이 적절한 대처를 하고 대통령과 행정부는

보다 적극적인 리더십을 발휘함으로써 정국의 주도권을 가져올 필요가 있다. 그리고 의회간의 타협과 조화를 위해 대통령의 긍정적인 리더십이 존재할 필요가 있다. 야당은 노무현 대통령을 탄핵하면서 탄핵사유 중 하나로 국정파탄과 경제파탄의 책임을 물었다. 탄핵소추안은 '세계경제가 호황인 가운데 노무현 대통령이 총선 올인 전략으로 국민경제를 파탄시켰다'는 점을 사유로 꼽았다. 야당은 그동안 노무현 정권이 1년 가까이 총선 준비에 전념하는 바람에, 주변국은 경기회복세가 뚜렷한데도 2003년 한국 경제성장률은 외환위기 극복 이후 5년 만에 다시 마이너스 성장을 기록, 국민복리가 오히려 후퇴했다고 주장해왔다. 그러나 노무현 대통령은 '경제파탄'은 원천적으로 탄핵사유가 되지 않는다는 입장에서 물러서지 않았고 경제란 흐름이어서 특정 시기의 경제난에 대해 정권이 법적으로 책임을 져야 한다는 것은 말이 되지 않다고 주장했다. 사실 경제난은 전임 정부 시절부터 비롯된 측면이 강하고 실질적으로는 탄핵사유가 될 수 없었다. 하지만 이러한 논란은 걷잡을 수 없는 혼란을 불러일으켰고, 비록 헌법재판소의 탄핵기각으로 국정공백은 멈추게 되었지만, 결론적으로 제16대 국회 시기는 의회와 대통령과의 관계가 가장 악화된 사례를 남겨주었다 할 것이다.

第5節 소결

이 연구의 이론적 검토를 통해 대통령의 리더십을 분류하면 다음의 〈표 4-38〉과 같을 것이다. 레윈(K. Lewin)의 유형으로 한국 역대 대통령들 중 권위주의와 민주주의 유형을 효과적으로 분류할 수 있으나 노태우 대통령부터 노무현 대통령의 리더십의 다양성을 구체화하지 못하는 단점이 있다. 화이트와 리피트(White & Lippit), 막스 베버(Max Weber)의 연구도 민주주의 하에서의 대통령의 다양한 정치적 리더십은 구분하지 못한다. 이 연구는 베버의 분류를 일부 원용하여, 노태우 대통령으로부터 노무현 대통령에 이르기까지 대통령의 다양한 유형을 구체화하는데 연구목적을 가지고 있다.

<표 4-38> 한국 대통령의 리더십 유형 비교[109]

학자별 리더십 유형	한국 대통령						
	이승만	박정희	전두환	노태우	김영삼	김대중	노무현
K. Lewin	권위주의	권위주의 관료주의	권위주의	권위주의 민주주의	민주주의	민주주의	민주주의
White & Lippit	권위형	권위형	권위형	자유방임	민주형	민주형	민주형
Max Weber	카리스마	카리스마	카리스마	카리스마	합법적	합법적	합법적
James D. Barber	적극적 부정형	적극적 부정형	적극적 부정형	소극적 부정형	적극적 부정형	적극적 긍정형	소극적 부정형

　　지금까지 이 연구는 대통령의 리더십이 의회와의 관계를 만들어 내는 주요한 변수였으며, 대통령의 리더십이 어떠한 특성을 보이느냐에 따라 대통령과 의회의 관계는 변화한다는 것을 밝혔다. 하지만 제퍼슨, 해밀턴, 매디슨 모형이라는 세 가지 대對 의회 관계모형 속에서 한국의 민주화 이후 역대 대통령의 리더십을 살펴보면, 한국의 역대 대통령들은 자신들의 리더십을 효과적으로 발휘하지 못했다는 결론을 내릴 수가 있다. 물론 적절한 리더십을 통해 정국의 주도권을 확보하고 야당과의 협력구조를 만들어 낸 리더십도 있었다. 하지만 때에 따라서는 대통령의 리더십이 권위주의적으로 흘러 의회와의 관계 역시 악화되기도 했으며, 정국의 주도권을 뺏기면서도 의회와의 관계 역시 악화되는 사례가 확인된다. 또한, 비록 의회의 입장에서 대통령과의 관계를 살펴본 것은 아니지만, 이 연구의 연구에 의하면 소극적 부정형은 정국주도권도 잃기 쉬울 뿐 아니라, 의회와의 관계 역시 심각하게 악화될 수 있는 리더십이며, 제16대 국회와 대통령의 관계는 이러한 사례의 전형적인 예라는 것을 알 수 있었다. 하지만 앞서 논의한 것처럼, 시머 립셋(Seymour M. Lipset)는 리더십이 정당성 및 효과성과 긴밀한 상관성을 가지고 있다 밝힌 바 있으며,[110] 리더십 역시 국민 다수가 인정하는 정치권력의 정당성의 범위 안에서만 허용될 수 있다는 것을 알 수 있다.[111]

---

109 안병만, "역대 통치자의 리더십 연구", 『한국 행정학회 세미나』, 1998의 논문을 참조. 위 표의 분류는 필자가 한국의 역대 대통령 리더십에 대한 각종 평가와 논문을 근거로 분석, 작성한 것이며, 이 연구는 박정희 대통령에 대해 적극적 긍정형의 리더십으로 평가한 안병만과는 다르게, 박정희 대통령을 적극적 부정형의 리더십으로 정의하고자 한다. 박정희 대통령은 근대화를 제시하고 자신 있게 정책을 추구하였기 때문에 긍정형의 리더십으로 인식될 수도 있지만, 박정희 대통령은 매우 권력욕이 강하며, 야심적이어서 재야인사들이나 야당인사들을 탄압하거나 투쟁의 대상으로 인식하였고, 모든 일에 치밀하게 준비하며 꼼꼼하게 집행을 통제하는 등 적극적 부정형의 전형적인 모습을 보여주고 있기 때문이다. 이에 대해서는 함성득, 『대통령학』, 나남출판, 2003, 93면 참조. 아울러 노무현 대통령의 평가와 모형은 필자가 분석한 것이다.

110 Seymour M. Lipset, *Political Man: The Social Bases of Politics* (Garden City, New York: Doubleday, 1960), pp.77-90.

<표 4-39> 한국 대통령의 리더십과 대 의회관계 모형변화 비교분석

의회와의 관계모형	임기 초반	임기 중반	임기 후반	비 고
노태우 대통령	매디슨 모형	제퍼슨 모형	제퍼슨 모형	변화
김영삼 대통령		제퍼슨 모형		일정
김대중 대통령		해밀턴 모형		일정
노무현 대통령	매디슨 모형	제퍼슨 모형	매디슨 모형	변화

노태우 대통령은 과거의 지도자들과는 달리 대통령의 역할과 직책수행에 있어 원활한 체계를 갖추지 못했고, 민주지향적인 리더십 역시 부족하여 소극적 부정형의 리더십을 가진 인물로 분류할 수 있을 것이다. 선동가형 국정운영스타일로 볼 때 노무현 대통령은 김영삼 대통령의 동일시현상(YS identification phenomenon)이 적잖게 작용하였다.[112] 김영삼 대통령과 국민의 정부 김대중 대통령은 일단 기본적으로 둘 다 민주적 리더십 이다. 또한 이들은 권력의 획득 과정에서 도덕성과 정당성을 겸비하고 있었다. 김영삼 대통령은 국회와의 관계를 상호 대등한 입장으로 이끌기보다는 강력한 리더십을 통해 의회를 압도하고자 하였고, 그 결과 대통령과 여당 내부의 관계 역시 조화롭게 이끌기 힘든, 적극적 부정형의 리더십을 가질 수밖에 없었다. 행정부에 대한 권력집중이 가능한 국가적 경제위기 상황에서, 김대중 대통령은 적극적인 리더십을 통해 이를 돌파해 나갈 수 있는 사회 경제적 기반을 가질 수 있었다. 이러한 긍정적인 리더십을 통해 적극적 리더십이 가질 수 있는 권력의 집중을 보완하고 의회와의 협력을 이끌어내기 위해 긍정적 리더십을 발휘하였다. 노무현 대통령 역시 민주적 리더십의 특성을 보인다. 특히 과거의 정권과는 다르게 노무현 정권의 특징은 시민사회가 팽창하고 시민의 참여의 폭이 대폭 확대되어 정치에 작용하게 되었다는데 있다.

물론 이러한 상황은 과거 김영삼 대통령, 김대중 대통령 정권시절 이미 시민사회의 힘이 축적되는 과정을 거쳤기 때문이기도 하다. 국민들의 개혁욕구에 부응하여, 이를 적극적으로 해내겠다는 의지를 밝힘으로서, 과거 권위주의적 리더십과는 다른 민주적 리더십을 보여주었다. 야당과 정책상의 문제에 대한 대결구도에서 서로에게 지나치게 대항 자세를 보임으로서, 결국 정국불안 등 노무현 대통령의 리더십은 소극적 부정형의 리더십이다.

---

111 Juan J. Linz & Alfred Stepan, *The Breakdown of Democratic Regimes* (Baltimore: Hopkins University Press, 1978).

112 최진, 『대통령 리더십 총론』, 법문사, 2008, 511면 ; 프로이드(Freud)의 동일시현상은 자신이 이루고자 하는 목표를 위해 특정인의 언행을 닮고자 하는 심리상태를 의미 한다; Freud, "Project for a Scientific Psychology, in M. Bonapart, A. Freud and E. Kris(eds), the Orgins of Psychoanalysis, New York: Basic Books.

민주화 직전 전두환 정부는 유신체제 이상 가는 강압적인 통제력을 발휘하였지만, 민주화를 요구하는 시민들의 저항에 끊임없이 직면하지 않을 수 없었다. 다행히 집권 세력 내부의 강온파의 정치적 균열 때문에 여당내 차기 대통령 후보로 지명되었던 노태우 후보의 6·29 선언이 나올 수 있었다. 이후 한국 정부는 덜 강압적인 6공화국을 거쳐, 3당 합당을 통한 문민정부의 출범, 그리고 1997년 대통령 선거를 통한 실질적인 최초의 평화적인 정권교체를 경험하는 민주주의의 성숙을 경험하게 된다. 당시 국민들 사이에는 1987년 민주화와 정권교체에 대한 여망이 커서 많은 유권자들이 노태우 후보를 지지하지 않았지만, 야당 후보인 김영삼과 김대중의 분열로 당선되었다. 아울러 노태우 대통령은 쿠데타로 집권한 전두환 대통령의 주축세력이었다. 이러한 점 때문에 노태우 대통령의 집권은 정당성이 취약했다.

노무현 대통령은 리더십에 있어서 국민의 신임을 크게 받지 못해 부정형의 리더십을 가지고 있었고, 김영삼 대통령, 김대중 대통령, 김종필 등의 야당지도자로부터 반대에 많이 부딪쳤으며, 3당 합당 하에서도 김영삼과 김종필의 이해관계 속에서 주도적인 국정운영을 발휘하지 못했다. 이러한 측면에서 노무현 대통령은 소극적 부정형의 리더십 범주에 속한다. 전두환 대통령과 노태우 후보의 정치세력과 야당과 시민사회의 요구가 절충되어 1987년의 제6공화국 헌법이 만들어졌다. 이 헌법의 민주적 제도화는 노태우 정부, 김영삼 정부, 김대중 정부, 노무현 정부, 그리고 이명박 정부에 이르기까지 지속되고 있다. 대통령은 국민직선으로 선출되며, 임기는 5년 단임이다. 국회가 갖는 지위는 제4공화국이나 제5공화국의 헌법과 비교할 때 강화되었다.

김영삼 대통령은 권위주의 시절에는 민주화투쟁의 상징으로 민주화시대에는 문민정부를 연 최초의 민간출신 대통령이었다. 김영삼 대통령은 보수적 군부 권위주의 정당에 대항하며 성장해 왔다. 김영삼 대통령의 리더십은 문민정부로서 비군부 통치시대를 열었으나, 정당 내 민주화 등 제도적 민주주의는 성숙되지 못했으며, 리더십 스타일 면에서 권위주의적 요소도 남아 있었다. 김영삼 대통령의 리더십은 위기의 국면에서 선택과 승부로 발현되었다. 그래서 혹자는 김영삼 대통령의 리더십을 '승부사형 리더십'으로 표현하기도 한다.

김대중 대통령은 정권교체라는 희망을 국민들에게 안겨주면서 민주주의의 공고화에 기여하였다. 김대중 대통령은 연금과 망명 죽음직전까지 몰리며 억압 받는 재야민주인사로 고난을 겪기도 하였다. 김영삼처럼 김대중의 리더십의 또 다른 원천 중 하나는 바로 '지역주의'이다. 아울러 김영삼 대통령의 '상도동계'라는 정치자원부대가 있었다면, 김대중에게는 '동교동계'라는 정치파벌이 있었다. 김영삼 대통령 김대중 대통령의 등장으로 민주화 이후 권위주의 정치와는 결별한 듯하지만, 정당체제·정당민주화·제왕적 대통령제라고 불리는 중앙집권적 권력구조형태에서 보면 과거 권위주의 시대에 형성된 구조와 리더십이 그대로 유지되어왔다. 김대중의 리더십은 반공질서 속에서 낙인을 새긴 색깔론과 박해받는 민주주의를 통해 성장했다. 김대중 대통령의 리더십을 평가할 때 항상 비교대상이 되는 것이 김영삼의 리더십이다. 이는 독재 권력에 대항한 동시대의 대표적 야당지도자였다는 시대적 배경과 민주화 세력 내부의 주도권을 둘러싼 끊임없는 암투와 경쟁 상대였다는 점에서 당연하다고도 볼 수 있다. 김대중 대통령은 수평적인 정권교체를 이뤄냈고, 따라서 절차적 민주주의가 더 성숙해지는 계기를 만들었지만, 카리스마적 지도자로서 김대중 대통령의 국정운영방식에는 권위적인 성향이 내재되어 있었다. 정해진 절차나 제도에 따르기보다는 주로 개인적이 신뢰에 기초한 내집단에 의존하는 경향이 나타났고 대북 문제나 국내 문제 추진 시에 공식적인 의사결정 라인은 실세 참모들에 의한 비밀스러운 추진이 흔히 발생했다. 하지만 이 시기 김대중의 리더십은 매우 성취욕이 강했고, 결과중심적인 국정운영을 추구하였으며, 남북화해의 필요성을 제시하고 햇볕정책을 자신 있게 추진하는 등 적극적 긍정형의 전형적인 모습을 보여주었다. 김대중 대통령은 경제위기 극복, 지역 및 국민통합, 남북한 통일을 위한 획기적 기반 조성 등 많은 국정과제들을 목표로 삼아 이를 자기 임기 내에 모두 이룩하고자 하는 강한 의지를 갖고 있었다. 그리고 IMF 극복이라는 국가적 과제의 수행으로 인해, 여소야대 상황임에도 불구하고 김대중 대통령은 적극적인 리더십을 통해 권력을 집중시킬 수 있었고 정국을 주도할 수 있었다. 또한 이러한 환경조건 완성을 위해서는 야당의 협조가 필요했기 때문에, 김대중 대통령은 긍정적 리더십을 통해 과거의 정권보다는 국회에 대한 관계를 원만히 이끌어가려 하였다.

노무현의 대통령은 권력의 분산, 정당체제의 제도화, 정당 민주화, 제왕적 대통령제 해체 등에 기여하였다. 노무현 대통령 당선은 정치사적 측면뿐만 아니라 리더십의 측면에서도 몇 가지 의의를 갖는다. 먼저 한국이 '민주화' 이후 권위주의 정치와는 결별한 듯하지만, 정당체제·정당민주화·제왕적 대통령제라고 불리는 중앙집권적 권력구조형태에서 보면 과거 권위주의시대에 형성된 구조와 리더십이 그대로 유지되어 왔다. 이런 와중에 '개혁정치인' 노무현 대통령은 3김 체제(1인 보스체제), 지역주의, 권위주의라는 한국정치 발전의 세 가지 영역의 총체적 변화에 대한 국민적 기대에 조응하면서 등장하게 된다. 인터넷을 주요 활동무대로 했던 '노사모'라는 지지 세력의 출현 또한 과거 계파와 파벌을 충원기제로 하는 기성 정치지도자들의 정치행태와는 차원이 다른, 탈권위주의 코드와 정확하게 맞아떨어지는 새로운 정치현상이었다. 노무현 대통령[113]은 참여정부 초기부터 권력중심의 권위주의 정치로부터 국민중심의 참여정

---

113 최진은 자신의 저서『대통령 리더십 총론』에서 노무현 대통령을 인간중심형 리더십으로 분류한

치로의 전환, 배타적 국정운영으로부터 토론과 합의에 의한 국정운영체계 확립, 그리고 권력과 언론의 합리적 관계설정을 주장했다. 이러한 노무현 대통령은 '분권형 국정운영', 국가정보원·검찰·경찰·국세청 등 '권력기관의 자율성 증대', '당정분리'로 구체화하면서 '권위주의 정치'에 대한 개혁의지를 보여주기도 했다. '분권형 국정운영'은 총리실의 인적·물적 기반확대라는 제도적 변화를 수반하기는 했지만 이보다는 총리라는 개인적 능력에 의해 좌지우지되는 양태를 보여줬고, 권력기관의 자율성 증대는 권력기관 내부개혁으로 연결되지 못하고 있으며, 당정분리는 정당정부와 정부능력의 측면에서 효과적인 국정운영에 오히려 걸림돌로 작용하였다. 노무현 대통령의 탈권위주의는 노무현 대통령의 치적 중의 하나이나, 대통령다운 품위와 정치적 행동, 포용력을 보여주지 못함으로서 권위의 상실을 가져왔다. 아울러 노무현 대통령의 지지가 하락함과 함께 진보 진영의 몰락도 재촉되었다.

〈표 4-40〉 민주화 이후 국회의 의석분포

대 수	연 도	교섭단체	의석분포(무소속제외)		정회율	상황변수
			여	야		
제13대	1988	여1 야3	125(41.8)	146(55.8)	-	여소야대
	1990	여1 야1	217(73.1)	70(23.6)	31%	여대야소
제14대	1992	여1 야2	156(52.2)	128(42.8)	25%	여대야소
	1993	여1 야1	167(56.4)	95(32.1)	26%	여대야소
	1995	여1 야2	171(57.2)	120(40.1)	26%	여대야소
	1996	여1 야3	162(55.9)	118(40.7)	26%	여대야소
제15대	1996	여1 야2	151(50.5)	128(42.8)	26%	여대야소
	1997	여1 야2	158(53.0)	123(41.4)	29%	대 선
	1998	여2 야1	121(41.1)	162(54.9)	28%	여소야대
	1999	여2 야1	160(53.5)	135(45.2)	73%	여대야소
제16대	2000	여1 야1	119(43.6)	133(48.7)	29%	여소야대
	2001	여2 야1	134(49.4)	131(48.7)	29%	여야균형
	2002	여2 야1	112(41.0)	130(47.6)	-	여소야대
	2003	여2 야2	149(54.5)	101(36.9)	-	여소야대
제17대	2004	여1 야3	151(50.5)	145(48.8)	-	여대야소
	2005	여1 야3	144(48.1)	150(50.1)	-	여야균형
	2006	여1 야4	139(46.4)	153(51.1)	-	여소야대

다. 감성브랜드: 인간적인 면모, 청와대의 인간중심적 배치: 점령군의 무혈쿠테타, 행정부의 사적 잡근: 불안감과 자기방어심리, 노사모의 열정: 게릴라식 확산, 심리적 고독감: 정치적 스트레스, 역(逆)공포반응으로 소개하고 있다.

	2007	여1 야2	73(24.4)	162(54.1)	-	여소야대
제18대	2008	여1 야4	153(51.1)	120(40.1)	-	여대야소
	2009	여1 야5	170(56.8)	119(39.7)	-	여대야소

　민주화 이후인 제6공화국 시기에도 여전히 김영삼 대통령은 당 총재를 겸하면서 공천권 등 강력히 당권을 소유하고 있었다. 노태우 정부와 김대중 정부시기에 분점정부를 타개하기 위해 인위적인 정계개편을 통해 단점정부를 이루었고 그 이후 국회 내 파행이 거듭되었다는 점에서, 민주화가 국회의 자율성을 급격히 신장시켰다고 평가할 수는 없을 것이고 대통령의 정치적 리더십과 정당정치에 국회의 자율성과 정치발전을 기대할 수 있을 것이다. 그리고 노무현 정부의 제17대 국회의원 경우도 노무현 대통령의 탈권위주의와 박근혜 대표의 당내 민주주의와 정책정당화 노력에 의해 이전보다는 개혁적인 국회운영 방식이 모색되었다. 노무현 대통령의 탈권위주의 과정에서 비의도적인 결과가 목도되기도 했는데, 이는 권위주의와 권위 간의 차이를 제대로 인식하지 못한 결과 탈권위주의와 대통령의 권위하락이 동시에 발생했다는 점에서 그러하다. 이전 정부까지 대통령 고유의 권한으로 인식되어 오던 조치들이 비판의 대상이 되면서, 다시 대통령의 권위를 찾으려는 노력과 시도가 또 다른 형태의 권위주의를 강화시키는 악순환이 지속되기에 이르렀다. 대통령의 공식담화가 즉흥적이고 감성적으로 이루어짐으로써 미디어를 통해 국민에게 전달되는 대통령의 메시지는 야당, 언론뿐만 아니라 국민들로부터도 감성적 반감을 불러일으켰다. 이는 대통령이 정부의 국정운영 방식과 제도개혁의 구체적인 내용에 대해 완전한 정보를 갖지 못하는 국민들로부터 지지를 획득하는 데 부정적으로 작용했다.

　노무현 대통령 집권 초 제16대 국회와 대통령의 관계는 한국 역사상 그 관계가 가장 악화된 사례이지만, 대통령의 탄핵기각과 제17대 총선에서의 여당의 승리는 국민 대다수가 의회보다는 대통령과 행정부에 대한 정당성을 더욱 인정하고 있었음을 보여주는 사례이다. 이러한 정당성의 문제 역시, 한국의 역대 대통령들은 올바른 판단을 하지 못하였다. 정당성을 인정받지 못하고 있으면서도 적극적 부정형의 리더십을 통해 자신의 권위를 강화시키고 의회를 탄압하였던 대통령들의 리더십은 결국 실각하거나 정권이 교체되는 결과를 낳았으며, 여소야대의 현상 같은 의회 내의 권력변화를 만들어 냈던 것이다. 또한 이들은 국정운영에 있어 효과성(efficiency)을 살리지 못하는 경우가 많았고, 의회와의 관계가 악화되고 권위주의적인 권력을 통해 리더십을 발휘했을 때, 더욱 더 효과성은 한계를 보여주었다. 또한 이들은 권력을 획득하는 시점에서 도덕성 역시 부족했다. 정당성, 효과성, 도덕성은 대통령의 정치 권력적 리더십을

<표 4-41> 한국의 정부형태와 의회 구성변화

국회	시기	정부형태	행정부		입 법 부				
			여당	대통령	다수당	제1당	제2당	3당	총의석
제13대 국회	1988. 5. - 1990. 1.	분점	민정당	노태우		민정당 (125석) (41.8%)	평민당 (70석) (23.4%)	통일민주당 (59석) (19.7%)	299
	1990. 1. - 1992. 5.	단점			민자당 (216석) (72.7%)		평민당 (70석) (23.6%)	무소속 (11명)	297
제14대 국회	1992. 3 (총선).	분점	민자당			민자당 (149석) (49.8%)	민주당 (97석) (29.2%)	통일국민당 (31석) (10.4%)	299
	1992. 5. - 1996. 5.	단점		김영삼	민자당 (155석) (51.8%)		민주당 (97석) (29.2%)	통일국민당 (31석) (10.4%)	299
제15대 국회	1996. 4 (총선)	분점	신한국당			신한국당 139석 (43.5%)	국민회의 (79석) (26.4%)	자민련 (50석) (16.7%)	299
	1996. 5. - 1998. 2.	단점			신한국당 (157석) (52.5%)		국민회의 (79석) (26.4%)	자민련 (46석) (15.4%)	299
	1998. 2. - 1998. 8.	분점	국민회의	김대중		한나라당 (161석) (53.8%)	국민회의 (78석) (26.1%)	자민련 (43석) (14.4%)	299
	1998. 9. - 2000. 5.	단점			국민회의 +자민련 (153석) (51.2%)	한나라당 (140석) (46.8%)	국민회의 (101석) (33.8%)	자민련 (52석) (17.4%)	299
제16대 국회	2000. 5. - 2004. 4.	분점	새천년민주당			한나라당 (133석) (48.7%)	새천년 민주당 (115석) (42.1%)	자민련 (17석) (6.2%)	273
제17대 국회	2004. 4. - 2008. 4.	단점	열린우리당	노무현	열린우리당 (152석) (50.8%)	한나라당 (121석) (40.4%)	민주노동당(10석) (3.4%)	새천년민주당 (9석, 0.16%), 자유민주연합 (4석), 무소속(2석), 국민통합21 (1석), 무소속(2석)	299

제18대 국회	2008. 5. - 2011. 3.21.현재	단점	한나라당	이명박	한나라당 (선거직후: 153석-51.1%, 현재171석)	민주당(81석-29.4%, 현재85석)	자유선진당 (18석-6%, 현재16석)	미래희망연대 (13, 현재8석), 민주노동당(5석), 창조한국당 (3, 현재2석), 국민중심연합 (0, 현재1석), 진보신당 (0, 현재1석), 무소속 (26, 현재7석)	299

유지시켜주고 지탱해주는 핵심적인 요소이다. 비록 노무현 대통령과 제16대 국회의 관계는 의회와 대통령의 관계가 가장 악화되었던 사례로 남았지만, 리더십을 지속적으로 유지시킬 수 있고 대결구도를 만들어 낼 수 있는 정당성과 도덕성을 국민들에게 인정받고 있었기 때문에 제17대 총선에서의 승리를 만들어 낼 수 있었다.[114]

한국의 민주화 이후 역대 대통령의 리더십을 분석하면, 첫째, 해밀턴(Hamilton) 모형은 국가비상사태의 극복이나 국가건설 등 행정의 능률성이 민주적 절차보다 우선시될 때 선호되는 권력 형태로 절제와 균형의 체계 안에서 대통령이 입법과정을 포괄적으로 지배하며 대외정책과 재정 및 경제정책을 독점적으로 결정함으로써 행정부에 대한 국회의 통제가 형식화되는 모형이라 정의한 바 있다. 이러한 모형은 김대중 정부의 경우와 유사한데, 김대중 정부는 원내에서의 여소야대 정치구도가 행동반경을 제약하고 있었지만, IMF 관리체제라는 국가적 위기상황으로 행정의 능률성이 민주적 절차보다 우선시 될 수밖에 없는 상황이 있었고, 입법과정을 포괄적으로 지배하고 대외정책과 재정 및 경제정책을 독점적으로 결정함으로써 행정부에 대한 국회의 통제가 형식화되는 해밀턴 모형이 성립될 수 있었다. 해밀턴 모형은 의회보다 대통령의 힘이 우세한 상황을 가정하고 있다. 하지만 여당이 과반을 획득하지 못할 때에는 정국주도권을 회복할 수 있는 대통령의 적극적 리더십이 필요하며, 의회 간의 타협과 조화를 위해 긍정적인 리더십이 필요하다. 김대중 대통령은 적극적 리더십의 특성으로 인해 정권 내내 대통령과 행정부가 정국을 주도할 수 있는 기반을 만들어 냈으며 긍정형의 리더십으로 인해 제16대 국회에서는 국회에서 과반수는 차지하지 못했지만 여야균형상황을 만들어 냈다.

둘째, 매디슨(Madison) 모형은 대담성과 활동력이 약한 신중한 정부로서 입법권과 행정권의 권력 균형에 입각한 정부를 의미하며, 행정부에 대한 국회우위의 권력형태로서 행정의 능률성을 확보하는 것보다 의회가 행정의 권력남용을 견제하고 통제하는 데 중점을 두는 모형이다. 매디슨 모형은 의회 내의 여당의 힘이 강하다면 소극적 리

---

114 박찬욱·원시연, 앞의 글, 30-33면.

더십을 통해 행정력을 효과적으로 발휘할 필요가 있다. 하지만 의회 내의 야당의 힘이 강하다면, 대통령은 적극적 리더십을 통해 정국의 주도권을 가져올 필요가 있을 것이다.

노태우 대통령의 제6공화국은 초기 여소야대의 상황에서 야당과의 대결을 통해 원활한 국정운영을 할 수 없었고, 소극적 리더십을 통해 정국의 주도권을 의회가 가질 수 있게 되었으며, 권위주의적 요소들을 점차 완화해갔다. 하지만 정국운영이나 정책집행을 위해서는 다른 세력과의 연합이 필요했고, 결국 야당세력과의 연합을 추진, 야당과 불필요한 대결구도를 만들어 내는 부정형의 리더십을 보여 주었다. 결국 노태우 대통령은 정국을 2년여 만에 여대야소의 정국으로 반전시켰고, 다음 대통령 선거에서 민주자유당의 김영삼 후보를 대통령으로 당선시킬 만큼 성공하였지만, 임기 내내 민주화에 대한 요구와 함께 야당의 공격에 노출되어 있었다. 의석변수의 영향에 의해 노태우 대통령의 리더십은 여소야대의 매디슨 모형에서 여대야소의 제퍼슨 모형으로 변화하게 된다. 쿠데타에 의해 집권한 군부 권위주의 정부의 후계자인 노태우 정부는 국민들의 신뢰가 높지 않아 많은 의석을 확보하지 못했다. 리더십의 위기를 느낀 노태우 정부는 인위적인 3당 합당을 통해 안정적인 국정 동력을 확보하고자 하여 3당 합당 후에는 압도적인 다수당의 협조를 받는 제퍼슨 모형의 리더십을 발휘하게 된다.

한편, 노무현 대통령의 제16대 국회와의 관계는 의회와 대통령과의 관계가 가장 악화된 사례로, 여소야대의 상황으로 인해 정국의 주도권을 위한 대통령의 적극적 리더십이 요구되고, 대통령과 의회간의 타협과 조화를 위해 대통령의 적극적 긍정형의 리더십이 필요한 상황이 조성된 매디슨 모형 하에 있었다. 노무현 대통령은 소극적이고 부정적인 리더십을 통해 야당에 의해 정국주도권을 뺏기게 되었고 타협과 상생의 정치를 더욱 불가능하게 만들었다. 그리고 급기야는 취임 1년 만에 탄핵위기에 몰렸으며, 한동안 국정공백상태가 지속되는 초유의 사태가 발생했다. 하지만 탄핵위기에서 벗어난 노무현 대통령은 탄핵시도를 의회쿠데타로 인식한 국민들의 분노와 함께 노무현 대통령과 여당인 열린우리당에 대한 동정여론에 힘입어 제17대 총선에서는 압도적인 승리를 거두게 된다. 노무현 정부의 제16대 국회와의 관계는 매디슨 모형 하에서 분석이 가능할 것이다. 하지만 제17대 총선을 거치면서 임기 중반에 집권당인 열린우리당이 다수당이 됨으로써 임기 중반에는 노무현 대통령의 리더십은 제퍼슨 모형으로 분석된다. 하지만 지방선거에서 참패하고 열린우리당과 노무현 대통령의 지지가 추락하면서 열린우리당 내에 균열이 심화되었고 분열되었다. 아울러 열린우리당은 다수당으로서의 동력을 확보하지 못했다. 노무현 대통령의 집권 말기는 매디슨 모형으로 볼 수 있다. 따라서 이 연구는 노태우 대통령과 노무현 대통령은 각각 매디슨 모형으로부터의 제퍼슨 모형으로, 매디슨 모형으로부터 제퍼슨 모형으로 거친 후 다시 매디슨 모형으로 회귀하는 리더십 성격을 변동을 확인할 수 있었다.

김영삼 정부는 제퍼슨 모형으로 분석된다. 김영삼 정권의 시기에는 적극적 부정형의 리더십의 영향으로, 정당과 의회가 소외되었으며,[115] 대통령의 리더십에 대한 비판이 거세게 제기되는 계기를 마련하였고 결국 정권말기에 이르러서는 외환위기로 인해, IMF의 구제금융을 신청하게 되는 초유의 사태를 맞게 되면서, 다음 대통령선거에서 한국 최초의 여야간 정권교체가 이루어지는 계기를 낳았다.

이 연구는 지금까지 리더십과 의회와의 관계를 파악하기 위해서 번즈가 지적한 세 가지 관계유형 속의 대통령 리더십을 살펴보았다. 이러한 한국에서의 분석 적용은 다음 표와 같은 결론을 제시해주고 있다. 〈표 4-27〉과 같이, 첫째, 대통령과 의회와의 관계에서 대통령의 리더십은 매우 중요한 변수였다. 둘째, 긍정적 리더십은 의회와의 관계를 타협과 조화로 이끌고 관계를 개선시키는데 중요한 리더십이었으며, 그중에서도 적극적 긍정형은 정국주도가 가능한 리더십이며, 소극적 긍정형 역시 정국주도권을 뺏길 가능성은 있지만 화합이 가능한 리더십으로 결론지을 수 있다. 셋째, 부정형의 리더십은 의회와의 관계를 부정적으로 만들 수 있다. 특히 적극적 부정형은 정국주도를 놓고 심각한 혼란이 가능한 리더십이며, 소극적 부정형은 정국주도권도 잃기 쉬울 뿐 아니라, 의회와의 관계 역시 심각하게 악화될 수 있는 리더십이라 할 수 있다.

결론적으로 민주화 이후 한국의 역대 대통령이 가진 리더십은 의회와의 관계를 비교적 원만하게 이끌지 못했다. 여당이 다수를 확보하더라도 대통령의 리더십은 여당과의 협조와 공조를 통해 원만한 의회관계를 이룩하지 못했으며, 경제적 위기를 잘 해결하지 못하거나, 불필요한 대결구도를 통해 여당과 야당 모두의 협조를 구하는데 실패한 경우도 발생하였다. 그리고 상황변수가 유리할 때, 무리하게 강력한 리더십을 발휘하려고 하여 임기 말기에는 여당의 반발과 비협조로 불안감을 던져주기도 하였으며, 상황변수가 불리할 때도 역시 소극적인 리더십을 발휘함으로써 정국의 주도권을 잃는 일이 발생하였다.

제18대 국회는 총선을 통해 한나라당이 총 153석을 차지하여 단점정부를 구성하게 되었다. 한나라당이 과반을 넘어섰다고는 하지만, 안정과반수 확보에는 실패한 상황에서 2009년 4월 26일 현재, 친박 연대와 친박 성향의 무소속 의원들의 한나라당으로 일부 복당하고 그 후 있었던 보궐선거 이후의 현재 한나라당 의석수는 171석이다.

---

115 최장집, 『한국 민주주의의 조건과 전망』, 나남출판, 1996, 253-258면.

第4章 미국과 한국의 비교

第1節 미국과 한국의 제도적 비교

이 연구는 제2장과 제3장을 통해 미국과 한국에서 대통령의 정치적 리더십은 대의회관계에 따라 변화됨을 분석했다. 아울러 정당하고 효과적으로 운용되는 데에는 미국과 한국에서 제도적 차이에 대해 밝혀야 할 것이다. 미국과 한국의 대통령제에서는 공통적으로 승자독식, 정치권력의 안정성, 정치적 책임성을 가져온다. 그렇지만 신뢰존중과 관용이라는 사회자본의 측면에서 미국의 합의제적 문화와는 달리 한국의 경쟁적 문화를 가지고 있다. 한국의 대통령제는 미국과 같이 민주적 제도가 공고화되지 못해 미국에서 최초로 논의된 제왕적 대통령제가 빈번히 나타난다.

미국은 대선과 총선이 함께 치러지고 대통령 임기 중반에 중간선거가 있어서 중간평가가 가능하다. 미국은 대통령 임기가 4년 중임제이며, 상원의원은 6년, 하원은 2년이다. 미국은 지방분권화되어 있는 반면 한국은 집중적이다. 또한 한국은 미국과 달리 단수의 대통령을 가지고 있다. 한국과 미국의 대통령제에서 이러한 제도의 공통점과 차이점들을 밝히는 것이 이번 장의 목적이다. 이러한 정치제도의 비교는 제2장과 제3장에서 밝힌 대통령의 정치적 리더십이라는 독립변수와 상황변수인 임기변수, 의석변수, 정치·경제 상황변수와 동행하여 대통령의 대 의회관계라는 종속변수에 미치는 인과관계 연구에 보완적인 역할을 한다.

1. 공통점

가. 승자독식(winner takes all)

미국과 한국의 대통령 선거에서는 대체로 한 후보자와 한 정당만이 승리할 수 있는데, 이러한 승자독식 제도에서는 정치가 제로섬 게임이 되어 관용과 타협이 어려워진다. 사회의 양극화로 분열과 갈등이 심화되고 융합적이기보다 배타적인 정치가 전개되어 패배한 반대자를 수용하고 역할을 부여해 주기가 쉽지 않다. 이에 비하여 의원내각제는 정당연합에 의해 다수가 집행부를 운영하므로 권력의 공유와 합의적 정치의 가능성이 높아지게 된다.[1]

나. 대통령제의 임기보장성

대통령제에서 대통령은 일정한 임기를 보장받기 때문에 강력하고 안정된 행정부를 책임 있게 운영할 수 있다. 비록 대통령이 자기 당의 신임을 상실하거나, 그 정당이 의회의 소수당이더라도 대통령은 직위를 보유한다. 중대한 비행으로 탄핵소추를 받지 않는 한 임기 중 대통령은 해임되지 않는다. 정부가 의회의 신임에 의존하는 내각제에 비해서 이 특성은 특히 국회의원의 질이 저하되었을 경우 다수결에 의한 졸속입법을 방지할 수 있다는 점에서 제3세계나 신생민주국가에서 대통령제의 장점으로 통한다. 지금까지 대통령제의 옹호론자들은 이 경직성이야말로 오히려 대통령제의 장점이라고 주장한다. 왜냐하면 내각제에서는 다수의 정치행위자가 중대한 정치변화를 어느 때고 야기시킬 수 있는 불안정성이 내포되어 있기 때문이다. 다시 말해서 강력한 권력과 정권변동의 예측가능성이야말로 대통령제의 가장 중요한 장점이라는 것이다.[2] 그러나 이 장점이 또한 문제가 될 수 있다. 강력하고 안정된 정부는 권력의 인격화와 정치과정의 경직성을 초래하여 내각제의 유연성에 대비되기 때문이다. 내각제에서는 상황이 변하거나 내각이 심각한 정책실패를 초래할 경우 새로운 리더십을 출현시키는 유연성을 갖지만, 대통령제는 상황의 요구에 부응하는 적응의 여지가 적어 시의적으로 비탄력적인 경직성을 가질 수 있다는 것이다.[3] 대통령이 정해진 임기 동안 집권하도록 선출되도록 짜여진 정치과정은 정해진 기간들로 단절되고 경직적이게 되며, 정치, 사회, 경제적 상황변화가 요구하는 지속적인 재조정의 가능성은 배제되게 된다. 나아가 정치과정상의 모든 행위자들은 그 시간표에 따라 정치행위를 조정해야 하며, 이에 따라 중요한 결과가 야기된다.

반면에, 내각제에서는 총리는 어떤 급작스러운 상황변화에 처하게 되면 언제든지 국회에 신임투표를 요구할 수 있고, 그 신임을 토대로 자신의 권위와 민주적 정통성을 강화할 수 있기 때문이다. 특히 불확실성이 특징인 권위주의로부터 민주주의에로

---

1 Juan J. Linz, "The Perils of Presidentialism," *Journal of Democracy*, Vol. 1, No. 1, 1990, pp.62-64.
2 *Ibid.*, p.50.
3 이명남, "한국에서 대통령제의 적실성", 『한국정치학회보』(제30권 제4호), 2006, 176면.

의 정치체제의 이행 및 공고화의 시기에는 변화 상황에 유연하게 대응할 수 있는 내각제보다는 경직된 대통령제 헌법이 더욱 문제를 야기한다는 것은 의심의 여지가 없다.[4]

내각제에서는 표면적으로는 불안정한 것처럼 보이지만, 실제로는 집권당이 지속적으로 정권을 장악하면서 내각을 개편하며, 동일한 총리 하에서 연립정권이 지속되며, 잦은 내각의 위기에도 불구하고 핵심적인 부서의 장관들은 계속 자리를 유지하는 일이 빈번하다는 사실이 제대로 알려지지 않은 경향이 있다.[5]

실제 영국에서 대처수상이 장기 집권한 것을 보면 국민의 지지가 전제된다면 의원내각제가 더 안정적일 수 있다. 또한 내각제에서는 총리가 여당을 통제하는데 실패하거나 스캔들에 휘말리게 되어 심각한 정치적 위기를 맞게 되면, 그 총리를 제거할 수 있는 장점이 있다. 반면에 대통령제에서 대통령은 임기 동안에 어떤 상황의 변화로 말미암아 정부가 위기에 빠지더라도 이에 따라 행정부의 수반을 바꿀 가능성은 전혀 없다. 제도상의 경직성이 변화하는 상황에 정치적으로 대처하는 능력을 대단히 약화시킨다. 정치적 양극화가 극에 달하여 폭력과 비합법적인 방법에 의한 국가전복의 사태가 임박하게 될 때에도, 반대세력과 협상할 수 있는 능력을 갖춘 사람으로 대통령을 교체할 수가 없다. 비록 헌법조문에는 탄핵제도가 포함되어 있지만 내각제에서의 불신임투표에 비한다면 그 적용은 훨씬 어려운 것이다. 대통령과 의회가 극단적인 대치국면에 놓임에 따라 야당이 대통령의 임기 말까지 기다릴 수 없는 극단적인 상황에서만 탄핵제도가 적용될 가능성이 높다. 그러나 만약 대통령이 스스로 사임할 의사가 없을 경우에는 헌법을 어기지 않고는 대통령을 몰아낼 수 있는 어떤 방법도 없다.[6]

다. 정치적 책임성의 한계

대통령제에서 대통령은 국민으로부터 직접 책임을 부여받았다는 민주적 책임성이 커다란 자랑이다. 이는 정부의 정책수행에 대한 국민의 기대가 대통령에게 초점이 맞

---

4 라틴아메리카에서 대통령제가 선호되는 이유 중의 하나는 프랑스 제3공화국, 제4 화국의 경험, 2차 세계대전 후의 이탈리아 등에서 나타난 정부불안정 사례 때문이다. 하지만 대개 이러한 주장들은 현실의 서구유럽 내각제 민주주의 국가들이 안정된 정부를 계속 유지하는데 성공적이었다는 사실을 무시한 채 일정시기의 불안정한 사례를 집중 부각시켜 대통령제의 독재를 합리화하기 위해서 주장하는 경우가 많다 (Linz, op.cit. p.72). 한국에서도 제2공화국의 불안정성을 집중 부각시키지만 역시 과거 대통령제하에서도 지속된 불안정성을 보면 이러한 도식적 이해는 문제가 있다고 보인다.

5 이에 대한 반대견해로는 Giovanni Sartori, Neither Presidentialism nor Parlia mentarianism, 1989. 신명순·조정관 공역, 『내각제와 대통령제』, 나남출판, 1995, 237면.

6 Linz, op.cit. p.51.

취진다는 의미이며, 그러한 정책수행 실적에 대한 평가는 차기 선거를 통해 이뤄진다는 것을 가리킨다. 이런 점에서 대통령의 중임제한은 대통령제 본래의 취지에 어긋난다고 평가된다.[7] 이에 비하여 의원내각제에서는 수상이 국민에게 직접 책임지는 것이 아니라 의회에 대해 책임진다. 따라서 집행부의 국민에 대한 민주적 책임성 측면에서는 대통령제보다 논리적 열등성을 보인다.[8] 특히 의원 선거후 다당 난립으로 정당간의 복잡한 타협과정을 거쳐서 연립 내각이 구성될 경우, 그 연립 내각 구성 정당들 간의 이합집산, 합종연횡으로 수상이 바뀌거나 각료가 교체되는 것도 국민이 참여하는 선거절차 없이 이루어진 것이므로 정부의 민주적 책임성은 크게 약화된다.[9]

다음으로 선거에서 유권자의 판단정보 여부를 중심으로 대통령제와 내각제를 비교하면, 대통령제 하에서 유권자는 자신이 찍은 후보가 당선된다면 그가 집권할 것이라는 것을 알면서 투표한다. 내각제하에서 유권자는 정당이 추천한 지역구 후보를 대상으로 투표한다. 따라서 이론적으로 유권자들은 누가 총리로 추대될 지 알 수 없다. 또 어느 한 정당이 과반수 의석을 차지할 가능성이 희박한 다당제의 내각제에서는 유권자들은 최종적으로 어떤 형태의 정당연합이 내각을 구성하게 될 지 않지 못한 채 투표하게 된다.[10]

2. 차이점

가. 재임기간과 연임여부: 4년 중임제 대 5년 단임제

미국 대통령의 4년 중임제는 책임정치를 구현할 제도적 장치라 할 수 있다. 아울러 대통령 임기 중간에 있는 중간선거는 대통령의 직무에 대한 중간평가의 의미를 가지고 있어 미국의 선거는 적절한 견제장치가 되고 있다. 초선의 대통령과 재선된 대통령들은 다른 정치적 행동을 보이고 있다. 초선의 대통령은 재선에 대한 강한 의지를 가지고 있기 때문에 국민들의 평가와 지지에 매우 민감하고 위험을 수반하는 사업은 꺼려할 것이다. 재선된 대통령은 더 이상 선거에 대비하여 유권자의 환심을 사야 할 필요가

---

7 이명남, "한국에서 대통령제의 적실성", 「한국정치학회보」, 1997, 234면.

8 전후 유럽에서 가장 유명하고, 강력하고 장수한 수상으로 평가받던 영국 대처가 당권 경쟁에서 실패하자 하루 아침에 수상 자리를 메이저에게 물려준 것은 6천여만 영국 유권자와는 상관없이 단 몇 백명의 보수당의원들 만으로 이루어진 사건이다(이명남, 앞의 논문, 234면).

9 Linz, op.cit. pp.54-58.

10 *Ibid.*, p.53.

없기 때문에 선거공약에 지나치게 구애되지 않는다. 그들은 여론과 상관없이 장기적으로 업적에 남을 만한 일을 하고자 한다. 그리고 초선의 대통령은 임기 말이라 하더라도 다음 집권 제2기가 있기 때문에 소속정당과 의회와 행정부에 대한 영향력을 여전히 강하게 가지고 있지만, 재선된 대통령의 임기 말에는 레임덕 현상이 찾아온다.

일반적으로 대통령제의 중임금지는 대통령직을 완수할 시간적 부족을 초래한다.[11] 또한 이는 대통령에 대한 책임을 다음에 물을 수 없게 함으로써 책임정치의 구현에도 반한다고 할 수 있다. '5년 단임제' 하의 한국 대통령제는 대통령과 정책 집행에서 영향력을 가지고 있는 관료 간의 정책적 연결을 실질적으로 약화시켰다. 박정희, 전두환 대통령 시기에는 대통령과 관료의 관계는 강력한 '위임자 대리' 또는 '주종관계(principal-agent relationship)'가 존재하였다. 따라서 당시 관료는 대통령의 정책지도의 일관성을 전제로 하여 장기적이고 안정된 계획 하에 정책을 수행함으로써 정책의 계속성과 안정성을 유지하였다.[12] 하지만 정치의 민주화 및 경제의 자유화와 함께 '5년 단임 대통령제'가 도입되면서 관료들이 야심적인 대통령의 정치·경제 리더십 행사를 단기적이고 잠정적인 것으로 인식하고 정책의 구체화 및 집행에 있어 소극적으로 대응하기 시작한 것이다. 왜냐하면 대통령에 대한 충성이 이제 더 이상 실적관료의 장래를 보장해 주지 못하기 때문이다.[13] 국가의 정책결정을 정책 결정자의 합리적 선택 접근에 따르면 집권 제1기에서 국제적 지지 상실 등의 손해가 너무 크고 집권 제2기는 더 이상 재선의 목표가 없는 대신 역사적 업적에 대한 동기가 크다고 볼 수 있다.

5년 단임제가 가져온 책임정치의 회피는 노무현 정부 국정운영의 한계와 열린우리당의 해체 및 참여정부에 대한 불신임에서 여실히 보여준다. 강원택은 노무현 대통령의 취약한 리더십과 낮은 평가의 원인을 정치제도의 문제점에서 찾았다. 즉 이런 정치 제도의 문제점이 극복하지 않는다면, 앞으로도 제2, 제3의 노무현 대통령은 언제든지 나올 수 있다는 것이다. 노무현 정부 실책의 원인은 그것을 막을 수 있는 제도적 닻을 통해 견고하게 고정되지 못한 데에 있다. 이런 표류를 막을 수 있는 닻으로는 '정당'과 '대중적 압력'이 있다. 노무현 정부는 이 두 가지 닻이 모두 제대로 작동하지

---

11 *Ibid.*, p.68.

12 Wade, Robert. 1992. "East Asia's Economic Success: Conflicting Perspectives, Partial Insights, Shaky Evidence." *World Politics* 45(2).

13 Hahm, Sung Deuk, "Presidential Politics in South Korea: An Interim Asse ssment for the Kim Dae Jung Presidency and Prospects for the Next Presid ential Election," *Korea Review of International Studies* 4(1), 2001; Hahm, Sung Deuk and Chris Plein, *After Development: The Transformation of the Korean Presidency and Bureaucracy* (Washington, DC: Georgetown University Press, 1997); Hahm, Sung Deuk and Chris Plein, "Institutions and Technol ogical Development in Korea: The Role of the President," *Comparative Politics* 1996, p.27.

않았다. 즉, 노무현 대통령의 실패의 원인은 '정당'과 '지지자'라는 두 가지 동아줄을 놓은 데에 있다. 정당은 권력을 추구하면서 이념적으로 뜻을 같이하는 사람의 집단이다. 대통령제에서 정당은 대통령의 정책이 상황과 필요에 따라 우왕좌왕하지 않고 당원과 지지자들이 공유하는 이념과 가치에 부합하도록 이끌어주고 견제하는 중요한 역할을 한다. 노무현 대통령은 이런 정당의 중요성을 간과했다. 노무현 대통령은 사실상 열린우리당을 만들었지만 정작 국회 과반 의석을 얻은 이 당과도 관계가 그리 원만하지 않았다. 노무현 대통령은 당정분리를 주장하면서 열린우리당을 국정 운영의 중요한 파트너로 간주하지 않았고 대부분의 정치 결정에서도 당을 소외시켰다.

이렇게 집권당이 권력에서 소외되면서 득세한 것이 바로 관료 조직이었다. 노무현 대통령은 2004년부터 관료 조직에 크게 의존하기 시작했다. 관료는 대통령이 하고 싶은 일에 언론, 정당처럼 반대 의견을 내세우며 대항하거나 간섭하지 않아 쉽게 정책을 추진할 수 있지만, 그만큼 정치적 의사소통은 폐쇄적이고 정치적 공감대를 확대해 나가기 어렵게 되며, 대對 의회, 특히 대對 야당 관계가 원만해지기 어렵다. 이렇게 관료 조직에 득세하면서 노무현 대통령은 관료들에 의해 포획되었다. 바로 한미 자유무역협정(FTA)은 대통령, 소수 측근, 관료 조직에 의해 기획되고 추진된 대표 사례라고 볼 수 있다. 집권당 지도부인 김근태 전 의장, 천정배 전 장관이 단식으로 한미 FTA에 항의한 것은 노무현 대통령과 당의 관계를 상징적으로 보여준다. 관료 집단은 정책 결과에 정치적 책임을 질 필요가 없기 때문에 시민사회의 목소리에 예민하게 귀 기울일 필요가 크지 않다. 대통령이 관료 집단에 의존할수록 정치권, 시민사회의 비판에 둔감해질 수밖에 없다. 노무현 대통령의 정책이 좁게는 지지자의 열망에, 넓게는 국민의 기대에 부응하지 못한 채 표류하게 된 가장 중요한 원인은 바로 노무현 대통령의 정책 선택에 영향을 미칠 외부와의 정치적 의사소통 창구가 단절되었기 때문이다.[14]

재임이 불가능한 노무현 대통령으로서는 2004년 총선에서 승리한 이후에는 유권자에게 다시 표를 달라고 할 필요가 없는 입장이었다. 이것은 단임제 대통령제에서 대통령이 자신을 대통령으로 만들어준 지지자의 여론에 끊임없이 반응하면서 그에 책임을 지는 모습을 제도적으로 보장할 수 없는 한국정치 제도의 문제점을 보여준다. 결국 노무현 대통령은 임기 중 지지율의 반등을 지지층의 복원이나 일관성 있는 정책 추진이 아니라 탄핵 사태(2004년 3월), 독도 문제(2005년 3월, 2006년 4월), 한미 FTA(2007년 4월), 남북정상회담(2007년 10월) 등 주목을 끌 만한 사건을 통해 이루려 했다. 이런 행태는 민주주의의 제도화와 안정성을 해치는 (민주주의의 위기와 같은) 심각한 문제를 낳는다.[15]

---

14 강원택, "방향 감각의 상실과 표류", 『황해문화』(봄 제58호), 2008, 31면.

15 강원택, "노무현 이래서 실패했다 … 그럼, 이명박은?", 프레시안, 2008. 2. 24. 〈www.pressian.com/scripts/section/ article.asp?article_num=60080224152256〉, 검색일: 2008. 2. 25.

한국은 미국과 유사한 대통령제를 가지고 있지만, 한국 대통령이 임기 말이 되면 무無 정당통치를 반복해 왔다는 것은 한국정치의 특수성을 보여주는 것일 뿐만 아니라 5년단임제의 제도적인 한계를 보여주는 것이다. "1987년 이후 한국에서는 정당정치의 소멸을 주기적으로 반복하고 있다는 점, 즉 한국 민주주의는 정당 민주주의가 아니라 무정당 민주주의, 탈정당 민주주의, 비정당 민주주의를 반복해 왔다. 노태우 대통령 통치 시기 이래 대통령의 탈脫정당으로 인해 네 정부 아래에서 네 번 모두 '반드시' 무정당 통치(non-part rule)를 지속하였다. 이는 결국 심각한 정당무책임제와 대통령 무책임제로 귀결되고 있다. 상호간에 지배와 야당의 위치를 교환해가며 지배당의 위치에 있을 때 동일한 현상이 반복된다는 점이다. 이는 정부, 내각, 각료는 주권자인 국민과 헌법, 법률에 대해 책임진다는 민주주의 원리에 위배된다."[16] 대의민주주의에서, 정당에 의해 가능한 대의(representation)의 단계를 생략하고 우회하는 국민투표제적 민주주의(plebiscitarian democracy) 통치, 위임민주주의 통치를 말한다. 아울러 의회-정당의 강력한 요구로 대통령과 각료가 탈당을 한다는 점이다. 또한 대통령－지배당, 현재권력과 미래권력 갈등이 재연된다는 점이다. 노태우 대통령－김영삼 갈등(노태우 대통령 정부 하), 김영삼-이회창 갈등(김영삼 대통령 정부 하), 김대중 대통령-노무현(친노세력 갈등, 김대중 대통령 정부 하), 노무현 대통령－열린우리당 주류(정동영/김근태) 갈등(노무현 대통령 정부 하), 이명박 대통령·이명박계-박근혜·박근혜계 갈등 등이 민주정부의 통치에 영향을 주었고, 주었다. 현재 이명박 정부는 3당 합당 직후의 상황을 재연하였다. 민주정의당(노태우)－민주자유당(김영삼)－새정치국민회의(김대중)－새천년민주당(노무현) 대통령을 배출한 정당은 소멸과 집권상실이 반복되고 있다. 그 내용을 표로 나타내면 〈표 4-42〉과 같다.

〈표 4-42〉 한국 대통령의 무無정당 통치 현재권력 대 미래권력 관계[17]

대통령	무정당 통치	기 간	현재 권력 대 미래 권력
노태우	1992. 9. 18. - 1993. 2. 25.	160일	노태우 대 김영삼
김영삼	1997. 11. 7. - 1998. 2. 25.	110일	김영삼 대 이회창
김대중	2002. 5. 6. - 2003. 2. 25.	295일	김대중 대 노무현
노무현	2007. 2. 28. - 2008. 2. 25.	362일	노무현 대 열린우리당 (정동영/김근태 등)
이명박	—	—	이명박 대 박근혜 등

16 박명림, "헌법개혁, 민주주의, 그리고 한국 국가관리의 비전", 연세대학교 국가관리연구원 춘계학술회의, 2008, 6-7면.
17 박명림, "헌법개혁, 민주주의, 그리고 한국 국가관리의 비전", 연세대학교 국가관리연구원 춘계학술회의, 2008, 6~7면.

나. 대선과 총선 선거주기: 일치 대 불일치

1987년 민주화 이후 대통령과 국회의원의 선거주기가 일치하지 않아 집권여당이 국회에서 다수 의석을 확보하지 못하여 초래되는 지속적인 여소야대 또는 분할 정부 아래서 대통령의 국정운영과 관련 국회의 상대적 자율성이 높아지고 국회의원의 영향력이 증대되었다. 구체적으로 김대중 정부와 노무현 정부 집권 초기 '여소야대 정국' 아래서 행정부와 비교하여 국회의 법률 발의 및 가결 비율 등을 살펴볼 때 국회의 자율성은 더욱 높아졌다.[18]

이러한 국회의 자율성은 '3김 정치'의 종언과 대통령과 국회의원의 임기가 일치하지 않는 점과 함께 더욱 높아질 것이다. 구체적으로 지금까지 한국 정치를 지배해 왔던 김영삼, 김대중, 김종필의 3김정치가 김대중 대통령과 김종필이 자신들의 소속당 국회의원 후보자들에게 마지막 공천권을 행사했던 2000년 국회의원 선거를 거치면서 그 영향력이 사라졌다. 노무현 대통령은 당권·대권 분리와 상향식 공천이 제도화된 2004년 국회의원 선거에서는 그 영향력을 자제하였다. 실질적으로 탄핵정국 아래서 노무현 대통령이 영향력을 발휘하기도 어려웠다. 따라서 새로이 선출된 제17대 국회의원들의 임기는 노무현 대통령보다 길어서 여당 국회의원들의 경우 소속정당과 대통령에 대한 자율성이 상대적으로 높아졌기 때문이다.

역대 대통령들 중 박정희, 전두환, 노태우 등 군인출신 대통령들은 무력, 정경유착에 기초한 막대한 정치자금, 그리고 집권당의 총재로서 여당 국회의원 후보에 대한 공천권에 기초하여 막강한 권력을 행사하며 제왕적 대통령으로 군림하였다. 이후 문민 대통령이었던 김영삼, 김대중 대통령들도 군사정권과 30년간 투쟁한 야당의 총재들로써 국회의원 공천권과 무력 대신 자신들이 가지고 있는 경상도와 전라도의 지역적 대표성, 이에 따른 정치자금이라는 막강한 권력을 휘두르며 과거 군인 출신 대통령들과 별로 다를 바 없는 제왕적 대통령으로 군림하였다.

이에 반해 노무현 대통령은 대통령 선거 이전 대권과 당권 분리 선언을 통해 대통령으로서 여당 국회의원 후보에 대한 공천권 행사 포기, 또한 지역적 대표성도 없고 아울러 선거문화를 바꾸어 정치 투명화에 따른 정치자금 전무 등 대통령으로서의 정치적 영향력의 원천이 전혀 없다. 결과적으로 노무현 대통령은 제왕적 대통령이 될수도 없었고 도리어 취임과 동시에 대선에서 힘겨운 승리로 인한 약한 지지층과 함께 여소야대의 국회 등 '레임덕 대통령'이 될 요소를 모두 가지게 되었다.[19]

---

18 함성득·김동욱, "생산성을 기준으로 인식한 국회의 현실", 『의정연구』, 2000.
19 실제로 2004년 3월 노무현 대통령에 대한 탄핵소추는 2002년 대선의 2차전으로서 정치적 지지층

다. 양원제 대 단원제

미국이 채택하고 있는 양원제(bicameral system)는 국회가 각기 독립된 2개의 합의체로 구성되어, 두 합의체의 의사가 일치하는 경우를 국회의 의사로 간주하는 제도이다. 양원제의 장점은 ① 신중한 입법 심의가 가능하고, ② 의회와 행정부의 충돌을 완화하며, ③ 지방(주정부, states)의 이익을 옹호하는 것이 가능(연방국)하다는 것이다. 반면 이의 단점은 ① 양원의 의견이 일치할 경우는 실효성이 없고, ② 양원의 의견이 수렴되지 못하고 극단으로 흐를 경우에는 국론의 분열이 우려된다는 점이다.

한국이 따르고 있는 단원제(unicameral system)는 의회가 민선의원으로 구성되는 단일 합의체 제도를 말한다. 이 제도는 국민주권의 원칙에 비추어 국민의 단일·불가분의 주권은 이원적으로 대표될 수 없다는 논리에 따른다. 단원제의 장점은 ① 신속하게 의안(국정)을 처리할 수 있으며 의회경비가 절감되며, ② 국민의 의사를 직접 반영할 수 있으며, ③ 의회의 책임 소재가 명확하고, ④ 의회의 지위가 강화된다는 것이다. 반면 이의 단점은 ① 국정심의가 소홀해질 수 있으며(경솔 부당한 입법 심의), ② 행정부에 대한 의회의 횡포를 방지할 수 없고(다수당의 횡포 우려), ③ 지역 대표의 한계가 노출될 가능성이 높다는 점이다.

잦은 헌법 개정에서 보듯이 한국의 정치제도는 변동이 심하고, 선거에서 유동성(volatility)이 다른 나라보다 크다. 2004년 총선에서 열린우리당이 압도적 지지를 받아서 제1당으로 부상했다가 몇 년 지나지 않아 열린우리당이 몰락한 것은 국민의 정당지지에서 유동성이 크고, 정당체계가 매우 허약하다는 것을 입증한다. 그래서 한국정치의 제도화와 정책의 영속성을 위해서는 단원제보다는 양원제가 더 효과적인 것으로 분석된다.

라. 연방제 대 단방제

권력을 분립하는 연방제는 미국 정치제도이다. 건국 무렵부터 정치적 변화에 중대한 영향을 미쳐왔다. 예컨대 독립 직후 13개의 주가 하나의 국가로 통합될 수 있었던 것은 연방제에 의해 정부권력이 지리적으로 분립될 수 있었던 것에 결정적으로 작용

이 약한 노무현 대통령을 대통령으로 인정하지 못하겠다는 보수세력과 노무현 대통령을 지키려는 진보세력간의 충돌에서 파생되었다고 해석되기도 한다. 조선일보, 2005년 2월 7일. 함성득, "노무현 대통령의 집권 전반기 리더십 평가", 서울대학교 한국행정연구소, 『행정논총』(제43권 제2호), 2005, 421-422면.

되었다. 미국은 상·하 양원이 대등한 권한을 지닌 독특한 의회제도로 단순히 중앙정부와 하위정부가 권력을 나누어 갖는 것이 아닌 중앙정부의 구성원리이기 때문이다. 미국의 공화·민주 양대 정당은 각 주 정당들의 느슨한 연합과 같은 성격을 강하게 띠고 있다. 이런 면에서 미국의 정당체계는 양당체계가 아니라, 1백 개의 정당이 존재한다. 양당이 각 주 정당들의 느슨한 연합으로 존재하는 것은 미국 정당체계의 가장 큰 특성이며, 이는 연방제를 채택한 결과이다. 주의 정당들은 각기 독자적인 이해를 대표하기도 하고, 이념이나 정책이 다를 수 있기 때문에, 정당 전체가 특정한 이념과 정강정책을 수립하기는 쉽지 않다. 서구 정당들과 비교할 때, 미국의 정당들이 일관된 이념과 정책을 결여하고 있는 원인이 바로 여기에 있다. 책임정당정부(responsible party government)를 이상으로 생각하는 사람들은 이것을 미국 정치의 중대한 폐단으로 이해한다. 연방의회는 이와 같이 상이한 지역에서 선출된 의원들이 모여 다양한 이해관계를 대표하는 곳이다. 정당 역시 그들의 이해관계를 포용할 수밖에 없기 때문에, 미국의 정당체계는 느슨하게나마 통합된 양당체계인 것이다.

미국의 정치체계는 권력은 지리적·기능적으로 분립되어 있다. 행정부·의회·사법부, 정당 내부에서도 분립·공유되어 있다. 이러한 법제도적인 틀 속에서 펼치는 정치는 첫째, 정치과정이 대단히 복잡하다는 것이다. 정책결정체계의 제도적 틀로 구성되어 있고, 이 틀 안에 분립된 권력을 점유한 시민이 존재한다. 둘째, 분립된 권력을 점유한 행위자들 사이에는 견제와 균형(checks and balances)을 이룬다. 따라서 견제와 균형은 정치적 안정을 가져온다. 셋째, 다수(majority)의 의지라 할지라도 일방적으로 관철되기는 어렵다. 분산된 권력의 대부분을 장악하지 않는 한, 다수가 소수(minority)에게 특정한 정책을 강요하기 어렵다. 반면에 소수는 분립된 권력 가운데 어느 하나만 장악하면 거부권(veto power)을 행사할 수 있다. 그렇기 때문에 이러한 제도는 보다 타협(compromise) 지향적인 결과를 가져온다. 소수의 의사를 무시할 수 없으므로 다수는 자신의 입장만을 관철하기 보다는 일정한 양보를 통한 조정을 이뤄낸다. 아울러 타협지향적인 정책의 집행은 중장기적으로 급격한 변화보다는 점진적(incremental)으로 발전한다. 생성된 다수가 권력을 장악하고 자신의 의지에 따라 기존 체제를 변화시키는 정치체제와는 달리, 다수와 소수간의 타협에 따른 변화의 구성 원리이기에 심각한 위기 상황이 아니라면, 변화는 부분적이고 동시에 점진적으로 이뤄진다.[20]

---

20 최명·박창재, 『현대 미국정치의 이해』, 서울대학교출판부, 2000, 6-8면.

마. 수직적 권력배분: 낮음 대 높음

한국 대통령제와 대통령의 정치적 특징은 '제왕적 대통령제'와 '제왕적 대통령'으로 규정될 수 있다.[21] '제왕적 대통령(imperial presidency)' 이란 슐레진저(Arthur Schlesinger, Jr.)가 미국이 베트남전에 개입하면서 존슨과 닉슨 두 대통령은 가히 '황제적 지위'에까지 올랐다고 규정하면서 사용되었다. 그는 1970년대 초에 대통령의 권능이 너무 확대되고 남용된 나머지 국가 헌정질서를 위험하게 하였다고 주장하였다.[22] 구체적으로 비난받아야 할 두 가지 사항은 대통령의 최고사령관으로서 지위남용과 대통령 기밀사항이었다. 대통령의 최고사령관으로서의 지위는 외적의 침략이나 미국민의 생명과 재산을 보호하기 위해 행동해야 할 때만 인정되는 것이지 선전포고도 하지 않은 전쟁까지 일방적으로 수행할 수 있는 권한을 부여한 것은 아니라는 것이다. 대통령의 기밀사항과 관련하여 헌법학자들인 대법원, 의회도 일본 본토에 원자폭탄 투하 같은 중요한 외교 군사기밀을 대통령이나 측근 보좌관들이 독점하는 것은 모두 인정하였지만 닉슨 대통령과 같이 비밀스러운 군사지원이나 캄보디아 원조 5개년 계획 같은 것까지 기밀사항으로 독점하는 것은 강력하게 반대하였다. 슐레진저는 권력의 '남용(abuse)' 과 '권한횡령(usurpation)' 을 명백히 구분하였다. 관점에 의하면 링컨, 프랭클린 루즈벨트, 트루먼 대통령은 전시체제 하에서 일시적으로 권한을 침해하였지만 평화시에까지 그 권한을 계속 행사할 의도는 갖고 있지 않았다는 것이다. 그에 비해 존슨, 닉슨 대통령은 절대적 권력이 대통령에게 본래적으로 부여된 특권으로 간주하고 심지어 평화 시에까지 권력을 남용 또는 횡령했다. 결국 헌법상 규정된 미국 대통령제는 제왕적 대통령제가 아닌 철저한 입법·사법·행정 등 삼권분립의 견제와 균형 속에서 제도화된 정치제도이다. 다만 실제 운용에 있어서 개별 대통령들이 직면한 특정한 시대적 상황 아래서 그들의 권위주의적인 정치적 리더십에 기인하여 제왕적 대통령으로서 민주적 절차와 과정을 경시하면서 권력을 남용하였던 것이다.[23]

이승만 대통령부터 김대중 대통령, 그리고 이명박 대통령까지 한국의 제왕적 대통령들은 '권위주의적 리더십'에 안주해왔다. 이러한 권위주의적 리더십은 정치적 리더십에서 카리스마에 기초한 '개인적 리더십(personal leadership)'과 명령과 통제에 기초한 '행정 리더십(administrative leadership)'에 많이 의존하였다. 한국의 경우 이러한 카리스마

21 박명림, "헌법, 헌법주의, 그리고 한국민주주의," 『한국정치학회보』, 박세일 외, 『대통령의 성공조건』, 나남출판, 2002.

22 Arthur M. Schlesinger Jr. *The Imperial Presidency* (Boston: Houghton Mifflin, 1973).

23 함성득, "노무현 대통령의 집권 전반기 리더십 평가", 서울대학교 한국행정연구소, 『행정논총』(제43권 제2호), 2005, 413-414면.

리더십은 국가형성 과정에서 독립운동을 통하여 국민에게 일체감(이승만)을 형성하고, 경제발전(박정희)에 매진하며, 아울러 독재에 대항하여 민주화(김영삼과 김대중)를 추구하는 데 기여하였다.[24]

또한 한국은 미국과는 달리 대통령제에서 채택하여 국민의 정당성을 받은 필수적인 부통령제를 인정하지 않고 총리의 권한대행을 인정한 것도 문제라고 지적된다. 그래서 한국의 총리를 미국의 부통령제와 비교할 때 총리의 위상이 애매하다. 한국의 대통령제 역사에서 대통령의 자기 의지에 따라 총리의 위상이 매우 달랐다.

바. 합의제적 문화 대 경쟁적 문화: 사회자본의 차이

미국에서는 건국 이래 신뢰존중과 관용의 문화가 형성되어, 민주적 제도를 가능케 하는 사회자본이 정착되어 왔다. 제도적으로 권력구조 속에서 작동 할 수 있었다. 미국과 한국에서 정치제도의 차이와 그러한 제도에서 내생적인 리더십의 차이를 이해하고자 할 때에는 신뢰와 상호존중이 다르게 나타나는 사회자본의 차이를 밝혀야 할 것이다. 한국에서 합의의 문화와 상호존중의 정치적 행위가 부족하기 때문에 한국의 대통령의 정치적 리더십이 효과적으로 신뢰를 얻지 못했다.

따라서 한국은 미국보다 합의제적 문화가 약해서 대對 의회관계, 정당 간 관계, 정당 내의 파벌 대립에 있어서 더욱 갈등의 여지를 가지고 있다. 정당은 정권을 창출하는 것이 그 본래의 기능인 데 대통령제에 있어서는 정권창출이 대통령 한사람에게 의존하는 만큼, 정당이 대통령 내지 대통령 후보자에 기생할 수밖에 없으며 대통령을 배출하지 못한 야당은 국정참여의 길이 봉쇄되어 극한투쟁으로 일관할 수밖에 없다. 또한 대통령은 국민의 직접 신임을 받았으므로 정책을 입안하거나 집행하는 데 의회나 정당의 통제나 간섭을 받을 필요가 없으므로 결국 야당뿐만 아니라 여당도 실질적으로는 소외되게 된다. 또한 대통령의 임기동안 정권교체의 가능성이 없어 정책대결보다는 차기 대통령 선거를 위한 선거운동의 일환으로서 극한적 상호 정치공세를 되는 것이다.[25] 한국에서 대통령이 의회관계를 소홀히 해 집권당도 정치적 소외감을 느끼고 여당과 행정부가 종종 대립하는 경우를 볼 수 있다.

이처럼 대체로 승자독식의 권력구조라는 공통점을 가지고 있지만 미국과 한국의 제도는 일부분 차이를 노정하였다. 2007년 한국과 2008년 미국의 대선과정을 비교해

---

24 안병만, "역대 통치자의 리더십 연구," 한국행정학회 세미나, 1998.

25 장석권, '한국의 대통령제와 그 문제점에 관한 고찰', 『서주실화갑논문집』, 1992.; 장용근, "바람직한 정부형태개정방향에 대한 연구", 『세계헌법연구』(제14권 제1호), 2008, 284면.

보면 미국의 오바마 후보는 민주당 예비선거에서 당시 힐러리 클린턴 후보와 매우 치열한 접전을 벌였지만 경쟁자를 국무장관에 발탁하고 그에게 많은 권한을 위임하였다. 또한 대통령 선거에서 경쟁했던 공화당 맥케인 후보와 대선이 끝난 후 협조를 요청하고 종종 공화당과 파트너십의 관계를 유지하였다. 하지만 이명박 대통령은 국정을 이끌어나감에 있어 경쟁자였던 하였다. 의원과 적극적인 협력관계를 맺고 있지 않고 있다. 당내 화합이 정당정치의 출발점이 될 수 있지만 당내 균열은 국정운영까지 발목을 잡고 있다. 이명박 계보의원들은 총선에서 박근혜 계파의원들을 공천에서 대거 탈락하여 당내 심각한 불협화음을 야기하였다. 그리고 국정을 운영하는 과정에서 주요 당직자와 정부와 청와대 인사에서 친박근혜 인사들을 소외시켰다.

사. 민주적 제도 성공가능성: 미국의 예외주의?

한국의 대통령제에서 권위주의에서 매우 강력한 대통령을 경험하였지만, 탄핵당한 노무현 정부에서 보듯이 취약할 수 있는 제도적·문화적 여건을 가지고 있다. 한국과 미국은 안정성에 있어서 유사한 대통령제라 하더라도 부분적인 차이를 노정하였다. 미국 대선에서 소수파가 당선된 적이 있다. 링컨은 정치적 엘리트에 속하지 못하는 인물이었고, 케네디 대통령은 미국의 주류인 개신교파가 아닌 가톨릭 출신이며, 오바마는 노예제가 폐지되었음에도 불구하고 현재에 이르기까지 보이지 않는 사회적 차별을 겪고 있는 집단인 흑인 출신으로서 유색인으로는 최초로 당선된 대통령이다. 그러나 미국의 정치문화와 정치제도는 매우 성숙되어 있어서 대통령으로서 최선의 직무를 하도록 안정적인 정치권력과 합의와 동의의 기제를 부여한다. 그러나 한국의 정치문화는 다른 정치세력과 다른 배경에 대해 매우 배타적인 경향이 있다. 호남의 압도적 지지를 받은 김대중 대통령은 영남의 지역민과 영남을 대표하는 한나라당으로부터 많은 비판에 노출되었다. 또한 노무현 대통령은 많은 한나라당 의원들과 보수적 지식인·대중과 영남 지역민으로부터 외면 당한 측면이 있다. 이에는 노무현 대통령의 탈권위주의와 권위의 상실의 영향과 정치적 리더십의 상실에서 비롯된다. 또한 한국의 정치문화에 내재되어 있는 배타성이 정치권력의 안정성에도 큰 영향을 미친다고 이해해야 할 것이다.

아울러 미국 대통령이 효과적인 리더십을 발휘할 수 있는 배경에는 미국정치의 제도화와 법치에 대한 존중을 들 수 있다. 법치와 제도화는 서로 상승작용을 해서 미국 정치에서 지도자가 효과적인 리더십을 발휘하게 한다. 미국 연방대법원의 스티븐 브레이어(Steven Brayer) 대법관은 시카고에서 열린 미국변호사협회 연례 총회에서 대통령

선거의 승자를 가린 대법원 판결을 이렇게 평가했다. "승자는 물론 패자도 판결에 승복하고 그에 따라 미국민 모두가 선거결과를 인정하게 됐다는 점에서 당시 대법원 판결은 주목할 만한 것이었다." 브레이어 대법관은 대선의 최대 쟁점이었던 플로리다주 수작업 재검표 문제에 대해 대법원이 5대 4의 판결로 공화당 조지 W. 부시 후보의 손을 들어 부시 대통령의 당선을 확정지을 때 소수의견을 냈다. 당시 소수 의견을 낸 대법관들은 플로리다주 정부가 누구에게 투표했는지 판독하기 어렵다는 이유로 무효 처리한 표들에 대한 수작업 재검표 결과를 인정하지 않는 것은 유권자들의 표심票心을 확인하지 않으려는 처사라며 비난했다. 재검표를 주장했던 브레이어 대법관이 인식의 변화를 보인 것은 미국의 법치에 대한 국민의 신뢰를 반영한 것이다. 사법부의 판결을 모두가 받아들였기 때문에 미국은 대선 실시 후 36일간 승자가 가려지지 않는 최악의 상황에서 빚어진 심각한 국론 분열의 후유증을 무난히 극복할 수 있었다. 특히 민주당의 앨 고어 후보가 패배를 인정하며 국민에게 화합을 촉구한 것은 감동적인 페어플레이(fair play)였다. "나는 대법원의 판결에 결코 동의하지 않지만 이를 수용하겠다. 우리는 국가에 대한 사랑으로 실망을 극복해야 한다. 미국 민주주의의 힘은 우리가 극복할 수 있는 난관을 통해 분명히 확인된다. 이것이 미국이다. 우리는 치열하게 싸웠지만 일단 결과가 나온 만큼 화합해야 한다." 국가가 위기에 처했을 때 더욱 빛을 발휘하는 미국의 법치주의 전통은 미국의 오랜 역사적 전통과 그에 따른 미국정치의 제도화가 있었기 때문에 가능하다. 법 앞에서는 만민이 평등하고, 법을 통해 공동체를 운영하겠다는 국민적 합의가 200여년 역사를 통해 이루어졌기 때문에 미국은 오늘날 세계가 부러워하는 법치국가가 될 수 있었다. 마틴 루터 킹 목사 등이 주도했던 60년대 인권운동이 성공할 수 있었던 것은 철저하게 법의 테두리 내에서 비폭력 시위를 전개했기 때문이었다.

법치주의 외에 리더를 중심으로 단결하고 리더십을 강조하는 전통도 미국의 강점으로 꼽힌다. 미국에서는 초등학교 때부터 올바른 리더십을 중요한 사회적 덕목으로 강조해서 가르친다. 한국처럼 학급에 반장은 없지만 많은 학생들이 특별활동 등을 할 때 돌아가면서 리더가 될 수 있는 기회를 갖는다. 미국의 지도자는 '우리 가운데 한 사람'일 뿐 군림하지 않는다. 어떤 조직에서든 리더가 조직원보다 우월하다고 허세를 부리는 경우는 거의 없다. 대통령도 여러 리더 중 한 사람일 뿐 절대적 통치자는 아니라는 것이 일반적인 인식이다. 워싱턴 한국경제연구소의 피터 벡(Peter M. Beck) 국장은 "법치주의와 올바른 리더십에 대한 사회적 인식이 확립된 미국에선 누가 대통령이 되든 큰 상관이 없다"며 이런 점에서 미국은 인치人治적인 한국정치와 다르다. 미국 브루킹스 연구소의 E. J. 디온 주니어 박사는 민주당의 앨 고어 후보가 사실상 연방대법원 판결에 의해 당선된 조지 W. 부시 대통령의 승리를 인정하고 자신의 패배를 인정한 대법원 판결을 수용한 이유에 대해 다음과 같이 설명하였다. "법치주의에 대한 존중과 현실적인 정치판단이 복합적으로 작용했다고 생각한다. 고어 후보와 민주당은 대법원 판결에 많은 불만을 갖고 있었지만 이미 유권해석이 내려진 만큼 더 이상의 이의 제기는 비생산적이라고 판단했을 것이다. 당시 여론은 당파싸움은 그 정도로 충분하다는 쪽이었다.[26]

미국에서 대통령의 중요성을 과소평가할 수는 없으나 미국에선 입법 사법 행정의 3권 분립과 법치주의가 확립돼 있는 만큼 대통령이 혼자서 통치한다고는 말할 수 없다. 국민도 권력의 분립에 익숙해 있기 때문에 대법원 판결에 만족하지 않으면서도 이를 수용한 것이다. 정당하게 선출된 리더를 국민이 존중하는 것 못지 않게 리더에 대해 강력한 비판과 견제를 하는 것이 미국의 일관된 전통이다. 역사적으로 볼 때 프랭클린 루스벨트나 로널드 레이건처럼 강력한 대통령이 통치했을 때일수록 그에 대한 의회의 반대 목소리가 높았다. 강력한 야당은 미국 민주주의의 중요한 전통이다.[27]

성공한 대통령제의 예는 미국 이외에는 찾기 어려우며 미국에서 연방제에 의한 권력의 분산, 대통령을 견제할 수 있는 의회의 존재, 사법부의 우월적 위치, 언론의 견제, 높은 시민의식 등 미국의 고유한 정치제도가 대통령제에 결합되었기 때문에 성공할 수 있었다. 한국의 대통령제에는 민주적 제도를 가능케 할 수 있는 제도들이 뒷받침되어 있지 못하다. 특히 정당제와 접목되었을 경우 국가권력의 1인 집중화는 가속되며 대통령제 하에서의 선거는 당선인에게 권력집중을 가져오고 야당에는 타협이나 권력분산 내지 연립의 가능성을 전혀 남기지 않는다는 단점이 있다. 또한 주기적으로 대통령 선거와 국회의원 선거를 치러야 하는 막대한 경제적 부담이 있다. 일부 학자들은 대통령제는 미국 특유의 정치 경제 문화적 조건하에서만 가능한 예외적 제도이며 특히 미국의 경우 교차투표가 활성화되었고 정당규율이 엄하지 아니한 비정상적인 정당제가 오히려 대통령제의 단점을 보완하는 기능을 하고 있다고 주장하기도 한다.[28]

미국과 달리 한국은 연방제도 및 양원제들을 취하지 않을 뿐만 아니라 중앙집권적인 정당구조를 가지고 있기 때문에 권력구조상 국회가 여대야소의 형태로 이뤄진다면 대통령은 행정부의 수반임과 동시에 의회의 실질적 의안처리 주도자로서 양부간의 권력 융합현상이 발생할 수 있다.

한국 헌법 제86조에 따라 국무총리는 국회의 동의(재적의원 과반수출석과 출석의

---

26 또 대선 패배가 집권능력 결여를 의미하는 것은 아니므로 기약할 수 있다는 계산도 있었을 것이다. 대선 만큼 치열했던 1824년과 1876년 대선에서 패자가 그 다음 선거에서 승리한 역사적 사실도 고려했을 것 같다."

27 "6개국 리더십 집중분석: 국가적 혼란 어떻게 푸나", 『동아일보』 2001. 8. 14-8. 27.

28 서주실, "대통령제 권력구조에 있어서의 몇 가지 문제", 『변재욱화갑기념논문집』, 1994, 124-125면.

원 과반수 찬성)를 얻어 대통령이 임명한다. 이때 대통령은 현역을 면하지 아니한 군인을 국무총리에 임명할 수 없다. 그리고 국회는 임명동의에 앞서, 인사청문회법에 따라 국회법 제46조의3의 규정에 의한 인사청문특별위원회(국회법 제65조의2의 규정에 의한 인사청문회를 열어, 공직후보자를 출석하게 하여 질의를 행하고 답변과 의견을 청취하는 방식으로 진행)에 의한 심사를 행한다. 특히 대법관·대법원장 및 헌재재판소장 등의 사법기관의 핵심인선으로 인하여 사법부에 대해서도 실질적인 영향력을 행사하여 삼권을 통합하는 '국민에 의해서 선출된 현대판 군주'로서의 대통령의 지위를 누리게 된다는 것이다. 한편 국회 내에서는 대화·타협을 통한 의안처리가 실종되고 다수의 힘에 의한 이른바 '날치기'식 의안 처리가 일상화되었다는 점을 지적할 수 있다.

대통령제의 경우에는 그 권위적 성격에 기하여 대통령의 특별한 노력 없이는 여권의 핵심을 제외하고는 일반여권은 물론 야당이나 일반국민과의 건설적인 접촉을 위한 기회를 가지기 어려워 민주주의 원칙에 따른 폭넓은 정치적인 합의 형성이 어려울 뿐만 아니라, 정당의 여론 매개기능이 소외됨에 따라 비헌법적인 기관이 대통령비서실이 헌법기관인 국무총리와 행정각부를 장악하는 정치관행이 생겨났다. 또한 의회나 정당 내에서 정치적으로 해결할 수 있는 문제도 이에 의하지 않고 법적인 문제로 강하시켜 자신의 기관(검찰과 경찰)을 통하여 이를 해결하게 하는 소위 공안정치 내지 표적수사의 관행이 만연했고, 이는 형식적인 법리로는 외견상 문제없어 보이나 실질적인 법치주의를 후퇴시키는 결과를 낳는다.

대통령제는 이원적 정통성의 문제를 가지고 있다. 대통령과 입법부 모두 국민의 선출에 의해 당선되어 이들 각각은 민주적 정통성을 가지고 있다. 이원적 민주정통성 문제로부터 야기되는 대통령과 입법부 다수당의 정책적, 정치적 대결을 해소할 수 있는 민주정치적 원칙은 존재하지 않으며(즉 대통령 또는 의회의 어떤 편이 더 정확하게 국민을 대표하는가를 결정할 수 있는 어떠한 민주주의의 원리도 존재하지 않는다) 많은 대통령중심제를 채택하고 있는 국가의 정치적 혼란은 이 문제로부터 기인한다. 대통령제의 기본성격은 대통령이 대통령으로서 독점적 정통성을 주장하는 데 있다. 즉 대통령은 자신이야말로 지역적으로 분할된 선거구 주민이 아니라 전체 국민들에 의해 민주적으로 선출되어 전적으로 정통성 있는 정권을 부여받은 유일한 존재라고 주장하는 것이다.

의회와의 정치적 충돌상황에서 대통령은 자주 국민투표(plebiscite)를 이용하여 정치적 딜레마 상황을 타개해 나가고자 한다. 국민투표는 대통령이 의회와의 협상이나 야당과의 토론 등 적정한 정치과정을 통하지 않고 정치적, 정책적 쟁점을 국민투표에 붙여 여기에서 나온 국민적 지지를 토대로 정책의 정통성을 주장하는 것으로서, 대표적인 예는 프랑스 드골대통령이나 우리의 경우 박정희 대통령 정부 하에서의 잦은 국민투표를 들 수 있다. 또한 노무현 대통령도 의회에서 한나라당과 자주 충돌할 때, 직접 국민에게 신임을 묻겠다고 공언함으로써 의회와 야당을 존중하지 않고 대화하려고 노력하지 않았다.

한국에서 민주주의의 제도화를 저해하는 여러 요인들이 있어왔다. 그 중의 하나는 군부의 쿠데타와 그로 인한 장기집권이었다. 이러한 요인들은 노태우와 김영삼 정부를 거치면서 해소되었다.

한국 민주주의의 제도화를 가로막는 요인이자 현재에도 내재되어 있는 요인 중의 하나는 지역주의이다. 지역 간의 갈등과 대립은 어느 나라에나 있지만 문제는 우리 지역갈등은 다른 나라와 달리 민족 통합과 국가 발전의 장애 요소로 작용하는 심각한 수준이라는 점이다. 선거 때마다 지역감정이 날카롭게 대립하고 되풀이되는 것은 지역주의에 기반한 정당들과 정치인들이 지역감정을 유발하여 정치적 이익을 얻기 때문이다. 또한 지역주의는 산업화 과정에서 나타난 소외와 차별의 결과이기도 하다. 정치적 갈등 구조가 이념이 아니라 지역을 중심으로 형성된 것이 바로 지역주의이다.

집권 기간	1948 -1961	1962 -1979	1980 -1987	1988 -1992	1993 -1997	1998 ~2002	2003 ~2007
대통령	이승만	박정희	전두환	노태우	김영삼	김대중	노무현
정치체제	권위주의	권위주의	권위주의	민주주의	민주주의	민주주의	민주주의
지지세력	지주·친일파	군부·재벌, 영남	군부·재벌, 영남	군부·재벌, 영남	舊민주화 집단,영남	舊민주화 집단,호남	新민주화 집단, 진보·개혁 세력, 호남

〈그림 4-39〉 정권교체와 집권엘리트

민주적 제도화를 저해하는 또 다른 요인은 정치부패가 여전히 만연하다는 것이다. 정치의 부패, 오염은 일차적으로 정치에 돈이 너무 많이 들어가기 때문에 나타난다. 아울러 지적해야 할 요인은 공권력의 인권 침해이다. 노무현 대통령은 권력기관을 대통령과 정부로부터 독립시키고 탈 권위를 실천했지만, 이명박 정부는 검찰과 세무기관의 중립화가 침해되었다는 비판이 있었다. 이러한 통치방식은 민주주의가 후퇴한 것을 보여주는 것이다. 그리고 마지막으로 한국정당의 비민주성을 지적해야 한다. 지금까지 한국 정당들은 정책이나 이념, 노선이 아니라 특정한 지역에 압도적인 지지기반을 갖고 있는 카리스마적 1인 보스를 중심으로, 보스와의 연줄(지연, 혈연, 학연, 도움을 주고받음)로 모인 무원칙한 인맥집단의 성격이 강했다. 정책대결이 실종된 지역대결 구도 아래서 노선과 정책보다 지역주의와 연고주의에 기대어 움직이는 전근대적·후진적 정당이었다. 지역연고성을 중시하다보니 정당의 이념적 정체성이 흔들려 모든 정당에 진보와 개혁, 보수와 수구가 특별한 갈등 없이 공존하는 정당이 되고 말았다.[29]

또한 한국의 정당체제는 민주노동당이 등장하기 전까지 오랫동안 진보 없는 보수 정당 체제였다. 분단구조를 빌미로 보수정당으로 구성된 경직된 이념체제 아래서 진보와 개혁을 거부하고 새로운 사회세력의 정치참여를 거부해 왔다. 진보정치세력인 민주노동당이 원내 3당의 위치를 점하고 있는 지금도 우리 정당체제는 보수-진보 정당체제가 아니라 보수가 중심이 된 정당체제이다.[30]

第2節 미국·한국 대통령의 대 의회관계 모형 비교분석

1. 미국 대통령의 정치적 리더십과 대 의회관계 모형 비교분석

클린턴 대통령은 경쟁적인 양당 체제 하에서 입법부와 행정부 간의 균형을 이루면서, 대통령이 추진력을 갖춘 제퍼슨 모형에 부합한다. 클린턴 행정부 하에서 민주당과 공화당은 임기 초반에는 단점, 후반부에는 분점 정부를 유지하였다. 클린턴 정부에서 성추문 스캔들이 클린턴 대통령을 괴롭히기는 했지만, 그럼에도 불구하고 정책역량과 성과가 뛰어나서 높은 지지도를 유지했다. 그래서 클린턴 대통령의 임기 중·후반에는 공화당에게 원내 다수당의 지위를 넘겨주기는 했지만 높은 지지와 경제성과를 바탕으로 안정된 정치를 추구하였다. 해밀턴 모형의 일반적인 개요와 같이, 부시 행정부는 테러라는 위기 국면에서 아프간전과 이라크전에 선제공격을 감행하고 대외관계에서 비우호적인 '악의 축' 국가들에게 공세적으로 대응함으로써 대통령 중심적 정부를 건설하였다. 부시 대통령과 행정부는 그들의 정국 구상과 대외정세에 따라 역동적

---

29 한국정당들이 공통적으로 갖고 있던 또 하나의 특성은 일인 주도의 불안정한 휘발성 정당(one-man, unstable, volatile party)이라는 점이다. 1인 보스에 의한 정당의 사당화와 당내민주주의 실종으로 정당의 운영과 의사결정이 비민주적이었다. 정당의 창당과 해산, 정당간 이합집산과 합종연횡, 정치인의 당적 이동도 아무런 견제장치 없이 무원칙하게 일어났다. 당원의 지지와 참여 없이 정경유착과 사조직에 기초해서 소수 기득권층에 의해 운영되는 역사 없고 뿌리 없는 과두정당(oligarchical party)인 것이다. 그러면서 우리 정당은 국민의 대표를 선출하는 선거정치를 사실상 독점하는 선거정당의 성격을 띠었다.

30 손혁재, "6월 항쟁 이후 한국사회의 변화와 경기지역 시민사회운동의 진로-반성과 미래", 6월 항쟁 20주년 기념 경기지역 시민토론회, 2007. 5. 2. 〈civilforum.org/file/forum/6%BF%F9%C7%D7% C0%EF%2020%C1%D6%B3%E2%20%C5%E4%B7%D0%C8%B8%20%C0%DA%B7%E1%C1%FD% 20070502.hwp〉, 검색일: 2009. 5. 31.

인 행정 활동을 수행하였고, 부시 대통령의 리더십이 입법과정을 포괄적으로 지배하였다.

클린턴 대통령의 임기 초는 제퍼슨 모형에, 임기 말은 매디슨 모형에 부합한다. 이 모형은 의회에서 여당의 힘이 우세한 상황에서, 행정부와 국회가 상호 대등한 관계에서 안정된 정치를 추구하는 모형이다. 클린턴 행정부는 성과 면에서 뛰어난 대통령이었으나 그러나 의회관계가 원만하지 못했다. 클린턴 대통령 집권 기간에 정치적으로 여소야대 상황에서 수세에 몰렸고 성추문 등의 개인 자질에서 시비가 일었지만, 높은 경제성과를 보여주었다. 부시 대통령은 9·11 테러라는 사상초유의 위기 상황 속에서 국가안보의 위기를 잘 극복하였고 집권의 6년 동안 안정적인 집권당의 의석을 바탕으로 의회의 지원을 받을 수 있었다. 그러나 테러 대응과 전쟁 등에서 미국의 위상을 저하시켰고, 국제적으로 신뢰를 약화시켰다. 아울러 부시 대통령은 對 의회관계를 원만하게 조정하는 능력이 부족했다. 집권 말기에 들어서 민주당이 다수당이 되고 야당이었던 민주당은 정권교체의 발판을 마련한다. 부시 대통령의 임기 말에는 미국의 경제위기가 세계에 강력한 영향력을 미쳤다. 이러한 정치와 경제의 상황 약화로 인해 부시 대통령의 리더십이 많이 상실되었고, 공화당 내의 비판과 민주당으로의 정권교체를 허용하게 되었다. 요컨대 클린턴 대통령은 열정적으로 대통령의 직무를 수행하고 대통령의 역할을 잘 이해하였던 적극적 긍정형의 리더십을 가진 대통령으로서 제퍼슨에서 매디슨으로의 리더십으로의 변화를 보여주었다. 부시 대통령은 적극적으로 대통령의 역할을 수행하고자 했으나 對 의회관계를 잘 조정하지 못했던 부정형의 리더십을 가진 부시 대통령의 재임 시에 해밀턴에서 제퍼슨 모형으로 변화된 것으로 분석된다.

〈표 4-43〉 미국 대통령의 대 의회관계 모형 비교분석

분 석	미국 대통령			
	클린턴		부 시	
대통령 대 의회 관계 모형	제퍼슨 모형 (1993~1994)	매디슨 모형 (1995~2000)	해밀턴 모형 (2001~2006)	매디슨모형 (2007~2008)
의석분포	1992~1994 : 단점정부	19994~2000 : 분점정부	2000~2006 : 단점정부	2006~20008 : 분점정부
임기변수	+	—	+	—
정치상황	+	-	+	—
경제상황	+	+	—	—
대통령의 실제유형	적극적 긍정형		적극적 부정형	
우호/적대 여부	적 대		적 대	

2. 한국 대통령의 정치적 리더십과 대 의회관계 모형 비교분석

한국의 현대 대통령의 리더십 분석은 노태우 대통령은 권위주의적 리더십의 유형으로 분류할 수 있으나, 전두환 대통령의 군부 권위주의 리더십에서 민주형 리더십으로의 과도기적 특성을 보여주고 있다. 민간 주도형의 정치에 힘쓰며, 뜻을 같이하는 야당과의 연합을 추진하는 등 과거와는 다른 면모를 보여 주었다. 하지만 노태우 대통령 역시 이전의 지도자들과 마찬가지로 결단성은 있었으나, 과거의 지도자들과는 달리 대통령의 역할과 직책수행에 있어 원활한 체계를 갖추지 못했고, 민주지향적인 리더십 역시 부족하였다. 그리고 노태우 대통령도 태생적으로 군부 쿠데타로 집권한 전두환 정부의 핵심인물이었고 광주 민주화운동을 무자비하게 탄압해서 정당성과 도덕성은 낮은 상태였다. 이러한 이유로 노태우 대통령은 소극적 부정형의 리더십을 가진 인물로 분석된다.

한편 문민정부의 김영삼 대통령과 국민의 정부 김대중 대통령은 민주화 투쟁의 지도자로서 직접선거를 통해 정당한 권력을 획득하였으므로 도덕성과 정당성을 겸비하고 있었다. 하지만 이들의 정당정치는 지역주의에 기반을 둔 카리스마적 지도자로서 한계점을 내포하고 있었다. 국회와의 관계 역시 이러한 한계로 서로 다를 수밖에 없었다. 또한 김영삼 대통령은 통치그룹이었던 군부 쿠데타 정치세력과의 연합을 통해 집권할 수 있었다. 김영삼 정권의 민주자유당은 강력한 여당을 구성하고 있었지만, 과거권위주의 시대의 정치세력이 잔존하고 있다는 점에서 태생적인 한계성을 가지고 있었다. 이로 인해 당의 개혁이나 국회를 중심으로 하는 정치개혁에서는 큰 효과를 이뤄내지 못했다. 이러한 이유로 김영삼 대통령은 국회와의 관계를 상호 대등한 입장으로 이끌기보다는 강력한 리더십을 통해 의회를 압도하고자 하였고, 그 결과 대통령과 여당 내부의 관계 역시 조화롭게 이끌기 힘든, 적극적 부정형의 리더십을 가질 수밖에 없었다.

또한 김대중 대통령은 초기 김종필의 자유민주연합과 공동정권으로 행정부를 구성, 정국주도를 노렸지만 이념과 정책이 다른 두 정당의 연합은 오래 가지 못하였으며, 국회에서의 의석 역시 부족한 시점에서 여당의 힘을 통한 정국주도가 불가능 하였다. 하지만 행정부에 대한 권력집중이 가능한 국가적 경제위기 상황에서 김대중 대통령은 적극적인 리더십을 통해 이를 돌파해 나갈 수 있는 사회 경제적 기반을 가질 수 있었다. 또한 이러한 긍정적인 리더십을 통해 적극적 리더십이 가질 수 있는 권력의 집중을 보완하고 의회와의 협력을 이끌어내기 위해 긍정적 리더십을 발휘하였다.

노무현 대통령은 이러한 상태에서 이들이 활발하게 활동할 수 있는 시 공간을 확보할 수 있는 전기를 마련해 주었다. 또한 국민들의 개혁욕구에 부응하여, 이를 적극적으로 해내겠다는 의지를 밝힘으로서, 과거 권위주의적 리더십과는 다른 민주적 리더십을 보여주고 있다. 제16대 국회와의 관계에서만 볼 때, 노무현 대통령의 개혁구상은 아직까지 국회에서 전반적인 지지를 받지 못하고 있으며, 제16대 국회에서는 국회에서의 주도권을 쥐지도 못한 채, 야당과 정책상의 문제에 대한 대결구도에서, 결국 정국불안 야기와 책임이 따른다. 이러한 면에서 노무현 대통령의 리더십은 소극적 부정형의 리더십으로 분석된다.

권위주의 이래 한국 대통령들은 그 동안 수많은 야당 지도자 및 일반국민들을 탄압해 온 적극적 부정형의 리더십을 가진 인물들이 많았는데, 이러한 적극적 부정형의 리더십은 결국 한국 역사에서 권위주의가 자리 잡게 하는데 크게 일조를 하였다. 민주화 이후에도 노태우, 김영삼, 김대중 대통령으로 이어지면서 권위주의적 리더십은 점차 일소되고 있지만, 권위주의 청산이 완전히 제도화되지 않았다. 노무현 대통령이 권위주의를 청산한 것은 매우 큰 공적이지만, 이명박 대통령이 집권한 후로 검찰과 세무권력을 통한 정치행태는 민주주의의 질이 하락되었고 권위주의로 일정 부분 회귀한 것을 보여준다.

이 연구의 연구결과 대통령의 리더십이 국회와의 관계를 개선시키고 악화시키는데 주요한 영향을 미치고 있음을 알 수 있었다. 적극적 부정형은 정국주도를 가능하게 하지만 자칫 권위주의화로 변질될 가능성을 가지고 있으며, 의회와의 관계도 여소야대인가 야대여소인가에 따라 관계를 악화시킬 수 있는 중요한 변수가 되었다. 특히 대통령의 지위나 활동, 권력행사에 적극적인 리더십은 이를 더욱 심화시킬 수 있는 리더십이었다. 긍정형의 리더십은 의회와의 관계를 원만하게 이끌 수 있으나, 부정형의 리더십은 의회와의 관계를 원만하게 이끌지 못했으며, 한 순간에 정국주도권 및 의회에서의 우위가 붕괴하는 모습을 보여주었고, 적극적 리더십을 가지면 정국을 주도할 수 있는 유리한 위치를 점할 수 있지만 긍정형이냐 부정형이냐에 따라 상황을 심화시킬 수 있는 리더십이라 할 수 있다.

대통령이 국정을 성공적으로 수행하느냐의 여부는 대통령과 의회의 관계는 개선될 수 있으며 악화될 수도 있다. 한국은 대통령의 강력한 리더십으로 인해 국가에 득이 되기보다 해가 되는 경우가 많았다. 즉 한국 대통령들은 자신의 권력만을 극대화하기 위해 노력하고, 다른 사람을 지배하려고 하는 경향이 많았으며, 이로 인해 입법부와 행정부 간의 견제와 균형을 무너뜨리는 경우가 비일비재하였다. 하지만 정치·경제 환경의 변화에 따라 이제는 새로운 리더십이 필요한 시점이다. 피에들러는 구성원들이 리더를 지지하거나 신뢰하게 되면 부하에 대한 리더의 영향력이 증대되고, 성공적인 과업달성을 위한 표준적인 운영절차가 존재하여 의사결정을 쉽게 내릴 수 있으면, 과업의 구조화 정도가 높으며, 과업의 구조화가 높으면 리더가 부하의 과업행동을 감독하고 영향력을 행사하기가 매우 쉽다고 보았다. 즉, 지도자가 리더가 처해 있는 상황의 호의성을 높일 수 있을 때 리더십의 영향력이 촉진된다는 것이다.[31] 이것을 바꿔 해석해보면, 국정관리의 효율성을 증대시키기 위해서는 대통령의 훌륭한 리더십이 필수라는 것을 알 수 있다.

그동안 한국의 대통령에 의한 국정운영은 명령의 역할에 충실한 지도자 역할에 있었으며, 그 리더십의 기본은 권위주의적인 카리스마 리더십이었다. 대통령 중, 특히 박정희, 전두환 대통령의 시기에는 군인들이 직업상 갖게 되는 정치이념정향으로 인해, 군사적 권위주의형의 리더십이 발휘되었고, 당시 국회는 대통령의 정책성공과 기조유지를 위해 장기적이고 안정된 계획 하에서 이를 지원하고 정책의 계속성과 안정성을 유지하였다. 즉, 대통령과 의회의 관계가 강력한 '위임자 또는 주종관계'로 형성되어 있었다.[32] 한때 국회가 대통령의 결정에 종속되고 견제기능이 취약한 이유는 앞에서 설명한 바와 같이 대통령이 집권당의 총재로써 공천권을 행사하면서 정당의 운영을 장악하고 있었기 때문이다. 그리하여 대통령을 견제해야 할 국회가 대통령의 의사를 그대로 따르는 거수기 역할을 할 수밖에 없었던, 1인 정당들로 구성되어 있었고 국회는 심각하게 그 위상과 역할이 왜곡되고 약화될 수밖에 없었다. 〈표 4-44〉은 한국의 국회 의정사에서 국회의원의 역할과 권한이 훼손되었던 해산사례를 보여주고 있다.

〈표 4-44〉 한국 국회의 임기 단축과 국회해산사례[33]

대별	선거일	임 기			비 고
		개 시	종 료	기 간	
제4대	1958. 05. 02	58. 05. 31	1960. 07. 28	2년 1월28일	제3차 개정헌법(60.6.15) 부칙 제4조에 의해 임기단축
제5대	1960. 07. 29	60. 07. 29	1961. 05. 16(민선)	9월18일	군사혁명위원회 포고령 제4호에 의해 국회해산
제6대	1963. 11. 26	63. 12. 17	1967. 06. 30	3년 6월14일	제5차 개정헌법 부칙 제2조에 의해 67.6.30에 임기종료
제8대	1971. 05. 25	1971. 7. 1	1972.10. 17	1년 3월17일	대통령특별선언에 의한 국회해산
제10대	1978.12. 12	1979. 3. 12	1980.10. 27(민선)	1년 7월16일	10.26사태와 관련에 의하여 80년 10월 27일 임기종료
제12대	1985. 02. 12	1985. 4. 11	1988. 5. 29	3년 1월18일	제9차개정헌법(88.2.15) 부칙 제3조제2항에 의해 이 헌법에 의한 국회의 최초 집회일 전일(88.5.29)에 임기 종료

---

31 Fred E. Fiedler, *A Theory of Leadership Effectiveness* (McGraw-Hill Com, 1969), p.3.

32 Morris Janowitz, *The Military in The Political Development of New State: An Essay in Comparative Analysis* (Chicago & London: The University of Chicago Press, 1964).

33 대한민국 국회 홈페이지 〈www.assembly.go.kr:8000/ifa/html/1_3.html〉에서의 표를 참조하여 필자가 재작성 하였다. 한국의 의회 정치는 군부 쿠데타에 의해 두 번이나 정지되었으며, 10·26 사태 이후에도 국회가 해산되고 기능이 마비되었다.

〈표 4-44〉를 설명하면 여당 국회의원은 각기 지역을 대표하는 독립된 기관이지만 국회에 나가기만 하면 당의 방침대로 행동하고 투표하는 등 거의 자율성이 없었다. 그렇지 않을 경우 당과 총재의 뜻에 거슬려 정치생명이 위태롭게 되기 때문이다. 그러나 국회는 대통령의 권한 행사를 견제할 수 있는 여러 가지 제도적 장치를 가지고 있으며 민주화 이후 과거와 같은 문제들은 점차 해결되어 가고 있다. 정치적 민주화의 요구로 인해, 단임 대통령제가 도입되고 군부출신 정치지도자에 대한 교체요구가 높아지면서, 상대적으로 과거보다는 국회의 영향력이 증대되게 되었다.

또한 여소야대의 현상이 오래 동안 지속되면서 행정부에 의한 정책의 계속성과 안정성은 그 효율 면에서 크게 저하되었지만, 전반적으로는 약화되어 있던 국회권력의 신장이 이루어짐으로써 궁극적으로는 좀 더 민주적인 리더십이 필요해지는 상황으로 변모시키는 절대적인 계기가 되었다. 그리고 여소야대 시기에는 국회의원 선거와 대통령의 선거가 동시에 이루어지지 않고 임기도 달라서, 국회의원의 소속정당에 대한 자율성이 크게 향상된 것으로 평가할 수 있다. 결국 대통령의 국정이 국회와의 관계에서 대화를 통한 타협과 양보에 기초한 설득에 운영될 수 있게 됨으로써 권위주의적인 카리스마 리더십의 효용성이 크게 저하된다. 특히 민주화 이후에는 점차 당권과 대권 분리의 원칙 아래 대통령이 집권당의 총재직을 겸임하지 않아서, 상대적으로 대통령에 대한 국회와 정당의 자율성이 높아져 왔으며, 대통령, 국회, 그리고 정당과의 새로운 발전적 관계의 정립을 위해 노력해왔다.

의회와의 관계에 있어 대통령 리더십의 스타일은 매우 중요한 변수이며, 대의 민주주의의 본 뜻에 어울리는 관계를 창출해 내야할 의무가 있다.[34] 이러한 이유로 한국은 이에 적합한 대통령의 긍정적인 리더십의 실현이 요구된다할 것이다. 대통령의 리더십이 부정정적이고 권위주의적인 성향을 가졌다면 야당과 대통령의 사이를 대립관계로 고착시킬 뿐만 아니라 정책과정에서 관료제가 국회를 압도하도록 만드는 촉매역할을 한다. 이러한 리더십은 의회로 하여금 관료제에 대한 통제력을 강화하도록 자극하며, 이에 따라 국회와 행정부 및 대통령과의 긴장관계를 형성시킬 수 있다는데 주목할 필요가 있다.[35]

---

34 Frederick, W. Gibson, Fred E. Fiedler, and Kelley M. Barrett, "Stress, Babble, and the Utilization of the Leader's Intellectual Abilities," Leadership Quarterly, Vol. 4, 1993, pp.189-208; Fred Dansereau, Francis J. Yammarino, and Steven E. Markham, "Leadership: The Multi-Level Approaches", Leadership Quarterly, 6(2) 1995, pp.97-109; Gary A. Yukl, *Leadership in Organization*, 4th edition (Englewood Cliffs, New Jersey: Prentice-Hall, 1998).

35 박찬욱, "미국과 영국의회의 정책집행 감독 활동", 『한국정치학회보』(제29권 제3호), 1995, 467-491면.

<표 4-45> 한국 국회 정당별 의석분포 변화도

대 수	연·월·일	제1당 의석수	제2당 의석수	3당 의석수	제4당 의석수
제16대	2002. 7. 4.	한나라당 130	새천년민주당 112	자유민주연합 14	민주국민당 1
제16대	2003. 7. 31.	한나라당 149	새천년민주당 101	자유민주연합 10	개혁국민정당 2
제17대	2004. 8. 27.	열린우리당 151	한나라당 121	민주노동당 10	새천년민주당 9
제17대	2005. 12. 9.	열린우리당 144	한나라당 127	민주당 11	민주노동당 9
제17대	2006. 12. 9.	열린우리당 139	한나라당 127	민주당 12	민주노동당 9
제17대	2007. 7. 3.	한나라당 128	열린우리당 73	중도통합민주당 34	-

　노태우 대통령과 노무현 대통령은 상황변수에 따라 리더십의 변화를 많이 겪었다. 노태우 대통령에게 민주화의 열망으로 여소야대 정국에서 매디슨 모형으로부터 3당 합당 후의 제퍼슨 모형으로 리더십의 변화가 있었고, 노무현 대통령은 소수 여당으로부터 출발해, 탄핵으로 인한 대통령직 일시 정지, 그리고 지지도의 하락과 권위의 상실 후에 열린우리당의 순차적 해체를 겪으면서 매디슨에서 제퍼슨으로, 그리고 매디슨 모형으로의 변화를 보였다. 김영삼 및 김대중 대통령은 민주화 운동가 출신의 대통령으로서 김영삼 대통령은 군부정부로부터 벗어나 최초의 문민정부 시대를 열었으며, 김대중 대통령은 민주적 선거에 의한 최초의 수평적 정권교체를 이룩한 대통령이었다. 그들은 오랜 수십 년 간의 한국정치사에서 정치적 열정과 카리스마와 함께 각자 충성심 높은 지역기반을 가지고 있었다. 그들은 적극적인 리더십을 보여주었으나 김영삼 대통령보다는 김대중 대통령이 대통령의 직무와 대對 의회관계에서 민주적이고 긍정적인 역량을 보여주었다. 그래서 김영삼 대통령은 제퍼슨 모형으로, 김대중 대통령은 해밀턴 모형으로 분석된다.

　제5장의 2절에서 밝힌 바와 같이 미국과 한국은 같은 대통령제를 공유하고 있음에도 불구하고 다양한 제도적 차이를 가지고 있다. 합의제의 사회자본이 미국은 조성되어 있는데 반해 한국은 취약하다. 미국은 오랜 민주주의 역사에서 민주적 제도가 운용하고 있는데 반해 한국은 제왕적 대통령제의 가능성이 높다. 대통령과 부통령을 두고 있고 지방분권화되어 있는 미국은 권력이 분산되어 있다면, 권력이 1인에게 집중된 대통령제와 중앙집권형의 체제인 한국은 권력이 집중되어 있다. 이러한 제도적 차이에서 나오는 리더십은 한국의 민주주의의 질에 대해 평가를 가능케 할 것이다.

　슈미터와 칼(Schmitter & Karl)은 민주주의의 다양성과 민주주의의 조건을 제시한

〈표 4-46〉 한국 대통령의 리더십과 대 의회관계 모형 비교분석 결과

분 석	한국 대통령(임기 초·중·후반)			
	노태우	김영삼	김대중	노무현
대(對) 의회관계	매디슨 모형 ↓ 제퍼슨 모형	제퍼슨 모형	해밀턴 모형	매디슨 모형 ↓ 제퍼슨 모형 ↓ 매디슨 모형
의석분포	임기초: 여〈야 중후반: 여〉야	여〉야	여〈야	여〈야(제16대) 여〉야(제17대)
임기변수	+	—	+	— (제16대)
정치상황	—	—	—	— (제16대)
경제상황	—	—	+	— (제16대)
실제유형	소극적 부정형	적극적 부정형	적극적 긍정형	소극적 부정형
우호/적대여부	적대	적대	우호	적대

바 있다. 그들의 논지 중의 하나는 이익결사와 사회운동이 보장될 때 소수의 권리가 보장될 수 있다. 또한 로버트 달(Robert Dahl)이 제시한 민주주의의 최소한의 절차적 조건 중의 하나는 시민들은 엄격한 처벌의 위험 없이 그들 스스로를 표현할 권리를 가지고 있다는 것이다. 아울러 달(Dahl)은 시민은 독립적 정당과 이익집단을 포함하여, 상대적으로 독립적 결사 내지 조직을 형성할 권리를 가지고 있어야 한다는 조건을 제시하였다.[36] 그렇다면 민주주의를 가능케 하는 원리(Principles that Make Democracy Feasible)에 대한 정의는 "인민의 동의에 의해" 민주주의 기능이 운영된다는 것이며, 더

---

36 "법의 지배(rule of law)"를 따르는데 실패한 어떠한 정체도 민주적이라고 간주될 수 없다. 이러한 절차는 홀로 민주주의를 규정하지 않지만, '법의 지배' 절차의 존재는 민주주의 유지에 필수불가결 (indispensable)하다. 본질적으로 법의 지배는 필요조건이지만 충분조건이 아니다. 달(Robert Dahl)은 다음과 같이 현대적 정치민주주의(내지 "다원민주주의(polyarchy)")를 위해 존재하는 "절차상의 최소(procedural minimal)" 조건을 제시하였다. 1) 정부결정에 대한 통제는 헌법상 선출된 관료에게 보장된다. 2) 선출된 관료는 강제가 비교적 희박한 상황에서 자주 치러지고 공정하게 수행되는 선거에서 뽑힌다. 3) 실제상 모든 성인은 관료 선거에서 투표할 권리를 가지고 있다. 4) 실제상 모든 성인은 정부에서 선출직 관료에 출마할 권리를 가지고 있다. 5) 시민들은 엄격한 처벌의 위험 없이 그들 스스로를 표현할 권리를 가지고 있다. 6) 시민들은 정보의 대안적 요소를 찾을 권리를 가지고 있다. 더구나 정보의 대안적 요소는 존재하고 법에 의해 보호받는다. 7) 시민은 독립적 정당과 이익집단을 포함하여, 상대적으로 독립적 결사 내지 조직을 형성할 권리를 가지고 있다. 슈미터와 칼(Schmitter & Karl)은 이 7가지 조건에 두 조건을 덧붙인다. 8) 대중에 의해 선출된 관료는 헌법의 권한을 선출되지 않은 관료의 반대에 제약받지 않을 수 있어야 한다. 9) 정체는 자율적으로 통치되어야(self-governing) 한다. 즉 이 정체는 다른 정치체제에 의한 제한조건에 독립적으로 행사할 수 있어야 한다. 현대 민주주의이론가들은 주권 국민국가이므로 이 조건은 당연하게 여겨 왔다. Philippe C. Schmitter and Terry Lynn Karl, "What Democracy Is...and Is Not," Journal of Democracy 2(3), 1991, pp.81-82.

복잡한 대답은 "제한된 불확실성(bounded uncertainty)"의 조건 하에 행동하는 정치가들의 조건적 동의(contingent consent)에 의해서이다. 민주주의에서 대표자들(representatives)은 선거의 지지 내지 정책에 대한 영향력을 더 많이 가진 자들은 실패한 패자(losers)가 관직을 차지하는 것 또는 미래에 영향력을 발휘하는 것으로부터 막는데 일시적인 우위를 사용하지 않는다는 것에 최소한 동의한다. 그리고 그들은 권력과 관직에 대해 경쟁하는 기회에 대한 교환으로 일시적인 우위를 사용하지 않는다는데 동의한다. 그리고 일시적인 패자는 구속적인 의사결정을 하는데 승자(winners)의 권리를 존중한다. 시민들은 그 정치적 결과가 공정하고 정기적인 선거 내지 공개적이고 반복된 협상을 통해 표현된 바로서 집합적 선호(collective preferences)를 유지한다면, 경쟁의 과정에서 추구된 결정을 따른다고 기대된다. "민주적 협상(democratic bargain)"은 사회마다 각각 상당히 다를 수 있다. 그것은 사회균열(social cleavages)과 상호신뢰(mutual trust)와 같은 주관적 요소, 공정성의 기준, 타협할 의지에 의존한다. 모든 민주주의는 누가 선출되는가와 선출된 대표가 어떠한 정책을 추구할 것인가에 대한 불확실성(uncertainty)의 정도를 수반한다.

민주주의에서 승자는 패자(losers)가 관직을 차지하는 것 또는 미래에 영향력을 발휘하는 것으로부터 막는데 일시적인 우위를 사용하지 않는다는 것에 동의한다. 이명박 정부의 승자그룹은 같은 정당 내의 패자그룹의 정치적 영향력을 인정하지 않았고 패자그룹을 총선에서 퇴출시키고자 많은 노력을 기울였다. 또한 이 승자그룹은 야당과 협상하거나 대화를 통해 합의를 이끌어내려고 하지 않았다. 그래서 이명박 정부의 승자그룹은 정당 내에서 정당 간에서 민주주의의 원리에 따라 행동하지 않았다. 이명박 대통령과 집권세력은 당내 비주류인 박근혜 의원집단들과 대화하고 권력과 정치적 역할을 분담하고자 노력해야 한다. 또한 정당의석분포로는 한나라당이 압도적 다수를 차지하고 있지만 이명박 대통령은 국민 각 계층의 이해관계를 대변하기 위해서는 야당과 협조적 관계를 유지해서 상생의 정치를 하고자 노력해야 할 것이다. 한국에서 이명박 대통령과 전임 노무현 대통령과의 관계는 미국에서 오바마 대통령과 전임 부시 대통령과의 관계와 매우 다르다. 한국도 미국과 같이 전임자는 후임자를 존중하고 후임자는 전임자의 정치적 가치를 존중하면서 후임 정권의 장점을 발휘하여 국가 정책과 경영을 개선하도록 해야 할 것이다.

미국과 한국의 대통령에게는 좀 더 장기적이고 포괄적인 전망을 가지고 대통령과 의회관계, 언론·이익단체들 간의 갈등을 풀어나갈 수 있는 대통령의 정치적 리더십이 요구된다.

의회 외부에서 정치경력을 쌓았거나 제도권에서 오래 활동하지 못했던 외부자(outsider) 출신의 대통령이라도 의회주의자일 수 있으며, 그러해야 대통령이 여야 간,

보수와 진보 간, 정치권과 사회세력 간의 합의에 의한 정당성 있는 초당적인 리더십을 발휘할 수 있다. 야심에 찬 모든 대통령들은 시간이 자신의 편이 아니라면서 역사에 업적을 남기려고 하다보면 의회를 성가신 존재로 생각할 수 있으며, 제왕적 대통령의 유혹을 떨쳐내지 못했다. 과거 '상원의 현자'로 불렸던 조 바이든 현 부통령이 증언했듯, 미국에서도 대부분의 대통령은 어느 당이냐를 떠나 의회를 성가신 방해물로 간주했다. 사실 미국의 상하 양원이야말로 한국의 제왕적 대통령들은 상상할 수 없을 정도로 성가신 존재이다. 잘 알려진 것처럼 미국 '건국의 시조들(Founding Fathers)'이 상원의 의사진행방해(필리버스터) 등 수많은 방식을 통해 의회를 일부러 '느리고 성가신' 기관으로 만들어 잘못된 실용과 효율이 주는 위험성을 예방하려 했기 때문이다. 그러하기에 그토록 혁명적 변화를 만들어낸 것처럼 생각되는 로널드 레이건 전 대통령조차 사회보장연금 삭감 등 수많은 핵심 의제에서 의회의 굳은 장벽에 직면해야 했다. 더구나 한국의 이명박 대통령과 같이 미국의 외부자(outsider) 출신 대통령들도 그러했다. 지미 카터, 빌 클린턴 대통령도 공화당은 물론이고 사사건건 발목을 잡는 민주당 의원들과 자주 냉전 기간을 가졌다. 심지어 카터 정부 실패의 일등공신은 민주당 진보파 의원들이라는 말이 나돌 정도였다.

하지만 클린턴 대통령 등과 유사하게 외부자 출신이면서 상원 초선의원 출신인 오바마 대통령은 상원의 산 역사라고 할 수 있는 바이든 부통령을 놀라게 할 정도로 의회 중심주의적 태도를 보이고 있다. 오바마 대통령은 루즈벨트와 레이건 전 대통령을 닮아 가려는 것처럼 보인다.[37] 오바마는 선거 기간 동안 민주당 진보파들의 비난을 받아가면서도 레이건을 높이 평가한 바 있다. 그 발언은 클린턴 대통령의 초당적인 면모에서 나온 것이다. 레이건은 공화당의 외부자 출신 포퓰리스트이자 동시에 집권 초기 당시 민주당 지배 의회를 존중한 것으로 널리 알려져 있다.

오바마 대통령이 레이건 스타일 행보를 보인다는 한 증거로 개별 의원들과의 밀착 외교를 든다. 사실 클린턴 정부는 의회 지도부와의 '거래적 관계'를 너무 중시했다. 예를 들어 클린턴 대통령은 집권 초기 민주당 의회 지도부들과 선거자금 개혁 포기 등을 둘러싸고 거래를 추진했다. 반면 오바마 대통령은 클린턴 대통령 시대의 지도부 패러다임에서 의원 개별 외교 패러다임으로 바꿨다. 클린턴 대통령은 의료보험 개혁 투쟁에서 공화당 의회의 협조를 받지 못해 실패했고, 레이건은 민주당 의회와의 타협을 통해 세금 개혁에 성공했다.[38]

---

37 "Obama's Bipartisan Mentors: F.D.R. and Reagan," New York Times, 2009년 2월 24일자. 〈100days.blogs.nytimes.com/2009/02/24/obamas-bipartisan-mentors -fdr-and- reagan〉, 검색일: 2009. 6. 29.

38 안병진, "오바마의 '의회제일주의'와 MB의 '의회무시주의'", 『프레시안』 2009. 6. 26.

이명박 대통령이 "성공적인 정책 집행을 위해 각 사회집단들 간의 효과적인 정치적 연합 및 제휴를 이끌어낼 수 있는 것은 대통령의 '조정자'(the broker) 역할이다. 특히 조정자로서의 대통령의 새로운 역할은 대통령이 결정한 정책의 안정적이고 빠른 입법화를 위해타협과 협상에 기초한 원만한 대여야 관계 구축을 강조하는 '입법적 리더십'(legislative)을 중요시 하였다. 그러므로 이명박 대통령은 이러한 입법적 리더십을 펴기 위해 국민에게 국가운영에 대한 명확한 비전을 제시하고, 정책결정 및 실행을 민주적인 절차에 따라 행해져야 한다. 통치행위의 직접적인 주체로서 철학이 있는 입법적 소통하는 모습을 보여야 한다. 아울러 겸허한 자세로 타협과 협상의 능력을 높여 원만한 대對 여야관계를 중시한 국정과 올바른 인사정책을 펴야한다. 따라서 이명박 대통령은 효율성을 중요시하는 '기업경영'보다 조정적 리더십을 발휘하는 안정적인 통치행위 기반을 구축하여 경제 살리기와 국민 대통합을 이룩하여야 한다."[39]

---

39 함성득, '이명박 대통령 취임 6개월을 회고하며', 시론, 고시계 2008. 10, 5면.

第5章 결　론

第1節 연구의 결론

이 연구는 대통령의 정치적 리더십 특성에 따라 대통령과 대對 의회관계가 변화하고 적대(악화)·우호(개선)인지 주요한 영향을 미치고 있음을 번즈(James M. Burns)가 제시한 해밀턴 모형(Hamiltonian model), 매디슨 모형(Madisonian model), 제퍼슨 모형(Jeffersonian model)이라는 세 가지 이상형(ideal types)에 대입하여 분석하였다.

이 연구는 바버(James D. Barber)의 분류에 따라, 대통령의 리더십을 네 가지로 구분하였으며, 지도자로서 사명감에 넘치고 활동적이며, 생산성을 중시하고 과업 지향적이며 목표를 분명히 하는 적극적 긍정형(active-positive) 리더십, 야심이 많고 권력적이며, 대단히 공격적인 적극적 부정형(active-negative) 리더십, 그리고 진실하고 윤리관이 강하며, 활달하고 개방적이지만, 지도자로서의 사명감이 부족한 소극적 긍정형(passive-positive) 리더십, 마지막으로 자신에게 맡겨진 지도자로서의 역할을 충실히 수행하지만, 지도자의 역할과 책임을 축소 지향적으로 인식하는 소극적 부정형(passive-negative) 리더십으로 대통령의 리더십을 분류하였다. 본 연구는 피에들러(Fred E. Fiedler)의 상황변수를 수정하여, 대통령과 의회의 관계 유형에 영향을 미치는 대통령의 리더십 유형을 독립변수로, 상황적 호의성(situational favorableness)으로서 의석분포, 임기변수, 정치·경제상황을 상황변수로 도입한다. 이 연구는 '대통령과 의회의 관계= f (대통령의 리더십 + 상황변수(의석분포, 임기변수, 정치·경제상황))' 라는 대통령과 의회와의 함수관계를 설정하였다. 이 연구는 심리적 접근법인 개인적 접근법과 정치권력적 접근법을 중심으로 대통령 리더십을 권력적 상호작용론의 차원에서 분석하였다. 이 연구의 주된 분석틀은 권력적 상호작용론이며, 미국과 한국의 제도적 다양성을 설명하는 제도 비교 분석이 보완적으로 제시된다.

첫 번째 가설로 부정적 리더십은 상황변수들이 유리할 때도 의회와의 관계가 개선보다는 악화되기 쉬울 것이며, 긍정형 리더십은 불리할 때도 악화되기보다는 개선의 여지가 더 많을 것이라는 것이다. 두 번째 가설은 적극적/소극적 리더십에 따라 의회와의 관계에서 정국의 주도권을 누가 갖게 되는가가 정해진다. 적극적인 리더십은 권력의 집중을 통해 의회에 대한 주도권을 행사하려는 것이며, 소극적 리더십은 권력의 분산을 통해 의회에 대한 마찰을 줄이려는 리더십이다. 이 연구는 독립변수로서 정치적 리더십이 임기변수, 의석분포, 정치·경제 상황이라는 상황변수와의 결합을 통해 대통령의 대對 의회관계가 어떻게 정립되는가를 밝혔다.

대통령과 의회의 관계는 엄격한 권력분립을 통한 상호 독립과 견제를 원칙으로 하지만, 대통령 개인의 정치적 역량이라든지 의회가 어느 정도 행정부를 견제할 수 있는가에 따라서 해밀턴, 매디슨, 제퍼슨 모형이라는 세 가지 관계유형이 도출될 수 있다. 이 연구는 역사적 검토와 교차국가 분석을 통해 세 모형에 따라 분석틀을 설계하고, 미국과 한국 대통령의 대 의회관계의 모형화를 시도하여 그 모형의 변화를 설명하였다. 미국과 한국의 대통령들의 리더십에 대해 분석결과는 다음과 같다.

첫째, 해밀턴 모형은 절제와 균형의 체계 안에서 대통령은 역동적인 행정 활동을 수행한다. 그리고 행정부가 입법과정을 포괄적으로 지배하며 대외정책과 재정 및 경제정책을 독점적으로 결정함으로써 행정부에 대한 의회의 통제가 형식화되는 모형으로써, 흔히 국가비상사태의 극복이나 국가건설 등 행정의 능률성이 민주적 절차보다 우선시될 때 선호되는 권력 형태라 할 수 있다.

미국 정치에서 부시(George W. Bush) 대통령은 적극적 부정형 리더십을 가지고 해밀턴 모형의 국정운영을 행사하였다. 부시 행정부는 테러라는 위기 국면에서 아프간전과 이라크전에 선제공격을 감행하였다. 대對 의회관계에서 비우호적인 '악의 축'이라 발언한 대상 국가들에게 공세적으로 대응함으로써 대통령 중심적 정부를 건설하였다. 부시 대통령과 행정부는 그들의 정국 구상과 대외정세에 따라 역동적인 행정 활동을 수행하였고, 부시 대통령의 리더십이 입법과정을 포괄적으로 지배하였다. 부시 대통령은 정권 초에는 저조한 일반인 득표로 당선되어 정당성 논란에 휩싸이기는 했지만 다음 선거에서는 무난한 득표율로 정당성을 공고하게 획득하였다. 부시 대통령의 이분법적 사고는 정당체계의 양극화를 심화시켰고, 일방주의와 이라크 전의 정당성 논란 및 경제위기는 부시 대통령의 리더십을 점차 약화시켰다. 부시 대통령의 집권 제1기부터 집권 제2기의 중반기까지(2000~2007)는 해밀턴 모형에 전형에 속한다. 그러나 집권 제2기 후반인 2007년부터 2008년 사이에는 분점정부와 거부권이 증가하면서 공화당의 부시 대통령에 대한 정책의 협력이 약화되어 부시 대통령의 리더십은 해밀턴 모형에서 매디슨 모형으로 변화된 것으로 분석된다.

이러한 모형은 김대중 대통령 모형과 유사하다. 적극적 긍정형의 리더십을 가진 김대중 대통령은 원내에서의 여소야대 정치구도가 행동반경을 제약하고 있었지만, IMF 관리체제라는 국가적 위기상황으로 행정의 능률성이 민주적 절차보다 우선시될 수밖에 없는 상황에 있었다. 김대중 대통령은 적극적 리더십의 특성으로 인해 통치 기간 동안 대통령과 행정부가 정국을 주도할 수 있는 기반을 구축하였다. 긍정형의 리더십으로 인해 제16대 국회에서 과반수를 차지하지 못했지만 여야균형 상황을 만들어 냈다. 김대중 대통령의 대對 의회관계는 우호적이며 해밀턴 모형으로 분석된다.

아울러 김대중 대통령은 수평적 정권교체를 실현하면서 민주주의의 공고화에 기여하였다. 김대중 대통령은 김영삼 대통령처럼 오랜 민주화 투쟁의 경력을 가지고 있고 김영삼 대통령이 상도동계로 대표되는 정치파벌의 수장이었다면, 동교동계라는 정치파벌과 지역주의에 기반한 패권적인 정치적 영향력을 김대중 대통령의 정치적 경력에서 오랜 세월 유지해왔다. 김영삼 대통령과 김대중 대통령의 등장으로 '민주화' 이후 권위주의 정치와는 결별한 듯 보였지만, 정당체제·정당민주화·제왕적 대통령제라고 불리는 중앙집권적 권력구조형태에서 보면 과거 권위주의시대에 형성된 구조와 리더십이 그대로 유지되어왔다. 카리스마적 지도자로서 김대중 대통령의 국정운영방식에는 권위적인 성향이 내재되어 있었다. 정해진 절차나 제도에 따르기보다는 주로 개인적이 신뢰에 기초한 내집단에 의존하는 경향이 나타났고 대북 문제나 국내 문제 추진 시에 공식적인 의사결정 라인은 실세 참모들에 의한 비밀스러운 추진이 흔히 발생했다.

하지만 이러한 일부분의 국정운영 방식에도 불구하고 김대중 대통령은 성취욕이 강한 해밀턴 모형의 결과중심적인 국정운영을 추구하여 경제위기 극복과 민주화, 남북화해협력에 기여하였다. 김대중 대통령은 절차적 민주주의가 더 성숙해지는 계기를 만들었다. 남북화해의 필요성을 제시하고 햇볕정책을 자신 있게 추진하는 등 적극적 긍정형 리더십의 전형적인 모습을 보여주었다. 김대중 대통령은 경제위기 극복, 지역 및 국민통합, 남북한 통일을 위한 획기적 기반 조성 등 많은 국정과제들을 목표로 삼아 이를 자기 임기 내에 모두 이룩하고자 하는 강한 의지를 갖고 있었다. 그리고 IMF 극복이라는 국가적 과제의 수행으로 인해, 여소야대 상황임에도 불구하고 김대중 대통령은 적극적인 리더십을 통해 권력을 집중시킬 수 있었고 정국을 주도할 수 있었다. 또한 이러한 환경조건 완성을 위해서는 야당의 협조가 필요했기 때문에, 김대중 대통령은 긍정적 리더십을 통해 과거의 정권보다는 대對 의회관계를 원만히 유지하였다.

둘째, 매디슨 모형은 대담성과 활동력이 약한 신중한 정부로서 입법권과 행정권의 권력 균형에 입각한 정부를 의미한다. 행정부에 대한 의회우위의 권력 형태로서 행정의 능률성을 확보하는 것보다 의회가 행정의 권력남용을 견제하고 통제하는 데 중점을 둔다.

클린턴(William J. Clinton) 대통령과 부시 대통령의 임기 말에도 의석변수와 정치·경제 상황변수에 따라 각각 제퍼슨 모형과 해밀턴 모형에서 매디슨 모형으로 변화된 모형으로 분석된다. 클린턴 대통령 집권 제1기의 1993년에서 1996년은 경제호황의 영향을 받아 제퍼슨 모형으로 분석되었다. 하지만 집권 제2기는 분점정부 상황 하에서 1997년부터 2000년까지 의회와의 관계가 원만하지 못했다. 르윈스키 스캔들로 탄핵위기에 처하기도 했지만, 높은 지지와 경제성과를 바탕으로 안정된 정치적 리더십을 발휘하여 임기 말에 클린턴 대통령은 분점정부 상황에서 점차 대對 의회관계를 중요시하는 매디슨 모형의 국정운영을 펼치게 되었다. 클린턴 대통령과 마찬가지로 부시 대통령도 임기 말에 분점정부 상황을 맞이하였다. 경제적 위기와 국제적 신뢰의 약화로 국내외적으로 적극적인 리더십을 발휘하기 어려웠다. 강력해진 민주당과 협조적 관계를 구사할 수밖에 없었다.

소극적 부정형 리더십을 가지고 있었던 노태우 대통령의 제6공화국은 초기 여소야대의 상황에서 야당과의 대결을 통해 원활한 국정운영을 할 수 없었다. 국민들 사이에는 1987년 민주화와 정권교체에 대한 여망이 커서 많은 유권자들이 노태우 후보를 지지하지 않았지만, 야당 후보인 김영삼과 김대중의 분열로 당선되었다. 노태우 대통령은 상황과 대세를 좇는 행정가형의 의사결정을 하였으며, 권위주의적 요소들을 점차 완화해갔다. 여소야대 상황에서 의회가 정국의 주도권을 가졌다. 노태우 대통령은 쿠데타로 집권한 전두환 대통령의 주축세력으로 정당성과 도덕성에서 한계를 노정하고 있었다. 매디슨 모형 하에서 노태우 대통령은 의회의 주도권이 야당에게 있어서 리더십의 한계로 정국운영이나 정책집행을 위해서는 다른 세력과의 연합을 필요로 했다. 결국 노태우 대통령은 야당세력과의 연합을 추진하여, 합당에 동참하지 않은 김대중 주도의 야당과 불필요한 대결구도를 만들어 내는 부정형의 리더십을 편다. 노태우 대통령은 2년여 만에 여대야소의 정국으로 반전시켰고, 다음 대통령 선거에서 민주자유당의 김영삼 후보를 대통령으로 당선시켜 정권재창출에 성공하였지만, 임기 내내 민주화에 대한 요구와 함께 야당의 공격에 노출되어 있었다.

노태우 대통령은 리더십에 있어서 국민의 신임을 크게 받지 못한데다 대對 의회관계를 민주적으로 운영하지 않고 국민의 신임을 받지 않은 인위적 합당으로 정국의 주도권을 창출하여 부정형의 리더십을 실천하였다. 노태우 대통령은 집권 초기부터 김영삼, 김대중, 김종필 등의 야당지도자로부터 반대에 많이 부딪쳤으며, 3당 합당 이후에도 김영삼과 김종필의 이해관계 속에서 주도적인 국정운영을 발휘하지 못했다. 아울러 의회 내에 여당과 야당의 권력관계를 노태우 대통령 자신에게 우호적으로 변화시켜서 임기 초 여소야대의 매디슨 모형에서 벗어나 여대야소의 제퍼슨 모형의 리더십을 발휘하였다. 리더십의 위기를 느낀 노태우 정부는 인위적인 3당 합당을 통해 안정적인 국정 동력을 확보하고자 하여 3당 합당 후에는 압도적인 다수당의 협조를 받았다. 시대적 역할에 있어 민주주의로의 전환 과정에서 조정자로서의 역할을 하였다. 노태우 대통령의 대對 의회관계는 의석분포, 임기변수, 정치상황, 경제상황으로 볼 때 모형은 매디슨 모형에서 제퍼슨 모형으로 변화하는 적대적 관계로 분석된다.

　소극적 부정형 리더십을 가지고 있었던 노무현 대통령은 임기 초반과 후반에 제16대 국회와의 관계에서 여소야대의 상황으로 야당이 주도했던 의회권력이 강해서 대통령과 행정부가 주도력을 확보하지 못해 매디슨 모형의 국정을 행사하였다. 노무현 대통령은 야당에 의해 정국주도권을 뺏기게 되었고 타협과 상생의 정치에 미숙했다. 노무현 대통령은 취임 1년 만에 탄핵위기에 몰렸으며, 한동안 국정공백상태가 지속되는 초유의 사태가 발생했다. 하지만 탄핵위기에서 벗어난 노무현 대통령은 탄핵시도를 의회쿠데타로 인식한 국민들의 분노와 함께 노무현 대통령과 여당인 열린우리당에 대한 동정여론에 힘입어 제17대 총선에서는 압도적인 승리를 거두게 된다. 노무현 대통령 임기동안 대對 의회관계는 임기 초반에는 여소야대의 불안정 상황에서 국회에서 탄핵소추안이 가결되는 등 매디슨 모형으로 분석되고, 여대야소의 의회상황 하에서는 제퍼슨 모형으로 분석된다.

　노무현 대통령의 집권 후반에는 여대야소 상황으로부터 여소야대 상황으로 변화하게 되었다. 선거로 인한 의석변화가 아니라 열린우리당의 분열로 여당의 의석이 줄어들고 야당인 한나라당과 민주당의 의석이 늘어났다. 국민들로부터의 지지율의 하락과 지방선거와 국회의원 재보선 참패로 열린우리당은 해체의 수순을 밟기 시작하여 임기 말에 노무현 대통령은 열린우리당을 탈당하고, 열린우리당은 해체되었으며, 열린우리당과 민주당이 합당을 추진하여 통합민주당이 탄생되었다. 이러한 임기 말의 특수한 상황, 의석 변화와 정치적 배경에 따라 노무현 대통령의 리더십은 제퍼슨 모형에서 매디슨 모형으로 회귀한다.

　마지막으로 셋째, 제퍼슨모형은 강력한 대통령의 지도 아래 고도의 경쟁적인 양당제도를 갖추고 매디슨 모형보다 더욱 국민적이고 민주적이며 균형감과 추진력을 갖춘 다수결 원리에 위한 정부를 의미한다. 행정부와 의회가 상호 대등한 관계에서 원내 다수당의 지지를 바탕으로 안정된 정치를 추구한다. 클린턴 대통령의 임기 제1기는 제퍼슨 모형에 부합한다. 클린턴 행정부 하에서 민주당과 공화당은 비교적 동등한 의석수를 가지고 있었으며, 임기 초반에는 단점, 후반부에는 분점 정부를 유지하였다. 클린턴 정부에서 성추문 스캔들이 클린턴 대통령을 괴롭히기는 했지만, 그럼에도 불구하고 정책역량과 성과가 뛰어나서 높은 지지도를 유지했다. 클린턴 행정부는 성과면에서 뛰어난 대통령이었으나 대對 의회관계가 원만하지 못했다. 클린턴 대통령은 도덕성에서는 낮은 평가를 받았지만 경제성과와 정책역량 덕분에 높은 지지를 유지할 수 있었다. 클린턴 대통령은 경제상황을 호전시키고, 평화 상태를 유지하며, 예산의 운용 면에서도 부족함이 없으면서 동시에 다양한 국가적 문제를 해결하고 사회보장 프로그램들을 성공적으로 수행하는 등 적지 않은 업적을 성취하였다. 그래서 클린턴 대통령의 집권 제1기는 양당 체제 하에서 균형감과 함께 추진력을 갖춘 제퍼슨 모형에 부합한다.

노태우 행정부의 임기 중반에 노태우 대통령은 3당 합당을 통해 의회 내에 여당과 야당의 권력관계를 우호적으로 변화하여 임기 초의 여소야대의 매디슨 모형에서 벗어나 여대야소의 제퍼슨 모형의 리더십을 발휘하였다. 리더십의 위기를 느낀 노태우 대통령은 인위적인 3당 합당을 통해 안정적인 국정 동력을 확보하고자 하여 3당 합당 후에는 압도적인 다수당의 협조를 받는 제퍼슨 모형의 리더십을 발휘하게 되었다.

김영삼 대통령은 권위주의 시절에는 민주화투쟁의 '상징'으로, 민주화시대에는 문민정부를 연 최초의 민간출신 대통령이었다. 김영삼 대통령은 보수적 군부 권위주의 정당에 대항하며 성장해 왔다. 김영삼 대통령의 리더십은 문민정부로서 비군부 통치 시대를 열었으나, 정당내 민주화 등 제도적 민주주의는 성숙되지 못했으며, 리더십 스타일 면에서 권위주의적 요소도 남아 있었다. 김영삼 대통령의 리더십은 위기의 국면에서 선택과 승부로 발현되어서 '승부사형 리더십'으로 표현된다. 최초의 문민대통령으로서 실질적 민주화에 대한 강한 열망과 추진력을 가지고 있어 김영삼 대통령의 임기 동안 수많은 개혁을 일궈냈으나, 야당과 협조적으로 국정을 운영하지 않았다. 김영삼 대통령의 정치개혁에 대한 높은 치적에도 불구하고 금융위기로 IMF관리체제로 편입되면서 김영삼 대통령의 성과는 빛이 바랬다. 이러한 정치경제적 상황으로 인해 김영삼 대통령은 야당인 김대중 후보에게 권력을 이양하게 되었다. 적극적 부정형 리더십을 견지했던 김영삼 대통령은 대통령과 의회관계에 대해 적대적인 제퍼슨 모형으로 분석된다.

노무현 대통령의 임기 중반은 여대야소 상황에서 열린우리당은 의회에서 주도권을 행사하게 되고, 노무현 대통령은 당정분리의 원칙을 세우고 대통령과 국무총리 간의 역할분담의 정치적 리더십을 펼쳐, 제퍼슨 모형의 국정을 실행하였다. 따라서 노무현 대통령의 대對 의회관계는 매디슨 모형으로부터 제퍼슨 모형으로, 다시 매디슨 모형으로 변화되었다.

아울러 정당하고 효과적인 정치적 리더십의 운용에 배경적 차이를 보완적으로 설명하기 위해서 한국과 미국의 제도적 차이를 고려할 필요가 있다. 성공적인 정치적 리더십은 대통령의 권력구조와 제도적인 상호작용 하에서 산출될 수 있다. 미국과 한국의 대통령제에서는 승자독식, 정치권력의 안정성, 정치적 책임성을 가져온다는 공통점을 가지고 있다.

반면 미국과 한국의 제도적 차이점은 다음과 같다. 미국은 4년 단임제를, 한국은 5년 단임제를 채택한다. 미국에서는 대선과 총선이 함께 치러지고 대통령 임기 중반에 중간선거가 있어서 중간평가가 가능하다. 하지만 한국에서는 대선과 총선의 주기가 불규칙적이다. 미국은 양원제를, 한국은 단원제를 채택하였다. 미국은 지방분권화되어 있는 연방제를 채택하고 있는 반면, 한국은 중앙집중적인 단방제를 따른다. 또한 한국은 대통령과 부통령을 가지고 있는 미국과 달리 단수의 대통령을 가지고 있다. 미국의 합의제적 문화와는 달리 한국은 경쟁적 문화적 측면에서 승자인 대통령은 야당과 비판적인 국민들을 포용하고자 하는 정치적 리더십이 제대로 작동하지 못했다. 한국의 대통령제는 미국과 같이 민주적 제도의 공고화의 측면에서 성공하지 못했음을 이 연구에서 분석되었다.

이러한 다양한 차이를 보이는 정치제도는 정치적 리더십과 이에 동행하는 상황변수와 맞물려 대對 의회관계에서 다양한 대통령의 국정운영을 산출한다. 국정운영은 다시 제도에 투사되어 환류(feedback)과정을 거치게 된다. 그래서 제도의 개선은 성공적인 정치적 리더십을 강화하는 긍정적인 환류(positive feedback)을 가능하게 한다.

第2節 적용과 한계

본 연구는 다양한 연구의 한계가 있음에도 불구하고 대통령의 리더십과 대對 의회관계 모형 비교분석에서 다음과 같은 의미가 있다. 첫째, 대통령과 의회와의 관계를 연구한 기존의 연구들은 대통령 아니면 의회의 입장 어느 한 편을 대상으로 하였다. 여태까지 리더십 논문들은 정태적이고 평면적이어서 대통령의 정치적 리더십과 대對 의회관계의 역동성을 분석하는데 한계에 이르러 이러한 비교 연구가 어떤 결과와 어떤 함의가 있었는지 명확히 밝혀 내지 못한 측면이 있었다. 또한 인물 중심으로 연구되었고 한 대통령의 경우 한 유형으로 분류하고 그치는 경우가 대부분이었다.

둘째, 기존의 연구는 대통령의 정치적 리더십을 역동적으로 고찰하지 못한 한계를 드러내고 있다는 이론적 문제의식을 반영하였다. 주로 인물중심, 성격에 초점을 맞춘 제한적인 관점을 채택하고 있는 기존의 연구와 달리 이 연구에서는 독창성·창의력을 발휘하였다. 복합적·동태적 관점에서 리더십 변화의 과정을 유형론에 입각하여 입체적으로 분석함으로써 대통령의 정치적 리더십이 어떠한 특성으로 작동하고 발휘되느냐에 따라 대對 의회관계가 적대/우호로 변화하는 과정을 심층적으로 분석하였다. 본 연구는 상호작용 속에서 의회와 대통령이 어떠한 영향을 주고받는가를 중심으로 연구를 함으로써, 다른 기존의 연구와는 다른 특성을 갖고 있다고 할 수 있다. 이 논문은 실천적인 측면에서 학자들의 이론적인 틀을 빌어서 이 논문에 적용해 보았다. 서양의 바버와 번스의 대표적 연구를 종합 하여 대통령의 리더십 특성에 의한 대對 의회관계를 비판적으로 접근하여 이 문제를 다루기 위한 틀을 만들고 미국과 한국에 적용해 봄으로써 새 모형 및 정치방향을 제시하는데 목적을 삼았다.

이 연구는 번스가 지적한 행정부와 의회의 세 가지 관계유형 모형에 이를 대입하여 대통령의 리더십과 대對 의회 관계의 바람직한 모형 제시는 이 분야의 연구에 기여할 것으로 판단된다. 그 성과는 독립변수 리더십의 중요성, 상황변수의 유용성은 정태적에서 동태적인 가변성으로의 발전과 그 변화를 밝혔으며, 단순 논리에서 복합적으로 분석함으로써 인물중심에 그치지 아니하고 제도적, 환경적 요인들까지 살펴보았다. 또한 시간과 환경의 변화를 고려하여 리더십의 독립변수를 통해 대對 의회관계가 변화하는 모형을 분석하였다. 셋째, 위의 연구는 상호작용의 영향요인으로 상황변수 속에서 의회와 대통령이 갖는 특성을 함께 연구한 점이다. 이는 기존 연구들이 어느 한쪽을 연구대상으로 한 점과 이 논문의 입체적 접근은 구별된다.[1]

그러나 위와 같은 연구의 결과와 시사점에도 불구하고, 본 연구는 여러 가지 한계점을 가지고 있다. 첫째, 한정된 몇몇 상황에 국한되어 다양한 대對 의회관계의 특성을 담아내지 못했다는 점이 한계로 작용한다. 세 가지의 유형 및 개념만으로 의회와의 관계 모형을 확정지어 설명하기에는 여러 가지 주변적 환경변수를 무시할 수밖에 없는 평가라는 한계가 있다. 둘째, 개인의 리더십은 고정되어 있지 않으며, 확정지어 설명할 수 없는 것이지만, 이를 살펴보기 위해 유형화를 시도한 결과, 설명력이 부족해질 수밖에 없는 원천적인 문제점을 내포하였다.[2] 셋째, 또한 다양한 변수의 도입이 아닌 리더십, 임기변수, 의석분포, 정치·경제상황 등의 네 가지로 의회와의 관계변수를 단정 지어 평가함으로써 유의미성의 한계와 성과측정의 어려움을 내포함으로써 실증분석의 한계를 보였다. 넷째, 실제적인 문제로 본 연구가 한국과 미국 간 교차국가 연구와 통시적 연구를 하는데 충분히 많은 대통령들을 연구하는 데에는 한계가 있다.

이러한 일련의 문제점을 극복하기 위한 방법으로, 본 연구가 가질 수 있는 앞으로의 연구방향은 다음과 같다. 첫째, 자료의 수집에 있어서 역대 대통령에 대한 리더십의 조사가 필요할 것이며, 의회 구성원들을 통한 다양한 조사가 필요할 것이다. 또한 각 상황에 맞는 표본 수집을 통해, 다양한 변수의 수집이 필요할 것이다. 둘째, 대對

---

1 지영환, 앞의 논문, 108면.

2 함성득, "대통령학의 이론적 고찰과 우리의 연구과제", 『한국행정학보』(제1집), 1997, 211-216면., 바버의 분류는 너무 단순하여 복잡하고 이중적인 대통령의 리더십을 분석하기에는 한계가 있으며, 단지 대통령의 국정운영과 대통령의 심리적 요소와의 상관성을 이해하는데 도움을 줄 수 있을 뿐이라는 지적이 있다.

의회관계에 대한 다양한 시뮬레이션 등의 기법개발과 경험적 실험을 통해 다양한 결과를 분석할 수 있는 다양한 측정 도구와 방법의 개발, 객관화된 기준값 설정 등의 체계가 필요하며, 이에 대한 연구의 확대가 필요하다. 셋째, 대통령 리더십에 대한 연구를 확대하여 이러한 연구의 기틀과 중요한 의제를 설정하는 것이 필요하다할 것이다.[3] 한국정치의 개혁을 위해서는 민주적 리더십의 제도화가 필요하다. 이러한 점에서 대통령의 리더십에 대한 연구는 이러한 필요성에 적용할만한 중요한 준거 틀을 만들어 내야 한다. 즉, 다양한 측정 도구와 방법을 개발하고 객관화된 기준 값 설정을 통해 이러한 연구가 더욱 활발해 질 수 있는 계기를 마련해야 한다. 또한 자료의 수집에 있어서 역대 대통령과 의회 구성원들에 대한 리더십의 객관적 통계조사와, 다양한 변수의 수집하여 대통령의 중심적 가치지향을 정확하게 분석하는데 노력해야 할 것이다.[4] 또한 대통령의 리더십을 판별하는데 있어서는 배경사회의 성격 여하에 따라 구체적인 적용 기준이 달라지는 바, 그에 상응하는 별도의 기준이 적용될 필요가 있다. 국가경영을 담당할 대통령의 리더십은 국가의 장래를 만들어내는 중요한 요소이다. 이러한 점에서 적절한 정치구조를 만들어 낼 수 있는 대통령의 리더십을 연구하는 것은 특별한 중요성을 갖는다. 한국정치는 시대상황의 변화에 적응하지 못하는 명령자로서 카리스마 리더십의 본질적인 한계점과 이에 따른 국정운영 경험의 부족으로 대체적으로 좋은 국정운영 결과를 낳지 못했다. 특히 연구를 토대로 한 리더십 분석은 국민들이 적절한 대통령의 리더십을 판별하는 정치적 판단력을 신장시켜줄 수 있다는 점에서 크게 기여할 것이며, 또한 대통령 역시 적절한 리더십을 통해 정치적 직무수행능력의 폭을 넓혀주는 중요한 지표가 될 수 있을 것이다.[5]

앞으로의 연구 방향은 이러한 점에서 이제는 새로운 네트워크형 리더십이 필요하다 할 것이다. 여기서 네트워크는 가치관과 시각이 유사하고 정책이나 패러다임, 이익과 인식을 같이 하는 공동체를 추구의 모형이다. 이는 곧 제왕적 대통령이 아닌 "함께 일하는 대통령"으로 행정 각 부처와 국회, 정당, 시민단체, 기업, 언론, 외국국가 및 초국가 기업 등과 함께 일하는 리더십 모형[6]이다. 새로운 지도자 상을 정립하는데 이

---

3 이러한 연장선상에서 김호진 교수는 한국의 역대 대통령들의 리더십 유형을 한국적으로 해석하고 좀 더 자세히 분류하였다. 김호진 교수는 이승만 대통령을 가부장적 권위주의형, 박정희 대통령을 교도적 기업가형, 전두환 대통령은 소극적 상황 적응형, 김영삼 대통령은 공격적인 승부사형으로 분류하였다. 김호진, 『한국의 도전과 선택』, 나남출판, 1997.

4 특히, 함성득 교수는 한국의 경우 민주정치의 역사가 짧고, 연구대상의 대통령숫자가 적어서 연구 결과의 일반화 내지는 객관화가 상대적으로 어렵다고 지적하였다. 함성득, "대통령학의 이론적 고찰과 우리의 연구과제", 『한국행정학보』(제31권 제1호), 2006.

5 지영환, 앞의 논문, 109면.

6 김석준, 『현대 대통령 연구 1』, 대영문화사, 2002, 324면.

러한 대통령의 리더십이 필요한 시점이다. 마지막으로 플레이쉬먼(E. A. Fleishman)은 '리더십은 어떤 목표나 목표들의 달성을 향하도록 의사소통과정을 통해서 개인 간의 영향력을 행사하려는 시도'라고 하였는데,[7] 이제는 상호간의 의사소통을 통하여, 상생의 구조를 만들어가야 할 시점이라 할 것이다. 그리고 과거의 사례처럼 상생의 구조를 만들어 내지 못한다면, 그리고 동일한 실패를 반복하게 된다면, 이는 무엇보다도 주권자인 국민의 책임이 더욱 크다고 할 것이다. 이 연구는 '루소(Rousseau)'도 주권자로서의 시민은 투표 때 이외에는 주인 행세를 하지 못한다고 지적한 바 있지만, 주권자로서의 시민의 자격과 그 수준이 궁극적으로 정치지도자를 바로 선출하는 변별력에 의해서 좌우된 점을 다시 강조해 두고자 한다. 주권자 스스로의 시민적 각성이 전제되지 않으면, 정치권의 변혁은 물론이고 올바른 대통령상을 정립하기도 힘들다.

민주주의 하에서 대통령은 대對 의회관계에 따라 다양한 유형의 리더십을 낳을 수 있다. 민주주의의 다양성 하에서 리더십의 다양성 모형이 제시되어야 할 필요가 있기 때문에 이 연구의 연구가설에서 해밀턴, 매디슨, 제퍼슨 모형을 설정하였다. 미국과 한국의 역사적 고찰을 통해 이 연구에 적용함으로써 각각의 대통령의 리더십 특성을 구체화하고 모형 분석이 가능한 것이다.

---

7 E. A. Fleishman, "Twenty years of Consideration and Structure", in E. A. Fleishman, and J. G. Hunt eds., Current Development in the Study of Leadership (Southern Illinois University, 1973), p.3.

第6章 오바마·이명박 대통령의 정치적 리더십

第1節 오바마(Barack Obama) 대통령의 정치적 리더십

1. 리더십의 특징: 적극적 긍정형

가. 적극적 리더십: 변혁적 리더십

변화와 통합을 외치는 47세의 첫 흑인 대통령의 개방적이고 정직한 태도는 정치학자 제임스 번스가 주창한 '변혁적' 리더십을 보여주고 있다. 미국 사회의 비전과 목표의식을 제시하고 동기부여를 통해 국민들 삶의 근본적인 변화를 꾀한다. 오바마 행정부는 향후 경기회복, 의료보험 개혁, 신에너지 정책 등 비록 어려운 과제를 앞두고 있지만, 대통령과 바이든 부통령의 초당적 국정운영을 위한 노력이 부분적으로 성과를 거두고 있다.[1]

선거운동 기간에 오바마와 메케인 핵심전략에서 양 후보 모두 기존의 신자유주의와의 차별화를 모색하고 있으나, 그 결별의 강도는 오바마가 훨씬 큰 것으로 파악된다. 오바마의 핵심전략으로 서민과 취약계층 보호를 위해 국가의 역할 확대를 적극적으로 모색하는 반면, 매케인은 정부개혁 및 감세와 규제완화를 통한 국가경쟁력 제고를 내세우며 국가의 제한적 수준의 역할 강화를 주장하고 있다(〈표 5-1〉 참조).

〈표 5-1〉 각 대선후보의 비전 및 주요 핵심전략[2]

항목	버락 오바마(민주당)	존 매케인(공화당)
비전	변화(Change)	개혁(Reform), 번영(Prosperity), 평화(Peace)
전략	- 서민과 취약계층 보호 및 지원강화 - 국가의 역할 확대	- 힘에 의한 국가안보와 평화 달성 - 정부개혁을 통한 효율성 극대화

---

1 윤종빈, "변혁적 대통령 리더십", 경향신문, 2009. 5. 8.
2 자료: 곽병열, 2008, "미 대선을 통한 희망찾기", 대신증권, 글로벌 포커스, 10.31.

	- 국제협력을 통한 평화달성과 리더십 복원	- 감세와 규제완화를 통한 국가경쟁력 고
특징	- 민주당 전통노선을 계승 - 조세, 사회복지 부문에서 보다 진보적	- 공화당 전통노선을 계승 - 부시에 비해 환경, 사회정책에서 다소 진보적

나. 긍정형 리더십: 진보적 가치의 재건과 화합

순탄치 않은 미국 흑인 역사 과정에서 링컨의 노예해방 선언이나 오바마 대통령 당선과 취임은 그 자체가 역사의 의미를 지니고 있다. 물론 흑인 최초 대통령 취임이 당장 취업이나 승진 등 현실적인 흑백 인종차별 문제를 해소하지는 못할 것이다. 그러나 과거보다 더 많은 미국인들은 이제 오바마 당선을 계기로 흑백 간 인종 평등을 외쳐온 킹 목사의 꿈이 실현됐다고 믿는다.

현재 미국에서 이념을 떠나 미국 지식계와 시민들 대다수의 평가는 매우 긍정적이다. 보수 일각에서는 소위 불량국가 지도자들에게 대통령이 너무 유화적이라는 불만이 존재하지만 그간 인사 조치나 소말리아 해적 진압 등 일련의 위기 대처를 지켜보며 그 누구도 그가 준비된 대통령이라는 사실을 부정하지 않는다. 시민들도 어려운 살림살이 속에서도 놀랍게도 5년 만에 처음으로 미국이 올바른 방향으로 가고 있다는 평가를 하고 있어 부정적 평가보다 우위를 차지하였다. 하지만 높은 평가에는 다소 거품이 존재하는 것도 사실이다. 왜냐하면 평가는 상대적이기 때문이다. 즉 전임 정권인 부시 행정부의 실패가 워낙 두드러져 그만큼 오바마 정부에 대한 기대나 평가가 후하게 나올 수밖에 없다.

오바마는 링컨과 케네디처럼 국민들에게 희망을 안겨주는 대통령상을 실현하였다. 그는 집권 이후에도 시장질서 내 견제력의 회복, 노동 힘의 강화, 사회적 갈등을 은폐하지 않고 이를 드러내고 쟁투를 통해 합의를 이끌어내는 '갈등적 합의'의 정신, 사회적 힘에 기반을 둔 민주당 구축 등을 통해 일관된 방향을 제시하였다.

2. 대통령 대 의회 관계

의회 내에서 민주당과 공화당의 양당 간에 갈등이 야기될 수도 있지만 일부 정부 각료를 공화당 인사를 임명하는 등 매우 정당간 합의 국가적 화합에 노력을 기울이고 있다. 2009년 주중대사를 임명하면서 공화당 출신 주지사이며 차기 경쟁자로서 대선

주자로 꼽히는 존 헌츠먼 유타주 지사를 지명했다. 베이츠 국방부 장관을 그대로 유임시키는 등 공화당 인사들을 정부 내 장관에 일부 임명하기도 하였다.

가. 임기변수

오바마 대통령이 현재와 같은 국민들의 지지를 유지해 나갈 수 있다면 재선에도 성공할 수 있을 것이다. 지난 대선에서 인종 변수는 큰 변수가 아니었으며, 백인들로부터 상당한 지지를 받았다. 그리고 인종변수를 상쇄할 만큼 미국의 시민사회도 성숙된 것처럼 보인다. 미국 갤럽 조사에 따르면 도덕성에 기반한 오바마는 아직도 60%를 웃도는 높은 국민 지지율을 유지하였다. 그동안의 경제 및 사회 위기 대처와 업무수행을 보면서 정치경력이 짧은 상원의원 출신의 대통령이라고 보이지 않는다. 오바마 대통령에 대한 현재 평가로 보면 그의 임기의 안정성과 재선 여부는 낙관적일 것으로 기대된다.

민주당은 부시 행정부의 2기 때의 중간선거부터 다수당의 지위를 점유하였다. 제퍼슨 모형은 의회에서 여당의 힘이 우세한 상황을 가정하였다. 오바마 행정부가 현재의 미국경제를 회생시킨다면 여대야소의 여야구도가 지속될 것이고 민주당 주도의 의회는 행정부와 협조적이고 생산적인 관계를 유지해 나갈 수 있을 것이다. 오바마 대통령의 국정운영 기조와 신념을 고려할 때 여대야소 상황에서 소극적 긍정형 리더십을 견지해 나갈 것으로 보인다.

존 케네디 암살 이후 40여년간, 북부주 기반으로 재편된 민주당은 남부주 출신 정치인을 내세우지 않는 한 대선에서 공화당을 이길 수 없었다. 반면에, 남부주 기반으로 재편된 공화당은 남부주 출신 부시 부자父子를 내세우고도 대선에서 민주당을 3번이나 이길 수 있었다. 2008년의 대선결과는 그런 의미에서 상당히 특별하다. 버락 오바마는 존 케네디 암살 이후 (민주당이 북부주 기반으로 재편된 이후) 민주당이 (그리고 미국이) 배출한 최초의 북부주 출신 대통령이다. 버락 오바마는 북부 일리노이주(= 약 160년 전 에이브러햄 링컨(공화당)이 하원의원을 지낸 주) 상원의원 출신으로서, 케네디 암살 이후 민주당이 배출한 린든 존슨, 제임스 얼 카터, 빌 클린턴 3명과는 지역기반이 완전히 다르다.

민주당은 버락 오바마의 출신지인 일리노이주를 중심으로 5대호 연안의 북동부를 휩쓸었고, 태평양 연안을 장악했다. 반면, 공화당은 존 매케인의 출신지인 애리조나주를 중심으로 중서부 및 남부에서 강세를 보였다.

〈그림 5-1〉 2008년 미국의 제44대 대선 결과(투표율 64.1%)[3]
버락 오바마(민주당) : 일반인 투표 52.8%, 선거인단 투표 365/538표(67.8%)
존 매케인(공화당) : 일반인 투표 45.9%, 선거인단 투표 173/538표(32.2%)

2008년 대선에서 남부 주요 9개 주들(노스 캐롤라이나주, 루이지애나주, 미시시피주, 버지니아주, 사우스 캐롤라이나주, 아칸소주, 앨라배마주, 켄터키주, 테네시주)에 위치한 410개 카운티 가운데, 버락 오바마가 이긴 곳은 불과 44곳에 지나지 않는다. 미국 전체적으로 볼 때, 전체 백인 중 43%가 버락 오바마를 지지했지만, 이들 남부 주들에선 많은 경우 30%를 넘기지 못했다. 이는 케네디 암살 이후 40여년 만에, 북부주 기반의 민주당이 남부주 출신 후보의 지역배경 없이 심지어, 통계상 뚜렷이 나타난 남부에서의 인종차별이라는 악재까지 극복해 가며 공화당을 상대로 대선에서 자력으로 이길 수 있는 역량을 회복했다는 반증이 될 수 있다.

미국 대통령 선거와 함께 4일 치러진 연방 상하원 의원 및 주지사 선거에서도 민주당 돌풍은 거셌다. 민주당은 이번 선거를 통해 8년 만에 정권교체를 이룬 데 이어 상하원까지 장악하는 데 성공했다.

---

3 〈http://www.historycentral.com/elections/12008/popularvote2008.html〉, 검색일: 2009. 4. 12.

<표 5-2> 1960-2008년간 공화-민주당별 대선후보 출신지[4]

연도별 대선	공화당 대선후보 출신지	민주당 대선후보 출신지
1960년	서부 캘리포니아(리처드 닉슨)	북부 매사추세츠(존 케네디)
1964년	남서부 애리조나(배리 골드워터)	남부 텍사스(린든 존슨)
1968년	서부 캘리포니아(리처드 닉슨)	북부 미네소타(휴버트 험프리)
1972년	서부 캘리포니아(리처드 닉슨)	중부 사우스 다코타(조지 맥거번)
1976년	북부 미시간(제럴드 포드)	남부 조지아(제임스 얼 카터)
1980년	서부 캘리포니아(로널드 레이건)	남부 조지아(제임스 얼 카터)
1984년	서부 캘리포니아(로널드 레이건)	북부 미네소타(월터 먼데일)
1988년	남부 텍사스(조지 H. W. 부시, 父)	북부 매사추세츠(마이클 듀카키스)
1992년	남부 텍사스(조지 H. W. 부시, 父)	남부 아칸소(빌 클린턴)
1996년	중부 캔자스(로버트 돌)	남부 아칸소(빌 클린턴)
2000년	남부 텍사스(조지 W. 부시, 子)	남부 테네시(앨버트 고어)
2004년	남부 텍사스(조지 W. 부시, 子)	북부 매사추세츠(존 케리)
2008년	남서부 애리조나(존 매케인)	북부 일리노이(버락 오바마)
지역-당선/출마 횟수	북부—0/1번 중부—0/1번 남부(남서부 포함) —3/6번 서부—4/5번 -------- 소계 — 7/13번	북부—2/6번 중부—0/1번 남부—4/6번 서부—0/0번 -------- 소계—6/13번

　　민주당은 상원에서 55석을 확보하고 40석을 확보하였다. 기존에는 양당이 49석씩 나눠가졌고 민주당 성향의 무소속이 2석이었다. 하원 선거에서는 민주당이 재적 435석 중 과반이상인 255석을 무난히 차지했고 공화당은 175석에 그쳤다. 기존의 하원 의석분포는 민주당 235석, 공화당 199석이었다. 주지사 선거에서도 이날 선거가 치러진 11개 주 가운데 워싱턴, 미네소타, 미주리, 웨스트버지니아, 노스캐롤라이나, 뉴햄프셔, 델라웨어 등 7개 주에서 민주당이 승리했다. 공화당은 유타, 노스다코타, 인디애나, 버몬트 등 4개 주를 건지는 데 그쳤다. 민주당은 전체 50명의 주지사 점유율에서도 지난 선거의 28 대 22에서 29 대 21로 격차를 벌렸다.

　　대중성과 도덕성과 혁신적인 이상을 가지고 있는 오바마는 2009년 미국 갤럽 조사에서 60%를 웃도는 높은 국민 지지율을 유지하고 있었다. 집권3년차인 2011년 현재는 46%의 지지도를 보고 있고 공화당의 잠재적인 경쟁자보다 큰 격차로 지지율에 앞

4　1) 13번의 대선 중 북부출신들은 7번 출마했으나, 공화-민주 양당후보 모두 북부출신인 적은 단 한 번도 없었다. 2) 13번의 대선 중 남부(남서부 포함) 출신들은 9번 출마했고, 공화-민주 양당후보 모두 남부출신인 적도 3번이나 된다. 3) 공화-민주 양당의 26번(= 13번 X 2명) 출마횟수 중, 북부 출신인 건 7번이었으나 그 중 2번만을 승리했다. 4) 공화-민주 양당의 26번(= 13번 X 2명) 출마횟수 중, 남부(남서부 포함) 출신인 건 12번이었고 그중 7번을 승리했다. 출처: 〈http://blog.daum.net/platanus 2005/15759655〉, 검색일: 2009. 5. 5.

서서 재선 가능성이 높아 보인다. 미국 대통령선거에서 현직 대통령의 재선 가능성은 80%를 웃돈다. 상대 당이 후보 확정까지 진통을 겪는 동안 재선 도전에 나선 현직 대통령은 일찌감치 선거자금 모금에 나서는 한편 조기에 대선캠프를 가동하고 선거운동을 시작할 수 있기 때문이다. 1980년 이후 재선 도전에 실패한 현직 대통령은 조지 H. W. 부시(아버지 부시)가 유일하다.

〈그림 5-2〉 오바마 대통령의 지지율[5]

나. 의석변수

종합해보면, 〈표 5-3〉와 같이 오바마의 당선과 함께 입법부에서 하원과 상원 모두 넉넉한 표차로 민주당이 다수당이 되었다. 의회와 정부의 협조가 원만할 것이고, 오바마의 관료인사 스타일과 대화와 합의를 우선시하는 태도를 볼 때 오바마 정부는 제퍼슨 모형의 이상적인 유형이 될 것으로 전망된다.

〈표 5-3〉오바마 정부형태와 의회 구성변화

의회	선거년	정부 형태	행정부		입법부							
			여당	대통령	하원		증감		상원		증감	
					민주	공화	민주	공화	민주	공화	민주	공화
110	2006	분점	공화	G.W. 부시	233	202	+30	-30	49	49	+5	-6
111	2008	단점	민주	오바마	255	175	+22	-27	55	40	+6	-9

5 『동아일보』 2011. 03. 11.

물론 여당인 민주당과 야당인 공화당 사이에 힘의 균형이 민주당에 있다 하더라도 공화당의 협조가 없으면 여론 수렴과 중요한 정책결정과 집행에 균열이 생길 수도 있다. 따라서 정치경력이 길지 않은 오바마는 미숙한 리더십을 보여줄 경우 아마추어리즘에 빠질 수도 있으며, 그는 숙련된 리더십을 보여줘야 할 필요가 있다. 버락 오바마가 의회에 보낸 3조5000억달러 규모의 2010 회계연도 예산안이 29일(현지시간) 하원에서 찬성 233표, 반대 193표로 통과됐다. 오바마 대통령 취임 100일째인 이날 통과된 예산안은 그에게는 값진 성과이자 커다란 승리임은 분명하다. 하지만 이번 예산안 통과는 일견 당연히 예상된 결과였다. 하원은 민주당이 절대 다수의 의석을 차지하고 있기 때문이다. 실제로 공화당 소속 의원 전원과 민주당 의원 17명도 반대표를 던졌음에도 대다수 민주당 의원들의 찬성으로 별 무리없이 통과됐다. 이와 함께 예산안의 상원통과도 유력하다. 상원도 민주당이 절대 다수인 59석을 확보하고 있기 때문이다. 최근 오바마는 결정적인 정책들의 의회 승인 과정에서 초당적인 협력을 전혀 이끌어내지 못하고 있다는 점이 마음에 걸린다. 이른바 정치 신인의 한계로 지적할 수 있다. 공화당은 오바마의 예산안의 대규모 재정지출로 인해 연방정부의 재정적자를 크게 늘릴 것이라며 비난을 계속하였다. 오바마는 지난 2월 7870억달러 규모 경기부양안 입법과정에서도 소수의 공화당 의원들의 지원에 힘입어 간신히 통과에 성공했었다. 아무리 뛰어난 지도자라 해도 상대방의 의견을 존중하고 귀 기울이지 않는다면 자격이 없다. 자신의 정치가 합의가 아닌 일방적인 경향으로 치우치는 것은 아닌지 취임 100일을 맞은 오바마는 한번쯤 되돌아볼 필요가 있다.[6]

다. 정치·경제상황

테러와 안보 및 보수적 가치가 주된 이슈였던 지난 대선과 달리 지난 대선에서는 국민들은 공화당에 대한 지지를 철회하고 대통령과 의회에 대하여 민주당에게 상당히 높은 지지를 부여하였다. 민주당은 부시 임기 말부터 의회를 주도하였으며, 오바마 대통령은 당선자 시절부터 경제회복을 가장 중요한 의제로 설정하고 경제회생과 함께 중산층을 재건하기 위한 사회정책 프로그램을 제시하였다. 정책 입안단계에서는 오바마 행정부의 평가가 긍정적인 것처럼 보인다. 정책결과를 평가하기에는 좀 더 긴 시간이 요구되겠지만 정책성과가 높은 기대치에 부응한다면, 오바마의 리더십은 이전보다 더 큰 영향력을 행사할 것이다. 오바마 행정부는 대 의회관계에서는 소극적 긍정형 리더십을 보이고 있지만, 경제위기 극복에 있어서 기업과 노동계 및 사회 각

---

6 『아시아경제』 2009. 4. 30.

단체와 협의할 때에는 매우 적극적으로 개입하였다.

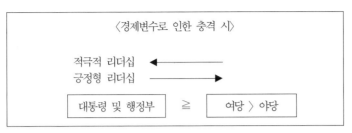

〈그림 5-3〉 제퍼슨(Jefferson) 모형에서의 이상적 리더십(경제변화)

버락 오바마 차기 미 행정부가 추진하는 집권 초기 2년간 경기부양책 비용이 1조달러에 달할 것으로 알려졌다. 〈워싱턴포스트(WP)〉가 12월 22일 보도한 바에 따르면, 물가상승분과 미 달러화 가치 등을 감안해 미국 정부가 단일 프로젝트에 투입한 재정지출과 비교할 경우 8500억 달러 규모의 경기부양책은 제2차 세계대전 전비 다음으로 큰 규모이다. 현재 가치로 환산하면, 2차대전 전비 다음 2차대전 당시 전비는 2900억 달러였으나 물가변동과 실제 달러화 가치 등을 감안하면 현 시점에는 3조6000억 달러에 상당한다. 역대 두 번째로 큰 지출은 베트남전 전비로 현재가치로는 6980억 달러에 해당한다. 이에 따라 이번에 논의될 경기부양책은 베트남전 전비를 능가하는 2위에 해당하지만, 〈워싱턴포스트〉는 미국의 경제 규모 대비 비중은 그렇지 않다고 지적했다. 최근 수십년간 미국 경제가 급속히 성장한 탓에 8500억달러가 넘는 경기부양책에 따른 재정적자 부담이 상대적으로 덜할 수 있다는 것이다. 하지만 2010년 미국의 재정적자가 사상 최대인 1조 달러에 이를 것으로 예상되고 있고, 이에 따른 국가채무도 12조 달러 선인 미국의 국내총생산(GDP) 대비 100%가 넘은 상황에서 경제위기와 대규모 경기부양책은 오바마 행정부에게 큰 도전임에 틀림없다.[7]

버락 오바마 대통령은 당선인 시절부터 반세기 만에 최대 규모의 재정을 도로와 교량 등 사회간접자본(SOC)에 투입하기로 하는 등 경제회생 계획 5대 골자를 내놨다. 이는 이른바 오바마의 '21세기판 신新뉴딜(New Deal) 정책'이다. 당초 약속한 250만개 일자리를 창출하고 미국의 경쟁력을 강화하는 게 목표다. 오바마 당선인은 6일 주례 라디오 연설을 통해 "지난 11월 34년 만의 최대인 53만3000명이 일자리를 잃어 우리는 당장 행동을 취할 필요가 있다"며 이 같은 경제회생 계획을 제시했다. 그가 이날 회생 계획에 필요한 구체적인 금액을 제시하지는 않았으나, 민주당에서는 5000억~7000억달러에 이르는 경기 부양 법안을 추진 중이다. 오바마 당선인은 도로 및 교

---

7 『프레시안』 2008. 12. 23.

량 개선에 대해 "1950년대(드와이트 아이젠하워 대통령 당시) 연방고속도로 체계가 구축된 이후 단일 최대 규모의 투자를 통해 수백만 개 일자리를 만들겠다"고 강조했다. 정부 관계자는 "의회가 643억달러 정도를 승인해도 곧바로 5000개 이상의 고속도로 개선 프로젝트에 착수할 수 있다"고 전했다.

오바마는 미 NBC방송의 대담 프로그램인 '언론과의 만남'을 통해 "미국 자동차산업이 무너지도록 내버려 둘 수 없다"며 "하지만 어떤 구제금융도 완전한 구조조정을 요구한다"고 강조했다. 이와 관련, 미국 의회와 연방정부는 단기 구제금융을 지원해 제너럴모터스(GM) 크라이슬러 포드 등 자동차 '빅3'의 파산을 막기로 잠정 합의했다고 뉴욕타임스가 보도했다. 그는 또한 금융시장 규제에도 적극 나설 계획이다. 오바마는 NBC방송과의 인터뷰에서 "경제 회생 프로그램의 일환으로 차기 정부가 내놓는 강력한 새 금융권 규제를 보게 될 것"이라며 "그 규제에 따라 은행, 신용평가사, 모기지(주택담보대출) 업체 등이 보다 책임 있게 행동하기 시작할 것"이라고 밝혔다. 오바마의 규제 관련 발언은 지난달 4일 당선 소감을 통해 "100년 만에 찾아온 금융 위기가 가르쳐 준 교훈이 있다면 메인스트리트(실물 경제)가 고통을 겪는 동안 월스트리트가 번창하게 해서는 안 된다는 것"이라고 월가 개혁을 시사한 이후 처음이다.[8]

미국 역사에는 뉴딜 정책을 통한 경제회생의 전통이 있었다. '뉴딜 정책'이란 말은 1933년 취임한 프랭클린 루스벨트 대통령이 당시 1929년 시작된 대공황의 영향으로 거대한 수렁에 빠졌던 미국 경제를 살리기 위해 일련의 경기 부양책을 실시하면서 등장했다. 루스벨트는 '구제(Relief)·부흥(Recovery)·개혁(Reform)'을 3대 슬로건으로 내세우며 의회로부터 비상 대권을 인정받아 공황 타개책 마련에 나섰다. 주요 내용은 ① 은행 및 통화를 국가가 통제해 은행을 정부의 감독 하에 두며 ② 파산 직전에 있는 회사 및 개인에게 신용 대출과 보조금을 지원해 주고 ③ 농업조정법(AAA)을 통과시켜 농민들의 생산을 조정하면서 생산 감소로 나타나는 농민의 손해를 보전해 줬으며 ④ 전국산업부흥법(NIRA)을 통과시켜 'T. V.A(Tennessee Valley Authority·테네시 계곡 개발공사)'를 실시해 테네시 계곡에 댐을 건설하는 대규모 토목공사를 일으켰고 ⑤ 사회복지정책으로 노동자의 단결권과 단체교섭권을 인정하고 실업보험과 최저임금제를 실시한다는 것이었다. 두 번째 뉴딜 정책은 1953년 취임한 아이젠하워 대통령의 경기 부양책이었다. 루스벨트의 정치철학을 이어받은 아이젠하워는 1956년 '연방지원고속도로법(Federal Aid Highway Act)'을 통해 '아이젠하워 고속도로'로 불리는 주간州間 고속도로 체계(Interstate Highway System) 구축에 나섬으로써 루스벨트 대통령에 이은 뉴딜 정책을 전개했다. 2004년까지 7만5376㎞에 달하는 고속도로를 낸 이 프로그램은 미국 역사상

---

8 『한국경제신문』 2008. 12. 12.

가장 성공한 공공 사업으로 평가받고 있다. 미국 대륙을 오가는 물적·인적 이동이 빠르면서도 대규모로 이뤄졌고 이에 따라 맥도날드, 월마트 등의 업체들이 뻗어 나갔으며 일자리 창출 등 경제적인 효과는 상당히 컸다.[9]

아울러 미국 노동계는 대선 기간 내내 천문학적 액수의 정치자금을 기부하는 등 오바마에게 전폭적인 지지를 보냈다. 오바마의 당선으로 부시 집권 8년 동안 '친기업-반노동' 색채가 두드러졌던 미국의 노사관계와 노동정책에 큰 변화가 예상된다. 대선과 동시에 치러진 의회 선거에서도 민주당이 승리를 거두며 상하원을 확실하게 장악했다. 이런 상황에서 내년 1월 오바마가 대통령에 취임한 뒤 첫 번째로 취할 노동정책은 노동조합 결성권과 단체교섭권을 획기적으로 개선한 '노동자자유선택법(Employee Free Choice Act)' 제정이 될 것으로 보인다.[10]

버락 오바마 미국 대통령은 당선자 시절부터 대대적인 경기부양에 취임 직수 즉각 착수할 것이라고 강조했다. 이를 위해 상·하원을 장악한 민주당은 취임식 이전에 경기부양과 관련한 법안들을 신속히 처리하고 당선자는 취임선서 직후 곧바로 이들 법안에 서명함으로써 취임과 동시에 경기부양안이 실행되도록 한다는 계획이다. 단 하루도 허비할 수 없다는 게 그동안 오바마 당선자의 일관된 지적이었다. 신 뉴딜정책은 오는 2011년까지 최소한 250만개 일자리 창출을 목표로 도로, 교량 등 사회기간시설 확충 등이 포함된 대규모 사업이 위주가 된다.[11]

라. 모형: 분석의 소결

버락 오바마 대통령이 통치 한지 6개월 되는 시점이라 그에 대한 분석은 시론적이고 전망적일 수도 있다. 그의 후보자 시절과 임기 초의 국정운영을 바탕으로 오바마 정부를 평가해보면, 오바마 정부는 구조적인 경제 위기 상황에서 그에게 많은 권한과 영향력이 부여된 것처럼 보인다. 따라서 의회와 야당인 공화당과 시민사회가 국정운영에 발목을 잡기 보다는 그가 리더십을 발휘할 수 있도록 자율성을 부여하였다. 또한 미국 국민들은 유색인종이라는 내재적 한계요인이 있음에도 불구하고 오바마에게 압도적인 지지를 표명하였고, 민주당에게도 많은 의석을 보장하였다. 미국의 시민사회와 미국 국민들은 경제위기를 극복하기 위해 루즈벨트와 같은 리더십을 기대하고

---

9 『한국경제신문』 2008. 12. 12.
10 『프레시안』 2008. 11. 24.
11 파이넨셜뉴스, "오바마 '新뉴딜' 윤곽. 50년대 이후 최대 경기부양", 2008년 12월 8일자., 〈http://www.fnnews.com/view?ra=Sent0701m_View&corp=fnnews&arcid=081207211420&cDateYear=2008&cDateMonth=12&cDateDay=08〉, 2008. 12. 8.

있는 것처럼 보이며, 그도 또한 루즈벨트의 뉴딜 정책을 연상케 할만큼 많은 사회기반 투자와 경제 재건 프로그램 및 사회보장 정책을 내놓고 있다. 하지만 오바마는 정국을 안정적이고 효율적으로 관리하기 위해서 야당의 협조가 중요하다고 여기고 의회와 매우 협조적인 관계를 설정하였다. 그래서 오바마 행정부는 강력한 대통령의 지도 아래 정국을 주도하고, 원내 다수당의 지지를 바탕으로 행정부와 국회가 상호 대등한 관계에서 안정된 정치를 추구한다는 제퍼슨 모형의 전형을 보여주고 있다. 아래의 〈그림 5-4〉는 제퍼슨(Jefferson) 모형에서 힘의 방향과 행정부와 의회와의 관계, 그리고 의회 내의 여당과 야당의 힘의 관계를 설명한 것이다.

〈그림 5-4〉제퍼슨(Jefferson) 모형

다음 〈그림 5-4〉는 제퍼슨(Jefferson) 모형에서 이상적인 리더십을 그림으로 나타낸 것이다. 현재까지는 매우 협조적인 의회관계를 유지하고자 하는 오바마 대통령은 소극적 리더십의 전형이 된다. 그가 경제위기를 극복하는데 적극적으로 개입하고 대외관계에서 일방주의 대신 다자주의적인 협력관계를 적극적으로 전개해나가고 있는 국정운영 방식은 긍정형 리더십이라 하겠다. 그래서 현재 보여주고 있는 오바마 대통령은 제퍼슨 모형에서 바람직한 리더십 전형이 될 수 있다. 제퍼슨(Jefferson) 모형에 따르면 강력한 대통령과 여당이 정국을 주도하고 있지만, 임기 및 경제상황, 차기 의회선거에서의 의석변수에 따라 의회와의 관계가 쉽게 악화될 수 있는 가능성을 가지고 있으며, 이러한 상황에서는 소극적 긍정형의 리더십이야말로 의회와의 관계를 타협을 통해 해결할 수 있게 해주는 리더십이기 때문에 오바마 행정부의 정책성과도 긍정적이라 기대된다.

〈그림 5-5〉제퍼슨(Jefferson) 모형에서의 이상적 리더십

오바마 행정부가 현재의 위기를 타개하기 위해 주도적인 리더십을 발휘하고 국정과 경제를 안정화하고자 한다면 적극적 긍정형 리더십에서 점차 소극적 긍정형 리더십으로 옮겨가게 되는 것이 가장 바람직한 제언이 될 것이다.

第2節 이명박 대통령의 정치적 리더십

1. 리더십의 특징: 적극적 부정형

이명박은 2002년 민선 서울특별시장으로서 괄목할 만한 성과를 전국민에 알려 예비 대통령의 이미지를 구축하였다. 그는 만만치 않은 경쟁력을 가졌던 박근혜 후보를 물리치고 2007년 8월에 경선을 통해 한나라당 제17대 대통령 후보로 선출되었고, 12월 19일 치러진 선거에서 유효투표총수 2373만 2854표 가운데 1149만 2389표(48.7%)를 얻어 617만 4681표(26.1%)를 얻은 대통합민주신당 정동영 후보를 넉넉히 제압하고 제17대 대통령으로 당선되었다. 이명박 대통령과 여당과의 관계는 노무현 대통령의 '당정분리' 고수와 달리 '행정부와 의회의 동반자 관계'를 지향하는 구상은 미국식 모델을 염두에 둔 것으로 받아들여진다. 이에 대해 당청 분리를 외쳐왔던 노무현 정부가 당과 의사소통 부족으로 정책현안에 대해 당청의 의견이 엇갈리는 경우가 흔한 일이었고, 이는 국민들에게 불신을 사는 이유가 되었기 때문에 노무현 정부와는 다른 당청 간의 새로운 협력 모델을 만들어야 한다는 주장이 있는가 하면 당권-대권 분리 문제는 단순히 당헌을 개정하며 명시했다는 문제를 떠나, 행정권과 입법권을 분리하는 3권 분립의 민주주의의 기본 문제이며 당·정·청을 일치시키자는 주장은 과거와 같이 대통령을 중심으로 당이 거수기로 전락, 일사불란하게 움직이는 '제왕적 대통령제'를 부활시키자는 말과 다를 바 없다는 주장도 있다.

그는 도덕성에 손상을 입힐 수 있는 수많은 정치적 공격과 비리의혹에도 불구하고 후보자 시절부터 임기초반까지 높은 지지도를 유지하였다. 클린턴 대통령과 비교해 보면, 이명박 대통령도 마찬가지로 도덕성에 대한 위기에도 불구하고 높은 지지를 유지할 수 있었다. 이는 클린턴 대통령은 경제성과가 좋았고 뛰어난 업무수행능력을 보여주었다. 한편 한나라당 내 이명박 반대세력과 열린우리당의 공세 속에서도 이명박 대통령의 후보시절의 높은 지지는 국민들이 경제에 대한 강한 열망에 기인한다고 보인다.

가. 적극적 리더십: 효율성 강화, 명령자적 CEO

이명박 대통령은 'CEO 리더십'의 효율성을 강조했지만, 결과에 도달하는 과정을 경시했다. 이명박 대통령이 지금까지 보여준 리더십의 효율성과 스피드를 강조하는 '지식적·성취지향적' 측면의 CEO 리더십이다. 하지만 지시적 리더십은 대통령이 모든 업무에 직접 관하기 때문에 자신이 할 일과 하지 말아야 할 일을 구분하기 어려우며, 나아가 국정운영이 독선적으로 흐르게 될 경향을 더욱 증가시킨다. 또한 성취지향적 리더십은 결과를 너무 중요시하기 때문에 의사결정과정에서 의견 수렴이나 민주적 절차를 소홀하게 취급하여 국민에게 불신을 야기시키는 부작용을 초래하기 쉽다. 결국 이명박 대통령은 취임 후 지금까지 정책결정에 있어서 제반 이해 당사자들의 타협과 협상을 기반으로 설득하기 보다는 효율적인 정책결정과 집행을 강조하며 한번 결정하면 과감하게 밀어붙이는 '지식적·성취지향적' 경향만을 보여주었다.[12] 학계와 사회에서 이명박 대통령의 최고경영자(CEO)형 리더십이 국민권리 침해와 절차 위반, 상업화로 이어질 가능성이 높다는 지적을 해왔다. 김태룡은 "정부의 가장 중요한 가치인 능률성은 국민의 권리를 침해하거나 정당한 절차를 어길 가능성이 높고, 민주성의 원리를 훼손할 가능성이 많다"면서 "기업형 아이디어를 적용함에 있어 야기될 수 있는 일종의 한계로, 경영성을 지나치게 강조할 경우 형평성에 부정적인 영향을 미쳐 갈등과 비능률을 초래할 수 있다"고 우려했다. 다만 그는 "정부관료제가 지닌 한계들을 극복하지 못하는 한, 이명박 정부의 시장지향적인 정부개혁은 지속될 수밖에 없는 정당성을 확보해나갈 것"이라고 전망했다.[13]

이명박 대통령은 주요국가정책의 정책결정을 둘러싸고 '명령자(the commander)' 로서 의도적으로 중앙통제를 강화하여 인사, 정책, 당정관계를 자신이 독단적으로 모두 처리하려 함으로써 인사지연, 정책조정기능 혼란을 초래하였다. 나아가 이러한 중앙통제적 CEO 리더십은 당·정·청간의 유기적 정책 공조체제를 지해시켜 모든 정책결정과정의 갈등이 대통령에게 집중되는 '갈등의 과부하 및 집중화 현상'을 초래하였다.[14] 이명박 대통령의 이러한 국정운영 혼란은 집권 초기 그 자신이 짧은 시간에 '너무 많은 국정운영 목표를 세우고'(overscheduled), 이들의 개혁목표들의 문제에 '너무 많이 관여'(overhandled)하였기 때문이라고 함성득은 말하였다. 예를 들어 미국산 쇠고기 수입에 따른 촛불집회, 공기업 민영화 및 종교편향 등사회적 갈등들이 많은데 오로지

---

12 함성득, '이명박 대통령 취임 6개월을 회고하며', 시론, 고시계, 2008. 10, 3면.
13 "이명박 CEO리더십 국민권리 침해 우려", 『데일리안』 2009. 4. 1.
14 함성득, '이명박 대통령 취임 6개월을 회고하며', 시론, 고시계, 2008. 10, 3면.

CEO 리더십으로 국민의 눈에 비친 것은 경체분야에만 초점을 두고 있어 대통령의 권력도 헌법에 규정된 공식적 권한에 맞추어 점차 약화되고 있다.

나. 부정적 리더십: 국민과 소통 부족, 민주적 과정·제도 경시

이명박 대통령은 중도실용주의를 내세우면서 임기 중반을 넘어서서도 기묘하게도 40%대의 지지율을 유지해오고 있다. 민주화 이후 역대 정부는 임기 중반에 높은 지지를 보이는 경우가 드물었는데, 이명박 정부가 임기 중반에 받은 51.7%의 지지율은 놀랄 만한 것이다. 이는 이명박 정부가 천안함·경제살리기 등에서 긍정적 평가 받았다고 평가된다. 천안함 사고와 유럽 금융위기 등 국내외 악재에도 불구하고 이명박 대통령의 국정 지지도가 다시 50%를 넘어섰다. 2010년 5월 9일 전국 성인 남녀 1000명을 대상으로 한 청와대 자체조사에서 '국정 수행을 잘하고 있다'는 응답이 51.7%에 달했다. 2009년 말 아랍에미리트(UAE) 원전 수주 직후 지지율에 육박하는 수준이었다. 청와대는 국정 지지도 상승의 원인으로 ① 천안함 사고에 대한 침착한 대응 ② 확실한 대북 정책 원칙 견지 ③ 경제 회복 가시화 ④ 주요 20개국(G20)·핵안보 정상회의 등 외교적 성과 △꾸준한 민생 정책 추진 등을 꼽았다. 국정 지지도는 여론 조사 전문기관인 리얼미터가 2010년 4월 26~30일 전국의 성인 5000명을 대상으로 실시한 조사에서도 47.9%로 나타났다. 한나라당 싱크탱크인 여의도연구소의 2010년 5월 6일 여론조사에서는 47.2%를 기록했다.[15]

하지만 중간평가의 성격을 가지고 있는 재보선과 지방선거에서 한나라당이 민주당과 야권에 패배함으로써, 이명박 대통령의 리더십은 종종 위기를 맞이했다. 현 정권에 대한 중간평가의 의미가 있는 4·29 재·보선에서 여당인 한나라당은 단체장과 광역의원까지 포함해 1 대 15의 초라한 성적표를 받았다. 또한 지난 2010년 지방선거에서 민주당이 많은 지방자치단체에서 승리를 거뒀다. 2007년 말 대선에서 531만표 차이로 대승하고, 2008년 총선에서 국회 과반 의석 점령과는 대조된다. 재·보선 결과에 반영되었듯이 민심이 정부와 여당으로부터 떠나고 있지만 정작 당사자들은 이를 심각하게 받아들이지 않고 있다.

집권 초기부터 이명박 대통령은 '거래적(transactional)' 리더십에 의존해 실용주의 노선을 견지했지만 국민들은 아직 경기회복과 일자리 창출 등 구체적인 보상을 받지 못했다. 취임 후 3년이 지났지만 서민경제는 나아지지 않고 오히려 악화되고 있다. 이는 한국 사회를 지탱하는 서민과 중산층을 붕괴시킬 것으로 우려되고 있다. 세계 경제의

---

15 『매일경제』 2010. 05. 12.

악화 탓으로 책임을 전가하기에는 가시적인 정책성과가 너무 빈약하다. 한반도 대운 하처럼 설익은 정책 아이디어가 돌발적으로 제시되었다 없던 일로 되는 현상이 반복 되어서는 안 된다. 이는 대통령의 일방주의 국정운영 방식이 투영된 결과라는 것을 인정해야 한다. 이명박 대통령의 리더십이 변혁적이지 못한 가장 큰 이유는 도덕성의 한계에서 출발한다. 지금까지의 각료 인선 과정에서 나타난 도덕 불감증이 정책 추진 동력을 약화시키는 가장 큰 걸림돌로 작용하였다. '거래적' 리더십 의존한 이명박 대 통령 또한 현 정부의 열린 소통의 부족은 이미 일반 국민들도 감지할 정도에 이르렀 다. 청와대 참모와 내각이 대통령에게 직언하기를 점차 꺼린다는 사실은 정권 위기까 지 초래할 심각한 문제다. 노무현 전 대통령도 'No'를 외치지 못하는 참모들에게 둘러 싸여 국민과의 의사소통에 실패했다. 한나라당 내부의 권력 투쟁 또한 대통령 리더십 을 훼손하는 요인이다. 한나라당은 대통령 후보 경선 이후 한 번도 친이·친박(親이명 박·親박근혜)의 싸움에서 벗어나지 못했다. 국민들의 눈에는 이것이 구태 정치권의 권 력 나눠먹기로 비쳐질 뿐이다.[16]

촛불집회가 남긴 한국 민주주의의 정치제도 과제 중 하나는 제왕적 대통령제의 권 위주의를 어떻게 극복할 것인가 하는 것이다. 이명박 정부는 출범 직후부터 권위주의 적인 성격을 보여줘서 실질적 민주주의를 후퇴시켰다. 하지만 주요국가정책을 둘러 싸고 국회의 여당과 야당뿐만 아니라 각 이익단체들도 저마다 다른 목소리를 내는 민주화된 우리 사회에서 이들의 의견을 귀담아 듣고 서로 조화로운 의사소통을 통해 설득력과 조정이 이루어지지 않아서 국정운영자체도 힘들 뿐만 아니라 국민들의 정 부에 대한 반감이 심해지고 있다. 어느 시기나 대통령이 국민의 소리에 귀 기울여야 우리 사회가 안정되며 정부가 원활하게 행정력을 미칠 수 있을 것이다. 성숙한 민주 주의를 이루기 위해서는 집권보다는 분권, 권위주의보다는 자유주의의 리더십으로 나아가야 한다. 촛불집회는 한국 민주주의가 단순 민주화에서 성찰적 민주화로 나아 갈 것을 요구했다. 단순 민주화가 민주주의 절차와 제도가 도입되는 단계라면, 성찰적 민주화는 그 절차와 제도가 책임성을 갖는 동시에 경제·사회·문화적 영역으로 확장 하는 단계다. 성찰적 민주화의 목표는 대의민주주의와 참여민주주의를 생산적으로 결합하려는 이중적 민주화의 활성화에 있다.[17]

그리고 노무현 전前대통령과 친인척, 측근 정치인 및 후원자에 대한 무리한 수사와 그에 뒤이은 2009년 5월 23일 노무현 전 대통령의 서거로 인해 이명박 정부의 리더십 은 더욱 손상될 것이고 국정운영에 큰 부담이 될 것이다. 비교적 도덕적이라 여겨지

---

16 윤종빈, "변혁적 대통령 리더십", 경향신문 2009. 5. 8.
17 김호기, "제왕적 대통령제의 권위주의 극복이 과제", 『경향신문』, 2009. 4. 30.

던 전직 대통령이 불행하게 생을 마감한 것은 온 국민에게 엄청난 충격과 슬픔을 주었다. 노무현 전 대통령은 임기 이후 고향인 봉화에 내려가서 새로운 형태의 정치를 펴겠다는 포부와 의지를 밝힌 후 1년 여 만에 생을 마감했다. 그는 특유의 논리와 달변으로 봉화 정치를 시도하려다가 경제비리 혐의에 대한 수사 대상이 되면서 꿈을 접었다. 잃어버린 10년을 외치는 이명박 정권, 청와대의 충실한 수족처럼 움직이는 검찰, 죽은 권력과 살아있는 권력을 차별하는 사법권 발동이라는 부적절한 정치상황에서 전직 대통령이 비상한 방법으로 생을 마감했다. 죽은 권력에 대해서는 성역 없는 수사가 발 빠르게 이뤄지면서 살아있는 권력에 대한 수사기피 또는 축소수사의 의혹이 제기되었다. 자연히 정치 수사라는 논란이 증폭되었다. 특히 이명박 정권이 '잃어버린 10년'을 말하면서 과거 정권을 송두리째 부인하고 심지어 적대시 하였다.

민주주의는 선거에 의해 정권이 선택이 되는 제도로 선거 절차가 지속되려면 정치적 보복은 용납되지 않아야 하지만, 이명박 정권이 들어선 뒤 집권층은 과거 정권에 대해 한풀이식 정치를 해왔다. 현 정권은 심지어 전 정권에 의해 임용되어 법적으로 임기가 보장된 공공기관 임직원들을 줄줄이 불법적으로 내몰았다. 특히 학자와 정치인들은 청와대의 제왕적 정치에 대해 검찰, 경찰, 정보기관 등이 전위대 역할을 담당해 한국 민주주의가 후퇴했다고 주장한다. 박연차 사건에 대한 검찰 수사는 처음부터 노무현 대통령 쪽을 겨냥했다. 노무현 대통령 쪽에 대한 수사는 대대적인 언론 플레이 속에 진행되어 노무현 전 대통령이 퇴임 후 새로운 정치적 인생을 펼치고자 했던 봉화마을을 정치적으로 매장시켰다.

또한 이명박 대통령은 '의회 정치 혐오증'을 가지고 있어 야당과의 소통도 소극적이었을 뿐만 아니라 국회와 여당과의 협의도 적극적이지 않았다. 정당 구조가 탄탄하지 않은 한국의 정치 풍토 하에서 대통령에 취임하면 누구라도 의회를 무시하는 등 권위주의적 속성이 표출될 수밖에 없다. 이명박 대통령은 후보 시절 "정치 혐오한다"는 말을 자주 했는데, 윤여준은 "이명박 대통령의 후보 시절, 정당 정치의 기본적인 역할에 대한 인식을 하고 있는 것 같지 않았다. '정치를 혐오한다'는 말만 자꾸 했는데 결국 '나는 여의도 정치가 싫다'는 것"이라며 "대통령이 된 후에는 정당 정치에 관심 갖지 않는다는 것을 느꼈다"고 비판했다.[18]

정당 정치의 부재가 대통령의 대 의회관계 무시 및 무정치적 사고의 원인이 된다. 윤여준은 이어 "대통령에 당선된 사람은 선거할 때는 정당의 후보가 되는 게 유리했지만 당선이 되고 나면 정당 역할에 중요성을 부여하지 않고, 무력화 시키고 통치 수단으로 생각"하였다고 평가하였다. 그는 4대강사업 등 '속도전' 등으로 상징되는 일방

18 『프레시안』, 2009. 06. 12.

적 국정 운영을 우회적으로 비판하였다. 권위주의 시대 이후에는 대통령의 권력이 상대적으로 약화되었지만 그 틈을 국회가 정책 기능으로 메우지 못하고 정치 공세적으로 운영했다. 그래서 한국정치에서 민주적 가치가 결여된 '외부자(outsider)'를 대통령 및 주요정치지도자가 등장하게 되었다.

여당인 한나라당은 대통령의 권력 견제와 대통령을 돕는 책임 정치라는 두 가지 임무에서 중심을 못잡고 있으며, 민의를 반영해서 대통령을 비판할 때 청와대와 불협화음을 내면 여당은 정치적 존재감을 잃어버렸다. 한나라당은 거대 여당이지만 규모에 걸맞지 못하게 혼란스럽고 무력한 모습을 보여왔다.

최장집은 민주정부의 실패와 한나라당 정부의 재등장에 대해 민주 정부들이 실패한 반작용의 결과가 이명박 정부의 등장을 낳았다고 평가했다. 이명박 대통령은 민주적으로 선출된 대통령이지만, 권위주의적인 행태를 보여주고 있다. 최장집은 김대중, 노무현 정부는 한국 민주주의를 실제로 한 단계 업그레이드 시키는 역할을 했어야 하며, 지난 정부가 체계적으로 일을 잘했더라면 지난 대선, 총선에서 저렇게까지 참패하지는 않았을 것이라고 평가했다. 그러면 한국 보수 세력들도 민주적 변화에 적응했을 것이며, 재벌 중심의 성장 정책이나 민주사회 속의 권위주의적 구조와 행동 양식, 가치관까지 변화했을 것이라고 보았다. 그는 (보수가) 그렇게 변화한 위에서 보수, 진보가 경쟁을 했다면 훨씬 더 질 높은 정치가 이루어지게 되지 않았을까 생각했다.

한국의 민주화는 짧은 시간 안에 이뤄졌다. 반대로 해방, 분단으로 시작해 산업화를 거치고, 민주화에 이르는 긴 시기 동안 한국 사회의 구조의 틀이 만들어졌다. 이명박 정부 이전에 진보를 대표했던 정부들이 이런 한국 사회의 구조를 면밀하게 자각한 위에서 정책을 심도 있게 펴 나갔다면 지금보다 훨씬 많은 것을 변화시킬 수 있었을 것이다. 그러지 못했기 때문에 민주화라는 충격이 보수 세력에 오히려 경각심을 주고 그게 강화되는 '역진(backlash)' 현상이 생긴 것이라고 최장집은 분석했다. 이명박 정부는 역사적으로 볼 때 앞선 민주화 정부들이 오랜 야당생활로 정부운영의 경험이 미숙하고 여러 가지가 부족했던 까닭에 보수 세력의 반작용으로 태어난 정권이라는 것이다.

그러나 보수 세력, 이명박 정부도 정치적 성과에서 보여주는 것이 아무것도 없다. 이점에서 현재의 보수정부와 앞선 정부들의 관계는 하나의 거울이미지(mirror image)에 비유할 수 있다. 야당이 실패한 것은 보수 세력에 대한 안티테제만 추구했던 결과로 보인다. 마찬가지로 지금 이명박 정부를 보면, 지난 정부의 모든 것을 반대하는 것이 보수라고 생각하는 것 같다.

최장집에 의하면, 친서민 중도실용주의는 촛불 시위나 노무현 전 대통령 조문 정국 등을 경험하면서 이명박 정부가 여론에 반응한 하나의 표현이다. 악화됐다고 볼만한 지표나 경험적 자료는 가지고 있지 않다. 세계경제의 차원에서 볼 때 한국경제는 위기

를 극복했지만, 성장과 발전의 혜택은 중산층과 하위계층에게 돌아가고 있지 않다.[19]

2. 대통령 대 의회 관계

이명박 대통령은 현대건설 최고경영자(CEO) 출신으로 기업경영의 경험을 바탕으로 국정을 가장 효율적으로 운영할 것 같았고, 국민들은 2007년 대선에서 그에게 압도적인 지지를 부여하였다. 나아가 2008년 총선에서는 한나라당에게 높은 정치적 신뢰를 부여하였고 야당인 민주당은 이명박 정부의 정책에 대해 대안을 제시하지 못했고 국민들은 이에 공감하지 못했다.

그러나 이명박 행정부의 국정에서 시행착오가 늘어나면서, 국정운영의 성과는 매우 부정적인 평가를 받고 있다. 이러한 평가는 성공한 리더십을 발휘했던 'CEO 리더십'의 한계가 존재한다. 이명박 대통령은 실용주의를 표방하면서 경제살리기와 '국민통합'에 매진하기 위해 낮은 자세로 국정을 살피겠다는 '겸손과 섬김의 리더십'을 강조했다.[20] 하지만 '스피드'와 '효율성'을 강조하는 그의 'CEO 리더십'은 다양한 가치와 이익들이 서로 충돌하는 민주화 된 우리 사회에서 갈등을 조정하고 통합시키는 역할을 수행해야 할 대통령의 정치력을 제고시키는데 한계가 있었다.

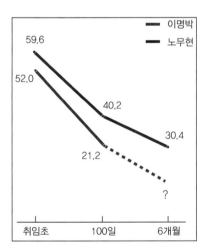

〈그림 5-6〉 이명박 대통령과 노무현 전 대통령의 지지도 추이비교[21]

실제로 그의 CEO 리더십의 한계는 '고소영·강부자'로 지탄받았던 집권 초기 청와대 수석 및 내각 인선, 미국산 쇠고기 수입파동, KBS 정연주 사장 해임, 종교편향으로 인한 불교계와의 갈등, 경제위기설 등 끊이지 않는 국정운영상의 혼란을 노정했다.

2008년 6월에 실시된 리얼미터 여론 조사에 이명박 대통령의 지지도는 16.9%였다. 노무현 대통령이 기록한 최저 지지도는(12.6%), 유권자 1,149만여명의 지지를 받아 대통령에 당선된 전례 없는 급락이다. 대통령 중심제 국가에서 대통령의 권위가 서지 않는 것은 국가적으로 불행한 일이다. 이명박 대통령이 후보자 시절에

19 최장집 명예교수 인터뷰, 『프레시안』, 2010. 06. 25.
20 함성득, '이명박 대통령 취임 6개월을 회고하며', 시론, 고시계, 2008. 10, 2면.
21 한국일보, '힘 세진 인터넷 대중 … 추락하는 대통령 권위', 2008. 6. 7, 3면.

는 국민들의 희망을 실현할 지도자로서 인식되었으나 임기 이후 국민들의 실망은 점점 커져가고 있다. 노무현 대통령과 닮은 꼴의 지지율을 얻고 있으며 지지도 추락은 전임 노무현 대통령보다 더 심각한 수준이다. 이러한 지지율 하락은 국정운영을 추진하는 동력을 훼손시킬 것이다.

이명박은 야당과 시민사회와의 소통이 부족해서 국민들에게 오만, 독선이라는 이미지를 심어주게 되었다. 이명박 대통령은 소통과 통합을 거부하면서 대립의 정치, 갈등의 정치를 더 부추기는 모습을 보이면서 민주주의의 질이 저하되고 있다. 대통령과 여당은 노무현 전 대통령의 비극을 직시해야 한다. 선출직 대통령은 언젠가 임기가 끝난다. 이명박 대통령은 선진화를 말해왔다. 민주주의를 질적으로 선진화해야 할 시점에서 권위주의의 법의 권력도구화로 회귀하였다. 청와대가 밀어붙이는 가진 자 위주의 정책은 심각한 양극화를 초래한다. 이명박 대통령은 민주주의를 진전시키고 인권 보호를 최우선시해야 한다. 그것이 이명박 대통령과 검찰 등 살아있는 권력이 명심해야 할 지상과제이다.[22]

가. 임기변수

한국 대통령의 임기는 5년 단임제이므로 한국 대통령들에게 어느 누구에게나 임기변수는 동일하다. 이명박 대통령은 대통령 집권 이후에 실시된 2008년 총선에서 상당한 영향력을 발휘하여 친 이명박 국회의원들을 대거 당선시켰다. 그가 대통령후보가 되기 이전에만 해도 주류였던 박근혜 측근의원들은 이제 당내 소수파가 되었다. 2010년에 있을 지방선거에서도 이명박 대통령은 강한 영향력을 발휘할 것이다. 그러나 한국의 5년 단임제 하에서는 임기 말에 레임덕 현상을 필연적으로 겪게 되며, 이명박 대통령도 예외가 아닐 것이다. 그리고 그의 임기 후반에 대선주자에게 권력의 쏠림 현상이 나타난다. 박근혜 의원 측근그룹들이 소수파로 전락했지만 높은 국민들의 지지를 바탕으로 상당한 영향력을 발휘하였다. 그리고 그만한 잠재적 대선후보 주자도 없다. 그래서 이명박 대통령은 박근혜 의원과 협조관계를 설정해야 할 필요가 있다.

나. 의석변수

이명박 대통령은 대선에서 압도적인 지지를 받았고 그 여세를 몰아 한나라당은

---

22 『미디어오늘』 2009. 5. 23.

2008년 총선에서 과반에 육박하는 의석을 확보하게 되었다. 그리고 무소속이나 친박연대로 당선된 친박계 의원들이 합류하면서 170석에 육박하는 거대정당으로 탈바꿈하게 되었다. 이명박 대통령은 거대한 여당의 지지를 받아 안정적인 국정운영을 할 수 있는 정치적 자원을 확보하였다. 그러나 더 중요한 문제는 당내 화합인데 이명박 대통령은 다른 정파 지도자와 야당들에게 편협한 자세를 보이고 있다. 국민들에게 가장 큰 인기를 받고 있는 박근혜 의원과 진정으로 정치적 동반자 관계를 인정해주고 있지 않다. 또한 민주당과의 대결적인 행동도 부담으로 작용할 것이다. 그래서 이명박 대통령은 여당을 통해 많은 의석수를 확보했다 하더라도 합의를 통한 정치력을 발휘하지 못하였다. 한나라당의 해밀턴 모형은 의회보다 대통령의 힘이 우세한 상황을 가정하였다. 하지만 의회에서 대통령의 임기 중 사회적으로 다른 이슈, 즉 경제적 변화와 같은 변수가 발생하면 대통령의 위치는 급격하게 흔들릴 수 있다. 〈그림 5-7〉은 해밀턴(Hamilton) 모형에서 여대야소의 의석으로 여당의 힘이 강할 때, 이상적인 리더십을 그림으로 나타낸 것이다. 이것은 의회 내의 여당의 힘이 큰 상황에서, 대통령이 정국을 강력하게 주도하고, 정치적 상황 속에서 대통령이 부정형의 리더십이나 적극적 리더십을 발휘하여, 각 이슈에 대해 의회를 압도하려 한다면, 야당과의 관계를 비롯하여 여당과의 관계도 심각하게 악화시킬 수 있기 때문이다.

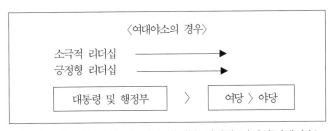

〈그림 5-7〉 해밀턴(Hamilton) 모형에서 이상적 리더십(여대야소)

여대야소의 경우에는 정국을 완벽하게 주도할 수 있는 모형이기 때문에, 소극적인 리더십을 통해 의회의 견제기능을 활성화 시켜주고 긍정형의 리더십을 통해 이를 포용할 필요가 있다. 〈그림 5-7〉처럼, 여기서 소극적 리더십과 긍정형의 리더십을 이상적 리더십으로 파악한 이유는, 소극적 긍정형 리더십은 의회와의 관계를 원활하게 이끌 수 있는 기반이 되기 때문이다.

국민들은 2007년 대선에서 그에게 압도적인 지지를 부여하였다. 나아가 2008년 총선에서는 한나라당에게 높은 정치적 신뢰를 부여하였고 야당인 민주당은 이명박 정부의 정책에 대해 대안을 제시하지 못했고 국민들은 이에 공감하지 못했다.

〈표 5-4〉 제18대 국회의 득표율과 의석수

정당/단체	득표율	의석수(비례대표)
한나라당	37.48	131(22)
통합민주당	25.17	66(15)
자유선진당	6.90	14(4)
친박연대	13.18	5(8)
민주노동당	5.68	2(3)
창조한국당	3.80	1(2)
무 소 속		26
합계(비례대표)	299(80)석	

　　그러나 이명박 행정부의 국정에서 시행착오가 늘어나면서, 국정운영의 성과는 매우 부정적인 평가를 받고 있다. 현 정권에 대한 중간평가의 의미가 있는 4·29 재·보선에서 여당인 한나라당은 단체장과 광역의원까지 포함해 1 對 15의 초라한 성적표를 받았다. 2007년 말 대선에서 531만표 차이로 대승하고, 2008년 총선에서 국회 과반 의석 점령과는 대조된다.

다. 정치·경제상황

　　정치·경제 환경의 변화에 따라 기민한 대처를 하지 못하는 대통령은 리더십 부재 현상에 직면할 수 있다. 특히 해밀턴 모형 하에서는 정국주도가 불가능해질 수 있다. 그리고 이러한 상황에 대한 대처에 따라 행정부의 입법부에 대한 우위가 무너지는 경우가 많다. 이러한 경우 역시 경제적 변화를 극복하고 정국주도권을 회복할 수 있는 대통령의 적극적 리더십이 필요하며, 의회간의 타협과 조화를 위해 안정적이고 신중한 대통령의 긍정적인 리더십이 존재할 필요가 있다. 이명박 대통령의 경제성과에 따라 남은 임기 3여년의 리더십은 크게 달라질 수 있다. 국민들이 이명박 대통령을 지지한 중요한 이유들은 그가 구조적인 경제 불황을 타개해서 경제성장, 경기회복, 일자리 창출에 해결책을 제시할 것이라 믿기 때문이다.

정기국회가 지난 10년 동안 이뤄진 주요 법령들에 대한 대충돌의 장이 되고 있다. 2008년 5월 한국사회여론연구소(KSOI) 조사에서 국민 다수는 '민주주의와 복지향상 등 잘된 점이 더 많다'는 긍정적 평가(44.3%)를 내렸다. '좌편향 정책으로 잘못된 점이 더 많다'는 의견은 38.3%에 그쳤다.

'잘된 점이 더 많다'는 긍정평가는 인천/경기와 호남지역, 남성, 30대 이하 젊은층에서 특히 높았다. 반면 '잘못된 점이 더 많다'는 부정평가는 TK지역, 40대 이상에서 상대적으로 높았다.

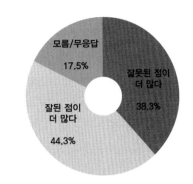

● 지난 10년 평가

〈그림 5-8〉 지난 10년 김대중 및 노무현 정부 평가[23]

과거 10년에 대한 평가가 노무현 정부 말기에 조사된 결과(나빠진 점 더 많다 49.3%, 좋아진 점 더 많다 39.7%, 2006. 11. 28 KSOI)와 달리 긍정평가가 더 높게 나타나 주목된다. 조사 당시 정부의 신뢰도 및 대통령 지지도가 조사결과에 큰 영향을 미친 것으로 보인다. 정부여당이 주도하는 '좌파정책 수정' 등 이념논쟁에 국민들의 거부감이 커지면서 오히려 과거 10년에 대한 호의적 평가가 높아진 것으로 보인다.[24]

이명박 대통령은 경제문제 보다 이념논쟁을 통해 지지층을 회복하려 해서, 사회갈등의 원인제공자로서의 이미지가 높아지면서 지지도 회복에 어려움을 겪고 있다. 종교편향논란, 대규모 불교집회, 촛불집회와 노무현 대통령 서거는 지지도 면에서 이명박 정부에게 직격탄으로 작용했다고 볼 수 있다. 촛불정국을 거치면서 진보와 보수 간 갈등이 최고조에 이르렀고 그 정점에 이명박 대통령이 있었다. 이명박 대통령은 베이징 올림픽을 통해 간신히 사회통합자로서의 이미지를 확보했으나 올림픽이 끝난 후 일주일도 안돼 터진 대규모불교집회는 이명박 대통령을 갈등의 원인제공자로서 다시 격하시켰다. 그동안 종교는 사회갈등을 조정하고 국민을 통합하는 중요한 기제였다. 나라가 위기에 처하거나 정부가 어려운 상황에 직면할 때 종교지도자들을 통해 도움을 구하는 것이 그동안의 관례였다. 그런데 사회통합의 기제로 작용했던 종교가 사회갈등의 원인이 되고 있으며 그 직접적 원인제공자가 이명박 정부라는 점에서 다소 아이러니하다.

게다가 좌편향 바로세우기는 이념갈등의 불씨가 될 가능성이 높다. 노무현 정부와 김대중 정부 관련 인사들에 대한 대대적 사정, 방송을 통한 편가르기도 사회갈등을

23 한국사회여론연구소. 2008. Weekly Opinion. 9. 3. 〈http://www.ksoi.org/down/ opinion_6th.pdf〉, 2009. 5. 2.
24 한국사회여론연구소, 2008, Weekly Opinion. 9. 3.

증폭시키는 요인들이다. 무엇보다 거대 야당을 앞세워 2008년 9월 정기국회를 지난 10년 동안의 좌편향을 바로잡는 계기로 만들겠다는 현 정부의 야심은 이념갈등으로 비화될 가능성이 적지않다. 2008년 5월 한국사회여론연구소(KSOI) 조사에서 지난 10년에 대한 평가로 '민주주의와 복지향상 등 잘된 점이 더 많다' 44.3%, '좌편향정책으로 잘못된 점이 더 많다' 38.3%로 나타나 국민들의 인식과 정부의 인식간 적잖은 괴리가 있음이 드러났다. 지난 10년 평가를 명분으로 삼아 정부가 의도적으로 이념갈등을 부추기고 결과적으로 여론상으로 불리한 위치에 처하게 되었다. 굳이 분란을 들쑤셔내어 갈등을 유발하고 다시 비판을 받는 악순환의 고리에 갇힌 것이다. 문제는 대통령이 사회통합자로서의 지위를 상실하고 갈등의 원인제공자로 인식될 때 결과적으로 그 부담은 대통령으로 돌아오게 된다는 것이다. 대통령 후보 시절엔 내편과 상대편을 갈라 내 편을 결집시키는 것이 표 획득에 도움이 된다. 하지만 대통령은 지지층이 아닌 전체 국민을 상대로 통치를 해야 한다.

노무현 정부 때도 비슷한 선례들이 있었다. 노무현 정부에서도 의도적인 정치적 편가르기가 결국 부메랑으로 작용했다. 노무현 대통령이 지지층 결집을 위해 의도적으로 이념갈등을 유발하거나 정치적 편가르기를 시도할 때마다 그 결과는 지지도 하락으로 이어졌다. 2004년 하반기 국가보안법 개폐 등 4개 개혁법안을 놓고 여야가 심하게 충돌했을 때 개혁성향의 지지층이 일시적으로 결집하는 효과가 나타났다. 그러나 결과적으로는 사회통합자로서 이미지에 상처를 입으면서 지지도가 하락했다. 대부분의 정책은 어느 정도 갈등이 내포되어 있다. 그 정책을 통해 이익을 얻는 사람이 있으면 손해를 보는 사람도 있기 마련이다. 유능한 대통령이라면 이러한 과정을 매끄럽게 조정하여 손해를 보는 사람이 덜 불만을 가지도록 해야 한다. 유능한 대통령은 갈등을 최소화시켜 반대진영이 비판할 수 있는 명분을 약화시키는 인물이다.[25]

2009년 5월 노무현 전 대통령의 서거를 두고 대중들은 정치적 탄압에 의한 자살이라고 인식하며 국민들은 이에 분노하고, 비극적인 노무현 대통령의 서거는 이명박 정부에 큰 부담이 될 것이다. 전문가들은 국민들이 평소 권위를 부정하고 소탈했던 '서민 대통령'을 그리워하며, 그가 꿈꿨던 가치를 새삼 인정한 데 따른 현상으로 보고 있다. 또 조문객들이 가장 많이 한 말이 '미안하다'는 것에서 드러나 듯 극단적인 선택으로 내몬 상황을 안타까워하는 마음도 깔려 있다. 끝이 보이지 않는 경제난에 지친 서민들은 분향소를 찾아 눈물로 답답함을 호소하고 서로를 위로했다. 중앙대 사회학과 이병훈 교수는 "일국의 지도자였던 분이 비극적으로 삶을 마감한 것에 대해 국민들이 애통해하는 마음이 크다"며 "여기에 부자를 위하고 일방적으로 독주하는 현

---

25 한국사회여론연구소, 2008, Weekly Opinion. 2008. 5.

정권에 대한 반발이 서민을 위해 살았던 노 전 대통령에 대한 그리움으로 이어지고 있다"고 말했다. 이 교수는 "추모 열기가 현 정부에는 부담스러울 수 있겠지만 국민들이 지금 원하는 게 무엇인지 되짚어 볼 수 있는 계기가 될 것"이라고 덧붙였다. 특히 대통령이라는 최고의 자리에 올랐지만 평범한 서민으로 삶을 마감한 노 전 대통령 일생은 서민들 마음을 끌어당겼다. 권위주의를 무너뜨리고 모든 것을 포용할 수 있는 리더십도 새삼 주목받았다. 박명규 교수는 "국민들 사이에서 탈권위적이고 모든 것을 포용할 수 있는 리더십을 원하고 있었다"면서 "진정성이나 삶의 원칙에서 존경을 이끌어낸 노 전 대통령에 대한 그리움이 추모 열기로 이어진 것"이라고 설명했다.[26]

노무현 전 대통령의 서거에서 나타난 추모열기의 원인은 '미안함'과 '재평가', 그리고 '반反 이명박 정서' 이 세 가지 키워드로 분석해볼 수 있다. 먼저 '미안함'이다. 노 전 대통령의 비극적 죽음이 국민들에게 강한 충격파를 던지면서 감정선을 뒤흔든 것이다. 참여정부가 마감될 즈음 국민들의 반 노무현 정서는 극에 이르렀다. 한미 FTA와 비정규직 법안으로 지지층마저 등을 돌리고 종합부동산세로 대변되는 부동산 정책은 뜻하지 않게 중산층과 서민들의 비난을 사는 결과를 초래했다. 개혁 피로도가 누적된 국민들은 보수층의 노무현 비판에 동참했고 노무현 비판은 술자리의 단골메뉴가 됐다. 그런데 노 전 대통령이 퇴임 이후 목을 죄어오는 검찰 수사 앞에 스스로 목숨을 끊는 초유의 사태가 일어나자 약자에 대한 연민과 동정심이 작용하면서 노무현을 다시 바라보게 된 것으로 보인다. 자신도 노무현 죽이기에 한몫을 한 것이라는 자책감과 부채의식이 집단적 속죄의식으로 발현된 것으로 해석할 수 있다. 이런 흐름 속에서 자연스럽게 노 전 대통령은 대통령이 아닌 인간 노무현의 모습으로 다가왔고, 국민들은 그의 삶이 보여준 정신을 새삼 되새기게 된 것으로 보인다. 여기서 서민적이고 탈권위적인 지도자, 지역구도와 기회주의 타파, 인권과 민주주의를 위해 평생을 바친 삶의 궤적에 눈물을 흘리는 '노무현 재평가'가 이뤄졌다. 노 전 대통령의 실패와 이후 정치적 압박, 죽음으로 이어진 희생양적인 모습에서 대통령 재임시절 잊혀졌던 노무현이 지향한 가치와 정신, 고뇌 등이 깊이 각인된 것이다. 부활한 노무현은 곧바로 현재의 대통령을 비춰보는 거울이 됐다. 죽음으로 부활한 이른바 '바보 노무현'은 취임 초 강부자 내각과 촛불 집회 등 이명박 대통령의 이미지와 대비되면서 反이명박 정부 정서를 되살리고 있다. 서민 대통령과 부자 대통령, 두 상반된 이미지의 투영이 가져다준 현실에 대한 불만과 박탈감이 국민들에게 노 전 대통령에 대한 향수와 그리움을 확산시켜 거대한 추모 열기를 형성하게 된 이유가 된 것으로 분석된다.[27]

---

26 『국민일보』 2009. 5. 29.
27 『노컷뉴스』 2009. 5. 30.

나아가 이명박은 촛불시위를 경찰을 동원해 물리력으로 억압하고 노무현 전대통령을 표적수사한다는 인식이 확산되고 나아가 노무현 전대통령이 자살로 서거하면서 국민들로부터 오만, 독선이라는 이미지를 가지게 되었다. 이명박 대통령은 소통과 통합을 거부하면서 대립의 정치, 갈등의 정치를 더 부추기는 모습을 보이면서 민주주의를 얼룩지게 하였다.

라. 모형: 분석의 소결

이명박 대통령은 대선의 높은 지지와 총선에서의 과반 이상 의석점유를 통해 추진력 있는 국정관리 구도를 만들 수 있었다. 또한 이명박 대통령은 당과 정부의 유기적 관계를 강조함으로써 행정부의 정책을 효율적이고 신속하게 추진하는 경향을 보여왔다. 〈그림 5-9〉는 해밀턴(Hamilton) 모형에서 힘의 방향과 행정부와 의회와의 관계, 그리고 의회 내의 여당과 야당의 힘의 관계를 설명한 것이다.

〈그림 5-9〉 해밀턴(Hamilton) 모형

이명박 정부 시기 의회 내에서 여당은 야당보다 힘이 크지만, 한나라당 내에서 친이명박 및 친박근혜 의원집단 간에 균열이 국정운영에 장애가 되고 있다. 그래서 당내 심각한 균열은 이명박 대통령이 안정적이고 지속적인 리더십을 발휘하는데 한계 요인이 되고 있다. 해밀턴 모형은 강력한 대통령이 정국을 주도하고, 행정부가 의회에 대해서 우위의 관계를 유지하는 모형이지만, 의회 내의 여당의 힘이 크지 않거나, 정치적 상황 속에서 대통령이 각 이슈에 대해 부정적으로 대응한다면, 야당과의 관계는 심각하게 악화될 수 있다. 이러한 해밀턴 모형에서는 대통령과 의회간의 타협과 조화를 위해 안정적이고 신중한 대통령의 긍정적인 리더십이 필요하다. 적극적 긍정형처럼, 정국주도를 가능하게 하면서도, 의회와의 관계를 타협을 통해 해결할 수 있게 해주는 리더십이나, 또한 의회와의 관계를 타협을 통해 해결할 수 있게 해주는 소극적 긍정형의 리더십이 해밀턴 모형에서는 가장 이상적인 리더십유형이라 할 수 있다. 하지만 이러한 리더십 이외에도 대통령과 의회간의 관계를 변화시킬 수 있는 다양한 변수들이 존재하며, 해밀턴 모형 역시 마찬가지이다. 하지만 제퍼슨 모형에서도 언급하였듯이, 해밀턴 모형도 대통령의 리더십이 이러한 변수에 얼마나 잘 적응하느냐에 따라서 대통령과 의회간의 관계가 조화와 타협의 관계를 만들어 낼 수 있는지가 결정될 수 있다. 그런데 이명박 대통령은 'CEO 리더십'의 효율성을 강조했지만, 결과에 도달하는 과정을 경시했다. 이명박 대통령이 지금까지 보여준 리더십의 효율성과 스피드를 강조하는 '지식적·성취지향적' 측면의 CEO 리더십이다. 이명박 대통령은 주요국가정책의 정책결정을 둘러싸고 '명령자(commander)'로서 의도적으로 중앙통제를 강화하여 인사, 정책, 당정관계를 자신이 독단적으로 모두 처리하려함으로써 인사지연, 정책조정기능 혼란을 초래하였다. 나아가 이러한 중앙통제적 CEO 리더십은 당·정·청간의 유기적 정책 공조체제를 지해시켜 모든 정책결정과정의 갈등이 대통령에게 집중되는 '갈등의 과부하 및 집중화 현상'을 초래하였다.

제5편

대통령의 탄핵

第1章 탄핵이란 무엇인가?

탄핵(Impeachment 彈劾)? 고대 그리스·로마시대로부터 14세기 말 영국의 에드워드 3세(Edward Ⅲ) 때인 1376년경부터 하원은 그 대신들이 국가에 대한 '반역 혹은 중대한 범죄와 비행(非行)을 저질렀다며 상원이 처벌하여 줄 것을 요청하는 기소자의 역할을 하였다는 의회 기록이 있다. 소추나 처벌이 어려운 정부의 고급공무원이나 신분이 강력하게 보장되어 있는 법관 등에 대하여 국민의 대표기관인 국회가 헌법 또는 법률이 정한 바에 소추하여 처벌하거나 파면하는 제도이다. 영국에서 기원하여 그 후 여러 국가에 의하여 계수 되었다. 영국에서는 형벌까지 과할 수 있는데 비하여(프랑스·멕시코도 마찬가지이다), 미국에서는 파면함에 그치며, 또 보통의 경우는 하원이 소추하고 상원이 심판하는 것이나, 때로는 법원이 심판을 담당하는 경우도 있다(독일 바이마르헌법 하의 국사재판소와 이태리 사르디니아 왕국의 1848년 헌법 하의 고등법원).[1] 탄핵제도는 중세 영국 노르만왕조 때 있었던 왕의 법정인 Curia Regis에서 비롯된다. 영국에서 탄핵제도는 원래 의회가 정부를 감독하는 하나의 수단으로서 국왕의 신하들이나 고관들이 비행을 저질렀음에도 이를 문책할 법규정이 마땅하지 않거나, 권력자의 압력이나 간섭 등으로 인하여 통상의 형사재판으로는 법의 집행이 공정성을 기하기 어려울 때, 고관들에 대해 의회가 행한 소추에서 발달하였다.[2] 국민주권이 더욱 심화되면서 의회는 곧 국민의 화신으로 되어 탄핵제도는 민주적 정당성에 의한 군주적 정당성의 통제라는 이념적·원리적 지형을 형성하게 된다.[3]

한국의 1987년 제6공화국 헌법은 대통령에게 입법권, 예산권, 인사권 등에서 막강한 권한을 부여하고 입법부의 권한과 사법부의 독립성은 미약한 박정희-전두환의 권위주의적 대통령제를 온존한 것이다. 입법권과 내각 인사권 등 각국 대통령의 헌법적 권한에 대한 아래 비교표(이동성 박사 제공)를 보면 한국 대통령의 헌법적 권한(총점 20.5)은 분권형 대통령제(준대통령제 또는 이원정부제로도 칭함)를 채택한 프랑스(7)나 타이완(15)은 물론 순수 대통령제의 미국(13), 인도네시아(9), 필리핀(19)에 비해서도 가장 강한 편임을 알 수 있다.

---

1 彈劾, 법률용어사전, 법문북스, 2011. 1. 15.
2 김하열, "탄핵심판에 관한 연구", 고려대학교 대학원 법학박사 학위논문, 2006, 9면.
3 정종섭, 헌법소송법, 박영사, 2005, 397면.

의회에 대한 국민의 신뢰와 신임이 강하다고 하더라도 의회도 권력기관으로서 권한을 남용할 여지가 상존하고, 탄핵에 관한 권한도 남용될 수 있다는 점을 착안하기에 이르러서는 탄핵에 관한 권한을 전적으로 의회로 하여금 독점하게 할 것인가 아니면 사법기관과 나누어 가지게 할 것인가 하는 점이 고려되었다. 입헌주의[4] 발달에 따라 탄핵에 대한 권한도 남용되고 오용될 수 있다는 점을 인식하면서 탄핵제도가 전적으로 민주주의에만 의존할 수 없고 법치주의에도 의존하여야 할 필요성이 받아들여졌다. 이와 같이 탄핵제도에 민주주의 원리와 법치주의 원리가 지배우너리로 수용되면서 탄핵제도를 구체적으로 디자인함에 있어 양자를 어느 정도로 고려하는가에 따라 탄핵의 절차, 탄핵에 관여하는 기관, 탄핵결정의 주체 등이 다르게 나타났다.[5]

한국은 대통령의 권한은 감사권조차도 대통령에 속해 있고, 대법원, 헌법재판소, 중앙선관위 등 헌법기관의 인사에 대통령에게 지나친 권한을 부여하여 독립성을 침해할 소지를 안고 있다. 가령 유신 이전에는 대법원장은 "법관추천회의의 제청에 의해" 대통령이 국회의 동의를 얻어 임명하도록 했는데 유신헌법에서 법관추천회의의 제청 절차를 삭제해 대통령의 인사권을 강화했고 1987년 헌법은 유신헌법을 답습함으로써 대법원의 독립성을 저해하고 있다. 또한, 헌법재판소 중앙선관위 등 헌법기관의 위원 중 3명은 대통령이, 3명은 국회가, 3명은 대법원장이 지명 또는 선출하는 현행 헌법조항은 유신헌법에 처음 도입된 것으로서 명목상 삼권분립의 정신을 구현하는 것 같지만 사실상 대통령 몫과 국회에서의 여당 몫을 합하면 과반수가 되기 쉽고, 더구나 대통령의 대법원장에 대한 인사권을 통해 대통령의 영향력을 극대화시킬 수 있게 하는 것이다.[6]

---

4 입헌주의(立憲主義)는 국민의 기본적 인권을 보장하기 위하여 통치 및 공동체의 모든 생활이 헌법에 따라서 영위되어야 한다는 정치원리를 말한다.

5 정종섭, 『헌법학원론』, 박영사, 2010, 1059면.

6 유종성(호주국립대학교 교수), "제왕적 한국 대통령, 미국 대통령보다 더 강하다", 프레시안, 2017. 1. 6.자 http://www.pressian.com/news/article.html?no=147925&ref=nav_search

순수/분권형 대통령제	한국	미국	필리핀	인도네시아	프랑스	타이완
	순수	순수	순수	순수	분권형	분권형
입법권한						
법률안 전면거부권	2	2	2	0	0	0
법률안 부분거부권	0	0	3	0	0	0
긴급명령권	2	0	0	1	1	1
예산권	3	0	3	0	0	3
국민투표 부의권	3	0	0	0	2	0
소계	10	2	8	1	3	4
비입법권한						
조각권	3.5	3	3	4	1	4
각료 해임권	4	4	4	0	0	4
의회의 불신임권	3	4	4	0	0	2
의회해산권	0	0	0	0	3	1
소계	10.5	11	11	8	4	11
총계	20.5	13	19	9	7	15

* 이 표는 이동성 박사(영국 노팅엄대학교)가 Shugart and Carey (1992, pp. 148~155), Hicken and Kasuya (2003), Kasuya (2013, pp.16~24), and HeinOnline World Constitutions Illustrated (http://www.heinonline. org/HOL/COW?collection=cow) 등의 자료를 이용해 작성한 것임. * 각 권한의 점수는 0 에서 4 사이로 Shugart and Carey (1992, p. 150) 의 기준을 따름. 다만, 프랑스 대통령의 국민투표부의권에 대해 그들은 0점을 주었으나 여기서는 2점을 부여함.

---

7 유종성(호주국립대학교 교수), "제왕적 한국 대통령, 미국 대통령보다 더 강하다", 프레시안, 2017. 1. 6.자 http://www.pressian.com/news/article.html?no=147925&ref=nav_search

第2章 세계의 탄핵

□ 정치형 탄핵 국가

하원의 탄핵소추 상원의 탄핵심판형	영국	미국	인도	브라질	필리핀	멕시코	파라과이
하원의 탄핵소추·사법기관 조사 법적판단· 상원의 탄핵심판형	러시아	리투아니아	인도네시아	싱가포르			
의회 기반의 별도의 탄핵심 판기관을 구성한 형	일본	프랑스					

※ 의회 직접 파면 형 : 남아프리카공화국

□ 사법형 탄핵제도 국가

의원내각제 정부형태의 사법형	독일	오스트리아	이탈리아
대통령제 정부형태의 사법형	헝가리	체코	폴란드
보다 강한 사법형	한국		

※ 한국의 탄핵제도는 헌법보호의 수단이자, 국회에 의한 집행부와 사법부의 통제수단으로 이해되고 있다. 헌법재판소는 '탄핵이란 일반적인 사법절차나 징계절차에 따라 소추하거나 징계하기가 곤란한 행정부의 고위 공무원이나 법관 등과 같이 신분이 보장된 공무원이 직무상 중대한 비위를 법한 경우에 이를 의회가 소추하여 처벌하거나 파면하는 절차이다.[8] 탄핵심판제도를 대통령을 비롯한 고위공직자를 대상으로 그 법적인 책임을 특히 헌법이 정하는 특별한 소추절차에 따라 추궁함으로써 헌법을 보호하는 제도이다.'고 하고 있다.

1. 영 국

영국의 탄핵제도는 왕권과 부패한 공직자에 대한 견제장치였다. 국왕의 실정에 대한 책임을 국왕에게 직접 추궁할 수 없었다. 그리하여 국왕의 측근인 고위직 관리를 소추하여 심리함으로써 국왕의 책임을 간접적으로 추궁할 수 있는 탄핵이라는 제도가 고안도l어었으며, 그것은 14세기 최고의 위업(crowning achievement)으로 일컬어지고 있다.[9] 1679년 하원은 스스로 탄핵제도를 '정부를 보존하는 주된 장치'라고 한바 있다.[10] 영국의 탄핵제도에 관여하는 별도의 독립된 법률이 존재하지 않고, 오랜 세월

---

8 헌법재판소, 헌법재판실무, 2003, 301면.
9 Raoul Berger, The Impeachment: Constitutional Problems, 1974, P.26.

에 걸친 숱한 관행과 판례를 통하여 제도의 내용이 형성 되었다. 오늘날에는 의원내 각제의 발전으로, 또한 공직자에 대한 실효적인 사법제도의 운용으로 말미암아 탄핵 제도는 사실상 무용지물이 되고 말았다.[11] 그러나 탄핵제도가 영국에서 아주 없어진 것은 아니다. Dicey는 통상적인 법에 의하여 정당한 처벌이 곤란하여 의회에서 처리 되어야 할 범죄들이 여전히 발생할 가능성이 있다고 보고 있다.[12] 영국 하원에 의한 탄핵사유는 판례상 각료나 고관들의 반역죄(treason), 중죄(felony), 직무태만(misprision), 비행(misdemeanor), 직권남용(abuse of power), 수뢰(bribery) 때로는 사기, 폭력, 살인 등 으로 그 유형이 매우 다양하였다. 이러한 사유 중에서 가장 많이 사용된 것이 중대한 범죄와 비행 이었다. 이는 '국가에 대한 정치적 범죄'의 한 유형이었다.[13] 1376년 영국 의회는 최초로 탄핵을 결정하는 판결을 내렸는데 당시 국왕인 에드워드 3세의 측근으 로 악행을 일삼던 래티머 남작 4세 윌리엄이 탄핵 대상이 됐다. 이걸 계기로 이후부터 는 대신이나 국왕의 측근 등 정치적 인물이 탄핵의 대상이 됐다. 영국은 탄핵이 결정 되면 단순히 그 직책을 박탈당하는데 끝나지 않고 벌금형이나 징역형도 받게끔 만들 어진 구조였다. 하지만 19세기 이후부터 내각불신임권이 생기자 영국의 탄핵 제도는 이름으로만 남게 됐다.[14] 영국에서 탄핵절차는 '하원이 소추하고 상원이 이를 심리한 다.'는 원칙이 견고하게 확립되어 왔다. 탄핵절차의 개시를 위해서는 먼저 하원에서 탄핵을 발의하여야 한다. 탄핵소추안이 통과되면 하원은 상원에 대하여 탄핵재판을 청구하는 문서인 탄핵소추장(Articles of Impeachment)을 작성한다. 일단 탄핵절차가 개시되면 의회가 폐회 또는 해산되더라도 탄핵절차는 종결되지 아니한다.[15] 모든 탄 핵사건에 대한 재판권한은 상원이 갖는다. 변론과 증거조사를 마치면 상원은 탄핵소 추장의 각 항목별로 유죄 여부를 판단한다. 이 때 통상의 경우와 같은 다수결에 따라 결정한다. 상원의 탄핵재판에서 부과될 수 있는 형벌은 사형, 징역, 벌금뿐만 아니라 파면의 선고도 가능하다. 국왕은 유죄판결 이후 사면권을 행사함으로써 형의 집행을 면제하거나 경감할 수 있다.[16]

10 Raoul Berger, Impeachment: The Constitutional Problems, 1973, P.1.

11 de Smith/Brazier, Constitutional and Administrative Law, 7th. ed. 1994, P.333.

12 Dicey, An Introduction to the Study of the Law of Constitution, 1982, p.455.

13 Raoul Berger, Impeachment: The Constitutional Problems, 1973, P.64.

14 김회권, "14세기 등장한 '탄핵', 21세기 한국을 점령하다"., 시사저널, 2016. 12. 9.

15 헌법재판소, 탄핵심판제도에 관한 연구(헌법재판연구 제12권), 2001, 20면.

16 헌법재판소, 탄핵심판제도에 관한 연구(헌법재판연구 제12권), 2001, 24면.

2. 미 국

미국은 대통령[17]을 국가원수로 하는 연방공화국 체제이다. 각 주는 독립된 주권을 가지고 있지만, 그 일부를 연방정부에 위탁하는 형식을 취하고 있다. 연방정부는 대통령 중심제로, 대통령의 임기는 4년이고 중임은 가능하지만 3선은 헌법으로 금지되어 있다. 미국의 탄핵제도는 미국 헌법 제1절, 제2절, 제3절에서 그 골격을 형성하고 있다. 제1절 제2조 제5항은 하원이 탄핵소추의 전권을 가짐을, 제3조 제6항은 하원이 모든 탄핵심판의 전권을 가짐을 규정하고 있다. 미국탄핵제도의 실제는 연방법관에 대한 탄핵을 중심으로 운용되어 왔다.

영국헌법의 영향을 받은 미국은 그들의 역사에서 2번의 탄핵소추가 있었다. 처음 탄핵소추를 받은 이는 앤드루 존슨(Andrew Johnson)[18] 전 대통령이다. 에이브러햄 링컨 대통령이 재선될 때 부통령이었는데 링컨이 암살되자 자연스레 미국의 17대 대통령을 물려받았다. 그는 의회와의 관계가 매번 문제였다. 당시 존슨은 에드윈 스탠턴 육군장관을 부당 해임[19]한 사건으로 탄핵을 받고 말았다. 그러나 탄핵재판소를 구성한 공화당원 6명이 3권 분립의 원칙을 지키기 위해 부결투표를 던지면서 존슨의 탄핵은 불과 한 표 차이로 부결되었고, 리처드 닉슨(Richard Nixon, Richard Milhous Nixon)

---

17 대통령 권한의 변천
　　미국 대통령의 권한은 지금까지 여섯 차례 정도 변화를 겪었는데, 시기별로 나눠 보면 다음과 같다. 1789년부터 1803년까지는 '초기 대통령' 시기로 이때 처음으로 대통령의 위상을 확립하고 대통령에 대한 국민들의 시각에 영향을 주었다. 1804년부터 1900년까지는 '의회 주도' 시기로 아직 리더십(leadership)이 약한 대통령으로 인해 국가권력 및 국정운영의 중심이 의회에 집중되었다. 1901년부터 1945년까지는 '현대적 대통령' 시기로 활발한 대(對)의회 활동과 대(對)국민 활동으로 많은 업적을 달성하였다. 1945년부터 1963년까지는 '영웅적 대통령' 시기로 제2차 세계대전의 종결과 더불어 미국이 최강국의 반열에 등극한 시기였다. 이 시기에 핵무기의 사용결정권 보유 등으로 인해 미국 대통령은 자유세계의 지도자로 등극하게 되었다. 1963년부터 1974년까지는 '황제적 대통령(Imperial President)' 시기로 미국의 베트남전(Vietnam War) 개입으로 인하여 대통령의 권능이 확대되고 남용되었던 시기였다. 1974년부터 현재까지는 '황제적 대통령 이후' 시기로 대통령과 의회 사이의 균형을 추구한 시기이다. 미국 개황, 2009. 6., 외교부,
　　http://terms.naver.com/entry.nhn?docId=956910&cid=43938&categoryId=43958
18 앤드류 존슨(Andrew Johnson, 재임기간 1865~1869) 링컨 대통령의 유고로 대통령직은 민주당 소속으로 주 자치권을 옹호하고 잭슨주의를 신봉하던 보수적인 남부인이었던 앤드류 존슨에게 넘어갔다. 비록 자신은 강직하고 존경 받을만한 정치인이었지만 험난한 정국으로 인해 존슨은 불행한 재임기간을 보낸 대통령 중 하나로 기록되고 있다. 미국 국무부 주한 미국대사관 공보과, 2004.
19 존슨이 에드윈 M. 스탠튼 전쟁장관을 해임하자 그가 이 법률들 중 하나인 '공무원 임기법'을 위반했다는 빌미를 잡아 11개항으로 구성된 대통령 탄핵안을 상정했다. 1868년 봄 상원에서 이 탄핵안에 대한 심의가 진행되었고 존슨은 한 표 차이로 대통령직을 지킬 수 있었다.

은 탄핵절차가 개시되자 스스로 사임[20]하였다. 1972. 6. 17 대통령 사임까지 몰고 간 워터게이트 사건이 터지다. 새벽 2시 30분경, 캄캄한 건물 안을 회중전등 불빛이 이리 저리 비추고 있었다. 한껏 죽인 발소리, 낮게 속삭이는 말소리. 뭔가 야릇한 분위기 속에서 사무실의 시계 바늘은 무심히 똑딱이며 새벽을 걷고 있었다. 그때 갑자기 뭔가 시끄럽게 떠드는 소리와 함께 다급히 뛰는 소리가 텅 빈 건물에 울려 퍼졌다.

"경찰이다, 손 들어!" 범인들은 그리 격렬히 저항하지 않았고, 다섯 사람이 현장에서 체포되었다. 그뿐이었다. 흔하디 흔한 건물털이 사건. 하지만 무심한 시계 바늘이 계속해서 돌아가는 동안, 문제가 보통이 아니라는 것이 조금씩 드러났다.

"민주당 전국위원회를 도청한다고? 누가 그런 바보짓을 해?"

잡힌 범인들은 무기나 금고털이 도구가 아니라 도청 장비를 갖고 있었다. 그리고 다섯 명 중 세 사람은 쿠바인이었고, 하나는 처음에는 쿠바인으로 알려진 이탈리아계 미국인. 그리고 남은 한 사람은 제임스 매코드라는 미국인이었다. 이들이 붙잡힌 곳은 워싱턴의 워터게이트 종합빌딩, 민주당 전국위원회가 입주해 있는 곳이었다. 처음 이 사건을 전해들은 닉슨의 보좌관들은 픽 웃었다. "뭐 주워들을 게 있다고 민주당 전국위원회를 도청하지? 하려면 선거 캠프를 해야지 말이야." "그러게. 게다가 저쪽(민주당 후보 맥거번)보다 19퍼센트나 앞서고 있는데 말이지…. 어디서 보냈는지 모르지만, 우리 쪽은 아닌 게 틀림없어."

하지만 틀림이 있었다. 6월 19일, 〈워싱턴포스트〉는 다섯 명의 침입자 중 미국인인 제임스 매코드는 전직 CIA 요원이며 닉슨 재선 운동본부의 경비조직에 소속되어 있다고 보도했다. 그리고 그 다음 날에는 그들의 수첩에서 역시 CIA 출신이며 닉슨을 위해 일했다고 알려진 하워드 헌트의 전화번호가 발견되었다는 기사가 나갔다. 6월 20일에는 민주당이 닉슨 재선 운동본부를 상대로 수백만 달러의 청구소송을 제기했다.

하지만 백악관에서는 워터게이트 와의 연관성을 완강히 부인했다. 이 사건은 기본적으로 쿠바인들 몇몇이 벌인 하찮은 절도 미수 사건일 뿐이며, 매코드는 조직과 무관하게 사적으로 일을 벌였다는 입장을 되풀이했다. 당시 FBI는 이 사건을 수사하며 닉슨 재선 운동본부에서 다섯 명의 범인에게 자금이 흘러 들어갔다는 것, 재선 운동본부와 이들이 긴밀한 연락을 주고받고 있었다는 것 등을 밝혀냈으나 공표하지는 않고 있었다. 다만 〈워싱턴포스트〉만이 그런 사실을 계속 보도하고 있었는데, '익명의 제보자'로부터 들은 말이라면서 사흘이 멀다 하고 특집 기사를 내보냈다(이 익명의 제보자는 2005년에 가서야 FBI 간부인 마크 펠트였다고 공개되었다).

닉슨은 〈워싱턴포스트〉에 유형무형의 압력을 가하는 한편 CIA를 움직여 FBI의 수

---

20 미국의 경우 탄핵절차를 개시한 뒤에는 사임 할 수 없다는 규정은 없다.

사 활동을 막으려고 획책했으나 둘 다 여의치 않았다. 그래도 여론은 아직 이 사건에 큰 영향을 받지 않았다. 그리하여 1972년 11월, 닉슨은 종전의 예상대로 민주당의 맥거번을 큰 표 차이로 누르고 재선에 성공했다. 워터게이트는 찻잔 속의 태풍으로 그치는가 싶었다.

"도대체 내가 무슨 잘못을 했지?" 그러나 사건은 정작 닉슨이 다시 백악관의 주인이 되던 전후부터 심각해졌다. 〈워싱턴포스트〉 말고도 〈뉴욕타임스〉, 〈로스앤젤리스타임스〉 등이 경쟁적으로 워터게이트 기사를 내보내고 있었다. 그 중에는 법무장관 존 미첼이 민주당 관련 정보 수집을 총지휘했다는 것, 도널드 새그레티라는 변호사가 전국을 다니며 닉슨 재선을 위해 불법도청을 비롯한 정치공작을 벌여왔으며 워터게이트는 빙산의 일각에 불과하다는 것 등이 포함되어 있었다. 또한 사법부 쪽에서도 닉슨을 몰아붙였다. 다섯 명의 침입자들에 대한 재판 과정에서 존 시리카 판사는 관련 사실을 털어놓는 대가로 그들의 형량을 줄여 주는 거래를 했고, 그에 따라 충격적인 증언이 잇달았다. 문제가 심각해지자 닉슨은 애초의 "백악관은 이 사건과 아무런 관련이 없다"는 입장을 뒤집고 "대통령은 까맣게 몰랐으며, 아랫사람들이 제 멋대로 저지른 일"이라는 입장을 표명했다. 그리고 보좌관 밥 홀드먼과 존 엘리히먼을 해직시키며 사과 의사를 표명했다. 그러나 사태는 악화일로를 치달았고, 닉슨은 취임 첫해인 1973년을 온통 워터게이트 문제로 소비해 버렸다. 집무 중의 모든 대화를 녹음한 테이프가 있음이 알려지면서, 그 테이프를 놓고 1973년 5월부터 상원 주최 워터게이트 청문회가 열렸다. 닉슨은 국가 기밀 사항이 있다는 이유로 테이프 공개를 거부했고, 끝내는 전체의 백분의 일에 불과한 40시간 분량만을 공개했다(테이프가 완전히 공개된 것은 1996년이었다). 이를 통해 법무장관 존 미첼, 국무장관 헨리 키신저 등이 온갖 도청 활동과 문서 위조, 매수 등의 부정행위와 연관되어 있었음이 밝혀졌다. 또한 닉슨이 거액의 탈세를 했다는 사실, 또한 선거 과정에서 걸프 오일을 비롯한 미국의 대기업들의 불법 자금을 받았다는 사실도 드러났다. 벼랑 끝에 몰린 닉슨은 자충수까지 두었다. 1973년 10월에 이 사건을 맡은 특별검사 아치볼드 콕스를 전격 해임한 것이다. 직접 해임권자인 법무장관이 대통령의 지시를 거부하며 사임하고, 법무차관까지 사임해 버리자 결국 특검 해임은 법무부 송무실장의 손에서 이루어졌다. 언론에서 "토요일 밤의 학살"이라고 대서특필한 이 사건으로 닉슨에 대한 민심은 완전히 떠났다. 상원 청문회와 특검을 통해서도 워터게이트가 닉슨이 직접 지시해서 벌어진 일이라는 명백한 증거는 나오지 않았다. 하지만 그가 그 사건의 진상을 은폐하려 했음은 분명했고, 워터게이트를 넘어 여러 비리 혐의가 드러나 버렸다. 1974년 7월, 하원은 닉슨의 탄핵을 결의했다.

닉슨은 이제 상원에서 탄핵안을 승인하면 자신이 미국 사상 최초로 탄핵된 대통령이 될 것임을 알았고, 탄핵안 승인이 거의 확정적임도 알았다. 그래서 1974년 8월 8일에 먼저 사임해 버렸다. 제럴드 포드 부통령이 대통령직을 이어받았고(원래의 부통령 애그뉴는 1973년 10월에 닉슨과 연관된 비리 혐의로 사임했다), 포드는 9월에 닉슨을 사면했다. 1972년 6월 17일에 시작된 워터게이트 사건의 대단원이었다.

대통령직을 물러난 닉슨은 그 후 언론의 인터뷰에서 "내가 몇 가지 잘못을 저지르기는 했지만… 사소한 것들이었다. 그밖에 경제 문제나 외교 활동 등 큰 것들은 성공적으로 수행했다고 생각한다."고 밝혔다. 여유 있는 태도였다. 그러나 남들이 보지 않을 때는 그렇게 여유롭지 못했다고 한다. 국무장관이었던 키신저를 붙들고 울음을 터뜨리며 "이해할 수가 없어. 내가 대체 무슨 잘못을 했다는 거지?"라고 부르짖곤 했다고도 한다. 이후 그는 회고록 집필이나 정치자문 등의 활동을 하며 살다가 1994년 4월 22일에 뇌졸중으로 사망했다.[21] 두 번째 탄핵이 바로 빌 클린턴(Bill Clinton, 1946. 8. 19~)대통령[22]의 성추문, 이른바 '르윈스키 스캔들'이었다. 클린턴은 1998년 12월 모니카 르윈스키 성추문 사건에 대해 사법방해와 위증 혐의로 탄핵소추 됐는데 1999년 2월 상원 표결에서 부결돼 가까스로 파면을 면했다.[23] 미국 수정헌법 제6조상 형사처벌절차는 필요적 배심제도로 되어 있는데 탄핵절차를 형사처벌로 보면 동 조항상의 배심제의 보장 문제가 발생 할 수 있다는 점과 탄핵심판의 결과에서 형벌을 제외하고 파면만을 규정한 점이 근거가 되고 있다.[24] 또한 형사처벌에 해당된다고 보면 이중처벌금지(Double Jeopardy)의 문제가 있다는 점도 지적되고 있다. 미국의 탄핵절차는 하원에서 탄핵소추를 제기함으로써 시작된다. 탄핵소추 여부를 의결하기 전에 하원 법제사법위원회(Judiciary Committee)를 중심으로 철저한 사전 조사가 행해진다. 통상의 절차와 같은 토론과 표결(다수결)에 의하여 탄핵소추가 의결되면 하원은 조문의 형식으로 기재된 탄핵소추장(Articles of Impeachment)을 작성하여 상원에 제출함으로써 탄핵소추를 하게 된다. 탄핵소추장은 이를 제출한 하원에 의해서만 수정이 가능하다.[25]

---

21 함규진, 서울교육대학교 교수/역사저술가, 2017. 3. 1. 17시, 닉슨(Richard Milhous Nixon, 1913. 01. 09~1994. 04. 22), 부분 게재. https://search.naver.com/search.naver?sm=tab_hty.top&where=nexearch&oquery=Nixon&ie=utf8&query=%EB%8B%89%EC%8A%A8

22 아칸소주 법무장관을 지내고, 미국 최연소 주지사로 당선되었다. 민주당 후보로 1992년 제42대 대통령에 당선되었고, 4년 뒤 재선에 성공하여 1993년부터 2001년까지 재임하였다. 백악관 여직원과의 성추문 사건 파문으로 하원이 클린턴에 대한 탄핵안을 가결하기도 했다. 1997년 12월 백악관 여직원이던 르윈스키와의 성추문 사건이 공개되어 큰 파문을 일으켰다. 1998년 10월, 하원은 클린턴에 대한 탄핵조사안을 가결하였으며, 같은 해 12월 탄핵안도 가결하였다. 그러나 1999년 탄핵소추에 큰 영향을 받지 않고 실용적인 경제 및 대외정책에 크게 힘입어 70%에 이르는 지지도를 얻었다.

23 김회권, "14세기 등장한 '탄핵', 21세기 한국을 점령하다"., 시사저널, 2016. 12. 9.

24 Raoul Berger, Impeachment: The Constitutional Problems, 1973, p.85.

대통령, 부통령에 대한 탄핵심판은 연방대법원장이 주배하며, 그 밖의 경우에는 상원의장인 부통령이 주재한다. 하원을 대표하여 탄핵소추 대리인들(managers)이 탄핵소추역을 맡는다. 심판기일에 피소추자나 대리인이 출석하여 탄핵소추장에 대해 답변할 수 있으며, 모두 출석하지 않은 때에는 일방적으로 탄핵재판이 진행된다.[26] 구두변론은 상원 전원위원회(full Senate)에서 행해질 수 있으나, 상원의 탄핵심판규칙은 상원의원 12인으로 구성되는 위원회에서 행해질 수 있도록 규정하고 있다.[27] 최종표결은 각 탄핵사유 조항별로 행해지며 출석한 상원의원 3분의2의 동의를 얻어야 유책이 인정된다(헌법 제1정 제3조 제6항). 상원에 의한 유책판정의 효과는 면직, 명예·신임 또는 보수를 동반한 공직에의 취임자격 박탈 이상에는 미칠 수 없다(동 제7항). 파면의 효과는 필수적이지만, 공직취임자격의 박탈 여부는 상원이 재량으로 판단한다. 대통령의 사면권은 탄핵에는 미치지 않는다(헌법 제2절 제1항)[28] 흔히들 미국 연방대법원의 예를 들면서 미국 법원의 판결문과 같이 우리 헌법재판소도 개별 재판관들의 의견이 기재되는 결정문을 작성해야 한다고 주장한다. 그러나 그러한 주장을 하기에 앞서 미국 연방대법원의 제도를 정확히 파악할 필요가 있다. 우선 미연방대법원에서 대법관들의 평의를 비공개로 진행하는 것은 오랜 관행(tradition)에 의한 것이며, 그것을 규정한 명문의 법령에 의한 것이 아니다. 또한 현재 미국 연방대법원 판결에서 개별 재판관의 의견을 밝힐 것인지 여부에 대해 직접 규정한 명문의 법규도 없다. 그에 따라 미국 연방대법원은 대법관들의 선택에 의해 판결이유를 전혀 기재하지 않고서 "원심판결을 認容한다"는 주문만을 기재한 채 판결을 선고하거나, 법정의견의 집필자를 밝히지 않은 익명의 판결(per curiam)을 선고하거나, 개별 대법관들의 의견을 밝혀 판결을 선고하는 등 다양한 형태의 판결 양식을 채택하고 있다.

반면 우리나라 헌법재판소법 제34조 제1항은 미연방의 경우와 달리 평의의 비밀을 명문으로 규정하고 있다. 그리고 헌법재판소법 제36조 제2항 제4호는 헌법재판소의 모든 결정서에 헌법재판소 전체의 의견을 표시하여 이유를 기재하도록 하고 있으며, 같은 조문 제3항은 개별 재판관의 의견을 결정문에 표시해야 하는 사건 범위를 명확하게 특정하고 있다.[29]

---

25 헌법재판소, 탄핵심판제도에 관한 연구(헌법재판연구 제12권), 2001, 51면.

26 헌법재판소, 탄핵심판제도에 관한 연구(헌법재판연구 제12권), 2001, 52면.

27 The Association of the Bar of the City of New York, p.7.

28 김하열, "탄핵심판에 관한 연구", 고려대학교 대학원 법학박사 학위논문, 2006, 23면.

29 이정환, "헌법재판소 탄핵 기각 결정문 전문", 이정환 닷컴, 2004. 5. 16. 외국 부분 게재.
   http://www.leejeonghwan.com/media/archives/000143.html

3. 독일

독일의 탄핵제도는 기본법 제61조(연방대통령에 대한 탄핵), 제98조 제2항, 제5항(연방 및 주 법관에 대한 탄핵)과 이를 구체화한 연방헌법재판소법 제49조 내지 제57조(연방대통령에 대한 탄핵절차), 동법 제58조 내지 제62조(연방 및 주 법관에 대한 탄핵절차)를 통하여 규율되고 있다. 탄핵의 대상은 연방대통령과 법관에 한정되어 있다. 집행부에서의 탄핵대상을 대통령에 한정하고, 연방수상과 각료에 대한 탄핵을 인정하지 않은 점과 법관탄핵을 인정한 점이 종전의 바이마르헌법[30]과 다르다.[31]

연방참사원의 의장 역시 그 성질상 연방대통령의 권한대행으로 활동할 경우 마찬가지로 탄핵의 대상이 되는가가 문제되나, 학설은 압도적 다수가 이 문제를 긍정적으로 이해하고 있다.[32] 탄핵제도는 형사절차적 요소를 지니고 있지만, 근본적으로는 헌법질서의 보호에 기여하는 특수한 헌법적 절차로 이해되고 있다.[33] 연방헌법재판소가 탄핵재판권을 가지는 것은 탄핵재판이 무엇보다도 헌법보장의 기능을 담당하고 있음을 보여준다.[34] 독일 대통령 탄핵사유가 되는 것은 연방대통령의 기본법과 연방법률에 대한 침해이다. 불문헌법 역시 그것이 연방헌법재판소의 판례를 통해 승인되고 따라서 연방헌법재판소법 제31조에 따라 모든 국가기관을 구속하는 것인 한 기본법의 일부로 간주된다. 대통령 탄핵의 절차는 소추권자는 연방의회 (하원)와 연방참사원(상원)이다(기본법 제61조 제1항). 탄핵 소추발의는 두 기관의 합동에 의해서가 아니라 연방의회에 의해서든, 연방참사원에 의해서든 독자적으로 행할 수 있다.[35] 연방의

---

30 바이마르헌법(Weimarer Verfassung, —憲法)? 1919년 8월 11일 제정된 독일공화국헌법이다. 제1차 세계대전 뒤 독일혁명으로 독일 제정(帝政)이 붕괴된 후, 보통·평등·비례선거에 의하여 선출된 국민의회가 7월 31일에 의결하고, 8월 11일 공포한 헌법이다. 국민의회가 바이마르에서 열렸다 하여 이렇게 부른다. 이 헌법은 종래의 비스마르크 헌법과는 달리, 민주주의 원리의 바탕 위에서 독일국민의 통일을 지도이념으로 하고, 다시 사회국가적 이념을 가미한 특색있는 헌법이다. 즉, 국민주권주의에 입각하여 보통·평등·직접·비밀·비례대표의 원리에 의거한 선거에 의한 의원내각제를 채택하면서 동시에 약간의 직접민주제도를 인정하였다. 한편, 19세기적인 자유민주주의를 기본으로 하면서 20세기적 사회국가의 이념을 취하여 근대 헌법상 처음으로 소유권의 의무성(사회성)과 재산권행사의 공공복리 적합성을 규정하고, 인간다운 생존(생존권)을 보장하면서 경제조항(經濟條項)을 규정함으로써 20세기 현대 헌법의 전형(典型)이 되었다. 1933년의 히틀러 정권에 의한 수권법(授權法)을 비롯한 일련의 입법에 의하여 사실상 폐지되었으나, 그 후 세계의 민주주의 여러 나라에 많은 영향을 끼쳤다. https://search.naver.com/search.naver?where=nexearch&query=%EB%B0 %94%EC%9D%B4%EB%A7%88%EB%A5%B4+%ED%97%8C%EB%B2%95&sm=top_hty&fbm=1&ie=utf8, 2017. 3. 1.자 검색
31 김하열, "탄핵심판에 관한 연구", 고려대학교 대학원 법학박사 학위논문, 2006, 24면.
32 v. Mangoldt/F. Klein, Das Bonner Grundgesetz(Kommenthe), 4.Aufl. Bd. 2, 2000, 61,Rn.8.
33 Kunig, Grundgesetz(Kommentar), Bd. 2, 1995, Art.61, Rn.2.
34 헌법재판소, 탄핵심판제도에 관한 연구(헌법재판연구 제12권), 2001, 77면.

회의 발의는 재적인원 4분의1이상의 찬성이 있어야 하며, 연방참사원에 의한 발의는 표결권의 4분의1이상의 찬성이 있어야 한다.[36] 탄핵소추 발의에 이은 의결에는 연방의회 재적의원 3분의2이상 혹은 연방참사원 표결권의 3분의2이상의 찬성이 필요하다 (연방헌법재판소법 제49조 제3항). 이와 같은 가중 의결저옥수는 연방대통령의 고의에 의한 법위반여부에 대한 광범위한 합의가 있을 경우에만 탄핵이 행해질 수 있도록 하기 위함이다.[37] 독일 연방헌법재판소법 52조1항은 '판결의 선고가 있을 때까지 연방의회 법정의원수의 과반수 또는 연방참사원의 투표수의 과반수의 찬성으로 연방대통령에 대한 탄핵소추를 취하할 수 있다'고 정하고 있다.

독일은 오래 전부터 재판에 있어서 평의의 비밀 원칙을 고수하고 있다. 즉 독일 법관법 제43조에 의하면 "법관은 업무를 종결한 이후에도 합의와 표결의 경과에 대하여 비밀을 지켜야 한다." 합의(평의)와 표결의 비밀을 유지해야 하는 이유는 법관의 독립성, 법관조직의 통일성 그리고 그로부터 나오는 판결의 권위와 법원의 명예이다. 법원조직법을 제정할 당시 소수의견을 밝힐 권리는 인정되지 않았으며 평의의 비밀은 엄격하게 지켜졌다. 입법자는 평의의 비밀이라는 독일의 법률전통을 지켜내려 했고, 이 전통에 따라 현재에도 평의와 표결의 비밀이 관철되고 있다.

따라서 평의와 표결은 비공개리에 이루어져야 하며 평의와 표결에 참여한 자는 그 이후에 제3자나 상급기관에 평의와 표결내용을 밝혀서는 안 된다. 평의는 표결에 있어서 그 정점을 이룬다. 평의의 비밀의 대상은 두 과정 즉, 평의와 표결로 나뉜다. 독일 법관법 제43조에 의한 평의의 비밀 준수의무는 지금까지 그러했던 것처럼 이 두 과정으로 이해되어 왔으므로, 법관은 평의뿐 아니라 표결에 대하여도 침묵을 지켜야 할 의무를 부담한다.

독일 연방헌법재판소의 경우에도 위와 같이 평의의 비밀을 유지하는 전통이 오랫동안 지켜져 내려 왔다. 다만 1970년 독일 연방헌법재판소법 제30조 제2항을 신설하면서 비로소 재판관들이 법제도상으로 소수의견을 공표할 수 있게 되었을 뿐이다. 그런데 위와 같이 개정된 독일 연방헌법재판소법은 탄핵심판사건을 포함한 모든 종류의 헌법소송사건에서 소수의견을 표시할 수 있도록 규정하고 있다. 그러나 우리나라의 헌법재판소법 제36조 제3항은 법률의 위헌심판, 권한쟁의심판 및 헌법소원심판 사건에 한하여 개별 재판관들의 의견을 결정서에 표시하도록 하고 있을 뿐 탄핵심판에 관하여는 그러한 규정을 두지 않고 있다. 그러므로 위와 같은 독일 연방헌법재판소법의 규정을 들어 우리나라에서도 탄핵심판사건에 관하여 개별 재판관들의 의견을 결

---

35 Maunz, Grundgesetz(Kommenter), Bd. 4, 2002, 61, Rn.34.

36 v. Mangoldt/F. Klein, Das Bonner Grundgesetz(Kommenthe), 4.Aufl. Bd. 2, 2000, 61, Rn.17.

37 v. Mangoldt/F. Klein, Das Bonner Grundgesetz(Kommenthe), 4.Aufl. Bd. 2, 2000, 61, Rn.19.

정서에 표시하여야 한다고 주장할 수는 없는 것이다.[38]

4. 프랑스

프랑스 탄핵제도는 한편으로는 대신(大臣)이나 고관들의 잘못을 규탄하는 제도로, 다른 한편으로는 대통령에 대해 반역을 방치하는 특별형사절차로 발달하지만, 점차 대신이나 고관의 부정을 억제하는 입헌수단으로 변화하였다.

프랑스에서 탄핵제도를 최초로 입법화 한 것은 1791년 헌법이다. 1791년 헌법은 입헌군주제를 채택하고 의회는 단원제를 채택하였는데, 여기서 국왕의 대신과 행정권에 속하는 주요 관리의 책임에 대해서는 국민고등재판소(Haute Cour Nationale)에 소추하였다.[39] 국가의 일반적인 안전 또는 헌법에 대한 침해기도 및 음모를 이유로 하여 고소된 자는 의회인 국민입법의회에 의하여 국민고등재판소에 소추되었다.[40]

프랑스는 국가반역죄의 경우에만 탄핵 대상이 된다.[41] 하원이 탄핵을 발의하고 상원이 이를 심사하는 미국과 영국과 달리 프랑스는 하원과 상원 모두 탄핵소추안을 발의하고 가결되면 최고재판소에서 이를 두고 결정한다. 이때 최고재판소는 상원과 하원의 의원들로 구성된다. 프랑스에서 1958년 5공화국이 들어선 이래 대통령이 실제로 탄핵을 당한 사례는 없었다. 2016년 11월 프랑수아 올랑드(Francois Hollande) 대통령[42]을 대상으로 야당의원이 탄핵안을 발의한 것도 부결됐다. 르몽드 기자 2명이 발간

---

38 이정환, "헌법재판소 탄핵 기각 결정문 전문", 이정환닷컴, 2004. 5. 16. 외국 부분 게재. http://www.leejeonghwan.com/media/archives/000143.html
39 정종섭, "탄핵심판에 있어 헌법재판소의 탄핵여부결정권", 법학, 제46권 제1호, 2005. 3., 527면.
40 성낙인, 『프랑스 헌법학』, 1995, 473면.
41 헌법 제68조 제1조 제1항은 "정부구성원은 그 직무수행 중에 행한 행위로서 그 행위시에 중죄 또는 경죄의 성격을 띠는 행위에 대하여 형사책임을 진다."고 하였고, 제2항은 "공화국탄핵재판소가 이를 심판한다."고 규정하였으며, 제3항은 "공화국탄핵재판소는 중죄 및 경죄의 정의와 법률에 따라 적용되는 형벌의 결정에 구속된다."라고 하여 정부구성원이 탄핵심판의 대상임을 밝히고 있다.
42 1954년 8월 12일 프랑스 북부 루앙에서 이비인후과 의사의 아들로 태어났다. 올랑드는 18세 때 당시 프랑수아 미테랑 대통령의 연설을 접한 후 정치인의 꿈을 키웠다고 한다. 프랑스 정치 엘리트의 산실로 불리는 국립행정학교와 파리정치대학을 졸업한 뒤 판사와 변호사, 대학교수를 지냈다. 1988년 프랑스 중남부의 코레즈에서 하원 의원으로 당선된 이후, 지역구인 튈 시장(2001~2008년)과 사회당 대표(1997~2008년)를 지냈다. 화려한 이력에도 불구하고 '보통 남자', '이웃집 아저씨'라고 불릴 만큼 수수한 외모에 외유내강형이란 평가를 받고 있으며, 당내 중도파로 분류된다. 2011년 10월 16일(현지시간), 57%의 지지를 받아 43%에 그친 마르틴 오브리 대표를 꺾고, 2012년 4월 프랑스 대통령선거에 출마할 사회당 후보에 선출됐다. 선거기간 동안 고소득자·대기업·금융권에 대한 증세(增稅)를 핵심공약으로 내세웠고, 이민자 문제에 대해서는 관대한 정책을 펴겠다며 지지를 호소하였다. 2012년 5월 6일 대통령 선거 2차 결선투표에서 51.67%의 득표율로 집권당

한 대담집 '대통령이 이걸 말하면 안되는데(Un président ne devrait pas dire ma)'에서 올랑드 대통령이 국가 기밀을 털어놓았다는 이유였다. 의회에서 부결되긴 했지만 당시 올랑드 대통령의 지지율은 4%였다.[43] 이원집정부제 혹은 반대통령이라는 독특한 정부형태, 그리고 양원제를 취하고 있는 프랑스는 현재 대통령과 고위공직자에 대한 탄핵심판제도를 두고 있으나 양자에 대한 심판기관을 분리하여 대통령 탄핵심판은 24명의 양원 국회의원들로 구성되는 고등법원에서 그 밖의 공직자가 탄핵심판은 국회의원과 대법원판사로 구성되는 공화국법원에서 각기 심판하고 있다.[44] 헌법 제68조에 따라 대통령 탄핵절차는 먼저 양원, 국민회의, 상원에 의한 소추로 개시되지만, 구체적인 절차는 양 의원의 규칙에서 규정하고 있다. 양원은 각각 재적의원 10분의 1이상의 동의로 탄핵안을 발의하고(국민의회규칙 제158조, 상원규칙 제68조 제1항), 그리고 상원의원 30명으로 구성되는 특별위원회로 회부하면 위원회는 탄핵안에 대하여 그 중대성 여부에 대해 심사한다. 위원회가 심사 보고서를 의회에 상정하면 심의 후 탄핵안을 공개투표로 표결에 붙이는데 우선 양원 중 일우너에서 재적의원 과반수로 탄핵소추가 의결되면, 곧 다른 원에 이송되어 마찬가지로 재적의원 과반수가 찬성하면 탄핵심판은 청구되는 것이다. 이때 양원 중 한 원이 탄핵안을 반대하면 이 탄핵안은 폐기되고, 만일 탄핵안을 수정해서 동의하면 다시 다른 원에서 수정된 탄핵안에 대하여 표결을 하여야 한다.[45]

5. 일 본

일본에는 법관(재판관)에 대한 탄핵제도만 있다. 재판관탄핵재판소(裁判官彈劾裁判所 さいばんかんだんがいさいばんしょ 사이반칸단가이사이반쇼)는 일본 재판관소추위원회의 소추(訴追)를 받아 일본의 재판관의 파면(罷免) 여부를 결정하기 위해 탄핵재판을 시행하는 일본의 국가기관이다. 한번 파면된 재판관은 변호사 자격을 잃게 된다. 다시 변호사 자격을 회복하기 위해서는 탄핵재판소의 자격회복 재판을 거쳐야

인 대중운동연합(UMP)의 니콜라 사르코지 대통령을 꺾고 대통령에 당선되었다. 올랑드의 승리로 중도좌파인 사회당은 프랑수아 미테랑(1981~95년 재임) 이후 17년 만에 대권을 회복한 반면, 사르코지 전 대통령은 1981년 발레리 지스카르 데스탱 이후 31년 만에 연임하지 못한 대통령이라는 불명예를 안았다. http://terms.naver.com/entry.nhn?docId=938398&cid=43667&categoryId=43667, 박문각.

43 김회권, "14세기 등장한 '탄핵', 21세기 한국을 점령하다"., 시사저널, 2016. 12. 9.

44 전학선, "프랑스의 대통령 탄핵심판제도", 헌법학연구, 2000. 12., 306면.

45 전학선, "프랑스의 대통령 탄핵심판제도", 헌법학연구, 2000. 12., 314면.

한다. 다만 국회가 총리에 대한 '불신임 결의'를 하거나 총리가 직무상 국무장관을 파면하거나 중의원, 참의원에서 의원을 제명하는 제도가 있다. 일본 헌법 제76조 제3항은 "재판관은 그 양심에 따라 독립하여 그 직권을 행사하고, 헌법 및 법률에만 구속된다."고 규정하고 있는바, 재판관이 독립하여 공정한 재판을 받기 위해서는 국회나 내각 등에 의해 그 지위를 위협받지 않도록 할 필요가 있다. 일본의 탄핵제도는 미국의 모델을 하고 있지만, 오늘날의 의회는 의원수도 많고, 법률, 예산을 위시하여 많은 안건을 처리할 필요가 있기 때문이다.[46] 탄핵절차 파면의 소추에 있어 탄핵재판소는 탄핵재판을 통해서 재판관을 파면할 권한을 가진 재판소이지만, 스스로 재판관을 조사해서 재판을 개시할 수 없다. 일본탄핵재판소[47] 재판관소추위원회라는 다른 기관으로부터 재판관의 파면을 구하는 소가 제기된 경우에 한해 열린다. 재판관탄핵재판소는 14명의 재판원에 의해 구성된다. 재판원은 중의원 및 참의원에서 각각 7명의 국회의원이 선임된다. 재판장은 재판원 중에서 호선(互選)한다. 재판관탄핵재판소는 국회가 설치(設置)하는 권능(權能)을 가지지만, 재판소 자체는 국회에서 독립하여 직무를 행하는 독립 상설 기관이다. 이러한 이유로 국회가 폐회 중이라도 활동할 수 있다. 한편, 이 기관의 명칭은 일본국 헌법과 국회법에서는 단지 '탄핵재판소'라고 불리고 있지만, 재판관탄핵법은 '재판관탄핵재판소'라고 사용되고 있어 공적으로는 이 명칭이 사용되고 있다. 재판관탄핵재판소 아래에는 사무국이 있다. 사무국의 정원이나 임명에 대해서는 재판관탄핵재판소의 재판장이 중의원 및 참의원 운영위원회의 승인을 받아 행한다(재판관탄핵법 제18조). 재판관탄핵재판소 참사(參事)는 주로 참의원 사무국의 출향자(出向者)나 재판관탄핵재판소의 독자 채용에 따라 이루어진다. 재판관탄핵재판

---

46 김하열, "탄핵심판에 관한 연구", 고려대학교 대학원 법학박사 학위논문, 2006, 41면. 재인용.
47 일본국 헌법에는 재판권의 독립을 보장하기 위해 재판관의 신분을 보장하고 있다. 재판관을 파면하기 위해서는 아래의 세가지 경우로 한정하고 있다.
    1.공공의 탄핵에 의할 때(일본국 헌법 제64조)
    2.심신의 고장으로 인하여 직무를 수행할 수 없다고 결정된 경우(일본국 헌법 제78조)
    3.국민의 심사에 따라 최고재판소 재판관의 파면을 가(可)하다고 할 때(일본국 헌법 제79조)
    이 때, 첫 번째의 탄핵을 위해 일본 국회에 설치된 기관이 재판관탄핵재판소이다. 이 제도의 취지는 공정한 판단을 위해 사법부에 의한 재판을 피하며, 국민에 의한 공무원의 선정(選定)·파면권을 보장함으로써 국민의 대표인 국회의원에 맡기기 위함이다. 탄핵재판에 관한 상세한 규정은 일본의 국회법 제125조부터 제129조와 재판관탄핵법이 규정하고 있다. 재판관탄핵재판소에 의한 재판관의 파면 사유는 다음 두개로 한정하고 있다. 하지만, 일부에서는 표현이 애매하며, 구체적으로 어떤 사안에 적용시켜야 되는지에 대한 비판도 있다.
    1.직무상의 의무를 현저하게 위반하고, 또는 직무를 격심하게 소홀히 했을 때
    2.재판관으로서의 위신을 현저하게 잃은 비행(非行)이 있었을 때 한편, 파면 사유에는 미흡하지만 비행이 있었을 때, 징계 처분을 내릴 수 있다. 징계 처분은 재판관분한법(裁判官分限法)에 근거하며, 최고재판소의 대법정 또는 고등재판소의 재판에 의하여 행해진다. ; 2017. 3. 1. 검색.

소는 소규모의 기관이기 때문에 법정 등의 시설은 참의원 부속시설에 마련되어있다. 재판관탄핵재판소에의 소추는 국회의원이 구성원이 되는 재판관소추위원회에 의한다. 재판관소추위원회는 재판관에 대하여 국민이나 최고재판소에서의 소추 청구가 있었을 때 또는 파면 사유가 있다고 스스로 판단하였을 때 그 사유를 조사하여야 한다. 소추의 청구는 누구라도 재판관에게 파면 사유가 있다고 판단하였을 때는 할 수 있다. 조사 후, 소추위원회는 비공개로 의사(議事)를 진행하며, 여기서 소추 또는 불소추, 소추유예를 결정한다. 의결은 출석 위원의 과반수로 결정하지만, 소추와 소추유예 결정을 하기 위해서는 출석 위원의 3분의 2 이상의 다수결이 필요하다. 이 소추위원회의 결정은 사법심사의 대상이 되지 않는다. 소추 결정을 했을 경우에는 재판관탄핵재판소에 서면으로 파면 취지의 소추를 실시한다. 탄핵재판의 심리는 공개 구두(口頭)변론에 따라 진행된다. 파면 취지의 소추를 받은 재판관은 변호인을 선임할 수 있다. 재판관소추위원회의 위원장(또는 위원장이 지정한 위원)은 공판 심리에 입회한다. 증거조사를 진행하고, 판결이 내려진다. 재판은 심리에 관여한 재판원 과반수로 결정하지만, 파면을 결정하기 위해서는 3분의 2 이상의 재판원 찬성이 필요하다. 재판에서 파면이 결정되면 즉시 파면 효력이 발생한다. 형사재판과는 달라서 상소 제도가 없으므로 즉시 재판이 확정된다. 또, 이 재판에 대해서는 사법 재판소의 재판권을 행사할 수 없다.[48] 일본의 재판소법 제75조도 "합의체로 하는 재판의 평의는 밝히지 않는다." "그 평의의 경과 및 각 재판관의 의견 및 그 수의 多少에 대해서는 이 법률에 특별한 규정이 없는 한, 비밀을 지키지 않으면 아니 된다."고 규정하여 합의체 재판부의 평의는 비밀로 해야 하며, 그에 대한 예외를 인정하기 위해서는 법률에 특별한 규정이 있어야 함을 천명하고 있다. 이에 따라 동법 제11조가 최고재판소 재판서에 각 재판관의 의견을 표시해야 한다는 예외를 인정하고 있을 뿐이다. 즉 일본에서도 합의체 재판부의 평의경과 및 그 평의결과는 공개하지 않는 것이 원칙이다. 뿐만 아니라 일본의 재판관탄핵법도 같은 법 제31조에서 재판관 탄핵절차의 평의를 공개하지 못하도록 하고 있으며, 같은 법 제33조에서 재판관 탄핵절차의 재판서(판결문)에 주문과 법정의견인 이유만을 기재하도록 하고 있다. 그리고 실제로 일본의 탄핵재판소 실무상 개별 재판원들의 의견은 재판서에 기재되지 않는다.[49]

---

48 위키백과, "일본 재판관소추위원회", 2017. 3. 1.자 검색 https://ko.wikipedia.org/wiki/%EC%9D%BC%EB%B3%B8_%EC%9E%AC%ED%8C%90%EA%B4%80%ED%83%84%ED%95%B5%EC%9E%AC%ED%8C%90%EC%86%8C

49 이정환, "헌법재판소 탄핵 기각 결정문 전문", 이정환 닷컴, 2004. 5. 16. 외국 부분 게재. http://www.leejeonghwan.com/media/archives/000143.html

6. 브라질

여성 정상으로 꼽히던 지우마 호세프(Dilma Rousseff, Dilma Vana Rousseff) 브라질 대통령[50]이 국회의 탄핵안 가결로 물러나야 했다. 1992년 브라질은 페르난두 콜로르 지멜루 당시 대통령을 탄핵한 바 있고, 이번이 역사상 두 번째 탄핵이었다. 호세프는 국영은행 자금을 몰래 끌어다 재정적자 축소를 위해 사용한 회계부정 혐의, 그리고 유전개발권을 둘러싼 비리 의혹 등을 받고 탄핵당했다.[51]

2004년부터 2012년까지 집계된 페트로브라스의 비자금 규모가 100억 헤알(약 3조 3700억원)에 이른다고 발표하면서 비리 의혹으로 처벌될 위기인 루이스 이나시우 룰라 다 시우바를 면책특권이 보장된 수석장관에 기용하려다가 두 사람 간의 비밀통화 내용까지 공개되고 경기 침체가 이어지고 2014년 재선 당시 경제 적자를 숨기기 위해 브라질 회계 장부를 조작했다는 의혹으로 탄핵 국면으로 이어졌다. 결국 2016년 3월 16일부터 호세프 정권을 반대하는 야당과 브라질 국민들의 반정부 시위로 인하여 탄핵이라는 큰 위기를 맞이하게 되었다.[52]

호세프 대통령 측이 브라질 상원의 탄핵 심판 개시안 표결이 진행되기 직전 대통령 집무실에서 퇴거하고 2016년 5월 11일의 상원 연설에 불참한 가운데 브라질 상원이 5월 11일부터 22시간에 걸친 마라톤 회의 끝에 표결에 들어갔으며, 전체 상원의원 81명 가운데 과반인 55명이 의견서 채택에 찬성, 반대는 22명에 그쳐 2016년 5월 12일 오전 전체회의에서 호세프 대통령에 대한 탄핵 심판 절차 개시를 촉구한 상원 특별위원회 의견서를 채택했다. 이로 인해 최장 180일간 동안 대통령의 직무는 정지되고 비리 혐의로 검찰 조사를 받고 있는 미셰우 테메르 부통령이 대통령 권한을 대행한다. 호세프 대통령은 관저를 떠나기 전 기자회견을 열고 "야권은 정당한 대통령 선거 결과를 무효화시키려 한다. 유권자의 주권과 사회적 진보를 위협하는 탄핵에 맞서 계속 투쟁할 것"이라고 하면서 브라질 상원의 탄핵 심판 절차를 개시를 " '쿠데타', '정치적 테러' 이며 헌법을 훼손하는 역사적 과오가 될 것이다 직무가 정지되더라도 탄핵의 위법성을 끝까지 따지겠다"라고 했으며, 집권 노동자당은 "테메르는 대통령이 아니라 쿠데타 주역"이라면서 "탄핵파에 맞서 싸우겠다"고 밝혔다. 루이스 이나시우 룰라 다

---

50 지우마 바나 호세프(포르투갈어 Dilma Vana Rousseff, 문화어: 딜마 바나 로우쎄프, 1947년 12월 14일~)는 브라질의 정치인이다. 2010년 10월 대통령 선거에 당선되어 2011년 1월 1일 브라질 최초의 여성 대통령으로 취임하였다. 2016년 5월 12일에 브라질 상원으로부터 탄핵심판에 들어가면서 직무가 정지되었으며, 2016년 8월 31일 브라질 상원 의원의 투표를 통해 탄핵당하면서, 대통령 직에서 물러나게 되었다.

51 김회권, "14세기 등장한 '탄핵', 21세기 한국을 점령하다"., 시사저널, 2016. 12. 9.

52 남지원, "부패 대통령 탄핵" 브라질 100만명 시위"

시우바전 대통령도 "좌파 성향의 정당과 시민·사회단체, 노동계 등을 망라한 '브라질 민중전선'을 가동해 정치 투쟁에 나서겠다"고 지우마 호세프 대통령의 지지자들은 "테메르 정부 반대 시위를 하겠다"고 했다. 한편, 반기문 유엔 사무총장은 "브라질이 법치와 헌법을 지킴으로써 민주적 절차를 존중해나갈 것으로 믿고 있으며 브라질 사회의 모든 부문에 대해 자제와 대화를 촉구했다"고 하고 미국 백악관은 "우리는 브라질 정치가 위기를 맞고 있지만 법치와 민주주의로 이를 극복할 수 있다고 믿고 있다"라고 한 가운데 브라질 대통령 업무 대행을 시작한 미셰우 테메르 부통령(75)이 루이스 이나시우 룰라 다 시우바 전 대통령 집권 당시 중앙은행장을 맡았던 엔리케 메이렐리스가 재무부 장관으로 임명하는 등 전원 남성으로 구성된 내각을 구성하면서 "지출 삭감과 민영화 정책 등으로 침체된 국가 경제를 재건하겠다"는 의지를 밝혔다. 2016년 8월 31일(브라질 동부 시간) 브라질 상원 의회가 지우마 호세프의 탄핵을 가결하였다.[53]

53 https://ko.wikipedia.org/wiki/%EC%A7%80%EC%9A%B0%EB%A7%88_%ED%98%B8%EC% 84% B8%ED%94%84#.ED.83.84.ED.95.B5

第3章 조선시대의 탄핵

1. 견제와 균형의 추(錘)

조선시대에 권력에 대한 비판과 견제의 역할은 대간(臺諫)[1]이 주로 하였다. 조선시대 대간의 활동이 왕권, 신권, 신권 대 신권의 권력의 견제와 통제의 수단이었다는 점에서 오늘날의 탄핵제도와 상통하는 바가 있다. 임금과 사헌부 수장도 잘못하면 탄핵했다.[2] 「조선의 검찰」인 사헌부는 임금이 월권할 경우 거침없이 탄핵했다. 또 자기

---

1 관료를 감찰 탄핵하는 임무를 가진 대관(臺官)과 국왕을 간쟁(諫諍) 봉박(封駁)하는 임무를 가진 간관(諫官)을 합쳐 부르는 말이다. 대간제도는 중국에서 비롯하였으며 한국은 신라 진흥왕 때 사정을 담당하는 관리를 처음 두었고, 659년(무열왕 6) 사정부(司正府), 673년(문무왕 13)에 외사정(外司正), 746년(경덕왕 5)에 내사정전(內司正典)을 설치하였다. 발해에서 비로소 대관과 간관을 분리하여 감찰기관인 중정대(中正臺)와 언론기관인 선조성(宣詔省)을 두었다. 대간이 제 기능을 발휘하기 시작한 것은 고려와 조선에서이다. 고려에서는 이를 위해 어사대(御史臺)를 설치하고 판사 1명, 정3품 대부 1명, 지사 1명, 종4품의 중승 1명, 종5품의 잡단(雜端) 1명, 종5품의 시어사 2명, 정6품의 전중시어사 2명, 종6품의 감찰어사 10명을 두었는데, 특히 장관인 대부 위에 재상이 겸직하는 판사를 두었다는 데 특징이 있다. 서경과 양계에도 분대(分臺)를 설치하고 분대어사(分臺御事)를 두었다. 간관은 성랑(省郎)·낭사(郎舍)라고도 하는데, 중서문하성의 중·하급관료로서 정3품의 좌우산기상시(左右散騎常侍), 종3품의 직문하(直門下), 정4품의 좌우간의대부(左右諫議大夫), 종4품의 급사중(給事中)·중서사인(中書舍人), 종5품의 기거랑(起居郎)·기거주(起居注)·기거사인(起居舍人), 정6품의 좌·우보궐(左右補闕), 종6품의 좌·우습유(左右拾遺) 등이 있었다. 고려의 대관은 신료에 대한 시정논집(時政論執)·풍속교정(風俗矯正)·탄핵규찰(彈劾糾察)을 담당하고, 간관은 주로 국왕을 대상으로 간쟁 봉박하는 일을 담당하였다. 그러나 실제로 이들은 관리 임명이나 법제 제정에 대한 서경권(署經權)을 가지고 함께 활동하였으며, 또한 일종의 불체포 특권과 지공거(知貢擧)에 임명될 수 있는 권한 및 승지방(承旨房)을 거치지 않고 국왕을 직접 만날 수 있는 권한이 있었다. 그리고 청요직으로 인식되어 선발의 자격도 매우 엄격하여 대체로 과거출신의 문신관료들이 충원되었다. 조선이 건국된 뒤, 대관은 사헌부(司憲府)에 대사헌 1명, 집의 1명, 장령 2명, 지평 2명, 감찰 24명 등을 두었고, 지평 이상은 탄핵·서경을 위한 합좌회의에 참여한 데 비해, 감찰은 관료의 비리를 감찰하는 임무만을 담당하였다. 간관은 고려와는 달리 사간원(司諫院)을 따로 설치하고 대사간 1명, 사간 1명, 헌납 1명, 정언 2명을 두었는데, 고려에 비해 기능이 위축되어 풍문(風聞)에 의한 탄핵이 금지되었고 서경권도 5품 이하로 한정되었다. 사헌부와 사간원의 관원을 통틀어 언관(言官)이라고도 하였다. 결국 조선의 대간은 왕권에 대한 견제 기능보다 신료에 대한 견제 기능이 중시되었다. ; 2017. 3. 1.자 검색
http://terms.naver.com/entry.nhn?docId=1080461&cid=40942&categoryId=31675

2 이덕일, "임금과 사헌부 수장도 잘못하면 탄핵했다", 동아일보 매거진 신동아: 9904월호, 대부분 게재.

조직의 수장이 과거 부도덕한 일을 저지른 것이 드러나면 바로 파직시켰다. 사헌부는 남을 단죄하는 위치에 있으니만큼 스스로에게도 엄격한 도덕성이 요구되기 때문이었다. 조선의 임금은 자의(自意)가 아니라 엄격한 법률적 근거 아래에서만 어명을 내릴 수 있었다. 오늘날처럼 「성공한 쿠데타는 단죄할 수 없다」던 사법기관의 법리가 대통령의 지시 한마디에 의해 아무런 논란 없이 뒤집히는 사건은 조선 시대에는 생길 수 없었다. 국왕이라고 해서 법 위에 있을 수는 없던 사회였기 때문이다. 말하자면 조선은 명문화된 법전 테두리 내에서 통치권이 행사되던 체제였다. 조선의 기본법전은 조선 건국 약 1세기 후인 성종 16년(1485)에 완성된 『경국대전(經國大典)』이었다. 경국대전은 조선 초기부터 존재했던 여러 법전들을 수정·보완하여 만든 법전이다. 조선 법전의 시초로는 태조 3년(1394) 정도전(鄭道傳)이 지은 『조선경국전(朝鮮經國典)』을 꼽을 수 있다. 『조선경국전』은 주나라 제도인 「주례(周禮)」를 이상으로 삼고, 역대 중국의 제도를 절충한 다음, 조선의 현실을 가미해 만든 독자적인 법전이었다. 그런데 편찬자인 정도전이 이방원에게 주살된 후에는 조준(趙浚)이 편찬한 『경제육전(經濟六典)』과 병행 사용되었고, 그 후 태종 7년(1407)의 『속육전(續六典)』, 세종 15년(1433)의 『속전(續典)』이 그 미비점을 보완한 형태를 갖춰 사용되었다. 그러다 통합 법전의 필요성이 대두되자 세조가 편찬을 시작해 성종 때 비로소 완성된 법전이 바로 『경국대전』이다. 그리고 조선 국왕의 어명은 이런 법전의 테두리 내에서만 내려질 수 있었다. 『경국대전』에 따르면 조선의 사법기능은 분산돼 있었다. 의금부(義禁府), 형조(刑曹), 사헌부(司憲府), 사간원(司諫院) 등이 그것이다. 그중 핵심적인 기관이 의금부와 사헌부였다. 두 기관에 대한 『경국대전』의 명문 규정은 두 기관의 성격이 다름을 보여준다. 의금부는 『왕명을 받들어 죄인을 추국(推鞫)하는 일을 맡는다』고 돼 있고, 사헌부는 『시정(時政)을 논하여 바르게 이끌고, 모든 관원을 규찰하며, 풍속을 바로잡고, 원통하고 억울한 것을 풀어주고, 협잡을 단속하는 일을 맡는다』고 돼 있다. 이는 의금부가 국왕에 더 가까운 기관이고 사헌부는 백성에 더 가까운 기관임을 보여주면서, 동시에 양 기관이 상호 견제하는 기능이 있음을 짐작케 해준다. 또 형조는 『형조의 상복사(詳覆司)는 사죄(死罪)를 상세히 복심(覆審)하는 사무를 맡고, 고율사(考律司)는 법령 및 사건 검찰을 맡으며, 장금사(掌禁司)는 형옥(刑獄)과 금령(禁令)에 관한 일을 맡으며, 장례사(掌隸司)는 노비와 포로에 관한 일을 맡는다』고 명문화돼 있다. 이런 사법제도를 현재와 단순 비교할 수는 없지만 대략 의금부는 지금의 국가정보원과 그 기능이 비슷하고, 형조는 법무부와 비슷하며, 사헌부는 검찰·감사원·언론기관과 비슷하다는 점을 알 수 있다. 한편 각 사법기관 수장의 직급도 서로 달랐음을 알 수 있다. 의금부 수장인 판사(判事)는 종1품이고, 형조 수장인 판서는 정2품인 데 비해, 사헌부 수장인 대사헌은 종2품으로 의금부 판사나 형조판서보다 1~2등급 낮게 책정됐다. 그러나 영향력을 비교해볼 때 사헌부가 훨씬 막강했다. 이는 사헌부의 업무상 특성도 있겠지만 그보다는 소속 관원들이 누구의 눈치도 보지 않고, 심지어 임금과도 싸워가면서까지 자기 할 일을 다했기 때문이다.

2. 조선왕조실록(朝鮮王朝實錄, The Annals of the Joseon Dynasty) 탄핵(彈劾)

사헌부에서《진도》를 익히지 않은 삼군 절도사 등 292인을 탄핵하다[3]

사헌부에서 교지(敎旨)를 받들어《진도(陣圖)》를 익히지 않은 이유로써 삼군 절도사(三軍節度使)와 상장군·대장군·군관(軍官) 등 2백 92인을 탄핵하였다.

좌산기 상시 이복시 등이 대사헌 김약채·중승 전순 등을 탄핵하는 상소문

태종실록 1권, 태종 1년 1월 26일 병술 1번째기사

1401년 명 건문(建文) 3년

문하부 낭사(門下府郎舍) 좌산기 상시(左散騎常侍) 이복시(李復始)등이 김약채(金若采)·전순(全順)을 탄핵하여 상소하였다. "상(賞)과 벌(罰)은 정치를 하는 큰 근본이어서 삼가지 않을 수 없습니다. 상벌이 법이 없다면 어떻게 권하고 징계하겠습니까? 지금 밀양 부사(密陽府使) 유두명(柳斗明)·지양주사(知襄州事) 이관(李灌)·황주 판관(黃州判官) 안종약(安從約) 등은 헌관(憲官)으로서 대사헌(大司憲) 김약채(金若采)·중승(中丞) 전순(全順)이 장무(掌務)의 득죄한 것을 돌아보지 않고 공공연하게 일을 보는 모양과, 완산 판관(完山判官) 허조(許稠)가 잡단(雜端)으로서 두 번이나 임금의 명령을 욕되게 하고도 임연(任然)히 출사(出仕)하는 까닭과, 이비(李丕)·문천봉(文天奉)이 소사(所司)를 능범(凌犯)한 죄를 들어서 소(疏)로 갖추어 아뢰었으니, 그 말이 곧아서 실로 도리에 합(合)하온데, 전하께서 곧 유윤(俞允)하지 않으시고 도리어 폄출(貶黜)을 가하여 모두 외임(外任)으로 제수하시었으니, 이것은 인신(人臣)으로 하여금 직기(直

---

3 태조실록 14권, 태조 7년 8월 4일 정미 1번째기사 1398년 명 홍무(洪武) 31년.

氣)가 꺾이어, 비록 말할 일이 있더라도 우물쭈물하여 감히 진언(進言)하지 못하게 할 것입니다. 신들이 전하의 구언(求言)의 교서(敎書)를 보니, 재앙을 없애는 도를 닦고자 하면, 마땅히 곧은 말을 구하여야 한다는 말씀이 있사온데, 얼마 아니 되어 두명(斗明) 등이 곧은 말로써 폄출을 당하였으니, 초정(初政)에 사람에게 신(信)을 보이는 뜻에 어떠하며, 착한 것은 상주고 악한 것은 벌주는 도(道)에 어떠합니까? 엎드려 바라옵건대, 전하께서는 유두명(柳斗明)·이관(李灌)·안종약(安從約) 등을 현질(顯秩)에 두고, 아뢴 일을 유윤(俞允)하여 시행하시어 상벌을 밝히시면, 공도(公道)에 다행이겠습니다." 임금이 윤허하지 아니하였다. 낭사(郞舍)가 물러가 헌사(憲司)의 소(疏)를 가져다가 그 말이 간관(諫官)에 관련된 것을 보고 모두 사직하였다. 임금이 복시 등을 불러 그 까닭을 물었더니, 대답하였다. "헌사(憲司)에서 신 등이 직책을 다하지 못하였다고 하였기 때문입니다."

문무관 2품 이상이 봉장을 올려 양녕을 탄핵하다

세종실록 19권, 세종 5년 2월 16일 정묘 2번째기사

1423년 명 영락(永樂) 21년

정부(政府)와 여러 관청[曹]의 문무관(文武官) 2품 이상의 관원이 봉장(封章)을 올려 양녕의 죄를 청하기를, "영의정 신 유정현(柳廷顯) 등은 말씀을 올립니다. 신자(臣子)의 죄는 불충과 불효보다 더 큰 것은 없습니다. 신 등이 가만히 보건대, 양녕 대군 제는 그가 전일에 태종이 강무(講武)로써 평강(平康) 등지에 행차하였을 때, 예의상 마땅히 도성(都城) 문밖에 나가서 절하고 전송해야 될 것이온데, 제는 사고가 있다고 핑계하고는 나오기를 좋아하지 않더니, 몰래 금천(衿川) 등지에 가서 3일 동안 사냥을 하고 돌아왔습니다. 또 태종이 중국 사신과 연회할 적에, 제에게 명하여 연회에 배석(陪席)하도록 하였는데, 제는 그 때 창기(娼妓)에게 빠져서 병을 핑계하고는 즐겨 나아가지 않았으며, 어느 사람이 매를 진상하는데 제는 그 매가 좋다는 말을 듣고는, 사람을 시켜 동문(東門)에서 기다려 이를 꾀어 취하고 다른 매로써 〈대신〉 바쳤으며, 또 4월 8일 밤에 담을 넘어 나가서 간사한 소인(小人)의 무리들과 더불어 탄환을 가지고 등불을 치며 놀았고, 또 달밤에 담을 넘어 나가서 간사한 소인의 무리들과 더불어 비파(琵琶)를 타며 길거리에서 노는 것으로 즐거움을 삼고, 밤마다 영인(伶人) 이오방(李五方)·이법화(李法華) 등을 불러들여 담을 넘어 궁궐에 들어와서 날이 새기까지 취해 마시면서 잡희(雜戲)를 하게 하고, 제도 또한 그 재주를 본받아 하지 않는 짓이 없었습니다. 중추원 부사(中樞院副使) 곽선(郭旋)의 첩 어리(於里)가 아름답다는 말을 듣

고는 불량배들과 더불어 담을 넘어 나가서 그 집에 가서 <그 첩을> 훔치고 돌아왔으며, 또 밤을 이용하여 담을 넘어 여러 소인들과 더불어 구종수(具宗秀)의 집에 가서 연회에 술을 취하여 밤을 새운 일이 두 번이나 있었으며, 제의 더러운 행동이 널리 알려져 위에 들리게 되어, 태종이 이를 꾸짖으니, 제가 겉으로 허물을 뉘우치는 체하며 맹세하는 글을 지어 종묘(宗廟)에 아뢰고, 또 태종에게도 글을 올려 다시는 전일의 행동을 하지 않기로 스스로 기약했는데도 얼마 안가서 다시 김한로(金漢老)의 음험한 계책을 써서 어리(於里)를 궁중(宮中)으로 몰래 불러 들여 아기를 배어 낳기까지 하였는데, 유모(乳母)를 구하다가 일이 이제 발각되었습니다. 제가 맹세한 말을 저버리고 하늘을 속이며, 종묘(宗廟)를 속이고, 군부(君父)를 속인 것이 이같이 극도에 이르렀는데, 태종이 이를 꾸짖어 개과천선(改過遷善)하기를 바랐으나, 제는 임금의 뜻을 본받지 않고, 도리어 글을 올리며 내용이 심히 패역(悖逆)했으니, 전연 신하로서는 말할 수 없는 것입니다. 모든 신료(臣僚)들은 그 죄악을 헤아려 폐하기를 청하여, 광주(廣州)로 내쫓았는데, 제는 악을 쌓고 고치지 아니하였으며, 또 담을 넘어 고을 기생 두 사람을 훔쳤는데, 태종이 이 말을 듣고 두 사람을 잡아 오게 하니, 제는 분함을 이기지 못하여, 밤을 이용하여 도망해 나가서 두 전하로 하여금 수라를 물리치고 울게까지 하였으며, 이미 기생을 훔친 까닭으로 두 전하를 놀라게 하고도 오히려 조금도 허물을 고치지 않고, 또 담을 넘어가서 남의 첩을 훔쳤으니, 제의 허물이 또 이 지경에 이르렀습니다. 태종이 일찍이 전하와 함께 편전(便殿)에 앉아서 제를 불러 전날에 행한 과실을 일일이 들어 책망하였습니다. 인하여 병조와 승정원의 신들에게 이르시기를, '지금 제를 여러 신하들에게 부탁하니, 제가 만약 국왕에게 무례한 행동을 한다면, 옛날에도 사형(死刑)을 내리는 법이 있었다.'고 하셨으며, 그 후에도 여러 번 신들에게 이르시기를, '제를 여러 신하에게 부탁한다.'고 하여, 그 말이 아직도 귀에 남아 있으니, 신들이 어찌 감히 이를 잊었겠습니까. 태종께서 주문왕(周文王)과 같이 아버지 되신 자애(慈愛)가 있고, 요제(堯帝)와 같이 자식의 사람됨을 아시는 밝은 지혜가 있어, 이미 경계하고 또 여러 신하들에게 부탁하시니, 신들은 성언(成言)을 우러러 생각하며, 어찌 감히 폐하겠습니까. 오늘날에 와서는 제의 패역(悖逆)한 일이 더욱 두드러지게 나타났으므로, 신들이 수죄(數罪)할 것을 청하는 바입니다. 태종이 세상을 떠난 지 겨우 20일 만에, 제는 이천(利川) 집에서 사람을 청하여 밭에 김을 매게 하면서 농부가(農夫歌)를 부르게 하고는, 그의 종자(從者)에게 이르기를 '즐겁다.'고 하였으니, 그 죄가 한 가지이고, 태종의 장례(葬禮)가 겨우 마치자 마자 그 무리들을 거느리고 들판에서 마음대로 다니면서 개를 놓아 노루와 여우를 쫓게 하고, 덫을 놓아 기러기와 따오기[鵠]를 잡았으니, 그 죄가 두 가지이고, 제가 수리(修理)하는 일이 있어 고을 백성을 청하여 돌을 운반하면서 소주(燒酒)를 먹여 한 사람이 운명(殞命)하게 되니, 현관(縣官) 박고(朴翺)는 공사(供辭)에 관련된 두서너 사람을 잡아 가두고 위에 아뢰니, 제가 매우 분하게 여겨 위에 글을 올렸는데, 글 내용이 모두 원망하는 말이어서, 신과 전하의 사이가 이로부터 소원(疏遠)해질 것이라고까지 하였으니, 그 죄가 세 가지이고, 제가 종자(從者)를 시켜 남의 개를 훔치고는 일이 알려져, 전하께서 사람을 시켜 그것이 참말인가 아닌가를 묻게 하니, 제가 이에 맹세하기를, '이런 일이 있을 수 없습니다. 하늘의 해가 위에 있는데 신이 어찌 감히 속이겠습니까.'라고 하였습니다. 전하께서 이 말을 믿고 무고(誣告)한 사람을 죄주고자 하여, 의금부로 하여금 사실을 조사하게 하매, 일이 모두 실상이었으니, 제의 맹세한 말은 다만 〈임금을〉 속인 것뿐입니다. 농부가(農夫歌)를 듣고 여우와 노루를 쫓은 일도 이로 인하여 또한 나타났는데, 전하께서 금부(禁府)의 관원으로 하여금 밖에 말하지 못하게 하고, 그 개를 훔친 자에게도 또한 죄를 주지 않았습니다. 전하께서 그를 보호하기를 이와 같이 하는데도, 제는 이에 원망하기를, '전하가 이 일을 버려두지 않고 여러 사람에게 전파(傳播)하게 하였다.'고 하였으니, 그 죄가 네 가지이고, 근일에 또 종자(從者) 허금(許今)으로 하여금 작은 개를 큰 개와 교환하기를 남의 집에 구하니, 현관(縣官) 박곤(朴坤)이 이 사실을 알렸는데도, 전하께서는 그냥 두고 묻지 않으셨으며, 승정원의 신들이 굳이 청하여도, 전하께서는 아직 유사(有司)에게 내리지 않으셨는데, 때마침 제의 한 집안 사람이 서울에 오는 자가 있으므로, 그 사람에게 허금을 거느리고 오게 하였는데, 명령을 받은 사람이 도달하게 되매, 제가 처음에는 '허금이 다른 곳에 갔다.'고 말하다가, 잇따라 '허금이 도주했다.'고 말하여, 여러 방법으로 이를 숨기었으므로, 명령을 받은 사람이 굳이 청하기를, '내가 이미 명령을 받았으니, 그냥 돌아갈 수 없다.'고 하매, 제가 그제야 거만한 태도로 말하기를, '허금은 우리 집 안에 있다. 전하께서 허금을 잡아오게 한 것은 다만 개에 관한 일 때문인데, 군신(君臣)의 예(禮)가 중한 것을 내가 어찌 알지 못하리오마는, 마침내 너와 함께 보낼 수는 없다.'고 하였으니, 그 죄가 다섯 가지입니다. 신들이 생각하건대, 임금의 재궁(梓宮)이 빈소에 있는데도 노래를 들으면서 즐거움을 삼고, 임금의 장례(葬禮)를 겨우 마쳤는데, 짐승을 사냥하여 마지 않았으며, 원망하여 글을 올려 임금의 명을 거스렸으니, 제의 불충·불효한 죄는 천지(天地) 사이에 용납될 수 없으며, 종사(宗社)의 용서하지 못할 바이오니, 전하께서 사정을 쓸 수 없는 바입니다. 옛날에 관숙(管叔)과 채숙(蔡叔)이 죄가 있으매, 주공(周公)은 이들에게 사형(死刑)을 내렸으니, 성인(聖人)이 사사로운 은혜로써 공변된 도리를 폐하지 않은 것은 군신(君臣)의 의리가 중한 때문입니다. 원컨대, 전하께서는 천지(天地)의 정대(正大)한 원리(原理)를 본뜨고, 선성(先聖)의 지극히 공변된 마음을 본받아, 제의 죄악을 법대로 처리한다면 종사(宗社)에 매우 다행한 일이며, 신민(臣民)에게도 매우 다행하겠습니다."라고 하였다.

효령 대군과 최씨·조씨 양가에 대한 대간들의 연명 상소문에 크게 노하다

세종실록 111권, 세종 28년 2월 20일 무오 2번째기사

1446년 명 정통(正統) 11년

대간(臺諫)이 연명(連名)으로 상소하기를, "신 등이 각기 효령 대군 이보(李補)가 명분(名分)을 범하고 예절을 어긴 사유를 들어 법대로 논죄하기를 청하였으나, 윤허를 얻지 못하였사온데, 되풀이하면서 이를 생각해보니, 의리상 스스로 그칠 수가 없습니다. 신 등이 그윽이 생각하옵건대, 사람의 대륜(大倫)은 다섯 가지가 있는데, 삼강(三綱)이 중요하니, 진실로 혹시 한 가지라도 폐지한다면 인도(人道)가 문란해지는 것입니다. 지금 이보는 명망(名望)이 중(重)하고 항렬(行列)이 높아서, 종실의 의표(儀表)가 되었으니, 진실로 마땅히 행동은 예법을 따라 하여 영화와 부귀를 보전해야 될 것인데도, 이에 스스로 귀하고 친근한 것만 믿고서 이러한 법도에 어긋난 짓을 행하여, 그 실수가 세 가지가 있습니다. 대저 명분은 성인(聖人)이 삼가하는 바인데, 자식을 위하여 배필을 선택하면서 궁금(宮禁)의 예절을 참람히도 본받아 감히 군신(君臣)의 명분을 범한 것이 한 가지요, 혼인(婚姻)은 인도(人道)의 시초이므로, 폐백을 받지 않으면 교제도 않고 친근하지도 않는 것이 예절인데, 남의 규중(閨中) 처녀를 제 마음대로 데려왔으니, 남녀의 분별을 문란하게 한 것이 두 가지요, 상제(喪制)는 인도의 맨 마지막인데, 상복(喪服)을 입은 딸을 강제로 벗게 하여, 흉복(凶服)을 무릅쓰고 길복(吉服)을 입게 하여 부자(父子)의 은혜를 저버리게 한 것이 세 가지입니다. 한번 행사(行事)한 데에 세 가지를 실례(失禮)하여 명교(名敎)를 손상시킴이 있사오니, 죄는 용서할 수가 없습니다. 신 등이 탄핵하는 소[彈章]를 번갈아 올렸어도 마침내 성상의 뜻을 돌이키지 못하오니, 매우 유감스럽습니다. 삼가 바라옵건대, 궁정(宮庭) 사이에서는 은혜가 비록 의리를 감쌀 수 있지마는, 군신의 즈음에 있어서는 의리가 은혜보다 승(勝)하게 되니, 전하(殿下)께서 어찌 한때의 사은(私恩)으로써 천하(天下)의 공의(公義)를 폐하겠습니까. 지금 만약 관대히 용서하여, 점점 젖어들어서 허물을 고치지 않다가 교만하고 방종하게 된다면 후회한들 어찌하겠습니까. 권력이 있고 요로(要路)에 있는 사람은 장차 말하기를, '대군(大君)이 비록 귀(貴)하지마는 신하인데, 감히 이러한 일을 하는데도 유사(有司)가 청하지도 못하고, 임금도 또한 처벌하지 않는다.'고 하면서, 잇달아 본받게 되어 분수에 넘치고 예절을 어김이 자못 이루 말할 수 없게 될 것이며, 사람들도 또한 규중 처녀로써 스스로 권귀(權貴)에게 선을 보이고도 태연하게 부끄러이 여기지 않을 것이므로, 혼례(婚禮)가 문란함도 실로 지금부터 시작될 것이오니, 진실로 작은 일이 아닙니다. 삼가 바라옵건대, 전하께서는 강단(剛斷)을 돌이켜서 신 등의 전일에 올린 소(疏)에 의거하여, 특별히 종부시(宗簿寺)에 명하여 그 죄를 다스리게 하고, 그 예의를 돌보지 않고 아첨해 명령을 받들어 선을

보이게 한 최(崔)·조(趙) 양가(兩家)도 또 한 엄격히 법으로써 다스리서 인륜(人倫)을 바로잡고 풍속을 권려(勸勵)하게 하소서." 하였다. 지평(持平) 박자오(朴子晤)와 헌납(獻納) 원내인(元乃仁)이 이 소를 가지고 올리니, 임금이 이를 보고 크게 노하여 궁중에 머물러 두고 내려보내지 않고서, 수양 대군 이유(李瑈)로 하여금 전지(傳旨)하게 하기를, "중국에서는 비록 우리 나라를 예의의 나라라고 하지마는, 인심(人心)이 비루(卑陋)하기가 지극한 편이다. 군왕(君王)의 형제(兄弟)가 범죄가 있으면 반드시 죄를 주려고 하여 조금도 용서함이 없으며, 왕자(王子)는 감히 문죄(問罪)하지 않으니, 내가 매우 이를 그르게 여긴다. 예로부터 제왕(帝王)이 형제지간에는 비록 반역(叛逆)한 사람이 있더라도 반드시 덮어주고 죄를 가하지 않았는데, 지금 효령(孝寧)의 일은 고의로 범한 것이 아니고 과오(過誤)인데, 대간이 여러 날 번갈아 청하여 혹은 분수에 넘친다 하고, 혹은 권세에 가깝다 하면서 반드시 이를 죄주려고 하는데, 나의 우애(友愛)에 있어서는 끝내 반드시 듣지 않을 것이다. 비록 공자나 맹자라도 반드시 나를 그르다고 여기지는 않을 것인데, 그대들이 굳이 청하니 어찌 인심의 비루함이 이처럼 극도에 이르렀는가." 하였다. 이내 승정원(承政院)에 이르기를, "대간이 만약 이 일로써 와서 청한다면 감히 아뢰지 말도록 하라." 하니, 자오가 아뢰기를, "대군은 권세에 가깝고 지위가 높사오니, 한 번 이라도 참람함이 있으면 그 징조가 두렵습니다. 지금 만약 징계하지 않으면 후회한들 미치지 못할 것입니다. 또 옛날 사람이 말하기를, '생각한 바가 있으면 반드시 아뢰어 선언(善言)을 진술하고 사언(邪言)을 막는다.'고 하였사온데, 신의 직책에 있어서도 마땅히 그렇게 해야 할 것이오니, 다시 위에 아뢰소서." 하였다. 수양(首陽)이 말하기를, "이미 상지(上旨)가 있으니 아뢸 수 없다." 하면서, 즉시 일어나 내전(內殿)으로 들어가니 내인이 한 말[一言]도 하지 못하고 머리를 숙이고 땅만 긁을 뿐이었다.

김겸광·이영은의 첩 다툼에 대한 처벌을 간하는 대사헌 한치형 등의 상소문

성종실록 12권, 성종 2년 윤9월 2일 신축 2번째기사
1471년 명 성화(成化) 7년

사헌부 대사헌(司憲府大司憲) 한치형(韓致亨) 등이 상소하기를, "먼 젓 날 예조 판서 김겸광(金謙光)이 이영은(李永垠)과 약혼한 첩을 요구하여 몰래 장가들어 그 여자를 데리고 갔는데, 이영은이 빼앗기를 꾀하여 그 여자의 주인에게 부탁하여 김겸광의 집에서 나오기를 재촉하게 하였고, 김겸광이 허락하지 아니하자 이영은이 고장(告狀)을 손수 써서 그 주인에게 주어, 와서 고소하게 하였습니다. 신 등이 그 고장을 상고하여 물으니, 그 다투는 여자는 철비(哲非)라고 하는 자인데, 바로 김은(金垠)의 천첩(賤妾)의 딸이었습니다. 신 등은

의심하기를, 한 천한 여자를 가지고 두 재상이 서로 다투니 이는 반드시 자색(姿色)이 있는 자일 것이라 여겼으나, 그 어미 약덕(若德)의 말을 들으면, 그 여자는 별로 자색은 없고 다만 그 전민(田民)이 조금 넉넉할 뿐이라고 하였습니다. 그제야 두 사람의 다툼은 오로지 재리(財利) 때문인 것을 알았습니다. 아아! 사대부(士大夫)의 풍기(風紀)가 이와 같으니 조정(朝廷)이 무슨 수로 바르겠습니까? 신 등은 그윽이 스스로 한탄해 합니다.

인하여 그 혼인을 도모한 절차를 갖추어 따져 물으니 이러하였습니다. 처음 철비가 그 아비에게서 자라 경상도 성주(星州)에 있었는데, 이영은이 오래 전에 이미 글을 통하며 말을 맺었고, 그 어미가 서울에 있는데 이영은이 또한 더불어 언약이 있었습니다. 그 뒤에 김겸광이 또한 마음이 있어서 두 사람이 모두 몰래 도모하다가, 이영은이 장차 휴가를 맡아 가서 그 사사로운 뜻을 이루려고 하니, 김겸광이 이를 알고 바로 철비를 불러서 재촉해 길을 떠나게 하였습니다. 서울에 도착하자 김겸광이 다른 곳에 숨기고 얼마 아니되어 그 어미의 집을 몰래 옮겨서 장가들어 데리고 갔는데, 비록 그 주인이 돌아오기를 재촉했으나 나가 보기를 허락하지 아니하였으니, 무릇 빼앗길까봐 두려워한 것입니다. 이는 김겸광의 마음씀이 간사함이 심한 것입니다. 이영은은 김겸광이 이미 장가든 뒤에 가만히 빼앗을 꾀를 생각하여 혹은 사람을 시켜서 그 어미 집을 엿보기도 하고, 혹은 친히 가서 그 주인에게 청탁하기도 하면서, '김겸광이 비록 이미 장가들었을지라도 무엇이 해롭겠는가? 만약 빼앗아 나를 주면 내가 마땅히 장가들겠다.'고까지 하였으나, 그 주인이 빼앗을 수 없게 되자 또 손수 고장(告狀)을 써서 고소하게 하여 기어이 차지하려고 하였는데, 마침내 그 욕심을 이룩하지 못하자 조정에 말을 퍼뜨리고 동료 친구에게 글을 보내어 김겸광의 악함을 드러내었으니, 이는 이영은이 탐하고 간사하며 염치없음이 심한 것입니다. 신 등이 이 두 사람의 정상(情狀)을 자세히 알아내고 장차 성상에게 전해 아뢰어서 법으로 다스리려고 하니, 김겸광이 면하지 못할 것을 알고 감히 글로 꾸며서 상서(上書)하여 은혜받기를 바라고, 전하께서도 또 우대해 용서함을 내려 주시어서 신 등을 불러 모두 내버려두기를 명하셨습니다. 신 등은 이르건대, 인주(人主)는 상벌(賞罰)의 권세를 잡아 아랫사람을 제어하는 데에 이목(耳目)이 미치지 못하는 것을 근심하여 이에 유사(有司)에 붙였으니, 유사는 인주의 이목을 대신하는 것입니다. 불법(不法)이 있어서 유사가 바야흐로 거핵(擧劾)하여 성상께 아뢰려고 하는데 탄핵을 입은 자가 감히 글을 올려 스스로 말을 벌여 모람되게 은지(恩旨)를 바라니, 어찌 다만 유사를 멸시하는 것이겠습니까? 인주의 위엄을 업신여기는 것입니다. 신 등은 여러 번 천총(天聰)을 어지럽히어 그 죄를 다스리기를 청하였으나, 윤허를 얻지 못하니, 그윽이 스스로 한스러워합니다. 예전에 성탕(成湯)이 삼풍 십건(三風十愆)[4]으

---

4 삼풍 십건(三風十愆) :《서경(書經)》이훈(伊訓)에 보면, 궁에서 항상 춤추고 방[室]에서 취하여 노래 부르는 것을 무풍(巫風)이라 하고, 재물과 여색만 따르고 항상 놀며 사냥만 하는 것을 음풍(淫風)이라 하고, 성인(聖人)의 말을 무시하고 충직(忠直)한 말을 거슬리며 기덕(耆德)을 멀리 하고 완동(頑

로 벼슬자리에 있는 이에게 경계하기를, '감히 재물과 여색(女色)에 따름이 있으면 이를 음풍(淫風)이라고 이른다. 경사(卿士)가 몸에 한 가지만 지니고 있어도 그 집이 반드시 망할 것이니, 신하가 이를 바로잡지 아니하면 그 형벌을 묵형(墨刑)으로 하겠다.'라고 하였으니, 경사로서 재물과 여색을 탐하여 음풍을 범하면 예로부터 성왕(聖王)의 용서하는 바가 아니며, 유사(有司)가 바로잡지 아니할 수 없는 것입니다. 전하께서 어찌 용서해 둠이 마땅하겠으며, 신 등도 또한 어찌 바로잡지 아니하는 형벌에 나아가기를 달게 여기겠습니까? 전하께서 신 등에게 전교하시기를, '저희들 가운데서 첩을 다투는데, 국가에 관한 것이 아니니 논할 필요가 없다.'라고 하시니, 신 등의 의혹이 더욱 심합니다. 대저 서울은 사방(四方)의 근본이고, 조정은 백관(百官)의 법이며, 재상은 사대부(士大夫)의 표준입니다. 처첩(妻妾)을 빼앗기를 다투는 것은 오랑캐[夷狄]의 풍속인데, 사방의 근본, 조정의 표적, 사대부의 모범이 되는 지위에 있으면서 오랑캐의 행동을 하니, 전하께서 그 하는 바에 맡겨 방검(防檢)을 가하지 아니하면 신 등은 바로 온 나라 사람이 기탄하는 바가 없어, 서로 이끌어 오랑캐와 금수의 행동을 할 것을 두려워합니다. 어찌 염려하지 아니할 수 있겠습니까?

전하께서 또 전교하시기를, '김겸광과 이영은은 모두 훈신(勳臣)인데 무슨 죄에 처하려고 하는가?' 하였으나, 신 등은 그렇지 아니하다고 생각합니다. 대저 사람이 죄를 범하는 것이 마음에 있는 데에서 나온 것도 있고 마음에 없는 데에서 나온 것도 있습니다. 마음에 없는 데에서 나온 것은 인주(人主)가 그 공(功)으로써 사정을 두는 것도 오히려 가하겠거니와, 만약 심술이 바르지 못한 데에 근거하고 이욕(利慾)을 탐하는 데에서 발하여 악함을 알면서 감히 기탄하는 바가 없는 자라면 어찌 공(功)으로 죄를 용서하는 데 두겠습니까? 만일 그 정범(情犯)을 깊이 연구하지 아니하고 일체 공으로 죄를 용서한다면 신 등은 심히 두렵건대, 나라의 법이 훈귀(勳貴)에게 행하지 못하여 풍속이 바로잡힐 날이 마침내 없을까 합니다. 동자(董子)가 말하기를, '인군(人君)이 조정을 바르게 하여 백관(百官)을 바르게 하고, 백관을 바르게 하여 만백성을 바르게 한다.' 하였으니, 조정이 바르지 아니하고 사방(四方)의 만백성이 바르게 되는 것은 있지 아니하며, 또한 대신이 바르지 아니하고 조정이 바르게 될 수는 없습니다. 원컨대 전하께서는 음풍(淫風)을 경계하고 오습(汚習)을 내치며, 김겸광·이영은의 죄를 엄하게 다스려서 조정을 바르게 하고 백관을 바르게 하며, 사방을 바르게 하고 만백성을 바르게 한다면 국가가 매우 다행이겠습니다."

童)과 벗하는 것을 난풍(亂風)이라 하였는데, 이것을 삼풍 십건(三風十愆), 곧 세 가지 바람과 열 가지 허물이라 하였음.

홍문관 부제학 이집 등이 심언·윤은로 등의 일에 대해 상소하다

성종실록 242권, 성종 21년 7월 16일 병인 3번째기사

1490년 명 홍치(弘治) 3년

홍문관 부제학(弘文館副提學) 이집(李諿) 등이 상소하기를, "엎드려 전지(傳旨)를 보건대, 대궐 뜰에 벼락이 친 일로 인하여 허물을 책임지고 몸을 닦으며 마음을 살펴서 바른 말을 듣기를 구하여, 물으심이 벼슬에 있는 자에게 미치고 한산(閑散)인 자에게도 미쳤는데, 하물며 신 등이 경악(經幄)에 있으면서 비록 무상(無狀)하다 하더라도 어찌 감히 묵묵(默默)히 있겠습니까? 삼가 살펴보건대, 《주역(周易)》에 이르기를, '하늘의 행함이 꾸준하니, 군자(君子)는 이를 본받아서 스스로 힘써서 쉬지 아니한다.'라고 하였습니다. 예전에 나라를 가진 이는 아침에는 그 금령(禁令)을 닦고 낮에는 그 나라의 직무를 상고하며 저녁에는 그 형벌을 살피고 밤에는 그 백공(百工)을 깨우치는데, 우왕(禹王)이 지극히 부지런하고 검소한 것과 탕왕(湯王)이 몸을 단속하기를 미치지 못하는 것처럼 하는 것과 문왕(文王)이 해가 기울도록 밥을 먹을 겨를이 없는 것에 어찌 일찍이 잠시 동안이나마 털끝만큼이라도 혹시 게으름이 있었겠습니까? 전하께서는 성인(聖人)의 덕으로써 큰 보위(寶位)에 오르사 강건(强健)한 지성(至誠)을 잡으시고 연안(宴安)의 해독을 경계하여 닭이 울면 일어나서 아조(衙朝)를 보시고 경연(經筵)에 나가시지 아니함이 없으시니, 하루 사이에 옥체(玉體)를 수고롭게 하시는 바가 한둘이 아닙니다. 우왕·탕왕·문왕·무왕이라 하더라도 어찌 이에 더하겠습니까? 요즈음 한더위로 인하여 조하(朝賀)·조참(朝參)·경연(經筵)을 오랫동안 보지 아니하시고 나가시지 아니하심은, 성궁(聖躬)이 더위에 감촉하여 영위(榮衛)가 조화를 잃은 까닭입니다. 신 등이 어찌 알지 못하겠습니까마는 큰 예(禮)는 오래 폐할 수 없습니다. 조하와 조참은 비록 한더위를 당하였을지라도 전(殿)에 납시는 때가 항상 인시(寅時)·묘시(卯時)에 있으니, 서늘한 기운이 아직 흩어지지 아니하고 더위의 세력이 아직 펴지지 아니하므로, 조의(朝儀)를 오히려 강(講)할 수 있고 성체(聖體)도 심히 피로하시지 않으실 것이니, 하루에 세 번 경연에 나가시는 데에 비할 것은 아닙니다. 어찌 여러 신하로 하여금 달을 지나고 때를 지나도록 보곤(黼扆)과 천광(天光)을 바라볼 수 없게 하십니까? 신 등은 조정의 예가 이로부터 해이해질까 두렵습니다. 조계(朝啓)는 사옥(死獄)을 판결하는 것이므로 매인 바가 지극히 중대합니다. 대저 임금은 몸을 공경히 하고 남면(南面)하여 거동이 예법을 따르므로, 궁(宮)을 나가면 대가(大駕)가 법식에 맞게 따르는 성(盛)함이 있고 전(殿)에 앉으면 구진(鉤陳)과 우위(羽衛)의 엄함이 있는데, 요즈음 조계(朝啓)에서는 의위(儀衛)를 베풀지 아니하여 일체의 예가 간략함을 이루니, 흠휼(欽恤)을 중히 하는 뜻이 아닙니다.

요즈음 심언(沈焉)은 사류(士類)로서 유온(乳媼)에게 아부하여 구차하게 아름다운 벼슬을

구하여 염치(廉恥)의 기풍을 잃었는데, 탄로됨에 미쳐서 영돈녕(領敦寧) 윤호(尹壕)는 물음을 받고도 오히려 숨겼습니다. 윤은로(尹殷老)는 재상으로서 수령(守令)과 사사로이 통하여 오로지 방납(防納)을 일삼아서 농단(隴斷)의 이(利)를 점하였는데, 그 추핵(推覈)함에 미쳐서, 의금부(義禁府)에서는 법망(法網)을 허술하게 하여 벗어나게 하였고 전하께서도 따라서 용서하였으며 대간(臺諫)도 극진히 논하지 아니하였는데, 공론(公論)에 몰리자 행한 일을 꾸며서 그 책임을 면하기를 꾀하였으니, 아는 이가 더럽게 여겼습니다. 아아! 유온(乳媼)이 조정 정사에 간여하고 국구(國舅)가 천총(天聰)을 속이며 의금부는 법을 받들지 아니하였는데도 대간이 한마디 말이 없으니, 신 등은 두렵건대, 나라의 일이 날마다 그릇되어 구제하지 못할까 합니다. 또 벼슬은 천하의 공기(公器)인지라, 임금이 세상을 가다듬고 무딘 것을 갈며 온세상을 제어하는 도구입니다. 요즈음 여러 번 은명(恩命)을 펴서 작상(爵賞)이 외람(猥濫)되어, 환시(宦寺)·의관(醫官)·설인(舌人)이 잠시의 작은 수고가 있으면 문득 차례를 밟지 아니한 벼슬을 받으니, 작상의 권(權)이 참람하고 요행(僥倖)의 길이 열렸습니다. 신 등은 두려워하건대, 국가의 관작(官爵)이 장차 진흙처럼 천하여 사람들이 귀하게 여기지 아니할까 합니다. 신 등이 감히 사전(赦前)의 허물과 이미 지나간 일로써 구구(區區)히 아뢰는 것은, 진실로 전하께서 이미 지나간 일을 거울로 삼아서 장래를 염려하시기를 원하는 것뿐입니다.

그리고 척리(戚里)가 권세를 침범하고 외가(外家)가 정치에 간여하는 것은 모두 나라를 어지럽히는 실마리입니다. 예전에 한(漢)나라 장제(章帝)는 삼구(三舅)에게 은혜를 더하려고 하였고, 원제(元帝)는 풍야왕(馮野王)을 쓰고자 하여 어사 대부(御史大夫)를 삼았으나 모두 외척(外戚)을 혐의하여 드디어 실행하지 못하였는데, 하물며 한갓 〈외척의〉 혐의로움만 있고 그 재주가 없는 자이겠습니까? 요즈음 외척의 무식한 자가 연달아 정권을 잡아서 청탁 [請囑]이 공공연히 행해져 벼슬을 주고 받음이 마땅함을 잃었고, 심지어 정방(政房) 주의(注擬)에도 절간(折簡)이 모여드니, 진실로 작은 연고가 아닙니다. 윤은로(尹殷老)가 욕심을 부리는데 꺼림이 없어서 죄를 범한 것과 한건(韓健)이 법을 무너뜨리고 사사로움에 따라서 구차히 장관(長官)을 기쁘게 한 것도 그 하나인데, 장관이 된 자는 아첨하는 것을 마음에 달게 여겨서 조금도 피혐(避嫌)하는 자취가 없으니, 그 죄가 같습니다. 이는 모두 드러난 것이고 몰래 그 사사로움을 행한 것은 얼마인지 알지 못합니다. 전하께서는 전대(前代)를 멀리 보시고 크게 공정(公正)한 정치를 세우기를 힘써서 공명 정직(公明正直)한 사람을 골라서 정병(政柄)을 주시면 국가의 복이 될 것입니다.

신 등은 그윽이 생각하건대, 사람의 한 몸에서 귀는 듣는 것을 맡고 눈은 보는 것을 맡았는데, 듣는 것이 밝지 못하면 귀머거리라고 이르고, 보는 것이 밝지 못하면 장님이라고 이르는데, 대간(臺諫)은 전하의 귀와 눈입니다. 진실로 용감하고 굳세며 강개 정직(慷慨正直)하면 부월(鈇鉞)을 무릅쓰고 역린(逆鱗)을 범하면서 그치지 아니하며 백간(白簡)을 가지고 재상(宰相)을 꺾기를 꺼리지 아니하니, 임금의 뜻을 거스리고 뭇사람의 꺼림을 취한 것이 적지 아니합니다. 지난번 전하께서 목민(牧民)의 중함을 생각하시고 대간을 내어 보내어 외직(外職)에 보임(補任)하게 하였으니, 아마도 마땅하지 아니할까 합니다. 비록 특명으로 제수하면 무방하다고 하더라도 후일에 가서 그 노여워할 만한 것을 보면 이를 끌어서 옛 일이라고 하며, 집정(執政)은 자기를 의논한 것을 미워하여 전례(前例)라고 지적하여 드디어 간쟁(諫諍)하는 자리가 도리어 물리쳐 버리는 바탕이 될 것을 어찌 알겠습니까? 신 등은 두려워하건대, 곧은 선비의 기운이 좌절(挫折)되어 떨치지 못할까 합니다. 또 대간으로 직책을 다하지 못하는 자는 스스로 인책하여 사피함이 가하거늘 요사이 놀면서 자리만 차지하고 녹봉만 먹음이 이미 심합니다. 대사간(大司諫) 이평(李枰)은 남에게 고소(告訴)를 당한 것은 뇌물을 받았기 때문인데 추국(推鞫)을 아직 마치기도 전에 그 사람이 이미 죽었으므로, 그 하자(瑕疵)를 아직 다 씻은 것이 아닌데도, 한 번도 인혐(引嫌)하지 아니하고 뻔뻔스러운 얼굴로 직무에 나아가니, 장차 무엇으로 사람을 바로잡겠습니까? 신 등이 엎드려 보건대, 전하께서 춘추(春秋)가 바야흐로 한창이시고 금지 옥엽(金枝玉葉)이 꽃답고 무성한데, 합(閤)에서 나와서 하강(下降)하는 즈음에 집이 장려(壯麗)하고 장구(粧具)가 사치(奢侈)스러우니, 검소한 덕을 숭상하고 옳은 방법으로 가르치는 일이 아닙니다. 천지(天地)에서 생산하는 재물은 그 수량이 있는데 장차 이어 가려고 하면 뒤에는 반드시 지탱하기 어려울 것이며 만약 혹시 제재해 줄이면 후하고 박함의 다름이 있을 것이니, 이는 뻐꾸기[鳲鳩]가 일곱 새끼를 고르게 먹여서 기른다는 뜻이 아닙니다. 전하께서 민간의 풍속 습관이 예스럽지 아니함을 염려하여 혼인에는 채단(綵段)의 사치한 것을 쓰는 것을 금하고 집은 간살[間架]의 많고 적음의 수(數)를 정하여 금과 옥조(金科玉條)가 영갑(令甲)에 나타나 있는데도 아래에서 사치함이 더욱 심한 것은 몸소 행하고 교화로 인도함이 지극하지 못하심이 아니겠습니까? 공자(孔子)가 말하기를, '위에서 좋아함이 있으면 아래에서는 반드시 더 심함이 있다.'고 하였고 《대학(大學)》에 이르기를, '명령하는 바가 그 좋아하는 바에 배반되면 백성이 따르지 아니한다.'고 하였으니, 엎드려 원하건대, 전성(前聖)의 가르침을 준수하사 좋아하고 숭상하는 단서를 삼가며 처음을 삼가고 끝을 생각하여 만세의 장원(長遠)한 계책을 삼으시면 다행함을 이기지 못하겠습니다. 신 등은 듣건대, 백성을 움직이는 데에는 행동으로 하고 말로 아니하며, 하늘에 응(應)하는 것은 성실(誠實)로 하고 형식[文]으로 아니한다고 합니다. 성탕(成湯)이 여섯 가지 일로 스스로를 꾸짖음과 〈주(周)나라〉 선왕(宣王)이 몸을 삼가고 행실을 닦은 것과 송(宋)나라 경공(景公)이 신하와 백성에게 차마 옮기지 못한 것은, 이는 모두 실행(實行)으로 하늘에 응한 것입니다. 요즈음 오랫 동안 비가 오고 흐려서 열흘이나 연하여 흙비가 내리고 괴려(乖戾)한 기운이 금액(禁掖)에 나타나니, 하늘이 변(變)을 보이는 것이 또한 크지 아니합니까? 전하께서는 마땅히 두려워하고 경계하며 삼가여 몸을 꾸짖고 자기를 허물하여 천례(天禮)를 혹시 폐기하고 천작(天爵)을 남용(濫用)하고 천직(天職)을 닦지 아니하고, 생각을 넓게 하여 곧은 말을 받아들이면 거의 하늘의 마음을 받들 수 있고 하늘의 경계함을 보답할 수 있는데, 이제 그 응하는 바가 단지 사유(赦宥)의 말문(末文)에만 있고 형정(刑政)의 본실(本實)은 먼저 하지 아니하니, 이는 신 등이 관심을 갖지 않을 수 없는 바입니다. 엎드려 바라건대, 전하께서는 유념하여 주소서." 하였는데, 전교하기를, "조하(朝賀)와 조참(朝參)은 더위가 심하기 때문에 특별히 없앤 것이다. 만약 옳지 못하다고 하면 내가 아무리 더위를 무릅쓰더라도 무엇을 꺼리겠는가? 조계(朝啓) 때에 비록 의위(儀衛)는 베풀지 아니하더라도 대신(大臣)이 들어와서 참여하여 아뢰는 일을 함께 의논하지 아니함이 없었으나 또한 옳지 못하다고 하면 조계 때에 상참(常參)의 예(例)에 의하는 것이 가하다. 또 정사에 간여한다는 말은 이와 같지 아니하다. 어떤 사람이 내게 아뢰어 청하여 이를 듣고 썼으면 정사에 간여한다고 이르는 것이 가하거니와 만일 어떤 사람이 스스로 서로 간청(干請)한 뒤에 탄로되었으면 내게 무엇이 관여되겠는가? 윤은로(尹殷老)의 방납(防納)의 일은 그 때 일에 관련된 사람이 모두 말하기를, '윤은로가 스스로 차지하지 아니하였다.'고 하는데, 무슨 근거로 강제로 추핵(推覈)하겠는가? 척리(戚里)에 대한 말도 이와 같지 아니하다. 사람을 쓰는 것은 오직 사람과 벼슬이 서로 적당함에 있을 뿐인데, 어찌 척리에 매이겠는가? 또 저택[第邸]과 장구(粧具)의 일을 말하였는데, 역시 옳지 못하다. 간살[間架]이 한도가 있는데 이제 몇 간을 더하였다고 말하지 아니하고, 복식(服飾)·예물(禮物)이 수(數)가 있는데 이제 물건을 더하였다고 말하지 아니하고 범연히 그렇게 말하였으니, 이는 매우 옳지 못하다. 이평(李枰)의 일도 이와 같지 아니하다. 그 뇌물을 받았다고 지적해 말한 자가 이미 죽었는데 무슨 근거로 그 진위(眞僞)를 알겠는가? 근거가 없는 일로써 뇌물을 받은 누(累)를 가하면 이는 크게 옳지 못하다. 대비(大妃)께서 편찮으실 때에 공이 있어서 특별히 벼슬을 더한 것뿐이다."

대신과 대간이 서로 탄핵하게 하다

연산군일기 53권, 연산 10년 5월 17일 병오 2번째기사
1504년 명 홍치(弘治) 17년

전교하기를, "국가의 물건은 써야 할 곳이 있으면 부득이 쓰는 것인데, 앞서 대신과 대간이 그르다고 말한 자가 있어 그만 군상(君上)으로 하여금 써야 할 데 쓰지 못하게 하였으니, 이 역시 위를 능멸하는 풍습입니다. 대저 이적(夷狄)은 지극히 무지하지만, 그 임금을 추대하여 황제다, 국왕이다, 추장(酋長)이다, 부르며 높여 섬긴다. 더구나 우리 나라는 예의지방(禮義之邦)인데도 군신간의 분의가 도리어 이적의 나라만도 못한가? 지금 이후로는 대간이

'어디 쓸 것인가?' 하면, 재상은 대간의 말이 불가하다 하고, 재상이 '어디에 쓸 것인가?' 하면, 대간이 재상의 말은 불가하다고 하여, 서로 거론하여 탄핵하는 것이 가하다." 하였다.

조강에 나아가서 정사를 듣고, 이수장과 김양필이 탄핵되어 체직되다

중종실록 33권, 중종 13년 5월 2일 경자 1번째기사
1518년 명 정덕(正德) 13년

조강(朝講)에 나아갔다. 참찬관 이자(李耔)가 강하던 글에 임(臨)하여 아뢰기를, "신하로서 거의 망해가는 국가를 다시 일으키는 것은 실로 세상에 다시 없는 큰 공입니다. 그러나 혼암(昏暗)한 임금은 그 신하를 보전하지 못하는 것이니 당 현종(唐玄宗)과 같은 이는 참으로 말할 것도 없는 사람입니다. 대저 공로가 크면 의심하는 마음이 생기는 것이니, 이것이 바로 공신을 보전하지 못하는 근본 원인입니다. 그리고 공로가 큰 사람이 극악(極惡)한 일을 하여 그를 주륙해야 하는 경우에도 그 공을 참작하지 않을 수 없습니다. 요즈음 공로가 큰 사람이 극악한 짓을 한 까닭에 이미 주륙되었습니다만, 그의 가속(家屬)과 척속(戚屬)은 모름지기 구별하여 용서해야 하며, 이렇게 하는 것이 공신을 대우하는 도리에도 합당합니다. 신의 생각으로는 신윤무(辛允武)의 첩 같은 사람은 용서하도록 명하는 것이 좋겠습니다." 하니, 임금이 이르기를, "이 말이 옳다. 공이 큰 사람이 극악한 짓을 한다면 그 자신은 부득이 주륙하여야 하겠지만 연좌된 사람은 용서하는 것이 가하다. 그 첩을 놓아 주고 안 놓아 주는 것이 무슨 상관이겠느냐?" 하였다. 장령 정사룡(鄭士龍)·정언 이희민(李希閔)이 전의 일을 아뢰니 전교하기를, "이수장(李壽長)은 체직하라. 나머지는 윤허하지 않는다." 하였다. 이희민이 또 아뢰기를, "김양필(金良弼)은 임금께서 반드시 '그가 비록 자상(慈詳)하지는 못해도 어찌 잔혹하기까지야 하겠느냐?' 하시겠지만, 신은 들건대 이 사람은 성품이 너무 잔혹하고 또 사치를 좋아하여, 음식이 좀 불결하면 반드시 그 음식을 담았던 그릇을 깨뜨려서 음식 만든 사람의 입에다 넣고 양쪽 볼을 치므로, 입과 볼이 모두 상하고 찢어졌다 하며, 또 그가 마시는 물의 온도가 알맞지 않으면 반드시 그 물을 아주 뜨겁게 끓여서 입에다 부어넣으므로, 입이 모두 상하고 문드러졌다 합니다. 수사(水使)가 되었을 때에 영중(營中)에 옥(獄)이 없으므로 빈터에 울타리를 만들고 미워하는 사람을 가두었는데, 풍우한서(風雨寒暑)를 가리지 않았기 때문에 죽은 사람이 많았다 하니, 사람으로서 차마 할 수 없는 일입니다. 이런 사람에게 어찌 중진(重鎭)을 맡길 수 있겠습니까? 북방은 서울서 먼 곳이라 조정의 이목(耳目)이 미치지 않으니, 타고난 잔학성을 마음대로 부릴 것 같으면 백성을 소복(蘇復)하기는커녕 더욱 피폐시킬 것입니다." 하니, 상이 이르기를, "김양필이 과

연 이런 짓을 하였느냐? 차마 듣지 못하겠으니 그를 체직하라." 하고, 또 이르기를, "근자에 사람을 쓰는데 만약 〈과거에 급제한 사람으로서〉 특별히 뽑힌 사람이라면 계급을 뛰어넘어 등용하여도 괜찮지만, 모든 관리를 천거한 사람으로만 쓴다면 혹 조급히 출세하려고 하는 폐단이 있을 것이다. 전조(銓曹)에서 〈천거인 등용을〉 어렵게 생각하는 것도 이 때문이다. 조종조(祖宗朝)에서는 육시 칠감(六寺七監)[5] 의 정(正)에는 연로한 사람이 많이 있었는데, 지금은 연로한 사람은 늙어서 일을 보지 못한다 하여 물러가게 하니, 그다지 늙지 않았는데도 버리고 쓰지 않는 것은 옳지 못한 일이다."하였다. 이희민이 아뢰기를, "임금은 반드시 사방으로 보고 듣는 것을 넓혀야 하기 때문에, 근래에 재변으로 인하여 분부를 내려 구언(求言)했는데도 시폐를 말한 사람이 하나도 없었습니다. 듣건대 심의(沈義)가 구언으로 인하여 상소하였으나 이를 곧 정원(政院)에 내려보내고 상께서는 아무 말씀도 없으셨다 합니다. 심의(沈義)의 사람됨이 어떤지 알 수 없고 또 그 상소문도 보지 못하였으나, 이렇게 말을 올리는 사람이 있는데도 범연히 생각하고 살피지 않는다면, 초야에 묻힌 선비로서 품은 뜻을 말할 사람이 아마 없을 것입니다. 옛날 송 인종(宋仁宗) 시종과 대간·대신 및 사대부의 상소를 항상 용도각(龍圖閣)[6] 에 두고 한가할 때에 항상 열람하고 유의하였습니다. 이것을 본받아야 하지 않겠습니까?"

이덕형 등을 인견하고 이 제독이 탄핵을 받은 일, 중국 남·북군의 갈등을 논의하다

선조실록 35권, 선조 26년 2월 20일
을사 2번째기사 1593년 명 만력(萬曆) 21년

접반사 지중추부사 이덕형(李德馨), 평안도 감사 이원익(李元翼), 좌승지 홍진(洪進)을 인견하였다. 상이 이르기를, "뜻밖에 제독이 탄핵을 받아 우리 나라가 불행하게 되었다. 일이 이렇게 되었으니 어떻게 할 것인가?"

하니, 덕형이 아뢰기를, "천하의 대장으로서 이미 중임을 맡았는데 중원에서 어찌 경솔히 논할 리가 있겠으며, 제독 역시 천하의 중임을 맡았는데 어찌 중도에 버리고 갈 리가 있겠습니까? 대개 남병과 북병의 대립 문제가 가장 염려스러우니, 남쪽 사람들은 군세를 많이 부리고 북쪽 사람들은 형세가 외롭기 때문에 이렇게 된 것인데, 이후로는 다시 다른 일은

---

5 육시 칠감(六寺七監) : 여러 소각사(小各司).
6 용도각(龍圖閣) : 송 태종(宋太宗)의 어서(御書)·보록(譜錄)·보물 등을 간직해 두었던 관부.

없을 것입니다. 다만 제독에게는 마땅히 적의 형세가 잔약하니 반드시 큰 공을 이룰 것이라는 뜻을 간절히 말해야 합니다. 또 송 시랑에게는 자문(咨文)을 보내 군사를 청함이 마땅합니다."

하였다. 상이 이르기를, "시랑에게 청병하는 것은 옳거니와 조정에 청병하는 것은 불가하지 않겠는가? 용병(用兵)의 다소는 대장에게 달려 있고, 본국에서는 단지 군량과 마초의 지공만 염려할 뿐이다. 만약 부득이할 경우 시랑에게 청병하는 것은 마땅하겠지만 조정에 청병하는 것은 부당하다. 그렇게 되면 조정에서는 필시 대장은 어찌하여 청병을 안 하고 국왕이 청병하는가 의심할 것이다. 혹은 변무(辨誣)해야 한다고 하나 이 또한 온당하지 못하다. 그 사실이 현저하게 드러나지 않았는데 무엇을 근거로 변무하겠는가? 시랑에게 청병하는 일은 옳지만 건너뛰어 조정에 청병하는 일은 사체가 온당하지 않다. 경들의 생각은 어떠한가?"

하니, 원익이 아뢰기를, "중국 장수가 매양 시랑에게 청병하라고 말했으니 조정에 직접 청병하는 것은 부당합니다. 또 청병하는 일은 제독과 시랑과 주청해야지 본국이 청해서는 안 됩니다. 만약 형세가 매우 어렵게 된다면 이것을 고려하여 청병하지 않아서는 안 됩니다."

하고, 덕형이 아뢰기를, "전에 제독이 우리 나라 사람을 살려 낸 일을 주문(奏聞)했는데, 이렇게 진달한다면 '조선인의 머리를 참했다.'는 사실도 거의 발명할 수가 있을 것입니다."

하였다. 상이 이르기를, "시험삼아 이러한 뜻을 은근히 풍기기를 '대인의 뜻이 이와 같기 때문에 이미 시랑에게 사람을 보냈다. 대인께서 기필코 조정에 청려하신다면 직접 조정에 다시 청병하심이 옳다.'고 하여 변죽을 울려 봄이 가하다."

하니, 원익이 아뢰기를, "제독은 반드시 시랑에게 청하라 할 것입니다. 또 성중의 여러 장수들인 낙상지(駱尙志)·오유충(吳惟忠) 등은 매양 신에게 '모름지기 진격하는 일과 백성들에게 농사철을 잃지 않도록 하는 일로 급히 송 시랑에게 자문을 보내야 한다.'고 했습니다. 만일 적의 형세가 여러 날을 끌어서 외지에 있는 적이 경성으로 와서 합세한다면 대사는 틀려지게 됩니다. 또 얼음이 녹아 물길이 통하게 되면 양호(兩湖) 또한 염려가 됩니다. 만약 한강을 건너 일대(一帶)를 한계로 삼는다면 어찌할 방도가 없습니다."

하였다. 상이 이르기를, "그 말이 옳다. 저들 왜적이 매양 도망간다고들 하나 양호로 내려가서 난을 꾸미려는 것은 아닌가? 왜적은 성질은 포악하고 간사해서 믿을 수가 없다. 어찌 한번 패했다고 허둥지둥 스스로 물러가겠는가?"

하니, 원익이 아뢰기를, "그 대군은 패하지도 않았으니 달아날 리 만무합니다."

하고, 덕형이 아뢰기를, "소신이 제독에게 이르기를 '우리나라 인민은 양주(楊州) 삼각산 근처에서 굶어 죽은 자들이 많은데 만약 군사를 돌린다면 잔약한 백성들이 의지할 곳이 없게 된다. 소방은 양호의 군량을 믿는데, 적이 만약 군사를 증원하여 양호로 내려간다면 어떻게 해볼 수도 없을 것이다.' 하고, 이러한 뜻을 심 유격(沈遊擊)에게도 말하니 두 장수가 가슴을 치며 사례하였습니다." 하였다. 상이 이르기를, "유격과 제독은 서로 화합하는가?" 하니, 덕형이 아뢰기를, "어찌 화합할 리가 있겠습니까?" 하고, 원익이 아뢰기를, "심이 계획하고 있는 바와 왜적의 정세를 제독이 물어도 대답하지 않습니다. 이로써 보건대 두 사람 사이의 감정이 서로 화합하지 않는 듯합니다." 하고, 덕형이 아뢰기를, "유격은 곧 남쪽 장수입니다. 매양 편지로 나에게 보내면서 하는 말이 '내가 그대 나라를 위하여 감히 사력을 다하지 않으랴마는 제독이 이렇게 하니 어쩌겠는가?' 하였습니다." 하였다. 상이 이르기를, "중국에 귀순한 달자(㺚子)들은 간혹 우리 나라 사람을 만나면 머리를 베어 머리털을 깎는다고 하는데 그런? 이와 같은 일들을 제독이 어찌 다 알 수 있겠는가?" 하니, 원익이 아뢰기를, "그렇습니다. 사람이 없는 곳에서 만나면 반드시 참하여 바칩니다. 이민(吏民) 및 성중의 남녀로 왕래하던 사람들이 머리를 잘리고 머리털을 깎인 자가 또한 많습니다." 하였다. 상이 이르기를, "이와 같은 일에 대해 남쪽 장수들도 그 사유를 아는가?" 하니, 원익이 아뢰기를, "북군이 참획한 것을 남군은 반드시 조선인의 머리를 참획했다고 지목합니다. 원 주사(袁主事)가 제독과 상대하여 '노야(老爺)께서는 어찌하여 이같은 일을 하는가?' 하니, 제독이 노하여 '가증할 노화상(老和尙)이 어디서 그런 말을 들었는가?' 하면서 팔을 걷어 붙이고 크게 꾸짖으니, 원황(袁潢)이 '이것은 바로 공론(公論)이다.'라고 했습니다. 그뒤에 원황이 잘못 들었음을 사과하니, 북쪽 장수 역시 머리를 조아려 사죄했다고 합니다. 원황의 하인이 '주사의 동년(同年) 2백여 인이 대각(臺閣)에 벌여 있으니 필시 이 소문을 들을 것이고 소문을 듣게 되면 반드시 큰일이 생길 것이다. 또 주사가 낙상지(駱尙志)에게 글을 보내기를 「논공한 모든 사실을 갖추 써서 보냈는데 공들을 수공(首功)으로 하여 조종에 보고하였으니 공들은 큰 공을 누릴 것이오, 송 시랑 역시 이미 알고 있소.」라고 했다.'고 하였습니다."하였다. 상이 이르기를, "이들이 공을 다투는 사실은 우선 덮어두고 보자. 이러한 일은 옛날에도 그러했다. 공정하게 논한다면 남병의 공이 앞서는가 아니면 북병의 공이 앞서는가?" 하니, 원익이 아뢰기를, "남병 중 오색의(五色衣)를 입은 자들이 먼저 성에 올라 뛰어 들어갔으니 그 공이 가장 중합니다." 하였다. 상이 이르기를, "성에 오를 때에 사다리를 타고 올라가던가?" 하니, 원익이 아뢰기를,

"이여백(李如栢)이 이르기를 '이미 사교(沙橋)를 만들어 놓았고, 또 빈섬[空石]을 많이 모아 모래를 채워 쌓아 놓았다.'고 했는데 남쪽 장수들은 대답도 하지 않았으며 끝내 그 다리는 사용하지 않았습니다. 그리고는 성벽의 돌을 붙들고 오르는데 적이 위에서 목을 베면 남병은 손으로 그 시체를 내려놓고 계속해서 올라갔습니다. 적군의 머리 하나를 베는 데 남병의 사망자는 5~6인이나 되는데도 앞다투어 들어가서 무수히 성에 올랐습니다. 북병은 문을 연 뒤에야 말을 타고 달려들어가서 죽은 왜적의 머리를 벨 뿐이었습니다. 전일 조 총병(祖總兵)의 처소에서 자세히 물어보니 '기병은 단도만 사용하고 보병은 긴 창으로 찌른다. 적이 물가나 산골짜기로 흩어져 달아나며 싸우면 기병은 길이 험해 추격하지 못하고 보병

이 뒤따라가서 그들을 친다.'고 하였습니다."

하고, 덕형이 아뢰기를, "제독은 매양 남병의 공을 말하는데, 이여백·장세작(張世爵) 등은 성품이 모두 순하지 못하여 매양 헐뜯고, 또 왕필적(王必迪)의 사람됨을 헐뜯으니 남군이 이 때문에 원망합니다. 제독이 개성에 이르니, 여러 장수와 유격(遊擊) 이하는 모두 꿇어앉아 명령을 듣는데 왕필적만은 홀로 서서 말하기를 '노야는 지혜롭지도 않고 신의도 없으며, 어질지도 않기가 이와 같은데 제대로 용병할 수 있겠는가?' 하니, 제독이 노하여 '무슨 말이냐?' 하니, 필적이 '평양성을 공격하던 날 미리 영을 내리지도 않고 싸웠기 때문에 군사들은 미처 밥을 지어 먹을 시간이 없었다. 장수된 사람으로서 군사들의 배고픈 것을 생각하지 않고 급하게 성을 공격하게 하였으니 바로 어질지 못한 것이다. 성을 포위하던 날 내가 군사들의 뒤에서 들으니 노야께서 성밖에서 말을 달리며 독전(督戰)하기를, 먼저 성에 오르는 자에게는 은 3백 냥을 주거나 도지휘 첨사(都指揮僉使)를 제수한다 해놓고 지금 먼저 성에 오른 자가 많은데 3백 냥의 은은 어디에 있으며, 지휘첨사는 또 어디에 있는가? 이것이 신의가 없다는 것이다. 대군은 전진도 하지 않고 단지 선봉만을 이끌고 가서 공격하다가 한번 차질이 있자 기세가 꺾여 물러났으니 이로써 말한다면 지혜롭지 못함이 아니고 무엇이겠는가? 이같이 하고도 성을 공격할 수 있겠는가?' 하니, 제독이 그 말을 듣고 즉시 은을 내어 남병들에게 나누어 주었다고 합니다." 하였다. 상이 이르기를, "정말 영을 내리지 않고 군사를 출동시켰는가?" 하지, 원익이 아뢰기를, "전일에 날짜를 정하여 명일 전쟁을 하기로 한다고 했으나 그 시간을 말하지 않았다가 갑자기 거사했으므로 군사들이 미처 식사를 하지 못했다고 합니다." 하고, 덕형이 아뢰기를, "왕필적의 말을 들으니 '한번 차질이 있었다고 급하게 군사를 후퇴시키는 것은 불가하다. 어찌 이와 같이 하고서도 대장이 되겠는가?' 하였습니다. 필적 등이 임진(臨津)에 머물게 되자 이기수(李麒壽)에게 이르기를 '우리들은 병마를 믿는데 지금 이와 같으니 어찌 이럴 수가 있는가.'라고 했다 합니다." 하고, 원익이 아뢰기를, "남병은 반드시 기병으로 성원(聲援)을 삼기 때문에 이렇게 말한 것입니다. 제독이 혼자 개성으로 돌아와서 즉시 왕필적을 달래기를 '남병은 공로가 많지만 홀로 노고가 많다. 속히 돌아오라.'고 하였습니다."

하였다. 상이 이르기를, "왕은 그뒤 어떻게 되었는가?" 하니, 덕형이 아뢰기를, "그뒤에 제독이 패(牌)를 보내 노숙(露宿)하는 괴로움을 위로하고 모두 퇴군하도록 명하여 척(戚)·왕 등 여러 장수들이 각기 군마를 거느리고 왔습니다. 제독이 또 친필로 '머물러 있기를 원하는 자는 그곳에 머물라.'고 하였습니다. 대개 파주(坡州)의 일은 장세작과 이여백이 한 것입니다." 하고, 원익이 아뢰기를, "근거없는 말이기 때문에 장계를 올리지 않았습니다. 들으니 '송 시랑이 즉시 조정에 주본(奏本)을 올렸기 때문에 논핵했다.' 하였습니다. 제독이 시랑에게 자문을 보냈는데 시랑이 자문을 가지고 간 사람을 곤장 30대를 때렸다고 하였습니다."

하고, 원익이 또 아뢰기를, "조정이, 남군으로 하여금 북군 장수의 절제를 받게 했기 때문에 이러한 것이라고 합니다. 또 남군에게 따로 원수(元帥)를 보내서 그 군대를 거느리게 한다고 합니다. 이 말들은 구전(口傳)에서 나온 것입니다."

하였다. 상이 이르기를, "원수는 이미 차출되었다고 하던가?" 하니, 원익이 아뢰기를, "그들의 말로는 '나이 60여 세인 사람이 원수가 된다고 합니다.' 하였다. 상이 이르기를, "이 말은 중국 사람이 한 말인가? 설사 남군 장수가 온다고 하더라도 반드시 제독의 절제를 받을 것이다."

하니, 원익이 아뢰기를, "만약 원수를 내보낸다면 남북의 두 장수가 각자 절제할 것입니다. 그러나 이것은 필시 분심에서 나온 말일 것입니다." 하였다. 홍진(洪進)이 아뢰기를, "양원(楊元)의 5천 병력은 실로 다 정병입니다." 하니, 원익이 아뢰기를, "3천 명은 여기에 온 병력이고, 5천 명은 요서(遼西)를 방위하는 병력이라 합니다. 만약 시랑에게 청한다면 혹시 보내 줄는지도 모릅니다." 하고, 덕형이 아뢰기를, "그 수하인들과 서로 이야기를 했는데, 제독이 집에서 온 편지를 보고 기뻐하지 않는 기색이 많이 있더니, 말하기를 '나의 일은 공이 될지 죄가 될지 알 수 없다.'고 했다고 했습니다. 보산(普山)에 왔을 때 가슴을 만지며 수심을 띠고 즐거워하지 않는 기색이 있었다 하는데 이 또한 그 까닭을 모르겠습니다." 하였다. 상이 이르기를, "오유충(吳惟忠)은 명장인가?" 하니, 원익이 아뢰기를, "낙상지(駱尙志)와 명성이 나란합니다." 하였다. 상이 이르기를, "오유충이 성에 먼저 올라갔다는 말이 사실인가?" 하니, 원익이 아뢰기를, "두 장수가 모두 먼저 올라갔습니다." 하였다. 상이 이르기를,

"이들 장수는 개성에 있는 군대인가?" 하니, 원익이 아뢰기를, "개성에 만약 이들 두 군대가 있었다면 벽제(碧蹄)의 전투에서 어찌 차질이 있었겠습니까?" 하였다. 상이 이르기를, "왜적이 매양 절강(浙江)의 소주(蘇州)·항주(杭州) 등지를 침구하였을 때 이들 군대가 없지 않았을 터인데 여러 차례 함락된 변이 있었던 까닭은 무엇인가?"

하니, 덕형이 아뢰기를, "중원(中原) 본토인(本土人) 여응주(呂應周)란 자가 글로 써서 보이기를 '가정(嘉靖) 연간에 왜적이 소주·항주를 함락했었으나 그뒤에 방비를 잘했기 때문에 지금은 걱정이 없다.'고 했습니다. 그리고 신의 소매를 잡고 '이런 넓은 소매로 전쟁터에서 싸울 수 있겠는가?' 하고, 갓을 가리키면서 '이런 싸맨 머리로 전쟁터에서 싸울 수 있겠는가?' 하고는 드디어 시를 지어 보이기를, 시부는 진나라의 유풍이요, 병서에 대해 온 나라가 모른다. 높다란 관이 무인의 고깔이요, 넓은 소매 옷의 군복일세. 무딘 창은 섶나무와 같이 썩고, 성을 쌓은 높이는 어깨와 가지런하네. 왜구가 이르렀다는 소문을 듣자, 팔도가 조각 구름처럼 흩어졌네. 라고 하였습니다." 하고, 원익이 아뢰기를, "소신이 김명원(金命元)과 같이 앉아 있을 때 신들의 갓과 소매를 가리키고 웃으면서 '이렇게 하고서 왜적을 제압할 수 있겠는가?'고 하였습니다." 하고, 원익이 또 아뢰기를, "이후로는 군사들을 먹이

기가 매우 어려울 것입니다. 양남(兩南)에는 곡식이 있는지 없는지 모르겠으나 개성·평안 (平安) 일로는 물력이 탕갈되어 지공 또한 어려워 어떻게 조처할 방도가 없습니다. 만일 양호(兩湖)에서 조운한 곡식을 개성과 평양에 쌓아 두고 사용한 뒤에 삼현(三縣)의 곡식을 황해도 등지에 운반케 한다면 거의 보충해 쓸 수 있을 것입니다. 13일 동안에 1만 8천 석의 양식이 소비되었는데 평양에 현재 있는 곡식은 수천 석 뿐이니 이것은 4~5일 양식에 불과합니다. 의주의 곡식을 근근히 운반한다 해도 어찌 용도에 넉넉하겠습니까. 양호의 군량을 준비하는 일과 보병을 더 청하는 일은 늦출 수 없습니다." 하고, 덕형이 아뢰기를, "원래 조금씩 흐르는 물줄기는 중간에서 막히어 시원스레 흐르지를 않습니다. 이곳 곡식은 평양으로 운반하고, 양호의 곡식은 개성으로 수송해야 합니다." 하였다. 상이 이르기를, "군사를 철수하여 물러난 것은 그 본의가 요동을 지키는 데 있고 우리 나라는 구하지 않으려는 게 아닌가? 중국 조정의 의도를 알 수가 없다. 이는 우리 나라의 근심일뿐만 아니라 중원의 근심으로도 작은 일이 아니다." 하니, 덕형이 아뢰기를, "북병이 말하기를 '조선은 수전 (水田)이 많아 달릴 수가 없기 때문에 요서(遼西)에 군사를 나누어 두었다가 추동절을 기다려 땅이 언 뒤에 정벌하고 한다.'고 합니다." 하였다. 상이 이르기를, "기병을 제외하고 남병 단독으로 적을 대적할 수 있겠는가?"

하니, 원익이 아뢰기를, "남병은 단지 3천 명 뿐인데 만약 1만 명을 더한다면 성사할 수 있을 것입니다. 오유충은 매양 '2만 병력만 더 있다면 국왕이 군진 뒤에 있더라도 걱정할 것이 없다.'고 하였습니다." 하였다. 상이 이르기를, "남병은 씩씩한가?" 하니, 원익이 아뢰기를, "신이 모란봉(牧丹峰)에서 토굴을 철거할 때에 늘 접촉하여 보았습니다." 하였다. 상이 이르기를, "왜의 토굴 제도를 모르겠으나 생각건대 땅을 파서 집을 만들기를 마치 토실 (土室)과 같이 한 유의 것이라 여겼었다. 지금 들으니 흙으로 담을 쌓은 것이 마치 바른 벽 같다고 하는데 이런데도 토굴이라고 하는 것은 무엇 때문인가? 이것이 완전하고 장구한 계책인가?" 하니, 원익이 아뢰기를, "그 제도는 넓은 것도 있고 좁은 것도 있는데 넓은 것은 1만여 명을 수용할 수 있으며 매우 튼튼합니다. 오유충의 군대가 토담 앞에서 많이 죽었습니다." 하였다. 상이 이르기를, "토담은 뛰어넘을 수도 허물어 버릴 수도 없는가?" 하니, 원익이 아뢰기를, "땅을 파서 만들어 놓았기 때문에 뛰어넘기도 어렵고 부수기 또한 어렵습니다." 하였다. 상이 이르기를, "돌로도 만들었다고 하는데 그런가?" 하니, 원익이 아뢰기를, "돌이 생긴 모양대로 쌓았기 때문에 붙들고 기어오를 곳이 없습니다."

하였다. 상이 이르기를, "성 위의 보(堡)는 우선 허물지 않는 것이 가하다." 하니, 원익이 아뢰기를, "중국인들이 재물 감춘 것을 훔치느라 모두 헐어 버렸는데 일일이 중국 장수에게 고할 수도 없고 심지어는 주민들까지 상하게 했으나 감히 고하지 못했습니다." 하였다. 상이 이르기를, "중국군의 화포 제도는 어떠한가? 우리 나라의 대장군포(大將軍炮)와 같은가?"

하니, 원익이 아뢰기를, "그 제도는 여러 가지여서 용이하게 배울 수가 없습니다. 그것을 발포할 때에 소리마다 순서가 있는 것 같으나 일제히 방포하게 되면 천지가 무너지는 듯 말로 형용할 수가 없습니다." 하였다. 상이 이르기를, "우리 나라에서도 방포할 때는 많은 사람들이 놀라는데 그때에 인마(人馬)가 놀라지 않던가?" 하니, 원익이 아뢰기를, "북군은 그 때문에 이 소리를 싫어하고, 많은 말들이 놀라 뛰었습니다." 하였다. 상이 이르기를, "중원은 달자(獺子)들의 침략을 많이 당하는데 북군이 그 포를 익히지 않는 이유는 무엇인가?" 하니, 원익이 아뢰기를, "달자들 역시 기병전에 능하다고 합니다. 방포하는 법을 익히지 않는 것은 그 본의를 모르겠습니다. 국가가 회복된 뒤에는 화포 등의 일을 반드시 항상 익혀야 할 것입니다." 하였다. 상이 이르기를, "그 제도를 어떤 경로로 배울 수 있겠는가?" 하니, 원익이 아뢰기를, "중국군에게 배울 수 있을 것입니다." 하였다. 홍진이 아뢰기를, "우리 나라 사람들은 기강이 없어서 비록 기계가 있더라도 방포하는 법을 익히지 않으니 어찌하겠습니까?"

하고, 원익이 아뢰기를, "우리 군사들의 화살이 미치지 못하는 곳에도 철환은 가기 때문에 백성들이 먼저 궤멸됩니다. 이 때문에 유성룡(柳成龍) 역시 첫째는 민심을 위무하고, 그 다음에 병기를 완전히 갖추어야 한다고 했습니다." 하였다. 상이 이르기를, "적병들 중에 총통(銃筒)을 가지고 온 자가 얼마나 되는가?" 하니, 원익이 아뢰기를, "수백 명 중에 총통을 가진 자는 1백여 명에 불과합니다." 하였다. 상이 이르기를, "호준포(虎蹲炮)는 어떠한가? 철환을 쏘게 되어 있는가? 마치 장군석(將軍石) 같은가?" 하니, 덕형이 아뢰기를, "호랑이가 쭈그리고 앉은 형상인데 철환을 쏩니다." 하였다. 상이 이르기를, "성중에 방포하면 곳곳에서 불이 일어난다고 하는데 그런가?" 하니, 원익이 아뢰기를, "석환(石丸)으로 쏘기도 하고 철환으로 쏘기도 하는데, 화약 위를 진흙으로 채우고 불을 꽂으면 돌이 나아가 흩어지면서 불이 따라서 일어납니다." 하였다. 상이 이르기를, "우리 나라의 진천뢰(震天雷) 같은 것인가?" 하니, 원익이 아뢰기를, "신은 그 요령은 모릅니다. 다만 철정(鐵釘)으로 만드는데 초[燭]를 만드는 방식과 같아서 철정을 없애면 속이 텅비어 채울 수가 있습니다." 하였다. 상이 이르기를, "총의 구멍은 어떻게 만들었는가?" 하니, 원익이 아뢰기를, "불로 녹여 철정을 둥글게 감쌌다가 빼내면 구멍이 생긴다고 했는데 다만 의심스러운 것은 그 사람이 그 제도를 모르고서 말하는지 혹은 숨기면서 말하는지 정확하게 알 수가 없는 것입니다." 하였다. 상이 이르기를, "만약 그렇다면 어떤 장인(匠人)인들 만들지 못하겠는가. 그런데 중국 사람들이 반드시 귀하게 여기는 것은 무슨 까닭인가? 염초(焰硝) 만드는 제도는 또 어떻게 하는가?" 하니, 원익이 아뢰기를, "바닷물의 흰 거품을 많이 모아다가 굽는다고 합니다." 하자, 상이 이르기를, "그것은 소금을 굽는 것이지 어찌 염초를 굽는 것이겠는가?" 하였다. 덕형이 아뢰기를, "진신(陳信)이 제독의 군중에서 나와 신에게 말하기를 '그대 나라에는 부국 강병의 방책이 있다. 이곳에 와서 보니, 은이 산출되지 않는 산이 없으니 이것을 채굴하여 제련한다면 충분히 부유해질 수 있을 것이다.' 하였습니다. 신이 전일 무고(誣告)한 사실을 물으니, 답하기를 '내가 유구(琉球)에 갔다가 아주 후한 대접을 받았는데 일본 사신을 보고 그런 줄을 알았다. 이른바 관백(關白)이란 자는 절강(浙江) 사람으로 죄를 짓고 들어갔다고도 하고, 혹은 남방 사람으로 일본에 장가 들어 성을 평씨(平氏)라고 하였다고도 한다.'고 하였습니다." 하였다. 상이 이르기를, "관백이 일본을 통합하고, 대국을 범하려고 한다는 말은 진실이라고 하던가? 유구의 일 또한 어떠한가?" 하니, 덕형이 아뢰기를, "모두 옳다고 하였습니다. 유구는 이미 항복했기 때문에 병화를 당하지 않았다고 하였습니다." 하였다. 상이 이르기를, "그는 상인(常人)이던가?" 하니, 원익이 아뢰기를, "그 용모가 추하지 않은 것으로 보아 상인은 아닌 듯했습니다." 하였다. 상이 이르기를, "문자를 이해하던가?" 하니, 덕형이 아뢰기를, "문자를 약간 알기 때문에 글로써 보이면서 의사를 통했습니다." 하였다. 상이 이르기를, "일로에 은산(銀山)이 많이 있다고 한 것은 그가 직접 본 것인가?" 하니, 덕형이 아뢰기를, "그렇습니다. 낭전(狼戰)의 제도 역시 배워야 합니다." 하고, 원익이 아뢰기를, "삼기병(三技兵) 역시 배워야 합니다. 절강 지방은 시서(詩書) 문물(文物)을 일삼고 무비(武備)를 익히지 않았기 때문에 여러 차례 왜구의 침략을 당했었는데, 가정(嘉靖) 연간에 살해와 약탈을 당한 뒤 무비를 항상 익혔기 때문에 이렇게 능하게 되었습니다." 하고, 덕형이 아뢰기를,

"군사를 10년 동안 가르치게 되면 천하를 횡행할 수 있습니다. 익히게 한다면 무슨 일인들 못하겠습니까?" 하였다. 상이 이르기를, "경들은 직접 왜적의 용병(用兵)하는 것을 보았다. 징과 북 그리고 도양과 명칭이 있던가?" 하니, 원익이 아뢰기를, "기치가 있었는데, 대장의 뒤에 행용(行用)하는 기가 있었습니다." 하였다. 상이 이르기를, "북도 있던가?" 하니, 원익이 아뢰기를, "없습니다." 하였다. 상이 이르기를, "뿔피리를 불던가?" 하니, 원익이 아뢰기를, "뿔피리를 불지 않아 군중이 고요하고, 다만 적진의 행동을 보아 군사를 움직입니다. 용병을 잘하는 편입니다." 하였다. 상이 이르기를, "내가 그들의 갑옷을 보니 제도가 가소로왔다." 하니, 덕형이 아뢰기를, "우리 나라 사람들이 적을 보면 곧바로 도망해서 그렇지 만약 쏘기만 한다면 뚫기가 무엇이 어렵겠습니까?" 하였다. 상이 이르기를, "내달아 돌격할 때에 총 쏘는 것은 어떻게 하던가?" 하니, 덕형이 아뢰기를, "가장 먼 데서는 총을 쏘고, 그 다음에는 창으로 찌르고, 가장 가까운 곳에서는 칼로 칩니다." 하였다. 상이 이르기를, "총통의 소리는 중국군의 화포와 같지 않은가?" 하니, 덕형이 아뢰기를, "왜총의 소리는 사방에서 일시에 발사하더라도 소리마다 따로 들립니다. 중국군의 화포는 하늘이 무너지고 땅이 갈라지는 것 같이 산과 들이 진동하여 말로 표현할 수가 없습니다." 하였다. 상이 이르기를, "성벽의 돌도 맞아 부서지는가?" 하니, 원익이 아뢰기를, "부딪치면 파괴되지 않는 것이 없고, 닿으면 타버리지 않는 것이 없습니다."

하고, 홍진이 아뢰기를, "여기서 평양까지의 거리가 가깝지 않은 듯한데 여기에서도 그 소

리를 들었다고 합니다." 하였다. 상이 이르기를, "군사의 형세가 이와 같으니 싸우지 않고도 이길 수 있을 것이다." 하니, 덕형이 아뢰기를, "이번에 군사를 후퇴시킨 일은 매우 우려할 만합니다. 만약 일제히 분기하여 진격한다면 승리하기가 무엇이 어렵겠습니까? 강화부사(江華府使) 윤담(尹湛), 통진 현감(通津縣監) 이수준(李壽俊)이 서로 약속하고 남병 20여 인과 야경(夜驚)을 치고 총을 쏘면서 습격하자고 했는데 남병이 힘껏 거부하고 하지 않았다니 실로 통탄스럽습니다." 하였다. 상이 이르기를, "사망한 중국군은 매장(埋葬)을 했는가? 화장을 했는가?" 하니, 원익이 아뢰기를, "관곽(棺槨)으로 매장하기도 하고 화장하기도 했습니다. 신이 순안(順安)에서 올 때에 보니 병든 중국군들이 중로에서 발이 부르터서 걷지도 못하고 이틀 동안 음식을 먹지 못하고 숨이 끊어지려 했습니다. 만약 중국 장수가 이 소문을 들었다면 어찌 노하지 않겠습니까?" 하자, 상이 이르기를, "내가 도중에서 보니 중국 군인 중에 다친 자가 많이 있었다. 우리 나라 일로 이같이 되었으니 매우 미안하다. 각 고을에 신칙하여 특별히 구호하도록 했으나 일로의 고을이 성심을 다하지 않으니 매우 가증스럽다." 하였다. 원익이 아뢰기를, "평양의 곡식은 남은 것이 3천여 석인데 다시 준비할 길이 없습니다."

하고, 덕형이 아뢰기를, "이제 신이 물러갈 것인데 제독이 묻는다면 어떻게 대답해야 하겠습니다 ?" 하니, 상이 이르기를, "제독이 만나고 싶어하지 않는다고 했으니 그 의도를 안 뒤에 결정해야 한다. 만나려고 하면 만난들 뭐가 방해롭겠는가? 무단히 나아간다면 사체에 방해가 될 것이다." 하였다. 상이 또 이르기를, "평양의 군량은 어떻게 해야 하겠는가?" 하니, 원익이 아뢰기를, "날짜가 오래되었으니, 군량과 마초가 갑자기 떨어진다면 반드시 요동으로 가겠다는 말이 나올 것입니다. 이것이 염려스럽습니다." 하였다. 상이 이르기를, "제독에게 그러한 뜻도 말해야 한다." 하니, 덕형이 아뢰기를, "북적에 대한 사실을 신이 개성에 있을 때 여러번 말했는데, 그때마다 '그대는 서생이니 함께 의논할 것이 못 된다.'고 하였습니다."

하고, 원익이 아뢰기를, "진영(陣營)을 버리고 뒷일을 생각치 않은 채, 갑자기 군사를 후퇴시킨 것을 신은 매우 통분하게 여깁니다." 하였다. 상이 이르기를, "그 말이 옳다. 나는 그것을 온당하지 않다고 생각한다." 하고, 상이 또 이르기를, "평양을 공격하여 빼앗은 것은 지혜로와서인가, 용감해서인가?" 하니, 원익이 아뢰기를, "공을 탐한 것에 불과할 뿐입니다. 유인해내려고 사 유격(査遊擊)을 시켜 왕래하며 서로 통하게 했습니다. 유격이 현소(玄蘇)를 만나 시를 지어 주자 현소는 거기에 화답했습니다. 신이 군중의 지휘를 들으려고 달려 나아가니 사 유격이 왜적 23인을 거느리고 왔다고 하였습니다. 신은 영문도 모르고 있는데 갑자기 제독이 선도하여 왔습니다. 날이 이미 어두어 남문 안에서 밥을 먹이고 거짓으로 그들의 칼을 보자고 했으나 주지 않았습니다. 적들이 해치려는 의도를 알고 다투어 달아나자 즉시 쫓아가 거의 다 참하였습니다." 하였다. 상이 원익에게 이르기를, "경은 오래도록 외방에 있으면서 고생이 많았다. 모름지기 힘을 다하라." 하고, 덕형에게 이르기를, "경은 가서 힘써 하라." 하였다.

폐비 문제와 김세렴·기자헌의 사형을 청하는 유학 최상의 상소

광해군일기[정초본] 121권, 광해 9년 11월 28일
기축 14번째기사 1617년 명 만력(萬曆) 45년

유학 최성(崔晟)이 상소하기를, "삼가 생각건대, 계축년 변란 초기에 이위경(李偉卿) 등이 역적을 토죄해야 한다는 논의를 가장 먼저 주장하였는데, 그 말이 엄하고 의리가 밝았으며 진달한 뜻이 간절하였습니다. 그리고 정조와 윤인이 계속 따로 거처해야 한다는 논의를 제기하였는데, 저 조경기(趙慶起)가 먼저 간사한 논의를 제창하자, 정복형(鄭復亨)·정온(鄭蘊)·홍무적(洪茂績)·정택뢰(鄭澤雷)·김효성(金孝誠)·조직(趙溭)·이현문(李顯門)·허국(許國) 등이 서로 맞장구를 쳤습니다. 그리하여 역적을 옹호하는 무리가 꼬리를 물고 계속 나옴으로 해서 하늘과 땅이 다하도록 바뀔 수 없는 정론(定論)으로 하여금 변란에 대처하는 때에 시행되지 못하게 하였습니다. 그리하여 임금으로 하여금 창칼 사이에 외로이 앉아 있게 한 지 현재 5년이 되었습니다. 다행스럽게도 한 가닥의 공론이 하마트면 없어질 뻔하다 다시 밝혀져서 호남·호서·영남의 여러 선비들이 천리 길을 걸어와 정성을 피력하여 상소문을 올리고 매일같이 대궐문 앞에서 호소하였습니다. 이 상소들로 인하여 중대한 논의가 벌어지려 하던 참에 정언 김세렴은 감히 역적을 옹호할 마음을 먹고 밤을 세워가며 초고를 써서 한 통의 글로 삼사의 관원을 쓸어버리려고 새벽에 대궐로 달려가다가 길에서 탄핵을 받고 물러갔으니, 이것은 선비들을 일망타진하고 중대한 논의를 극력 막아 역적을 옹호하는 기치를 세우기 위한 것이었습니다. 아, 당초에 조경기를 참수하지 않았기 때문에 정온 등이 징계되지 않았던 것이니 패거리들이 불어나서 오늘에 이른 것은 괴이할 것이 없습니다. 더욱 통탄할 일은 중대한 논의가 처음 제기되었을 때 세렴이 다시 죄를 저질렀는데도 조정에서 무거운 형벌로 다스리지 않았기 때문에, 자헌이 이것을 보고 마음속으로 본받으면서 사형에 처하지 않는 것을 이롭게 여기고 뒷날의 복을 바라는 마음에서 감히 흉측한 차자를 올렸으니, 임금을 잊고 나라를 등진 죄가 여기에 이르러 극도에 달한 것입니다. 계속하여 이항복·민형남·정홍익 등도 기자헌을 본받아 임금을 모욕하는 말을 종이에 가득 적어 올림으로써 흉측한 짓을 다하였으니, 신하된 사람으로서는 차마 보지도 못하겠으며 듣지도 못하겠습니다. 아, 서궁에게는 이처럼 은밀히 받드는 신하들이 있으니 지금 만약 중대한 논의를 조금이라도 늦춘다면 아마도 오늘의 종묘 사직은 마침내 전하의 종묘 사직

이 되지 않을까 합니다. 삼가 원하건대, 전하께서는 흔쾌히 용단을 내리셔서 먼저 계축년의 흉도(兇徒)인 경기 등을 처단하고 다음으로 김세렴·기자헌 등을 사형에 처하도록 하소서. 그리하여 공론을 확장시키고 화변(禍變)의 불씨를 제거한다면 종묘 사직의 더없는 다행이겠습니다." 하니, 의정부에 계하하였다.

사직을 청한 영의정 허적의 상소문

현종실록 21권, 현종 14년 9월 3일 기사 1번째기사
1673년 청 강희(康熙) 12년

영의정 허적(許積)이 충주(忠州)에서 상소하여 면직을 청하였다. 그 대략에, "전에 신이 요행으로 탄핵을 면하자 당시 사람들이 일찍이 탄식하였으므로 다시는 벼슬이 잘못 내려지면 안 된다는 상황을 나라 사람들이 모두 말하고 있습니다. 그런데 어찌 성인의 깊으신 생각 속에 다시 이런 한 번의 잘못된 일이 있을 줄을 생각이나 했겠습니까. 다만 모진 목숨이 지금까지 끊어지지 않아 맑은 조정에 욕이 되고 거듭 임금의 덕에 누를 끼치고 있는 것을 스스로 한스러워하고 있을 뿐입니다. 이는 진실로 신의 죄입니다. 다른 것이야 더 말할 것이 있겠습니까." 하였다. 또 아뢰기를, "신은 성고(聖考)께서 골육처럼 사랑해 주신 은혜에 대해, 비록 몸이 문드러지고 뼈마디가 가루가 되더라도 그 은혜의 만에 하나도 갚을 수 없습니다. 그런데 옛날 선왕께서 돌아가신 날에 이미 따라 죽지 못하였고 늙도록 죽지 않았다가 이제 또 난수의 조정을 만났으나 허물을 짊어진 종적으로는 일하는 대열의 끝에도 끼일 수 없었습니다. 그래서 죄인의 옷차림으로 영장(靈仗)[7]의 뒤를 울면서 따라가 무덤을 만드는 예(禮)를 바라보고 돌아와서 부월의 벌을 청하려고 하였습니다. 이 일념을 잊지 않고 밤낮으로 생각하고 있었는데 지금 이같은 큰 낭패를 당하였으니, 장차 이 계획마저 이룰 수가 없습니다. 혹시라도 외로운 신하가 하늘에 죄를 얻어 하찮은 정이나마 조금이라도 펼 수 없도록 하는 것이 아닙니까? 생각이 여기에 이르자 심장이 내려앉을 것만 같습니다." 하니, 상이 답하기를, "세월이 빨리 흘러 천봉(遷奉)의 기일이 다만 몇십 일밖에 남지 않았다. 애통한 마음이 어찌 한이 있겠는가. 더구나 경은 세상에 드문 선왕의 은혜를 받았는데 이때를 당하여 마땅히 끌어와서는 안 될 지난날의 혐의를 끌어와서 반드시 금일에 군이 사양하고자 하니 나는 그것이 의리에 합당한지를 모르겠다. 인혐하여 선릉(先陵)을 다시 고쳐 봉분하는 날에 나아가지 않는 것은 진실로 정리(情理)에 벗어난 것이다. 경이

---

7 영장(靈仗) : 상여.

어찌 차마 그렇게 할 수 있겠는가. 마땅히 나의 목말라 애타는 듯한 뜻을 체득하여 다시는 굳이 사양하지 말라."

정언 박성원이 여러 가지 국사에 대해 상소하다

영조실록 68권, 영조 24년 9월 27일 무인 4번째기사

1748년 청 건륭(乾隆) 13년

정언 박성원(朴盛源)이 상소했는데, 대략 이르기를, "지난번 이종성(李宗城)의 패려스러운 상소가 한번 나오자 죄를 성토하는 소장이 삼사(三司)에서 교대로 발론되었습니다. 비록 물러가 있던 도헌(都憲)과 연로(年老)한 간장(諫長)까지도 모두 일어나서 서로 잇달아 토죄한 것은 대개 시비(是非)를 분명히 밝히지 않을 수 없고 제방(隄防)을 엄하게 하지 않을 수 없기 때문인 것입니다. 그때 견파(遣罷)시키는 형전을 내린 것에서 성의(聖意)의 소재를 상상할 수 있는데, 오직 저 당여를 위하여 사력(死力)을 다하는 무리들은 단지 처분이 엄하지 않은 것만 보고서 돌보아 꺼리는 것이 없이 기회를 포착하여 느닷없이 불쑥 발론하여 마침내 멋대로 대론(大論)을 정지시킨 데 이르러 극도에 달하였습니다. 합사(合辭)로 올린 계사(啓辭)가 발론된 지 이미 오랩니다. 종전에 저들 가운데 대각(臺閣)으로 들어가 있는 자들이 또한 많았습니다만, 그때에는 일찍이 감히 갑자기 정지시키려 한 자들이 없었으니, 이는 하늘에서 품부(稟賦)한 본성(本性)이 그래도 없어지지 않아서 역적을 비호하는 죄과에 차마 스스로 빠질 수 없었기 때문입니다. 그런데 이종성이 앞에서 창도하고 나섰을 적에 가볍게 파직만 시켰다가 되돌려 서용하고서 그 죄만큼 죄주지 않았으니, 저 기회를 엿보면서 날뛰는 무리들이 과연 무엇을 꺼려서 하지 못하는 짓이 있겠습니까? 이런데도 버려둔다면 장래의 걱정은 이루 말할 수 없는 점이 있게 될 것이니, 어찌 크게 두려워해야 할 일이 아니겠습니까? 신은 이종성에게 멀리 귀양보내는 형전을 시행해야 한다고 여깁니다. 근일의 정주(政注)를 가지고 논하여 본다면 이종성을 서용하라고 한 뒤에 서둘러 검용(檢用)하여 마치 공이 있는 이에게 상을 주고 노고가 있는 이에게 보답하듯이 하였습니다. 그리하여 처음에는 제거(提擧)에 의망(擬望)하고 다음으로는 빈객(賓客)에 주의(注擬)하는 등 차례로 상응(相應)하여 숭장(崇奬)하는 뜻을 드러내어 보였으며, 기타 간범(干犯)한 부류들도 모두 혹여 누락될세라 수록하였습니다. 그래서 정망(政望)이 한번 나가게 되면 공의(公議)가 놀라고 통분스럽게 여겼으니, 일이 무엄하기가 이보다 더 심할 수는 없었습니다. 따라서 전후의 해당 전관(銓官)도 또한 견벌(譴罰)을 가하지 않을 수 없습니다. 지난 겨울 통신사의 사행(使行)이 있을 때 하솔(下率)들이 부린 폐단은 전고에 없었던 것으로 징구(徵求)

를 절제없이 마구 하여 매질이 낭자하였기 때문에 그들이 잔학(殘虐)을 부리고 지나간 곳은 마치 난리를 겪은 것과 같았습니다. 봉사(奉使)한 신하가 염아(恬雅)하여 스스로 조심한 것은 가상하다고 할 수 있겠으나 아랫사람을 잘 검속하지 못한 잘못은 면하기 어려운 점이 있으니, 조정에서 사람을 가려 보낸 본의가 어디 있습니까? 부선(副船)이 실화(失火)한 데 이르러서는 진실로 이것이 뜻밖의 재변이었는데, 80근의 삼료(蔘料)를 다시 준비하였으며 기타의 물건도 수송(輸送)하느라고 위로는 성상에게 걱정을 끼치게 하였고 아래로는 중외(中外)의 재화(財貨)를 바닥나게 했으니, 주관(主管)한 신하에게 어찌 죄가 없을 수 있겠습니까? 그런데도 복명(復命)하는 날 상이 있었고 벌은 없었는가 하면 자급(資級)을 건너뛰어 직질(職秩)을 올려서 총애로운 은전이 융숭하였으니, 이러고도 형정(刑政)이 공평하게 되었다고 할 수 있겠습니까? 그리고 차지(次知)와 역관(譯官)에게는 가벼운 감죄(勘罪)도 없이 후한 은전을 내린 것은 더욱 부당한 데 관계되는 것으로 또한 상은 신중히 하고 벌은 반드시 내린다는 도리에 어긋나는 것이어서 본보기로 후세에 전하여 뒷사람을 징계시키지 못할까 두렵습니다. 청컨대 세 사신(使臣) 이하를 죄의 경중에 따라 감단(勘斷)함으로써 봉사한 자들의 경계가 되게 하소서. 대저 곤임(閫任)과 수령의 관계는 도백(道伯)의 경우와 견주어보면 차이가 있기는 합니다만, 그 또한 한 도(道)의 원수(元帥)인 것입니다. 지난번 평안 병사 구성익(具聖益)의 상사(喪事)에 시신(屍身)이 빈소에 있는 채 반구(返柩)하지 않았을 적에 도내(道內)의 두셋의 수재(守宰)들이 안주(安州)의 객관(客館)에서 연회를 베풀고 놀았는데, 풍악을 크게 벌여 놓았고 영기(營妓) 가운데 흰옷을 입은 자들도 또한 그 가운데 참여했었다고 하니, 듣기에 놀라운 것은 물론이고 풍교(風敎)에 관계되는 한 가지 사단인 것입니다. 그때 모여 참석한 수령들을 본도(本道)로 하여금 조사하게 하여 책벌(責罰)을 시행하게 하소서. 이춘제(李春躋)가 지난번 당한 일은 그에게 있어서는 불행스러운 일이라고 할 수 있으니, 비록 그 본사(本事)에 대해서 심각하게 의심할 필요는 없겠으나 그의 서제(庶弟)가 그때의 일 때문에 치도곤(治盜棍)의 형을 받다가 죽기에 이른 것은 참으로 이른바 '나 때문에 죽었다[由我而死]' 고 한 격이 되었습니다. 그리고 그날 연회에 갔다가 죽은 사람이 이미 한두 집이 아니었으니, 그들의 부형이나 자제가 된 사람들의 입장은 인정으로 참작하여 보더라도 어찌 이춘제와 함께 조신(朝紳)들 사이에서 함께 행동하려 하겠습니까? 이춘제가 스스로 처신하는 도리에 있어서도 진실로 문을 닫고 가만히 엎드려 있으면서 사람들과의 교접(交接)을 드물게 했어야 하는데, 이에 도리어 그 수치를 참아내고 평인(平人)처럼 스스로 조신들이 주행(周行)하는 사이에 서서 경재(卿宰)의 반열에서 어깨를 나란히 하고 있었으니, 남들은 말을 않고 있지만 어찌 속으로 반성하여 볼 때 스스로 부끄럽지 않을 수 있겠습니까? 인심이 함닉(陷溺)되고 염방(廉防)이 크게 무너져 다시 남은 것이 없게 되었으니, 청컨대 이춘제를 영구히 사판(仕版)에서 간삭(刊削)시키소서. 여름 사이에 괴원 분관(槐院分館)한 뒤 외람되고 난잡했다는 이야기가 온 세상에 전파되어 물론(物論)이

떼지어 일어나고 있습니다. 이경조(李景祚)·오언빈(吳彦賓)의 일을 가지고 말하더라도 난잡하고 공평하지 못했다는 것을 이것으로도 알 수가 있습니다. 오언빈이 당초 복과(復科)되었을 적에 이미 비난하는 의논이 많았으니 이는 5점(點)에 분방(分榜)하는 제방이 크게 무너졌으며, 이경조가 어로(魚魯)를 분변하지 못한다는 것은 이미 그가 등제(登第)한 처음에 전파되었습니다만, 그의 숙부인 이태령(李泰齡)이 혹시라도 누락될세라 멋대로 가점(加點)했으므로 권점(圈點) 가운데 든 사람들이 그와 같은 반열에 서는 것을 수치스럽게 여겼습니다. 청컨대 회권(會圈)을 주관한 사람들을 아울러 삭직(削職)시키소서. 이태령은 사심을 품고 가점하는 죄를 범했으니, 각별히 엄중히 조처하고 다시 분관하게 하소서. 승문원의 제거(提擧)와 주사(籌司)의 당상은 지위와 명망이 자별하고 직임이 긴중하기 때문에 진실로 글이 훌륭하고 재주가 있는 사람이 아니면 경솔히 제수해서는 안되는 것입니다. 그런데 근래에는 경재(卿宰)들이 으레 겸하게 되어 명망과 실상이 드러나지 않은 유엄(柳儼)·유복명(柳復明)도 아울러 그 선발에 참여되었으니, 이는 실로 벼슬자리를 위하여 사람을 가린다는 뜻이 아닙니다. 아울러 개정(改正)하소서.

대간(臺諫)의 직책은 위로 임금과 시비를 다투고 아래로 대신(大臣)과 가부(可否)를 논하는 것이기 때문에 국가에서 이 직책에 대해 어렵게 여기고 신중을 기해서 경솔히 제수해서는 안된다는 것이 분명합니다. 장통(掌通)을 특교(特敎)로 영구히 파기시킨 데에서 대개 상세히 하고 신중히 하는 지극한 뜻을 알 수 있는데도, 용렬하고 나약한 무리들이 그 사이에 구차스럽게 충차(充差)되는 것을 면하지 못하고 있으니, 선부(選部)에 신칙하여 특별히 신중하게 가리도록 하소서. 전 헌납 박수(朴璲)는 향임(鄕任)을 탄핵함에 있어 느른하고 번뇌한 것이 더없이 극심하였는데, '세력이 백배(百倍)나 되어 감히 손을 댈 수 없다.'는 등의 말은 더욱 놀라운 것이었습니다. 대풍(臺風)을 무너뜨려 다른 사람으로 하여금 대신 수치를 느끼게 하니, 대선(臺選)에서 삭제시키도록 명하소서. 전 군수 정광운(鄭廣運)은 그가 대지(臺地)에 있었을 적에 이미 사람들의 말이 있었습니다. 지난번 도신(道臣)의 장계를 가지고 살펴보더라도 그가 정사를 제대로 행하지 않고 형벌을 혹독하게 한다는 것을 알 수 있으니, 파출(罷黜)만 시키고 그만두어서는 안됩니다. 조적(朝籍)에서 영구히 삭제시키고 다시는 검의(檢擬)하지 말게 하소서. 언로(言路)가 막힌 것이 근일보다 더 심한 적이 없어서 지금은 말하지 않는 것을 고치(高致)로 여기고 패초(牌招)를 어기는 것을 상책(上策)으로 삼고 있으므로 강직한 풍도와 충간(忠諫)하는 절개를 귀를 기울여도 들어 볼 수가 없습니다. 관사(官師)가 서로 규계(規戒)하는 것도 없어져버린 상태인데, 더구나 임금이 도리를 어긴 것과 임금이 잘못을 저지른 실수의 중대함에 대해 누가 감히 얼굴을 들고 기휘(忌諱)를 촉범하면서 죽음을 무릅쓰고 직간(直諫)하려 하겠습니까? 언로가 막혔는데도 나라가 망하지 않은 경우를 신은 들어보지 못했습니다. 어찌 오늘날의 상황에 대해 개연스러움을 느끼지 않을 수 있겠습니까? 삼가 바라건대 꺼리지 않는 문을 활짝 열어 간언(諫言)이 오는 길을 넓히소서. 양역(良役)에 관한 한 가지 일은 오늘날의 막대한 폐단이 되고 있는데, 만일 제때에 변통시키지 않는다면 국가의 위망(危亡)은 서서 기다릴 수 있습니다. 대개 한 집에서 3정(丁)이 입역(立役)하는 것과 잡비까지 아울러 통틀어 말한다면 거의 15, 6냥이 넘는데, 인족(隣族)의 침징(侵徵)은 또한 그 숫자에 들어 있지 않습니다. 지금의 이 사정법은 진실로 아름답지 않은 것이 아닙니다만, 몇 년이 지나게 되면 또한 전과 같이 되는 폐단을 면하기 어렵습니다. 신은 경외(京外)를 물론하고 위로 경상(卿相)의 집에서부터 아래로 서민에 이르기까지 일례(一例)로 식구의 숫자를 계산하고 또 그 사이에서 남녀·장약(壯弱)을 나누어 10세에서 60세에 이르기까지 그 구전(口錢)을 받는다면, 위로는 군국(軍國)의 경용(經用)을 충족시킬 수 있고 아래로는 우리 백성들의 거꾸로 매달린 것 같은 고통을 풀게 할 수 있겠습니다. 대저 지금 세상에서 이야기해야 될 것이 세 가지가 있는데, 결포(結布)·호포(戶布)·구전(口錢)이 그것입니다. 왜 그런가 하면 대개 결역(結役)의 번중(煩重)함이 지금 세상에 있어 하나의 큰 폐단이 되고 있는데, 비록 풍년이 든 해를 당하더라도 묵혀서 황폐하게 되어 버려 둔 곳에도 오히려 아무 이유 없이 세금을 징수하는 걱정이 있으니, 이러고도 백성들이 도망하여 흩어지지 않을 것을 어떻게 보장할 수 있겠습니까? 이 법을 행해서는 안된다는 것은 슬기로운 자를 기다리지 않고도 알 수 있습니다.

호포법(戶布法)은 행해도 폐단이 없기는 하지만, 또한 사소하게 고르지 못한 단서가 있기 때문에 십분 폐단이 없는 구전(口錢)만 못합니다. 신이 일찍이 이 구전에 관한 한 조항을 가지고 진신(搢紳)·사우(士友)에게 질의하여 보고 향곡(鄕曲)의 식견이 있는 사람들에게 널리 순문(詢問)하여 보니, 이 법을 시행하는 것을 편하게 여기는 사람이 진실로 많았습니다. 그 가운데 이를 어렵게 여기는 사람은 그 말이 '일단 구전법을 행하면서 상하의 구분이 없게 되면 명분(名分)이 이로부터 문란해질 것이다.'라는 것에 불과했으니, 이런 말을 한 사람은 대개 그 근본을 궁구하지 않고 단지 그 말단만 논한 것입니다.

하늘이 백성을 탄생시킬 적에는 귀천(貴賤)의 차이가 없었는데, 오직 수고로운 사람은 늘 수고롭고 편안한 사람은 늘 편안하게 하는 정사만이 유독 다름이 있을 뿐입니다. 이 백성들이 곤궁하게 되었는데도 구휼(救恤)하지 않는다면 아마도 옛 성인(聖人)이 이른바 '한 사람이라도 제 살 곳을 얻지 못하면 자신이 밀어붙이어 도랑으로 빠지게 한 것처럼 여긴다.'는 뜻이 아닐 것입니다. 비록 구전법을 행한다고 하더라도 그 명분에 있어서는 서로 문란하게 될 이치가 반드시 없을 것이니, 성명께서는 동요되어 의심하지 마시고 쾌히 건단(乾斷)을 내려 속히 행하소서. 이는 또한 이미 시행한 것이어서 증험할 수 있습니다. 방민(坊民)들이 좌경(坐更) 하는 법은 일찍이 연품(筵稟)으로 인하여 한결같이 가좌(家座)의 차례에 따르되 관위(官位)가 있거나 범민(凡民)이거나를 막론하고 돌려가면서 고르게 입역(立役)하게 했습니다. 지금 이 구전법은 실로 만백성의 균역(均役)인 것이니, 좌경법(坐更法)에 견주어 볼 때 그 중함이 과연 어떠합니까? 시행하기 쉬운 것은 좌경법과 다를 것이 없습니다. 다시 바라건대 채택하여 시행하소서. 대저 법(法)이 오래되면 폐단이 생기는 것은 통상적인 이치인 것입니다만, 법에 폐단이 생기면 고치는 것 또한 성왕(聖王)이 법으로 다스려 온 성대한 일인 것입니다. 삼대(三代) 때 법을 변혁시키기도 하고 손익(損益)시키기도 한 것은 대개 이 때문이었던 것입니다. 어찌 양법(良法)이라 하여 유독 그렇지 않을 수 있겠습니까?

첨정(簽丁)의 폐단은 그 단서가 한둘이 아닌데, 신은 단지 그 가운데서 양정(良丁)이 감손되는 폐단만을 거론하여 진달하겠습니다. 교원(校院)을 가탁하여 면하고 각소(各所)에 예속되어 면한 자들은 그 숫자가 본래 많지 않고 또 수시로 태정(汰定)하기 때문에 절로 영원히 잊어버리는 일은 없게 됩니다. 그러나 부가(富家)·세족(世族)의 묘하(墓下)에 자취를 의탁하고서 이름을 고쳐 사노(私奴)가 된 자들은 향곡(鄕曲)에서 무단(武斷)하는 자들의 울 밑에서 살게 되는데, 솔호(率戶)에 모록(冒錄)된 부류들이 각양각색으로 모면하기를 도모함에 있어서는 본래 그 술책이 많습니다. 이리하여 자손의 대에 이르러서는 이를 인연하여 노예가 되니, 이러한데 양액(良額)이 어찌 감손되어 모자라지 않을 수 있겠습니까? 구전법이 시행되면 이런 등의 폐단은 저절로 소멸될 것입니다. 또 생각건대 속오(束伍)는 곧 국가에서 긴급할 때 쓸 군졸인데도 오로지 군포(軍布)를 거두는 정사만을 일삼고 있기 때문에 가난하여 의지할 데 없는 부류들만으로 편성되어 입적(入籍)된 상태이니, 만일 뜻밖의 걱정이 있게 되면 국가의 쓰임이 될 수 없는 것은 물론 모두 흩어져 버리게 될 것입니다. 만일 구전법을 행하고 양역(良役)을 파한 다음 모두 부실(富實)한 백성들로 속오에 충정(充定)하며 또 장비(裝備)를 돕게 하기 위해 보인(保人) 10명씩을 주되, 보전(保錢)을 한결같이 구전(口錢)의 예(例)에 따라 시행한다면 또한 한쪽만 고통을 당하는 탄식을 면하게 할 수 있음은 물론 국가의 융정(戎政)에도 반드시 실효가 있게 될 것입니다. 이 두 조항을 가지고 정신(廷臣)들에게 널리 문의하여 상세히 강론한 다음 시행하소서." 하니, 비답하기를, "이종성(李宗城)에 대한 일은 이미 하교했는데, 무엇 때문에 계속 이러는가? 처음 대각(臺閣)에 올라와서 먼저 구습(舊習)을 부리고 있으니, 내가 노쇠하기는 했지만 진실로 놀랍다. 중신(重臣)에 대해 자정(自靖)해야 한다고 한 것은 바로 그대가 스스로 말한 것이다. 통신사(通信使)의 사행에 과연 하배(下輩)들이 폐단을 부린 것이 있다면 계칙하는 일이 없을 수 없으니, 세 사신(使臣)을 아울러 추고(推考)하여 무겁게 다스릴 것이고 세 수령에 관한 일은 이런 것이 사실이라면 예풍(禮風)에 관계되니 비국으로 하여금 본도(本道)에 사문(査問)하게 하여 조처하도록 하겠다. 승문원의 분관(分館)에 관한 일은 그것이 불공(不公)에 관계가 되었다면 해당 권인(圈人)은 아울러 파직시키고 이태령은 삭직(削職)시키겠다. 이경조는, 이태령이 승문원에 재직하고 있다면 회권(會圈)에 참여한 것이 어찌 외람된 일이 아니겠는가? 그리고 그것이 불공(不公)했다면 그대로 시행할 수 없으니, 회권에서 발거(拔去)시키라. 오언빈은, 작은 허물은 덮어 감싸주는 것이 왕정(王政)에 있어 중대한 일인데, 더구나 본사

(本事)의 단서에서 이미 벗어났으니, 성균관의 분관을 어찌 외람되다고 할 수 있겠는가? 지금 그대가 논한 것이 지나친 것에 관계가 된다. 이미 처분을 내려 그 사람을 개정(改正)했으면 되었지 원권(原圈)을 개정할 필요가 뭐 있겠는가? 지금 그대가 청하는 것은 특별히 개정하려고 하는 것이 아닌가? 외람된 짓이다. 원권을 혼란시키려는 그 의도가 무엇인가? 어찌 권점(圈點)한 사람이 없는데, 다시 개권(改圈)하는 도리가 있을 수 있단 말인가? 이것이 이른바 혼란시킨다는 것이다. 비국과 승문원의 제조(提調)를 개정하는 일은 지나친 데 관계되는 일이다. 이 중재(重宰)는 거기에 선발된 것이 오히려 늦었다. 이춘제의 일은, 아! 지난날 그가 당한 일을 돌이켜보면 위에 있는 사람으로서 신하를 위하여 딱하게 여기고 있다. 서제(庶弟)를 위하여 문을 닫고 출입하지 않아야 한다는 등의 의리는 이것이 어느 글에 보이는가?

나는 일찍이 왕첩(往牒)을 열람한 적이 있었지만 유하혜(柳下惠)가 문을 닫고 출입하지 않았다는 것은 알지 못하겠다. 이런 등의 풍습(風習)은 참으로 돈후(敦厚)히 하는 것이 아니다. 대저 두서너 신하에 대해 논한 것은 나약한 것을 벗어났다고 할 수 있겠으나 어찌 경직(勁直)하다고 할 수 있겠는가? 박수의 일은 과연 진달한 바와 같은데, 비록 대풍(臺風)을 실추시켰다고는 하지만 지난번 이미 특별히 체차시켰다. 지난일에 대해서 말하지 말라고 한 것은 성인(聖人)이 훈계하신 것이다. 정광운을 잡아다 국문하는 일은 아뢴 대로 시행하겠다. 잡아다 국문하면 절로 해당되는 율(律)이 있게 될 것인데, 일의 결말을 기다리지도 않고 한 가지 일을 가지고 겸하여 영구히 간삭시키기를 청하니, 그것이 옳은 일인지 알지 못하겠다. 대선(臺選)의 일에 대해 특별히 신중을 더하라는 말은 그 청이 옳으니, 전조(銓曹)를 신칙하겠다. 양역(良役)에 대한 일은, 깊숙한 궁중에 있으면서 곤궁한 백성을 생각하는 마음이 밤낮으로 어찌 해이함이 있을 수 있겠는가? 지금 청한 것이 의도인즉슨 옳다. 호포(戶布)·구전(口錢)·결포(結布) 이 세 조항에 대한 의논은 예로부터 있어 왔는데, 이는 경솔히 먼저 강구(講求)할 성질의 것이 아니다. 왜냐하면 강구한다는 이름만 있고 실효가 없다면 이는 백성을 속이는 것이 되기 때문이다. 대풍(臺風)으로 임금을 면려한 말은 절실한 것에 관계되니, 마땅히 스스로 면려하겠다."

영의정 김치인을 탄핵한 옥당관들을 모두 귀양보낸다

정조실록 25권, 정조 12년 3월 12일 갑술 3번째기사
1788년 청 건륭(乾隆) 53년

연명해 차자를 올린 옥당 이백형(李百亨)을 명천(明川)으로, 조진택(趙鎭宅)을 길주(吉州)로,

오태현(吳泰賢)을 단천(端川)으로, 김이익(金履翼)을 이성(利城)으로, 김희채(金熙采)를 북청(北青)으로, 송상렴(宋祥濂)을 홍원(洪原)으로 귀양보냈다. 응교 정만시(鄭萬始) 등이 연명 차자를 올려 영상 김치인을 논핵하니, 상이 여러 옥당들을 불러 그 차자를 읽어 아뢰라고 명하였다. 만시가 차자를 펴들고 읽으려 하니, 상이 이르기를, "응교는 단지 잘 알았다고만 썼을 뿐, 연명해 상차하는 데는 가담하지 않았다 하니, 수교리(首校理)가 읽어 아뢰라." 하였다. 백형이 읽어 아뢰었는데, 그 차자에, "난신 적자가 어느 때인들 없었습니까마는 천하 고금에 어찌 하적처럼 극악한 대역(大逆)이 있었습니까. 우리 전하의 신하된 자라면 하적과 심보가 서로 같아 의기(意氣)가 투합한 자를 제외하고는 어느 누가 입으로 하적의 고기를 씹고 손으로 사지를 찢고 싶어하지 않겠습니까. 그런데 아, 저 이노춘만은 흉역(凶逆)의 말을 주워 모아 방자하게 장주(章奏) 사이에 실었습니다. 자신의 자책을 가탁해서 은연 중 저 적을 비호하여 저 적과 한패거리가 되는 것을 달게 여겼으니, 사시(肆市)의 율(律)도 오히려 가벼운데, 오히려 지금까지 섬 속에 안치하여 살려 두어 하적의 잔당으로 하여금 기맥을 통하고 은밀히 결탁하게 하여 불씨가 되살아나고 베어낸 풀에 싹이 다시 돋는 듯한 우환이 있게 되었으므로 매양 식자(識者)들의 한탄이 절박하였습니다. 그런데 과연 김치인의 일이 생겼으니, 흉악한 악인은 끝내 감화시킬 수 없고, 또 끝내 도망해 숨을 수도 없는 것입니다. 아, 통탄스럽습니다.

옛날부터 지금까지 일일이 꼽아보아도 신하로 저 집처럼 나라의 은혜를 융성히 입고 임금의 예우를 깊이 받은 집이 없었습니다. 그렇다면 저도 사람이니 진실로 병이(秉彝)의 천성을 가졌다면 백수(白首)의 나이에 다시 등용된 날부터 마음을 고쳐먹고 보답할 도리를 생각하는 것이 마땅한데, 도리어 암암리에 도당(徒黨)을 심어 스스로 영수(領袖)가 되어 나라를 해치고 공사(公事)를 해친 일이 이미 많았고, 심지어 일전의 연대(筵對)에서는 과거를 잊기 어려워 흉악한 심사를 스스로 드러내기까지 하였으니, 아, 통탄스럽습니다. 노춘은 하적을 위해 죽고자 하였고 치인은 노춘을 위해 방면(放免)을 청하였으니, 그 마음의 소재는 누구나 아는 바인데 감히 자명(自明)하는 차자에서 말을 수식하고 진실을 현란시켜 마치 전에는 전혀 몰랐다가 지금에서야 비로소 깨달은 것처럼 하였으니, 고금 천하에 어찌 이런 일이 있을 수 있습니까. 숨기고 있던 본심이 드러났는데도 전하께서는 오히려 비호하고자 하시어 흉종(凶蹤)이 잠시 성밖으로 나가자 전하께서는 오히려 돈면(敦勉)하셨습니다. 그가 오늘 성안으로 들어온 거조에 이르러 그의 방자하고 무엄함이 더욱 드러났으니, 전하께서 비록 그를 구신(舊臣)으로 대우하고 싶으시더라도 엄히 징토(懲討)하기를 생각지 않으신다면 의리가 날로 더욱 어두워져서 난역(亂逆)들이 끝내 꺼리는 바가 없게 될 것입니다. 그러니 영의정 김치인을 우선 삭탈 관작하여 문외 출송할 것을 결단코 말 수 없습니다." 하였다. 읽기를 마치자, 상이 이르기를, "영상이 빈대(賓對)한 자리에서 아뢴 것이 어찌 그 본심이었겠는가. 어쩌다가 그렇게 된 것일 것이다. 대체로 이노춘의 원소(原疏)를 즉시 돌려주도록 명하고 등사해 반포하지 않았으니, 그때 조정에 있던 신하들도 그 내용을 자세히 알기 어려웠는데, 더구나 다년간 물러나 있던 영상으로서는 세월이 오래 지난 뒤에 기억하지 못하는 것이 괴이할 것이 없다. 영상의 소에 하늘이 넋을 빼앗았다는 등의 말에 대해 비록 지나쳤다고 비답하였으나, 전혀 잘못된 바가 없다는 뜻은 아니다. 그러나 그 본심을 헤아려 보면 실로 고의적인 잘못이 아니다. 내가 비답에 무망(无妄) 운운한 것은 바로 영상의 심사를 이른 것이다. 그날 영상이 단독으로 노춘만을 거론한 것이 아니고 윤득부의 일로 인해 차츰차츰 노춘의 일에 미친 것이다. 그렇지 않다면 천리나 인정으로 헤아려 볼 때 어찌 스스로 망측한 죄과(罪科)에 빠지고자 하겠는가. 이것을 이유로 죄를 준다면 하늘이 넋을 빼앗았다는 그의 말이 또한 지나친 말이 아니다. 지금 몰랐다는 것을 이유로 죄를 준다면 영상이 실로 달게 받을 것이지만, 이 차자처럼 죄를 성토하는 것은 전혀 근리(近理)하지 않다. 그대들에게 즉시 처분을 내리고 싶지만, 차자 중에 나라를 해치고 공사(公事)를 해친다는 등의 말이 반드시 가리킨 바가 있을 것이므로 지금 어전(御前) 가까이 오게 한 것은 자세히 물은 뒤에 처분하고자 해서이니 각각 소상히 아뢰라." 하였다. 백형이 아뢰기를, "천지가 생긴 이래로 그지없이 흉패(凶悖)함이 하적과 같은 자가 없었습니다. 명목은 비록 이괄과 신치운의 예(例)를 준용했다고는 하나, 흉역(凶逆)의 유종(遺種)들이 아직도 살아 있으니, 그 도당의 혈맥(血脈)을 끝까지 조사해야 마땅한데도 그 옥사(獄事)를 대충 다스려 하나도 문죄(問罪)한 바가 없어 역적의 소굴과 뿌리를 아직까지 제거하지 못하였습니다. 오늘날 조정에 있는 신하들은 모두 이야기가 하적 두 자에 이르면 마음을 떨고 눈을 흘기면서 항상 천리는 밝은 것이니 끝내는 반드시 스스로 탄로될 것이라고 하였습니다. 그런데 그때 노춘이 처음에는 윤득부의 사람됨을 공격했다가 하적이 반역을 일으킨 뒤에는 갑자기 전 응교(應教)로 상소해 스스로를 탄핵하고 도리어 윤득부를 구원하면서 하적의 흉소(凶疏)에 있는 글귀를 주워 모아 상소문을 엮었으니, 그 심보를 캐어보면 하적과 동일합니다.

그런데 어찌 오늘에 갑자기 김치인의 일이 있을 줄을 생각이나 하였겠습니까. 치인은 바로 이른바 일국의 원로(元老)로서 그 나이와 그 지위와 그 임금의 두터운 은혜를 입은 것과 임금의 신임을 독점한 것이 과연 어떠했습니까. 15년 동안 벼슬에서 물러나 있던 끝에 하루아침에 영의정에 앉혀 온 나라를 들어 맡겼습니다. 성상의 특별한 은혜가 이와 같았으니, 설령 평소에 품고 있던 흉측한 마음이 있었다 하더라도 진실로 태도를 바꾸고 생각을 고쳐 일심으로 나라를 위해 작은 보답이나마 하기를 생각하는 것이 마땅한데, 도리어 방자히 자기의 속셈만을 행하고 오로지 편사(偏私)만을 일삼아 거의 망측하고 무엄한 경지에 이르렀으니, 식자들이 근심하고 한탄한 지가 이미 오래입니다. 그런데 과연 일전 빈대 때의 아룀에서 그 심사와 행적이 남김없이 드러났고, 또 이어 그의 소차(疏箚)를 보건대 수식하여 현란(眩亂)시킨 흔적을 숨길 수 없으니, 신들이 차자 중에서 '과거를 잊기 어려워 흉악한 심사를 스스로 드러냈다.[宿慝難忘凶圖自呈]'고 한 여덟 자가 바로 그 심사와 행적을 간파한 것이라 생각합니다. 대개 노춘의 일이 있은 뒤부터는 하적이 은밀하게 일을 조처하여 거의 형적(形跡)을 찾아볼 수 없었는데, 이번에 치인의 일이 생겨 하적의 배경이 비로소 드러났으니, 이것이 어찌 천리가 밝게 드러난 것이 아니겠습니까."

하니, 상이 이르기를, "차자의 말도 이미 사리를 요량하지 못했더니 주대(奏對)에도 말을 가려 하지 않고, 근사하지도 않고 이치에 당치도 않는 말로써 억지로 터무니없는 무함을 하니 진실로 몹시 놀랍다. 영상이 어째서 하적의 소굴인가. 아뢴 바가 실로 터무니없다. 비록 생판 사람을 몰아붙이려고 하지만 어찌 될 수 있겠는가. 그날 영상이 연석에서 아뢴 것은 실로 아무 생각없이 한 일이고 입에서 나오는 대로 한 말이다. 그러나 그 행위를 가지고 논하면 매우 해괴하고 큰 망발이니 지금 만약 정당하고 공평하게 그 죄과를 말한다면 누가 불가라고 하겠는가. 그런데 내가 윤허할 줄 알고 이렇게 상차하였는가?" 하였다. 백형이 아뢰기를, "이마가 터져 피가 흐르도록 머리를 조아리며 일제히 호소해서라도 기어이 윤허를 받을 작정입니다." 하니, 상이 이르기를, "이 옥당이 지난번 강연(講筵)에서 글뜻으로 인해 벽(僻) 자의 폐단을 강력히 말하기에 나는 이미 뜻이 있어서 그러는 줄 알았다. 그런데 지금 사단으로 인해 공격해 뒤흔들 계획을 행하려 하니 어찌 잘못이 아닌가."하였다. 백형이 일찍이 강연에서 '편벽되면 천하의 죽임을 당한다.[辟則爲天下僇]'는 구절을 부연 설명하였는데, 그 뜻이 대개 시파(時派)와 벽파(僻派)의 색목(色目)을 가리킨 것이므로 이 분부가 있는 것이다. 백형이 아뢰기를, "어찌 감히 성토하는 때에 공격해 뒤흔들 생각을 품겠습니까." 하니, 상이 이르기를, "영상은 노춘의 범죄를 전혀 몰라서 그런 것이지만, 여러 옥당은 과연 노춘이 노춘이 된 까닭을 참으로 아는가. 대체로 시(時) 한 자가 본디 좋지 않은 글자가 아니다. 시의(時義)·시조(時措)가 모두 좋은 자인데, 오늘에 이르러 조정이 갑자기 시(時) 자 밖에 대립되는 글자를 집어냈으니 바로 적(賊) 자이고 역(逆) 자이다. 그 조정에 벼슬하여 임금의 녹을 받아 의식(衣食)하는 것이 바로 이른바 시인(時人)이다. 그런데 이를 외면하고 따로 명목(名目)을 세워 반드시 이기기를 다투어 국가를 해치는 것이 역변(逆邊)·적변(賊邊)이 아니고 무엇인가. 옛사람이 이르기를 '지금은 천하를 한 임금이 통치하고 사해(四海)가 한 나라가 되어 이미 노(魯)나라를 가거나 추(鄒)나라로 가거나 할 수 있는 길이 없으니, 이 시(時)를 버리고 장차 어디로 가겠는가.' 하였으니, 이에서 시와 배치(背馳)하고자 하는 자는 반드시 따로 저들의 시가 있기 때문임을 알 수 있다. 이러므로 역이 되고 적이 되어 조금도 기탄하는 바가 없어 점차 금수의 지경으로 들어가니, 통탄을 금할 수 없다. 만약 시 자에 대해 조금이라도 대립하는 뜻을 가졌다면 결코 용서하기 어렵지만, 죽고 사는 것을 개의치 않고 오직 앞을 향하여 시를 귀착지(歸着地)로 삼는다면 모두 용서할 수 있다. 송(宋)나라에는 삭(朔)·촉(蜀)·절(浙)·민(閩)의 표방(標榜)이 있었고, 우리나라에도 동(東)·서(西)·노(老)·소(少)의 명목(名目)이 있었지만, 어찌 일찍이 시(時)와 적(賊), 시와 역(逆)이 나란히 서서 마주 대한 적이 있었던가. 오늘날 시를 공격하는 말은 내 실로 그 까닭을 깨달을 수가 없거니와, 오늘의 계책으로는 그 폐단을 개혁하여 어떤 사람을 막론하고 함께 시 자로 돌아가 다같이 대도(大道)에 이르기를 바라는 것뿐이다. 그러므로 내가 과연 영상에게 위임하였고, 영상도 이를 스스로의 임무로 여겨 묘당에서 일을 처리함에 있어 이 도리에 정성을 다하였으니, 어찌 그 책무를 맡은 몸으로 갑자기 이런 배치(背馳)되는 말을 하여 난역(亂逆)의 죄과로 함께 돌아갈 리가 있겠는가."

하자, 백형이 아뢰기를, "빈대한 자리에서 아뢴 말에서 그 진심이 다 드러났습니다. 그 뒤의 변명하는 말에서 번번이 몰랐다고 하나 누구를 속이려는 것입니까. 더욱 통탄스럽습니다." 하였다. 상이 이르기를, "진심이란 과연 무엇을 가리킨 것인가?" 하니, 백형이 아뢰기를, "빈대한 자리에서 아뢴 말을 가지고 보면 그 진심이 바로 거기에 있습니다."

하였다. 상이 이르기를, "내가 알기로는 절대로 그렇지 않다. 참으로 모르고서 입을 연 것이다." 하니, 백형이 아뢰기를, "비록 이보다 작은 일이라 하더라도 결코 모를 리가 없는데 하물며 이 일이겠습니까. 가령 몰랐다 하더라도 명색이 대관(大官)으로서 이런 충(忠)과 역(逆)이 나뉘는 중요한 일을 알지 못하였다면 어찌 용서할 수 없는 죄가 아니겠습니까." 하였다. 상이 이르기를, "영상이 참으로 알고 있었다면 내가 무엇 때문에 이렇게 단정해 말하겠는가. 오태현(吳泰賢)은 그날 빈대에 참여했었다. 영상의 말이 과연 의도가 있는 말이었던가?"

하니, 태현이 아뢰기를, "연석(筵席)에서 어려움 없이 입을 열었으니 결코 무심히 한 말은 아닙니다." 하였다. 이익(履翼)이 아뢰기를, "설령 전에는 몰랐다 하더라도 소방(疏放)을 청하려고 들어올 때에는 어찌 헤아리고 계획한 바가 없었겠습니까."하고, 진택(鎭宅)이 아뢰기를, "알았고 몰랐고를 막론하고 이노춘이란 세 글자를 갑자기 들어 소방을 의논한 것은 그 마음이 너무 무엄합니다." 하고, 희채(熙采)와 상렴(祥濂)이 아뢰기를, "신들이 진언한 바는 실로 공의(公議)입니다." 하니, 상이 이르기를, "영상은 조시위(趙時偉)를 성토하는 것을 사업으로 삼았으니 옥당의 도리도 진실로 먼저 시위를 성토하는 것이 마땅한데, 지금 도리어 영상과 쟁송(爭訟)하는가." 하였다. 백형이 아뢰기를, "조금 전에 강연(講筵)에서 글뜻으로 인해 벽(僻)의 폐단을 강력히 말했다는 분부를 받고 또 이 분부를 받드니, 실로 정성이 미덥지 못한 것이 부끄럽습니다. 그러나 신이 어찌 색목(色目)에 구애되어 징토(懲討)의 대의(大義)에 대해 먼저하고 뒤에 하는 바가 있겠습니까." 하니, 상이 이르기를, "영상이 사람들에게 시기를 당하는 것이 한두 가지가 아니니, 당치도 않은 이 성토를 내가 어찌 원한을 품고서 하는 짓이라고 의심하지 않을 수 있겠는가."하였다. 그러자 이익과 진택 등이 아뢰기를, "신들이 한결같은 말로 토죄를 청하는 것이 어찌 모두 공격해 뒤흔드는 말이겠습니까." 하였다. 상이 이르기를, "이노춘의 일은 그 원인이 계묘년 조참일(朝參日)에 윤득부(尹得孚)의 연주(筵奏)에서 출발하였다. 득부가 사람의 붕우(朋友)와 사생(師生) 사이의 일을 배척하며 스스로 인륜을 돈독히 하는 것이라 하였으니, 응당 군신의 윤리(倫理)를 알 것인데 어찌 참으로 하적의 당이 되기를 좋아했겠는가. 하적이 득부를 거듭 통의(通擬)한 것도 어찌 참으로 득부에게 애정이 있어서 그리한 것이겠는가. 다만 득부가 당시에 등용되지 못했기 때문일 뿐이다. 하적의 6월 소중(疏中)에 한 시(時) 자가 이미 7월의 흉역(凶逆)에 조짐이 되었다. 그렇다면 노춘이 그 뒤에 감히 하적의 말을 주워 모아 엮은 것이 어찌 하적을 편든 데 있을 뿐이겠는가. 정신을 모은 곳이 단지 하단(下段)의 한 시 자에 있을 뿐이다. 내가 매우 미워하고 깊이 꾸짖는 이유가 이 때문이다.

득부가 갑자기 의리 주인(義理主人)인 서 판부(徐判府)를 배척한 것이 가증스럽기는 하나, 하적과 같은 생각을 가졌다고 하는 것은 반드시 그렇지는 않은 듯하다. 갑진년 겨울에 일을 맡은 사람이 잘 주선하지 못하고 서둘다가 도리어 일을 이루지 못해서 노춘의 일이 생겼고, 을사년 봄에 이르러 김두공(金斗恭)의 일이 생겼으니, 맥락과 근원을 대략 알 수 있다. 그런데 지금 영상에게 억지로 극죄(極罪)를 씌우려는 것은 과연 무슨 마음인가. 만약 내가 조금은 영상을 의심하는 마음을 가졌으면서 고의로 위로하는 말을 하는 것으로 여긴다면 어찌 저 오익환의 소에서 말한 좋아하고 미워함에 진실이 결여됐다는 설에 가깝지 않겠는가.

영상이 2년 동안 낭묘(廊廟)에서 시 자의 폐습을 타파하는 데 마음을 기울였는데, 지금 도리어 함정에 빠졌으니, 영상의 불행일 뿐만이 아니라 나 또한 진실이 결여되었다는 구실이 될까 두렵다. 이것이 참으로 마음이 몹시 상하고 아프다. 내 말을 믿을 수 있다고 생각하거든 이 차자를 도로 가지고 가라. 하니, 백형이 아뢰기를, "옥당이 생긴 이래로 어찌 차자를 올려 역적을 성토했다가 도로 가지고 간 예가 있었습니까. 전하께서는 비록 대신의 예로 공경하라고 분부하시나, 김치인의 죄는 바로 역신(逆臣)이니, 어찌 대신으로 대우할 수 있습니까."하였다. 상이 이르기를, "이 말은 더욱 해괴하다. 내가 조용히 타일러 스스로 깨우치게 하고자 하였으나 끝내 명을 받들지 않으니, 마땅히 한결같이 모두 귀양보내겠다. 속히 물러가라." 하니, 승지 홍인호(洪仁浩)가 아뢰기를, "옥당 차자는 실로 공론입니다. 그런데 억누르심이 지나치시니 명을 거두소서."하였다. 그러자 상은 그를 추고하라고 명하였다. 만시(萬始)가 아뢰기를, "신이 비록 배차(拜箚)에는 참여하지 않았으나, 생각은 같습니다."하니, 그 또한 체직하라고 명하였다. 전교하기를, "옥당의 차자는 이 무슨 거조인가. 이것이 기회를 타 돌을 던지고 일을 인하여 해독을 끼치는 것이 아닌가. 옥당을 인견한 자리에서 내린 분부가 천만 마디 말일 뿐이 아니었으되, 이러한 항쟁의 버릇과 해괴하고 패악스러운 거조는 전에 없던 바이다. 내가 어찌 근리하지 않은 말로 영상을 비호하겠는가. 이렇게 화변(禍變)을 즐기는 사람을 옥당으로 대우할 수 없으니, 관차(館箚)에 가담한 여러 신하를 북도(北道)에 귀양보내고 원차(原箚)는 태워버려라."하였다. 승지 조윤대(曺允大)가 연중에서 곤란하다고 아뢰자 체차를 명하였다. 조연덕(趙衍德)·남학문(南鶴聞)이 연명해 아뢰어 신구(伸救)하였으나, 따르지 않았다. 홍인호(洪仁浩)가 차자를 올리고 경출(徑出)하고, 연덕 등도 뒤를 이어 경출하였으나, 모두 따르지 않았다.

3. 이덕일 한가람역사문화연구소장의 글 : 임금과 사헌부 수장도 잘못하면 탄핵했다

임금에게 직언하는 사헌부 관리들

사헌부는 대사헌 1명과 종3품 집의 1명, 정4품 장령 2명, 정5품 지평 2명, 그리고 정6품 감찰 24명 등 총 30명의 관원으로 이루어져 있었고, 그 밑으로는 중인 계급인 집행 아전들이 있었다. 바로 이들이 권력자들을 벌벌 떨게 만든 핵심 구성원이었다. 사헌부는 직위 고하를 가리지 않고 불법이나 월권 사실이 발견되면 거침없이 탄핵했다. 이들은 원칙에 관한 한 어느 누구와도 타협하지 않았으며 결코 물러서지도 않았다. 심지어 국왕조차 탄핵했다. 북방개척의 영웅으로 유명한 김종서는 무장(武將)으로 알려져 있으나 사실은 사헌부에서 잔뼈가 굵은 문신이었다. 그는 사헌부 감찰과 집의 시절 좌우를 돌아보지 않는 거침없는 탄핵으로 명성을 떨쳤다. 그가 사헌부 집의로 있던 세종 10년(1428), 양녕대군이 좌군비(左軍婢) 윤이(閏伊)와 사통(私通)한 사건이 발생했을 때 그가 보여준 태도는 사법관의 자세를 잘 보여준다. 원래 태종은 자신의 사후에 양녕이 도성 출입을 해서는 안 된다는 유명(遺命)을 남겼다. 자칫 세종의 왕위가 위태로울 수도 있음을 염려했기 때문이었다. 그런데 도성 출입을 금지당한 양녕이 도성에 들어오고, 게다가 사통까지 한 것은 중대한 범죄 행위였다. 당연히 김종서는 사헌부 관리들과 함께 한때 세자였으며 세종의 친형인 양녕을 탄핵했다. 그러나 세종은 정리상 이를 물리쳤다. 이때 양녕은 세종에게 이 사건을 자신의 뜻대로 처리해주지 않으면 『전하와 영원히 이별입니다』라고 강경하게 대응해 문제를 더욱 크게 만들었다. 세종이 양녕 탄핵과 관련해 『다시 말하지 말라』고 명했음에도 불구하고 김종서는 양녕대군을 국문해야 한다고 거듭 주장했다. 세종은 이를 형제간 우애로 본 데 비해 김종서는 군신간의 법적인 문제로 보았던 것이다. 여하간 이 문제를 두고 세종과 김종서를 비롯한 사헌부 사이에 치열한 공방이 오갔다. 사헌부가 무려 15차례 이상이나 이 문제를 간쟁하자 화가 난 세종은 사헌부 관리들을 갈아치워 이 사건을 잠재우려 했다. 세종의 이런 뜻은 대사헌 김맹성을 형조참판으로, 김종서를 한직인 전농윤(典農尹)으로 좌천시키는 것으로 나타났다. 세종은 여기에 그치지 않고 김맹성과 김종서 등 사헌부 관리들을 대거 의금부에 가두라고 명했다. 표면적인 이유는 고려의 왕족인 왕거 아내의 친척들이 나누어쓴 미곡을 추징하지 않았다는 것이지만, 사실은 양녕대군에 대한 끊임없는 탄핵 때문이었다는 것을 알 만한 사람들은 모두 알았다. 세종의 엄명을 받은 의금부는 평소 경쟁관계에 있던 사헌부 수장들이 잡혀오자 매우 강한 처벌을 주청했다. 의금부는 김맹성과 김종서에게 장 90대를 친 후 직첩을 회수하고 수군(水軍)에 충원하라고 요구했다. 수군 충원은 사대부에서 천민 신분으로 전락하는 것이어서 매우 중한 벌이었다. 김종서는 비록 수군에 충원되지는 않았으나 장 80대를 맞았으며, 김맹성은 공신의 아들이란 이유로 관직만 빼앗겼다. 사실 세종은 김종서에게 곤장을 칠 정도로 분노했지만 김종서의 간언이 충성에서 나온 것임도 잘 알고 있었다. 세종이 다음해에 김종서를 국왕 비서관격인 승정원 우부대언(右副代言)으로 임명한 것은 세종의 속마음을 잘 드러내준다. 한편으로 세종이 김종서에게 곤장을 친 사실은 사대부를 존중했던 임금도 분노할 정도로 사헌부의 간쟁이 거침없었음을 잘 보여준다. 조선의 사헌부가 존경을 받았던 이유는 이렇게 국왕에게 맞서면서까지 원칙과 정의실현의 의지를 보여주었기 때문이다. 조선의 사헌부는 상대를 가려가면서 간쟁하지 않았다. 세종처럼 사대부를 존중한 임금뿐만 아니라 칼로 권력을 잡은 태종에게도 사헌부는 거침없이 간쟁했다. 심지어 죽은 대신들의 뼈를 갈아 날려버린 폭군 연산군 앞에서도 사헌부는 물러서지 않았다.

폭군 연산군과 사헌부의 대결

연산군은 성리학 사회인 조선에서 성균관 유생들이 자신의 향락생활을 비방했다 해서 성균관을 옮겨버리고 대신 그곳을 놀이장소로 만들어버릴 정도로 안하무인이었던 임금이다. 그는 군신(君臣)합의체 사회인 조선의 통치체제를 완전히 무시했다. 국왕과 신하가 학문과 정사를 논하는 경연(經筵)을 싫어했으며, 재위 4년에는 무오사화를 일으켜 김일손·권경유 등 사관(史官)들을 사형에 처했던 공포정치의 주인공이기도 했다. 그런 연산군이 사헌부·사간원의 간쟁을 싫어했을 것은 두말할 나위도 없다. 그러나 사헌부는 연산군 6년 5월 상소를 올려『전하께서는 학문을 높이고, 정사를 부지런히 하고, 간쟁하는 말을 받아들이는 세 가지 일에 있어서는 천심(天心)을 만족하지 못하게 합니다』라며 비판했다. 바꾸어 말하면 연산군은 정사에 게으르고, 학문도 높이지 않으며, 간쟁도 싫어하는 못된 군주라는 신랄한 비판이었다. 연산군은 날이 갈수록 황음하는 정도가 심해졌다. 전국에 채홍사를 보내 미녀들을 뽑아 들였고, 궁궐 근처 민가를 헐어 연락 장소로 삼으려 했다. 이쯤 되면 임금이 이미 이성을 잃은 상태인데도 사헌부는 그냥 넘어가지 않았다. 연산군 9년 11월 사헌부는 상소를 올렸다.『지금 궁궐 담장 밖의 가까운 인가(人家)를 철거하는 곳이 무려 백여군데나 됩니다. 조종조 이래로 두 대궐 담장 밖에 인가가 즐비했으나 다만 한 발 가량의 땅만 막아서 연기와 불이 통하지 않게 하였을 뿐입니다. 선왕인들 어찌 궁궐의 규모를 더 크게 하고 싶지 않았겠습니까만, 백성들이 옮겨가는 것을 염려하여 하지 않은 것입니다. 만일 전하께서 토지와 인민은 모두 나의 소유이니 옮긴들 무엇이 손상되고 헐어낸들 무엇이 해로울 것인가 하여 백년 동안이나 편안히 살던 인가를 하루에 헐어버리고 돌보지 않는다면, 선왕께서 백성들을 보호하시던 의사를 본받는 데 있어 과연 어찌 되겠습니까? 거처를 옮기는 것은 중한 일로 인정에 꺼리는 일인데, 나의 담과 집이 헐리고 나의 처자가 얼면서 집을 잃고 뜻을 잃어 갈 곳이 없어진다면 그 고생스럽고 한탄스러운 형상을 어찌 일일이 성상께 말씀드릴 수 있겠습니까?」

의금부에 하옥된 사헌부 수뇌

한편 연산군의 애첩인 숙원 장녹수는 그 위세가 정승보다 높아 이웃집을 강제로 철거해 대지를 넓히기도 했다. 이때도 사헌부는 불가하다고 목소리를 높였다. 법에 어긋난다는 것이었다. 이에 분노한 연산군은 재위 10년 3월 사헌부 대사헌 이자건(李自健), 대사간 박의영(朴義榮), 집의 권홍(權弘), 사간 강숙돌(姜叔突), 장령 이맥(李陌)과 김근사(金謹思), 지평 김인령(金引齡)과 김철문(金綴文), 정언 김관(金寬) 등 사헌부 수뇌 전부를 의금부에 하옥시켜 국문하게 했다. 그런데도 사헌부가 간쟁을 멈추지 않자 재위 11년 1월에는 사헌부 지평과 사간원 정언을 혁파시키고 대제학 김감(金勘)에게 혁파문을 짓게 했다. 그 혁파문을 보면 사헌부·사간원에 대한 연산군의 시각을 알 수 있다. 『사헌부·사간원은 시비를 가려 논박하고 잘잘못을 간쟁하여 바로잡는 것이 책임이지만, 직책이 낮은 신진 무리가 혹 대간(臺諫：사헌부·사간원 관리) 줄에 끼면 대체(大體)를 알지 못하고서 거리낌없이 맞서 말하고 비밀을 따져 드러내는 것을 일삼고… 임금의 특은(特恩)으로 벼슬을 제수하는 것은 아랫사람이 말할 바가 아니거늘 또한 감히 논박하니, 이 버릇을 길러 마지 않으면 임금을 손 위에 놓고 정사(政事)가 대각(臺閣：사헌부·사간원)에 돌아가게 되리라』 연산군은 이 혁파문을 『판(板)에 새겨서 뒷사람에게 보이라』고 전교할 정도로 사헌부와 사간원을 싫어했다. 연산군은 이때 사헌부 지평과 사간원 정언을 혁파하고 이들이 갖고 있던 관리 서경권까지 없애버렸다. 서경(署經)이란 이조에서 추천한 관리의 자격을 심사하는 것을 말하는데 요즘으로 치면 인사청문회와 같은 제도. 그러나 법을 무시한 전횡을 일삼던 연산군은 지평을 혁파한 다음해에 중종반정으로 쫓겨나게 된다. 그리고 사헌부 지평은 다시 부활한다. 연산군 같은 폭군에게도 간쟁을 멈추지 않았던 사헌부의 「빛나는 전통」이 사헌부에 대한 신뢰와 존경으로 다시 나타난 것이었다. 이처럼 시련 속에서도 굴하지 않던, 법과 원칙에 대한 신념이 조선 사헌부의 진정한 권위였다.

깨끗하니까 거침없이 탄핵해

조선의 사헌부는 남을 단죄하는 만큼 스스로에게 엄격한 도덕성을 요구했다. 태종 13년(1413) 사헌부는 한 사람의 파직을 주청한다. 현재의 검찰이 알면 까무라칠 일인데, 그 대상자가 다름 아닌 사헌부 수장인 대사헌 안성(安省)이었던 것이다. 사헌부가 자기 조직의 수장에 대해 파직을 요청한 이유는 이런 것이었다. 그가 전라도에 있을 때 사랑하던 완산(完山) 기생 옥호빙(玉壺氷)을 경상도 관찰사가 되었을 때 다시 불렀는데 기생이 부상(父喪)을 당해도 돌려보내지 않았으며, 또 참지의정부사가 되어서는 총제(摠制) 이징(李澄)의 첩인 의녀(醫女) 약생(藥生)과 간통했다는 것이다. 지금의 시각에서 보더라도「애교」로 눈감아줄 수도 있는 사안인데, 사헌부는 용납하지 않았던 것이다. 여기서 중요하게 살펴볼 점은 사헌부의 파직 요청이 외부 압력이 아닌 사헌부 자체 판단에 따른 것이란 점이다. 이렇게 조선의 사헌부는 스스로를 깨끗이 한 후 남을 공박했다. 자신에게 조그마한 허물이라도 있으면 스스로 물러나는 것이 관례였다. 사헌부의 자체 정화의지가 이렇게 준엄하다 보니, 사헌부의 공박을 받은 관리들은 스스로 사퇴하는 것이 공직 사회의 관례로 자리잡았다. 중종 10년 윤4월에는 홍문관 부제학 신상, 직제학 김안로 등이 사헌부의 논박을 받자 재직하기가 미안하다며 사직한 것을 비롯해, 조선에서는 사헌부·사간원의 논박을 받으면 스스로 사직하는 것이 하나의 전통이 됐다. 조선 13대 임금 명종은 12살 어린 나이에 즉위했기에 모후 문정왕후가 대리청정했다. 문정왕후는 명성황후와 비견되는 여걸이기도 하지만, 나라에 해를 끼친 인물이기도 하다. 조선 사대부들은 그녀가 죽은 후에도 두고두고 저주했다. 문정왕후는 동생 윤원형 일파에게 권력을 주었는데, 이들은 명종이 즉위하자마자 을사사화와 양재역 벽서사건을 일으켜 사림파를 대거 학살하였다. 문정왕후는 승려 보우를 중용해 그에게 병조판서를 제수하는 진기한 기록을 남길 정도로 불교를 숭상했다. 성리학 사회인 조선에서 억압받아오던 불교는 문정왕후의 전폭적인 비호를 받던 이때에 일시적으로 부흥의 기운이 일었다. 문제는 권력의 비호를 받은 불교계 일각에서 불법행위를 자행했다는 점이다.

백성의 편에 서서

문정왕후가 한창 위세를 떨치던 명종 8년(1553) 용문산 상원사(上院寺) 주지승 신회(神會) 등이 왕후가 복을 비는 내원당(內願堂)이라는 핑계로 지평(砥平)에 사는 김귀진(金貴珍) 등의 전지(田地)를 뺏고 민가 7호를 협박해 철거하려 했다. 이들이 그 억울함을 호소하자 왕실 재산을 관리하는 내수사 서리들이 이 땅을 측량했는데, 절에 속한 사위전(寺位田)이라고 하여 절의 손을 들어주었다. 나아가 이들 내수사 서리들은 땅을 빼앗긴 김귀진 등을 잡아다 조사하고 중죄를 가하려 했다. 김귀진 등이 마지막 수단으로 사헌부에 호소하자 사헌부는 즉각 조사에 들어갔다. 조사 결과 사헌부는『주지 신회가 양민을 침학하고 흉계를 자행한 것이 이루 다 말할 수 없는데, 이들을 다스리지 않는다면 다른 자들도 서로 다투어 백성들의 민전(民田)을 빼앗을 것』이라고 한탄하면서『그 땅은 모두 원주인에게 돌려주고 신회 등은 끝까지 추고하여 치죄하라』고 주청했다. 당시 국왕 명종은 문정왕후의 위세에 눌려 있는 형편이어서 사헌부의 주청을 거부했다. 그러나 가만히 물러날 사헌부가 아니었다. 사헌부가 거듭 신회에 대한 처벌을 주장하자 화가 난 문정왕후는 사헌부 지평을 신여종(申汝悰)과 목첨(睦詹)으로 갈아치워 계속 논란하는 것을 막아버렸다. 사헌부가 백성의 편에 선 예는 이뿐만이 아니다. 사헌부는 선조 9년 나주 판관(羅州判官) 윤사흠(尹思欽)이 세금을 함부로 걷어 백성들을 괴롭혔다며 파직을 요청한 것을 비롯, 선조 21년 윤6월에는 문의 현령(文義縣令) 이맹연(李孟衍)이 작폐가 심하다며 파직할 것을 요청했고, 광해군 1년 1월에는 경산 현령(慶山縣令) 이홍발(李弘發)과 성천 부사(成川府使) 이경천(李慶千)이 탐학하여 가는 곳마다 재물을 탐한다며 파직할 것을 요청했다. 이처럼 사헌부의 그물에 걸리면 예외가 없었기에 조선의 관리들은 스스로 부패의 늪에 빠지지 않으려고 조심했다. 사헌부는 권세가의 일을 탄핵했는데도 국왕이 들어주지 않으면 스스로 관직을 내던지기도 했다. 인조 6년 6월에는 선조의 서자인 경평군(慶平君)이 형구를 마당에 차려놓고 유생과 백성들을 잡아와 보물을 감추어두었다는 트집을 잡아 마구 매질을 해 가산을 빼앗은 사건이 발생했다. 사헌부는 경평군의 궁노(宮奴)를 잡아다 진상을 조사했다. 선조의 종통을 계승한다는 명분으로 광해군을 내쫓고 즉위한 인조는 선조의 서자를 탄핵하려는 사헌부에 화를 냈다. 그러자 사헌부의 대사헌 홍서봉(洪瑞鳳)과 집의 조방직(趙邦直), 장령 김영조(金榮祖)·고부천(高傅川), 지평 이성원(李性源)·오단(吳端) 등은 모두 사직하고 물러나는 것으로 항의했다. 이들은 사직하면서 인조에게 이렇게 항의한다.『법관(法官)의 임무는 백성들의 억울함을 풀어주는 것입니다. 그런데 차마 죄 없는 외방의 유생이 궁가(宮家)의 사옥(私獄)에 갇혀 있는 것을 보고서도 구해 주지 않을 수 있겠습니까』인조는 결국 이들을 다시 불러들이지 않을 수 없었다.

사헌부와 경호부대의 대결

조선시대 사헌부의 권한은 막강했다. 태종 3년 사헌부 관리들과 궁궐수호부대원인 갑사(甲士)들 사이에 있었던 충돌은 이를 잘 보여준다. 그 해 11월 갑사들이 신문고(申聞鼓)를 쳐 태종에게 호소했는데 그 발단은 엉뚱한 데서 일어났다. 봉상주부(奉常注

簿) 하연(河演)이 갑사 양결(梁潔) 등에게 『갑사의 직책이 낮고 천하니, 어찌 세음자제 (世蔭子弟)가 할 일이냐?』고 희롱하자 분개한 갑사가 하연에게 보복하려 했다. 백관들 이 조회를 파하고 흩어질 때 이천생(李天生) 등 갑사 10여 명은 사헌부 감찰 신계삼 (辛繼參)을 하연으로 잘못 알고 구타했다. 사헌부 서리가 이를 힐난하자 그까지 구타 했다. 요즘으로 치면 대통령 경호부대원들이 부장 검사를 엉뚱한 인물로 오인해 구타 한 것이다. 억울하게 얻어맞은 신계삼이 사헌부에 이 사실을 고했고, 장령(掌令) 이관 (李灌)이 갑사를 잡아 조사했다. 그러자 갑사 500여 명이 대궐 뜰에 나와서 하소연했 다. 『지금 갑사가 감찰을 범했다 하여 구박(拘縛)함이 너무 심하니, 궁문(宮門)을 지키 는 갑사를 어찌 이렇게 할 수가 있습니까?』 태종은 사헌부와 갑사 모두의 죄를 묻지 않는 선에서 마무리하려 했다. 그는 사헌부 장령 이관을 불러 『갑사를 너무 심하게 구박하지 말라』고 타일렀다. 그때 무장인 조영무는 사헌부를 편드는 듯한 태종의 일 처리에 불만을 품고 『갑사가 모두 사헌부를 원망하고 있습니다』라고 고하면서 갑사 를 두둔했다. 태종이 『작은 일을 가지고 사헌부를 책망할 수 있겠는가?』라고 되묻자, 조영무는 『갑사들이 떼를 지어 고소(告訴)하였습니다』라고 갑사들의 집단행동에 의 의를 부여했다. 이 말에 태종은 화를 냈다. 『경이 어째서 이런 말을 하는가? 만일 갑사 가 떼를 짓는 것을 두려워한다면 나도 역시 두려워해야 할 것이다. 그렇다면 갑사가 도움이 되지 않을 뿐만 아니라 도리어 해가 되는 것이다. 갑사가 사헌부의 아전과 싸 웠다면, 마땅히 모두 순금사(巡禁司)에 가두어 시비(是非)를 분변해야 할 것이다. 내가 들으니, 전일에 갑사들이 하연의 집을 파괴하려고 하였다 하니 비록 한 칸(間) 집이라 도 어찌 파괴할 수 있는가? 갑사의 잘못이 크다』 소수의 사헌부가 무력을 지닌 다수 의 갑사와도 두려움없이 싸울 수 있었던 것은 사헌부가 사법기관이기 때문이었다. 사 법기관이 갑사라는 군대조직과 싸워 이길 수 있었다는 점은 그만큼 조선이 법치국가 임을 뜻하는 것이었다.

사헌부와 의금부의 견제

절대권력은 절대 부패한다는 말이 있다. 사헌부의 권한이 워낙 막강하기 때문에 조 선은 그 전횡을 우려해 견제장치를 만들었다. 사헌부와 의금부·형조, 사헌부와 사간 원을 서로 견제시켜 권력의 남용을 막은 것이다. 사헌부에 대한 가장 큰 견제기관은 의금부였다. 조선의 역대 국왕은 사헌부에서 거듭 간쟁하면 이들을 의금부에 보내 조 사하게 했다. 앞서 세종이 김종서를 의금부에 보낸 것도 그런 예다. 반정으로 집권한 중종은 대간에서 공신책봉이 잘못되었다고 거듭 간쟁하자 이들을 의금부에 내려 추 문토록 명하기도 했다. 이 경우 국왕은 언로(言路)를 봉쇄한다는 비난을 들어야 했다.

사헌부 관리들 역시 거듭 간쟁하면 이처럼 의금부에 하옥될 수 있다는 사실을 알고 있었다. 그러나 이들은 물러서지 않았다. 그것이 법이고 원칙이기 때문이다. 의금부로 하여금 사헌부를 견제하게 한 것은 사헌부의 예봉을 꺾으려는 왕조의 저의가 개입돼 있지만, 거기에는 사헌부의 전횡과 부패 예방이라는 긍정적인 측면도 있었다. 조선시대의 사간원은 때로는 사헌부와 합동으로 상소를 올리기도 했지만 때로는 사헌부를 견제하기도 했다. 『경국대전』에는 사간원의 직무가 『왕에게 간쟁·논박하는 일을 맡는다. 모두 문관을 쓴다』고만 간략하게 기록돼 있다. 요즘으로 치면 언론기관인 셈이다. 그 인원은 정3품 대사간 1명과 종3품 사간 1명, 그리고 정5품 헌납 1명, 정6품 정언 2명 등 모두 5명으로 구성된 초미니 부서였다. 그러나 언론기관 사간원은 두려움 없이 사헌부·의금부와 맞서 싸웠다. 태종 2년 1월에는 사헌부와 사간원에서 서로 탄핵하는 일이 있었다. 태종이 안렴사 김분(金汾)의 참소를 듣고 사헌부 장령 박고를 견책하는데도 사간원 헌납 김첨(金瞻)이 바르게 간하지 못했다고 사헌부가 비판하자, 발끈한 사간원이 사헌부를 탄핵하고 나선 것이다. 태종은 양 기관의 싸움에 사헌부의 편을 들어 좌사간(左司諫) 진의귀(陳義貴) 등을 지방에 안치(安置)시키는 결정을 내렸다. 이 사건 이후 두 기관은 서로의 잘못을 찾아내기에 주력했다. 이처럼 상호 견제시키려던 의도가 두 기관의 감정싸움으로 비화하자 태종은 대사헌 이지(李至)와 좌사간(左司諫) 최긍(崔兢) 등 두 기관의 수장을 모두 면직시키기도 했다.[8]

---

8 이덕일, "임금과 사헌부 수장도 잘못하면 탄핵했다", 동아일보 매거진 신동아: 9904월호, 대부분 게재. http://www.donga.com/docs/magazine/new_donga/9904/nd99040270.html

第4章　노무현 대통령

　한국 헌법상 탄핵[1]제도[2]는 탄핵소추(彈劾訴追)[3]와 탄핵심판(彈劾審判)[4]의 두 절차로 구성되어 있고, 탄핵소추는 국회의 권한으로 하고(제65조), 탄핵심판은 헌법재판소의 권한으로 하고 있다(제111조 1항). (1) 탄핵소추 : 대통령을 탄핵소추하는 경우에는 국회재적의원 과반수의 발의가 있어야 하고, 의결은 재적의원 3분의 2 이상의 찬성이 있어야 한다. 그 외의 자를 탄핵소추하는 경우에는 국회재적의원 3분의 1 이상의 발의와 재적의원 과반수의 찬성으로 의결한다(제65조 2항). 탄핵소추의 의결을 받은 자는 소추결정서가 본인에게 송달된 때로부터 헌법재판소의 탄핵심판이 있을 때까지 권한행사가 정지된다(제65조 2항). (2) 탄핵심판권 : 탄핵심판사건은 헌법재판소의 재

---

1 죄상을 캐묻고 조사하며, 조사된 위법행위에 대한 책임을 추궁하고, 이를 위해 위법행위를 고발, 기소하며, 문책행위로의 결과로서 처벌이나 파면의 의미가 포함된다.

2 탄핵제도는 고대 그리스·로마시대로부터 비롯하여 14세기 말 영국의 에드워드 3세(Edward Ⅲ) 때에 확립된 제도인데, 우리나라도 제1공화국 「헌법」이 이를 규정하였다. 현행 「헌법」 제65조 제1항에, "대통령·국무총리·국무위원·행정 각부의 장·헌법재판소 재판관·법관·중앙선거관리위원회 위원·감사원장·감사위원, 기타 법률이 정한 공무원이 그 직무집행에 있어 헌법이나 법률을 위배한 때에는 국회는 탄핵소추를 의결할 수 있다"라고 규정되어 있다. 또한 제2항에 "탄핵소추는 국회 재적의원 3분의 1 이상의 발의가 있어야 하며, 그 의결은 국회 재적의원 과반수의 찬성이 있어야 한다. 다만, 대통령에 대한 탄핵소추는 국회 재적의원 과반수의 발의와 국회 재적의원 3분의 2 이상의 찬성이 있어야 한다."라고 규정하고 있다. 탄핵소추의 의결을 받은 공무원은 헌법재판소에 의한 탄핵결정이 있을 때까지 그 권한행사가 정지되고, 소추의결서가 송달되면 임명권자는 피소추자의 사직원을 접수하거나 해임할 수 없다. 탄핵심판은 소추위원이 소추의결서의 정본을 헌법재판소에 제출함으로써 개시되고, 탄핵사건의 심판은 변론의 전취지와 증거조사의 결과를 종합하여 정의 및 형평의 원리에 따라 행한다. 헌법재판소에서 탄핵을 결정하는 데에는 재판관 6인 이상의 찬성이 있어야 한다. 탄핵결정은 탄핵대상인 공무원을 공직으로부터 파면하는 데 그치지만, 그 공무원의 민사상·형사상의 책임이 면제되는 것은 아니다. 탄핵결정을 받은 자는 선고를 받은 날로부터 5년이 지나지 않으면 다시 공무원이 될 수 없다. ; 2017. 3. 1.자 검색.
https://search.naver.com/search.naver?where=nexearch&query=%ED%83%84%ED%95%B5%EC%A0%9C%EB%8F%84&sm=top_hty&fbm=1&ie=utf8

3 대통령 국무총리 법관, 검사 등 고위공무원이 잘못을 저질렀을 때, 국회에서 그들의 위법을 고발하는 것을 탄핵소추라 한다. 특히 대통령의 경우 국회 재적 의원 3분의 2 이상의 찬성을 얻으면 탄핵소추가 의결된다. 그 뒤 헌법재판소의 심판을 통해 탄핵이 결정되면 대통령은 그 직을 물러나야 하며, 형사상·민사상 책임까지 지게 된다. 彈劾訴追, motion of impeachment, 2009. 1. 15., 대영문화사.

4 彈劾審判? 국회의 탄핵소추에 따라 헌법재판소가 해당 공무원을 탄핵할 것인지 아닌지를 재판하는 것을 말한다.

판관 전원(9인)으로 구성되는 재판부에서 관장한다. 재판부는 재판관 7인 이상의 출석으로 사건을 심리하고, 탄핵의 결정을 할 때에는 재판관 6인 이상의 찬성이 있어야 한다(제113조 1항). 탄핵결정은 공직자를 공직으로부터 파면함에 그친다. 그러나 탄핵의 결정으로 민사상의 책임이나 형사상의 책임이 면제되는 것은 아니다(제65조 4항). 탄핵결정은 징계적 처벌이므로 탄핵결정과 민·형사재판간에는 일사부재리의 원칙이 적용되지 아니한다(헌법재판소법 제54조 1항).

한국의 탄핵사건은 1925년 이승만 대통령은 대한민국 임시정부 의정원의 탄핵 의결로 대통령직에서 면직되었다. 1085년10월 18일 신민당 소속 국회의원 102명이 발의한 당시의 대법원장에 대한 탄핵소추결의안 같은 해 10월 21일에 이 결의안은 국회에서 부결되었다. 그 외 1998년 이후로 검찰총장, 대검차장에 대한 탄핵소추안이 다섯차례 발의되기도 하였다. 2004년 3월 12일 공직선거 및 선거부정방지법이 정한 중립의무 및 헌법 위반을 사유로 노무현 대통령에 대한 탄핵소추안을 가결하였다. 그러나 헌법재판소에서 같은 해 5월 14일 기각결정[5]을 하였다.

2016년 11월 22일 "박근혜 정부의 최순실 등 민간인에 의한 국정농단 의혹 사건 규명을 위한 특별검사의 임명 등에 관한 법률[6]"이 제정되어 탄핵제도[7]의 절차를 밟는

---

5 노무현 대통령 탄핵 소추는 2004년 3월 12일에 국회에서 노무현의 '정치적 중립성'을 이유로 여당인 열린우리당이 반발하는 가운데 새천년민주당과 한나라당, 자유민주연합의 주도하에 찬성 193표, 반대 2표로 대통령을 대상으로 탄핵 소추안을 통과시킨 사건을 말한다. 이때 노무현의 직무가 정지되고 고건 국무총리가 대통령의 권한을 대행했다. 그 해 5월 14일 헌법재판소에서 탄핵소추안이 기각되며 노무현은 다시 대통령 직무에 복귀하였다.

6 제1조(목적) 이 법은 제2조에 따른 사건의 진상규명을 위하여 독립적인 지위를 가지는 특별검사의 임명과 직무 등에 관하여 필요한 사항을 규정함을 목적으로 한다.
제2조(특별검사의 수사대상) 이 법에 따른 특별검사의 수사대상은 다음 각 호의 사건 및 그와 관련된 사에 한정한다. 1. 이재만·정호성·안봉근 등 청와대 관계인이 민간인 최순실(최서원)과 최순득·장시호 등 그의 친척이나 차은택·고영태 등 그와 친분이 있는 주변인 등[이하 "최순실(최서원) 등"이라 한다]에게 청와대 문건을 유출하거나 외교·안보상 국가기밀 등을 누설하였다는 의혹사건 2. 최순실(최서원) 등이 대한민국 정부 상징 개편 등 정부의 주요 정책결정과 사업에 개입하고, 정부부처·공공기관 및 공기업·사기업의 인사에 불법적인 방법으로 개입하는 등 일련의 관련 의혹사건 3. 최순실(최서원) 등, 안종범 전 청와대 정책조정수석비서관 등 청와대 관계인이 재단법인 미르와 재단법인 케이스포츠를 설립하여 기업들로 하여금 출연금과 기부금 출연을 강요하였다거나, 노동개혁법안 통과 또는 재벌 총수에 대한 사면·복권 또는 기업의 현안 해결 등을 대가로 출연을 받았다는 의혹사건 4. 최순실(최서원) 등이 재단법인 미르와 재단법인 케이스포츠로부터 사업을 수주하는 방법 등으로 국내외로 자금을 유출하였다는 의혹사건 5. 최순실(최서원) 등이 자신들이 설립하거나 자신들과 관련이 있는 법인이나 단체의 운영과정에서 불법적인 방법으로 정부부처·공공기관 및 공기업·사기업으로부터 사업 등을 수주하고 씨제이그룹의 연예·문화사업에 대하여 장악을 시도하는 등 이권에 개입하고 그와 관련된 재산을 은닉하였다는 의혹사건 6. 정유라의 청담고등학교 및 이화여자대학교 입학, 선화예술중학교·청담고등학교·이화여자대학교 재학 중의 학사관리 등에 있어서의 특혜 및 각 학교와 승마협회 등에 대한 외압 등 불법·편법 의혹사건 7. 삼성

다. 2016년 12월 9일 최순실[8] 게이트[9] 등의 헌법과 법률 위반 혐의를 사유로 박근혜 대통령에 대한 탄핵소추안이 가결되었다.

한국 헌법이 채택하고 있는 탄핵제도는 공무원에 대하여 행정상의 파면을 통하지 않고, 국회와 헌법재판소로 하여금 위법행위를 한 공무원을 공직에서 추방시킬 수 있게 한 것이다. 한국 헌법상의 탄핵제도는 탄핵소추의 대상자가 직무집행에 있어서 헌법이나 법률을 위반한 경우에만 한정하여 그 책임을 묻는 특성을 지니고 있다. 따라서 형사적인 책임도 물을 수 없고 직무 수행상의 무능이나 정치적인 이유로 책임을

등 각 기업과 승마협회 등이 정유라를 위하여 최순실(최서원) 등이 설립하거나 관련 있는 법인에 금원을 송금하고, 정유라의 독일 및 국내에서의 승마훈련을 지원하고 기업의 현안을 해결하려 하였다는 의혹사건 8. 제5호부터 제7호까지의 사건과 관련하여 안종범 전 청와대 정책조정수석비서관, 김상률 전 청와대 교육문화수석비서관, 이재만·정호성·안봉근 전 비서관 등 청와대 관계인, 김종덕 전 문화체육관광부장관, 김종 전 문화체육관광부차관, 송성각 전 한국콘텐츠진흥원장 등 공무원과 공공기관 종사자들이 최순실(최서원) 등을 위하여 불법적인 방법으로 개입하고 관련 공무원을 불법적으로 인사조치하였다는 의혹사건 9. 제1호부터 제8호까지의 사건과 관련하여 우병우 전 청와대 민정수석비서관이 민정비서관 및 민정수석비서관 재임기간 중 최순실(최서원) 등의 비리행위 등에 대하여 제대로 감찰·예방하지 못한 직무유기 또는 그 비리행위에 직접 관여하거나 이를 방조 또는 비호하였다는 의혹사건 10. 이석수 특별감찰관이 재단법인 미르와 재단법인 케이스포츠의 모금 및 최순실(최서원) 등의 비리행위 등을 내사하는 과정에서 우병우 전 청와대 민정수석비서관이 영향력을 행사하여 해임되도록 하였다는 의혹사건 11. 최순실(최서원) 등과 안종범 전 청와대 정책조정수석비서관, 이재만·정호성·안봉근 전 비서관, 재단법인 미르와 재단법인 케이스포츠, 전국경제인연합·기업 등이 조직적인 증거인멸을 시도하거나 이를 교사하였다는 의혹사건 12. 최순실(최서원)과 그 일가가 불법적으로 재산을 형성하고 은닉하였다는 의혹사건 13. 최순실(최서원) 등이 청와대 뉴미디어정책실에 야당의원들의 SNS 불법사찰 등 부당한 업무지시를 하였다는 의혹사건 14. 대통령해외순방에 동행한 성형외과 원장의 서울대병원 강남센터 외래교수 위촉 과정 및 해외 진출 지원 등에 청와대와 비서실의 개입과 특혜가 있었다는 의혹사건 15. 제1호부터 제14호까지의 사건의 수사과정에서 인지된 관련사건

7 탄핵소추: 소추안 발의-본회의 보고-법사위 회부-본회의 의결-소추의결서 송달
  탄핵심판: 탄핵청구서 접수-헌법재판소 탄핵심판 진행-탄핵 결정 선고

8 최순실(崔順實 개명: 최필녀→ 최순실 1979년~ → 최서원 2014년 2월 13일~1956년 6월 23일~)은 대한민국의 기업인이다. 제18대 대통령 박근혜의 측근으로 세간에 알려진 인물이다. 독일 생활 중에 TV조선, 한겨레, JTBC 등에서 '최순실 비선 실세' 관련 보도가 나왔고 급기야 박근혜가 최순실 관련 사과 기자회견까지 하면서 2016년 10월 30일 귀국하였다. 다음 날인 2016년 10월 31일 검찰로부터 소환 통보를 받아 검찰에 출석하여 피의자 신분으로 조사를 받았고 증거 인멸 우려로 긴급체포되었다. 1956년 6월 23일 최태민의 다섯 번째 딸로 태어났다. 어머니의 이름은 임선이(林先伊)이다. 1975년 단국대학교에 입학했다고 알려졌으나 청강생이었다는 보도가 나왔다. 1982년 김영호와 결혼했고 1983년 아들을 낳았으며 1986년 이혼하였다. 1995년 최태민의 비서 출신 정윤회와 결혼하였고 딸 정유라를 낳았으며 2014년 이혼하였다.

9 최순실 게이트 또는 박근혜 게이트는 최순실이 박근혜 정부의 국정에 개입했다는 것과 미르재단·K스포츠재단의 설립에 관여하여 그 재단을 사유화한 사건 최순실의 딸 정유라가 특혜를 받은 사건 등을 포함하는 사건이다. 박근혜 정부의 최순실 등 민간인에 의한 국정농단 의혹 사건 규명을 위한 특별검사의 임명 등에 관한 법률에 의거하는 공식 명칭은 박근혜 정부의 최순실 등 민간인에 의한 국정농단 의혹 사건이다.

노무현 전 대통령 VS 박근혜 대통령 탄핵사유 및 재판관 비교표[10]

고(故) 노무현 (2004년)	대통령 탄핵 피청구인	박근혜 (2016년)
윤영철(소장), 송인준, 주선회, 권성, 김효종, 이상경, 김영일, 김경일, 전효숙 (당시 헌재법 상 결과 비공개)	헌법재판소 재판관 구성원	박한철(소장, 보수), 서기석(보수), 조용호(보수), 이진성(보수), 김창종(보수), 안창호(보수), 이정미(진보), 김이수(진보), 강일원(중도) (성향분류: 보수 6, 진보2, 중도 1)
공직선거법 위반, 측근 비리 공범으로서 책임, 국가 경제와 국정 파탄 책임	탄핵 추진 사유	특가법상 뇌물죄, 직권남용, 강요죄, 공무상비밀누설죄 등 헌법위반 5가지·법률 위반 8가지
63일	심판 결정 기간	3 ~ 6개월

물을 수도 없다.[11] 한편, 헌법재판소법 제34조 제1항 단서 및 제36조 제3항은 위 법률 규정 자체에 대한 조화로운 해석원칙, 한국 사법부에서 오랜 역사에 의해 확립되어 온 법리, 헌법재판에 관련된 법률의 역사, 외국의 법제 등에 비추어 해석해야 할 일이

---

10 김의중, "노무현 vs 박근혜 대통령 탄핵 사례 비교 ... 헌재 결정 전망 시기는?", 이투데이, 206. 12. 12.자; http://www.etoday.co.kr/news/section/newsview.php?idxno=1425988#csidxe03da834db6989d95 a02eae9231104e 국회가 제시한 박 대통령의 탄핵 사유는 국민주권주의(헌법 1조) 등 5가지의 헌법 위반과 미르와 K스포츠 설립과 출연 과정에서의 특정범죄가중처벌등에관한법률 위반(뇌물) 등 8가지의 법률 위반이다. 헌재는 일관성 차원에서 노무현 대통령 탄핵 결정 요건을 참고할 가능성 이 크다. 당시 결정문은 '탄핵심판청구가 이유 있는 때'를 모든 법 위반의 경우가 아니라, 단지 공 직자의 파면을 정당화할 정도로 '중대한'법 위반의 경우라고 했다. 이는 박 대통령 탄핵 청구사유 로 기재한 헌법·법률 위반 13가지 사안 중 단 하나라도 '공직자 파면' 요건을 충족하면 탄핵이 가 능할 것이란 해석을 가능케 한다. 헌재가 파면을 결정하게 되면 파면 사유에 해당하는 1가지 이유 만 명확하게 하면 된다. 2004년 신행정수도 사건 때 헌재는 9개의 기본권 침해 청구 취지 9개 중 국민투표권 침해 한 가지만 판단해 위헌을 선언했다. 나머지 8개는 판단하지 않았다. 위헌 결정을 한 만큼 청구인 쪽에 불리할 것이 없기 때문이다. 그러나 기각 결정을 내릴 땐 청구인 쪽 주장에 대해 일일이 기각 사유를 설명해야 한다. 정치권에선 박한철 헌재 소장을 포함한 헌법재판관 9명 의 성향이 판세를 가를 것이란 분석도 제기되고 있다. 헌재 재판관은 보수성향 6명, 중도 1명, 진 보 2명으로 구성돼 있다. 그러나 2014년 12월 통합진보당 정당해산 심판청구 사건을 심리해 해산 결정을 내렸을 땐 야당이 추천한 김이수 재판관 1명을 제외한 8명이 찬성 의견을 낸 적도 있어 이들의 성향이 결정적 변수가 되지는 않을 것이란 반론도 있다. 헌재 결정 못지 않게 중요한 건 결정 시기다. 차기 대통령 선거와 맞물려 있어서다. 대선이 빨라질수록 당장 높은 지지율을 차지하 고 있는 후보가 유리하다. 대선이 늘어지면 여러 변수가 작용할 수밖에 없어 정치권이 민감하게 반응하고 있다. 각종 여론조사 결과를 종합해보면 출마지가 불분명한 반기문 유엔 사무총장을 제 외하면 지지율 1위부터 5위까지 후보가 모두 야권인사다. 이런 가운데 대부분 전문가는 적어도 노 무현 대통령 때(63일)보단 결정이 늦어질 것으로 보고 있다. 노무현 대통령 때는 청구사유 중 법률 위반을 적시한 건 '공직선거법 위반'이 유일했다. 나머지는 정치적 책임을 물었을 뿐이다. 하지만 이번에는 박 대통령에 적용한 헌법·법률 위반 사항만 13개에 이른다. 헌재가 가장 유력한 파면 사 유 한 가지를 집중 심리한다 하더라도 기본적으로 검토해야 할 부분이 방대하다. 또한 검찰 수사 에 이어 특검 수사까지 진행 중인 만큼, 특검 진행 상황을 살피면서 심리에 참고할 가능성이 크다 는 지적이다.

11 정종섭, 『헌법학원론』, 박영사, 2010, 1058면.

지 단편적으로 위 법률조항만을 떼어 내어 해석하거나 개별 재판관들의 의견을 공개할 국가적, 역사적 필요가 크다는 등의 모호한 주장에 근거하여 해석할 것이 아니다. 그렇다면 결국 이 사건에 관하여 헌법재판소 개별 재판관들의 의견을 결정서에 표시하는 것은 국민의 대표기관인 국회가 제정하여 헌법재판소로 하여금 준수할 의무를 부여한 헌법재판소법을 위반하는 것이라고 하지 않을 수 없다. 이러한 이유로 헌법재판소는 이 사건 2004헌나1 대통령 탄핵사건의 결정서에 개별 재판관들의 의견을 표시하지 않고 헌법재판소의 의견만을 기재하는 것이다.[12]

김정범 변호사, 헌법재판소 대통령 탄핵 심판의 모든 것 Q&A[13]

대통령에 대한 탄핵소추안은 헌법재판소는 심판사건을 접수한 날부터 180일 이내에 종국결정의 선고를 하여야 한다. 다만, 재판관의 궐위로 7명의 출석이 불가능한 경우에는 그 궐위된 기간은 심판기간에 산입하지 아니한다(헌법재판소법 제38조). 위 기간은 반드시 지켜야 하는 강행규정은 아닌 것으로 해석한다. 따라서 경우에 따라서는 180일을 넘길 수도 있다.

가. 우리나라 탄핵심판은 언제부터 있었는가?

제헌헌법(1948. 7. 17. 제정)에서부터 탄핵제도를 도입했다. 다만 탄핵발의는 의원 50인 이상의 연서로 하고 그 결의는 3분지 2 이상의 출석과 3분지 2 이상의 찬성이 있어야 했다(제헌헌법 제47조). 대통령과 다른 탄핵대상자 사이에 같이 적용되었다. 그리고 탄핵사건을 심판하기 위하여 법률로써 탄핵재판소를 설치하도록 했다. 이 경우 부통령이 재판장의 직무를, 대법관 5인과 국회의원 5인이 심판관이 되도록 했다(위 제47조).

나. 실제로 탄핵발의가 이루어진 예가 얼마나 있는가?

1985. 10. 18. 대법원장(유태흥)에 대한 탄핵소추안이 발의된 후 모두 14차례 탄핵발의가 있었다. 그 중에서 2004. 3. 9. 발의된 대통령(노무현)에 대한 탄핵소추안만 가결되었고, 나머지는 모두 부결되거나 폐기되었다. 가장 최근에는 2015. 9. 14. 행정자치부장관(정종섭)에 대하여 공무원의 정치적 중립위반을 이유로 탄핵소추안이 발의되었으나 폐기된 바 있다. 또한 1925년 대한민국 임시정부 시절 의정원의 탄핵 의결로 당시 이승만 대통령이 대통령

---

12 이정환, "헌법재판소 탄핵 기각 결정문 전문", 이정환 닷컴, 2004. 5. 16. 외국 부분 게재.
  http://www.leejeonghwan.com/media/archives/000143.html
13 김정범 변호사(법무법인 민우, 한양대 법학전문대학원 겸임교수), "헌법재판소 대통령 탄핵 심판의 모든 것 Q&A", 로이슈, 2016. 12. 12.자. 부분 게재, 신종철 기자.
  http://www.lawissue.co.kr/news/articleView.html?idxno=20161212171643598363501_12

직에서 면직된 예가 있다.

다. 대통령에 대한 탄핵심판 중 하야가 가능한가?

국회법 제134조 제2항은 '임명권자는 피소추자의 사직원을 접수하거나 해임할 수 없다'고 규정한다. 그런데 대통령의 경우에는 임명권자가 없기 때문에 위 규정이 적용되지 않아서 사임(하야)이 가능하다고 해석하는 견해가 있다. 그러나 위 법의 규정은 탄핵으로 파면을 당하면 스스로 물러나는 사임과 달리 당하면 불이익을 입기 때문에 탄핵 중 사임을 막기 위한 규정이다. 또한 탄핵당할 경우 5년 내에는 공무원이 될 수도 없다(헌법재판소법 제54조 제2항). 뿐만아니라 대통령이 탄핵을 당하면 전직대통령으로 예우를 받지 못하게 된다(전직대통령 예우에 관한 법률 제7조 제2항 제1호). 따라서 탄핵심판이 인용될 가능성이 있으면 사임을 통해서 그러한 불이익을 회피할 우려가 있다. 결국 위 국회법 규정의 취지나, 임명권자가 없는 대통령을 다른 공무원에 비해서 달리 취급해야할 합리적인 이유도 없다는 점에서 탄핵심판중에는 하야가 불가능하다고 봐야 한다.

라. 탄핵심판 중 하야하는 경우 탄핵심판은 어떻게 되는가?

하야가 불가능하다고 본다면 당연히 심판은 계속되고 탄핵여부에 대한 결론을 내려야 한다. 그러나 하야가 가능하다고 한다면 심판이 종료되어야 한다. 즉 하야 즉시 헌법재판소는 탄핵심판을 기각해야 한다(헌법재판소법 제53조 제2항 유추적용). 그런데 하야가 가능하다고 보는 견해들도 대부분 헌법재판은 계속된다고 해석한다. 왜냐하면 대통령의 탄핵은 중대한 사항이기 때문에 향후에 미칠 영향까지도 고려해야 한다는 이유다. 그렇다면 탄핵심판 중 하야를 하고 그 후 탄핵결정이 인용될 경우 대통령의 지위 상실 시점을 어디로 볼 것인지 또 다른 해석을 남기게 된다. 왜냐하면 대통령이 궐위된 때 또는 대통령 당선자가 사망하거나 판결 기타의 사유로 그 자격을 상실한 때에는 60일 이내에 후임자를 선거하도록 규정하고 있기 때문에(헌법 제68조 제2항) 중요한 의미를 갖게 된다. 그래서 탄핵심판 중에는 하야를 하지 못한다고 해석하는 견해가 법리적으로도 명쾌하다.

마. 국회가 탄핵소추를 취하(철회)하는 것은 가능할까?

탄핵소추안을 가결했던 절차로 철회하는 것도 가능하다고 본다. 즉 국회재적의원 과반수가 대통령 탄핵소추를 취하하는 안을 발의하고, 재적의원 2/3가 찬성하면 탄핵소추가 취하된다. 국회가 원구성을 달리해서 탄핵소추안을 발의한 국회와 이를 취하하는 국회가 달라지는 경우에도 마찬가지로 해석해야 할까? 예를들어 16대 국회에서 노무현 대통령에 대한 탄핵소추를 하였는데 17대 국회가 이를 취하하는 것이 가능하냐는 문제다. 국회의 권한범위 내에서는 원구성을 달리했다고 달리 볼 것은 아니다. 따라서 가능하다고 해석된다. 이 경우 피소추자의 동의가 필요할까? 일부 견해는 피소추자의 동의가 필요하다고 본다. 그러나 탄핵심판의 경우에는 형사소송에 관한 법령을 준용하기 때문에(헌법재판소법 제40조 제2항) 피소추자의 동의가 필요 없다고 해석해야 한다.

바. 탄핵심판 중 새로운 위법, 위헌사유가 발견된 경우 탄핵소추 사유로 추가할 수 있는가?

헌법재판소는 사법기관으로서 원칙적으로 탄핵 소추기관인 국회의 탄핵 소추의결서에 기재된 소추사유에 대해서만 판단하게 된다. 따라서 헌법재판소는 탄핵 소추의결서에 기재되지 아니한 소추사유를 판단의 대상으로 삼을 수 없다. 다만 소추사유에 대한 법률적인 평가는 소추기관과 달리할 수 있다(헌법재판소 2004. 5. 14. 선고 2004헌나1 결정). 또한 새로운 소추사유는 국회가 재적의원 과반수 발의와 재적의원 3/2이상의 찬성으로 추가하는 것이 가능하다.

사. 헌법재판소는 심판절차를 정지할 수 있는가?

헌법재판소법은 피청구인에 대한 탄핵심판 청구와 동일한 사유로 형사소송이 진행되고 있는 경우에는 재판부는 심판절차를 정지할 수 있다고 규정한다(제51조). 그렇다면 박근혜 대통령은 위 규정을 근거로 심판절차의 정지를 요청할 수 있을까? 현재 박근혜 대통령의 측근들이 기소되어 재판을 앞두고 있지만 박근혜 대통령은 기소되지 않은 상태다. 따라서 대통령 자신이 아니라 측근들의 재판을 이유로 재판절차를 정지해달라고 요청하는 것은 받아들일 수 없다.

아. 피소추자인 대통령이 변론기일에 반드시 출석하여야 하는가?

형사재판에서는 피고인이 반드시 출석해야 한다. 헌법재판소법이 탄핵심판의 경우에는 형사소송절차를 준용하도록 규정하고 있기 때문에 마찬가지로 반드시 출석해야 한다고 해석하는 견해도 있다. 그러나 당사자가 탄핵심판의 변론기일에 출석하지 아니하면 다시 기일을 정하여야 하고, 다시 정한 기일에도 당사자가 출석하지 아니하면 그의 출석 없이 심리할 수 있다(헌법재판소법 제52조)는 규정은 피소추자에게 의견진술의 기회, 또는 자기방어의 기회를 주려는 것에 불과하므로 반드시 출석이 강제되는 것은 아니다.

차. 재판관의 의견을 결정문에 표기하여야 하는가?

노무현 대통령의 탄핵심판 때는 헌법재판소법 제34조 제1항에서 '헌법재판소 평의는 공개하지 아니한다'고 되어 있었고, 개별 재판관의 의견을 결정문에 표시하기 위해서는 이와 같은 평의의 비밀에 대해 예외를 인정하는 특별규정이 있어야만 가능한데, 탄핵 심판에 관해서는 평의의 비밀에 대한 예외를 인정하는 법률규정이 없기 때문에 재판관 개개인의 개별적 의견 및 그 의견의 수 등을 결정문에 표시할 수는 없다(헌법재판소 2004. 5. 14. 선고 2004헌나1 결정)고 했다. 그러나 2005년 헌법재판소법 개정을 통해서 결정문에 탄핵심판청구의 기각과 인용 여부뿐 아니라 각 재판관의 의견, 재판관의 비율이 몇 대 몇인지를 밝히도록 하고 있다. 따라서 재판관들이 상당한 부담을 안게 됐다.

파. 탄핵결정을 받은 대통령을 사면하는 것이 가능한가?

헌법이나 법률에 명확한 규정은 없다. 사면법에서도 사면의 대상을 죄를 범한 자와 형을 선고받은 자로 한정하고 있다(사면법 제3조 제1, 2호). 다만 사면법 제4조에서는 '행정법규 위반에 대한 범칙(犯則) 또는 과벌(科罰)의 면제와 징계법규에 따른 징계 또는 징벌의 면제에 관하여는 이 법의 사면에 관한 규정을 준용한다' 고 규정한다. 그러나 사면권의 내재적 한계 때문에 탄핵결정으로 파면된 자는 사면할 수 없다고 봐야 한다. 미국헌법에서는 명문으로 사면할 수 없다고 규정한다.

1. 대통령(노무현)에 대한 탄핵소추안

- 발의년월일 : 2004. 3. 9.
- 발 의 자 : 유용태 의원 외 157인

- 주 문
헌법 제65조 및 국회법 제130조의 규정에 의하여 대통령 노무현의 탄핵을 소추한다.

- 피소추자
성 명 : 노무현
직 위 : 대통령

- 탄핵소추 사유
　노무현 대통령은 헌법과 법률을 수호해야 할 국가원수로서의 본분을 망각하고 특정정당을 위한 불법선거운동을 계속해 왔고 이로 인해 2004년 3월 3일 헌법기관인 중앙선거관리위원회로부터 헌정사상 처음으로 현직 대통령이 공직선거및선거부정방지법을 위반했다는 판정과 경고조치를 받았고 그럼에도 불구하고 자숙하기는커녕 오히려 이 경고를 무시하고 앞으로도 계속해서 선거법에 관계없이 특정정당을 공개지원하겠다고 하여 민주헌정의 근간인 법치주의를 정면으로 부정하는 초헌법적이고 초법적인 독재자적 태도를 보이고 있습니다. 국회는 이러한 법치주의 부정사태를 방치할 수 없습니다. 또한 노무현 대통령은 본인과 측근들의 극심한 권력형부정부패로 인해 국정을 정상적으로 수행할 수 없는 국가적 위기상황을 초래하였고 노무현 대통령의 불성실한 직책수행과 경솔한 국정운영으로 인한 정치불안 때문에 국정이 파탄지경에 이르러 국민을 극도의 불행에 빠뜨리고 있습니다. 이로써 노무현 대통령은 더 이상 나라를 운영할 자격과 능력이 없음이 극명해졌으므로 헌법을 수호하고 국민의 행복과 나라의 장래를 위해 탄핵소추안을 발의하게 된 것이며, 그 구체적인 세 가지 사유는 다음과 같습니다.

　첫째, 노무현 대통령은 줄곧 헌법과 법률을 위반하여 국법질서를 문란케 하고 있습니다.

(가) 2004년 3월 3일 중앙선거관리위원회에서 최근 노무현 대통령의 발언에 대해 공직선거및선거부정방지법 위반으로 결정하였듯이, 노무현 대통령은 2004년 2월 18일 청와대에서 열린 경인지역 6개 언론사와 가진 합동회견에서 "개헌저지선까지 무너지면 그 뒤에 어떤 일이 생길지는 나도 정말 말씀드릴 수가 없다"고 발언함으로써 국민을 겁박하여 특정정당 지지를 유도하였고, 2004년 2월 24일 전국에 생중계된 방송기자클럽 초청 대통령기자회견에서 노무현 대통령은 "앞으로 4년 제대로 하게 해 줄 것인지 못 견뎌서 내려오게 할 것인지 국민이 분명하게 해줄 것"이라며, "국민들이 총선에서 열린우리당을 압도적으로 지지해줄 것을 기대한다", 또 "대통령이 뭘 잘 해서 우리당이 표를 얻을 수만 있다면 합법적인 모든 것을 다하고 싶다"고 발언하였는 바, 이것은 공직선거및선거부정방지법 제9조 제1항(공무원의 정치적 중립의무)을 위반한 것임과 동시에 공직선거및선거부정방지법 제60조 제1항(선거운동을 할 수 없는 자), 제85조(지위를 이용한 선거운동금지)와 동법 제86조(공무원 등의 선거에 영향을 미치는 행위금지)를 위반하여 동법 제255조 1항 1호(부정선거운동죄)로 처벌받아야 하는 불법적 사전선거운동에 해당합니다.

(나) 2003년 12월 19일 노무현 대통령은 노사모가 주최한 '리멤버 1219' 행사에 참석하여 "시민혁명은 계속되고 있다, 다시 한번 나서달라"고 선동하여 불법선거운동을 독려하였고, 또한 2004년 2월 5일 강원지역 언론인 간담회에서는 "국참 0415같은 사람들의 정치참여를 법적으로나 정치적으로 허용하고 장려해주어야 된다"고 발언하여 헌법준수 서약을 하고 국법을 수호할 책임이 있는 대통령이 법불복종 운동을 조장한 국가문란 행위를 하였으며, 또한 선거운동원이 아닌 제3자에 의한 어떤 형태의 당선, 낙선운동이든 불법선거운동임을 확인한 2001년 8월 30일 헌법재판소의 결정대로 공직선거및선거부정방지법 제87조(단체의 선거운동금지)에 위배되는 부정선거운동을 고무한 것으로서 공직선거및선거부정방지법 제9조 제1항(공무원의 정치적 중립의무)과 제59조(선거운동기간)를 동시에 위반한 것입니다.

(다) 2004년 2월 27일자 중앙일보에 보도된 열린우리당의 총선전략문건에 언급된 '당, 정, 청 합동지휘부 구성', '합동지휘부의 영입대상자에 대한 강온설득전략 구사' 표현 등에서 청와대의 조직적 선거개입이 확인되었는 바, 이는 명백한 불법관권선거이며 청와대의 장(長)인 노무현 대통령은 이를 지휘한 책임이 있어 공직선거및선거부정방지법 제9조 제1항(공무원의 정치적 중립의무)과 제86조 제1항 제2호(공무원 등의 선거에 영향을 미치는 행위금지 중 선거운동의 기획에 참여하거나 그 기획의 실시에 관여하는 행위의 금지)를 위반하였습니다.

(라) 2004년 1월 14일 연두기자회견에서는 "개혁을 지지한 사람과 개혁이 불안해 지지하지 않은 사람들이 있어서 갈라졌고, 대선때 날 지지한 사람들이 열린우리당을 하고 있어 함께 하고 싶다"고 발언, 민주당을 반개혁 정당으로 규정하였으며 또한 2003년 12월 24일 측근들과의 회동에서 교묘히 사석을 이용하여 "민주당을 찍으면 한나라당을 돕는다"는 발언을 언론에 유포하여 중앙선거관리위원회로부터 2003년 12월 30일 선거의 자유와 공정성을 해칠 우려가 있다는 이유로 '공명선거 협조요청'의 공식제재조치를 받는 등 국가를 대표하는 대통령으로서 특정정당을 배격하고 말살하는 언행을 반복하여 헌법 제8조 제3항(국가의 정당보호 의무)을 위반하였습니다.

(마) 노무현 대통령은 국민을 협박하여 특정정당 지지를 유도하고 총선민심에 영향을 미치는 언행을 반복함으로써 국민의 자유선거를 방해하는 행위를 하고 있는 바, 이것은 선거법 제237조 제1항 제3호(선거의 자유 방해죄)에 해당하는 위법행위이며 헌법 제24조(국민기본권으로서의 선거권)와 제19조(양심의 자유), 그리고 제10조(기본권을 보장할 국가의 의무)를 위반한 행위입니다.

(바) 노무현 대통령은 위와 같이 행정부의 수반으로서 입법부 구성을 위한 국회의원 총선거에 무단개입함으로써 헌법의 삼권분립 정신을 파괴하였습니다. 또 2004년 3월 4일 노대통령은 이병완 청와대홍보수석을 통해 선거개입을 경고하는 중앙선거관리위원회의 결정에 "납득할 수 없다"고 반발하며 유감을 표명하고 앞으로도 계속 특정정당을 공개지원하겠다고 말하는 등 다른 헌법기관의 적법한 결정을 정면으로 묵살하는 헌법파괴적 행위를 하였습니다. 다른 헌법기관에 대한 노대통령의 이러한 경시태도는 2003년 4월 25일 국회 인사청문회의 전원일치로 이루어진 고영구 국가정보원장 부적격 판정에 대한 묵살, 현직 국회의원들을 "뽑아버려야 할 잡초"로 매도한 노대통령의 2003년 5월 8일 대(對)국민 인터넷서신, 2003년 9월 3일 김두관 행정자치부장관 해임결의안 의결 수용에 대한 해태(解怠) 등까지 거슬러 올라가고 최근 2004년 3월 8일에는 노대통령이 국회의 적법한 탄핵추진 자체를 "부당한 횡포"로 폄하한 것 등 헤아릴 수 없이 많은 사례에서 확인되고 있습니다. 나아가 2004년 3월 4일 노대통령은 이병완 청와대홍보수석의 입을 통해 대한민국 대통령으로서 다른 나라 법률은 치켜세우고 대한민국 선거법은 "관권선거시대의 유물"로 폄하함으로써 자국의 헌정질서와 국법을 수호하고 지키려는 의지가 전혀 없음을 드러냈고 국헌과 국법 자체를 부인하였습니다. 또한 2004년 3월 8일 노대통령은 중앙선관위가 선거법의 핵심조항인 제9조 공무원의 중립의무 조항을 어긴 것으로 판시한 위법행위를 "경미한 것", "미약하고 모호한 것"으로 절하(切下)하였습

니다. 중앙선거관리위원회, 국회 등 다른 헌법기관에 대한 부정과 경시, 헌법과 법률에 대한 무시 등 노대통령의 일련의 초법적 행위는 대한민국 헌정체제의 기본정신인 법치주의 자체를 유린하는 것입니다. 이와 같이 대한민국 헌법기관의 권위와 민주헌법의 근간인 법치주의와 삼권분립 원칙을 부정하는 노대통령의 일련의 초헌법적 행동은 법 위에 군림하는 독재자의 행보요 민주주의와 민주헌정의 존립 자체를 뒤흔드는 위험천만한 헌법파괴 행동으로서 헌법 제66조 제2항(헌법수호 의무)과 헌법 제69조(헌법준수 의무)를 동시에 위반하고 있는 것입니다.

둘째, 노무현 대통령은 자신과 측근들, 그리고 참모들의 권력형부정부패로 인해 국정을 정상적으로 수행할 수 있는 최소한의 도덕적·법적 정당성을 상실하였습니다.

노대통령과 측근, 참모들은 새천년민주당 대통령후보선출 경선에서 이기자마자 기다렸다는 듯이 그리고 특히 16대 대통령선거에서 이긴 후에는 노골적으로 불법자금을 모금하고 수수하였으며 일부의 돈은 개인적으로 유용한 자들입니다. 이들은 이와 같은 범죄행각에서 분명해지듯이 국가권력을 행사할 수 있는 최소한의 도덕의식과 준법정신도 결여하고 있습니다.

(가) 노무현 대통령은 2004년 2월 11일부터 13일까지 열린 법사위원회 청문회의 증인들의 증언에서 드러났듯이 대통령후보 시절 썬앤문 기업의 감세청탁을 받아 국세청에 직접 감세압력을 가해 썬앤문의 세금 171억원을 23억원으로 감세해주게 만든 범죄를 저질렀습니다.

(나) 노무현 대통령의 대선캠프를 책임졌던 정대철 공동선거대책위원장은 총 9억원의 불법정치자금을 수수하여 일부를 대선자금으로 사용하고 일부는 개인적으로 유용하였으며, 이상수 총무위원장은 총 7억원 이상의 불법정치자금을 수수하였고, 이재정 유세본부장은 총 10억원의 불법정치자금을 수수하고 이를 노무현대선캠프에 전달하여 모두 구속되었습니다.

(다) 최도술, 안희정, 이광재, 양길승, 여택수 등 노대통령 측근들은 줄줄이 불법정치자금을 수수하고 각종 뇌물과 향응을 받은 것으로 확인되었으며, 노무현 대통령은 이들의 비리행위에 직·간접적으로 관여한 공범관계에 있음이 검찰수사 과정에서 확인되었습니다.

① 지금까지 총 19억원의 불법정치자금을 수수한 것으로 밝혀진 최도술은 노무현 대통령의 고교동창출신 최측근으로서 2002년 5월 장수천과 관련된 노무현 대통령의 부채를 청산하기 위해 새천년민주당 부산지역 선거대책위원회

계좌에 남아있던 지방선거 잔금 중 2억5천만원을 횡령하여 선봉술 장수천대표에게 전달하였습니다. 이 횡령행위는 검찰수사에서 노무현 대통령의 교사에 의한 것으로 확인되었습니다. 또한 최도술은 남은 장수천 채무변제를 위해 불법자금을 모아 2002년 12월부터 2003년 2월 6일 사이에 총 5억원을 선봉술에게 전달하였고, 이 결과를 대통령취임 직전 노무현 대통령에게 보고하였으며 이에 노대통령은 "알았다"고 대답하였다고 법정에서 진술하였습니다. 최도술은 민주당 대통령후보선출 경선이 있던 2002년 3월부터 4월 사이에 노무현 대통령의 경선자금을 마련하기 위해 차명계좌를 통해 총 1억원의 불법정치자금을 수수한 것으로 특별검사의 수사결과 확인되었습니다. 노무현 대통령과 공범관계에 있던 최도술은 대통령 취임후 청와대총무비서관으로 재직하는 동안 삼성 등으로부터 4천7백만원을 수수하였으며, 청와대 공식계좌를 통해 불법자금을 세탁하는 파렴치한 범죄행위를 한 것으로 확인되었습니다. 검찰이 이러한 최도술 비리의 꼬리를 잡자 노무현 대통령은 2003년 10월 7일부터 9일까지 3일간의 인도네시아 공식방문 중에 "눈앞이 캄캄했다"고 말할 정도로 충격을 받았으며, 자신과 연루된 이 범죄를 감추기 위해 위헌적인 재신임국민투표를 기도하여 나라를 뒤흔들고 국민을 협박하였고, 헌법재판소가 이 재신임 국민투표를 사실상 위헌으로 선언했음에도 불구하고 그 후에도 틈만 나면 거듭 재신임 카드로 국민을 위협하고 있습니다. 이것은 노무현 대통령이 최도술과 관련된 권력형부정부패의 규모가 드러난 것보다 훨씬 크고 자신이 이 부패와 깊이 연루되어 있음을 스스로 고백한 것입니다. 이처럼 노무현 대통령은 최도술에게 공당의 선거자금 횡령을 교사하였고 노대통령 자신의 채무변제를 위해 불법정치자금을 모금한 사실을 인지하였으며, 이런 공범관계에 있는 최도술을 청와대총무비서관으로 임명, 재직케 하여 불법정치자금 수수와 청와대의 공식계좌를 통한 불법자금 세탁을 방조한 것입니다.

② 노무현 대통령의 '동업자'이자 분신같은 최측근으로서 지금까지 총 79억원의 불법정치자금을 수수한 것으로 밝혀진 안희정은 노무현 대통령의 장수천 채무를 갚기 위해 강금원 창신그룹회장과 함께 이기명의 용인땅을 위장매매하는 계획을 수립하였고 이 계획에 따라 강금원은 2002년 8월 29일부터 2003년 2월까지 이기명에게 총 19억원을 제공하였습니다. 그 뒤 강금원은 계약을 파기하였으나 제공된 금액을 이기명에게 돌려받지 않는 방식으로 노무현 대통령의 개인채무를 청산케 하였습니다. 노무현 대통령은 안희정과 강금원으로부터 이런 불법 위장매매 거래 계획을 사전에 보고받은 것으로 확인되었습니다. 또한 노무현 대통령은 2002년 7월 장수천과 관련하여 담보로 제공

했다가 강제경매로 진영상가를 잃게 된 선봉술과 오철주가 손해보전을 요구하자 안희정과 최도술에게 "손해보전을 해 주라"고 지시하였고 이에 따라 안희정은 2002년 9월부터 동년 12월까지 총 7억9천만원의 불법정치자금을 모금해 선봉술 등에게 전달한 것으로 확인되었습니다. 안희정은 2002년 민주당 대통령후보선출 경선당시에도 총 5천만원의 불법정치자금을 수수하여 노무현 대통령의 경선자금으로 사용하였음이 검찰수사 결과 확인되었습니다. 또 검찰은 안희정이 대선당시 삼성으로부터 총 30억원의 불법대선자금을 수수한 것으로 확인하였습니다. 또한 안희정은 노무현 대통령 취임이후인 2003년 3월에서 8월 사이 강금원 조카명의의 차명계좌로 6억원을 입금받았으며 2003년 3월과 8월 부산지역 기업체 2곳으로부터 총 4억원을 수수한 것으로 확인되었습니다. 안희정은 수수한 불법자금 중 2억원을 아파트를 사는 등 개인적으로 유용하기도 하였습니다. 말하자면 노무현 대통령은 후보시절과 당선자 시절에는 안희정과의 공범관계에서 범죄를 교사하였고, 대통령직무 개시 이후에는 국민 앞에 안희정을 '동업자'로 소개하면서 안희정의 불법자금 모금을 방조한 것입니다.

③ 지금까지 총 1억여원의 불법정치자금을 수수한 것으로 밝혀진 이광재는 노무현 대통령의 분신같은 최측근으로서 2002년 11월 9일 서울 리츠칼튼 호텔에서 노무현 대통령이 문병욱 썬앤문회장과 동석한 조찬을 마치고 방을 나간 직후 문병욱으로부터 1억원의 불법정치자금을 수수하였습니다.

④ 양길승 청와대부속실장은 2003년 6월 조세포탈, 공갈 및 살인교사 혐의로 수사를 받고 있던 이원호 키스관광나이트 사장으로부터 향응을 제공받고 수사무마 청탁 등의 혐의로 구속되었습니다.

⑤ 지금까지 총 3억3천만원의 불법정치자금을 수수한 것으로 밝혀진 여택수는 노무현 대통령의 분신같은 수행비서로서 2002년 12월 7일 노무현 대통령과 함께 있는 자리에서 문병욱으로부터 3천만원의 불법정치자금을 수수하였습니다. 또한 노무현대통령은 이런 공범관계에 있는 여택수를 취임 이후 청와대행정관으로 재직케 함으로써 롯데로부터 3억원의 불법자금을 수수토록 방조하였습니다.

⑥ 더욱 충격적인 것은 노무현 대통령의 방조로 여택수 행정관이 이 3억원의 검은 자금 중 2억원을 열린우리당에 창당자금으로 제공했다는 것입니다. 여택수는 노무현 대통령의 직접적인 지휘감독 하에 있는 분신같은 존재이기 때문에 임의로 창당자금을 제공했다고는 볼 수 없습니다. 노무현 대통령은 이 불법창당자금 제공과정에서 간접정범 노릇을 한 것입니다. 이 2억원은 노대통

령이 공범으로 간여하여 조성한 불법창당자금 중의 '빙산의 일각'에 불과한 것으로 추정됩니다.

(라) 노무현 대통령은 2003년 12월 14일 청와대 정당대표 회동에서 자신의 불법자금 규모가 한나라당의 10분의 1을 넘으면 정계를 은퇴할 것이라고 공언한 바 있습니다. 그런데 노대통령측의 불법정치자금 수수규모는 113억원에 달해 이회창 후보측의 불법자금 823억원의 10분의 1을 이미 초과하여 7분의 1에 이르고 있습니다. 이것은 수사가 한나라당이 5대 대기업으로부터 받은 불법대선자금에만 치중된 상황에서 나온 결과입니다. 최근 안희정이 롯데 6억원, 삼성 30억원 등 불법대선자금을 수수한 사실이 드러난 것을 기점으로 앞으로 5대 대기업에 대한 수사가 공정하게 진행될 경우 노대통령측의 불법대선자금 규모는 더욱 늘어날 것입니다. 따라서 노무현 대통령은 정치적으로 더 많은 상처를 입기 전에 자신의 정계은퇴 공약에 따라 대통령직에서 하야하는 것이 마땅할 것입니다. 노대통령은 이미 불법대선자금이 7분의 1에 육박함으로써 국가원수로서의 국민적 신뢰를 완전히 상실할 위험에 처했습니다. 그러나 노대통령은 이런 사태에 대한 책임감을 느끼기는커녕 부패연루 사실을 감추려는 데에만 급급하여 경솔하게도 대통령으로서의 막중한 직무조차 헌신짝처럼 내던지겠다는 재신임 협박과 정계은퇴 호언을 반복해왔고 지금은 이상한 불법자금 액수 조작으로 수치놀음을 하고 있습니다. 그러나 이제 불법대선자금의 규모가 노대통령이 스스로 제시한 '10분지 1'선 이상인 것으로 드러나기 시작했기 때문에 하야하는 길밖에 남지 않았습니다. 대통령의 국민적 신뢰 상실은 대통령으로서 직무를 집행할 최소한의 권위와 지도력이 와해되었다는 것을 뜻합니다. 국민은 대통령의 고백을 마냥 기다릴 수만은 없습니다. 국회도 이 상황을 더 이상 방치할 수 없습니다. 국회는 많은 토론과 번민 그리고 고뇌 끝에 먼저 대통령의 사과를 촉구하고 헌법과 법률을 존중하겠다는 노대통령의 대국민 선언과 다짐을 기다렸습니다. 그러나 대통령은 중앙선관위가 판시한 선거법 위반을 "경미한 것", "미약하고 모호한 것"으로 치부하며 국회의 탄핵논의에 굴복하지 않겠다는 반(反)법치주의적 발언을 계속하면서 끝내 사과와 재발방지 약속을 거부하고 있습니다. 이에 국회는 노대통령이 이처럼 민주헌정의 근간인 법치주의를 부정하고 또 자신의 정계은퇴 공약조차 무시하면서 하야하지 않고 버티기 때문에 절박한 심정으로 법적 절차에 따라 탄핵을 소추하지 않을 수 없는 상황에 직면했습니다.

(마) 나아가 노무현 대통령은 자신이 연루된 비리사건을 호도하기 위해서 재신임 국민투표를 한다느니 재신임의 다른 방법을 찾겠다느니 하면서 검찰과 국민

을 협박하고 '10분지 1선을 넘으면 정계은퇴'니 '티코수준', '수백만 원, 수천만 원'이니 하면서 수사의 가이드라인을 제시해 왔습니다. 노대통령은 이렇듯 대통령후보경선자금, 대선자금, 당선축하금, 열린우리당 창당자금 등 4대 불법자금에 대한 수사를 직간접으로 간섭, 방해해온 것입니다. 5대 대기업이 제공한 불법대선자금 수사결과 이회창후보 대선캠프 732억원 대(對) 노무현후보 대선캠프 36억원 수수 또는 불법대선자금 전체에 대한 중간수사 결과 823억원 대 113억원이라는 액수에서 드러나듯이 4대 불법자금에 대한 수사는 지극히 편파적으로 진행되어 왔고 또한 미진하기 짝이 없으며 '빙산의 일각'을 드러낸 창당자금의 경우는 여택수의 개인비리로 얼버무리고 경선자금의 경우는 겨우 초보단계에 있습니다. 또한 야당의원들의 비리는 경미한 사유로도 구속조치하는데 반해서 대통령과 가까운 참모들인 열린우리당의 김원기 대통령정치특보, 신계륜 전 대통령당선자 비서실장, 이호웅 전 노무현후보 대선캠프 조직본부장 등은 무혐의 처리하거나 불구속 입건을 하는 등 면피용수사로 일관하고 있습니다. 이것은 모두 노무현대통령의 수사방해 때문인 것입니다. 검찰수사에 대한 노대통령의 간섭과 방해는 결코 정치적으로 용납할 수 없는 수준에 달했습니다.

(바) 노무현 대통령은 측근비리 및 비리수사 방해와 관련된 도덕적·정치적 책임을 피할 수 없을 뿐만 아니라 특히 2003년 2월 25일 직무집행 개시이후에 측근과의 공범관계에서 측근을 통해 저지른 범죄행위에 대해서는 법적 책임을 면할 수 없고 따라서 "직무집행에서" 법률을 위반한 것이 되는 것입니다. 노무현 대통령은 2003년 2월 25일 대통령으로서의 직무집행 개시이후에도 안희정, 최도술, 여택수, 양길승 등의 비리범죄를 방조함으로써 형법 제30, 31, 32, 33조에 걸쳐 명시된 공범과 제34조의 간접정범으로서 이 공범들의 비리범죄에 직간접적으로 관여해 왔기 때문입니다. 2003년 12월 29일 검찰도 노무현 대통령과 측근들의 공범관계를 인지하고 확인했음을 공개적으로 밝혔습니다. 다만 검찰은 "나름의 결론을 갖고 있으나 대통령의 헌법상 형사소추를 받지 않는 특권, 직무수행의 계속성, 헌법정신 등에 비춰 그 내용을 공개하는 것은 적절하지 않다"고 밝히면서 불가피하게 노무현 대통령에 대한 직접수사와 기소를 유보했습니다. 노무현 대통령은 자신이 공범으로 연루된 부패사건이 드러날 때마다 검찰에게 수사의 방향과 방침을 제시하면서 직간접적으로 수사에 영향을 미쳤고 자신의 연루 사실을 덮기 위해 재신임 카드로 국민을 위협하며 경제난 속에서 나라를 뒤흔들어 왔습니다. 측근비리의 공범인 노대통령이 수사를 방해하고 있는 상황에서 검찰이 이른바 '살아있는 권력'의 권력형 부패사건을 파헤

칠 수 없다는 것은 불문가지일 것입니다. 이 때문에 이제 국회가 나서서 헌법과 법률이 정한 절차에 따라 노무현 대통령을 소추할 수밖에 없습니다.

셋째, 우리경제가 세계적인 경기호황 속에서도 이례적으로 미국보다 훨씬 낮은 성장률에 머물러 있는 점에서 드러나듯이 노무현 대통령은 국민경제와 국정을 파탄시켜 민생을 도탄에 빠뜨림으로써 국민에게 IMF위기 때보다 더 극심한 고통과 불행을 안겨주고 있습니다.

(가) 경제학자들은 노무현 집권 1년을 '국정실패, 잃어버린 1년'으로 규정하였고 지난 대선에서 노무현 대통령을 찍었던 국민들조차 노무현 대통령에게 등을 돌려 집권 1년만에 레임덕에 빠지는 기가 막힌 사태를 맞고 있습니다.

(나) 이러한 국정파탄의 근본원인은 "대통령 못해먹겠다"는 경솔한 발언을 위시한 노무현 대통령의 거듭된 말실수와 번복, 이라크파병 선언후 이라크전쟁에 대한 반전입장 표명, 위헌적인 재신임국민투표 제안 및 정계은퇴 공언 등 하등의 진지성과 일관성을 찾아 볼 수 없는 불성실한 직무수행과 경솔한 국정운영, 대통령으로서의 직무는 등한히 한 채 모든 노력을 총선에만 쏟아 붓는 이른바 '올인전략적' 불법 사전선거운동 등 국정의 최고책임자인 노무현 대통령 자신의 부당행위에 있음을 부인할 수 없습니다.

(다) 따라서 노무현 대통령은 지금 국민의 '행복추구권'과 '국가에 의한 기본권보장의 의무'를 규정한 헌법 제10조를 위배하고 헌법 제69조에 명시된 '대통령으로서의 직책의 성실한 수행' 의무를 방기한 것입니다.

지금 우리나라는 대통령이 초헌법적·초법적 태도로 법치주의를 부정하며 헌법기관인 중앙선거관리위원회의 경고와 국회의 고유한 권한을 묵살하는 헌정파괴의 위기에 처해 있습니다. 헌법 제65조에 의해 탄핵소추의 신성한 권한을 위임받은 국회는 노대통령의 자의적 권력행사로부터 헌법과 법치주의를 지켜내야 할 책무를 지고 있습니다. 국회가 이 책무를 외면한다면 직무유기를 범하는 것이 될 것입니다. 이에 유용태·홍사덕 의원 외 157명의 국회의원은 헌법과 국법질서를 수호하려는 초당적 의지를 모아 대통령의 위법·위헌행위를 차단하고 침해된 법치주의를 회복하여 대한민국의 미래와 국민의 행복을 보장하며 특히 17대 총선을 정상적으로 치르려는 최후의 방도로서 국민의 뜻을 받들어 대통령 노무현에 대한 탄핵소추를 발의하오니, 국회법 제130조 제1항과 제2항에 의거, 본건을 본회의에서 우선 의결하여 주시기 바랍니다.

〈증거 기타 조사상 참고자료〉

1. 2003년 12월 30일. 중앙선거관리위원회의 "노무현 대통령에게 공명선거협조요청" 관련 자료

2. 2004년 3월 4일. 새천년민주당의 노무현 대통령 선거법위반행위 조치요청에 대한 중앙선거관리위원회의 회신

3. 2001년 8월 30일. 제3자의 낙선운동에 관한 헌법재판소 결정문

4. 노무현 대통령의 불법선거운동 및 헌법파괴적 행위 관련 기사

5. 2003년 12월 29일. 검찰의 노무현 대통령 측근비리 수사결과 브리핑

6. 2004년 2월 11~13일. 국회 법사위 청문회 속기록

7. 노무현 대통령과 측근·참모들의 권력형부정부패 관련 기사

8. 노무현 대통령의 국정실패 관련 기사

9. 2004년 2월 11일. 열린우리당의 총선전략 문건

2. 노무현 대통령 탄핵기각 결정문

헌법재판소

　결정

　사건 2004헌나1 대통령(노무현) 탄핵

　청구인 국회

　소추위원 국회 법제사법위원회 위원장

　대리인 명단은 별지 1.과 같음

　피 청 구 인 대통령 노무현

　대리인 명단은 별지 2.와 같음

주 문

이 사건 심판청구를 기각한다.

이 유

1. 사건의 개요와 심판의 대상

가. 사건의 개요

(1) 탄핵소추의 의결 및 탄핵심판의 청구

　국회는 2004. 3. 12. 제246회 국회(임시회) 제2차 본회의에서 유용태·홍사덕 의원 외 157인이 발의한 '대통령(노무현)탄핵소추안'을 상정하여 재적의원 271인 중 193인의 찬성으로 가결하였다. 소추위원인 국회 법제사법위원회 위원장 김기춘은 헌법재판소법 제49조 제2항에 따라 소추의결서의 정본을 같은 날 헌법재판소에 제출하여 피청구인에 대한 탄핵심판을 청구하였다.

　피청구인에 대한 국회의 탄핵소추의결서 전문(全文)은 별지 3.과 같다.

(2) 탄핵소추사유의 요지

(가) 국법질서 문란

1) 특정 정당을 지지한 행위 등

가) 피청구인은 ① 2004. 2. 18. 경인지역 6개 언론사와의 합동기자회견에서, "개헌 저지선까지 무너지면 그 뒤에 어떤 일이 생길지는 나도 정말 말씀드릴 수가 없다."고 발언하고, ② 같은 달 24. 방송기자클럽 초청 기자회견에서, "앞으로 4년 제대로 하게 해 줄 것인지 못 견뎌서 내려오게 할 것인지 국민이 분명하게 해줄 것, "국민들이 총선에서 열린우리당을 압도적으로 지지해 줄 것을 기대한다.", "대통령이 뭘 잘 해서 우리당이 표를 얻을 수만 있다면 합법적인 모든 것을 다하고 싶다."고 발언하여, 공직선거및선거부정방지법(이하 '공선법'이라 함) 제9조 제1항, 제60조 제1항, 제85조 제1항, 제86조 제1항, 제255조 제1항을 위반하였다.

나) 피청구인은 ① 2003. 12. 19. 이른바 노사모가 주최한 '리멤버 1219'행사에 참석하여 "시민혁명은 계속되고 있다. 다시 한 번 나서달라"고 발언하고, ② 2004. 2. 5. 강원지역 언론인 간담회에서 "'국참 0415' 같은 사람들의 정치참여를 법적으로나 정치적으로 허용하고 장려해 주어야 한다."고 발언하여, 공선법 제9조 제1항, 제59조, 제87조 및 헌법 제69조를 위반하였다.

다) 2004. 2. 27.자 중앙일보 보도에 의하면 '17대 총선 열린우리당 전략기획B'이라는 문건에는 총선후보 영입을 위해 '당, 정부, 청와대가 함께 참여하는 컨트롤 타워' 구성이 필요하다고 되어 있고, "先당, 中청,後정"이라는 총선 위주의 국정운영 순위를 매겨놓고 있는바, 이는 청와대의 조직적인 선거개입을 확인하는 것으로서 피청구인이 이와 같이 특정 정당의 총선 전략을 지휘한 것은 공선법 제9조 제1항, 제86조 제1항 제2호를 위반한 것이다.

라) 피청구인은 ① 2004. 1. 14. 연두기자회견에서, "개혁을 지지한 사람과 개혁이 불안해 지지하지 않은 사람들이 있어서 갈라졌고, 대선 때 날 지지한 사람들이 열린우리당을 하고 있어 함께 하고 싶다"고 발언하고, ② 2003. 12. 24. 측근들과의 회동에서 "민주당을 찍으면 한나라당을 돕는다."고 발언하여, 공선법 제9조 제1항, 헌법 제8조 제3항, 제11조 제1항을 위반하였다.

마) 피청구인은 국민을 협박하여 특정 정당 지지를 유도하고 총선민심에 영향을 미

치는 언행을 반복함으로써 공선법 제237조 제1항 제3호, 헌법 제10조, 제19조, 제24조를 위반하였다.

2) 헌법기관을 경시한 행위 등

가) 피청구인은 2003. 4. 25. 국회인사청문회의 고영구 국가정보원장 후보자에 대한 부적격 판정을 묵살함으로써 헌법 제66조 제2항, 제69조, 제78조, 국가정보원법 제7조 제1항을 위반하였다.

나) 피청구인은 2003. 5. 8. 대국민 인터넷 서신을 통하여 현직 국회의원들을 '뽑아 버려야 할 잡초'라는 취지로 표현함으로써 헌법 제66조 제2항, 제69조, 국가공무원법 제63조, 형법 제311조를 위반하였다.

다) 피청구인은 2003. 9. 3. 김두관 행정자치부장관 해임건의안 의결을 수용하는 것을 해태하여 거부하는 듯한 자세를 취함으로써 헌법 제63조 제1항, 제66조 제2항, 제69조를 위반하였다.

라) 피청구인은 ① 2004. 3. 4. 청와대 홍보수석을 통하여 선거중립의무의 준수를 요청하는 중앙선거관리위원회의 결정에 대해 유감을 표명하고, ② 같은 날 현행 선거 관련법에 대해 「관권선거시대의 유물」이라고 폄하하고, ③ 같은 달 8. 자신의 공선법 제9조 위반행위를 '경미한 것', '미약하고 모호한 것'이라고 평가절하 함으로써, 헌법 제40조, 제66조 제2항, 제69조를 위반하였다.

마) 피청구인은 2004. 3. 8. 국회의 탄핵 추진에 대하여 '부당한 횡포'라고 발언하여 헌법 제65조 제1항, 제66조 제2항, 제69조를 위반하였다.

바) 피청구인은 2003. 10. 10. 기자회견에서 최도술의 SK비자금 수수 의혹과 관련하여 수사가 끝나면 무엇이든 간에 이 문제를 포함해 그 동안 축적된 국민 불신에 대해서 국민에게 재신임을 묻겠다.」고 발언하고, 같은 달 13. 국회에서 행한 시정연설에서 "국민투표는 법리상 논쟁이 없는 것은 아니지만 정치적 합의가 이뤄지면 현행법으로도 가능할 것", "정책과 결부시키는 방법이 논의되고 있지만 그렇게 안 하는 것이 좋겠고 어떤 조건도 붙이지 않겠다.", "재신임을 받을 경우 연내에 내각과 청와대를 개편하고 국정쇄신을 단행할 계획"이라고 발언하여, 헌법 제66조 제2항, 제69조, 제72

조를 위반하였다.

(나) 권력형 부정부패

1) 썬앤문 관련 불법정치자금 수수 등

가) 피청구인은 2002. 6. 안희정으로 하여금 썬앤문(대표 문병욱)에 대한 감세청탁을 국세청에 하도록 하여 썬앤문의 세금 171억원이 23억원으로 감액되었는바, 이는 형법 제129조 제2항, 특정범죄가중처벌등에관한법률 제3조를 위반한 것이다.

나) 피청구인은 2002. 11. 9. 서울 리츠칼튼호텔 일식당에서 이광재의 주선으로 문병욱과의 조찬자리에 참석하였고, 피청구인이 조찬을 마치고 나간 직후 이광재는 문병욱으로부터 1억원을 수수하였는데, 이는 정치자금에관한법률(이하 '자금법'이라 함) 제30조, 형법 제32조 위반에 해당한다.

다) 피청구인은 2002. 7. 7. 김해관광호텔에서 문병욱으로부터 돈뭉치 2개(1억원 정도로 추정)를 받아 수행비서 여택수에게 건네줌으로써 형법 제129조, 국가공무원법 제61조, 자금법 제30조를 위반하였다.

2) 대선캠프 관련 불법정치자금 수수

노무현 대선캠프의 정대철 공동선거대책위원장은 9억원, 이상수 총무위원장은 7억원, 이재정 유세본부장은 10억원의 불법정치자금을 각각 수수, 이를 노무현 대선캠프에 전달하였는데, 피청구인은 여기에 관여하였으므로 자금법 제30조 위반에 해당한다.

3) 측근비리 연루

가) 최도술과 관련된 비리

최도술은 ① 2002. 5. 장수천과 관련한 피청구인의 채무변제를 위해 새천년민주당 부산지역 선거대책위원회 계좌에 남아있던 지방선거 잔금 중 2억5천만원을 횡령하여 장수천 대표 선봉술에게 전달하였고, ② 2002. 12.부터 2003. 2. 6. 사이에 장수천 채무변제를 위해 불법자금 5억원을 모아 선봉술에게 전달하였으며, ③ 2002. 3.부터 같은 해 4. 사이에 피청구인의 대통령후보 경선자금을 마련하기 위해 차명계좌를 통해 1억원의 불법자금을 수수하였고, ④ 대통령선거 이후 넥센타이어 등에서 2억9,650만원의 불법자금을 수수하였으며, ⑤ 청와대 총무비서관으로 재직하는 동안 삼성 등으로부터 4천7백만원을 수수하였고, ⑥ 대통령선거 직후 SK로부터 11억원 가량의 양도성예금

증서를 받았는바, 이러한 최도술의 행위는 피청구인의 지시나 묵인이 없으면 불가능하므로, 피청구인의 이러한 행위는 국가공무원법 제61조 제1항, 자금법 제30조, 범죄수익은닉의규제및처벌등에관한법률 제3조, 형법 제129조, 제356조, 제31조, 제32조 위반에 해당한다.

나) 안희정과 관련된 비리

① 2002. 8. 29.부터 2003. 2. 사이에 강금원은 이기명 소유의 땅을 위장 매매하는 방식으로 19억원의 불법자금을 제공하였고, ② 안희정은 2002. 9.부터 같은 해 12.까지 7억9천만원의 불법자금을 모아 선봉술 등에게 전달하였으며, ③ 안희정은 대통령후보 경선 당시 5천만원, 대통령선거 당시 삼성으로부터 30억원, 2003. 3.부터 같은 해 8. 사이에 10억원의 불법자금을 수수하였는데, 피청구인은 이를 지시, 방조하였으므로 특정범죄가중처벌등에관한법률 제2조, 국가공무원법 제61조 제1항, 자금법 제30조, 형법 제31조, 제32조를 위반한 것이다.

다) 여택수와 관련된 비리

여택수는 청와대 행정관으로 재직 시 롯데로부터 3억원의 불법자금을 수수하여 그 가운데 2억원을 열린우리당에 창당자금으로 제공하였는데, 피청구인은 여기에 관여하였으므로 국가공무원법 제61조 제1항, 자금법 제30조, 형법 제129조, 제31조, 제32조를 위반한 것이다.

라) 양길승과 관련된 비리

청와대 부속실장이던 양길승은 2003. 6. 조세포탈 등의 혐의로 수사를 받고 있던 이원호로부터 향응을 제공받고 수사무마 청탁 등을 하였다는 혐의로 구속되었다.

4) 정계은퇴 공언

피청구인은 2003. 12. 14. 청와대 정당대표 회동에서 피청구인 측의 불법정치자금 규모가 한나라당의 10분의 1을 넘으면 정계를 은퇴할 것이라고 공언하였고, 2004. 3. 8. 현재 검찰수사 결과 7분의 1 수준에 이르고 있는데도 은퇴공약을 무시함으로써 헌법 제69조, 국가공무원법 제63조, 자금법 제30조를 위반하였다.

(다) 국정파탄

피청구인은 국가원수이자 국정의 최고책임자로서 국민을 통합시키고 국가발전과 경제성장에 모든 역량을 결집시킴으로써 국민의 행복추구권 보장과 복리증진을 위하여 성실히 노력하여야 할 헌법상의 책무를 저버린 채, 성장과 분배간의 정책목표에 일관성이 없고, 노사간의 권리의무관계에 대하여는 뚜렷한 정책방향 없이 흔들려 산업현장의 불확실성을 가중시켰으며, 정책당국자간의 혼선과 이념적 갈등을 야기하여 경제 불안을 가중시켜왔고, 대통령으로서의 모든 권한과 노력을 특정 정당의 총선 승리를 위하여 쏟아 붓는 등 불성실하게 직무를 수행하여 왔으며, "대통령 못 해 먹겠다."는 발언을 하거나 재신임국민투표를 제안하고, 정계은퇴를 공언하는 등으로 무책임하고 경솔한 국정운영을 함으로써 국민을 분열시키고 경제를 파탄에 이르게 하여 헌법 제10조, 제69조를 위반하였다.

나. 심판의 대상

(1) 이 사건 심판의 대상은 대통령이 직무집행에 있어서 헌법이나 법률에 위반했는지의 여부 및 대통령에 대한 파면결정을 선고할 것인지의 여부이다.

(2) 헌법재판소는 사법기관으로서 원칙적으로 탄핵소추기관인 국회의 탄핵소추의 결서에 기재된 소추사유에 의하여 구속을 받는다. 따라서 헌법재판소는 탄핵소추의결서에 기재되지 아니한 소추사유를 판단의 대상으로 삼을 수 없다.

그러나 탄핵소추의결서에서 그 위반을 주장하는 '법규정의 판단'에 관하여 헌법재판소는 원칙적으로 구속을 받지 않으므로, 청구인이 그 위반을 주장한 법규정 외에 다른 관련 법규정에 근거하여 탄핵의 원인이 된 사실관계를 판단할 수 있다. 또한, 헌법재판소는 소추사유의 판단에 있어서 국회의 탄핵소추의결서에서 분류된 소추사유의 체계에 의하여 구속을 받지 않으므로, 소추사유를 어떠한 연관관계에서 법적으로 고려할 것인가의 문제는 전적으로 헌법재판소의 판단에 달려있다.

2. 소추위원의 주장 및 피청구인의 답변 요지

가. 소추위원의 주장요지

(1) 탄핵사유에는 공무원이 직무집행에 있어서 헌법이나 법률조항에 위배된 행위뿐만 아니라 직무집행과 관련된 부도덕이나 정치적 무능력·정책결정상의 과오

도 해당된다. 공무원의 직무집행에 있어서 헌법이나 법률에 위배한 '모든' 행위가 탄핵대상이며 '중대한' 위반행위만이 탄핵대상이 되는 것은 아니다. 가사 탄핵제도의 남용을 방지하기 위하여 '중대한 위반행위'로 제한하는 것이 필요하다고 하더라도, 대통령이 헌법상의 의무를 위반하거나 불성실하게 대통령으로서의 직책을 수행하는 것은 다른 위반행위와 달리 헌법이나 법률에 중대하게 위배된 경우임이 명백하다. 한편 대통령의 취임 전 행위도 탄핵대상이 된다.

(2) 대통령의 직무집행에 있어서의 헌법 또는 법률위반행위가 파면까지 가야 할 중대한 것인지 여부를 판단할 권한은 국민이 직접 선출한 국회에 부여되어 있고, 헌법재판소의 심판범위는 탄핵소추절차의 합헌성·적법성 여부와 탄핵소추된 구체적 위반행위 사실의 존재여부에 한정된다.

(3) 피청구인은 대통령 취임전은 물론 취임 이후에도, 대통령으로서의 자질과 자유민주적 기본질서의 수호의지를 의심케 하고 국론분열을 조장하는 발언 등을 계속 반복적으로 하였다. 또한 수사에 개입하거나 압력을 가함으로써 검찰의 정치적 중립성 및 독립성을 저해하였다. 피청구인은 특정 정당을 위한 불법선거운동을 계속해 왔고 이로 인해 2004. 3. 3. 헌법기관인 중앙선거관리위원회로부터 헌정사상 처음으로 현직 대통령으로서 공선법을 위반했다는 판정과 경고조치를 받았음에도 불구하고 오히려 그 경고를 무시하고 앞으로도 계속해서 선거법에 관계없이 특정정당을 공개 지원하겠다고 하여 법치주의를 정면으로 부정하는 반헌법적인 태도를 보이고 있다.

또한 피청구인은 당선을 전후하여 측근들이 행한 수많은 불법자금수수 및 횡령사건에 직·간접적으로 관여함으로써 정치자금에관한법률 제30조(불법정치자금수수행위 처벌), 형법 제123조(직권남용죄), 제129조(수뢰죄) 등 각종 법률을 위반하였고 일부 측근비리와 관련하여서는 헌법상 불가능한 국민투표에 의한 재신임문제를 주장하였으며, 불법대선자금과 관련하여서는 일정규모가 넘으면 정계를 은퇴하겠다고 공언하였으면서도 이를 이행하지 않음으로써 헌법 제69조(헌법준수의무) 등 헌법과 법률을 위반하였다.

나아가 한 나라의 대통령으로서 무엇보다도 국민통합과 경제발전 및 국민복리의 증진에 힘써야 함에도 이러한 헌법적 책무를 저버린 채 우리 사회내 여러 계층간의 반목과 질시를 조장하는 발언을 하여 국론을 분열시켰으며, '성장과 분배'간 정책목표의 불확실성·정책당국자간 혼선 등으로 경제 불안을 가중시키고, 경기침체 및 대규모 청년실업 등을 초래하여 국민경제와 민생을 도탄에 빠지게 하고 국민에게 IMF 외환위기 때보다 더 극심한 고통과 불행을 안겨줌으로써 헌법 제10조(국민의 행복추구권 보장의무), 제69조(국민복리증진을 위하여 성실히 직책을 수행할 의무)를 위반하였다.

국회는 더 이상 이를 방치할 수 없어 부득이하게 헌법을 수호하고 국민의 행복과 나라의 장래를 위해, 헌법과 법률을 위반한 대통령의 실정에 대하여 현행 헌법상 직접적으로 책임을 추궁하고 견제를 할 수 있는 유일한 수단인 탄핵소추를 의결한 것이다.

나. 피청구인의 답변 요지

(1) 적법요건에 관하여

이 사건에서 국회가 탄핵소추의 사유와 증거가 미비한 상태에서 탄핵소추를 졸속으로 의결하여 대통령의 권한을 정지시키고, 헌법재판소에서 탄핵소추의 사유와 증거를 조사하려고 기도하는 것은 탄핵소추권의 남용이다.

한나라당과 새천년민주당은 탄핵소추안의 의결에 참여하지 않는 소속 국회의원들을 출당시키겠다고 협박하였고, 의결에 참가한 국회의원들은 개표소에 커튼이 드리워지지 않은 상태에서 투표를 하였으며, 일부는 투표함에 넣기 전 기표내역을 소속 정당 총무에게 보여주어 공개투표를 하였다. 또한 국회의장은 대리투표를 하였다.

국회의장은 교섭단체인 열린우리당의 대표의원과 협의절차를 거치지 않고 일방적으로 본회의 개의시각을 오후 2시에서 오전 10시로 변경하였다.

국회의장은 열린우리당 소속 국회의원들이 투표에 응할 것인지 여부에 관하여 신중히 상황판단을 함이 없이 한나라당, 민주당 및 자민련 소속 국회의원들의 투표가 종료되자 서둘러 일방적으로 투표종료를 선언하여 열린우리당 소속 국회의원들의 표결권을 침해하였다.

국회의장은 탄핵소추안 심의과정에서 제안자의 취지 설명 없이 유인물을 배포하고 질의와 토론절차를 생략한 채 표결을 강행함으로써 국회법 제93조를 위반하여 국회의원들의 질의 및 토론권을 침해하였다.

이 사건 탄핵소추의결서에서는 피청구인에 대한 탄핵소추사유가 크게 3가지로 구성되어 있는데, 국회가 3가지의 탄핵소추사유 각각에 대하여 개별적인 질의·토론과 표결절차를 거치지 않고 하나의 안건으로 보아 한 차례의 표결로 탄핵소추안을 가결시킨 것은 국회의원의 심의·표결권을 침해하는 것으로서 헌법에 위반된다.

피청구인은 국회의 탄핵소추절차에서 아무런 고지나 의견제출 기회를 받지 못함으로써 적법절차를 위반하였다.

(2) 본안에 관하여

대통령에 대한 탄핵소추와 심판권의 행사는 권력분립의 원칙에 따른 견제와 균형의 테두리를 벗어나지 않도록 대단히 신중하게 이루어져야 한다. 헌법 제65조 제1항의 '그 직무집행에 있어서 헌법이나 법률을 위배한 때'는 너무 모호하여 어떤 종류의 위법행위를 어떻게 범해야 탄핵할 수 있다는 것인지 분명하지 않다. 헌법의 기본질서와 가치, 그리고 권력기관들을 둘러싼 제도적·현실적 역학관계를 고려할 때, 대통령 탄핵사유는 '헌법적 가치와 기본질서를 침해하였다고 볼 수 있을 정도의 중대하고도 명백한 헌법과 법률 위배'로 한정하는 것이 옳다.

이 사건 탄핵소추는 실질적으로 민주적 정당성을 상실한 국회가 임기만료를 목전에 두고 국민이 위임한 권한의 범위를 넘어 당리당략과 감정만을 앞세워 한 것이며, 탄핵을 할 정도의 실체적 사유가 없는데도 불구하고 신중한 조사와 숙고, 민주적 토론, 국민에 대한 설득과정 등을 거치지 않고 졸속으로 처리되었다.

탄핵소추의 첫째 사유인 '선거법 위반'의 경우, 대통령은 정당가입이 허용되는 정치적 공무원으로서 공선법 제9조의 적용대상이 아니며, 그렇지 않더라도 그 발언내용들은 공선법에 위반된다고 보기 어렵다.

둘째 소추사유인 '측근비리'는 상당수가 취임전의 일이며 대통령은 이를 교사하거나 방조하는 등 가담한 일이 없고 그러한 사실이 밝혀진 바도 없어 탄핵요건에 해당되지 않는다.

셋째 소추사유인 이른바 '국정파탄' 부분은 사실과 다를 뿐 아니라, 사실이라 하더라도 대통령의 정치적 무능력이나 정책결정상 잘못은 탄핵사유가 되지 않는다.

3. 탄핵소추의 적법여부에 관한 판단

가. 국회의 의사절차 자율권

국회는 국민의 대표기관이자 입법기관으로서 의사(議事)와 내부규율 등 국회운영에 관하여 폭넓은 자율권을 가지므로 국회의 의사절차나 입법절차에 헌법이나 법률의 규정을 명백히 위반한 흠이 있는 경우가 아닌 한, 그 자율권은 권력분립의 원칙이나 국회의 위상과 기능에 비추어 존중되어야 하며, 따라서 그 자율권의 범위 내에 속하는 사항에 관한 국회의 판단에 대하여 다른 국가기관이 개입하여 그 정당성을 가리는 것은 바람직하지 않고, 헌법재판소도 그 예외는 아니다(헌재 1998. 7. 14. 98헌라3,

판례집 10-2, 74, 83).

또한, 국회의장은 국회법 제10조에 의거 원칙적으로 의사진행에 관한 전반적이고 포괄적인 권한과 책임이 부여되어 있으므로, 본회의의 의사절차에 다툼이 있거나 정상적인 의사진행이 불가능한 경우에 의사진행과 의사결정에 대한 방법을 선택하는 문제는 국회의장이 자율적으로 결정하여야 할 사항으로서, 이러한 국회의장의 의사진행권은 넓게 보아 국회자율권의 일종으로서 그 재량의 한계를 현저하게 벗어난 것이 아닌 한 존중되어야 하므로 헌법재판소도 이에 관여할 수 없는 것이 원칙이다(헌재 2000. 2. 24. 99헌라1, 판례집 12-1, 115, 128).

나. 국회에서의 충분한 조사 및 심사가 결여되었다는 주장에 관하여

피청구인은 국회가 대통령에 대한 탄핵소추를 하려면 소추의 사유와 그 증거를 충분히 조사하여 헌법재판소가 즉시 탄핵심판의 당부를 판단할 수 있을 정도로 소추사유와 증거를 명백하게 밝혀야 한다고 주장한다. 물론, 국회가 탄핵소추를 하기 전에 소추사유에 관하여 충분한 조사를 하는 것이 바람직하나, 국회법 제130조 제1항에 의하면 "탄핵소추의 발의가 있은 때에는 …본회의는 의결로 법제사법위원회에 회부하여 조사하게 할 수 있다."고 하여, 조사의 여부를 국회의 재량으로 규정하고 있으므로, 이 사건에서 국회가 별도의 조사를 하지 않았다 하더라도 헌법이나 법률을 위반하였다고 할 수 없다.

다. 투표의 강제, 투표내역의 공개, 국회의장의 대리투표가 이루어졌다는 주장에 관하여

(1) 한나라당과 민주당이 "탄핵소추안의 의결에 참여하지 않는 소속 국회의원들을 출당시키겠다."고 공언하였다 하더라도, 그것이 오늘날의 정당민주주의 하에서 허용되는 국회의원의 정당기속의 범위를 넘어 국회의원의 양심에 따른 표결권행사(헌법 제46조 제2항, 국회법 제114조의2)를 실질적으로 방해할 정도의 압력 또는 협박이었다고 볼 수 없다.

(2) 개표소의 가림막이 내려지지 않은 채 투표를 하였다든지, 일부 국회의원들이 기표내역을 소속 정당의 총무에게 보여 주었다든지 한 것이 사실이라 하더라도 그로 인하여 국회 표결의 효력에 어떤 영향을 미치는지는 의사절차에 관한 자율권을 가진 국회의 판단을 존중할 사항이라 할 것인데, 국회의장이 투표의 유효성을 인정하여 탄

핵소추안의 가결을 선포하였고, 달리 이에 관하여 헌법이나 법률을 명백히 위반한 흠이 있다고 볼 뚜렷한 근거나 자료가 없으므로 헌법재판소로서는 그러한 사유만으로 이 사건 탄핵소추안에 대한 투표 및 가결의 효력을 부인할 수 없다.

(3) 국회의장의 대리투표 주장에 관하여 보건대, 대리투표라 함은 '본인이 기표를 하지 않고 제3자로 하여금 대신하여 투표용지에 기표하도록 하는 것'을 말하는 것이나, 국회의장이 국회의 관례에 따라 의장석에서 투표용지에 직접 기표를 하고 기표내용을 다른 사람들이 알지 못하도록 투표용지를 접은 후 의사직원에게 전달하여 그로 하여금 투표함에 넣게 한 사실이 인정될 뿐이므로, 대리투표에 해당하지 않는다.

라. 본회의 개의시각이 무단 변경되었다는 주장에 관하여

국회법은 개의시각과 관련하여 제72조에서 "본회의는 오후 2시(토요일은 오전 10시)에 개의한다. 다만 의장은 각 교섭단체 대표의원과 협의하여 그 개의시를 변경할 수 있다."고 하여 개의시각을 변경하는 경우에는 각 교섭단체 대표의원과 협의하도록 규정하고 있다.

여기서 '협의'는 의견을 교환하고 수렴하는 절차라는 그 성질상 다양한 방식으로 이루어질 수 있으며, 그에 대한 판단과 결정은 종국적으로 국회의장에게 맡겨져 있다고 할 것인바, 이 사건의 경우 2004. 3. 12.이 지나면 시한의 경과로 탄핵소추안이 폐기됨에도 불구하고 열린우리당 소속 국회의원들의 계속된 본회의장 점거로 인하여 국회법에 따른 정상적인 의사진행을 기대하기 어려웠던 점, 2004. 3. 12. 11시 22분경 개의된 본회의에 열린우리당 소속 국회의원들을 비롯하여 대다수의 국회의원들이 회의장에 출석하고 있었던 점 등을 고려해 보면, 설사 열린우리당의 대표의원과 국회의장이 직접 협의하지 않았다 하더라도 그 점만으로 국회법 제72조에 명백히 위반된 흠이 있다거나, 열린우리당 소속 국회의원들의 심의·표결권이 침해되었다고 보기 어렵다.

마. 투표의 일방적 종료가 선언되었다는 주장에 관하여

피청구인은 열린우리당 소속 국회의원들이 투표에 응할 것인지 여부를 무시한 채 국회의장이 일방적으로 투표종료를 선언하였다고 주장하나, 2004. 3. 12. 국회 본회의 회의록에 의하면 당시 의장이 2, 3 차례에 걸쳐 투표를 하지 아니한 국회의원들에게 투표를 할 것을 촉구하면서, 투표를 더 이상 안 하면 투표를 종료할 것이라고 선언한 사실이 인정된다. 그렇다면 의장이 일방적으로 투표를 종료하여 열린우리당 소속 의원들의 투표권 행사를 방해한 것이라 볼 수 없다.

바. 질의 및 토론절차가 생략되었다는 주장에 관하여

피청구인은 국회의장이 이 사건 탄핵소추안 심의과정에서 국회법 제93조에 위반하여 제안자의 취지 설명 없이 유인물을 배포하고 질의와 토론절차를 생략한 채 표결을 강행함으로써 국회의원들의 질의·토론권을 침해하였다고 주장한다.

국회법 제93조는 '위원회의 심의를 거치지 아니한 안건에 대해서는 제안자가 그 취지를 설명하도록' 규정하고 있으나, 위 국회 회의록에 의하면 이 사건 탄핵소추안 심의과정에서는 제안자의 취지 설명을 '서면'으로 대체한 사실이 인정되는데, 이러한 방식이 잘못되었다고 볼만한 법적 근거가 없다.

다음으로 질의 및 토론절차를 생략한 것에 관하여 본다. 국회법 제93조는 '본회의는 안건을 심의함에 있어서 질의·토론을 거쳐 표결할 것'을 규정하고 있으므로 탄핵소추의 중대성에 비추어 국회 내의 충분한 질의와 토론을 거치는 것이 바람직하다. 그러나 법제사법위원회에 회부되지 않은 탄핵소추안에 대하여 "본회의에 보고된 때로부터 24시간 이후 72시간 이내에 탄핵소추의 여부를 무기명투표로 표결한다."고 규정하고 있는 국회법 제130조 제2항을 탄핵소추에 관한 특별규정인 것으로 보아, '탄핵소추의 경우에는 질의와 토론 없이 표결할 것을 규정한 것'으로 해석할 여지가 있기 때문에, 국회의 자율권과 법해석을 존중한다면, 이러한 법해석이 자의적이거나 잘못되었다고 볼 수 없다.

사. 탄핵소추사유별로 의결하지 않았다는 주장에 관하여

탄핵소추의결은 개별 사유별로 이루어지는 것이 국회의원들의 표결권을 제대로 보장하기 위해서 바람직하나, 우리 국회법상 이에 대한 명문 규정이 없으며, 다만 제110조는 국회의장에게 표결할 안건의 제목을 선포하도록 규정하고 있을 뿐이다. 이 조항에 따르면 탄핵소추안의 안건의 제목을 어떻게 잡는가에 따라 표결범위가 달라질 수 있으므로, 여러 소추사유들을 하나의 안건으로 표결할 것인지 여부는 기본적으로 표결할 안건의 제목설정권을 가진 국회의장에게 달려있다고 판단된다. 그렇다면 이 부분 피청구인의 주장은 이유가 없다고 할 것이다.

아. 적법절차원칙에 위배되었다는 주장에 관하여

피청구인은 이 사건 탄핵소추를 함에 있어서 피청구인에게 혐의사실을 정식으로 고지하지도 않았고 의견 제출의 기회도 부여하지 않았으므로 적법절차원칙에 위반된다고 주장한다.

여기서 피청구인이 주장하는 적법절차원칙이란, 국가공권력이 국민에 대하여 불이익한 결정을 하기에 앞서 국민은 자신의 견해를 진술할 기회를 가짐으로써 절차의 진행과 그 결과에 영향을 미칠 수 있어야 한다는 법원리를 말한다. 국민은 국가공권력의 단순한 대상이 아니라 절차의 주체로서, 자신의 권리와 관계되는 결정에 앞서서 자신의 견해를 진술할 수 있어야만 객관적이고 공정한 절차가 보장될 수 있고 당사자 간의 절차적 지위의 대등성이 실현될 수 있다는 것이다.

그런데 이 사건의 경우, 국회의 탄핵소추절차는 국회와 대통령이라는 헌법기관 사이의 문제이고, 국회의 탄핵소추의결에 의하여 사인으로서의 대통령의 기본권이 침해되는 것이 아니라, 국가기관으로서의 대통령의 권한행사가 정지되는 것이다. 따라서 국가기관이 국민과의 관계에서 공권력을 행사함에 있어서 준수해야 할 법원칙으로서 형성된 적법절차의 원칙을 국가기관에 대하여 헌법을 수호하고자 하는 탄핵소추절차에는 직접 적용할 수 없다고 할 것이고, 그 외 달리 탄핵소추절차와 관련하여 피소추인에게 의견진술의 기회를 부여할 것을 요청하는 명문의 규정도 없으므로, 국회의 탄핵소추절차가 적법절차원칙에 위배되었다는 주장은 이유 없다.

4. 헌법 제65조의 탄핵심판절차의 본질 및 탄핵사유

가. 탄핵심판절차는 행정부와 사법부의 고위공직자에 의한 헌법침해로부터 헌법을 수호하고 유지하기 위한 제도이다.

헌법 제65조는 행정부와 사법부의 고위공직자에 의한 헌법위반이나 법률위반에 대하여 탄핵소추의 가능성을 규정함으로써, 그들에 의한 헌법위반을 경고하고 사전에 방지하는 기능을 하며, 국민에 의하여 국가권력을 위임받은 국가기관이 그 권한을 남용하여 헌법이나 법률에 위반하는 경우에는 다시 그 권한을 박탈하는 기능을 한다. 즉, 공직자가 직무수행에 있어서 헌법에 위반한 경우 그에 대한 법적 책임을 추궁함으로써, 헌법의 규범력을 확보하고자 하는 것이 바로 탄핵심판절차의 목적과 기능인 것이다.

헌법 제65조는 대통령도 탄핵대상 공무원에 포함시킴으로써, 비록 국민에 의하여 선출되어 직접적으로 민주적 정당성을 부여받은 대통령이라 하더라도 헌법질서의 수호를 위해서는 파면될 수 있으며, 파면결정으로 인하여 발생하는 상당한 정치적 혼란조차도 국가공동체가 자유민주적 기본질서를 수호하기 위하여 불가피하게 치러야 하는 민주주의 비용으로 간주하는 결연한 자세를 보이고 있다. 대통령에 대한 탄핵제도는 누구든지 법 아래에 있고, 아무리 강한 국가권력의 소유자라도 법 위에 있지 않다는 법의 지배 내지 법치국가원리를 구현하고자 하는 것이다.

우리 헌법은 헌법수호절차로서의 탄핵심판절차의 기능을 이행하도록 하기 위하여, 제65조에서 탄핵소추의 사유를 '헌법이나 법률에 대한 위배'로 명시하고 헌법재판소가 탄핵심판을 관장하게 함으로써 탄핵절차를 정치적 심판절차가 아니라 규범적 심판절차로 규정하였고, 이에 따라 탄핵제도의 목적이 '정치적 이유가 아니라 법위반을 이유로 하는' 대통령의 파면임을 밝히고 있다.

나. 헌법은 제65조 제1항에서 "대통령…이 그 직무집행에 있어서 헌법이나 법률에 위배한 때에는 국회는 탄핵의 소추를 의결할 수 있다."고 하여 탄핵사유를 규정하고 있다.

(1) 모든 국가기관은 헌법의 구속을 받으며, 특히 입법자는 입법작용에 있어서 헌법을 준수해야 하고, 행정부와 사법부는 각 헌법상 부여받은 국가권력을 행사함에 있어서 헌법과 법률의 구속을 받는다. 헌법 제65조는 행정부와 사법부의 국가기관이 헌법과 법률의 구속을 받는다는 것을 다시 한 번 강조하면서, 바로 이러한 이유에서 탄핵사유를 헌법위반에 제한하지 아니하고 헌법과 법률에 대한 위반으로 규정하고 있다. 행정부·사법부가 입법자에 의하여 제정된 법률을 준수하는가의 문제는 헌법상의 권력분립원칙을 비롯하여 법치국가원칙을 준수하는지의 문제와 직결되기 때문에, 행정부와 사법부에 의한 법률의 준수는 곧 헌법질서에 대한 준수를 의미하는 것이다.

(2) 여기서 헌법 제65조에 규정된 탄핵사유를 구체적으로 살펴보면, '직무집행에 있어서'의 '직무'란, 법제상 소관 직무에 속하는 고유 업무 및 통념상 이와 관련된 업무를 말한다. 따라서 직무상의 행위란, 법령·조례 또는 행정관행·관례에 의하여 그 지위의 성질상 필요로 하거나 수반되는 모든 행위나 활동을 의미한다. 이에 따라 대통령의 직무상 행위는 법령에 근거한 행위뿐만 아니라, '대통령의 지

위에서 국정수행과 관련하여 행하는 모든 행위'를 포괄하는 개념으로서, 예컨대 각종 단체·산업현장 등 방문행위, 준공식·공식만찬 등 각종 행사에 참석하는 행위, 대통령이 국민의 이해를 구하고 국가정책을 효율적으로 수행하기 위하여 방송에 출연하여 정부의 정책을 설명하는 행위, 기자회견에 응하는 행위 등을 모두 포함한다.

헌법은 탄핵사유를 "헌법이나 법률에 위배한 때"로 규정하고 있는데, '헌법'에는 명문의 헌법규정뿐만 아니라 헌법재판소의 결정에 의하여 형성되어 확립된 불문헌법도 포함된다. '법률'이란 단지 형식적 의미의 법률 및 그와 등등한 효력을 가지는 국제조약, 일반적으로 승인된 국제법규 등을 의미한다.

5. 피청구인이 직무집행에 있어서 헌법이나 법률에 위반했는지의 여부

헌법재판소법 제53조 제1항은 "탄핵심판청구가 이유 있는 때에는 헌법재판소는 피청구인을 당해 공직에서 파면하는 결정을 선고한다."고 규정하고 있으므로, 대통령에 대한 파면결정을 선고할 것인가를 판단하기 위해서는 우선, 헌법이 규정하는 탄핵사유가 존재하는지, 즉, '대통령이 그 직무집행에 있어서 헌법이나 법률에 위배했는지'를 살펴보아야 한다. 아래에서는 국회 탄핵소추의결서에 기재된 소추사유를 유형별로 나누어 헌법이나 법률의 위반 여부를 살펴보기로 한다.

가. 기자회견에서 특정정당을 지지한 행위(2004. 2. 18. 경인지역 6개 언론사와의 기자회견, 2004. 2. 24. 한국방송기자클럽 초청 기자회견에서의 발언)

대통령이 2004. 2. 18. 청와대에서 가진 경인지역 6개 언론사와의 기자회견에서 "… 개헌저지선까지 무너지면 그 뒤에 어떤 일이 생길지는 저도 정말 말씀드릴 수가 없다."고 발언하였고, 2004. 2. 24. 전국에 중계된 한국방송기자클럽 초청 대통령 기자회견에서, '정동영 의장은 100석 정도를 목표로 제시했는데 기대와 달리 소수당으로 남게 된다면 어떻게 정국을 운영할 것인지' 등 총선전망을 묻는 기자의 질문에 대하여, "국민들이 압도적으로 지지를 해 주실 것으로 기대한다.", "대통령이 뭘 잘 해서 열린우리당에 표를 줄 수 있는 길이 있으면, 정말 합법적인 모든 것을 다하고 싶다.", "대통령을 노무현 뽑았으면 나머지 4년 일 제대로 하게 해 줄 거냐 아니면 흔들어서 못견뎌서 내려오게 할 거냐라는 선택을 우리 국민들이 분명히 해 주실 것이다."는 등의 발언을 한 사실이 인정된다.

한편, 소추의결서에 기재되지 아니한 새로운 사실을 탄핵심판절차에서 소추위원이 임의로 추가하는 것은 허용되지 아니한다. 2004. 3. 11. 대통령의 '총선과 재신임의 연계발언' 부분은 국회 탄핵소추의결서에 적시되지 않은 사실로서 국회의 탄핵의결 이후 소추의원 의견서에 추가된 소추사유이므로, 판단의 대상으로 삼지 않기로 한다.

(1) 선거에서의 공무원의 정치적 중립의무

선거에서의 공무원의 정치적 중립의무는 공무원의 지위를 규정하는 헌법 제7조 제1항, 자유선거원칙을 규정하는 헌법 제41조 제1항 및 제67조 제1항 및 정당의 기회균등을 보장하는 헌법 제116조 제1항으로부터 나오는 헌법적 요청이다.

(가) 헌법 제7조 제1항은 "공무원은 국민 전체에 대한 봉사자이며, 국민에 대하여 책임을 진다."고 하여, 공무원은 특정 정당이나 집단의 이익이 아니라 국민 전체의 복리를 위하여 직무를 행한다는 것을 규정하고 있다. 국민 전체에 대한 봉사자로서의 국가기관의 지위와 책임은 선거의 영역에서는 '선거에서의 국가기관의 중립의무'를 통하여 구체화된다. 국가기관은 모든 국민에 대하여 봉사해야 하며, 이에 따라 정당이나 정치적 세력간의 경쟁에서 중립적으로 행동해야 한다. 그러므로 국가기관이 자신을 특정 정당이나 후보자와 동일시하고 공직에 부여된 영향력과 권위를 사용하여 선거운동에서 특정 정당이나 후보자의 편에 섬으로써 정치적 세력간의 자유경쟁관계에 영향력을 행사해서는 안 된다는 것은 곧 헌법 제7조 제1항의 요청인 것이다.

(나) 헌법 제41조 제1항 및 제67조 제1항은 각 국회의원선거 및 대통령선거와 관련하여 선거의 원칙을 규정하면서 자유선거원칙을 명시적으로 언급하고 있지 않으나, 선거가 국민의 정치적 의사를 제대로 반영하기 위해서는, 유권자가 자유롭고 개방적인 의사형성과정에서 외부로부터의 부당한 영향력의 행사 없이 자신의 판단을 형성하고 결정을 내릴 수 있어야 한다. 따라서 자유선거원칙은 선출된 국가기관에 민주적 정당성을 부여하기 위한 기본적 전제조건으로서 선거의 기본원칙에 포함되는 것이다.

자유선거원칙이란, 유권자의 투표행위가 국가나 사회로부터의 강제나 부당한 압력의 행사 없이 이루어져야 한다는 것뿐만 아니라, 유권자가 자유롭고 공개적인 의사형성과정에서 자신의 판단과 결정을 내릴 수 있어야 한다는 것을 의미한다. 이러한 자유선거원칙은 국가기관에 대해서는, 특정 정당이나 후보자와 일체감을 가지고 선거에서 국가기관의 지위에서 그들을 지지하거나 반대하는 것을 금지하는 '공무원의 중립의무'를 의미한다.

(다) 선거에 있어서 공무원의 중립의무는 정당의 기회균등의 관점에서도 헌법적으

로 요청된다. 정당의 기회균등의 원칙은 정당설립의 자유와 복수정당제를 보장하는 헌법 제8조 제1항 및 평등원칙을 규정한 헌법 제11조의 연관관계에서 도출되는 헌법적 원칙이며, 특히 헌법 제116조 제1항은 "선거운동은⋯균등한 기회가 보장되어야 한다."고 규정하여 선거운동과 관련하여 '정당의 기회균등의 원칙'을 구체화하고 있다. 정당의 기회균등의 원칙은 국가기관에 대하여 선거에서의 정당간의 경쟁에서 중립적으로 행동할 것을 요청하므로, 국가기관이 특정 정당이나 후보자에게 유리하게 또는 불리하게 선거운동에 영향을 미치는 행위를 금지한다.

(2) 공선법 제9조(공무원의 중립의무 등)의 위반 여부

공선법은 제9조에서 "공무원 기타 정치적 중립을 지켜야 하는 자는 선거에 대한 부당한 영향력의 행사 기타 선거결과에 영향을 미치는 행위를 하여서는 아니 된다."고 하여 '선거에서의 공무원의 중립의무'를 규정하고 있다.

(가) 대통령이 공선법 제9조의 '공무원'에 해당하는지의 문제

공선법 제9조의 '공무원 기타 정치적 중립을 지켜야 하는 자'에 대통령과 같은 정무직 공무원도 포함되는지의 문제가 제기된다.

1) 공선법 제9조는 헌법 제7조 제1항(국민 전체에 대한 봉사자로서의 공무원의 지위), 헌법 제41조, 제67조(자유선거원칙) 및 헌법 제116조(정당의 기회균등의 원칙)로부터 도출되는 헌법적 요청인 '선거에서의 공무원의 중립의무'를 구체화하고 실현하는 법규정이다. 따라서 공선법 제9조의 '공무원'이란, 위 헌법적 요청을 실현하기 위하여 선거에서의 중립의무가 부과되어야 하는 모든 공무원 즉, 구체적으로 '자유선거원칙'과 '선거에서의 정당의 기회균등'을 위협할 수 있는 모든 공무원을 의미한다. 그런데 사실상 모든 공무원이 그 직무의 행사를 통하여 선거에 부당한 영향력을 행사할 수 있는 지위에 있으므로, 여기서의 공무원이란 원칙적으로 국가와 지방자치단체의 모든 공무원 즉, 좁은 의미의 직업공무원은 물론이고, 적극적인 정치활동을 통하여 국가에 봉사하는 정치적 공무원(예컨대, 대통령, 국무총리, 국무위원, 도지사, 시장, 군수, 구청장 등 지방자치단체의 장)을 포함한다.

특히 직무의 기능이나 영향력을 이용하여 선거에서 국민의 자유로운 의사형성과정에 영향을 미치고 정당간의 경쟁관계를 왜곡할 가능성은 정부나 지방자치단체의 집행기관에 있어서 더욱 크다고 판단되므로, 대통령, 지방자치단체의 장 등에게는 다른 공무원보다도 선거에서의 정치적 중립성이 특히 요구된다.

2) 공선법 제9조에서 공무원에 대하여 선거에서의 중립의무를 요구한 것은 헌법상 자유선거원칙의 요청, 정당의 기회균등의 원칙 및 헌법 제7조 제1항에 헌법적 근거를 둔 '선거에서의 공무원의 중립의무'를 선거법의 영역에서 공무원에 대하여 단지 구체화한 조항으로서, 선거에서의 정치적 중립의무가 요구될 수 없는 국회의원과 지방의회의원을 제외하는 것으로 해석하는 한, 헌법적으로 아무런 하자가 없다.

정당의 대표자이자 선거운동의 주체로서의 지위로 말미암아, 선거에서의 정치적 중립성이 요구될 수 없는 국회의원과 지방의회의원은 공선법 제9조의 '공무원'에 해당하지 않는다. 국가기관에게 선거에서의 중립의무가 부과되는 것은, 정당이 선거에서 공정하게 경쟁할 수 있는 '자유경쟁의 장'을 마련하기 위한 것이다. 국가의 중립의무에 의하여 보장된 '정당간의 자유경쟁'에서 국회의원은 정당의 대표자로서 선거운동의 주역으로 활동하게 되는 것이다. 즉, 국가기관은 선거를 실시하고 공명선거를 보장해야 할 기관으로서 선거에 영향을 미쳐서는 안 되는 반면, 정당은 선거에 영향을 미치는 것을 그 과제로 하고 있는 것이다.

3) 공선법 제9조의 '공무원'의 의미를 공선법상의 다른 규정 또는 다른 법률과의 연관관계에서 체계적으로 살펴보더라도, 공선법에서의 '공무원'의 개념은 국회의원 및 지방의회의원을 제외한 모든 정무직 공무원을 포함하는 것으로 해석된다. 예컨대, 공무원을 원칙적으로 선거운동을 할 수 없는 자로 규정하는 공선법 제60조 제1항 제4호, 공무원의 선거에 영향을 미치는 행위를 금지하는 공선법 제86조 제1항 등의 규정들에서 모두 정무직 공무원을 포함하는 포괄적인 개념으로 사용하고 있다. 뿐만 아니라, 국가공무원법(제2조 등), 정당법(제6조 등) 등 다른 법률들에서도 '공무원'이란 용어를 모두 정무직 공무원을 포함하는 포괄적인 의미로 사용하고 있음을 확인할 수 있다.

4) 따라서 선거에 있어서의 정치적 중립성은 행정부와 사법부의 모든 공직자에게 해당하는 공무원의 기본적 의무이다. 더욱이 대통령은 행정부의 수반으로서 공정한 선거가 실시될 수 있도록 총괄·감독해야 할 의무가 있으므로, 당연히 선거에서의 중립의무를 지는 공직자에 해당하는 것이고, 이로써 공선법 제9조의 '공무원'에 포함된다.

(나) '정치적 헌법기관'으로서의 대통령과 '선거에서의 정치적 중립의무'

대통령이 '정치적 헌법기관이라는 점'과 '선거에 있어서 정치적 중립성을 유지해야 한다는 점'은 서로 별개의 문제로서 구분되어야 한다.

대통령은 통상 정당의 당원으로서 정당의 추천과 지지를 받아 선거운동을 하고 대통령으로 선출된다. 그러므로 대통령은 선출된 후에도 일반적으로 정당의 당원으로 남게 되고, 특정 정당과의 관계를 그대로 유지하게 된다. 현행 법률도 정당의 당원이 될 수 없는 일반 직업공무원과는 달리, 대통령에게는 당원의 자격을 유지할 수 있도록 규정하여(정당법 제6조 제1호) 정당활동을 허용하고 있다.

그러나 대통령은 여당의 정책을 집행하는 기관이 아니라, 행정권을 총괄하는 행정부의 수반으로서 공익실현의 의무가 있는 헌법기관이다. 대통령은 지난 선거에서 자신을 지지한 국민 일부나 정치적 세력의 대통령이 아니라, 국가로서 조직된 공동체의 대통령이고 국민 모두의 대통령이다. 대통령은 자신을 지지하는 국민의 범위를 초월하여 국민 전체에 대하여 봉사함으로써 사회공동체를 통합시켜야 할 책무를 지고 있는 것이다. 국민 전체에 대한 봉사자로서의 대통령의 지위는 선거와 관련하여 공정한 선거관리의 총책임자로서의 지위로 구체화되고, 이에 따라 공선법은 대통령의 선거운동을 허용하고 있지 않다(공선법 제60조 제1항 제4호).

따라서 대통령이 정당의 추천과 지원을 통하여 선거에 의하여 선출되는 정무직 공무원이라는 사실, 대통령에게 정치활동과 정당활동이 허용되어 있다는 사실도 선거에서의 대통령의 정당정치적 중립의무를 부인하는 논거가 될 수 없는 것이다.

(다) 선거에서의 대통령의 '정치적 중립의무'와 '정치적 의견표명의 자유'

모든 공직자는 선거에서의 정치적 중립의무를 부과 받고 있으며, 다른 한편으로는 동시에 국가에 대하여 자신의 기본권을 주장할 수 있는 국민이자 기본권의 주체이다. 마찬가지로, 대통령의 경우에도 소속정당을 위하여 정당활동을 할 수 있는 사인으로서의 지위와 국민 모두에 대한 봉사자로서 공익실현의 의무가 있는 헌법기관으로서의 대통령의 지위는 개념적으로 구분되어야 한다.

대통령이 선거에 있어서 정치적 중립성을 유지해야 한다는 요청은 대통령의 정치활동의 금지나 정당정치적 무관심을 요구하는 것이 아니다. 정당활동이 금지되어 있는 다른 공무원과는 달리, 대통령은 정당의 당원이나 간부로서, 정당 내부의 의사결정 과정에 관여하고 통상적인 정당 활동을 할 수 있으며, 뿐만 아니라 전당대회에 참석하여 정치적 의견표명을 할 수 있고 자신이 소속된 정당에 대한 지지를 표명할 수 있다. 다만, 대통령이 정치인으로서 표현의 자유를 행사하는 경우에도, 대통령직의 중요성과 자신의 언행의 정치적 파장에 비추어 그에 상응하는 절제와 자제를 하여야 하며, 국민의 시각에서 볼 때, 직무 외에 정치적으로 활동하는 대통령이 더 이상 자신의 직무를 공정하게 수행할 수 없으리라는 인상을 주어서는 안 된다. 더욱이, 대통령의 절대적인 지명도로 말미암아 그의 '사인으로서의 기본권행사'와 '직무범위 내에서의 활동'의 구분이 불명확하므로, 대통령이 사인으로서의 표현의 자유를 행사하고 정당활동을 하는 경우에도 그에게 부과된 대통령직의 원활한 수행과 기능유지 즉, 국민 전체에 대한 봉사자라는 헌법 제7조 제1항의 요청에 부합될 수 있도록 해야 한다.

따라서, 대통령은 국가의 원수 및 행정부 수반으로서의 지위에서 직무를 수행하는 때에는 원칙적으로 정당정치적 의견표명을 삼가야 하며, 나아가, 대통령이 정당인이나 정치인으로서가 아니라 국가기관인 대통령의 신분에서 선거관련 발언을 하는 경우에는 선거에서의 정치적 중립의무의 구속을 받는다.

(라) 공선법 제9조의 위반행위

공선법 제9조는 "공무원은 선거에 대한 부당한 영향력의 행사 기타 선거결과에 영향을 미치는 행위를 하여서는 아니 된다."고 하여, 선거에서의 공무원의 중립의무를 실현하기 위하여 금지되어야 할 행위를 규정하고 있다. 구체적으로, 공선법 제9조는 '선거결과에 영향을 미치는 행위'를 위반행위로 규정하면서, 이에 대한 대표적인 예시로서 '선거에 대한 부당한 영향력의 행사'를 언급하고 있다.

따라서 대통령이 선거에서의 중립의무를 위반했는지의 여부는 무엇보다도 '선거에 대한 부당한 영향력의 행사'의 여부에 있다고 하겠고, 공직자가 공직상 부여되는 정치적 비중과 영향력을 국민 또는 주민 모두에 대하여 봉사하고 책임을 지는 그의 과제와 부합하지 않는 방법으로 사용하여 선거에 영향을 미친다면, 이는 선거에서 공무원에게 허용되는 정치적 활동의 한계를 넘은 것으로 선거에 부당한 영향력을 행사하는 것으로 보아야 한다.

따라서 공무원이 공직자의 지위에서 행동하면서 공직이 부여하는 영향력을 이용하였다면, 선거에 대한 부당한 영향력의 행사를 인정할 수 있는 것이고, 이로써 선거에서의 중립의무에 위반한 것이다.

(마) 대통령의 발언이 공무원의 정치적 중립의무에 위반되는지의 여부

대통령의 발언이 공선법 제9조를 위반했는지의 여부는 발언의 구체적 내용, 그 시기, 빈도수, 구체적 상황 등을 종합적으로 고려할 때, '대통령이 발언을 통하여 공직상 부여되는 정치적 비중과 영향력을 국민 모두에 대하여 봉사하는 그의 지위와 부합하지 않는 방법으로 사용함으로써 선거에 영향을 미쳤는지'의 판단에 달려있다.

1) 여기서 문제되는 기자회견에서의 대통령의 발언은 공직자의 신분으로서 직무수행의 범위 내에서 또는 직무수행과 관련하여 이루어진 것으로 보아야 한다. 위 기자회견들은 대통령이 사인이나 정치인으로서가 아니라 대통령의 신분으로서 가진 것이며, 대통령은 이 과정에서 대통령의 지위가 부여하는 정치적 비중과 영향력을 이용하여 특정 정당을 지지하는 발언을 한 것이다. 따라서 위 기자회견에서의 대통령의 발언은 헌법 제65조 제1항의 의미에서의 '그 직무집행에 있어서' 한 행위에 해당한다.

2) 국회의원선거의 경우, 4년이란 임기 중에 드러난 국회의원, 정당, 교섭단체의 전반적인 의정활동이 다음 선거에서 유권자의 판단자료로서의 중요한 의미를 가지게 된다. 특히 공선법에 규정된 본격적인 선거운동기간 중에는, 정당, 교섭단체, 후보자들은 합법적인 모든 수단을 동원하여 자신의 정책과 정치적 구상 등을 유권자에게 제시하고 경쟁정당이나 경쟁후보자의 정책을 비판하는 방법 등으로 유권자의 신임과 표를 얻기 위한 치열한 경쟁을 벌이게 된다.

그런데 대통령이 특정 정당을 일방적으로 지지하는 발언을 함으로써 국민의 의사형성과정에 영향을 미친다면, 정당과 후보자들에 대한 정당한 평가를 기초로 하는 국민의 자유로운 의사형성과정에 개입하여 이를 왜곡시키는 것이며, 동시에 지난 수년간 국민의 신뢰를 얻기 위하여 꾸준히 지속해 온 정당과 후보자의 정치적 활동의 의미를 반감시킴으로써 의회민주주의를 크게 훼손시키는 것이다. 민주주의국가에서 선거운동은, 정권을 획득하려는 다수의 정당과 후보자가 그 간의 정치적 활동과 업적을 강조하고 자신이 추구하는 정책의 타당성을 설득함으로써 유권자의 표를 구하는 자유롭고 공개적인 경쟁인데, 정책과 정치적 활동에 대한 평가를 통하여 유권자의 표를 얻으려는 정당간의 자유경쟁관계는 대통령의 특정 정당을 지지하는 편파적 개입에 의하여 크게 왜곡되는 것이다.

그런데 이 부분 대통령의 발언은 그 직무집행에 있어서 반복하여 특정 정당에 대한 자신의 지지를 적극적으로 표명하고, 나아가 국민들에게 직접 그 정당에 대한 지지를 호소하는 내용이라 할 수 있다. 따라서 대통령이 위와 같은 발언을 통하여 특정 정당과 일체감을 가지고 자신의 직위에 부여되는 정치적 비중과 영향력을 특정 정당에게 유리하게 사용한 것은, 국가기관으로서의 지위를 이용하여 국민 모두에 대한 봉사자로서의 그의 과제와 부합하지 않는 방법으로 선거에 영향력을 행사한 것이고, 이로써 선거에서의 중립의무를 위반하였다.

3) 선거에 대한 영향력 행사가 인정될 수 있는지의 판단은 또한 특정 정당을 지지하는 발언이 행해진 시기에 따라 다르다. 선거와 시간적으로 밀접한 관계가 없는 시기에 위와 같은 내용의 발언이 행해진 경우에는 선거의 결과에 영향을 미칠 가능성이 거의 없거나 적다고 볼 수 있다. 그러나 선거일이 가까워 올수록 특정 정당을 지지하는 대통령의 발언이 선거의 결과에 영향을 미칠 가능성이 더욱 많으므로, 이러한 시기에는 선거에 영향을 미칠 수 있고 편파적으로 작용할 수 있는 모든 행동을 최대한으로 자제해야 한다는 국가기관의 의무가 있다.

언제부터 국가기관의 편파적 행위가 선거에 특히 영향을 미칠 수 있는가 하는 시점을 명확하게 확정할 수는 없으나, 문제된 대통령의 발언이 행해진 시기는 각 2004. 2. 18., 2. 24.로서 2004. 4. 15.의 국회의원선거를 약 2달 남겨놓은 시점으로서, 이 때부터는 이미 사실상 선거운동의 준비작업이 시작되었다고 볼 수 있고 국가기관의 행위가 선거에 영향을 미칠 개연성이 높다는 의미에서 선거의 인접성을 인정할 수 있으므로, 적어도 이 기간에는 국가기관의 정치적 중립성이 더욱 요청된다고 하겠다.

4) 그렇다면 선거에 임박한 시기이기 때문에 공무원의 정치적 중립성이 어느 때보다도 요청되는 때에, 공정한 선거관리의 궁극적 책임을 지는 대통령이 기자회견에서 전 국민을 상대로, 대통령직의 정치적 비중과 영향력을 이용하여 특정 정당을 지지하는 발언을 한 것은, 대통령의 지위를 이용하여 선거에 대한 부당한 영향력을 행사하고 이로써 선거의 결과에 영향을 미치는 행위를 한 것이므로, 선거에서의 중립의무를 위반하였다.

(3) 공선법 제60조(공무원의 선거운동금지) 위반여부

(가) 선거운동의 개념

공선법은 제58조 제1항에서 '선거운동'의 개념을 '선거운동이라 함은 당선되거나 되게 하거나 되지 못하게 하기 위한 행위'로 정의하고 있다. 공선법은 같은 항 단서에서 '선거운동으로 보지 아니하는 행위'를 열거하고 있는데, 선거에 관한 단순한 의견개진 및 의사표시, 입후보와 선거운동을 위한 준비행위, 정당의 후보자 추천에 관한 단순 지지·반대의 의견개진 및 의사표시, 통상적인 정당활동이 이에 해당한다.

헌법재판소의 판례에 의하면, 공선법 제58조 제1항의 '선거운동'이란, 특정 후보자의 당선 내지 이를 위한 득표에 필요한 모든 행위 또는 특정 후보자의 낙선에 필요한 모든 행위 중 당선 또는 낙선을 위한 것이라는 목적의사가 객관적으로 인정될 수 있는 능동적, 계획적 행위를 말한다(헌재 1994. 7. 29. 93헌가4등, 판례집 6-2, 15, 33; 헌재 2001. 8. 30. 2000헌마121등, 판례집 13-2, 263, 274).

선거운동인지의 여부를 판단함에 있어서 중요한 기준은 행위의 '목적성'이며, 그 외의 '능동성'이나 '계획성' 등은 선거운동의 목적성을 객관적으로 확인하고 파악하는 데 기여하는 부차적인 요소이다. 행위자의 '목적의지'는 매우 주관적인 요소로서 그 자체로서 확인되기 어렵기 때문에, 행위의 '능동성'이나 '계획성'의 요소라는 상대적으로 '객관화될 수 있는 주관적 요소'를 통하여 행위자의 의도를 어느 정도 객관적으로 파악할 수 있는 것이다.

(나) 대통령의 발언이 선거운동에 해당하는지의 여부

1) 공선법 제58조 제1항은 '당선'의 기준을 사용하여 '선거운동'의 개념을 정의함으로써, '후보자를 특정할 수 있는지의 여부'를 선거운동의 요건으로 삼고 있다. 따라서 선거운동의 개념은 '특정한' 또는 적어도 '특정될 수 있는' 후보자의 당선이나 낙선을 위한 행위여야 한다는 것을 전제로 하고 있다. 물론, 특정 정당의 득표를 목적으로 하는 행위도 필연적으로 그 정당의 추천을 받은 지역구 후보자의 당선을 목표로 하는 행위를 의미한다는 점에서, 특정 정당을 지지하는 발언도 선거운동의 개념을 충족시킬 수 있으나, 이 경우에도 특정 정당에 대한 지지발언을 통하여 당선시키고자 하는 정당 후보자가 특정될 수 있어야 한다.

그러나 이 사건의 발언이 이루어진 시기인 2004. 2. 18.과 2004. 2. 24.에는 아직 정당의 후보자가 결정되지 아니하였으므로, 후보자의 특정이 이루어지지 않은 상태에서 특정 정당에 대한 지지발언을 한 것은 선거운동에 해당한다고 볼 수 없다.

2) 또한, 선거운동에 해당하기 위해서는 특정 후보자의 당선이나 낙선을 목적으로 한다는 행위의 '목적성'이 인정되어야 하는데, 이 사건 발언에 대해서는 그러한 목적의사가 인정될 수 없다.

가) 선거가 국민의 정치적 의사를 제대로 반영하기 위해서는 유권자는 자유롭고 개방적인 의사형성과정에서 자신의 결정을 내릴 수 있어야 한다. 그런데 유권자는 누가 자신이 지지하는 정책방향을 표방하고 실현하고자 하는가를 알아야 하고, 선택할 수 있는 여러 가지의 정책 방향과 입후보자에 관한 정확한 정보를 얻어야만, 비로소 진정한 의미에서 자유롭게 유권자로서의 결정을 내릴 수 있다. 따라서 국민의 알 권리 차원에서, 선거가 다가옴에 따라 기자회견 등을 통하여 유권자 결정의 판단기초가 되는 정보, 즉 정당과 후보자에 관한 정보의 제공이 요구된다.

그러므로 기자회견에서의 선거관련 발언을 모두 엄격하게 선거운동으로 규정하는 것은 정치인의 표현의 자유를 지나치게 제한하게 되는 효과가 있다. 특히, 단기의 선거운동기간 중에만 선거운동을 허용하면서 그에 대해서도 선거운동의 주체 및 방법 등에 따른 다양한 규제를 가하고 있는 현행 공선법에서, '선거운동'의 개념을 너무 포괄적으로 파악하는 것은 국민의 정치적 활동의 자유가 그만큼 더욱 위축된다는 것을 의미한다.

그렇다면 기자회견 등에서의 발언이 그 자체로서 선거운동에 해당하거나 또는 반대로 선거운동에 해당하지 않는 것이 아니라, 구체적 행위의 태양, 즉 발언의 시기,

내용, 장소, 상황 등을 종합적으로 고려하여 무엇보다도 '기자회견 등의 기회를 이용하여 선거운동을 하고자 하는 상당한 정도의 목적의지가 인정될 수 있는지'의 여부를 개별적으로 판단해야 한다. 여기서 발언의 능동성 및 계획성은 '목적의지'를 인식하는 중요한 기준으로 작용한다.

나) 이 사건의 경우, 발언의 시기가 비록 임박한 2004. 4. 15.의 국회의원선거와 시간적인 밀접한 연관성을 가지고 있으나, 발언의 내용과 발언이 행해진 구체적 상황에 있어서, 여기서 문제되는 대통령의 발언들은 기자회견에서 기자의 질문에 대한 답변의 형식으로 수동적이고 비계획적으로 행해진 점을 감안한다면, 대통령의 발언에 선거운동을 향한 능동적 요소와 계획적 요소를 인정할 수 없고, 이에 따라 선거운동의 성격을 인정할 정도로 상당한 목적의지가 있다고 볼 수 없다.

3) 그렇다면 피청구인의 발언이 비록 열린우리당에 대한 지지를 국민에게 호소한 것에는 해당할지라도, 특정 후보자나 특정 가능한 후보자들을 당선 또는 낙선시킬 의도로 능동적·계획적으로 선거운동을 한 것으로는 보기 어렵다. 따라서 이 부분 피청구인의 행위는 공선법 제60조 제1항 또는 그 벌칙조항인 제255조 제1항에 위반된다고 할 수 없다.

(4) 공선법 제85조 제1항, 제86조 제1항 위반 여부

공선법 제85조 제1항은 공무원이 그 지위를 이용하여 선거운동을 할 수 없도록 하고 있으며, 공무원이 그 소속직원이나 특정기관·업체 등의 임·직원을 대상으로 한 선거운동은 그 지위를 이용한 선거운동으로 보고 있다.

그러나 위에서 본바와 같이 피청구인의 위 발언들은 선거운동에 해당하지 않으므로 더 나아가 살필 것 없이 공선법 제85조 제1항에 위반되지 않는다.

공선법 제86조 제1항은 공무원의 여러 가지 선거관련 행위를 금지하고 있는바, 먼저, 그 제1호는 소속직원 또는 선거구민에게 특정 정당이나 후보자의 업적을 홍보하는 행위를 금지하고 있는데, 피청구인의 발언들에 열린우리당의 업적을 홍보하는 내용은 없으므로 여기에 해당하지 않는다. 다음으로 제2호 내지 제7호는 구성요건 그 자체로서 피청구인의 발언들과 무관함이 분명하다. 따라서 공선법 제86조 제1항 위반도 인정되지 않는다.

나. 그 밖의 총선과 관련하여 발언한 행위

(1) 2003. 12. 19. 리멤버 1219 행사에서의 발언

대통령이 2003. 12. 19. 노사모 등 개혁네티즌연대가 주최한 '리멤버 1219' 행사에 참석하여 "여러분의 혁명은 아직 끝나지 않았다. 시민혁명은 지금도 계속되고 있다.", "존경하는 우리 노사모 회원 여러분, 그리고 시민 여러분, 다시 한 번 나서달라."고 발언한 사실이 인정된다.

위 발언은, 대통령이 대선 당시 자신을 지지하였던 노사모 등의 단체가 당선 1주년을 축하하기 위하여 피청구인을 초청하여 축하행사를 하던 자리에서 행한 발언으로서, 문제된 발언의 내용을 연설 전체의 맥락에서 살펴보면 행사의 참석자에게 선거개혁('돈 안 드는 공명선거')이나 정치개혁에 동참해 줄 것을 호소하는 발언이거나 단지 '포괄적으로 자신에 대한 지지를 요청'하는 발언으로, 선거와 관련하여 특정 정당에 대한 지지를 호소하거나 시민단체의 불법적 선거운동을 권유하는 발언으로 보기 어렵다. 따라서 대통령의 위 발언은 허용되는 정치적 의견표명의 범주를 벗어나지 않는 것으로서 선거에서의 정치적 중립의무에 위반되거나 사전선거운동에 해당된다고 할 수 없다. 또한, 그 외 다른 법위반에 해당한다고도 볼 수 없다.

다만, 대통령의 특정 시민단체에 대한 편파적 행동은 대통령을 지지하는 국민의 집단과 그를 지지하지 않는 국민의 집단으로 나라가 양분되는 현상을 초래함으로써, 모든 국민의 대통령으로서 국가공동체를 통합시켜야 할 책무와도 부합하지 않으며, 나아가 정부 전반에 대한 국민의 불신으로 이어질 수 있다.

(2) 2003. 12. 24. 전직 비서관과의 청와대 오찬에서의 발언

대통령이 2003. 12. 24. 국회의원선거에 입후보하기 위하여 퇴임한 전직 비서관등 9명과의 청와대 오찬에서 "내년 총선은 한나라당을 하나의 세력으로 하고 대통령과 열린우리당을 한 축으로 하는 구도로 가게 될 것이다.", "내년 총선에서 민주당을 찍는 것은 한나라당을 도와주는 것으로 인식될 것"이라는 등의 발언을 한 사실이 인정된다.

대통령 부부가 9명의 전직 청와대 비서관·행정관들과 가진 청와대 오찬의 경우, 우선 모임의 성격이 대통령의 지위에서 가진 모임이라기보다는 사적인 모임의 성격이 짙고, 위 발언의 내용에 있어서도 대통령이 공직상 부여되는 정치적 영향력을 이용하여 선거에 부당한 영향을 미치고자 하는 의도가 있는 것으로 보기 어렵다. 대통령의 위 발언은 발언의 상대방, 그 경위와 동기 등을 종합하여 볼 때 정치적 의견표명의 자유를 행사한 것으로서 헌법상 표현의 자유에 의하여 정당화되는 행위이며, 정치적 공무원에게 허용되는 정치적 활동의 한계를 넘지 않은 것이다.

(3) 2004. 1. 14. 연두기자회견에서의 발언

2004. 1. 14. 연두기자회견에서 대통령이 "개혁을 지지한 사람과 개혁이 불안해 지지하지 않은 사람들이 있어서 갈라졌고, 대선 때 날 지지한 사람들이 열린우리당을 하고 있어 함께 하고 싶다."고 발언한 사실이 인정된다.

위 발언은 '대통령의 열린우리당 입당시기'를 묻는 기자의 질문에 대한 답변으로서, 법적으로 정당가입이 허용된 대통령이 자신이 지지하는 정당을 밝히고 그 정당에의 가입여부 및 그 시기에 관하여 자신의 입장을 밝힌 것에 지나지 않는다. 따라서 대통령이 위 발언을 통하여 선거와 관련하여 특정 정당을 지지하고 이로써 선거에 영향을 미치고자 한 것이 아니므로, 선거에서의 공무원의 중립의무를 위반하였거나 선거운동을 한 것으로 볼 수 없다.

(4) 2004. 2. 5. 강원지역 언론인 간담회에서의 발언

대통령이 2004. 2. 5. 강원지역 언론인 간담회에서 "국참 0415 같은 사람들의 정치참여를 법적으로나 정치적으로 허용하고 장려해 주어야 한다."고 발언한 사실이 인정된다.

위 발언은 "당선운동을 표명하고 나선 국민참여 0415의 경우 불법 선거 개입의 논란 여지가 있는데 이에 대하여 어떻게 생각하는가."라는 질문에 대한 발언으로서, '선거문화를 한 단계 발전시키기 위해서는 시민들의 자발적인 참여와 활동이 장려되어야 하고, 이를 위해서는 국민의 정치참여가 법적으로 되도록 넓게 허용되어야 하며, 적어도 법에 저촉되지 않는 범위 내에서 법적 해석을 관대하게 해야 한다'는 취지로 이해된다. 따라서 위의 발언은 단지 국민의 정치참여 현상에 관한 자신의 견해를 밝힌 것에 지나지 않으므로, 선거에서의 중립의무나 선거운동금지에 위반한 것으로 볼 수 없다.

(5) 2004. 2. 27.자 중앙일보에 보도된 "17대 총선 열린우리당 전략 기획"

2004. 2. 27.자 중앙일보에 "17대 총선 열린우리당 전략 기획"이라는 대외비 문건에 관하여 보도되었고, 이로써 청와대의 조직적 선거개입의 의혹이 제기되었으나, 이 사건의 변론과정에서 드러난 모든 증거에 의하더라도 피청구인이 열린우리당의 선거전략을 지휘하거나 그에 관여한 사실이 인정되지 않으므로, 이 부분 소추사유는 이유

없다.

(6) 국민을 협박하여 자유선거를 방해한 행위

이 부분 소추사유는 구체적 사실을 특정하지도 않은 채, '국민을 협박하여 특정 정당의 지지를 유도하고 총선 민심에 영향을 미치는 언행을 반복함으로써' 국민의 자유선거를 방해하였다고 주장하는 것인바, 피청구인의 선거관련 발언들이 일반 공직사회에 파급효를 미쳐 공직자들의 선거중립적 태도에 실질적으로 부정적 영향을 미쳤다거나, 피청구인이 수장으로 있는 행정부 조직이 특정 정당을 위하여 선거에 개입하였다거나, 선거관리위원회의 공정한 선거관리 기능에 장애를 초래하였다고 볼 자료가 없고, 이로써 국민들의 선거에 관한 자유로운 의사형성을 저해·왜곡하였다거나 자유로운 투표권의 행사를 방해하였다고 볼 여지가 없다.

따라서 피청구인의 선거관련 발언들이 자유선거를 방해하였다거나 선거방해죄에 관한 규정인 공선법 제237조 제1항 제3호에 위반된다고 할 수 없다.

다. 헌법을 준수하고 수호해야 할 의무(헌법 제66조 제2항 및 제69조)와 관련하여 문제되는 행위

(1) 헌법을 준수하고 수호해야 할 대통령의 의무

헌법은 제66조 제2항에서 대통령에게 '국가의 독립·영토의 보전·국가의 계속성과 헌법을 수호할 책무'를 부과하고, 같은 조 제3항에서 '조국의 평화적 통일을 위한 성실한 의무'를 지우면서, 제69조에서 이에 상응하는 내용의 취임선서를 하도록 규정하고 있다. 헌법 제69조는 단순히 대통령의 취임선서의무만을 규정한 것이 아니라, 헌법 제66조 제2항 및 제3항에 규정된 대통령의 헌법적 책무를 구체화하고 강조하는 실체적 내용을 지닌 규정이다.

헌법 제66조 제2항 및 제69조에 규정된 대통령의 '헌법을 준수하고 수호해야 할 의무'는 헌법상 법치국가원리가 대통령의 직무집행과 관련하여 구체화된 헌법적 표현이다. 헌법의 기본원칙인 법치국가원리의 본질적 요소는 한 마디로 표현하자면, 국가의 모든 작용은 '헌법'과 국민의 대표로써 구성된 의회의 '법률'에 의해야 한다는 것과 국가의 모든 권력행사는 행정에 대해서는 행정재판, 입법에 대해서는 헌법재판의 형태로써 사법적 통제의 대상이 된다는 것이다. 이에 따라, 입법자는 헌법의 구속을 받고, 법을 집행하고 적용하는 행정부와 법원은 헌법과 법률의 구속을 받는다. 따라서 행정부의 수반인 대통령은 헌법과 법률을 존중하고 준수할 헌법적 의무를 지고 있다.

'헌법을 준수하고 수호해야 할 의무'가 이미 법치국가원리에서 파생되는 지극히 당연한 것임에도, 헌법은 국가의 원수이자 행정부의 수반이라는 대통령의 막중한 지위를 감안하여 제66조 제2항 및 제69조에서 이를 다시 한번 강조하고 있다. 이러한 헌법의 정신에 의한다면, 대통령은 국민 모두에 대한 '법치와 준법의 상징적 존재'인 것이다. 이에 따라 대통령은 헌법을 수호하고 실현하기 위한 모든 노력을 기울여야 할 뿐만 아니라, 법을 준수하여 현행법에 반하는 행위를 해서는 안 되며, 나아가 입법자의 객관적 의사를 실현하기 위한 모든 행위를 해야 한다. 행정부의 법존중 의무와 법집행 의무는 행정부가 위헌적인 것으로 간주하는 법률에 대해서도 마찬가지로 적용된다. 위헌적인 법률을 법질서로부터 제거하는 권한은 헌법상 단지 헌법재판소에 부여되어 있으므로, 설사 행정부가 특정 법률에 대하여 위헌의 의심이 있다 하더라고, 헌법재판소에 의하여 법률의 위헌성이 확인될 때까지는 법을 존중하고 집행하기 위한 모든 노력을 기울여야 한다.

(2) 중앙선거관리위원회의 선거법위반 결정에 대한 대통령의 행위

(가) 2004. 3. 4. 노무현 대통령은 이병완 청와대 홍보수석을 통하여 자신의 선거개입을 경고하는 중앙선거관리위원회의 결정에 대하여, "이 번 선관위의 결정은 납득하기 어렵다는 점을 분명히 밝혀두고자 한다.", "이제 우리도 선진민주사회에 걸맞게 제도와 관행이 바뀌어야 한다.", "과거 대통령이 권력기관을 …동원하던 시절의 선거관련법은 이제 합리적으로 개혁되어야 한다.", "선거법의 해석과 결정도 이러한 달라진 권력문화와 새로운 시대흐름에 맞게 맞춰져야 한다."고 청와대의 입장을 밝힌 사실이 인정된다. 중앙선거관리위원회 결정에 대한 2004. 3. 4.자 청와대의 입장이 비록 청와대 내부적으로는 수석보좌관회의에서 집약된 의견이라고는 하나, 외부로 표명되는 모든 청와대의 입장은 원칙적으로 대통령의 행위로 귀속되어야 하고, 특히 이 사건의 경우 청와대비서실은 회의의 결과를 대통령에게 보고하고 승인을 얻어 보좌관 브리핑을 한 사실이 인정되므로, 청와대 홍보수석의 위 발언은 곧 대통령 자신의 행위로 간주되어야 한다. 청와대 홍보수석이 발표한 위 발언내용의 취지는, 중앙선거관리위원회의 결정에 대하여 유감을 표명하면서, 현행 선거법을 '관권선거시대의 유물'로 폄하한 것이라 할 수 있다.

(나) 대통령이 현행법을 '관권선거시대의 유물'로 폄하하고 법률의 합헌성과 정당성에 대하여 대통령의 지위에서 공개적으로 의문을 제기하는 것은 헌법과 법률을 준수해야 할 의무와 부합하지 않는다. 대통령이 국회에서 의결된 법률안에 대하여 위헌의 의심이나 개선의 여지가 있다면, 법률안을 국회로 환부하여 재의를 요구해야 하며

(헌법 제53조 제2항), 대통령이 현행 법률의 합헌성에 대하여 의문을 가진다면, 정부로 하여금 당해 법률의 위헌성여부를 검토케 하고 그 결과에 따라 합헌적인 내용의 법률개정안을 제출하도록 하거나 또는 국회의 지지를 얻어 합헌적으로 법률을 개정하는 방법(헌법 제52조) 등을 통하여 헌법을 실현해야 할 의무를 이행해야지, 국민 앞에서 법률의 유효성 자체를 문제 삼는 것은 헌법을 수호해야 할 의무를 위반하는 행위이다. 물론, 대통령도 정치인으로서 현행 법률의 개선방향에 관한 입장과 소신을 피력할 수는 있으나, 어떠한 상황에서, 어떠한 연관관계에서 법률의 개정에 관하여 논의하는가 하는 것은 매우 중요하며, 이 사건의 경우와 같이, 대통령이 선거법위반행위로 말미암아 중앙선거관리위원회로부터 경고를 받는 상황에서 그에 대한 반응으로서 외국의 입법례를 들어가며 현행 선거법을 폄하하는 발언을 하는 것은 법률을 존중하는 태도라고 볼 수 없는 것이다.

모든 공직자의 모범이 되어야 하는 대통령의 이러한 언행은 법률을 존중하고 준수해야 하는 다른 공직자의 의식에 중대한 영향을 미치고, 나아가 국민 전반의 준법정신을 저해하는 효과를 가져오는 등 법치국가의 실현에 있어서 매우 부정적인 영향을 미칠 수 있다. 즉, 법치국가에 대한 대통령의 불투명한 태도 또는 유보적 입장이 국가 전반 및 헌법질서에 미치는 영향은 지대하다 아니할 수 없다. 대통령 스스로가 법을 존중하고 준수하지 않는다면, 다른 공직자는 물론, 국민 누구에게도 법의 준수를 요구할 수 없는 것이다.

(다) 결론적으로, 대통령이 국민 앞에서 현행법의 정당성과 규범력을 문제 삼는 행위는 법치국가의 정신에 반하는 것이자, 헌법을 수호해야 할 의무를 위반한 것이다.

(3) 2003. 10. 13. 재신임 국민투표를 제안한 행위

국회의 소추의결서는 세 번째 소추사유인 '불성실한 직무수행과 경솔한 국정운영'과 관련하여 '위헌적인 재신임 국민투표의 제안'을 구체적으로 언급하고 있고, 청구인이 탄핵심판을 청구한 후 제출한 의견서를 통하여 이를 구체화하였으므로, 판단의 대상으로 삼기로 한다.

(가) 대통령이 2003. 10. 13. 국회에서 행한 '2004년도 예산안 시정연설'에서 "저는 지난주에 국민의 재신임을 받겠다는 선언을 했다.…제가 결정할 수 있는 일은 아니지만, 국민투표가 옳다고 생각한다. 법리상 논쟁이 없는 것은 아니지만 정치적 합의가 이루어지면 현행법으로도 '국가안보에 관한 사항'을 좀더 폭넓게 해석함으로써 가능할 것으로 생각한다."라고 발언하여, 같은 해 12월 중 재신임 국민투표를 실시할 것을 제안하였고, 이로 인하여 재신임 국민투표의 헌법적 허용여부에 관한 논란이 야기되

었다. 결국, 신임 국민투표의 위헌성에 관한 다툼은 헌법소원의 제기로 인하여 헌법재판소의 판단을 받게 되었으나, 헌법재판소가 헌재 2003. 11. 27. 2003헌마694 등 결정에서 5인의 다수의견으로 '심판의 대상이 된 대통령의 행위가 법적인 효력이 있는 행위가 아니라 단순한 정치적 계획의 표명에 불과하기 때문에 공권력의 행사에 해당하지 않는다.'는 이유로 심판청구를 부적법한 것으로서 각하하였다.

(나) 헌법 제72조는 "대통령은 필요하다고 인정할 때에는 외교·국방·통일 기타 국가안위에 관한 중요정책을 국민투표에 붙일 수 있다."고 규정하여 대통령에게 국민투표 부의권을 부여하고 있다. 헌법 제72조는 대통령에게 국민투표의 실시 여부, 시기, 구체적 부의사항, 설문내용 등을 결정할 수 있는 임의적인 국민투표발의권을 독점적으로 부여함으로써, 대통령이 단순히 특정 정책에 대한 국민의 의사를 확인하는 것을 넘어서 자신의 정책에 대한 추가적인 정당성을 확보하거나 정치적 입지를 강화하는 등, 국민투표를 정치적 무기화하고 정치적으로 남용할 수 있는 위험성을 안고 있다. 이러한 점을 고려할 때, 대통령의 부의권을 부여하는 헌법 제72조는 가능하면 대통령에 의한 국민투표의 정치적 남용을 방지할 수 있도록 엄격하고 축소적으로 해석되어야 한다.

(다) 이러한 관점에서 볼 때, 헌법 제72조의 국민투표의 대상인 '중요정책'에는 대통령에 대한 '국민의 신임'이 포함되지 않는다.

선거는 '인물에 대한 결정' 즉, 대의제를 가능하게 하기 위한 전제조건으로서 국민의 대표자에 관한 결정이며, 이에 대하여 국민투표는 직접민주주의를 실현하기 위한 수단으로서 '사안에 대한 결정' 즉, 특정한 국가정책이나 법안을 그 대상으로 한다. 따라서 국민투표의 본질상 '대표자에 대한 신임'은 국민투표의 대상이 될 수 없으며, 우리 헌법에서 대표자의 선출과 그에 대한 신임은 단지 선거의 형태로써 이루어져야 한다. 대통령이 이미 지난 선거를 통하여 획득한 자신에 대한 신임을 국민투표의 형식으로 재확인하고자 하는 것은, 헌법 제72조의 국민투표제를 헌법이 허용하지 않는 방법으로 위헌적으로 사용하는 것이다.

대통령은 헌법상 국민에게 자신에 대한 신임을 국민투표의 형식으로 물을 수 없을 뿐만 아니라, 특정 정책을 국민투표에 붙이면서 이에 자신의 신임을 결부시키는 대통령의 행위도 위헌적인 행위로서 헌법적으로 허용되지 않는다. 물론, 대통령이 특정 정책을 국민투표에 붙인 결과 그 정책의 실시가 국민의 동의를 얻지 못한 경우, 이를 자신에 대한 불신임으로 간주하여 스스로 물러나는 것은 어쩔 수 없는 일이나, 정책을 국민투표에 붙이면서 "이를 신임투표로 간주하고자 한다."는 선언은 국민의 결정행위에 부당한 압력을 가하고 국민투표를 통하여 간접적으로 자신에 대한 신임을 묻는 행위로서, 대통령의 헌법상 권한을 넘어서는 것이다. 헌법은 대통령에게 국민투표를 통하여 직접적이든 간접적이든 자신의 신임여부를 확인할 수 있는 권한을 부여하지 않는다.

(라) 뿐만 아니라, 헌법은 명시적으로 규정된 국민투표 외에 다른 형태의 재신임 국민투표를 허용하지 않는다. 이는 주권자인 국민이 원하거나 또는 국민의 이름으로 실시하더라도 마찬가지이다. 국민은 선거와 국민투표를 통하여 국가권력을 직접 행사하게 되며, 국민투표는 국민에 의한 국가권력의 행사방법의 하나로서 명시적인 헌법적 근거를 필요로 한다. 따라서 국민투표의 가능성은 국민주권주의나 민주주의원칙과 같은 일반적인 헌법원칙에 근거하여 인정될 수 없으며, 헌법에 명문으로 규정되지 않는 한 허용되지 않는다.

(마) 결론적으로, 대통령이 자신에 대한 재신임을 국민투표의 형태로 묻고자 하는 것은 헌법 제72조에 의하여 부여받은 국민투표부의권을 위헌적으로 행사하는 경우에 해당하는 것으로, 국민투표제도를 자신의 정치적 입지를 강화하기 위한 정치적 도구로 남용해서는 안 된다는 헌법적 의무를 위반한 것이다. 물론, 대통령이 위헌적인 재신임 국민투표를 단지 제안만 하였을 뿐 강행하지는 않았으나, 헌법상 허용되지 않는 재신임 국민투표를 국민들에게 제안한 것은 그 자체로서 헌법 제72조에 반하는 것으로 헌법을 실현하고 수호해야 할 대통령의 의무를 위반한 것이다.

(4) 국회의 견해를 수용하지 않은 행위

대통령이 2003. 4. 25. 국회 인사청문회가 고영구 국가정보원장에 대하여 부적격 판정을 하였음에도 이를 수용하지 아니한 사실, 2003. 9. 3. 국회가 행정자치부장관 해임결의안을 의결하였음에도 이를 즉시 수용하지 아니한 사실이 인정된다.

(가) 대통령은 그의 지휘·감독을 받는 행정부 구성원을 임명하고 해임할 권한(헌법 제78조)을 가지고 있으므로, 국가정보원장의 임명행위는 헌법상 대통령의 고유권한으로서 법적으로 국회 인사청문회의 견해를 수용해야 할 의무를 지지는 않는다. 따라서 대통령은 국회 인사청문회의 판정을 수용하지 않음으로써 국회의 권한을 침해하거나 헌법상 권력분립원칙에 위배되는 등 헌법에 위반한 바가 없다.

(나) 국회는 국무총리나 국무위원의 해임을 건의할 수 있으나(헌법 제63조), 국회의 해임건의는 대통령을 기속하는 해임결의권이 아니라, 아무런 법적 구속력이 없는 단순한 해임건의에 불과하다. 우리 헌법 내에서 '해임건의권'의 의미는, 임기 중 아무런 정치적 책임을 물을 수 없는 대통령 대신에 그를 보좌하는 국무총리·국무위원에 대하여 정치적 책임을 추궁함으로써 대통령을 간접적이나마 견제하고자 하는 것에 지나지 않는다. 헌법 제63조의 해임건의권을 법적 구속력 있는 해임결의권으로 해석하는

것은 법문과 부합할 수 없을 뿐만 아니라, 대통령에게 국회해산권을 부여하고 있지 않는 현행 헌법상의 권력분립질서와도 조화될 수 없다.

(다) 결국, 대통령이 국회인사청문회의 결정이나 국회의 해임건의를 수용할 것인지의 문제는 대의기관인 국회의 결정을 정치적으로 존중할 것인지의 문제이지 법적인 문제가 아니다. 따라서 대통령의 이러한 행위는 헌법이 규정하는 권력분립구조 내에서의 대통령의 정당한 권한행사에 해당하거나 또는 헌법규범에 부합하는 것으로서 헌법이나 법률에 위반되지 아니한다.

(5) 국회에 대한 비하 발언 등

(가) 대통령이 2003. 5. 8.의 대(對)국민 인터넷 서신에서 "농부는 김매기 때가 되면 밭에서 잡초를 뽑아냅니다…사리사욕과 잘못된 집단이기주의에 빠지는 일부 정치인…개혁하라는 국민 대다수의 뜻은 무시하고 개혁의 발목을 잡고 나라의 앞날을 막으려 하는 일부 정치인…"이라는 표현을 한 사실(소추위원측이 주장하는 바와 같이 현직 국회의원들을 '뽑아버려야 할 잡초'로 표현한 것이 아니다), 2004. 3. 8. 국회의 탄핵 추진을 '부당한 횡포'로 표현한 사실이 인정된다.

위 발언들은 정치적 헌법기관으로서 대통령에게 허용되는 정치적 견해의 표명으로서, 정치적 비난의 대상이 될 수는 있을지언정 헌법이나 법률에 위반한 것은 아니다.

(나) 2004. 3. 1. '3·1절 85주년 기념사'에서 용산 미국기지의 이전과 관련하여 "간섭, 침략, 의존의 상징이 어엿한 독립국가로서의 대한민국 국민의 품안에 돌아올 것"이라고 한 발언은 탄핵소추의결서에 포함되어 있지 않으므로, 국회의 탄핵의결 이후 사후적으로 추가된 것으로 보아, 판단의 대상으로 삼지 아니한다.

라. 대통령 측근의 권력형 부정부패

(1) 직무집행 관련성의 시간적 범위

헌법 제65조 제1항은 '대통령…이 그 직무집행에 있어서'라고 하여, 탄핵사유의 요건을 '직무' 집행으로 한정하고 있으므로, 위 규정의 해석상 대통령의 직위를 보유하고 있는 상태에서 범한 법위반행위만이 소추사유가 될 수 있다고 보아야 한다. 따라서 당선 후 취임 시까지의 기간에 이루어진 대통령의 행위도 소추사유가 될 수 없다. 비록 이 시기 동안 대통령직인수에관한법률에 따라 법적 신분이 '대통령당선자'로 인정되어 대통령직의 인수에 필요한 준비작업을 할 수 있는 권한을 가지게 되나, 이러한 대통령당선자의 지위와 권한은 대통령의 직무와는 근본적인 차이가 있고, 이 시기

동안의 불법정치자금 수수 등의 위법행위는 형사소추의 대상이 되므로, 헌법상 탄핵사유에 대한 해석을 달리할 근거가 없다.

(2) 썬앤문 및 대선캠프 관련 불법정치자금 수수 등

이 부분 소추사유들은 피청구인이 2003. 2. 25. 대통령으로 취임하기 전에 일어난 사실에 바탕을 두고 있는 것이어서 대통령으로서의 직무집행과 무관함이 명백하므로 나아가 피청구인이 그러한 불법자금 수수 등에 관여한 사실이 있는지 여부를 살필 것 없이 탄핵사유에 해당하지 않는다.

(3) 측근비리

이 부분 소추사유 중 피청구인이 대통령으로 취임한 후에 일어난 사실에 바탕을 두고 있는 것은, 최도술이 청와대 총무비서관으로 재직하는 동안 삼성 등으로부터 4천7백만원을 수수하였다는 부분, 안희정이 2003. 3.부터 같은 해 8.까지 10억원의 불법자금을 수수하였다는 부분, 여택수 및 양길승에 관한 부분이다.

그러나 이 사건 변론절차에서 현출된 모든 증거에 의하더라도 피청구인이 위 최도술 등의 불법자금 수수 등의 행위를 지시·방조하였다거나 기타 불법적으로 관여하였다는 사실이 인정되지 않으므로 이를 전제로 한 이 부분 소추사유는 이유 없다.

그 밖의 나머지 소추사유들은 피청구인이 대통령으로 취임하기 전에 일어난 사실에 바탕을 두고 있는 것이어서 대통령으로서의 직무집행과 무관함이 명백하므로 나아가 피청구인이 그러한 불법자금 수수 등에 관여한 사실이 있는지 여부를 살필 것 없이 탄핵사유에 해당하지 않는다.

(4) 정계은퇴의 공언

피청구인이 2003. 12. 14. 청와대 정당대표 회동에서 피청구인측의 불법정치자금 규모가 한나라당의 10분의 1을 넘으면 정계를 은퇴할 것이라고 발언한 사실이 인정된다.

그러나 이는 정치상황에 대하여 정치적 신의를 걸고 한 발언으로서 법적인 의무나 책임을 발생시키는 것이라고 보기 어렵고, 그러한 발언을 지킬 것인지의 여부는 정치인으로서 정치적·도의적으로 판단하고 책임질 문제일 뿐이므로 직무집행에 있어서의 헌법 또는 법률위반 행위에 해당할 여지는 없다.

(5) 검찰수사와 관련된 발언

피청구인이 2003. 12. 30. 청와대 송년오찬모임에서 "내가 검찰을 죽이려 했다면 두 번 갈아 마실 수 있었겠지만 그러지 않았다.”는 발언을 하는 등 검찰수사를 간섭·방해하였다는 소추사유는 소추의결서에 포함되어 있지 않으므로, 사후적으로 추가된 것으로 보아, 이를 판단의 대상으로 삼지 아니한다.

마. 불성실한 직책수행과 경솔한 국정운영으로 인한 정국의 혼란 및 경제파탄

(1) 이 부분 소추사유는, 취임 후 지금까지 피청구인은 국민경제와 국정을 파탄시켜 국민들에게 극심한 고통과 불행을 안겨주었으며 그 원인은 대통령의 거듭된 말실수, 이라크 파병선언 후 이라크 반전입장 표명, 위헌적인 재신임 국민투표 제안, 정계은퇴 공언 등 진지성과 일관성을 찾을 수 없는 불성실한 직무수행과 경솔한 국정운영, 모든 노력을 총선에 쏟아 붓는 불법 사전선거운동 등의 부당행위에 있다는 것이다. 따라서 피청구인은 국민의 행복추구권과 국가에 의한 기본권 보장의무를 규정한 헌법 제10조와 헌법 제69조에 명시된 ‘대통령으로서의 직책의 성실한 수행의무’를 위반하였다는 것이다.

이 사건에서 ‘경제파탄’과 관련된 각종 통계지표가 제시되고 있는바, 최근 1년간 가계부채가 증가하고 청년실업률이 높아지고 정부부채가 증가한 것이 사실이라 하더라도, 그러한 경제악화의 책임을 전적으로 피청구인에게 전가하는 것은 무리라고 할 것이다. 또한 달리 이 사건에서 우리나라 경제가 회복 불가능한 상태로 빠졌다거나 국정이 파탄된 것이라고 단정할 만한 증거가 없다.

(2) 헌법 제69조는 대통령의 취임선서의무를 규정하면서, 대통령으로서 ‘직책을 성실히 수행할 의무’를 언급하고 있다. 헌법 제69조는 단순히 대통령의 취임선서의 의무만을 규정한 것이 아니라, 선서의 내용을 명시적으로 밝힘으로써 동시에 헌법 제66조 제2항 및 제3항에 의하여 대통령의 직무에 부과되는 헌법적 의무를 다시 한번 강조하고 그 내용을 구체화하는 규정이라는 점은 앞서 언급한 바와 같다.

비록 대통령의 ‘성실한 직책수행의무’는 헌법적 의무에 해당하나, ‘헌법을 수호해야 할 의무’와는 달리, 규범적으로 그 이행이 관철될 수 있는 성격의 의무가 아니므로, 원칙적으로 사법적 판단의 대상이 될 수 없다고 할 것이다. 대통령이 임기 중 성실하게 의무를 이행했는지의 여부는 주기적으로 돌아오는 다음 선거에서 국민의 심판의 대상이 될 수 있을 것이다. 그러나 대통령 단임제를 채택한 현행 헌법 하에서는 대통령은 법적으로 뿐만 아니라 정치적으로도 국민에 대하여 직접적으로는 책임을 질 방법이 없고, 다만 대통령의 성실한 직책수행의 여부가 간접적으로 그가 소속된 여당에 대하여 정치적인 반사적 이익 또는 불이익을 가져다 줄 수 있을 뿐이다.

헌법 제65조 제1항은 탄핵사유를 '헌법이나 법률에 위배한 때'로 제한하고 있고, 헌법재판소의 탄핵심판절차는 법적인 관점에서 단지 탄핵사유의 존부만을 판단하는 것이므로, 이 사건에서 청구인이 주장하는 바와 같은 정치적 무능력이나 정책결정상의 잘못 등 직책수행의 성실성여부는 그 자체로서 소추사유가 될 수 없어, 탄핵심판절차의 판단대상이 되지 아니한다.

바. 소결론

(1) 대통령의 2004. 2. 18. 경인지역 6개 언론사와의 기자회견에서의 발언, 2004. 2. 24. 한국방송기자클럽 초청 대통령 기자회견에서의 발언은 공선법 제9조의 공무원의 중립의무에 위반하였다.
(2) 2004. 3. 4. 중앙선거관리위원회의 선거법 위반결정에 대한 대통령의 행위는 법치국가이념에 위반되어 대통령의 헌법수호의무에 위반하였고, 2003. 10. 13. 대통령의 재신임 국민투표 제안행위는 헌법 제72조에 반하는 것으로 헌법수호의무에 위반하였다.

6. 피청구인을 파면할 것인지의 여부

가. 헌법재판소법 제53조 제1항의 해석

헌법은 제65조 제4항에서 "탄핵결정은 공직으로부터 파면함에 그친다."고 규정하고, 헌법재판소법은 제53조 제1항에서 "탄핵심판청구가 이유 있는 때에는 헌법재판소는 피청구인을 당해 공직에서 파면하는 결정을 선고한다."고 규정하고 있는데, 여기서 '탄핵심판청구가 이유 있는 때'를 어떻게 해석할 것인지의 문제가 발생한다.

헌법재판소법 제53조 제1항은 헌법 제65조 제1항의 탄핵사유가 인정되는 모든 경우에 자동적으로 파면결정을 하도록 규정하고 있는 것으로 문리적으로 해석할 수 있으나, 이러한 해석에 의하면 피청구인의 법위반행위가 확인되는 경우 법위반의 경중을 가리지 아니하고 헌법재판소가 파면결정을 해야 하는바, 직무행위로 인한 모든 사소한 법위반을 이유로 파면을 해야 한다면, 이는 피청구인의 책임에 상응하는 헌법적 징벌의 요청 즉, 법익형량의 원칙에 위반된다. 따라서 헌법재판소법 제53조 제1항의 '탄핵심판청구가 이유 있는 때'란, 모든 법위반의 경우가 아니라, 단지 공직자의 파면을 정당화할 정도로 '중대한' 법위반의 경우를 말한다.

나. '법위반의 중대성'에 관한 판단 기준

(1) '법위반이 중대한지' 또는 '파면이 정당화되는지'의 여부는 그 자체로서 인식될 수 없는 것이므로, 결국 파면결정을 할 것인지의 여부는 공직자의 '법위반 행위의 중대성'과 '파면결정으로 인한 효과' 사이의 법익형량을 통하여 결정된다고 할 것이다. 그런데 탄핵심판절차가 헌법의 수호와 유지를 그 본질로 하고 있다는 점에서, '법위반의 중대성'이란 '헌법질서의 수호의 관점에서의 중대성'을 의미하는 것이다. 따라서 한편으로는 '법위반이 어느 정도로 헌법질서에 부정적 영향이나 해악을 미치는지의 관점'과 다른 한편으로는 '피청구인을 파면하는 경우 초래되는 효과'를 서로 형량하여 탄핵심판청구가 이유 있는지의 여부 즉, 파면여부를 결정해야 한다.

(2) 그런데 대통령은 국가의 원수이자 행정부의 수반이라는 막중한 지위에 있고(헌법 제66조), 국민의 선거에 의하여 선출되어 직접적인 민주적 정당성을 부여받은 대의기관이라는 점에서(헌법 제67조) 다른 탄핵대상 공무원과는 그 정치적 기능과 비중에 있어서 본질적인 차이가 있으며, 이러한 차이는 '파면의 효과'에 있어서도 근본적인 차이로 나타난다.

대통령에 대한 파면결정은, 국민이 선거를 통하여 대통령에게 부여한 '민주적 정당성'을 임기 중 다시 박탈하는 효과를 가지며, 직무수행의 단절로 인한 국가적 손실과 국정 공백은 물론이고, 국론의 분열현상 즉, 대통령을 지지하는 국민과 그렇지 않은 국민간의 분열과 반목으로 인한 정치적 혼란을 가져올 수 있다. 따라서 대통령의 경우, 국민의 선거에 의하여 부여받은 '직접적 민주적 정당성' 및 '직무수행의 계속성에 관한 공익'의 관점이 파면결정을 함에 있어서 중요한 요소로서 고려되어야 하며, 대통령에 대한 파면효과가 이와 같이 중대하다면, 파면결정을 정당화하는 사유도 이에 상응하는 중대성을 가져야 한다.

그 결과, 대통령을 제외한 다른 공직자의 경우에는 파면결정으로 인한 효과가 일반적으로 적기 때문에 상대적으로 경미한 법위반행위에 의해서도 파면이 정당화될 가능성이 큰 반면, 대통령의 경우에는 파면결정의 효과가 지대하기 때문에 파면결정을 하기 위해서는 이를 압도할 수 있는 중대한 법위반이 존재해야 한다.

(3) '대통령을 파면할 정도로 중대한 법위반이 어떠한 것인지'에 관하여 일반적으로 규정하는 것은 매우 어려운 일이나, 한편으로는 탄핵심판절차가 공직자의 권력남용으로부터 헌법을 수호하기 위한 제도라는 관점과 다른 한편으로는 파면결정이 대통령에게 부여된 국민의 신임을 박탈한다는 관점이 함께 중요한 기준으로 제시될 것이다. 즉, 탄핵심판절차가 궁극적으로 헌법의 수호에 기여하는 절차라는 관점에서 본

다면, 파면결정을 통하여 헌법을 수호하고 손상된 헌법질서를 다시 회복하는 것이 요청될 정도로 대통령의 법위반행위가 헌법수호의 관점에서 중대한 의미를 가지는 경우에 비로소 파면결정이 정당화되며, 대통령이 국민으로부터 선거를 통하여 직접 민주적 정당성을 부여받은 대의기관이라는 관점에서 본다면, 대통령에게 부여한 국민의 신임을 임기 중 다시 박탈해야 할 정도로 대통령이 법위반행위를 통하여 국민의 신임을 저버린 경우에 한하여 대통령에 대한 탄핵사유가 존재하는 것으로 판단된다.

구체적으로, 탄핵심판절차를 통하여 궁극적으로 보장하고자 하는 헌법질서, 즉 '자유민주적 기본질서'의 본질적 내용은 법치국가원리의 기본요소인 '기본적 인권의 존중, 권력분립, 사법권의 독립'과 민주주의원리의 기본요소인 '의회제도, 복수정당제도, 선거제도' 등으로 구성되어 있다는 점에서(헌재 1990. 4. 2. 89헌가113, 판례집 2, 49, 64), 대통령의 파면을 요청할 정도로 '헌법수호의 관점에서 중대한 법위반'이란, 자유민주적 기본질서를 위협하는 행위로서 법치국가원리와 민주국가원리를 구성하는 기본원칙에 대한 적극적인 위반행위를 뜻하는 것이고, '국민의 신임을 배반한 행위'란 '헌법수호의 관점에서 중대한 법위반'에 해당하지 않는 그 외의 행위유형까지도 모두 포괄하는 것으로서, 자유민주적 기본질서를 위협하는 행위 외에도, 예컨대, 뇌물수수, 부정부패, 국가의 이익을 명백히 해하는 행위가 그의 전형적인 예라 할 것이다.

따라서 예컨대, 대통령이 헌법상 부여받은 권한과 지위를 남용하여 뇌물수수, 공금의 횡령 등 부정부패행위를 하는 경우, 공익실현의 의무가 있는 대통령으로서 명백하게 국익을 해하는 활동을 하는 경우, 대통령이 권한을 남용하여 국회 등 다른 헌법기관의 권한을 침해하는 경우, 국가조직을 이용하여 국민을 탄압하는 등 국민의 기본권을 침해하는 경우, 선거의 영역에서 국가조직을 이용하여 부정선거운동을 하거나 선거의 조작을 꾀하는 경우에는, 대통령이 자유민주적 기본질서를 수호하고 국정을 성실하게 수행하리라는 믿음이 상실되었기 때문에 더 이상 그에게 국정을 맡길 수 없을 정도에 이르렀다고 보아야 한다.

결국, 대통령의 직을 유지하는 것이 더 이상 헌법수호의 관점에서 용납될 수 없거나 대통령이 국민의 신임을 배신하여 국정을 담당할 자격을 상실한 경우에 한하여, 대통령에 대한 파면결정은 정당화되는 것이다.

다. 이 사건의 경우 파면결정을 할 것인지의 여부

(1) 이 사건에서 인정되는 대통령의 법위반 사실의 개요

위에서 확인한 바와 같이, 이 사건에서 문제되는 대통령의 법위반 사실은 크게 기자회견에서 특정 정당을 지지하는 발언을 함으로써 선거에서의 '공무원의 중립의무'에 위반한 사실과, 중앙선거관리위원회의 선거법 위반결정에 대하여 유감을 표명하고 현행 선거법을 폄하하는 발언을 하고 재신임 국민투표를 제안함으로써 법치국가이념 및 헌법 제72조에 반하여 대통령의 헌법수호의무를 위반한 사실로 나누어 볼 수 있다.

(2) 법위반의 중대성에 관한 판단

(가) 대통령은 특정 정당을 지지하는 발언을 함으로써 '선거에서의 중립의무'를 위반하였고, 이로써 국가기관이 국민의 자유로운 의사형성과정에 영향을 미치고 정당 간의 경쟁관계를 왜곡해서는 안 된다는 헌법적 요청에 위반하였다.

그러나 이와 같은 위반행위가 국가조직을 이용하여 관권개입을 시도하는 등 적극적·능동적·계획적으로 이루어진 것이 아니라, 기자회견의 자리에서 기자들의 질문에 응하여 자신의 정치적 소신이나 정책구상을 밝히는 과정에서 답변의 형식으로 소극적·수동적·부수적으로 이루어진 점, 정치활동과 정당활동을 할 수 있는 대통령에게 헌법적으로 허용되는 '정치적 의견표명'과 허용되지 않는 '선거에서의 중립의무 위반행위' 사이의 경계가 불분명하며, 종래 '어떠한 경우에 선거에서 대통령에게 허용되는 정치적 활동의 한계를 넘은 것인지'에 관한 명확한 법적 해명이 이루어지지 않은 점 등을 감안한다면, 자유민주적 기본질서를 구성하는 '의회제'나 '선거제도'에 대한 적극적인 위반행위에 해당한다고 할 수 없으며, 이에 따라 공선법 위반행위가 헌법질서에 미치는 부정적 영향은 크다고 볼 수 없다.

(나) 준법의지를 의심케 하는 대통령의 언행은 사소한 것이라도 국민의 법의식과 준법정신에 막대한 영향을 미친다는 점에서, 대통령이 현행 선거법을 경시하는 발언을 한 것은 법률을 존중하고 집행하기 위한 모든 노력을 다해야 하는 대통령으로서는 가벼운 위반행위라 할 수 없다.

그러나 대통령이 현행 선거법을 '관권선거시대의 유물'로 폄하하는 취지의 발언을 한 것은 현행법에 대한 적극적인 위반행위에 해당하는 것이 아니라, 중앙선거관리위원회의 결정에 대하여 소극적·수동적으로 반응하는 과정에서 발생한 법위반행위이다. 물론, 이러한 발언이 결과적으로 현행법에 대한 경시의 표현이라는 점에서 헌법을 수호해야 할 의무에 위반했다는 비난을 면할 길이 없으나, 위의 발언이 행해진 구체적인 상황을 전반적으로 고려하여 볼 때, 자유민주적 기본질서에 역행하고자 하는 적극적인 의사를 가지고 있다거나 법치국가원리를 근본적으로 문제 삼는 중대한 위반행위라 할 수 없다.

(다) 대통령이 헌법의 대통령제와 대의제의 정신에 부합하게 국정을 운영하는 것이 아니라, 여소야대의 정국에서 재신임 국민투표를 제안함으로써 직접 국민에게 호소하는 방법을 통하여 직접민주주의로 도피하려고 하는 행위는 헌법 제72조에 반할 뿐만 아니라 법치국가이념에도 반하는 것이다.

그러나 이 경우에도 대통령이 단지 위헌적인 재신임 국민투표의 제안만을 하였을 뿐, 이를 강행하려는 시도를 하지 않았고, 한편으로는 헌법 제72조의 '국가안위에 관한 중요정책'에 재신임의 문제가 포함되는지 등 그 해석과 관련하여 학계에서도 논란이 있다는 점을 감안한다면, 민주주의원리를 구성하는 헌법상 기본원칙에 대한 적극적인 위반행위라 할 수 없고, 이에 따라 헌법질서에 미치는 부정적인 영향이 중대하다고 볼 수 없다.

(3) 소결론

(가) 결국, 대통령의 법위반이 헌법질서에 미치는 효과를 종합하여 본다면, 대통령의 구체적인 법위반행위에 있어서 헌법질서에 역행하고자 하는 적극적인 의사를 인정할 수 없으므로, 자유민주적 기본질서에 대한 위협으로 평가될 수 없다.

따라서 파면결정을 통하여 헌법을 수호하고 손상된 헌법질서를 다시 회복하는 것이 요청될 정도로, 대통령의 법위반행위가 헌법수호의 관점에서 중대한 의미를 가진다고 볼 수 없고, 또한 대통령에게 부여한 국민의 신임을 임기 중 다시 박탈해야 할 정도로 국민의 신임을 저버린 경우에 해당한다고도 볼 수 없으므로, 대통령에 대한 파면결정을 정당화하는 사유가 존재하지 않는다.

(나) 대통령의 권한과 정치적 권위는 헌법에 의하여 부여받은 것이며, 헌법을 경시하는 대통령은 스스로 자신의 권한과 권위를 부정하고 파괴하는 것이다. 특히, 짧은 민주정치의 역사 속에서 국민의 헌법의식이 이제야 비로소 싹트기 시작하였고 헌법을 존중하는 자세가 아직 국민 일반의 의식에 확고히 자리를 잡지 못한 오늘의 상황에서, 헌법을 수호하고자 하는 대통령의 확고한 태도가 얼마나 중요한지 하는 것은 아무리 강조해도 지나치지 않는다. 대통령은 '법치와 준법의 상징적 존재'로서 자신 스스로가 헌법과 법률을 존중하고 준수해야 함은 물론이고, 다른 국가기관이나 일반 국민의 위헌적 또는 위법적 행위에 대하여 단호하게 나섬으로써 법치국가를 실현하고 궁극적으로 자유민주적 기본질서를 수호하기 위하여 최선의 노력을 기울여야 한다.

7. 결론

가. 이 심판청구는 헌법재판소법 제23조 제2항에서 요구하는 탄핵결정에 필요한 재판관 수의 찬성을 얻지 못하였으므로 이를 기각하기로 하여, 헌법재판소법 제34조 제1항, 제36조 제3항에 따라 주문과 같이 결정한다.

나. 헌법재판소법 제34조 제1항에 의하면 헌법재판소 심판의 변론과 결정의 선고는 공개하여야 하지만, 평의는 공개하지 아니하도록 되어 있다. 이 때 헌법재판소 재판관들의 평의를 공개하지 않는다는 의미는 평의의 경과뿐만 아니라 재판관 개개인의 개별적 의견 및 그 의견의 수 등을 공개하지 않는다는 뜻이다. 그러므로 개별 재판관의 의견을 결정문에 표시하기 위해서는 이와 같은 평의의 비밀에 대해 예외를 인정하는 특별규정이 있어야만 가능하다. 그런데 법률의 위헌심판, 권한쟁의심판, 헌법소원심판에 대해서는 평의의 비밀에 관한 예외를 인정하는 특별규정이 헌법재판소법 제36조 제3항에 있으나, 탄핵심판에 관해서는 평의의 비밀에 대한 예외를 인정하는 법률규정이 없다. 따라서 이 탄핵심판사건에 관해서도 재판관 개개인의 개별적 의견 및 그 의견의 수 등을 결정문에 표시할 수는 없다고 할 것이다.

그러나 위의 견해에 대하여, 헌법재판소법 제34조 제1항의 취지는 최종결론에 이르기까지 그 외형적인 진행과정과 교환된 의견 내용에 관하여는 공개하지 아니한다는 평의과정의 비공개를 규정한 것이지, 평의의 결과 확정된 각 관여재판관의 최종적 의견마저 공개하여서는 아니 된다는 취지라고 할 수는 없으며, 동법 제36조 제3항은 탄핵심판과 정당해산심판에 있어 일률적으로 의견표시를 강제할 경우 의견표시를 하는 것이 부적절함에도 의견표시를 하여야만 하는 문제점이 있을 수 있기 때문에 이를 방지하고자 하는 고려에 그 바탕을 둔 법규정으로서, 탄핵심판에 있어 의견을 표시할지 여부는 관여한 재판관의 재량판단에 맡기는 의미로 보아 해석해야 할 것이므로 다수의견과 다른 의견도 표시할 수 있다는 견해가 있었다.

2004. 5. 14.

재 판 장 재 판 관 윤 영 철
　재 판 관 김 영 일
　재 판 관 권 성
　재 판 관 김 효 종
　재 판 관 김 경 일
　재 판 관 송 인 준

주 심 재 판 관 주 선 회

재 판 관 전 효 숙

재 판 관 이 상 경

第5章 박근혜 대통령

1. 대통령은 민정을 몰랐다

"있을 수 없는, 그리고 있어서도 안 되는 국정 문란으로 우리 대한민국이 이러다 결판나는 것 아닌가 하는 두려움이 쓰나미처럼 밀려온다. 제2차 세계대전 이후 정치와 경제 양 측면 모두 발전을 이룩한 세계에서 거의 유일한 자랑스러운 나라가 말이다. 그때마다 이 사태를 초래한 대통령과 그 주변 세력들에 대한 원망과 분노를 금할 수 없다. 도대체 이 지경에 이르도록 국민의 세금으로 월급을 받는 공직자, 특히 정무직 공무원들은 무엇을 했는가. 이른바 '늘보잡'들에게 아부해 고위직을 꿰차고 공직 사회를 공황 상태로 만든 자들은 모두 응분의 법적 책임을 물어야 한다. 아울러 국정 농단과 일탈이 생기지 않도록 사전적 및 사후적 통제를 그 목적으로 하는 각종 사정 시스템, 가령 검찰·경찰·국정원·감사원·각 부처 자체 감사실은 무엇을 했는지 그 책임을 묻지 않을 수 없다. 사정 시스템이 작동하지 않은 이유는 대통령과 민정수석이 민정(民情)의 중요성을 인식하지 못하고 이를 왜곡했기 때문이다. 옛날부터 위정자는 민심을 살피는 것(察民情)을 통치의 기본으로 삼았다. 특히 현명한 군주는 여러 사람의 지려(智慮)가 한 사람의 뛰어난 성인보다 낫다는 것을 알았다. 즉 필부(匹夫) 필부(匹婦)는 아는 것이 없는 것 같고 그래서 한 사람씩 이야기를 들어보면 어리석어 보이지만 이들이 모여서 내는 하나의 목소리는 성인의 이야기보다 낫고 하늘의 목소리임을 알았다. 그래서 세종대왕은 여론조사라는 것이 없던 시절에도 공론(公論)으로 통치를 한 것이다. 또한 현명한 군주는 물은 배를 띄울 수도 있지만 배를 엎을 수도 있는 것처럼 군주가 백성의 마음을 얻으면 굳건해지지만 잃으면 위태로워지는 것을 알았기 때문에 백성의 마음을 따르려고 했지 감히 백성들에게 자신의 마음을 따르도록 하지 않았다. 특히 백성이 가지는 원한과 분노의 감정은 그 단서가 매우 미미하지만 그것이 극에 이르게 되면 제어할 수 없기 때문에, 임금이 백성을 대할 때는 썩은 새끼줄로 여섯 마리 말을 몰 듯 조심했고 백성의 사정과 형편을 살피는 것을 제일의 과제로 삼았다. 오늘날 민주공화국에서는 왕조 시대보다 이러한 민정의 중요성이 훨씬 더 크기 때문에 대통령실에 민정수석을 두고 검찰·경찰·국세청 등 사정기관을 총괄하면서 이들로부터 올라오는 민심을 대통령에게 온전히 전달하는 역할을 부여한 것이다. 그런데 검사 출신 민정수석이 그 직무를 제대로 수행하지 못하고 민심을 전달하기는 커녕 오히려 이를 왜곡해 국정 문란과 파탄을 초래하게 했다. 사정기관들이 국정을 정의롭게 하는 데 기여하는 것이 아니라 거꾸로 비선 실세의 사적 이익 추구를 권력을 이용해 도와준 것으로 밝혀지고 있다. 안 그래도 우리나라 검찰은 기소권과 수사권을 독점하고 있어 없는 죄도 만들고 있는 죄도 없게 하는 무소불위의 권력이란 비판을 받는다. 이번에도 권력을 이용해 비선 실세의 국정 농단을 근거 없는 의혹으로 만들려 애써 왔다. 2014년 소위 정윤회 파동 때 박근혜 대통령은 외부로 유출된 청와대 문건을 '찌라시'라고 하면서 의혹을 근거 없는 이야기라고 단정했다. 그 뒤 검찰은 정말 대통령의 가이드라인 그대로 '혐의 없음'으로 결론을 내렸다. 이렇게 검찰을 장악하면 불법 행위도 아무런 처벌을 받지 않는 것을 보았기 때문에 최순○과 그 일당들은 미르·K스포츠 재단을 포함한 국정 농단을 마음 놓고 할 수 있었던 것이다. 실제 미르재단 이성○ 전 사무총장이 대기업 돈을 거두면서 꺼림칙해서 걱정을 토로하자 차은택이 우병○ 민정수석의 명함을 보여주면서 "우리를 봐주고 있으니 걱정하지 말라"고 했다고 한다. 이렇게 검찰을 장악하면 무엇이든 할 수 있다는 착각은 무서운 결과를 낳는다. 인사권과 민정수석을 통해 검찰을 장악하고 있다고 여긴 박근○ 대통령은 2016년 9월 22일 수석비서관회의에서 비선 실세에 대한 의혹 제기를 '비방과 확인되지 않은 폭로성 발언'이라 규정했다. 검찰 출신 황교○ 국무총리는 한 걸음 더 나아가 9월 23일 이러한 "불법에 해당하는 유언비어는 의법 조치도 가능한 것"이라며 법적 대응까지 시사했다. 10월 24일 JTBC 보도가 없었더라면, 대통령→민정수석→검찰로 이어지는 일사불란한 사정 체계 덕분에 더 큰 국정 농단이 생겨도 우리는 아마 확인되지 않는 비방을 계속할 뻔했다. 바꾸어 말하면, 정윤○ 사건 때 검찰이 이를 제대로만 수사했더라면 지금과 같은 참혹한 상황은 나타나지 않았을 것이다. 한 걸음 더 나아가 검찰이 정권 초부터 제 역할을 다했더라면 정윤회 사건도 발생하지 않아서 검찰도 살고, 박근혜 대통령도 살고, 나라도 살았을 터이다. 민정의 중요성과 무서움을 몰랐던 대통령과 이를 왜곡한 검찰 때문에 나라가 거의 결딴나고 있다. 민정수석과 검찰이 본래의 기능을 수행하도록 전면적으로 개혁하지 않는 한 5년마다 반복되는 국가의 비극이 다시 일어나지 않는다는 보장이 없다."[1]

---

1 김병섭(서울대학교 행정대학원 교수·국가리더십센터 소장), "대통령은 민정을 몰랐다", 중앙일보, 2016. 11. 17., 33면. http://news.joins.com/article/20883656, 2017. 4. 1.자 검색.

2. 대통령(박근혜)탄핵소추안

대통령(박근혜)탄핵소추안[2, 3]

◇ 주문

헌법 제65조 및 국회법 제130조의 규정에 의하여 대통령 박근혜의 탄핵을 소추한다.

◇ 피소추자

성 명 : 박근혜

---

2 강주일 기자, "박근혜 대통령 탄핵소추안 전문 공개", 스포츠경향, 2016. 12. 2., 김한솔 기자, "박근혜 대통령 소추안" ; 더불어민주당, 국민의당, 정의당 등 세 야당이 박근혜 대통령에 대한 탄핵소추안 최종안을 발표했다. 야 3당은 2일 박근혜 대통령에 대한 탄핵안을 발의하기로 하고 서명을 받는 작업에 돌입했다. 탄핵소추안 최종안에는 탄핵소추 사유에 대해 "최순실 등이 국정을 농단하여 부정을 저지르고 국가의 권력과 정책을 최순실 등의 '사익추구의 도구'로 전락하게 했다"며 "'헌법을 수호하고 국민의 자유와 복리의 증진을 위하여 대통령으로서의 직책을 성실히 수행할 것'을 기대한 주권자의 의사에 반하였으며, 법치국가원칙을 파괴하고, 대통령의 헌법수호 및 헌법 준수의무를 정면으로 위반했다"고 적혀있다. 또 세월호 참사 당시 국가적 재난과 위기상황을 수습하지 않은 점을 들어 국민의 생명권 보장(헌법 제10조) 조항을 위배했으며, '세월호 7시간' 동안의 행적에 대한 진실 규명을 요구했지만 비협조와 은폐로 일관하며 헌법상 기본권인 국민의 알권리를 침해해 왔다고 주장했다. 다음은 탄핵소추안 전문이다.
http://sports.khan.co.kr/culture/sk_index.html?art_id=201612022015003&sec_id=560901&pt=nv#csidx1990945648c2b6c90cf9e5de4d66289

3 임순현 기자, "박근혜 대통령 탄핵심판 사건과 관련한 주요 일지", 연합뉴스, 2017. 1. 5.자 ;
▲ 2016. 12. 09 = 국회, 박근혜 대통령 탄핵소추안 가결. 헌재에 탄핵소추의결서 접수 ▲ 12. 11 = 헌재, 탄핵심판 주심에 강일원 재판관 배당 ▲ 12. 13 = 준비절차 수명재판관에 이정미·이진성·강일원 재판관 지정 ▲ 12. 14 = 헌재, 탄핵심판 준비절차 회부 결정 ▲ 12. 15 = 헌재, 특검 및 검찰에 '최순실 게이트' 수사자료 제출 요청 ▲ 12. 16 = 박근혜 대통령 답변서 제출. 헌재의 수사자료 제출 요청에 대한 이의신청 ▲ 12. 22 = 탄핵심판 1차 준비절차기일 ▲ 12. 24 = 법무부, 헌재에 탄핵심판 요건 및 절차 적법 의견서 제출 ▲ 12. 26 = 서울중앙지검, 헌재에 '최순실 게이트' 수사자료 제출 ▲ 12. 27 = 탄핵심판 2차 준비절차기일. 대통령 측 미르재단 등 관계기관 사실조회 요청 ▲ 12. 30 = 탄핵심판 3차 준비절차기일. 헌재, 관계기관 7곳 사실조회 신청 채택. 국회의 박 대통령 변론기일 출석 요청 기각. 이재만·안봉근·윤전추·이영선(1월 5일), 최순실·안종범·정호성(1월 10일) 증인신문 일정 결정 ▲ 2017. 1. 1 = 박근혜 대통령 출입기자단 신년 인사회에서 탄핵소추사유 전면 부인 ▲ 1. 2 = 헌재, 대통령 및 국회 측 증인신청서 접수 완료. 통일교 재단에 대한 사실조회 신청 추가 채택 ▲ 1. 3 = 탄핵심판 1차 변론기일, 박 대통령 불출석 ▲ 1. 5 = 탄핵심판 2차 변론기일, 박 대통령 불출석

직 위 : 대통령

◇ 탄핵소추의 사유

헌법 제1조는 "대한민국은 민주공화국이다. 대한민국의 주권은 국민에게 있고, 모든 권력은 국민으로부터 나온다."라고 선언하고 있다. 대통령은 주권자인 국민으로부터 직접 선거를 통하여 권력을 위임받은 국가의 원수이자 행정부의 수반으로서 헌법을 준수하고 수호할 책무를 지며 그 직책을 성실하게 수행해야 한다(헌법 제66조 제2항, 제69조). 이러한 헌법의 정신에 의하면 대통령은 '법치와 준법의 존재'이며, "헌법을 경시하는 대통령은 스스로 자신의 권한과 권위를 부정하고 파괴하는 것"이다(헌재 2004. 5. 14. 선고 2004헌나1 결정).

헌법 제65조 제1항은 대통령이 그 직무집행에 있어서 헌법이나 법률을 위배한 때에는 국회는 탄핵의 소추를 의결할 수 있다고 규정하고 있다. 그런데 박근혜 대통령은 직무집행에 있어서 헌법과 법률을 광범위하게 그리고 중대하게 위배하였다.

아래에서 보는 것처럼 박근혜 대통령은 국민주권주의(헌법 제1조) 및 대의민주주의(헌법 제67조 제1항), 법치국가원칙, 대통령의 헌법수호 및 헌법준수의무(헌법 제66조 제2항, 제69조), 직업공무원제도(헌법 제7조), 대통령에게 부여된 공무원 임면권(헌법 제78조), 평등원칙(헌법 제11조), 재산권 보장(헌법 제23조 제1항), 직업선택의 자유(헌법 제15조), 국가의 기본적 인권 보장 의무(헌법 제10조), 개인과 기업의 경제상의 자유와 사적자치에 기초한 시장경제질서(헌법 제119조 제1항), 언론의 자유(헌법 제21조) 등 헌법 규정과 원칙에 위배하여 헌법질서의 본질적 내용을 훼손하거나 침해, 남용하였다. 또한 박근혜 대통령은 특정범죄가중처벌등에관한법률위반(뇌물)죄(특정범죄가중처벌등에관한법률 제2조 제1항 제1호, 형법 제129조 제1항 또는 제130조), 직권남용권리행사방해죄(형법 제123조), 강요죄(형법 제324조), 공무상비밀누설죄(형법 제127조) 등 각종 범죄를 저질러 법률의 규정에 위배하였다.

박근혜 대통령의 위와 같은 위헌, 위법행위는 헌법수호의 관점에서 볼 때 대한민국 헌법질서의 본질적 요소인 자유민주적 기본질서를 위협하는 행위로서 기본적 인권의 존중, 권력분립, 사법권의 독립을 기본요소로 하는 법치주의 원리 및 의회제도, 복수정당제도, 선거제도 등을 기본요소로 하는 민주주의 원리에 대한 적극적인 위반임과 동시에 선거를 통하여 국민이 부여한 민주적 정당성과 신임에 대한 배신으로서 탄핵에 의한 파면결정을 정당화하는 사유에 해당한다. 이에 박근혜 대통령을 파면함으로써 헌법을 수호하고 손상된 헌법질서를 다시 회복하기 위하여 탄핵소추안을 발의한다. 구체적인 탄핵소추 사유는 다음과 같다.

1. 헌법 위배행위

가. 국민주권주의(헌법 제1조), 대의민주주의(헌법 제67조 제1항), 국무회의에 관한 규정(헌법 제88조, 제89조), 대통령의 헌법수호 및 헌법준수의무(헌법 제66조 제2항, 제69조) 조항 위배

박근혜 대통령은 공무상 비밀 내용을 담고 있는 각종 정책 및 인사 문건을 청와대 직원을 시켜 최순실(최서원으로 개명. 이하 '최순실'이라고 한다)에게 전달하여 누설하고, 최순실과 그의 친척이나 그와 친분이 있는 주변인 등(이하 '최순실 등'이라고 한다)이 소위 비선실세로서 각종 국가정책 및 고위 공직 인사에 관여하거나 이들을 좌지우지하도록 하였다. 그 과정에서 국무위원이 아닌 최순실에게 국무회의의 심의를 거쳐야 하는 사항을 미리 알려주고 심의에 영향력을 행사하도록 하였다. 이러한 과정을 통하여 박근혜 대통령은 최순실 등의 사익을 위하여 대통령의 권력을 남용하여 사기업들로 하여금 각 수십억 원에서 수백억 원을 갹출하도록 강요하고 사기업들이 최순실 등의 사업에 특혜를 주도록 강요하는 등 최순실 등이 국정을 농단하여 부정을 저지르고 국가의 권력과 정책을 최순실 등의 '사익추구의 도구'로 전락하게 함으로써, 최순실 등 사인(私人)이나 사조직(私組織)이 아닌 박근혜 대통령 자신에게 권력을 위임하면서 '헌법을 수호하고 국민의 자유와 복리의 증진을 위하여 대통령으로서의 직책을 성실히 수행할 것'을 기대한 주권자의 의사에 반하여 국민주권주의(헌법 제1조) 및 대의민주주의(헌법 제67조 제1항)의 본질을 훼손하고, 국정을 사실상 법치주의(法治主義)가 아니라 최순실 등의 비선조직에 따른 인치주의(人治主義)로 행함으로써 법치국가원칙을 파괴하고, 국무회의에 관한 헌법 규정(헌법 제88조, 제89조)을 위반하고 대통령의 헌법수호 및 헌법준수의무(헌법 제66조 제2항, 제69조)를 정면으로 위반하였다.

나. 직업공무원 제도(헌법 제7조), 대통령의 공무원 임면권(헌법 제78조), 평등원칙(헌법 제11조) 조항 위배

박근혜 대통령은 청와대 간부들 및 문화체육관광부의 장, 차관 등을 최순실 등이 추천하거나 최순실 등을 비호하는 사람으로 임명하였다. 이러한 예로는 김종덕 문화체육관광부장관(차은택의 대학원 지도교수), 김종 문화체육관광부 차관(최순실의 추천), '문고리 삼인방'(이재만, 정호성, 안봉근), 윤전추 3급 행정관(최순실의 헬스트레이너), 차은○ 문화창조융합본부장, 김상○ 교육문화수석(차은택의 외삼촌), 송성○ 한국콘텐츠진흥원장(차은○의 지인) 등을 들 수 있다. 박근○ 대통령은 이들이 최순○ 등의 사익추구를 방조하거나 조장하도록 하였는데 예를 들어 김종○ 2013. 10. 최순○ 의 추천으로 문화체육관광부 차관으로 임명되어 2016. 10. 30. 사퇴할 때까지 최순○ 등의 체육계 인사 개입과 이권 장악을 도왔다. 김 전 차관은 문체부 산하 공기업 그랜 드코리아레저(GKL)가 창단한 장애인 펜싱팀 대행업체로 더블루케이를 선정하도록 압박하고, 케이스포츠재단 설립 과정을 돕고, 더블루케이에 평창동계올림픽 관련 이 권사업을 몰아주었다. 또한 박근○ 대통령은 최순실 등의 사익추구에 방해될 문화체 육관광부의 고위 공직자들을 자의적으로 해임시키거나 전보시켰는데 이러한 예로는 2013. 4. 최순○의 딸 정유○가 한국마사회컵 승마대회에서 우승을 못하자 청와대의 지시로 문화체육관광부가 승마협회를 조사·감사하였고, 그 결과가 흡족하지 않자 박 근○ 대통령은 2013. 8. 유진○ 문화체육관광부장관에게 동 조사·감사에 관여한 노강 ○ 국장과 진재○ 과장을 두고 "나쁜 사람"이라고 언급하고 경질을 사실상 지시하였 고, 그 후 이들은 산하기관으로 좌천된 일을 들 수 있다. 이와 관련하여 2014. 7. 유진 ○ 장관이 갑자기 면직되었고, 그 후 2014. 10. 청와대 김기○ 비서실장으로부터 문화 체육관광부 김희○ 차관에게 문화체육관광부 1급 공무원 6명의 일괄 사표를 받으라 는 부당한 압력이 행사되었고 이들은 명예퇴직을 하게 되기도 하였다. 이와 같이 '국 민전체에 대한 봉사자로서 신분이 보장되는' 공무원을 최순○ 등의 '사익에 대한 봉 사자'로 전락시키고 공무원의 신분을 자의적으로 박탈시킴으로써 직업공무원제도(헌 법 제7조)의 본질적 내용을 침해하고, 대통령에게 부여된 공무원 임면권(헌법 제78조) 을 남용하였다. 또 박근혜 대통령은 애초에 최순○ 등을 비호하기 위한 공무원 임면 을 통하여 최순실 등이 문화체육관광부로부터 동계스포츠영재센터(최순○의 조카 장 시○ 운영)를 통하여 6억7천만 원을, '늘품체조'(차은○이 제작)로 3억 5천만 원의 예 산지원을 받는 등 각종 이권과 특혜를 받도록 방조하거나 조장함으로써 '국가가 법집 행을 함에 있어서 불평등한 대우를 하지 말아야 한다'는 평등원칙(헌법 제11조)을 위 배하고 정부재정의 낭비를 초래하였다.

다. 재산권 보장(헌법 제23조 제1항), 직업선택의 자유(헌법 제15조), 기본적 인권보장 의무 (헌법 제10조), 시장경제질서(헌법 제119조 제1항), 대통령의 헌법수호 및 헌법준수의무 (헌법 제66조 2항, 제69조) 조항 위배

박근○ 대통령은 청와대 수석비서관 안종○ 등을 통하여 최순○ 등을 위하여 사기업에게 금품 출연을 강요하여 뇌물을 수수하거나 최순○ 등에게 특혜를 주도록 강요하고, 사기업의 임원 인사에 간섭함으로써 '국민의 자유와 복리'를 증진하고 '기본적 인권을 보장할 의무'를 지니는 대통령이 오히려 기업의 재산권(헌법 제23조 제1항)과 개인의 직업선택의 자유(헌법 제15조)를 침해하고, 국가의 기본적 인권의 보장의무(헌법 제10조)를 저버리고, '개인과 기업의 경제상의 자유와 사적자치에 기초한' 시장 경제질서(헌법 제119조 제1항)를 훼손하고, 대통령의 헌법수호 및 헌법준수의무(헌법 제66조 제2항, 제69조)를 위반하였다.

라. 언론의 자유(헌법 제21조 제1항), 직업선택의 자유(헌법 제15조) 조항 위배

언론의 자유는 "민주국가의 존립과 발전을 위한 기초"가 되며, 따라서 "특히 우월적인 지위"를 지닌다. 그런데 최순실 등 '비선실세'의 국정농단과 이를 통한 사익 추구를 통제해야 할 박근혜 대통령 및 그 지휘·감독을 받는 대통령비서실 간부들은 오히려 최순○ 등 비선실세의 전횡을 보도한 언론을 탄압하고, 언론사주에게 압력을 가해 신문사 사장을 퇴임하게 만들었다. 일례로 세계일보는 2014. 11. '박근혜 대통령의 국회의원 시절 비서실장이자 최태○의 사위인 정윤○가 문고리 3인방을 포함한 청와대 안팎 인사 10명을 통해 각종 인사개입과 국정농단을 하고 있다.'라며 '정윤○ 문건'을 보도하였다. 이에 대하여 박근○ 대통령은 2014. 12. 1. 비정상적인 국정 운영이 이루어지고 있다는 보도내용의 사실 여부에 대해서는 언급이 없이 '기초적인 사실 확인조차 하지 않은 채 외부로 문건을 유출하게 된 것은 국기문란'이라면서 문건의 외부 유출 및 보도가 문제라는 취지로 발언하였다. 그 후 김기○ 비서실장은 2014. 12. 13. 문건 수사를 '조기 종결토록 지도하라.'라고 김영○ 전 민정수석비서관에게 지시하였고, 우병○ 당시 민정비서관은 당시 문건 유출자로 지목받던 한일 전 경위에게 '자진 출두해서 자백하면 불기소 편의를 봐줄 수 있다.'라고 하였으며, 김상○ 청와대 교육문화수석비서관은 2015. 1. 세계일보 편집국장 한용○을, 신성호 청와대 홍보특보는 세계일보 조한규 사장을 만나 세계일보의 추가 보도에 대하여 수습을 원하는 메시지를 전달하였다. 한편 그 무렵 청와대 고위 관계자는 세계일보의 사주(社主)인 통일교의 총재(한학자)에게 전화하여 조한○ 사장의 해임을 요구하였고, 조한○ 사장은 2016. 2. 세계일보 사장에서 물러났으며, 세계일보는 그후 추가 보도를 자제하였다. 이러한 청와대의 세계일보 보도의 통제 및 언론사 사장 해임은 최순○ 등의 비선실세에 대한 언론보도를 통제하고 다른 언론에도 위축효과를 가져온 것으로서, 박근혜 대통령과 최순○의 긴밀한 관계 및 박근혜 대통령의 위 2014. 12. 1. 발언을 고려하면, 청와대의 세계일보 언론 탄압은 박근○ 대통령의 지시 혹은 묵인 하에서 벌어진 것이므로 박근○ 대통령은 언론의 자유(헌법 제21조 제1항) 및 직업의 자유(헌법 제15조)의 침해에 대한 책임이 있다.

마. 생명권 보장(헌법 제10조) 조항 위배

대통령은 국가적 재난과 위기상황에서 국민이 생명과 안전을 지켜야 할 의무가 있다. 그러나 이른바 세월호 참사가 발생한 당일 오전 8시 52분 소방본부에 최초 사고접수가 된 시점부터 당일 오전 10시 31분 세월호가 침몰하기까지 약 1시간 반 동안 국가적 재난과 위기상황을 수습해야 할 박근혜 대통령은 어디에도 보이지 않았다. 침몰 이후 한참이 지난 오후 5시 15분경에야 대통령은 재난안전대책본부에 나타나 "구명 조끼를 학생들은 입었다고 하는데 그렇게 발견하기가 힘듭니까?"라고 말하여 전혀 상황파악을 하지 못하였음을 스스로 보여주었다. 대통령은 온 국민이 가슴 아파하고 눈물 흘리는 그 순간 국민의 생명과 안전을 책임지는 최고결정권자로서 세월호 참사의 경위나 피해상황, 피해규모, 구조진행상황을 전혀 인지하지 못하고 있었던 것이다. 그 후 박근혜 대통령은 국민들과 언론이 수차 이른바 '세월호 7시간' 동안의 행적에 대한 진실 규명을 요구하였지만 비협조와 은폐로 일관하며 헌법상 기본권인 국민의 알권리를 침해해 왔다. 최근 청와대는 박대통령이 당일 오전 9시 53분경에 청와대 외교안보수석실로부터, 10시경에 국가안보실로부터 각 서면보고를 받았고, 오전 10시 15분과 10시 22분 두 차례에 걸쳐 국가안보실장에게 전화로 지시하였으며, 오전 10시 30분에는 해양경찰청장에게 전화로 지시하였다고 일방적으로 발표하였다. 그러나 이를 확인할 수 있는 근거자료는 전혀 제시하지 않았다. 만일 청와대의 주장이 사실이라 하더라도 대통령은 처음 보고를 받은 당일 오전 9시 53분 즉시 사태를 정확히 파악하고 동원 가능한 모든 수단과 방법을 사용하여 인명구조에 최선을 다했어야 한다. 또한 청와대 참모회의를 소집하고, 관계 장관 및 기관을 독려했어야 한다. 그러나 박근혜 대통령은 편면적인 서면보고만 받았을 뿐이지 대면보고조차 받지 않았고 현장 상황이 실시간 보도되고 있었음에도 방송 내용조차 인지하지 못했다. 결국 국가적 재난을 맞아 즉각적으로 국가의 총체적 역량을 집중 투입해야 할 위급한 상황에서 행정부 수반으로서 최고결정권자이자 책임자인 대통령이 아무런 역할을 수행하지 않은 것이다. 세월호 참사와 같은 국가재난상황에서 박대통령이 위와 같이 대응한 것은 사실상 국민의 생명과 안전을 보호하기 위한 적극적 조치를 취하지 않는 직무유기에 가깝다 할 것이고 이는 헌법 제10조에 의해서 보장되는 생명권 보호 의무를 위배한 것이다.

2. 법률 위배행위

가. 재단법인 미르, 재단법인 케이스포츠 설립? 모금 관련 범죄

(1) 사실관계
(가) 재단 설립에 이르게 된 경위

박근혜 대통령은 정부의 수반으로서 법령에 따라 중앙행정기관의 장을 지휘·감독하여 정부의 중요정책을 수립·추진하는 등 모든 행정업무를 총괄하는 직무를 수행하고, 대형건설 사업 및 국토개발에 관한 정책, 통화, 금융, 조세에 관한 정책 및 기업활동에 관한 정책 등 각종 재정·경제 정책의 수립 및 시행을 최종 결정하며, 소관 행정 각 부의 장들에게 위임된 사업자 선정, 신규 사업의 인·허가, 금융지원, 세무조사 등 구체적 사항에 대하여 직접 또는 간접적인 권한을 행사함으로써 기업체들의 활동에 있어 직무상 또는 사실상의 영향력을 행사할 수 있는 지위에 있음을 이용하여 최순실, 안종○과 공모하여 문화발전 및 스포츠 산업 발전을 구실로 박근혜 대통령 본인 혹은 최순실 등이 지배하는 재단법인을 만들고 전국경제인연합회(이하 '전경련'이라 한다) 소속 회원 기업들로부터 출연금 명목으로 돈을 받기로 마음먹었다. 박근혜 대통령은 2015. 7. 20경 안종○에게 '10대 그룹 중심으로 대기업 회장들과 단독 면담을 할 예정이니 그룹 회장들에게 연락하여 일정을 잡으라.'는 지시를 하고 안종범은 10대 그룹 중심으로 그 대상 기업을 선정한 다음 대통령의 승인을 받아 삼성 등 7개 그룹을 최종적으로 선정하여 각 그룹 회장들에게 대통령이 2015. 7. 24. 예정인 창조경제혁신센터 전담기업 회장단 초청 오찬 간담회 직후 단독 면담을 원한다는 의사를 전달하고 협의를 통하여 2015. 7. 24.~25. 양일간 단독 면담을 진행하기로 한 다음 그 사실을 대통령에게 보고하였다. 박근혜 대통령은 2015. 7. 24. 오후 현대자동차 그룹 회장 정몽○, 부회장 김용○, 씨제이그룹 회장 손경○, 에스케이이노베이션 회장 김창○을, 같은 달 25. 같은 장소에서 삼성그룹 부회장 이재○, 엘지그룹 회장 구본○, 한화그룹 회장 김승○, 한진그룹 회장 조양○ 등 대기업 회장들과 순차적으로 각 단독 면담을 하고, 그 자리에서 위 대기업 회장들에게 문화, 체육 관련 재단법인을 설립하려고 하는데 적극 지원을 해달라는 취지로 발언하였다.

대기업 회장들과 단독 면담을 마친 박근혜 대통령은 안종○에게 '전경련 산하 기업체들로부터 금원을 갹출하여 각 300억 원 규모의 문화와 체육 관련 재단을 설립하라.'는 취지의 지시를 하고, 안종○은 그 직후인 2015. 7. 하순경부터 8. 초순경까지 사이에 전경련 상근부회장인 이승○에게 '청와대에서 문화재단과 체육재단을 만들려고 하는데 대통령께서 회의에서 기업 회장들에게 이야기를 했다고 하니 확인을 해 보면 알고 있을 것이다.'라고 하면서 재단 설립을 추진하라는 취지로 지시하였다. 박근혜 대통령은 그 무렵 최순실에게 '전경련 산하 기업체들로부터 금원을 갹출하여 문화재단을 만들려고 하는데 재단의 운영을 살펴봐 달라.'는 취지의 요청을 하고, 이러한 요청을 받은 최순실은 재단의 이사장 등 임원진을 자신이 지정하는 사람들로 구성하여 재단 업무 관련 지시를 내리고 보고를 받는 등 재단의 인사 및 운영을 장악하였다.

(나) 재단법인 미르 설립 및 모금

최순실은 위와 같이 2015. 7.경 재단 설립에 대한 논의가 시작된 후 실제 기업체들의 자금 출연 등이 이루어지지 않아 재단 설립이 지체되던 중, 2015. 10. 하순경 리커창 중국 총리가 방한 예정이라는 사실을 알고 정호○ 비서관에게 '리커창 중국 총리가 곧 방한 예정이고 대통령이 지난 중국 방문 당시 문화교류를 활발히 하자고 하셨는데 구체적 방안으로 양국 문화재단 간 양해각서(MOU)를 체결하는 것이 좋을 것으로 보인다. 이를 위해서는 문화재단 설립을 서둘러야 한다.'라고 말하였고 정호성을 통하여 이를 전달받은 박근혜 대통령은 2015. 10. 19.경 안종○에게 '2015. 10. 하순경으로 예정된 리커창 중국 총리 방한 때 양해각서를 체결하여야 하니 재단 설립을 서두르라.'는 지시를 하였다. 이에 안종○은 2015. 10. 19.경 이승철에게 전화하여 '급하게 재단을 설립하여야 하니 전경련 직원을 청와대 회의에 참석시켜라.'고 지시하고, 청와대 경제수석비서관실 소속 경제금융비서관인 최상목에게 '300억원 규모의 문화재단을 즉시 설립하라.'라는 취지로 지시하였다. 안종○의 지시를 받은 최상목은 2015. 10. 21. 청와대 경제금융비서관 사무실에서 청와대 행정관, 전경련 사회본부장, 사회공헌팀장이 참석한 회의(1차 청와대 회의)를 주재하면서 '10월 말로 예정된 리커창 총리의 방한에 맞추어 300억 원 규모의 문화재단을 설립하여야 하고 출연하는 기업은 삼성, 현대차, 에스케이, 엘지, 지에스, 한화, 한진, 두산, 씨제이 등 9개 그룹이다.'라는 취지로 지시하였고, 이에 전경련 관계자들은 급하게 재단설립 절차 등을 확인한 후 9개 그룹에 대한 출연금 분배 방안 문건 등을 준비하였다. 한편 최순실은 2015. 9.말경부터 10.경까지 문화재단에서 일할 임직원을 직접 면접을 본 후 선정하였고 같은 달 하순경 문화재단의 명칭을 '미르'라고 정하였으며, 위 재단 이사장을 '김형수', 사무총장을 '이성○'으로 정하는 등 임원진 명단과 조직표 및 정관을 마련하였다. 최순실로부터 위와 같은 경과를 들은 박근혜 대통령은 2015. 10. 21. 안종○에게 '재단 명칭은 용의 순수어로 신비롭고 영향력이 있다는 뜻을 가진 미르라고 하라.'라고 하면서 이사장, 이사 및 사무총장 인선 및 사무실 위치 등에 관한 지시를 하였고, 안종○은 이를 다시 최상○에게 지시하였다. 안종○의 지시를 받은 최상○은 2015.

10. 22. 오후 전경련 관계자, 문화체육관광부 소속 공무원 등이 참석한 회의(2차 청와대 회의)를 주재하면서 전경련이 준비해 온 문건 등을 보고받고, '재단은 10. 27.까지 설립되어야 한다. 전경련은 재단 설립 서류를 작성·제출하고, 문체부는 10. 27. 개최될 재단 현판식에 맞추어 반드시 설립허가가 이루어질 수 있도록 하라.'고 지시하면서 전경련이 보고한 9개 그룹의 분배 금액을 조정하여 확정하였다. 위와 같은 회의 결과에 따라 전경련 관계자들은 2015. 10. 23. 아침에 삼성, 현대차, 에스케이, 엘지 등 4대 그룹 임원 조찬 회의를, 오전에 지에스, 한화, 한진, 두산, CJ 등 5개 그룹 임원 회의를 각 개최하여, 각 그룹 임원들에게 '청와대의 요청으로 문화 및 체육 관련 재단을 만들어야 한다. 문화 재단은 10. 27.까지 설립하여야 한다. 출연금을 낼 수 있는지 신속히 확인해 달라.'고 요청하면서 그룹별 출연금 할당액을 전달하였다. 한편 전경련 측은 문화관광체육부에 설립허가를 위한 서류 및 절차 등을 문의하였다. 최상목은 2015. 10. 23. 다시 전경련 관계자 및 문화관광체육부 소속 공무원들이 참석한 회의(3차 청와대 회의)를 주재하면서 '아직까지도 출연금 약정서를 내지 않은 그룹이 있느냐. 그 명단을 달라.'고 말하며 모금을 독촉하고, '미르'라는 재단 명칭과 주요 임원진 명단을 전경련 관계자들 전달하면서 '이사진에게 따로 연락은 하지 말라.'라는 주의를 주었다. 같은 날(2015. 10. 23.) 전경련은 9개 그룹으로부터 출연금 총 300억 원에 대한 출연 동의를 받아 설립허가 신청에 필요한 재산출연증서 등의 서류를 받아두고, 정관(기본재산과 보통재산의 비율이 9:1), 창립총회 회의록의 작성도 마무리 중이었다. 그런데 최상○은 같은 날 전경련에 '롯데도 출연 기업에 포함시켜라.'고 지시하였고, 전경련 관계자들은 롯데를 포함시키는 방안을 검토하기 시작하였다. 한편 안종범은 2015. 10. 24. 전경련 관계자에게 '재단법인 미르의 출연금 규모를 300억 원에서 500억 원으로 증액하라. 출연 기업에 케이티, 금호, 신세계, 아모레는 반드시 포함시키고, 현대중공업과 포스코에도 연락해 보고, 추가할 만한 그룹이 더 있는지도 알아보라.'라고 지시하였다. 이에 따라 전경련 관계자들은 500억 원 기준으로 새로운 출연금 분배안을 작성하고, 기존에 출연이 결정되어 있던 삼성, 현대차, 에스케이, 엘지, 지에스, 한화, 한진, 두산, 씨제이 등 9개 그룹에는 증액을, 안종○이 추가로 출연 기업으로 포함시키라고 지시한 롯데, 케이티, 금호, 신세계, 아모레, 현대중공업, 포스코 등 7개 그룹과 전경련이 추가한 엘에스와 대림 등 2개 그룹에는 '청와대의 지시로 문화 재단을 설립한다. 출연 여부를 결정하여 달라.'고 요청하였다. 위와 같은 요청을 받은 18개 그룹 중 현대중공업(재무상태가 극도로 악화)과 신세계(문화 분야에 이미 거액 투자)를 제외한 16개 그룹은 재단의 사업계획서 등에 대한 사전 검토절차도 제대로 거치지 아니한 채 출연을 결정하게 되었다. 2015. 10. 26. 서울 서초구 소재 팔레스호텔에서 재단법인 미르의 이사로 내정된 사람들이 상견례를 하는 한편, 전경련 관계자들은

500억 원을 출연하는 각 그룹사 관계자들을 불러 재산출연증서 등 서류를 제출받고, 전경련에서 준비한 정관 및 마치 출연기업 임원들이 재단 이사장 등을 추천한 것처럼 작성된 창립총회 회의록에 법인 인감을 날인 받았다. 그러던 중 안종○은 최상○을 통해 전경련 측에 '재단법인 미르의 기본 재산과 보통재산 비율을 기존 9:1에서 2:8로 조정하라'는 취지의 지시를 하였고, 팔레스호텔에서 기업 회원사의 날인을 받고 있던 전경련 관계자는 급히 지시에 따라 정관과 창립총회 회의록 중 기본재산과 보통재산 비율 부분을 수정한 후 이미 날인을 한 회원사 관계자들에게 다시 연락하여 위와 같이 수정한 정관과 창립총회 회의록에 날인해 줄 것을 부탁하였으나, 결국 발기인으로 참여한 19개 법인 중 1개 법인(에스케이 하이닉스)으로부터는 날인을 받지 못하였다. 다급해진 전경련 측은 문화체육관광부 하윤○ 대중문화산업과장에게 연락하여 법인 설립허가 신청서류를 서울에서 접수할 수 있도록 협조해 달라고 요청하고, 세종특별자치시 소재 문체부 대중문화산업과 사무실에 있던 하윤○은 소속 주무관에게 지시하여 서울로 출장을 가서 전경련으로부터 신청서류를 접수받도록 하였다. 한편 관련 법령에 의하면 정상적으로 법인을 설립하기 위해서는 발기인 전원이 날인한 정관과 창립총회 회의록이 구비서류로 제출되어야 함에도 불구하고, 전경련 측은 청와대에서 지시한 시한(10. 27.)까지 설립 허가를 마치기 위하여 서울 용산구 소재 문체부 서울사무소에서 문화관광체육부 주무관에게 에스케이하이닉스의 날인이 없는 정관과 창립총회 회의록 등 설립허가 신청서류를 접수하였고, 이와 같은 하자가 있음에도 위 주무관은 같은 달 26. 20:07경 재단법인 미르의 설립허가에 관한 기안을 하였고 문화관광체육부는 다음날 09:36경 내부 결재를 마치고 설립허가를 해주었다. 결국, 위 16개 그룹 대표 및 담당 임원들은 박근혜 대통령과 최순실, 안종○의 요구에 따라 2015. 11.경부터 2015. 12.경까지 위와 같이 결정한 출연약정에 따라 재단법인 미르(2015. 10. 27. 설립)에 합계 486억 원의 출연금을 납부하였다.

(다) 재단법인 케이스포츠 설립 및 모금

최순실은 2015. 12. 초순경 스포츠재단에 대한 사업계획서를 작성하고 재단법인 케이스포츠에서 일할 임직원을 면접을 거쳐 선정한 다음 임원진 명단을 이메일로 정호성에게 보냈다. 최순실로부터 위와 같은 내용을 들은 박근혜 대통령은 같은달 11. 및 20. 안종범에게 임원진 명단을 알려주고 재단의 정관과 조직도를 전달하면서 서울 강남에 사무실을 구하라는 지시를 하였다. 안종○은 2015. 12. 중순경 전경련 관계자에게 전화하여 '예전에 말한 대로 300억 원 규모의 체육재단도 설립해야 하니 미르 때처럼 진행하라.'고 지시하였고, 전경련 관계자들은 재단법인 미르 설립 과정에서 연락했던 그룹 명단 및 각 그룹의 매출액을 기초로 출연금액을 할당하고, 각 그룹의 담당

임원들에게 '청와대 요청에 따라 300억 원 규모의 체육재단도 설립하여야 한다. 할당된 출연금을 납부하라.'고 전달하였다. 전경련 관계자들은 2015. 12. 21. 청와대 행정관으로부터 재단법인 케이스포츠 정관, 주요 임원진 명단 및 이력서를 팩스로 송부받고 재단법인 미르 때와 마찬가지로 마치 출연기업 임원들이 재단 이사장 등을 추천한 것처럼 창립총회 회의록을 작성한 다음, 2016. 1. 12. 전경련회관으로 해당 기업 관계자들을 불러 재산출연증서 등 서류를 제출받고 정관과 창립총회 회의록에 날인을 받았다. 결국 현대자동차 등 재단법인 케이스포츠에 자금을 출연하기로 한 16개 그룹은 박근혜 대통령과 최순실, 안종○의 요구에 따라 2016. 2.경부터 2016. 8.경까지 재단법인 케이스포츠(2016. 1. 13. 설립)에 합계 288억 원의 출연금을 납부하였다.

(2) 법률적 평가

(가) 특정범죄가중처벌등에관한법률위반(뇌물)죄

대통령은 정부의 수반으로서 중앙행정기관의 장을 지휘·감독하여 정부의 중요정책을 수립·추진하는 등 모든 행정업무를 총괄하는 직무를 수행하고, 대형건설 사업 및 국토개발에 관한 정책, 통화, 금융, 조세에 관한 정책 및 기업 활동에 관한 정책 등 각종 재정·경제 정책의 수립 및 시행을 최종 결정하며, 소관 행정 각 부의 장들에게 위임된 사업자 선정, 신규 사업의 인·허가, 금융지원, 세무조사 등 구체적 사항에 대하여 직접 또는 간접적인 권한을 행사함으로써 기업체들의 활동에 있어 직무상 또는 사실상의 영향력을 행사할 수 있는 지위에 있다. 또한 뇌물죄는 직무집행의 공정과 이에 대한 사회의 신뢰에 기하여 직무행위의 불가매수성을 그 직접의 보호법익으로 하고 있고, 뇌물성을 인정하는 데에는 특별히 의무위반행위의 유무나 청탁의 유무 등을 고려할 필요가 없는 것이므로 뇌물은 대통령의 직무에 관하여 공여되거나 수수된 것으로 족하고 개개의 직무행위와 대가적 관계에 있을 필요가 없으며, 그 직무행위가 특정된 것일 필요도 없다. (대법원 1997. 04. 17. 선고 96도3377 전원합의체 판결[특정범죄가중처벌등에관한법률위반(뇌물·뇌물방조·알선수재)·특정경제범죄가중처벌등에관한법률위반(저축관련부당행위)·뇌물공여·업무방해] 참조)

그런데 박근혜 대통령은 2015. 7. 24.~25. 위와 같이 7개 그룹 회장과 각각 단독면담을 하기 전 안종범에게 지시하여 각 그룹으로부터 '각 그룹의 당면 현안을 정리한 자료'를 제출받도록 하였다. 이때 제출된 내용은 '오너 총수의 부재로 인해 큰 투자와 장기적 전략 수립이 어렵다'(에스케이 및 씨제이), '삼성물산과 제일모직의 합병에 헤지펀드 엘리엇의 반대가 심하다'(삼성), '노사 문제로 경영환경이 불확실하다'(현대차) 등의 내용이다. 안종범은 이러한 내용을 정리하여 대통령에게 전달하였다. 민원적 성격을 가진 위의 '당면 현안'은 대통령의 사면권, 대통령 및 경제수석비서관(안종범)의 재정·경제·금융·노동 정책에 관한 권한과 직·간접적으로 관련이 있는 것이다. 실제로 기업들이 두 재단법인에 출연금 명목의 돈을 납부한 시기를 전후하여 박근혜 대통령은 위 '당면 현안'을 비롯하여 출연 기업들에게 유리한 조치를 다수 시행하였다. 삼성 그룹의 경우, 박근혜 대통령의 지휘?감독을 받는 문형표 보건복지부 장관은 2015. 6. 국민연금 의결권행사 전문위원들에게 전화를 하여 삼성물산과 제일모직의 합병에 찬성해달라는 취지의 요청을 하였다. 국민연금공단은 보건복지부 산하 공공기관이며 대통령은 공단 이사장에 대한 임면권을 가지고 있다(국민연금법 제30조 제2항). 합병 결의를 위한 주주총회일(2015. 7. 17) 직전인 2015. 7. 7.에는 국민연금 기금운용본부장 홍완선이 내부반발에도 불구하고 삼성 이재용 부회장과 면담을 했다. 홍 본부장은 외부 전문가 9명으로 구성된 의결권 전문행사위원회가 아닌 자신이 위원장을 겸했던 투자위원회에서 삼성물산 합병에 찬성키로 결정하기도 했다.(삼성 그룹 출연액 204억 원)

에스케이 그룹의 경우, 박근혜 대통령은 2015. 8. 13. 에스케이 최태원 회장을 특별사면했다. 또한 에스케이 그룹은 대규모 면세점을 경영해왔는데 2015. 11.경 면세점 특허권 심사에서 탈락해서 사업권을 상실했다가 2016. 3. 기획재정부가 개선방안을 발표하고 이에 따라 2016. 4. 관세청이 서울시내에 면세점 4개소 추가 선정 계획을 밝히자 사업권 특허 신청을 하였다. (에스케이 그룹 출연액 111억 원)

롯데 그룹의 경우, 대규모 면세점을 경영해왔는데 2015. 11.경 각각 면세점 특허권 심사에서 탈락해서 사업권을 상실했다가 2016. 3. 기획재정부가 개선방안을 발표하고 이에 따라 2016. 4. 관세청이 서울시내에 면세점 4개소 추가 선정 계획을 밝히자 사업권 특허 신청을 하였다. 또한 롯데 그룹은 경영권 분쟁 및 비자금 등의 문제로 2005. 12.경부터 그룹 내부 인사들 사이 및 시민단체로부터의 고소, 고발로 검찰의 수사대상이었고 2016. 6. 10. 그룹 정책본부, 신동빈 회장 자택, 신격호 총괄회장 집무실 등에 대하여 검찰로부터 압수수색을 당한 이래 계속 수사를 받아왔으며 2016. 10. 19.에는 신동빈 회장이 기소되었다. 박근혜 대통령은 민정수석비서관을 통하여 검찰이 수사 중인 주요 사건에 대한 보고를 받을 뿐 아니라 검찰사무의 최고 감독자로서 일반적으로 검사를 지휘·감독하고 구체적 사건에 대하여는 검찰총장을 지휘·감독하는 법무부 장관에 대한 임명권 및 지휘?감독권을 가지고 있다. 또한 아래에서 보는 것과 같이 박근혜 대통령과 최순실, 안종범은 롯데 그룹에 대한 수사가 진행 중이던 때에 추가로 70억 원을 받았다가 압수수색 등 본격적인 강제수사가 시작되기 하루 전 그 돈을 반환하기도 하였다. (롯데 그룹 출연액 45억 원)

위에서 본 것과 같이 대통령의 광범위한 권한, 기업 대표와 단독 면담을 갖고 민원 사항을 들었던 점, 재단법인 출연을 전후한 대통령 및 정부의 조치를 종합하여 보면 출연 기업들 중 적어도 경영권 승계와 관련한 국민연금의 의결권 행사, 특별사면, 면세점 사업권 특허신청, 검찰 수사 등 직접적 이해관계가 걸려 있었던 삼성, 에스케이, 롯데 그룹으로부터 받은 돈(합계 360억 원)은 직무관련성이 인정되는 뇌물이라고 보아야 할 것이다.

또한 위에서 본 것과 같이 재단법인 미르와 재단법인 케이스포츠 재단은 박근혜 대통령과 최순실이 인사, 조직, 사업에 관한 결정권을 장악하여 사실상 지배하고 있으므로 박근혜 대통령의 행위는 형법상의 뇌물수수죄(형법 제129조 제1항)에 해당한다. 만일 재단법인에 대한 지배력이 인정되지 않는다고 하더라도 재단법인에 뇌물을 출연하게 한 것은 형법상의 제3자뇌물수수죄에 해당한다. 어느 경우든지 수뢰액이 1억 원 이상이므로 결국 박근혜 대통령의 위와 같은 행위는 특정범죄가중처벌등에관한법률위반(뇌물)죄(특정범죄가중처벌등에관한법률 제2조 제1항 제1호, 형법 제129조 제1항 또는 제130조)에 해당한다. 이는 법정형이 무기 또는 10년 이상의 징역에 해당하는 중죄다.

(나) 직권남용권리행사방해죄, 강요죄

위에서 본 바와 같이 대통령은 정부의 수반으로서 중앙행정기관의 장을 지휘·감독하여 정부의 중요정책을 수립·추진하는 등 모든 행정업무를 총괄하는 직무를 수행하고, 대형건설 사업 및 국토개발에 관한 정책, 통화, 금융, 조세에 관한 정책 및 기업활동에 관한 정책 등 각종 재정·경제 정책의 수립 및 시행을 최종 결정하는 등 국정 전반에 걸쳐 광범위한 권한을 가지고 있다. 또한 대통령과 공모한 안종범은 2014. 6.경부터 2016. 5.경까지 사이에 정부조직법과 대통령령인 대통령비서실직제에 따라 대통령의 직무를 보좌하는 차관급 정무직 공무원인 대통령비서실 경제수석비서관으로 재직하면서 대통령을 보좌하여 산하에 경제금융비서관·농축산식품비서관·해양수산비서관을 두고 재정·경제·금융·산업통상·중소기업·건설교통 및 농림해양수산 정책 등을 포함한 국가정책에 관한 사무를 관장하였고, 2016. 5.경부터 2016. 10.경까지는 정책조정수석비서관으로 재직하면서 대통령을 보좌하여 산하에 기획비서관·국정과제비서관·재난안전비서관을 두고 대통령의 국정 전반에 관한 주요상황 파악·분석·관리, 국정과제 추진 관리, 이행점검, 주요 국정과제 협의·조정 등의 사무를 관장했다. 이와 같이 막강한 권한을 행사하는 박근혜 대통령과 안종범으로부터 재단법인에 출연금을 납부하라는 요구를 받고, 위에서 본 것과 같이 위법과 탈법을 불사하면서 관계 공무원 및 전경련과 기업 관계자 등을 동원하여 초고속으로 재단 설립 및 출연금 납부에 따른 행정조치를 취하는 것을 본 위 16개 그룹 대표 및 담당 임원들로서는 위와 같은 대통령의 요구에 응하지 않을 경우 세무조사나 인허가의 어려움 등 기업활동 전반에 걸쳐 직?간접적으로 불이익을 받을 것을 두려워하게 되었다. 박근혜 대통령이 안종범, 최순실과 함께 이러한 두려움을 이용하여 기업들로부터 출연금 명목으로 재단법인에 돈을 납부하게 한 것은 대통령의 직권과 경제수석비서관의 직권을 남용함과 동시에 기업체 대표 및 담당임원들의 의사결정의 자유를 침해해서 의무 없는 일을 하게 한 것으로서 형법상의 직권남용권리행사방해죄(형법 제123조) 및 강요죄(형법 제324조)에 해당한다.

나. 롯데그룹 추가 출연금 관련 범죄

(1) 사실관계

최순실은 재단법인 케이스포츠에 대한 인사 및 운영을 실질적으로 장악한 후, 재단법인 케이스포츠가 향후 추진하는 사업과 관련된 각종 이권에 개입하는 방법으로 이익을 취하기 위하여, 2016. 1. 12. 스포츠 매니지먼트 등을 목적으로 하는 주식회사 더블루케이(이하 '더블루케이'라고 한다)를 설립하였다. 이후 최순실은 재단법인 케이스포츠 직원에게 더블루케이가 이익을 창출할 수 있는 사업을 기획하라고 지시하여 2016. 2.경 '5대 거점 체육인재 육성사업'이라는 제목으로 전국 5대 거점 지역에 체육시설을 건립하고 체육시설의 관리 등 이권사업은 더블루케이가 담당하는 사업안을 마련하게 한 다음 체육시설 건립을 위한 자금은 기업으로부터 일단 재단법인 케이스포츠로 지원받은 후 더블루케이에 넘겨주는 방식으로 조달하기로 하고, 그 무렵 위와 같은 사업계획을 박근혜 대통령에게 전달하였다. 박근혜 대통령은 2016. 3. 14.경 롯데그룹 신동빈 회장과 단독 면담을 가진 후 안종범에게 롯데그룹이 하남시 체육시설 건립과 관련하여 75억 원을 부담하기로 하였으니 그 진행상황을 챙겨보라는 지시를 하였다. 한편 신동빈은 대통령과의 면담 이후 회사로 복귀하여 부회장인 망 이인원에게 대통령의 위와 같은 자금지원 요청 건에 대한 업무처리를 지시했고, 이인원은 임직원들에게 자금지원 업무를 진행하도록 지시하였다.

최순실은 2016. 3. 중순경 더블루케이 이사 고영태 등에게 '이미 롯데그룹과 이야기다 되었으니 롯데그룹 관계자를 만나 지원 협조를 구하면 돈을 줄 것이다.'라고 지시하였고, 고영태 등은 2016. 3. 17. 및 3. 22. 두 번에 걸쳐 롯데 그룹 임직원들을 만나 '하남 거점 체육시설 건립에 75억 원이 소요되니 이를 후원해 달라.'면서 75억 원을 요구하였다. 그 사이 안종범은 박근혜 대통령의 지시를 이행하기 위하여 케이스포츠 사무총장으로부터 관련 자료를 송부받거나 롯데그룹 임직원들과 수시로 전화 통화를 하는 등 롯데그룹의 재단법인 케이스포츠에 대한 75억 원의 지원 여부 및 진행상황을 점검하였다. 롯데 그룹 임직원들은 재단법인 미르와 재단법인 케이스포츠 등에 이미 많은 자금을 출연하였거나 출연하기로 하였을 뿐만 아니라 더블루케이 측이 제시하는 사업계획도 구체성과 실현가능성이 떨어진다는 이유로 '75억 원을 출연해 주기는 어렵고 35억 원만 출연하면 안 되겠느냐.'는 의사를 재단법인 케이스포츠 측에 전달하고 이를 이인원에게 보고하였다. 그러나 이인원은 위와 같은 요구에 불응할 경우 기업활동 전반에 걸쳐 직·간접적으로 불이익을 받게 될 것을 두려워 한 나머지 임직원들에게게 '기왕에 그쪽에서 요구한 금액이 75억 원이니 괜히 욕 얻어먹지 말고 전부를 출연해 주는 것이 좋겠다.'라고 말하며 재단법인 케이스포츠에 75억 원을 교부해 주라고 지시하였다. 결국 롯데 그룹은 6개 계열사(롯데제과, 롯데카드, 롯데건설, 롯데케미칼, 롯데캐피탈, 롯데칠성음료)를 동원하여 2016. 5. 25.부터 같은 달 31.까지 사이에 재단법인 케이스포츠에 70억 원을 송금하였다.

(2) 법률적 평가

(가) 특정범죄가중처벌등에관한법률위반(뇌물)죄

대통령이 정부의 수반으로서 중앙행정기관의 장을 지휘·감독하여 정부의 중요정책을 수립·추진하는 등 모든 행정업무를 총괄하는 직무를 수행하고 대형건설 사업 및 국토개발에 관한 정책, 통화, 금융, 조세에 관한 정책 및 기업 활동에 관한 정책 등 각종 재정·경제 정책의 수립 및 시행을 최종 결정하며, 소관 행정 각 부의 장들에게 위임된 사업자 선정, 신규 사업의 인·허가, 금융지원, 세무조사 등 구체적 사항에 대하여 직접 또는 간접적인 권한을 행사함으로써 기업체들의 활동에 있어 직무상 또는 사실상의 영향력을 행사할 수 있는 지위에 있다는 점과, 위에서 본 것과 같이 롯데 그룹은 대규모 면세점을 경영해왔는데 2015. 11.경 면세점 특허권 심사에서 탈락해서 사업권을 상실했다가 2016. 3. 기획재정부가 개선방안을 발표하고 이에 따라 2016. 4. 관세청이 서울시내에 면세점 4개소 추가 선정 계획을 밝히자 사업권 특허 신청을 했던 점을 종합하면 박근혜 대통령이 롯데그룹으로부터 출연금 명목으로 받은 돈은 직무관련성이 인정되는 뇌물이라고 하지 않을 수 없다. 또한 위에서 본 것처럼 롯데 그룹이 경영권 분쟁 및 비자금 등의 문제로 2005. 12.경부터 그룹 내부 인사들 사이 및 시민단체로부터의 고소, 고발로 검찰의 수사 대상이었고 2016. 6. 10. 그룹 정책본부, 신동빈 회장 자택, 신격호 총괄회장 집무실 등에 대하여 검찰로부터 압수수색을 당한 이래 계속 수사를 받아왔으며 2016. 10. 19.에는 신동빈 회장이 기소되었던 점, 박근혜 대통령은 민정수석비서관을 통하여 검찰이 수사 중인 주요 사건에 대한 보고를 받을 뿐 아니라 검찰사무의 최고 감독자로서 일반적으로 검사를 지휘·감독하고 구체적 사건에 대하여는 검찰총장을 지휘·감독하는 법무부장관에 대한 임명권 및 지휘?감독권을 가진 점, 롯데 그룹이 압수수색을 당하기 하루 전인 2016. 6. 9. 케이스포츠 측이 갑작스럽게 출연금 명목으로 받은 70억원을 반환하겠다는 의사를 표시하고 그 후 3~4일에 걸쳐 실제로 반환한 점을 종합해볼 때도 이는 직무관련성이 인정되는 뇌물이라고 하지 않을 수 없다. 그렇다면 위에서 본 박근혜 대통령의 행위는 특정범죄가중처벌등에관한법률위반(뇌물)죄(특정범죄가중처벌등에관한법률 제2조 제1항 제1호, 형법 제129조 제1항 또는 제130조)에 해당한다.

(나) 직권남용권리행사방해죄, 강요죄

위에서 본 바와 같이 막강한 권한을 행사하는 박근혜 대통령과 안종범으로부터 체육시설 건립에 필요한 자금을 재단법인에 출연금 명목으로 납부하라는 요구를 받은 롯데 그룹의 대표와 임직원들은 대통령의 요구에 응하지 않을 경우 면세점 특허 심사 과정에서의 어려움이나 검찰 수사 등 기업활동 전반에 걸쳐 직?간접적으로 불이익을 받을 것을 두려워하게 되었다. 박근혜 대통령이 안종범, 최순실과 함께 이러한 두려움을 이용하여 롯데 그룹 소속 기업들로부터 출연금 명목으로 재단법인에 돈을 납부하게 한 것은 대통령의 직권과 경제수석비서관의 직권을 남용함과 동시에 기업체 대표 및 담당임원들의 의사결정의 자유를 침해해서 의무 없는 일을 하게 한 것으로서 형법상의 직권남용권리행사방해죄(형법 제123조) 및 강요죄(형법 제324조)에 해당한다.

다. 최순실 등에 대한 특혜 제공 관련 범죄

(1) 케이디코퍼레이션 관련 특정범죄가중처벌등에관한법률위반(뇌물)죄, 직권남용권리행사방해죄, 강요죄

최순실은 2013. 가을경부터 2014. 10.경까지 딸 정유라가 졸업한 초등학교 학부형으로서 친분이 있던 문화경으로부터 남편인 이종욱이 운영하는 주식회사 케이디코퍼레이션(이하 '케이디코퍼레이션'이라고 한다)이 해외 기업 및 대기업에 납품을 할 수 있도록 도와달라는 부탁을 받고 여러 차례에 걸쳐 정호성을 통해 케이디코퍼레이션에 대한 회사소개 자료를 박근혜 대통령에게 전달해 오던 중, 2014. 10.경 케이디코퍼레이션에서 제조하는 원동기용 흡착제를 현대자동차에 납품할 수 있도록 도와달라는 부탁을 받고 정호성을 통해 케이디코퍼레이션에 대한 사업소개서를 대통령에게 전달하였다. 박근혜 대통령은 2014. 11. 27.경 안종범에게 '케이디코퍼레이션은 흡착제 관련 기술을 갖고 있는 훌륭한 회사인데 외국 기업으로부터 부당한 대우를 받고 있으니 현대자동차에서 그 기술을 채택할 수 있는지 알아보라.'는 지시를 하였다. 이에 그 무렵 안종범은 대통령이 함께 있는 가운데 현대자동차 그룹 정몽구 회장 및 그와 동행한 김용환 부회장에게 '케이디코퍼레이션이라는 회사가 있는데, 효용성이 높고 비용도 낮출 수 있는 좋은 기술을 가지고 있다고 하니 현대자동차에서도 활용이 가능하다면 채택해 주었으면 한다.'고 말을 하였다. 김용환은 2014. 12. 2.경 안종범에게 케이디코퍼레이션의 대표자 이름과 연락처를 다시 확인한 다음 잘 챙겨보겠다는 취지로 답하고 즉시 현대자동차 구매담당 부사장에게 케이디코퍼레이션과의 납품계약을 추진해 보라고 지시하고, 이후 안종범은 케이디코퍼레이션과 현대자동차와의 납품계약 진행상황을 계속 점검하면서 '특별 지시사항 관련 이행상황 보고'라는 문건을 작성하여 박근혜 대통령에게 보고하였다. 정몽구와 김용환은 위와 같은 요구에 불응할 경우 세무조사를 당하거나 인허가의 어려움 등 기업 활동 전반에 걸쳐 직·간접적인 불이익을 받게 될 것을 두려워 한 나머지, 케이디코퍼레이션은 현대자동차 그룹의 협력업체 리스트에 들어있지 않은 업체이고 인지도나 기술력 또한 제대로 검증되지 않은 업체임에도 불구하고 협력업체 선정을 위해 거쳐야 하는 제품성능 테스트와 입찰 등의 정상적인 절차를 생략한 채 수의계약으로 현대자동차 및 기아자동차가 케이디코퍼레이션의 제품을 납품받기로 결정하였다. 그 후 현대자동차와 기아자동차는 2015. 2. 3.경 케이디코퍼레이션과 원동기용 흡착제 납품계약을 체결하고, 케이디코퍼레이션으로부터 그 무렵부터 2016. 9.경까지 합계 1,059,919,000원 상당의 제품을 납품받았다. 최순실은 2016. 5.경 박근혜 대통령의 프랑스 순방시 이종욱이 경제사절단으로 동행할 수 있도록 도와주었다. 한편, 케이디코퍼레이션의 대표 이종욱은 최순실에게 위와 같은 계약체결의 부탁이나 계약성사의 대가 명목으로 2013. 12.경 시가 1,162만 원의 상당의 샤넬백 1개, 2015. 2.경 현금 2,000만 원, 2016. 2.경 현금 2,000만 원 합계 5,162만 원 상당을 주었다. 대통령이 정부의 수반으로서 중앙행정기관의 장을 지휘·감독하여 정부의 중요정책을 수립·추진하는 등 모든 행정업무를 총괄하는 직무를 수행하고 대형건설 사업 및 국토개발에 관한 정책, 통화, 금융, 조세에 관한 정책 및 기업 활동에 관한 정책 등 각종 재정·경제 정책의 수립 및 시행을 최종 결정하며, 소관 행정 각 부의 장들에게 위임된 사업자 선정, 신규 사업의 인·허가, 금융지원, 세무조사 등 구체적 사항에 대하여 직접 또는 간접적인 권한을 행사함으로써 기업체들의 활동에 있어 직무상 또는 사실상의 영향력을 행사할 수 있는 지위에 있다는 점에 비추어보면 위와 같은 경위로 최순실이 케이드코퍼레이션 측으로부터 받은 돈은 박근혜 대통령의 직무와 관련성이 인정되는 뇌물이라고 하지 않을 수 없다. 이는 특정범죄가중처벌등에관한법률위반(뇌물)죄(특정범죄가중처벌등에관한법률 제2조 제1항 제2호, 형법 제130조)에 해당한다. 또한 박근혜 대통령은 최순실, 안종범과 공모하여 대통령의 직권과 경제수석비서관의 직권을 남용함과 동시에 이에 두려움을 느낀 피해자 현대자동차 그룹 회장 정몽구 등으로 하여금 케이디코퍼레이션과 제품 납품계약을 체결하도록 함으로써 의무 없는 일을 하게 하였다. 이는 형법상의 직권남용권리행사방해죄(형법 제123조) 및 강요죄(형법 제324조)에 해당한다.

(2) 플레이그라운드 관련 직권남용권리행사방해죄, 강요죄

최순실은 2015. 10.경 광고제작 등을 목적으로 하는 주식회사 플레이그라운드커뮤니케이션즈(이하 '플레이그라운드'라고 한다)를 설립하고, 자신의 측근인 미르 재단 사무부총장 김성현 등을 이사로 선임한 다음 기업으로부터 광고수주를 받아 이익을 취하기로 계획하였고, 2015. 10.경부터 2016. 1. 초순경까지 사이에 김성현으로 하여금 플레이그라운드의 회사소개 자료를 작성하도록 하였다. 박근혜 대통령은 2016. 2. 15. 안종범에게 플레이그라운드의 회사소개 자료를 건네주면서 '위 자료를 현대자동차 측에 전달하라.'는 지시를 하고, 그 즈음 안종범은 서울 종로구 소재 안가에서 정몽구 회장과 함께 대통령과의 단독 면담을 마친 김용환 부회장에게 플레이그라운드의 회사소개 자료가 담긴 봉투를 전달하며 '이 회사가 현대자동차 광고를 할 수 있도록 잘 살펴봐 달라.'고 말하여 현대자동차의 광고를 플레이그라운드가 수주할 수 있도록 해 달라는 취지로 요구하였다. 또한, 박근혜 대통령은 2016. 2. 15.~22. 사이에 진행된 대통령과 현대자동차 그룹 등 8개 그룹 회장들과의 단독 면담이 모두 마무리될 무렵 안종범에게 '플레이그라운드는 아주 유능한 회사로 미르 재단 일에도 많은 도움을 주고 있어 기업 총수들에게 협조를 요청하였으니 잘 살펴보라.'는 취지의 지시를 하였다. 안종범으로부터 위와 같은 요구를 받은 김용환은 2016. 2. 18.경 현대자동차 김걸 부사장에게 플레이그라운드 소개자료를 전달하면서 '플레이그라운드가 현대·기아차 광고를 할 수 있게 해보라.'라고 지시하고, 김걸 등의 검토 결과 2016. 12. 31.까지는 현대자동차 그룹 계열 광고회사인 주식회사 이노션과 3개의 중소 광고회사에 대해서만 광고물량을 발주해주기로 확정된 상태임에도 불구하고, 위와 같은 요구에 불응할 경우 각종 인허가 등에 어려움을 겪거나 세무조사를 당하는 등 기업 활동 전반에 직·간접적으로 불이익을 입게 될 것을 두려워 한 나머지 주식회사 이노션에 양해를 구하고 그 자리에 플레이그라운드를 대신 끼워 넣어 광고를 수주할 수 있도록 해주었다. 이에 따라 현대자동차 그룹에서는 2016. 4.경부터 2016. 5.경까지 사이에 플레이그라운드로 하여금 발주금액 합계 70억 6,627만 원 상당의 광고 5건을 수주받게 하여 9억 1,807만 원 상당의 수익을 올리도록 하였다. 결국 박근혜 대통령은 최순실, 안종범과 공모하여 대통령의 직권과 경제수석비서관의 직권을 남용함과 동시에 이에 두려움을 느낀 피해자 현대자동차 그룹 부회장 김용환 등으로 하여금 플레이그라운드와 광고 발주 계약을 체결하도록 함으로써 의무 없는 일을 하게 하였다. 이는 형법상의 직권남용권리행사방해죄(형법 제123조) 및 강요죄(형법 제324조)에 해당한다.

(3) 주식회사 포스코 관련 직권남용권리행사방해죄, 강요죄

최순실은 재단법인 케이스포츠 직원인 박헌영 과장 등에게 재단이 추진하는 사업을 통해 더블루케이가 이익을 창출할 수 있는 방안을 기획하라고 지시하여 2016. 2. 경 '포스코를 상대로 배드민턴팀을 창단하도록 하고 더블루케이가 그 선수단의 매니지먼트를 담당한다.'라는 내용의 기획안을 마련하게 하였다. 박근혜 대통령은 2016. 2. 22. 서울 종로구 삼청동 소재 안가에서 포스코 회장 권오준과 단독 면담을 하면서 '포스코에서 여자 배드민턴팀을 창단해 주면 좋겠다. 더블루케이가 거기에 자문을 해 줄 수 있을 것이다.'는 요청을 하였고, 안종범은 위와 같이 대통령과 단독 면담을 마치고 나온 권오준에게 미리 준비한 더블루케이 조성민 대표의 연락처를 전달하면서 조성민을 만나보라고 하였다. 이에 권오준은 위와 같은 취지를 포스코 황은연 경영지원본부장에게 지시하고, 황은연은 2016. 2. 25. 더블루케이 및 재단법인 케이스포츠 관계자들을 만나 창단 비용 46억 원 상당의 여자 배드민턴팀 창단 요구를 받았으나, 포스코가 창사 이래 처음으로 적자를 기록하는 등의 어려운 경영 여건, 이미 포스코에서 다양한 체육팀을 운영하고 있는 상황 등을 이유로 추가로 여자 배드민턴팀을 창단하는 것은 부담스럽다는 의사를 표시하였다. 최순실은 조성민 등으로부터 포스코가 여자 배드민턴팀 창단 제의를 거절하였다는 보고를 받고 그 다음날인 2016. 2. 26. 재단법인 케이스포츠 사무총장 등으로 하여금 안종범을 만나 '황은연 사장이 더블루케이의 여자 배드민턴팀 창단 요구를 고압적이고 비웃는 듯한 자세로 거절하고 더블루케이 직원들을 잡상인 취급하였다.'라고 보고하도록 하였다. 안종범은 '포스코 회장에게 전달한 내용이 사장에게 제대로 전달되지 않은 것 같다. 포스코에 있는 여러 체육팀을 모아 통합 스포츠단을 창단하도록 조치하겠다. 다만 포스코가 더블루케이의 여자 배드민턴팀 창단 요구를 거절한 사실을 브이아이피께 보고하지 말아달라.'고 답변한 다음, 황은연에게 전화하여 '더블루케이 측에서 불쾌해 하고 있으니 오해는 푸는 것이 좋겠다. 청와대 관심사항이니 더블루케이와 잘 협의하고 포스코에 있는 여러 종목을 모아서 스포츠단을 창단하는 대안도 생각해 보라.'고 말하였다. 이에 황은연은 청와대의 요구에 불응할 경우 세무조사를 당하거나 인허가의 어려움 등 기업활동 전반에 걸쳐 직·간접적으로 불이익을 받게 될 것을 두려워한 나머지 조성민에게 전화하여 사과를 하고 내부적으로 통합 스포츠단 창단 방안에 대하여 검토를 시작하였으며,

최순실은 2016. 3. 초순경 박헌영 등에게 포스코가 운영하고 있는 5개 종목 기존 체육팀에 여자 배드민턴팀, 남·여 펜싱팀, 남·여 태권도팀을 신설하여 총 8개 체육팀을 포함한 통합 스포츠단을 창단하되 그 매니지먼트를 더블루케이가 담당하는 개편안을 준비하도록 하여 이를 포스코 측에 전달하였다. 포스코 측은 위 개편안은 과도한 비용이 소요되어 도저히 수용하기 어렵다고 결정하고 2016. 3. 15. 포스코 양원준 상무 등은 직접 더블루케이 사무실을 방문하여 고영태 등에게 여자 배드민턴팀이나 통합 스포츠단을 창단하기 어려운 사정을 설명하고 대신에 계열사인 포스코 피앤에스 산하에 2017년도부터 창단 비용 16억 원 상당의 펜싱팀을 창단하고 그 매니지먼트를 더블루케이에 맡기도록 하겠다는 내용으로 최종 합의하였다. 결국 박근혜 대통령은 최순실, 안종범과 공모하여 대통령의 직권과 경제수석비서관의 직권을 남용함과 동시에 이에 두려움을 느낀 피해자 포스코 그룹 회장 권오준 등으로 하여금 2017년도에 펜싱팀을 창단하고 더블루케이가 매니지먼트를 하기로 하는 내용의 합의를 하도록 하는 등 의무 없는 일을 하게 하였다. 이는 형법상의 직권남용권리행사방해죄(형법 제123조) 및 강요죄(형법 제324조)에 해당한다.

(4) 주식회사 케이티 관련 직권남용권리행사방해죄, 강요죄

최순실은 대기업 등으로부터 광고계약을 수주할 생각으로 차은택 및 김홍택과 함께 2015. 1.경 모스코스를 설립하고 2015. 10.경 플레이그라운드를 설립하는 한편, 대기업들로부터 광고계약의 원활한 수주를 위하여 자신의 측근을 대기업의 광고업무 책임자로 채용되게 하려는 계획을 세웠다. 최순실은 위와 같은 계획 하에 2015. 1.경부터 2015. 7.경까지 사이에 차은택 등으로부터 대기업 채용 대상자로 차은택의 지인인 이동수와 신혜성 등을 추천받았다. 박근혜 대통령은 2015. 1.경 및 2015. 8.경 안종범에게 '이동수라는 홍보 전문가가 있으니 케이티에 채용될 수 있도록 케이티 회장에게 연락하고, 신혜성도 이동수와 호흡을 맞출 수 있도록 하면 좋겠다.'라는 지시를 하였고, 안종범은 케이티 회장인 황창규에게 연락하여 '윗선의 관심사항인데 이동수는 유명한 홍보전문가이니 케이티에서 채용하면 좋겠다. 신혜성은 이동수 밑에서 같이 호흡을 맞추면 좋을 것 같으니 함께 채용해 달라.'라고 요구하였다.

황창규는 이러한 요구를 받아들여 2015. 2. 16.경 이동수를 전무급인 '브랜드지원센터장'으로, 2015. 12. 초순경 신혜성을 '아이엠씨본부 그룹브랜드지원 담당'으로 채용하였다. 그 후 박근혜 대통령은 2015. 10.경 및 2016. 2.경 안종범에게 '이동수, 신혜성의 보직을 케이티의 광고 업무를 총괄하거나 담당하는 직책으로 변경하게 하라.'는 지시를 하였고, 안종범은 황창규에게 연락하여 이동수를 케이티의 아이엠씨 본부장으로, 신혜성을 아이엠씨 본부 상무보로 인사발령을 내줄 것을 요구하였고, 황창규는 안종범의 요구대로 이동수와 신혜성의 보직을 변경해 주었다. 박근혜 대통령은 2016. 2.경 안종범에게 '플레이그라운드가 케이티의 광고대행사로 선정될 수 있도록 하라.'는 지시를 하였고, 이에 따라 안종범은 그 무렵 황창규와 이동수에게 전화를 걸어 '브이아이피 관심사항이다. 플레이그라운드라는 회사가 정부 일을 많이 하니 케이티의 신규 광고대행사로 선정해 달라.'라고 요구하였다. 이에 황창규 등은 위와 같은 요구에 불응할 경우 세무조사를 당하거나 각종 인허가의 어려움 등 기업 활동 전반에 걸쳐 직·간접적으로 불이익을 받게 될 것을 두려워 한 나머지, 신규 설립되어 광고제작 실적이 부족한 플레이그라운드가 공개 경쟁입찰에서 광고대행사로 선정될 수 있도록 기존 심사기준에서 '직전년도 공중파 TV/CATV 광고실적' 항목을 삭제하고 플레이그라운드 명의로 제출된 포트폴리오 중 일부가 실제 플레이그라운드의 포트폴리오가 아닌 것으로 확인되는 등 심사결격 사유가 발견되었음에도 2016. 3. 30. 플레이그라운드를 케이티의 신규 광고대행사로 최종 선정하고 2016. 3. 30.부터 2016. 8. 9.까지 플레이그라운드로 하여금 발주금액 합계 6,817,676,000원 상당의 광고 7건을 수주받게 하여 516,696,500원 상당의 수익을 올리도록 하였다. 결국 박근혜 대통령은 최순실, 안종범과 공모하여 대통령의 직권과 경제수석비서관의 직권을 남용함과 동시에 이에 두려움을 느낀 피해자 케이티 회장 황창규 등으로 하여금 플레이그라운드를 광고대행사로 선정하고 광고제작비를 지급하게 하는 등 의무 없는 일을 하게 하였다. 이는 형법상의 직권남용권리행사방해죄(형법 제123조) 및 강요죄(형법 제324조)에 해당한다.

(5) 그랜드코리아레저 관련 직권남용권리행사방해죄, 강요죄

최순실은 2016. 1. 중순경 기업들에게 스포츠 선수단을 신규 창단하도록 하고 선수단의 창단, 운영에 관한 업무대행은 더블루케이가 맡는 내용의 용역계약을 체결함으로써 이익을 취하기로 계획하고, 케이스포츠 부장 노승일과 박헌영에게 위와 같은 용역계약 제안서를 작성하도록 하였다. 최순실은 2016. 1. 20.경 위와 같은 용역계약을 체결할 대상 기업으로 문화체육관광부 산하 한국관광공사의 자회사인 그랜드코리아레저 주식회사(이하 '그랜드코리아레저'라고 한다)를 정한 후, 정호성에게 '대통령께 그랜드코리아레저와 더블루케이 간 스포츠팀 창단·운영 관련 업무대행 용역계약을 체결할 수 있도록 주선해 줄 것을 요청해 달라.'고 하였다. 박근혜 대통령은 2016. 1. 23. 안종범에게 '그랜드코리아레저에서 장애인 스포츠단을 설립하는데 컨설팅할 기업으로 더블루케이가 있다. 그랜드레저코리아에 더블루케이라는 회사를 소개하라.'라고 지시하면서 더블루케이 대표이사 조성민의 연락처를 알려주었다. 안종범은 박근혜 대통령의 지시에 따라 2016. 1. 24.경 그랜드코리아레저 대표이사 이기우에게 전화하여 조성민의 전화번호를 알려주며 스포츠팀 창단·운영에 관한 업무대행 용역계약 체결을 위해 조성민과 협상할 것을 요구하였다. 또한 박근혜 대통령은 그 무렵 안종범에게 '케이스포츠가 체육 인재를 양성하고자 하는 기관이니 사무총장을 문화체육관광부 김종 차관에게 소개하라.'는 지시를 하였고, 이에 따라 안종범은 2016. 1. 26. 김종을 케이스포츠 정현식 사무총장과 위 조성민에게 소개시켜 주었고 김종은 그 자리에서 케이스포츠와 더블루케이의 향후 사업 등에 대한 조언과 지원을 약속하였다. 최순실은 조성민과 더블루케이 이사 고영태에게 2016. 1. 28. 그랜드코리아레저 대표이사 이기우를 만나도록 지시하였고, 그들을 통해 이기우에게 그랜드코리아레저 측이 배드민턴 및 펜싱 선수단을 창단할 것과 창단, 운영 관련 매년 80억 원 상당의 업무대행 용역계약을 체결할 것을 요구하였다. 이기우는 더블루케이 측이 요구하는 용역계약의 규모가 너무 커 계약체결이 곤란한 상황임에도 불구하고, 이러한 요구에 불응할 경우 기업활동 전반에 걸쳐 직·간접으로 불이익을 받을 것을 두려워 한 나머지 더블루케이와 협상을 계속 진행할 수밖에 없었다.

김종은 위 용역계약의 체결이 지연되자 2016. 2. 25. 계약금액을 줄인 장애인 선수단 창단·운영에 대한 용역계약을 체결하는 조정안을 제시하였고, 이기우와 조성민은 김종의 조정안에 따라 협상을 진행하여, 결국 2016. 5. 11.경 더블루케이가 선수의 에이전트로서의 권한을 갖는 그랜드코리아레저-선수-더블루케이 3자간 '장애인 펜싱 실업팀 선수위촉계약'을 체결하였다. 그랜드코리아레저는 2016. 5. 24.경 위 계약에 따라 선수들 3명에 대한 전속계약금 명목으로 각 2,000만 원씩 합계 6,000만 원을 지급하였고, 그 무렵 더블루케이는 위 선수들로부터 전속계약금의 절반인 3,000만 원을 에이전트 비용 명목으로 지급받았다. 결국 박근혜 대통령은 최순실, 안종범과 공모하여 대통령의 직권과 경제수석비서관의 직권을 남용함과 동시에 이에 두려움을 느낀 피해자 이기우로 하여금 위와 같은 계약을 체결하게 함으로써 의무 없는 일을 하게 하였다. 이는 형법상의 직권남용권리행사방해죄(형법 제123조) 및 강요죄(형법 제324조)에 해당한다.

라. 문서 유출 및 공무상 취득한 비밀 누설 관련 범죄

박근혜 대통령은 2013. 10.경 서울 종로구 청와대로 1로에 있는 대통령 부속 비서관실에서 정호성 비서관으로부터 2013. 10. 2.자 국토교통부장관 명의의 '복합 생활체육시설 추가대상지(안) 검토' 문건을 전달받고 관련 내용을 보고받았다. 위 문건에는

'수도권 지역 내 복합 생활체육시설 입지선정과 관련하여 추가 대상지로 경기도 하남시 미사동 등 3개 대상지를 검토하였으며, 그 중 경기도 하남시 미사동이 접근성, 이용수요, 설치비용 모두 양호하여 3개 대상지 중 최상의 조건을 갖추었다.'라는 등의 내용이 기재되어 있는데, 위 문건의 내용 및 국토교통부와 대통령 비서실에서 수도권 지역 내 복합 생활체육시설 부지를 검토하였다는 사실 등은 직무상 비밀에 해당한다. 박근혜 대통령은 그 무렵 정호성에게 지시하여, 위 '복합 생활체육시설 추가대상지(안) 검토' 문건을 정호성과 최순실이 공동으로 사용하는 외부 이메일에 첨부하여 전송하는 방법으로 최순실에게 전달하였다. 박근혜 대통령은 이를 비롯하여 2013. 1.경부터 2016. 4.경까지 정호성에게 지시하여 총 47회에 걸쳐 공무상 비밀 내용을 담고 있는 문건 47건을 최순실에게 이메일 또는 인편 등으로 전달하였다. 박근혜 대통령의 이러한 행위는 형법상의 공무상비밀누설죄(형법 제127조)에 해당한다.

3. 중대성의 문제

박대통령에 대한 파면결정이 정당화되기 위해서는 파면결정을 통하여 헌법을 수호하고 손상된 헌법질서를 다시 회복하는 것이 요청될 정도로 대통령의 법위반행위가 헌법수호의 관점에서 중대한 의미를 가져야 하고 대통령에게 부여한 국민의 신임을 임기 중 다시 박탈해야 할 정도로 대통령이 법위반행위를 통하여 국민의 신임을 저버린 경우여야 한다. 이러한 경우에 한하여 대통령에 대한 탄핵사유가 존재하는 것으로 볼 수 있을 것이다. 그런데 박대통령은 앞서 살펴본 것과 같이 국민의 신임을 받은 행정부 수반으로서 정부 행정조직을 통해 국가정책을 결정하고 집행하여야 함에도 최순실 등 비선조직을 통해 공무원 인사를 포함한 국가정책을 결정하고 이들에게 국가기밀에 해당하는 각종 정책 및 인사자료를 유출하여 최순실 등이 경제, 금융, 문화, 산업 전반에서 국정을 농단하게 하고, 이들의 사익추구를 위해서 국가권력이 동원되는 것을 방조하였다. 그 결과 최순실 등이 고위 공무원 등의 임면에 관여하였으며 이들에게 불리한 언론보도를 통제하고 이에 응하지 않는 언론인을 사퇴하게 하는 등 자유민주국가에서 허용될 수 없는 불법행위를 가하였다. 박대통령의 이러한 행위는 자유민주적 기본질서를 위협하고 국민주권주의, 대의민주주의, 법치국가원리, 직업공무원제 및 언론의 자유를 침해하여 우리 헌법의 기본원칙에 대한 적극적인 위반행위에 해당하는바, 박대통령의 파면이 필요할 정도로 헌법수호의 관점에서 중대한 법위반에 해당한다. 나아가 박대통령은 최순실, 안종범과 공모하여 사기업들로 하여금 강제로 금품 지급 또는 계약 체결 등을 하거나 특정 임원의 채용 또는 퇴진을 강요하고 사기업으로부터 부정한 청탁을 받고 최순실 등을 위해 금품을 공여하거나 이를 약속하게 하는 부정부패행위를 하였는데, 박대통령의 이러한 행위는 헌법상 권한과 지위를 남용하고 국가조직을 이용하여 국민의 기본권을 침해하고 부정부패행위를 한 것으로서 국가와 국민의 이익을 명백히 해하는 행위에 해당한다. 따라서 대통령의 직을 유지하는 것이 더 이상 헌법수호의 관점에서 용납될 수 없거나 대통령이 국민의 신임을 배신하여 국정을 담당할 자격을 상실한 정도에 이른 것이다.

4. 결론

최순실 등의 국정농단과 비리 그리고 공권력을 이용하거나 공권력을 배경으로 한 사익의 추구는 그 끝을 알 수 없을 정도로 광범위하고 심각하다. 국민들은 이러한 비리가 단순히 측근에 해당하는 인물이 아니라 박근혜 대통령 본인에 의해서 저질러졌다는 점에 분노와 허탈함을 금치 못하고 있다. 박근혜 대통령과 최순실 등의 그러한 행위는, 박근혜 대통령이 자인하였듯이, 대한민국 국민들에게 "이루 말할 수 없는 큰 실망"을 주었으며, 대통령을 믿고 국정을 맡긴 주권자들에게 "돌이키기 힘든 마음의 상처"를 가져왔다(2016. 11. 4.자 대국민 사과문). 더욱이 박근혜 대통령은 검찰 수사에 응하겠다고 공개적으로 국민들에게 약속하였다가 검찰이 자신을 최순실 등과 공범으로 판단한 수사결과를 발표하자 청와대 대변인을 통하여 "검찰의 (최순실 등에 대한 기소는) 객관적인 증거는 무시한 채 상상과 추측을 거듭해서 지은 사상누각일 뿐"이라고 말하면서 검찰 수사에 불응하였다. 국정의 최고, 최종 책임자인 대통령이 국가 기관인 검찰의 준사법적 판단을 이렇게 폄하하는 것은 그 자체가 국법질서를 깨는 일일 뿐만 아니라, 공개적인 대국민약속을 상황이 자신에게 불리해졌다고 해서 불과 며칠 만에 어기고 결과적으로 거짓말로 만들어버린 것은 국민들이 신임을 유지할 최소한의 신뢰도 깨어버린 것이다. 2016. 11. 박근혜 대통령에 대한 지지율은 3주 연속 4~5%의 유례없이 낮은 수치로 추락하였으며 2016. 11. 12. 및 같은 달 26. 서울 광화문에서만 100만이 넘는 국민들이 촛불집회와 시위를 하며 대통령 하야와 탄핵을 요구하였다. 박근혜 대통령을 질타하고 더 이상 대통령 직책을 수행하지 말라는 국민들의 의사는 분명하다. 주권자의 뜻은 수많은 국민들이 세대와 이념과 출신지역에 상관없이 평화롭게 행하는 집회와 시위에서 충분히 드러났다. 박근혜 대통령의 탄핵소추와 공직으로부터의 파면은 대통령의 직무수행의 단절로 인한 국가적 손실과 국정 공백을 훨씬 상회하는 '손상된 근본적 헌법질서의 회복'을 위한 것이다. 이미 박근혜 대통령은 국민들의 신임을 잃어 정상적인 국정운영이 불가능하며 주요 국가정책에 대하여 국민의 동의와 지지를 구하기 어려운 상태다. 박근혜 대통령에 대한 탄핵소추와 파면은 국론의 분열을 가져오는 것이 아니라 오히려 국론의 통일에 기여할 것이다. 이 탄핵소추로서 우리는 대한민국 국민들이 이 나라의 주인이며 대통령이라 할지라도 국민의 의사와 신임을 배반하는 권한행사는 결코 용납되지 않는다는 준엄한 헌법원칙을 재확인하게 될 것이다. 이에 국민의 뜻을 받들어 박근혜 대통령에 대한 탄핵소추를 발의한다.

3. 박근혜 대통령 국민의당 탄핵소추안 제안 설명

대통령(박근혜) 탄핵소추안 제안 설명[4]

국회의원 김관영(전북군산)

사랑하고 존경하는 국민여러분!
그리고 정세균 국회의장님과 선배·동료 의원 여러분!
국민의당 소속 국회의원 전북 군산 출신 김관영입니다.
우리국회는 오늘 국민이 뽑은 대통령을 탄핵하는 결정을 내려야만 하는 대단히 안타까운 순간에 서 있습니다.
온 국민이 지켜보고 있는 가운데 우리는 역사적인 선택을 해야만 합니다.
지금부터 우상호·박지원·노회찬 의원 등 171명이 발의한 박근혜 대통령 탄핵소추안에 대한 제안 설명을 드리겠습니다.

우리 헌법 제65조 제1항은 대통령이 그 직무집행에 있어서 헌법이나 법률을 위배한 때에는 국회는 탄핵의 소추를 의결할 수 있다고 규정하고 있습니다. 그런데 박근혜 대통령은 국가원수이자 행정부 수반으로서의 본분을 망각하고 집무집행과 관련하여 헌법과 법률을 위반하였으며, 이는 헌법수호의 관점에서 도저히 용납될 수 없는 중대한 것이고, 국민이 대통령에게 부여해 준 신임을 근본적으로 저버린 것입니다. 아래에서는 이미 제출된 탄핵소추안을 기초로 박대통령의 헌법과 법률 위배 행위에

---

4 김관영, "대통령(박근혜) 탄핵소추안 제안 설명", "박 대통령 국가원수 본분 망각", 중앙일보[전문], 동아일보, 국민일보, 한겨레, 전자신문, 2016.12.9.

대해서 보다 구체적으로 말씀드리겠습니다.

먼저 중대한 헌법위반사항에 관하여 살펴보겠습니다.

첫째, 박근혜 대통령은 공무상 비밀 내용을 담고 있는 각종 정책 및 인사 문건을 청와대 직원을 시켜 최순실에게 전달하여 누설하고, 최순실등 소위 비선실세가 각종 국가정책 및 고위 공직 인사에 관여하거나 좌지우지하도록 하였습니다. 이러한 과정을 통하여 박근혜 대통령은 최순실 등의 사익을 위하여 대통령의 권력을 남용하여 사기업들로 하여금 각 수십억 원에서 수백억 원을 각출하도록 강요하고 사기업들이 최순실 등의 사업에 특혜를 주도록 강요하는 등 최순실 등이 국정을 농단하여 부정을 저지르고 국가의 권력과 정책을 최순실 등의 '사익추구의 도구'로 전락하게 함으로써, 최순실 등 사인이나 사조직이 아닌 박근혜 대통령 자신에게 권력을 위임하면서 '헌법을 수호하고 국민의 자유와 복리의 증진을 위하여 대통령으로서의 직책을 성실히 수행할 것'을 기대한 주권자의 의사에 반하여 국민주권주의(헌법 제1조) 및 대의민주주의(헌법 제67조 제1항)의 본질을 훼손하고, 국정을 사실상 법치주의가 아니라 최순실 등의 비선조직에 따른 인치주의로 행함으로써 법치국가원칙을 파괴하고, 국무회의에 관한 헌법 규정(헌법 제88조, 제89조)을 위반하고 대통령의 헌법수호 및 헌법준수의무(헌법 제66조 제2항, 제69조)를 정면으로 위반하였습니다.

둘째, 청와대 간부 및 문화체육관광부의 장·차관 등을 최순실 등이 추천하거나 최순실 등의 의사에 따라 임면하고 최순실 등의 의사에 부응하지 않는 공무원에 대하여 자의적으로 해임하거나 전보조치를 하는 등 공직자 인사를 주무르고, 공직 사회를 자기 사람으로 채운 뒤 마음껏 이권을 챙기고 국정을 농단하게 하였습니다. 이는 헌법상 직업공무원 제도(헌법 제7조), 대통령의 공무원 임면권(헌법 제78조), 평등원칙(헌법 제11조) 조항에 위배하는 것입니다.

셋째, 청와대 수석비서관 안종범 등을 통하여 최순실 등을 위하여 사기업에게 금품 출연을 강요하여 뇌물을 수수하거나 최순실 등에게 특혜를 주도록 강요하고, 사기업의 임원 인사에 간섭함으로써 '국민의 자유와 복리'를 증진하고 '기본적 인권을 보장할 의무'를 지니는 대통령이 오히려 기업의 재산권(헌법 제23조 제1항)과 개인의 직업 선택의 자유(헌법 제15조)를 침해하고, 국가의 기본적 인권의 보장의무(헌법 제10조)를 저버리고, '개인과 기업의 경제상의 자유와 사적자치에 기초한' 시장경제질서(헌법 제119조 제1항)를 훼손하고, 대통령의 헌법수호 및 헌법준수의무(헌법 제66조 제2항, 제69조)를 위반하였습니다.

넷째, 헌법상 언론의 자유는 민주국가의 존립과 발전을 위한 기초가 되며, "특히 우월적인 지위"를 지닙니다. 그런데 박근혜 대통령 및 그 지휘·감독을 받는 대통령비서실 간부들은 오히려 최순실 등 비선실세의 전횡을 보도한 언론을 탄압하고, 언론 사주에게 압력을 가해 신문사 사장을 퇴임하게 만들었습니다. 이러한 행위는 헌법상 언론의 자유(헌법 제21조 제1항) 및 직업의 자유(헌법 제15조)를 침해하는 것입니다.

다섯째, 국가적 재난과 위기상황에서 국민이 생명과 안전을 지켜야 할 의무가 있는 대통령이, 세월호 참사가 발생한 당일 오전 8시 52분 소방본부에 최초 사고접수가 된 시점부터 중앙재해대책본부를 방문한 오후 5시 15분경까지 약 7시간 동안 제대로 위기상황을 관리하지 못하고 그 행적은 아직도 밝혀지지 않고 있습니다. 대통령은 온 국민이 가슴 아파하고 눈물 흘리는 그 순간 국민의 생명과 안전을 책임지는 최고결정권자로서 세월호 참사의 경위나 피해상황, 피해규모, 구조진행상황을 전혀 인지하지 못하고 있었던 것입니다. 세월호 참사와 같은 국가재난상황에서 박대통령이 위와 같이 대응한 것은 사실상 국민의 생명과 안전을 보호하기 위한 적극적 조치를 취하지 않는 직무유기에 가깝다 할 것이고, 이는 헌법 제10조에 의해서 보장되는 생명권 보호 의무를 위배한 것이라 할 것입니다.

다음으로 박근혜대통령의 주요 법률위배 사항에 대해 간략하게 말씀드리겠습니다.

첫째, 박근혜 대통령은 미르재단과 케이스포츠재단 설립 과정에서 대통령의 광범위한 권한을 이용하여 대기업 총수와 단독 면담을 갖고 삼성·현대차·에스케이·롯데 등으로부터 각종 민원을 받았고, 실제로 기업들이 두 재단법인에 출연금 명목의 돈을 납부한 시기를 전후하여 박근혜 대통령은 위 '당면 현안'을 비롯하여 출연 기업들에게 유리한 조치를 다수 시행해 주었습니다.

이러한 박근혜 대통령의 행위는 형법상의 뇌물수수죄(형법 제129조 제1항)에 해당하거나 제3자뇌물수수죄에 해당하는 행위입니다. 어느 경우든지 수뢰액이 1억 원 이상이므로 결국 특정범죄가중처벌등에관한법률위반(뇌물)죄(특정범죄가중처벌등에관한법률 제2조 제1항 제1호, 형법 제129조 제1항 또는 제130조)에 해당하는 것으로 이는 법정형이 무기 또는 10년 이상의 징역에 해당하는 중죄에 해당합니다. 또한 기업들 모금을 위해 대통령의 직권과 경제수석의 직권을 남용하여 기업체 담당 임원들의 의사결정의 자유를 침해 한 바 이는 형법 제123조의 직권남용권리행사방해죄와 형법 제324조의 강요죄에 해당하는 행위라 할 것입니다.

둘째, 박근혜 대통령은 케이디코퍼레이션이 현대자동차와 수의계약으로 제품을 납품하는 과정, 플레이그라운드가 현대자동차로부터 광고계약을 맺고 수주 받는 과정, 포스코가 펜싱팀을 창단하고 더블루케이가 매니지먼트를 하기로 하는 내용의 합의를 하는 과정, 플레이그라운드가 케이티의 광고대행사로 선정되고 광고제작비를 받는 과정, 한국관광공사의 자회사인 그랜드코리아레저가 더블루케이와 계약을 체결하는 과정 등에서 직권남용권리행사방해죄 및 강요죄를 범하였습니다.

　셋째, 박근혜 대통령은 2013. 1. 경부터 2016.4.경까지 정호성에 지시하여 총 47회에 걸쳐 공무상 비밀 내용을 담고 있는 문건 47건을 최순실에게 이메일 또는 인편 등으로 전달하였고, 이러한 행위는 형법 제127조의 공무상비밀누설죄를 범한 것입니다.

　이상으로 박근혜 대통령의 구체적인 헌법위반의 점과 법률 위반 행위에 대해서 살펴보았습니다.

　한편, 헌법재판소의 결정례에 따르면, 박대통령에 대한 파면결정이 정당화되기 위해서는 파면결정을 통하여 헌법을 수호하고 손상된 헌법질서를 다시 회복하는 것이 요청될 정도로 대통령의 법위반행위가 헌법수호의 관점에서 중대한 의미를 가져야 하고 대통령에게 부여한 국민의 신임을 임기 중 다시 박탈해야 할 정도로 대통령이 법위반행위를 통하여 국민의 신임을 저버린 경우이어야만 합니다. 과연 박대통령의 위반행위가 여기에 해당하는지의 여부를 살펴보겠습니다.

　박대통령은 앞서 살펴본 것과 같이 국민의 신임을 받은 행정부 수반으로서 정부 행정조직을 통해 국가정책을 결정하고 집행하여야 함에도 최순실 등 비선조직을 통해 공무원 인사를 포함한 국가정책을 결정하고 이들에게 국가기밀에 해당하는 각종 정책 및 인사자료를 유출하여 최순실 등이 경제, 금융, 문화, 산업 전반에서 국정을 농단하게 하고, 이들의 사익추구를 위해서 국가권력이 동원되는 것을 방조하였습니다. 그 결과 최순실 등이 고위 공무원 등의 임면에 관여하였으며 이들에게 불리한 언론보도를 통제하고 이에 응하지 않는 언론인을 사퇴하게 하는 등 자유민주국가에서 허용될 수 없는 불법행위를 가하였습니다. 박대통령의 이러한 행위는 자유민주적 기본질서를 위협하고 국민주권주의, 대의민주주의, 법치국가원리, 직업공무원제 및 언론의 자유를 침해하여 우리 헌법의 기본원칙에 대한 적극적인 위반행위에 해당하는바, 박대통령의 파면이 필요할 정도로 헌법수호의 관점에서 중대한 법위반에 해당하는 것입니다.

　나아가 박대통령은 최순실, 안종범과 공모하여 사기업들로 하여금 강제로 금품 지급 또는 계약 체결 등을 하거나 특정 임원의 채용 또는 퇴진을 강요하고 사기업으로부터 부정한 청탁을 받고 최순실 등을 위해 금품을 공여하거나 이를 약속하게 하는 부정부패행위를 하였는데, 박대통령의 이러한 행위는 헌법상 권한과 지위를 남용하고 국가조직을 이용하여 국민의 기본권을 침해하고 부정부패행위를 한 것으로서 국가와 국민의 이익을 명백히 해하는 행위에 해당합니다. 따라서 대통령의 직을 유지하는 것이 더 이상 헌법수호의 관점에서 용납될 수 없거나 대통령이 국민의 신임을 배신하여 국정을 담당할 자격을 상실한 정도에 이른 것이라 할 것입니다.

최순실 등의 국정농단과 비리 그리고 공권력을 이용하거나 공권력을 배경으로 한 사익의 추구는 그 끝을 알 수 없을 정도로 광범위하고 심각합니다. 국민들은 이러한 비리가 단순히 측근에 해당하는 인물이 아니라 박근혜 대통령 본인에 의해서 저질러 졌다는 점에 분노와 허탈함을 금치 못하고 있습니다.

더욱이 박근혜 대통령은 검찰 수사에 응하겠다고 공개적으로 국민들에게 약속하였다가 검찰이 자신을 최순실 등과 공범으로 판단한 수사결과를 발표하자 청와대 대변인을 통하여 "검찰의 기소는 객관적인 증거는 무시한 채 상상과 추측을 거듭해서 지은 사상누각일 뿐"이라고 말하면서 검찰 수사에 불응하였습니다. 국정의 최고, 최종 책임자인 대통령이 국가 기관인 검찰의 준사법적 판단을 이렇게 무시하는 것은 그 자체가 국법질서를 깨는 일일 뿐만 아니라, 공개적인 대국민약속을 상황이 자신에게 불리해졌다고 해서 불과 며칠 만에 어기고 결과적으로 거짓말로 만들어버린 것은 국민들이 신임을 유지할 최소한의 신뢰도 깨어버린 것에 해당하는 것입니다.

최근 박근혜 대통령에 대한 지지율은 4%대에 불과하며 전국에서 232만 명이 넘는 국민들이 촛불집회와 시위를 통해 대통령의 즉각 퇴진과 탄핵을 요구하고 있습니다.

박근혜 대통령의 탄핵소추와 공직으로부터의 파면은 대통령의 직무수행의 단절로 인한 국가적 손실과 국정 공백을 훨씬 상회하는 '손상된 근본적 헌법질서의 회복'을 위한 것입니다. 이미 박근혜 대통령은 국민들의 신임을 잃어 정상적인 국정운영이 불가능하며 주요 국가정책에 대하여 국민의 동의와 지지를 구하기 어려운 상태입니다. 박근혜 대통령에 대한 탄핵소추와 파면은 국론의 분열을 가져오는 것이 아니라 오히려 국론의 통일에 기여할 것입니다. 이 탄핵소추로서 우리는 대한민국 국민들이 이 나라의 주인이며 대통령이라 할지라도 국민의 의사와 신임을 배반하는 권한행사는 결코 용납되지 않는다는 준엄한 헌법원칙을 재확인하게 될 것입니다.

존경하는 선배·동료 의원여러분!

우리는 지금 역사의 중심에 서 있습니다.

박대통령에 대한 탄핵소추는 손상된 헌법질서의 회복을 위한 첫걸음이자 민주주의 복원을 위한 대장정의 시작입니다. 국회는 탄핵을 통해 상처받은 국민의 자존심을 치유해 내야 합니다. 대통령 탄핵은 '헌정의 중단'이 아니라 헌법적 절차를 준수하는 '헌정의 지속'이며 이 땅의 민주주의가 엄연하게 살아 숨 쉰다는 것을 보여주는 산 증거가 될 것입니다.

존경하는 선배·동료 의원 여러분!

지금 국회 앞에서 외치고 있는 국민들의 함성이 들리십니까?

우리는 오늘 탄핵가결을 통해 부정과 낡은 체제를 극복해 내고 새로운 대한민국을 만들어 내야 합니다.

오늘 표결을 함에 있어 사사로운 인연이 아닌 오직 헌법과 양심, 역사와 정의의 기준으로만 판단하셔서, 부디 원안대로 가결하여 주실 것을 간곡하게 호소 드립니다. 우리는 역사 앞에서, 우리의 후손 앞에서 떳떳해야 합니다.

의원님들께서 현명한 선택을 해 주실 것으로 믿습니다.

감사합니다.

4. 박근혜 대통령측 탄핵심판 답변서

박근혜 대통령측 탄핵심판 답변서[5]

I. 서론

국회는 대통령인 피청구인에 대한 탄핵 소추를 의결하였고, 같은 날 소추위원이 귀 재판소에 소추의결서의 정본을 제출하여 탄핵심판을 청구하였습니다.

o그러나 탄핵소추의결서의 '탄핵 소추 사유'는 아래와 같이 전혀 사실이 아니고, 그 것을 입증할만한 증거가 없으며, 그 절차에 있어서도 심각한 법적 흠결이 있으므로 본건 탄핵 심판 청구는 각하 또는 기각되어야 마땅합니다.

o피청구인의 대리인은 아래와 같이 심판 청구가 이유 없고, 절차상 위법이 있다는 점을 답변하고자 합니다.

II. 탄핵소추안 요지

탄핵소추의결서에 기재된 탄핵 소추 사유는 피청구인이 대통령으로서 직무를 집행

---

5 박근혜 대통령 측 법률대리인단이 2016. 12. 16. 헌법재판소에 제출한 탄핵심판 답변서 요약본이 2016. 12. 18. 공개됐다.

하면서 헌법과 법률을 중대하게 위배하였다는 것인바, 그 내용을 요약하면 아래와 같습니다.

1. 헌법 위배행위

가. 국민주권주의, 대의민주주의, 국무회의에 관한 규정, 대통령의 헌법수호 및 준수 의무 위배

(1) 피청구인이 공무상비밀인 각종 정책 및 인사 문건을 최순실(최서원으로 개명)에게 전달하여 누설하고, 최순실과 동인의 친척 및 지인들(이하 '최순실 등'이라 합니다)이 국가 정책 및 공직 인사에 관여하도록 하면서 최순실 등의 사익을 위해 기업에서 수백억 원을 갹출하도록 강요하는 등으로 주권자의 위임 의사에 반하여 국가 권력을 사익 추구의 도구로 전락시켜 국민주권주의, 대의민주주의의 본질을 훼손하고

(2) 국정을 운영하면서 비선 조직에 따른 인치주의를 행해 법치주의, 국무회의 규정, 헌법 수호 및 준수 의무를 위반하였다.

나. 직업공무원 제도, 대통령의 공무원 임면권, 평등 원칙 위배

(1) 청와대 간부, 문화체육관광부의 장차관 등을 최순실이 추천하거나 최순실 등을 비호하는 사람으로 임명하여 공무원을 최순실 등의 사익에 대한 봉사자로 전락시키고, 유진룡 문화체육관광부장관과 노태강 국장, 진재수 과장 등을 좌천 또는 명예퇴직시키는 등으로 공무원 신분을 자의적으로 박탈하여 직업공무원 제도의 본질을 침해하고 공무원 임면권을 남용하였으며

(2) 최순실 등이 각종 이권과 특혜를 받도록 방조하거나 조장함으로써 평등 원칙을 위배하고 정부 재정 낭비를 초래하였다.

다. 재산권 보장, 직업 선택의 자유, 기본적 인권 보장의무, 시장 경제 질서, 대통령의 헌법 수호 및 준수 의무 위배

○ 최순실 등을 위해 사기업에 금품 출연을 강요하여 뇌물을 수수하거나 특혜를 주도록 강요하고, 사기업 임원 인사에 간섭함으로써 재산권, 직업선택의 자유, 시장

경제 질서 규정을 침해하였다

라. 언론의 자유 및 직업선택의 자유 위배

○ '정윤회 문건 사건' 당시 비선 실세의 전횡에 대한 보도 통제 및 언론사 사장해임 지시·흑은묵인함으로써 언론의 자유 및 직업선택의 자유를 침해하였다.

마. 생명권 보장 조항 위배

○ 세월호 참사와 같은 국가 재난 상황에서 국민의 생명과 안전을 보호하기위한 적극적 조치를 취하지 않음으로써 생명권 보호 의무를 위배하였다.

2. 법률 위배행위

가. 재단법인 미르, 재단법인 케이스포츠 설립모금 관련 범죄

(1) 기업의 경영권 승계와 관련한 의결권 행사, 특별사면, 면세점 사업자선정, 검찰 수사 등 직접적 이해관계가 있었던 기업에서 최순실 등이 설립 또는 실질적으로 운영하는 재단법인 미르, 재단법인 케이스포츠(이하 '미르재단 등'이라 합니다)에 수백억의 출연을 하게 한 것은 뇌물수수 또는 제3자뇌물수수에 해당한다.

(2) 대통령의 막강한 권한을 이용하여 재단법인에 출연금 납부를 요구하고, 응하지 않을 경우 불이익을 받게 될 것을 두려워한 기업 대표 등에게 의무 없는 일을 하게 한 것이다.

나. 롯데그룹 추가 출연금 관련 범죄

(1) 롯데그룹의 재단법인 케이스포츠(이하 '케이스포츠'라 합니다)에 대한 추가 출연(70억 원)은 면세점 사업자 선정, 경영권 분쟁 및 비자금 수사등 직무와 관련하여 이루어진 뇌물수수 또는 제3자뇌물수수이다.

(2) 대통령의 막강한 권한을 이용하여 재단법인에 출연금 납부를 요구하고, 응하지 않을 경우 불이익을 받게 될 것을 두려워한 기업 대표 등에게 의무 없는 일을 하게 한 것이다.

다. 최순실 등에 대한 특혜 제공 관련 범죄

(1) KD코퍼레이션 관련

(가) (뇌물) 대통령의 권한을 이용하여 현대?기아자동차로 하여금 최순실 등이 운영하는 KD코퍼레이션과 납품 계약을 체결하도록 요구하여 현대-기아자동차가 KD코퍼레이션으로부터 10억 원의 제품을 납품받은 것은 대통령의 직무와 관련하여 이루어진 제3자뇌물수수이다.

(나) (직권남용, 강요) 대통령의 권한을 이용하여 납품 계약을 체결하도록 요구하고, 응하지 않을 경우 불이익을 받게 될 것을 두려워한 현대자동차 회장 등에게 의무 없는 일을 하게 한 것이다.

(2) 플레이그라운드 관련

○ (직권남용, 강요) 대통령의 권한을 이용하여 현대자동차 부회장 등으로 하여금 최순실 등이 설립한 광고회사인 주식회사 플레이그라운드커뮤니케이션(이하 '플레이그라운드'라 합니다)과 70억 원 상당의 광고 계약을 체결하도록 하여 의무 없는 일을 하게 하였다.

(3) 포스코 관련

○ (직권남용, 강요) 대통령의 권한을 이용하여 포스코 그룹 회장 등으로 하여금 펜싱팀을 창단하고 최순실 등이 스포츠매니지먼트 등을 목적으로 설립한 주식회사 더블루케이(이하 '더블루케이'라 합니다)가 매니지먼트를 하기로 하는 합의를 하도록 하여 의무 없는 일을 하게 하였다.

(4) KT 관련

○ (직권남용, 강요) 대통령의 권한을 이용하여 KT 회장 등으로 하여금 플레이 그라운드를 광고대행사로 선정하고 광고제작비를 지급하게 하는 등 의무 없는 일을 하게 하였다.

(5) 그랜드코리아레저(GKL) 관련

○ (직권남용, 강요) 대통령의 권한을 이용하여 GKL 대표로 하여금 더블루케이와 '장애인 펜싱 실업팀 선수 위촉 계약'을 체결하도록 하여 의무 없는 일을 하게

하였다.

라. 문서 유출 및 공무상비밀누설 관련 범죄

∘ (공무상비밀누설) 국토부장관 명의의 '복합 생활 체육 시설 추가 대상지(안) 검토'를 포함한 47건의 문건을 정호성으로 하여금 최순실에게 전달하도록 지시하여 공무상비밀을 누설하였다.

3. 중대성의 문제

가. 위와 같은 헌법 및 법률 위배행위는 자유민주적 기본질서를 위협하고 헌법의 기본 원칙을 적극적으로 위반한 것이어서 대통령의 파면이 필요할 정도로 헌법수호의 관점에서 중대한 법위반에 해당한다.

나. 사기업 금품 강제 지급 등은 대통령의 헌법상 권한과 지위의 남용, 부정부패 행위로 대통령의 직을 유지하는 것이 헌법수호의 관점에서 용납될 수 없거나 대통령이 국민의 신임을 배신하여 국정을 담당할 자격을 상실한 정도에 이른 것이다.

4. 결론

가. 최순실 등의 국정 농단과 비리, 공권력 이용을 배경으로 한 사익 추구는 광범위하고 심각하며 대통령 본인에 의해 저질러진 것이다.

나. 피청구인은 검찰 수사에 불응하고 국가기관인 검찰의 준사법적 판단을 '객관적인 증거는 무시한 채 상상과 추측을 거듭해서 지은 사상누각'으로 폄하함으로써 국법 질서와 국민에 대한 신뢰를 깨버린 것이다.

다. 2016. 11. 피청구인에 대한 지지율은 3주 연속 4~5%로 유례 없이 낮고, 2016. 11. 12. 및 같은 달 26. 서울 광화문에서 100만이 넘는 국민들이 촛불집회와 시위를 하여 대통령이 더 이상 대통령 직책을 수행하지 말라는 국민들의 의사가 분명해졌다.

라. 그런 사유로 탄핵 소추를 하게 된 것이다.

III. 탄핵 소추 절차의 문제점

1. 본건 탄핵 소추는 아무런 객관적 증거 없이 이루어진 것으로 부적법해서 각하되어야 합니다.

가. 본건 탄핵 심판 절차는 헌법상 5년 임기가 보장되는 국가원수 겸 행정부 수반인 대통령의 자격에 관계된 중차대한 사안입니다. 따라서 단순한 의혹의 수준을 넘어서 객관적 증거로 입증된 사실에 기반해서 엄격한 법률적 평가를 거친 뒤 이유 유무를 따져야 할 것입니다. 국회법 제130조 제3항은 탄핵소추의 발의에는 탄핵의 증거 기타 조사상 참고가 될 만한 자료를 제시하도록 규정하고 있습니다.

나. 그러나 탄핵소추의결서에 첨부된 '증거 기타 조사상 참고자료'를 보면 ①헌법상 무죄 추정의 원칙에 따라 검사의 의견을 적은 것에 불과 ② 질풍노도의 시기에 무분별하게 남발된 언론의 폭로성 의혹 제기 기사 뿐이고 명확하게 소추 사유를 증명할 수 있는 객관적 증거는 아무것도 없습니다.

다. 소추위원이 제출한 공소장 중 최소한 피청구인에 관련된 부분은 아래와 같이 전혀 사실이 아니고, 제3자의 일방적 주장이나 추측에 근거해서 이루어진 언론 보도 역시 소추 사유에 관련된 내용은 모두 사실이 아니고, 아무런 객관적 증거 없이 이루어진 본건 심판 청구는 부적법하여 심리할 것도 없이 각하되어야 할 것입니다.

2. 대통령에게도 절차상의 권리로서 방어권(항변권)이 보장되어야 함

가. 탄핵 소추 사유와 동일한 내용에 대하여 현재 여야 합의에 따라 국회에서 국정조사가 진행되고 있고, 야당 추천 특별검사에 의한 수사도 진행 중입니다.

나. 따라서 국회의 국정조사와 특검의 수사를 통해 사실 여부를 명백하게 밝힌 뒤 혹은 최소한 국회법상 탄핵소추안의 객관성을 담보하기 위한'법사위 조사' 절차(국회법 제130조 제1항)라도 거친 뒤 표결이 이루어졌어야 함에도 이런 절차 없이 이루어진 탄핵 소추는 헌법과 국회법이 정한 절차적 정당성을 현저히 훼손했다고 판단됩니다.

다. 또한 국회의 소추 절차에서 피청구인에게 억울함을 호소할 수 있는 아무런 기회도 제공되지 않아 헌법상 보장되는 무죄 추정 원칙(제27조 제4항)을 심각하게 침해하는 위헌적 처사라 하지 않을 수 없습니다.

3. 검찰 조사 불응, 검찰 판단 비판이 국법 질서와 국민 신뢰를 깨버렸다는 주장은 본말이 전도된 것입니다.

가. 피청구인이 검찰 수사에 응하지 않은 데는 수사 과정의 변호인이 밝힌 바와 같이 상당한 이유가 있으므로 이를 방어권 남용이나 포기로 볼 수 없고 참고인으로서 당연히 보장되는 권리의 행사에 불과한 것이어서 비난받을 일이 아닙니다.

나. 또한, 대형 사건 수사 과정에서 검찰 수사의 편향성을 문제 삼고 '정치적 탄압' 운운하면서 출석에 불응하거나, 심지어 구속영장이 발부된 상황에서도 당사 內에서 농성하며 검찰을 규탄한 사례가 있었어도, 그것이 탄핵당할 만한 잘못이라는 비판은 듣지 못했습니다.

다. 판결 확정 전까지는 무죄로 추정되고, 내란이나 외환죄가 아닌 한 불소추 특권이 보장되어 헌법 해석상 검사의 조사가 불가능하다고 인정되는 대통령이 임의적인 검찰 조사에 며칠간의 연기를 요청하였고, 잘못된 수사 결론에 침묵 또는 동의하지 않았다고 해서 피청구인이 국법질서와 국민신뢰를 깨뜨렸다는 이유로 이루어진 본건 탄핵 소추는 도저히 정당성을 인정할 수가 없습니다.

4. 낮은 지지율, 100만 촛불 집회로 국민의 탄핵 의사가 분명해졌다는 사유로 이루어진 본건 탄핵 소추는 그 자체가 헌법 위반입니다.

가. 우리 헌법은 대통령의 임기를 보장하는 규정(제70조)을 두고 있고, 그 외에 대통령에 대한 지지율이 일시적으로 낮고, 100만 명이 넘는 국민들이 촛불 집회에 참여하면 임기를 무시할 수 있다는 예외 규정을 두지않고 있습니다.

나. 따라서, 국민의 탄핵의사가 분명해졌다는 것을 사유로 한 탄핵소추는 헌법상 대통령의 임기 보장 규정(제70조) 취지를 완전히 무시하는 위헌적 처사입니다.

다. 헌법상 국민투표로도 대통령의 재신임을 묻지 못하는 바(제72조, 헌법재판소 2004. 05. 14. 선고 2004헌나1 결정), 일시적 여론조사 결과 등이 전체 국민의 뜻을 대변한다거나, 그것을 근거로 대통령을 퇴진시켜야 한다는 것은 우리 헌법에 규정한 권력구조의 본질을 훼손하는 반헌법적인 발상이라 할 것입니다.

Ⅳ. 탄핵 소추 사유에 대한 답변

1. 전반적인 문제점

가. 탄핵소추안에 기재된 대통령의 헌법·법률 위배 행위는 모두 사실이 아닙니다.

(1) 탄핵소추안의 기초가 되는 사실관계는 검증되지 않은 의혹 또는 현재수사 재판 중인 사안으로, 대통령의 헌법 및 법률 위배행위가 입증된 바는 전혀 없음에도 기정사실인 것처럼 단정하고 있는 바 이는 헌법상 무죄추정의 원칙(제27조제4항)을 정면으로 위반된 것입니다.

(2) 다음과 같이 사실 인정이 달라질 경우 탄핵 소추 사유는 법적 근거를 상실하게 됩니다.

 * 피청구인이 최순실 등의 전횡이나 사익 추구를 인식하지 못한 경우
 재단 출연, 계약 체결, 인사 등과 관련하여 기업들의 자발성이 인정되거나 피청구인이 자발적이라고 인식한 경우 또는 대가 관계가 인정되지 않는 경우

 * 재단 출연, 계약 체결, 인사 등과 관련하여 참모진 등이 피청구인의 발언 취지를 오해하여 과도한 직무 집행이 이루어진 경우

 * 피청구인이 일부 연설문과 관련하여 최순실에게 의견을 구한 사실만 인정되고, 문건을 포괄적 지속적으로 유출한 사실이 없는 경우

 * 세월호 사건 당일 피청구인의 작위 또는 부작위와 사고 발생 또는 피해 결과 사이에 인과관계가 인정되지 않는 경우

(3) 탄핵소추안에 언급된 일부 헌법 위배 부분(국민주권주의, 대의민주주의, 헌법수호 및 헌법준수의무)은 탄핵 사유로 삼기 부적절합니다.

 (가) 탄핵 사유로 제시된 헌법 위배는 법률 위배 사실을 기초로 하는 바, 모든 법률 위배가 헌법 위배가 되는 것은 아닙니다.

 (나)더욱이, 탄핵심판청구서의 헌법 위배 부분은 추상적이고 막연한 헌법조항들이 단순 나열되어 탄핵사유로 부적합합니다.

 (다)피청구인이 최순실과 친분이 있다는 이유로 최순실의 행위에 대한 모든 책임을 피청구인의 헌법상 책임으로 구성한 것은 헌법상 연좌제 금지조항(제13조제3항)의 정신과 자기 책임 원칙에 위배되는 것입니다.

* 탄핵소추의결서의 논리라면, 측근 비리가 발생한 역대 정권 대통령은 모두 탄핵 대상이 된다는 결론에 도달하게 됨

나. 이건 탄핵과정은 헌법 및 법률의 일반적 절차에 위배된 것입니다.

(1) 헌법재판소는 대법원과 함께 우리 나라 최고재판기관이고, 단심입니다. 한편 피청구인에 대한 본건 탄핵소추 사유 중 법률위반 부분은 최순실 등과 피청구인이 공모하여 범행을 한 것이라는 내용이고, 피청구인은 위 법률위반 부분에 대하여 아래와 같이 공모관계를 부인하고 있습니다.

그런데 현재 최순실 등은 서울중앙지방법원에 기소되어 형사재판이 진행 중입니다.

따라서 최고재판기관의 탄핵재판 내용과 형사1심 재판 내용이 거의 동일한 내용이므로 최고재판기관인 헌법재판소는 형사1심 재판 과정을 잘 살펴보면서 사실심리를 할 필요가 있다고 하겠습니다.

만약 헌법재판소의 탄핵결정이 형사재판 1심, 2심 및 대법원 재판 결과와 상충된다면 이는 최고재판기관인 헌법재판소의 권위에 크나큰 손상을 입힐 가능성이 매우 높다고 할 것입니다. 이러한 사정을 감안하여 헌법재판소법 제51조는 "피청구인에 대한 탄핵심판청구와 동일한 사유로 형사소송이 진행되고 있는 경우에는 재판부는 심판절차를 정지할 수 있다"고 규정하고 있습니다.

(2) 헌법재판소법 제32조는 '재판부가 결정으로 다른 국가기관 또는 공공단체의 기관에 필요한 사실을 조회하거나, 기록의 송부나 자료의 제출을 요구할 수 있으나, 재판·소추 또는 범죄수사가 진행 중인 사건의 기록에 대하여는 송부를 요구할 수 없다'고 규정하고 있어 위 취지를 더욱 구체화하였다고 할 것입니다

(3) 위와 같은 피청구인에 대한 탄핵절차 규정을 종합하면 피청구인에 대한 이건 탄핵은 헌법 제84조 대통령에 대한 형사상 특권을 간접적으로 위반한 것이고, 헌법에 규정된 최고재판기관인 대법원과 헌법재판소 및 하급법원이 각 상충된 재판 및 심판결과를 초래할 가능성을 전혀 고려하지 않았을 뿐만 아니라 탄핵심판 절차 과정에서 법원의 형사재판에 영향을 미치지 않게 하려는 법률조항을 위반한 것이라 할 것입니다.

2. 헌법 위배 행위 부분

가. 국민주권주의 및 대의민주주의 위반 여부

(1) 최순실 등이 국가 정책 및 고위 공직 인사에 광범위하게 관여했거나 좌지우지 했다는 것은 사실이 아니고 입증된 바도 없습니다. 그 과정에서 최순실이 사익 을 추구했더라도, 피청구인은 개인적 이득을 취한 바 없고, 최순실의 사익 추구 를 인식하지 못하였습니다.

  * 언론에 제기된 의혹 대부분은 '미르-K재단, 최순실 이권 사업' 등에 국한되어 있는 바, 이는 피청구인이 대통령으로서 수행한 국정 전체의 극히 일부분(대통 령의 국정수행 총량 대비 최순실 등의 관여비율을 계량화한다면 1% 미만이 되 고, 그 비율도 소추기관인 국회에서 입증해야할 것입니다)에 불과하고, 피청구 인은 최순실의 이권 개입을 전혀 알지 못하였습니다.

(2) 피청구인의 의사에 따라 국가 정책이 최종 결정되었고, 피청구인은 국민 전체의 이익을 위해 정책을 집행하였을 뿐이므로 국민주권주의 위반이 아닙니다.

(3) 피청구인이 국정 수행 과정에서 지인의 의견을 들어 일부 반영했다고 하더라도 이는 사회통념상 허용될 수 있는 일이고(White House Bubble), 역대 대통령도 같 은 방식으로 대통령직을 수행하였으며, 피청구인이 국민의 대표자로서 국민을 대신해 최종 의사 결정권자로서 대통령의 역할을 수행한 이상 헌법 위반이 아 닙니다.

(4) 특히, 국민주권주의(제1조), 대의민주주의 조항(제67조 제1항) 등 국가 기본질서 에 관한 추상적 규정은 탄핵 사유가 되기 어렵습니다.

나. 국무회의의 심의에 관한 규정 및 헌법 준수 의무 위반 여부

(1) 국무회의 관련 조항(제89, 90조)은 국무회의 구성 및 심의 대상에 관한 근거조항 으로서 탄핵 사유가 되기에 부적합합니다. 특히, 국무회의의 심의사항 중 일부 내용이 최순실에게 유출되었더라도 실제 국무회의 심의를 모두 거쳤을 뿐만 아니라 최순실이 국무회의 심의에 영향을 미친 바는 없습니다.

(2) 또한 법률 위배가 인정된다고 무조건 헌법 위배가 되는 것은 아니나, 법률 위배 가 없으면 헌법 위배도 인정되지 않는다는 점에서 헌법 준수의무는 탄핵 사유

가 되지 않는다고 보아야 합니다.

* 피청구인(대통령)이 헌법 준수 의무를 위반하였기 때문에 헌법을 위반하였다는 주장은 무의미한 순환논리에 불과함

(3) 직업공무원 제도 및 대통령의 공무원 임면권 위반 여부

(가) 김종덕 문화체육관광부장관 등 탄핵소추의결서에 적시된 인물들은 모두 법률에 정해진 절차를 거쳐 임명된 공무원입니다.

(나) 피청구인은 주변의 믿을만한 지인을 포함하여 각계각층의 의견을 들어서 인사에 참고할 수 있고, 최종 인사권을 피청구인이 행사한 이상 설사 일부인사 과정에서 특정인의 의견을 들었다고 하더라도 공무원 임면권을 남용한 것이라고 볼 수 없습니다.

* 김종덕 장관의 경우 엄격한 국회의 인사청문회를 거쳐 임명되었고, 당시 국회는 '국민을 행복게 만드는 문화융성을 실현할 장관의 직무를 수행할 수 있는 기본적인 역량을 갖추었다'고 평가한바 있습니다.

* 피청구인이 최순실을 잘못 믿었다는 결과적 책임은 정치적. 도의적 책임일 뿐, 법적 탄핵 사유가 될 수 없습니다.

(다) 문화체육관광부 장차관의 임명과 면직, 1급 공무원의 일괄 사표 등에 대하여 본다면 위 직위는 법률에 따라 직업공무원의 신분 보장이 적용되지 않으므로 피청구인이 공무원 임면권을 남용한 것이 아닙니다.

유진룡 전 장관은 여러 언론에 스스로 사의를 표명하였다고 밝힌 바 있음

정치적 공무원 과 1급 공무원은 직업공무원 제도의 핵심인 신분 보장이 적용되지 아니함

국가공무원법 제68조 단서: 1급 공무원과 고위공무원단에 속하는 공무원에 대한 신분 보장 제도가 적용되지 않음

'공직 기강 확립, 조직 쇄신 차원'에서 일반직 중 최고위직인 1급 공무원이 일괄 사의를 표명한 사례는 現 정부에서 뿐만 아니라, 역대 정부에서도 다수 존재 노무현 정부 당시 김두관 행자부장관 취임 직후인 13·3. 행자부 1급 공무원 11명이 사표를 제출하였는바 같은 논리라면 노무현 前 대통령 역시 공무원 임면권을 남용한 것임

* 이명박 대통령 정부에서도 감사원, 총리실, 국세청, 교과부, 국세청, 농식품부 등의 1급 간부 전원이 사표를 제출한 사례 다수

○ 문화체육관광부 공무원 인사에서 인사 평정, 업무 수행 능력과 외부 평판 등을 종합적으로 고려하여 결정하였다면, 그 과정에서 부적격자임이 명백하고 뇌물 수수 등의 범죄가 수반되지 않은 한 대통령의 정당한 인사권 행사로 보아야

할 것입니다.

* 피청구인은 2아5. 1. 대통령 기자회견에서 '해당 국·과장은 체육 개혁 책임자로서 체육계 비리 척결이 이루어지지 않는 것에 대한 문책성 경질이고, 승마협회 감사와 무관함'을 밝혔으며, 조응천 당시 청와대 공직기강비서관(現 민주당 의원)도 최근 언론에 그런 사실을밝힌 바 있음

(라) 평등원칙 위반 여부

1) 공무원들이 최순실 등에게 사업상 특혜를 제공하였다 할지라도 이는 개인비리에 불과하고, 피청구인은 그 과정에 관여한 바가 없습니다.

2) 최순실의 범죄행위에 대한 피청구인의 공모가 입증되지 않는 이상 그것을 가지고 피청구인이 평등 원칙을 위배하였다고 볼 수 없으므로 헌법 위반으로 볼 수 없습니다.

(마) 재산권 보장, 직업 선택의 자유 등 위반 여부

1) 피청구인은 기업들에게 직권을 남용하거나 강제적으로 재단 출연을 요구한 바가 전혀 없습니다.

2) 출연 기업 관계자들은 검찰 조사나 국회 청문회에서 '재단 설립 취지에 공감하여 돈을 냈다'고 진술한 것으로 알고 있고, 자발적 기금 모집의 경우 국가기관에 의한 재산권 침해행위가 없어 재산권 제한 문제는 발생하지 아니합니다.

3) 또한 기업 임원에 대한 인사권은 해당 기업에 있고, 전문가를 기업임원으로 추천한 것에 대한 도덕적 비난은 별론, 피청구인이 직접 직업의 자유를 침해한 것으로 보기는 어렵습니다.

(바) 언론 및 직업 선택의 자유 위반 여부

1) 객관적 사실에 부합하지 않고, 개인 명예를 훼손하거나 사생활 비밀을 침해하는 보도 를 바로잡기 위한 조치(정정보도 청구, 보도자제 요청 등)를 언론. 출판의 자유에 대한 침해라고 할 수 없습니다.

2) 소위 '정윤희 문건' 사건 당시 청와대에서 작성된 문서가 외부로 유출된 자체가 범죄행위이므로, '문건을 유출한 것이 국기 문란'이라는 피청구인의 발언은 부당하지 않습니다.

* 한일 경위의 경우, 검찰은 '압수물에서 문건 유출 범행을 입증할 결정적인 증거가 발견되어 혐의를 자백하였다'고 수사 결과를 발표한 바 있으며, 이후 법원에서 유죄 판결이 선고되었으므로 민정비서관이 한일 경위를 회유하였다는 것은 신빙성이 낮음

3) 언론사 임원에 대한 인사권은 해당 기업에 있고, 피청구인이 세계일보 등 언론사에 임원 해임을 요구하거나 지시한 사실은 없습니다.

* '청와대 고위관계자가 세계일보 사주에게 조한규 사장의 해임을 요구하였다'는 부분은 일방 당사자의 미확인 주장에 불과하고, 조한규 前 사장 역시 '직접 경험한 것이 아닌 타인으로부터 들은 사실'이라고 언론에서 밝힌 바 있음

(사) 생명권 보장 위반 여부(소위 '세월호 7시간' 문제)

1) 대통령 등 국가기관의 생명권 보호 의무 위반으로 보기 위해서는 보호 의무의 의식적 포기행위가 있어야 되고, 단순히 직무를 완벽히 수행하지 않았다거나 결과가 기대에 미치지 못하였다고 헌법에 규정된 생명보호 의무 위반으로 보기는 어렵습니다.

2) 피청구인은 세월호 사고 당시 청와대에서 정상 근무하면서 해경, 안보실 등 유관기관 등을 통해 피해자 구조를 위해 최선을 다하도록 지시하였고, 대규모 인명 피해 정황이 드러나자 신속하게 중앙재해대책본부에 나가 현장 지휘를 하였는바, 피청구인이 생명권 보호를 위하여 노력하였다는 점에 대한 객관적 증거가 충분히 있습니다.

대법원은 형법상 직무유기죄의 해석과 관련하여 직무에 관한 의식적인 방임 내지 포기 등 정당한 이유 없이 직무를 수행하지 않는 경우를 의미하지, 단순한 직무 수행의 태만은 포함하지 아니한다고 판시(1956. 10. 19. 선고 4289형상244)

3) 세월호 피해자에 대한 구조 책임은 현장에 출동한 해양경찰에 대해서만 인정되었고, 상급자인 목포해양경찰서장, 해양경찰청장 등에 대해서도 법적 책임이 인정되지 않았습니다. 따라서 대통령에게 국가의 무한 책임을 인정하려는 국민적 정서에만 기대어 헌법과 법률의 책임을 문제 삼는 것은 무리한 주장이라고 지적하지 않을 수 없습니다.

4) 사고 당시 국가기관의 대응 체계가 미흡하였다고 평가되는 측면이 없지 않지만 헌법재판소는 2004년 노무현 대통령 탄핵 사건에서 대통령의 정책결정상의 잘못 등 직책 수행의 성실성 여부는 그 자체로 탄핵 소추 사유가 될 수 없다고 판시한 바 있습니다(2004헌나1). 따라서 설령 위와 같은 중대한 재난사고에 대응한 피청구인의 조치 또는 대응에 일부 미흡한 부분이 있다고 할지라도 위와 같은 사유가 적법한 탄핵 소추 사유가 될수 없습니다.

* 탄핵소추안의 논리대로라면, 향후 모든 인명 피해 사건에 대하여 대통령이 생명권을 침 하였다는 결론을 초래

3. 법률 위배행위 부분

가. 재단 관련 뇌물수수죄 성립 여부

(1) 미르재단 등은 한류 전파 문화 융성 등 명확한 정책 목표를 갖고 민관이 함께 하는 정상적인 국정 수행의 일환으로 추진된 공익사업입니다.

(2) 피청구인은 기업인들에게 문화 체육 발전에 대한 자발적 지원을 부탁한 것이고, 어떠한 대가를 조건으로 기금을 부탁하거나 기업이 대가를 바라고 출연한 것도 아니므로 뇌물수수의 고의가 인정되지 않습니다.

(3) 또한 피청구인은 사익을 추구할 목적이 없었고, 최순실의 범죄를 알면서 공모하 였거나 예측할 수 있었던 것도 아닙니다.

(4) 본건 문제된 재단법인과 대통령 또는 최순실은 별개이고, 재단 기금의 사유화는 아예 불가능합니다. 즉 미르재단 등은 재단법인이고, 법적으로 독립된 권리와 의무의 주체로서(민법 제34조) 재단 운영의 주체는 이사회입니다.

피청구인이 재단의 이사 후보군을 전경련에 추천하였다고 하더라도, 이는 정책 의 시너 지 효과를 거두기 위한 공익적 목적일 뿐 피청구인이 재단을 지배한 바 없음.

재단은 ’지정 기부금 단체‘로도 지정되어 있어 지출액의 80% 이상을 고유 목적 사업에 지출하고, 기부금 모금액 활용 실적을 공개해야 하며, 주무부처에 실적 을 보고하고 감사를 받는 등 엄격한 통제를 받고 있어 재단 기금의 사유화는 불가능

*노무현 정부 당시 삼성 일가가 8,000억 원의 사재를 출연하자, 정부가 나서서 이를 관리하겠다고 공언하여 재단 이사진을 親盧 인사들로 채운 사례도 존재

(5) 피청구인 또는 최순실이 재단에 영향력을 행사할 수 있는 지위에 있다고 할지 라도, 재단 출연금을 대통령 또는 최순실이 받은 뇌물로 치환하는 것은 법인에 별개의 법인격을 부여한 민법 법리를 도외시한 것입니다. 즉 재단 운영 구조 및 재단 기금 사용 현황 등을 고려할 때 재단 사유화 자체가 불가능하므로 재단이 받은 기금을 개인적 차원에서 받은 뇌물과 동일하게 볼 수 없습니다.

*더욱이, 검찰이 철저하게 수사해도 뇌물을 입증할 수 없어 안종범 前 수석 등 에게 뇌물죄를 적용하여 기소하지 않았음에도 국회는 피청구인에 대하여 아무 런 추가 근거 또는 증거도 없이 탄핵 소추 사유에 뇌물죄를 포함시키는 것은 부당하다고 할 것입니다.

나. 재단 관련 제3자뇌물수수죄 성립 여부

(1) 제3자뇌물수수죄는 통상의 뇌물죄와 달리 금품의 대가로 부정한 청탁이 필요하나 기업의「부정한 청탁」이 입증된 바 없고, 삼성·SK 롯데 등과 관련한 정부의 각종 행정행위는 관계기관 간 충분한 논의와 절차를 거쳐 이루어진 것이어서 미르재단 출연과 무관합니다.

　　*실제 롯데가 70억 원을 추가 출연하였음에도 롯데에 대한 검찰 수사가 진행되었다는 것은 오히려 피청구인(대통령)이 출연 대가로 어떠한 영향력도 행사한 것이 없다는 반증임

(2) 막연히 선처하여 줄 것이라는 기대나 직무 집행과는 무관한 다른 동기에 의하여 제3자에게 금품을 공여한 경우에는 묵시적 의사표시에 의한 부정한 청탁이 있다고 볼 수 없고(대법원 2010도12313호 판결), 피청구인과 기업 사이에 재단이 당면 현안 해결에 대한 대가라고 인식하거나 양해한 바 없으며, 국정조사 청문회에서 기업 총수들이 모두 대가성이 없었다고 증언하였습니다.

다. 재단 관련 직권남용 및 강요죄 성립 여부

(1) 직권남용 및 강요는 '자신의 의사에 반하여 한 행위'임에 반하여 뇌물은 공여의 고의 하에 '자발적으로 한 행위'여서 양립 불가능합니다. 그런데 탄핵소추의 사유 중 2. 가. (2). (가)에는 피청구인이 대기업으로부터 뇌물을 출연하게 하여 뇌물수수 또는 제3자뇌물수수죄에 해당된다고 기재하면서도 한편 (나)에서는 위 대기업들로 하여금 의무 없는 일을 하게함으로써 직권남용권리행사방해 죄 및 강요죄에 해당한다고 기재함으로써 상호 모순된 소추사실을 기재하였습니다. (가) 재단 설립은 과거 정부에도 있었던 관행에 따른 것으로 모금의 강제성이 인정되지 않습니다. 피청구인은 기업인들에게 국정기조의 하나인 '문화융성'을 위해 적극 투자해달라고 부탁하고, 안종범 등에게 좋은 취지로 협조를 받으라고 지시하였을 뿐 위법. 부당한 행위를 지시한 사실이 없습니다.

　　* ① 재단 설립이 상당한 기간 여러 논의를 거쳐 추진된 점, ② 모금 과정에서 기업들이 심층 검토와 합당한 절차를 거쳐 지원 규모를 결정한 점, ③ 역대 정부가 추진한 공익재단 사업과 유사하고 본질적 차이가 없는 점, ④ 재단 운영 구조상 특정 개인의 사유화가 불가능한 점, ⑤ 현재도 96% 이상의 자금이 재단

에 그대로 남아 있으며, 지출된 돈도 목적에 맞게 쓰인 점 등을 종합할 때 직권남용 및 강요죄는 성립하기 어려움

(나) 강요죄는 '폭행' 또는 '협박행위'가 있어야 하는데, 검찰 공소장에도 어떠한방식으로 기업을 협박했는지 기재가 되어 있지 않습니다. 이 부분은 헌법재판소의 보정 명령이 이루어져야 합니다.

(다) 구체적 강압이나 협박이 없었음에도 대통령의 권한이나 지위만으로 피청구인에게 범죄 성립을 인정하는 것은 무리한 해석입니다.

검찰은 막연히 '기업들이 요구에 불응할 경우 세무조사를 당하거나 인허가의 어려움기업 활동 전반에 걸쳐 직.간접적으로 불이익을 받게 될 것을 우려한 나머지' 출연금을 냈으니 협박이라고 주장하나, 검찰 논리대로라면 국회의원이 기업에 정당한 협조 요구를 하여 수용한 경우에도, 언제든지 '기업 관련 법제에 있어 불이익을 받을 것을 우려하여 강압에 의해 받아들인 것'이라는 부당한 결론에 이르게 됨

라. 최순실 등에 대한 특혜 제공 관련 범죄 성립 여부

(1) 피청구인은 KD코퍼레이션의 현대차 납품과 관련하여 어떤 경제적 이익도 받은 바 없고, 최순실과 뇌물수수 범행을 공모하지 않았으며, 최순실이 샤넬백 및 금원을 받은 사실 자체를 알지 못했습니다. 최순실이 대통령인 피청구인을 내세워 청탁을 받고 대가를 취득하였다고 하여, 이를 알지도 못한 피청구인과 공범이라고 단정하는 것은 공범에 관한 법리를 잘못 판단하였거나, 논리 비약에 불과하다 할 것입니다.

(2) 피청구인이 안종범 전 수석을 통하여 현대차 그룹으로 하여금 최순실의 지인이 운영하는 KD코퍼레이션으로부터 납품을 받도록 하고, 최순실이 KD코퍼레이션 대표로부터 금품을 수수하였다는 사실만으로 피청구인에 대한 제3자뇌물수수죄가 당연히 성립한다고 볼 수는 없습니다.

(3) 사기업의 영업 활동은 공무원의 직권 범위 밖의 행위이고, 개별 기업의 납품, 직원 채용, 광고 등 영업 활동은 공무원인 피청구인 또는 경제수석의 직무 범위에 속하지 않아 법리 및 판례상 직권남용죄가 성립하지 않습니다.

* 과거 속칭 '신정아 사건'에서도 대법원은 변양균 前 정책실장에게 같은 이유로 무죄 선고공무원이 직무와는 상관 없이 지원을 권유하거나 협조를 의뢰한 것까지 직권남용에 해당한다고 할 수는 없음 [대법원 2009. 1. 30. 선고 2008도

6950 판결]

(4) 강요죄는 '폭행' 또는 '협박행위'가 있어야 하는데 피청구인은 그런 행위를 하거나 지시한 바 없고, 안종범에 대한 공소장에도 그가 어떻게 협박을 하였다는 것인지 특정되어 있지 않아 강요죄는 성립되지 않습니다. 피청구인은 문화체육융성이라는 정책적 관점에서 포스코, GKL 등에 실업 체육팀 창단 협조를 부탁한 것이고, 이는 정당한 직무 수행의 일환입니다.

＊ 포스코와 GKL은 회사 사정상 안종범 수석의 부탁을 수용하기 어렵다며 거절하였고, 이후 수차례의 협상과 조정을 거쳐 전혀 다른 내용의 계약이 성사되었는바, 만일 '협박'이 있었다면 이러한 협상 과정이 존재할 수 없었을 것임

(5) 피청구인은 각종 공식 행사나 회의, 사석에서 '중소기업'이 어려움을 겪는다는 말을 들으면 적극적으로 해결해 주기 위하여 관계 수석에게 상황을 알아보고 도울 수 있으면 도와주라는 지시를 해왔습니다. 피청구인은 대기업 일가 친척들이 운영하는 하청업체에 일감을 몰아주는 속칭 '재벌카르텔'로 인하여 우수한 기술을 보유한 중소기업들이 꽃을 피우지 못하는 것을 안타까워 하였고, 이를 혁파하는 것을 중요한 국정업무로 삼아 이를 실행하여 왔습니다. 본건도 그런 과정의 일환으로 이루어진 것이므로 피청구인은 제3자 뇌물수수 범행의 고의가 없습니다.

＊ 최순실과 관련된 업체라서, 혹은 최순실의 부탁이기에 도와준 것이 아니라, 누가 이야기하든 어떤 중소기업이라도 애로 사항을 해결해 주기 위해 노력하는 것은 대통령으로서 정당한 업무수행임

＊ 오히려 최순실과 어떤 관련이라도 있다는 사실을 알았다면 절대 들어주지 않았을 것임

(6) 또한, 안종범 수석에게 지시한 것도 무조건 특정 기업에 특혜를 주라는 것이 아니었고, 합법적 범위 내에서 중소기업의 애로 사항을 정부가 실질적으로 해결해 주라는 의미였으며, 계약 또는 채용 여부는 개별 기업이 검토해서 결정할 문제입니다. 위와 같이 국정의 최고책임자인 대통령이 시야가 제한되어 있는 직업공무원들로 이루어진 보고체계에 의존하지 않고, 여러 경로를 통하여 국민, 기업들의 애로사항을 청취하고 이를 해결하는 것은 정치의 한 방법으로 동서고금 널리 인정되어 왔습니다. 다만 위 과정에서 대통령 등 최고권력자의 친인척 지인들이 최고권력자의 권위를 이용하여 개인적인 이익을 취하여 왔던 사례는 역사적으로 헤아릴 수 없을 정도로 많고, 우리나라 전직 대통령의 친척들도 이러한 문제를 야기하였습니다. 그러나 전직 대통령 그 누구도 이러한 문제로 탄핵을 당하지 않았다는 점에 비추어 본다면 피청구인에 대한 이건 탄핵소추는

형평에 반하는 것이라 할 것입니다.

마. 공무상비밀누설죄성립여부

(1) 피청구인은 이 부분 탄핵 소추 사유를 전부 부인합니다. 연설문 이외의 문건들은 비밀에 해당하는지 여부가 분명하지 않고 피청구인의 지시에 따라 최순실에게 전달된 것이 아니어서 구체적 유출 경로를 알지 못합니다.

(2) 피청구인이 연설문을 최순실로 하여금 한 번 살펴보게 한 이유는 직업관료나 언론인 기준으로 작성된 문구들을 국민들이 보다 잘 알아들을 수 있도록 일부 표현에 관해 주변의 의견을 청취한 것에 불과하고, 발표되기 직전에 최순실의 의견을 구한 것이어서 그 내용이 미리 외부에 알려지거나 국익에 반하게 활용될 가능성이 없었기에 공무상비밀누설이라 보기 어렵습니다.

*통상 정치인들은 연설문이 국민의 눈높이에서 너무 딱딱하게 들리는지, 현실과 맞지 않는 내용이 있는지에 대해 주변의 자문을 받는 경우가 왕왕 있고(속칭 'kitchen cabinet'라고 합니다), 피청구인이 최순실의 의견을 들은 것도 같은 취지였음

판례상 공무상비밀이 되기 위해서는 누설로 인해 국가 기능에 위협이 발생하여야 하나(대법원 20이도1343호 판결), 실제 유출된 연설문은 선언적 추상적 내용이고, 발표 1-2일 전에 단순히 믿을만하다고 판단한 주변 지인의 의견을 들어본 것이어서'누설'로 보기 어렵습니다.

*노무현 전 대통령 재임당시 대통령의 형 노건평이 '봉하대군'이라고 불리면서 대우조선 남상국 사장으로부터 연임청탁을 받았다가 이 사실이 공개되어 남상국이 자살한 사례, 이명박 전 대통령 재임 당시 '만사형통'이라고 불리면서 여러 경로를 통하여 대통령에게 민원을 전달한 이상득 전 국회의원의 사례 등을 종합하면 피청구인의 전임 대통령들도 공적경로에만 의존하지 않고, 다양한 방법으로 인사에 관한 의견, 민원 등을 청취하였음을 알 수 있습니다.

V. 결론

위에서 본 바와 같이 피청구인에 대한 탄핵소추 사유를 인정할 자료들이 없습니다. 특히 피청구인에 대한 뇌물죄 또는 제3자뇌물수수, 직권남용권 권리행사방해, 강요에

대한 증거들은 공범 최순실 등에 대한 1심 형사재판 절차에서 충분한 심리를 거친 후에 결정하여야 할 것이고, 형사처벌에 상응하는 탄핵소추 절차에서도 형사소송법 규정을 준용하여 무죄추정의 원칙이 적용되어야 하여야 할 뿐 아니라 아래에서 보는 바와 같이 파면의 효과가 중대한 대통령인 피청구인에 대하여서는 더욱더 엄격한 증명이 요구된다고 할 것입니다.

설혹 견해를 달리하여 피청구인에 대한 탄핵소추의 사유를 인정할 증거들이 있다고 하더라도 "대통령은 국가의 원수이자 행정부의 수반이라는 막중한 지위에 있고(헌법 제66조), 국민의 선거에 의하여 선출되어 직접적인 민주적 정당성을 부여받은 대의기관이라는 점에서(헌법 제67조) 다른 탄핵대상 공무원과는 그 정치적 기능과 비중에 있어서 본질적인 차이가 있으며, 이러한 차이는 '파면의 효과'에 있어서도 근본적인 차이로 나타난다.

대통령의 경우, 국민의 선거에 의하여 부여받은 '직접적 민주적 정당성' 및 '직무수행의 계속성에 관한 공익'의 관점이 파면결정을 함에 있어서 중요한 요소로서 고려되어야 하며, 대통령에 대한 파면효과가 이와 같이 중대하다면, 파면결정을 정당화하는 사유도 이에 상응하는 중대성을 가져야 한다.

대통령을 제외한 다른 공직자의 경우에는 파면결정으로 인한 효과가 일반적으로 적기 때문에 상대적으로 경미한 법위반행위에 의해서도 파면이 정당화될 가능성이 큰 반면, 대통령의 경우에는 파면결정의 효과가 지대하기 때문에 파면결정을 하기 위해서는 이를 압도할 수 있는 중대한 법위반이 존재해야 한다.

대통령에게 부여한 국민의 신임을 임기 중 다시 박탈해야 할 정도로 대통령이 법위반행위를 통하여 국민의 신임을 저버린 경우에 한하여 대통령에 대한 탄핵사유가 존재하는 것으로 판단된다.

대통령의 파면을 요청할 정도로 '헌법수호의 관점에서 중대한 법위반'이란, 자유민주적 기본질서를 위협하는 행위로서 법치국가원리와 민주국가원리를 구성하는 기본원칙에 대한 적극적인 위반행위를 뜻하는 것이고, '국민의 신임을 배반한 행위'란 '헌법수호의 관점에서 중대한 법위반'에 해당하지 않는 그 외의 행위유형까지도 모두 포괄하는 것으로서, 자유민주적 기본질서를 위협하는 행위 외에도, 예컨대, 뇌물수수, 부정부패, 국가의 이익을 명백히 해하는 행위가 그의 전형적인 예라 할 것이다. 대통령이 자유민주적 기본질서를 수호하고 국정을 성실하게 수행하리라는 믿음이 상실되었기 때문에 더 이상 그에게 국정을 맡길 수 없을 정도에 이르렀다고 보아야 한다. 결국, 대통령의 직을 유지하는 것이 더 이상 헌법수호의 관점에서 용납될 수 없거나 대통령이 국민의 신임을 배신하여 국정을 담당할 자격을 상실한 경우에 한하여, 대통령에 대한 파면결정은 정당화되는 것이다."(헌법재판소 2004.05.14. 2004헌나1)라는 헌법재판소의 결정례에 비추어 본다면 피청구인의 이건 법률위반은 파면결정을 정당화하는 사유에 해당하는 중대성을 가진다고 볼 수 없습니다.

위에서 본 바와 같이 피청구인이 중대한 헌법위배 및 법률위배 사실을 인정할 증거가 없으므로 피청구인에 대한 탄핵 소추 사유는 모두 부적법하거나 사실이 아니어서 본건 탄핵 소추는 이유 없습니다. 따라서 본건 탄핵 심판 청구는 기각되어야 할 것입니다.

5. 탄핵심판의 법적 쟁점 집중분석[6]

헌법재판소는 2017년 1월 3일 박근혜 대통령 탄핵심판 사건 제1차 변론을 시작으로, 박근혜 대통령 탄핵 사건을 다루기 시작했다. 대통령에 대한 탄핵심판은 일종의 재판이다. 국회의 탄핵소추는 검사의 기소, 헌법재판소의 결정은 법원의 재판에 비유할 수 있다. 헌법재판소법이 탄핵심판의 경우 형사소송에 관한 법령을 준용(헌법재판소법 제40조)하는 것도 그 때문이다. 국회의 탄핵소추안에 나타난 박근혜 대통령의 탄핵 사유는 〈표〉와 같다. 크게 보면 헌법위배 행위(5가지)와 법률위배 행위(4가지)지만, 세분하면 13개 항목에 달한다. 박근혜 대통령의 혐의 사실은 대부분 잘 알려져 있다. 지난 석 달여 동안 모든 언론이 최순실 사태를 보도해 왔고, 국회의 탄핵소추안은 사실상 그간 언론보도 내용을 그대로 옮겨놓은 것이기 때문이다. 많은 이가 이미 박근혜 대통령의 유죄(有罪)를 예단하고 있다. 반면에 그에 대한 법적 반론은 의외로 널리 알려져 있지 않다. 박근혜 대통령 탄핵의 법적 쟁점들을 살펴보는 것도 그 때문이다. 탄핵소추인(국회)의 주장은 박근혜 대통령에 대한 탄핵소추안에 나온 내용을 발췌·요약한 것이다. 그에 대한 반박 주장은 피청구인(박근혜 대통령) 측 변호인단 및 법조인, 법학자들의 의견을 정리한 것이다.

---

6 배진영(월간조선 기자), "박근혜 대통령 탄핵", 2017년 2월호, 대부분 게재.
http://pub.chosun.com/client/news/viw.asp?cate=C01&mcate=M1001&nNewsNumb=20170122774&nidx=22775

〈표〉 박근혜 대통령 탄핵사유 및 관련 규정

		헌법 및 법률 규정	
1. **헌** **법** **위** **배** **행** **위**	가. 국민주권주의(1조) 대의민주주의(67조 1항) 국무회의에 관한 규정(88조, 89조) 대통령의 헌법수호 및 헌법준수의무(66조 2항, 69조)		
	나. 직업공무원제도(헌법 7조) 대통령의 공무원 임면권(78조) 평등원칙(제11조)		
	다. 재산권보장(23조 1항) 직업선택의 자유(15조) 기본적 인권보장(10조) 시장경제질서(119조) 대통령의 헌법수호 및 헌법준수의무(66조 2항, 69조)		
	라. 언론의 자유(21조 1항) 직업선택의 자유(15조)		
	마. 생명권(10조)		
2. **법** **률** **위** **배** **행** **위**	가. 재단법인 미르, 케이스포츠 설립모금 관련	(1) 특정범죄가중처벌 등에 관한 법률상 뇌물 (2) 직권남용권리행사방해, 강요	
	나. 롯데그룹 추가 출연금 관련	(1) 특가법상 뇌물 (2) 직권남용권리행사방해, 강요	
	다. 최순실 등에 대한 특혜 제공 관련	KD코퍼레이션 관련	특가법상 뇌물, 직권남용권리 행사방해, 강요
		플레이그라운드 관련	직권남용권리행사방해, 강요
		포스코 관련	직권남용권리행사방해, 강요
		주식회사 케이티 관련	직권남용권리행사방해, 강요
		그랜드코리아레저 관련	직권남용권리행사방해, 강요
	라. 문서 유출 및 공무상 취득한 비밀 누설	공무상 비밀누설죄	

1. 헌법위배 행위

가. 국민주권주의, 대의민주주의, 국무회의에 관한 규정, 대통령의 헌법수호 및 준수의무 위배

탄핵소추인(국회)의 주장

박근혜 대통령은 최순실 등의 사익(私益)을 위하여 대통령의 권력을 남용하여 사기업들로 하여금 각 수십억 원에서 수백억 원을 갹출하도록 강요하고 사기업들이 최순

---

7 배진영(월간조선 기자), "박근혜 대통령 탄핵", 2017년 2월호, 대부분 게재.
http://pub.chosun.com/client/news/viw.asp?cate=C01&mcate=M1001&nNewsNumb=20170122774&nidx=22775

실 등의 사업에 특혜를 주도록 강요하는 등 최순실 등이 국정을 농단하여 부정을 저지르고 국가의 권력과 정책을 최순실 등의 '사익추구의 도구'로 전락하게 함으로써, 최순실 등 사인(私人)이나 사조직(私組織)이 아닌 박근혜 대통령 자신에게 권력을 위임하면서 '헌법을 수호하고 국민의 자유와 복리의 증진을 위하여 대통령으로서의 직책을 성실히 수행할 것'을 기대한 주권자의 의사에 반하여 국민주권주의(헌법 제1조) 및 대의민주주의(헌법 제67조 제1항)의 본질을 훼손하고, 국정을 사실상 법치주의(法治主義)가 아니라 최순실 등의 비선(秘線)조직에 따른 인치주의(人治主義)로 행함으로써 법치국가원칙을 파괴하고, 국무회의에 관한 헌법 규정(헌법 제88조, 제89조)을 위반하고 대통령의 헌법수호 및 헌법준수의무(헌법 제66조 제2항, 제69조)를 정면으로 위반하였다.

반박

① 박근혜 대통령(탄핵소추문에서는 '피청구인'이라고 함)은 최순실 등이 미르재단, 케이스포츠 등을 설립한 행위를 통해 개인적 이득을 취한 바 없으며, 최순실의 사익추구를 인식하지도 못하였다.

② 국민주권주의(제1조), 대의민주주의 조항(제67조 제1항) 등 국가 기본질서에 관한 추상적 규정은 탄핵사유가 되지 않는다.

③ 박근혜 대통령이 국정수행 과정에서 지인(知人)의 의견을 일부 반영했다고 하더라도 이는 사회통념상 허용될 수 있는 일이다. 역대 대통령도 아들이나 가신(家臣)들, 혹은 개인적으로 아는 학자 등의 의견을 들어가면서 대통령직을 수행했다. 최순실은 그럴듯한 타이틀이 없는 '평범한 아줌마'라는 점 때문에 국민들에게 충격과 분노를 안겨주었지만, 본질은 역대 대통령들이 비선을 운영했던 것과 크게 다르지 않다. 비선을 활용했다 하더라도 대통령이 국민의 대표자로서 국민을 대신해 최종 의사결정권자로서 대통령의 역할을 수행한 이상 헌법위반이 아니다.

④ 국무회의 심의에 관한 조항(제29조, 제90조)은 국무회의 구성 및 심의 대상에 관한 근거 조항으로 탄핵사유가 되기에 부적합하다. 국무회의 심의 사항 중 일부 내용이 최순실에게 유출되었다고 하더라도, 최순실이 국무회의 심의에 영향을 미친 바 없다.

나. 직업공무원 제도, 대통령의 공무원 임면권, 평등원칙 위배

탄핵소추인(국회)의 주장

박근혜 대통령은 청와대 간부들 및 문화체육관광부의 장·차관 등을 최순실 등이 추천하거나 최순실 등을 비호하는 사람으로 임명하였다. (중략) 또한 박근혜 대통령은 최순실 등의 사익추구에 방해될 문화체육관광부의 고위 공직자들을 자의적으로 해임시키거나 전보시켰는데 이러한 예로는 2013. 4. 최순실의 딸 정유라가 한국마사회컵 승마대회에서 우승을 못하자 청와대의 지시로 문화체육관광부가 승마협회를 조사·감사하였고, 그 결과가 흡족하지 않자 박근혜 대통령은 2013. 8. 유진룡 문화체육관광부 장관에게 동 조사·감사에 관여한 노강택 국장과 진재수 과장을 두고 "나쁜 사람"이라고 언급하고 경질을 사실상 지시하였고, 그 후 이들은 산하기관으로 좌천된 일을 들 수 있다. 이와 관련하여 2014. 7. 유진룡 장관이 갑자기 면직되었고, 그 후 2014. 10. 청와대 김기춘 비서실장으로부터 문화체육관광부 김희범 차관에게 문화체육관광부 1급 공무원 6명의 일괄 사표를 받으라는 부당한 압력이 행사되었고 이들은 명예퇴직을 하게 되기도 하였다. 이와 같이 '국민 전체에 대한 봉사자로서 신분이 보장되는' 공무원을 최순실 등의 '사익에 대한 봉사자'로 전락시키고 공무원의 신분을 자의적으로 박탈시킴으로써 직업공무원제도(헌법 제7조)의 본질적 내용을 침해하고, 대통령에게 부여된 공무원 임면권(헌법 제78조)을 남용하였다.

또 박근혜 대통령은 애초에 최순실 등을 비호하기 위한 공무원 임면을 통하여 최순실 등이 문화체육관광부로부터 동계스포츠영재센터(최순실의 조카 장시호 운영)를 통하여 6억7000만원을, '늘품체조'(차은택이 제작)로 3억5000만원의 예산지원을 받는 등 각종 이권과 특혜를 받도록 방조하거나 조장함으로써 '국가가 법집행을 함에 있어서 불평등한 대우를 하지 말아야 한다'는 평등원칙(헌법 제11조)을 위배하고 정부재정의 낭비를 초래하였다.

반박

① 최종 인사권을 박근혜 대통령이 행사한 이상 설사 일부 인사 과정에서 특정인의 의견을 들었다고 하더라도 공무원 임면권을 남용한 것이라고 볼 수 없다.

정무직 공무원인 장·차관이나 1급 공무원은 직업공무원 제도에서 예정하는 신분보장의 대상이 아니다. 국가공무원법 제68조는 직업공무원의 신분을 보장하고 있지만, 그 단서조항에서 "다만, 1급 공무원과 제23조에 따라 배정된 직무등급이 가장 높은 등급의 직위에 임용된 고위공무원단에 속하는 공무원은 그러하지 아니하다"고 규정하고 있다. 또 헌법재판소는 정치적 공무원·임시적 공무원은 헌법상 직업공무원제도에서 말하는 공무원에 포함되지 않는다고 판시한 바 있다(1989. 12. 18. 89헌마32). 따라서 대통령이 문화체육관광부의 장·차관을 면직하거나 1급 공무원들의 사표를 받도록 했다고 해서 이를 공무원 임면권을 남용하거나 직업공무원 제도의 본질적 내용을 침해했다고 볼 수 없다.

특히 부서 분위기 쇄신 등을 위해 1급 공무원들의 사표를 일괄 받는 것은 과거 정권에서도 곧잘 있어 왔던 일이다. 노무현 정부 당시 김두관 행정자치부 장관의 취임 후 행자부 1급 공무원 11명이 사표를 제출한 적이 있다. 이명박 대통령 정부에서도 감사원, 총리실, 국세청, 교육과학부, 국세청, 농림수산식품부 등의 1급 간부 전원이 사표를 제출한 적이 있다.

② 최순실 등의 범죄행위에 대한 대통령의 공모가 입증되지 않는 이상, 최순실 등을 비호하기 위한 공무원 임면을 통하여 박근혜 대통령이 최순실 등이 문화체육관광부로부터 각종 이권과 특혜를 받도록 방조하거나 조장함으로써 헌법상 평등원칙을 위배했다고 할 수 없다.

다. 재산권 보장, 직업 선택의 자유, 기본권 보장 의무, 시장경제 질서, 대통령의 헌법 수호 및 준수 의무 위배

탄핵소추인(국회)의 주장

박근혜 대통령은 청와대 수석비서관 안종범 등을 통하여 최순실 등을 위하여 사기업에 금품 출연을 강요하여 뇌물을 수수하거나 최순실 등에게 특혜를 주도록 강요하고, 사기업의 임원 인사에 간섭함으로써 (중략) 기업의 재산권(헌법 제23조 제1항)과 개인의 직업선택의 자유(헌법 제15조)를 침해하고, 국가의 기본적 인권의 보장의무(헌법 제10조)를 저버리고, '개인과 기업의 경제상의 자유와 사적자치에 기초한' 시장경제질서(헌법 제119조 제1항)를 훼손하고, 대통령의 헌법수호 및 헌법준수의무(헌법 제66조 제2항, 제69조)를 위반하였다.

반박

기업들이 미르재단이나 케이스포츠 등에 출연한 것은 자발적인 행위이기 때문에 이를 두고 재산권을 침해했다거나 시장경제질서를 훼손했다고 말할 수는 없다. 대통령이 전문가를 기업 임원으로 추천한 것도 직접 직업의 자유를 침해한 것으로 보기는 어렵다. 따라서 위의 사유들을 가지고 대통령의 헌법수호 및 헌법준수의무를 위반한 것이라는 주장은 성립되지 않는다.

라. 언론의 자유 및 직업선택의 자유 위배

탄핵소추인(국회)의 주장

《세계일보》는 2014. 11. '박근혜 대통령의 국회의원 시절 비서실장이자 최태민의 사위인 정윤회가 문고리 3인방을 포함한 청와대 안팎 인사 10명을 통해 각종 인사개입과 국정농단을 하고 있다'라며 '정윤회 문건'을 보도하였다. (중략) 김상률 청와대 교육문화수석비서관은 2015. 1.《세계일보》편집국장 한용걸을, 신성호 청와대 홍보특보는《세계일보》조한규 사장을 만나《세계일보》의 추가 보도에 대하여 수습을 원하는 메시지를 전달하였다. 한편 그 무렵 청와대 고위 관계자는《세계일보》의 사주(社主)인 통일교의 총재(한학자)에게 전화하여 조한규 사장의 해임을 요구하였고, 조한규 사장은 2016. 2.《세계일보》사장에서 물러났으며,《세계일보》는 그 후 추가 보도를 자제하였다. (중략) 청와대의《세계일보》언론 탄압은 박근혜 대통령의 지시 혹은 묵인하에서 벌어진 것이므로 박근혜 대통령은 언론의 자유(헌법 제21조 제1항) 및 직업의 자유(헌법 제15조)의 침해에 대한 책임이 있다.

반박

① 사실과 다른 보도를 바로잡기 위해 정정보도나 보도자제를 요청하는 것은 당연한 권리이며, 이를 '언론의 자유에 대한 침해'라고 할 수는 없다.

② '청와대 고위관계자가《세계일보》사주에게 조한규 사장의 해임을 요구하였다'는 부분은 일방 당사자의 미확인 주장에 불과하며, 조한규 전 사장도 '직접 경험한 것이 아닌 타인으로부터 들은 사실'이라고 언론에서 밝힌 바 있다.

마. 생명권 보장 조항 위배

탄핵소추인(국회)의 주장

대통령은 국가적 재난과 위기상황에서 국민의 생명과 안전을 지켜야 할 의무가 있다. 그러나 세월호 사고 당시 박근혜 대통령은 편면적(片面的)인 서면보고만 받았을 뿐이지 대면보고조차 받지 않았고 현장 상황이 실시간 보도되고 있었음에도 방송 내용조차 인지하지 못했다. 결국 국가적 재난을 맞아 즉각적으로 국가의 총체적 역량을 집중 투입해야 할 위급한 상황에서 행정부 수반으로서 최고결정권자이자 책임자인 대통령이 아무런 역할을 수행하지 않은 것이다. 세월호 참사와 같은 국가재난 상황에서 박 대통령이 위와 같이 대응한 것은 사실상 국민의 생명과 안전을 보호하기 위한 적극적 조치를 취하지 않는 직무유기에 가깝다 할 것이고 이는 헌법 제10조에 의해서 보장되는 생명권 보호 의무를 위배한 것이다.

반박

① 세월호에서 승객을 구출하는 작업이 대통령의 지시가 있어야 비로소 가능한 일은 아니므로, 대통령에게 세월호 희생자들의 죽음에 대해 법적 책임을 물을 수 없으며, 탄핵사유가 될 수 없다.

② 헌법 제10조는 "국가는 개인이 가지는 불가침의 기본적 인권을 확인하고 이를 보장할 의무를 진다"고 규정하고 있다. 여기서 헌법상 생명권을 보장할 의무는 국가에 있는 것이지, 대통령이라는 국가기관에 있는 것이 아니다.

③ 대법원은 형법상 직무유기죄(제122조)의 해석과 관련, "직무에 관한 의식적인 방임 내지 포기 등 정당한 이유 없이 직무를 수행하지 않는 경우를 의미하며, 단순한 직무 수행의 태만은 포함하지 아니한다"고 판시한 바 있다(1956. 10. 19 선고 4289형상244). 세월호 사건 당시 진도 VTS 관제요원들이 직무유기죄로 기소되었으나, 같은 이유로 대법원에서 무죄선고를 받았다(2015. 11. 27. 선고 2015 도 10460).

④ 탄핵소추문에는 세월호 사건 당시 박근혜 대통령이 성실하게 직무를 수행하지 못했다는 주장들이 나열되어 있다. 그러나 헌법재판소는 2004년 노무현 대통령 탄핵 사건에서 "정치적 무능력이나 정책결정상의 잘못 등 직책 수행의 성실성 여부는 그 자체로서 소추 사유가 될 수 없다"고 판시한 바 있다(2004헌나1).

2. 법률위배 행위

가. 재단법인 미르, 재단법인 케이스포츠 설립·모금 관련 범죄

탄핵소추인(국회)의 주장

대통령의 광범위한 권한, 기업 대표와 단독 면담을 갖고 민원사항을 들었던 점, 재단법인 출연을 전후한 대통령 및 정부의 조치를 종합하여 보면 출연 기업들 중 적어도 경영권 승계와 관련한 국민연금의 의결권 행사, 특별사면, 면세점 사업권 특허신청, 검찰 수사 등 직접적 이해관계가 걸려 있었던 삼성, 에스케이, 롯데 그룹으로부터 받은 돈(합계 360억원)은 직무관련성이 인정되는 뇌물이라고 보아야 할 것이다.

또한 재단법인 미르와 재단법인 케이스포츠 재단은 박근혜 대통령과 최순실이 인사, 조직, 사업에 관한 결정권을 장악하여 사실상 지배하고 있으므로 박근혜 대통령의 행위는 형법상의 뇌물수수죄(형법 제129조 제1항)에 해당한다. 만일 재단법인에 대한 지배력이 인정되지 않는다고 하더라도 재단법인에 뇌물을 출연하게 한 것은 형법상의 제3자 뇌물수수죄에 해당한다. 어느 경우든지 수뢰액이 1억원 이상이므로 결국 박근혜 대통령의 위와 같은 행위는 특정범죄가중처벌등에관한법률위반(뇌물)죄(특정범죄가중처벌등에관한법률 제2조 제1항 제1호, 형법 제129조 제1항 또는 제130조)에 해당한다. 이는 법정형이 무기 또는 10년 이상의 징역에 해당하는 중죄다. (중략)

16개 그룹 대표 및 담당 임원들로서는 대통령의 요구에 응하지 않을 경우 세무조사나 인허가의 어려움 등 기업 활동 전반에 걸쳐 직간접적으로 불이익을 받을 것을 두려워하게 되었다. 박근혜 대통령이 안종범, 최순실과 함께 이러한 두려움을 이용하여 기업들로부터 출연금 명목으로 재단법인에 돈을 납부하게 한 것은 대통령의 직권과 경제수석비서관의 직권을 남용함과 동시에 기업체 대표 및 담당임원들의 의사결정의 자유를 침해해서 의무 없는 일을 하게 한 것으로서 형법상의 직권남용권리행사방해죄(형법 제123조) 및 강요죄(형법 제324조)에 해당한다.

나. 롯데그룹 추가 출연금 관련 범죄

탄핵소추인(국회)의 주장

(1) 롯데 그룹은 대규모 면세점을 경영해 왔는데 2015. 11.경 면세점 특허권 심사에서 탈락해서 사업권을 상실했다가 2016. 3. 기획재정부가 개선방안을 발표하고 이에 따라 2016. 4. 관세청이 서울시내에 면세점 4개소 추가 선정 계획을 밝히자 사업권 특허 신청을 했던 점을 종합하면 박근혜 대통령이 롯데그룹으로부터 출연금 명목으로 받은 돈은 직무관련성이 인정되는 뇌물이라고 하지 않을 수 없다.

롯데 그룹이 경영권 분쟁 및 비자금 등의 문제로 2005. 12.경부터 그룹 내부 인사들 사이 및 시민단체로부터의 고소, 고발로 검찰의 수사 대상이었고 (중략) 롯데 그룹이 압수수색을 당하기 하루 전인 2016. 6. 9. 케이스포츠 측이 갑작스럽게 출연금 명목으로 받은 70억원을 반환하겠다는 의사를 표시하고 그 후 3~4일에 걸쳐 실제로 반환한 점을 종합해 볼 때도 이는 직무관련성이 인정되는 뇌물이라고 하지 않을 수 없다.

위에서 본 박근혜 대통령의 행위는 특정범죄가중처벌등에관한법률위반(뇌물)죄(특정범죄가중처벌등에관한법률 제2조 제1항 제1호, 형법 제129조 제1항 또는 제130조)에 해당한다.

(2) 롯데 그룹의 대표와 임직원들은 대통령의 요구에 응하지 않을 경우 면세점 특허 심사 과정에서의 어려움이나 검찰 수사 등 기업활동 전반에 걸쳐 직간접적으로 불이익을 받을 것을 두려워하게 되었다. 박근혜 대통령이 안종범, 최순실과 함께 이러한 두려움을 이용하여 롯데 그룹 소속 기업들로부터 출연금 명목으로 재단법인에 돈을 납부하게 한 것은 대통령의 직권과 경제수석비서관의 직권을 남용함과 동시에 기업체 대표 및 담당임원들의 의사결정의 자유를 침해해서 의무 없는 일을 하게 한 것으로서 형법상의 직권남용권리행사방해죄(형법 제123조) 및 강요죄(형법 제324조)에 해당한다.

가·나에 대한 반박

(1) 뇌물죄/제3자 뇌물수수죄 관련

① 박근혜 대통령은 기업인들에게 문화체육발전에 대한 자발적 지원을 부탁한 것이고, 어떠한 대가를 조건으로 미르재단이나 케이스포츠에 기금을 부탁하거나 기업의 대가를 바라고 출연한 것도 아니므로 뇌물수수의 고의(故意)가 인정되지 않는다.

② 재단 출연금을 대통령 또는 최순실이 받은 뇌물로 치환(置換)하는 것은 법인에 별개의 법인격(法人格)을 부여한 민법 법리를 도외시한 것이다. 재단 운영 구조 및 재단 기금 사용 현황 등을 고려할 때, 박근혜 대통령이 재단을 사유화하는 것 자체가 불가능하다. 따라서 재단이 받은 기금을 박근혜 대통령이 개인적 차원에서 뇌물을 받은 것으로 볼 수는 없다.

③ 검찰도 수사 결과 뇌물성을 입증하지 못해 안종범 전 수석비서관 등에게 뇌물죄를 적용하여 기소하지 못했다. 그럼에도 국회가 아무런 추가 근거나 증거 없이 박근혜 대통령에 대한 탄핵소추 사유에 뇌물죄를 포함시킨 것은 부당하다.

④ 제3자 뇌물수수죄는 통상의 뇌물죄와 달리 금품의 대가로 '부정한 청탁'이 필요하나 기업의 '부당한 청탁'이 입증된 바 없다. 대법원은 '신정아 사건'에서 제3자 뇌물수수죄의 '부정한 청탁'과 관련, "묵시적인 의사표시에 의한 부정한 청탁이 있다고 하기 위하여는 당사자 사이에 청탁의 대상이 되는 직무집행의 내용과 제3자에게 제공되는 금품이 그 직무집행에 대한 대가라는 점에 대하여 공통의 인식이나 양해가 존재하여야 할 것이고, 그러한 인식이나 양해 없이 막연히 선처하여 줄 것이라는 기대에 의하거나 직무집행과는 무관한 다른 동기에 의하여 제3자에게 금품을 공여한 경우에는 묵시적인 의사표시에 의한 부정한 청탁이 있다고 보기 어렵고, 공무원이 먼저 제3자에게 금품을 공여할 것을 요구하였다고 하여 달리 볼 것은 아니다"라고 판시했다(대법원 2009. 1. 30. 선고 2008도6950 판결). 박근혜 대통령과 기업 사이에 재단 기금 출

연이 당면 현안 해결에 대한 대가라고 인식하거나 양해한 바 없으며, 국정조사 청문회에서 기업 총수들이 모두 대가성이 없었다고 증언하였다.

⑤ 단순 뇌물이든 제3자 뇌물이든 간에, 박근혜 대통령과 최순실이 공모 관계라고 하기 위해서는 두 사람 사이에 금전 등이 오가는 등 경제적 공동체여야 하는데, 이에 관한 증거가 전무하다(신정아 사건).

(2) 직권남용 및 강요죄 관련

① 직권남용 및 강요는 '자신의 의사에 반하여 한 행위'임에 반하여 뇌물은 공여(供與)의 고의하에 '자발적으로 한 행위'여서 양립 불가능하다. 재단법인 미르 및 케이스포츠 설립행위와 관련해 한편으로는 박근혜 대통령이 대기업으로부터 뇌물을 출연하게 하여 뇌물수수 또는 제3자 뇌물수수죄에 해당된다고 하면서도, 다른 한편으로는 위 대기업들로 하여금 의무 없는 일을 하게 함으로써 직권남용권리행사방해죄 및 강요죄에 해당한다고 한 것은 상호 모순되는 것이다.

② 강요죄는 '폭행' 또는 '협박행위'가 있어야 하는데, 검찰 공소장에도 어떠한 방식으로 기업을 협박했는지 기재가 되어 있지 않다. 국회 청문회에 나온 기업인들도 그러한 형태의 협박이 있었다는 증언은 하지 않았다. 구체적인 강압이나 협박이 없었음에도 대통령의 권한이나 지위만으로 피청구인에게 범죄 성립을 인정하는 것은 무리한 해석이다.

③ 과거 '신정아 사건'에서 대법원은 "'직권남용'이란 공무원이 그 일반적 직무권한에 속하는 사항에 관하여 직권의 행사에 가탁하여 실질적·구체적으로 위법·부당한 행위를 하는 경우를 의미하고, 공무원이 직무와는 상관없이 단순히 개인적인 친분에 근거하여 문화예술 활동에 대한 지원을 권유하거나 협조를 의뢰한 것에 불과한 경우까지 직권남용에 해당한다고 할 수는 없다"고 판시한 바 있다(대법원 2009. 1. 30. 선고 2008도6950 판결).

다. 최순실 등에 대한 특혜 제공 관련 범죄

탄핵소추인(국회)의 주장

(1) KD 코퍼레이션 관련

최순실이 케이디코퍼레이션 측으로부터 받은 돈은 박근혜 대통령의 직무와 관련성이 인정되는 뇌물이라고 하지 않을 수 없다. 이는 특정범죄가중처벌등에관한법률위반(뇌물)죄(특정범죄가중처벌등에관한법률 제2조 제1항 제2호, 형법 제130조)에 해당한다.

또한 박근혜 대통령은 최순실, 안종범과 공모하여 대통령의 직권과 경제수석비서 관의 직권을 남용함과 동시에 이에 두려움을 느낀 피해자 현대자동차 그룹 회장 정몽 구 등으로 하여금 케이디코퍼레이션과 제품 납품계약을 체결하도록 함으로써 의무 없는 일을 하게 하였다. 이는 형법상의 직권남용권리행사방해죄(형법 제123조) 및 강 요죄(형법 제324조)에 해당한다.

(2) 플레이그라운드 관련

박근혜 대통령은 최순실, 안종범과 공모하여 대통령의 직권과 경제수석비서관의 직권을 남용함과 동시에 이에 두려움을 느낀 피해자 현대자동차 그룹 부회장 김용환 등으로 하여금 플레이그라운드와 광고발주 계약을 체결하도록 함으로써 의무 없는 일을 하게 하였다. 이는 형법상의 직권남용권리행사방해죄(형법 제123조) 및 강요죄 (형법 제324조)에 해당한다.

(3) 포스코 관련

박근혜 대통령은 최순실, 안종범과 공모하여 대통령의 직권과 경제수석비서관의 직권을 남용함과 동시에 이에 두려움을 느낀 피해자 포스코 그룹 회장 권오준 등으로 하여금 2017년도에 펜싱팀을 창단하고 더블루케이가 매니지먼트를 하기로 하는 내용 의 합의를 하도록 하는 등 의무 없는 일을 하게 하였다. 이는 형법상의 직권남용권리 행사방해죄(형법 제123조) 및 강요죄(형법 제324조)에 해당한다.

(4) KT 관련

박근혜 대통령은 2015. 1.경 및 2015. 8.경 안종범에게 '이동수라는 홍보 전문가가 있으니 케이티에 채용될 수 있도록 케이티 회장에게 연락하고, 신혜성도 이동수와 호 흡을 맞출 수 있도록 하면 좋겠다'라는 지시를 하였고, 안종범은 케이티 회장인 황창 규에게 연락하여 '윗선의 관심사항인데 이동수는 유명한 홍보전문가이니 케이티에서 채용하면 좋겠다. 신혜성은 이동수 밑에서 같이 호흡을 맞추면 좋을 것 같으니 함께 채용해 달라'라고 요구하였다.(중략)

박근혜 대통령은 최순실, 안종범과 공모하여 대통령의 직권과 경제수석비서관의 직권을 남용함과 동시에 이에 두려움을 느낀 피해자 케이티 회장 황창규 등으로 하여 금 플레이그라운드를 광고대행사로 선정하고 광고제작비를 지급하게 하는 등 의무 없는 일을 하게 하였다. 이는 형법상의 직권남용권리행사방해죄(형법 제123조) 및 강요죄(형법 제324조)에 해당한다.

　반박

　① 박근혜 대통령은 KD코퍼레이션의 현대차 납품 등과 관련하여 어떤 경제적 이익도 받은 바 없고, 최순실과 뇌물수수 범행을 공모하지 않았으며, 최순실이 샤넬백 및 돈을 받은 사실 자체를 알지 못했다. 최순실이 박근혜 대통령을 내세워 청탁을 받고 대가를 취득하였다고 하여, 이를 알지도 못한 박근혜 대통령과 공범(共犯)이라고 단정하는 것은 공범에 대한 법리를 잘못 판단하였거나, 논리 비약에 불과하다.

　② 사기업의 영업 활동은 공무원의 직권 범위 밖의 행위이고, 개별 기업의 납품, 직원 채용, 광고 등 영업 활동은 공무원인 박근혜 대통령 또는 경제수석비서관의 직무 범위에 속하지 않아 법리 및 판례상 직권남용죄가 성립하지 않는다. '신정아 사건' 등에서도 '직권남용'이란 "공무원이 그 일반적 직무권한에 속하는 사항에 관하여 직권의 행사에 가탁(假託)하여 실질적·구체적으로 위법·부당한 행위를 하는 경우를 의미한다"고 판시한 바 있다.

　③ 강요죄는 '폭행' 또는 '협박행위'가 있어야 하는데 박근혜 대통령은 그런 행위를 하거나 지시한 바 없고, 안종범에 대한 공소장에도 그가 어떻게 협박을 하였다는 것인지 특정되어 있지 않다.

　④ 포스코와 GKL은 회사 사정을 이유로 내세워 안종범 수석비서관의 부탁을 수용하기 어렵다고 거절한 바 있으며, 이후 수차례의 협상과 조정을 거쳐 당초와 다른 내용의 계약이 성사되었다. 만약 '협박'이 있었다면 이러한 협상 과정이 존재할 수 없었을 것이다.

　⑤ 박근혜 대통령이 포스코, GKL 등에 실업 체육팀 창단 협조를 부탁한 것이나, 특정 중소기업 문제를 대기업에 부탁한 것은 문화·체육 정책, 중소기업 정책 등을 수행하기 위한 정당한 직무 수행의 일환이다.

라. 문서 유출 및 공무상 비밀 누설 관련 범죄

　탄핵소추인(국회)의 주장

　박근혜 대통령은 2013. 10.경 서울 종로구 청와대로 1에 있는 대통령 부속 비서관실에서 정호성 비서관으로부터 2013. 10. 2. 자 국토교통부 장관 명의의 '복합 생활체육시설 추가대상지(안) 검토' 문건을 전달받고 관련 내용을 보고받았다. (중략) 위 문건의 내용 및 국토교통부와 대통령 비서실에서 수도권 지역 내 복합 생활체육시설 부지를 검토하였다는 사실 등은 직무상 비밀에 해당한다.

박근혜 대통령은 그 무렵 정호성에게 지시하여, 위 '복합 생활체육시설 추가대상지 (안) 검토' 문건을 정호성과 최순실이 공동으로 사용하는 외부 이메일에 첨부하여 전송하는 방법으로 최순실에게 전달하였다.

박근혜 대통령은 이를 비롯하여 2013. 1.경부터 2016. 4.경까지 정호성에게 지시하여 총 47회에 걸쳐 공무상 비밀 내용을 담고 있는 문건 47건을 최순실에게 이메일 또는 인편 등으로 전달하였다. 박근혜 대통령의 이러한 행위는 형법상의 공무상비밀누설죄(형법 제127조)에 해당한다.

반박

① 국토교통부 문건 등은 비밀에 해당하는지 여부가 분명하지 않다.

② 대법원은 '법령에 의한 직무상 비밀'이란 "실질적으로 그것을 비밀로서 보호할 가치가 있다고 인정할 수 있는 것이어야 하고, 본 죄는 비밀 그 자체를 보호하는 것이 아니라 공무원의 비밀엄수의무의 침해에 의하여 위험하게 되는 이익, 즉 비밀 누설에 의하여 위협받는 국가의 기능을 보호하기 위한 것"이라고 판시한 바 있다(대법원 2012. 3. 15. 선고 2010도14734). 최순실에게 유출되었다는 문건 중 대부분은 박근혜 대통령의 연설문으로 선언적·추상적 내용이고, 발표 1~2일 전에 단순히 믿을 만하다고 판단한 주변 지인의 의견을 들어본 것에 불과하다. 이로 인해 국가의 기능이 침해 당했다고 볼 수 없으며, 공무상 비밀 '누설'이라고 할 수 없다.[8]

---

8 배진영(월간조선 기자), "박근혜 대통령 탄핵", 2017년 2월호, 대부분 게재.
http://pub.chosun.com/client/news/viw.asp?cate=C01&mcate=M1001&nNewsNumb=20170122774&nidx=22775

6. 박근혜 대통령 탄핵사건 결정문

헌 법 재 판 소

결　　　정

사　　　건　　2016헌나1　대통령(박근혜) 탄핵

청　구　인　　국회

　　　　　　　소추위원 국회 법제사법위원회 위원장

　　　　　　　대리인 명단은 별지와 같음

피　청　구　인　대통령 박근혜

　　　　　　　대리인 명단은 별지와 같음

선　고　일　시　2017. 3. 10. 11:21

주　　　문

피청구인 대통령 박근혜를 파면한다.

이　　　유

1. 사건개요

가. 사건의 발단

전국경제인연합회(다음부터 '전경련'이라 한다)가 주도하여 만든 것으로 알려져 있던 재단법인 미르와 재단법인 케이스포츠(다음부터 '미르'와 '케이스포츠'라고 한다)가 설립될 때 청와대가 개입하여 대기업으로부터 500억 원 이상을 모금하였다는 언론보도가 2016년 7월경 있었다. 청와대가 재단 설립에 관여한 이유 등이 2016년 9월 국회 국정감사에서 중요한 쟁점이 되었는데, 청와대와 전경련은 이런 의혹을 부인하였다.

이 문제가 정치적 쟁점이 되던 중 2016. 10. 24. 청와대의 주요 문건이 최○원(개명 전 최○실)에게 유출되었고 최○원이 비밀리에 국정 운영에 개입해 왔다는 언론 보도가 있었다. 이른바 비선실세가 국정에 개입했다는 취지의 보도에 많은 국민이 충격을 받았고, 이를 허용한 피청구인을 비난하는 여론이 높아졌다. 이에 피청구인은 2016. 10. 25. '최○실 씨는 어려움을 겪을 때 도와 준 인연으로 일부 연설문이나 홍보물의 표현 등에 대해 의견을 들은 적이 있으나 청와대의 보좌 체계가 완비된 이후에는 그만 두었다. 순수한 마음으로 한 일인데 국민 여러분께 심려를 끼친 점에 대해 깊이 사과드린다.'는 취지의 대국민 담화를 발표하였다.

피청구인의 대국민 담화에도 불구하고 최○원의 국정 개입과 관련한 보도가 이어졌고, 2016. 11. 3. 최○원이 직권남용권리행사방해죄 등 혐의로 구속되었다. 피청구인은 그 다음 날인 4일 '최○실 씨 관련 사건으로 큰 실망과 염려를 끼쳐 드린 점 다시 한 번 사과드린다. 국가 경제에 도움이 될 것이라는 바람에서 추진된 일이었는데 특정 개인이 이권을 챙기고 위법행위를 저질렀다고 하니 참담하다. 어느 누구라도 수사를 통해 잘못이 드러나면 책임을 져야 할 것이며 저도 모든 책임을 질 각오가 되어 있다.'는 내용의 제2차 대국민 담화를 발표하였다.

그런데 2016. 11. 6. 대통령비서실 정책조정수석비서관이었던 안○범이 강요미수와 직권남용권리행사방해 등 혐의로, 대통령비서실 부속비서관이었던 정○성이 공무상 비밀누설 혐의로 구속되었다. 국회는 11월 14일경부터 피청구인에 대한 탄핵소추안 의결 추진 여부를 논의하기 시작하였고, 17일에는 '박근혜 정부의 최○실 등 민간인에 의한 국정농단 의혹 사건 진상규명을 위한 국정조사계획서 승인의 건'과 '박근혜 정부의 최○실 등 민간인에 의한 국정농단 의혹 사건 규명을 위한 특별검사의 임명 등에 관한 법률안'이 통과되었다.

2016. 11. 20.에는 최○원·안○범·정○성이 구속 기소되었는데, 이들의 공소사실 일부에는 피청구인이 공범으로 기재되었다. 더불어민주당, 국민의당, 정의당 등은 11월 24일 대통령 탄핵소추안을 공동으로 마련하기로 하였고, 11월 28일 공동 탄핵소추안을 마련하여 12월 2일 탄핵안 표결을 추진하기로 합의하였다.

이에 피청구인은 2016. 11. 29. 다시 한 번 '국민 여러분께 큰 심려를 끼쳐 드린 점 깊이 사죄드린다. 국가를 위한 공적 사업이라 믿고 추진했던 일들이고 어떤 개인적 이익도 취하지 않았지만, 주변을 제대로 관리하지 못한 것이 큰 잘못이다. 대통령직 임기 단축을 포함한 진퇴 문제를 국회의 결정에 맡기겠다. 여야 정치권이 국정 혼란과 공백을 최소화하고 안정되게 정권을 이양할 수 있는 방안을 만들어 주면 대통령직에서 물러나겠다.'는 내용의 제3차 대국민 담화를 발표하였다.

나. 탄핵심판 청구

피청구인이 국회의 결정에 따라 대통령직에서 물러나겠다는 담화를 발표하였지만, 국회는 특별위원회를 구성하여 민간인에 의한 국정농단 의혹 사건에 대한 국정조사를 진행하였고 2016. 12. 1. 특별검사의 임명도 이루어졌다. 이어 국회는 우○호·박○원·노○찬 등 171명의 의원이 2016. 12. 3. 발의한 '대통령(박근혜)탄핵소추안'을 8일 본회의에 상정하였다. 2016. 12. 9. 피청구인에 대한 탄핵소추안이 제346회 국회(정기회) 제18차 본회의에서 재적의원 300인 중 234인의 찬성으로 가결되었고, 소추위원은 헌법재판소법 제49조 제2항에 따라 소추의결서 정본을 헌법재판소에 제출하여 피청구인에 대한 탄핵심판을 청구하였다.

다. 탄핵소추사유의 요지

청구인은 피청구인이 직무집행에 있어서 헌법과 법률을 광범위하고 중대하게 위배하였다고 주장하면서, 소추의결서에 다음과 같은 5개 유형의 헌법 위배행위와 4개 유형의 법률 위배행위를 적시하여 이 사건 심판을 청구하였다.

(1) 헌법 위배행위

(가) 피청구인은 최○원에게 공무상 비밀을 누설하고 최○원과 그의 친척이나 그와 친분 있는 주변인 등(다음부터 '최○원 등'이라 한다)이 국가정책과 고위 공직 인사에 관여하게 하였다. 또 대통령의 권력을 남용하여 사기업들로 하여금 수백억 원을 갹출하도록 하고 최○원 등에게 특혜를 주도록 강요하는 등 국가권력을 사익 추구의 도구로 전락하게 하였다. 이는 국민주권주의 및 대의민주주의의 본질을 훼손하고, 국정을 비선 조직에 따른 인치주의로 운영하여 법치국가원칙을 파괴한 것이며, 국무회의에 관한 헌법 규정을 위반하고 대통령의 헌법수호 및 헌법준수의무를 위반한 것이다.

(나) 피청구인은 최○원 등이 추천하거나 그들을 비호하는 사람을 청와대 간부나 문화체육관광부의 장·차관으로 임명하였고, 이들이 최○원 등의 사익추구를 방조하거나 조장하도록 하였다. 또 피청구인은 최○원 등의 사익추구에 방해될 공직자들을 자의적으로 해임시키거나 전보시켰다. 이는 직업공무원제도의 본질적 내용을 침해하고 대통령의 공무원 임면권을 남용하였으며, 법집행을 할 때 불평등한 대우를 하지 말아야 한다는 평등원칙을 위배하는 한편, 정부재정의 낭비를 초래한 것이다.

(다) 피청구인은 사기업에 금품 출연을 강요하여 뇌물을 수수하거나 최○원 등에게 특혜를 주도록 강요하고 사기업 임원 인사에 간섭하였다. 이는 기업의 재산권과 개인의 직업선택의 자유를 침해하고, 기본적 인권 보장의무를 저버리고 시장경제질서를

훼손하고 대통령의 헌법수호 및 헌법준수의무를 위반한 것이다.

(라) 피청구인은 최○원 등 비선실세의 전횡을 보도한 언론을 탄압하고 언론 사주에게 압력을 가해 신문사 사장을 퇴임하게 만들었다. 이는 언론의 자유와 직업의 자유를 침해한 것이다.

(마) 피청구인은 세월호 참사가 발생하였을 때 국민의 생명과 안전을 보호하기 위한 적극적 조치를 취하지 아니하여 생명권 보호의무를 위반하였다.

(2) **법률 위배행위**

(가) 재단법인 미르, 재단법인 케이스포츠 설립·모금 관련 범죄

피청구인은 문화발전 및 스포츠 산업 발전을 구실로 피청구인 본인 또는 최○원 등이 지배하는 재단법인을 만들고 전경련 소속 기업으로부터 출연금 명목으로 돈을 받기로 마음먹었다. 피청구인은 경제수석비서관 안○범에게 지시하여 전경련을 통하여 기업으로부터 출연받아 미르와 케이스포츠를 설립하도록 하였고, 최○원은 피청구인을 통하여 재단 이사장 등 임원진을 그가 지정하는 사람으로 구성하여 미르와 케이스포츠의 인사와 운영을 장악하였다.

피청구인은 안○범을 통하여 기업들로 하여금 미르에 486억 원, 케이스포츠에 288억 원을 출연하도록 하였다. 피청구인은 재단법인 설립 전에 7개 그룹의 회장과 단독 면담을 하면서 안○범으로부터 주요 그룹의 당면 현안 자료를 제출받았고, 대기업들이 재단법인에 출연금을 납부한 시기를 전후하여 대기업들의 당면 현안을 비롯하여 기업에게 유리한 조치를 다수 시행하였다. 한편, 안○범으로부터 출연 요청을 받은 기업들은 이에 응하지 않을 경우 기업활동 전반에 걸쳐 직·간접적으로 불이익을 받을 것을 두려워하여 출연금 명목으로 위 두 재단법인에 돈을 납부하였다.

피청구인의 이러한 행위는 특정범죄가중처벌등에관한법률위반(뇌물)죄와 형법상 직권남용권리행사방해죄 및 강요죄에 해당한다.

(나) 롯데그룹 추가 출연금 관련 범죄

최○원은 케이스포츠가 주도하여 전국 5대 거점 지역에 체육시설을 건립하는 사업에 소요되는 자금을 기업으로 하여금 케이스포츠에 지원하도록 하고, 시설 건립 등 사업을 그가 설립한 주식회사 더블루케이(다음부터 '더블루케이'라고 한다)에 넘겨주는 방식으로 이익을 취득하기로 하고, 이런 사업계획을 피청구인에게 전달하였다. 피청구인은 롯데그룹 회장 신○빈과 단독 면담을 가진 뒤 안○범에게 롯데그룹이 하남시 체육시설 건립과 관련하여 75억 원을 부담하기로 하였으니 진행상황을 확인하라고 지시하였다. 롯데그룹은 신○빈의 지시에 따라 6개 계열사를 동원하여 케이스포츠에 70억 원을 송금하였다.

롯데그룹은 당시 서울 시내 면세점 사업권의 특허를 신청하였고, 경영권 분쟁과 비자금 등 문제로 검찰 수사를 받고 있었다. 이런 상황에서 피청구인이 경제수석비서관을 통하여 롯데그룹으로 하여금 케이스포츠에 돈을 출연하도록 한 것은 특정범죄가중처벌등에관한법률위반(뇌물)죄와 형법상 직권남용권리행사방해죄 및 강요죄에 해당한다.

(다) 최○원 등에 대한 특혜 제공 관련 범죄

① 최○원은 친분이 있는 문○경으로부터 그 남편인 이○욱이 경영하는 주식회사 케이디코퍼레이션(다음부터 '케이디코퍼레이션'이라 한다)이 대기업 등에 납품할 수 있도록 해 달라는 부탁을 받고, 정○성을 통해 피청구인에게 케이디코퍼레이션 관련 자료를 전달하였다. 피청구인은 안○범에게 현대자동차가 케이디코퍼레이션의 기술을 채택할 수 있는지 알아보라고 지시하였다. 안○범은 현대자동차그룹 회장 정○구와 부회장 김○환에게 피청구인의 지시를 전달하였고, 김○환은 구매담당자에게 지시하여 현대자동차와 기아자동차가 케이디코퍼레이션과 납품계약을 체결하고 제품을 납품받도록 하였다. 또 최○원은 피청구인이 프랑스를 순방할 때 이○욱이 경제사절단으로 동행할 수 있도록 도와주었다. 이○욱은 납품계약 성사 대가로 최○원에게 5,162만 원 상당의 금품을 주었다. 피청구인의 이런 행위는 특정범죄가중처벌등에관한법률위반(뇌물)죄와 형법상 직권남용권리행사방해죄 및 강요죄에 해당한다.

② 피청구인은 안○범을 통하여 최○원이 설립한 주식회사 플레이그라운드커뮤니케이션즈(다음부터 '플레이그라운드'라고 한다)가 현대자동차 광고를 수주할 수 있도록 해 달라고 김○환에게 요구하였다. 김○환은 현대자동차그룹 계열사가 수주하기로 확정된 광고를 플레이그라운드가 수주할 수 있도록 해 주어 9억 1,807만 원 상당의 수익을 올리도록 하였다. 피청구인의 이런 행위는 형법상 직권남용권리행사방해죄 및 강요죄에 해당한다.

③ 최○원은 주식회사 포스코(다음부터 '포스코'라고 한다)가 배드민턴팀을 창단하면 더블루케이가 그 선수단 관리를 담당하여 이익을 올린다는 기획안을 마련하였다. 피청구인은 포스코 회장 권○준과 단독 면담을 하면서 포스코에서 여자 배드민턴팀을 창단하면 좋겠고, 더블루케이가 자문을 해 줄 수 있을 것이라고 요청하였다. 포스코는 피청구인의 요청에 따라 케이스포츠 사무총장 등과 협의한 끝에 계열사인 포스코 피앤에스 산하에 창단 비용 16억 원 상당의 펜싱팀을 창단하고 그 운영 및 관리를 더블루케이에 맡기기로 하였다. 피청구인의 이런 행위는 형법상 직권남용권리행사방해죄 및 강요죄에 해당한다.

④ 피청구인은 안○범을 통하여 주식회사 케이티(다음부터 '케이티'라 한다)에 요청하여 이○수와 신○성을 채용하도록 한 다음 그 보직을 광고 업무 총괄 내지 담당

으로 변경하도록 하였다. 이어 피청구인은 안○범에게 플레이그라운드가 케이티의 광고대행사로 선정될 수 있도록 하라고 지시하였다. 안○범은 케이티 회장 황○규와 이○수에게 요구하여 케이티가 플레이그라운드에게 광고 7건을 발주하도록 하였고, 플레이그라운드는 516,696,500원 상당의 수익을 올렸다. 피청구인의 이런 행위는 형법상 직권남용권리행사방해죄 및 강요죄에 해당한다.

⑤ 최○원은 정○성을 통하여 피청구인에게 더블루케이가 한국관광공사의 자회사인 그랜드코리아레저 주식회사(다음부터 '그랜드코리아레저'라 한다)와 스포츠팀 창단과 운영 관련 업무대행 용역계약을 체결할 수 있도록 주선해 달라고 요청하였다. 피청구인은 안○범에게 같은 취지의 지시를 하였고, 안○범은 그랜드코리아레저 대표이사 이○우에게 더블루케이와 업무용역계약을 체결하도록 요청하였다. 문화체육관광부 차관 김○도 그랜드코리아레저가 장애인 펜싱팀을 창단하고 더블루케이가 선수대리인 자격으로 그랜드코리아레저와 선수위촉계약을 체결하도록 지원하였다. 더블루케이는 그랜드코리아레저가 선수들에게 전속계약금 명목으로 지급한 돈의 절반인 3천만 원을 에이전트 비용 명목으로 지급받았다. 피청구인의 이런 행위는 형법상 직권남용권리행사방해죄 및 강요죄에 해당한다.

(라) 문서 유출 및 공무상 취득한 비밀 누설 관련 범죄

피청구인은 '복합 체육시설 추가대상지(안) 검토' 문건 등 공무상 비밀 내용을 담고 있는 문건 47건을 최○원에게 이메일 또는 인편 등으로 전달하였다. 피청구인의 이런 행위는 형법상 공무상비밀누설죄에 해당한다.

2. 심판대상

이 사건 심판대상은 대통령이 직무집행에 있어서 헌법이나 법률을 위배했는지 여부 및 대통령에 대한 파면결정을 선고할 것인지 여부이다.

3. 이 사건 심판 진행과정

(1) 헌법재판소는 헌법재판소법과 헌법재판소 심판 규칙, 그리고 탄핵심판의 성질에 반하지 아니하는 한도에서 형사소송에 관한 법령을 준용하여 이 사건 심판절차를 진행하였다. 이 사건이 접수되어 2017. 2. 27. 변론이 종결될 때까지 헌법재판소는 3차례의 변론준비기일과 17차례의 변론기일을 진행하면서 변론을 듣고 증거조사를 실시하였다. 청구인이 제출한 갑 제1호증부터 제174호증까지, 피청구인이 제출한 을 제1호증부터 제60호증까지 서증 중 채택된 서증에 대하여 증거조사를 실시하였다. 또 청구인과 피청구인이 함께 신청한 증인 3명(최○원, 안○범, 정○성), 청구인이 신청한

증인 9명(윤○추, 이○선, 류○인, 조○일, 조○규, 유○룡, 정○식, 박○영, 노○일)과 피청구인이 신청한 증인 14명(김○률, 김○, 차○택, 이○철, 김○현, 유○봉, 모○민, 김○덕, 조○민, 문○표, 이○우, 정○춘, 방○선, 안○범)에 대한 증인신문을 실시하였고, 안○범은 두 차례 출석하여 증언하였다. 그 밖에 직권에 의한 1건, 청구인의 신청에 의한 1건, 피청구인의 신청에 의한 17건 등 모두 19건의 사실조회를 하여 70개 기관과 기업으로부터 답변을 받았다. 이 결정은 이와 같이 적법하게 조사된 증거를 종합하여 인정되는 사실을 기초로 한 것이다.

(2) 헌법재판소는 준비기일에 이 사건 쟁점을 최○원의 국정개입 및 대통령의 권한남용 행위, 언론의 자유 침해 행위, 생명권 보호 의무 위반 행위, 뇌물수수 등 각종 형사법 위반 행위로 유형화하여 정리하였다. 청구인은 2017. 2. 1. 제출한 준비서면을 통하여 소추사유를 사실관계를 중심으로 유형별로 구체화하면서 뇌물수수 등 각종 형사법 위반 행위 부분은 최○원의 국정개입 및 대통령의 권한 남용 행위에 포함시켜 쟁점을 단순화하였다.

4. 적법요건 판단

가. 소추사유의 특정 여부

(1) 피청구인은, 탄핵심판절차에서도 공소사실 특정에 관한 형사소송법 제254조 제4항이 준용되므로 소추사유에 해당하는 사실을 구체적으로 특정하여야 하는데, 소추의결서에 기재된 소추사실은 그 일시·장소·방법·행위태양 등이 특정되어 있지 않은 채 추상적으로 기재되어 있으므로 부적법하다고 주장한다.

탄핵심판은 고위공직자가 권한을 남용하여 헌법이나 법률을 위반하는 경우 그 권한을 박탈함으로써 헌법질서를 지키는 헌법재판이고(헌재 2004. 5. 14. 2004헌나1), 탄핵결정은 대상자를 공직으로부터 파면함에 그치고 형사상 책임을 면제하지 아니한다(헌법 제65조 제4항)는 점에서 탄핵심판절차는 형사절차나 일반 징계절차와는 성격을 달리 한다. 헌법 제65조 제1항이 정하고 있는 탄핵소추사유는 '공무원이 그 직무집행에 있어서 헌법이나 법률을 위배한' 사실이고, 여기에서 법률은 형사법에 한정되지 아니한다. 그런데 헌법은 물론 형사법이 아닌 법률의 규정이 형사법과 같은 구체성과 명확성을 가지지 않은 경우가 많으므로 탄핵소추사유를 형사소송법상 공소사실과 같이 특정하도록 요구할 수는 없고, 소추의결서에는 피청구인이 방어권을 행사할 수 있고 헌법재판소가 심판대상을 확정할 수 있을 정도로 사실관계를 구체적으로 기재하면 된다고 보아야 한다. 공무원 징계의 경우 징계사유의 특정은 그 대상이 되는 비위사실을 다른 사실과 구별될 정도로 기재하면 충분하므로(대법원 2005. 3. 24. 선고

2004두14380 판결), 탄핵소추사유도 그 대상 사실을 다른 사실과 명백하게 구분할 수 있을 정도의 구체적 사정이 기재되면 충분하다. 이 사건 소추의결서의 헌법 위배행위 부분은 사실관계를 중심으로 기재되어 있지 않아 소추사유가 분명하게 유형별로 구분되지 않은 측면이 없지 않지만, 소추사유로 기재된 사실관계는 법률 위배행위 부분과 함께 보면 다른 소추사유와 명백하게 구분할 수 있을 정도로 충분히 구체적으로 기재되어 있다.

헌법재판소는 변론준비기일에 양 당사자의 동의 아래 소추사유를 사실관계를 중심으로 ① 비선조직에 따른 인치주의로 국민주권주의와 법치국가원칙 등 위배, ② 대통령의 권한 남용, ③ 언론의 자유 침해, ④ 생명권 보호 의무 위반, ⑤ 뇌물수수 등 각종 형사법 위반의 5가지 유형으로 정리하였다. 그 뒤 변론절차에서 이와 같이 정리된 유형에 따라 청구인과 피청구인의 주장과 증거 제출이 이루어졌다. 청구인은 2017. 2. 1. 제10차 변론기일에 다른 유형과 사실관계가 중복되는 각종 형사법 위반 유형을 제외하고 ① 최○원 등 비선조직에 의한 국정농단에 따른 국민주권주의와 법치주의 위반, ② 대통령의 권한 남용, ③ 언론의 자유 침해, ④ 생명권 보호의무와 직책성실수행 의무 위반 등 4가지 유형으로 소추사유를 다시 정리하였다. 그런데 피청구인은 청구인의 소추사유의 유형별 정리 자체에 대하여는 이의를 제기하지 아니한 채 변론을 진행하다가 2017. 2. 22. 제16차 변론기일에 이르러 이 사건 심판청구가 여러 가지 적법요건을 갖추지 못하였다고 주장하면서 소추사유가 특정되지 않았고 청구인의 소추사유 정리가 위법하다는 취지의 주장을 하기 시작하였다. 그러나 소추의결서에 소추사유의 구체적 사실관계가 기재되어 있어 소추사유를 확정하는 데 어려움이 없고, 이미 변론준비기일에 양 당사자가 소추사유의 유형별 정리에 합의하고 15차례에 걸쳐 변론을 진행해 온 점 등에 비추어 볼 때 소추사유가 특정되지 않았다는 피청구인의 주장은 받아들일 수 없다.

소추사유 중 공무상 비밀누설행위 부분은 소추의결서에 '복합 체육시설 추가대상지(안) 검토' 문건 등 공무상 비밀 내용을 담고 있는 문건 47건을 최○원에게 전달한 행위로 기재되어 있을 뿐 문건 47건의 구체적 내역을 구체적으로 특정하여 기재하지 않았다. 그러나 소추의결서에 증거자료로 첨부된 정○성에 대한 공소장 중 '정○성과 대통령이 공모하여 공무상 비밀을 누설한 범행' 부분에 문건 47건의 구체적 내역이 기재되어 있고, 청구인과 피청구인은 소추의결서에 기재된 문건 47건이 증거자료에 기재된 문건 47건과 같은 것임을 전제로 제15차 변론기일까지 변론을 진행해 왔으므로, 피청구인도 이 부분 소추사유에 대하여 충분히 방어권을 행사하였다. 또한, 청구인은 2017. 1. 13. 제출한 준비서면을 통해 이 문건 47건의 구체적 내역을 보완하기도 하였다. 그렇다면 소추의결서 자체에 문건 47건 목록을 첨부하지 않았다고 하여 이

부분 소추사유가 특정되지 않아 부적법하다고 볼 수도 없다.

(2) 피청구인은 이 사건 소추의결서에 따르면 탄핵사유의 내용과 그에 적용된 헌법 위반 또는 법률 위반 조항이 모두 복합적으로 나열되어 있어서 과연 각 소추사유가 무슨 법령 위반인지 특정할 수 없으므로 부적법하다고 주장한다.

헌법재판소는 원칙적으로 국회의 소추의결서에 기재된 소추사유에 의하여 구속을 받고, 소추의결서에 기재되지 아니한 소추사유를 판단의 대상으로 삼을 수 없다. 그러나 소추의결서에서 그 위반을 주장하는 '법규정의 판단'에 관하여 헌법재판소는 원칙적으로 구속을 받지 않으므로, 청구인이 그 위반을 주장한 법규정 외에 다른 관련 법규정에 근거하여 탄핵의 원인이 된 사실관계를 판단할 수 있다. 또 헌법재판소는 소추사유를 판단할 때 국회의 소추의결서에서 분류된 소추사유의 체계에 구속되지 않으므로, 소추사유를 어떤 연관관계에서 법적으로 고려할 것인가 하는 것은 전적으로 헌법재판소의 판단에 달려있다(헌재 2004. 5. 14. 2004헌나1). 따라서 이 부분 피청구인의 주장도 받아들일 수 없다.

(3) 피청구인은 청구인이 2017. 2. 1. 제출한 준비서면은 소추사유를 추가하거나 변경한 것인데 이 부분에 대한 국회의 소추의결이 없었으므로 심판대상이 될 수 없다고 주장한다.

국회가 탄핵심판을 청구한 뒤 별도의 의결절차 없이 소추사유를 추가하거나 기존의 소추사유와 동일성이 인정되지 않는 정도로 소추사유를 변경하는 것은 허용되지 아니한다. 따라서 청구인이 2017. 2. 1. 제출한 준비서면 등에서 주장한 소추사유 중 소추의결서에 기재되지 아니한 소추사유를 추가하거나 변경한 것으로 볼 여지가 있는 부분은 이 사건 판단 범위에서 제외한다.

나. 국회 의결절차의 위법 여부

(1) 피청구인은 대통령에 대한 탄핵소추의결은 객관적 조사와 증거에 의해서 뒷받침되는 소추사실에 기초하여야 하는데, 국회 스스로 탄핵소추안 의결에 필요한 증거를 수집하기 위해 국정조사와 특별검사에 의한 수사를 실시하기로 의결하고도 그 결과를 보지도 않고 법제사법위원회의 조사절차도 거치지 아니한 채 검찰의 공소장과 의혹 보도 수준의 신문기사만을 증거로 탄핵소추안을 의결한 것은 위법하다고 주장한다.

국회가 탄핵소추를 하기 전에 소추사유에 관하여 충분한 조사를 하는 것이 바람직하다는 것은 의문의 여지가 없다. 그러나 국회의 의사절차에 헌법이나 법률을 명백히 위반한 흠이 있는 경우가 아니면 국회 의사절차의 자율권은 권력분립의 원칙상 존중되어야 하고, 국회법 제130조 제1항은 탄핵소추의 발의가 있을 때 그 사유 등에 대한 조사 여부를 국회의 재량으로 규정하고 있으므로, 국회가 탄핵소추사유에 대하여 별도의 조사를 하지 않았다거나 국정조사결과나 특별검사의 수사결과를 기다리지 않고 탄핵소추안을 의결하였다고 하여 그 의결이 헌법이나 법률을 위반한 것이라고 볼 수 없다(헌재 2004. 5. 14. 2004헌나1). 따라서 이 부분 피청구인의 주장은 받아들이지 아니한다.

(2) 피청구인은, 이 사건 소추의결은 아무런 토론 없이 진행되었으므로 부적법하다고 주장한다.

탄핵소추의 중대성에 비추어 소추의결을 하기 전에 충분한 찬반토론을 거치는 것이 바람직하다. 그러나 국회법에 탄핵소추안에 대하여 표결 전에 반드시 토론을 거쳐야 한다는 명문 규정은 없다. 또 본회의에 상정된 안건에 대하여 토론하고자 하는 의원은 국회법 제106조에 따라 미리 찬성 또는 반대의 뜻을 의장에게 통지하고 얼마든지 토론할 수 있는데, 이 사건 소추의결 당시 토론을 희망한 의원이 없었기 때문에 탄핵소추안에 대한 제안 설명만 듣고 토론 없이 표결이 이루어졌을 뿐, 의장이 토론을 희망하는 의원이 있었는데도 고의로 토론을 못하게 하거나 방해한 사실은 없다. 따라서 피청구인의 이 부분 주장도 받아들일 수 없다.

(3) 피청구인은, 탄핵사유는 개별 사유별로 독립된 탄핵사유가 되는 것이므로 각각의 탄핵사유에 대하여 별도로 의결절차를 거쳐야 하는데, 국회가 여러 개 탄핵사유 전체에 대하여 일괄하여 의결한 것은 헌법에 위배된다고 주장한다.

탄핵소추안을 각 소추사유별로 나누어 발의할 것인지 아니면 여러 소추사유를 포함하여 하나의 안으로 발의할 것인지는 소추안을 발의하는 의원들의 자유로운 의사에 달린 것이다. 대통령이 헌법이나 법률을 위배한 사실이 여러 가지일 때 그 중 한 가지 사실만으로도 충분히 파면 결정을 받을 수 있다고 판단되면 그 한 가지 사유만으로 탄핵소추안을 발의할 수도 있고, 여러 가지 소추사유를 종합할 때 파면할 만하다고 판단되면 여러 가지 소추사유를 함께 묶어 하나의 탄핵소추안으로 발의할 수도 있다.

이 사건과 같이 국회 재적의원 과반수에 해당하는 171명의 의원이 여러 개 탄핵사유가 포함된 하나의 탄핵소추안을 마련한 다음 이를 발의하고 안건 수정 없이 그대로 본회의에 상정된 경우에는 그 탄핵소추안에 대하여 찬반 표결을 하게 된다. 그리고 본회의에 상정된 의안에 대하여 표결절차에 들어갈 때 국회의장에게는 '표결할 안건의 제목을 선포'할 권한만 있는 것이지(국회법 제110조 제1항), 직권으로 이 사건 탄핵소추안에 포함된 개개 소추사유를 분리하여 여러 개의 탄핵소추안으로 만든 다음 이를 각각 표결에 부칠 수는 없다. 그러므로 이 부분 피청구인의 주장도 받아들일 수 없다.

(4) 피청구인은 국회가 탄핵소추를 의결하면서 피청구인에게 혐의사실을 알려주지 않고 의견 제출의 기회도 주지 않았으므로 적법절차원칙에 위반된다고 주장한다.

탄핵소추절차는 국회와 대통령이라는 헌법기관 사이의 문제이고, 국회의 탄핵소추 의결에 따라 사인으로서 대통령 개인의 기본권이 침해되는 것이 아니며 국가기관으로서 대통령의 권한행사가 정지될 뿐이다. 따라서 국가기관이 국민에 대하여 공권력을 행사할 때 준수하여야 하는 법원칙으로 형성된 적법절차의 원칙을 국가기관에 대하여 헌법을 수호하고자 하는 탄핵소추절차에 직접 적용할 수 없다(헌재 2004. 5. 14. 2004헌나1). 그 밖에 이 사건 탄핵소추절차에서 피소추인이 의견 진술의 기회를 요청하였는데도 국회가 그 기회를 주지 않았다고 볼 사정이 없으므로, 피청구인의 이 부분 주장 역시 받아들일 수 없다.

다. 8인 재판관에 의한 탄핵심판 결정 가부

피청구인은, 현재 헌법재판관 1인이 결원된 상태여서 헌법재판소법 제23조에 따라 사건을 심리할 수는 있지만 8인의 재판관만으로는 탄핵심판 여부에 대한 결정을 할 수 없고, 8인의 재판관이 결정을 하는 것은 피청구인의 '9인으로 구성된 재판부로부터 공정한 재판을 받을 권리'를 침해하는 것이라고 주장한다.

헌법 제111조 제2항과 제3항은 대통령이 임명하는 3인, 국회가 선출하는 3인, 대법원장이 지명하는 3인 등 모두 9인의 재판관으로 헌법재판소를 구성한다고 규정하고 있다. 이와 같이 입법·사법·행정 3부가 동등하게 참여하는 헌법재판소의 구성방식에 비추어 볼 때, 헌법재판은 9인의 재판관으로 구성된 재판부에 의하여 이루어지는 것이 원칙임은 분명하다.

그러나 현실적으로는 재판관의 공무상 출장이나 질병 또는 재판관 퇴직 이후 후임 재판관 임명까지 사이의 공백 등 다양한 사유로 일부 재판관이 재판에 참여할 수 없는 경우가 발생할 수밖에 없다. 이럴 때마다 헌법재판을 할 수 없다고 한다면 헌법재판소의 헌법 수호 기능에 심각한 제약이 따르게 된다. 이에 헌법과 헌법재판소법은 재판관 중 결원이 발생한 경우에도 헌법재판소의 헌법 수호 기능이 중단되지 않도록 7명 이상의 재판관이 출석하면 사건을 심리하고 결정할 수 있음을 분명히 하고 있다. 즉, 헌법 제113조 제1항은 헌법재판소에서 법률의 위헌결정, 탄핵의 결정, 정당해산의 결정 또는 헌법소원에 관한 인용결정을 할 때에는 재판관 6인 이상의 찬성이 있어야 한다고 규정하고 있다. 또 헌법재판소법 제23조 제1항은 헌법재판관 7명 이상의 출석으로 사건을 심리한다고 규정하고, 제36조 제2항은 결정서를 작성할 때 '심판에 관여한' 재판관 전원이 서명날인하여야 한다고 규정하고 있다.

재판관 결원이 발생하더라도 시급하게 결정할 필요가 없는 사건이라면 재판관 공석 상황이 해소될 때까지 기다려 9인의 재판관이 결정하는 것이 바람직할 수 있다. 하지만 대통령에 대한 탄핵소추가 의결되면 헌법 제65조 제3항에 따라 대통령의 권한 행사가 정지된다. 헌법재판소장이 임기 만료로 퇴임하여 공석이 발생한 현 상황에서 대통령 권한대행인 국무총리가 헌법재판소장을 임명할 수 있는지 여부에 관하여는 논란이 있다. 국회에서도 이 문제에 관하여 정당 사이에 견해의 대립이 있는데 대통령 권한대행이 헌법재판소장을 임명할 수 없다는 의견에 따라 헌법재판소장 임명절차가 전혀 진행되지 않고 있다. 대통령의 권한행사가 정지되고 대통령 권한대행이 행사할 수 있는 권한의 범위에 관하여 논쟁이 존재하는 현 상황은 심각한 헌정위기 상황이다. 게다가 대통령 권한대행이 헌법재판소장을 임명할 수 없다는 견해를 따르면 헌법재판소장의 임기 만료로 발생한 현재의 재판관 공석 상태를 종결하고 9인 재판부를 완성할 수 있는 방법도 없다.

이와 같이 헌법재판관 1인이 결원이 되어 8인의 재판관으로 재판부가 구성되더라도 탄핵심판을 심리하고 결정하는 데 헌법과 법률상 아무런 문제가 없다. 또 새로운 헌법재판소장 임명을 기다리며 현재의 헌정위기 상황을 방치할 수 없는 현실적 제약을 감안하면 8인의 재판관으로 구성된 현 재판부가 이 사건 결정을 할 수밖에 없다. 탄핵의 결정을 하기 위해서는 재판관 6인 이상의 찬성이 있어야 하는데 결원 상태인 1인의 재판관은 사실상 탄핵에 찬성하지 않는 의견을 표명한 것과 같은 결과를 가져오므로, 재판관 결원 상태가 오히려 피청구인에게 유리하게 작용할 것이라는 점에서 피청구인의 공정한 재판받을 권리가 침해된다고 보기도 어렵다. 따라서 이 부분 피청구인의 주장도 받아들이지 아니한다.

5. 탄핵의 요건

가. 직무집행에 있어서 헌법이나 법률 위배

헌법은 탄핵소추 사유를 '헌법이나 법률을 위배한 경우'라고 명시하고 헌법재판소가 탄핵심판을 관장하게 함으로써 탄핵절차를 정치적 심판절차가 아닌 규범적 심판절차로 규정하고 있다. 탄핵제도는 누구도 법 위에 있지 않다는 법의 지배 원리를 구현하고 헌법을 수호하기 위한 제도이다. 국민에 의하여 직접 선출된 대통령을 파면하는 경우 상당한 정치적 혼란이 발생할 수 있지만 이는 국가공동체가 자유민주적 기본질서를 지키기 위하여 불가피하게 치러야 하는 민주주의의 비용이다.

헌법 제65조는 대통령이 '그 직무집행에 있어서 헌법이나 법률을 위배한 때'를 탄핵사유로 규정하고 있다. 여기에서 '직무'란 법제상 소관 직무에 속하는 고유 업무와 사회통념상 이와 관련된 업무를 말하고, 법령에 근거한 행위뿐만 아니라 대통령의 지위에서 국정수행과 관련하여 행하는 모든 행위를 포괄하는 개념이다. 또 '헌법'에는 명문의 헌법규정뿐만 아니라 헌법재판소의 결정에 따라 형성되어 확립된 불문헌법도 포함되고, '법률'에는 형식적 의미의 법률과 이와 동등한 효력을 가지는 국제조약 및 일반적으로 승인된 국제법규 등이 포함된다(헌재 2004. 5. 14. 2004헌나1).

나. 헌법이나 법률 위배의 중대성

헌법재판소법 제53조 제1항은 '탄핵심판 청구가 이유 있는 경우' 피청구인을 파면하는 결정을 선고하도록 규정하고 있다. 그런데 대통령에 대한 파면결정은 국민이 선거를 통하여 대통령에게 부여한 민주적 정당성을 임기 중 박탈하는 것으로서 국정공백과 정치적 혼란 등 국가적으로 큰 손실을 가져올 수 있으므로 신중하게 이루어져야 한다. 따라서 대통령을 탄핵하기 위해서는 대통령의 법 위배 행위가 헌법질서에 미치는 부정적 영향과 해악이 중대하여 대통령을 파면함으로써 얻는 헌법 수호의 이익이 대통령 파면에 따르는 국가적 손실을 압도할 정도로 커야 한다. 즉, '탄핵심판청구가 이유 있는 경우'란 대통령의 파면을 정당화할 수 있을 정도로 중대한 헌법이나 법률 위배가 있는 때를 말한다.

대통령의 파면을 정당화할 수 있는 헌법이나 법률 위배의 중대성을 판단하는 기준은 탄핵심판절차가 헌법을 수호하기 위한 제도라는 관점과 파면결정이 대통령에게 부여한 국민의 신임을 박탈한다는 관점에서 찾을 수 있다. 탄핵심판절차가 궁극적으로 헌법의 수호에 기여하는 절차라는 관점에서 보면, 파면결정을 통하여 손상된 헌법질서를 회복하는 것이 요청될 정도로 대통령의 법 위배 행위가 헌법 수호의 관점에서 중대한 의미를 가지는 경우에 비로소 파면결정이 정당화된다. 또 대통령이 국민으로부터 직접 민주적 정당성을 부여받은 대의기관이라는 관점에서 보면, 대통령에게 부여한 국민의 신임을 임기 중 박탈하여야 할 정도로 대통령이 법 위배행위를 통하여 국민의 신임을 배반한 경우에 한하여 대통령에 대한 탄핵사유가 존재한다고 보아야 한다(헌재 2004. 5. 14. 2004헌나1).

다. 판단 순서

이 사건에서는 피청구인이 그 직무를 집행하면서 헌법이나 법률을 위배하였는지에 대하여 (1) 사인의 국정개입 허용과 대통령 권한 남용 여부, (2) 공무원 임면권 남용 여부, (3) 언론의 자유 침해 여부, (4) 생명권 보호의무 등 위반 여부의 순서로 판단한다. 이어 법 위배행위가 인정될 경우 그 위배행위가 피청구인의 파면을 정당화할 수 있을 정도로 중대한지 여부에 대하여 판단한다.

6. 사인의 국정개입 허용과 대통령 권한 남용 여부

가. 사건의 배경

피청구인은 전 대통령 박정희와 영부인 육영수의 장녀로 태어나 1974. 8. 15. 육영수가 사망한 뒤 1979. 10. 26. 박정희가 사망할 때까지 영부인 역할을 대신하였다. 피청구인은 육영수가 사망한 무렵 최○민을 알게 되어 최○민이 총재로 있던 대한구국선교단의 명예총재를 맡았고, 1982년 육영재단 이사장으로 취임한 뒤에는 최○민을 육영재단 고문으로 선임하는 등 오랫동안 최○민과 함께 활동하였다. 피청구인은 최○민의 딸인 최○원과도 친분을 유지하였는데, 육영재단 부설 어린이회관이 최○원이 운영하는 유치원과 자매결연을 맺기도 하였고, 피청구인의 개인적 일을 처리할 때 최○원의 도움을 받기도 하였다.

피청구인은 1997년 한나라당에 입당하여 제15대 대통령선거에서 한나라당 후보 이○창을 지원하면서 정치활동을 시작하였고, 1998. 4. 2. 대구광역시 달성군 국회의원 보궐선거에서 국회의원으로 당선되었다. 피청구인이 정치활동을 시작한 뒤 최○원의 남편이었던 정○회가 피청구인의 비서실장으로 불리며 피청구인의 보좌진을 이끌었다. 피청구인이 보궐선거에 출마하면서 정○성·이○만·안○근·이○상(2012년 사망) 등이 피청구인의 보좌진으로 활동하였고, 이들은 피청구인이 국회의원으로 활동할 때 보좌관이나 비서관으로 일하였다.

피청구인이 2012. 12. 19. 대통령에 당선된 뒤 정○성·이○만·안○근은 대통령직 인수위원회에 참여하였으며, 취임 후에는 대통령비서실에서 비서관으로 근무하였다. 피청구인은 대통령직을 수행하면서 공식 회의 이외에는 대부분의 보고를 관계 공무원을 대면하지 않고 서면으로 받았는데, 정○성·이○만·안○근이 피청구인에 대한 각종 보고 및 의사소통 경로를 장악하였다는 뜻에서 '문고리 3인방'이라 불리기도 하였다. 특히 정○성은 피청구인이 대통령에 취임한 뒤에는 '제1부속비서관'으로, 제1·2 부속비서관실이 통합된 2015. 1. 23. 이후부터는 '부속비서관'으로 재직하면서, 피청구인을 수신자로 하는 문건 대부분을 정리하여 보고하는 역할을 담당하였다.

피청구인은 대통령으로 취임한 뒤에도 관저에서 최○원과의 사적 만남을 꾸준히 지속하였다. 최○원은 정○성을 비롯한 피청구인의 일부 보좌진과 차명 휴대전화 등으로 상시 연락하였고, 피청구인의 일정을 확인하고 그에 맞는 의상을 준비하기도 하였다. 피청구인의 일부 보좌진은 최○원을 피청구인 관저에 청와대 공무차량으로 출입시켜 신분확인절차 없이 자유롭게 드나들 수 있도록 하는 등 피청구인과 최○원이 사적으로 만나는 데 필요한 각종 편의를 제공하였다.

나. 국정에 관한 문건 유출 지시·묵인

피청구인은 대통령으로 취임한 뒤 공식회의 이외에는 주로 서면을 통하여 보고를 받고 전화를 이용하여 지시하는 등 대면 보고와 지시를 최소화하는 방식으로 업무를 집행하였다. 피청구인에게 보고되는 서류는 대부분 정○성이 모아서 정리한 다음 피청구인에게 전달하였다. 정○성은 피청구인에게 보고하는 서류 중 인사에 관한 자료, 각종 현안과 정책에 관한 보고서, 연설문이나 각종 회의에서 발언하는 데 필요한 말씀자료, 피청구인의 공식 일정 등 국정에 관한 문건 중 일부를 이메일을 이용하여 보내 주거나 직접 서류를 전달하는 방법 등으로 최○원에게 전달하였다. 최○원도 정○성을 통하여 국정에 관한 문건을 전달받아 열람한 사실을 인정하고 있다. 피청구인은 일부 문건에 대하여는 정○성에게 최○원의 의견을 받았는지 확인하고 이를 반드시 반영하도록 지시하기도 하였다.

정○성은 공무상비밀누설 혐의로 검찰에서 조사받으면서, 연설문과 말씀자료는 피청구인의 포괄적 지시에 따라 대부분 최○원에게 보냈고 각종 보고서나 참고자료 등은 필요한 경우에만 보냈으며, 공직자 인선안 등도 피청구인이 최○원의 의견을 들어 보라고 하여 보냈다고 하면서, 이와 같은 문건 유출은 큰 틀에서 피청구인의 뜻에 따른 것이라는 취지로 진술하였다. 정○성은 2013년 1월경부터 2016년 4월경까지 공무상 비밀 내용을 담고 있는 문건 47건을 최○원에게 전달하여 공무상비밀누설죄를 저질렀다는 공소사실로 2016. 11. 20. 기소되어 서울중앙지방법원에서 형사재판을 받고 있다. 검찰은 정○성이 피청구인의 지시를 받아 공무상 비밀을 누설한 것이라고 보고 공소장에 피청구인과 정○성이 공모하여 법령에 의한 직무상 비밀을 누설하였다고 기재하였다.

피청구인은 2016. 10. 25. 제1차 대국민 담화에서 "최○실 씨는 과거 제가 어려움을 겪을 때 도와준 인연으로 지난 대선 때 주로 연설이나 홍보 등의 분야에서 저의 선거운동이 국민들에게 어떻게 전달되는지에 대해 개인적인 의견이나 소감을 전달해 주는 역할을 하였습니다. 일부 연설문이나 홍보물도 같은 맥락에서 표현 등에서 도움을 받은 적이 있습니다. 취임 후에도 일정 기간 동안은 일부 자료들에 대해 의견을 들은 적도 있으나 청와대의 보좌 체계가 완비된 이후에는 그만두었습니다."라고 발표하였다. 또 피청구인은 이 사건 심판과정에서 연설문 등의 표현방법을 국민 눈높이에 맞추기 위해 최○원의 의견을 들은 사실은 있지만, 연설문이나 말씀자료 이외에 인사에 관한 자료나 정책보고서 등 다른 문건을 최○원에게 전달하도록 지시한 사실은 없다고 주장하고 있다.

그런데 2014년 11월 최○원의 전 남편 정○회가 청와대 일부 비서관 등과 합세하여 비밀리에 국정에 개입하고 있다는 취지의 신문 보도가 있었고, 이때 청와대 내부 문건이 외부로 유출되었다는 의혹이 제기된 바 있다. 정○성은 검찰에서 그 무렵 '상황이 이러하니 최○원에게 자료를 보내 의견을 받는 것은 그만두는 것이 좋겠다.'고 피청구인에게 건의하였고, 피청구인이 이를 수용하였다고 진술하였다. 또 최○원의 추천으로 문화융성위원회 위원으로 위촉된 차○택은 2015년 4월경 최○원에게 문화창조융합의 개념에 대해 삼성과 구글 및 알리바바 등 기업의 예를 들어 설명한 문구를 적어 주었는데 피청구인이 그 문구를 청와대 회의에서 그대로 사용한 사실이 있다고 증언하였다. 그리고 뒤에 보는 것처럼 2015년 2월경부터 2016년 1월경까지 추진된 미르와 케이스포츠 설립 과정에서 최○원이 마련한 재단 명칭과 사무실 위치 및 임원 명단 등 자료가 피청구인에게 전달되었고, 피청구인이 보고 받은 재단 설립 관련 정보가 최○원에게 전달된 사실이 인정된다. 이런 사실을 종합하면 피청구인은 취임 후 2년이 넘어서까지 최○원에게 연설문 등 문건을 전달하고 그 의견을 들은 사실이 인정된다. 그렇다면 청와대 보좌 체계가 완비될 때까지만 최○원의 의견을 들었다는 피청구인의 주장은 객관적 사실과 부합하지 않는다.

또한, 정○성은 검찰에서 각종 연설문 외에 감사원장, 국가정보원 2차장 및 기획조정실장 인사안이나 차관급 21명에 대한 인선안 등 여러 종류의 인사 관련 문건, 법원의 조정을 받아들일지 여부를 검토한 민정수석비서관실 보고서, 수석비서관에 대한 지시사항을 담은 문건 등을 피청구인의 지시로 최○원에게 전달하였다고 진술하였다. 정○성은 청와대 비서관으로 재직하는 동안 연설문이나 말씀자료 이외에도 대통령 해외순방일정 등 수많은 비밀 문건을 최○원에게 전달하였는데, 보안이 철저하게 유지되는 청와대에서 이와 같이 많은 문건이 오랜 기간 동안 외부로 유출된 것은 피청구인의 지시나 묵인 없이는 불가능한 일이다. 한편, 최○원은 비밀문서인 대통령의 해외순방 일정 등을 정○성을 통해 미리 받아보고 피청구인이 순방 시 입을 의상을 결정하고 또 해외순방 중 계획된 문화행사 계획을 변경하도록 조언하여 관철시키기도 했다. 최○원이 피청구인의 해외순방 일정을 상세히 알고 여러 가지 조언을 하였고 피청구인이 이를 수용한 점에 비추어 보더라도 관련 문건이나 정보가 최○원에게 전달된 사실을 피청구인이 전혀 모르고 있었다고 보는 것은 상식에 맞지 않는다. 이런 사정에 비추어 보면 인사에 관한 자료나 정책보고서 등 말씀자료가 아닌 문건을 최○원에게 전달하도록 지시한 사실이 없다는 피청구인의 주장도 믿기 어렵다.

최○원은 정○성을 통하여 받은 문건을 보고 이에 관한 의견을 주거나 내용을 직접

수정하여 회신하기도 하였고, 파악한 정보를 기초로 피청구인의 일정 조정에 간섭하는 등 직무활동에 관여하기도 하였다. 최○원은 행정각부나 대통령비서실의 현안과 정책에 관한 보고 문건 등을 통해 피청구인의 관심사나 정부의 정책 추진 방향 또는 고위공무원 등 인사에 관한 정보를 미리 알 수 있었다. 최○원은 이와 같이 파악한 정보를 토대로 공직자 인선에 관여하고 미르와 케이스포츠 설립 및 그 운영 등에 개입하면서 개인적 이익을 추구하다가 적발되어 직권남용권리행사방해죄 등 혐의로 구속 기소되었다.

다. 최○원의 추천에 따른 공직자 인선

피청구인은 최○원이 추천하는 인사를 다수 공직에 임명하였다. 최○원은 문화와 체육 분야의 주요 공직자 후보를 피청구인에게 추천하였다. 최○원은 뒤에 보는 것처럼 미르와 케이스포츠를 설립한 다음 이 두 재단이 정부 예산사업을 수행하도록 하고 그 사업을 자신이 운영하는 회사가 수주하는 방식으로 이권을 확보하려고 하였는데, 최○원이 추천한 일부 공직자는 최○원의 이권 추구를 돕는 역할을 하였다.

피청구인은 2013. 10. 29. 최○원이 추천한 한양대학교 스포츠산업학과 교수 김○을 문화체육관광부 제2차관으로 임명하였다. 김○은 제2차관으로 임명된 뒤 체육계 현안과 정책 등에 관한 문화체육관광부 내부 문건을 최○원에게 전달하고 최○원의 요구사항을 정책에 반영하는 등 최○원에게 적극적으로 협력하였다.

피청구인은 2014년 8월경에는 광고제작회사를 운영하고 있던 차○택을 최○원의 추천에 따라 문화융성위원회 위원으로 위촉하였다. 최○원은 차○택이 2015년 4월경 민관합동 창조경제추진단 단장과 문화창조융합본부 단장으로 취임할 때도 결정적 역할을 하였다. 차○택은 자신의 지인을 최○원에게 미르의 임원으로 추천하였는데, 이들은 최○원의 요구사항대로 미르를 운영하는 등 최○원의 사익 추구에 적극적으로 협력하였다. 피청구인은 최○원의 추천으로 2014. 8. 20. 차○택의 은사 김○덕을 문화체육관광부 장관으로 임명하고, 2014. 11. 18. 차○택의 외삼촌 김○률을 대통령비서실 교육문화수석비서관으로 임명하였다.

라. 케이디코퍼레이션 관련

최○원은 케이디코퍼레이션의 대표이사 이○욱으로부터 자사 제품을 현대자동차에 납품할 수 있도록 해 달라는 부탁을 받고, 케이디코퍼레이션 관련 자료를 정○성을 통하여 피청구인에게 전달하였다. 피청구인은 2014년 11월경 안○범에게 케이디코퍼레이션이 새로운 기술을 가지고 있는 중소기업이니 현대자동차가 그 기술을 채택할 수 있는지 알아보라고 지시하였다. 안○범은 2014. 11. 27. 피청구인이 현대자동차 그룹 회장 정○구를 면담하는 기회에 함께 온 부회장 김○환에게 피청구인의 지시를 전달하면서 현대자동차가 케이디코퍼레이션과 거래하여 줄 것을 부탁하였다.

케이디코퍼레이션은 김○환이 안○범에게 다시 회사 이름과 연락처를 물어야 할 정도로 현대자동차그룹 내에서 알려지지 않은 기업이었다. 그러나 케이디코퍼레이션은 거래업체 선정 시 통상 거쳐야 하는 제품시험과 입찰 등 절차를 거치지 않고 수의계약으로 현대자동차와 계약을 맺고, 2015년 2월경부터 2016년 9월경까지 현대자동차에 제품을 납품하였다. 안○범은 현대자동차와 케이디코퍼레이션 사이의 계약 진행 상황을 확인하여 피청구인에게 보고하였다. 최○원은 케이디코퍼레이션이 현대자동차에 제품을 납품하게 된 대가로 이○욱으로부터 1천만 원이 넘는 금품을 받았다.

검찰은 최○원과 안○범이 현대자동차로 하여금 케이디코퍼레이션과 제품 납품계약을 체결하도록 한 행위가 직권남용권리행사방해와 강요죄에 해당한다고 보고 최○원과 안○범을 기소하였다. 검찰의 공소장에는 피청구인은 최○원 및 안○범과 공모하여 대통령의 직권과 경제수석비서관의 직권을 남용하였고, 이에 두려움을 느낀 현대자동차 부회장 김○환으로 하여금 납품계약을 체결하도록 하여 의무 없는 일을 하게 한 것으로 기재되어 있다.

마. 미르와 케이스포츠 관련

(1) 문화와 체육 관련 재단법인 설립 지시

피청구인은 2015년 2월경 안○범에게 문화와 체육 관련 재단법인을 설립하는 방안을 검토하라고 지시하였다. 안○범은 소속 비서관에게 피청구인의 지시를 전달하였고, 이에 따라 대기업이 출연하여 비영리법인을 설립하고 이 법인에서 정부 예산이 투입되는 사업을 시행한다는 취지의 간략한 보고서가 작성되었다.

피청구인은 2015. 2. 24. 한국메세나협회 창립 20주년을 기념하는 오찬 행사에서 대기업 회장들에게 문화와 체육 분야에 적극적으로 투자해 줄 것을 요청하였고, 이어 2015년 7월경 안○범에게 대기업 회장들과 개별 면담을 계획하라고 지시하였다. 안○범은 7개 대기업 회장 면담 일정을 확정하고 각 기업별 현안 등을 정리한 면담자료를 만들어 피청구인에게 보고하였다. 피청구인은 2015. 7. 24.과 25일 이틀에 걸쳐 삼성, 현대자동차, 에스케이, 엘지, 씨제이, 한화, 한진 등 7개 대기업 회장들과 개별 면담을 하였다. 피청구인은 이 자리에서 각 기업의 애로 사항이나 투자 상황 등을 청취하는 동시에, 문화 및 체육 관련 재단법인 설립의 필요성을 강조하면서 법인 설립에 필요한 지원을 요구하였다.

피청구인은 대기업 회장들과의 개별 면담을 마친 뒤 안○범에게 10개 정도 대기업이 30억 원씩 출연하면 300억 원 규모의 문화 재단과 체육 재단을 설립할 수 있을 것이라는 취지로 이야기하면서 재단법인 설립을 지시하였다. 안○범은 2015년 8월경 전경련 부회장 이○철에게 전경련이 대기업으로부터 출연금을 걷어 300억 원 규모의 재단 설립을 추진하도록 요청하였다. 그러나 전경련이나 피청구인의 요구를 받은 대기업은 재단 설립에 협조해 달라는 요청을 받았을 뿐 추가로 구체적 요구사항을 전달받지는 않아 재단 설립을 바로 추진하지는 않았다.

그런데 최○원은 전경련이 재단법인 설립을 본격적으로 추진하기 전에 이미 재단 설립 사실을 알고 차○택 등의 추천을 받아 2015년 9월 말경 김○수, 이○한, 이○상, 장○각 등을 면담하고 이들을 문화 재단 임원진으로 선정하였다. 이와 관련하여 차○택은 미르가 설립되기 두 달 전쯤 최○원으로부터 문화계 사람들 중 믿을 수 있는 사람을 소개해 달라는 부탁을 받았고, 이에 따라 김□현·김○탁·이○한·이□선·전○석을 소개하였는데, 이 때 최○원이 곧 문화 재단이 만들어질 것이라는 취지의 이야기를 하였다고 진술하였다. 또 차○택은 그로부터 한 달 정도 지나 최○원이 재단 이사진을 추천해달라고 하여, 김○화·김○원·장○각·이□선 등을 추천하였다고 진술하였다. 최○원과 안○범은 서로 모르는 사이였다고 주장하고 있고 이 두 사람이 서로 연락한 흔적은 전혀 발견되지 않는다. 그런데도 최○원이 피청구인의 지시로 문화 관련 재단법인이 설립될 것이라는 사실을 미리 알 수 있었던 것을 보면, 피청구인이 그런 계획을 미리 알려 주었을 가능성이 매우 높다.

(2) 미르 설립

피청구인은 2015. 10. 19.경 안○범에게 10월 말 리커창 중국 총리가 방한하면 양국 문화 재단 사이에 양해각서를 체결할 수 있도록 재단법인 설립을 서두르라고 지시하였다. 안○범은 즉시 이○철과 경제금융비서관 최○목에게 300억 원 규모의 문화 재단을 설립하라고 지시하였다. 최○목은 2015. 10. 21.부터 24일까지 4일 동안 매일 청와대에서 전경련 관계자 및 관계 부처 공무원들과 재단 설립 관련 회의를 하면서 재단 설립 절차 등을 논의하였다.

피청구인은 2015. 10. 21.경 안○범에게 재단의 명칭을 '미르'로 하라고 지시하면서 재단의 이사장 등 임원진 명단 등을 알려 주고, 임원진 이력서와 재단 로고 등 자료를 전달하였다. 그런데 피청구인에게 이와 같은 재단 관련 자료를 전달한 대통령비서실 비서진이나 정부부처 관계자는 아무도 없고, 피청구인도 이런 자료를 누구로부터 어떻게 입수하였는지 밝히고 있지 않다. 앞서 본 것처럼 최○원이 재단의 주요 임원을 면접 등을 통하여 미리 선정해 둔 사실 등에 비추어 볼 때 이런 자료는 최○원이 피청구인에게 전달한 것으로 보인다.

　최○목을 비롯한 대통령비서실 비서진과 관계 부처 공무원 및 전경련 관계자들은 10월 말 이전에는 문화 재단을 반드시 설립하라는 피청구인의 지시에 따라 재단법인 설립을 서둘렀고, 전경련의 사회협력회계 분담금 기준으로 기업별 출연 금액을 정한 다음 법인 설립 절차는 문화체육관광부에서 적극적으로 협력하기로 하였다. 이에 따라 전경련 관계자가 2015. 10. 23.경 해당 기업들에게 개별적으로 출연 요청을 하였다.

　그런데 피청구인은 재단 출연금 300억 원을 500억 원으로 올리도록 지시하였고, 안○범은 2015. 10. 24.경 이○철에게 피청구인의 지시를 전달하면서 출연 기업에 케이티·금호·신세계·아모레퍼시픽을 포함시키고 현대중공업과 포스코 등 추가할 만한 대기업이 있는지 알아봐 달라고 요청하였다. 이에 전경련 관계자들은 2015. 10. 24. 재단 출연금을 500억 원으로 한 새로운 출연금 분배안을 작성하고, 이미 출연하기로 하였던 기업들에는 증액을 요청하였으며, 케이티·금호·아모레퍼시픽·포스코·엘에스·대림 등 출연기업 명단에 포함되어 있지 않았던 6개 기업에는 청와대의 지시로 문화재단을 설립하니 속히 출연 여부를 결정하여 달라고 요청하였다.

　출연 요청을 받은 기업들은 재단 출연 금액을 일방적으로 통보받았으며, 재단의 구체적 사업계획서 등 자료를 받거나 재단의 사업계획이나 소요 예산 등에 관한 설명도 듣지 못하였다. 그럼에도 전경련 관계자들은 늦어도 2015. 10. 26.까지 출연 여부 결정을 해달라고 요청하였고, 출연 요청을 받은 기업들은 사업의 타당성이나 출연 규모 등에 대한 충분한 사전 검토를 하지 못하고 재단 설립이 대통령의 관심사항으로서 경제수석비서관이 주도하여 청와대가 추진하는 사업이라는 점 때문에 서둘러 출연 여부를 결정하였다. 이에 따라 전경련 관계자들이 2015. 10. 24. 토요일 기업들에 출연 금액 증액을 통보하거나 새로운 기업들에 출연을 요청한 때로부터 불과 이틀 뒤인 2015. 10. 26. 월요일에는 기업들의 재단 출연 증서 작성이 전부 완료되었다. 기업 중 일부는 출연을 결정한 다음 미르 측에 사업계획서를 보여 달라고 요구하였으나 거절당하기도 하였다.

　전경련 관계자들은 2015. 10. 26. 출연하기로 한 기업 관계자들로부터 재산출연 증서와 법인인감증명서 등 재단 설립에 필요한 서류를 받아, 실제로 개최되지 않은 창립총회가 전경련 컨퍼런스 센터에서 개최된 것처럼 창립총회 회의록을 허위로 만들고 피청구인이 안○범을 통해 전달한 미르 정관에 법인 인감을 날인하였다. 재단 설립을 서두르는 과정에 안○범은 처분에 엄격한 제한이 따르는 기본재산과 자유로운 처분이 가능한 보통재산의 비율을 9:1에서 2:8로 변경하라고 전경련 측에 요구하였다. 이에 따라 전경련 관계자들은 급히 기본재산과 보통재산 비율을 수정하여 정관 등을 새로 작성하고, 이미 날인한 기업 관계자들에게 연락하여 새로운 정관과 창립총회 회의록에 다시 날인하도록 하였으나 결국 발기인으로 참여한 기업 중 에스케이하이닉스의 날인은 받지 못하였다.

전경련 관계자들은 청와대에서 요구한 시한인 2015. 10. 27.까지 재단 설립 허가 절차를 마치기 위하여 미르의 설립 허가 신청서를 문화체육관광부 서울사무소에 접수할 수 있도록 요청하였다. 문화체육관광부 담당공무원은 2015. 10. 26. 서울사무소로 담당 주무관을 출장 보내 에스케이하이닉스의 날인이 누락된 설립 허가 신청서를 접수하도록 하였고, 다음날 09:36경 설립 허가 절차를 마무리한 뒤 곧바로 전경련에 미르 설립허가를 통보하였다. 미르에 출연하기로 약정한 기업들은 2015년 11월경부터 12월경까지 합계 486억 원의 출연금을 납입하였다.

최○원과 안○범은 기업들로부터 미르에 출연하도록 한 행위와 관련하여 직권남용 권리행사방해 및 강요죄로 구속 기소되었다. 검찰의 공소장에는 피청구인은 최○원 및 안○범과 공모하여 대통령의 직권과 경제수석비서관의 직권을 남용하였고, 이에 두려움을 느낀 전경련 임직원과 기업체 대표 및 담당 임원 등으로 하여금 미르에 출연하도록 하여 의무 없는 일을 하게 한 것으로 기재되어 있다.

(3) 케이스포츠 설립

미르가 설립된 뒤 최○원은 2015년 12월경 체육계 인사 김○승에게 체육 관련 재단법인 설립에 관한 사업계획서를 작성하여 달라고 요청하였다. 이어 향후 설립될 재단법인에서 일할 임직원으로 사무총장 정○식·상임이사 김○승 등을 면접을 거쳐 선정한 다음, 정○성을 통해 피청구인에게 그 명단을 전달하였다.

피청구인은 2015. 12. 11.과 20일경 안○범에게 최○원으로부터 받은 임원진 명단을 알려주고, 서울 강남에 재단법인 사무실을 구하라고 지시한 뒤 정관과 조직도도 전달하였다. 안○범은 2015. 12. 19.경 김○승을 만나 전경련과 협조하여 재단을 설립하라고 한 뒤, 경제수석실 행정관 이○영에게 재단의 임원진 명단과 정관 등을 주면서 김○승과 연락하여 재단 설립을 진행하라고 지시하였다. 안○범은 이○철에게 미르와 별도로 300억 원 규모의 체육 재단도 설립해야 하니 미르 때처럼 진행하라고 요청하였다. 케이스포츠 설립도 미르와 마찬가지로 청와대 주도로 전경련을 통하여 대기업으로부터 출연받아 이루어졌고, 피청구인과 최○원이 임원진을 선정하는 등 그 설립을 사실상 주도하였다.

전경련 관계자들은 미르 설립 과정에서 연락했던 기업 명단을 토대로 기업의 매출액을 기준으로 출연 금액을 할당하고, 각 기업 관계자에게 청와대의 요청에 따라 300억 원 규모의 체육 재단도 설립하여야 하니 출연금을 내달라고 요청하였다. 출연 요청을 받은 기업들은 케이스포츠의 구체적 사업계획 등도 알지 못한 채 재단 설립이 대통령의 관심사항으로서 경제수석비서관이 주도하여 청와대가 추진하는 사업이라는 점 때문에 출연을 결정하였다. 전경련 관계자들은 2016. 1. 12.경 전경련회관으로 출연 기업 관계자들을 불러 재산출연 증서 등 필요한 서류를 받았고, 출연 기업들은 실제로는 개최되지 아니한 창립총회가 개최된 것처럼 허위로 작성된 창립총회 회의록과 케이스포츠 정관에 법인 인감을 날인하였다. 일부 기업에 대해서는 전경련 관계자가 직접 방문하여 서류를 제출받고 날인을 받았다.

대통령비서실 교육문화수석실 선임행정관은 2016. 1. 8.경 문화체육관광부 담당국장에게 케이스포츠 설립을 최대한 빨리 허가하라고 요청하였다. 문화체육관광부 담당 공무원들은 2016. 1. 12. 전경련이 케이스포츠 설립허가 신청서를 접수하자 그 날 중으로 서류를 보완하도록 한 뒤 다음날 법인 설립을 허가하였다. 기업들은 2016년 2월경부터 8월경까지 케이스포츠에 288억 원의 출연금을 납입하였다.

최○원과 안○범은 기업들로부터 케이스포츠에 출연하도록 한 행위와 관련하여 직권남용권리행사방해 및 강요죄로 구속 기소되었다. 검찰의 공소장에는 피청구인은 최○원 및 안○범과 공모하여 대통령의 직권과 경제수석비서관의 직권을 남용하였고, 이에 두려움을 느낀 전경련 임직원과 기업체 대표 및 담당 임원 등으로 하여금 케이스포츠에 출연하도록 하여 의무 없는 일을 하게 한 것으로 기재되어 있다.

(4) 재단법인 운영 개입

이 사건 제5차 변론기일에서 최○원은 피청구인이 자신에게 미르와 케이스포츠 운영을 살펴봐 달라고 요청하였다고 증언하였다. 최○원은 미르와 케이스포츠에 출연한 것도 아니고 아무런 직책이나 이해관계가 없음에도 불구하고, 재단 관계자로부터 보고를 받고 구체적 업무 지시를 하였으며, 재단의 임직원 임명·추진하는 사업의 내용·자금의 집행 등을 결정하였다. 미르와 케이스포츠 이사회의 결정은 형식적인 것에 불과하였고, 출연 주체인 기업들 역시 재단 운영에 전혀 관여하지 못하였다.

미르와 케이스포츠 임직원 등은 최○원이 피청구인과 밀접한 관계가 있다는 사실을 알고 최○원을 회장이라 부르며 그의 지시에 따라 일하였다. 재단 임직원 등은 피청구인과 최○원의 관계나 최○원이 지시한 내용을 안○범이 다시 그대로 지시하는 등 정황에 비추어 보았을 때 최○원의 뜻이 피청구인의 뜻이라고 믿을 수밖에 없었다는 취지로 진술하고 있다. 이 사건 제11차 변론기일에서 케이스포츠 이사장 정○춘은 최○원의 국정 개입 등이 심각한 문제로 대두되면서 안○범과 전경련 관계자가 이사장직에서 사임할 것을 요청하였지만 최○원이 사임하면 안 된다고 하여 사임하지 않았다고 증언하면서, 안○범보다는 최○원이 피청구인의 뜻을 대변하고 있다고 이해하였다는 취지로 진술하였다.

이와 관련하여 피청구인은 문화 융성과 경제 발전에 도움이 될 것이라는 취지에서 기업의 문화 및 체육 분야 투자를 적극 권유하고 비서실을 통하여 재단법인 설립절차를 지원하였을 뿐 기업의 출연 과정이나 법인 운영에 개입한 사실은 전혀 없다고 주장한다.

그러나 안○범은 미르와 케이스포츠 설립을 추진하는 과정에서 전경련 관계자에게 청와대 개입 사실을 비밀로 하라고 요청하였다. 또 2016년 9월경 국회 국정감사에서 이○철은 재단 설립 과정에서 이루어진 모금은 자발적인 것이었다고 청와대 개입 사실을 부인하였지만, 이 사건 제8차 변론기일에서는 미르와 케이스포츠가 안○범의 지시에 따라 설립되었고 안○범의 요청을 받고 청와대의 압력에 부담을 느껴 국회에서 거짓으로 진술하였다고 증언하였다. 2016년 10월경 미르와 케이스포츠 설립 과정의 위법행위에 대한 검찰 수사가 시작되자, 안○범은 이○철에게 전화하여 미르와 케이스포츠 설립은 전경련이 주도하였고 청와대는 개입하지 않은 것으로 진술하라고 지시하고 자신의 휴대전화를 폐기하였다. 이와 관련하여 안○범은 증거인멸교사 혐의로 기소되었다.

피청구인의 주장이 사실이라면 미르와 케이스포츠 설립을 청와대가 지원한 사실을 비밀로 할 이유가 없고 그 뒤 관련 증거를 없애고 위증을 지시할 이유도 전혀 없다. 최○원과 안○범 및 재단 관련자 등의 증언과 진술에 비추어 보더라도 피청구인의 이 부분 주장도 믿기 어렵다.

바. 플레이그라운드 관련

(1) 플레이그라운드 설립과 운영

최○원은 2015. 10. 7. 광고회사인 플레이그라운드를 설립하였고, 정부의 지원을 받는 미르와 용역계약을 체결하고 용역대금을 받는 방식으로 수익을 창출할 계획을 세웠다. 최○원은 김○탁을 플레이그라운드의 명목상 대표이사로 내세웠으나, 주식 70%를 차명으로 보유하면서 플레이그라운드를 실질적으로 운영하였다.

(2) 플레이그라운드와 미르의 관계

피청구인의 지시로 미르가 설립된 뒤, 최○원은 자신이 추천한 사람이 미르의 임원으로 임명되자 이들을 통하여 사업방향을 정하는 등 재단을 실질적으로 장악하였다. 최○원은 2016년 1월 미르 사무총장이었던 이○한에게 미르와 플레이그라운드 사이에 용역계약을 체결할 것을 지시하였다. 미르는 총괄파트너 선정 작업을 진행하면서 입찰과정에 플레이그라운드를 참여시키고 '비즈원'이라는 회사를 형식적으로 참여하도록 한 다음 플레이그라운드를 총괄파트너로 선정하였다. 플레이그라운드는 미르와 프로젝트 계약 7건을 체결하고 1억 3,860만 원을 지급받았다.

(3) 케이티 인사 및 광고대행사 선정 개입

최○원은 차○택에게 케이티 광고 분야에서 일할 사람을 알아봐 달라고 부탁하여 이○수를 추천받았다. 피청구인은 2015년 1월경 안○범에게 홍보전문가인 이○수가 케이티에 채용될 수 있도록 하라고 지시하였다. 안○범은 케이티 회장 황○규에게 피청구인의 말을 전달하면서 이○수를 채용해 달라고 요구하였다. 케이티는 통상적 공모 절차를 거치지 않고 이○수에게 직접 연락하여 채용 절차를 진행하였고, 2015. 2. 16. 전무급인 브랜드지원센터장 자리를 새로 만들어 이○수를 채용하였다.

피청구인은 2015년 10월경 안○범에게 케이티 광고 쪽에 문제가 있다고 하는데 이○수를 그쪽으로 보낼 수 있는지 알아보라고 지시하였다. 안○범은 황○규에게 이○수의 보직 변경을 요구하였고, 케이티는 정기인사 시기가 아님에도 2015. 10. 6. 이○수의 직책을 광고업무를 총괄하는 담당 본부장으로 변경하였다.

한편, 피청구인은 2015년 8월경 안○범에게 신○성이 케이티에서 이○수와 함께 일할 수 있도록 하라는 취지의 지시를 하였다. 신○성은 최○원의 조카 이○헌의 지인인 김□수와 사실혼 관계에 있는 사람이다. 안○범은 황○규에게 피청구인의 지시를 전달하였고, 케이티는 2015. 12. 7. 상무보급 브랜드지원담당 자리를 새로 만들어 신○성을 채용하였다. 이후 신○성은 2016. 1. 25. 광고 담당으로 보직이 변경되어 이○수와 함께 일하게 되었다.

그 뒤 안○범은 이○수 등에게 플레이그라운드가 케이티의 광고대행사로 선정될 수 있도록 해 달라고 요청하였다. 케이티는 플레이그라운드를 광고대행사로 선정하기 위하여 광고대행사 선정기준 중 광고실적을 요구하는 조건을 삭제하였고, 플레이그라운드에서 제출한 서류의 일부가 사실과 달리 기재되어 있는 것을 발견하고도 플레이그라운드를 광고대행사로 선정하였다. 플레이그라운드는 2016년에 케이티 광고 7건(발주금액 총 68억 1,767만 원 상당)을 수주하였다.

(4) 현대자동차그룹 광고 계약 개입

피청구인은 2016년 2월경 안○범에게 플레이그라운드 소개자료가 든 봉투를 전달하면서, 대기업에서 플레이그라운드에 도움을 줄 수 있도록 하라고 지시하였다. 안○범은 2016. 2. 15. 피청구인이 현대자동차 회장 정○구, 부회장 김○환과 독대한 뒤 헤어지는 자리에서 김○환에게 플레이그라운드 소개자료가 든 봉투를 전달하였다.

현대자동차와 기아자동차는 이례적으로 신생 광고회사인 플레이그라운드에 먼저 연락하여 2016년에 5건의 광고를 발주하고 제작비로 총 9억 1,807만 원을 지급하였다.

현대자동차와 기아자동차는 통상적으로 이런 광고를 현대자동차 계열 광고회사인 주식회사 이노션 등에 발주해 왔는데, 이들 기업에 양해를 구하고 플레이그라운드에게 광고를 발주하였다.

사. 더블루케이 관련

(1) 더블루케이 설립과 운영

최○원은 케이스포츠가 정부의 지원으로 사업을 수행하면 그 사업 경영을 위탁받는 등의 방법으로 수익을 창출할 계획을 세우고 2016. 1. 13. 케이스포츠가 설립되기 하루 전인 12일 스포츠 경영 등을 목적으로 하는 더블루케이를 설립하였다. 더블루케이의 명목상 대표이사는 조○민, 사내이사는 고○태였으나, 조○민은 주식포기각서를 최○원에게 제출한 뒤 매월 최○원에게 결산보고를 하였다. 최○원은 더블루케이 대표이사와 직원들의 채용 및 급여 수준을 직접 결정하고 자금지출을 결정하며 사업에 관해 지시하는 등 더블루케이를 실질적으로 운영하였다.

(2) 더블루케이와 케이스포츠의 관계

최○원은 자신이 선발하여 채용한 케이스포츠의 노○일 부장과 박○영 과장에게 더블루케이 관련 업무를 하도록 지시하였다. 노○일과 박○영은 매주 적게는 2~3일, 많게는 매일 더블루케이 사무실로 출근하여 용역제안서 작성 등 더블루케이의 업무를 수행하였다. 최○원은 더블루케이 사무실에서 수시로 회의를 주재하였는데, 이 회의에서는 더블루케이 사업뿐만 아니라 케이스포츠 업무 및 케이스포츠와 더블루케이가 함께 추진하는 사업에 관하여서도 모두 논의가 이루어졌다. 최○원은 케이스포츠와 더블루케이의 인력과 사업을 연계하여 운용하였고, 더블루케이는 2016. 3. 10.경 케이스포츠와 업무협약을 체결하여 케이스포츠가 수행하는 사업의 운영을 담당할 근거를 마련하였다.

(3) 그랜드코리아레저 장애인 펜싱팀 창단 개입

피청구인은 2016. 1. 23. 안○범에게 그랜드코리아레저가 스포츠팀을 창단하고, 더블루케이가 운영 자문 등을 할 수 있도록 그랜드코리아레저에 더블루케이를 소개하라고 지시하면서 더블루케이 대표이사의 이름과 연락처를 전달하였다. 안○범은 다음날 그랜드코리아레저 대표이사 이○우에게 피청구인의 요구사항을 전달하고 더블루케이 대표이사 조○민에게도 연락하였다. 또 안○범은 피청구인의 지시에 따라 2016. 1. 26. 문화체육관광부 제2차관 김○을 정○식과 조○민에게 소개시켜 주었다.

더블루케이의 조○민과 고○태는 2016년 1월 하순경 그랜드코리아레저에 80억 원

정도의 사업비가 드는 남녀 성인 배드민턴팀과 펜싱팀을 창단하는 사업에 관련한 용역계약 제안서를 전달하였으나, 이○우는 사업 규모가 너무 커 수용하기 곤란하다는 뜻을 밝혔다. 김○은 이○우에게 가능한 한 긍정적으로 검토하라고 요구하면서, 그랜드코리아레저와 더블루케이에게 일반인 팀 대신 장애인 팀을 창단하고 용역계약 대신 선수 관리 및 대리 계약(에이전트 계약)을 체결하는 방안을 제시하였다. 이에 따라 그랜드코리아레저와 더블루케이는 2016. 2. 26. 그랜드코리아레저가 장애인 펜싱팀을 창단하고 더블루케이가 그 선수들의 관리 등 업무를 맡기로 합의하였다.

(4) 포스코 펜싱팀 창단 개입

피청구인은 2016. 2. 22. 포스코 회장 권○준과 독대하면서 스포츠팀 창단을 권유하였다. 안○범도 대통령 독대를 마친 권○준에게 체육과 관련하여 포스코가 역할을 해달라고 요구하면서 더블루케이의 조○민을 만나보라고 하였다. 권○준은 정○성으로부터 조○민의 연락처를 받아, 포스코 경영지원본부장 황○연에게 조○민을 만나보라고 지시하였다. 이후 피청구인은 안○범에게 '포스코에서 스포츠팀을 창단하는데 더블루케이가 자문을 해줄 수 있을 것이라고 권○준 회장에게 말해 놓았으니 잘 되고 있는지 확인해보라.'고 지시하기도 하였다.

더블루케이 관계자들은 2016. 2. 25. 포스코 측에 포스코가 여자 배드민턴팀을 창단하고 더블루케이가 운영을 담당하는 안을 전달하였으나, 황○연은 경영 적자와 다른 스포츠팀이 이미 존재한다는 등의 이유로 거절의사를 밝혔다. 안○범은 2016. 2. 26. 정○식으로부터 이 사실을 보고받고 황○연에게 연락하여 통합 스포츠단 창단을 검토해달라고 요구하였다. 최○원은 2016년 3월 노○일에게 지시하여 포스코가 통합 스포츠단을 창단하고 더블루케이가 운영을 담당하는 사업계획안을 만들어 포스코에 전달하도록 하였다. 포스코 담당 임원은 2016년 3월 경 더블루케이에 통합 스포츠단 창단의 어려움을 설명하고, 대신 계열회사인 주식회사 포스코 피앤에스 산하에 2017년부터 창단 비용 16억 원 상당의 펜싱팀을 창단하고 그 운영을 더블루케이에 맡기기로 하였다.

(5) 케이스포츠클럽 관련 이권 개입

최○원은 김○으로부터 문화체육관광부 작성의 2015. 12. 1.자 '종합형 스포츠클럽 운영현황 및 개선방안 보고' 문건 등을 건네받아 이를 박○영에게 주면서 '한국형 선진 스포츠클럽 문화 정착을 위한 케이스포츠클럽 활성화 방안 제안서'라는 문건을 작성하게 하였다. 박○영은 문화체육관광부의 문건을 참고하여 지역별로 운영 중인 '종합형 스포츠클럽 지원 사업'에 문제점이 있으므로 '케이스포츠클럽 컨트롤타워'를 새로 만들어 각 지역 스포츠클럽 운영과 관리를 총괄하도록 하는 방향으로 개선해야 한다는 내용의 제안서를 작성하였다.

피청구인은 2016년 2월경 교육문화수석비서관 김○률에게 스포츠클럽 관련 예산의 효율적 집행을 위하여 각 지역 스포츠클럽의 운영과 관리를 전담할 '컨트롤타워'를 설립하고, 컨트롤타워 운영에 케이스포츠가 관여하는 방안을 마련하여 시행하라고 지시하였다. 김○률은 피청구인의 지시사항을 김○에게 전달하여 문화체육관광부에서 검토하도록 하였다. 김○은 문화체육관광부 내부 검토를 거쳐, 각 지역 스포츠클럽의 운영을 지원하는 광역 거점 스포츠클럽을 새롭게 설치하는 방안을 마련하여 시행하였다. 문화체육관광부는 '광역 거점 케이스포츠클럽' 운영주체를 공모하는 절차를 진행하여 케이스포츠가 이 절차에 참여할 수 있게 하였다.

케이스포츠가 광역 거점 케이스포츠클럽의 운영주체로 지정되고 더블루케이가 케이스포츠에 대한 경영 자문을 하게 될 경우, 케이스포츠와 더블루케이를 실질적으로 장악한 최○원은 광역 거점 케이스포츠클럽에 배정된 국가 예산 집행 과정에서 상당한 이득을 취할 수 있었을 것이다.

(6) 롯데그룹의 케이스포츠 추가 출연 개입

최○원은 김○을 통해 정부가 전국에 5대 거점 체육시설을 건립하는 사업을 추진하고 있다는 정보를 전달받고, 2016년 2월경 박○영에게 케이스포츠가 체육인재 육성을 위해 전국 5대 거점 지역에 체육시설을 건립한다는 내용의 기획안을 마련하라고 지시하였다. 박○영은 2016년 3월경 '5대 거점 체육인재 육성사업 기획안'을 작성하였는데, 위 기획안에는 하남시에 있는 대한체육회의 부지를 1차 후보지로 하고 케이스포츠가 더블루케이와 협력하여 체육시설 건립을 추진한다는 내용이 포함되어 있었다.

피청구인은 2016. 3. 14. 롯데그룹 회장 신○빈을 독대하면서, 정부가 체육인재 육성사업의 하나로 하남 거점을 포함하여 전국 5대 거점 지역에 체육시설을 건립하려고 계획하고 있고 케이스포츠가 이를 추진할 것이니 지원해주기 바란다고 요청하였다. 신○빈은 부회장 이○원에게 피청구인의 자금지원 요청 건을 처리하도록 지시하였고, 이○원은 담당 임원들에게 케이스포츠 관계자들을 만나보라고 지시하였다. 또 피청구인은 면담 뒤 안○범에게도 롯데그룹이 하남시 체육시설 건립과 관련하여 75억 원을 부담하기로 하였으니 그 진행상황을 챙겨보라고 지시하였다. 안○범은 정○식으로부터 관련 자료를 송부받거나 롯데그룹 임직원들과 수시로 연락하면서 75억 지원에 관한 진행상황을 점검하고 피청구인에게 이를 보고하였다.

최○원은 2016년 3월 중순경 정○식과 박○영 및 고○태에게 하남시 체육시설 건립사업과 관련하여 롯데그룹에 자금지원을 요청할 것을 지시하였다. 정○식과 박○영은

2016. 3. 17. 롯데그룹 임원을 만나 '5대 거점 체육인재 육성사업 기획안'을 제시하면서 체육시설 건립에 필요한 자금 지원을 요청하였고, 박○영과 고○태는 2016. 3. 22. 체육시설 건설비 70억 원과 부대비용 5억 원 등 합계 75억 원의 지원을 요구하였다. 롯데그룹 담당 임원들은 지원을 요구받은 금액의 절반 정도인 35억 원만 지원하는 방안을 제시하기도 하였으나, 요구대로 따르는 것이 좋겠다는 이○원의 뜻에 따라 2016. 5. 25.부터 5. 31.까지 6개 계열사를 동원하여 케이스포츠에 70억 원을 송금하였다.

아. 직권남용권리행사 및 강요 혐의

최○원과 안○범은 (1) 플레이그라운드의 케이티 광고대행사 선정 및 광고제작비 수령, 현대자동차 광고 수주, (2) 더블루케이의 그랜드코리아레저 장애인 펜싱팀과 포스코 펜싱팀 계약 체결, 롯데그룹의 케이스포츠에 대한 70억 원 추가 지원 등과 관련하여 직권남용권리행사방해 및 강요죄로 기소되었다. 검찰의 공소장에는 피청구인이 최○원, 안○범과 공모하여 대통령의 직권과 경제수석비서관의 직권을 남용함과 동시에 이에 두려움을 느낀 기업 임직원 등으로 하여금 의무 없는 일을 하도록 하였다고 기재되어 있다.

자. 평가

(1) 공익실현의무 위반(헌법 제7조 제1항 등 위반)

① 공무원은 대의민주제에서 주권자인 국민으로부터 국가권력의 행사를 위임받은 사람이므로 업무를 수행할 때 중립적 위치에서 공익을 위해 일해야 한다. 헌법 제7조 제1항은 국민주권주의와 대의민주주의를 바탕으로 공무원을 '국민 전체에 대한 봉사자'로 규정하고 공무원의 공익실현의무를 천명하고 있다.

대통령은 행정부의 수반이자 국가 원수로서 가장 강력한 권한을 가지고 있는 공무원이므로 누구보다도 '국민 전체'를 위하여 국정을 운영해야 한다. 헌법 제69조는 대통령이 취임에 즈음하여 '헌법을 준수'하고 '국민의 복리 증진'에 노력하여 '대통령으로서의 직책을 성실히 수행'할 것을 선서하도록 함으로써 대통령의 공익실현의무를 다시 한 번 강조하고 있다. 대통령은 '국민 전체'에 대한 봉사자이므로 특정 정당, 자신이 속한 계급·종교·지역·사회단체, 자신과 친분 있는 세력의 특수한 이익 등으로부터 독립하여 국민 전체를 위하여 공정하고 균형 있게 업무를 수행할 의무가 있다(헌재 2004. 5. 14. 2004헌나1).

대통령의 공익실현의무는 국가공무원법 제59조, 공직자윤리법 제2조의2 제3항, '부패방지 및 국민권익위원회의 설치와 운영에 관한 법률'(다음부터 '부패방지권익위법'

이라 한다) 제2조 제4호 가목, 제7조 등 법률을 통해 구체화되고 있다. 국가공무원법 제59조는 "공무원은 국민 전체의 봉사자로서 친절하고 공정하게 직무를 수행하여야 한다."고 하여 공정한 직무수행의무를 규정하고 있고, 공직자윤리법 제2조의2 제3항은 "공직자는 공직을 이용하여 사적 이익을 추구하거나 개인이나 기관·단체에 부정한 특혜를 주어서는 아니" 된다고 규정하고 있다. 부패방지권익위법은 제2조 제4호 가목에서 "공직자가 직무와 관련하여 그 지위 또는 권한을 남용하거나 법령을 위반하여 자기 또는 제3자의 이익을 도모하는 행위"를 부패행위로 규정하고, 제7조에서 "공직자는 법령을 준수하고 친절하고 공정하게 집무하여야 하며 일체의 부패행위와 품위를 손상하는 행위를 하여서는 아니 된다."고 하여 공직자의 청렴의무를 규정하고 있다.

② 피청구인은 최○원이 추천한 인사를 다수 공직에 임명하였고 이렇게 임명된 일부 공직자는 최○원의 이권 추구를 돕는 역할을 하였다. 또한, 피청구인은 사기업으로부터 재원을 마련하여 미르와 케이스포츠를 설립하도록 지시하였고, 대통령의 지위와 권한을 이용하여 기업들에게 출연을 요구하였다. 이어 최○원이 추천하는 사람들을 미르와 케이스포츠의 임원진이 되도록 하여 최○원이 두 재단을 실질적으로 장악할 수 있도록 해 주었다. 그 결과 최○원은 자신이 실질적으로 운영하는 플레이그라운드와 더블루케이를 통해 위 재단을 이권 창출의 수단으로 활용할 수 있었다.

한편, 피청구인은 기업에 대하여 특정인을 채용하도록 요구하고 특정 회사와 계약을 체결하도록 요청하는 등 대통령의 지위와 권한을 이용하여 사기업 경영에 관여하였다. 이에 대하여 피청구인은 우수 중소기업 지원이나 우수 인재 추천 등 정부 정책에 따른 업무 수행일 뿐이라고 주장한다. 그러나 대통령이 특정 개인의 사기업 취업을 알선하는 것은 이례적인 일일 뿐만 아니라, 피청구인이 채용을 요구한 사람들은 모두 최○원과 관계있는 사람들로 채용된 기업에서 최○원의 이권 창출을 돕는 역할을 하였다. 또 피청구인이 우수 중소기업으로 알고 지원하였다는 플레이그라운드나 더블루케이는 모두 최○원이 미르와 케이스포츠를 이용하여 이권을 창출하려는 의도로 경영하던 회사이고, 케이디코퍼레이션도 최○원의 지인이 경영하는 회사이다. 그중 더블루케이는 직원이 대표이사를 포함하여 3명밖에 없고 아무런 실적도 없는 회사인데 이런 회사를 우수 중소기업으로 알고 지원하였다는 피청구인의 주장은 납득할 수 없다.

그 밖에 피청구인은 스포츠클럽 개편과 같은 최○원의 이권과 관련된 정책 수립을 지시하였고, 롯데그룹으로 하여금 5대 거점 체육인재 육성사업을 위한 시설 건립과 관련하여 케이스포츠에 거액의 자금을 출연하도록 하였다.

③ 피청구인의 이러한 일련의 행위는 최○원 등의 이익을 위해 대통령으로서의 지

위와 권한을 남용한 것으로서 공정한 직무수행이라 할 수 없다. 피청구인은 헌법 제7조 제1항, 국가공무원법 제59조, 공직자윤리법 제2조의2 제3항, 부패방지권익위법 제2조 제4호 가목, 제7조를 위배하였다.

④ 피청구인은 최○원이 사사로운 이익을 추구하고 있다는 사실을 몰랐을 뿐만 아니라, 최○원이 여러 가지 문제 있는 행위를 한 것은 그와 함께 일하던 고○태 등에게 속거나 협박당하여 한 것이라는 취지의 주장을 한다. 그러나 피청구인이 최○원과 함께 위에서 본 것처럼 미르와 케이스포츠를 설립하고 최○원 등이 운영하는 회사에 이익이 돌아가도록 적극적으로 지원한 사실은 증거에 의하여 분명히 인정된다. 피청구인이 플레이그라운드·더블루케이·케이디코퍼레이션 등이 최○원과 관계있는 회사라는 사실을 몰랐다고 하더라도 대통령으로서 특정 기업의 이익 창출을 위해 그 권한을 남용한 것은 객관적 사실이므로, 헌법과 국가공무원법 등 위배에 해당함은 변함이 없다. 또 최○원이 위와 같은 행위를 한 동기가 무엇인지 여부는 피청구인의 법적 책임을 묻는 데 아무런 영향이 없으므로, 최○원이 고○태 등에게 속거나 협박을 당하였는지 여부는 이 사건 판단과 상관이 없다.

(2) 기업의 자유와 재산권 침해(헌법 제15조, 제23조 제1항 등 위반)
① 헌법 제15조는 기업의 자유로운 운영을 내용으로 하는 기업경영의 자유를 보장하고, 헌법 제23조 제1항은 모든 국민의 재산권을 보장한다(헌재 2009. 5. 28. 2006헌바86; 헌재 2015. 9. 24. 2013헌바393 참조). 또 헌법 제37조 제2항은 기본권은 필요한 경우에 한하여 법률로써 제한할 수 있다는 한계를 설정하고 있다.

② 피청구인은 직접 또는 경제수석비서관을 통하여 대기업 임원 등에게 미르와 케이스포츠에 출연할 것을 요구하였다. 기업들은 미르와 케이스포츠의 설립 취지나 운영 방안 등 구체적 사항은 전혀 알지 못한 채 재단 설립이 대통령의 관심사항으로서 경제수석비서관이 주도하여 추진된다는 점 때문에 서둘러 출연 여부를 결정하였다. 재단이 설립된 이후에도 출연 기업들은 재단의 운영에 관여하지 못하였다.

대통령의 재정·경제 분야에 대한 광범위한 권한과 영향력, 비정상적 재단 설립 과정과 운영 상황 등을 종합하여 보면, 피청구인으로부터 출연 요구를 받은 기업으로서는 이를 수용하지 않을 수 없는 부담과 압박을 느꼈을 것이고 이에 응하지 않을 경우 기업 운영이나 현안 해결과 관련하여 불이익이 있을지 모른다는 우려 등으로 사실상 피청구인의 요구를 거부하기 어려웠을 것으로 보인다. 기업이 피청구인의 요구를 수용할지를 자율적으로 결정하기 어려웠다면, 피청구인의 요구는 임의적 협력을 기대하는 단순한 의견제시나 권고가 아니라 사실상 구속력 있는 행위라고 보아야 한다.

피청구인이 '문화융성'이라는 국정과제 수행을 위해 미르와 케이스포츠의 설립이 필요하다고 판단했다면, 공권력 개입을 정당화할 수 있는 기준과 요건을 법률로 정하고 공개적으로 재단을 설립했어야 했다. 그런데 이와 반대로 비밀리에 대통령의 권한을 이용하여 기업으로 하여금 재단법인에 출연하도록 한 피청구인의 행위는 해당 기업의 재산권 및 기업경영의 자유를 침해한 것이다.

③ 피청구인은 롯데그룹에 최○원의 이권 사업과 관련 있는 하남시 체육시설 건립 사업 지원을 요구하였고, 안○범으로 하여금 사업 진행 상황을 수시로 점검하도록 하였다. 피청구인은 현대자동차그룹에 최○원의 지인이 경영하는 회사와 납품계약을 체결하도록 요구하였고, 케이티에는 최○원과 관계있는 인물의 채용과 보직 변경을 요구하였다. 그 밖에도 피청구인은 기업에 스포츠팀 창단 및 더블루케이와의 계약 체결을 요구하였고, 그 과정에서 고위공직자인 안○범이나 김○을 이용하여 영향력을 행사하였다.

피청구인의 요구를 받은 기업은 현실적으로 이에 따를 수밖에 없는 부담과 압박을 느꼈을 것으로 보이고 사실상 피청구인의 요구를 거부하기 어려웠을 것이다. 피청구인은 대통령으로서는 이례적으로 사기업 임원의 임용에 개입하고 계약 상대방을 특정하는 방식으로 기업 경영에 적극적으로 개입하였으며, 해당 기업들은 피청구인의 요구에 따르기 위해 통상의 과정에 어긋나게 인사를 시행하고 계약을 체결하였다.

피청구인의 이와 같은 일련의 행위들은 기업의 임의적 협력을 기대하는 단순한 의견제시나 권고가 아니라 구속적 성격을 지닌 것으로 평가된다. 만약 피청구인이 체육진흥·중소기업 육성·인재 추천 등을 위해 이러한 행위가 필요하다고 판단했을지라도 법적 근거와 절차를 따랐어야 한다. 아무런 법적 근거 없이 대통령의 권한을 이용하여 기업의 사적 자치 영역에 간섭한 피청구인의 행위는 헌법상 법률유보 원칙을 위반하여 해당 기업의 재산권 및 기업경영의 자유를 침해한 것이다.

(3) 비밀엄수의무 위배

국가공무원법 제60조에 따라 공무원은 직무상 알게 된 비밀을 엄수하여야 한다. 비밀엄수의무는 공무원이 국민전체에 대한 봉사자라는 지위에 기하여 부담하는 의무이다(헌재 2013. 8. 29. 2010헌바354등 참조). 특히 대통령은 고도의 정책적 결정을 내리는 과정에서 중요한 국가기밀을 다수 알게 되므로, 대통령의 비밀엄수의무가 가지는 중요성은 다른 어떤 공무원의 경우보다 크고 무겁다.

피청구인의 지시와 묵인에 따라 최○원에게 많은 문건이 유출되었고, 여기에는 대통령의 일정·외교·인사·정책 등에 관한 내용이 포함되어 있다. 이런 정보는 대통령의 직무와 관련된 것으로 일반에 알려질 경우 행정 목적을 해할 우려가 있고 실질적으로 비밀로 보호할 가치가 있으므로 직무상 비밀에 해당한다. 그럼에도 불구하고 피청구

인은 최○원에게 위와 같은 문건이 유출되도록 지시 또는 방치하였으므로, 이는 국가
공무원법 제60조의 비밀엄수의무 위배에 해당한다.

7. 공무원 임면권 남용 여부

가. 문화체육관광부 소속 공무원에 대한 문책성 인사

(1) 최○원은 딸 정○라가 2013. 4. 14. 상주국제승마장에서 개최된 한국마사회컵 전
국 승마대회에서 준우승에 그치자 판정에 이의를 제기하였다. 교육문화수석비서관
모○민은 2013년 7월경 문화체육관광부 담당과장으로 하여금 대한승마협회 박○오를
만나 협회의 문제점을 확인하라는 정○성의 말을 듣고, 문화체육관광부 장관 유○룡
에게 그 뜻을 전달하면서 대한승마협회의 비리를 조사하라고 하였다. 유○룡은 문화
체육관광부 체육정책국 국장 노○강과 체육정책과 과장 진○수에게 위 협회에 대한
조사를 지시하였다. 노○강과 진○수는 대한승마협회를 조사한 뒤 박○오와 그에게
반대하는 협회 사람들 모두 문제가 있다는 내용의 보고서를 작성하여 유○룡을 거쳐
모○민에게 보고하였고, 모○민은 이 내용을 피청구인에게 보고하였다.

유○룡은 2013. 7. 23. 국무회의에서 '체육단체 운영비리 및 개선방안'을 보고하였
고, 문화체육관광부는 체육 단체 운영실태 전반에 대한 감사에 착수하는 등 후속 조
치를 취하였다. 한편, 피청구인은 2013년 8월경 정○성에게 체육계 비리 척결에 진척
이 없는 이유를 파악하라고 지시하였고, 정○성은 이를 대통령비서실 공직기강비서관
에게 전달하였다. 대통령비서실 민정수석비서관 홍○식은 모○민에게 공직기강비서
관의 조사 결과를 알려주면서 '노○강과 진○수는 체육 개혁 의지가 부족하고 공무원
으로서의 품위에 문제가 있다'는 취지의 언급을 하였다.

그 뒤 피청구인은 모○민을 통하여 유○룡에게 '대한승마협회를 포함한 체육계 비
리에 대한 구체적 대책'을 주제로 대면 보고하라고 지시하였고, 유○룡은 2013. 8. 21.
모○민이 배석한 자리에서 피청구인에게 보고하였다. 그 자리에서 피청구인은 노○강
과 진○수를 문책하라는 취지의 지시를 하였다. 유○룡은 정기 인사에 맞추어 노○강
과 진○수에 대한 인사를 하려 하였으나, 모○민으로부터 피청구인이 노○강과 진○
수에 대한 문책 여부와 그 결과를 확인하고자 한다는 이야기를 듣고 2013. 9. 2.경 이
들에 대한 문책성 인사를 시행하였다.

그로부터 약 2년 뒤인 2016년 4월경 피청구인은 노○강이 국립중앙박물관 교육문
화교류단장으로 근무 중인 사실을 확인하고, 교육문화수석비서관 김○률에게 노○강
을 산하단체로 보내라는 취지의 지시를 하였다. 김○률은 피청구인의 지시내용을 문

화체육관광부 장관 김○덕에게 전달하였으며, 노○강은 2016. 5. 31. 명예퇴직하였다.

(2) 피청구인은 2014년 7월경 후임 장관을 지명하지 않은 상태에서 유○룡을 문화체육관광부장관직에서 면직하였다. 이어 대통령비서실장 김기춘은 문화체육관광부 장관 후임으로 김○덕이 임명된 직후인 2014년 9월경 문화체육관광부 제1차관 김○범에게 문화체육관광부 소속 1급 공무원 6명으로부터 사직서를 받으라고 지시하였다. 그 뒤 2014년 10월경 위 6명의 공무원 중 3명의 사직서가 수리되었다.

나. 판단

청구인은 피청구인이 최○원 등의 사익 추구에 방해되는 노○강과 진○수의 문책성 인사를 지시하고 유○룡을 면직하는 한편 1급 공무원에게 사직서를 제출하도록 압력을 행사하여 직업공무원제도의 본질을 침해하고 공무원 임면권을 남용하였다고 주장한다. 그러나 위에서 본 사실만으로는 피청구인이 노○강과 진○수에 대하여 문책성 인사를 하도록 지시한 이유가 이들이 최○원의 사익 추구에 방해가 되기 때문이었다고 보기는 부족하고, 달리 이 사건에서 이러한 사실을 인정할 수 있는 증거가 없다. 또 피청구인이 유○룡을 면직한 이유나 대통령비서실장이 1급 공무원 6인으로부터 사직서를 제출받도록 지시한 이유도 이 사건에서 제출된 증거만으로는 분명하지 않다. 따라서 이 부분 소추사유는 받아들일 수 없다.

8. 언론의 자유 침해 여부

가. 세계일보 사장 해임 등

세계일보는 2014. 11. 24. 청와대 민정수석비서관실에서 정○회가 정부 고위직 인사에 개입한다는 정보를 입수하여 감찰 조사를 벌였다고 보도하였다. 이어 28일에는 대통령비서실에서 작성된 '청 비서실장 교체설 등 관련 브이아이피(VIP) 측근(정○회) 동향'이라는 문건 등 이른바 '정○회 문건'을 공개하였다. 이 문건은 2014. 1. 6. 공직기강비서관실에서 작성된 것으로, 최○원의 남편 정○회가 대통령비서실 소속 공무원을 포함한 이른바 '십상시'라고 불리는 사람들과 대통령의 국정 운영과 청와대 내부 상황을 확인하고 의견을 제시한다는 내용이 적혀 있었다.

세계일보의 이 보도 이후 피청구인은 2014. 12. 1. 수석비서관회의에서 청와대 문건의 외부 유출은 국기문란 행위이고 검찰이 철저하게 수사해서 진실을 밝혀야 한다고 하며 문건 유출을 비판하였다. 그 뒤 2015. 1. 31. 세계일보를 실질적으로 운영하는 통일교의 한○자 총재는 조○규를 대표이사직에서 해임한다고 통고하였고, 조○규는

2015. 2. 27. 해임되었다.

나. 판단

피청구인의 청와대 문건 유출에 대한 비판 발언 등을 종합하면 피청구인이 세계일보의 정○회 문건 보도에 비판적 입장을 표명하였다고 볼 수 있다. 그러나 이러한 입장 표명만으로 세계일보의 언론의 자유를 침해하였다고 볼 수는 없다.

청구인은 청와대 고위관계자가 한○자에게 조○규의 해임을 요구하였다고 주장하나, 청와대 고위관계자 중 누가 해임을 요구하였는지는 밝히지 못하고 있다. 조○규와 세계일보 기자 조○일이 조○규의 해임에 청와대의 압력이 있었다는 취지로 증언하고 있으나 구체적으로 누가 압력을 행사하였는지는 알지 못한다고 진술하였다. 또한, 주식회사 세계일보에 대한 사실조회결과, 조○규가 세계일보를 상대로 손해배상청구 소송을 제기하였다가 취하한 경위, 그리고 세계일보가 조○규를 상대로 명예훼손을 이유로 손해배상청구 소송을 제기한 경위 등에 비추어 볼 때, 조○규의 대표이사직 해임에 피청구인이 관여하였다고 인정하기에는 증거가 부족하다. 따라서 이 부분 소추사유도 받아들일 수 없다.

9. 생명권 보호의무 등 위반 여부

가. 세월호 침몰 경과

여객선 세월호는 수학여행을 가는 단원고등학교 학생 325명을 포함한 승객 443명과 승무원 33명 등 476명을 태우고 2014. 4. 15. 인천 연안여객터미널에서 제주도로 출항하였다. 세월호는 항해 중 2014. 4. 16. 08:48경 전남 진도군 조도면 병풍도 북방 1.8해리 해상에서 선체가 왼쪽으로 기울어지기 시작하였다. 세월호 승객이 08:54경 119로 사고 사실을 신고하였고 이 신고는 목포해양경찰서 상황실에 전달되었으며, 세월호 항해사 강○식도 08:55경 제주 해상교통관제센터에 구조를 요청하였다. 세월호 승무원은 08:52경부터 09:50경까지 승객들에게 구명조끼를 입고 배 안에서 기다리라는 안내방송을 여러 차례 하였다.

목포해양경찰서 소속 경비정 123정은 09:30경 사고현장 1마일 앞 해상에 도착하였는데, 세월호는 09:34경 이미 약 52도 기울어져 복원력을 상실하였다. 123정은 세월호에 접근하여 선장 이○석과 일부 승무원을 구조하였고, 09:30경부터 09:45경 사이에는 해양경찰 소속 헬기도 사고 현장에 도착하여 승객들을 구조하였다. 그런데 안내방송에 따라 배 안에서 기다리고 있던 승객들에게 퇴선안내가 이루어지지 않았고, 123정의 승조원들도 세월호 승객에게 탈출하도록 안내하거나 퇴선을 유도하지 않았다. 10:21경까지 해경의 선박과 헬기 및 인근에 있던 어선 등이 모두 172명을 구조하였으나, 승객 및 승무원 중 304명은 배 안에서 탈출하지 못하였고 이들은 모두 사망하거나 실종되었다.

당일 날씨가 맑고 파도가 잔잔하였으며 사고 무렵 해수 온도는 12.6도 정도였다. 123정 등 현장에 도착한 구조대가 승객들에게 퇴선안내를 신속하게 하였다면 더 많은 승객을 구조하여 피해를 크게 줄일 수 있었을 가능성이 크다.

나. 피청구인의 대응

피청구인은 세월호가 침몰된 날 청와대 본관 집무실로 출근하지 않고 관저에 머물러 있었다. 피청구인은 10:00경 국가안보실로부터 세월호가 침수 중이라는 서면 보고를 받고 국가안보실장 김△수에게 전화하여 '단 한 명의 인명 피해도 발생하지 않도록 할 것'을 지시했다고 주장한다. 김△수는 당시 피청구인에게 텔레비전을 통해 사고보도를 볼 것을 조언하였다고 국회에서 증언하였다. 피청구인은 10:22경과 10:30경 김△수와 해양경찰청장에게 전화하여 인명 구조를 지시하였다고 주장한다.

그날 11:01경부터 세월호에 승선한 단원고등학교 학생이 모두 구조되었다고 사실과 다른 보도가 방송되기 시작했는데, 11:19 에스비에스가 정정보도를 시작하여 11:50경에는 대부분의 방송사가 오보를 정정하였다. 당시 국가안보실은 현장에서 구조를 지휘하는 해양경찰과 연락을 주고받아 구조가 순조롭지 못한 사실을 알고 있었고 학생 전원이 구조되었다는 방송이 정확하지 않다는 것을 알고 있었다.

피청구인은 10:40경부터 12:33경까지 국가안보실과 사회안전비서관으로부터 수차례 보고서를 받아 보았고, 11:23경 국가안보실장 김△수로부터 전화 보고도 받았다고 주장한다. 피청구인의 주장과 같이 비서실의 보고서를 받아 보고 비서진과 통화하였다면 당시 선실에 갇혀 탈출하지 못한 학생들이 많았던 당시의 심각한 상황을 알 수 있었을 것이다.

그런데 피청구인은 11:34경 외국 대통령 방한시기의 재조정에 관한 외교안보수석실의 보고서를 검토하고, 11:43경 자율형 사립고등학교의 문제점에 관한 교육문화수석실의 보고서를 검토하는 등 일상적 직무를 수행하였다고 주장하고 있다. 피청구인이 제출한 통화기록에 따르면 피청구인은 12:50경 고용복지수석비서관 최○영과 10분간 통화하였는데, 당시 기초연금법에 관하여 이야기를 나누었다고 한다.

한편, 피청구인은 13:07경 구조된 사람이 370명에 이른다고 잘못 계산된 사회안전비서관의 보고서를 받았고, 13:13경 국가안보실장도 피청구인에게 전화로 370명이 구조된 것으로 잘못 보고하였다고 한다. 피청구인은 14:11경 국가안보실장에게 정확한 구조상황을 확인하도록 지시하였고, 14:50경 구조인원이 잘못 계산되었다는 보고를 받고 비로소 인명 피해가 심각할 수 있다는 사실을 알게 되어 그 무렵 중앙재난안전 대책본부 방문을 지시하게 되었다고 설명하고 있다.

다. 생명권 보호의무 위반 여부

국가는 개인이 가지는 불가침의 기본적 인권을 확인하고 이를 보장할 의무를 진다 (헌법 제10조). 생명·신체의 안전에 관한 권리는 인간의 존엄과 가치의 근간을 이루는 기본권이고, 국민의 생명·신체의 안전이 위협받거나 받게 될 우려가 있는 경우 국가는 그 위험의 원인과 정도에 따라 사회·경제적 여건과 재정사정 등을 감안하여 국민의 생명·신체의 안전을 보호하기에 필요한 적절하고 효율적인 입법·행정상의 조치를 취하여 그 침해의 위험을 방지하고 이를 유지할 포괄적 의무를 진다(헌재 2008. 12. 26. 2008헌마419등 참조).

피청구인은 행정부의 수반으로서 국가가 국민의 생명과 신체의 안전 보호의무를 충실하게 이행할 수 있도록 권한을 행사하고 직책을 수행하여야 하는 의무를 부담한다. 하지만 국민의 생명이 위협받는 재난상황이 발생하였다고 하여 피청구인이 직접 구조 활동에 참여하여야 하는 등 구체적이고 특정한 행위의무까지 바로 발생한다고 보기는 어렵다. 세월호 참사로 많은 국민이 사망하였고 그에 대한 피청구인의 대응조치에 미흡하고 부적절한 면이 있었다고 하여 곧바로 피청구인이 생명권 보호의무를 위반하였다고 인정하기는 어렵다. 그 밖에 세월호 참사와 관련하여 피청구인이 생명권 보호의무를 위반하였다고 인정할 수 있는 자료가 없다.

라. 성실한 직책수행의무 위반 여부

헌법 제69조는 대통령의 취임 선서를 규정하면서 대통령으로서 직책을 성실히 수행할 의무를 언급하고 있다. 헌법 제69조는 단순히 대통령의 취임 선서의 의무만 규정한 것이 아니라 선서의 내용을 명시적으로 밝힘으로써 헌법 제66조 제2항 및 제3항에 따라 대통령의 직무에 부과되는 헌법적 의무를 다시 한 번 강조하고 그 내용을 구체화하는 규정이다.

대통령의 '직책을 성실히 수행할 의무'는 헌법적 의무에 해당하지만, '헌법을 수호해야 할 의무'와는 달리 규범적으로 그 이행이 관철될 수 있는 성격의 의무가 아니므로 원칙적으로 사법적 판단의 대상이 되기는 어렵다. 대통령이 임기 중 성실하게 직책을 수행하였는지 여부는 다음 선거에서 국민의 심판의 대상이 될 수 있다. 그러나 대통령 단임제를 채택한 현행 헌법 하에서 대통령은 법적으로 뿐만 아니라 정치적으로도 국민에 대하여 직접적으로는 책임을 질 방법이 없고, 다만 대통령의 성실한 직책수행 여부가 간접적으로 그가 소속된 정당에 대하여 정치적 반사이익 또는 불이익을 가져다 줄 수 있을 뿐이다.

헌법 제65조 제1항은 탄핵사유를 '헌법이나 법률에 위배한 경우'로 제한하고 있고, 헌법재판소의 탄핵심판절차는 법적 관점에서 단지 탄핵사유의 존부만을 판단하는 것이므로, 이 사건에서 청구인이 주장하는 것과 같은 세월호 참사 당일 피청구인이 직책을 성실히 수행하였는지 여부는 그 자체로 소추사유가 될 수 없어, 탄핵심판절차의 판단대상이 되지 아니한다(헌재 2004. 5. 14. 2004헌나1 참조).

마. 결론

이 부분 소추사유도 받아들이지 아니한다.

10. 피청구인을 파면할 것인지 여부

가. 피청구인은 최○원에게 공무상 비밀이 포함된 국정에 관한 문건을 전달했고, 공직자가 아닌 최○원의 의견을 비밀리에 국정 운영에 반영하였다. 피청구인의 이러한 위법행위는 일시적·단편적으로 이루어진 것이 아니고 피청구인이 대통령으로 취임한 때부터 3년 이상 지속되었다. 피청구인은 최○원이 주로 말씀자료나 연설문의 문구 수정에만 관여하였다고 주장하지만, 대통령의 공적 발언이나 연설은 정부 정책 집행의 지침이 되고 외교관계에도 영향을 줄 수 있는 것이므로 말씀자료라고 하여 가볍게 볼 것이 아니다. 더구나 피청구인의 주장과 달리 최○원은 공직자 인사와 대통령의 공식일정 및 체육정책 등 여러 분야의 국가정보를 전달받고 국정에 개입하였다.

또한 피청구인은 국민으로부터 위임받은 권한을 사적 용도로 남용하였다. 이는 결과적으로 최○원의 사익 추구를 도와 준 것으로서 적극적·반복적으로 이루어졌다. 특히, 대통령의 지위를 이용하거나 국가의 기관과 조직을 동원하였다는 점에서 그 법위반의 정도가 매우 엄중하다.

미르와 케이스포츠 설립과 관련하여 피청구인은 기업들이 자발적으로 모금하였다고 주장하지만 기업들이 스스로 결정할 수 있었던 사항은 거의 없었다. 기업들은 출연금이 어떻게 쓰일 것인지 알지도 못한 채 전경련에서 정해 준 금액을 납부하기만 하고 재단 운영에는 관여하지 못하였다. 미르와 케이스포츠는 피청구인의 지시로 긴급하게 설립되었지만 막상 설립된 뒤 문화와 체육 분야에서 긴요한 공익 목적을 수행한 것도 없다. 오히려 미르와 케이스포츠는 실질적으로 최○원에 의해 운영되면서 주로 최○원의 사익 추구에 이용되었다.

국민으로부터 직접 민주적 정당성을 부여받고 주권 행사를 위임받은 대통령은 그 권한을 헌법과 법률에 따라 합법적으로 행사하여야 함은 물론, 그 성질상 보안이 요구되는 직무를 제외한 공무 수행은 투명하게 공개하여 국민의 평가를 받아야 한다. 그런데 피청구인은 최○원의 국정 개입을 허용하면서 이 사실을 철저히 비밀에 부쳤다. 피청구인이 행정부처나 대통령비서실 등 공적 조직이 아닌 이른바 비선 조직의 조언을 듣고 국정을 운영한다는 의혹이 여러 차례 제기되었으나, 그때마다 피청구인은 이를 부인하고 의혹 제기 행위만을 비난하였다.

2014년 11월 세계일보가 정○회 문건을 보도하였을 때에도 피청구인은 비선의 국정 개입 의혹은 거짓이고 청와대 문건 유출이 국기문란 행위라고 비판하였다. 이와 같이 피청구인이 대외적으로는 최○원의 존재 자체를 철저히 숨기면서 그의 국정 개입을 허용하였기 때문에, 권력분립원리에 따른 국회 등 헌법기관에 의한 견제나 언론 등 민간에 의한 감시 장치가 제대로 작동될 수 없었다.

국회와 언론의 지적에도 불구하고 피청구인은 잘못을 시정하지 않고 오히려 사실을 은폐하고 관련자를 단속하였기 때문에, 피청구인의 지시에 따라 일한 안○범과 김○ 등 공무원들이 최○원과 공모하여 직권남용권리행사방해죄를 저질렀다는 등 부패범죄 혐의로 구속 기소되는 중대한 사태로까지 이어지게 되었다. 피청구인이 최○원의 국정 개입을 허용하고 국민으로부터 위임받은 권한을 남용하여 최○원 등의 사익 추구를 도와주는 한편 이러한 사실을 철저히 은폐한 것은, 대의민주제의 원리와 법치주의의 정신을 훼손한 행위로서 대통령으로서의 공익실현의무를 중대하게 위반한 것이다.

나. 피청구인은 최○원의 국정 개입 등이 문제로 대두되자 2016. 10. 25. 제1차 대국민 담화를 발표하면서 국민에게 사과하였으나, 그 내용 중 최○원이 국정에 개입한 기간과 내용 등은 객관적 사실과 일치하지 않는 것으로 진정성이 부족하였다. 이어진 제2차 대국민 담화에서 피청구인은 제기된 의혹과 관련하여 진상 규명에 최대한 협조하겠다고 하고 검찰 조사나 특별검사에 의한 수사도 수용하겠다고 발표하였다. 그러나 검찰이나 특별검사의 조사에 응하지 않았고 청와대에 대한 압수수색도 거부하여 피청구인에 대한 조사는 이루어지지 않았다.

위와 같이 피청구인은 자신의 헌법과 법률 위배행위에 대하여 국민의 신뢰를 회복하고자 하는 노력을 하는 대신 국민을 상대로 진실성 없는 사과를 하고 국민에게 한 약속도 지키지 않았다. 이 사건 소추사유와 관련하여 피청구인의 이러한 언행을 보면 피청구인의 헌법수호의지가 분명하게 드러나지 않는다.

다. 이상과 같은 사정을 종합하여 보면, 피청구인의 이 사건 헌법과 법률 위배행위는 국민의 신임을 배반한 행위로서 헌법수호의 관점에서 용납될 수 없는 중대한 법 위배행위라고 보아야 한다. 그렇다면 피청구인의 법 위배행위가 헌법질서에 미치게 된 부정적 영향과 파급 효과가 중대하므로, 국민으로부터 직접 민주적 정당성을 부여받은 피청구인을 파면함으로써 얻는 헌법수호의 이익이 대통령 파면에 따르는 국가적 손실을 압도할 정도로 크다고 인정된다.

11. 결론

피청구인을 대통령직에서 파면한다. 이 결정은 아래 12. 재판관 김이수, 재판관 이진성의 보충의견과 13. 재판관 안창호의 보충의견이 있는 외에는 재판관 전원의 일치된 의견에 따른 것이다.

12. 재판관 김이수, 재판관 이진성의 보충의견

피청구인의 생명권 보호의무 위반부분을 인정하지 못하는 것은 다수의견과 같다.

우리는 피청구인이 참사 당일 시시각각 급변하는 상황에 관한 파악과 대처 과정에서 자신의 법적 의무를 제대로 이행하지 아니함으로써 헌법상 대통령의 성실한 직책수행의무 및 국가공무원법상 성실의무를 위반하였으나, 이 사유만으로는 파면사유를 구성하기 어렵다고 판단하므로 다음과 같이 보충의견을 밝힌다.

가. 성실한 직책수행의무 위반이 탄핵 사유가 되는지

(1) 헌법 제69조는 대통령 취임선서의 내용으로 '대통령으로서의 직책을 성실히 수행할 의무'를 규정한다. 헌법 제69조는 헌법 제66조 제2항 및 제3항에 의하여 대통령의 직무에 부과되는 헌법적 의무를 다시 강조하고 내용을 구체화하는 규정이므로, 대통령의 '성실한 직책수행의무'는 헌법적 의무에 해당한다(헌재 2004. 5. 14. 2004헌나1 참조). 헌법재판소는 대통령의 '성실한 직책수행의무'는 규범적으로 이행이 관철될 수 있는 성격의 의무가 아니므로 원칙적으로 사법적 판단의 대상이 될 수 없다고 하면서, 정치적 무능력이나 정책결정상의 잘못 등 직책수행의 성실성 여부는 그 자체로서 소추사유가 될 수 없다고 하였다(헌재 2004. 5. 14. 2004헌나1 참조). 그러나 직책수행의 성실성에 관한 추상적 판단에 그치지 않고, 헌법이나 법률에 따라 대통령에게 성실한 직책수행의무가 구체적으로 부여되는 경우에 그 의무 위반은 헌법 또는 법률 위반이 되어 사법 심사의 대상이 될 수 있으므로, 탄핵 사유를 구성한다.

(2) 국가공무원법 제56조는 '모든 공무원은 성실히 직무를 수행하여야 한다.'라고 공무원의 성실 의무를 규정하고 있어 어느 공무원이든 이를 위반한 경우 징계사유가 된다(같은 법 제78조 제1항, '공무원 징계령 시행규칙' 별표 1). 국가공무원법 제56조는 대통령을 포함한 모든 공무원에게 동일하게 적용되고, 대통령이라고 하여 이를 달

리 적용하여야 할 명문 규정이나 해석상 근거는 없다. 따라서 대통령도 국가공무원법 제56조의 성실 의무에 위반한 경우에는 사법적 판단이 가능하고 대통령에게도 헌법과 법률이 정하는 책임을 물어야 한다. 그렇지 아니하면 공무원들에게는 징계 사유가 되는 행위를 최고위 공무원인 대통령이 행한 경우에는 아무런 법적 책임을 부담하지 않는 결과가 되어 형평에 반하기 때문이다.

(3) 대통령은 국가원수로서 국가의 독립, 영토의 보전, 국가의 계속성과 헌법을 수호할 책무를 지고(헌법 제66조 제1항, 제2항), 국가의 제1 임무는 개인의 생명과 안전을 보장하는 일이다. 우리 헌법은 "우리들과 우리들의 자손의 안전…을 영원히 확보할 것"(전문)과, "국가는 재해를 예방하고 그 위험으로부터 국민을 보호하기 위하여 노력하여야 한다."(제34조 제6항)고 선언하고 있다. 국가를 대표하는 국가원수는 이러한 국가의 의무 이행에 관한 최고책임자에 해당한다.

따라서 국가주권 또는 국가를 구성하는 정치·경제·사회·문화 체계 등 국가의 핵심요소나 가치, 다수 국민의 생명과 안전 등에 중대한 위해가 가해질 가능성이 있거나 가해지고 있는 '국가위기' 상황이 발생한 경우, 국가원수인 대통령은 국가위기 상황에 대한 시의적절한 조치를 취하여 국가와 국민을 보호할 구체적인 작위의무를 부담한다. 이러한 국가위기에는 군사적 위협과 같은 전통적 안보 위기뿐만 아니라, 자연재난이나 사회재난, 테러 등으로 인한 안보 위기 역시 포함되며, 현대 국가에서는 후자의 중요성이 점점 더 커지고 있다.

이처럼 대통령에게 구체적인 작위의무가 부여된 경우에는 대통령의 성실한 직책수행의무는 단순히 도의적, 정치적 의무에 불과한 것이 아니라 법적 의무이고, 그 불이행은 사법심사의 대상이 된다. 헌법 제69조의 성실한 직책수행의무 및 국가공무원법 제56조의 성실 의무는 대통령에게 구체적인 작위의무가 부여된 경우 탄핵사유에서 말하는 헌법 또는 법률 위반의 기준이 되는 규범이 된다.

(4) 대통령의 성실한 직책수행의무 위반을 인정하기 위해서는, 첫째, 국가주권 또는 국가를 구성하는 정치·경제·사회·문화 체계 등 국가의 핵심요소나 가치, 다수 국민의 생명과 안전 등에 중대한 위해가 가해지거나 가해질 가능성이 있는 국가위기 상황이 발생하여야 하고(작위의무 발생), 둘째, 대통령이 국가의 존립과 국민의 생명 및 안전을 보호하는 직무를 성실히 수행하지 않았어야 한다(불성실한 직무수행).

나. 피청구인이 성실한 직책수행의무를 위반하였는지

(1) 인정하는 사실

(가) 다수의견과 중복되지 않는 범위에서 세월호 사건의 경과 및 당시의 정황을 살펴본다. 세월호는 2014. 4. 16. 08:48경 전남 진도군 조도면 병풍도 북방 1.8해리 해상에 이르러 선체가 좌현 측으로 급속히 기울어졌고, 복원력이 상실되어 결국 좌현으로 약 30도 기울었다. 세월호는 09:34경 52.2도로 기울면서 그 침수한계선이 수면에 잠긴 후, 점점 급속히 기울어지다가 10:10:43경 77.9도가 되었고 10:17:06경 108.1도로 전복되었다.

10:10경 4층 좌현 선미 쪽 선실에 있었던 고등학생 11명이 갑판으로 이동하여 구조되었다. 위 선실에 있던 승객들 중 일부는 10:13경까지 선미 쪽 출입문을 통해 세월호에서 탈출하였다. 10:19경 세월호 우현 난간에서 10명이 넘는 승객이 마지막으로 탈출하였다. 10:21경 마지막 생존자가 구조되었다. 서해해양경찰청 소속 특공대원 7명은 세월호가 침몰한 후인 11:35경에야 현장에 도착하였는데, 당일 선내에 진입하지 못하였다.

당일 09:00경은 조류의 흐름이 바뀌는 시기로서 인근 해역의 조류의 세기는 0.2노트 또는 0.5노트였고, 10:00경은 0.4노트 또는 1.9노트였으며, 10:30경까지 그 곳 조류의 세기는 2노트를 넘지 않았다. 바다로 뛰어든 승객들은 큰 움직임 없이 떠 있다가 구명뗏목이 펼쳐지자 그쪽으로 헤엄쳐 다가갈 수 있었다. 구조헬기에서 바다로 내려가 구명뗏목을 이동시켰던 권□준은 법원에서 구명뗏목을 이동시키는 데에 조류의 영향은 크게 느끼지 못했고 세월호의 선체가 조류를 막아주는 역할을 했다고 진술하였다. 실제로 세월호가 전복될 당시 탈출에 성공한 사람들은 모두 해양경찰(이하 '해경'이라 한다) 또는 어선에 의해 구조되어 다른 선박으로 옮겨졌다.

123정에는 약 50명의 인원이 승선할 수 있었는데 측면에 사다리가 있어 바다에 표류하는 인원이 쉽게 승선할 수 있었다. 세월호 주변에는 전라남도 소속 전남 201호가 10:06경 도착하였으며, 당시 10척 정도의 선박들이 근처에서 대기하였다. 전남 201호보다 먼저 도착한 어선 중에는 50명 정도의 인원이 승선할 수 있는 것들도 있었고, 어선들의 높이가 낮아 어선에서 바다에 표류하는 사람을 쉽게 올릴 수 있었다. 그밖에 많은 사람들을 수용할 수 있는 둘라에이스호와 드래곤에이스11호도 세월호 근처에서 대기하고 있었다.

(나) 국가안보실은 당일 09:19경 와이티엔(YTN)이 보도한 세월호 사고 관련 속보를 보고 09:20경 및 09:22경 해경에 유선으로 문의하여 '승선인원 474명의 배가 침수되어

기울었다'는 답변을 들었다. 국가안보실은 09:24경 청와대 주요 직위자에게 업무용 휴대전화로 "474명 탑승 여객선 침수신고 접수, 확인 중"이라는 문자메시지를 발송하였고, 09:33경 해경으로부터 '승선원 450명, 승무원 24명이 승선한 6,647톤급 세월호가 침수 중 침몰위험이 있다고 신고하여, 해경 경비함정 및 수색 항공기에 긴급 이동지시하고, 인근 항해선박 및 해군함정에 협조요청 하였다'는 상황보고서를 팩스로 전파받았다.

09:10경 해경에 중앙구조본부가, 09:39경 국방부에 재난대책본부가, 09:40경 해양수산부에 중앙사고수습본부가, 09:45경 안전행정부(이하 '안행부'라 한다)에 중앙재난안전대책본부(이하 '중대본'이라 한다)가 설치되었다. 해양수산부는 09:40경 위기경보 '심각'단계를 발령하였다. 국가안보실은 09:54경 해경과의 유선 연락을 통하여 그 시각 세월호가 60도 정도 기울었고 구조인원이 56명이라는 사실을 확인하였으며, 10:30경 해경에 '완전히 침수되어 침몰된 겁니까?'라고 문의하였다. 국가안보실은 10:52경 해경으로부터 세월호가 전복되어 선수만 보이고, 탑승객들은 대부분 선실에서 나오지 못하였다는 답변을 들었다. 11:10경부터는 해경 513호에서 송출한 이엔지(ENG) 영상이 청와대 위기관리센터 상황실(이하 '청와대 상황실'이라 한다)로 실시간으로 송출되었다.

피청구인은 당일 집무실에 출근하지 않고 관저에 머물러 있다가, 17:15경 중대본을 방문하여 구조 상황 등을 보고받고 지시하였다.

(2) 작위의무의 발생

세월호 사건은 총 476명의 탑승객을 태운 배가 침몰하여 304명이 사망한 대규모 재난이자 참사이다. 앞서 보았듯이 세월호는 2014. 4. 16. 08:48경 좌현으로 약 30도 기울면서 빠른 속도로 기울다가 10:17경 전복되었는데, 그 동안 승객들의 생명에 대한 위험이 급격하게 증가하였다. 선체가 물에 완전히 잠긴 후에도 세월호의 크기와 구조를 고려할 때 탑승자들이 한동안 생존해 있을 가능성이 지속적으로 제기되었다. 이는 그 당시를 기준으로 하여도 다수 국민의 생명과 안전에 중대하고 급박한 위험이 가해지거나 가해질 가능성이 있는 국가 위기 상황에 해당함이 명백하므로, 피청구인은 상황을 신속히 인식하고 시의적절한 조치를 취하여 국민의 생명, 신체를 보호할 구체적인 작위의무를 부담하게 되었다.

(3) 불성실한 직무수행의 존재
(가) 피청구인의 주장

피청구인이 주장하는 당일 피청구인의 주요 행적은 다음과 같다. 2014. 4. 16.은 공식 일정이 없는 날이었고, 피청구인의 몸이 좋지 않아서 본관 집무실에 가지 않고 관저에 머물면서 각종 보고서를 검토하였고 이메일, 팩스, 인편으로 전달된 보고를 받거나 전화로 지시하는 방식으로 업무를 처리하였다.

10:00경 국가안보실로부터 세월호 사건에 대하여 처음 서면보고를 받아 사고 발생 사실을 알게 되었다. 그 내용은 사고 일시, 장소, 사고 선박명 및 톤수와 승선원(474명), 경위(세월호가 08:58경 "침수 중" 조난신고), 구조상황(현재까지 56명 구조), 구조세력 현황 등이었다. 10:15경 국가안보실장에게 전화하여 상황을 파악한 후, '단 한명의 인명 피해도 발생하지 않도록 (구조에 만전을 기)할 것. 여객선 내 객실 등을 철저히 확인하여 누락 인원이 없도록 할 것'을 지시하였고, 10:22경 국가안보실장에게 전화하여 '샅샅이 뒤져서 철저히 구조해라'라고 강조 지시하였다. 10:30경 해경청장에게 전화하여 '특공대를 투입해서라도 인원 구조에 최선을 다할 것'을 지시하였다. 그 후 15:30경까지 세월호의 침몰 상황과 구조 현황 등에 대하여 국가안보실로부터 5회(서면 2회, 유선 3회), 사회안전비서관으로부터 서면으로 7회, 행정자치비서관실로부터 서면으로 1회 보고받아 검토하고 필요한 지시를 하였다. 안○근 비서관이 오전에 관저로 피청구인을 찾아와서, 정○성 비서관이 점심식사 후 세월호 상황을 대면보고 하였다. 대통령이 현장 상황에 지나치게 개입할 경우 구조 작업에 방해가 된다고 판단하여 구조 상황에 대한 진척된 보고를 기다렸다.

당시 '학생 전원구조' 등 언론의 오보와 관계기관의 잘못된 보고로 인하여 상황이 종료된 것으로 판단하였다(피청구인의 의견서). 13:07경 및 13:13경 사회안전비서관실과 국가안보실장으로부터 190명이 추가 구조되어 총 370명이 구조되었다는 내용의 보고를 받았다. 14:11경 국가안보실장에게 전화하여 정확한 구조 상황을 확인하도록 지시하였고, 국가안보실장이 14:50경 위 보고가 잘못되었다고 최종 확인하자 15:00경 피해 상황이 심각하다는 것을 인식하고 중대본 방문 준비를 지시하였다. 15:35경 미용 담당자가 들어와서 약 20분 간 머리 손질을 하였다. 16:30경 경호실에서 중대본 방문 준비가 완료되었다고 보고하여 차량으로 이동하면서 17:11경 사회안전비서관실의 보고서를 받아 검토하였고, 17:15경 중대본을 방문하여 모든 역량을 동원해서 구조에 최선을 다하도록 지시하는 등, 대통령으로서 최선을 다해 할 수 있는 조치를 취하였다. 따라서 피청구인은 성실한 직책수행의무를 위반하지 아니하였다.

(나) 판단

1) 위기상황의 인식

가) 앞서 보았듯이 국가안보실은 09:19경 방송으로 처음 알고 해경에 사실관계를 확인한 후 09:24경 청와대 주요직위자에게 업무용 휴대전화로 "474명 탑승 여

객선 침수신고 접수, 확인 중"이라는 문자메시지를 발송하였다. 따라서 만약 피청구인이 09:00에 집무실로 출근하여 정상 근무를 하였다면, 위와 같이 청와대 주요직위자에게 전파된 내용을 당연히 보고받았을 것이므로, 09:24경에는 발생 사실을 알 수 있었다고 봄이 타당하다. 피청구인이 당일 오전 집무실로 정상 출근하지 않고 관저에 머물면서 불성실하게 직무를 수행함에 따라, 구조 과정에서 가장 중요한 초기에 30분 이상 발생 사실을 늦게 인식하게 되었다.

나) 다음과 같은 사정을 고려하면, 당일 15:00에야 상황의 심각성을 인지하였다는 피청구인의 주장은 받아들일 수 없다.

① 국가안보실은 09:33경 해경으로부터 '승선원 450명, 승무원 24명이 승선한 6,647톤급 세월호가 침수 중 침몰위험이 있다고 신고하여, 해경 경비함정 및 수색 항공기에 긴급 이동지시하고, 인근 항해선박 및 해군함정에 협조요청 하였다'는 상황보고를 받았다. 09:10경 해경에 중앙구조본부가, 09:39경 국방부에 재난대책본부가, 09:40경 해양수산부에 중앙사고수습본부가, 09:45경 안행부에 중대본이 설치되었다. 해양수산부는 09:40경 위기경보 '심각' 단계를 발령하였는데, 그 당시 적용되던「해양사고(선박)」위기관리 실무매뉴얼(2013. 6.)은 대규모 선박사고로 인해 국가적 차원의 대응 및 조치가 요구되는 경우 대통령실(위기관리센터) 및 안행부와 사전 협의하여 최상위단계인 '심각' 단계의 위기 경보를 발령하도록 하고 있다. 따라서 국가안보실은 늦어도 09:40경 이전에 상황의 중대성과 심각성을 알았고, 피청구인이 09:00에 집무실에 출근하여 정상 근무를 하였다면 피청구인 역시 당일 09:40경에는 상황의 심각성을 알 수 있었다고 봄이 타당하다.

② 피청구인이 제출한 국가안보실 명의의 '진도 인근 여객선(세월號) 침수, 승선원 474명 구조작업 中(1보)(2014. 4. 16. 10:00)' 보고서에는 '현재까지 56명 구조'라는 구조인원은 기재되어 있으나, 세월호의 기울기 등 상태는 기재되어 있지 않다. 피청구인은 10:00경 보고로 사태를 파악한 즉시 응당 국가안보실장에게 세월호의 상태를 확인하였어야 하고, 그랬다면 세월호의 당시 기울기가 60도 정도라는 사실을 바로 알 수 있었을 것이다. 위 보고서에 의하면 474명이 승선한 배가 침수 중이고, 사건 발생 1시간 이상이 지났는데도 그중 불과 56명만 구조되었고 400명 이상이 구조되지 않았다는 것이므로, 매우 심각하고 급박한 상황이라는 점을 곧바로 인지할 수 있었다고 봄이 상당하다.

③ 김△수 당시 국가안보실장은 국회 국정조사에서 당일 10:15경 피청구인과 통화하면서 '와이티엔(YTN)을 같이 보시면서 상황을 판단하시는 것도 도움이 될 것 같습니다'라고 하였다고 증언하였다. 11:10경부터는 해경 513호에서 송출한 이엔지(ENG) 영상이 청와대 상황실로 실시간으로 송출되고 있었으므로, 피청구인

이 당시 청와대 상황실에 위치하였다면 세월호가 침몰하고 있다는 상황의 심각성을 제대로 파악할 수 있었다. 따라서 10:00경 이후에도 피청구인이 조금만 노력을 기울였다면 그 심각성을 정확히 알 수 있었던 기회가 얼마든지 있었다.

④ 피청구인은 그 후 11:28경, 12:05경, 12:33경 사회안전비서관실로부터 세월호의 침몰 상황 보고서를 받아 검토하였고, 12:54경 행정자치비서관실로부터 세월호 침몰 관련 중대본 대처 상황 보고서를 수령하여 검토하였다고 주장한다. 세월호는 오전 11시 이전에 전복되어 침몰하였으므로, 실제로 위와 같이 보고들이 이루어졌고 그 보고 내용이 거짓으로 작성되지 않았다면, 당시 세월호의 침몰 사실이 반영되어 있었을 것이 분명하다. 따라서 피청구인이 실제 위 보고서들을 모두 검토하였다면 상황의 심각성을 15:00경에야 깨달았을 리가 없다.

⑤ 피청구인은 관계기관의 잘못된 보고와 언론사의 오보 때문에 상황을 정확하고 신속하게 파악하는 데 어려움이 있었다는 취지로 주장한다.

하지만 피청구인이 당일 국가안보실이나 비서실 등으로부터 오보들을 보고받았다고 볼 만한 자료가 없다. 앞서 보았듯이 청와대는 10:30경 이미 세월호가 배 밑바닥이 보일 정도로 기울었고, 10:52경 세월호는 전복되어 선수만 보이고, 탑승객들은 대부분 선실 안에서 나오지 못하였다는 사실도 인지하였으므로, 10:36 케이비에스의 낙관적인 보도가 있었다 하여 국가안보실 등이 피청구인에게 위 보도를 그대로 보고하였을 것으로 보기 어렵다. 청와대는 11:07경 해경에 문의하여 '학생 전원구조'라는 언론보도가 해경에서 공식적으로 확인하지 않은 보도라는 사실을 그 시점에 이미 파악하고 있었다. 따라서 위와 같은 오보는 피청구인이 10:00경 상황에 관한 심각성을 인식하였으리라는 판단에 지장을 주지 아니한다.

⑥ 피청구인은 당일 13:07경 사회안전비서관실 및 13:13경 국가안보실장으로부터 '190명이 추가 구조되어 총 370명이 구조되었다'는 내용의 보고를 받아 상황이 종료된 것으로 판단하였다가, 국가안보실장이 14:50경 위 보도가 잘못된 것이라고 보고하자 15:00경 비로소 상황의 심각성을 깨닫고 중대본 방문을 바로 지시하였다고 주장한다. 그러나 국가안보실은 세월호가 침몰한 후에도 2시간 이상 구조자 수를 파악하고 있었는데, 갑자기 구조자 수가 2배로 증가한 보고를 받았으므로 이를 재차 확인하였어야 한다. 피청구인이 이를 그대로 보고받았다 하더라도 당시 보고된 세월호 탑승객 474명에서 이를 제하면 104명의 승객이 아직 구조되지 못한 상황이라는 것을 쉽게 알 수 있었으므로 370명 구조를 이유로 상황이 종료되었다고 판단하였다는 피청구인의 주장은 받아들일 수 없고, 피청구인이 상황의 심각성을 인식한 시점 또는 인식 가능하였던 시점이 15:00경으로 늦어질 수 없다.

무릇 국가의 지도자는 안전한 상황보다는 위험한 상황에 대하여 훨씬 많은 주의와 관심을 기울이는 법이고 그래야 마땅하다. 피청구인의 주장대로라면 피청구인은 상황의 위험성을 경고하는 보고에 대하여는 전혀 주의를 기울이지 않고 낙관적 보고에만 관심을 가져 상황이 종료된 것으로 판단한 셈이 되는데, 이는 그 자체로 위기 상황에서 피청구인의 불성실함을 드러내는 징표이다.

다) 소결

피청구인은 09:40경, 늦어도 10:00경에는 세월호 사건의 중대성과 심각성을 인지하였거나, 조금만 노력을 기울였다면 인지할 수 있었을 것으로 판단된다. 15:00에야 상황의 심각성을 인지하였다는 피청구인의 주장은 받아들일 수 없다.

2) 피청구인의 대처

가) 피청구인이 하였어야 하는 행위

피청구인은 늦어도 10:00경에는 상황의 심각성을 인식하였거나 인식할 수 있었던 것으로 보이므로, 그 즉시 재난에 관한 국가의 모든 정보가 수집되고 주요 관계기관과의 직통 연락망이 구축되어 있는 청와대 상황실로 가서, 실시간으로 현황을 보고받으면서 필요한 조치가 무엇인지 파악하고 그에 맞게 국가적 역량을 총동원하여 신속하고 적절하게 관계기관의 재난대응을 총괄·지휘·감독하였어야 한다. 당일 10:00경 세월호 주위 해역에 승객 모두를 수용할 수 있는 10대 이상의 선박들이 대기하고 있었으므로, 승객들이 퇴선하여 모두 표류하더라도 구조가 가능한 상황이었고, 헬기 및 항공기도 구조작업을 펼치고 있었다.

나) 집무실에 출근하지 않고 관저에 머문 행위

당일은 휴일이 아니었으므로, 피청구인은 정당한 사유가 없는 한 업무시간 중에는 집무실에 출근하여 업무를 수행하여야 했다. 피청구인은 당일 오전부터 17:15 중대본을 방문하기 전까지 집무실에 출근하지 않고 관저에 머물렀다. 관저는 기본적으로 대통령의 휴식과 개인 생활을 위한 사적인 공간이므로, 그곳에서의 근무는 직무를 위한 모든 인적, 물적 시설이 완비된 집무실에서의 근무와 업무의 효율, 보고 및 지시의 용이성 면에서 근본적인 차이가 있다. 피청구인이 업무시간 중에 집무실에 있지 않고 관저에 머무르게 되면, 긴급한 순간에 참모들은 대통령의 위치부터 파악하여야 하므로 보고에 지장이 생기게 될 것은 명백하다.

특히 대형 재난이 발생하여 상황이 급박하게 전개되고 있는 국가위기 상황의 경우에는 최고행정책임자인 피청구인은 즉각적인 의사소통과 신속하고 정확한 업무수행을 위하여 청와대 상황실에 위치하여야 한다. 따라서 피청구인은 상황의 심각성을 인식한 10:00경에는 시급히 출근하여 청와대 상황실에서 상황을 파악, 지휘하였어야 한다. 그럼에도 피청구인은 그 심각성을 인식한 시점부터 약 7시간이 경과할 때까지 별다른 이유 없이 관저에 있으면서 전화로 다음에서 살피는 것처럼 원론적인 지시를 하였다.

다) 피청구인이 주장하는 각종 지시

① 피청구인은 당일 10:00경부터 12:05경까지 국가안보실로부터 4회(서면 3회, 유선 1회), 사회안전비서관으로부터 4회(서면)에 걸쳐 세월호 상황에 대한 보고를 받는 등, 17:15 중대본을 방문하기 전까지 총 12회의 서면보고와 3회의 유선보고를 받아 검토하였고, 5회의 유선지시를 하였다고 주장하나, 다음에서 보듯이 그 중 대부분은 그러한 지시나 검토가 있었다고 볼 수 없다.

피청구인은, 10:15경 국가안보실장에게 전화하여 '단 한 명의 인명 피해도 발생하지 않도록 할 것. 여객선 내 객실 등을 철저히 확인하여 누락 인원이 없도록 할 것'을 지시하였고, 10:22경 국가안보실장에게 전화하여 '샅샅이 뒤져서 철저히 구조해라'라고 강조 지시하였으며, 10:30경 해경청장에게 전화하여 '특공대를 투입해서라도 인원 구조에 최선을 다할 것'을 지시하였다고 주장한다.

피청구인은 12:50경 당시 고용복지수석으로부터 기초연금법 관련 국회 협상 상황에 대하여 10분 간 전화로 보고를 받은 통화기록이 있다고 하였다. 국가안보실장 및 해경청장과 피청구인이 실제로 통화를 하였다면 그 통화기록도 당연히 존재할 것인데, 피청구인은 이를 제출하지 아니하고 그 통화기록이 있다는 주장도 하지 않았으므로, 위와 같은 통화가 실제로 있었다고 보기 어렵다.

청와대와 해경 사이의 10:25경 통화 녹취록을 보면 '단 한 명의 인명 피해도 발생하지 않도록 하라. 객실 등을 철저히 확인하여 누락 인원이 없도록 하라고 하면서 이는 피청구인의 지시이니 해경청장에게 전달하라'고 기재되어 있다. 국가안보실장과 피청구인 사이의 통화를 객관적으로 증명하는 것은 이 녹취록이 유일한데, 이에 의하면 피청구인의 지시는 그 무렵 이루어진 것으로 보인다. 이 녹취록에 해경청장에 대한 특공대 투입 등 지시를 전달하거나 그 지시의 이행 상황을 점검하는 내용의 대화는 없다. 또한 김○균 당시 해경청장은 국회 국정조사에서 당일 09:53경 이미 특공대를 투입하라고 지시하였다고 증언하였다. 피청구인이 실제로 해경청장과 통화를 하였다면 해경청장이 이미 지시한 사항을 보고하였을 것인데도 같은 내용을 다시 지시할 수 없을 것이고, 세월호는 10:17:06경 108.1도로 전복되어 급속도로 침몰하고 있어 잠수를 통하여 승객을 구조할 수밖에 없었으므로, 해경청장에게 지시하였다는 주장을 인정할 수 없다.

② 지시의 내용에 관하여 본다. 피청구인 주장의 최초 지시 내용은 '단 한명의 인명 피해도 발생하지 않도록 할 것. 여객선 내 객실 등을 철저히 확인하여 누락 인원이 없도록 할 것'이다. 위 내용은 지시받는 자에게 매우 당연하고 원론적인 내용으로서, 급박한 위험에 적절히 대처할 수 있는 어떠한 지도적 내용도 담고 있지 않다. 이 지시에는 현장에 구체적으로 어떤 문제가 있는지에 관한 인식이 없고, 어느 해법을 강구할지에 관하여 어떠한 고민도 담겨 있지 않다.

세월호는 당일 10:17:06경 108.1도로 전복되었으므로, 위 지시가 있었다는 10:15경에는 선체가 전복되어 모든 객실의 출입구가 물에 잠긴 상황이었다. 재난은 시시각각으로 상황이 급변하므로 그때그때 상황을 정확히 파악하고 지시해야 하는데, 피청구인은 상황을 파악하고 그에 맞게 대응하려는 관심이나 노력을 기울이지 않았기에 위와 같이 구체성이 없는 지시를 한 것이다.

라) 결국, 피청구인은 세월호 사건의 심각성을 인식하였을 것으로 보이는 시점부터 약 7시간이 경과한 중대본 방문 이전 까지 관저에 계속 머물면서 상황에 맞지 않아 부적절한 전화 지시를 하였을 뿐이다. 그 내용과 피청구인의 행적을 볼 때, 피청구인이 위기에 처한 수많은 국민의 생명과 안전을 보호하기 위한 적극적이고 심도 있는 대응이나 노력을 기울이지 않았다는 점을 알 수 있다.

마) 대규모 재난과 같은 국가위기 상황에서 대통령이 그 상황을 지휘하고 통솔하는 것은 실질적인 효과뿐만 아니라 상징적인 효과까지 갖는다. 실질적으로는, 국가원수이자 행정수반이며 국군통수권자인 대통령이 위기 상황을 지휘, 감독함으로써 경찰력, 행정력, 군사력 등 국가의 모든 역량을 집중적으로 발휘할 수 있고, 인력과 물적 자원 배분의 우선순위를 정할 수 있으므로, 구조 및 위기 수습이 빠르고 효율적으로 진척될 수 있다. 상징적으로는, 국정의 최고책임자가 재난 상황의 해결을 최우선 과제로 여기고 있다는 점을 대내외적으로 보여줌으로써 그 자체로 구조 작업자들에게 강한 동기부여를 할 수 있고, 피해자나 그 가족들에게 구조에 대한 희망을 갖게 하며, 그 결과가 좋지 않더라도 정부가 위기 상황의 해결을 위하여 최선의 노력을 다하였음을 알 수 있어 최소한의 위로를 받고 그 재난을 딛고 일어설 힘을 갖게 한다.

바) 진정한 국가 지도자는 국가위기의 순간에 상황을 신속하게 파악하고 그때그때의 상황에 알맞게 대처함으로써 피해를 최소화하고 피해자 및 그 가족들과 아픔을 함께하며, 국민에게 어둠이 걷힐 수 있다는 희망을 주어야 한다. 물론 대통령이 진정한 지도자상에 부합하지 않는다고 해서 성실의무를 위반하였다고 할 수 없음은 당연

하다. 하지만 국민이 국정 최고책임자의 지도력을 가장 필요로 하는 순간은 국가 구조가 원활하게 돌아가는 전형적이고 일상적인 상황이 아니라, 전쟁이나 대규모 재난 등 국가위기가 발생하여 그 상황이 예측할 수 없는 방향으로 급격하게 흘러가고, 이를 통제, 관리해야 할 국가 구조가 제대로 작동하지 않을 때이다. 세월호 참사가 있었던 2014. 4. 16.이 바로 이러한 날에 해당한다. 피해자와 그 가족들은 물론이고 지켜보는 국민 모두가 어느 때보다도 피청구인이 대통령의 위치에서 최소한의 지도력이라도 발휘해 국민 보호에 앞장서 주기를 간절하게 바라고 있었다.

그러나 피청구인은 그날 저녁까지 별다른 이유 없이 집무실에 출근하지도 않고 관저에 머물렀다. 그 결과 유례를 찾기 어려운 대형 재난이 발생하여 최상위 단계인 '심각' 단계의 위기 경보가 발령되었는데도 그 심각성을 아주 뒤늦게 알았고 상황을 파악하고 승객 구조를 지원하기 위하여 대통령으로서 지도력을 발휘하지 않은 채 무성의한 태도로 일관하였다. 400명이 넘는 국민들의 생명과 안전에 중대하고 급박한 위험이 발생한 그 순간에 피청구인은 8시간 동안이나 국민 앞에 자신의 모습을 보이지 아니하였다.

(4) 소결

이상과 같이 국민의 생명과 안전에 급박한 위험이 초래되어 대규모 피해가 생기거나 예견되는 국가위기 상황이 발생하였음에도, 상황의 중대성 및 급박성 등을 고려할 때 그에 대한 피청구인의 대응은 현저하게 불성실하였다. 피청구인은 최상위 단계의 위기 경보가 발령되었고 상황의 심각성을 파악하였음에도 재난 상황을 해결하려는 의지나 노력이 부족하였다. 그렇다면 피청구인은 국민의 생명과 안전을 보호하여야 할 구체적인 작위의무가 발생하였음에도 자신의 직무를 성실히 수행하지 않았으므로, 헌법 제69조 및 국가공무원법 제56조에 따라 대통령에게 구체적으로 부여된 성실한 직책수행의무를 위반한 경우에 해당한다.

다. 결론

어떠한 법위반이 있는 경우에 대통령에 대한 파면 결정을 할 것인지는 파면결정을 통하여 헌법을 수호하고 손상된 헌법질서를 다시 회복하는 것이 요청될 정도로 대통령의 법위반행위가 헌법 수호의 관점에서 중대한 의미를 가지는지, 또는 대통령이 자신에게 부여한 국민의 신임을 임기 중 박탈해야 할 정도로 법위반행위를 통하여 국민의 신임을 저버린 것인지를 판단하여 정한다(헌재 2004. 5. 14. 2004헌나1 참조).

대통령의 성실의무 위반을 일반적 파면사유로 볼 경우 사소한 성실의무 위반도 파면사유가 될 수 있다. 대통령이 국민으로부터 부여받은 민주적 정당성과 헌정질서의 막중함을 고려하면, 대통령의 성실의무 위반을 파면사유로 삼기 위하여는 그 위반이 당해 상황에 적용되는 행위의무를 규정한 구체적 법률을 위반하였거나 직무를 의식적으로 방임하거나 포기한 경우와 같은 중대한 성실의무 위반으로 한정함이 상당하다. 이 사건에서 피청구인은 국가공무원법 상의 성실의무를 위반하였으나 당해 상황에 적용되는 행위의무를 규정한 구체적 법률을 위반하였음을 인정할 자료가 없고, 위에서 살핀 것처럼 성실의무를 현저하게 위반하였지만 직무를 의식적으로 방임하거나 포기한 경우에 해당한다고 보기는 어렵다.

그렇다면 피청구인은 헌법상 대통령의 성실한 직책수행의무 및 국가공무원법상 성실의무를 위반하였으나, 이 사유만 가지고는 국민이 부여한 민주적 정당성을 임기 중 박탈할 정도로 국민의 신임을 상실하였다고 보기는 어려워 파면사유에 해당한다고 볼 수 없다.

앞으로도 국민 다수의 지지로 당선된 대통령들이 그 직책을 수행할 것이다. 국가 최고지도자가 국가위기 상황에서 직무를 불성실하게 수행하여도 무방하다는 그릇된 인식이 우리의 유산으로 남겨져서는 안 된다. 대통령의 불성실 때문에 수많은 국민의 생명이 상실되고 안전이 위협받아 이 나라의 앞날과 국민의 가슴이 무너져 내리는 불행한 일이 반복되어서는 안 되므로 우리는 피청구인의 성실한 직책수행의무 위반을 지적하는 것이다.

13. 재판관 안창호의 보충의견

나는 피청구인의 헌법과 법률 위반행위가 '헌법 수호의 관점에서 용납될 수 없는 중대한 법 위반 행위'에 해당하여 피청구인이 파면되어야 한다는 법정의견과 뜻을 같이한다. 나는 이른바 '제왕적 대통령제(imperial presidency)'로 비판되는 우리 헌법의 권력구조가 이러한 헌법과 법률 위반행위를 가능하게 한 필요조건이라고 본다. 따라서 이를 명확히 밝히는 것이 이 사건 심판의 헌법적 의미를 분명하게 드러내고 향후 헌법개정의 방향을 모색하는 데 필요하다고 생각하여 다음과 같이 보충의견을 개진한다.

가. 우리 헌정사와 제왕적 대통령제

현행 헌법은 "모든 국민은 인간으로서의 존엄과 가치를 가지며, 행복을 추구할 권리를 가진다. 국가는 개인이 가지는 불가침의 기본적 인권을 확인하고 이를 보장할 의무를 진다."고 규정하고 있다(제10조). 인간의 존엄과 가치는 헌법의 근본적 성격을 결정하고 개인과 공동체의 관계를 규정하는 핵심개념이다. 그런데 인간의 존엄과 가치를 구현하고자 하는 민주주의 헌법은 이상적인 형태가 따로 존재하는 것이 아니라 국가공동체의 정치적·경제적·사회적·문화적 환경과 그 시대의 이념적 지향점이 무엇이냐에 따라 각기 다른 모습을 가지게 된다.

우리 헌법은 제정 이후 현행 헌법에 이르기까지 아홉 차례의 개헌이 있었다. 4·19 혁명 직후 의원내각제 도입과 3·15 부정선거관련자 처벌을 위한 헌법개정을 제외한 나머지 헌법개정은 주로 대통령의 선출방식·임기·지위·권한 등과 관련해 이루어졌다. 그동안 우리 헌법이 채택한 대통령제는 대통령에게 정치권력을 집중시켰음에도 그 권력에 대한 견제장치가 미흡한 제왕적 대통령제로 평가된다.

현행 헌법은 1987년 6월 민주항쟁 이후 여야합의로 개정된 것으로서, 인간의 존엄성과 국민의 기본권을 최대한 보장하는 정치공동체를 실현하려는 국민의 열망을 담고 있다. 대통령직선제를 규정하여 대통령의 민주적 정당성을 강화하였으며, 대통령 임기를 5년 단임제로 하고 대통령의 국회해산권 등을 폐지하여 장기독재의 가능성을 차단하였다. 국회의 국정감사권을 부활시키고 헌법재판소를 신설하는 등으로 대통령의 권한을 제한하고 기본권규정을 강화하였다.

그러나 이 사건 심판은 현행 헌법 아래에서도 정경유착과 같은 제왕적 대통령제의 폐해가 상존하고 있음을 확인하였다. 권위주의적 권력구조를 청산하고자 했던 현행 헌법에서 이러한 폐해가 근절되지 않고 계속되는 까닭은 무엇인가?

나. 현행 헌법상 권력구조의 문제점

1987년 대통령직선제 헌법개정으로 대통령 '권력형성'의 민주적 정당성 측면에서는 획기적인 변화가 있었지만, 대통령 '권력행사'의 민주적 정당성 측면에서는 과거 권위주의적 방식에서 크게 벗어나지 못하고 있다. 대통령에게 법률안제출권과 예산편성·제출권, 광범위한 행정입법권 등 그 권한이 집중되어 있지만, 이에 대한 효과적인 견제장치가 없거나 제대로 작동하지 않고 있다. 이러한 현행 헌법의 권력구조는 피청구인의 리더십 문제와 결합하여 '비선조직의 국정개입, 대통령의 권한남용, 재벌기업과의 정경유착'과 같은 정치적 폐습을 가능하게 하였다.

(1) 비선조직의 국정개입

헌법 제67조 제1항에 따라 대통령은 국민의 보통·평등·직접·비밀선거에 의해 선출되어 민주적 정당성을 부여받게 된다. 이때 대통령은 권력형성과정에서 선거를 통해 민주적 정당성을 확보해야 할 뿐만 아니라 권력행사과정에서도 투명한 절차와 소통을 통해 민주적 정당성을 끊임없이 확보해야 한다.

비선조직 이른바 '비선실세'의 국정개입은 대통령 권력이 과도하게 집중된 제왕적 대통령제와 관련된다. 현행 헌법의 대통령은 제왕적 대통령제라는 신조어를 만들어 낸 워터게이트사건이 문제된 미국 대통령보다 집중된 권력을 행사할 수 있는 것으로 평가된다. 우리나라에서는 미국과 달리 행정부가 법률안제출권과 예산편성·제출권을 갖고 있으며, 반면 국회의 동의를 받거나 인사청문회를 거치는 공직자의 범위는 제한적이다. 우리나라의 지방자치단체는 연방국가인 미국과 달리 중앙정부에 종속되어 있으며 자율과 책임이 미흡한 지방자치가 시행되고 있을 뿐이다.

1987년 제9차 헌법개정 때보다 국가경제의 규모가 십여 배 확장되고 사회적 갈등 구조가 다층적으로 심화되고 있는 현실에서는, 국가의 원수이자 행정부의 수반인 대통령의 업무는 양적으로 증가되었을 뿐만 아니라 질적으로 전문화·다양화·복잡화 되었다. 이에 따라 대통령 권력은 실질적으로 확대되었고, 민주적 정당성을 부여받지 못한 비선조직은 강력한 대통령 권력에 기대어 활동공간을 넓힐 수 있었다. 비선조직의 국정개입은 정책결정의 투명성·공정성 제고, 국민의 예측·통제가능성 확보, 권력행사에 따른 책임의 담보라는 측면에서 취약하다. 특히 비선조직의 '계속적인' 국정개입은 국민과 국가기관 사이의 '민주적 정당성의 연결고리'를 단절하고, '정치과정의 투명성'과 '정치과정에서 국민의 참여 가능성'을 차단함으로써 대의민주제 원리를 형해화할 수 있다.

이 사건 심판에서 민주적 정당성이 없는 이른바 비선실세 최○원은 피청구인에게 장·차관, 청와대 참모를 추천하는 등 고위 공직자의 인사에 개입하고, 국가정책결정에 영향력을 행사하는 등 '계속적으로' 국정에 개입한 사실이 확인되었다. 대통령 권력을 과도하게 집중시킨 현행 헌법의 권력구조는 최○원의 국정개입을 조장함으로써 권력행사의 민주적 정당성과 절차적 투명성 확보에 심각한 문제점을 보이고 있다.

(2) 대통령의 권한남용

제왕적 대통령의 지시나 말 한마디는 국가기관의 인적 구성이나 국가정책의 결정에서 절대적인 영향력을 발휘한다. 대통령의 리더십에 따라 정도의 차이가 있지만, 국무총리를 비롯한 국무위원과 청와대 참모는 대통령의 의사결정과 지시에 복종할 뿐, 대통령의 뜻과 다른 의견을 자유롭게 개진하기 어렵다. 더욱이 현행 헌법상 대통령 권력의 과도한 집중은 아직 청산되지 않은 하향식 의사결정문화와 정의적(情意的) 연고주의와 결합하여 대통령의 자의적 권력행사의 문제점을 더욱 심각하게 할 수 있다. 따라서 현행 헌법의 대통령제는 대통령의 자의적 권력행사를 가능하게 하는 필요조건이 될 수 있다.

우리나라는 선거에서 1표라도 더 얻으면 제왕적 정치권력을 획득하고 그렇지 못하면 권력으로부터 소외되는 승자독식 다수대표제를 채택하고 있다. 그 결과 우리 사회의 중요한 가치와 자원은 정치권력을 중심으로 편성되고, 정치권은 그 권력 획득을 위해 극한 대립과 투쟁으로 분열되어 있다. 정치세력간의 이전투구는 이념대립과 지역주의를 부추기고 사회적 갈등을 유발하기도 한다. 이에 따라 국가기관의 인적 구성이나 국가정책의 결정이 투명한 절차를 통해 공정하고 객관적으로 이루어지는 것이 아니라, 대통령의 사적·당파적 이익에 따라 자의적으로 이루어지기도 한다.

대통령을 비롯한 국가기관의 모든 의사결정은 법이 정한 절차에 따라 이루어져야 하고 실질적으로 법의 기속을 받아야 한다. 대통령의 권한남용은 법치국가의 이념을 훼손하고, 개인의 기본권을 침해할 수 있으며, 직업공무원제도의 본질적인 내용을 훼손할 수 있다. 특히 대통령의 권한남용이 사익추구를 이유로 할 경우에는 국가공동체가 지향하는 공동선과 공통가치를 훼손할 수 있다.

이 사건 심판에서 피청구인은 국가기관의 기밀문서가 최○원에게 상당기간 유출되도록 지시 또는 묵인하였고, 국가권력의 공공성을 방과(放過)하여 사기업 경영 등에 개입한 사실이 확인되었다. 이처럼 현행 헌법의 권력구조는 대통령 권력을 과도하게 집중시킴으로써 대통령의 자의적 권력행사와 권한남용을 조장하는 등 권력행사의 공정성과 합법성 확보에 문제점을 보이고 있다.

(3) 재벌기업과의 정경유착

현행 헌법상 대통령 권력의 과도한 집중은 우리사회의 고질적 문제점으로 지적되는 '재벌기업과의 정경유착'과도 깊이 관련되어 있다. 과거 재벌기업은 정치권력의 보호 속에서 고도 경제성장을 이뤄낸 산업화의 주역이었음을 부인할 수는 없다. 그러나 재벌기업 중심의 경제성장은 정경유착과 이로 인한 불법과 부패의 원인이 되기도 하였다. 정치권력의 재벌기업과의 정경유착은 재벌기업에게는 특권적 지위를 부여하는 반면, 다른 경제주체의 자발성과 창의성을 위축시키는 결과를 초래하기도 하였다.

현행 헌법은 "대한민국의 경제질서는 개인과 기업의 경제상의 자유와 창의를 존중함을 기본으로 한다."(제119조 제1항), "국가는 균형 있는 국민경제의 성장 및 안정과 적정한 소득의 분배를 유지하고, 시장의 지배와 경제력의 남용을 방지하며, 경제주체 간의 조화를 통한 경제의 민주화를 위하여 경제에 관한 규제와 조정을 할 수 있다."(제119조 제2항)라고 규정하고 있다. 이는 개인과 기업의 경제상의 자유와 창의를 보장하면서도 과거 재벌기업 중심의 경제정책과 정경유착에서 벗어나 경제민주화를 실현하겠다는 헌법적 선언이다.

그러나 1987년 헌법개정 이후에도 정치권력과 재벌기업의 정경유착의 모습은 계속 나타나고 있다. 이 사건 심판에서도 피청구인은 비밀리에 대통령의 권한을 이용하여 재벌기업으로 하여금 피청구인이 주도하는 재단에 기금을 출연하도록 한 사실이 확인되었다. 대통령 권력의 과도한 집중은 정경유착의 원인이 되어 시장경제질서의 골간인 개인·기업의 재산권과 경제적 자유를 침해하고 경제적 정의와 사회적 공정성 실현의 걸림돌이 될 수 있음을 단적으로 보여준다.

(4) 소결론

현행 헌법의 권력구조 아래에서 계속되고 있는 '비선조직의 국정개입, 대통령의 권한남용, 재벌기업과의 정경유착'은 제왕적 대통령제가 낳은 정치적 폐습이다. 이러한 정치적 폐습은 주요한 헌법가치인 민주적 정당성과 절차적 투명성, 사회적 공정성과 경제적 정의의 실현을 방해하고 있다.

다. 현행 헌법상 권력구조의 개혁과제

(1) 국민의 기본권 보장을 위해 권력을 분할하고 권력 상호간의 견제와 균형이 이루어지는 권력분립원리에 기초하여, 지방의 자율·책임을 강조하는 지방분권원리와 대의민주주의의 한계를 보완하는 직접민주주의원리를 강화한 현대적 분권국가의 헌법질서는 제왕적 대통령제에 대한 대안이 될 수 있다.

현행 헌법의 권력구조는 대통령에게 '국가원수'(제66조 제1항), '국가와 헌법의 수호자'(제66조 제2항) 로서의 지위를 부여하고 권력을 집중시켜 국정수행에서 대통령의 강력한 리더십을 기대한다. 그러나 정치권력은 주권자인 국민으로부터 멀어지는 집권화 경향을 띠고, 집권화는 절대주의로 향하며, 절대 권력은 반드시 부패한다. 더욱이 전문적이고 복잡다기한 현대 국가의 방대한 정책과제를 대통령 개인의 정치적 역량에 맡기는 것은 오히려 비효율을 초래할 수 있다.

선진국 문턱에서 심각한 발전 장애를 겪고 있는 우리나라는 경제적 양극화의 문제를 해결하고 이념·지역·세대 갈등을 극복하여 사회통합과 국가발전을 이루어야 한다. 나아가 미국·중국·일본·러시아 등 강대국의 틈바구니에서 북한의 핵과 미사일 위협으로부터 국가안전을 도모하고 평화통일의 길을 열어야 한다. 민주주의는 사회적 갈등을 억압하는 것이 아니라 이를 정치의 틀 안에서 통합하면서 사회적 합의를 만들어가는 데 있다. 우리나라가 이러한 시대적 과제를 효과적으로 수행하기 위해서는, 권력구조가 타협과 숙의(熟議)를 중시하고 사회의 다양한 이해관계를 투명한 절차와 소통을 통해 민주적으로 조율하여 공정한 권력행사가 가능하도록 해야 한다. 투명하고 공정한 권력행사는 사회적 갈등을 해소하고 사회적 신뢰와 국민안전을 제고하여 사회통합과 국가발전을 이룰 수 있기 때문이다(이사야 32장 16절-17절 참조). 따라서 정경유착 등 정치적 폐습과 이전투구의 소모적 정쟁을 조장해온 제왕적 대통령제를 협치와 투명하고 공정한 권력행사를 가능하게 하는 권력공유형 분권제로 전환하는 권력구조의 개혁이 필요하다.

(2) 국민이 선출한 대통령에게 권한을 집중시킨 우리 헌법의 역사, 국민의 개별 국가기관에 대한 신뢰도, 남북분단에 따른 안보현실, 정부형태에 대한 국민의 법 감정 등을 고려할 때, 이원집정부제, 의원내각제 또는 책임총리제의 실질화 등이 국민의 선택에 따라 현행 헌법의 대통령제에 대한 현실적 대안이 될 수 있다.

과도하게 집중된 대통령 권력을 분산하는 방법은 정부형태의 변경과 함께, 중앙집권적인 권력을 지방으로 대폭 이양하여 주민근거리 민주주의를 실현하는 것이다. 지방자치제도는 국민주권의 원리에서 출발하여 주권의 지역적 주체로서의 주민에 의한 자기 통치의 실현이다(헌재 1998. 4. 30. 96헌바62). 획기적인 지방분권은 주민의 자율적 참여와 민주시민의식을 고양시켜 풀뿌리 자치를 실천하고, 지방의 경제적·사회적·문화적 특성을 바탕으로 지역발전을 도모하여 상향적 국가발전을 이룰 수 있다. 또한 이와 같이 강화된 지방분권은 중앙집권적 자원배분으로 인한 지역불만을 완화하여 사회통합에 이바지하고, 나아가 평화통일의 길을 여는 데 일조할 수 있으며 통일 후에는 국민통합에도 기여할 수 있다.

국회의원선거에서 비례대표제는 정당제 민주주의에 근거를 두고 국민주권원리의 출발점인 투표결과의 비례성을 강화하여 사회의 다원적인 정치적 이념을 유권자의 의사에 따라 충실히 반영하는 것으로 평가된다(헌재 2009. 6. 25. 2007헌마40 참조). 따라서 우리 사회의 다양한 이해관계의 조화로운 해결을 위해서는 정당의 정체성을 확립하고 비례대표 국회의원후보자의 선정과정에서 투명성과 공정성을 확보하는 가운데 비례대표제를 확대해야 한다(헌재 2016. 5. 26. 2012헌마347 보충의견 참조).

국민이 국가정책의 핵심적 사항을 파악하고 국가기관에 대한 효과적인 통제를 하기 위해서는 권력행사과정의 투명성원칙이 헌법적으로 천명되고 법령에 의해 구체화되어야 한다. 그리고 과도하게 집중된 대통령 권력을 분권하는 과정에서 국회나 지방자치기관에 분산된 권력은 국민소환제·국민발안제·국민투표제 등 직접민주제적 요소의 강화를 통해 통제되는 방안이 적극적으로 검토되어야 한다.

행정각부의 장을 비롯하여 주요 국가권력을 행사하는 국가정보원장·검찰총장·경찰청장·국세청장 등의 임명에 투명성과 공정성을 확보하는 방안, 예컨대 이들의 임명에 있어 국회동의를 받도록 하는 방안이 적극적으로 검토되어야 한다. 비대한 청와대 참모조직을 축소하고, 대통령의 사면권을 제한하여 권력분립과 법의 형평성이라는 법치국가원리가 훼손되지 않도록 해야 한다. 그리고 지방자치의 활성화, 지역주의의 극복, 평화통일과 통일국가의 국민통합을 위해서는 지역대표형 상원을 설치하는 국회양원제도의 도입에 대한 검토가 필요하다. 통일이 현실화하는 단계에서 뒤늦게 국회양원제도의 도입에 대해 논의하는 것은 오히려 평화통일에 장애가 될 수 있음을 유념해야 한다.

(3) 권력구조의 개혁은 분권과 협치, 투명하고 공정한 권력행사를 가능하게 하고, 이를 통해 인간의 존엄과 가치를 존중하고 국민의 기본권을 최대한 보장하기 위한 것이어야 한다. 이러한 권력구조의 개혁은 주권자인 국민의 의사가 충실히 반영되도록 설계된 국민참여과정을 거쳐야 한다. 이는 정치세력 사이의 권력투쟁이나 담합의 장으로 전락하지 않고 이성적 대화와 숙의가 이루어지고 다수 국민의 의사가 수렴되는 민주적 공론화과정이 되어야 한다.

라. 탄핵심판관련 주장에 대한 의견

과거 정권에서 비선조직의 국정개입, 국가권력의 사유화와 재벌기업과의 정경유착이 더 심했다고 하면서 피청구인에 대한 탄핵심판청구는 기각되어야 한다는 주장이 있다.

(1) 현행 헌법은 국회가 아닌 헌법재판소가 탄핵심판을 하도록 규정하여(제111조 제1항 제2호) 법치국가원리를 강조하는 입장으로 해석된다. 탄핵제도의 목적은 법 위반 행위를 한 공직자를 파면하여 헌법질서를 확립하는 데 있다. 대통령이 헌법이나 법률을 중대하게 위반하여, 대통령의 직을 유지하는 것이 더 이상 헌법 수호의 관점에서 용납될 수 없거나 대통령이 국민의 신임을 배반함으로써 국정을 담당할 자격을 상실한 때에 헌법재판소는 파면을 결정한다(헌재 2004. 5. 14. 2004헌나1 참조). '대통령의 파면을 정당화 할 정도의 중대한 법 위반 행위'의 여부는 확정적·고정적인 것이 아니라 구체적 사건에서 '대통령의 법 위반 행위'의 경위와 내용, 침해되는 헌법질서의 의미와 내용뿐만 아니라, 탄핵심판의 시대적 상황, 지향하는 미래의 헌법적 가치와 질서, 민주주의의 역사와 정치적·경제적·사회적·문화적 환경, 헌법수호에 대한 국민의 법 감정 등이 종합적으로 고려되어 결정된다.

헌법은 모든 국민은 법 앞에 평등하다고 하면서 누구든지 성별·종교 또는 사회적 신분에 의하여 정치적·경제적·사회적·문화적 생활의 모든 영역에 있어서 차별을 받지 아니한다고 선언하고 있다(제11조 제1항). 그러나 헌법상 평등은 불법의 평등까지 보장하는 것은 아니다(헌재 2016. 7. 28. 2014헌바372 참조).

따라서 피청구인의 법 위반 행위가 증거에 의해 인정되고 그 법 위반 행위가 위와 같은 점이 고려되어 '대통령의 파면을 정당화 할 정도의 중대한 법 위반 행위'로 인정된 이 사건 심판에서 과거 정권에서의 법 위반 행위와 비교하여 이를 기각하여야 한다는 주장은 더 이상 의미 있는 주장이 아니다.

(2) '헌법을 준수하고 수호해야 할 의무'가 법치국가원리에서 파생되는 지극히 당연한 것임에도, 헌법은 국가의 원수이자 행정부의 수반이라는 대통령의 막중한 지위를 감안하여 제66조 제2항 및 제69조에서 이를 다시 강조하고 있다. 이러한 헌법정신에 의한다면, 대통령은 국민 모두에 대한 '법치와 준법의 상징적 존재'인 것이다. 이에 따라 대통령은 헌법을 수호하고 실현하기 위한 모든 노력을 기울여야 할 뿐만 아니라, 법을 준수하여 현행법에 반하는 행위를 해서는 안 되며, 나아가 입법자의 객관적 의사를 실현하기 위한 모든 행위를 해야 한다(헌재 2004. 5. 14. 2004헌나1 참조). "지도자가 위법한 행위를 했어도 용서한다면 어떻게 백성에게 바르게 하라고 하겠는가(犯禁蒙恩何爲正)."라는 옛 성현의 지적이 있다. 대통령을 비롯한 지도자의 준법을 강조하는 말이다. 따라서 대통령의 법 위반 행위는 일반국민의 위법행위보다 헌법질서에 미치는 부정적 영향이 크다고 할 것이므로 엄중하게 대처해야 한다.

우리나라에서는 '부정청탁 및 금품 등 수수의 금지에 관한 법률'이 2015년 3월 제정되어 2016년 9월 시행되었다. 이 법률은 적용대상으로 공직자뿐만 아니라 사립학교 관계자와 언론인을 포함하고, 공직자등의 부정청탁행위 자체를 금지하는 한편 공직자등의 금품등 수수행위를 직무관련성이나 대가성이 없는 경우에도 제재할 수 있도록 하고 있다. 이 법률은 공직사회의 부패구조를 청산하여 공직자의 공정한 직무수행을 보장하고 공공기관에 대한 국민의 신뢰를 확보하는 것을 입법목적으로 한다. 이러한 공정하고 청렴한 사회를 구현하려는 국민적 열망에 비추어 보더라도 대통령의 법 위반 행위에 대해서는 엄정하게 대처하지 않을 수 없다.

우리와 우리 자손이 살아가야 할 대한민국은 인간의 존엄과 가치를 존중하고 국민의 기본권을 최대한 보장함으로써, 국민 모두가 자유롭고 평등하며 안전하고 풍요로운 가운데 행복한 삶을 영위하는 나라이다. 그런데 이 사건 심판청구를 기각한다면, 앞으로 대통령이 이 사건과 유사한 방법으로 헌법과 법률을 위반해도 파면 결정을 할 수 없게 된다. 그 결과 비선조직이 강력한 대통령 권력에 기대어 고위공직자의 인사와 국가정책의 결정에 개입하여 사익을 취하거나 또는 대통령이 영향력을 행사하여 대기업으로 하여금 자신이 주도하는 재단에 기금을 출연하도록 하는 등의 위법행위가 있다 하더라도 우리 사회가 이를 용인해야 하고 이에 따른 정경유착 등 정치적 폐습은 확대·고착될 우려가 있다. 이는 현재의 헌법질서에 부정적 영향을 주는 것일 뿐만 아니라 나아가 우리 헌법이 지향하는 이념적 가치와도 충돌한다.

(3) 그렇다면 우리 헌법의 헌법질서를 수호하고, 비선조직의 국정개입, 대통령의 권

한남용, 재벌기업과의 정경유착과 같은 정치적 폐습을 타파하기 위해서라도 이 사건 심판청구를 인용하여야 한다.

마. 결론

(1) 이 사건 심판절차의 전 과정에서 대통령의 직무수행 단절로 인한 국정공백은 중대하고 국론분열로 인한 국가적 손실은 엄중하다. 이러한 난국을 극복하고 국민통합을 이루기 위해서는 대통령 개인에 대한 탄핵심판을 넘어 비선조직의 국정개입, 대통령의 권한남용, 재벌기업과의 정경유착과 같은 정치적 폐습을 청산하고, 정치적 폐습을 조장한 권력구조를 개혁하기 위한 반성과 성찰이 있어야 한다.

물론 제왕적 대통령제를 규정한 현행 헌법의 권력구조는 피청구인의 법 위반 행위를 정당화하는 구실이 될 수 없다. 그러나 앞서 살펴본 바와 같이 대통령 권력의 과도한 집중이 피청구인의 법 위반 행위를 부추긴 요인이었음을 부인할 수 없다. 더욱이 대통령 탄핵심판에서 나타난 시대정신은 분권과 협치, 투명하고 공정한 권력행사로 나아갈 것을 명령하고 있다. 제왕적 대통령제를 이러한 시대정신이 반영된 권력공유형 분권제로 개편하는 것은 우리 사회의 수직적 권위주의문화의 폐습을 청산하고 정치·경제·사회 곳곳에 자리 잡고 있는 비민주적인 요소를 타파하는 데 기여할 수 있다. 나아가 이는 우리 사회의 모든 영역에서 각인의 기회를 균등히 하고 능력을 최고도로 발휘하게 하며, 국가공동체의 공정성 강화와 국민생활의 균등한 향상을 도모할 수 있다.

일찍이 플라톤은 50대에 저술한 「국가」에서 "통치하는 것이 쟁취의 대상이 되면, 이는 동족간의 내란으로 비화하여 당사자들은 물론 다른 시민들마저 파멸시킨다."고 경고했다. 이러한 플라톤의 경고는 우리가 권력구조의 개혁을 논의하는데 있어 시사하는 바가 크다.

(2) "오직 공법을 물같이, 정의를 하수같이 흘릴지로다(아모스 5장 24절)." 성경말씀이다. 불법과 불의한 것을 버리고 바르고 정의로운 것을 실천하라는 말씀이다.

이 사건 탄핵심판과 관련하여 국민간의 이념적 갈등에 대한 우려가 있는 것을 알고 있지만, 이 사건 탄핵심판은 보수와 진보라는 이념의 문제가 아니라 헌법적 가치를 실현하고 헌법질서를 수호하는 문제이다. 그리고 이 사건 탄핵심판은 단순히 대통령의 과거 행위의 위법과 파면 여부만을 판단하는 것이 아니라 미래 대한민국이 지향해야 할 헌법적 가치와 질서의 규범적 표준을 설정하는 것이기도 하다.

법정의견에서 살펴본 바와 같이, 피청구인의 법 위반 행위는 대통령이 국민 모두에 대한 '법치와 준법의 상징적 존재'임에도 헌법과 법률을 중대하게 위반한 행위이다.

이 사건 탄핵심판청구를 기각한다면 정경유착 등 정치적 폐습은 확대·고착될 우려가 있다. 이는 현재의 헌법질서에 부정적 영향을 주는 것일 뿐만 아니라 우리 헌법이 지향하는 이념적 가치와도 충돌하고 최근 부패방지관련법 제정에서 나타난 '공정하고 청렴한 사회를 구현하려는 국민적 열망'에도 배치된다.

이러한 점을 고려할 때, 이 사건 탄핵심판과 관련하여 소명을 받은 헌법재판관으로서는 피청구인에 대해 파면을 결정할 수밖에 없다. 피청구인에 대한 파면결정은 자유민주적 기본질서를 기반으로 한 헌법질서를 수호하기 위한 것이며, 우리와 우리 자손이 살아가야 할 대한민국에서 정의를 바로 세우고 비선조직의 국정개입, 대통령의 권한남용, 정경유착과 같은 정치적 폐습을 청산하기 위한 것이다.

(3) 이 사건 심판절차에서의 파면결정과 이를 계기로 시대정신을 반영한 권력구조의 개혁이 이루어진다면 우리나라의 자유민주주의와 시장경제는 보다 높은 단계로 나아갈 수 있다. 자율과 조화를 바탕으로 한 자유민주적 기본질서는 가일층 확고해지고, 자유와 창의를 기본으로 한 시장경제질서는 국민생활의 균등한 향상을 기하는 가운데 더욱 발전하여 우리와 우리 자손의 자유와 평등, 그리고 안전과 행복은 확대될 것이다.

재판장	재판관	이정미	이	정	미
	재판관	김이수	김	이	수
	재판관	이진성	이	진	성
	재판관	김창종	김	창	종
	재판관	안창호	안	창	호
	재판관	강일원	강	일	원
	재판관	서기석	서	기	석
	재판관	조용호	조	용	호

[별지]

대리인 명단

1. 소추위원의 대리인

변호사 황정근, 김봉준, 신미용, 이명웅, 임종욱, 최규진, 최지혜, 한수정
법무법인 거산 (담당변호사 문상식)
법무법인 공존 (담당변호사 전종민, 탁경국)
법무법인 도시 (담당변호사 이금규)
법무법인 만아 (담당변호사 김현수, 김훈)
법무법인 엘케이비앤파트너스 (담당변호사 이용구, 김현권)

2. 피청구인의 대리인

변호사 이중환, 구상진, 김평우, 서성건, 이상용, 위재민, 유영하, 장창호, 정기승,
정장현, 채명성, 최근서
법무법인 율전 (담당변호사 이동흡, 전병관, 배진혁)
법무법인 범무 (담당변호사 조원룡)
법무법인 신촌 (담당변호사 송재원)
법무법인 에이치스 (담당변호사 황성욱)
법무법인 정론 (담당변호사 손범규)
영남 법무법인 (담당변호사 서석구)

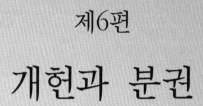

제6편

개헌과 분권

第1章   개헌과 분권

1987년 헌법이 대통령 선거에 있어서 상대다수제에 의한 당선을 인정하고 있기 때문에 유효투표의 반수 미만 득표로 대통령에 당선될 수 있게 한 것(Plurality system)이 국민주권과 민주주의원리에 위반된다는 점, 여전히 대통령제가 가지는 勝者獨食의 구조가 방치되어 있는 점, 민주적 정당성이 없는 국무총리가 대통령의 권한대행권을 가지는 점, 대통령이 국회에서 지지세력을 다수의석으로 확보하지 못하는 경우에 올 수 있는 분점정부(分點政府 divided government)의 위험을 조정할 수 있는 제도적 장치가 마련되어 있지 않아 장기적인 부란정이 우려된다는 점 등에서 문제가 있다.[1] 개헌(改憲) 또는 헌법 개정(憲法改正, constitutional amendment)[2]이란? 헌법을 고치는 것이다. 성문헌법에 규정된 개정절차에 따라서 헌법의 기본적 자동성(自同性), 즉 근본규범을 파괴하지 않고 헌법조항을 수정·삭제 또는 증보하여 의식적으로 헌법의 내용을 변경하는 것이다.[3] 분권(分權)은? 권리나 권력의 분산을 의미한다. 지방분권(地方分權 decentralization deconcentration)은 통치상의 권한이 지방정부에 대폭 분산되어 있는 체제. 중앙집권(centralization)과 상반되는 개념이다. 한국 헌법 제8장 지방자치 "제117조 ① 지방자치단체는 주민의 복리에 관한 사무를 처리하고 재산을 관리하며, 법령의 범위안에서 자치에 관한 규정을 제정할 수 있다. ② 지방자치단체의 종류는 법률로 정한다. 제118조 ① 지방자치단체에 의회를 둔다. ② 지방의회의 조직·권한·의원선거와

---

1 정종섭, 『헌법학원론』, 박영사, 2010, 212면.

2 대한민국 헌법 제10장 그 개정에 관한 규정을 두고 있다. 헌법개정의 제안권자는 대통령과 국회의 원이다(제128조 1항). 대통령은 국무회의의 심의를 거쳐(제89조 3호), 국회의원은 재적의원 과반수의 찬성을 얻어(제128조 1항) 헌법개정을 제안할 수 있다. 제안된 헌법 개정안은 그 내용을 국민에게 알리기 위하여 20일 이상의 기간동안 이를 공고하여야 한다(제129조). 헌법개정안은 그것이 대통령이 발의한 것이든 국회의원이 발의한 것이든 공고된 날로부터 60일 이내에 국회가 의결하여야 하는데 그 의결에는 국회재적의원 3분의 2 이상의 찬성이 있어야 한다(제130조 1항). 국회의 의결을 거친 헌법개정안은 국회가 의결한 후 30일 이내에 국민투표에 회부되고 여기에서 국회의 원 선거권자 과반수의 투표와 투표자 과반수의 찬성으로 확정된다(제130조 2항). 이처럼 모든 헌법개정안을 국회의 의결과 국민투표에 의하여 확정되도록 함으로써 헌법의 개정절차를 구헌법에서보다 까다롭게 하고, 국회의 의결을 필수적인 절차로 한 것은 그만큼 국회의 기능을 강화하고 정치적 목적을 위한 빈번한 헌법개정을 방지할 수 있게 한다는 의미도 가지고 있는 것이다. 이상과 같은 절차에 의하여 확정된 헌법개정은 대통령이 즉시 이를 공포해야 한다(제130조 3항).

3 https://ko.wikipedia.org/wiki/%EA%B0%9C%ED%97%8C, 2017.4.1.자 검색.

지방자치단체의 장의 선임방법 기타 지방자치단체의 조직과 운영에 관한 사항은 법률로 정한다." 너무나 포괄적이고 막연하다. 따라서 시대에 맞는 법과 질서를 세우려면 국민에 의한 개헌이 절실하다.

"총리에게 권한 주겠냐" 질문에, 민주당 후보 3인의 대답은?[4]

더불어민주당 문재인 전 대표, 안희정 충남지사, 이재명 성남시장이 2017년 3월 19일 '제왕적 대통령[5]제'의 원인과 해결책을 각기 제시했다. 세 후보는 이날 KBS가 주최한 민주당 대선주자 합동 토론회에서 "내각을 구성하는 총리에게 실질적 권한을 주겠느냐"는 질문에 각각 "책임총리제를 도입하겠다"(문재인), "정당이 견제하도록 하겠다"(안희정), "대통령이 생각을 바꿔야 한다"(이재명)고 말했다. 문 후보는 "제왕적 대통령 폐단은 책임총리제·책임장관제 도입, 삼권분립 강화와 국회 비판 권한 확대, 사법부 독립 강화, 강력한 지방분권제를 통해서 자연스럽게 이뤄진다"며 "대연정이나

---

4 엄보운, 조선일보, "총리에게 권한 주겠냐?" 질문에, 민주당 후보 3인의 대답은?, 2017. 3. 19.자. http://news.chosun.com/site/data/html_dir/2017/03/19/2017031900405.html.

5 제왕적 대통령(*imperial president*, 帝王的大統領)?대통령제 국가에서 행정부의 수반인 대통령의 막강한 권위를 비유적으로 이르는 말이다. 1973년 미국의 역사학자 슐레징거(Arthur Meier Schlesinger Jr.)가 그의 저서《제국의 대통령직 The Imperial Presidency》에서 닉슨 행정부의 막강한 권위를 묘사하면서 처음으로 사용하였다. 미국에서는 1974년 8월 닉슨(Richard Milhous Nixon) 대통령이 워터게이트사건으로 사임할 때까지 행정부의 권한이 입법부·사법부에 비해 상대적으로 막강하였는데, 특히 제2차세계대전 때 루스벨트(Franklin Delano Roosevelt) 행정부의 권위는 다른 정부 기관들을 압도하였다. 그러나 워터게이트사건 이후 대통령의 권한이 약화되어 바람직한 3권분립의 형태가 유지되다가, 2001년 9월 11일 미국대폭발테러사건이 터지면서 제왕적 대통령이라는 용어가 다시 등장하였다. 부시(George W. Bush) 행정부가 테러와의 전쟁 비용으로 400억 달러의 예산을 승인받은 뒤 그 사용처를 의회에 제대로 제공하지 않는 등 의회와 사법부의 고유 권한을 무시하자 언론들이 부시를 가리켜 제왕적 대통령이라고 표현하기 시작한 것이다. 이처럼 제왕적 대통령은 3권분립이 균형을 이루어야 하는 대통령제 국가에서 대통령의 권한이 다른 정부 기관에 비해 상대적으로 막강한 것을 가리키는 비유적 표현으로 사용된다. 이는 곧 대통령의 권한이 옛날 왕조 시대에 제왕이 누리던 독단적 권위처럼 막강하다는 뜻인데, 심한 경우에는 대통령 독재로 이어질 수도 있다. 대통령제를 채택하고 있는 한국에서도 전통적으로 행정부의 권위가 막강해 입법부·사법부를 압도하고 있는데, 이에 따라 대통령 권한이 너무 강하다는 지적이 꾸준히 제기되어 왔다. 대통령이 집권당(여당)의 총재직을 겸하면서 인사권과 재정권을 마음대로 휘두르는 등 대통령 1인에게 권력이 집중됨으로써 많은 폐해가 발생한다는 것이다. 이러한 폐해, 곧 제왕적 대통령으로 인한 폐해로는 첫째, 독재정치를 불러올 수 있다는 점을 들 수 있다. 대통령의 말 한 마디로 모든 정책이 결정되므로 정치는 물론 국가적 혼란이 가중될 수밖에 없다. 둘째, 정부 각 부처와 관리들이 국정의 모든 것을 대통령의 재가를 받아 결정하려 하기 때문에 대통령은 과도한 업무에 시달려 제대로 국정을 수행할 수 없다. 이 밖에도 많은 폐단이 있지만, 정치적으로 안정된 국가에서는 이를 위해 대통령의 권한을 분산시키려는 정책을 도입하여 시행하고 있다. 대표적인 경우로 선진국의 의회를 들 수 있는데, 의회가 행정부를 견제함으로써 제왕적 대통령의 출현을 막는 것이다. 두산백과, 2017. 3. 26. 20시 검색. http://terms.naver.com/entry.nhn?docId=1219911&cid=40942& categoryId =31645.

법을 바꿔야만 만들어지는 것이 아니다"고 말했다. 그는 "대통령에게 모든 권한이 다 모여서 제왕적 대통령이 되는 현실이 문제"라며 "대통령이 헌법을 지키면 국민과 함께 적폐 청산과 개혁을 다 해낼 수 있다"고 했다. 안 후보는 "대통령보다도 자기 역할에서 자기 이야기를 정확히 하는 존재가 곳곳에 있으면 제왕적 대통령이 힘을 발휘하지 못한다"며 "정당정치가 작동해야 한다"고 했다. 이어 "여당은 대통령의 하부 조직이 아니고, 의회의 지도력이 대통령과 동등하게 대화할 수 있어야 한다"며 "의회는 거수기나 '통법부'가 아니다"고 덧붙였다. 이 후보는 "쟁기 탓하지 말자"며 "시스템이 문제가 아니라 사람 문제"라고 했다. 이 시장은 "제도가 문제였다면 김대중, 노무현 전 대통령은 제왕적이지 않았나"라며 "제도를 운용하는 사람이 어떠한 생각을 하고 주변에 누가 있느냐가 중요하다. 최고의 권력자인 대통령이 자기 생각이 뚜렷하지 않으면 심각하고 주변 사람에게 휘둘리면 더 문제"라고 했다.

1987년 헌법에 다수의 내각책임제적 요소, 분권형 대통령제[6]적 요소가 포함되어 있음에도 기본적으로 대통령 중심 혼합제로서 보다 대통령제에 접근 되었다. 그 이유는 현행 1987년 헌법이 국회의 불신임권과 대통령의 국회해산권을 규정하지 않고 있다. 국무회의는 내각책임제의 각료회의와 달리 의결기관이 아니라 심의기관에 불구하고, 국무총리 또는 국무의원도 내각책임제의 수상이나 각료와는 달리 집행에 관한 실질적인 권한과 책임이 귀속되는 기관이 아니라 대통령의 보좌기관이다. 내각책임제적 요소인 국회의 영향력을 실질적으로 증대시키는 역할보다는 대통령으로 하여금 입법부의 정치과정에 적극적으로 개입하고 있다. 따라서 대통령은 삼권분립 하의 행정부의 수반으로서 보다는 삼권 위에 위치하는 국가의 수반으로서의 제왕적 대통령제의 위상을 강화하고 있다는 점을 들 수 있다.[7] 국민국가간의 관계에 있어서는 이처럼 하나의 세계국가를 지향하는 반면 한 국민국가 내에서는 극도의 지방분권화를 지향한다. 지방분권화는 개인들에게 가장 효율적인 방식으로 최대의 선택범위를 제공하기 때문에 개인의 자율성을 증진시키는 것으로 본다. 또한 시장 경쟁자들의 권력을 분할시킴으로써, 그렇지 않으면 국가에게로 집중될 권력으로부터 개인들의 자유를 방어

---

6 분권형 대통령제란? 대통령은 통일·외교·국방 등 안정적 국정수행이 요구되는 분야를 맡고 총리는 내정에 관한 행정권을 맡아 책임정치를 수행토록 하는 것이다. '분권형 대통령제'는 제왕적 대통령제의 대칭 개념으로 도입한 것으로, 정치적 수사(修辭)의 성격이 강하며, 사실상 프랑스식 이원집정부제와 가깝다. 대통령과 총리는 통괄하는 각료에 임명권을 행사할 수 있으며, 내각제 못지않게 총리권한이 강화된다. 국회의 내각불신임권과 대통령의 국회해산권이 부여되기도 한다. 현행 우리나라의 헌법은 대통령에게 '국가원수'로서의 권한과 함께 '행정수반'으로서 행정권을 부여하고, 국무총리는 대통령을 보좌하며 대통령에 의해 임명되도록 하고있다. 따라서 분권형 대통령제를 실시하려면 헌법개정이 필요하다.

7 우윤근, 『한국정치와 새로운 헌법질서』, 리북, 2009, 93면.

해 줄 수 있다고 본다.[8] 지방분권에는 두 가지의 형태가 있다. 그 하나는 중앙정부[9]가 국가사무와 권한을 각 지방정부에 위임(委任)하여 그들로 하여금 중앙정부의 감독 아래 수행하도록 하는 행정적 분권[위임 행정]이고, 다른 하나는 지방자치단체가 그 지방의 모든 행정사무를 고유사무로 인식하고 독자적인 입장에서 부여된 권한을 행사하여 자주적으로 행정을 수행하는 자치적 분권[자치행정]이다. 이러한 두 형태의 지방분권은 전자는 독일과 프랑스 등지에서 발달한 단체자치(團體自治)와 관련이 깊고, 후자는 영국에서 발달한 주민자치(住民自治)에 의한 행정과 관련이 깊다. 지방분권은 중앙집권에 비하여, 지방의 특수성과 실정에 맞는 행정을 할 수 있고, 민주통제(→민중통제)를 강화하고 행정의 민주화를 실현할 수 있으며, 지방의 행정기관이나 주민들의 사기(士氣)와 창의성을 향상시키고 애향심(愛鄉心)을 고취하는 등의 장점을 갖고 있다. 그러나 지방분권은 지방자치단체의 재정적 자립이 어렵다는 점과 중앙집권이 가지는 장점을 지니지 못한 점이 단점으로 지적되고 있다.[10] 1991년 지방의회를 설치한 이래 지방자치제도 시행상의 성과와 문제점 등의 순기능과 역기능 속에서 지방자치제도의 역기능 개선을 위한 발전적 과제를 국가권력 구조개편, 지방분권을 실질화시킬 수 있는 지방자치형 분권형개헌(分權型改憲)이란 큰 틀을 상정하고, 그를 내에서 지방분권형 헌법 개정방향으로 분권과 재정 확보, 지방자치의 역량 및 책임성과 경쟁력 확보, 주민참여 장치의 보완 등으로 접근하여 권력구조 실질화 방안이다. 지방자치형 분권헌법 개정을 위한 헌법의 개정, 자치권과 자주재정의 신장, 정부 간 관계의 수평화, 감사제도의 개선, 정부정책결정 과정의 국정참여, 주민참여 제도 활성화 방안 등이 있다.[11]

지방자치란 무엇인가? "일정한 지역과 주민을 기초로 하는 공공단체가 지역내의 공공사무를 지역주민 스스로 또는 대표권을 통하여 처리하는 과정"으로 이해된다(저세욱, 22;김학노, 24; 한원택, 140; 45) 여기서 단체자치란 상위정부에 대한 지방정부의 자율성 측면에 관한 것으로 상위정부와 지방정부 간의 분권/집권이 핵심문제가 되며, 주민자치는 지방정부에 대한 시민사회의 투입측면에 관계되는 것으로서 참여/통제가 핵심문제가 된다. 그리고 이러한 이해에 기초하여 지방자치는 상위정부로부터의 "분권"과 지방정책과정에 대한 시민의 "참여"로 요약 된다.[12]

---

8 정용덕,『현대국가의 행정학』, 법문사, 2003, 887면.
9 중앙정부(中央政府)는 국가를 계층별로 나눌 때 국가 자체에 대한 행정부(정부)인 것을 말한다. 주로 국가 전체를 대상으로하는 법률을 시행한다.
10 http://terms.naver.com/entry.nhn?docId=77895&cid=42152&categoryId=42152, 2017.4.1자 검색, 이해하기 쉽게 쓴 행정학용어사전, 2010. 3. 25., 새정보미디어.
11 이종수, "지방자치형 분권헌법 개정", 기억과전망 통권 제28호, 2013년 여름호, 357면.
12 이승종,『지방자치론』, 박영사, 2014, 3면.

국가리더십과 대학연의

김병섭 서울대학교 행정대학원 행정학과 교수 "국가리더십과 대학연의" 강의[13]를 감명 깊이 들었다. 김병섭 교수는 이순신을 대항해시대[14]와 동시대의 동아시아 국제질서가 격변하는 과정에서 능동적·주체적으로 시대에 맞섰던 인물로 평가하였다. "이순신 장군의 위대함을 누가 모르랴. "신에게는 아직 12척의 배가 남아 있습니다"라는 영화 '명량'의 대사처럼, 최악의 경우에도 포기하지 않는 헌신성과 애민(愛民) 정신 등은 지도자의 표상으로 자리 잡았다. '이순신 리더십'이 끊임없이 조명되는 이유다. 세계사 흐름에 비춰 본 충무공 리더십이다. 16세기 말이라는 시대 상황, 당시의 세계경제 질서, 조선·명·일본 등 동아시아의 대응 방식 등을 다각도로 분석한다. 이를 통해 '개인 이순신'이 아닌 '구조 속 이순신'을 파고든다. "조선은 세계 최강국으로 올라설 기회가 있었다. 그걸 근시안적 사고로 놓쳤다. 그나마 이순신이 있었기에 파국은 면할 수 있었다. 없었다면 한반도는 400년 전 분단됐을 것"이라는 흥미로운 분석을 내놓고 있다. "대항해시대를 여는 주요한 두 가지 요소, 즉 은(銀)과 함포 기술을 갖고 있으면서도 조선은 이를 걷어찼다." 명나라에 조공(朝貢)무역을 하던 조선이 넘버 2라고? 고개를 갸웃거리게 한다. 하지만 김병섭 교수는 "조공무역을 한다는 것 자체가 명이 신뢰한다는 뜻"이라고 말했다. 공물을 바치면 명은 그 이상의 공물을 내리곤 했다는 얘기다. 15세기 조선은 1년에 최다 네 차례 무역을 했다. 반면 일본은 10년에

---

13 김병섭(서울대학교 행정대학원 교수), "국가리더십과 대학연의", 서울대학교 행정대학원 국가정책과정 제84기 2017년 3월 31일 강의 책자 및 강연 내용 핵심.

14 대항해시대(大航海時代)？15세기 후반부터 18세기 중반까지 유럽의 배들이 세계를 돌아다니며 항로를 개척하고 무역을 하던 시기를 말한다. 콜럼버스의 신대륙 발견, 마젤란의 세계 일주, 바스코다 가마의 인도항로 개척 등이 대표적 예다. 이때를 기점으로 대륙 국가에서 스페인·포르투갈 등 해양 국가로 세계의 주도권이 넘어가게 된다. 일본이 임진왜란을 도발한 배경엔 대항해시대가 자리하고 있다는 분석이다. 지금까지 통념으로는 중세의 대항해시대를 서구의 신흥세력들에 의한 이른바 '지리상의 발견'이나 '신항로의 개척' 시대로 정의하는데, 이것은 서구문명 중심주의에서 비롯된 발상이다. 왜냐하면 이 시대는 서구가 아닌 동양에 의해 발단되었으며, 이른바 '지리상의 발견'이나 '신항로의 개척'은 다름아닌 해상실크로드의 환지구적(環地球的) 확대이며 그 전개 시기이기 때문이다. 이렇게 동서양을 아우르는 범지구적 항해시대는 15세기 초에서 17세기 중엽까지로 잡을 수 있다. 이 시대를 대항해시대로 규정지을 수 있는 굵직한 항해사(航海事)로는 정화(鄭和)의 7차에 걸친 '하서양(下西洋)'을 비롯해, 엔히크를 필두로 한 포르투갈인들의 아프리카 서해안 항해, 다 가마의 인도양 해로 개척, 콜럼버스의 대서양 횡단, 마젤란과 엘카노의 세계일주, 아메리고 베스푸치의 남미 대륙 항해, 포르투갈과 스페인의 라틴아메리카 식민화를 위한 해상 활동, 네덜란드와 영국의 해양 패권 경쟁 등을 들 수 있다. 이 시대에는 대범선무역(大帆船貿易)에 의해 동서 간에 도자기와 향료 농산물과 광물 등 문물교류가 활발하게 진행되었다; 김병섭, "항해·함포술 정통한 이순신, 대항해시대가 요구한 리더" 중앙선데이, 2015.11.8.자, 창비, 실크로드 사전, 2013. 10. 31. 자. http://news.joins.com/article/19025569, http://terms.naver.com/entry.nhn?docId=2782383&cid=55573&categoryId=55573 2017.4.1.자 검색.

고작 1회 명과 거래할 수 있었다. 일본은 더 늘려달라고 애원했지만 명은 무시했다. 그만큼 일본은 주변국이었다. 무엇보다 조선은 '은'을 생산할 수 있었다. 연산군 때 개발된 '회취법'이라는 제련기술 덕이었다. 명나라가 건국 직후부터 지정은제(地丁銀制)를 채택하는 등 대항해시대 은은 사실상 국제화폐나 다름없는 교환 기준이었다. 환차익까지 거둘 수 있어 유럽 상인들은 너도나도 은을 들고 중국행에 나섰다. 폭발적인 은 수요였음에도 조선은 은 생산을 막았다. "건국 초 조선은 은을 생산할 수 없어 세종 때 간신히 조공품목에서 제외시켰다. 그것을 번복하는 건 명과의 신뢰를 손상시키는 행위로 본 것"이라는 설명이다. 무역을 '장사치'로 업신여기는 성리학적 풍토도 저변에 작용했을 것으로 보인다. 틈새를 파고든 건 일본이었다. 조선의 '회취법'을 수입해 1530년부터 자체 생산에 들어갔다. 한명기 명지대 사학과 교수는 "회취법 도입 이후 이와미 은산을 포함한 은광 개발이 붐을 이뤘다. 16세기 중반 일본은 세계 2위의 은 생산국으로 발돋움했다"고 전했다. 함포 제작 기술에서도 조선은 앞서 있었다. 고려 말부터 난립했던 왜구를 토벌하기 위해서였다. 함포 사격술은 평범한 군사기술이 아니었다. 1509년 디우(Diu) 전투에서 배의 측면에서 포를 쏘아댈 수 있었던 포르투갈은 오토만제국 등을 무참히 무너뜨렸고 이후 세계 해양을 호령했다. 함포 기술이 세계 최강국으로 가는 지름길이었던 셈이다. 최첨단 군사력으로 무장할 수 있음에도 조선은 이를 방치했고, 일본 조총에 속절없이 당하고 말았다. 김병섭 교수는 "정변 때 화기가 사용될 수 있다는 불안감 등이 기술 발전을 가로막은 것으로 추산된다"고 진단했다. 이처럼 조선 집권층이 시대 흐름을 철저히 배반한 데 반해 이순신만이 외롭게 버텨냈다. '수군 중시' 자체가 비주류의 사고였다. 임진왜란 당시 조선 조정은 오직 육전(陸戰)에만 관심을 두었다. "대저 섬나라 오랑캐는 수전에는 장점이 있어도, 기전(騎戰)엔 단점이 있으니 패주하는 체하여 땅으로 내려오도록 해야 한다"는 말을 서슴없이 했다. 심지어 수군통제사였던 원균마저도 "육지로 유인해 공격하는 게 낫다"는 입장이었다. 하지만 이순신은 "수군이 작전을 하지 않고 성을 지키는 방비에만 전력을 다했기에 나라가 적의 소굴로 번진 거 아니냐"며 강하게 반발했다. 이순신의 강력한 제해권은 일본의 보급선을 차단했고, 조선·명 연합군과 일본 간의 군사적 균형을 유지하는, 동아시아 질서의 버팀목이었다. 김병섭 교수는 "조선 관료가 명에만 의존하는, 소중화(小中華) 사고에 집착했지만 이순신은 바다 바깥의 세상을 꿰뚫어보고 있었다"고 해석했다. 총통으로 대표되는 화포를 판옥선에 장착한 것도 이순신이었다. 당시 조선 수군의 숫자는 절대적으로 적었다. 따라서 거대한 판옥선에 수군을 몰아넣기보다는, 배의 크기를 줄여 기동성을 높이는 게 현실적이라는 의견이 대다수였다. 하지만 이순신은 조선의 함포 기술을 최대한 동원했다. 대형 총통을 탑재한 함선으로 왜선의 '백병전'에 맞불을 놓았다. 제장명 해군사관학교 교수는 "당시 사정거리

1000보에 이르는 별황자총통 등은 적을 압도하는 결정적 무기였다." 결국 이순신 리더십의 또 다른 측면은 시대를 읽어내는 통찰력과 첨단 기술을 수용하는 열린 사고였다. 김병섭 교수는 "미국·중국·일본 등에 둘러싸여 선택을 강요받는 현 상황이 임진왜란 직전과 다르지 않다"며 "영리한 외교 전략으론 한계가 있다. 스스로 힘을 기르는 자강(自强)만이 유일한 방법임을 이순신이 웅변하고 있다. 임진왜란 당시 일본의 침공과 명의 참전으로 양국은 한강을 기점으로 한반도를 분할하는 강화협상(1593년)을 진행하기도 했다. 이순신이 23전23승의 승전보를 들려주지 않았다면 분단의 비극은 그때부터 실현됐을지 모른다."[15] 김병섭 서울대 국가리더십연구센터장은 "수천년 전 황제가 집권했을 때도 리더십의 기본은 백성에게 진심으로 대하고 사적 이익은 취하지 않는 것"이라며 "현재 국민 수준은 과거보다 훨씬 높아졌는데 이번 정권은 오히려 퇴보했다"고 꼬집었다.[16]

정부조직 분권화 지향해야

"권력은 대통령에게만 집중돼 있는 것이 아니다. 권위주의적 권력집중 현상은 각급 기관의 장과 지방자치단체장에게도 나타난다. 지방자치단체장은 지방자치라는 이름 하에, 책임운영기관과 산하기관의 장은 기업가적 책임경영이라는 이름 하에 권한이 더욱 집중되고 있다. 그러나 이들 기관장은 다시 상급자나 상급기관의 눈치를 보기 때문에 나라 전체가 거대한 공룡과 같이 둔한 모습을 보이게 되는 것이다. 조직간 견제와 균형의 부족도 큰 사회문제를 야기하고 있다. 검찰·경찰·국가정보원 등 권력기관간 견제와 균형이 요구되고 있지만 이것이 제대로 작동되지 않고 있다. 가령 이용호 게이트 등 각종 스캔들이 우리 사회를 온통 흔들어 놓고, 여기서 드러난 바와 같이 주가조작이나 공금횡령 등의 혐의로 피의자가 긴급 체포 조사되었으나 '끼리끼리 커넥션' 때문에 무혐의 처리되었다가 특별검사에 의해서 그 전말이 드러나기도 하였다. 이와 같이 지연 또는 학연을 연고로 형성된 집단 내 사람들끼리는 가족과 같은 상호간 높은 수준의 신뢰가 있고, 이러한 신뢰를 기반으로 '우리 사람' 봐주기가 이루어지기 때문에 사회적 신뢰는 낮아지고 사회질서와 국가기강이 무너지는 큰 문제가 발생하게 되는 것이다. 따라서 우리사회에서 근래 나타나고 있는 여러 가지 사회문제를 해결하기 위해서는 무엇보다도 분권화와 견제와 균형을 기하는 정부조직개편이 필요

15 김병섭, "항해·함포술 정통한 이순신, 대항해시대가 요구한 리더" 중앙선데이, 2015.11.8.자, http://news.joins.com/article/19025569

16 김병섭, "리더십 4.0시대-빅데이터로 본 '대한민국 리더십' '관리형 리더십' 종언...'오케스트라 지휘자형' 필요", 서울경제 2017.1.1.자.

하다. 대부처주의의 지향이 아니라 대통령중심의 단일부처주의를 지양해야 하며, 장관-부총리-총리-대통령의 4단계를 거치는 조정보다 부처장관 중심의 국정운영이 필요하다. 갈등의 조정 못지않게 조직간, 특히 권력기관간 견제와 균형이 중요하다."[17]

대통령의 권력 나눔과 지방분권[18]

2017년 5월 10일 문재인 대통령은 취임사에서 지금의 청와대에서 나와 광화문 대통령 시대를 열고 대통령의 제왕적 권력을 최대한 나누겠다고 천명했다. 대통령 스스로 권력기관은 정치로부터 완전히 독립시키겠다는 것이다. 문 대통령의 새 정부 출범은 지방분권 개헌의 시발점임에 분명하다. 문 대통령은 '지방분권은 꼭 이뤄내야만 하는 시대적 사명'이라며 대선공약으로 이미 공표했다. 중앙권한의 지방 이양과 지방자치 역량을 강화하도록 지방분권을 실현하고, 지방재정이 자립하는 강력한 재정분권을 추진하겠다고 했다. 또한 '자치입법권', '자치행정권', '자치재정권', '자치복지권'이라는 4대 지방자치권 보장을 골자로 지방자치법을 전면 개정해 '자치와 분권의 법적 기반을 확보하겠다'고 밝혔다. 이제 지방분권은 꼭 해야만 하는 의무사항이 된 것이나 다름없다. 고흥군은 전국 최고 노령화율을 보이고 있다. 급속한 고령화로 사회복지 지출이 큰 폭으로 늘어난 탓에 지역 맞춤형 예산을 편성하는 데 상당한 애로를 겪고 있다. 이렇다 보니 지역발전을 위해서는 지방교부세 등 중앙정부에 의존할 수밖에 없다. 하지만 재정권을 비롯해 모든 권력을 중앙정부가 틀어쥐고 인심 쓰듯 나눠주는 절름발이식의 '지방자치'로는 미래지향적인 지방발전을 도모할 수 없다. 지금의 헌법체제에서는 자주적인 지방자치를 실현하기 어렵다. 지방자치 관련 조항은 제117조와 제118조 두 조항에 불과하고, 지방정부를 자치의 주체로 인정하기보다는 중앙정부의 법령을 집행하는 하급기관으로 전락시키고 있다. 즉 중앙집권적 헌법으로 인해 지방정부는 손발이 묶여 제 기능을 발휘하기 못하고, 반면 중앙정부는 모든 권한이 집중되어 과부하에 걸려 기능 마비를 초래하고 있다. 국민을 위한 지방분권 개헌이 큰 틀에서 다뤄지려면 독일과 프랑스에서 발달한 단체자치와 영국에서 발달한 주민자치에 의한 행정을 살펴보아야 할 것이다. 한국 헌법 제1조에 '대한민국은 지방분권국가'임을 명문화함은 물론 지방의 입법권·행정권·재정권·조직권 등을 구체적으로

---

17 김병섭(서울대학교 행정학과 교수·전 정부혁신지방분권위원장), "정부조직 분권화 지향해야", 서울신문, 2002. 12. 31자 부분게재., http://www.seoul.co.kr/news/newsView.php?id=20021230007005. 2017. 4. 1.자 검색.

18 박병종(고흥군수·전국 시장군수구청장협의회 대변인·지방분권개헌전남회의 공동의장),"대통령의 권력 나눔과 지방분권", 세계일보 기고, 2017. 05. 29.자 전면 게재, http://www.segye.com/ newsView/20170529003083

적시해 실질적인 지방분권 국가로서 선언해야 한다. 또한 현재의 '지방자치단체'를 '지방정부'로 하며, 대선공약으로 제시한 중앙권한 지방 이양과 재정 분권을 확실하게 추진해 지방정부의 가치를 확고히 정립하고 자율성과 책임성을 보장해야 한다. 아울러 국회개헌특위에 지방정부의 장이 참여하는 기구를 구성해 지방의 다양한 의견을 개헌에 반영해야 한다. 이 같은 방향이 폭넓고 깊이 있게 논의된다면 지방분권의 길은 그리 멀지 않다고 본다. 지방분권 혁신은 단순한 권력구조의 개편보다 지방정부의 재정 역량을 획기적으로 확대하고, 역량의 한계에 직면한 중앙정부를 대신해 지방이 국가 발전의 새로운 구심점이 되도록 해야 할 것이다. '지방분권'은 국가 발전을 위한 대개혁의 첫걸음이자 시금석이다. 이를 통해 진정한 지방자치가 실현되면서 미래가 있는 지방정부로 거듭날 수 있다. 국가의 중앙정부 대(對) 지방정부의 융합적 협력으로 분권과 자치가 실현되면 대통령의 제왕적 권력을 막고, 권력기관 간 견제와 균형의 추는 모든 정책과 소통할 것이고, 제4차 산업혁명의 시대를 맞아 국민 삶의 변화와 공공행복 지능형 정부의 어젠다(의제)가 생성될 것이다.

검찰의 기소독점은 기형적…'균형의 추' 필요

"견제와 균형의 추(錘)가 없는 사법구조를 좋은 민주주의라 할 수 있을까. 헌법적 권력분립은 분할돼 있는 것만으로 충분하지 않고 분할된 국가 권력 간에 균형이 성립해야 한다. 균형이 성립하지 못할 때 그 지배자가 강력한 권력을 장악하면 국민 모두가 위험에 빠질 수 있다. 한상대 검찰총장은 2011년 8월 취임하면서 "우리는 내부의 적과 싸워야 합니다. 내부의 가장 큰 적은 바로 오만입니다"고 말했다. 깨끗한 검찰문화는 반드시 이뤄야 할 과제이므로 신상필벌의 원칙에 따라 강력한 감찰을 통해 기강을 바로세우겠다는 것이다. 그런데 유진그룹과 다단계 사기범 조희팔 등으로부터 8억원을 수뢰한 혐의를 받고 있는 검사를 특임검사가 수사하는 것에 대해 국민은 이해할 수 있을까. 검사 지휘를 규정한 대통령령에 따르면 검찰이 경찰로부터 사건을 넘겨받아 수사지휘를 할 수 있도록 되어 있다. 이는 개정 형사소송법상 보장된 경찰의 수사 개시·진행권을 침해하는 것이고, 두 수사기관이 동일한 사건을 각자 수사하는 것은 중복수사로 인한 인권침해 등의 측면에서 적절하지 않다.

검사가 화재현장에 몇 번이나 나와 보고 도둑은 잡아봤을까. 한국 검찰은 현장과 멀리 떨어져 있는데 수사권, 수사지휘권, 영장청구권, 기소권 독점은 기형적 형태이다. 검·경 관계에서 경찰의 수사 분담률은 90% 이상을 차지한다. 경찰이 수사를 열심히 해서 범인을 잡더라도, 재판에 넘기지 못하면 처벌할 수가 없다. 따라서 범인을 재판정에 세우는 기소권은 강력한 권한이다. 그런데 한국에서는 기소는 오로지 검사만이 할 수 있다. 이는 시민 배심원이 기소 여부를 결정할 수 있는 미국, 피해자가 직접 형사소송을 수행하기도 하는 프랑스, 범죄 피해자가 검사와 함께 원고 자격으로 형사절차에 참여할 수 있는 독일 등과는 분명한 차이가 있다. 영장주의의 본질은 국민의 기본권 제한의 오·남용을 방지하기 위해 객관적 지위에 있는 법관의 판단을 받는 데 그 핵심이 있다. 그러나 현행 헌법상 검사의 독점적 영장청구권이 수사지휘권과 결합돼 검찰권 비대화의 문제를 드러내고 있다. 검사의 범죄 혐의를 검사가 수사하는 현실은 사법개혁이 얼마나 절실한지를 역설적으로 보여주고 있다. 한국 검찰을 살리기 위해서는 형사소송법, 정부조직법 등 관련 법령을 개정해야 한다. 검찰에 집중되어 있는 수사권, 수사지휘권, 영장청구권, 기소권 독점의 다원화는 시대의 요청이다.[19]

소통과 솔직함이 정부 성공의 기본

"대통령의 파면으로 정권이 끝나게 된 것 말고도, 지난 4년 박근혜정부의 국정 관리 성적은 초라하다. 지금 대한민국을 짓누르고 있는 문제들을 생각해볼 때, 다음 정권의 또 다른 실패는 생각하기도 힘든 일이다. 차기 정부를 위한 정책 공약이 쏟아지고 있다. 아직 각 정당의 대선 주자 선정 단계이긴 하지만, 국민의 마음을 제대로 얻는 비전과 정책 제안이 이뤄지고 있는 것 같지는 않다. 그런데 새로운 공약과 정책 제안에 대한 기대의 마음에 앞서, 지난 정부가 왜 실패했는지를 생각해봐야 한다. 박 정권의 국정관리 실패 중에서도 가장 큰 것은, 우선 정부가 국민 신뢰를 많이 잃었다는 점이다. 특히, 정부는 세월호 사고란 안전 참사를 방지하는 데 실패했고, 또 사후적으로 수습하는 데에도 성공하지 못했다. 세월호 비극 앞에서 우리는 슬픔을 공유하고, 진실한 위로를 나누며, 새롭고 경건한 다짐을 만들고 실천했었어야 했는데 그러지 못했다. 오히려 시간이 지나면서 불신과 갈등의 마음이 커지는 상황에까지 이르렀다. 정부 신뢰의 위기는 거기서 끝나지 않고 국민경제의 어려움을 키웠다. 한국의 경제지표가 나빠진 건 사실이다. 박 정부는 임기 2년 차에 들어 성장률 4%, 고용률 70%, 1인당 국민소득 4만 달러의 이른바 '474 비전'을 제시했었다. 그러나 지난해 성장률은 2.7%이고, 2015년 1인당 국민소득은 2만7340달러로 2009년 이래 6년 만에 최초로 줄었다. 결국, 국민의 빚이 늘었고 특히 청년과 노년층의 생활이 어려워졌다. 그러나 이러한 경제적인 어려움과, '헬 조선'이나 '금수저와 흙수저'의 자조적인 사조가 생기는 것은 별개의 일이다. 국민경제의 어려움은 국제적인 경기 상황이나 정책적 판단 착오,

---

19 지영환(경찰청 대변인실 소통담당 2012년), "검찰의 기소독점은 기형적…'균형의 추' 필요", 경향신문, 2012. 11. 19. 전면게재., http://news.khan.co.kr/kh_news/khan_art_view.html?artid=201211192110185&code=990402, 2017. 4. 1자 검색.

그리고 고령화와 같은 인구 통계적 요인이 만든다. 하지만 자조적인 사조와 국민의 사기 저하는 정부 국정 관리의 실패가 만드는 것이다. 게다가 국민의 마음속에 자리 잡은 자조와 냉소는 발전 잠재력 저하의 보이지 않는 큰 요인이다. 차기 정부는 또 다른 실패를 피하기 위해 무엇을 해야 하는가? 그 무엇보다 중요한 것은 국민의 정부에 대한 불신(不信)을 줄이는 일이다. 이를 위해 차기 정부는 비록 우리가 풀어야 할 문제가 참으로 어렵지만, 힘을 합해 그걸 풀어보자고 국민과 제대로 소통(疏通)해 신뢰의 마음을 끌어내야 한다. 국민의 정부에 대한 신뢰는 정부의 솔직함과 투명성에서 비롯된다. 실상은 매우 어려운 문제인데, 이를 제대로 알리지 않거나 쉽사리 풀 수 있다고 주장하는 행동은 불신을 조장한다. 예를 들어, 복지에 돈이 많이 들면, 이를 국민에게 알리고 소통함으로써 사회적 합의를 이끌어내야 한다. 또한, 정부의 국민에 대한 투명성은 대대적인 수준의 것이어야만 한다. 하나의 거짓과 불투명이 정부 신뢰의 공든 탑을 무너뜨릴 수 있다. 그다음으로는, 반대로 정부의 국민에 대한 신뢰를 확립하고, 이러한 신뢰를 정부 혁신의 새로운 패러다임으로 정착시키는 것이다. 사실 정부가 국민에게 솔직하지 못한 것은 정부의 국민에 대한 신뢰 부족에 기인하는 바 크다. 정부에 똑똑한 사람이 많다. 그러나 그들의 똑똑함은 정부 관료조직 안에서 멈춘다. 이러한 점은 정치인도 마찬가지다. 그들의 똑똑함도 대개 정당이나 국회에서 멈춘다. 우리나라에 한국판 스티브 잡스나 조앤 롤링 혹은 버락 오바마가 있다면, 그들은 정부가 상전 노릇을 해왔던, 국민 중에 있을 수밖에 없다. 그럼에도 스스로 더 똑똑하다고 착각하는 정부는 '머리 좋은 청년'과 '혁신 기업'을 선정하려 든다. 정부가 제 할 일을 하는 것은, 좋은 아이디어를 지닌 민간이 규제에 막혀 억울하게 일을 못 할 경우 이를 풀어줄 때다. 그리고 다른 하나는, 머리 좋고 승리한 민간들 틈에서 소외된, 실패한 민간을 보호할 때다. 정부는 스스로 무엇을 잘할 수 있는지를 깨달아야 한다. 정부의 국민에 대한 신뢰는 사회가 복잡해지고 발전할수록 점점 더 중요하다. 한국은 시민 정치 참여와 제도적 절차를 통해 스스로 대통령을 파면시키고 선거를 통해 새로운 지도자를 선출할 수 있는 능력을 가진 나라다. 그러한 시민 의식과 역량을 지닌 국민이 살고, 제도가 작동하는 나라다. 이들이 못 풀 문제는 없다. 심지어 경제 문제도, 국제 관계 문제도 그러하다. 문제는 국민과 국가의 양방향 신뢰다."[20]

정부 개편에도 '선택과 집중' 필요하다

"우리나라에서는 새 대통령이 선출될 때마다, 크든 작든 정부 조직 개편이 이뤄져

---

20 최흥석(고려대학교 행정학과 교수·한국행정학회장), "소통과 솔직함이 정부 성공의 기본", 문화일보, 2017. 3. 28자; http://www.munhwa.com/news/view.html?no=2017032801033011000002.

왔다. 외환위기 사태 속에 출범한 김대중정부는 재정경제원을 재정경제부와 기획예산처로 분리하고, 통상교섭 기능을 외무부에 추가해 외교통상부로 개편했다. 노무현정부는 우선 분권화를 통한 정부 기능 재조정과 관리 개혁에 초점을 뒀고, 취임 1년 뒤 소방방재청을 설치하는 등의 구조 개편을 단행했다. 이명박정부는 기획예산처와 재정경제부를 다시 기획재정부로 통합했고, 4대강 사업의 주무 부처로 국토해양부를 설치했다. 박근혜정부의 조직 개편에서 두드러졌던 점은 미래창조과학부와 인사혁신처를 신설한 것이었다. 지금, 조기 대선 분위기 속에 정부 조직 개편에 관한 논의가 무성하다. 우리나라의 국정 환경은 매우 빠르게 변한다. 지난 수십 년 동안 한국은 급속한 공업화를 겪었고, 지식정보사회화를 거쳐 이제 4차 산업혁명 시대로의 발 빠른 이행을 도모해야 할 형편이다. 사회 부문에서도 저출산, 사회적 양극화, 의료와 복지 수요 증가, 여가와 안전 등 고차원적 가치 욕구 증대 등에 대한 정책적 대응이 시급하다. 그리고 이에 더해 수출입 위주의 경제 구조와 지정학적 위치 때문에 외교·안보와 통상 환경에 효과적으로 대응할 수 있는 역량이 우리나라 정부에는 특히 중요하다. 새 정권은 종종 그의 정치적 정당성을 높이기 위해, 지난 정권과의 차별화를 위해, 심지어는 국면 전환을 위해 정부 조직을 개편하기도 했다. 그러나 1948년 정부수립 이후 50회 이상 이뤄진 정부 조직 개편은 빠르게 변화하는 대한민국의 국정 환경에 보다 효과적으로 대응하기 위한 노력을 대변하는 것이기도 하다. 국민이 선택한 새 정권이 국민의 뜻을 받아 새로운 우선순위를 가지고 정책을 시행하는 것은 지당하다. 그리고 정부 조직이란 정책 수행을 위한 수단이므로 새 정권이 조직 개편을 고려하는 것도 정당하다. 다만, 정부 조직 개편이란 비용이 따르는 일임을 잊지 말아야 한다. 공무원의 입장에서 조직 개편이란 종종 새로운 상관과 새로운 업무 우선순위를 의미한다. 그리고 신상 문제에 신경을 쓰다 보니 성과에 대한 관심이 줄어들게 된다. 특히 중요한 문제는, 정부 조직 개편이 매끄럽지 못할 경우 새 정권의 가장 중요한 시기인 첫 100일을 아깝게 낭비할 수도 있다는 점이다. 박 정권의 경우에는 방송통신위원회 업무의 미래창조과학부 이관 등을 둘러싼 갈등 때문에 취임 후 51일 동안 정부 조직 개편을 마무리하지 못했다. 차기 정권은 매우 어려운 환경에서 출범하게 될 것이다. 정치적으로는 박 대통령 탄핵을 둘러싼 진영 간 갈등의 후유증이 있을 테고, 경제적으로는 저성장·청년실업·가계부채 등의 경고음이 가득할 것이다. 그리고 국외적으로는 도널드 트럼프 미 행정부의 보호무역과 미·중 통상 마찰, 중국의 사드(THAAD) 보복, 북핵 문제 등과 같은 어려운 상황이 여전할 것이다. 녹록지 않은 상황에서 조기 대선이 치러질 경우 인수위원회도 없이 출범할 차기 정권의 정부 조직 개편은 과연 어떠해야 하는가? 무엇보다 중요한 것은 우선, 조직 개편을 왜 하고, 이를 통해 무슨 문제를 풀려는지를 명확히 하는 것이다. 저출산, 청년실업, 4차 산업혁명 대비 등 차기 정부가 풀어야 할 큰 과제가 많다. 조직 개편의 대안을 고민하기 전에, 지금의 정부 조직으로는 과연 무엇이 한계인지를 냉철하게 판단해야 한다. 정부 조직 개편에는 큰 비용이 든다. 새 정권이면 으레 하는 것이라는 식은 곤란하다. 다음으로, 대통령의 핵심 정책과 과제를 중심으로 조직 개편의 선택과 집중을 이루는 것이다. 백가쟁명(百家爭鳴)이 있는 곳이 정부 조직 개편이다. 그중에는 관련 부처나 이해집단의 민원(民願) 해소 차원에서 나온 것도 많다. 나라의 운명을 좌우할 수도 있는 큰 문제들을 풀어야 할 차기 정부가 여러 민원성 주장에 귀를 기울이면서 정권 초기의 귀한 시간을 허송할 수는 없는 일이다. 끝으로, 야당과의 적극적 소통을 통해 정부 조직 개편의 정치 과정을 잘 풀어내는 것이다. 정부 조직 개편은 국회에서의 정부조직법 개정을 통해서 이뤄지는 것이다. 소통과 합의를 통해 소위 국회선진화법의 문턱을 넘기는 정치력의 발휘 없이는 성공적인 정부 조직 개편이란 있을 수 없다. 결국 성공적인 조직 개편이 성공하는 정부의 시작이다."[21]

중앙과 지방정부간 관계

"지방의원과 지방자치단체장을 동시에 민선한 지난 1995년 6월 27일 지방선거를 통하여 자치기구의 외형적인 완성이 된 것을 계기로 본격적인 지방자치시대가 개막되었다. 긍정적인 효과로는 무엇보다 과거 중앙집권적 통치하에 비하여 지방의 공공의사결정과정위주의 고객지향행정, 여론행정 내지는 참여행정의 강조, 주민의 정치효능감 증대 등은 그 증거라 하겠다. 그러나 이와 함께 지방자치의 부정적인 영향도 적지않게 관찰되고 있다. 예컨대 선거로 인한 낭비와 분열, 지역간의 갈등, 중앙과 지방정부 간 갈등으로 인한 국정통합성의 저하, 지방의회와 단체장 간의 갈등으로 인한 부작용, 개발편향의 지방정책 등이 그것이다. 바라기는 긍정적 효과는 극대화되고 부정적 효과는 극소화함으로써 어렵게 재개된 지방자치가 부정적인 관점을 극복하고 조기에 정착·발전되는 것이다."[22]

지방자치단체장은 현행 지방자치법[23]에 의하면 지방자치단체의 수장(首長)으로서

---

21 최흥석(고려대학교 행정학과 교수·한국행정학회장), "정부 개편에도 '선택과 집중' 필요하다", 문화일보, 2017. 2. 28; http://www.munhwa.com/news/view.html?no=2017022801033811000002.

22 이승종, 『지방자치론』, 박영사, 2014, 331면.

23 지방자치단체의 종류와 그 조직 및 운영에 관한 사항을 정하고, 국가와 지방자치단체와의 기본 관계를 정함으로써 지방자치행정의 민주성과 능률성을 도모하며 지방자치의 건전한 발전을 기함을 목적으로 제정된 법률이다. 1988년 4월에 제정되었고, 1989년 12월에 개정되었다. 전문 10장 162조 및 부칙 11조로 되어 있다. 넓은 의미로는 <지방자치법>이라는 법률(한국 최초의 지방자치법은 제헌 헌법 제97조에 의거하여 제정되었던 1949년 7월 4일 법률 제32호였다)뿐만 아니라, <교육법>·<소방법> 및 <수복지구와 동 인접지구의 행정구역에 관한 임시조치법>, <지방재정

의 지위와 지방의 행정수반으로서의 지위를 가짐과 동시에 국가의 하부행정기관(下部行政機關)으로서의 지위를 가진다. 그러나 지방자치단체장의 형태에는 여러 가지가 있다. 그 나라의 지방의결기관과 지방집행기관의 구성 형태가 기관통합형(機關統合型)이냐 기관분립형(機關分立型)이냐에 따라, 또 권한과 책임의 소재에 따라 여러 형태로 분류해 볼 수 있다. 예컨대 영국의 의회형(議會型)과 프랑스의 의회의장형(議會議長型)에 있어서는 지방자치단체장을 별도로 두지 않고 의회의 의장이 집행기관의 장(長)으로서의 지위를 겸하며, 미국의 시장-의회형(市長-議會型)에 있어서는 약시장-의회형(弱市長-議會型), 강시장-의회형(强市長-議會型), 강시장-행정관리관형(强市長-行政管理官型) 등의 유형에 따라 지방자치단체장의 지위와 권한이 다르다. 또 지방자치단체장의 선임 방법도 나라마다 다르다. 프랑스와 독일에서의 기초 자치단체장은 그 지방의회에서 의원들에 의해 선출되고[간접선거], 우리 나라를 비롯하여 일본 등의 나라에서는 주민에 의하여 직접 선출되고 있다. 뿐만 아니라 지방자치단체장의 권한도 지방자치단체의 기관 구성 형태에 따라 다르다. 우리 나라의 경우에는 ① 지방자치단체의 대표 및 사무통할권(事務統轄權), ② 지방자치단체의 고유사무, 법령에 의하여 그 단체에 위임된 단체위임사무, 국가 또는 다른 지방자치단체로부터 위임받은 기관위임사무의 처리권, ③ 소속 지방 행정기관 및 관할 자치단체에 대한 지휘·감독권, ④ 소속 직원에 대한 임명(任命) 및 지휘·감독권, ⑤ 지방의회에 조례안·예산안 제출권 및 기타 지방의회 의결사항에 관한 제안권, ⑥ 규칙 제정권, ⑦ 재의 요구권(再議要求權), ⑧ 선결처분권(先決處分權) 등의 권한을 가진다.[24]

지방분권 선언적 수준 안돼···조세·교육·치안 등 대폭 이양 필요

전라남도 시장군수협의회(회장 박병종 고흥군수)는 2017년 2월 16일 민선6기 제13차 협의회에서 결의한 지방분권개헌 촉구에 이어 한 달 만에 '도민 담화문'을 발표하고 지방분권개헌의 필요성을 대대적으로 알렸다. 이번 담화문은 중앙집권적·권력집중형 통치체제에 의한 국정운영의 비효율성과 적폐 해소를 위해서는 국가의 권한과 권력을 중앙과 지방에 적절히 배분해 국정운영의 효율성과 민주성을 확보하자는 내용이다. 이어 지방의 자율성과 다양성을 보장하는 지방분권개헌의 시대적 당위성을

법>·<지방세법>·<지방교부세법>·<지방교육재정교부금법> 등을 총칭하는 관념이고, 좁은 의미로는 <지방자치법>만을 의미한다.
http://terms.naver.com/entry.nhn?docId=561665&cid=46625&categoryId=46625

24 지방자치단체장 [地方自治團體長, chief of local government] (이해하기 쉽게 쓴 행정학용어사전, 2010. 3. 25., 새정보미디어. http://terms.naver.com/entry.nhn?docId=659931&cid=42152&categoryId=42152.

설명하며 도민들의 성원과 동참을 호소하고 있다. 담화문을 마주한 도민들은 "최근 국정농단 세력의 적폐가 그나마 이 정도에서 그친 것은 최소한의 지방자치라도 이뤄 지고 있었기 때문이다"며 "이번 기회에 반드시 지방분권개헌이 이뤄져 풀뿌리 민주 주의가 제대로 정착된 새로운 대한민국을 보게 됐으면 좋겠다"는 반응들을 보였다.[25] 정치권에서 대통령선거와 함께 헌법 개정 국민투표를 추진하는 등 개헌에 속도를 내 고 있지만, 기대했던 지방자치분권 관련 내용은 선언적 수준에서만 포함될 것이라는 최근 언론보도에 대해 박병종 협의회장은 "이번에야 말로 조세, 교육, 치안 등 중앙정 부의 권한을 지방정부에 대폭 이양하는 지방분권형 개헌이 반드시 이뤄져야 한다."[26]

---

25 시장군수협 담화문은 고흥군에서만 600부가 제작돼 군청 민원실에서부터 오지마을 회관에까지 게 첨됐으며, 전라남도 22개 시·군의 읍면동사무소를 비롯한 마을회관 등 모두 8500곳에 계첨돼 도 민들이 지방분권개헌의 필요성을 함께 공유하는 계기가 될 것으로 보인다.

26 최경필, "선언적 수준 안돼…조세·교육·치안 등 대폭 이양 필요", 아시아경제, 2017. 3. 20. http://view.asiae.co.kr/news/view.htm?idxno=2017032016175975494

第2章   지방분권형 헌법 개정 공동 건의안[27]

1. 지방분권 국가의 선언

대한민국은 지방분권 국가임을 제1조 제3항에 명시한다.

2. 주민자치권

모든 국민은 헌법과 법률에 의해 주민으로서 자치권을 가진다.

3. 지방정부의 종류

지방정부의 종류는 광역지방정부와 기초지방정부로 구분하고, 법률로써 광역은 시·도, 기초는 시·군·자치구로 규정한다.

4. 보충성의 원칙

국가와 지방정부간, 지방정부 상호간의 업무배분은 보충성의 원리를 기초로 한다.

5. 입법권의 귀속과 종류

국회는 국가의 법률을 입법하고, 광역자치의회는 광역지방정부의 자치법률을 입법하고, 기초자치의회는 기초지방정부의 자치법률을 입법한다.

법률의 우선순위는 국가의 법률, 광역지방정부의 자치법률, 기초지방정부의 자치법률 순이며, 헌법에 규정한 자치입법 사항에 대해서는 그 자치법률이 우선한다.

---

27 지방분권형 헌법 개정 공동 건의안, 지방분권개헌국민회의, 지방분권개헌국민행동, 전국시장군수구청장협의회, 전국시도의회의장협의회, 전국시군자치구의회의장협의회, 전국지방분권협의회, 한국지방신문협회, 대한민국지방신문협의회, 지역방송협의회, 한국지역언론인클럽, 2017. 2. 21. 전면 게재.

6. 입법권의 배분

국회와 광역자치의회와 기초자치의회는 헌법에서 규정한 입법권을 행사한다.

7. 행정권의 배분

광역지방정부는 당해 광역자치의회가 제정한 자치법률을 고유사무로 집행하고 법률에 따라 위임된 사무를 집행한다.

광역지방정부의 집행기관은 자치법률에서 구체적으로 범위를 정하여 위임받은 사항과 자치법률을 집행하기 위하여 필요한 사항에 관하여 규칙을 제정할 수 있다.

기초지방정부는 당해 기초자치의회가 제정한 자치법률을 고유 사무로 집행하고, 법률에 따라 위임된 사무를 집행한다.

기초지방정부의 집행기관은 자치법률에서 구체적으로 범위를 정하여 위임받은 사항과 자치법률을 집행하기 위하여 필요한 사항에 관하여 규칙을 제정할 수 있다.

8. 자치조세권 및 자치재정권 배분

국세의 종류 및 기초자치세 및 광역자치세의 종류와 배분방식, 소득세 및 소비세를 포함한 공동세의 종류 및 세율, 배분방식은 법률로 정한다.

국세의 종목과 세율 및 징수방법은 국가의 법률로 정한다.

기초자치세 및 광역자치세의 세율과 구체적인 세목 및 징수방법은 자치법률로 정한다.

정부와 지방정부는 재정건전성의 원칙에 따라 재정을 운영한다.

위임사무에 소요되는 비용은 위임하는 쪽에서 부담한다.

지방간의 재정격차를 해소하기 위하여 국가-지방간의 수직적 재정조정 제도와 지방-지방간의 수평적인 재정조정제도를 둔다.

9. 자치조직권

지방의회와 지방정부 집행기관의 조직은 당해 자치의회가 입법하는 자치법률로 정한다.

10. 양원제 도입

국회는 상원과 하원으로 구성한다.

상원은 지역대표로 구성하고, 하원은 국민대표로 구성한다.

11. 직접민주주의의 도입

국민발안제·국민투표제·국민소환제를 도입한다.

12. 헌법개정 국민발안제의 도입

헌법 개정을 위한 국민발안제를 도입한다.

13. 중앙-지방 협력회의

지방자치와 분권을 강화하기 위하여 지방4대협의체가 참여하는 중앙-지방 협력회의를 둔다.

지방분권형 헌법 개정 공동안 조문

1. 지방분권 국가의 선언

전문

유구한 역사와 전통에 빛나는 우리 대한국민은 3·1운동으로 건립된 대한민국임시정부의 법통과 불의에 항거한 4·19혁명 및 6월 항쟁의 민주이념을 계승하고, 조국의 민주개혁과 평화적 통일의 사명에 입각하여 정의·인도와 동포애로써 민족의 단결을 공고히 하고, 모든 사회적 폐습과 불의를 타파하며, 자율·조화·분권을 바탕으로 자유민주적 기본질서를 더욱 확고히 하여 정치·경제·사회·문화의 모든 영역에 있어서 각인의 기회를 균등히 하고, 능력을 최고도로 발휘하게 하며, 자유와 권리에 따르는 책임과 의무를 완수하게 하여, 안으로는 국민생활의 균등한 향상을 기하고 밖으로는 항구적인 세계평화와 인류공영에 이바지함으로써 우리들과 우리들의 자손의 안전과 자유와 행복을 영원히 확보할 것을 다짐하면서 1948년 7월 12일에 제정되고 9차에 걸쳐 개정된 헌법을 이제 국회의 의결을 거쳐 국민투표에 의하여 개정한다.

제1장 총강

제0조 ①대한민국은 민주공화국이다.
②대한민국의 주권은 국민에게 있고, 모든 권력은 국민으로부터 나온다.
③대한민국은 지방분권국가이다.

2. 주민자치권

제00조 모든 국민은 헌법과 법률이 정하는 바에 의하여 주민으로서의 자치권을 가진다.

3. 지방정부의 종류

제00조 지방정부의 종류는 법률로 정하되, 광역지방정부와 기초지방정부를 두어야 한다.

4. 보충성의 원칙

제00조 국가와 지방정부간, 지방정부 상호간의 업무배분은 보충성의 원리를 기초로 한다.

5. 입법권의 귀속과 종류

제00조 ①입법권은 국회와 자치의회가 행사한다.
②국회는 국가의 법률을 입법하고, 광역자치의회는 광역지방정부의 자치법률을 입법한다. 기초자치의회는 기초지방정부의 자치법률을 입법한다.
③국가의 법률은 광역지방정부의 자치법률보다 상위의 효력을 가진다. 다만, 헌법이 광역자치의회가 자치법률로 정할 수 있도록 규정한 사항에 관해서는 그 자치법률이 우선한다.
④광역지방정부 자치법률은 기초지방정부의 자치법률보다 상위의 효력을 가진다. 다만, 헌법이 기초자치의회가 자치법률로 정할 수 있도록 규정한 사항에 관해서는 그 자치법률이 우선한다.

6. 입법권의 배분

제00조 국회는 헌법에 따로 규정한 사항 이외에 다음 사항에 관하여 법률을 제정할 수 있다.
1. 국가의 존립과 국민의 안전을 위한 외교, 국방, 군사, 사법, 전국적 치안, 국세, 국적, 출입국 관리
2. 전국적인 통일과 조정을 요하는 민사, 금융 및 수출입 정책, 연기금 관리, 관세, 지적 재산권, 도량형, 통화, 중앙은행의 설치 및 운영, 식량 및 에너지자원의 수급 조정
3. 전국적인 규모의 각종 계획 수립, 우편, 통신, 철도, 국유도로 및 항만의 설치 및 관리
4. 전국적으로 동일 기준에 따라 통일적으로 처리되어야 할 환경, 보건, 복지, 근로 및 실업대책, 자원관리, 식품안전, 주택공급, 초중등교육·체육·문화·예술의 진흥, 대학지원
5. 지방정부가 수행하기 어려운 각종 검사·시험·연구, 생명과학기술, 항공관리, 기상행정
6. 국가와 지방정부간, 지방정부 상호간 협력관계의 수립 및 조정
7. 기타 전국적인 통일성의 유지·확보가 불가피한 일체의 사무

제00조 ①광역자치의회는 헌법에 다른 규정이 없는 한 다음 사항에 관하여 자치법률을 제정할 수 있다.
1. 주민의 안전과 치안유지
2. 광역지방정부의 재산의 관리 및 공공시설의 설치와 관리
3. 광역자치의회의원의 선거 및 광역자치의회의 조직과 운영
4. 광역지방정부의 장의 선임방식·임기 및 광역지방정부의 조직과 운영
5. 광역자치세의 세율과 구체적인 세목 및 징수 방법
6. 광역지방정부 단위로 동일 기준에 따라 통일적으로 처리되어야 할 환경, 보건, 복지, 노동 및 실업대책, 자원관리, 식품안전, 주택공급
7. 광역지방정부 단위로 처리하는 것이 필요한 산업진흥, 지역경제, 지역개발 및 생활환경시설의 설치·관리, 공간계획, 초중등교육·체육·문화·예술의 진흥, 대학지원
8. 관할구역 내 기초지방정부와의 관계정립, 기초지방정부 간 또는 기초자치의회와 기초지방정부 간의 갈등조정, 사무배분, 관할구역조정의 협의, 재정조정, 지원협력

9. 국가 또는 다른 지방정부와의 협력이 필수적인 사무

10. 헌법 또는 국가의 법률에 의하여 입법권이 위임된 사무

11. 기타 광역지방정부의 기구·인력과 재원으로 처리하는 것이 불가피한 사무

②기초자치의회는 헌법에 다른 규정이 없는 한 다음의 사항을 포함하여 주민의 자치권을 실현하기 위해 필수적으로 요구되는 사무에 관하여 자치법률을 제정할 수 있다.

1. 기초지방정부 단위로 처리하는 것이 필요한 환경, 보건, 복지, 노동 및 실업대책, 자원관리, 식품안전, 주택공급

2. 기초지방정부 단위로 처리하는 것이 필요한 산업진흥, 지역경제, 지역개발 및 생활환경시설의 설치·관리, 공간계획, 초중등교육·체육·문화·예술의 진흥, 대학지원

3. 국가 및 다른 지방정부와의 관계에서 필요한 사무

4. 헌법 또는 법률에 의하여 입법권이 위임된 사무

5. 기타 주민의 복리에 관하여 기초지방정부가 처리하는 것이 필요한 일체의 사무

7. 행정권의 배분

제00조 ①광역지방정부는 당해 광역자치의회가 제정한 자치법률을 고유 사무로 집행하고, 그밖에 법률에 따라 위임된 사무를 집행한다.

②광역지방정부의 집행기관은 자치법률에서 구체적으로 범위를 정하여 위임받은 사항과 자치법률을 집행하기 위하여 필요한 사항에 관하여 규칙을 제정할 수 있다.

제00조 ①기초지방정부는 당해 기초자치의회가 제정한 자치법률을 고유 사무로 집행하고, 그밖에 법률에 따라 위임된 사무를 집행한다.

②기초지방정부의 집행기관은 자치법률에서 구체적으로 범위를 정하여 위임받은 사항과 자치법률을 집행하기 위하여 필요한 사항에 관하여 규칙을 제정할 수 있다.

8. 자치조세권 및 자치재정권 배분

제00조 ①관세를 포함한 국세의 종류, 재산세를 포함한 기초자치세 및 광역자치

세의 종류와 배분방식, 소득세와 소비세를 포함한 공동세의 종류·세율·배분방식은 법률로 정한다.

②국세의 종목과 세율 및 징수방법은 국가의 법률로 정한다.

③기초자치세 및 광역자치세의 세율과 구체적인 세목 및 징수방법은 당해 자치의 회가 자치법률로 정한다.

제00조 ①국가와 지방정부는 재정건전성의 원칙에 따라 각각 투명하게 재정을 운영하여야 한다.

②국가와 지방정부간이나 지방정부 상호간에 사무를 위임할 수 있다. 위임에 소요 되는 비용은 위임하는 쪽에서 부담한다.

③국가와 지방정부간이나 지방정부 상호간에 재정조정제도를 시행한다. 이에 관하 여 자세한 사항은 법률로 정한다.

9. 자치조직권

제00조 지방의회와 지방정부 집행기관의 조직과 구성은 헌법에 특별한 규정이 없는 한 당해 자치의회가 입법하는 자치법률로 정한다.

10. 양원제 도입

제00조 ①국회는 상원과 하원으로 구성한다.

②상원은 지역대표로 구성하고, 하원은 국민대표로 구성한다.

11. 직접민주주의의 도입(국민발안제·국민투표제·국민소환제)

제00조 ①국회의원 선거권자 50만명 이상의 서명으로 법률안을 발안하여 국민투 표로 결정한다.

②국회의원 선거권자 50만명 이상의 서명으로 국민투표를 청구할 수 있다.

③국회의원 선거권자 100만명 이상의 서명으로 국회의원에 대한 소환을 청구하여 국민투표로 결정한다.

④제1항, 제2항, 제3항의 절차에 대해서는 법률로 정한다.

12. 헌법개정 국민발안제의 도입

　제00조 국회의원 선거권자 100만명 이상의 서명으로 헌법개정안을 발의하여 국민투표로 결정할 수 있다.

13. 중앙-지방 협력회의

　제00조 국가와 지방정부간의 연대와 협력을 추진하고 자치와 분권을 강화하기 위하여 지방4대협의체가 참여하는 중앙·지방협력회의를 둔다.

第3章　한국헌법학회 지방분권형 헌법개정안

대표적인 지방분권 개헌론자인 한상희 건국대 법학전문대학원 교수는 현행 헌법의 지방자치 조항의 문제로 자치 입법권의 과도한 제한, 지방자치단체 종류의 법률 유보에 따른 불안정성, 지방재정 보장 미비 등을 꼽는다. 조세의 부과·징수·배분 등에 관한 중앙정부의 독점과 입법권의 국회 독점이 당연하게 받아들여지는 이유도 이와 무관치 않다는 것이다. 한마디로 요약하면, '풀뿌리 민주주의 실종'이다. 한상희 교수는 헌법 전문의 '자율과 조화를 바탕으로' 부분에 '자율·조화·분권'을 추가하는 것을 비롯해 개정안 제1조 3항에 '대한민국은 지방분권에 기초한 복지국가를 지향한다', 평화통일조항인 제4조의 평화적 통일 정책 수립 부분에 '지방분권적 평화통일정책 수립' 등의 문언을 추가했다.[28]

지방자치 '부활' 패러다임

"대한민국의 헌정사에서 지방분권은 처음부터 유예(猶豫)된 정치적 과제였다. 1948년 7월 17일 공포된 제헌 헌법은 중앙집권적 단방국가의 면모를 분명히 한 가운데, 지방자치에 관하여 단 두 조문만을 두고 있었다. 자유민주주의에서 지방자치의 중요성을 인식하면서도 그 실현을 최소화하는 선택을 했다. 이는 지방자치를 지방자치단체에 의한 행정 자치로 전제하면서, 그 범위를 국회 및 정부가 제정하는 법령의 범위 내로 국한시킨 데서 단적으로 드러난다. 지방분권의 관점에서 현행 헌법 이전 대한민국의 헌정사는 1948년 헌법의 최소지방자치주의를 제도화하려는 흐름과 그마저도 유예하려는 흐름으로 구분될 수 있다. 전자는 1949년 7월의 지방자치법 제정과 1952년 4월과 5월의 지방선거 실시, 1960년의 제3차 헌법 개정 및 지방자치법 개정 등에서 그 모습을 드러냈으며, 후자는 특히 냉전과 경제개발을 이유로 최소지방자치마저 유예하려는 군사정권의 시도에서 잘 나타났다. 1987년 6월 민주화대항쟁의 결과 탄생한 현행 헌법은 위 두 흐름 가운데 명백하게 전자를 이어 받으려는 태도를 취하고 있다. 이러한 입장은 군사정권 기간 동안 중단되었던 1948년 헌법 이래의 최소지방자치주의를 새로이 '부활'시키려는 것이다(지방자치 '부활' 패러다임). 지방자치 '부활' 패러

---

28 최신형, "개헌 통한 제도 틀 새판 짜기…닻은 올랐다", 아주경제, 2017. 1. 1자.

다임은 지방자치법의 (재)제정, 1991년 지방자치의회선거, 1995년 지방자치단체장 선거로 이어지는 지방자치의 '부활'을 제도적으로 뒷받침했으며, 이는 현행 헌법이 대한민국의 헌정사를 다시금 지방자치를 유예하는 시대로 퇴행시켜서는 안 된다는 국민적 합의에 기초하고 있음을 의미한다. 하지만, 지방자치 '부활' 패러다임은 대한민국의 지방자치를 군사정권 이전 시기에 존재했던 1948년 헌법 이래의 최소지방자치주의에 국한시킴으로써 소위 '2할 자치'를 온존시키는 문제점을 노정했다."[29]

현행 헌법으로 인한 폐해와 헌법 개정의 요구

"지방분권의 차원에서 현행 헌법의 최소지방자치주의가 가지는 이와 같은 한계는 단지 이론적인 차원에서만이 아니라 한국 사회의 모든 방면에서 과도한 중앙집권주의를 온존시킴으로써 각종 폐해를 심화시키고 있다. 김성호의 요약에 따르면, 중앙집권적 국가 운영은 (1) 중앙정부를 지방정부보다 과도한 부채에 시달리게 하고 있고 (2) 지역의 사정을 알지 못하는 중앙정부의 금융정책이 연달아 실패할 수밖에 없도록 만들었으며, (3) 수도권과 비수도권의 격차를 더 이상 교정하기 어려운 수준으로 심화시켰을 뿐만 아니라 (4) 전관예우나 낙하산 인사에서 보듯 권력을 독점한 중앙정부 주위에 도덕적 해이를 만연시켰다. 또한 그것은 (5) 지역 공동체의 급속한 해체로 인하여 가정의 붕괴를 조장했고, (6) 이에 연결되는 한국 사회의 심각한 문제들, 예컨대 교육비 부담 과중, 정규직과 비정규직의 격차 확대, 중산층 감소, 주택 가격의 불균형적 등락을 야기했으며, (7) 한마디로 일상적 삶의 모든 영역에서 질적 약화 또는 정체를 초래하고 있다(김성호 2015: 제3장). 정치·경제·사회·문화의 모든 영역에서 중앙의 압도와 지방의 몰락이라는 비정상적 불균형이 심화되고 있음에도, 이를 교정하기에 현행 헌법은 너무도 무력하다. 이는 역대 정부 가운데 지방분권에 가장 적극적이었던 노무현 정부의 경험에서 뚜렷하게 드러난다. 2003년 출범한 노무현 정부는 집권 기간 내내 신행정수도건설사업을 비롯하여 국정의 모든 영역에서 지방분권과 균형발전을 핵심 목표로 내세웠으며, 2002년에서 2004년의 정치적 기회공간을 적극적으로 활용하여 지방분권정책과 관련하여 법집행정치 및 입법정치의 차원에서 괄목할만한 성과를 거두었다. 하지만 2004년 10월 21일 헌법재판소가 소위 관습헌법론에 근거하여 신행정수도건설특별법을 무효화한 이후 노무현 정부는 지방분권정책에 관한 한 정치적 동력을 그 이전의 수준으로 회복하지 못했다. 그 이유는 노무현 정부가 헌법해석정치 및 헌법개정정치의 차원에서 지방분권정책의 주도권을 장악하는데 소홀했기 때문이다. 작금의 현실에서 대한민국의 정치적 상황은 지방분권의 추진을 더 이상 입법정치

---

29 이국운·한상희·오동석·유승익, "지방분권형 헌법개정안 연구", 한국헌법학회, 2015, 2면 부분게재.

의 차원에 미룰 수 없는 단계에 이르고 있다. 이는 헌정사 67년을 관통하는 중앙집권적 편향을 전면적으로 문제 삼는 동시에 헌법적 가치들 사이의 우선순위를 다시 정하고, 그에 입각하여 권력구조를 디자인해야 하는 국면에 다다르고 있다는 것이다."[30]

공간적 권력 분립의 헌법적 제도화

"지방분권형 헌법 개정은 신자유주의나 복지국가론과 다른 방향에서 '87년 체제의 극복을 시도한다. 그 요체는 그동안 대한민국 헌정사에서 단 한 번도 추진되지 못했던 공간적 권력분립을 헌법적 차원에서 제도화하려는 것이다. 이는 전후 독일의 재건 과정에서 형성된 질서자유주의의 주장과 일맥상통하는 점이 있다. 신자유주의는 시장의 경제적 권위를 가장 중요한 권위로 내세우며, 정부의 정치적 권위마저 시장의 권위를 위한 필요적 보조수단으로 관념하는 경향을 지닌다(최소정부론). 이에 비하여 복지국가론은 시장의 실패를 이유로 (신)자유주의를 거부하지만, 이를 교정하기 위하여 경제적 재분배 및 복지서비스를 확대하는 정부의 정치적 권위에 대해서는 당연히 긍정하는 태도를 취한다(최대정부론). 신자유주의가 내세우는 시장의 경제적 권위와 복지국가론이 내세우는 정부의 정치적 권위는 모두 중앙집권적 주권 국가의 법적 권위를 전제하고 있다. 자유민주주의는 기능적 권력 분립의 장치로서 입법-행정-사법의 삼권 분립을 내장하고 있다. 그러나 이는 오늘날 정당이나 언론, 이익집단 등의 인적 네트워크를 통하여 대단히 약화되고 있으며, 오히려 끊임없는 정쟁 속에서 국가적 현안을 제대로 해결하지 못하게 만드는 원인이 되기까지 한다. 2000년대 이후 한국 정치의 적나라한 현실은 제왕적 대통령을 견제한다는 명분으로 국회가 더 많은 권력을 차지하고, 다시 이들 사이의 다툼이 헌법재판소와 대법원의 수중으로 옮겨가며, 최종적인 결정 권한을 가진 헌법재판소와 대법원마저 고질적인 권한 분쟁을 거듭하고 것이 아니겠는가? 지방분권형 헌법 개정은 공간적 권력분립의 헌법적 제도화를 통하여 이와 같은 정체상태(gridlock)를 돌파하려는 새로운 국가적 비전이다. 그 핵심은 경제적, 정치적, 법적 권위는 항상 복수의 주체들 사이에서 유효한 경쟁 속에 존재할 때, 비로소 건강성을 유지할 수 있다는 통찰이자 신념이다. 경제적 권위 주체인 시장은 단 하나의 자본시장으로 환원되어서는 안 되고, 시장교환의 목적에 따라 반드시 다층화 다원화되어야 하며, 이러한 원칙은 정치적 권위인 정부나, 법적 권위인 국가에 관해서도 마찬가지로 관철되어야 한다는 것이다. 지방분권형 헌법 개정은 한국 사회의 구성원들에게 현행 헌법이나, 신자유주의 또는 복지국가론과 구별되는 제4의 입장에서 새로운 국가적 비전을 제시한다. 그 저변에는 시장이든, 정부든, 국가든, 모든 종류

---

30 이국운·한상희·오동석·유승익, "지방분권형 헌법개정안 연구", 한국헌법학회, 2015, 2~3면 부분게재.

의 공적 권위는 그 자체의 정당성을 시험받을 수밖에 없는 유효한 경쟁 속에 존재해야 하며, 오로지 그때에만 공적 권위의 공정성, 합리성, 효율성이 확보될 수 있다는 통찰과 신념이 자리 잡고 있다. 바로 이와 같은 분권적 권력구조의 필요충분조건 중 하나로서 지방분권형 헌법 개정은 공간적 권력 분립의 제도화를 추진한다."[31]

지방분권형 헌법 개정의 당위성

"지방분권형 헌법 개정은 공간적 권력 분립의 헌법적 제도화를 통하여 '87년 체제를 극복하고 한반도의 재통일을 대비하려는 새로운 국가적 비전이자 정치적 기획이다. 하지만 지방분권형 헌법 개정의 정당성은 헌법 윤리적 차원, 즉 자유민주주의의 이념적 본질에서도 찾을 수 있다. 자유민주주의는 타율과 연결되게 마련인 집권의 이념보다는 자치를 근거로 하는 분권의 이념에 더욱 친화적이기 때문이다. 자유민주주의는 "견제 받는 정부가 견제 받지 않는 정부보다 더욱 강력하거나 더욱 강력해 질 수 있다(Limited government is, or can be, more powerful than unlimited government)"는 믿음에 근거한다. 이때의 견제는 입법, 행정, 사법 간의 기능적 권력 분립에 의해서만 아니라 시장과 정부와 국가의 차원을 가로지르는 공간적 차원의 권력 분립에 의해서도 달성되어야 한다. 자유민주주에서 공간적 권력 분립은 필연적 요청이다. 오늘날의 한국 사회와 같이 헌법문서 자체가 표상하는 과도한 중앙집권으로 인하여 공간적 권력분립 자체가 무의미하게 되는 지경에 이르렀을 때, 자유민주주의의 정상화를 위하여 공화주의적 덕성을 갖춘 헌법적 시민들은 공간적 권력분립을 제도화하는 방향으로 헌법 개정을 추구해야 한다. 고난과 시련 속에 주권적 국민국가의 기틀을 마련해야만 했던 헌정사의 여러 고비에서 중앙집권적 편향은 어느 정도 불가피한 측면이 있었으나, 그 유효성은 주권적 국민국가의 독립을 확보하고 그 속에서 국민 개개인의 기본적 자유와 권리를 확보하는 것으로 충분하다. 헌정수립 67년에 이르러서까지 지나간 시대의 상황 논리를 만연히 되풀이해서는 안 된다. 대한민국은 이제 헌정사의 기본 방향을 기능적 권력 분립과 공간적 권력 분립이 함께 작동하는 자치와 분권의 방향으로 바꾸어야 한다. 대한민국의 주권자인 '우리 대한국민'은 지역공동체에 기초한 풀뿌리 민주정치와 이로부터 경쟁력을 공급받는 각급 지방자치단체들, 그리고 그 토대 위에서 각종 국가적 어젠다들은 물론 한반도의 재통일과 같은 시대적 과제를 효과적으로 추진해가는 중앙 정부로 대한민국을 재구성해야 한다. 지방분권형 헌법 개정은 오늘날 대한민국에서 자유민주주의를 정상화하고 민주공화국을 바로 세우는 지름길이다."[32]

---

31 이국운·한상희·오동석·유승익, "지방분권형 헌법개정안 연구", 한국헌법학회, 2015, 5~6면 부분게재.

第4章　국민의당 헌법개정안

　　국민의당이 발표한 개헌안에 따르면, 일관성 있는 정책추진을 위해 대통령의 임기를 6년으로 늘리되 현행 헌법상 대통령이 독점하고 있는 국가원수와 행정부 수반 기능을 분리하게 된다. 행정부 수반 기능은 국회가 선출하는 국무총리에게 넘어간다. 그리고 대통령의 정치적 중립 강화를 위해 당적이탈 의무를 신설했다. 이에 따라 대통령은 국가원수로서 통일·외교·국방 분야를 관할한다. 국무총리는 대통령 직권사항을 제외한 행정각부의 장에 대한 실질적 임명권을 가지게 되며, 대통령은 이들에 대해 형식적 임명 절차만 행할 수 있다. 국회는 선출 및 불신임을 통해 행정각부를 통할하는 국무총리에 대한 견제권을 가진다. 한편, 이날 발표된 개헌안엔 현행 헌법의 기본권 관련 조항도 수정이 이뤄졌다. 헌법상 기본권의 주체를 '국민'에서 '사람'으로 확대하는 한편 국가의 안전보장 의무 강화를 위해 생명권과 안전권 조항을 신설했다. 또, 양성평등을 위한 국가의 구체적 의무를 규정하고, 국가의 일·가정 양립 지원의무도 명문화했다.[33]

정부형태 분야

　　제왕적 대통령제의 폐단을 막기 위한 분권형 대통령제 도입, 이번 개헌안은 2020년부터 시행하기로 함(제19대 대통령의 임기는 3년), 대통령은 국가원수로 통일·외교·국방분야를 관할하며 긴급권, 법률안 거부권, 외교·군사권 등은 현행대로 유지하되, 국회에서 선출하는 국무총리가 대통령의 권한 이외의 사항에서 행정각부를 통할하고 국무회의를 주재하도록 권력을 분산시키고자 하였다.[34]

---

32 이국운·한상희·오동석·유승익, "지방분권형 헌법개정안 연구", 한국헌법학회, 2015, 7~8면 부분게재.
33 박상욱, "국민의당, '6년 단임 분권형 대통령제' 개헌안 발표", 중앙일보, 2017.2.17자. http://news.joins.com/article/21275295.
34 국민의당, "헌법개정(안) 주요내용", 2017, 1~6면 게재.

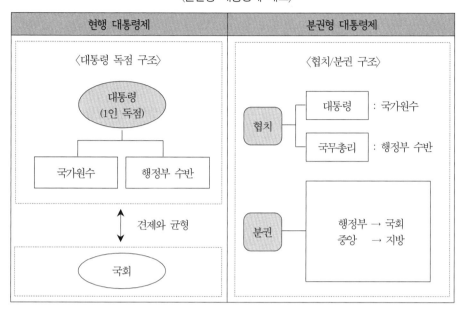

〈분권형 대통령제 개요〉

현행 대통령제	분권형 대통령제
〈대통령 독점 구조〉	〈협치/분권 구조〉

〈대통령과 국무총리의 역할 및 권한〉

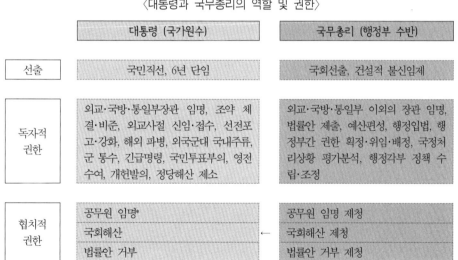

	대통령 (국가원수)	국무총리 (행정부 수반)
선출	국민직선, 6년 단임	국회선출, 건설적 불신임제
독자적 권한	외교·국방·통일부장관 임명, 조약 체결·비준, 외교사절 신임·접수, 선전포고·강화, 해외 파병, 외국군대 국내주류, 군 통수, 긴급명령, 국민투표부의, 영전 수여, 개헌발의, 정당해산 제소	외교·국방·통일부 이외의 장관 임명, 법률안 제출, 예산편성, 행정입법, 행정부간 권한 획정·위임·배정, 국정처리상황 평가분석, 행정각부 정책 수립·조정
협치적 권한	공무원 임명* / 국회해산 / 법률안 거부	공무원 임명 제청 / 국회해산 제청 / 법률안 거부 제청

* 외교·국방·통일부 장관 및 군 관련 고위인사는 총리 제청없이 임명
* 대법원장 및 대법관, 헌법재판소장 및 재판관, 감사원장은 총리 제청없이 임명
* 감사원은 현행 대통령 소속에서 독립적 기관으로 함

(1) 대통령

① 직선제 6년 단임의 국가원수 (안 제88조)
 - 대통령의 국가 원수 및 외국에 대한 국가의 대표자로서의 지위 규정은 존치
 - 대통령이 통일·외교·국방분야에 대하여 일관성 있는 정책을 추진할 수 있도록 임기를 6년으로 하고 재선을 의식한 정책 집행에서의 왜곡을 방지하기 위해 단임제로 함

현행	개정안
제70조 대통령의 임기는 5년으로 하며, 중임할 수 없다.	제88조 대통령의 임기는 6년으로 하며, 중임할 수 없다.

② 행정부 수반 지위는 국무총리에게 이양하고 통일·외교·국방관련 권한은 유지 (현행 제66조④항 삭제, 제72조~제79조 유지)
 - 행정부 수반으로서의 지위 규정은 삭제
 - 국민투표부의권, 조약체결권, 국군통수권, 대통령령 제정권, 긴급권(긴급명령권, 긴급재정경제처분·명령권), 계엄선포권, 공무원 임명권(일부 형식적 임명권) 등 현행 대통령 권한 유지

현행	개정안
제66조 ④ 행정권은 대통령을 수반으로 하는 정부에 속한다.	〈 삭 제〉
제72조(국민투표부의권), 73조(조약체결권), 74조(국군통수권), 75조(대통령령 제정), 76조(긴급권) 77조(계엄선포권), 78조(공무원임명권)	현행 유지

③ 국무위원 및 장관에 대한 형식적 임명권(안 제106조 및 제118조)
 - 내치 분야를 담당하는 행정각부의 장은 국무총리가 사실상 택할 수 있도록 하되 형식적 임명권자는 대통령으로 통일
 - 통일·외교·국방 등 외치를 담당하는 행정각부의 장은 대통령이 임명하고, 국무총리는 의견을 개진하는 방법으로 참여하도록 함

현행	개정안
제87조 ①국무위원은 국무총리의 제청으로 대통령이 임명한다.	제106조 ① 국무위원은 국무총리가 제청한 사람을 대통령이 임명하거나 해임한다. 다만, 통일·외교·국방 등 대통령의 권한과 관련된 국무위원은 국무총리의 의견을 들어 대통령이 임명하거나 해임한다.
제94조 행정각부의 장은 국무위원 중에서 국무총리의 제청으로 대통령이 임명한다.	제118조 ①행정각부의 장은 국무위원 중에서 국무총리가 제청한 사람을 대통령이 임명하거나 해임한다. 다만, 통일·외교·국방 등 대통령의 권한과 관련된 행정각부의 장은 국무총리의 의견을 들어 대통령이 임명하거나 해임한다.

④ 대통령의 법률안 거부권은 유지하되 국무총리 제청을 거치도록 함
   (안 제71조②항)
 - 분권형 대통령제에서도 국가원수로서 헌법을 수호할 책무가 있는 대통령에게 법률안 재의요구권(거부권)을 부여하되, 국정운영의 두 축인 대통령과 국무총리 간의 협력·합의하도록 함

현행	개정안
제66조 ②법률안에 이의가 있을 때에는 대통령은 제1항의 기간내에 이의서를 붙여 국회로 환부하고, 그 재의를 요구할 수 있다. 국회의 폐회중에도 또한 같다.	**제71조** ②법률안에 이의가 있을 때에는 대통령은 **국무총리의 제청**으로 제1항의 기간내에 이의서를 붙여 국회로 환부하고, 그 재의를 요구할 수 있다.

⑤ 대통령의 당적 이탈 신설 (안 제102조②항)
 - 국가원수로서의 지위에 맞게 권한을 초당적 중립적으로 수행하도록 함

현행	개정안
〈신 설〉	제102조 ②대통령은 그 임기 동안 당적(黨籍)을 가질 수 없다.

⑥ 검찰총장은 검찰인사위원회의 추천을 받아 국회동의를 거쳐 대통령이 임명 (안 제121조)
 - 검찰의 중립성을 위해 검찰총장 직선제의 필요성이 제기되나, 선출직으로 했을 경우 당선을 위해 포퓰리즘에 좌우될 수 있다는 우려를 감안해 국회 통제 강화

현행	개정안
〈신 설〉	제121조 ①검찰 사무를 총괄하는 검찰총장은 검찰인사위원회가 추천하고 국회 재적의원 3분의2이상의 동의를 얻은 사람을 대통령이 임명한다. ②각급 지방검찰청의 장은 검찰인사위원회의 추천을 받은 사람을 대통령이 임명한다. ③검찰총장과 각급 지방검찰청의 장의 자격, 임기, 검찰인사위원회의 구성 및 추천절차 등에 관한 사항은 법률로 정한다.

(2) 국무총리

① 국무총리는 국회에서 선출하고 대통령이 임명 (안 제105조①항)
 - 국무총리가 국회 재적의원 과반수의 지지로 선출되도록 함으로써 행정부의 의회에 대한 책임을 강화하고, 분권형 대통령제에서 내치를 담당하는 국무총리의 지위에 부합하는 민주적 정당성을 강화하고 국가원수인 대통령에게는 국무총리에 대한 형식적 임명권 부여

현행	개정안
제86조 ①국무총리는 국회의 동의를 얻어 대통령이 임명한다.	제105조 ①국무총리는 국회에서 재적의원 과반수의 찬성으로 선출한 사람을 대통령이 임명한다.

② 국무총리가 행정각부를 통할하고 국무회의 주재 (안 제105조②항 및 제112조③)
 - 분권형 대통령제 도입 취지에 부합하도록 행정각부를 통할하는 국무총리가 국무회의 주재

현행	개정안
제86조 ②국무총리는 대통령을 보좌하며, 행정에 관하여 대통령의 명을 받아 행정각부를 통할한다.	제105조②국무총리는 대통령의 권한 이외의 사항에 관하여 행정각부를 통할한다.
제88조③대통령은 국무회의의 의장이 되고, 국무총리는 부의장이 된다.	제112조③국무총리는 국무회의의 의장이 되고, 법률로 정하는 국무위원이 부의장이 된다.

③ 국회 신임요구권 및 불신임시 국회 해산 제청권 (안 제107조)
 - 분권형 대통령제의 취지에 부합하도록, '국회의 국무총리 불신임권'과 국무총리의 신임요구를 국회가 부결한 경우 '국무총리 제청에 따른 대통령의 국회 해산

권'을 각각 인정하여, 의회와 행정부가 서로 견제와 균형을 이루고 국민의 지지에 기초한 책임정치가 이루어질 수 있도록 함

현행	개정안
〈신 설〉	제107조 ①국무총리는 국회에 신임을 요구할 수 있다. ②국회는 제1항에 따른 국무총리의 신임요구가 국회에 제출된 후 24시간 이후 72시간 이내에 표결하여야 한다. ③국무총리의 신임요구가 국회 재적의원 과반수의 찬성을 얻지 못한 경우 국무총리는 국무위원 전원과 함께 사직하거나 대통령에게 국회의 해산을 제청할 수 있다. 다만, 국회의원 임기가 개시된 날부터 1년 이내에는 국회의 해산을 제청할 수 없다. ④대통령은 제3항에 따라 국무총리가 국회의 해산을 제청한 경우에는 20일 이내에 국회를 해산할 수 있다. 다만, 국회가 이 기간 내에 후임 국무총리를 선출한 때에는 국회를 해산할 수 없다.

지방분권 분야

풀뿌리 민주주의의 근간인 지방자치가 본격적으로 시행된 지 20여년이 지났지만, 현재의 지방권한과 재정분권은 심각한 불균형을 이루고 있으며, 지방자치를 단순한 제도보장이 아닌 주민들의 자치권이라는 헌법상의 권리로 보장하고 지방정부에 입법권, 재정자주권 등을 부여함으로써 국가의 기능회복 및 혁신, 나아가 지역 균형발전을 도모하고자 한다.

(1) 총강

① '지방분권국가'임을 명시함으로써 지방분권을 공식화(안 제1조④항)
- 실질적인 지방분권을 이뤄내기 위해서 총강부분에 '대한민국은 중앙정부와 지방정부로 구성되는 지방분권 국가'임을 명시하는 조항 신설

(1) 의미

① 자치단체를 지방정부로 ② 지방분권국가의 선언 ③ 국민의 중앙정부 구성원적
지위/ 주민의 지방정부 구성원적 지위(소극적 지위)

현행	개정안
제1장 총강	**제1장 총강**
제1조 ①대한민국은 민주공화국이다. ②대한민국의 주권은 국민에게 있고, 모든 권력은 국민으로부터 나온다.	제1조 ①·②(현행과 같음)
〈신 설〉	③대한민국의 모든 권력은 국민을 위하여 행사된다.
〈신 설〉	④대한민국은 중앙정부와 지방정부로 구성되는 지방분권국가이다. 중앙정부는 국민으로 구성하며, 지방정부는 각 지방의 주민으로 구성한다.

(2) 지방정부와 지방분권

① 기존의 '지방자치단체'라는 명칭을 '지방정부'로 변경
 - 기존의 '지방자치단체'라는 명칭을 '지방정부'로 변경하여 지방자치에 민주적
   정당성을 부여하고, 지방분권의 의미를 살리고자 한다.

(1) 의미 및 한계
  ① 제1조 4항의 반복(자치단체에서 지방정부로 명칭 변경)
  ② 지방의회의 권한과 지방정부 기관의 선출 및 구성, 조직, 운영 등의 (국가)법
    률유보 현재의 제도 지속유지,
(2) 수정방향
    .....에 관한 사항은 자치법률로 정한다.

현행	개정안
제8장 지방자치	제8장 지방정부와 지방분권
제118조 ①지방자치단체에 의회를 둔다. ②지방의회의 조직·권한·의원선거와 지방자치단체의 장의 선임방법 기타 지방자치단체의 조직과 운영에 관한 사항은 법률로 정한다.	제146조 ①지방정부에 지방의회를 둔다. ②지방의회의 조직·권한·의원선거와 지방정부의 장과 선임방법, 그 밖의 지방정부의 조직과 운영에 관한 사항은 법률로 정한다.

② 국가의 지방정부 자치권 보장의무와 지역간 균형발전 노력 규정 (안 제142조①
  항 및 ②항)

 - 국가의 지방정부 자치권 보장의무와 지역 균형발전 노력 의무를 동시에 규정하
   여, 지역의 자율성과 균형발전을 동시에 추구함을 선언

 - 지방정부의 구성 및 설치, 자치권의 범위와 관련한 규정

(1) 의미 및 한계

  ① 국가에 의해 보장되는 수동적 의미의 지방자치권과 주민자치권(주민의 주체
    적 지위 포함하고 있는 것으로 해석)

  ② 국가 주도적 지역균형발전

  ③ 지방정부 종류의 (국가)법률유보

(2) 수정방향

  ① 국가는 지방정부와 주민 주도의 내생적 지역균형발전이 이루어질 수 있도록
    노력하여야 한다.

  ② 지방정부는 광역정부와 기초정부를 둔다. 그 구체적 사항은 자치법률로 정한다.

현행	개정안
제117조 ①지방자치단체는 주민의 복리에 관한 사무를 처리하고 재산을 관리하며, 법령의 범위안에서 자치에 관한 규정을 제정할 수 있다. ②지방자치단체의 종류는 법률로 정한다.	제142조 ①국가는 각 지방정부와 주민의 자치권을 존중하고 최대한 보장하되, 동시에 지역 간의 균형 있는 발전을 위해 노력하여야 한다. ②지방정부의 종류는 법률로 정한다.

③ 지방정부의 '자기책임 원칙'과 국가의 보충적 권한 규정 등 신설(안 제142조③항)

 - 지방정부의 자율성과 책임성을 높이면서 원칙적으로 주민과 가까운 지방정부에
   서 지방 사무를 담당하도록 하는 '자기책임 원칙' 규정 신설.

 - 지방정부가 수행할 수 없는 사무에 대해서만 국가가 보충적으로 권한을 행사하
   는 이른바 '보충성의 원칙' 규정 신설.

현행	개정안
〈신 설〉	제142조 ③지방정부는 그에 속하는 사무를 자기책임으로 수행한다. 국가는 지방정부가 수행할 수 없는 사무에 대해서만 보충적으로 권한을 가진다.

④ 지방정부에 입법권을 부여함으로써 독립성 강화 (안 제143조)

- 지방정부가 단순히 중앙정부의 하급기관이 아니라 독자적인 정책기관으로 자리매김하고, 지방에서 중앙으로의 혁신을 유도하는 지방분권의 기능이 발휘될 수 있도록 지방정부에 입법권을 부여하는 규정 신설

- 법률과 지방 법률 및 조례의 효력에 대해 규정함으로써 지방자치제를 제도적으로 완성

(2) 의미 및 한계

① 자치입법권의 확대(법령에서 법률로),

② 그러나 입법정책의 중앙집권화 지속

⑵ 수정방향

①법률의 이원적 체제 확립(국가법률과 자치법률)

②자치기본법 제정개정에 대한 권한 광역정부에 이관, 자치기본법은 헌법의 기존 질서를 해하지 않는 범위 내에서 광역정부가 제정.

③자치기본법을 제외한, 일반 자치법률과 국가법률이 경합관계에 있을 경우, 국가법률이 우선(자치기본법은 일반 국가법률보다 우선).

④조례는 자치법률과 국가법률의 범위 내에서 지방정부가 제정.

현행	개정안
〈신 설〉	제143조 ①지방정부는 법률에 위반되지 않는 범위 내에서 자치에 관한 지방법률 또는 조례를 제정한다. ②법률은 지방법률보다 우선하는 효력을 가진다. ③지방법률은 조례보다 우선적인 효력을 가진다.

⑤ 지방정부에 과세권을 부여해 지방재정의 자립 도모(안 제144조)

- 지방재정의 자율성과 책임성을 보장하기 위하여 지방정부에 세율과 세목 및 징수방법을 스스로 결정할 수 있는 과세권 부여 규정 신설

※ 용어의 수정 : 자치법률로 정한다.

현행	개정안
〈신 설〉	제144조 ①지방세의 종류와 세율과 세목 및 징수방법은 당해 지방법률로 정한다.

⑥ 국가의 지방재정격차 해소 노력 규정 신설(안 제145조)
 - 국가 전체의 재정건전성 확보를 위해 중앙정부는 지방재정 건전성을 위하여 필요한 조치를 취할 수 있음을 규정

현행	개정안
〈신 설〉	제145조 ①중앙정부는 법률로 정하는 바에 따라 지방재정의 건전성을 위하여 필요한 조치를 취할 수 있다. ②중앙정부는 지방정부간의 재정격차를 완화하기 위하여 노력한다.

※ 추가 사항
(1) 조세 종류의 삼원화 : 국세(국가재원), 지방세(지방재원), 공동세(국가·지방공동 사무의 재원) 헌법상 규정으로 명시.
(2) 지방정부의 세원 발굴권한 헌법상 규정으로 명시.
(3) 지방재정조정
   ① 일차적으로 수평적 재정조정, 보완적으로 수직적 재정조정
   ② 재정조정금액의 범위(재정조정 이후 지방정부간의 재정력 역전변동현상이 일어나지 않는 범위- 이를 통해 지방정부의 재정책임성 확보) 명시.
   ③ 재정조정 협의기구의 설치·운영에 관한 사항 헌법상 규정으로 명시.

제7편

국왕 對 인재
1392~1910(519년)

* 〈제7편 국왕 대 인재〉는 국사편찬위원회의 조선왕조실록 DB에서
인재 등용 부분을 선별해서 실은 것이다. http://sillok.history.go.kr/main/main.do

제1대 태조(1392~1398)

학교·수령·의창·향리 등 22개 조목에 대한 도평의사사의 상언

태조실록 2권, 태조 1년 9월 24일 임인 1번째기사

1392년 명 홍무(洪武) 25년

도평의사사(都評議使司)의 배극렴·조준 등이 22조목을 상언(上言)하였다. "1. 학교는 풍화(風化)의 근원이고, 농상(農桑)은 의식(衣食)의 근본이니, 학교를 일으켜서 인재(人才)를 양성하고, 농상을 권장하여 백성을 잘 살게 할 것이며, 1. 수령(守令)은 전야(田野)가 황폐되고 개간되는 것과, 호구(戶口)가 증가되고 감손되는 것 등의 일로써 출척(黜陟)할 것이며, 1. 신구(新舊) 수령(守令)이 교대할 즈음에 일이 많이 해이(解弛)해지니, 지금부터는 서로 해유(解由)를 주고 받은 후에 임지(任地)를 떠나게 할 것이며, 1. 봉명 사인(奉命使人)[1] 과 군관(軍官)·민관(民官)은 관(官)에서 미곡을 급여하고 말을 주는 것이 양부(兩府)로부터 이하의 관원에게까지 모두 정해진 수효가 있으니, 이로써 일정한 법으로 삼게 할 것이며,

1. 각도에서 경의(經義)에 밝고 행실을 닦아서 도덕을 겸비(兼備)하여 사범(師範)이 될 만한 사람과, 식견이 시무(時務)에 통달하고 재주가 경제(經濟)에 합하여 사공(事功)을 세울 만한 사람과, 문장에 익고 필찰(筆札)을 전공하여 문한(文翰)의 임무를 담당할 만한 사람과, 형률과 산수(算數)에 정통하고 행정(行政)에 통달하여 백성들을 다스리는 직책을 맡길 만한 사람과, 모계(謀計)는 도략(韜略)[2]에 깊고 용맹은 삼군(三軍)에 으뜸가서 장수가 될 만한 사람과, 활쏘기와 말타기에 익숙하고 봉술(棒術)과 석척(石擲)에 능하여 군무(軍務)를 담당할 만한 사람과, 천문·지리·복서(卜筮)·의약(醫藥) 등 혹 한가지라도 기예(技藝)를 전공한 사람을 자세하게 방문하고 재촉하여 조정에 보내어서, 발탁 등용하는 데 대비하게 하고, 서인(庶人) 가운데 부모에게 효도하고 형제에게 우애하고 농사에 힘쓰는 사람에게는 조세(租稅)의 반을 감면하여 주어 풍속을 권장할 것이며, 1. 민정(民丁)은 16세로부터 60세에 이르기까지 역(役)을 맡게 하는, 10정(丁) 이상이면 대호(大戶)가 되고 5정 이상이면 중호(中戶)가 되고, 4정 이하이면 소호(小戶)가 되게 하여 정(丁)을 계산하여 백성을 등록시키고, 만약 요역

---

1 왕명을 받고 외방에 출사(出使)하는 관원.
2 도략(韜略) : 육도(六韜)와 삼략(三略). 곧 병법(兵法)을 이른 말.

(徭役)이 있으면, 대호(大戶)는 1명을 내고 중호는 둘을 합하여 1명을 내고 소호는 셋을 합하여 1명을 내어 그 역을 고르게 할 것이며, 만약 유망(流亡)하는 사람이 있으면, 그 이유를 묻고 더욱 불쌍히 여겨 구휼(救恤)을 가하여 완취(完聚)하게 할 것이며, 1. 의창(義倉)의 설치는 본래 곤궁한 사람을 진휼(賑恤)하기 위한 것이니, 매양 농사철을 당하여 먼저 곤궁한 백성들에게 양식과 종자를 주는 때, 반드시 두량(斗量)으로 하고 추수 후에는 다만 본 수량만 바치게 하고, 그 출납하는 수량은 해마다 마지막 달에 삼사(三司)에 보고하게 하고, 그 수령(守令)으로서 두량(斗量)으로 행하지 아니하거나, 부유(富裕)한 사람에게도 아울러 주는 자는 죄를 논단하게 할 것이며, 1. 여러 주(州)의 향리(鄕吏) 가운데 과거에 오르거나 공을 세운 사람 외에, 본조(本朝)의 통정(通政)이하의 향리와 고려 왕조의 봉익(奉翊) 이하의 향리는 모두 본역에 돌아가게 할 것이며, 1. 수령은 때때로 민전(民田)을 답험(踏驗)하고 가을에 가서 손실(損實)을 자세히 갖추어 써서 관찰사에게 보고하여 적당히 헤아려 조세를 감면하게 할 것이며, 1. 각관·역(館驛)마다 마필(馬匹)의 상·중·하 3등의 수효를 관(館)의 벽(壁)에 써서 붙여 두고, 봉명(奉命)을 받고 사신(使臣)으로 가는 사람이 있으면 공역서(供驛署)의 마부(馬符)를 상고하여 험증(驗證)한 뒤에 체송(遞送)을 하게 할 것이나, 도관찰사와 도절제사를 제외하고는 모든 봉명을 받고 사신으로 가는 사람에게 함부로 말을 주지 못하게 할 것이며, 1. 주·부·군·현에서는 죄수의 정상을 도관찰사에게 진술 보고하여 형률에 의거하여 죄를 결정하고, 사형죄 이상은 도평의사사(都評議使司)에 보고하여 임금에게 계문(啓聞)하여 명령을 받아 결정하게 할 것이며, 1. 문선왕(文宣王)의 석전제(釋奠祭)와 여러 주(州)의 성황(城隍)의 제사는 관찰사와 수령이 제물을 풍성히 하고 깨끗하게 하여 때에 따라 거행하게 할 것이며, 공경(公卿)으로부터 하사(下士)에 이르기까지 모두 가묘(家廟)를 세워서 선대(先代)를 제사하게 하고, 서인(庶人)은 그 정침(正寢)에서 제사지내게 하고, 그 나머지 부정한 제사[淫祀]는 일절 모두 금단(禁斷)할 것이며,

1. 봉명 사인(奉命使人) 외에 관·역(館驛)을 빌려 유숙하는 사람에게는 관(官)에서 미곡을 주지 못하게 할 것이며, 봉명 사인과 수령이 연음(宴飮)을 하지 못하게 할 것이며, 인하여 때 아닌 사냥을 금단(禁斷)하게 할 것이며, 1. 무릇 주상자(主喪者)는 부모가 빈소(殯所)에 있을 때에는 조석으로 울며 제사하고 밖에 나가지 못하게 할 것이며, 1. 각도(各道)와 각주(各州)에서는 그 노정(路程)을 헤아려 원관(院館)을 짓거나 수리하여 나그네에게 편리하게 할 것이며 1. 재인(才人)과 화척(禾尺)은 이곳저곳으로 떠돌아다니면서 농업을 일삼지 않으므로 배고픔과 추위를 면하지 못하여 상시 모여서 도적질하고 소와 말을 도살하게 되니, 그들이 있는 주군(州郡)에서는 그 사람들을 호적에 올려 토지에 안착(安着)시켜 농사를 짓도록 하고 이를 어기는 사람은 죄주게 할 것이며, 1. 외방(外方)의 부유하고 세력이 있는 집에서는 양민(良民)을 슬그머니 차지하여 자기의 사역꾼으로 삼으니, 청하옵건대, 찾아내어 억지로라도 등록시켜 부역에 이바지하게 할 것이며, 1. 무릇 중이 되는 사람이 양반(兩班)의 자제

이면 닷새 베[五升布] 1백 필을, 서인이면 1백 50필을, 천인이면 2백 필을 바치게 하여, 소재(所在)한 관사(官司)에서 이로써 관에 들어온 베의 숫자를 계산하여 그제야 도첩(度牒)을 주어 출가(出家)하게 하고, 제 마음대로 출가하는 사람은 엄격히 다스리게 할 것이며, 1. 공사(公私)의 전물(錢物) 가운데 자모전(子母錢)은 이식(利息)을 정지하게 하도록 이미 일정한 제도가 있는데, 무식한 무리들이 이자 중에다 이자를 붙이니 매우 도리에 어긋납니다. 지금부터는 연월(年月)이 비록 많더라도 1전의 본전에 1전의 이자[一本一利]를 더 받지 못하게 할 것이며, 1. 중들이 중앙과 지방의 대소 관리들과 결당(結黨)하여 혹은 사사(寺社)를 건축하기도 하고, 혹은 불서(佛書)를 인쇄하기도 하며, 심지어 관사(官司)에까지 물자를 청구하여 백성들에게 해가 미치는 것이 있으니 지금부터는 일절 모두 금단(禁斷)할 것이며, 1. 바다와 육지에서 싸울 때는 쓰는 무기를 수리하고 점검하여 뜻밖의 변고에 대비(對備)하게 할 것이며, 1. 시위군(侍衛軍)과 기선군(騎船軍)은 상번(上番)과 하번(下番)으로 나누어 윤번(輪番)으로 할 것입니다."

제2대 정종(1398~1400)

맹사성 등이 매일 경연 열고 인재를 공평히 등용할 것 등 5개 조목을 상언하다

정종실록 6권, 정종 2년 11월 13일 계유 8번째기사
1400년 명 건문(建文) 2년

문하부(門下府) 낭사(郎舍) 맹사성(孟思誠) 등이 다섯 가지 일을 상언(上言)하니, 유윤(俞允)하였다. "1. 임금의 마음은 다스림을 내는 근원입니다. 마음이 바르면 만사가 따라서 바르게 되고, 마음이 바르지 못하면 여러 사람의 욕심이 방사(放肆)하여집니다. 그러니 천하 국가를 가진 이가 그 마음을 바루기를 생각지 않을 수 있겠습니까? 만기(萬機)의 다스림과 억조 백성의 편안함이 이러한 마음의 소위(所爲)가 아닌 것이 없습니다. 그러므로, 제요(帝堯)의 덕은 흠명(欽明)에 근본하여 능히 시옹(時雍)의 성함을 가져왔고, 문왕(文王)의 덕은 경지(敬止)에 근원하여 능히 태화(泰和)의 다스림을 이루었습니다. 신 등이 엎드려 보건대, 전하가 동궁에 계실 때에 서연(書筵)을 열어《대학연의(大學衍義)》를 강론하였으니, 성학(聖學)에 이미 즙희(緝熙)의 공이 있을 것입니다. 엎드려 바라건대, 전하께서 날마다 경연(經筵)에 납시어 도의를 강론해서 더욱 존양(存養) 성찰(省察)의 공효를 더하시면, 전하의 마음이 광명 정대하여져서 사리(事理)가 닥쳐 오더라도 시비(是非)가 잘못되지 않고, 용사(用舍)할 즈음에 어질고 어리석은 사람이 섞이지 않고, 즐기고 욕심내는 것이 스스로 법을 흔들 수가 없고, 참소하고 아첨하는 것이 스스로 나올 수가 없을 것입니다. 그런 뒤에야 조정 백관이 감히 바로잡혀지지 않음이 없어 태평의 정치를 이룰 수 있을 것이니, 엎드려 바라건대, 전하는 잠심(潛心)하소서.

1. 인재(人才)는 다스림에 이르는 도구이니, 옛부터 치란(治亂)의 자취가 항상 반드시 이에서 비롯되었습니다. 고려 말년에 권신이 정치를 마음대로 하여 명기(名器)를 사사 물건으로 보아, 용사(用舍)가 전도(顚倒)되어 선비의 기풍이 무너져서 드디어 망하는 데에 이르렀습니다. 우리 조정이 천명에 응하여 개국해서 법제를 일신하였으니, 용사(用舍)는 적당하지 않다고 할 수 없고, 선비의 기풍이 아름답지 않다고 할 수 없습니다. 그러나, 나머지 기풍은 아직도 없어지지 않고 습관이 되어 범상한 것으로 여기니, 염치의 도가 서지 않고, 분경(奔競)의 풍습이 아직도 남아 있습니다. 사대부(士大夫)들은 일을 맡아 공(功)을 이룰

것을 생각지 않고 뜻에 아첨하여 미쁘게 보일 것을 일삼으니, 정사를 잡은 대신도 또한 이것으로 진퇴(進退)를 시킵니다. 이것이 실로 고려 때의 폐정(弊政)입니다. 원하건대, 이제부터 무릇 벼슬을 제수할 즈음에 재상에서 6품에 이르기까지 각기 아는 사람을 천거하게 하여, 그 행실을 적어서 공천(公薦)하면, 상서사(尙瑞司)에서 그 천거의 많고 적은 것을 상고하여 중외(中外) 직책에 보직할 것입니다. 권귀(權貴)에게 아부하는 자는 배척하여 쓰지 말고, 또한 헌사(憲司)로 하여금 규찰하여 엄하게 다스리고, 사단자(私單子)를 가지고 난잡하게 간청하는 자는 상서사(尙瑞司)에서 그 단자를 모조리 헌사에 보내어 고핵(考劾)하는 데에 빙거하게 할 것입니다. 이와 같이 하면, 용사(用舍)가 적당하여지고 선비의 기풍이 바로잡힐 것입니다.

1. 종친은 모두 조종의 후예이니, 일반 사람과 섞일 수는 없습니다. 고려가 번성할 때에는 종친의 의위(儀衛)가 모두 정한 제도가 있어서, 출입(出入)과 기거(起居)에 감히 경솔히 행동하지 못하였으니, 이는 존영(尊榮)한 것을 보여서 여러 신하들과 구별한 것이었습니다. 지금은 귀한 종친으로서 한 필의 말을 타고 다니며 출입과 기거가 절도가 없어서 일반 사람과 혼동하게 되니, 이것이 어찌 전하가 종족(宗族)을 돈목(敦睦)하게 하고 부귀를 함께 누리는 뜻이겠습니까? 원하건대, 예관(禮官)으로 하여금 참작하여 제도를 정하게 해서, 명소(命召)가 아니면 감히 가볍게 나오지 못하게 하여 존영(尊榮)한 것을 보이소서.

1. 시위(侍衛)와 배종(陪從)에 반드시 올바른 사람을 택하는 것은 간청(干請)과 봉영(逢迎)의 폐단을 막자는 소이(所以)입니다. 고려 제도에 사알(司謁)·사약(司鑰)·봉서국(奉書局)을 내수(內竪)로 충당하여 모두 궁중에서 일하게 하니, 더럽고 어리석은 무리가 스스로 근신하지 않고, 함부로 간궤(奸詭)한 짓을 행하여, 심지어 궁내에서 쓰는 물자를 훔치기까지 하였습니다. 미천한 무리를 어찌 좌우에 친근하게 할 수 있겠습니까? 원하건대, 이제부터 사알·사약·봉서(奉書)의 관원은 계급을 7품으로 하여, 내시 별감(內侍別監) 가운데 청렴·근신하고 단아(端雅)·방정한 자로 그 임무에 충당하게 하면, 좌우 전후가 올바른 사람이 아닌 자가 없어서 궁금(宮禁)이 깨끗해질 것입니다.

1. 예전에는 중승(中丞) 한 사람이 매달 궁원(宮垣)을 돌게 하였으니, 간사하고 요행을 바라는 자로 하여금 두려워할 줄 알게 하고 내외(內外)의 분별을 엄하게 한 것입니다. 원하건대, 이 제도를 모방하여 감찰(監察) 1원(員)으로 하여금 매일 윤번으로 궁금(宮禁)을 돌아다니게 하여, 무릇 간청하는 무리로서 난잡하게 출입하는 자가 있거나 궁내에서 쓰는 것을 훔치는 자가 있으면, 모조리 규찰하여 궁금을 엄하게 하소서." 임금이 소(疏) 안의 첫머리 두 조목을 시행하도록 허락하였다.

제3대 태종(1400~1418)

인재등용과 행정원의 하부 이양 등을 건의한 사헌부의 상소문

태종실록 8권, 태종 4년 8월 20일 기축 1번째기사

1404년 명 영락(永樂) 2년

의정부에 명하여 대간(臺諫)에서 상소(上疏)한 것을 의논하여 아뢰도록 하였다. 사헌부(司憲府)의 상소는 이러하였다. "1. 전(傳)에 말하기를, '어진이를 구(求)하는 데 수고하고, 사람을 얻는 데서 편안하다.' 하였으니, 이는 인주(人主)가 마땅히 체념(體念)해야 할 바입니다. 진실로 어진 인재(人才)를 뽑아서 여러 관직에 포열(布列)하게 하여 그 성공(成功)을 책임지우면, 일이 거행되지 못할 것이 없고, 여러 가지 일이 이루어질 것입니다. 부서(簿書)·옥송(獄訟) 같은 자질구레한 일에 이르러서는 유사(有司)가 있으니, 인주(人主)가 모두 알 바가 아닙니다. 여러 옥송과 삼가는 일은 문왕(文王)이 감히 알려 하지 않았는데, 이것은 문왕이 성주(成周)의 다스림을 이루게 한 소이(所以)였습니다. 원하건대, 이제부터 《경제육전(經濟六典)》과 본부(本府)의 수판(受判)내(內)에 의하여, 소송자로 하여금 각기 유사(攸司)에 소송하게 하고, 그 대내(大內)에 직접 소지(所志)를 정소(呈訴)하는 것을 일절 금지할 것입니다. 1. 전(傳)에 말하기를, '백성은 오로지 나라의 근본이니, 근본이 굳어야 나라가 평안하다.' 하였습니다. 전하께서 깊이 구중(九重) 궁궐에 거처하면서 단정히 팔짱을 끼고 옷자락을 드리우시니, 초야(草野)의 증민(蒸民)이 추위나 더위나 비를 빌 때 원망하는 정상(情狀)을 어찌 능히 두루 살피겠습니까? 수령(守令)이란 것은 백성을 가까이 하는 직책이므로, 민간의 이해(利害)를 알지 못하는 바가 없습니다. 원하건대, 이제부터 수령으로 하여금 민간의 이해를 캐물어 매양 봄·가을에 감사(監司)에게 보고하게 하여, 그 득실(得失)을 고찰하고서, 하나는 대내(大內)에 신문(申聞)하고, 하나는 도당(都堂)에 보고하고, 하나는 헌사(憲司)에 관문(關文)하게 할 것입니다. 이로 인하여 고찰해서 그 이(利)로운 것은 취하고, 해(害)로운 것은 버리는 것으로 항식(恒式)을 삼으면, 성상의 총명이 넓어져 하정(下情)이 상달(上達)되고, 덕택(德澤)이 흡족하여져 나라의 근본이 편안해질 것입니다. 1. 재내 제군(在內諸君)[3]과

---

3 재내 제군(在內諸君) : 임금의 적비(嫡妃)의 아들인 대군(大君), 빈잉(嬪媵)의 아들인 군(君), 친형제인 대군(大君), 친형제의 적실(嫡室)의 맏아들인 군(君) 등을 말한다.

이성 제군(異姓諸君)이 근래 혹은 조회(朝會)하거나 행행(行幸)하는 데에 빠지고, 중국 사신을 영송(迎送)할 때에 이르러서도 호종(扈從)하는 데에 태만합니다. 이제부터 무릇 조회하거나 행행하거나 영송할 때에, 아울러 백관의 예(例)에 따르도록 하는 것으로 성조(盛朝)의 성법(成法)을 삼을 것입니다.

1. 경기(京畿)에서 받드는 바, 사재(司宰)·선공(繕工)·사복(司僕)·유우소(乳牛所)·동서 와요(東西瓦窯) 등의 각사(各司)에 바치는 정탄(正炭)·소목(燒木)·곡초(穀草) 및 모든 수납(輸納)하는 물건을 감사와 수령이 능히 시기에 미치도록 감독해 바치지 못하고서, 농사가 한창 바쁜 때를 당하여 수납하지 못하였다고 칭(稱)하고 엄하게 급히 징수하여 바치므로, 농업을 폐하게 해서 백성들이 자뢰하여 생활하지 못합니다. 원하건대 이제부터 정탄(正炭)·소목(燒木)·곡초(穀草) 및 각사에 바치는 공물은 1년 경비의 수(數)를 도합 계산하여, 반드시 추수한 이후 농사가 시작되기 전에 감독해 바치는 것을 끝내도록 하여서, 전의 폐단을 고칠 것입니다.

1. 작은 나라로서 큰 나라를 섬기는 것은 고금의 공통된 의리입니다. 하물며, 우리 조정은 바닷가 벽지(僻地)에 치우쳐 있어서 어음(語音)이 아주 다르므로, 역관(譯官)으로 인하여 통(通)합니다. 그러므로 사역(司譯)의 직임은 진실로 중요합니다. 근래 사역(司譯)의 학습에 다만 한어(漢語)만을 익혀서 경사(經史)의 학문을 알지 못하여, 중국 사신의 말이 경사(經史)에 미치면, 몽연(懜然)히 알지 못하여 응대하는 데 실수하니, 매우 국가의 수치(羞恥)가 됩니다. 원하건대 이제부터 한어를 잘하고 경학에 밝은 자를 선택하여 훈도관(訓導官)을 삼아, 힘써 후진을 깨우쳐 역어(譯語)에 널리 통하게 하고, 경학(經學)에 상명(詳明)하게 하여, 중국 사신의 뜻을 통하게 할 것입니다.

1. 응봉사(應奉司)에서는 한 나라의 문서를 맡으므로 그 학문하는 선비가 모두 다 속(屬)하지만, 한어(漢語) 이문(吏文)에 이르러서는 오로지 당성(唐誠)) 만이 맡고 있으니, 만약 하루아침에 사고라도 있으면, 배우지 못한 사람이 그 직임을 판비(辦備)하기는 어려울 것입니다. 원하건대, 이제부터 문한(文翰)의 선비 가운데 총명하고 박학하며 기예(技藝)가 뛰어난 사람을 뽑아서 미리 이문(吏文)을 익히도록 하여, 타일(他日)의 쓰임에 대비할 것입니다.

1. 근래 화통군(火㷁軍)을 더하여 정할 때, 노비의 많고 적은 것과 나이의 늙고 어린 것을 고찰하지 아니하고, 오로지 전적(田籍)에 의거하여서 이를 더하였으므로, 마땅히 감해야 할 데 더한 것이 있고, 또한 마땅히 더해야 할 데 감한 것이 있으니, 만약 다시 정하지 않는다면, 그 역(役)을 견디지 못하여 유망(流亡)하는 이가 서로 잇달 것입니다. 빌건대 각도의 관찰사로 하여금 각사(各司)·각관(各官)의 노비 천적(奴婢賤籍)을 상세히 고찰하게 하여, 15세 이상 50세 이하의 나이와 명수(名數)를 갖추 기록해 정보(呈報)하게 하고, 도당(都堂)에서 다시 상정(詳定)을 더하여 화통(火㷁)의 역(役)을 완전하게 할 것입니다. 1. 침장고(沈藏庫)[4]의 제거(提擧)·별좌(別坐)·향상(向上)·별감(別監)은 맡은 바 임무가 실로 번극(繁劇)하

므로, 매양 세말(歲末)을 당할 때마다 모조리 거관(去官)시켜 그 노고에 대해 상을 주니, 진실로 선비를 권장하는 아름다운 뜻입니다. 그러나 그 직임이 다만 1년 내에만 있으니, 이 때문에 생각이 다음해의 임무에 미치지 못하여, 각색 채종(菜種)을 때 맞추어 거두지 아니하고, 밭에 거름을 주거나 소를 키우는 일에도 주의하지 않습니다. 그리고 밭갈고 씨뿌리는 때에 미쳐 반드시 채종(菜種)의 값을 하나같이 지급해야 하니, 이 때문에 채종이 다하고 경우(耕牛)가 야위어지며, 밭에 거름주는 데 때를 맞추지 못하여 밭이 기름지지 못합니다. 이것은 다름이 아니라, 이러한 관직에 있는 자가 이를 준비하는 데 성의가 없는 까닭입니다. 원하건대 이제부터 제거·별좌·향상·별감의 각 자리는 1인이 거관(去官)하면 1인은 그대로 둘 것입니다. 이렇게 하면, 관(官)을 비워 두고 직무를 폐하는 잘못은 없을 것입니다. 또 제조(提調)로 하여금 때때로 고찰하여 그 태만한 것을 징치(懲治)하게 할 것입니다. 동서와요(東西瓦窯)의 판관(判官)도 또한 이 예(例)에 준하여 일시에 거관하지 말게 할 것입니다." 의정부에서 의논하니, 모두 헌부(憲府)에서 신문(申聞)한 것과 같았다. "1.《문공가례(文公家禮)》에 이르기를, '몸이 주혼(主婚)하는 데 미치는 자는 기복(朞服)이 없는 상(喪)에서는 혼인을 이룰 수 있다.' 하였으나, 우리 조정의 사대부 집에서는 몸이 주혼(主婚)에 미치는 자가 비록 최질(衰絰) 중에 있더라도, 혹은 혼가(婚嫁)를 허락하고 혼인을 이루는 일이 있으니, 오로지 고례(古禮)에 어긋날 뿐만 아니라, 풍속이 경박해지는 것도 이보다 심한 것이 없습니다. 원하건대 이제부터 사대부 가운데 혼인하는 집은 모두 《문공가례(文公家禮)》를 본받게 하고, 어기는 자는 엄격히 다스릴 것입니다." 의정부에서 의논하여, 부모의 상(喪) 3년 내와 기년(朞年)의 상(喪) 1백 일 내에서는 혼가를 금지하고, 기복이 있는 상에서는 주혼자(主婚者)를 물금(勿禁)하게 하였다.

인재 등용방법의 개선 및 양민원의 설치 등을 건의한 상소문

태종실록 8권, 태종 4년 8월 20일 기축 2번째기사

1404년 명 영락(永樂) 2년

사간원(司諫院)에서 상소(上疏)하였다. "1. 오부 교수관(五部教授官)은 경전(經典)에 능통하고 순근(醇謹)한 선비를 골라 제수해서 교양(教養)하고, 생도(生徒) 가운데 《효경(孝經)》·《소학(小學)》·사서(四書)·《문공가례(文公家禮)》에 능통한 자는 《소학(小學)》을 올리고, 성균 정록소(成均正錄所)로 하여금 힘써 교양(教養)을 더하게 할 것입니다. 삼경(三經) 이상에 능통

---

4 침장고(沈藏庫) : 김장을 담그는 일을 맡은 관아이다.

하고 효제(孝悌)·근후(謹厚)한 이는 감시(監試)에 나가는 것을 허락하고 성균관(成均館)에 올릴 것입니다. 오경(五經)과 《통감(通鑑)》에 능통하고 덕행(德行)이 드러나 알려진 자를 골라 또한 부시(赴試)를 허락하고, 경박하고 근신하지 아니하는 무리는 비록 재주와 학식이 다른 사람보다 뛰어나더라도 물리치고 받아들이지 아니할 것입니다. 성명(姓名)을 기록할 때에는 반드시 그 부형(父兄)이나 친척이나 친우로 하여금 그 실제 덕행(德行)을 기록하여 유사(有司)에 고(告)하게 하고, 유사(有司)가 그 시험에 합격한 자의 덕행과 보거인(保擧人)의 직명(職名)을 헌사(憲司)에 보내어, 헌사에서 장부에 기록하여 갈무리해 두었다가, 다른 날 시험에 합격한 생도(生徒) 가운데 근신하지 아니하는 죄를 범하는 자가 있으면, 보거(保擧)한 사람도 아울러 죄주게 하여, 길이 항식(恒式)을 삼을 것입니다. 외방(外方)의 주(州)·현(縣)의 향교(鄕校)에서도 또한 경전(經典)에 능통하고 노성(老成)한 선비를 골라 교수(敎授)에 충당하고, 수령(守令)으로 하여금 그 부지런하고 태만한 것을 고찰하게 할 것입니다. 수령이 여가에 하는 일이라 하여 힘써 양성(養成)을 더하지 않는 자는 감사가 즉시 견책하고, 수령을 포폄(褒貶)할 때 생도를 인재로 성취시킨 유무(有無)와 다소(多少)를 수령의 이름 아래 아울러 기재할 것입니다. 그 감시(監試)와 향시(鄕試)에 나가는 자는 한결같이 윗 항목의 조건을 준수하게 할 것입니다.

옛날 한(漢)나라 명제(明帝)가 벽옹(辟雍)에 임어(臨御)하여 노인에게 배례(拜禮)하고, 당(唐)나라 태종(太宗)이 친히 국학(國學)에 나아가 몸소 아랫사람에게 행례(行禮)하여 학교(學校)를 숭상하니, 기문(期門)·우림(羽林)[5]의 선비가 모두 다 글을 읽고, 고창(高昌)과 토번(吐蕃)의 추장이 아들을 보내어 입학하여, 유풍(儒風)이 크게 변하고 사습(士習)이 바야흐로 새로와져, 영평(永平)의 정치와 정관(貞觀)의 정치를 이룩하였습니다. 지금 전하께서는 만기(萬機)의 여가에 한두 유신(儒臣)과 더불어 부지런히 강론하여, 일찍이 조금도 해이(解弛)하지 않고 혹은 밤중에까지 이르시니, 그 학문을 좋아하고 도학(道學)을 즐기시는 아름다움이 진실로 전대(前代)에 부끄러울 것이 없습니다. 원하건대, 친히 국학(國學)에 나가셔서 기로(耆老) 유신(儒臣)을 맞아 예(禮)하고 도의(道義)를 강명(講明)하시면, 거의 중외 인민(中外人民)들이 우러러보고서 감동 흠모하여 미연(靡然)히 뒤따를 것이요, 덕을 이루고 재예(才藝)에 통달한 선비가 울연(蔚然)히 세상에 쓰이게 될 것입니다." 의정부에서 의논하였다. "감시(監試)는 초학(初學)의 무리를 권장하기 위한 것이므로, 고려에서는 십운시(十韻詩)로 시험하였고, 그 동당(東堂)에서 일경(一經)에 통달한 자에게 부시(赴試)하는 것을 허락하였습니다. 지금 만약 반드시 삼경(三經)에 능통한 자에게 감시에 나가는 것을 허락한다면, 오로지 학문을 권장하는 뜻에 어긋날 뿐만 아니라, 문무 자제(文武子弟)도 모두 문과(文科)의 어

---

5 우림(羽林) : 중국에서 천자(天子)의 숙위(宿衛)를 맡아 보던 금위(禁衛)의 이름. 한(漢)나라 무제(武帝)가 우림(羽林)을 처음으로 두었는데, 당대(唐代)에는 좌·우 우림위(左右羽林衛)를, 송대(宋代)에는 우림 장군(羽林將軍)을, 명대(明代)에는 우림위(羽林衛)를 각기 두었다.

려운 것을 꺼려, 글을 읽고 부시(赴試)할 자는 드물어질 것입니다. 그 부시(赴試)하여 성명(姓名)을 기록할 때에는 부형(父兄)이나 친척이나 친우로 하여금 그 실제 덕행(德行)을 기록하여 유사(有司)에 고(告)하게 하고, 뒤에 만약 범죄하는 바가 있어 보거(保擧)한 자를 아울러 죄준다면, 사람들이 모두 문과(文科)에 견디지 못하여, 장차 문학(文學)을 폐절(廢絕)하게 만들 것입니다. 그 경박하고 근신하지 아니하는 무리를, 비록 재주와 학문이 다른 사람보다 뛰어나더라도 배척하고 받아들이지 아니한다면, 대저 성기(性氣)가 가볍고 쾌활한 자가 학문을 능히 통(通)해도, 미치고 고집스러운 선비를 성문(聖門)에서 취하게 됩니다. 만약 사람이 다 함께 아는바 경박하고 근신하지 않는 자라면 배척할 수 있으나, 그 재주를 시기하는 무리가 문학(文學)에 능히 통하는 자를 경박하다고 일컫고 배척한다면, 장차 현자(賢者)를 상실하고 재사(才士)를 폐색(蔽塞)하는 데 이르게 될 것이니, 그 폐단이 작지 않을 것입니다. 이 세 가지 조목 외에는 아울러 신문(申聞)한 바와 같이 하는 것이 어떠하겠습니까?"

"1. 선유(先儒)가 말하기를, '재주와 덕이 겸전(兼全)하면 이를 성인(聖人)이라 이르고, 재주와 덕이 아울러 없으면 이를 우인(愚人)이라 이르며, 덕이 재주보다 나으면 이를 군자(君子)라 이르고, 재주가 덕보다 나으면 이를 소인(小人)이라 이른다.' 하였으니, 무릇 사람을 취하는 방법에 그 소인을 얻는 것보다 우인(愚人)을 얻는 것이 낫다는 것은, 소인이 재주를 끼고 나쁜 짓을 할까 깊이 두려워하는 까닭입니다. 신 등이 가만히 보건대, 근래 사람을 쓰는 데 오로지 재화(才華)만 숭상하고 그 덕행(德行)은 다시 고찰하지 않으니, 사람의 어질고 어질지 않은 것을 논의하는 자가 반드시 재기(才器)를 일컫기는 하나, 덕행과 도덕과 학예(學藝)의 말은 결코 들리지 않습니다. 이로 말미암아 선비 된 자는 부서 기회(簿書期會)의 재능과 응대하는 것을 민첩하게 하는 기교로, 명예를 취(取)하는 것을 구하는 데 힘쓰나, 효제(孝悌)·충신(忠信)하는 데 이르면 어떻게 하는 일인지도 알지 못합니다. 부박(浮薄)하는 기풍이 이로 말미암아 이루어지고, 다투고 헐뜯는 습속이 이에서 심해집니다. 대저 옛사람은 근후(謹厚)하고 온화(溫和)한 행실을 부지런하게 하고, 사람을 가르치는 교육을 느리게 하였으니, 이것으로 본다면 근후하고 온화한 것을 부지런히 하는 것이 가합니다. 사람을 가르치는 것을 느리게 하면 당세(當世)에는 죄인이겠지만, 그러나 오히려 이것을 귀하게 여겼던 것은, 모든 일을 빨리 하고자 하면 반드시 차오(差誤)하고 실당(失當)하는 데 이르러서, 다시 구제하기가 불가(不可)하기 때문이 아니겠습니까? 원하건대 이제부터 사람을 쓰는 것은 오로지 온량(溫良)하고 근후하며 재주와 덕행이 닦아져 드러난 자를 취할 것이요, 그 인륜(人倫)의 도리에 불친 불목(不親不睦)한 자는 비록 절륜 고세(絕倫高世)의 재주가 있더라도 초야에 내쳐 물리치고, 조정에 치열(齒列)하지 못하게 하여, 풍속을 후하게 할 것입니다."

의정부에서 의논하였다. "아비가 자애로운데 아들이 불효하고, 형이 우애로운데 아우가 불순한 것은 마땅히 불친 불목(不親不睦)의 형(刑)을 가하여야 합니다. 부모의 미워하고 사랑하는 것이 혹은 치우치는 바가 있을 수 있고, 형제(兄弟)가 어질고 불초(不肖)함이 혹은 아주 다를 바가 있을 수 있고, 사람이 헐뜯고 칭찬하는 것이 혹은 사리에 부당할 수 있으니, 만약 정유(情由)를 궁구(窮究)하지 아니하고 아울러 모두 내쳐 물리친다면, 고재(高才)가 버림을 받게 되어 원통하고 억울한 것을 면하지 못할까 두렵습니다. 실상을 캐물어서 내쳐 물리치는 것이 어떠하겠습니까?" "1.《서경(書經)》에 말하기를, '관직은 갖추지 않아도 오직 적합한 자라야 한다.' 하였으니, 관작(官爵)이 악덕(惡德)한 이에게 미치지 아니하고, 어진 이에게 미쳐야 합니다. 전(傳)에 말하기를, '관직을 베풀고 관리를 두는 것은 백성을 위한 것이다.' 하였으니, 그렇다면 관부(官府)를 설치하고 직임을 나눈 것은 사람을 귀하게 하려는 것이 아니라, 인재를 등용하여 천위(天位)를 같이 하고 천공(天工)[6]을 대신하게 하기 위한 것입니다. 지금 부유한 집 자제(子弟)가 더벅머리 어린아이 때부터 이미 현달(顯達)하게 제수(除授)를 받으니, 어찌 민사(民事)의 간난(艱難)을 알겠으며, 치체(治體)의 완급(緩急)을 알겠습니까? 그러나, 또한 어린 더벅머리의 무식한 무리나 용속(庸俗)하고 미천(微賤)한 무리가 육관(六官)의 관원으로 간혹 끼이게 되는 것을 용납한다면, 그 천위(天位)를 함께 하여 천공(天工)을 대신한다는 뜻에 어떠하겠습니까? 원하건대 이제부터 비록 공신(功臣)과 종친의 후손이라 하더라도 나이가 성년이 되지 못한 자는 아울러 모조리 정파(停罷)하고, 그 나이가 성장하여 책을 읽어 재기(才器)를 이룩하기를 기다린 뒤에, 재주를 헤아려 직임을 제수하고, 그 어리석고 둔하며 용렬하고 천한 무리에게 조정의 관직을 허락하지 아니하여, 천작(天爵)을 높이고 현재(賢才)를 우대할 것입니다." 의정부에서 의논하였다. "위의 조목은, 아울러 신문(申聞)한 바와 같이 하는 것이 어떠하겠습니까?"

"1. 환(鰥)·과(寡)·고(孤)·독(獨)은 우리 백성들 가운데 가장 곤란하고 고(告)할 데가 없는 자들입니다. 선왕(先王)이 정사를 일으켜 인정(仁政)을 베풀 때 반드시 이들 4자(者)를 먼저 하였습니다. 그러므로, 한(漢)나라 문제(文帝)가 즉위하던 원년에 곤궁한 이를 진휼하고, 노인을 물어 폐백(幣帛)을 하사하였습니다. 이것은 사민(斯民)을 진휼하여 기르는 것이 왕정(王政)의 선무(先務)인 것을 안 것입니다. 이제 전하께서 중외(中外)에 의창(義倉)을 설치하여 인민을 진휼하시고, 흉년을 만나면 사신을 보내서 창고를 열어 굶주리는 백성들을 먹여 기르시니, 인정(仁政)을 베푸심이 지극하십니다. 원하건대 이제부터 경중(京中)과 여러 군(郡)에 양민원(養民院)을 설치하여, 백성 가운데 늙어 아내가 없거나, 남편이 없고 아들이 없거나, 어려서 아비가 없는 무리와, 옆에 의지하여 살아갈 만한 친척이 없는 사람들을 모두 원(院)에 모아, 사람을 헤아려 쌀과 베[布]를 주어서, 이들로 하여금 스스로 자라고 스스로 살아가게 하고, 그 죽음에 미쳐서는 들에 뼈가 드러나지 말게 하며, 어려서 아비가 없는 자는 나이가 장성하기를 기다려 농장에 내보낼 것입니다."의정부에서 의논하였다. "국용

---

6 천공(天工) : 하늘의 직사(職事). 곧 천하를 다스리는 일이다.

(國用)은 한정이 있는데 궁핍한 백성은 한정이 없으니, 이로 인하여 국용이 다 없어질 뿐만 아니라, 궁핍한 백성도 또한 양민원(養民院)에 먹는 것을 의지하게 될 것이므로, 농사일에 힘쓰지 아니할 것입니다."

"1. 수령(守令)은 백성을 가까이 하는 직임이니, 백성의 휴척(休戚)이 매여 있습니다. 그러므로, 한(漢)나라 광무제(光武帝)는 말하기를[7] '낭관(郞官)은 위로 열수(列宿)에 응하고, 나가서는 백리(百里)를 다스리니, 진실로 적당한 사람이 아니면 백성이 이 앙화(殃禍)를 받는다.' 하였습니다. 신 등이 가만히 보건대, 근래 수령은 많이 보거(保擧)하는 데에서 나오므로, 권문(權門)에서 청탁하는 무리나 길거리의 용렬한 무리가 간혹 서로 섞여 포열(布列)하고 있습니다. 그러나, 감사가 전최(殿最)를 잘못하여, 전(殿)의 첫머리[殿序]에 있는 자도 견책을 하였다는 말을 듣지 못했으니, 죄가 거주(擧主)에게 미치는 법이 땅에 떨어져 행해지지 못하는 것입니다. 이제부터 마땅히 경술(經術)이 있고 의리에 밝으며, 일찍이 이직(吏職)을 경험하고 정사(政事)에 통달한 자를 골라서, 재주를 헤아려 직임을 제수하고, 그 배우지 못하고 경술(經術)이 없으며, 어려서 일을 경험하지 못한 자나, 출신이 서리(胥吏)인 자는 함부로 직임을 받는 것을 허락하지 말 것입니다. 감사로 하여금 포폄(褒貶)하여 계문(啓聞)하고 헌사(憲司)에 이문(移文)하게 하면, 헌사에서는 즉시 견책하되, 먼저 거주(擧主)에게 죄줄 것입니다. 원하건대 당(唐)나라 태종(太宗)이 당인홍(黨仁弘)에게 한 것 같이, 비록 지친(至親)이라 하더라도 사유(赦宥)하지 아니하면, 요행을 바라는 무리가 모람되게 사진(仕進)할 수 없을 것입니다." 의정부에서 의논하였다. "사람의 어질고 어질지 못함은 출신에 관계되지는 아니합니다. 대저 이서(吏胥) 출신이라 하여 수령에 제수하지 아니하면, 나라에서 사람을 쓰는 도리에 어긋남이 있습니다. 그 재능이 있는 자를 골라서 임용할 것입니다."

"1. 감사의 직임은 중대합니다. 수령의 어질고 어질지 못한 것과 장수의 선하고 악한 것과 민생(民生)의 편안하고 근심되는 것과 법령의 폐지되고 시행되는 것이 한 몸에 모두 관계되니, 그 가운데서 한 가지라도 중정(中正)을 잃게 되면, 만 가지 일이 차오(差誤)됩니다. 그 맡은 바가 어찌 중대하지 아니하겠습니까? 신 등이 가만히 생각하건대, 감사의 직임에는 명예를 바라고 권세에 아부하거나, 이익을 따지는 데 너무 세세하거나, 용렬하고 우매하거나, 강퍅(剛愎)하고 교만하며 사치하는 무리는 심히 꺼리는 것입니다. 무릇 용렬하고 우매하면 시정(施政)을 베푸는 데 어둡고, 강퍅하면 행동거지에 잘못되고, 교만하고 사치하면

---

7 한(漢)나라 광무제(光武帝)는 말하기를, 《후한서(後漢書)》 명제기(明帝記)에, "임금이 여러 신하에게 이르기를, '낭관(郞官)은 위로 열수(列宿)에 응하고, 나가서 백리(百里)를 다스린다.' 하였다." 하였음. 위의 광무제(光武帝)는 광명제(光明帝)의 오기(誤記)인 듯함. 천문(天文)으로 보면, 낭관(郞官)의 자리는 제좌(帝坐)인 오성(五星)의 뒤에 있는 십오성(十五星), 곧 열수(列宿)에 해당하는데, 이는 낭관이 조정에 있을 때는 천자(天子)의 뒤에 열수(列宿)처럼 늘어서는 것을 말하며, 한(漢)나라 지방 제도는 1현(縣)의 넓이가 사방 1백 리 정도였으므로, 백리는 현(縣)을 말함이니, 낭관이 나가서는 현을 다스리는 수령(守令)이 된다는 뜻이다.

세궁민(細窮民)이 친근할 수 없어, 하정(下情)이 상달(上達)되지 못하고, 명예를 바라고 권세에 아부하면 공리(功利)에 급해서 공도(公道)를 폐하게 됩니다. 대저 이익을 따지는 데 너무 세세히 하는 것은, 상홍양(桑弘羊)[8]과 공근의 무리가 한(漢)나라 무제(武帝)를 섬기면서 인민을 곤고(困苦)하게 한 술법이니, 성조(盛朝)에서 교화(敎化)를 돈독하게 하고 민생을 편의하게 하는 도리가 아닙니다. 전(傳)에 말하기를, '취렴(聚斂)하는 신하를 가지는 것보다는 차라리 도적질하는 신하를 가질 것이다.' 하였으니, 이것은 이를 이른 것입니다. 이 때문에 수령의 전최(殿最)가 간혹 권세의 위협에 압박되고, 혹은 노관(路館)의 수즙(修葺)과 황폐(荒廢)에서 나오며, 부서 기회(簿書期會)를 파격하게 하는 것이 있거나, 뜬소문과 비방하는 말을 간혹 믿게 되니, 그 포장(褒奬)을 받는 자는 대개 간교(奸巧)하고 민첩한 무리가 많고 고요하게 자리를 지키고 어진 정치를 베푸는 관리나, 세상을 널리 구제하는 사명을 책임지는 인물은 달수를 따져 계산하니, 재주 있는 자가 도리어 전(殿)의 첫머리에 있게 됩니다. 출척(黜陟)에 있어 옳고 그른 도리가 어디에 있습니까? 원하건대 이제부터 대신(大臣)과 삼부(三府)와 더불어 강명(剛明)·정대(正大)하고 관후(寬厚)한 신하를 의논하여 골라서, 대간(臺諫)과 육조(六曹)에게 가부(可否)를 유시(諭示)하여 물은 뒤에 여러 도(道)에 나누어 보내되, 자주 바꾸어 보내지 말고, 그 정치(政治)의 공적(功績)을 책임지울 것이요, 간혹 사정(私情)에 따라서 출척(黜陟)의 임무를 밝게 하지 못하는 자가 있으면, 헌사(憲司)에서 탄핵(彈劾)하고 규찰(糾察)하기를 엄히 하여 전최(殿最)의 법을 밝히도록 할 것입니다." 의정부에서 의논하였다. "대간(臺諫)으로 하여금 후보자를 천거하게 해서 임명하여 보낼 것입니다." 임금이 모두 이를 윤허하였다.

---

8 상홍양(桑弘羊) : 한(漢)나라 무제(武帝) 때의 시중(侍中). 유명한 염철법(鹽鐵法)과 균수 평준법(均輸平準法)을 실시하여, 국가의 이익을 따지는 데 있어 백성의 아주 미세한 것까지 하였으므로, 국가의 이익은 매우 컸었음. 그러나, 후세의 유학자(儒學者)들로부터 한 무제 말기에 군도(群盜)가 일어난 것은 이같이 가혹한 경제적 수탈(收奪) 때문이었다고 비난을 받았다.

제4대 세종(1418~1450)

인재 등용에 관한 사헌부의 상소문

세종실록 20권, 세종 5년 5월 17일 병신 3번째기사

1423년 명 영락(永樂) 21년

사헌부에서 계하기를, "인군(人君)의 사람 씀이 목수의 나무 씀과 같아서, 각기 그 재목에 따라서 쓰면 천하에 버릴 재목이 없습니다. 그러나, 군자와 소인은 분별하지 아니할 수 없으니, 군자를 가까이 하고 소인을 멀리 하는 것이 인군의 정치입니다. 크고 작은 것, 길고 짧은 것, 굽고 곧은 것, 아름답고 미운 것은 구별하지 아니할 수 없으니, 잘 살펴서 그 쓸 곳에 적당하게 하는 것이 목수의 양식(良識)입니다. 인군이 구중(九重)의 위[上]에 처하여 많은 벼슬과 많은 이원(吏員)들을 어떻게 다 살펴서 밝게 분별할 수가 있겠습니까. 그러므로, 옛날 제왕(帝王)이 간헌(諫憲)의 벼슬을 두어 귀와 눈을 대신하여 조신(朝臣)들의 충사(忠邪)와 곡직(曲直)을 살펴 의논하지 아니한 것이 없었으니, 〈이것은〉 총명을 넓히려는 것이며, 어진 사람의 길을 넓혀 주려는 것이었습니다. 전조(前朝)의 성시(盛時)에도 또한 간원(諫院)과 헌부(憲府)를 두어 1품 이하를 제수(除授)할 때에 모두 서경(署經)하게 하여, 아무는 충(忠)하고, 아무는 사(邪)하고, 아무는 직(直)하고, 아무는 곡(曲)하다 하여, 상세히 밝히고 의논하여 사람들의 마음을 탁마시켰으니, 달관 대신(達官大臣)으로부터 소리(小吏)에 이르기까지 대개 조정에 있는 자로서 경외(敬畏)하지 아니하는 자가 없었으니, 왕위를 전한 지 5백 년이나 된 것도 진실로 이러한 까닭입니다. 우리 태조께서 천운에 응하여 개국하시면서 천지의 포용하는 도량을 넓히시고, 하해(河海)의 더러운 것도 받아들이는 덕을 미루어서 재능있는 이는 들어서 쓰고, 하자(瑕疵)있는 이는 등용하지 아니하여, 3품 이상은 모두 관고(官誥)를 사용하였고, 4품 이하는 대간(臺諫)에게 서경(署經)하게 하였으니, 이는 바로 창업하던 초의 한때의 대권(大權)으로 한 것이요, 만세토록 지킬 상경(常經)이 아니었습니다. 태종께서는 성덕신공(聖德神功)으로 임금자리에 오른 지 20년 사이에 예악(禮樂)과 문물(文物)이 환연(煥然)히 크게 갖추어졌으나, 창업한 지 얼마되지 않아 관고(官誥)의 법을 고치지 못하였습니다. 신들은 그윽이 생각하건대, 오랜 세월 뒤에 혹시 권귀(權貴)들의 충사(忠邪) 곡직(曲直)을 들어 의논할 데가 없을까 두렵습니다. 그 유풍이 이 지경에 이른다면, 그 폐단은 장차 어떻게 되겠습니까. 이제 전하께서 지수(持守)할 때이오나 마땅히 만세

토록 지켜 나갈 떳떳한 법을 행하셔야 합니다. 원컨대, 전조(前朝)에서 여사(礪士)하던 규모를 채택하여, 9품에서 1품에 이르기까지를 대간(臺諫)에게 서경(署經)시켜서 충사(忠邪) 곡직(曲直)을 밝히 하여 숨김이 없도록 하여, 군자의 도는 길어지고 소인의 도는 사라질 것이며, 나라의 운명도 한량없게 될 것입니다. 그러면, 종사(宗社)에도 매우 다행한 일이오며, 국가에도 매우 다행한 일입니다."

효과적인 지방관의 임명·관리 정책에 대해 논의하다.

세종실록 54권, 세종 13년 10월 17일 무신 4번째기사

1431년 명 선덕(宣德) 6년[9]

집현전에 명하여 《문헌통고(文獻通考)》와 《두씨통전(杜氏通典)》을 상고하여 진언(進言)하게 하니, 그 말에 이르기를, "한나라 선제는 매양 자사(刺史)와 수상을 임명할 적에, 문득 몸소 보고 물어서 그의 행하는 바를 관찰하고 물러가서는 고찰하여 그의 말을 질문하였으며, 항상 말하기를, '나와 함께 정치할 사람은 그 순량한 자사이다.'고 했습니다. 이러므로 한대(漢代) 양리가 이 때에 제일 많아서 중흥했다고 일컬어졌습니다. 후한에서도 또한 그 임무를 중하게 여겨, 혹은 상서령 복야(尚書令僕射)로서 나가 군수가 되기도 하고, 군수로 들어와 삼공이 되기도 하였습니다. 삼국 시대에도 군수에 국상과 내사가 있었으며, 진나라 때에도 군수에 모두 장군을 가하게 되고, 이것이 없는 사람은 수치로 생각했습니다. 당나라 태종은 친인의 임무를 중하게 여겨, 도독·군수의 이름을 병풍에 써서 앉고 일어설 때에 이를 보고는 그 사람의 선하고 악한 것을 반드시 그 아래에 썼으니, 이로써 주군(州郡)이 잘 다스려지지 않는 것이 없었습니다. 정관(貞觀)의 말년에 태평이 이미 오래 계속되매, 많은 선비들이 조정에 들어오기를 생각하는 사람이 많아져서 외임을 즐거하지 않으니, 그 절충부(折衝府)의 과의(果毅)로서 재주와 힘이 있는 사람은 먼저 들어와 중랑과 낭장이 되고, 그 다음이 군수로 보직되었으니, 그 외직을 가벼이 여김이 이와 같았습니다. 무태후(武太后)가 황제가 되매, 수공(垂拱)2년에 여러 주의 도독과 자사들을 마땅히 경관에 준하여 겸직을 갖게 했더니, 장안 4년에 납언 이교(李嶠)와 동평장사(同平章事) 당휴경(唐休璟)이 아뢰기를, '가만히 세상 사람의 평판으로써 내관을 중히 여기고 외직을 가벼이 여겨, 무릇 군수로 나가는 사람은 폄직으로 인한 것이 많사오니, 풍속을 맑게 하고 만민을 편안하게 하는 일이 아닙니다. 신은 청하옵건대, 인재를 대각과 성수 중에서 골라 큰 주를 나누어

9【태백산사고본】17책 54권 10장 A면【국편영인본】3책 349면.

맡게 하고 함께 서정을 다스리게 하소서. 신 등은 청컨대, 근시를 그만두고 여러 관원보다 솔선하겠습니다.' 하니, 태후가 이에 이름을 써서 뽑도록 하여 해당된 사람은 당연히 가게 하니, 이에 봉각 시랑(鳳閣侍郞) 위사립(韋嗣立)과 어사 대부(御史大夫) 양재사(楊再思) 등 20인이 이에 해당되었으므로, 모두 본관(本官)으로서 검교 자사(檢校刺史)가 되었던 것입니다. 송나라는 정화(政和) 이후로 태평 성시가 되었으므로 사람들이 모두 내직을 중히 여기고 외직을 가벼이 여겨, 사대부들은 모두 현령의 인선을 가벼이 여겨 이부에서 두 번 인선을 하여도 천거되지 않은 사람이 심히 많았던 것입니다. 그런 후에야 중질을 더하여 격려하고 권장하는 법을 의논하게 했던 것입니다. 소흥(紹興) 7년에 장사감(將寺監) 승부(承簿) 등의 임기가 차서 이미 관직을 고쳐 임명된 사람으로 민사를 경력하지 않은 사람에게 명하여 각기 당제(堂除)와 지현(知縣)을 한 번씩 주고 아울러 비장복(緋章服)을 빌려 주게 하였습니다. 건도(乾道) 2년에 어필로써 '앞으로 수령을 두 번 지내지 않으면 감찰 어사에 임명하지 않으며, 처음 관직에 임명된 사람은 반드시 수령이 되어야 되니 이를 수입(須入)이라 부른다.'고 하였습니다. 소흥 초년에 자주 엄하게 했으나 후에는 폐지하기도 했는데, 효종이 제위에 있을 때에 이를 지키기를 심히 엄격하게 하였습니다. 경원(慶元)초년에 다시 명하여 전시(殿試)의 상등 3명의 장원으로 인정된 외에는 모두 수령을 5년 동안이나 있게 하고, 또 대리평사(大理評事)를 시험하여 이미 관직에 임명되었으니 현령을 지내지 않은 사람에게는 모두 백성을 한번 다스리게 하여 이를 기록하여 영(令)으로 삼았으니, 이로부터는 비록 재상의 아들이라도 전시과(殿試科) 갑과(甲科)에 오른 사람은 고을의 수령을 하지 않은 사람이 없었습니다." 하였다. 정연·정초·조계생·권진·맹사성 등은 아뢰기를, "60개월의 임기는 법을 만든 지 지금 벌써 9년이 되었는데도 그 효과를 보지 못하고, 비록 용렬한 무리일지라도 큰 과실과 나쁜 짓이 없으면 감사(監司)는 그 실적을 알지 못하고 이를 중등에 두게 되며, 네 번까지 중등이 되고 혹은 일곱 번까지 중등이 되어 오랫동안 그 임무에 있어 민간에 폐단이 발생하게 하는 사람이 있게 됩니다. 또한 법을 만든 이후로 사람들이 기간의 오램을 고통스럽게 여겨 온갖 방법으로 사고를 핑계하고 면하려고 하니, 청컨대,《원이전(元吏典)》의 30개월 임기의 법을 회복시켜 조사와 공신 3품 이상의 아들과 사위 중에서 민사를 지내지 않은 사람에게는 모두 외직에 임명하는 것이 어떻겠습니까." 하고, 허조·황희 등은 아뢰기를, "신 등은 그윽이 생각하건대, 백성이 지치(至治)의 혜택을 입지 못한 것은, 그 수령이 된 사람들이 다만 부세(賦稅)만 재촉하고 장부를 일정한 기일 안에 제출하는 것만으로써 능사를 삼고, 백성을 사랑하고 교화시키는 것이 무슨 일인지 알지 못할 뿐이오니 진실로 월수의 많은 데 있지 않습니다. 60개월의 임기를 정하는 법은 비록 그 효과를 보지 못하더라도 또한 백성들에게 크게 해로움이 있지 않으니, 만든 법을 경솔이 고치지 말아서 백성에게 신용을 얻을 것입니다. 무릇 조사와 공신과 2품 이상의 아들과 사위로서 백성을 다스릴 만한 사람이, 여러 사람이 다 아는 바 몸에 묵은 병이 있거나, 부모가 늙고 병든 일 외에는 예에 의거하여 외임에 임명하여, 한편으론 백성을 다스리는 직책을 소중히 여기고, 한편으론 후일에 채용할 수 있는가 없는가를 시험하는 것이 옳겠습니다. 만약 수령으로서 마음은 백성을 사랑하는 데에 두고, 정치는 교화를 먼저 하는 사람은, 재주가 비록 시무(時務)에 어두워서 날로 계산하면 부족한 점이 있더라도 탐오 불법하여 명분과 의리를 범하고 불법적으로 사람을 죽인 일 외에는 특별히 논죄하지 말게 하고, 그 임기가 차면 관질을 증가시키고 금을 내리던 고사에 의거하여, 관자를 뛰어올려 주고 의복을 내려 주어 숭중(崇重)함을 보인다면, 비록 지극히 어둡고 어리석은 사람일지라도 반드시 사람마다 각기 스스로 힘써서 교화를 힘써 행함으로써, 백성들이 그 은혜를 받아 각기 생업(生業)에 편안하게 되어 오랜 임기의 효과를 이루어 왕화(王化)에 도움이 있을 것입니다." 하였다.

제5대 문종(1450~1452)

인재의 등용에 대한 의견을 적은 임금의 교서

문종실록 3권, 문종 즉위년 9월 28일 기사 1번째기사

1450년 명 경태(景泰) 1년

임금이 친히 교서(敎書)를 지어 의정부(議政府)에 내렸는데, 교서는 이러하였다. "좌우의 신하들이 모두 말하기를, '죽여야 합니다.' 하여도 옳게 여기지 않으며, 여러 대부(大夫)들이 모두 말하기를, '죽여야 합니다.' 하여도 옳게 여기지 않으며, 나라 사람들이 모두 말하기를, '죽여야 합니다.'라고 한 연후에야 죽여야 함을 보고 나서 이를 죽이며, 좌우의 신하들이 모두 말하기를, '어진 사람입니다.' 하여도 옳게 여기지 않으며, 여러 대부(大夫)들이 모두 말하기를, '어진 사람입니다.' 하여도 옳게 여기지 않으며, 나라 사람들이 모두 말하기를, '어진 사람입니다.'라고 한 연후에야 어진 사람임을 보고 나서 이를 임용한다고 하니, 이와 같이 된다면 사람을 진용(進用)하고 사람을 퇴출(退黜)하는 것을 소홀히 할 수가 있겠는가? 옛날 사람이 말하기를, '현인(賢人)을 구하는 데에 노고(勞苦)하고, 사람을 임용하는 데에 안일(安逸)한다.'고 하였으니, 진실로 현재(賢才)를 얻어서 임용한다면 비록 베개를 높이 베고 일하지 않더라도 또한 옳을 것이다. 만약 현자(賢者)가 문지기와 야경꾼 노릇[抱關擊柝]을 하고 불초자(不肖者)가 요행히 진용(進用)하게 된다면 비록 나라를 해치고 집을 망친다 하여도 또한 옳을 것이다. 이와 같이 된다면 현인(賢人)을 구하는 일을 늦출 수가 있겠는가? 또 옛날의 현명한 군주(君主)는 천하의 이목(耳目)으로써 자기의 총명(聰明)으로 삼았으니, 그런 까닭으로 계획은 여러 사람들을 따르게 되고 스스로 천심(天心)에 합하게 되며, 우암(愚暗)한 군주는 말을 가지고 꺼리게 되어 자기 몸에는 죽음을 숨기고 드러내지 않고 나라에는 망함을 숨기고 드러내지 않고서 스스로 총명(聰明)함을 믿고 여러 사람들에게 묻지 않으니, 그런 까닭으로 재화(災禍)가 소홀히 하는 곳에서 발생하여 이미 뉘우쳐도 미칠 수가 없게 되니, 그렇다면 직언(直言)을 구하는 일을 서두르지 않을 수가 있겠는가? 만약 그 지기(志氣)가 고매(高邁)하여 국사(國士)의 기풍(氣風)이 있는 사람과, 절조(節操)가 견확(堅確)하고 과감(果敢)하게 간(諫)하여 직언(直言)하는 사람과, 용감하고 힘이 세어서 외모(外侮)를 방어(防禦)할 만한 사람과, 강어(强禦)[10]를 두려워하지 아니하여 관청의 일을 자기 집 일과 같이 한 사람과, 사리(事理)를 통달하여 처사(處事)가 명민(明敏)한 사람은 이것

이 모두 크게 쓰일 사람들인데, 하물며 사람의 인덕(仁德)만 쓰고 마땅히 그 탐욕을 버려야 할 것이며, 사람의 용력(勇力)만 쓰고 마땅히 그 노(怒)함은 버려야 할 것이며, 사람의 지혜만 쓰고 마땅히 그 사위(詐僞)는 버려야 할 것이다. 수레를 전복시키는 사나운 말[馬]과 멋대로 행동하여 찬찬하지 못한 선비까지도 다만 한 가지 기예(技藝)만 있으면 또한 소중히 여겨 임용(任用)해야 할 것이다. 만약 남을 말주변이 있는 것으로써 대항하고 마음 속에는 간사하고 음흉한 것을 품고 있거나, 발끈 화를 내면서 원망하고 스스로 좋아하고 적발하는 것으로써 정직으로 인정하거나, 어깨를 으쓱거리며 아첨해 웃으면서 권세(權勢)있는 사람에게 아부(阿附)하거나, 조그만한 성취에 만족하게 여겨 세월만 구차스럽게 연장(延長)시키거나, 종일토록 하는 일도 없이 게을러서 형편이 없거나, 혼미(昏迷)하여 지혜가 없어서 사리(事理)를 통달하지 못하거나 하는, 이와 같은 무리들은 모두가 자포 자기(自暴自棄)한 사람이니, 내가 장차 임용하지 않을 것이다. 지금 비록 의정부(議政府)·이조(吏曹)·병조(兵曹)로 하여금 현재(賢才)를 천거하게 하고, 불초(不肖)를 폄출(貶黜)하도록 했지마는, 나는 오히려 넓지 못하다고 여겨 동반(東班)은 6품 이상과 서반(西班)은 4품 이상으로부터 각기 어질고도 재간이 있어 진용(進用)할 만한 사람과, 불초(不肖)하여 폄출(貶黜)할 만한 사람을 각기 두서너 사람씩 천거하고, 아울러 시정(時政)의 득실(得失)과 민간(民間)의 폐막(弊瘼)을 진술하여 이를 실봉(實封)하여 아뢰게 하라. 내가 장차 친히 보고 유사(有司)에게 맡기지 않을 것이니, 말이 비록 적중(適中)하지 않더라도 또한 죄를 가(加)하지는 않을 것이다. 그대들 의정부(議政府)에서는 나의 지극한 마음을 몸받아서 중앙과 지방에 효유(曉諭)하라." 임금께서 글을 잘 지어, 무릇 중앙과 지방에 교지(敎旨)를 내릴 적에 초(草)를 잡아서 바치면, 임금이 단번에 붓으로 선을 죽 그어서 지워 버리고는 손수 고치기도 했는데, 문장과 내용이 모두 적당하였다.

---

10 강어(强禦) : 호강(豪强)하여 세력이 있는 사람.

제6대 단종(1452~1455)

집현전에서 학문을 일으키는 일에 대해 조목조목 아뢰다

단종실록 1권, 단종 즉위년 6월 21일 임오 1번째기사
1452년 명 경태(景泰) 3년

집현전에서 상서하여 학문을 일으키는 일을 조목조목 진달하였다. "1. 거관(居館)[11]학도(學徒)가 여러 해 글을 읽으나 만일 과거에 급제하지 못하면 달리는 장발(獎拔)할 길이 없어 백의(白衣)로 생을 마치기 때문에 머리가 희도록 경서를 궁구하는 자가 드무니, 나이 40 이상이 되도록 거관하여 해가 오래되어도 급제하지 못한 자는 매 연말에 제생(諸生)으로 하여금 재주와 행실을 갖추 논하여 두어 사람을 추천하게 하여 경관(京官)에 서용하소서.

1. 학문은 모름지기 정신을 전일(專一)하게 하고자 하는데 지금 학생이 학업은 이루지 못하고 이미 다른 갈래길에 마음이 있어 성중관(成衆官)에 들어가고, 또 학관 가운데에 자취를 붙여[寄跡] 잠깐 들어왔다 잠깐 나갔다 하여 이름을 기록하고 늠속(廩粟)을 먹을 뿐입니다. 일찍이 수업하지 않다가 만일 고강(考講)을 만나면 곧 도망하여 흩어져서 임의로 나왔다 들어갔다 하여 여관과 같으니, 학업에 정신을 오로지 하지 않을 뿐 아니라 심술(心術)은 이미 먼저 무너졌습니다. 이제부터 이와 같이 양쪽에 속하여 피차의 이익을 요구하는 자는 거관(居館)하는 것을 허락하지 마소서. 혹은 기문(期門)[12]·우림(羽林)[13]의 독서하는 일을 끌어대어 논란하는 자가 있으나, 지금의 양쪽에 속한 자와는 마음 쓰는 것이 스스로 같지 않습니다.

1. 생원 및 문과·향시·한성시에 입격(入格)한 자는 승보(升補)의 취재(取才)를 제(除)하고 아울러 거관(居館)하게 하소서.

1. 교도(教導)는 모름지기 나이 40이 지나야 바야흐로 취재(取才)하여 서용함을 허락하는 것을 이미 일찍이 입법하였는데, 지금 회시(會試) 강경(講經)에 입격한 자를 나이에 구애되지 않고 모두 다 차견(差遣)하니, 교도 된 자가 대개는 모두 나이 젊어 오로지 놀기만 일삼

---

11 거관(居館) : 성균관의 재방(齋房)에 들어가 있는 일.
12 기문(期門) : 중국 한나라 무제(武帝) 때 설치한 관명(官名). 군사를 맡아서 천자를 시종하는 일을 맡아 보았음.
13 우림(羽林) : 중국에서 천자의 숙위를 맡아 보던 금위(禁衛)의 이름.

아 사람을 가르치려고 하지 않을 뿐 아니라 또한 자기 학업도 폐지합니다. 이제부터 강경에 입격한 자도 또한 《육전(六典)》의 연한에 의하여 차보(差補)하고 또 참외 교도(參外教導)는 서울 안의 참외의 예에 의하여 15삭(朔)에 자급을 더하여 권장하는 것을 더하소서.

1. 외방의 학장(學長)은 교훈한 지가 해가 오래되니, 교훈 밑에 성재(成才)한 것이 있는 자는 산관직(散官職)을 제수하소서.

1. 대저 학문이라는 것은 마음에 다른 누(累)가 없어야 정신을 전일하게 할 수 있는 것입니다. 삼가 《열녀전(列女傳)》에 상고하면 태조 고황후(太祖高皇后)가 태조에게 말하기를, '천하를 잘 다스리는 자는 현재(賢才)로 근본을 삼는 것인데, 지금 생원은 태학에서 늠식(廩食)하지마는 처자는 주는 것을 바랄 곳이 없으니 저들이 어찌 마음에 누(累)되는 것이 없겠습니까?' 하니, 태조가 곧 달마다 그 집에 양식을 주라고 명하여 상사(常事)로 삼았다 합니다. 우리 나라는 공가(公家)의 저축이 넉넉하지 못하니 양식을 주기에는 어렵지마는, 빌건대 외방의 생도로서 거관(居館)하는 자는 소재지의 읍으로 하여금 본집을 완전히 보호하고 차역(差役)을 감면하여 생도로 하여금 학업에 전심하게 하소서.

1. 사부 학생(四部學生) 중에 외방에서 와서 배우는 자와 서울 안의 빈한한 학생이 있어 오로지 학름(學廩)을 쳐다보는 자가 많은데, 조금만 흉년을 만나면 문득 사부(四部)의 학름을 감하니 참으로 미편합니다. 금후로는 비록 흉년을 만나더라도 늠식을 감하지 말아서 영구히 항식(恒式)을 삼으소서.

1. 학교는 예의를 서로 먼저 하는 곳인데, 근래에 학생이 교만하고 방자한 것이 습관을 이루어 혹 문벌과 지체를 끼고 살찐 말을 타고 가벼운 옷을 입어서 사장(師長)을 경멸하니, 빌건대 가르침을 맡은 관원에게 신칙하여 엄하게 훈솔(訓率)을 가하고 다시 삼관(三館)으로 하여금 전대로 오로지 규찰을 맡게 하소서.

1. 학문은 넓고 정(精)하지 못한 것보다는 차라리 정하고 넓지 않은 것이 낫기 때문에 예전에 전문(專門)의 학(學)이 있었는데, 중국에서도 또한 행하고 있습니다. 지금 초장(初場)에 《사서(四書)》·《오경(五經)》을 강하는 것은 그 학문을 넓히고자 하는 것인데, 학자가 다만 한 때에 강하고 대답하는 것을 갖추는 것으로 뜻을 삼아 한갓 기송(記誦)을 일삼아서 요행히 합격하기를 바라므로, 책을 폐지한 지 얼마되지 않아서 전연 일찍이 읽지 않은 것과 같이 되니 이와 같다면 비록 많이 읽어도 또한 무엇이 귀할 것이 있습니까? 옛적에 동자(董子)가 하유(下帷)한지 10년 만에 겨우 《춘추(春秋)》의 학을 얻었는데, 지금은 초학(初學)의 선비로서 두어 경서를 다 통하기를 바라니, 대개 또한 어려울 것입니다. 빌건대 예전 제도와 중국의 법에 의하여 전문의 학을 세워서 학자로 하여금 오로지 한 경서를 가려서 종신의 학업으로 삼으면 거의 사람마다 각각 자기 업에 정통하여 국가의 쓰임이 갖추어질 것입니다.

1. 지금 과거의 문체(文體)가 크게 무너졌는데, 의의(疑義)가 더욱 심하니 중국 조정의 격례(格例)에 의하여 문체를 새롭게 하소서.

1. 지금 성균관에서 한 달에 세 번을 제술(製述)하는데, 교관이 훈회(訓誨)로 여가가 없어 과차(科次)[14]에 나아가지 못하니, 이 때문에 제생들이 작문하는 데에 더욱 정신을 들이지 않습니다. 이제부터는 제술한 이튿날에 의례 교훈하는 것을 정지하고, 꼭 과차에 나아가서 부지런히 고교(考校)를 가하여 깎고 지워서[批抹] 품등을 평하여, 제생을 이끌어 내어 친절하게 면대하여 일러서 작문하는 법을 알게 할 것입니다.

1. 시부(詩賦)가 또한 유자(儒者)의 일이니 사장(詞章)이라 하여 익히지 않을 수 없습니다. 그윽이 보건대 수나라·당나라 이래로 사부(詞賦)를 써서 선비를 취하였는데, 우리 나라의 진사시가 또한 이 뜻입니다. 지난번에 한 두 응시자가 속이고 잘못됨으로 인하여 드디어 폐지하고 회복하지 않았는데, 빌건대 다시 진사시를 세워 유학(幼學)의 선비로 하여금 강학하는 여가에 겸하여 사부(詞賦)를 익히되, 다만 십운시(十韻詩)를 제하고 모두 고부를 쓰고 고율시(古律詩) 중의 한 편(篇)을 더하소서.

1. 서울과 외방 도회(都會)를 예전대로 다시 세우되, 다만 외방 도회를 매년 두 번 베풀면 학생이 왕래하는 것이 폐단이 있고 공급하기가 또한 어려우니, 금후로는 혹은 봄에 혹은 가을에, 1년에 한 번 시험하소서.

1. 인재를 작성하는 것은 사표(師表)에 있으니, 그 선택을 중히 하지 않을 수 없습니다. 관각(館閣)의 당상·낭청 및 삼관(三館)의 문신으로 하여금 천망(薦望)하게 하여 서용에 빙거하소서.

1. 삼가《속예전(續禮典)》학교조(學校條)를 상고하면 해당 절목에, '교관이 만일 가르치기를 게을리하지 않아서 이루어진 효과가 현저한 자는 속히 체대(遞代)하지 말고 끝내는 탁용을 가하라.' 하였으니, 이것이 참으로 아름다운 법인데, 근래에는 교관 된 자가 혹은 빨리 체대되어 이루어진 효과가 있을래야 있을 수 없고, 혹 그 직책에 오래 있어 이루어진 효과가 있어도 끝내 탁용하는 것이 없으니, 빌건대 이제부터는 한결같이 이루어진 법에 의하여 거듭 밝히고 또 경서에 밝고 행실을 닦아서 명망이 있어 제생이 마음으로 복종하는 자는, 비록 치사(致仕)할 나이가 지났더라도 쇠모(衰耗)하여 직사를 폐할 지경에 이르지 않았거든 체임시키지 마소서.

1. 근래에 대소 학교의 정사가 점점 처음과 같지 못하니, 빌건대《원속전등록(元續典謄錄)》과 여러 번 내린 교지 조문에 실린 것에 의하여 거듭 밝히어 거행하고 문구(文具)로 삼지 마소서.《속예전(續禮典)》에 겸대사성(兼大司成)이 날마다 성균관에 사진하는 법과 성균 부

---

14 과차(科次) : 조선 때 과거에 급제한 사람의 차례. 성적을 9등으로 나누어 2상(二上)·2중(二中)·2하(二下), 3상·3중·3하 및 차상(次上)·차중(次中)·차하(次下)로 규정, 이로써 우열(優劣)을 가렸고, 3하 이상을 급제로 하였음.

학(成均部學)을 권과(勸課)하는 것, 서재(書齋)의 권면(勸勉)하는 것 등의 일은 더욱 먼저 거듭 밝혀야 합니다."

성균관에서 역시 상서하였다.

"1. 의관 자제(衣冠子弟)[15]는 나이 30이 되도록 한정하여 독서하고 직책을 주지 마소서.

1. 외방의 생원이 오랜 해 동안 거관(居館)하는 자는 복호(復戶)하소서.

1. 시학(視學)할 때에 만일 입사(入仕)한 자가 있으면 아울러 부시(赴試)하는 것을 허락하지 마소서.

1. 매양 관각(館閣) 당상이 회좌(會坐)하는 날에 혹은 강경(講經)하고 혹은 제술(製述)하여 등제(等第)를 장부에 기록하였다가 시년(試年)을 당하여 푼수(分數)가 많은 자는 직접 회시에 부거(赴擧)하게 하소서.

1. 생원이 나이 40에 차지 못하였는데 학장이 되기를 구하여 진성(陳省)[16]을 받아 부거(赴擧)하는 자는 금지하소서."

예조에 내리어 의논하니, 예조에서 아뢰기를, "집현전 상서 내의 제1조에 거관(居館)한 지 여러 해가 된 자를 연말에 추천하는 일, 제 4조에 회시 강경(講經)에 입격한 자를 햇수를 한정하여 교도(敎導)에 차보(差補)하는 일, 제 12조에 진사시를 다시 세우는 일은 헌의(獻議)에 의하여 시행하소서." 하니, 그대로 따랐다.

---

15 의관 자제(衣冠子弟) : 중류 이상인 사람의 자제.
16 진성(陳省) : 지방 관청에서 중앙에 상신하는 각종 보고서. 진성장(陳省狀).

제7대 세조(1455~1468)

신숙주·정창손 등을 독권관으로 삼아 문과 초시·중시를 뽑게 하다.

세조실록 38권, 세조 12년 3월 6일 정미 3번째기사

1466년 명 성화(成化) 2년[17]

신숙주(申叔舟)·정창손(鄭昌孫)·한계희(韓繼禧)·노사신(盧思愼)·임원준(任元濬)·성임(成任)·강희맹(姜希孟)·서거정(徐居正)·신면(申㴐)·이파(李坡)를 독권관(讀券官)으로 삼아 문과(文科) 초시(初試)·중시(重試)를 뽑게 하였다. 임금이 친히 지은 글제는 이러하였다. "내가 본래 시(詩)에 익숙하지 못하나, 익히 듣건대, 시는 뜻을 말하는 것인데, 뜻이란 것은 마음이 가는 바이며, 마음이 간다는 것은 발(發)하여 돌아가는 곳이다. 돌아가는 곳이 이미 밖으로 나타나면 발하는 근원을 가히 알 것이다. 시에 소중한 것은 한가로이 지내는 즈음에 읊조림이 저절로 나와서 운(韻)이 입에 합하고, 뜻이 마음에 화하여 몸에 덕을 성취하며, 나라에 공을 이루는 것이 시의 가르침이 아님이 없다. 이러므로 《반궁 역재(泮宮易齋)》1편(篇) 5장(章)을 지었다. 그 1장은, 처음도 없고 끝도 없으면 고요하여 하는 것이 없고, 처음이 있고 끝이 있으면 번거로운 법칙이 있도다. 무(武)로 평정하고 문(文)으로 다스려서 예양(禮讓)을 먼저 하니, 백성이 변화하고 때가 평화로와 나라가 반석 같네. 그 2장은, 잣나무 가지 밋밋하여 햇볕을 가리었는데, 청금(青衿)[18] 은 저벅저벅 재(齋)에 나가 시름한다. 아무리 구하지 않으려 해도 구하기를 근심하니, 진실로 합하는 것은 근심도 없고 구하는 바도 없음일세. 그 3장은, 구함이 없으면 반드시 세상을 구제함이 있을 것이고, 뜻이 높고 마음을 낮게 하면 사업이 넓을 것이로다. 오늘 세상 다스림을 약간 보이겠으니, 잘 지키고 항상 가져서 너희들은 잊지 말 것이다. 그 4장은, 대성(大聖)123) 의 신령(神靈)이 큰복을 내리시니, 하찮은 내가 천록(天錄)을 받았도다. 게으름과 거칠음이 없이 항상 조심하면, 우리 군신(君臣) 길이 길(吉)하리라. 그 5장은, 운(運)이 천년을 흘러내려 밝고 어진이 많으니, 친히 여러 신하와 더불어 구결을 나누어 정하였도다. 북·종소리 반궁(泮宮) 안에 퍼지니, 자자손손에 퍼져서 이어가리." 이어 응시자에게 명하여 혹은 책(策)으로, 혹은 논(論)으로, 혹은 표(表)

---

17 【태백산사고본】 14책 38권 19장 A면 국편영인본 8책 10면.
18 청금(青衿) : 푸른 옷깃. 곧 유생(儒生)을 가리킨다.

로, 혹은 송찬(頌贊)으로, 혹은 시부(詩賦)로써 마음대로 짓고 보통 가락에 구애되지 말게 하였다. 이에 글제에 해답하는 자들이 각기 능한 것을 가지고 지었으므로 소시(小詩)를 지어 합격한 자까지도 있었으나, 썩은 유생들은 과거(科擧) 글에만 전공하여 케케묵은 말을 읽어 만든 것은 모두 그 새에 끼지 못하였다. 사신(史臣)이 말하기를, "과거란 것은 임금이 사람을 뽑는 방법이다. 향거(鄕擧)·이선(里選)의 법[19] 이 폐지되고서부터 어진이를 천거하는 길이 매우 좁고 선비가 스스로 매진(媒進)하는 도리가 없게 되었다. 그러므로 과거의 법을 만들어 경(經)을 강(講)하여 학술(學術)을 보고 책(策)을 시험하여 정치하는 방법을 보았는데, 선비들도 이로써 스스로 중히 하여 재상(宰相)과 대신(大臣)이 된 자가 모두 이로 말미암아 나왔다. 그러나 과거의 표준이 이미 정해지자 벼슬에 나아가기를 좋아하는 자가 모두 전에 지은 것을 그대로 따라 글을 만들기 때문에 뛰어난 재주가 그 가운데서 나오지 아니하였으니, 임금이 보통 규율에 구애하지 아니하고 취한 것이 마땅하다." 하였다.

---

19 향거(鄕擧)·이선(里選)의 법 : 중국 주대(周代)에 매 고을에 향대부(鄕大夫)를 두고 백성들을 가르쳐, 3년마다 현능(賢能)한 자를 중앙에 천거하던 법을 말한다.

제8대 예종(1468~1469)

상제·정사·인재 등용·형벌·문풍·무비 등에 관한 구언

예종실록 2권, 예종 즉위년 11월 19일 을해 3번째기사
1468년 명 성화(成化) 4년

예조(禮曹)에 전지하기를, "옛날 하우씨(夏禹氏) 원년(元年)에 종(鍾)·북[鼓]·경(磬)·탁(鐸)·도(鞀)[20]를 걸어놓고 사방의 선비를 기다리면서 말하기를, '과인(寡人)에게 도(道)로써 가르쳐 주는 자, 의(義)로써 타이르는 자, 일[事]로써 고(告)하는 자, 근심을 말하는 자, 옥송(獄訟)을 하는 자는 혹은 이를 두드리고 흔들라.'고 하였다. 우(禹) 임금은 큰 성인(聖人)으로서 처음에 즉위하자 오히려 또 구언(求言)하기를 이와 같이 넓고 또 간절하게 하였는데, 하물며 하등(下等)에 있는 자이겠는가? 나는 부덕(不德)한 사람으로서 집안에 불행한 일을 당하여, 황고(皇考)의 마지막 유명(遺命)을 받들어 영도(靈圖)를 외람되게 이어받고, 우러러 나에게 부탁한 중임(重任)을 생각하면, 부하(負荷)된 책임을 능히 하지 못할까 두렵다. 그 사이에 역신(逆臣)이 요망하게 일어났으나 천지(天地)와 조종(祖宗)의 영령(英靈)에 힘입어서 곧 복주(伏誅)되었다. 돌아보건대 마음에 슬픔이 있는 때를 당하여 다난(多難)을 감당하기가 어렵고, 상하(上下)에 허물을 얻을른지 알지 못하여 근심스럽고 두려운 마음을 구제할 바를 알지 못하겠다. 생각건대 오로지 학문(學問)을 강(講)하지 못하여 도의(道義)가 많이 부족하니, 상제(喪制)가 어찌 고제(古制)에 다 합(合)하겠으며, 정사(政事)가 어찌 공론(公論)에 다 합(合)하겠으며, 어진 준재(俊才)가 어찌 다 등용되겠으며, 아첨하고 간사한 자가 어찌 다 축출되겠으며, 분경(奔競)이 어찌 다 금지되겠으며, 뇌물(賂物)이 어찌 다 행해지지 않겠으며, 형옥(刑獄)에 어찌 남형(濫刑)이 없겠으며, 백성들의 병폐를 어찌 다 구료(救療)하겠으며, 문풍(文風)을 어떻게 진작(振作)하겠으며, 무비(武備)를 어떻게 닦겠으며, 탐오(貪污)한 자를 어떻게 청렴하게 하겠으며, 풍속(風俗)의 박악(薄惡)을 어떻게 순화(淳化)하겠으며, 도적(盜賊)을 어떻게 없애겠으며, 변경(邊警)을 어떻게 방비(防備)하겠는가? 이러한 몇 가지 것은 내가 밝지 못하므로, 능히 잘 헤아려서 거행할까 하니, 중외(中外)의 대소 신료(大小臣僚)들은 그 내가 미치지 못하는 폐단 가운데 구제할 만한 것들을 실봉(實封)하여 아뢰어서,

---

20 도(鞀) : 소북.

나의 정사(政事)에 임하여 다스리기를 원하는 뜻에 부응(副應)하라."

8도 관찰사에게 어진 이를 천거할 것을 유시하다

예종실록 4권, 예종 1년 윤2월 26일 신사 3번째기사

1469년 명 성화(成化) 5년

어제(御製)로 8도 관찰사(八道觀察使)에게 유시(諭示)하기를, "예로부터 명철(明哲)한 임금이 정사를 세우고 나라를 경영하는 데에 어찌 일찍이 어질고 능한 자를 뽑거나 유체(幽滯) 한 이를 거두어 채용하지 아니하였던가? 흠명(欽明)한 당(唐)나라 요(堯) 임금은 희화(羲和)에 게 명하여 악(岳)에 있게 하였고, 준철(濬哲)한 우(虞)나라 순(舜) 임금은 원개(元凱)를 올려 서 정승으로 삼았으며, 이윤(伊尹)은 정조(鼎俎)의 천한 몸으로 은(殷)나라 아형(阿衡)이 되었 고, 여망(呂望)은 고기 낚는 지아비로서 주나라 상보(尙父)가 되었으니, 항상 전대(前代)의 풍속을 생각하고 흠모(欽慕)하는 마음을 가졌다. 나는 과매(寡昧)하면서도 큰 자리를 이어 받아서 마음을 조심하고 몸을 가다듬어 날마다 삼가하여 여러 인재와 더불어 모든 일을 함께 다스리기를 바라는데, 많은 인재와 어진 사람이 이르지 아니하니, 어찌 아름다운 박 옥(璞玉)이 광채를 감추었으며, 양공(良工)을 만나지 못하였는가? 굳은 절개를 마음에 가져 서 꿋꿋하게 흔들리지 아니함인가? 주현(州縣)으로 하여금 소부(所部)에 혹은 학업이 넉넉 하고 영민하며 글 재주가 빼어나고 아름답거나, 혹은 재주가 장략(將略)을 감당할 만하고 기운이 날래고 굳센 자를 찾아 내어서 일일이 뽑아 기록하여 이름을 갖추어 계문(啓聞)하 면, 내가 장차 다시 시험하여 조정에 두겠다. 모든 인재를 다 등용하여 시대에 버림이 없고 이로써 다스림을 구하면 거의 바라는 바에서 멀지 아니할 것이니, 힘써 뛰어난 인재를 얻 어서 내 뜻을 맞추게 하라."

제9대 성종(1469~1494)

여러 도의 관찰사에게 숨어 있는 덕망있는 인재를 찾아서 보고하게 하다

성종실록 50권, 성종 5년 12월 10일 신묘 3번째기사

1474년 명 성화(成化) 10년

여러 도(道)의 관찰사(觀察使)에게 유시하기를, "예로부터 다스리기를 원하는 임금은 어진 이를 구(求)하는 것을 급무(急務)로 삼지 아니함이 없었다. 내가 즉위(卽位)한 이래로 유일(遺逸)[21]을 찾아서 등용(登庸)된 자가 한둘이 아니었으나, 아직도 문무(文武)의 재목이 다 쓰이지 못한 것을 염려하고 있다. 거처에 물러가 농사일을 다스리는 자가 있을 것이니, 경(卿)은 모두 물어 찾아서, 아무 고을 아무 사람이 아무 직(職)을 일찍이 지내다가 아무 해에 산관(散官)이 되었으며, 아무 재목으로 가히 쓸 만한 자가 있으면, 비록 한 가지 재목이나 한 가지 재주라도 자세히 기록하여 계문하라."

손비장·구달손 등과 재야의 인재 서용에 대해 논의하다

성종실록 83권, 성종 8년 8월 18일 임자 2번째기사

1477년 명 성화(成化) 13년

석강(夕講)에 나아갔다. 《강목(綱目)》을 강하다가, '관파(關播)[22]가 과거를 설치하여 선비를 뽑으니, 선비로서 유능하고 행지(行志)를 기른 자가 어찌 이것을 말미암아 진용(進用)되지 않을 수 있겠는가? 이것을 말미암지 않는 자는 상(上)이다.'고 한 데에 이르러, 임금이 묻기를, "비록 착한 사람이라도 과거[科目]를 경유하지 않으면 인주(人主)가 어떻게 알아서 임용하겠는가?" 하니, 좌부승지 손비장(孫比長)이 아뢰기를, "비록 뜻이 있는 선비라도 모두 과목(科目)을 말미암아서 나옵니다." 하고, 시강관(侍講官) 구달손(丘達孫)이 아뢰기를, "여

---

21 유일(遺逸) : 숨어 사는 덕망 있는 선비.
22 관파(關播) : 당(唐)나라 사람.

러 군에 하교(下敎)하여서 일민(逸民)을 천거하게 하면, 이와 같은 사람도 또한 얻어서 임용할 수 있습니다." 하였다. 손비장이 아뢰기를, "사람이 행실은 높은데 재주가 짧으면 과목(科目)에 나올 수가 없습니다. 만약에 하교하셔서 구하신다 해도, 재야(在野)에 유현(遺賢)이 없을 것입니다. 인군이 만약 재행(才行)이 겸비한 자를 얻지 못하고, 행실이 유여(有餘)한 자를 뽑아서 임용하면, 선비의 습속(習俗)도 또한 넉넉히 면려될 것입니다. 전자에 노분(盧盼)과 권호(權瑚)가 양민(良民)을 억압하여 천인(賤人)을 만들어서 좌죄(坐罪)되었는데, 노분은 학문(學問)을 잘하면서도 한때의 일을 요량하는 데 잘못해서 종신토록 금고(禁錮)되어, 성명(聖明)한 조정에서 굽힘을 받았으니, 사람이 모두 원통하게 생각하면서도, 오직 요우(僚友)들의 혐의로 인해 감히 상달(上達)하지 못했습니다." 하니, 임금이 말하기를, "예전에 아들을 천거한 자도 있었는데, 어찌 요우(僚友)를 혐의하겠는가? 아는 바를 천거하는 것은 진실로 재상의 임무이다. 그러나, 노분은 양인을 억압한 것이 명백하다. 행실이 이와 같은데 장차 어찌 쓰겠는가?"

홍문관 부제학 성현 등이 임금의 정사와 학문·인재 등용 등에 관해 상소하다

성종실록 98권, 성종 9년 11월 30일 정해 2번째기사
1478년 명 성화(成化) 14년

홍문관 부제학(弘文館副提學) 성현(成俔) 등이 상소(上疏)하기를, "삼가 듣건대, 하늘은 음양(陰陽)과 오행(五行)의 이기(理氣)로써 만물(萬物)을 화생(化生)시켜 농사[歲功]가 이루어지고, 임금은 도덕(道德)과 인의(仁義)의 도리(道理)로써 만민(萬民)을 다스려 국가(國家)가 편안하게 되는 것입니다. 그러니 임금의 지위(地位)는 참으로 큰 것입니다. 온갖 사무(事務)의 계기로서 모든 일이 모이는 바이며, 상벌(賞罰)과 생살(生殺)의 중추로서 치란(治亂)과 존망(存亡)이 나오는 바입니다. 대체로 하늘이 대명(大命)을 내리고 지위를 준 것은 편안한 자리를 주어서 즐기게 하기 위한 것이 아니고, 그 어려움을 알고서 어려움으로써 대처하게 한 것입니다. 그 어려움을 알고서 어려움으로써 대처하게 한 것이 매우 마땅한 것이라면 이는 곧 크게 편안하고 크게 영광스러운 것으로서, 아름다움을 쌓는 근원이 되는 것입니다. 그러나 시작을 잘하는 자는 비록 많으나, 끝마무리를 신중(愼重)히 하는 자는 적습니다. 창업(創業)하기는 쉬우나 수성(守成)하기는 더욱 어려운 것인데, 신(臣) 등은 그 까닭을 말하려 합니다. 대체로 대업(大業)은 하루아침에 시작하는 것이 아니며, 하루아침에 이루어지는 것도 아닙니다. 백전 백승(百戰百勝)은 간난(艱難)[23]함과 창양(搶攘)한 가운데에서 얻었으나, 오직 간활(奸猾)한 자가 그 틈을 엿볼까 염려하였습니다. 그래서 정사에 관한 것을 널리

문의하여 민막(民瘼)을 강구(講求)하며, 아언(雅言)[24]을 받아들이고 서무(庶務)에 근로(勤勞)해서, 나라가 이미 편안해지고 교화(敎化)가 이미 흡족(洽足)해지며, 형벌(刑罰)이 필요 없게 되고 기강(紀綱)이 확립되어, 사방의 오랑캐가 모두 판도(版圖)에 들어오며, 영웅(英雄)과 재걸(材傑)이 모두 범위(範圍)안에 있게 되면 호령(號令)을 실시함에 있어 하고 싶은대로 다스려져서 마치 털이 바람을 만나고 불이 들판에 번지는 것과 같아 막을래야 막을 수 없게 될 것입니다. 그런데 그렇게 되고 나면 관뉴(關紐)를 파돈(簸頓)[25] 하고 탁약(橐籥)[26]을 희롱(嬉弄)하여, 동정(動靜)을 제때에 하지 않고 이장(弛張)을 절도 있게 하지 아니하며, 한 번 기뻐하고 성낸다고 해서 무엇이 손상될 것이며, 한 번 즐기고 욕심낸다고 해서 무엇이 해롭겠는가 하여, 넓은 집 포근한 털이불이 그 몸을 편하게 하고, 아리따운 계집의 분 바른 볼이 그 마음을 현혹시키며, 요란한 음악[管絃]이 그 마음을 방탕하게 하고, 구슬·비취·비단이 그 욕망을 사치스럽게 하며, 진기한 새와 기이한 짐승이 그 눈을 즐겁게 하고, 놀이하고 사냥함이 그 광증(狂症)을 일으켜서, 무릇 이른바 기기 음교(奇技淫巧) 한 것들이 다투어 그 앞에 모이게 됩니다. 그러면 간사하고 아첨하는 무리가 거기에 따라 맞장구쳐서 국가의 형편을 어렵게 만듭니다. 이렇게 되면 이는 마치 9층(層)의 대(臺)가 비바람에 이미 그 꼭대기가 흔들리고, 백 아름드리 나무를 좀벌레가 이미 그 가운데 구멍을 낸 것과 같아서, 그 기울어지고 썩는 것을 마침내 구제할 수 없게 될 것입니다. 그러므로 충의(忠義)로운 선비는 그 기미를 환하게 먼저 알고서 화환(禍患)을 예방(預防)하기 위하여, 현재의 세상이 조금 편안한 듯하고 승여(乘輿)가 크게 실덕(失德)함이 없는데도 곧은 말로써 적극적으로 간(諫)하여 뇌정(雷霆)을 격동시킴은 명예(名譽)를 요함이 아니며, 조정(朝廷)을 비방하는 것도 아닙니다. 이는 만에 하나라도 그 가운데 고황(膏肓)[27]의 병통이 있다면 이를 치료하기 위한 것입니다. 옛날 한(漢)나라 문제(文帝)는 밝은 임금이었습니다만, 가의(賈誼)가 태식(太息)의 말을 하였고[28], 당(唐)나라 태종(太宗)은 어진 임금이었습니다만, 위징(魏徵)의 십점소(十漸疏)가 있었습니다.[29] 당시에 두 임금이 두 사람의 말을 듣지 않게 되었다면, 한나라와 당나라가 제대로 한나라와 당나라가 되었을는지 알 수 없는 일입니다. 지금 우리 전하(殿下)께

---

23 간난(艱難) : 고되고 어려움.

24 아언(雅言) : 정직(正直)한 말.

25 파돈(簸頓) : 손에 쥐고 까불며 놀림.

26 탁약(橐籥) : 풀무. 사물의 계기를 뜻함.

27 고황(膏肓) : 고치기 어려운 병.

28 가의(賈誼)가 태식(太息)의 말을 하였고 : 가의(賈誼)는 한(漢)나라 문제(文帝)의 신하로서, 당시에 국정(國政)이 해이(解弛)해져서 기강(紀綱)이 서지 않으므로, 그 병폐(病弊)를 열거하면서, 길이 태식(太息:탄식)할 일이 여섯 가지라고 한 것을 말함.

29 위징(魏徵)의 십점소(十漸疏)가 있었습니다. : 위징(魏徵)은 당(唐)나라 태종(太宗)의 신하로서, 태종이 수신(修身)과 치정(治政)함에 있어 차츰 태만해지자, 군주가 소홀히 하면 작은 일이 점점 켜져 큰 화(禍)가 된다고 하는 10개항의 조짐을 들어 경계한 것을 말함.

서는 타고나신 예지(睿知)와 현명(賢明)하신 바탕으로서, 말에는 실수가 없고 행동에는 지나침이 없으시므로, 풍속(風俗)이 거의 순후(醇厚)하게 되고 이륜(彝倫)이 거의 질서가 잡혔으며, 전장(典章)과 문물(文物)이 거의 갖추어졌고, 이단(異端)과 사설(邪說)이 거의 없어졌으며, 현준(賢俊)한 자가 거의 등용(登用)되고, 간사(奸邪)한 무리가 거의 자취를 감추었으니, 오제(五帝)와 삼왕(三王)[30]의 정치(政治)와 같이 될 날을 손꼽아 기다릴 수가 있습니다. 그런데 제거되어야 할 폐단이 다 제거되지 못하고, 종식되어야 할 해(害)가 다 종식되지 못하여 일은 마땅함에 다 부합되지 못하고, 사람은 올바름에 다 나아가지 못하고 있으니, 이것이 성대(聖代)에 한 가지 흠(欠)이 아니겠습니까? 더구나 천도(天道)는 10년이 되면 돌아오고 인사(人事)는 10년이 되면 변하며, 《주역(周易)》에서는, '부인(婦人)의 정(貞)은 10년이면 반드시 변한다.'라고 하였습니다. 그런데 전하(殿下)께서 즉위(卽位)하신 지 이제 이미 10년이 되었습니다. 대체로 근심은 늘 적은 것을 소홀하게 여기는 데에서 생기며, 마음도 점차로 습관이 되는 것을 조심해야 하는 것입니다. 진실로 한 가지 생각이 혹 차질이 있다든가 한 가지 사심(私心)이 혹 일어나게 된다면, 오늘날의 근심과 노력이 후일의 게으름이 되고, 오늘날의 공경과 검소함이 후일의 사치함이 될지 어떻게 알겠습니까? 《서경(書經)》에 이르기를, '끝마무리를 잘하려면 처음부터 삼가라.' 하였고, 또 이르기를, '오직 그 덕(德)을 새롭게 하여 시종(始終) 한결같게 하라.' 하였으며, 《시경(詩經)》에 이르기를, '누구나 시작이 없는 것은 아니나, 끝마무리를 잘하는 자가 드물다.' 하였으니, 이는 임금으로서는 마땅히 주의하여야 하는 것이며, 중재(中材)로서는 거기에서 벗어나지 못하는 것입니다. 신(臣) 등은 삼가 치도(治道)에 대한 여덟 가지 일을 다음에 아뢰니, 삼가 바라건대 전하(殿下)께서는 유념(留念)하여 살펴주소서. 신 등은 삼가 듣건대, 임금의 도리를 함에 있어서는 학문보다 더 큰 것이 없다고 합니다. 학문을 하느냐 않느냐에 따라, 마음의 사정(邪正)이 달려 있는 것이며, 천하의 치란(治亂)이 나타나는 것입니다. 어째서 그렇게 말할 수 있는가 하면, 만일 학문을 좋아하면 군자(君子)들이 기뻐하고 사모하여 그 조정(朝廷)에 벼슬하기를 희망하지만, 만약 학문을 좋아하지 않는다면 소인(小人)들이 방자하게 굴면서 그 권세를 장악하려 할 것이니, 삼가지 않을 수 있겠습니까? 그래서 옛 성왕(聖王)은 반드시 학문에 힘을 기울여 아침에 정사(政事)를 듣고, 낮에는 대신(大臣)을 방문하고, 저녁에는 정사를 가다듬습니다. 그러고도 좌우(左右)의 훌륭하고 덕(德)이 있는 선비들의 훈고(訓告)·교회(敎誨)하는 힘과 함양(涵養)·훈도(薰陶)하는 공(功)에 힘입습니다. 그래서 총명(聰明)함이 날로 열리고, 지기(志氣)가 날로 강해지며, 재기(材器)가 날로 이루어지고, 치효(治效)가 날로 드러나게 되어 나에게 있는 명덕(明德)이 날로 새로와지고, 또다시 새로와져서 자연히 자신

---

30 오제(五帝)와 삼왕(三王) : 오제는 소호(少昊)·전욱(顓頊)·제곡(帝嚳)·요(堯)·순(舜)이고, 삼왕은 하(夏)나라의 우왕(禹王), 은(殷)나라의 탕왕(湯王), 주(周)나라의 문왕(文王)·무왕(武王)임.

도 모르는 경지에 이르게 됩니다. 그러나 그러고서도 혹 게으르게 될까 걱정이 되면 반우(盤盂)에 잠(箴)을 새기고[31] 궤장(几杖)에 명(銘)을 새기는데,[32] 이는 그 동용 주선(動容周旋)[33]과 앉고 일어나고 걸어감에 있어서 정도(正道)와 정학(正學)이 아님이 없이 정사(正事)를 행하고자 함입니다. 대체로 제왕(帝王)의 학문은 위포(韋布)와 달라서, 분전(墳典)을 해박하게 아는 것이 학문이 아니며, 물상(物象)을 잘 묘사하는 것이 학문이 아니며, 기송(記誦)을 많이 하는 것이 학문이 아니며, 마름질을 잘하거나 곱게 엮는 것이 학문이 아닙니다. 오직 마땅히 성현(聖賢)의 말을 음미하여 의리(義理)의 올바름을 강구하고 고금(古今)의 변화(變化)를 관찰하여 득실(得失)의 기미를 체험해서, 그것을 자신에게 옮겨 실천(實踐)해야 합니다. 그런 연후에야 학문에 지극한 효과가 이룩되는 것입니다. 진실로 그 추향(趨向)을 분명하게 정하지 아니하고, 널리 많이만 구하려고 힘쓸 경우 고원(高遠)한 데로 쏠리게 되면 그로 해서 노불(老佛)로 흐르게 되고, 험괴(險怪)한 데로 쏠리게 되면 그로 해서 귀신(鬼神) 숭배(崇拜)로 흐르게 되고, 지교(智巧)한 데로 쏠리게 되면 그로 해서 술수(術數)로 흐르게 되고, 부조(浮躁)한 데로 쏠리게 되면 그로 해서 사부(詞賦)로 흐르게 되는 것이니, 경계하지 않을 수 있겠습니까? 전하(殿下)께서는 육경(六經)을 깊이 연구하고, 치도(治道)를 연마하시어 하루 사이에 세 번 경연(經筵)에 나아가시고, 또 야대(夜對)까지 두어 늘 강관(講官)들에게서 조용히 자문을 받으시니, 학문의 정미(精微)함과 문사(文思)의 깊음은 마치 해가 바야흐로 솟아오르고 냇물이 바야흐로 이름과 같아서 그만둘 수 없게 되었습니다. 그러나 신(臣) 등은 하루의 따뜻함은 오래지 못하고, 열흘의 차가움이 쉽게 이르며, 홍곡(鴻鵠)이 급히 옮김에 따라 심지(心志)가 굳어지지 못하게 될까 매우 염려스럽습니다.[34] 전하께서는 춘추(春秋)가 점점 많아짐에 따라 공경심(恭敬心)도 차츰 해이해져서, 구극(駒隙)이 빠르다고 생각하시고, 만기(萬機)가 번거로움을 싫어하게 되면, 반드시 나의 학문이 이미 풍부하고 나의 다스림이 이미 융성해졌으니, 베개를 높이 베고 근심 없이 지낼 수 있을 것이라고 여겨 자주 경연(經筵)을 정지하고, 정사(正士)를 드물게 대하여 한 번 안일(安逸)과 유연(遊宴)으로 흐르게 되면, 마침내 사욕(私慾)에 빠지게 될 것입니다. 옛날 위(衛)나라 무공(武公)

---

31 반우(盤盂)에 잠(箴)을 새기고 : 황제(黃帝)의 사관(史官)인 공갑(孔甲)이 26편(篇)의 명(銘)을 그릇에 써서4 경계로 삼은 고사(故事)를 말함.

32 궤장(几杖)에 명(銘)을 새기는데 : 주(周)나라 무왕(武王)이 장(杖)에 명(銘)을 새겨 자신을 경계한 것을 말함. 《대대례(大戴禮)》에 무왕장명편(武王杖銘篇)이 있음.

33 동용 주선(動容周旋) : 몸가짐과 행동의 전체를 일컫는 말로, 동용(動容)은 얼굴 표정 또는 몸가짐의 자세, 주(周)는 원(圓)의 법칙(法則)에 맞게 하는 행동이고, 선(旋)은 방(方)의 법칙에 맞게 하는 행동을 뜻한 것임.

34 홍곡(鴻鵠)이 급히 옮김에 따라 심지(心志)가 굳어지지 못하게 될까 매우 염려스럽습니다. : 《맹자(孟子)》 고자편(告子篇) 상(上)에, "홍곡(鴻鵠: 기러기와 고니)이 이르면 활을 당겨 쏘기만을 생각한다."라고 한 데에서 전용(轉用)된 말로, 목적한 바에 전념하지 않고 엉뚱한 생각을 한다는 비유로 쓰이는 말임.

은 나이 90이 넘어서도 오히려 날마다 그 신하에게 신칙해서 자기의 과실(過失)을 일깨워 주게 했습니다. 그래서 절차 탁마(切磋琢磨)의 공(功)과 도학 자수(道學自修)의 유익함에 대하여 풍아(風雅)[35]에서 이를 읊으면서 시인(詩人)이 마침내 잊을 수 없다는 말을 하였으니, 이것은 옛 현군(賢君)이 끝마무리를 삼가한 대덕(大德)입니다. 삼가 바라건대 전하께서는 몸소 실천하는 돈독한 행실과 수신(修身)·제가(齊家)·치국(治國)·평천하(平天下)의 효과를 실제로 체득하시고, 밤낮없이 노력하여 쉬지 않고 나아가신다면 정일 집중(精一執中)[36]의 학문과 다름이 없을 것입니다. 신 등은 삼가 듣건대 《서경(書經)》에 이르기를, '나무는 먹줄을 따르면 곧고, 임금은 간(諫)함을 따르면 성인(聖人)이다.' 하였고, 전(傳)에서는, '간하는 것은 복(福)이고, 아첨함은 적(賊)이다.'라고 하였습니다. 대체로 천하(天下)의 일은 지극히 광범위하고, 군국(軍國)의 일은 지극히 중한 것이므로, 비록 밝은 임금이 이를 청단(聽斷)한다 하고, 어진 신하가 이를 모의(謀議)한다 하더라도 생각의 실수를 면할 수는 없을 것입니다. 그래서 한 번 실수한 것을 구제하지 못하게 되면, 해(害)가 적지 않을 것입니다. 그러니 반드시 충량(忠良)한 선비가 소신껏 말하여 일마다 경계해서 바로잡아야만, 일이 시행됨에 있어 어긋남이 없이 태평의 다스림을 마침내 보전할 수 있을 것입니다. 공자(孔子)가 말씀하시기를, '천자(天子)에게 간쟁(諫爭)하는 신하 7인(人)이 있으면, 비록 임금이 무도(無道)하더라도 그 천하(天下)를 잃지 아니할 것이고, 제후(諸侯)에게 간쟁하는 신하 5인이 있으면, 비록 제후가 무도하더라도 그 나라를 잃지 아니할 것이다.'라고 하였으며, 자사(子思)가 위후(衛后)에게 말하기를, '그대의 국사(國事)는 날로 잘못되어가고 있습니다. 임금이 한마디 하고서는 스스로 옳다고 여기는데, 경대부(卿大夫)가 감히 그 잘못을 바로잡지 못하고, 경대부가 한마디 하고서는 스스로 옳다고 여기는데, 사서인(士庶人)이 감히 그 잘못을 바로잡지 못하고 있습니다. 임금과 신하가 제각기 훌륭하게 여기면, 여러 아랫사람이 다 함께 훌륭하다고 하니, 그렇게 되면 선(善)이 어디로 해서 나올 수 있겠습니까?' 하였습니다. 그래서 당(唐)·우(虞)의 시대에는 위에 요(堯) 순(舜)과 같은 임금이 있었어도 고(皐)[37]·기(夔)·직(稷)·설(契)의 무리가 서로서로 책난(責難)하기를 마지 않았던 것입니다. 그런데 말세(末世)의 용렬하고 어두운 임금은 교만스럽고 괴팍하므로, 인하여 위망(危亡)의 화근(禍根)이 즉시에 이르게 됩니다. 하(夏)나라 우(禹)임금은 바른말을 알리는 북[鼓]을 설치하고서 창성하였고, 주(周)나라 여왕(厲王)은 비방을 감독하다가 망하였습니다. 그리고 당(唐)나라 태종(太宗)은 3일간 간언(諫言)을 듣지 못하면 반드시 보좌하는 신하를 꾸짖었는데, 마

---

35 풍아(風雅) : 여기에서 말하는 풍(風)은 《시경(詩經)》 국풍편(國風篇)의 위풍(衛風) 기오장(淇奧章)을 가리키고, 아(雅)는 대아편(大雅篇)의 억장(抑章)을 가리킨 것임.

36 정일 집중(精一執中) : 《서경(書經)》 대우모(大禹謨)의 '유정유일 윤집궐중(惟精惟一允執厥中)'의 준말로서, 인심(仁心)과 도심(道心)의 관계를 정밀하게 살펴서 한결같이 도심을 지켜 진실하게 중도(中道)를 지킨다는 말임.

37 고(皐) : 고요(皐陶).

침내 정관(貞觀)의 치(治)라는 효과를 이루었고, 덕종(德宗)은 간쟁(諫諍)하는 신하를 매우 미워하여 곧음을 내세워 이름을 취하는 자들이라고 하다가, 마침내 경원(涇原)의 난(亂)이 일어나게 하였습니다. 이렇게 볼 때 간(諫)함을 따르는 자로 흥(興)하지 아니한 자가 없고, 간함을 싫어한 자로 망하지 아니한 자가 없습니다. 은(殷)나라의 본보기[38]가 소상하게 방책(方策)에 실려 있으니, 임금이 된 이로서 간함을 들어주는 것이 옳고 간함을 거절함이 잘못임을 어찌 모르겠습니까마는, 정직(正直)한 말은 항상 귀에 거슬리고 아첨하는 말은 쉽게 마음에 들게 됩니다. 진실로 그로 말미암아 사욕(私慾)에 빠져서 구부러지고 곧은 것을 분별할 수 없게 됩니다. 이는 마치 비유하면 사람들은 오훼(烏喙)[39]가 사람을 충분히 죽일 수 있음을 알면서도 끊임없이 즐기다가 마침내 몸을 죽이고야 마는 것과 같으니, 이 또한 매우 슬픈 일이 아니겠습니까? 전하(殿下)께서는 즉위(卽位)하신 이후로 바른 말 구하기를 목마른 듯이 하시고, 간(諫)함을 따르시고 거절하지 아니하시어 조신(朝臣) 중에서 어떤 일을 말하는 자가 있으면, 작상(爵賞)까지 주어 표창하게 명하시고, 비록 그 말이 정당하지 못하더라도 너그럽게 받아들여 죄책(罪責)을 가하지 아니하셨으니, 비록 도유 우불(都兪吁咈)하는 시대라 하더라도 이보다 더 나을 것이 없습니다. 그러나 신(臣) 등은 삼가 사람의 마음은 반복(反覆)함이 일정하지 못하고, 성자(聖者)와 광자(狂者)가 쉽게 바뀔까 매우 염려스럽습니다. 전하께서 만약 편안하게 다스려진 것을 믿으시고, 차츰 마음이 해이해져서 남의 간하는 바를 많이 받아들이지 아니한다든가, 혹은 상량(商量)한다고 하면서 미적미적 결단하지 않게 되면, 청승(靑蠅)이 점점 극번(棘藩)에 이르고, 백구(白駒)는 장차 공곡(空谷)으로 떠나게 될 것이니[40], 삼가지 아니할 수 없습니다. 남의 말을 들음에 있어서 비록 말마다 믿고 일마다 따를 수는 없습니다. 그러나 강직한 말로 고집스럽게 끊임없이 간하는 자는 자신을 위한 계책이 아니고, 모두 국가를 위한 계책인 것입니다. 만약 임금에게 충성하고 나라를 사랑하는 생각이 없다면, 무엇 때문에 만균(萬鈞)의 무거운 위엄을 무릅쓰고 꺾이게 될 화근을 계산하지 않겠습니까? 삼가 원하건대 전하께서는 군자(君子)의 책난(責難)하는 참다운 공경을 아시고, 소인(小人)의 비위나 맞추는 간사한 술책을 깨달아 먼저 그 마음을 화평(和平)하게 하여 구부러지고 곧음을 살피시며, 사색(辭色)을 너그럽게 하여 할 말을 다 할 수 있게 해서 채택할 만한 말이면 즉시 윤허(允許)하여 따르시고, 망설이는 마음으로 선(善)을 따르는 계기를 늦추지 아니하시면, 전하께서 끝마무리를 삼가시는 것이 도리에

---

38 은(殷)나라의 본보기 : 은(殷)나라의 창업주(創業主)인 탕(湯)은 하(夏)나라의 걸(桀)을 주벌(誅罰)하고 은나라를 세웠으나, 탕의 후손인 주(紂)는 무도(無道)하여 무왕(武王)에게 나라를 빼앗긴 것을 말함.

39 오훼(烏喙) : 부자(附子)의 별칭(別稱). 이는 정력제(精力劑)로 쓰이는 약초(藥草)이나, 독(毒)이 많아 흔히 생명을 잃게 됨.

40 백구(白駒)는 장차 공곡(空谷)으로 떠나게 될 것이니 : 《시경》 소아 백구장(白駒章)에서 인용된 말로, 백구는 어린 말인데 군자(君子)를 뜻하고, 공곡(空谷)은 산곡(山谷)을 가리켜서, 즉 군자가 산곡에 은거(隱居)함을 뜻한 것임.

있어 이보다 더 큰 것이 없을 것입니다.

신 등은 삼가 듣건대, 소인(小人)이 국가의 근심거리가 된 지는 오래 되었다고 합니다. 《주역(周易)》에 이르기를, '나라를 세우고 집을 계승함에 있어서 소인은 쓰지 말라.' 하였고, 《서경(書經)》에 이르기를, '덕(德) 있는 이를 후하게 대하고, 어진 이를 믿으며, 간사한 사람을 멀리 하라.' 하였으며, 《시경(詩經)》의 소민장(小旻章)·항백장(巷伯章)에서 모두 그 실정을 극진히 논하였습니다. 그리고 공자(孔子)도 주비(周比)·화동(和同)·교태(驕泰)[41]의 유(類)에 있어서 관심 있게 말하지 않은 적이 없었습니다. 대체로 군자(君子)와 소인(小人)이 서로 없을 수 없음은 마치 천지(天地)에 음양(陰陽)이 없을 수 없는 것과 같습니다. 양(陽)이 있으면 반드시 강(剛)하고, 강하면 반드시 밝으며, 음(陰)이 있으면 반드시 유(柔)하고, 유하면 반드시 어둡게 됩니다. 진실로 혹 거듭된 음이 심하게 엉키게 되면 청천 백일(靑天白日)이 매양 거기에 가려서 밝지 못하게 되는데, 이로써 역대(歷代)를 통하여 비바람으로 어두워질 때가 많고, 건곤(乾坤)이 밝게 개인 날은 적었던 것입니다. 대체로 소인의 정상(情狀)은 알기가 어려운 것이 아니니, 다만 임금이 분별할 수 없음이 염려될 뿐입니다. 소인들의 행동은 간사하고 아첨하는 것으로 그 얼굴을 꾸미고, 아름다운 말과 아첨하는 표정으로 그 자신을 번드르르하게 하며, 조그마한 절도(節度)와 가장된 행위로 그 세속(世俗)을 기만하고, 시세에 추창하고 급속히 날뛰는 것으로 그 능함을 내세우며, 시기하고 차마 못하는 행위로 그 어진 이를 모해하고, 교활하고 편벽된 수작으로 그 올바름을 미워하며, 참소하고 아첨하는 행위로 그 진출을 도모하고, 간사하고 음흉스럽게 그 방법을 숨기는 등 천태 만상(千態萬狀)이 한결같이 영합(迎合)과 진취(進取)로 우선을 삼습니다. 그러나 오직 군자는 그렇지 않습니다. 마음씀이 공평하고 몸가짐이 신중하며 격렬(激烈)한 논란과 사나운 행동을 하지 아니하여도 사람들은 장자(長者)의 풍도(風度)가 있음을 압니다. 의리(義理)를 따르되, 임금도 따르지 아니하는데, 더구나 권신(權臣)이겠습니까? 도(道)를 따르되 아버지도 따르지 아니하는데, 더구나 다른 사람이겠습니까? 이것이 군자와 소인의 방법을 택함이 같지 아니한 것입니다. 그러니 임금이 그 진위(眞僞)를 분별할 수 없어서 시비(是非)와 사정(邪正)이 서로 혼동이 된다면, 천하(天下)의 일이 더 말할 수 없게 될 것입니다. 크게 간사함은 충성처럼 보이고, 큰 속임수는 믿음성 있는 것처럼 보입니다. 군자로서 소인의 행위를 하는 자는 백에 한둘도 없으나, 소인으로서 군자다운 자는 왕왕 있으니, 이는 더욱 깊이 분변하지 않을 수 없습니다. 그러나 사람을 알아보는 방법은 대체로 어렵습니다. 구준(寇準) 처럼 어진 이도 정위(丁謂)의 간사함을 깨닫지 못하여 그 당시 이를 아는 자는 오직 이항(李沆) 한 사람뿐이었으며, 사마광(司馬光)처럼 어진 이도 왕안석(王安石)의 간사함을

---

41 주비(周比)·화동(和同)·교태(驕泰) : 이는 주이불비(周而不比)·화이부동(和而不同)·교이불태(驕而不泰)의 준말로서, 군자(君子)의 마음은 보편적이고 편당(偏黨)이 없으며, 화협(和協)하고 아부하지 않으나, 소인(小人)의 마음은 교만스럽고 태연하지 못함을 말한 것임.

알지 못하여 그 당시 이를 아는 자는 오직 여회(呂誨) 한 사람 뿐이었습니다. 대개 이 두 사람은 글은 거짓을 꾸며대기에 충분하고, 재주는 세상을 놀라게 하기에 충분합니다. 그래서 비록 밝고 지혜 있는 임금이라 하더라도 현혹(眩惑)을 당하는데, 더구나 어둡고 용렬한 임금은 자기에게 순종하여 거역하지 않는 것만을 기뻐하고, 그들을 의지하여 주공(周公)이나 소공(召公)같이 여깁니다. 상홍양(桑弘羊) 같은 자는 심계(心計)로써 무제(武帝)를 현혹(眩惑)시켰고, 우문융(宇文融)은 정민(精敏)으로써 현종(玄宗)을 현혹시켰으며, 노기(盧杞)는 구재(口才)로써 덕종(德宗)을 현혹시켰으며, 채경(蔡京)은 간능(幹能)으로써 휘종(徽宗)을 현혹시켰고, 진회(秦檜)는 위절(僞節)로써 고종(高宗)을 현혹시켰는데, 자고(自古)로 소인이 국가를 그르칠 수 있었던 것은 어찌 원인이 없었겠습니까? 무릇 간사한 소인의 윗사람을 무시하는 태도와 사람을 관찰하고 사람을 취하는 방법이 간책(簡策)에 갖추어 있으므로, 성상(聖上)께서 빠짐없이 통촉(洞燭)하였을 것입니다만, 다만 아랫사람이 성상의 뜻에 맞추어 주지 않는 것이 한스럽습니다. 지금 경연(經筵)과 조회(朝會)에서 계사(啓事)할 때에 대간(臺諫)이 법을 내세워 어떤 일을 논(論)하면서 인물(人物)을 탄핵할 경우 전하(殿下)께서 좌우(左右)를 돌아보고 물으며 지론(至論)을 듣고자 하면, 혹 양단(兩端)을 확정짓지 못하고 화합되기를 관망하기도 하고, 혹 마음으로는 그 그름을 알면서도 어물어물 밝히지 아니하며, 혹 그 말을 가로막아 억지로 미봉책(彌縫策)을 쓰기도 합니다. 무릇 중임(重任)을 맡은 대신(大臣)으로서 보필(輔弼)할 책임을 생각하지 아니하고, 화광 동진(和光同塵)하여 사람에게 환심을 사려고 하니, 이러한 것은 신 등이 일찍이 마음 아파하던 것입니다. 자색(紫色)을 미워함은 주색(朱色)을 어지럽힐까 염려한 때문이며, 가라지와 피[稊稗]를 미워함은 곡식을 해칠까 염려한 때문입니다. 사람을 씀에 있어 간사함을 먼저 분간하지 못하면 임용되는 바가 반드시 현명한 자라고는 할 수 없어 어진 사람이 진출할 수 없을 것이고, 어질다고 믿었던 자도 알고 보면 반드시 간사하지 않다고는 할 수 없어 간사한 자가 반대로 진용(進用)될 것입니다. 예부터 임금으로서 간사하고 아첨한 자의 해(害)가 전대(前代)의 업적을 패망시킨 것을 누가 알지 못했겠습니까? 그러나 전철(前轍)을 되풀이하면서 스스로 깨닫지 못하는데, 그 까닭은 무엇이겠습니까? 그것은 예를 들면, 곁에서 바둑 두는 것을 구경하는 자는 승패(勝敗)를 알 수 있으나, 직접 두고 앉아 있는 사람은 막연하여 어쩔 줄을 모르는 것과 같은 것이니, 경계하지 않을 수 있겠습니까? 삼가 원하건대 전하께서는 길흉 소장(吉凶消長)의 이치를 아시고, 진퇴 존망(進退存亡)의 기미를 연구하시어 밝게 사람을 살피시고, 강하게 간사함을 제거하여 용렬한 무리로 하여금 조정(朝廷)에 용납할 수 없게 한다면 국가의 복이 그 한량이 있겠습니까?

신 등은 삼가 듣건대 옛 성왕(聖王)이 세상에 선정(善政)을 베풀었던 것은 별다른 방법이 있는 것이 아니라, 사람을 옳게 임용(任用)하는 데에 달렸을 뿐입니다. 어떤 것을 가지고 사람을 옳게 임용했다고 하는가 하면, 이는 안으로는 공경(公卿)·대부(大夫)·사(士)와 밖으로는 주(州)·부(府)·군(郡)·현(縣)에 있어서 모두 그 적임자를 채용하는 데에 달려 있을 뿐입니다. 어떤 것을 가지고 적임자를 채용했다고 하는가 하면, 그것은 어진 자가 지위(地位)에 있고, 능력자가 직임에 있는 것을 가리킨 것입니다. 그러나 사람을 알아서 능력자에게 관직을 맡기는 것은 요(堯) 순(舜)같은 분도 어렵게 여겼고, 말을 듣고 행실을 관찰함에 대해서는 공자(孔子)가 경계한 바입니다. 알면서도 능히 가리지 못하면 둔한 말이 천리마에 끼인 것이고, 가리되 정밀하게 하지 못하면 가짜 돌이 진짜 옥에 섞인 것입니다. 임금이 이러한 이치를 살펴서 능력자를 옳게 임용(任用)하여 정치를 해나간다면 허리띠를 드리우고 단정히 앉아서 하는 일이 없어도 성과를 거둘 수 있을 것입니다. 그러나 혹 이에 반대된다면 비록 현재(賢才)가 있다고 하더라도 등용(登用)되지 아니할 것입니다. 그렇게 되어 임금이 고립(孤立)되어서 의지할 데가 없게 되면 반드시 말하기를, '내 잘못이 아니라 세상에 인재(人材)가 없다.'고 하는데, 그것이 옳겠습니까? 대체로 영웅 준걸(英雄俊傑)은 없는 시대가 없습니다만, 걱정스러운 것은 이들을 채용함에 있어 그 방법을 제대로 못하는 것입니다. 그 방법을 제대로 못함이 세 가지가 있는데, 이는 너무 급하게 발탁해서 쓰고, 이름만 듣고 그 실제는 구하지 아니하며, 임의대로 하고 대중의 의견을 따르지 않는 데에 불과합니다. 옛날에는 의논이 결정되어야 임관(任官)을 했는데, 임관을 하고서 작위(爵位)를 주었으면, 갑작스럽게 천직(遷職)시키지 않았습니다. 나이가 같으면 덕(德)을 헤아리고, 덕이 같으면 점(占)을 하였으니, 이는 이름만을 듣고 그 실제를 구하지 않은 것이 아닙니다. 좌우(左右)에서 모두 '어집니다.'고 하더라도 옳지 않으며, 대부(大夫)가 모두 '어집니다.'고 하더라도 옳지 않으며, 국민[國人]이 모두 '어집니다.'고 하더라도 옳지 않습니다. 반드시 참으로 어진가를 본 다음에 채용한다면, 반드시 공의(公議)를 따르게 되고, 마음에 내키는 대로 임용하지 않게 될 것입니다. 진실로 한 가지 일이 마땅하고 한 가지 말이 뜻에 맞는다 하여 순서를 밟지 않고서 큰 직임(職任)을 맡기게 되면, 나중에 그가 형편 없음을 알았다 하더라도 그 뿌리를 내림이 이미 굳어지고, 명위(名位)가 이미 정해져서 쉽게 내쫓지 못할 것입니다. 무릇 사람이 붕우(朋友)와 대함에 있어서도 반드시 평소에 친하게 교제하여 본말(本末)에 환해야만 그 마음가짐이 간사한가 올바른가를 알게 되는데, 더구나 임금이 신하에게 있어서는 겨우 한 차례 안색(顔色)을 대하고 한 차례 모임을 갖는 정도이겠습니까? 그러므로 사람을 채용함에 있어서는 명류(名流)와 중망(衆望)보다 더 나은 것은 없습니다. 무릇 명류는 덕행(德行)이 모인 바이며, 중망은 이목(耳目)이 집중된 바이니, 진실로 높이 발탁한다 하더라도 의심할 여지가 없습니다. 그러나 헐뜯을 것도 없고, 칭찬할 것도 없으며, 여진 여퇴(旅進旅退)[42] 하는 사람에 대해서는 공로와 업적의 선후(先後)를 헤아리지 않을 수 없습니다. 그런데 요즈음 사람을 채용함에 있어서는 한결같이 자격(資格)만을 따지

---

42 여진 여퇴(旅進旅退) : 식견이나 지조가 없이 남이 하는 대로 휩쓸림.

므로, 명류와 중망을 받는 이는 대개 묻혀서 진출하지 못하고, 여진 여퇴하는 자만이 때때로 승진이 되어서 기회를 엿보는 자는 앞을 다투어 선수를 치고, 겸손한 자는 말단에 남게 됩니다. 이는 마치 지란(芝蘭)이 녹시(菉葹)와 한 집에 있고, 소소(簫韶)가 상복(桑濮)과 음조(音調)를 같이 하는 격입니다. 전조(銓曹)에서도 연수(年數)에만 국한하여 비록 비교할 수 없을 정도로 탁월한 선비가 있다 하더라도 재능(才能)대로 주의(注擬)하지 못하니, 이것이 급암(汲黯)이 적신(積薪)의 비평을 하게 된 것이고, 풍당(馮唐)이 호수(皓首)의 탄식을 하게 된 것 입니다. 전조의 책임을 맡은 자가 진실로 인아(姻婭)에게 사정(私情)을 두지 않고, 원수라도 피하지 않으며, 오직 덕(德)이 있는 이를 천거하고, 어진 이를 채용할 수 있게 된다면, 어질고 어질지 못함이 자연 구별되어서 각각 마땅하게 될 것입니다. 진(晉)나라의 산도(山濤)와 당(唐)나라의 최우보(崔祐甫)와 송(宋)나라의 구준(寇準)은 모두 전조(銓曹)의 임무를 훌륭하게 수행하였으므로, 그 당시에 옳은 사람을 얻었다고 했습니다. 그러니 지금의 이조(吏曹)도 신중하게 선택하여 위임(委任)시키지 않을 수 없습니다. 진실로 현능(賢能)함을 논(論)하지 않고, 한갓 훈로(勳勞)와 척완(戚琬)으로서 연수가 오래 된 것만을 가지고 갑작스레 임명한다면 약한 자는 거취(去就)에 밝지 못하고, 강한 자는 위복(威福)을 마음대로 하여 도리(桃李)가 사문(私門)에 빛나고, 호서(狐鼠)가 성사(城社)에 기탁하게 될 것이니, 이는 국가의 이익이 아닙니다. 삼가 원하건대 전하께서는 공의(公議)를 널리 채택하고, 물망(物望) 있는 자를 널리 방문하소서. 그 사양하며 자랑하지 않는 자는 그 뜻이 가상하고, 공손하여 자랑하지 않는 자는 그 뜻을 취할 만하며, 신중하고 말수가 없는 자는 사람을 용납하는 아량이 있으며, 청렴하고 결백한 자는 돌같이 굳은 지조가 있는 자이니, 반드시 그 덕행(德行)을 고찰해서 진출시켜 요행을 바라는 무리로 하여금 함부로 진출하지 못하게 한다면, 많은 업적이 모두 이루어져 국가가 자연 평안하게될 것입니다.

신 등은 삼가 듣건대, 우주(宇宙) 사이에는 한 가지 이치[里]뿐이라고 합니다. 하늘은 그 이치를 얻어서 하늘이 되고, 땅은 그 이치를 얻어서 땅이 되어, 무릇 천지(天地) 사이에 사는 자는 반드시 그 이치를 얻어 성품[性]이 이루어지는 것입니다. 성인(聖人)은 그래서 그 성품의 이치를 다 연구하여 자기 몸을 닦고, 남을 다스리며, 법을 만들어 세상에 드리워서 참찬 화육(參贊化育)의 성과를 이루어 한 가지 물건도 제자리를 얻지 못함이 없게 한 것입니다. 불씨(佛氏)는 성인(聖人)의 도(道)가 아니고 별도로 일단(一端)이 된 것입니다. 그 말을 들으면 청정(淸淨)하여 이치에 가까운 듯하나, 그 실제를 탐구해 보면 노망(鹵莽)하여 말과 맞지 않으니, 이는 사실 정도(正道)의 잡목(雜木)이고, 이륜(彝倫)의 해충(害蟲)입니다. 그런데도 당시의 임금이나 후세의 군주들은 이를 추종하여 믿으면서 서로 금수(禽獸)의 세계로 빠져 들어가면서도 알지 못하였으니, 위(魏)나라·양(梁)나라 같은 일이 바로 이것입니다. 전하께서는 타고난 바탕이 고명(高明)하고, 학문이 순수(純粹)하여 그 이단(異端)과 사설(邪說)의 이해(利害)에 대하여 진실로 이미 환하게 아실 것을 의심치 않습니다. 지난해에 축수재(祝壽齋)를 폐지하게 하시고, 금년에는 삼사(三司)에서 제공하는 물품도 없앴으며, 신 등에게는 역대(歷代)의 불교(佛敎)를 배척한 일을 써서 소장(疏章)으로 아뢰라고까지 하셨으니, 중외(中外)에서 기뻐하며 모두 불세출(不世出)의 임금으로서 무언가 크게 하실 때가 있을 것이라고 여겼습니다. 그런데 요즈음 대간(臺諫)의 원각사(圓覺寺)의 조라치(照剌赤), 불당(佛堂)의 조두장(澡豆匠), 낙산사(洛山寺)의 길을 옮기고 고기잡이를 금하는 것과 사사(寺社)의 세금 받는 밭에 대한 일들을 가지고 성상(聖上)을 여러 번 번거롭게 하였는데, 전교(傳敎)하시기를, '조종(祖宗)의 법을 갑자기 고치기는 어렵다.'고 하시니, 신 등은 실망함을 금할 수 없습니다. 이른바 법이라는 것이 현재에 써도 어긋나지 않고, 후세에 물려주어도 의심할 여지가 없는 것이라면, 진실로 가볍게 의논할 수 없습니다. 그러나 혹 정치에 방해됨이 있으면 고쳐서 새롭게 하지 아니할 수 없습니다. 더구나 선왕(先王) 때 일시(一時)의 영(令)으로 만들어진 것으로서, 《대전(大典)》에 오래 실린 법이 아니면 고치기에 무엇이 어려우며, 제거한들 무엇이 해롭겠습니까? 신 등은 그 폐단을 진술하기를 바랍니다. 조라치(照剌赤)는 궁중(宮中)에서 소제(掃除)하는 사람이지 사사(寺社)에서 소유(所有)할 바가 아니며, 조두(澡豆)는 바로 세수하는 데에 제공되는 물건이지 중[髡首]이 쓸 것이 못됩니다. 그리고 지금 각사(各司)의 실무를 보아야 할 사람을 이단(異端)의 쓸모없는 무리로 충당해 놓았습니다. 그러니 관부(官府)의 피폐(疲敝)함과 인물(人物)의 초췌(憔悴)함이 이로 말미암지 않을 수 없을 것입니다. 심지어 절[寺]에서 세금을 거둠은 이것이 무슨 공(功)에 의한 것입니까? 무릇 나라에 농지(農地)가 있고, 농지에 세금을 매기는 것은 조정(朝廷)의 백관(百官)에 대한 용도를 대비하기 위한 것인데, 농사짓지 않는 무리로 하여금 또다시 백성의 고혈(膏血)을 짜내게 한단 말입니까? 지금 양종(兩宗)에 소속된 사사(寺社)의 밭이 무려 천여 결(結)이나 되는데, 이것을 가지고 군자(軍資)에 충당시키고, 궁핍(窮乏)한 자를 진휼(賑恤)하여 준다면, 만민(萬民)의 생명을 구제할 수 있을 것입니다. 그런데 이익도 없이 공름(公廩)[43]을 소비시킴은 이보다 더 심함이 없습니다. 강원도(江原道)는 산천(山川)이 험악하고 토지가 메말라서, 여러 해 동안 풍년이 들지 못하여 사람들이 자주 굶주리게 되므로, 산중 고을에서는 여곽(藜藿)에 많이 힘입으며, 바닷가에서는 전적으로 어염(魚鹽)에 의지하고 있습니다. 그래서 비록 풍년이 든 해라 하더라도 구학(丘壑)에 뒹굴게 됨을 면할 수 없고, 인가(人家)가 드물며, 도로(道路)가 험하고 멀어서 쓸쓸한 우역(郵驛)에 달팽이 집 같은 몇 개 부락뿐이니, 한 도(道)의 호구(戶口)를 계산해 보면 도리어 하도(下道)의 큰 고을만 못하고, 한 고을의 축적(蓄積)을 계산해 보면 도리어 하도의 부잣집만 못하여, 그 잔폐(殘弊)함을 이루 다 말할 수 없습니다. 지금 낙산사(洛山寺) 때문에 도로(道路)를 구부러진 데로 옮기어 인마(人馬)로 하여금 양장(羊腸)의 괴로움을 견딜 수 없게 하며, 백성들의 고기잡이를 금하여

---

43 공름(公廩) : 국고(國庫)의 곡식.

동해(東海)를 방생(放生)하는 못으로 삼으려고 합니다. 학열(學悅)이란 중은 또 강릉(江陵)에다 논[畓]을 많이 만드는데, 비록 새로 개간(開墾)한 것이라고 하지만, 사실은 사람들의 옛 농토(農土)를 수탈(收奪)한 것이므로, 원근(遠近)에서 떠들썩하여 통분(痛憤)하게 여기지 않는 사람이 없습니다. 무릇 중[緇徒]은 자신이 요역(徭役)을 하지 않고 편안히 앉아서 배불리 먹고 따뜻하게 옷입는 것만도 만족하다고 할 만한 것인데, 백성의 생계(生計)를 단절시켜 생활할 수 없게 하는 것이겠습니까? 옛 신라(新羅)의 임금이 불교(佛敎)를 믿고 경내(境內)에서 고기잡이와 사냥을 못하도록 금하였으며, 고려(高麗) 때에는 많은 전토(田土)를 사사(寺社)에 시납(施納)하였으므로 역사에서 그것을 기록하여 후대(後代)에 웃음거리를 남겼는데, 어찌 성명(聖明)한 조정에서도 오히려 말세(末世)의 전철(前轍)을 따라야만 하겠습니까? 그리고 또 이보다 더 심한 것도 있습니다. 대비(大比)때마다 예조 낭관(禮曹郎官)을 양종(兩宗)에 나누어 보내어 문·무과(文武科)의 예(例)에 따라 중들을 선발하고, 이조(吏曹)에서는 또 따라서 관작(官爵)을 내리고 고신(告身)을 주니, 인연(因緣)에 따라 청탁(請托)하여 하지 않는 바가 없습니다. 선왕(先王)의 제도(制度)에 안으로는 원녀(怨女)[44]가 없고, 밖으로는 광부(曠夫)가 없었습니다. 그래서 인구[生齒]가 날로 번성하여 풍속과 교화에 도움이 되었습니다. 전하께서도 근년에 이사(尼寺)를 철거(撤去)하여 성(城) 밖으로 내보내도록 명하였습니다만, 그러나 분명한 금법(禁法)으로써 그 폐단을 막지 못하였습니다. 그래서 처녀와 과부가 머리를 깎는 일이 서로 계속되어 끊이지 않으며, 혹은 선(善)을 권장한다고 하고, 혹은 산에서 놀이한다는 핑계로 친구를 모으고 떼를 지어 중들과 섞여 있으므로, 음란하고 추악한 행위가 그 가속(家俗)을 어지럽히는 사례를 면치 못합니다. 무릇 이 몇 가지 일은 국가에는 이익이 없고, 백성에게는 해만 있는 것입니다. 조정(朝廷)에서 모두 그르다 하고 간관(諫官)들도 다투어 말하고 있으나, 전하께서는 한 번도 받아들이지 않으시고, 그대로 둔 채 폐하지 않으시니, 신 등의 의혹이 더욱 심합니다. 대체로 나무를 심는 자는 반드시 검은 흙을 먼저 넣고 물을 주며, 또 가시와 잡초를 제거하여 그 사이에 자라지 못하게 합니다. 그렇지 않으면 심은 나무가 아무리 아름답다 하더라도 마침내 잡초에 치여서 죽게 될 것입니다. 불교를 배격하는 방법도 어찌 이것과 다르겠습니까? 진실로 그 근본(根本)를 단절시키지 못한다면, 백성에게 해를 끼치고 정사를 좀먹게 하는 실마리가 없어질 때가 없을 것입니다. 만약 이 무리들을 시석(矢石)으로 보내면 모두 굳센 군사가 될 것이고, 전묘(田畝)에 보내면 모두 훌륭한 농부가 될 것이며, 각각 전문업(專門業)을 갖게 하면 모두 훌륭한 공장(工匠)이 될 것이고, 남녀(男女)가 서로 짝을 지어 산업(産業)을 이루게 하면 모두 양민(良民)이 될 것인데, 그대로 앉아서 의식(衣食)을 소모시키며 국정(國政)을 어지럽히니, 신 등은 그것이 옳은지를 알지 못하겠습니다. 대체로 그 해를 논(論)한다면 아비도 없고 임금

---

44 원녀(怨女) : 시집 못간 여자.

도 없어 크게 명교(名敎)에 누(累)가 되고 있으니, 만일 그 폐단을 구한다면 그들을 상인(常人)으로 만들고, 그 책을 불태우며, 그들의 사우(寺宇)를 일반인의 거처(居處)로 만들어 선왕(先王)의 도(道)를 밝혀서 인도하는 것만 같지 못합니다. 그러나 구제함에 있어 그 힘을 다하지 아니할 경우 불교를 막지 아니하면 우리 도(道)가 펴지지 못하고, 불교가 그치지 아니하면 우리 도가 시행되지 못하는 폐단이 있을 것입니다. 삼가 원하건대 전하께서는 과단성 있는 정치를 행하시어 일체 엄하게 금한다면 백성들에게 또한 큰 다행이겠습니다. 신 등은 삼가 듣건대, 선왕(先王)이 천하(天下)를 다스릴 적에 이륜(彝倫)을 붙들어 도(道)로 이끌고 민의(民義)를 힘써 알맞게 하였다고 합니다. 그런데 상(商)나라 풍속이 귀신(鬼神)을 좋아하면서부터 노래하고 춤추는 풍습이 비로소 생겼고, 그후 주(周)나라에 이르러 진(陳)나라에서 대희(大姬)의 영향을 답습하여 비로소 완구(宛丘) 아래에다 음사(淫祀)를 만들어 도(翿)를 잡고 춤을 추니, 그 음탕한 풍속은 정(鄭)나라·위(衛)나라와 다를 게 없습니다. 그래서 성인(聖人)이 법(法)을 창제(創制)하여 밖으로는 천지(天地)·산천(山川)·구릉(丘陵)·성황(城隍)과 안으로는 조니(祖禰)·소목(昭穆)·호조(戶竈)·문류(門霤)에 대하여 제사지내는 데에 법제가 있고, 섬기는 데에 도리가 있게 하였고, 야외(野外)의 음흉(淫凶)한 귀신을 집안으로 이끌고 왔다는 것은 듣지 못하였습니다. 신은 듣건대 좌도(左道)로써 풍속을 어지럽히는 자는 용서 없이 처벌(處罰)하고, 요언(妖言)으로써 대중을 현혹시키는 자는 용서없이 죽인다고 하였습니다. 그런데 요즘 세상 사람들은 다투어가며 귀신을 신봉하여 무릇 길흉(吉凶) 화복(禍福)에 대하여 한결같이 무당의 말만 듣고서 화상(畵像)을 그려 돈을 걸어 놓기도 하고, 영혼(靈魂)을 맞이하여 집안에 들이기도 하며, 공창(空唱)을 듣기도 하고, 직접 성황(城隍)에 제사도 지내며, 노비(奴婢)를 시납(施納)하기도 하는데, 이는 모두 성조(聖朝)에서 금하는 바로서 《속전(續典)》에 실려 있는 것입니다. 전하께서는 그 폐단을 깊이 아시고, 또 법사(法司)로 하여금 무당을 모두 찾아내어 성(城) 밖으로 내쫓게 하였습니다. 그런데 요즈음 보건대 금하는 법령이 차츰 해이해져서 성 밖으로부터 점점 다시 들어와 부인(婦人)들을 유혹시켜 주식(酒食)을 소비시키면서 혹은 액(厄)을 물리친다 하고, 혹은 병을 구제한다 하니, 비록 대가(大家)와 거실(巨室)이라 하더라도 이들을 초치(招致)하여 다투어 가며 저속한 행위를 하면서도 예사로 부끄러운 줄을 모르는데, 한 사람이라도 이로 인하여 죄를 받았다는 것은 듣지 못하였으며, 북 치고 피리 불며 노래하고 춤추는 것이 길거리나 저자 사이에 끊이지 않고 있으니 이것은 신 등이 의혹을 품는 바입니다. 전(傳)에 이르기를, '몸소 가르치면 따르고, 말로 가르치면 다투게 되며, 명령하는 바가 좋아하는 바에 반대되면 백성이 따르지 않는다.'고 하였습니다. 지금 성수청(星宿廳)을 아직도 성(城) 안에 두고, 기은사(祈恩使)가 봄·가을로 끊이지 않으니, 이렇게 하면서 백성만 못하게 한다면 또한 잘못된 것이 아니겠습니까? 신 등이 일찍이 기은사(祈恩使)의 행렬(行列)을 보건대 경도(京都)에서 개성(開城)까지, 개성에서 적성(積城)·양주(楊州)의 경계(境界)에 이르기까지 말을 탄 사람은 수십 명에 불과하고, 그 동복(僮僕)과 치중(輜重)은 배가 되는데, 혹은 가고, 혹은 머물면서 머뭇거리고 떠나지 않으면 수령(守令)들이 국궁(鞠躬)하고 숨을 죽이며 오직 은근하게 맞이하여 혹은 음식물을 후하게 주고, 혹은 뇌물을 주면서 만에 하나라도 견책(譴責)을 당할까 하여 비록 절하고 무릎 꿇는 것도 거절할 수 없게 되었으니, 폐단의 큼이 이보다 더할 수가 없습니다. 또 성수청(星宿廳) 같은 것은 어떤 귀신이며 어떤 제사입니까? 귀신도 분명한 귀신이 아니고, 제사도 올바른 제사가 아니니, 이 또한 왕정(王政)에 있어서 마땅히 먼저 제거해야 할 것입니다. 공자(孔子)가 말하기를, '귀신을 공경하되 멀리하라.' 하였고, 또 말하기를, '정당한 귀신이 아닌 것을 제사함은 아첨하는 것이다.' 하였으며, 또 말하기를, '하늘에게 죄를 지으면 빌 곳이 없다.'고 하였습니다. 무릇 공경하지 아니하면 무람해지고, 멀리하지 아니하면 친압하게 되며, 제사지낼 것이 아닌 것을 제사하면 모독이 되고, 빌 것이 아닌 것을 빌면 아첨하게 되는 것입니다. 옛날 중려(重黎)가 무당을 좋아하다가 그 집이 무사(巫史)가 되었으며, 한(漢)나라 무제(武帝)는 귀신에게 현혹되어 마침내 무고(巫蠱)의 난(亂)이 있었으니, 이는 밝은 본보기입니다. 삼가 원하건대 전하께서는 과단성 있는 정치를 행하시어 풍속을 정돈해서 간사스럽고 음란하고 요망한 것들로 하여금 성명(聖明)의 아래에서는 용납되지 않게 하소서. 이 또한 신 등의 소망입니다.

신 등은 삼가 듣건대 예의염치(禮義廉恥) 이것을 사유(四維)라 하는데, 이 사유가 지켜지지 않으면 나라가 망한다고 하였습니다. 예로부터 나라를 잘 다스리는 자라면 이 네 가지를 버려두고서는 정치를 할 수 없었으니, 마땅히 관자(管子)가 그것을 말하여 제(齊)나라 환공(桓公)을 도왔고, 가의(賈誼)가 그것을 취하여 한(漢)나라 문제(文帝)를 깨우치게 한 것입니다. 아! 세상의 도의(道義)는 날로 낮아지고, 인심(人心)은 옛날 같지 아니합니다. 옛날의 선비는 공손하였는데 지금의 선비는 방탕하며, 옛날의 선비는 청렴하였는데 지금의 선비는 탐욕스러우며, 옛날의 선비는 정직하였는데 지금의 선비는 간사하여 소위 예의(禮義)니 염치(廉恥)니 하는 것이 여지 없이 폐지되어 사람들이 지킬 바를 알지 못합니다. 선비의 기풍이 이미 아름답지 못한데 민속(民俗)이 어떻게 순박할 수 있겠으며, 민속이 순박하지 못한데 조정이 어떻게 존중될 수 있겠습니까? 신 등은 현재 눈으로 보는 폐단을 가지고 말씀드리기를 원합니다. 우서(虞書)에 이르기를, '백료(百僚)가 서로 스승으로 여기며, 군후(群后)들은 덕(德)으로 양보한다.' 하였고, 문왕(文王)이 기산(岐山)에서 정치를 할 때, 선비는 대부(大夫)에게 양보하고, 대부는 공경(公卿)에게 양보한다고 하였습니다. 지금은 그렇지가 못하여 후진(後進)이 선배(先輩)를 멸시(蔑視)하고, 하료(下僚)가 좌상(座上)을 대수롭지 않게 여기는데, 선배와 좌상이 된 자도 엄격하게 아랫사람을 통솔하지 못합니다. 그것뿐만 아니라 대간(臺諫)이 어떤 사람의 과실(過失)을 논(論)하면, 그 사람이 스스로 허물을 반성하지는 않고, 모두 말하기를, '이 사람이 나에게 혐의가 있어서 시끄럽게 고알(告訐)한다.' 하면서, 반드시 서로 배격(排擊)하고 있으니, 이른바 예라는 것이 어디에 존재하고 있습니까?

군신(君臣)의 분수는 마땅히 조회(朝會)할 때에 엄격해야 하는데, 요즈음의 백료(百僚)들은 전정(殿庭)에 출입할 때 추창(趨蹌)하지 않으며, 반열(班列)에서 질서를 지키지 않고, 귀를 기울이고 눈을 맞대고서 속삭임을 멈추지 않으며, 심지어는 의관(衣冠)·환패(環佩)나 진퇴(進退)·부복(俯伏)함에 있어서 공근(恭謹)하고 정숙(整肅)한 태도가 없으니, 이른바 예의라는 것이 어디에 존재하고 있습니까? 윗사람은 아랫사람에게 요구함이 있으나, 아랫사람은 윗사람에게 요구함이 없으며, 위에서 시키는 바가 있으면 아래에서 그 수고로움을 거절하지 않는 것이 신하의 직분입니다. 그런데 요즈음 사람들은 분경(奔競)을 업(業)으로 삼고, 기회를 노리는 것을 명분으로 내세워 혹은 친척에게 의지하고, 혹은 고향 사람이라고 하여 사명(使命) 구하기를 벼슬 구함보다 더 심하게 하며, 이익이 있는 곳이라면 경영하고 청탁함에 있어 두려워하거나 피하는 일이 없으며, 이익이 없는 곳이라면 온갖 방법으로 반드시 모면하려고 하니, 이른바 예의라는 것이 어디에 존재하고 있습니까? 대체로 재상(宰相)이나 대신(大臣)은 임금이 의지하는 바이며, 온 나라에서 사모하는 존재이니, 그 책임이 진실로 가볍지가 않습니다. 옛날에는 재상의 첩(妾)이 비단옷을 입지 못하고, 말에게 곡식을 먹이지 못하는 자도 있었고, 아욱[葵]을 뽑아 버리고 베틀을 제거하여[45] 백성과 이익을 다투지 아니하는 자도 있었으며, 남의 돈을 받지 않고 청백함을 잠(箴)으로 남긴 자도 있습니다. 우리 조종조(祖宗朝)에 있어서도 조신(朝臣)이 축재(蓄財)를 하지 않고, 재상(宰相)은 이익을 말하지 못하며, 두려워하는 바가 있어 욕심대로 할 수가 없었는데, 지금은 탐욕이 풍조를 이루었고, 이익에 만족함이 없어 대신(大臣)으로서 농단(壟斷)의 이익을 설치하고, 삼공(三公)으로서 수령(守令)의 행차를 전송합니다. 그래서 선물[苞苴]이 백주(白晝)에 공공연하게 행해지고, 뇌물이 권문(權門)에 몰려 들어 녹봉(祿俸)을 구하여 명예(名譽)를 사려는 행위를 하지 않는 자가 없습니다. 그러므로 지난날 곤궁(困窮)하게 시골에 있던 자라도 하루아침에 갑자기 요직(要職)에 앉게 되면 밭이 천맥(阡陌)을 연하고, 재물이 거만(巨萬)이나 쌓이게 됩니다. 그래서 재물을 늘린 자는 성인(聖人)이라 하고, 가난하면서도 편하게 여기는 자는 능제하기도 바쁜 처지인데, 어느 여가에 쓰일 수 있겠습니까? 더구나 우리 나라는 예부터 문헌(文獻)으로 알려진 나라입니다. 그래서 사대(事大)·교린(交隣)함에 있어서 반드시 사조(詞藻)의 문채에 힘입었으니 문장을 경시(輕視)할 수 없음이 이러한데, 어느 한 사람 근유(瑾瑜)을 품고서 국가의 위대함을 선양했다는 것을 듣지 못하였습니다. 그러니 이것이 오늘날 한스러운 것입니다. 이상은 모두 큰 문제로서 마땅히 먼저 염려해야 할 것입니다.

---

45 아욱[葵]을 뽑아 버리고 베틀을 제거하여 :《사기(史記)》에 보면 공의휴(公儀休)는 노(魯)나라 정승이 되어, 아내가 베틀을 놓고서 비단을 짜는 것을 보고 노하여 베틀을 던지고 아내를 쫓아 보냈으며, 밥을 먹을 때에 아욱국을 보고서 크게 성을 내어 마당에 심은 아욱을 뽑아 버리고 말하기를, "내가 국록(國祿)을 먹는데, 어째서 집에서 비단을 짜고 아욱을 심어 여공(女工)과 전부(田夫)의 이익까지 빼앗는가?" 하였음.

그 외에도 음률(音律) 같은 것은 귀신과 사람을 화합하게 하는 것인데, 아악(雅樂)과 속악(俗樂)이 모두 그 차례를 잃었으며, 역학(譯學)은 중국과 교통(交通)하는 것인데, 이문(吏文)이나 한어(漢語)에 대해서는 정통(精通)한 자를 보기가 드물어 의사(醫士)에게 완전한 효과를 기대할 수 없고, 상관(象官)은 칠정(七政)의 궤도에 밝지 못하니, 태평 시대의 문학을 지키는 세상이라 하면서 제도가 이렇게 미비(未備)할 수가 있습니까? 신 등이 일찍이 그 폐단을 연구해 보건대 반드시 까닭이 있었습니다. 대체로 무능한 자는 덕(德) 있는 자라 이르고, 재주가 많은 자는 도(道)에 위배된다 하며, 육경(六經)에 통달하면 오활(迂闊)하여 임용(任用)하기 어렵다 하고, 문학(文學)이 풍부하면 부과(浮誇) 해서 진실하지 못하다고 하니, 학문에 있어서도 이러한데 더구나 잡술(雜術)이겠습니까? 그래서 재예(才藝)에 구애를 받아 드러나게 발탁되지 못하고, 높은 지위를 지낸 제배(諸輩)에게 서로 조소(嘲笑)를 당하게 됩니다. 그래서 자신들이 종사하는 학업(學業)을 마치 진질(疹疾)처럼 괴롭게 여깁니다. 그러니 인재가 날로 줄어드는 데 대해서 이상하게 여길 것이 없습니다. 세종(世宗) 때에는 경학(經學)으로는 황현(黃鉉)·윤상(尹祥)·김구(金鉤) 등이 있었고, 역학(譯學)으로는 김하(金何)·이변(李邊) 등이 있었으며, 이문(吏文)으로는 김청(金聽), 음악(音樂)으로는 박연(朴堧) 등이 있었으며, 그 밖에 조그마한 재능과 천술(賤術)에 있어서도, 각각 그 적격자가 있었으므로, 그 위의(威儀)와 문물(文物)의 성대(盛大)함을 지금까지도 정치하는 데 힘입고 있습니다. 삼가 원하건대 전하께서는 학교를 중하게 여기시고, 스승을 높이 받들며, 잡예(雜藝)에 있어서도 권장하고 유도하여 그 뜻을 이끌어가면, 선비로서 분수 안에 일을 누가 즐겨 종사하지 않겠습니까? 그렇지 못하면 비록 날마다 매를 때리고, 달마다 벌을 준다 하더라도 어찌 할 수 없게 될 것입니다.

신 등은 또 듣건대 나라를 다스리는 방법은 끝마무리를 신중하게 하는 것보다 더 큰 것이 없고, 끝마무리를 신중히 하는 요점은 또 그 마음을 바로잡는 것보다 더 큰 것이 없다고 합니다. 대체로 마음이 사람에게 붙여 있음은 지극히 은미(隱微)하고 지극히 큰 것으로서, 방촌(方寸)으로 말미암아 만리(萬理)를 포괄(抱括)할 수 있으며, 일념(一念)으로 말미암아 만사(萬事)를 발견(發見)할 수 있으므로, 그 마음을 잡아두기는 매우 어렵고, 놓아버리기는 매우 쉬운 것입니다. 그러므로 반드시 사심(私心)을 이기고, 욕심(慾心)을 버려서 선(善)을 밝혀 본연(本然)의 것을 되찾아야만 이 마음을 보존할 수 있고, 몸이 편안할 수 있습니다. 그러니 보통 사람이라도 그 공부를 하지 아니할 수 없는데, 더구나 한 사람의 몸으로 만민(萬民)에게 임(臨)하는 자이겠습니까? 대체로 임금은 깊은 궁중(宮中)에서 생활하므로, 그 마음의 사정(邪正)을 규찰(窺察)할 수 없습니다. 그러나 부험(符驗)이 외부(外部)에 나타남은 항상 여러 사람이 손가락질하고, 여러 사람이 보는 바와 같아서 끝내 가릴 수가 없습니다. 그래서 옛 철왕(哲王)들은 삼가고 두려워하며 경계심(儆戒心)을 가지고 마음을 지켜가기를 마치 신명(神明)을 대하거나 깊은 골짜기에 임한 듯이 하여 경(敬)으로써 지키고, 성(誠)으로써 임하여 감히 엎어지고 자빠지는 순간이라도 소홀히 할 수 없었던 것입니다. 전하께서는 근근에 추위와 더위가 순서를 잃음으로 인하여 자책(自責)하심을 하교(下敎)하시고, 또 백료(百僚)로 하여금 각자의 억울함을 하소연하게 하셨으니, 이는 사실 대단히 조심하고 삼가는 것입니다. 마음이 진실로 바르면 억울하고 그릇된 것이 모두 상달(上達)되어서 형옥(刑獄)이 넘치지 않고, 조정(朝廷)의 만사(萬事)가 올바른 데에서 나오지 않을 수 없을 것입니다. 그러나 마음이 진실로 바르지 못하면 사람의 사정(邪正)을 분변할 수 없고, 일의 시비(是非)를 알 수 없어 조정의 만사가 하나라도 올바른 데에서 나올 수가 없어서 어지럽게 진소(陳訴)하는 자가 죄과를 모면하기 위하여 성상(聖上)의 총명(聰明)을 현혹시키려 하는 데에 불과할 것입니다. 옛날 태무(太戊)가 상곡(桑穀)에 대해서 나 고종(高宗)이 구치(雊雉)에 대해서 나 송(宋)나라 경공(景公)이 형혹(熒惑)에 대해서 모두 마음을 바로잡고[46], 덕(德)을 닦아 재앙(災殃)을 없앨 수 있었습니다. 삼가 원하건대 전하께서는 정심(正心)으로써 끝마무리를 신중히 하는 근본을 삼으시고, 성경(誠敬)으로써 마음을 바로잡는 근본을 삼아 보지 않고 듣지 않는 곳에서도 삼가시고, 옥루(屋漏)에 혼자 있을 때에도 시종(始終) 한결같이 하셔서 조금이라도 단절됨이 없게 하시면, 천지(天地)와 함께 위치(位置)할 수 있으며, 만물(萬物)이 잘 생육(生育)될 수 있을 것이니, 그렇게 되면 이는 사실 우리 나라 만세(萬世)의 무궁한 복(福)입니다." 하였다. 상소(上疏)가 들어가자, 명하여 승지(承旨) 등에게 보여주게 하고 말하기를, "그 가운데 '공경함이 차츰 해이해집니다.'라고 한 것은 반드시 본 바가 있어서 한 말일 것인데, 내가 해이해졌다는 것은 어떤 일인가? 경(卿) 등은 각각 숨김 없이 말하도록 하라. 내가 요즈음 며칠간 경연(經筵)에 나아가지 아니하였으니, 이는 나의 잘못이다. 그러나 아무 까닭 없이 정지한 것이 아니고 몸이 약간 불편하여 그렇게 한 것이다." 하니, 승지 등이 대답하기를, "홍문관(弘文館)에서는 전하께서 그 당시 공경함이 해이해졌다 하여 그러한 말을 한 것이 아니고, 전하께서 후일(後日)에 혹 게으르게 될까 염려하여 더욱 전하의 마음을 굳히기 위한 것입니다." 하였다. 전교(傳敎)하기를, "나의 병이 대단한 것은 아니다. 내일은 조하(朝賀)를 받고 경연에 나아갈 것이니, 그렇게 알라. 또 내일은 홍문관에서 합사(合司)하여 오도록 부를 것이다."

---

46 송(宋)나라 경공(景公)이 형혹(熒惑)에 대해서 : 송(宋)나라 경공(景公) 때 형혹성(熒惑星)이 심성(心星)을 침범하니, 경공이 이를 근심하여 사성(司星) 자위(子韋)를 불러 물었는데, 경공이 자위와 더불어 말하면서 덕(德) 있는 말 세 가지를 하였더니, 자위가 "하늘이 반드시 인군(人君)께 세 가지 상(賞)을 내려서, 오늘 저녁에 마땅히 형혹성이 30리를 물러갈 것입니다." 하였는데, 과연 이 날 저녁에 형혹성이 30리를 옮겨 갔다고 하는 고사.

강희맹이 인재를 공정하게 선발하지 못한 것을 근거로 사직 상소를 올리다

성종실록 90권, 성종 9년 3월 18일 경진 4번째기사
1478년 명 성화(成化) 14년

이조 판서 강희맹(姜希孟)이 상소하여 사직(辭職)하기를, "가만히 생각건대, 전형(銓衡)의 임무(任務)는 옛부터 어렵습니다. 어리석은 자가 지혜 있는 자처럼 보이고, 간사한 자가 정직한 자같이 보이며, 속은 돌 같으면서 겉은 옥(玉)으로 보이고, 양(羊)의 바탕에 범의 가죽을 쓴 자 등, 만 가지로 서로 같지 않습니다. 옛부터 제왕(帝王)이 스스로 전형을 맡지 않고 반드시 유사(有司)에게 맡기는 것이, 어찌 임금의 지혜가 부족하기 때문이겠습니까? 진실로 사람을 고루 알기 어렵기 때문입니다. 가만히 살펴보건대, 당(唐)나라·우(虞)나라에는 도유(都俞)[47]로 천거(薦舉)하는 법이 있었고, 한(漢)나라·당(唐)나라에는 전선(銓選)의 절차(節次)가 있어서, 사람을 쓰는 법이 시대(時代)마다 각기 제도가 다릅니다. 그러나 결국은 어진이를 천진(薦進)하고 불초(不肖)한 자를 물리칠 뿐입니다. 옛부터 지금에 이르기까지 어느 누군들 미천(微賤)한 자를 밝게 드러내어서 인재를 선발하기를 기대하지 않겠습니까? 다만 문인(文人)은 우원(迂遠)한 데 결점이 있고, 무사(武士)는 탄솔(誕率)한 데 부족함이 있으며, 문음(門蔭)과 속리(俗吏)들은 온갖 길로 추세(趨勢)가 달라서, 각기 자기 능력에 현혹(眩惑)되어 있습니다. 이에 정사를 집행(執行)하는 자가 할 바에 어두워서 어찌할 것을 알지 못하여, 인재의 재주를 다 쓰지 못하고, 쓸지라도 사람을 다 쓰지 못하니, 현능(賢能)한 인재들이 밖에서 뜻을 펴지 못하게 되고, 국사(國事)가 날로 쇠하여지게 되니, 자신이 비록 무거운 견책(譴責)을 받고 죽을지라도 오히려 죄가 남음이 있을 터인데, 무엇이 국가에 보탬이 되겠습니까? 신은 젊어서 문묵(文墨)에 종사하여 세종(世宗) 때에 과거의 말석(末席)에 급제하였으나, 학식(學識)이 우몽(愚蒙)하고 재지(才智)가 천박(淺薄)하여 하급 관료(下級官僚)를 돌아가며 지낸 지가 여러 해가 되는데, 다행히 세조(世祖)의 은총(恩寵)을 입어 하루 아침에 갑자기 숭품(崇品)에 오르게 되었습니다. 그러므로 항상 소인이 군자의 지위에 있는 허물[負乘之咎]로 복속지화(覆餗之禍)[48]를 끼칠 것을 두려워하였는데, 계사년 2월에 특별히 신(臣)에게 병조 판서를 명하셨습니다. 병사(兵事)는 유자(儒者)가 해낼 수 있는 일이 아님을 누차 진정(陳情)하여 현임(見任)의 해면을 빌었으나 윤허(允許)를 받지 못하고, 다시

---

47 도유(都俞) : 찬성의 뜻을 표시하는 감탄사로,《서경(書經)》요전(堯典)에 요(堯)임금이 여러 신하들과 정치를 의논할 때에 쓴 말. 전하여 군신(君臣) 간의 토론 심의(討論審議)의 뜻으로 쓰임.

48 복속지화(覆餗之禍) :《역경(易經)》정괘(鼎卦)에 "솥의 발이 부러져 여러 사람이 먹을 음식을 엎질러 버렸다.[鼎折足 覆公餗]"라고 한 것인데, 재상(宰相)이 그 지위를 감당하지 못하여 일을 실패시킨다는 비유임.

20여 개월을 지냈으나 병융(兵戎)과 방비(防備)에 다 승산(勝算)이 없었습니다. 때마침 양부 (養父)의 상(喪)으로 인하여 벼슬을 그만두고 한가히 있게 되어서, 진실로 분수에 맞음을 달게 여기었는데, 상복을 벗은 지 얼마 안되어, 또 성상(聖上)의 잘못 아신 은총을 입어 전선(銓選)을 주장(主掌)하게 되었습니다. 신은 진실로 못나고 용렬하여 감히 명령을 받들 수 없음을 알고, 직임(職任)을 받은 처음에 여러번 비천한 성의를 진술(陳述)하여 무거운 임무를 풀어 주시기를 빌었으나, 또한 윤허를 얻지 못하였습니다. 천청(天聽)을 번독(煩瀆) 하는 것은 죄를 면할 수 없음을 알고 있으나, 분수를 헤아리고 자신을 살펴볼 때 마침내 후회함이 반드시 있을 것입니다. 만약에 천위(天威)를 두려워하여 감히 호소(呼訴)하지 못 하고, 함부로 요긴한 자리에 처하여 세월을 끌어서 누적되는 비방(誹謗)이 그치지 않고, 마 침내 큰 죄를 이룬 뒤에, 비록 하늘을 우러러 호소한들 될 수 있겠습니까? 삼가 죽음을 무 릅쓰고 어리석은 생각을 아래와 같이 조목별로 열거하니, 뇌람(雷覽)을 빕니다.

1. 대저 사람의 마음은, 처음에는 부지런하고 나중에는 게을러지는 것이 본래 상례(常例)입 니다. 큰 권병(權柄)을 잡으면 누구인들 정치의 근본을 청명(淸明)하게 하여 시종(始終) 한 결같이 보전하려 하지 않겠습니까? 그러나 처음에는 삼가고, 중간에는 익숙해지며, 익숙 해지면 습관(習慣)이 생기고, 습관이 생기면 모든 하는 일이 점점 처음과 같지 않게 되는 것이니, 실로 작은 문제가 아닙니다. 신(臣)은 병조 판서가 된 이래로 오늘에 이르기까지 권병(權柄)을 잡은 지가 이미 30여 삭(朔)을 지냈습니다. 무릇 일이 법도에 맞지 않고, 덕망 (德望)이 인심(人心)을 진정(鎭定)시키지 못하는 것을, 신도 또한 스스로 압니다. 하물며 조 정의 논의가 있음이겠습니까? 신이 일찍이 부자(夫子)[49] 의 말씀을 보니, '회(回)[50]는 그 마 음이 석달 동안 인(仁)에서 어긋나지 않고, 그 나머지 사람들은 혹 하루에 한 번, 한 달에 한 번 〈어진 마음이〉 일어날 뿐이다.'라고 하였는데, 이를 해석(解釋)하는 자가 말하기를, '석 달은 천도(天道)가 조금 변하는 때이니, 오랜 것을 말한 것이라.'고 하였습니다. 안자(顏 子)는 공자의 문인(門人) 중에서도 아성(亞聖)으로 일컫는데, 오히려 석달 이상을 인(仁)에 서 어긋나지 않게 못하였으니, 대개 사람이 마음을 놓는[操舍] 기틀의 어려움이 이와 같음 을 말한 것입니다. 하물며 신과 같은 자가 무리하게 기요(機要)한 곳에 처해 있음이 이미 1년을 넘었음이겠습니까? 뭇사람의 말이 귀에 어지러우면 1백 가지 방법으로 공격하여, 옳으니 그르니 하는 논평이 분운(紛紜)합니다. 날마다 마음과 싸우고 있으니, 어찌 능히 이 세(利勢)에 움직여지지 아니하여 엎드러짐을 모면할 수 있겠습니까? 신이 봉직(奉職)하던 처음에는 매양 한 사람을 등용(登用)해도 반드시 적당한지 않은지를 세 번 생각한 뒤에 주 의(注擬)하며, 오히려 털끝만큼이라도 잘못 주의한다는 나무람이 있을까 두려워하였습니

---

49 부자(夫子) : 공자.
50 회(回) : 공자의 제자 안회(顔回).

다. 그리하여 남들이 비록 노둔한 것을 민망히 여길지언정, 마침내 나무라지는 않았습니다. 두어 달 뒤에는 점차 관례(慣例)에 익숙해져서, 지금은 주의할 때에 반열의 명부[班簿]를 비스듬히 흘겨보면서 이름을 불러 주의하며, 마음을 쓰지 않는 것 같습니다. 얼른 보면 유능(有能)한 것 같으나, 마침내는 나무라는 논평을 면치 못합니다. 신이 감히 큰 권병(權柄)을 잡고 게으르거나 소홀한 생각을 품을 수야 있겠습니까? 다만 오래 있었기 때문에 익숙하여진 탓일 뿐입니다. 신은 생각건대, 큰 권병에는 오래 있어서는 안 되겠습니다. 사람의 심정은 매양 종국(終局)에는 잘못을 범합니다. 오직 신 뿐만이 아니라, 모든 집정자(執政者)는 다만 1년을 기한으로 하여, '처음에 잘하지 않는 자가 없다.'는 것을 취하고, '종말(終末)에 잘하는 자는 드물다.'는 것에 이르지 않게 하는 것이 어떻겠습니까?"

1. 옛부터 정사(政事)를 맡은 신하가 오래도록 총애 가운데 있으면서도 죄책(罪責)을 받지 않은 자는 천백(千百) 사람 가운데에서 한 두 사람이 있을 뿐입니다. 이 임무를 받은 자가 어찌 다 그러한 사람이겠습니까? 진실로 큰 권병을 잡고 의심받기 쉬운 지위에 있어서, 선처(善處)할 수 없기 때문입니다. 사(私)를 따르면 국정(國政)을 그르치고, 천리(天理)를 따르면 인정(人情)을 뿌리쳐야 합니다. 인정과 천리를 아울러 행하여 어긋나지 않는 자를 구(求)한다면, 옛부터 지금에 이르기까지 그러한 사람은 드물 것입니다. 만약 혹 재주가 임용(任用)할만 할지라도, 몰래 자애(自愛)의 생각을 품고 위임받은 중책(重責)을 교묘히 피한다면, 이는 진실로 신하 된 자의 용서할 수 없는 죄입니다. 그러나 간혹 지혜가 한 벼슬에 효과를 이루지 못하고, 재주가 중임(重任)을 감당할 수 없으면서, 오히려 큰 권병(權柄)을 못내 탐내어 즉시 사임하지 못하고, 날마다 비방(誹謗)하는 말을 들으면서 근심하지 아니하고, 조정(朝政)을 탁란(濁亂)하게 하며 부끄러워하지 않는다면, 또한 어찌 신하 된 자의 대절(大節)이겠습니까? 신은 자애(自愛)하는 것이 아니고, 다만 적격인 재주가 아니면서 무리하게 자리에 있는 것이 두려울 뿐입니다. 엎드려 성자(聖慈)를 바랍니다.

1. 옛말에 이르기를, '어진이를 천거하면 상등의 상(賞)을 받고, 어진이를 막으면 형륙(刑戮)을 받는다.'고 하였으니, 전주(銓注)의 쓰고 버림[用舍]의 엄(嚴)함이 이와 같습니다. 신이 전후(前後)로 정사(政事)를 맡은 지 30여 개월 사이에, 일찍이 한 사람의 어진이도 천거하여 성치(聖治)의 만분의 일도 보좌하지 못하고, 다만 문부(文簿)에 의지하여 성적을 상고하고, 재직 연수[停年]의 오래고 가까운 것으로 차례를 할 뿐, 마음속으로 비록 어진이를 알고 있을지라도 임기(任期)가 차지 않았으면 손을 흔들다가 다시 중지하고, 비록 용렬함을 알고 있을지라도 임기가 마침 만료 되었으면 예(例)에 따라 올려 제수(除授)하기를, 물고기를 꼬챙이에 꿰듯이 하고 비늘처럼 차례를 벌여 놓아, 어진이와 어리석은 자가 함께 지체되는 걱정이 없지 않은 것이 진실로 근일에 내리신 전지와 같습니다. 어찌 사람을 전형(銓衡)하여 쓰는 좋은 법이라 하겠습니까? 다만 법례(法例)가 이와 같아서 변통할 수가 없습니다. 혹 변통하는 일이 있으면 행적이 사사로움을 행한 것이 되어서, 신은 나아갈 수도 물러날

수도 없어, 말할 바를 알지 못하겠습니다. 옛날에 사추(史鰌)는 거백옥(蘧伯玉)을 등용(登用)하지 못하자 오히려 시간(屍諫)[51]하였는데, 하물며 신은 할 수 있는 세상을 만나고 할 수 있는 지위에 있으면서도, 다만 재주와 지혜가 용렬하여 직임에 칭당(稱當)하게 하지 못하고, 무안한 모습으로 구차히 처해 있으니, 신은 실로 낯이 두껍습니다. 엎드려 성자(聖慈)를 바랍니다. 신은 감히 원망하는 마음을 가지고 은총과 권세를 사퇴(辭退)한다는 이름을 좋아하는 것이 아닙니다. 신은 세상의 여망(輿望)을 지닌 인물이거나, 전선(銓選)의 묘수(妙手)도 아닙니다. 다만 세조 대왕의 외척(外戚) 신하로서 여러번 전형의 직책을 맡았을 뿐, 한 치[寸]의 장점(長點)도 없습니다. 진실로 두렵건대, 만세(萬世) 뒤에 사책(史策)을 근거(根據)로 한 자가 비교해 보며 말하기를, '아무개는 실로 용렬한 인물인데, 어떻게 오래도록 요직(要職)에 있었는가? 당시의 논의가 하나로 합치지 않고, 자신도 스스로 회피하지 못하고 시세(時勢)도 또한 그를 배척해 버리지 못하였던가?' 한다면, 또한 성명(聖明)한 소대(昭代)에 누(累)가 될 것이니, 이 점을 신은 진심으로 근심하여 스스로 그치지 못하는 바입니다. 엎드려 성자(聖慈)를 바랍니다."하니, 전교하기를, "비록 천하(天下)의 큰 곳에서도 인재(人才)를 고르기는 어렵다. 하물며 한 나라 안에서 등용하는 사람을 어찌 다 유능(有能)한 자이고 현량(賢良)한 자라야 등용할 수 있겠는가? 이것은 전선(銓選)하는 자의 잘못이 아니다."

이조에 전지하여 재주에 맡게 관리를 등용하도록 명하다

성종실록 172권, 성종 15년 11월 10일 계사 4번째기사
1484년 명 성화(成化) 20년

이조(吏曹)에 전지(傳旨)하기를, "옛부터 제왕(帝王)은 모두 어진 신하를 구하기에는 수고롭고 어진 사람을 얻어서는 편안하였다. 요(堯)임금은 사악(四岳)에게 물어서 천(賤)한 사람을 들어 썼고, 순(舜)임금은 사람을 쓰는 문을 개방하여 훌륭하고 어진 사람을 관에 두었으며, 성탕(成湯)이 삼준(三俊)에게와 무왕(武王)이 십란(十亂)에게 있어서, 모두 인재(人才)를 얻어서 화목하고 태평한 다스림을 이룩한 것이다. 우리 나라는 인재가 비록 중국과 비교할 수는 없으나, 십실(十室)의 고을에도 반드시 충성되고 미더운 사람이 있다고 하였는데, 사

---

51 시간(屍諫) : 위(衛)나라 영공(靈公) 때에 거백옥(蘧伯玉)은 현능(賢能)한데도 등용하지 않았고 미자하(彌子瑕)는 불초(不肖)한데도 임용하므로, 사추(史鰌)가 여러 번 거백옥을 등용하고 미자하를 내칠 것을 간하였으나 들어주지 않았다. 사추가 임종(臨終)에 아들에게 "나는 살아서 거백옥을 천진(薦進)하고 미자하를 내치지 못하였으니, 임금을 바르게 보좌하지 못한 것이다. 죽어도 마땅히 정당한 예로 처리될 수 없다. 그러니 시체를 북당(北堂)에 두라." 하였다. 영공이 조문가서 그 사실을 듣고 놀라며 "내가 잘못하였다." 하고 즉시 거백옥을 등용하고 미자하를 내쫓았다는 고사(故事)임.

방(四方) 넓은 땅에 어찌 그만한 사람이 없겠는가? 요(要)는 쓰고 버림을 적당하게 하여 착한 사람과 악한 사람을 담는 그릇을 다르게 할 뿐이다. 돌이켜 보건대, 사람을 알아보기는 요(堯)·순(舜)도 어려워하는 바이므로, 전선(銓選)의 임무를 일체 전조(銓曹)에 위임하였는데, 전조에서 연륜(年輪)과 격식(格式)에 구애되어 오직 날짜[月日]의 오래고 가까운 것만 취하고, 인물(人物)의 착하고 착하지 못한 것은 가리지 아니하므로, 비록 뛰어난 사람이 있을지라도 보통 하찮은 사람과 더불어 한 격(格)에 섞였으니, 어찌 국가에서 어진 재주를 골라서 쓰는 도(道)라고 하겠는가? 오직 이조에서는 나의 지극한 마음을 체득하여 진실로 그 재주와 행실이 여러 사람 가운데 뛰어난 자는 자격(資格)에 구애되지 말고 차례를 뛰어넘어서 쓰고, 그 다음 쓸만한 사람은 그 고만(考滿)에 따라 차례로 올려 써서 점차로 승진하게 할 것이며, 범용(凡庸)한 무리는 비록 갑자기 버리지는 아니하더라도 또한 벼슬을 올려줄 수 없고, 고만이 된 뒤에 같은 품계에 옮기는 데 지나지 아니하게 하여 어질고 어리석은 이가 함께 오래 머물러 있는 폐단이 없도록 하라."

제10대 연산군(1494~1506)

윤필상 등이 인재 등용의 방법에 대해 논하다

연산군일기 27권, 연산 3년 9월 29일 정묘 3번째기사
1497년 명 홍치(弘治) 10년

윤필상(尹弼商)·정문형(鄭文炯)·한치형(韓致亨)·이극돈(李克墩)·성준(成俊)·박숭질(朴崇質)이 다시 의논드리기를, "《대전(大典)》의 순자(循資)하는 법은 고칠 수 없습니다. 만일 특이한 인재가 있는데도 직위가 상당하지 않아서 주의(注擬)하기가 어려울 경우라면 전조(銓曹)에서 그 재능과 인품을 갖추어 품해서 천주(薦注)하게 하는 것이 어떠하옵니까? 또 대간(臺諫)·홍문관(弘文館)·시종의 신(臣)과 6조 낭청(郞廳)으로 현저하게 일을 잘하는지는 성상께서 모두 아시는 바이지만, 가령 무신(武臣)으로 직위가 낮은 자는 이미 전임(專任)의 일도 없으려니와 또 능을 시험할 곳도 없으니, 비록 장수를 임명할 자리도 재상(宰相)과 병조에서도 오히려 알지 못하는데, 하물며 구중 궁궐에 계시는 임금이리까. 청컨대 이따금 무서(武書)를 강송하게 하여 그 인품을 관찰해서 쓸 만하다고 인증되오면, 혹은 가자(加資)하여 권장을 하옵소서. 대저 작상(爵賞)은 진실로 아껴야 합니다만, 그러나 지금에 있어서는 선조(先朝)의 구장(舊將)이 모두 나이가 늙고 생존한 자도 역시 몇 명이 없으며 이 밖에는 모두 직위가 낮으므로, 전조(銓曹)에서 변장(邊將)을 차임(差任)할 즈음에 의망(擬望)을 못하고 있사오니, 그렇다면 무신의 자급(資級)을 준례에 의해서 줄 수만은 없습니다. 또 사람을 택하는 것도 진실로 여러 가지 방법을 써야 하오니, 때로는 대신(大臣)에게 명하여 각기 아는 사람을 천거하게 하여 그 인품을 고찰해서 쓰는 것이 어떻겠습니까? 또 무신(武臣)의 소임은 의정부나 육조·대간의 예가 아닌데, 지금 무신으로서 일찍이 죄과를 범한 자를 한결같이 모두 배척한다는 것은 사람 쓰는 길을 막는 것 같으니 이 뒤부터는 윤상(倫常)을 무너뜨렸거나 장오(贓汚)를 범한 자를 제외하고서 잡범에 대하여는 허물을 추궁하지 말도록 하옵소서." 하고, 유지(柳輊)·신준(申浚)·윤효손(尹孝孫)은 의논드리기를, "예전대로 순자(循資)하는 것만 같지 못하오며 만약 등용할 만한 인재가 있으면 불차(不次)로 뽑아 쓰옵소서." 하고, 박건(朴楗)은 의논드리기를, "전조(銓曹)는 직책상 어질고 간사함을 구별해야 하오며, 혹시 문무와 현지(賢知)의 인재가 하료(下僚)에 침체되어 있다면 천거해서 뽑아야 하옵니다. 그리고 전하께서도 역시 자주 보상(輔相)들을 만나 보시고 인재를 찾아내어 그 자격

에 따라 탁용하오면 자연 침체의 폐단이 없을 것입니다." 하니, 필상(弼商) 등의 의논을 좇았다.

제11대 중종(1506~1544)

현명한 인재의 발탁·등용 등에 관한 김안로·소세양 등의 상소문

중종실록 20권, 중종 9년 9월 22일 신사 1번째기사

1514년 명 정덕(正德) 9년

사가 독서(賜暇讀書)하는 사인(舍人) 김안로(金安老)·정랑(正郎) 소세양(蘇世讓)·좌랑(佐郎) 신광한(申光漢) 등이 상소하였다. "살피건대, 이제 천상(天象)이 여러 번 변하고 풍수(風水)의 재변이 일어나매, 전하(殿下)께서 측신 수경(側身修警)하여 척연(惕然)히 전지(傳旨)를 내려 일곱 가지 일을 들어 스스로 허물하고, 깊이 성체(聖體)를 낮추어 듣기를 기다리시니, 긍계(兢戒)하고 구언(求言)하는 뜻이 부지런하고도 간절한 것입니다. 신 등이 일찍이 천인(天人)의 정리(情理)를 살피고 전기(傳記)의 징험(徵驗)을 참고해 보건대, 재변이 까닭없이 생기는 것이 아니고 반드시 부른 것이 있으니, 어찌 그 원인을 반성하여 내게 있는 허물을 통절(痛切)히 닦아서, 전화위복(轉禍爲福)을 만드는 터전으로 삼지 않으십니까? 신 등은 듣건대, 천하의 환란은 드러나서 보기 쉬운 것은 도모하기 쉬우나 숨겨져 보기 어려운 것은 도모하기 어렵다고 하였습니다. 사물(事物)에 드러난 것은 단천(短淺)하여 엿볼 수 있으나, 무형(無形)에 잠겨 있는 것은 기미가 깊고도 지극히 희미하여 현명한 자일지라도 그 깊이를 미리 알 수가 없어서 희미한 것에 소홀함이 많게 되므로, 드러나는 데 미쳐서는 비로소 지혜가 다하고 정신이 피로하여 대처할 방법을 만들 수 없게 되니, 어찌 깊이 염려하지 않을 수 있으리까! 대저 넓은 땅과 많은 백성을 한 사람의 지혜로 두루하기가 어려우므로, 반드시 여러 관청을 설치하여 나누어 맡기는 것인데, 관청이 많고 업무가 번잡하게 되면 사람이 각각 이론(異論)을 가지게 되어서 정권이 분산됩니다. 그러므로 이를 통제하고 정돈하여 각각 조리에 따라서 감히 어기는 자가 없게 하려면, 반드시 체통(體統)으로 바루고 기강(紀綱)으로 유지(維持)하여야 합니다. 그러나 체통을 세우고 기강을 떨치는 방법으로는 임금이 재상을 믿고서 그 성취(成就)를 책임지우지 않고서는 안 됩니다. 이를 몸에다 비유한다면, 이목(耳目)과 수족(手足)이 갖추어져야 온전한 몸이 되나, 반드시 마음이 속에서 주재(主宰)하고 기운이 힘줄에 마음의 명령을 통하게 한 뒤에야, 가져야 할 것이 있으면 손이 잡고, 가야 할 곳이 있으면 발이 움직이는 것이며, 성색(聲色)을 분별할 때에 있어서도 눈과 귀가 보고 듣게 되는 것입니다. 대저 백사(百司)는 수족이고 대간은 이목이며 재상은

심기(心氣)이므로, 재상은 위에서 두루 다스리고 대간은 아래에서 살펴 보좌하는 것이요, 백사는 다만 분주하면서 명만 받을 뿐입니다. 어찌 재상을 힘입지 않고서 정치가 바르게 다스려질 수 있으며, 또 어찌 심기(心氣)를 기르지 않고서 사지(四肢)와 몸이 건강할 수 있으리까? 이것으로 옛 성인(聖人)이 체통이 문란하거나 기강이 무너져서는 안 된다는 것을 알아서, 반드시 먼저 재상을 가려서 근본으로 삼았습니다. 신중히 뽑아 독실히 믿었으므로 어진이를 얻어 의심하지 않았으며, 오로지 맡기고 두텁게 예우하였으므로 재능(才能)을 다하여 공(功)을 이루었던 것입니다. 그러므로 직책을 맡은 자도 소신대로 주선(周旋)하여 정연(挺然)히 천하를 자기의 임무로 삼았으므로, 간사하고 참소하는 무리가 있었으나 사귐이 깊어서 이간할 수 없음과 권세가 무거워 움직일 수 없음을 알고서, 또한 사악(邪惡)한 논설을 그치고 정(正)으로 붙좇았습니다. 만약 뽑되 신중히 하지 않으면 적격자를 얻을 수 없으며, 혹 적격자를 얻었더라도 오로지 맡기지 않으면 재능을 다하게 할 수 없는 것입니다. 그래서 예우가 쇠하여 권세가 떨어지고 임무를 가볍게 하여 동요하기 쉽습니다. 재상된 자도 그런 것을 알아서, 걸핏하면 보신할 것을 생각하여, 재능을 다하려 하지 않고 위로는 임금이 의심함을 두려워하고 아래로는 뭇 비방이 자신에게 집중(集中)됨을 근심하여, 위축되어 유위(有爲)한 일을 하지 못하고 범상(凡常)한 예를 따라 구차하게 편안함을 도모하게 됩니다. 그리하여 황공한 모습으로 추창하기를 아전이나 하인처럼 하니, 처신이 어찌 자유로울 수 있으리까? 이것이 후세에 재상을 맡은 자의 공통된 근심입니다. 지금의 일에 근심되는 것이 많으나 신 등이 간절히 전하를 위하여 근심하는 것은, 한 가지 일의 폐단이나 한 가지 영의 잘못에 있는 것이 아니고, 체통이 문란한데도 정제(整齊)할 것을 생각하지 않고 기강이 무너졌는데도 부식(扶植)할 것을 생각하지 않으며, 구차스럽게 편안하기만 바라서 날로 혼란에 빠지는데도 스스로 깨닫지 못하니, 어찌 위태로운 지경에 이르지 않기를 바랄 수 있으리까!

오늘날의 삼공(三公)은, 서사(庶事) 다스리는 것을 혁파함으로부터 그 지위는 있으나 직책은 빼앗겼으며, 이름은 있으나 권세는 없어져서, 간절하게 성심으로 맡기고 성과를 기대하는 것이 전날의 온전히 맡기던 것과는 달라서, 존중하는 뜻으로 말하면 그 정도를 알 만하니, 갈수록 박해지는 것이 반드시 그렇게 될 형세입니다. 임금이 뜻을 고집하여 계교를 빼앗으매, 서료(庶僚)는 바꿀 것을 생각하여 계책이 흔들리게 되니, 계책을 진술하려 하나 임금이 들어 주기도 전에 논의가 아래에서 시끄럽게 일어납니다. 당세(當世)에 뜻을 두어 신절(臣節)을 힘쓰는 자도 또한 순순히 따르기만 하여 부끄러움을 머금고 혐의를 막기에 겨를이 없는 것이 마치 말세의 일과 같거든, 하물며 감히 소신을 펴서 일을 이루기를 요구함에리까!

아아! 상벌 출척(賞罰黜陟)은 나라의 큰 권병(權柄)이니, 임금이 함께 이를 의논할 자가 누구이리까? 자격(資格)에 따라 옮겨 서용하는 것을 전폐할 수는 없지만, 현명한 인재를 발탁하여 등용하는 일은 진실로 상례(常例)에만 따라서는 안 됩니다. 현부(賢否)를 묻지 않고 한결같이 상례에만 따른다면 현명한 자는 언제나 고달픈 모습으로 머리를 숙이고, 불초(不肖)한 자는 반드시 다투어 나아가서 도리어 위에 서게 됩니다. 임금이 일세(一世)의 인재를 고무시키는 방법은 벼슬과 상사(賞賜)뿐인데, 현명한 자로 하여금 실망하게 하고 불초한 자로 하여금 요행을 바라게 한다면, 어찌 탄식할 일이 아니리까! 전하께서 깊은 궁중에 계시면서 차제(差除)할 때에, 이름을 써서 의망(擬望)하여 올리면 고려하지 않고 낙점(落點)하여 내릴 따름이니, 어찌 그 현우(賢愚)를 알 수 있으리까! 내가 어질다고 생각한 사람이 반드시 어진 것은 아니고, 내가 불초하다고 생각한 사람이 반드시 불초한 것은 아닙니다. 반드시 재능을 시험하고 널리 대신에게 물어서, 과연 그가 현명하다는 것을 알았으면 빨리 등용하고, 불초하다는 것을 알았으면 또한 빨리 물리친 뒤에야, 출척(黜陟)이 공변될 수 있습니다.

신 등이 선조(選曹)의 낭관(郎官)으로 있었으므로 일찍이 그 까닭을 잘 아는데, 문서를 조사하여 의망자를 기록할 적에 언제나 사람이 모자람을 탄식하게 됩니다. 혹 내직에 옮기거나 외직에 제수되면 곧 논핵(論劾)받는 자가 있는데, 그들이 그 자리에 오래 있게 되면 어진이를 등용하는 길에 방해가 됩니다. 전임시키자니 물론이 두렵고, 파면시키자니 드러난 이유가 없으므로, 책임을 도피하여 요행히 면하는 자가 많습니다. 어찌 나라의 공기(公器)을 오래도록 적격자가 아닌 사람에게 맡길 수 있으리까? 또한 혹 남을 따라 나오고 남을 따라 물러가면서 막연히 벼슬자리만 지키면서 비루하다는 물론(物論)을 받는 사람도 크게 드러난 허물이 없으면 높은 지위에 오르며, 혹 재주가 뛰어나서 어려운 일에 처하여 감당하지 못할 것이 없는 사람도 한 번 작은 허물이 지적되면 일생 동안 누가 되니, 이 또한 인재를 잃는 큰 이유입니다. 옛사람이 말하기를 '기절(氣節)을 닦는 데는 엄해야 하고 인재를 쓰는 데는 너그러워야 한다.' 하였으니, 살피지 않아서는 안 됩니다. 상(賞)은 반드시 공 있는 자에게 주고 벌은 반드시 죄 있는 자에게 준다면, 반드시 일일이 사람에게 더하지 않아도 사람이 스스로 권징(勸懲)될 것입니다. 공이 있는데 상주지 않으면 재상이 시행할 것을 의논하고, 공이 없는데 함부로 상주면 재상이 막을 것을 의논해야 하며, 죄 있는 자는 벌하지 않고 죄 없는 자를 벌한다면, 또한 의논하여 고르게 하지 않아서는 안 됩니다. 만약 은상(恩賞)이 위에서 나왔다 하여 아랫사람이 의논하지 못한다면, 이는 임금의 마음대로 하는 것이고 온 나라 사람과 함께 하는 것이 아닙니다. 옳은 말로 전하를 보도(輔導)하는데, 어찌하여 그다지도 생각하지 않으십니까? 신 등은 또 듣건대, 대신이 한 번 말하여서 받아들이는 것은 진실로 드물고, 여러번 말하여도 받아들이는 것이 또한 드물다고 하며, 간혹 받아들이되 또 다른 사람의 의논을 기다린다 하니, 대신을 대우하는 도리가 어쩌면 이다지도 박하십니까? 뭇사람의 언론(言論)이 뒤섞여 전하 앞에 진달(進達)되매 시비(是非)가 혼란하여 결정지을 수 없을 적에, 여러 의견을 참작하여 중(中)을 취하고 여러 의논을 결단하여 귀일시키는 것이 어찌 재상의 임무가 아니겠으며, 그 사이에서 과실(過失)을 바로잡고 가부를 다투는 것이 대간의 임무가 아니리까! 지금의 법령은 낡은 데가 있어서 모두 고칠 수 있는 것이므로, 기준 없이 흩어져 착잡(錯雜)하고 모순되어, 법조문에 편장(篇章)이 자꾸 불어나서 본래의 법이나 보태진 편장이 모두 행해지지 않습니다. 조종(祖宗)의 성헌(成憲)으로는 《경제육전(經濟六典)》의 《원전(元典)》·《속전(續典)》보다 더 좋은 것이 없는데, 《경국대전(經國大典)》을 제정할 적에 《원전》·《속전》에 의거하여 아울러 채택한 것이니, 지극히 상세하고도 주밀(周密)한 것입니다. 그러나 좋은 법규와 아름다운 뜻이 아직도 빠진 것이 많고, 시대가 다르고 일이 달라져서 오늘날에 맞지 않는 것이 또한 많습니다. 다시 《경제육전》의 《원전》·《속전》 중에서 빠진 것을 찾아내고 《경국대전》의 어긋나는 것을 고쳐서 합쳐서 일대(一代)의 법전(法典)으로 만들어, 어기지 말고 준수하며 동요없이 시행하면 족합니다. 뒤에 이어진 저 번거롭고 잗단 법은 버리고 쓰지 말아야 합니다. 만약 온갖 직무가 침체되어 헛되고 그르쳐지면, 기예(技藝)를 시험하고 익히는 작은 일까지 위에 맡겨 살피게 하여 책벌(責罰)이 유사(有司)에서 나오지 않으리니, 아아! 그리 혼탁하고 해이한 일이 어디 있겠습니까? 그리하여 국세가 그 체통(體統)이 흩어져, 비상한 재변(災變)이 있더라도 캄캄하게 숨어 있어, 윗사람이나 아랫사람이 안일(安逸)을 일삼아 근심하는 사람이 없으니, 이것이 신 등이 이른바 '보기 어려운 것은 도모하기 어렵다.'는 것으로 매우 두려워해야 할 일입니다. 아아! 바다를 건너는 자는 반드시 사공의 말을 들어야 하고, 집짓는 자는 반드시 남의 말을 경계하여야 하는데 하물며 나라를 다스림에리까! 위로 삼대(三代)에서 비롯하여 지금에 이르기까지 그 사이에 크게 잘 다스려진 것이 일대(一代)만이 아니고, 크게 어지러워진 것도 일대만이 아니었습니다. 언제나 재상에게 맡겼는데도 잘 다스려지기도 하고 어지러워지기도 하였으나, 임금이 서관(庶官)의 노고를 몸소하여 크게 잘 다스림을 이루었다는 말은 아직 듣지 못하였으며, 또한 마음대로 처리하는 폐해를 징계하기 위하여 그 관직을 모두 폐지하였다는 말도 듣지 못하였습니다. 천하의 권세가 재상에게 있지 않으면 또한 반드시 돌아갈 곳이 있는 것입니다. 재상에게 있지 않고 대각(臺閣)으로 돌아가는 것을, 옛 사람이 이미 쇠란(衰亂)이라고 하였는데, 하물며 다른 데로 옮겨가는 것이리까! 시대가 밝으면 재상이 권세를 잡아 잘 다스림을 이루고, 시대가 혼란하면 내시와 외척이 모두 권세를 희롱하게 되는 것이니, 어찌 재상만을 의심하리까! 조종조(祖宗朝)에서는 황희(黃喜)가 재상이 되어 예궐(詣闕)하매, 일을 의논할 적에 중사(中使)가 나와 앉지 않자 정부가 격서(檄書)로 불러서 곤욕(困辱)을 주어 징치(懲治)하려 했는데, 영묘(英廟)께서 풀어 주라고 한 뒤에 놓아 주었으니, 한 문제(漢文帝)가 신도가(申屠嘉)[52] 에게 한 것과 영묘[53]가 황희에게

---

52 신도가(申屠嘉) : 한 고조(漢高祖)의 신하로 승상(丞相)을 역임하고 고안후(故安侯)에 봉해진 사람인데 사람됨이 염직(廉直)하여, 총애하는 신하 등통(鄧通)이 전상(殿上)에서 희롱하므로 죽이려 하였더니, 임금이 특명으로 살려주라 하여 놓아준 일이 있다. 《한서(漢書)》 신도가전(申屠嘉傳)을 의미한

한 것이 같은 것입니다. 당시(當時)에는 이를 힘입어 나라가 태평하였으며, 후세에서도 그 아름다움을 높이 칭송하였으니 조종(祖宗)의 오로지 맡김을 또한 알 수 있습니다. 폐조(廢朝)에 이르러 대신을 시기하여 죽임과 내침이 잇따랐으며, 임사홍(任士洪)이 한산(閑散)에서 시작하여 권병(權柄)을 농락하여 마침내 혼란에 이르렀으니, 재상에게 무슨 권한이 있었겠습니까? 그렇다면 나라를 근심하는 자는 마땅히 재상을 가리는 일의 정밀(精密)치 못함을 근심할 뿐, 그 밖의 것은 근심할 것이 없습니다. 책임을 이미 오로지 맡겼으되 직책을 다하지 못하는 자는 물리쳐야 하며, 어진이를 임명하여 대체하여야 합니다. 한갓 빈 직위만을 맡기고서 말하기를 '성심으로 맡겼다.'고 하신다면, 신 등은 그것이 옳은 일인지 모르겠습니다. 전하께서 중흥(中興)하신 이래로, 정신을 가다듬어 다스림을 구하심이 이 때보다 더 간절한 적이 없건만, 다스림이 실효(實効)를 거두지 못하여 정사가 점차로 해이해져 감이 또한 이 때보다 더 심한 적이 없음은 무슨 까닭입니까? 전하께서는 다스림을 근본에서 구하지 않고, 변변치 않은 물건과 작은 일에 집착(執着)하여 구구(區區)히 법대로만 판결하려 하시니, 아! 무너진 기강과 어지러워진 체통을 어찌 법으로 구할 수 있으리까! 진실로 능히 성심(聖心)으로 결단하시어 확연(廓然)히 옛 도를 회복하여 승진과 좌천이 임금에게서 나오고, 정령(政令)을 발(發)함이 신하에게서 나오지 않는다면 체통이 높아지고 기강이 설 것이며, 신 등이 전하 앞에서 누누이 아뢴 일들이 장차 차례로 실시될 것이니,《서경(書經)》에 이른 '어진이를 구함에는 수고로우나 맡긴 다음에는 편하다.'는 것이 이것입니다. 원대한 식견이 있는 사람으로 어찌 이것을 근심하는 이가 없으리까만, 둘러보매 아무도 전하를 위하여 말하려 하지 않는 것은, 말은 쉬우나 그 해를 오래 받게 되는데, 과연 채용되지 못할 것을 염려하여서입니다. 신 등이 엎드려 하교(下敎)를 보니, 체통이 서지 않아서 정령(政令)이 여러 곳에서 나오는 것을 근심하셨으니, 이것이 바로 오늘날의 깊은 병폐(病弊)이므로 신 등이 만사(萬死)를 무릅쓰고 진달(進達)하는 것입니다. 만약 전하께서 우활(迂闊)하고 망녕되다 않으시고 널리 의논하여 행하신다면, 나라에 큰 행복이겠습니다." 전교하기를, "이제 소(疏)의 뜻을 보니 현시의 병통을 바로 맞추었으니, 대신과 의논하여 처치하려 한다."하고, 이어 정원(政院)에 전교하기를, "소(疏)의 말이 매우 현시의 병통에 맞는다. 그 말에 '현명한 인재를 발탁하여 등용하는 일은 진실로 상례(常例)에 따를 수 없다.'하였는데, 현우(賢愚)를 혼동(混同)하여 분간하지 않는다면 요(堯)·순(舜)이라도 다스리기 어려울 것이다. 내가 늘 이렇게 할 것을 생각하였으나, 사람을 아는 총명이 없으니, 어떻게 하면 사람의 현부(賢否)를 알 수 있느냐? 혹 때로 발탁하여 쓰면, 사람들이 이것을 쾌히 여기지 않고 도리어 괴이하게 여겨서 물론(物論)이 이로 좇아 일어나니, 임금이 용렬한 무리

다.

53영묘(英廟) : 세종 대왕.

를 발탁하여 썼다면 아래에서 물의(物議)가 있는 것이 당연하거니와, 어진 사람을 쓰더라도 또한 면치 못하니 이것이 무슨 풍조(風潮)인가? 그 말에 '재상에게 오로지 맡기면 아래에서 쉽게 동요하지 못하므로, 체통이 문란하지 않고 정령(政令)이 어지럽지 않다.' 하였는데, 대저 사람의 마음이 한결같지 않아서 각각 자기의 뜻을 고집하므로 의논이 어지러워진다. 이 때문에 정령이 번거로와져서 좇을 만한 인심이 없으므로 체통이 높아지지 않고 기강이 서지 않는다. 기미를 아는 군자(君子)가 또한 근심하지 않겠느냐? 이를 대신에게 물으라."

재변을 그치게 하는 것·기미를 살피는 것·인재 등용에 관한 부제학 이빈 등의 상소문

중종실록 39권, 중종 15년 6월 23일 기묘 1번째기사
1520년 명 정덕(正德) 15년

홍문관 부제학(弘文館副提學) 이빈(李蘋) 등이 상소하였다. 대략, "첫째, 재변(災變)을 그치게 하는 것입니다. 수년 이래 천변(天變)과 지진(地震)이 일어나며 우박과 흙비가 내리며, 칠요(七曜)가 이상한 형상을 보이고 별과 달이 서로 다투며, 몽기(蒙氣)가 해를 가리고 여침(戾祲)[54]이 밤까지 계속되며, 새·짐승의 요괴(妖怪)가 아울러 나타나고 거듭 일어났으며, 올해에는 가뭄이 벼를 태워 이미 농사를 그르쳐서 공사(公私)가 궁핍하고 백성에게 해를 넘길 희망이 없는데, 서적에 실려 있는 것을 상고하면 이보다 심한 적이 없었으니 그 까닭이 무엇이겠습니까? 전하께서 삼가 청리(聽理)를 힘쓰고 천계(天戒)를 두려워하시는 것은 주 선왕(周宣王)·송 경공(宋景公)에 비하여 그 아름다움이 더 지극하시나, 그윽한 궁중에서 과연 천지 신명에게 보답하는 공경을 지니며, 내전(內殿)의 깊고 엄한 곳에서 과연 사사로운 청탁을 끊으며, 가까이 있는 후궁·내시에 대하여 과연 슬프고 달콤한 말을 억누르며, 모든 관료(官僚)들을 과연 함께 삼가서 봉공(奉公)하게 하며, 궁벽한 고장에 슬피 한탄하는 소리가 없게 하며, 옥에 갇혀 묶여 있는 죄수에게 과연 억울한 일이 쌓이지 않게 하며, 전형(銓衡)·주의(注擬)할 때에 과연 죄다 재기(才器)에 적당하게 하며, 은총을 내릴 때에 뜻에 거슬려 한 번 찌푸리고 뜻에 맞아서 한 번 웃는 일을 신중히 하시는지 모르겠습니다. 상도(相道)가 행해지며 이무(吏務)가 닦이며 방교(邦交)가 화목하며 사전(祀典)이 정결한지 모르겠습니다. 이 도리에 하나라도 미진한 것이 있으면 하늘이 견고(譴告)하고 경칙(警勅)하는 것이 반드시 있을 것이니, 전하께서도 부족한 것을 생각하여 빠뜨린 것을 채우고 당연히 행

---

54 해 곁에 나타나는 운기(運氣).

해야 할 것을 행하여 자신을 닦고 응답하는 일을 대비하며, 백성을 보기를 상한 데가 있는 듯이 하고 궁색하고 괴로운 것을 돌보아서 그 마음을 기쁘게 하고 그 기(氣)를 부드럽게 해서 반드시 천지의 기가 협화하여 응하게 하셔야 합니다.

둘째, 기미(幾微)를 살피는 것입니다. 접때 전하께서 뜻을 기울여 잘 다스리려고 하셨으나 일은 요령을 잡지 못하고 정치는 문호(門戶)가 많아서 마침내 실효가 없었습니다. 그러나 인심은 전하께서 분연히 유위(有爲)하실 줄 알므로 감히 삼가는 생각을 버리고 게으른 자취를 일으키지 않았으며, 다시 교화한 이래로 평화를 회복하기를 힘쓰고 성헌(成憲)을 지키고자 하였으나, 관리가 문득 게으른 생각을 일으키고 온통 떨치지 않는 버릇을 가져, 온갖 법도가 해이하고 조야(朝野)가 안일에 빠져서 다시는 경계하고 충고하는 정성이 없습니다. 이러하여도 대신은 근심하지 않고 소신은 말하지 않으니, 신 등은 그것이 옳은지 모르겠습니다. 접때 전하께서 말을 너무 지나치게 받아들이셨으므로 조정의 관원이 언론을 버릇으로 하여 계통 없이 산만하며 계책은 조정에 가득하나 베푸는 일은 엉성하여 귀착하는 데가 있는 것을 볼 수 없으니, 이번에 말을 많이 한 잘못에 징계되어야 마땅하였습니다. 그러나 징계하여 마지않으면 그 폐단은 반드시 말하기를 싫어하게 되어 관직은 갖추어졌더라도 풍채(風采)는 사라질 것인데, 더구나 직위를 넘어서 기휘(忌諱)를 저촉하는 자이겠습니까? 이러하고도 총명(聰明)을 넓히고 득실(得失)을 듣고자 한다면, 신 등은 그것이 옳은지 모르겠습니다. 나라의 큰일은 군무(軍務)보다 더한 것이 없습니다. 요즈음 변방(邊方)의 백성이 조잔(凋殘)하므로 되[虜]가 정히 틈을 엿보는데 버릇이 되어 대비하지 않아 여연(閭延)·무창(茂昌)에서는 부락이 날로 만연하여 복심(腹心)에 병이 되었는데 맡겨 두고 세월을 보내며, 자문할 때에는 각각 모순된 논의를 고집하여 끝내 귀일 하지 못하니, 뒷날 되의 군사가 우리의 방비가 없음을 익숙히 알아서 매양 노략질을 하면 어찌 뒷날의 뉘우침을 끼치지 않겠습니까? 또 문(文)과 무(武)는 나라의 경위(經緯)이며 임금이 권유하고 격려하고 인재를 뽑는 길이니 유의하지 않을 수 있겠습니까? 그러나 편중해서는 안 됩니다. 왜냐하면 문사(文詞)를 꾸미는 것은 참된 문이 아니며, 결습(決拾)[55]을 착용하고 과녁을 맞히는 것은 참된 무가 아닌데, 근일 전하께서 무사(武事)에 뜻을 두어 여러번 무사(武士)를 불러다가 원중(苑中)에서 사예(射藝)를 보고 또 진서(陣書)·방략(方略) 등을 강(講)한 일이 두 번에 이르러도 권태를 잊으시니 매우 성(盛)한 뜻입니다마는, 일이 갑작스러워서 마땅함을 얻었다 할 수 없고 더구나 상전(賞典)이 너무 후하여 요행을 바라는 마음이 열림에리까? 대저 사람을 너무 친근하게 대우하면 위엄이 떨어지고 호완(好玩)이 너무 치우치면 뜻이 흩어지니, 때맞게 조절하여 어지러워지지 않게 해야 합니다. 무릇 이 세 가지 일은 기미의 큰 것

---

55 결습(決拾) : 활을 쏠 때에 쓰는 기구인데, 결은 뼈로 만들어 시위를 당기는 오른 손가락에 끼는 것이고 습은 가죽으로 만들어 시위가 스치는 왼팔에 착용하는 것이다.

이 아니기는 하나 전하께서 살피시기를 엎드려 바랍니다.

셋째, 인재를 등용하는 것입니다. 신 등이 듣건대 고금에 인재가 나지 않는 세상이 없으나 인재를 알아보는 명철함이 없음을 걱정한다 합니다. 이제 인재를 알고자하되 거의 다 눈과 귀로 보고 들은 것과 심지(心志)로 헤아린 것을 가지고 문득 어질다 하거나 변변치 못하다고 생각하여, 적부(籍簿)를 살펴 이름을 적어 넣으니, 이러고서도 벼슬에 반드시 사람이 가려지고 산야(山野)에 쓰이지 않은 인재가 없기를 어찌 바랄 수 있겠습니까? 정년 순격(停年循格)[56]의 법은 인재를 등용하는 데에 폐단이 되는 것이기는 하나, 전형을 맡은 직임에 있는 자가 공(公)을 넓히고 사(私)를 없애며 승진에 있어서는 은혜를 팔지 않고 출척(黜陟)에 있어서는 원한에 의하지 않아서 요행의 문을 막고 실용(實用)을 살피는 것을 급무로 삼기만 한다면, 벼슬은 거의 재기(才器)에 맞고 사람은 각각 분수를 따르게 되어 인재를 등용하는 체모가 설 것입니다. 대저 수령(守令)은 백성을 가까이 다스리는 벼슬이며 한 고장의 고락에 관계되는데, 임직하는 처음에 그 재기를 살피지 않고 또 임용한 뒤에도 그 실용을 소홀히 하면, 그 벼슬이 반드시 닦이기를 바라고 세상에 인재가 부족하지 않기가 어려울 것입니다. 접때 허명(虛名)이 돌아간 바에 따라 앉아서 경상(卿相)을 취하고 다시 실용을 살피지 않아 마침내 분란을 이루었습니다. 예전부터 이름만 따라 사람을 취하는 것은 반드시 요행의 문을 열고, 요행의 문이 한 번 열리면 조급히 승진하려고 경쟁하는 것이 풍속이 되어 염치가 깡그리 없어지고 사습(士習)이 따라 무너지니, 그 화(禍)는 이루 말할 수 없습니다. 이것이 바로 오늘의 큰 걱정이니 전하께서는 이것을 거울삼아 실용을 살피소서.

넷째, 상벌(賞罰)을 삼가는 것입니다. 접때 전하께선 한 번 사례를 시험하고 상을 절도 없이 베푸시니, 초선(貂蟬)[57]을 쓰게 된 자가 두셋이나 되었습니다. 대저 당상(堂上)의 자망(資望)은 공로를 살피고 재기를 헤아려서 직임을 맡긴 것이 있고서야 그 장(章)을 줄 수 있으며, 눈앞의 하루 재능에 따라 가볍게 주어서는 안 되는 것입니다. 조종조(祖宗朝)에서 이따금 가장 우수한 자를 뽑아 특별한 은수(恩數)를 베푼 일이 있으나 이미 법에 벗어난 것인데, 더구나 참여된 두세 사람에게 모두 외람되게 줄 수 있겠습니까? 외람되게 금장(金章)을 두르고 나란히 2품 줄에 낀 자까지 있으니, 이 무슨 외람된 일입니까? 2품 벼슬은 조정에 들어오면 국론(國論)에 참여하고 외방에 나가면 한 방면을 맡으니, 그 가벼운 것이 아님을 구태여 밝힐 것이 있겠습니까? 대저 무사는 변방에서 어려운 일에 종사하여 공을 세우고 재능을 드러낸 자가 자망이 오르더라도 오히려 2품에 오르기를 감히 바라지 못하는데, 더구나 공로로는 들리는 것이 없고 명망으로는 본디 낮고 사례로는 가장 뒤지는 자가 감히 전하의 총명(寵命)을 훔쳤으니, 이른바 어려운 일에 종사하여 공을 세운 자가 어찌 맥이

---

56 정년 순격(停年循格) : 재능을 고려하지 않고 재직한 기간과 공로에만 의하여 승진시키는 격례(格例).
57 초선(貂蟬) : 고관(高官)의 관(冠)에 장식하는 초미(貂尾: 담비류의 꼬리)와 선우(蟬羽: 매미의 날개 모양으로 만든 것). 여기서는 무신 당상(武臣堂上)을 지칭한 것이다.

풀리지 않겠습니까? 예전부터 작상(爵賞)을 가볍게 써서 애써 인심을 기쁘게 하여 그 힘을 거두어 모으려 한 임금이 많았으나, 그 폐해로 말하면 명기(名器)가 천해져서 사람들이 권장이 되는 줄 모르며, 간사한 자가 구차하게 얻으려는 욕심을 열어 주고 어진 사람이 스스로 힘쓰려는 마음을 막게 되었으니, 그 관계되는 것이 어찌 크지 않겠습니까? 또 조정에서 반드시 뭇 사람과 함께 의논해야 할 죄인은 따져서 반드시 그 죄상을 알아내고 살펴서 반드시 그 죄율(罪律)에 맞추어야 사람은 억울함을 호소하지 않고 죄는 그르게 베풀어지지 않아서 유감이 없다고 할 수 있을 것입니다. 그런데 접때 사관(史官)이 복상(卜相)할 때에 사정(私情)을 두고 속여 아뢰고서 시론(時論)에 아부하여 사고(史稿)에 기록하지 않아 그 자취를 엄폐하였으므로 그 간사하고 방자하여 꺼리는 것이 없는 것도 이미 심한데, 국문(鞫問)할 때에 깊이 따지지 않아서 실정이 드러나지 않았는데도 지레 그 죄를 정하였습니다. 과연 그 사실이 있다면 임금을 속인 죄를 당해야 하고, 과연 그 사실이 없다면 그 억울한 일에 해당시켜서 용서해야 할 것인데, 이제 도리어 흐릿하게 덮어 두어서 인정(人情)이 지금까지도 답답하게 하니, 어찌 뭇사람과 반드시 함께 하는 것이겠습니까? 예전부터 변방을 지키는 장수로서 거느린 백성이 사로잡혀 가게 되면 정률(定律)로 죄주는 법이며, 조종조에서도 변방 사람이 사로잡혀 가게한 일이 있는 자는 다 조관(朝官)을 보내어 주장(主將)을 추험(推驗)하여 반드시 정률에 처하고 조금도 용서하지 않은 까닭은 인명을 중하게 여기고 군법(軍法)을 엄하게 하기 위한 것이었습니다. 대저 사람을 꼭 죽을 곳에 몰아 두고도 법을 엄하게 하지 않으면 누가 목숨을 버리겠습니까? 근일 이런 일을 범하여 죄받은 변장(邊將)은 혹 배오(配伍)되기도 하고 파직되기도 하여 사람에 따라 오르내리며, 추험할 때에 혹 체직(遞職)하여 조옥(詔獄)에 잡아오기도 하고 본도(本道)에 이문(移文)하기도 하니, 어찌 그 경중이 그리도 한결같지 않습니까? 이러고서도 변장이 외구(外寇)를 그럭저럭 보아 넘기고 패(敗)한 일을 숨기게 되지 않기를 바라는 것은 또한 오활한 일입니다. 무릇 이 두세 가지 일은 상벌이 참람한 시초에 계제가 되고 형법이 무너지는 꼬투리를 여는 것이니, 전하께서 상벌을 베풀 때에 반드시 고르게 할 것을 생각하고 형법을 쓸 때에 반드시 치우치는 것을 경계하시기를 엎드려 바랍니다. 그러면 인심이 안정되고 국체(國體)가 존중될 것입니다."하였는데, 상이 이르기를, "소(疏)에 '천지를 대하여 보답하는 공경이 미진하므로 재이(災異)를 가져온다.' 한 것으로 말하면 내가 놀랍고 두려워하는 바이다. '청탁'이니 '슬프고 달콤한 말'이니 한 것으로 말하면 내가 모르는 바이나 살펴야 할 일이다. 이제부터 대신·소신들이 협화하여 독실하기를 힘쓰고 국사(國事)를 자기 임무로 삼고 잠시도 다른 생각을 하지 않으면 조정이 절로 화합할 것이다. 궁벽한 고장의 백성에게 슬프고 한탄하는 일이 없게 하는 것은 오로지 수령을 가려서 임용하며 감사(監司)가 사사로운 뜻을 쓰지 않고 출척(黜陟)을 엄하게 밝히는 데에 달려 있으니, 그렇게 하면 백성이 절로 편안해질 것이다. 전형하고 주의하여 제수(除授)할 때에 사의가 없이 지극히 공평하게 하면 절로 재기를 잃지 않게 될 것이다. 은총을 내리는 일에 있어서는 한 번 웃고 한 번 찌푸리는 것을 아끼려고 늘 생각하면 어찌 잘못이 있겠는가? 근일 무사(武士)가 해이하고 군령(軍令)이 엄하지 않은 것을 내가 늘 염려하므로 열사(閱射)하고 강서(講書)하였으니 이것을 그르다고 생각할 수 없다. 그러나 일은 알맞게 하기를 힘써야 하는 것이니, 지나치게 잦으면 번거롭고 지나치게 늦추면 게을러진다. 소에 '일이 갑작스러워서 마땅하다고 할 수 없다.' 한 것은 그 말이 옳다. 무신(武臣) 2~3원(員)에게 당상의 자급(資級)을 준 것은 어찌 내가 외람된 줄 모르겠는가. 그러나 장수가 부족하므로 한편으로 무사를 권장하고 한편으로 장수들을 많게 하기 위한 것이다. 변장을 벌주는 일은 과연 한결같지 않았으나, 국가가 절도사(節度使)를 대우하는 것과 진장(鎭將)을 대우하는 데에 차이가 있으므로 죄주는 것이 같지 않았던 것이다. 여연·무창의 일로 말하면 본디 대신의 의논이 있었다."

기미를 살필 것, 호오를 분명히 할 것, 등급을 엄격히 할 것 등에 관한 영의정 김전의 상소문

중종실록 45권, 중종 17년 7월 20일 갑자 2번째기사
1522년 명 가정(嘉靖) 1년

영의정 김전(金銓)이 상소하였다. "삼가 생각하건대, 천지의 기운이 순하고 순하지 못함은 항시 인심의 순하고 순하지 못한 데서 연유하는데, 인심이 순하지 못한 지 오랩니다. 20년 이래로 비(否)·태(泰)[58]가 서로 잇달아 기상이 고르지 못합니다. 병인년 이전에는 포학한 정사를 위에서 행하여 비록 대소 인민이 모두 불안에 떨었으나 아랫사람이 이론(異論)을 가지지 못하였는데, 병인년 이후에는 봄볕처럼 따스한 정사를 위에서 행하여 비록 만물이 모두 은택을 받게 되었으나 못된 싹이 그 틈에 돋아나 파당이 아래에서 생겨서 몇 해 안 가서 정권이 도치될 뻔하였습니다. 그런데 다행히 성상의 명확한 판단에 힘입어 소인들의 날뛰는 기세가 저상되었으나, 의거할 데를 잃은 무리들이 원망하여 비방함이 있는데도 올바른 안목을 가진 선비가 없고, 사람들은 불안한 마음을 품고 있습니다. 어찌 하늘이 부여한 마음이 본래 그렇겠습니까? 다만 기습(氣習)에 젖어 혼미가 거듭되고 깨어나지 못해서일 뿐입니다. 이처럼 화기를 상하여 이변을 불러일으키는데 천지의 기운이 어떻게 순할 수 있겠습니까? 서리와 우박이 제철이 아닌 때에 내리고 한재(旱災)와 황재(蝗災)가 서로 잇달아 전하에게 무한한 근심을 끼쳐서 피전 감선(避殿減膳)을 오랫동안 계속하시게 만들

---

58 비(否)·태(泰): 운수가 비색(否塞)하고 통태(通泰)함을 가리킨다.

었습니다. 연은전(延恩殿)에서는 다시 사람에게 벼락친 재변이 생겨, 성상께서 황급히 가셔서 신령을 위안하시되 정성에 조금도 부족함이 없었고 대소 신료(臣僚)들은 놀란 마음으로 분주하였는데, 신은 병을 앓고 집에 있었습니다. 힘을 내어 직소에 나아가려 하나 이미 감당할 수가 없고, 몸을 이끌고 대궐 아래에 가서 처벌을 기다리려 하나 그것도 되지 않습니다. 신의 생각을 직접 말씀드리기 어려우므로 삼가 다섯 가지의 일을 조별로 적어서 구언(求言)의 분부에 우러러 응하는 바입니다.

1. 기미(幾微)를 살펴야 합니다. 모든 일이 일어나는 것은 일어나는 그 날에 비로소 일어나는 것이 아니라 일어날 조짐이 반드시 있어서 일어나게 되는 것입니다. 그 기미는 은미하지만 반드시 움직이고, 그 단서는 미세하지만 역시 나타납니다. 그런 때문에 형체가 드러나기 전에 그 기미를 잘 살펴서 미연에 방지한다면 힘을 적게 들이고도 성과를 쉽게 거둘 수 있습니다. 그러나 기미를 경홀히 여기고 염려하지 않다가 이미 형체가 나타났을 때 무마하려 한다면 힘은 많이 들여도 성과를 거두기는 어렵습니다. 기미가 움직이려 하고 단서가 나타나려 할 때에 선견지명이 있는 자가 그것을 말하면 사람들은 모두 오활스럽고 망령된 말이라 하고는 살피지도 않습니다. 그러다가 화가 일어났을 때에야 비로소 노심초사(勞心焦思)하는데 그때는 이미 어떻게 해 볼 수 없는 상황입니다. 기미를 살피지 않을 수 없는 것이 이와 같습니다.

전일 습속의 괴이함과 인심의 궤휼함이 당초 기미에서부터 잘못되어 마침내 위란(危亂)한 지경에 이르렀는데, 전하께서 그것을 밝게 살피어 위엄으로써 극복하였습니다. 인자한 마음으로 죄수들에게 관대한 은전(恩典)을 베풀어 괴수에게만 죄를 주고 나머지 부류들에게는 가벼운 벌을 내려 그들에게 새 사람이 될 길을 터 주어서 개과 천선하기를 기대하였으니, 성상의 인자한 마음에서 베푼 그 은혜가 그들의 뼈에 새겨졌을 것입니다. 그런데 도리어 원망을 품고 무뢰배들을 결속하여 모변(謀變)을 중단하지 않아, 명색이 사류(士類)라는 자들이 흉역(凶逆)과 어울리기를 달게 여깁니다. 따라서 사림(士林)을 더럽힐 뿐만 아니라 한 시대에 수치를 끼치므로 만세토록 더러운 폐습이 무궁히 흘러갈 것이니 사람이라면 누군들 탄식하고 분통해하지 않겠습니까? 그 모변에 연루된 사람은 더욱 뼈저리게 느껴 전일의 허물을 뉘우치고 반성하여 새로운 사람이 되기를 힘쓰면 전날의 허물을 거의 씻을 수 있을 터인데, 허물을 반성하고 새로운 마음을 가지려고 노력한다는 소식은 들리지 않고 도리어 원망을 품고 자기들이 옳다고 떠드는 자들이 많으니, 그 속에는 어찌 전일의 허물을 문식하여 후세 사람의 이목을 속이며 악을 선이라 하고 흰 것을 검은 것이라 하는 자가 없겠습니까?

후생들은 사리에 어두워 그 모변의 일을 흠모하여 따르는 자가 점점 많아져, 경상(卿相)을 헐뜯고 조정(朝政)을 기롱하여 옳은 것은 그르게, 그른 것은 옳게 뒤섞어 분별할 수 없게 만드니, 군자들은 허심 탄회하게 들어 넘기나 소인들은 이를 갈며 분노하고 나서서 허무한 일을 선동하여 중상을 힘씁니다. 그래서 인심이 둘로 나뉘어 서로 외면하여 온 조정이 의심투성이어서 서로가 관망하고 경계하게 되니, 인심의 변함이 전일에 비하여 무엇이 다릅니까? 이대로 계속된다면 그 화가 어찌 전일보다 더 심하지 않겠습니까? 이것은 기미가 움직였을 뿐 아니라 그 단서가 나타나게 될 상황에서 나타난 것이니 이제 그것을 잘 처치하지 않으면 앞으로 닥쳐오는 환난을 어떻게 제거하겠습니까? 그러나 이는 법을 설립해서 금할 수 없고 형벌을 동원해서 막을 수도 없는 일이니, 마땅히 이런 일이 이루어지게 된 근원을 캐내어 단호히 분변해서 그들이 이미 저지른 허물의 형적을 들어 성현의 법으로 벌줌으로써 시비(是非)를 밝게 드러내고 호오(好惡)를 엄격히 보여 사람들로 하여금 조정의 뜻을 환하게 알도록 한다면, 그들이 비록 유혹에 빠졌다 하더라도 천성은 본래 민멸되지 않은 것이니 어찌 감오(感悟)할 리가 없겠습니까?

옛날 성왕(聖王)은 은(殷)나라의 완악한 백성을 바로잡을 때에도 오히려 고명(誥命)으로 깨우쳤는데 하물며 이들의 의혹을 시원히 풀어주지 않아서 되겠습니까? 조정에는 시비가 환히 가려져서 서로 방어하기 위하여 눈치보는 일이 없고, 중외(中外)에는 선악이 저절로 변별되어 시기하고 걱정하는 의구심이 없어져서 거짓을 꾸민 자는 숨을 곳이 없고 속이는 말을 하는 자는 몸을 보존할 수 없게 되어야 마음을 돌려 잘못을 뉘우치고 전일에 한 것을 반성하여 선량한 사람이 될 것입니다. 그러니 옛날의 잘못들이 어찌 병통이 되겠습니까? 나쁜 습성이 굳어져 다른 사람을 미혹하려는 자는 매우 간교하고 완악한데, 비록 법을 너그럽게 베풀어 용서해 주려 한들 그렇게 할 수 있겠습니까?

2. 호오(好惡)를 분명히 해야 합니다. 좋아하고 미워함은 누구에게나 있는 것이니 임금이 한 번 찡그리고 한 번 웃는 것은 한 나라의 관감(觀感)을 일으킬 수 있는 것이고 보면, 한 번 좋아하고 한 번 미워하는 그 관계가 어찌 중요하지 않겠습니까? 일의 옳고 그름과 사람의 간사하고 올바름이 눈 앞에 뒤섞여 있으니 그 선하고 올바른 것을 골라서 좋아하고 그르고 간사한 것을 골라서 미워하여, 사람들로 하여금 옳고 올바른 것은 항시 조정에 활개칠 수 있고 그르고 간사한 것은 그 사이에 낄 수 없음을 알게 하면, 간사한 것도 장차 변화하여 올바르게 될 것이니, 감히 그른 것을 가지고 올바른 것을 침범하지 못할 것입니다. 그러나 올바른 것을 갖는 마음이 굳지 못하여 한번 흔들리게 된다면 저 올바른 체하는 자가 항시 간사한 것을 잊지 않고 있다가 남의 태만한 틈을 엿보아서 그 간사함을 심으려고 할 터이니 어찌 작은 일이겠습니까? 일의 그릇된 것이 옳은 것 같고 사람의 간사한 것이 올바른 것 같아서, 옳은 것과 올바른 것이 처음에는 알기 어려운 점이 있으니, 진실로 나의 마음이 마치 해가 중천에 있는 것처럼 밝아서 한 끝을 보고 그 전체를 구명하고 처음을 보고 그 결과를 파악하지 못한다면 어떻게 의심없이 속시원히 알 수 있겠습니까? 임금이 신하에 대하여 마땅히 성심으로 대하고 예로 대우해야 하며, 또한 마땅히 그 작은 잘못은 이해해 주고 하찮은 허물은 숨겨 주어야지, 마구 드러내어 너무 살핌으로 인한 부작용이

생기게 해서는 안됩니다. 그러나 우물쭈물 넘겨 인심을 위로하는 것만을 위주로 한다면 어질고 어리석은 것이 분별되지 못하고 흑백(黑白)이 밝혀지지 못하여, 간사한 자는 술책을 부려 중상할 틈을 엿보고 올바른 자는 슬그머니 물러나게 될 것이니, 그 해됨을 이루 말할 수 있겠습니까? 원컨대 전하께서는 무슨 일이 닥쳐 올 때에는 반드시 살펴 골라서 굳게 지키시고 흔들리고 그릇되는 폐단이 없어야 합니다. 또 사람을 쓰고 버리는 데도 반드시 밝게 변별하여 승진시키고 내쫓고 해서 혼잡되고 전도되는 잘못이 없어, 옳고 그름이 구별되고 좋아하고 미워함이 분명해지게 하여, 어진 자에게는 권장됨이 있고 어질지 못한 자에게는 징계하는 것이 있게 하면 매우 다행한 일이겠습니다.

3. 등급을 엄격히 해야 합니다. 국가가 굳게 유지될 수 있는 것은 존비(尊卑)의 차서와 상하(上下)의 구분이 있기 때문입니다. 존비와 상하는 어떻게 구별해야 하겠습니까? 곧 작명(爵名)의 등급과 의장(儀章)의 차이에 있어서 사람들로 하여금 그것을 보고 자연 공경하고 두려워하는 마음을 가져 감히 거만한 행동을 할 수 없게 하면 이에 사람마다 정해진 분수가 있어 질서 정연하여 화근이 일어날 계제가 없을 것이니, 이것은 공자의 이른바 '먼저 명분을 바루어야 한다.'는 것입니다.

전번에 어른을 능멸하는 폐풍이 가정에서부터 시작하고 존귀한 사람을 해치는 폐습이 점차 조정에서 일어나, 후진이 선배에게 거만을 피우고 낭관(郞官)이 당상(堂上)을 업신여기며 자제가 부형의 시비를 논하니 천륜이 무너지게 되었고, 하찮은 선비가 경상(卿相)의 시비를 논하여 귀천의 지위가 바뀌게 되었으며, 심지어는 서인·노복의 천인에 이르기까지 사대부를 헐뜯으니 이륜(彝倫)이 망쳐지고 예양(禮讓)이 무너졌습니다. 지금 비록 그것을 고쳐 바로잡았다 하더라도 폐습은 아직도 있습니다. 선배들이 후진을 접할 때 조금 예절로서 제재하면 기롱과 비방이 도리어 이르고, 당상이 낭관을 대할 때 조금만 그들의 뜻을 거스르면 온갖 욕설이 빗발치고 공박하는 의논이 뒤따르게 됩니다. 그러므로 동류들을 볼 것 같으면 구차하게 친절한 체해서라도 그들의 환심 얻는 것을 일삼으니 어떻게 능히 규찰하고 검속하는 것이 있겠습니까? 그래서 서로 꺼리고 두려워하는 추세가 있고, 서로 공경하고 협동하는 미풍이 없으니 슬픕니다. 이 사문(斯文)이 교제하는 데는 골육지친(骨肉之親)과 같고 요속(僚屬)이 교승(交承)하는 데는 형제지의(兄弟之義)가 있는데도 오히려 이 지경이니, 풍속이 무너진 데 대한 탄식을 이루 말할 수 있겠습니까? 더구나 소신(小臣)이 대신(大臣)을 업신여기고 비천(卑賤)이 고위(高位)에 대항하는 일임에리까? 이런 식으로 나가면 장차 못할 짓이 없을 것인데 조정에서는 예사로 보고 바로잡지 않으니, 이 습속이 점점 자라 기탄하는 바 없어 점차로 조정을 경홀히 여기에 되어서 국세(國勢)가 쇠태해져 갑니다. 정권이 아랫사람에게 옮기게 되는 것은 오로지 이것이 계제가 되고 있으니 어찌 한심하지 않겠습니까?

삼가 원컨대 전하께서는 등급을 엄하게 하고 명분을 바로잡아 이륜(彝倫)으로 인도하는 방법을 다하고 풍헌(風憲)으로 규찰하는 정치를 강화하시어 존비의 차서가 분명하고 상하의 예의가 엄격하여 간격이 있도록 하고, 명분을 참람하게 범하는 일을 막고 아름다운 예양의 풍속을 이루게 한다면 어찌 다행한 일이 아니겠습니까?

4. 인재를 아끼는 일입니다. 하늘이 우연히 인재를 내는 것은 아니므로 한 세대에 인재를 얻기란 매우 어려운 일입니다. 또 얻기가 어려운 것이 아니라 쓰는 일이 더욱 어렵습니다. 간절하게 구하고 독실하게 좋아하지 않는다면 진실로 얻기가 어렵고 보호하고 아껴서 안전하게 하는 벙법이 없다면 쓰기도 어렵습니다. 사람이 요(堯)·순(舜)이 아닌 이상 진선(盡善)할 수는 없는 것입니다. 옛날의 현인(賢人)과 군자(君子)로서 당대에 공이 나타나고 후대에 이름이 떨친 자도 업적에 반드시 허물이 없지 않았습니다. 대강(大綱)이 바른 자는 비록 미세한 흠이 있다 하더라도 군자됨이 해로울 것이 없고, 대강이 간사한 자는 비록 조그마한 선(善)이 있다 하더라도 소인됨을 면하지 못합니다. 오직 윗사람은 대강이 어떠한가를 분변하여 단점은 버리고 장점을 쓰며 미세한 것은 생략하고 큰 것을 취합니다. 그런 때문에 사람의 재능을 제대로 발휘시킵니다. 만일 남의 잘못을 일부러 캐내어 허물을 드러내고 잘한 점은 숨긴다면 천하에 어찌 완전한 재주나 쓸만한 사람이 있겠습니까? 재주는 높고 지혜가 뛰어나서 문(文)은 나라를 빛낼 만하고 무(武)는 외적을 막아낼 만한 자라면 비록 한가지 행실이나 일에 잘못된 점이 있다 하여 그를 버리고 쓰지 않아서야 되겠습니까? 군자다운 행동을 하는 자는 뭇사람의 질시를 받기 일쑤고, 소인다운 행동을 하는 자는 뭇사람의 마음을 기쁘게 해줍니다. 한 가지 재능이나 있는 용렬한 자는 시비가 별로 없으면 으레 높은 자리에 앉히고 어질고 지혜스러우며 이재(異才)를 가진 자는 한 적은 허물이 있으면 아울러 그 착한 점까지 폐기하니 이것이 어찌 사람을 쓰는 도리이겠습니까? 규문(閨門) 안의 숨은 사정은 남이 알기 어려운 것인데 낭설을 잘못 듣고 그대로 믿는다면 종신토록 누명을 쓰게 됩니다. 가령 헛된 소문이 나도 변명하여 밝힐 길이 없다면 원기(冤氣)가 화기(和氣)를 손상할 터인데 어찌 민망하지 않겠습니까? 일이 모호한 상태에 있어 무엇이라 이름하기 곤란하면, 논자(論者)는 다만 '그 직임이 적합하지 못하다.'고만 해버립니다. 한 가지가 적합하지 못하다 해서 그 사람의 앞길을 망친다면 이것은 인물을 손상하고 어진이를 잃는 커다란 해독입니다. 하물며 근거를 구명하면 그것이 혹은 죄를 얽은 자의 입에서 나와 이리저리 전해져서 이 지경에 이르게 됨에리까? 이 폐단은 전번에 매우 극심하였습니다.

남을 평하는 자는 거개가 그 사람의 숨은 허물과 사사로운 흠을 드러내고 남을 꾸짖는 일이 너무 자세하여 실정보다 지나치게 문식하니 그 폐단이 임금을 충성으로 섬기는지의 여부와 직무의 근태(勤怠) 여부, 또는 국가 안위에 관계된 것이나 서무(庶務)가 잘 다스려지고 안 되는 것에 관해서는 모두 경홀히 여기고 거론하지 않으니 한갓 번거롭고 떠들썩하게 들추어낸 상처만이 보여 주는 격이요, 기강(紀綱)을 진작시키는 효험에는 아무 이익이 없습니다. 삼가 원컨대 전하께서는 포용하는 도량을 넓히고 명감을 환히 밝히시어, 인재를 아끼는 뜻에서 어느 한 사람이 헐뜯거나 칭찬한다고 해서 갑자기 등용하거나 내쫓지 마시고 반드시 그 일의 허실을 살피시어 근거 없는 말로써 사람에게 허물을 덮어 씌우지 마소서. 그리고 그 사람이 참으로 어질면 비록 허물이 있더라도 용서하시고, 쓸만한 재주가 있으면 그의 부족한 점을 따지지 마시고 관직 맡기는 일을 오직 마땅하게만 하시면 어찌 버릴 인재가 있겠습니까? 험사하고 간흉한 무리들은 그 재예(才藝)가 재앙을 일으킬 수 있으니 잘 살펴서 분간해야 합니다.

5. 기강(紀綱)을 진작시키는 일입니다. 나라의 백성들과 모든 정사의 번다한 일들은 반드시 기강으로 거행하고 체통으로 바로잡아 다스려야 상하가 차서를 따르고 모든 일이 이치대로 되어지는 것입니다. 지금은 인물의 좋고 나쁜 점과 정사의 잘되고 못되는 점에 대하여 미관 말직들이 모두 간섭하여 인사 문제에 관한 권한과 모든 정사에 관한 중대한 계획이 많이 아랫사람의 손에서 나옵니다. 따라서 이루어지기를 우러러 바라는 미풍은 없고 뒤흔들어 망쳐버리는 폐습만이 있으며, 법조문을 설정하거나 호령을 공포(公布)하는 일이 있으면 입 가진 자는 모두 한 마디씩 하므로 아침에 공포했다 저녁에 거두어버리는 일이 있고, 관리들이 현혹하여 간사한 일이 자라나며, 명령이 한결같이 한 군데서 나오지 않고 여러 군데서 나오는 폐단이 있습니다.

벼슬을 주는 일에 혹 알맞게 못한 점이 있었으면 속히 명령을 내려서 고치게 하는 것은 가하거니와 때가 이미 지난 뒤에 논집(論執)하거나 벼슬이 주어진 지 이미 오랜 뒤에 빼앗는 일도 있고, 혹은 외직의 경우 이미 부임된 뒤에 빼앗는 일도 있어 만백성이 지켜보고 여러 관리들이 우러러보는 바인데도 명령의 시행이 사람들에게 믿음을 주지 못하고 국가의 체통이 따라 무너지니 애석함을 이루 말할 수 있겠습니까? 또는 고과(考課)가 엄정하지 못하고 상형(賞刑)이 공평하지 못해 나태한 것이 습관이 되어 모든 일이 거행되지 못합니다. 이것뿐만 아닙니다. 해구(海寇)가 침범하고 있는 이때 변장(邊將)들이 해이(解弛)한데도 많은 사람들이 나무라지 못하고, 조정에는 해구에 대하여 걱정을 하고 조방장(助防將)을 보내고 또 군관(軍官)을 파견하여 그 급변을 구제하게 되는데, 파견되어 가는 자들은 급히 달려가지 않고 고향을 들르거나 성묘를 하기도 하면서 지체되는 것을 꺼리지 않고 여유있는 모습으로 내려간다 합니다. 풍문을 어찌 다 믿으리까마는 참으로 그렇다면 기강이 무너지고 법률이 폐지되었음을 이에서 더욱 볼 수 있습니다. 이런데도 처벌하지 않는다면 어떻게 나라를 잘 다스릴 수 있겠습니까?

삼가 원컨대 전하께서는 과감하게 결단을 내려 퇴미(頹靡)한 풍습을 바로잡고 대소의 구분을 밝히고 통솔하는 체통을 바로잡아 다스리며 고적(考績)을 엄격하게 하고 상벌(賞罰)을 공정하게 하며 호령을 모두 한결같이 하여 그것이 한 군데에서 나가고 있는가를 살피시면 매우 다행이겠습니다. 보잘것없는 신이 정승의 지위를 탐하고 있는데, 학술은 공허하고 지

모는 노둔하고 얕아서 위로는 성명한 정치에 보탬이 없고 아래로는 부박한 풍속을 진정하지 못하고 앉아서 세월만 보내어 재진(災沴)이 아울러 일어납니다. 일신상으로도 섭리하는 방법이 어긋나서 고질병이 낫지 않고 문득 다른 증세가 생기곤 하여 몇달 동안 병을 앓고 있으므로 직위를 비우게 된 지 이미 오랩니다. 삼가 원컨대 전하께서는 신의 어리석은 말을 유념하시어 진부(陳腐)한 것이라고 버리지 마소서. 그리고 아울러 신의 직위를 갈아 어진이 등용하는 길을 여시면 아주 다행이겠습니다."

전주 부윤 이언적이 올린 나라를 다스리는 방법에 대한 상소문

중종실록 92권, 중종 34년 10월 20일 갑신 2번째기사
1539년 명 가정(嘉靖) 18년

전주 부윤(全州府尹) 이언적(李彦迪)이 상소를 올렸는데 그 내용은 다음과 같다. "임금은 하늘의 명을 받아 중정(中正)한 도덕적 표준을 세우는 것입니다. 그런 다음에 팔짱을 낀 채 하는 일이 없어도 덕(德)이 구원해지고 업(業)이 광대해지는 것은 오직 지극한 정성이 쉼이 없기 때문인 것입니다. 쉼이 없다는 것은 천도(天道)입니다. 대개 임금은 천명(天命)을 받고 천위(天位)에 서는 것이니 진실로 지극히 정성스러운 덕이 위아래에 미치지 않는다면, 어떻게 천도를 따라 천직(天職)을 다하여, 천지가 제자리에 서고 만물이 본성대로 육성되는 공적을 이룰 수 있겠습니까. 대저 지극히 정성스러운 덕이라고 하는 것은 하나이고 둘일 수 없으며 순수해서 다른 것이 섞이지 않은 것으로, 처음부터 끝까지 끊어질 때가 없는 것을 말하는 것입니다. 한번이라도 끊어질 때가 있으면 이는 쉬는 것입니다.《중용(中庸)》에 '쉬지 않으면 오래 가고 오래 가면 징험하게 되고 징험하면 멀어지고 멀어지면 박후(博厚)해 지고 박후해지면 고명(高明)해진다.' 하였고, '박후해진다는 것은 땅과 짝하는 것이고 고명해진다는 것은 하늘과 짝하는 것이며 멀어진다는 것은 끝이 없는 것이다.' 하였습니다. 옛 제왕들의 덕이 하늘과 부합되어 시종 간단없이 유구 무강(悠久無彊)한 공적(功績)과 교화(教化)를 이룬 것은, 모두 그 한마음을 쉬지 않은 데서 비롯된 것입니다. 순(舜)·문왕(文王)·위무공(衛武公)의 예를 들어 말씀드리겠습니다. 순은 50년간 재위(在位)하는 동안에 정치가 안정되고 공적이 이루어졌으며 예악(禮樂)이 잘 갖추어져 공적과 교화가 극치를 이루었어도 오히려 천명을 계칙하는 노래를 지어 임금과 신하가 서로 경계하였는데, 그 내용은 '하늘의 명을 계책하여 언제나 경계하고 모든 일의 기미에 유념하라.' 하였습니다. 이는 하늘을 공경하는 도(道)는 일정한 때가 없이 줄곧 경계해야 하고 아무리 작은 기미라도 전부 살피는데 있다는 것을 말한 것입니다. 문왕은 나라를 다스린 지 오래되었는데도 하늘을

밝게 섬기어 아침부터 해 기울도록 밥 먹을 겨를도 없이 힘써 만민을 모두 화평하게 살 수 있게 했기 때문에 시인(詩人)이 '하늘의 명이 아름답게도 끊임이 없으시니 아, 나타나지 않을 수 있겠는가. 문왕의 덕의 순수함이여.'라고 기렸습니다. 이는 문왕의 덕의 순수함이 끊임이 없어서 천도(天道)에 화합했던 것을 말한 것입니다. 무공은 95세 때에도 오히려 나라에 경계하여 규풍(規諷)[59]을 구하였고 억편(抑篇)과 같은 경계의 시(詩)를 지어 스스로를 경계하였는데, 그 시에 '네가 방에 있어도 조금도 옥루(屋漏)에 부끄러움이 없게 하라. 드러나지 않았다고 보는 이가 없다고 말하지 말라. 신(神)의 오심은 예측할 수 없는 것, 어찌 태만하게 공경치 않을 수 있겠는가.' 하였습니다. 이는 임금은 조회(朝會)에서 여러 신하를 대할 때만 삼갈 것이 아니라, 궁정(宮庭) 깊숙한 곳에 있을 때에도 마음대로 행동하지 아니하고 두려워하는 마음을 지녀 신명(神明)을 대하는 듯이 해야 한다는 것을 말한 것입니다. 여기에서 옛 성제 명군(聖帝明君)들은, 하늘을 본받아 정성스러움을 간직하고 공경을 주로 하여 혼자 있을 때도 삼가서 시종 오직 한결같이 하고 잠시도 끊어질 때가 없이 하며, 나의 치적이 이미 융성하다고 하여 스스로 만족하지 않고 나의 나이가 이미 늙었다고 하여 스스로 나태해지지 않음으로써, 언제나 남이 보지 않고 듣지 않는 곳에서도 경계하고 두려워해서 소리도 없고 냄새로 없는 경지에 다다랐다는 것을 볼 수 있습니다. 이것이 천지가 감응해서 아름다운 상서가 모두 찾아들고 신인(神人)이 화합하여 재변이 일어나지 않는다는 것이니 이것이 바로 자기의 마음에 구하면 하늘도 감히 어기지 않는다는 것입니다. 신이 보건대 전하께서 어질고 밝고 공순하고 검박한 것은 타고난 천성(天性)인 것으로 착한 것을 즐기고 배우기를 좋아하면 잘 다스려지기를 힘써 도모하시었습니다. 그리하여 즉위한 지 34년 동안 엄숙하고 공순하고 삼가고 두려워하여 감히 몸가짐을 나태하게 아니하였으며, 새벽에 일어나 덕 밝히기를 생각하고 상제(上帝)를 대하듯 두려워하며 안으로는 음악과 여색을 즐김이 없고 밖으로는 놀이와 사냥을 즐김이 없으며 간언을 따라 어기지 않고 허물을 고치기에 인색하지 않으셨으니, 옛 제왕이라 하더라도 이보다 더할 수는 없을 것입니다.

그러나 다스리는 공적은 나타나지 않은 채 조정의 변이 자주 있었으며 인심이 화합하지 못하여 천변(天變)이 그치지 않으니 이것이 무엇 때문입니까? 신은 생각하건대, 전하께서 하늘을 본받아 혼자 있을 때를 삼가는 공력이 혹 중단되는 때가 있고 이치를 궁구하고 중도(中道)를 실행하는 학문도 극진하지 못한 때문이 아닌가 싶습니다. 상의 공력이 중단되는 때가 있기 때문에 천리가 순수하지 못하여 인욕이 끼어들며, 상의 학문이 지극하지 못하기 때문에 도(道)를 보는 것이 밝지 못하여 용사(用捨)가 이따금 어긋나기도 하며 정령을 세워도 안정되지 않고 치도를 행하여도 오래 가지 못합니다. 근태(謹怠)가 일정하지 않고

---

59 규풍(規諷) : 사리를 따져 간하는 것.

군자와 소인을 접견하는 것이 한결같지 않으니, 또한 어떻게 지치(至治)를 융성케 하고 화평을 이룰 수 있겠습니까. 그러나 성인(聖人)의 허물은 해와 달이 일식이나 월식을 하는 것과 같아서 허물이 있을 때에는 누구나 다 보아 알고, 허물을 고치면 또 누구나 다 보고 우러르는 것입니다. 삼가 간사한 무리를 제거하신 뒤로 전하의 마음이 해가 다시 중천에 있는 것 같아서 그늘진 곳이 모두 없어졌으니, 깊고 어두운 곳까지 비치게 하고 정치의 교화를 새롭게 하는 방법을 생각함에 있어 강구하지 않는 것이 없었습니다. 그리하여 조정이 숙정(肅定)되고 사방의 백성들이 우러렀으니, 요·순의 정치를 다시 볼 것을 기대할 수 있었습니다. 아, 이때야말로 전하께서 본원(本源)을 바루어 무너진 기강을 진작시키고 퇴폐된 풍습을 혁신시켜 위로는 천심(天心)에 순응하고 아래로는 인망(人望)에 부응할 수 있는 일대(一大) 기회인 것입니다. 오늘날 나라의 형편이, 비유하자면 장위(腸胃)가 곪아 거의 목숨이 위태로왔다가 겨우 다시 살아난 사람과 같으므로 사독(邪毒)은 비록 제거했다 하더라도 원기가 이미 떨어질대로 떨어진 상태이니, 마땅히 안정하여 보호해야 할 것이요 움직여서 변이 발생하게 해서는 안 될 것입니다. 그러나 반드시 영단 묘제(靈丹妙劑)로써 창자와 위를 씻어내고 병근(病根)을 제거한 다음이라야 그 뱃속을 맑게 할 수 있고 혈맥을 배양할 수 있을 것입니다.

만일 조금 나은 것에 안심하여 독한 약 먹기를 싫어하여 병을 다스리는 방법을 어기게 되면 병이 심복에 자리하고 있게 되는데, 어떻게 다음에 다시 재발하지 않는다고 보장할 수 있겠습니까. 근래 조정의 거조와 시행하는 일이 진정시키는 데 중점을 두는 것은 적절한 것이라고 말할 만합니다. 그러나 진정을 귀하게 여기는 것은 구차하게 우선 당장만 모면하는 것을 말하는 것은 아닙니다. 기강을 정돈하고 상벌을 엄격하게 하여 국세(國勢)를 무겁게 해서, 사설(邪說)이 어지럽힐 수 없고 소인들을 동요시킬 수 없게 하는 것이 바로 참된 진정인 것입니다. 만일 선악을 분간하지 않고 시비를 가리지 않은 채 자기에게 동조하는 자는 좋아하고 자기와 의견을 달리하는 자는 싫어하면서 평상적인 습관만 답습하여 등라(藤羅)로 새는 지붕을 막듯이 임시방편으로 구차하게 시일만 보내면서 진정됐다고 한다면, 기강을 진작시키고 정치와 교화를 새롭게 할 수 없어서, 투박하고 사치한 풍습과 퇴폐 타락한 풍조가 날로 더욱 깊어져 끝내 구원할 수 없게 되지 않을까 염려스럽습니다. 대저 국가의 형세는 성하지 않으면 쇠하는 것이며 쇠하면 망하는 것이므로 지혜로운 임금은 성할 때에는 쇠함을 걱정하고 쇠한 때에는 진작시킴을 생각합니다. 그런데 쇠한 것을 진작시키지 못하면 끊어질 듯이 목숨만 부지하고 있는 병자 같아서 갈수록 망하는 데로 빠져들고 마는 것입니다. 그러나 그 흥하고 쇠하고 진작되고 무너지는 근본은 임금의 마음이 순수하고 일정하여 쉼이 없는 데 달려있을 뿐입니다. 안으로 정한 뜻이 없고 밖으로 정한 규범이 없어서 아침에는 부지런했다가 저녁에는 게을러지고 금방 시작했다가 금방 그만 두며, 방금 싹튼 바른 생각을 사욕이 빼앗아가고 방금 진출한 어진 신하를 참소하고 아부하는 무리가 이간질한다면, 점점 분란만 일고 시들어 버려 끝내 공효를 이룰 수가 없을 뿐만 아니라, 마침내 맥(脈)이 병들고 기(氣)가 쇠진해지게 되어 풍사(風邪)가 겹쳐서 목숨이 위급해질 것입니다. 지금 왕도(王道)가 탕평하여 조정이 약간 화합되기는 하였습니다. 그러나 상하의 뜻이 아직 믿기지 않고 음사한 길이 아직 막히지 않았습니다. 원하건대 전하께서는 굳게 덕을 행하고 밝게 사물을 살피시어 어진 사람을 등용하는 데 주저하지 마시고 간사한 사람을 제거하는 데 의심하지 마시어 무너진 기강을 진작시키고 국맥을 배양하시면 종사(宗社)에 매우 다행이겠습니다.

《서경(書經)》에 '그 덕이 한결같으면 그 자리를 보전할 것이요 그 덕이 한결같지 못하면 구주(九州)[60] 를 잃을 것이다.' 하였습니다. 대저 덕을 한결같이 하는 방법은 역시 강직함과 명석함뿐입니다. 명석하지 못하면 강직할 수가 없고 강직하지 못하면 그 명석함을 오래 지켜갈 수가 없는 것입니다. 또 '성인은 그 도를 오래 행하기 때문에 천하가 그 덕화에 감화되는 것이다.' 하였습니다. 그러므로 임금이 진실로 하늘을 본받아 바른 데 자리하고 이(貳)로 쓸 것을 이(二)로 쓰지 말며 삼(參)으로 쓸 것을 삼(三)으로 쓰지 말고 한결같이 하여 천운(天運)을 광대(廣大)하게 하고 신화(神化)를 유원(悠遠)하게 하면 천덕(天德)에 화합할 수가 있고 따라서 제왕의 다스림을 이룩할 수 있는 것입니다.

성인은 하늘처럼 되기를 바라고 현인은 성인처럼 되기를 바라는데, 순임금과 문왕은 하늘처럼 되기를 희구하여 천도(天道)에 합한 이들이고 위 무공(衛武公)은 성인처럼 되기를 희구하여 거의 성인이 된 사람이었습니다. 정자(程子)가 '천도가 있어야 왕도(王道)를 말할 수 있다. 그 방법을 다만 혼자 있을 때에 삼가는 데 있는 것이다.' 하였습니다. 대체로 순임금의 도를 본받으려 한다면 반드시 무공(武公)이 혼자 있을 때에 삼가던 것을 본받아 밝은 곳에서나 어두운 곳에서나 조금도 다름없이 시종 한결같은 덕으로 한 뒤에야 이를 수 있는 것이니, 상께서는 유념하소서.

이윤(伊尹)이 태갑(太甲)에게 경계하기를 '덕이 한결같으면 하는 것마다 길(吉)하지 아니한 것이 없고 덕이 한결같지 않으면 하는 것마다 흉(凶)하지 않은 것이 없다. 길흉이 오는 것은 사람에게 달린 것이요, 하늘이 재앙과 상서를 내리는 것은 덕에 달린 것이다.' 하였습니다. 삼가 전하께서는 임어(臨御)하신 지 오래되었는데도 화기가 응하지 않고 재해가 잇따랐으며 또 요즘에는 괴상한 운기가 하늘을 덮고 무지개같은 것이 해를 꿰고 있는데 모두 흰 빛깔이었습니다. 대체로 흰 것은 전쟁을 상징하는 것이니 이것은 바로 구적(寇賊)들이 몰래 쳐들어올 조짐입니다. 혜성(彗星)이 삼태성(三台星)을 침범하고 태백이 주현하고 서리와 우박이 내리고 있으니 이것은 또 아랫사람이 위를 간범하고 음(陰)이 양(陽)을 침해할 형상입니다. 이와 같이 비상한 변이(變異)가 한꺼번에 중첩되어 나타난 것은 옛날에도 없었던

---

60 구주(九州) : 천하.

일입니다. 그런데 근일 또 일식의 변고와 천둥·지진의 재이가 있었습니다. 해는 모든 양의 종주로 임금의 표상인데, 일식이 있었으니 이는 천변(天變) 중에서도 매우 큰 것입니다. 번 쩍번쩍 천둥 번개가 요란한 것은 시인(詩人)도 미워하던 것으로, 하늘이 위엄을 가하여 무 겁게 꾸짖는 것으로 경고하는 것이 극에 달한 것입니다. 일에는 난(亂)의 계제(階梯)가 있 고 정치에는 간사함을 불러들이는 일이 있어서 위망(危亡)의 화(禍)가 곧 닥쳐온다는 것을 하늘이 전하에게 순순히 가르쳐 주시되 기미에 앞서 예시(豫示)하여 성상의 마음을 깨우치 려는 것이 아니겠습니까. 임금이 하늘의 경계에 대해 성의를 다하여 삼간다면 그 상(象)이 있다고 하더라도 그에 대한 응보는 없는 것이지만 하늘의 경계가 위에 뚜렷한데도 대응할 사람이 밑에서 멍하게 있다면 화환(禍患)이 반드시 닥칠 것입니다. 대개 임금의 덕(德)은 공경하면 순일해지고 게으르면 순일하지 못하게 되는 것이므로 길흉(吉凶)과 재상(災祥)이 오는 것은 임금의 덕이 공경스러우냐 게으르냐에 달려 있는 것이니, 천심(天心)에 순응하 고 천견(天譴)에 보답하는 것 또한 어찌 공경하여 한결같은 덕을 가지는 데서 벗어나겠습 니까.

옛날의 명철한 임금들은 혹 재변을 만나면 덕을 닦고 일을 바르게 하며 정성과 공경을 한 결같게 하여 천신(天神)과 지신(地神)을 감격시킴으로써 화가 싹트기 전에 소멸시켜 드디 어 비업(丕業)을 빛내고 영년(永年)을 누린 이가 많았습니다. 상 중종(商中宗)·주 선왕(周宣 王)·한 문제(漢文帝)와 경제(景帝) 같은 이는 재변을 만나자 반성하여 몸을 닦고 사욕을 눌 러 이겨 스스로 마음을 새롭게 함으로써 드디어 여기(戾氣)를 변화시켜 태화(泰和)로 만들 고 이미 쇠잔한 국운을 변화시켜 중흥시켰으니, 어찌 하늘을 두려워하고 덕을 삼가서 한결 같은 마음으로 쉬지 않은 공효가 아니겠습니까. 신이 지난 여름 구언(求言)하신 성지를 보 니, 스스로를 책망하고 허물을 반성하심이 지극히 정성스럽고 간절한 마음에서 나온 것이 었으므로 사람의 마음을 감동시키고 하늘의 노여움을 돌이킬 수 있을 것 같았습니다. 그러 나 달이 넘고 계절이 바뀌었는데 대간과 시종 이외에는 한 사람도 일신의 안전을 돌보지 않고 직언을 올려 잘못된 점을 극진히 말해서 상께서 반성하시는 아름다운 뜻에 부응하려 는 이가 없었으므로 하늘은 더욱 엄하게 변고를 나타내 보이기를 마지않습니다. 전하께서 아래에 직언을 바라도 사람들이 응하지 않고 위에서 근신을 해도 하늘의 노여움은 더욱 심하니 어찌 까닭없이 그러하겠습니까. 신같이 식견이 좁고도 어리석은 사람이 시의(時宜) 도 모르면서 어찌 하늘의 뜻을 헤아릴 수 있겠습니까. 그러나 전하께서 근심하고 두려워하 시는 정성에는 보잘것 없는 충의(忠義)의 마음이 조금만 있어도 감동되어 스스로 그만 둘 수 없는 터인데, 더구나 용렬하고 고루한 신은 시종의 반열에 있으면서도 지극히 작은 도 움도 드리지 못했는데다가 지금 가슴을 터놓고 대책을 물으시는 때를 만나 어찌 소외(疏 外)된 사람임을 자처하고 어리석은 충심을 다하여 만에 하나라도 도움이 있기를 생각하지 않을 수 있겠습니까. 지금 재변을 초래한 원인은 진실로 전하의 일념(一念)에 달려 있는 것입니다. 전하의 일념이 천도에 화합되면 하늘이 어찌 감하지 않을 수 있겠습니까. 만일 한 가지 정치의 잘못을 개혁하고 한 가지 일의 폐단을 바로잡는 것만을 법으로 여기면서 근본의 소재를 모르면 이 또한 말단입니다. 신이 오늘날 치도(治道)에 가장 관계가 깊고 시무(時務)에 가장 절실한 것을 전하를 위하여 개진하려 하니 상께서는 자애롭게 살펴주소서. 신이 삼가 전사(前史)를 상고해보니, 예부터 걱정하고 애쓰면서 잘 다스려지기를 바란 제왕들은 많았으나 시종 덕을 오로지하여 치적을 거둔 이는 적었습니다. 그 까닭은, 다스려지기를 바랐으나 다스리는 방법을 알지 못한 데 있었던 것입니다. 다스려지기를 바라고 그 방법을 터득하면 걱정하거나 애쓰지 않아도 치도(治道)가 이루어지는 것이고, 다스려보겠다는 뜻은 두었으나 그 방법을 모르면 마음을 수고롭히고 몸이 수척해지도록 새벽에 일어나고 밤이 되어서야 저녁을 먹으면서 부지런히 애쓰더라도 끝내 별다른 이익이 없을 것입니다. 황제(黃帝)나 요(堯)·순(舜) 같은 이가 의상(衣裳)만 드리우고 있었어도 천하가 다스려진 것은 오직 그 방법을 터득했기 때문입니다.

후세의 임금들도 더러는 정서(程書)도 하고 전찬(傳餐)[61]도 했으니 부지런히 애쓰지 않은 것은 아닙니다. 그러나 마침내 선치(善治)를 일으키지 못하고 국조(國祚)를 연장시키지 못한 것은 다스리는 방법을 터득하지 못한 채 헛되이 잔단 정무에 정력을 낭비했기 때문이었습니다.

그러면 다스리는 요점이 어디에 있겠습니까? 신이 말씀드리겠으니 상께서는 정신을 집중시키소서. 대체로 제왕들이 다스리는 도는 지극히 간결하고 지극히 쉬워 번거롭거나 어렵지 않습니다. 천하가 비록 크나 다스리는 것은 마음에 달렸으니 지극히 간결하지 않습니까? 사해가 비록 넓으나 다스리는 것이 도(道)에 있으니 지극히 쉽지 않습니까? 마음이라는 것은 몸을 주관하는 것으로 만화(萬化)가 이로 말미암아 나오며, 도(道)라는 것은 마음에 근본하는 것으로 천하 고금이 모두 이로부터 말미암는 것입니다. 진실 이 마음을 밝혀 만화의 근원을 맑게 하고 이 도를 본받아 만민의 표준을 세우면, 삼재(三才)에 참여하여 천지(天地)의 화육(化育)을 돕는 공(功)을 이룰 수 있을 것입니다. 이에 따라 천지가 저절로 제자리를 잡고 만물이 저절로 육성되어 기(氣)가 화(和)하지 않는 것이 없게 될 것이므로

---

61 전찬(傳餐) : 정서는 문서(文書)의 양을 헤아리는 것으로, 즉 임금이 정무에 부지런함을 말함. 《사기(史記)》진 시황기(秦始皇紀)에 "저울로 문설를 달아서 낮과 밤의 일정량을 정해 놓고 처리하되, 그 정량을 다 처리하지 못하면 쉬지 않았다." 하였고, 《한서(漢書)》형법지(刑法志)에 "낮에는 옥사(獄事)를 처결하고 밤에는 문서를 처리하되, 스스로 일을 처결한 문서의 양을 헤아려 날마다 1석(一石)을 하는 것으로 일정량을 삼았다." 하였고, 그 주에 "현(縣)은 저울[稱]이요, 석(石)은 1백 20근인데 시황이 하루에 처결하는 문서를 1백 20근으로 정량을 삼았다."고 하였다. 전찬은, 수 문제(隋文帝)가 위사(衛士)를 시켜 밥을 날라다 먹으면서 정무를 처리한 것을 말함. 임금이 일을 처결하느라 조용한 식사 시간을 갖지 못하므로 위사가 적당한 시간에 가져다 드린다는 것. 《구당서(舊唐書)》태종본기(太宗本紀) 권2.

상서로움과 경사가 찾아들 것입니다. 《역경(曆經)》에 '간결하고 쉬운 것에서 천하의 도를 터득하는 것이니, 천하의 도를 터득하면 사람의 자리가 천지 가운데서 이루어진다.' 하였는데, 그것은 바로 이를 말한 것입니다. 대체로 나라를 다스리는 방법에는 하나의 강령(綱領)이 있고 열 개의 조목(條目)이 있는 것입니다. 강령은 체(體)인데 다스림을 내는 근본이요, 조목은 용(用)인데 법도를 제정하는 방법입니다. 그러므로 하나의 강령을 들면 열 개의 조목이 저절로 펼쳐지는 것입니다. 신이 먼저 하나의 강령에 대하여 말씀드린 다음 열 개의 조목에 대하여 말씀드리겠습니다. 그러면 무엇을 하나의 강령이라고 일컫는 것인가 하면, 임금의 심술(心術)이 바로 그것입니다. 번잡한 서정(庶政)의 치람과 많은 백성들의 휴척(休戚)에 대한 기미가 모두 임금의 한 마음에 근본하지 않는 것이 없습니다. 그러므로 임금의 마음이 바르지 못하면 온갖 일이 어그러지고 인심(人心)이 어긋나서 여기(戾氣)가 찾아드는 것인데, 이것은 필연적인 이치입니다. 생각건대, 옛 성인(聖人)들이 제왕의 자리에 있을 때는 하늘을 본받아 정치를 하였으므로 마음이 정대하고 광명하고 천리의 공변됨이 순수하여 인욕의 더러움이 없었습니다. 그렇기 때문에 은미한 것에서부터 드러난 것에 이르기까지 안과 밖이 환하게 밝아서 사사롭고 사특한 폐단이 없었으므로 위에서 기강을 세우면 교화가 아래에 밝게 이루어졌고 법을 제정하면 무시하여 어지럽힐 걱정이 없었으며 영을 내려도 아부하는 자에게 호의를 보이는 잘못이 없었습니다. 그리고 어진이를 등용하고 간사한 사람을 축출하는 것도 물정에 꼭 맞았으며, 착한 이를 상주고 악한이를 벌주는 것도 한결 같이 공론에 따라 하고 감히 털끝만큼의 사정도 그 사이에 끼어 들지 못하게 했기 때문에 마음이 지대 지공(至大至公)하고 움직일 수 없도록 매우 발라서 일 없는 정치를 편안히 행하였으되 절로 백관 중직(百官衆職)의 성공을 거두었으니, 이른바 간결하고 쉬운 도라는 것이 이와 같습니다.

만일 이와 반대로 인욕(人慾)과 사의(私意)의 침입으로 공명 정대한 체(體)를 잃는다면 편당(偏黨)을 지어 반측(反側)하는 무리들이 은밀히 시기심을 품게 되어 마음이 날로 뒤숭숭해지게 되고 따라서 간특(奸慝)한 무리의 횡행으로 번쇄한 일이 마구 생겨서 장차 말로 표현할 수 없는 지경에까지 이를 것입니다. 여기에서 임금의 심술은 바르지 않으면 안 되고 그 마음을 바르게 하는 방법은 또 반드시 학문으로 인하여 얻어진다는 것을 알 수 있습니다. 대개 본심이 착한 것은 그 체(體)가 매우 미약해서 숱한 물욕(物慾)의 공격을 이겨낼 수가 없는 것입니다. 그래서 순임금도 위미(危微)의 경계[62]가 있었고, 공자도 극기(克己)의 가르

---

62 위미(危微)의 경계 : 순(舜)임금이 우(禹)임금에게 천하를 선위(禪位)할 때 전해 준 도통(道統)의 말로, 심학(心學)의 본지(本旨)이기도 함. 즉 위미란, 《서경(書經)》 우서(虞書) 대우모(大禹謨)에 "인심(人心)은 위태로운 것이고 도심(道心)은 희미한 것이니, 정밀히 하고 한결같이 하여야 진실로 그 중(中)을 굳게 잡을 수 있다."고 한 것을 줄인 말이다. 채침(蔡沈)의 주를 보면 "마음이란 사람의 지각이 속에서 주관하고 밖으로 응하는 것으로 형기(刑氣)에서 발생된 것을 지적하여 말하면 인심이라 하고 의리에서 발생한 것을 지적하여 말하면 도심이라 하는데, 인심은 사뛰기는 쉽고 공변되기는

침이 있었습니다. 임금이 높고 높은 자리에 처하여 도리를 궁구하는 노력과 공덕을 보존하는 정성스러움이 잠시라도 끊기는 때가 있다면 또 어떻게 심술을 바루고 만사의 강령을 세울 수 있겠습니까. 선유가 '오직 학문으로써 이 마음을 기를 수 있고 오직 공경으로써 이 마음을 보존할 수 있고 오직 군자를 가까이함으로써 이 마음을 지탱할 수 있다.' 하였습니다. 대체로 의리와 물욕은 반비례로 소장(消長)하는 것이므로 학문에 뜻을 둔 것이 돈독하면 날로 성현과 한 동아리가 되어 스스로 얻는 즐거움이 있고, 몸가짐을 공경히 하면 신명(神明)이 위에 있는 듯 경건해져서 올바르지 못한 것이 침노할 수 없게 되며, 현인 군자와 가까이할 때만 경계하는 말을 날마다 듣게 되어 아첨하는 말과 간사한 말이 들어올 수 없게 됩니다. 이 세 가지에 힘을 다하면 상의 마음이 맑고 고요해져서 해처럼 밝고 거울처럼 맑게 되어 의리가 주인이 되기 때문에 물욕이 침탈할 수 없게 될 것입니다. 대체로 경연(經筵)은 임금이 학문을 강론하는 곳이고 어진 사대부를 만나는 곳이며, 경(敬)은 동정(動靜)을 통관(通貫)하고 내외(內外)를 합일시켜 천덕(天德)에 이르게 하는 것입니다. 신이 보건대 전하께서 즉위 초년에는 정신을 가다듬어 경연에 부지런히 나아가시어 치도를 강구 연마하여 잠시도 게으름을 보이지 않았습니다. 근년에 오면서부터는 전혀 처음만 못하시니, 강관(講官)은 입시하여 몇 장(章)을 펴 읽을 뿐 도의를 규풍(規諷)하는 이로움이 없으며, 전하께서도 묵묵히 계시기만 할 뿐 의리의 정미로움을 토론하거나 고금의 득실을 상의(商議)하신다는 말을 듣지 못하였습니다. 그리고 재상들이 진달(陳達)하여 경계하는 것도 정령(政令)에 관계된 소소한 일들일 뿐이고, 이윤과 부열(傅說), 주공(周公)과 소공(召公)처럼 선한 말을 진달하여 애쓰는 사람이 없으니, 전하께서 이치를 궁구하고 덕으로 나아가는 공부에 미진한 바가 있는 것이 아닌가 염려됩니다. 신은 늘 전하께서 요·순의 도에 뜻을 두시면서, 경연에서는 삼대(三代)이상의 성경 현전(聖經賢傳)으로 진강(進講)의 근본을 삼지 않으시고, 항상 후세에서 편집(編輯)한, 질(帙)이 호번하여 끝까지 연구하기 쉽지 않은 책을 취하여【이때 《대학연의보(大學衍義補)》를 진강하고 있었기 때문에 한 말이다.】진독(進讀)하시는 것을 괴이하게 여겨 왔습니다. 이런 책들은 번다한 사물(事物)과 제도(制度)에 대해서는 상세하지만 성인(聖人)이 심술을 밝히고 정성스럽게 하는 뜻과 정밀히 하고 한결같이 하는 방법 등은 대체적으로 갖춰져 있지 않습니다. 따라서 임금이 다만 옆에 두고 한가할 적에 때때로 펴보면서 고금의 제작(制作) 규모의 장단점을 연구하면 될 것이요, 경연에서 오로지 그것에 정신을 집중시켜 강론하고 궁구할 필요는 없는 것입니다. 성상의 품성이

어렵기 때문에 위태한 것이며 도심은 밝아지기는 어렵고 어두워지기는 쉽기 때문에 희미해진다는 것이다. 그러므로 정밀히 살펴서 형기의 사정에 섞이지 않게 하고 한결같이 지켜 의리의 올바름에 순전하게 해서 도심이 항상 주장을 하고 인심이 그 명을 따르게 하면 위태로운 것이 편안해지고 희미했던 것이 환히 나타나게 되어 동정(動靜)과 운위(云謂)에 저절로 지나치거나 미치지 못하는 차이가 없게 되어 참으로 그 중을 잡을 수 있게 된다."고 풀이하고 있다.

높지 않은 것이 아니고 성상의 뜻이 독실하지 않은 것이 아닌데도 그럭저럭 한 권의 책에다 헛되이 세월을 허비하면서 뜻은 부지런히 힘쓰건만 도(道)는 멀기만 하다는 탄식이 있게 된 것은 당초에 보도(輔導)한 사람의 죄가 아닐 수 없습니다. 당(唐)·우(虞)와 삼대(三代) 때에 어찌 이러한 책이 있었겠습니까. 심학(心學)뿐이었습니다. 한 이치가 만사(萬事)를 꿸 수 있고, 한 마음이 만화(萬化)를 총괄할 수 있는 것이므로 제왕의 학문은 이치를 궁구하는 것뿐입니다. 이치를 궁구하여 마음이 바르게 되면 저절로 몸이 닦이고 가정이 정제해져서 나라와 천하에 이르게 되는 것입니다. 원하건대 전하께서는 말단의 섭렵을 중지하시고 근본을 힘쓰는데 뜻을 오로지 하시며, 제왕의 학문에 마음을 기울여 정일(精一)의 공부에 마음을 다하소서. 그리하여 날마다 진신(縉紳)들을 대하여 정미한 것들을 강론하시되, 반드시 공경을 주로 삼아 나태하여 끊어지는 병폐를 없게 하시면 전체(全體)가 서게 되어 대용(大用)이 이를 말미암아 행해질 것입니다. 대체로 경(敬)은 성학의 시종을 완성시키는 것입니다. 《역경(曆經)》에 '하늘의 운행은 굳센 것이니, 군자가 그것을 본받아 스스로 힘써 쉬지 않는다.' 하였는데, 쉼이 없는데 이르게 되면 하늘의 덕과 합하는 것입니다. 임금의 덕과 마음이 하늘과 똑같아지면 천심이 즐겁지 않고 재변이 사라지지 않을 리가 없는 것입니다. 그래서 정자(程子)는 경(敬)의 공효를 논하며 '총명과 예지가 모두 이로부터 나오므로 이로써 천제(天帝)를 섬길 수 있다.' 하였습니다. 상께서는 유념하소서. 열가지 조목들은 심술의 나머지로, 모두가 다스려가는 공무(功務)입니다.

첫째, 가정을 엄하게 다스리는 것입니다.

《역경(曆經)》 가인괘(家人卦)에, '왕이 가정에 충실하면 구휼하지 않아도 길하리라.'고 하였고, 또 '믿음이 있게 하고 위엄있게 하면 마침내 길하리라.'고 하였으며, 전(傳)을 쓴 사람은 '왕자의 도(道)는 몸을 닦아서 가정을 정제하게 하는 것이니, 가정이 바르게 되면 천하가 다스려진다. 예부터 성왕들은 모두 자기 몸을 삼가고 집안을 바로 잡는 것으로 근본을 삼았다. 그러므로 가정에 대한 도가 지극해진 다음에는 노력하지 않아도 천하가 다스려졌던 것이다.'라고 하였습니다.

대체로 가정을 바르게 하는 도는 내외의 한계를 엄하게 하고 존비(尊卑)의 분수를 명백히 하는 것보다 먼저 해야 할 일은 없습니다. 남자는 밖의 일을 올바르게 관장하고 여자는 안의 일을 올바르게 관장해야 하며, 처(妻)는 이에서 체통을 정제하고 첩(妾)은 아래서 받들게 하여야 합니다. 그리하여 부부(夫婦)의 분별이 엄하고 적서(嫡庶)의 분수가 명확하면 가정이 정제된 것입니다. 덕이 있는 여자를 채택하고 목소리 곱고 예쁜 여자를 경계하며 동관(彤管)의 사(史)[63]가 있게 하고 늦게 일어나는 것을 경계하는 말이 있게 하며 밖의 말이

---

63 동관(彤管)의 사(史) : 붓대가 붉은 붓을 가진 사관(史官). 동관은 옛날 여사(女史)가 궁중(宮中)에서 궁중의 정령(政令)과 후비(后妃)의 일을 기록할 때 쓰던 붓이다. 《후한서(後漢書)》 광무곽황후기(光武郭皇后紀)에 "여사가 동관으로 공을 기록하고 허물을 쓴다."고 하였고, 그 주(注)에 "동관은 붓대

안으로 들어가지 않게 하고 안 말이 밖으로 나오지 말게 하며 뇌물이 들어오지 못하게 하고 청탁이 행해지지 못하게 하는 것이 가정을 정제하는 것입니다.

대체로 규문(閨門) 안은 사람이 지나치면 엄하지 못하고 은총이 성하면 의리가 가려지는 것입니다. 그러므로 가정의 환란은 언제나 예법이 확립되지 않아서 버릇없는 마음이 생기는 데 있는 것입니다. 진실로 속으로는 믿으면서 겉으로는 위엄이 있게 하지 못하고 정애(情愛)의 사사로움에 빠져 스스로를 이기지 못한다면, 어떻게 궁곤(宮壼)을 바르게 하고 청탁을 막으며 인척(姻戚)들을 검속하여 화란의 싹을 미연에 방지할 수 있겠습니까. 믿음은 사람의 마음을 감동시키는 것이고 위엄은 사람의 마음을 엄숙하게 하는 것이므로, 이 두 가지가 병행되어야 가도(家道)가 바르게 되는 것입니다. 그러나 위엄은 역시 먼저 자기 자신을 엄숙히 하는 데 있는 것입니다. 따라서 일동일정(一動一靜)을 감히 구차스럽게 하지 않고 일빈 일소(一嚬一笑)를 감히 경솔하게 하지 않으면, 사람들이 마음 속으로 삼가고 두려워하여 가도가 저절로 엄숙해질 것이므로 즐거움이 법도에 어긋나지 않게 되어 상하의 질서가 정연해지고 내외의 분수가 분명해질 것이니, 어찌 한 사람이라도 사사로운 은총을 믿고 지켜야 할 도리를 어지럽히고 뇌물을 받아들여 조정의 정사를 문란 시키겠습니까. 그러므로 '위엄 있게 하면 길하리라.' 한 것은 바로 자신을 반성하라는 말입니다. 자신을 반성할 줄 모르면서 가정을 바르게 한 사람은 아직 없었습니다. 삼가 전하께서 가도를 바르게 다스리는 것은 진실로 논할 것이 없습니다. 그러나 전에 액정(掖庭)에서 총애를 믿고 틈을 엿본 변이 있었고【박씨(朴氏)가 교만 방자하여 제멋대로 한 것을 말함.】뒤이어 음흉하고 간사한 자가 권세를 잡고 정치를 어지럽히는 화(禍)가 있었습니다.【김안로(金安老)를 가리킴.】지금도 대궐 안이 엄하지 못하여 여자들이 정사를 어지럽히는 일이 많이 행해지고, 관직의 제수를 결정할 때에도 이따금씩 지공 무사하지 않은 경우가 있어서 상의 덕에 누가 되고 있다는 말이 멀리까지 전해 들리는데, 사실 여부는 모르겠습니다만, 이 일에 대해 거론하는 정신(廷臣)이 한둘이 아니니 어찌 본 것이 없이 그러하겠습니까. 대개 궁정(宮庭)의 은밀한 곳과 자리에 들어 쉬실 때 정(情)에 흘러 도리를 해치는 것이 지극히 은미한 것 같아도 영락없이 밖으로 드러나 멀리까지 미치는 것입니다. 임금의 마음은 마치 푸른 하늘의 해와 같아 조금만 흐려도 모든 사람이 보고 있어서 숨길 수가 없는 것입니다. 《예기(禮記)》에 '남편의 가르침을 닦지 않으면 꾸지람이 하늘에 나타나 해가 일식을 하고 부인이 순종함을 닦지 않으면 꾸지람이 하늘에 나타나 달이 월식을 한다.' 하였습니다. 임금의 가법(家法)이 닦이지 않으면 또한 건상(乾象)의 변을 일으킬 수 있는 것이니 매우 두려운 일입니다. 원하건대 전하께서는, 이러한 은미한 것은 나의 덕에 누가 될 만한 것은 아니라고 하지 마시고, 척연(惕然)히 경계해 살피시고 분연(奮然)히 뉘우쳐 고치시매 해와 달같이

가 붉은 붓이다."라 하였다.

환히 비치시고 천둥 번개처럼 결단하시어, 아첨하는 무리들이 총명을 막지 못하게 하고 애행(愛幸)을 모두 도의(道義)로 결단하시어 궁곤을 엄하게 하시고 사특한 길을 막으시면, 종사(宗社)에 매우 다행이겠습니다.

둘째는 국본(國本)[64]을 교도하는 일입니다. 국본을 보좌하여 교도하는 것이 오늘의 급선무인데, 보좌하여 교도하는 방법은 역사를 강론하고 고금의 득실을 이야기하는 데에만 그칠 것이 아니라, 학문이 점점 몸에 배도록 함양(涵養)하고 훈도(薰陶)하여 그 도를 터득하게 하는 데 있는 것입니다. 옛날의 명철한 임금들은 태자(太子)를 교양(敎養)할 때 반드시 행실이 돈독하고 방정과 내신(內臣)들까지도 모두 중후하고 조심성 있는 사람들을 골라 삼가 보호하게 해서 전후 좌우에 모두 바른 사람이 있게 하고 출입(出入)과 기거(起居)를 모두 정도(正道)에 맞게 하고 천박하고 속된 말이 들리지 않게 하고 화려하고 사치스런 물건이 눈에 뜨이지 않게 하였으니 덕성을 기르고 신체를 보호하는 것에는 이보다 더 나은 방법이 없는 것입니다. 대체로 학문의 도에는 스스로 본말(本末)이 있는 것이니 본이 되는 것을 먼저 하고 말이 되는 것을 나중에 하는 것이 덕으로 나아가는 규칙입니다. 제왕들이 심법(心法)과 성현들의 모훈(謨訓)이 경전(經傳)에 실려 있어서 해와 별처럼 밝게 빛나고 있으니, 마땅히 마음을 가라앉히고 익히 읽어서 여유 있는 마음으로 진리를 이해해야 하고, 진리를 이해만 할 것이 아니라 터득한 실지를 실천하며 도덕의 원리를 살피고 사물의 진리를 밝혀서 그칠 데에 이르고 마음을 다하고 본성을 알아서 하늘에 이르는 것이 학(學)의 근본입니다. 널리 사서(四書)를 섭렵하여 고금의 세변(世變)에 통달하는 것은 이치를 궁구하는 한 단서일 뿐, 학문의 본무(本務)는 아닙니다. 대체로 마음이 도에 통한 연후에 역사를 보면 옛사람들의 시비 득실이 한눈에 환하게 들어오지만, 마음이 도에 통하지 않은 상태에서 갑자기 역사책을 많이 보려 서둔다면 방만하기만 하여 효과가 없을 뿐만 아니라 시비와 사정의 귀결이 엇갈리어 취사(取捨)를 알지 못하게 될까 염려스럽습니다. 삼가 보건대 춘궁(春宮)께서는 천품이 고금에 없이 뛰어나게 순수하여 덕의 진취가 빠르므로 가르치기에 번거롭지 않으며 일덕(一德)에는 티가 없고 삼선(三善)[65] 이 모두 융성합니다. 저번에 양위(讓位)하시겠다는 명을 받았을 적에, 지성으로 사양하며 울면서 음식도 들지 않음으로써 마침내 성상의 뜻을 돌리게 하였다는 이야기를 조야(朝野)가 듣고 감읍(感泣)하지 않은 사람이 없었으니, 순수한 효도와 성대한 덕이 지극하지 않았다면 어찌 이렇게까지 하였겠습니까.

---

64 국본(國本) : 세자(世子).

65 삼선(三善) : 세 가지 잘 섬기는 일. 즉 신하는 임금을 섬기고, 아들은 아버지를, 어린이는 어른을 섬기는 것.《예기(禮記)》문왕 세자(文王世子)에 "한 사람이 행하여 삼선(三善)이 모두 이루어질 수 있는 사람은 세자(世子)일 뿐이니……부자·군신·장유의 도가 잘 이루어져야 나라가 다스려진다." 하였다.

다만 염려되는 것은 도와 보호하는 방법이 삼대(三代)의 방법에는 못 미치는데, 빈료(賓僚)에 뽑힌 이들이 어찌 모두 도에 밝고 덕이 있는 선비이겠습니까. 진강하는 책들도 사기(史記)가 많고 마음을 가라앉혀 깊이 생각해야 할 성경(聖經)은 없는데, 여러 사책만 부지런히 섭렵하는 것은 이치를 밝혀 도로 나아가는 방법이 아닌 것 같습니다. 임금의 학문은 마땅히 이제(二帝)[66]와 삼왕(三王)[67] 을 본받아야 합니다. 삼대 이상에 무슨 역사책이 있어서 읽었겠습니까. 심학(心學)뿐이었습니다. 후세에는 역사책을 보지 않을 수 없다고 하더라도 본말과 선후의 차례는 살피지 않을 수 없는 것입니다. 얼마 전 사림(士林)에서 우익지설(羽翼之說)을 빙자해 음흉하고 간사한 무리의 괴수를 끌어들여【김안로(金安老)·허항(許沆)·채무택(蔡無擇) 등을 처음 등용할 때의 일이다. 이때 돕는다는 설[羽翼之說]이 있었다.】사부(師傅)의 자리에 앉혀 놓았으니, 보좌하고 교도한 것이 사리에 어그러진 것이 반드시 많았을 것입니다. 다행히 천조(天祚)를 힘입어 종사(宗社)에 구름이 걷히고 해가 다시 밝았으니, 마땅히 궁료(宮僚)의 직을 중하게 여겨 이름 있고 덕망 있는 선비를 널리 뽑아 권강(勸講)에 대비하되 반드시 오래 그 임무를 맡겨 공효를 이루도록 책임지우소서. 진강하는 책들도 반드시 마음을 밝고 슬기롭게 다스리는 학문으로 근본을 삼아 이치를 궁구하는 공부에 정신을 오로지하게 해서 덕으로 나아가는 방법에 힘을 다하게 하소서. 그리고 이따금 지난 역사를 물어 고금의 변고와 치란의 요점을 연구하게 한다면 본말이 다 갖추어져 성스러운 공덕이 완성될 것입니다. 요즈음 강관(講官)의 숫자도 적은데다 다른 관직을 겸하고 있으므로 맡은 일을 처리하기에 바빠 그들의 사려(思慮)가 혼란하므로 시독(侍讀)하는 데에 마음을 오로지하고 정성을 쌓을 수 없으니, 보좌하여 교도하는 데에는 마땅하지 않습니다. 생각건대 동궁의 학문(學問)이 날마다 달마다 진보되니 간단(間斷)이 있을까 하는 걱정은 진실로 없을 것 같습니다. 그러나 사람의 마음은 보존하기가 어렵고 기질과 습관은 변하기가 쉬운 것입니다. 한 마음이 있느냐 없느냐에 따라 성인(聖人)이 되기도 하고 광인(狂人)이 되기도 하는 것이니, 보좌하여 인도하는 방법을 극진히 하지 않을 수가 없는 것입니다. 종사의 원대한 계획으로 이보다 더 급한 일은 없으니, 상께서는 깊이 통찰하소서. 세째는 조정(朝廷)을 바르게 하는 것입니다. 신이 들으니 '임금이 마음을 바르게 해야 조정이 바르게 되고 조정이 바르게 되어야 백관(百官)이 바르게 되고 백관이 바르게 되어야 만민이 바르게 되고 만민이 바르게 되어야 사방이 바르게 된다.' 하였습니다. 대저 조정은 사방의 본원이고 왕의 덕화가 말미암아 시작되는 곳입니다. 본원이 맑으면 하류의 물은 흐리게 하려고 해도 흐려질 수가 없는 것입니다. 먼저 조종을 바르게 하는 일에 힘쓰지 아니하면서 부서(簿書)의 잘못이나 탄핵하는 말단의 일에 구구히 매달려 이것으로 퇴폐한 풍속을 진작시키

---

66 이제(二帝) : 요(堯)와 순(舜).
67 삼왕(三王) : 하 우왕(夏禹王), 은 탕왕(殷湯王), 주 문왕(周文王)·무왕(武王).

고 민폐를 근절시키려 한다면, 비유컨대 본원을 흐리게 하면 하류가 맑기를 바라는 것과 같은 것이니 될 일이겠습니까? 대개 조정을 바르게 하는 데는 두 가지 방법이 있는데, 반드시 먼저 기강을 확립시켜 정하는 것과 풍절(風節)로 진작시키는 것입니다. 그런 다음에야 상하가 잘 다스려져 인도(人道)가 정제되기 때문에 퇴폐되거나 쇠해지지 않는 것입니다. 풍절이란 공도(公道)가 말미암아 행해지는 것이고 직도(直道)가 말미암아 뻗어나는 것입니다. 공도가 행해지지 않고 직도가 신장되지 않으면 기강이 어떻게 확립되겠으며, 기강이 확립되지 않으면 조정이 어떻게 바루어지겠습니까. 그러나 기강과 풍절이 확립되는 것은 또 임금의 심술에 달려 있는 것입니다. 삼공이 도를 논하고 육경이 직분을 나누며 시종(侍從)과 대간(臺諫)이 그 사이에서 논하고 규찰하면, 임금은 대공 지정한 마음으로 위에서 총섭(摠攝)해서 시비를 분변하여 알맞게 결단하여 어질고 간사한 것을 살펴 진퇴(進退)시킵니다. 그렇게 하면 선입견에 좌우되어 한쪽 말만 듣고 한쪽만 믿는 잘못이 없게 되고 폐행(嬖幸)만을 가까이하여 넓게 임하고 넓게 사랑해야 하는 공변됨을 잃는 일이 없게 됩니다. 도가 있는 곳이면 의심치 말고 결단하여 간사한 것이 현혹시킬 수 없게 하고 아첨꾼이 변경시킬 수 없게 하며, 출척(黜陟)과 형상(刑賞)을 한결같이 공론에 따라 하고 어느 특정인에게만 호의를 보이는 폐단이 없게 한 뒤에야 공도가 행해지고 직도가 신장되어 기강이 확립되고 조정이 바르게 됨은 물론 내외와 원근이 한결같이 바르지 않은 것이 없게 될 것입니다. 임금의 마음이 혹 공명 정대하지 못해서 털끝만큼이라도 어느 한쪽으로 치우치는 사사로움이 있다면, 간사하고 아첨하는 무리와 인척(姻戚)·폐행(嬖倖)이 온갖 연줄을 대어 엿보면서 은총을 바라지 않는 자가 없어서 못하는 짓이 없을 것입니다. 그리하여 위로는 상의 총명을 현혹시키고 아래로는 권력을 사사로이 휘두르게 되므로 충직한 의논이 있다고 하더라도 들어갈 틈이 없어져 선비의 풍절이 저상(沮喪)되게 되는 것입니다. 선비의 풍절이 저상되면 공도(公道)가 막히고 직도(直道)가 폐기되는 것이니, 이 때문에 기강이 허물어지고 조정이 어지러워지는 것입니다.

지난번 간흉(姦凶)이 자격도 없이 자리에 앉아 은총을 믿고 제 마음대로 하여 아랫사람의 말을 막고 위의 총명을 가렸습니다. 그리하여 여탈(與奪)이 은혜냐 원수냐로 결정되어 형벌과 복이 그들의 말 한마디에서 결정되었으므로, 사림(士林)이 기운을 잃고 기강이 흔적도 없이 사라져서 종사(宗社)가 거의 위험한 지경에 이르게 되었고 전하께서는 위에 고립되어 있었습니다. 그러나 누구 하나 나라를 위하여 따라 죽을 각오로 직언과 정론을 펴 간사한 무리를 물리치려 하지 않았으니 너무도 풍절이 없었습니다. 이처럼 사림은 풍절이 없었고 조정에는 기강이 없었으니, 국가의 패망이 간발의 위기에 처하게 되었던 것입니다. 그러니 어찌 한심스럽지 않을 수 있겠습니까. 바라건대 전하께서는 전의 일을 징계하시고 뒤의 일을 걱정하시어 대공 지정한 마음으로 편사(偏私)의 누를 말끔히 씻어내시고 호오(好惡)의 공변됨을 명백하게 보이소서. 그리하여 풍절을 도탑게 하시고 기강을 진작시키시면 본원이 맑아져 왕화(王化)가 행해질 것입니다. 네째는 용사(用捨)를 신중히 하는 것입니다. 이윤(伊尹)이 '관리를 임용할 때는 오직 어질고 재주있는 사람으로 하시어 좌우가 모두 그런 사람이게 하소서. 신하는 위로는 임금을 위해 덕을 펴고 아래로는 백성을 훈도하는 자이니, 어렵게 여겨 신중히 하시며 오직 화하게 하시고 한결같게 하소서.' 하였고, 맹자는 '좌우가 다 어질다고 하여도 안 되며 모든 대부가 다 어질다고 하여도 안 되고 온 나라 사람이 다 어질다고 한 뒤에야 살펴보아서 어진 것을 확인한 뒤에 등용하며, 좌우에서 다 옳지 않다고 하여도 듣지 않고 모든 대부가 다 옳지 않다고 하여도 듣지 말며 온 나라 사람아 다 옳지 않다고 한 후에야 살펴보아서 옳지 않은 것을 확인한 뒤에 버리라.'고 하였습니다.

대체로 용사(用捨)의 득실에 따라 국가의 안위가 판가름나기 때문에, 옛날 밝은 임금들은 신중히 여겨 감히 가볍게 하지 아니했고 어렵게 여겨 감히 쉽게 하지 않았으며 반드시 중의(衆意)를 참작하고 혼자 성찰하여 그 사람의 현부의 실체를 환히 확인한 뒤에 그에 따라 진퇴시켰습니다. 그리하여 어진 사람에 대해서는 깊이 알고 돈독하게 믿어서 의심이 없었고, 어질지 못한 사람에 대해서는 밝게 통촉하고 결연히 제거하여 망설이지 않았습니다. 이것은 삼대 성왕들이 어진 사람을 임용하고 간사한 사람을 제거하던 방법인데, 후세의 임금들은 이 뜻에 밝지 못하여 거조(擧措)를 가볍게 함으로써 어진이를 임용하고도 끝까지 믿지 못하고 간사한 이를 제거하는 데도 결연히 결단하지 못하여, 어떤 때는 한 사람이 기리는 소리만 듣고 임용하기도 하고 어떤 때는 한 사람이 헐뜯는 소리만 듣고 제거하기도 하며 심한 경우에는 전에는 어질다 여겨 임용했던 사람을 뒤에는 간사하다 하여 죽이기도 하고 전에는 간사하다 여겨 물리쳤던 사람을 뒤에는 충성스럽다 하여 총애하기도 하였는데, 용사가 한번 잘못되는 데 따라 치란이 갈립니다. 이는 처음에 그 사람을 판별하지 못한 데 연유한 것이므로, 처음에 잘 살펴야 하는 것입니다. 신이 보건대, 전하의 마음은 어진이를 좋아하고 간사한 이를 미워하시며 처음부터 어느 한쪽에 치우침이 없으셨습니다. 사람이 어질다는 소문을 들으면 비록 멀리 있다고 하더라도 빠짐없이 선발하였고 사람이 간사함을 아시면 비록 귀총(貴寵)이라도 조금도 용서없이 죽이거나 귀양을 보내셨으니, 성상의 마음이 지극히 겸허하고 밝지 않았으면 어찌 이렇게까지 하실 수 있었겠습니까. 다만 한스러운 것은 보도하던 신하들이 광명(光明)한 길을 말미암지 않고 암매(暗昧)한 길을 따른 경우가 많아서 맑고 밝은 덕에 티를 만들었습니다. 때문에 수십 년 동안 진퇴시킨 사람들과 죽거나 발탁된 관원들이 공론에 합치되지 않는 경우가 많았습니다. 대저 인재의 진퇴와 소장(消長)은 국가에 관계되는 바가 크므로 마땅히 공명 정대한 공론에 따라 결단해야 하는 것입니다. 어찌 은밀한 데 의탁해서 흑백(黑白)을 변란시켜 자기와 의견을 달리한다고 배척할 수 있겠습니까. 신하 중에 몰래 아뢰는 사람이 있다면 이는 간사한 사람이 아니면 아첨꾼이라고 선현(先賢)이 이미 논하였으니, 현명한 임금이라면 마땅히 깊이 미워해야 할 것입니다. 옛날 한 문제(漢文帝)가 장안(長安)에 이르렀을 때 주발(周勃)이 잠깐 뵙기를 청하자 송창(宋昌)이 물리치면서 '할 말이 공적인 말이면 공적으로 말하고, 사적인 말이라면 임금은 사사로움이 없는 법이다.' 하였는데, 경계하는 바가 엄한 말입니다. 문제의 다스림이 공명 정대하고 음사(陰邪)한 폐단이 없었던 것은 실로 송창의 이 한마디 말[68]에 힘입었던 것입니다. 원하건대 전하께서는 맑은 마음과 한결같은 덕으로 간사한 무리를 억제하시고 올바른 자를 허여하시며 이상(履霜)의 조짐[69]을 막으시고 뱃속으로 들어오는 해독을 경계하소서. 사람을 등용하거나 축출할 때는 언제나 더한층 어렵게 여기고 신중히 하는 뜻을 가지시어 반드시 좌우에 질정하시고 조정과 의논하소서. 또한 반드시 겸허한 마음으로 살피시고 털끝만큼도 어느 한 곳으로 치우치는 사사로움을 두지 마시어, 혹 지름길을 통해 현혹하려는 사람이 있다면 두말 못하게 거절하시고 단호히 물리치기를 태양이 사사로이 비침이 없는 것처럼 하시면, 음흉하고 간사한 것들이 틈을 엿볼지라도 음사(陰邪)를 부릴 틈이 없을 것입니다. '사람을 아는 것이 명철인데, 이는, 요임금도 오히려 어렵게 여겼다.' 하였지만, 지금 보면 바르고 바르지 못한 것이 매우 명확하게 드러나 있으므로 분변하기에 그리 어려울 것도 없습니다.

옛날 이덕유(李德裕)가 당 무종(唐武宗)에게 '군자는 소나무나 측백나무 같아서 홀로 우뚝 서서 남에게 의지하지 않지만, 간사한 사람은 등나무나 겨우살이 같아서 다른 물체에 붙지 않고는 스스로 일어나지 못한다.' 하였고, 송 인종(宋仁宗)이 왕소(王素)에게 재상에 임명할 만한 사람을 묻자 왕소는 '환관(宦官)과 궁첩(宮妾)들이 성명(姓名)을 모르는 사람이어야 좋을 것이다.' 하여, 이에 부필(富弼)을 재상에 임명하니 사대부들이 서로 경하하였다 합니다. 전하께서는 진실로 공평 무사한 마음을 가지시어 이것으로 신하들의 사정(邪正)을 살피시어 진퇴를 결정하시면 반드시 실수가 없을 것입니다. 지금 공론의 배척을 받고 원한을 품고 틈을 노리는 사람들 중에는 반드시 다시 옛날 지름길을 통해 술책을 부리던 짓을 답습하는 자가 있을 것이니, 세밀히 살펴 예방하지 않으면 안 됩니다. 변고(變故)를 겪으신 이후 상의 지혜가 더욱 밝고 마음이 더욱 안정되었으므로 진실로 의심할 것은 없으나, 신의

---

68 송창의 이 한마디 말 : 한 문제는 고조(高祖:유방(劉邦)임)의 중자(中子)로 이름은 항(恒). 고조가 대(代)를 평하고 그를 세워 대왕(代王)을 삼았었는데, 그후 여후(呂后)가 죽자 주발(周勃)이 제려(諸呂)의 난(亂)을 진압하고 그를 맞아 제위(帝位)에 세웠다. 주발이 대왕을 맞아 와서 제로 삼을 무렵 대왕에게 할 말이 있으니 좌우를 물리라고 하자 대왕의 참모였던 중위(中尉) 송창(宋昌)이 가로막아 나서며 주발에게 "공적인 말이면 공적으로 말하고, 사적인 말이라면 임금은 사사로움이 없는 법이다." 하자 주발이 물러갔다는 고사. 《한서(漢書)》 권4 문제기(文帝紀).

69 이상(履霜)의 조짐 : 매사 화란은 발생되기 전에 미리 막아야 한다는 뜻. 서리를 밟게 되면 이미 얼음이 얼 시기가 가까워졌다는 조짐을 알아서 그에 대처해야 한다는 뜻.《주역(周易)》곤괘(坤卦) 초6(初六)에 "서리를 밟으면 얼음이 얼 때가 온다." 하였고, 그 상(象)의 소(疏)에 "서리를 밟음으로 하여 미리 얼음 얼 것을 경계하는 것은 조짐을 막고 은미함을 우려하여 끝을 처음처럼 삼가라는 뜻이다." 하였다.

사사로운 걱정과 지나친 계산으로는 감히 이것으로써 뒷날을 위한 걱정을 하지 않을 수 없으니, 상께서는 유념하여 살피소서. 다섯째는 천도(天道)를 따르는 것입니다.

신이 들으니 '하늘의 마음은 살리는 것을 좋아하고 사사로움이 없으며 성인의 마음도 살리는 것을 좋아하고 사사로움이 없다.'고 하였습니다. 요임금이 하늘을 공경하여 역상(曆象)을 만들어 사람들에게 절기를 알려 주어 여러 가지 공적이 모두 빛나게 한 것은, 하늘의 살리기 좋아하는 덕을 본받은 정치였습니다. 순임금도 간략하게 아래에 임하고 너그럽게 백성을 다스려 죄는 의심되면 가볍게 결정하고 공은 의심되면 무겁게 결정했으며 형벌은 형벌이 없는 경지에 이르기를 기약하여 가엾게 여기고 조심하였으니, 역시 하늘의 살리기 좋아하는 덕을 본받은 정치였습니다. 사람이면 누구나 오래 살고 싶지 않은 이가 없으므로 삼왕(三王)은 살게 하고 상하게 하지 않았으며, 사람이면 누구나 잘 살고 싶지 않은 이가 없으므로 삼왕은 후덕하게 하고 곤궁하게 하지 않았으며, 사람이면 누구나 안정되고 싶어 하지 않는 이가 없으므로 삼왕은 부축해 주고 위태롭게 하지 않았으며, 사람이면 누구나 편하고 싶지 않은 이가 없으므로 삼왕은 그 힘을 절약해서 다 쓰지 않았으니, 이 역시 모두 하늘을 따라 어진 정치를 베푼 것이었습니다. 삼대 이후에 이 도를 다한 이는한 문제(漢文帝)와 송 인종(宋仁宗)뿐이었습니다. 그 당시 별의 형상이 자주 변하고 해와 달이 흉조를 나타내었으며 재이(災異)가 무척 많았었지만, 두 임금은 도를 다해 자신을 반성해서 천심(天心)을 잘 받들었으므로 재앙이 변하여 상서가 되고 화(禍)가 변하여 복(福)이 되었으니, 정치를 닦고 하늘을 받드는 도도 역시 살리는 것을 좋아하고 사사로움이 없게 하는 데 있을 뿐입니다. 그 걱정도 자기 일신상의 걱정을 걱정으로 하지 않고 천하의 걱정을 걱정으로 하였으며, 그 즐거움도 자기 일신상의 즐거움을 즐거움으로 하지 않고 천하의 즐거움을 즐거움으로 하여, 시물(時物)이 번성한 것을 보고는 가난하고 초췌한 백성들을 진구하였고 제영(緹縈)이 올린 글[70] 에 감동하여 육형(肉刑)의 참혹함을 면제해 주었으며 사형수의 죄를 의심하여 다시 심사해 수천 명의 목숨을 살려주고 하루 저녁의 배고픔을 참으면서 끝없이 죽이는 것을 슬퍼하였습니다. 사람을 사랑하고 만물을 윤택하게 하고자 하는 마음이 지극히 정성스럽고 측은하게 여기는 마음에서 나온 것이었기 때문에 사람들의 마음을 얻어 화기가 응하게 되었던 것입니다. 보건대 전하는 하늘을 공경하고 백성의 일에 근면한 뜻이 지극하여 가엾게 여겨 관대하심을 보이는 전지도 여러번 내리셨습니다. 그러나 관리들이 봉행하기를 게을리해서 백성들은 혜택을 받지 못하고 수탈당하는 것이 전날과 조금

---

70 제영(緹縈)이 올린 글 : 제영은 한(漢)나라 태창령(太倉令) 순우의(淳于意)의 작은 딸. 의(意)는 아들은 없고 딸 다섯을 두었다. 문제(文帝) 때에 의가 죄를 짓고 형벌을 당하게 되어 조옥(詔獄)에 갇혀 있게 되었는데, 그때에도 육형(肉刑:참수형(斬首刑)임)의 제도가 있어 그 율에 해당되었다. 의가 딸에게 딸만 낳고 아들을 두지 못하니 급할 때 아무 이익이 없다고 하자, 제영이 슬피 울면서 아버지를 따라 장안에 가서 "몸을 바쳐 관비(官婢)가 되어서 아버지의 죄를 속(贖)하겠다."는 글을 올리니, 황제가 불쌍히 여겨 육형을 면제하라고 조서를 내렸다. 유향(劉向)《열녀전(烈女傳)》.

도 다름이 없어서 곤궁하게 된 것이 전보다 심한 형편이니 신은 전하의 하늘을 본받아 살리기 좋아하시는 마음에 혹 정성스럽지 못한 점이 있어서가 아닌가 염려됩니다. 세금이 번다하고 무거워 한푼의 너그러움도 없어서 살길을 찾아 정처없이 떠도는 백성은 해마다 늘어나고 있는데도 위안하고 구제해 주는 정책은 없습니다. 형벌이 중도에 맞지 않는 것은 직접 인명에 관계되니, 형장 아래 어찌 횡액을 당하는 참혹함이 없겠습니까. 감옥에는 반드시 억울한 혼(魂)이 많을 것입니다.

지난번 권간(權奸)이 제 마음대로 할 때 오로지 각박하게 하는 데만 힘을 써서 여러번 큰 옥사(獄事)를 일으켜 참혹함이 극에 달했었습니다. 그리하여 형벌할 사람이 아닌데도 형벌을 가하는가 하면 죄를 밝히기 어려운데도 죽였으니, 전하의 인애(仁愛)하는 마음에 가엽게 여기는 마음이 깊어지게 되어 어찌 뒤늦게 뉘우치지 않을 수 있었겠습니까. 사찰을 철거하고 중을 도태시킨 것은 부정한 것을 물리치는 아름다운 뜻입니다. 그러나 역시 제도(諸道)에 미리 고유(告諭)해서 철거하고 도태시킨다는 뜻을 명확하게 보이신 다음 그 기한을 늦춰 점차 사라지게 했어야 마땅한 것이요, 졸지에 분탕하여 머무를 곳마저 잃게 해서는 안 되는 것이었습니다. 지난해 철거를 독려하기 위해 관리를 파견하신 것이 따뜻한 때가 아니고 마침 한겨울 혹독한 추위가 극심할 때여서 중들이 먹을 것도 챙기지 못하고 맨몸으로 놀라 흩어졌습니다. 그리하여 추위와 배고픔을 이기지 못하여 늙거나 어리거나 병든 사람들은 구렁에 죽어 나뒹굴고 젊고 힘있는 사람들은 떼지어 도둑이 되니, 서민들의 피해가 적지 않았습니다. 옛날에 조빈(曹彬)은 자제들이 지붕을 수리하려 하자 못하게 말리면서 '때가 바야흐로 추운 겨울인데 담벽이나 기와 사이 등에는 온갖 벌레들이 칩거하고 있을 것이니 그것들의 삶을 해쳐서는 안 된다.' 하였다 합니다. 어진 사람은 미물(微物)까지도 차마 해치지 못하는 것인데, 하물며 임금이 백성들을 해칠 수 있겠습니까. 이것은 어질고 성스럽고 살리기 좋아하는 뜻에 어긋나기 때문에 언급하는 것입니다. 원하건대 전하께서는 만물을 살리는 마음을 본받으시고 동포(同胞)라는 의리를 생각하시어 어진 마음으로 백성들을 어여삐 여겨 공경하는 마음으로 형벌을 삼가소서. 그리하여 모두 순수한 정성에 근본하시고 잘못을 꾸며대지 않으시며 천도를 따르시면, 변이(變異)가 사라지고 복과 상서로움이 찾아들 것입니다. 여섯째는 인심을 바르게 하는 것입니다. 신이 들으니, 인심이란 천하가 안정되고 위태로와지는 근본이라고 합니다. 사람들의 마음이 바르면 옳은 것은 옳다 하고 그른 것은 그르다 하여 위에서는 공론이 행해지고 아래에서는 풍속이 아름다와지지만, 사람들의 마음이 바르지 못하면 옳은 것을 그르다 하고 그른 것을 옳다 하여 위에서는 공론이 행해지지 않고 밑에서는 풍속이 퇴폐하여 집니다. 따라서 국가의 치란과 흥망의 원인이 여기에서 비롯되지 않는 것이 없는 것입니다. 삼대 때에는 인심이 발랐었는데, 말세에 이르자 양주(楊朱)와 묵적(墨翟)의 이기설과 겸애설이 어지럽히고 소진(蘇秦)과 장의(張儀)의 종횡론(縱橫論)이 훼손시켰습니다. 그래서 인심이 비로소 그 바름을 잃어 공리(功利)를 숭상하고 인의(仁義)를 버리게 되었으므로 드디어 천하가 크게 어지러워졌던 것입니다. 서한(西漢) 초기에는 인심이 약간 바르게 되었으나 바루고 보익하는 방법이 잘못되었으므로 선비들이 모두 공명만 좋아하고 절의(節義)를 숭상하지 않아서 마침내 아첨이나 하는 풍습을 기르게 되었습니다. 심지어는 왕망(王莽)을 기리는 글을 올린 사람이 4만여 명이나 되어 한나라가 중도에 쇠미해졌던 것입니다. 동경(東京)이 중흥되자 절의를 숭상하고 염치를 가다듬어 인심이 비로소 다시 바르게 되었었습니다. 쇠망할 즈음에 이르러서는 조정은 혼탁하였으나 초야(草野)에서는 청의(淸議)가 왕성하였습니다. 그렇기 때문에 간웅(奸雄)들이 둘러서서 구정(九鼎)을 넘보았으나 끝내 감히 취하지 못하였으니 이것이 누구의 힘이었겠습니까. 그 이후로 내려오면서 역대의 흥망이 모두 이로 말미암아 이루어졌으니 전사(前史)를 상고하시면 밝게 징험할 수 있을 것입니다. 대개 인심의 사정(邪正)은 교화의 득실에 달려 있는 것입니다. 교화가 밝으면 사람들은 모두 선한 데로 향하고 의로움을 사모하게 되며, 교화가 밝지 못하면 사람들은 모두 이(利)로움만 따르고 의로움은 버리게 되어 인심이 바르지 못하게 됩니다. 생각건대 우리 나라는 삼강(三綱)이 확립되고 사유(四維)[71]가 펴져서 교양(敎養)에 도가 있어 절의(節義)가 볼만하였습니다. 전하께서 대통을 이어받아 혼란을 제거하고 바른데로 돌이키심에 선비들의 풍습이 한결같이 새로와지고 인심이 한결같이 바르게 되어 정직한 자세와 올바른 논의를 영광으로 여기고 유(流)를 같이하고 더러움에 결합하는 것을 부끄럽게 여기며 옛날을 배우고 행실을 정제하는 것을 고상하게 여기고 시세를 좇아 녹이나 구하는 것을 비루하게 여겼으니, 이때는 조정이 청명하였고 풍속도 크게 혁신되었으며 천리가 밝아 인욕도 방자한 데까지는 이르지 않았었습니다. 그러나 불행하게도 조정의 정치가 변경(變更)되면서부터 인심이 어지러워지기 시작하여 옳은 것이 옳은 것인 줄을 모르고 그른 것이 그른 것인 줄을 모르게 되어 사습(士習)이 날마다 천박하고 더러운 데를 향해 달림에 따라 풍속이 마침내 퇴폐해졌습니다. 이리하여 위에는 정기(正氣)가 소멸되고 아래에서는 사특함이 자라나기에 이르렀으며, 간신이 임금을 업신여기는 마음을 길러 오로지 제 마음대로 처단하였으므로 온 조정이 위력을 따라 그리로 쏠려 심지어는 남에게 뒤질세라 붙좇으면서도 그것이 잘못인 줄을 몰랐으니 인심이 매우 바르지 못했고 사풍(士風)이 극심하게 허물어졌던 것입니다. 만일 몇 년만 더 끌었다면 글을 올려 덕을 기리기에 이르지 않았겠습니까. 인심이 바름을 잃게 되면 사풍이 확립되지 않고 사풍이 확립되지 않으면 풍속도 따라서 허물어져 구제할 수도 없게 되는 것입니다. 시골에는 효도하고 화목하는 풍속이 없어지며 사람들은 음란에 관한 죄를 많이 지어 은혜를 해치고 인륜을 파괴하고 천리를 거역하는 일 등 말로는 차마 할 수 없는 일들이 성상의 주위에서 일어나기도 하고 사대부의 집에서 일어나기도 합니다. 그러니 화기를

---

71 사유(四維) : 예(禮)·의(義)·염(廉)·치(恥).

해치고 재앙을 불러들이는 것 또한 이로 말미암지 않는다고 기필할 수 없는 것입니다. 아, 인심과 풍속은 국가의 원기(元氣)인데 원기가 다 사라지면 명맥(命脈)인들 어찌 오래 지탱되겠습니까. 말하려니 통곡이 나오려 합니다. 새벽 일찍 일어나 정무를 보고 해가 진 뒤에 수라를 드시면서 걱정하고 애쓰시었는데, 어찌하여 이 지경에 이르렀는지 참으로 모를 일입니다. 오늘날 조정이 다시 화합하고 성상의 정치가 혁신되게 되었으니, 마땅히 인심을 바르게 하고 풍속을 도탑게 하여 원기를 보호하고 국맥을 오래가게 할 방법을 생각해야 할 것입니다. 교화를 세워서 천서(天敍)의 법[72]을 돈독하게 하고 기강을 진작시켜 사람이 지켜야 할 떳떳한 도리를 밝히면, 인심이 바르게 되어 풍속이 다시 일변하게 될 것입니다. 종사(宗社)와 생령(生靈)들을 장구하게 하는 길이 실로 여기에 있는 것인데, 세상에는 소홀히 여기는 사람이 많습니다. 상께서는 깊이 생각하고 먼 장래를 걱정하셔서 항상 유념하소서.

전주 부윤 이언적이 올린 나라를 다스리는 방법에 대한 상소문③

중종실록 92권, 중종 34년 10월 20일 갑신 3번째기사
1539년 명 가정(嘉靖) 18년

일곱째는 언로(言路)를 넓히는 것입니다. 신이 들으니, 옛날에 천하를 다스릴 때는 조정에 선한 말을 올리는 깃발과 잘못을 비방하는 나무[73]가 있었다고 하는데 이것은 정치를 통창하게 하여 간하는 자를 오게 한 것이었습니다. 공자(孔子)는 순임금의 큰 지혜를 칭찬하여 '묻기를 좋아하고 이언(邇言)도 살피기를 좋아했으며 나쁜 것을 숨겨주고 선한 것을 드러내며 백성을 위해 양단(兩端)을 잡아 그 중도(中道)를 썼다.'고 했습니다. 대체로 천하의 이치는 끝없는 것이므로 사람들의 의견도 같지 않은 것이 많기 때문에, 성인의 지혜를 가진 임금이라도 반드시 중론(衆論)을 폭넓게 받아들이고 여러 사람의 말을 널리 들어서 동이(同異)를 참고하고 가부를 살펴 중도를 가려 썼으므로 옛 성제명왕(聖帝明王)들의 정치는 공명 정대하기가 맑은 하늘에 해가 비추는 것처럼 조그만 흠집도 없었는데, 그것은 이 도(道)를 썼기 때문이었습니다. 당 태종(唐太宗)은 중서문하(中書門下)에 내린 조칙에서 '서로가 조사하여 바로잡고 지극히 마땅한 것을 힘써 구하며 분별없이 함부로 남의 말에 동의

---

72 천서(天敍)의 법 : 오륜(五倫)을 말한다. 즉 부자유친(父子有親)·군신유의(君臣有義)·부부유별(夫婦有別)·장유유서(長幼有序)·붕우유신(朋友有信)이다. 《서경(書經)》 우서(虞書) 고요모(皐陶謨).

73 선한 말을 올리는 깃발과 잘못을 비방하는 나무 : 임금이 백성들에게 정치의 미비점을 건의하게 하던 제도. 《대대례(大戴禮)》 보부(保傅)에 "요(堯)임금 때에 선한 말을 진달하게 하는 깃발과 폐정(弊政)을 비방하게 하는 나무를 세웠다." 했고 그 주에 "선한 말을 진달하고픈 사람은 깃대 아래서 있게 했고, 폐정이 있으면 교량(橋梁) 가의 판자에다 기록하게 했다."고 하였다.

하지 말라.' 하였으니, 역시 이런 견해가 있었던 것이 아니겠습니까. 대체로 양약(良藥)은 반드시 달고 쓰고 차고 더운 것이 화합해서 이루어지는 것이므로 서로 돕고 서로 견제하여 병을 낫게 할 수 있는 것이고, 좋은 맛은 반드시 시고 짜고 달고 매운 것이 화합해서 이루어지므로 온화하기도 하고 순하기도 하여 입을 즐겁게 할 수 있는 것입니다. 만일 같은 것만 취하고 다른 것을 버리는 것은 비유하자면 물에 물을 탄 것과 같은 것이니 장차 어디에 쓰겠습니까.

신이 보건대, 지난번의 폐단을 보니 조정에는 대중 지정(大中至正)한 도가 없어지고 호오(好惡)가 사사로이 한쪽으로만 치우쳐 있었습니다. 그래서 자기 비위에 맞는 말을 하는 사람은 진출시키고 자기 비위에 거스르는 말을 하는 사람을 물리쳤으며 말이 자기 생각과 같으면 즐거워하고 말이 자기 생각과 다르면 성을 내었으며 자기와 의견을 같이 하면 바르다 하고 자기와 의견을 달리 하면 사특하다고 하였습니다. 사림(士林)들 중에는 조건없이 따르겠다는 태도를 취한 이들이 많았고 조정에는 두려움없이 사실대로 곧은 말 하는 기풍이 없어져서 대소(大小)가 서로 결탁하여 드디어 분별없이 남의 의견에 동조하게 되었습니다. 그러자 간흉의 무리들이 이를 이용하여 임금을 속이고 사정(私情)을 행하였고 마침내 국정을 혼란시켰어도 위에서는 알 수가 없었던 것입니다. 이때 사람들은 누구나 장마(仗馬)의 경계를 앞세우고 있었으니 누가 다시 지록(指鹿)의 그름[74]을 밝힐 수 있었겠습니까. 분별없이 동조하는 앙화가 이렇게 하여 극에 달했던 것입니다.

지금 조정이 다시 맑아지고 정치도 혁신되었으니 마땅히 그때의 풍습도 개혁하여 밝은 정치를 새롭게 해야 할 것입니다. 전에는 시종(侍從)이 드린 말이 시론(時論)에 어긋나면 바로 배척당하고 지방으로 좌천되기에 이르렀으므로 언직(言職)의 기개와 절조가 없었으며, 또 공론에 지탄을 받게 되면 속마음까지 의심받게 되었으므로 조야(朝野)가 벌벌 떨며 말하는 것을 경계하여 충성스런 말과 곧은 의논을 다시 들을 수 없는 형편이었으니, 이것은 국가의 복이 아니었습니다.《역경(易經)》에 '군자라야 천하의 뜻을 알 수 있다.' 하였으니, 예부터 백성의 뜻을 알지 못하고 정치를 잘한 사람은 없었습니다. 원하건대, 전하께서는 중화(中和)의 극(極)을 세우시고 어느 한쪽으로 치우치는 습관을 없애시어 인재를 등용하실 때는 친소(親疎)의 구별이 없이 오직 그 사람의 사정(邪正)만 보시고 말을 들으실 때는 자신의 뜻과 다른 것을 탓하심이 없이 오직 그 말의 시비만 살피소서. 그리고 가부를 논하

---

74 장마(仗馬)의 경계를 앞세우고 있었으니 누가 다시 지록(指鹿)의 그름 : 장마의 경계란 바른 말을 하지 않는다는 뜻이고 지록(指鹿)이란 국권을 멋대로 휘두른다는 말. 장마는 매일 말 8필을 궁문(宮門) 밖에다 벌여 세우는 말인데, 이 말들이 말없이 가만히 있으면 매일 3품의 여물을 먹을 수 있지만 한번 울면 쫓겨나게 된다고 한다.《당서(唐書)》권213 이임보전(李林甫傳) 지록은 진(秦)나라 때 조고(趙高)가 권세를 휘두르기 위해 이세(二世)에게 망아지를 바치고서 이를 사슴이라고 하자 이세가 신하들에게 질문했는데, 이때 망아지라고 대답한 사람은 모두 조고에게 중상당했고 사슴이라고 한 사람들은 무사했었다.《사기(史記)》권6 진 시황본기(秦始皇本紀).

여 양쪽의 의견을 정제해서 이치에 맞게 하시기를 힘쓰시고 시비를 논하여 양쪽의 의견을 참조해서 중도로 돌아가게 하기를 힘쓰시면, 아름다운 말이 모두 받아들여지게 되어 공도(公道)가 이를 힘입어 서로 언로가 막히는 근심이 생길 여지가 없을 것입니다. 그러면 어느 한쪽에 치우치지 않는탕평(蕩平)한 정치를 다시 볼 수 있게 될 것이니, 상께서는 유념하소서. 여덟째는 사치와 욕심을 경계하는 것입니다.

신이 들으니 '공검은 수복을 누리는 근원이며, 사치와 욕심은 위망(危亡)의 근본이다.' 하였습니다. 예부터 제왕들이 덕을 쌓고 인(仁)을 쌓아 유족(裕足)한 도를 후손들에게 전해 보인 것은 공검으로부터 시작되지 않은 것이 없는데, 후사(後嗣)가 잘 지키지 못하여 자기도 죽고 집도 망치게 되었으니, 모두 사치와 방종으로 인하여 그렇게 되었던 것이었습니다. 대체로 임금은 마음을 맑게 하고 자기를 공순히 하며 스스로 검소하고 절약하기를 힘쓰면 기욕(嗜欲)이 엷어지고 마음이 평정되어 안으로는 청순한 즐거움이 있고 밖으로는 인의(仁義)를 짓밟는 잘못이 없게 되어 성품을 기를 수 있고 덕을 기를 수 있으므로 자연히 혜택이 만물에 미치게 되니, 이는 수명(壽命)의 근원이요 복록(福祿)의 기초인 것입니다. 만일 그렇지 않고 제멋대로 하고자 하는 욕심이 한번 싹트면 억제할 수가 없어 용도가 사치스러워 재화를 낭비하게 되고 그 피해는 백성들에게까지 마치게 되며, 심지(心志)가 방탕해지고 즐기고 싶은 욕심을 절제할 수 없게 되어 생을 좀먹고 성품을 비뚤어지게 하며, 정치를 어지럽히고 법도를 무너뜨리게 되어 마침내 반드시 망하게 되는 것입니다. 예부터 잘 다스린 임금들은 많았으나, 끝까지 잘 다스린 사람은 매우 드물었습니다. 대개 높은 자리에 앉아서 지극한 부귀로 받들어졌으므로, 스스로 참되고 바르게 몸을 닦고 집안을 정제하는 내실이 없으면 그릇되고 방종한 곳으로 흐르지 않은 사람이 없었습니다. 사치하고 싶은 욕심의 발단은 지극히 작은 일에서 시작되나 나중에는 막기가 어려워지므로 순(舜)이 칠기(漆器)를 만들자 간하는 이가 10여 명이었으며, 주(紂)가 상저(象箸)를 만들자 기자(箕子)는 걱정을 하였으니, 이는 미세할 때 막으려는 것이었습니다.순은 간하는 말을 받아들여 그만두었으니 이것이 성인(聖人)이 된 이유이며, 주는 간하는 말을 받아들이지 않고 하고 싶은 대로 하였으니 이것이 망하게 된 이유인데, 이는 만세(萬世)의 귀감이 아니겠습니까. 신이 보건대, 전하께서는 초년에는 맑고 밝으셨으며 절약하고 검소하기를 힘써 숭상하시더니 나라를 다스린 지 오래되자 사치하고 싶어하는 뜻이 점점 열리어 궁정(宮庭)의 기완(器玩)도 자못 지나치게 화려한 것을 숭상하시고 왕자(王子)의 저택들도 극히 크고 화려하게 하기를 힘쓰십니다. 드디어 낭비하는 것을 절제할 수도 없게 되니, 백성들은 세금 내기에 곤욕을 겪고 계속되는 영선(營繕)에 노역(勞役)으로 동원되어 마침내 지칠 대로 지쳐 있는 형편입니다. 그런데 높은 상투에 넓은 소매[75]를 본뜨는 것은 더욱 심하여 사대부들이

---

75 높은 상투에 넓은 소매 : 유행이 퍼져 나가는 것을 비유한 말.《후당서(後漢書)》권24 마원열전(馬援

옷·집·음식에 지나치게 사치하여 다투어 숭상하므로 모두들 남에게 뒤지는 것을 부끄럽게 여깁니다. 따라서 사치하는 풍습이 날로 새로와지고 달로 달라지니, 재물이 바닥나고 백성들이 가난해지는 것은 실로 이러한 데 연유하는 것입니다. 옛말에 '사치로 허비하는 것이 천재(天災)보다도 무섭다.' 하였으니, 그 연유를 돌이켜 찾아서 금제(禁制)할 방법을 생각지 않을 수 있겠습니까. 주서(周書)에 '문왕(文王)은 나쁜 옷을 입고 백성들을 편안하게 하는 일과 백성들을 위해 농지를 개간하는데 힘썼다.' 했고 또 '문왕은 절대 돌아다니며 사냥을 즐기지 않았고, 여러 나라에서 정수(正數)의 조공만 받았으며……그 후 50년 동안 나라를 누렸다.' 하였으며, 양웅(揚雄)은 '수 문제(隋文帝)가 검소한 옷을 입자 후궁(後宮)들은 대모(玳瑁)를 천하게 여겼었다. 이러함으로써 옥형(玉衡)이 바르고 태계(太階)가 화평했다.'[76] 하였습니다.

대개 임금이 자신에게 절약하여 만물을 윤택하게 하면, 몸도 편하고 신수도 펴지며 사람들은 즐거워하고 하늘은 도와주므로 나라를 오래도록 누리게 되고 또한 태계의 화평을 이루에 되는 것입니다. 그런 반면에 사치를 숭상하여 백성을 해치는 사람은 기필코 하늘의 노여움을 받게 되는 것입니다. 이윤(伊尹)이 '검소한 덕을 삼가 지키며 원대한 계획을 생각하라.' 하였고 《역경(曆經)》에 '천지에 절제가 있어 사시(四時)가 이루어진다. 법도로 절제를 가하면 재물을 상하지 않고 백성을 해치지 않게 된다.' 하였습니다.

전하께서는 스스로의 욕심을 눌러 이기고 끊으셔서 검소한 것을 숭상하고 사치한 것을 버리며 천지의 절도를 본받고 씀씀이를 줄여 나라의 근본을 공고히 하여 천심(天心)을 누리소서. 대저 욕심이라는 것은 꼭 탐닉하는 것만이 아니라 마음이 향하는 바가 있다면 바로 욕심이 되는 것이므로, 마음이 향하는 것을 스스로 다잡지 못한다면 그것이 탐닉하게 될 징조인 것입니다. 그러므로 정자(程子)는 '임금은 마땅히 욕심이 싹트기 전에 막아야 한다.' 했습니다. 이 말은 참으로 마음을 바르게 하고 덕을 삼가게 하는 요점이니, 상께서는 깊이 음미하소서. 아홉째는 군정(軍政)을 닦는 것입니다.

나라를 보위하고 백성들을 편안하게 하는 것이 가장 급선무이므로 걱정이 없는 때라고 해서 더욱 완만히 할 수는 없는 것입니다. 옛날 성왕(聖王)들은 태평할 때에도 난세를 잊지 않고 편안할 때에도 위태로울 때를 잊지 않아서 한가할 때에 더욱 잘 익혔으므로 급할 때 크게 쓸 수 있게 하였으니, 이것이 이른바 유비 무환(有備無患)이라는 것입니다. 대개 군정에서 힘쓸 것은 장수를 선출하고 군졸을 훈련시키고 저축을 늘리고 병기를 날카롭게 하며

___

列傳에 "도성에서 상투 높이기를 좋아하면 지방에서는 1척(尺)이나 높이고, 도성에서 소매 넓히기를 좋아하면 지방에서는 필백(疋帛) 통째로 만든다" 하였는데, 여기서 온 말.

76 옥형(玉衡)이 바르고 태계(太階)가 화평했다.' : 옥형은 천체를 살펴보는 기구로 여기서는 천체의 운행을 가리키고, 태계(太階)는 사람의 상하를 나타내는 별이름으로, 상계(上階)는 왕을, 중계(中階)는 제후(諸侯)와 삼공(三公)을 비롯한 벼슬아치를, 하계(下階)는 사서인을 가리킨다. 이는 태평 성대를 뜻하는 말이다. 《문선(文選)》 양웅 장양부(楊雄長楊賦).

성보(城堡)를 수축하는 이 다섯 가지이지만, 군정의 근본은 역시 화합하게 하고 믿게 하는 데 있는 것입니다. 사람들의 마음이 화합되지 않아 여러 사람이 믿지 않는다면, 백만 대군이 있다고 하더라도 어디다 쓰겠습니까. 맹자(孟子)가 '천시(天時)가 지리(地利)를 얻는 것만 못하고 지리가 사람들이 화합하는 것만 못하다.' 하였고, 공자(孔子)는 군사와 식량은 버려도 신의(信義)를 지키라고 하면서 '백성에게 믿음을 얻지 못하면 군림할 수 없다.'하였으며, 오자(吳子)는 '나라가 화합하지 못하면 군대를 출동시킬 수 없고, 군대가 화합하지 못하면 결승에 임할 수 없다.' 하였고, 울요자(尉繚子)는 '위에서 의심스러운 명령을 내리지 않으면 대중이 한마음으로 따르고, 위에서 의심스런 일을 하지 않으면 대중들이 다른 생각을 하지 않는다. 그 마음에 믿음을 얻지 못하고서 그 힘을 얻은 사람은 없으며, 힘을 얻지 못하고서 죽기를 각오하게 할 수는 없다.' 하였습니다. 그렇다면 옛날의 성현(聖賢)과 양장(良將)들 역시 화합과 신의로써 나라를 공고히 하고, 그것을 군사 부리는 근본으로 삼지 않은 이가 없었던 것입니다. 그러나 인심을 거두어 대중을 화합하게 하고 이어 믿게 하는 것은 또한 지략만으로 이룰 수 있는 것이 아닙니다. 요는 선왕들의 정치를 행하고 어루만져 기르는 도리를 극진히 하며 또 반드시 효도하고 우애있고 예의 바르게 가르치면 백성들이 부모를 섬기고 처자를 보살피는 즐거움을 잃지 않게 될 것이므로, 사람들이 모두 윗사람을 어버이같이 여기고 어른을 섬기는 마음이 생기게 될 것이니, 화합과 신의는 그 가운데 있게 될 것입니다. 지금 성상의 은택과 성상의 교화가 아직 막히어 여항(閭巷)에는 걱정과 고통과 원통해 하는 소리가 많고, 사족과 평민들에게는 충성스럽고 신의 있고 예절 바르고 겸양하는 풍속이 없으니, 진실로 이미 군정의 기본을 잃고 있는 것입니다. 옛날 장수가 된 사람은 병사들과 고락을 같이 하고자 막걸리 한 병도 강물에 던져 함께 나누어 마셨고, 병사의 곪은 상처를 입으로 빨아주는 등의 은혜를 베풀며 병사들 보기를 사랑하는 친자식같이 했으므로 더불어 함께 죽을 수가 있었던 것입니다. 그러나 지금은 재물이나 수탈하고 노역(勞役)으로 괴롭히며 차마 하지 못할 말로 꾸짖어 원망하고 비방하고 있으므로 장수는 병사들을 초개(草介)처럼 보고 병사들은 장수를 원수처럼 보니, 또 어떻게 화합하고 신의가 있기를 바라겠습니까. 인심이 화합하지 않고 믿지 않으니 이것이 흙이 무너져 내리는 듯한 형세입니다. 생각하면 한심하다고 밖에 할 말이 없습니다. 변경(邊境)에는 도적이 침구하는 경계가 있는 병사들은 이미 쇠약할 대로 쇠약해져 병이 들었으니, 그 죄는 진실로 변장(邊將)이 어루만져 불쌍히 여기지 않은 데 있는 것이지만, 그 근본을 찾아보면 역시 조정이 규획(規畫)을 극진히 하지 않은 데 연유한 것입니다. 대개 보병(步兵)은 기병(騎兵)보다 신역이 고달픈데도 보인(保人)은 2명이고, 수졸(水卒)은 보병보다 신역이 고달픈데도 보인은 1명이므로, 신역이 고달플수록 보인은 적어지고 부담해야 할 세금은 많아집니다. 그리하여 견딜 수 없는 형편에 이르러 보인 1명이 도망치면 몸도 보존할 수가 없게 되고, 그렇게 되면 그 조세를 이웃이나 일가에게 물으라고 독책하게 되어 이웃이나 일가도 도망을 치게 됩니다. 따라서 한 보인이 역(役)을 도피하면 한 동네가 파산(破産)하게 되니, 원통하고 억울함이 하늘에 닿아서 차마 눈뜨고 볼 수 없는 지경입니다. 이런한 폐단은 신이 직접 본 것으로 감히 사실대로 말씀드리는 것입니다. 구중 궁궐에서 새벽에 일찍 일어나고 해가 진 뒤에 저녁을 들면서 부지런히 하시면서 어찌 이를 가엾게 여기지 않을 수 있겠습니까. 대저 수졸에게 보인이 1명인 것은 조종(祖宗)의 옛법이 아닙니다. 번(番)드는 것을 드물게 하는 것이 약간 힘을 펴게 하는 것이긴 하나 보인을 1명으로 하였으므로 실로 지탱하기 어렵습니다. 왕도(王道)에서 가장 귀하게 여길 것은 때에 따라 감하기도 하고 보태주기도 하여 세상을 구하고 백성들을 제도(濟度)하는 데 있는 것입니다. 보인의 수를 늘리어 번휴(番休)를 편하게 하여 주는 데 대한 방법이 어찌 없겠습니까. 어찌 지극히 곤폐한 상황을 앉아서 보기만 하면서 가엾게 여기지 않을 수가 있겠습니까. 만일 관습을 그대로 따르고 굳게 지키면서 다시 개혁하여 바로잡지 않는다면 10년이 못되어 보병은 거의 남지 않을 것이고 전쟁에 대한 준비는 씻은 듯 없어질 것인데, 도둑떼가 다투어 일어나고 이웃하고 있는 적국이 쳐들어오면 국가에는 장차 어떻게 대처할는지 모르겠습니다. 양계(兩界)로 말하자면 야인(野人)들과 국경이 맞닿아 있어 방어할 일이 더욱 급한 곳인데, 근래 갈수록 더욱 모진 흉년이 들어 굶어 죽은 사람들이 길에 즐비합니다. 그래서 조정에서는 진휼(賑恤)하려 하나 저축이 바닥나 있고 관방(關防)을 튼튼히 하려 하나 백성들과 병사들은 피곤에 지쳐 있어 국경의 방위가 더할 수 없이 허술하기에 이르렀으니, 사나운 무리들의 침구가 곧 있을 터인데 어찌 상께서 유념하지 않을 수 있겠습니까. 듣건대, 서·북 두 도의 백성들은 초서피(貂鼠皮)[77] 공납(貢納)에 시달리고 있고 관서 지방 일로(一路)는 중국으로 오가는 사신들을 보내고 맞이하는 뒤치다꺼리에 피폐해 있는데, 수령이나 변장들은 불쌍히 여기어 돌봐주는 일에는 힘쓰지 않고 하고 싶은 대로 수탈을 일삼음으로써 도망쳐 떠도는 백성이 날마다 늘어나서 국경이 텅 비게 되었다 하니 작은 일이 아닙니다. 지금 어루만져 편안하게 할 방법은 세공(稅貢)을 탕감해 주고 미납된 부채를 감면해 주어 피폐된 백성을 되살리고 장수와 수령을 다시 골라 뽑아 은혜로운 정치를 베풀게 하는 것입니다. 그리고 조정에서도 마땅히 상벌을 밝게 하시고 호령을 삼가 출척(黜陟)을 엄히 하여 징계하는 본보기를 보이고 불쌍히 여겨 슬퍼하시는 성지를 자주 내리어 병사들과 백성들을 기쁘게 위로하고 장수와 군졸을 격려하여 권하면, 거의 인심이 화합하고 여러 사람들의 마음이 되살아날 것입니다.

예부터 천하의 화변(禍變)은 대중의 마음이 떠나가고 원망하는 데서부터 일어났고, 대중의 마음이 떠나가고 원망하는 것은 그 성품을 순하게 못하고 그 생활을 편하게 못해준 데서 일어났습니다. 지금 백성들은 곤궁하고 재물은 바닥나서 온 나라가 텅비어 아무 것도 없습

---

77 초서피(貂鼠皮) : 노랑 담비 가죽.

니다. 국세가 이토록 약해진 지금 믿을 것은 민심뿐입니다.

신은 원하건대, 조정에서는 마땅히 안정을 지키면서 인정을 베풀고 번거롭고 급하지 않은 일은 힘써 덜어주고 진정시켜 편안하게 하고 모여 살게 하는 도리를 다하면 민심이 안정되고 나라의 근본이 흔들리지 않을 것이니, 나라를 공고히 하고 군사를 강하게 하는 것도 여기서 벗어나지 않을 것입니다. 성상께서는 유념하소서. 열째는 기미(幾微)를 살피는 것입니다. 《서경(書經)》에 '하루나 이틀 사이에도 온갖 기무(幾務)가 있다.' 하였고, 《역경(曆經)》에 '오직 기미를 살피기 때문에 천하의 일을 이룰 수 있는 것이다.' 하였습니다. 기미라는 것은 동(動)의 조짐이요 길흉에 앞서 나타나는 것인데, 천하 국가의 치란 성쇠에 대한 발단은 모두 지극히 작은 것에서 시작되어 막을 수 없는 데까지 이르는 것입니다. 그러므로 조금씩 새는 물을 막지 않으면 하늘까지 차 오르기도 하고 타오르기 시작하는 불길을 끄지 않으면 평원을 다 태우기도 하지만, 갓 돋아나는 싹을 꺾어버리면 끝없이 클 나무도 자라나지 못하고 개미 구멍을 소홀히 하면 천길 제방도 유지할 수가 없는 것이니, 기미를 살피지 않을 수 없는 것이 이 때문입니다. 옛날 대도(大道)를 지닌 이들은 어지럽지 않을 때 제지하여 다스리고 위태롭지 않을 때 나라를 보존케 하였습니다. 어지럽지 않을 때에 어지러울 조짐이 있고 위태롭지 않을 때에 위태로울 징조가 있는 것이니, 이것이 이른바 기미라는 것입니다. 예부터 어지러운 것은 어지러울 때 생긴 것이 아니고 언제나 다스려졌을 때에 생겼으며, 위태로운 일은 위태로울 때 생긴 것이 아니고 언제나 편안할 때에 생겼습니다. 기미가 숨어 있을 때는 임금이 편하고 풍요로운 데 습관이 되어 살피지 않고 기미가 나타났을 때는 임금이 편하고 풍요로운 데 습관이 되어 살피지 않고 기미가 나타났을 때는 온 조정이 벼슬자리에만 연연하고 제 몸만 아껴 감히 말하지 아니하여, 위아래가 눈앞의 편안한 것만 즐겨 인습대로 구차하게 살아가면서 점점 어지럽고 망하는 지경에 빠져드는 것을 깨닫지 못하니, 이것이 고금의 통환(通患)이었습니다. 지금 국가의 형편이 눈앞의 걱정은 없는 것 같아도 걱정할만한 화란(禍亂)의 기미가 많이 있습니다.

그 중 큰 것만 예로 들어 말씀드리겠습니다. 예부터 사정(邪正)의 소장(消長)에 따라 국가의 흥망이 판별되었고, 인심의 이합에 따라 천명(天命)이 떠나기도 하고 머무르기도 했습니다. 정도(正道)가 자라나고 사도(邪道)가 소멸되면 천하가 편안해져서 백성들이 그 은혜를 받게 되고 정도가 소멸되고 사도가 자라나면 천하가 막혀서 백성들이 그 화를 입게 되니, 이것은 인심의 이합에 따라 천명이 오가는 것도 결정되기 때문입니다. 얼마 전에는 조정이 화합하지 못하고 사림(士林)이 양분되어 서로 용납하지 않았으며 사정이 번거롭게 뒤섞이어 서로 소장되었으므로 수십년 동안은 다스려진 때가 언제나 적었고 어지러운 때가 언제나 많아 백성들은 아래에서 근심하고 하늘은 위에서 노하였으니, 막힘이 극에 달했다고 할 만하였습니다. 그러나 어지러움이 극에 달하면 다스려지기를 생각하고 막힘이 극에 달하면 편안한 때가 오는 것이 필연적인 이치입니다. 오늘날 온갖 음(陰)은 소멸되거나 잠복

되고 양(陽)의 덕이 바야흐로 펴지고 있으니, 편안하게 하는 도가 자라나 왕화(王化)가 다시 행해지기를 기대할 수 있을 것입니다. 단지 걱정되는 것은, 성상의 뜻이 확정되지 않아서 간악한 자들이 기회를 타는 것을 용납하신다면 편안한 것이 도리어 순식간에 막힘이 되어 구할 수도 없게 될 것입니다. 신은 항상 송(宋)나라의 뭇 신하들을 생각하고 있습니다. 사정이 서로 공격하고 치세와 난세가 서로 섞이다가 왕안석(王安石)이 정권을 잡음에 이르러서는 충성스럽고 어진이들이 일망 타진되고 아첨하면서 빌붙는 이들이 대거 진출해서 천하를 무너뜨리고 백성들을 도탄에 빠뜨림으로써 인심이 이산되고 하늘이 싫어했던 것입니다.

다행히 원우(元祐) 초년에 이르러 노성(老成) 한 이들을 진출시키고 군사(群邪)들을 축출하였으며, 언로(言路)를 열어 백성들의 뜻을 통하게 하고 신법(新法)을 혁파해서 백성들의 피해를 감면해 주니, 9년 동안 덕택이 천하에 스며들었으나 원망하는 소인들 또한 적지 않았습니다. 그런데 하루아침에 시기가 바뀌고 일이 변하면서 군사들이 다시 진출하여 사해(四海)가 독에 휩쓸렸으므로 송나라는 드디어 망하게 되었으니, 전감(前鑑)이 매우 뚜렷해 후세의 경계가 될 만합니다. 대저 신하들이 조정에서 화합하면 백성들이 초야(草野)에서 화합하는 것입니다. 조정이 화합하고 백성들이 편하고 즐겁다면 어찌 이런 화(禍)가 일어나겠습니까. 원하건대, 전하께서는 옛일을 귀감삼아 오늘의 상황을 살펴봄으로써 길흉이 소장되는 이치를 밝히고 막힘과 태평함이 오가는 기미의 조짐을 경계하고 작을 때 막으시며 이르지 않았을 때 먼저 아시고 나타나지 않았을 때 미리 도모하시면, 환란이 싹트기 전에 소멸될 것이며 화란이 나타나기 전에 그칠 것이니, 국가가 오래도록 다스려지고 편안해지는 복을 누릴 수 있을 것이며 다시 전철을 밟지 않게 될 것입니다. 대저 길하고 흉하고 막히고 편안해지는 기미가 사물(事物)에 나타나긴 해도 실상은 임금의 마음에 근원하는 것이므로, 한결같이 마음이 바르다면 길한 도와 편안한 것이 이로부터 싹트게 될 것이고, 마음이 그렇지 못하다면 흉한 도와 막힘이 그로 말미암아 이르게 될 것입니다. 임금이 진실로 깊이 생각하고 멀리 보아, 자기에게로 돌이켜 정관(靜觀)하면서 늘 생각의 기미에 삼가고 싹트려 하는 시초를 깊이 살피며 천리(天理)의 기미와 인욕(人欲)의 나누임을 성찰해서 막는 공부를 확충시키면, 마음에 밝은 빛이 넘칠 것이요 어두운 그늘은 소멸될 것입니다. 본체(本體)가 맑고 밝으면 지기(志氣)가 신 같아져서 천하의 일에 밝지 않은 것이 없을 것입니다. 음사(陰邪)는 제 스스로 자랄 수는 없는 것이니 화란이 어디로부터 일어나겠습니까. 그러므로 '그 근본을 바르게 하면 온갖 일이 다스려지고, 털끝만큼만 틀려도 나중에는 천리나 어긋난다.' 하였습니다. 상께서는 깊이 생각하소서. 이상 열 가지는 모두 늦출 수 없는 것이나 그 벼리[綱]는 전하의 마음에 달려 있는 것입니다. 전하의 마음이 맑고 밝고 한결 같이 순수하며 한 생각도 어긋남이 없고 한 순간도 끊어짐이 없어서 위로는 천명(天命)을 마주 대하고 아래로는 가정과 국가의 표준을 세워 바르게 하시면, 열 가지 조목은 저절로 시행될 것이니 다스리는 도를 다하시는 것입니다. 이것이 쉽고도 어렵지 아니하며 간단하고도 번잡하지 아니한 일이 아니겠습니까. 대저 간이(簡易)는 하늘의 이치입니다. 성인(聖人)이 마음을 한결같이 하는 간이함이 천지의 간이함과 화합하면 자신과 가정과 국가와 천하의 모든 일에 대한 수위(修爲)와 거조(擧措)가 명백하고 쉬워서 누구나 쉽게 알고 쉽게 따를 수 있는 일이 아닌 것이 없으며, 오래게 할 수 있고 크게 할 수 있는 업(業)이 아닌 것이 없어서, 다시 어둡고도 위험하고 번잡한 일이 마음을 어지럽히고 다스림을 해치지 못하게 될 것입니다. 만일 이러한 도를 터득하지는 못하고 지혜와 술수를 동원하여 소소한 업무까지 샅샅이 살피면서 정치를 하려고 한다면 마음만 점점 더 수고로와질 뿐 일은 더욱 어그러질 것이니, 이는 강령을 이미 잃어서 조목 또한 얼크러져 있기 때문인 것입니다. 신이 처음에는 불식(不息)이라는 두 자를 전하께서 경계해 힘쓰도록 하였고, 간이(簡易)라는 두 자를 전하께 진달하였습니다. 전하께서 진실로 불식하는 마음을 가지시고 간이한 도를 다하며 두려워하여 삼가고 위태로운 양 지키시어 게으르게 아니하고 그만두지 않으며 아주 오래도록 이르게 하시면, 태평 성세에 위엄을 갖추고 가만히 앉아 계실 수 있으며 마음을 고달프게 하지 않아도 온갖 교화가 그 궤도를 따르고 만물이 제자리를 얻을 것이니, 옷만 드리우고 있어도 백성들이 화락하게 잘 사는 정치를 오늘에 다시 볼 수 있을 것입니다. 어찌 하늘이 감응해서 일세(一世)의 화(禍)만 소멸시킬 뿐이겠습니까. 편안히 뒤를 잇게 함은 물론 후세까지 끝없이 드리워지게 될 것입니다. 전하께서는 유념하소서. 옛날 송(宋)나라의 주희(朱熹)는 효종(孝宗)에게 '세월이 가는 것은 시내가 흐르는 것 같아 한 번 가면 다시 돌아오지 않는다.' 하였습니다. 아, 오늘도 전하께서는 시간을 아끼어 스스로 굳세게 쉬지 않고 힘쓰며 바른 덕을 하늘에 이르게 하고 기회를 잃지 마소서. 그러므로 신은 감히 평소에 생각하고 있던 것을 이렇게 다 말씀드리는 것입니다. 신의 논한 바가 비록 세정에 어둡고 먼 것 같으나 다 제왕의 도에 근본하고 있는 것으로 나라를 다스리는 도의 요점이 아닌 것이 없으니, 온갖 기미를 살피시는 틈틈이 자애로움을 베풀어 때때로 살펴보아 주신다면 성상의 정치에 만에 하나라도 반드시 도움되는 것이 없지는 않을 것입니다. 왕세자(王世子)께서 삼시(三時)로 뵈러 나오실 때에도 특별히 이런 뜻을 보이어 유념케 하소서. 만세토록 크게 다스려질 근원이 또한 여기에 있으므로 신은 삼가 마음을 다하여 마지 않습니다. 신이 보건대, 근래에 말씀드리는 이가 있어도 그 말이 채택되어 쓰이는 경우는 보기 드물고 화를 당하는 경우가 많으므로 중외(中外)의 식자(識者)들이 모두 입을 굳게 다물고 자라나 지키는 것을 현명하다 여기고 위태로운 말로 충성을 다하는 것을 어리석은 사람으로 여기니, 신 또한 입을 봉하고 묵묵히 있으면 몸을 보전하고 비방을 멀리할 수 있으며 말하면 반드시 허물을 부르고 화를 빨리 당하게 되는 것을 모르지는 않습니다. 그러나 신같이 어리석고 용렬한 것이 성상의 신임을 받으면서도 성세(聖世)에 털끝만큼도 도움을 드리지 못하고 외람되게 벼슬자리만 탐하면서 이제까지 지내 온 것을 생각하면 하늘같은 성상의 은혜를 갚을 길이 없는데, 7년 동안 시골에서 늘 탄식하면서 드리고 싶은 말을 드리지 못했고 하루에 세번 여는 경연(經筵)에서도 정회(情懷)를 누르고 다 진달하지 못했습니다. 몸은 비록 시골에 있으나 마음은 조종으로만 달리며, 임금을 그리고 나라를 걱정하는 충정을 어찌할 수 없어서 감히 만번 죽기를 무릅쓰고 진심을 드러내어 시골 사람이 미나리를 바치고 햇볕을 바치고 싶어하는 뜻을 본받으려 하였으나,[78] 충성심이 속에 너무 간절한 나머지 말을 조리있게 할 줄을 몰랐습니다.

생각하건대, 전하께서 저의 충성심을 애처롭게 여기어 주제넘고 경망스러움을 용서해 주신다면 신은 만번 다행한 것으로 생각하겠습니다.”

사신은 논한다. 언적(彦迪)은 청렴하고 근검하며 학문을 좋아하고 임금을 사랑하고 나라를 걱정하는 것을 자기의 임무로 생각하고 있었는데, 권간(權奸)에게 밉게 보이어 시골로 물러가 있으면서 늘 국사(國事)가 날로 잘못되는 것을 한탄하였고 절로 들어가 세월을 보내면서 경서(經書)를 탐독하고 사서(史書)를 열람하여 학술이 더욱 정미로와졌다. 권간을 축출한 뒤 불러 돌아오게 하자 사림(士林)이 바야흐로 중히 여겼었다. 얼마 안 있어 외직에 보직되었었는데, 특별히 가려 보내어 사방 수령들의 본보기로 삼으려 한 것이었다. 그러나 한 고을만을 오로지하게 하였을 뿐 더 크게 쓰이지 못한 것을 식자(識者)들은 한스럽게 여겼다. 상소를 올리어 정성스럽고 간절한 말을 진달한 것을 보면, 그는 청렴하고 근검할 뿐만이 아니라 또한 충직하고도 확고 부동한 사람이었다.

---

78 시골 사람이 미나리를 바치고 햇볕을 바치고 싶어하는 뜻을 본받으려 하였으나 : 임금에게 충성을 바치고 싶은 마음이 간절하다는 뜻. 옛날 송(宋)나라의 어떤 농부가 허름한 옷으로 겨울을 보내고 나서 봄이 되자 양지 쪽에 앉아 햇볕을 쪼이다가 자기 아내에게 “이렇게 따뜻한 햇볕을 쪼이는 방법을 임금에게 아뢰면 중한 상을 받을 것이다.” 하였다. 이때 같은 마을의 부자가 그 말을 듣고 “옛날 미나리를 가진 자가 그 지방의 토호(土豪)에게 자랑하자 토호가 그것을 가져다 먹어보고는 비웃으며 나무랐는데, 그대가 바로 이와 같다.” 했는데, 여기서 온 말이다. 《열자(列子)》 양주(楊朱).

제12대 인종(1544~1545)

대사헌 송인수 등의 나라를 다스리는 방도에 대한 상소

인종실록 2권, 인종 1년 4월 13일 을사 4번째기사

1545년 명 가정(嘉靖) 24년

대사헌 송인수 등이 상소하기를, "보옵건대, 전하께서 신극(宸極)에 정위(正位)하시어 만물이 함께 보니 천명(天命)의 돌봄이 바야흐로 깊고 인심(人心)의 바람이 바야흐로 절실합니다. 처분(處分)·호령(號令)하신 지 얼마 안 되었는데도 청단(聽斷)이 광명하고 규모가 굉원(宏遠)하시니, 조야(朝野)가 기뻐서 서로 경하하며 모두 요(堯) 순(舜)의 덕을 성궁(聖躬)에 바라고 당(唐) 우(虞)의 정치를 오늘에 바라는 것이 마치 못 미칠 것을 염려하듯이 발돋움하여 목마르게 기다립니다. 전하께서는 오랜 왕업을 이어받아 아주 잘 다스려지게 할 뜻을 떨치려 하시니 반드시 강건(剛健)하고 용매(勇邁)하시어 후세의 용상(庸常)한 버릇에 얽매이지 말고 반드시 선왕의 정대한 정치를 본받아, 오랜 폐단을 엄격히 제거하고 깊은 인애를 자주 미루어 백료(百僚)가 마음을 경계하고 만성(萬姓)이 기력을 회복하게 하고서야, 태평 시대의 기반이 잡히게 될 것입니다. 만약에 성인(聖人)의 도리는 갑자기 시행하기가 쉽지 않고 세대를 거듭한 버릇은 갑자기 고치기가 쉽지 않다 하여 우물쭈물 누습(陋習)을 따라 안일을 탐하고 상례(常例)를 따라 우선 편히 넘기며 위아래가 태연하여 고치지 못하면, 그 정령(政令)이 잘못되고 형상(刑賞)이 어그러지고 기강이 무너지고 풍속이 투박한 것이 날로 더욱 심해져서 국가의 형세가 마침내 어떻게 되는지 신들은 염려합니다. 이것은 참으로 전하의 뒷날의 근심이 될 것이니 바로잡으려 해도 미칠 수 없을 것입니다. 다스리는 규모를 어찌 사복(嗣服)한 처음에 먼저 세우시지 않으십니까. 옛날의 제왕이 아주 잘 다스려지게 한 까닭은 학문을 강론하고 간언(諫言)을 받아들이고 학교를 설치하고 사람을 등용한 것에 지나지 않을 뿐이며, 아주 어지러워지게 한 까닭도 네 가지를 닦지 않은 것에 지나지 않습니다. 스스로 아주 무도(無道)한 군주라고 자처하는 자가 아니면 누가 네 가지 중대한 일을 힘쓰지 않겠습니까마는, 안으로는 진정으로 나타나는 정성이 없고 밖으로만 구차하게 행한 자취를 남겨서 겉치레의 말단에만 애써 그 공효가 없는 자가 많습니다. 경연(經筵)에 친히 납시어 장구(章句)를 해석하고 치도(治道)를 말하고는 때가 다하여 파하는 것은 학문을 강론하는 말단입니다. 사유(師儒)를 가까이하여, 강론하면 반드시 극진한 데까지

다하고 확실히 알면 반드시 자신에게 돌이키어, 아는 것이 흡족한 데에 이르지 않으면 그치지 않으며, 홀로 있을 때에 본심을 지켜 기르고, 기미가 움직이는 처음에 살펴서, 못처럼 깊고 샘처럼 솟는 것이 때때로 나와 정치에 베풀어지게 하는 것이 학문을 강론하는 근본입니다. 억지로 듣고 구차하게 행하며, 뜻에 맞으면 기뻐하고 뜻에 거슬리면 성내며, 혹 속으로는 그 번거로운 것을 싫어하면서 범연히 애써 따른다는 말만 하는 것은 간언을 받아들이는 말단입니다. 그 말이 마음에 거슬리면 반드시 도리에서 찾아보고, 그 말이 뜻에 공손하면 반드시 아첨이 아닌가 생각해보며, 뭇 의논을 참작하여 국정(國政)을 바루고 노여움을 무릅써 인물을 탄핵하며 사방에 통하는 이목(耳目)이 되는 것이 대간(臺諫)이니, 그 충직(忠直)을 아름답게 여기고 그 지나친 것을 용서하여 듣기를 마치 미치지 못할 것을 염려하듯이 하는 것이 간언을 받아들이는 근본입니다. 선비는 늘 학사(學舍)에 찼는데도 덕(德)을 살피고 업(業)을 묻는 자가 아주 없으며, 관원은 자리를 비우지 않았는데도 자리에 의지하여 강론하지 않는 것이 다 같아 선비와 스승이 인원수만 채우는 것은 학교의 말단입니다. 사유(師儒)의 선택을 정하게 하고 가르치는 직임을 중하게 여기며, 경서(經書)에 밝고 행실이 닦인 자는 조정에 올리고 재능이 없고 어리석은 자는 농사를 짓게 하며, 속학(俗學)을 금하여 끊고 성리(性理)를 독실하고 온전하게 하여 반드시 덕을 성취하고 재능을 통달하게 하는 것이 학교의 근본입니다.

천하의 인재는 나오는 것이 일정한 곳이 없으므로 그 등용도 널리 하지 않을 수 없는데, 지금은 과거(科擧)·문음(門蔭)에서 나온 사람으로만 빈자리를 채우고 벼슬에 벌여 두어 친구라고 봐주고 청탁을 들어줄 뿐입니다. 이조의 주의(注擬)에 따라 그 사람의 현우(賢愚)는 모르면서 다만 그 이름에다 비점을 줄 뿐이니, 오늘날의 정규(政規)로 인재의 등용을 바라기는 또한 어렵지 않겠습니까. 보통 사람보다 뛰어난 재능과 세상에서 뛰어난 지식이 있더라도, 글이 과학(科學)에 능통하지 못하고 문지(門地)가 귀한 집에 관계되지 않으면 도시(都市)에서 평생동안 살더라도 등용되지 못하는데, 더구나 산림(山林)이나 호해(湖海)의 먼 곳이겠습니까. 중외(中外)에 크게 일러 재지(才智)가 뛰어난 사람을 불러들여 지극히 미천한 데에 있었더라도 높은 벼슬에 옮기는 것을 꺼리지 않아서 사람의 신분을 귀하게 여기지 않고 재덕(才德)을 귀하게 여기는 것이 사람을 등용하는 근본입니다. 어긋나고 어리석은 무리라도 그다지 잘못이 없고 간격이 그럴 듯하면 으레 높은 자리에 두고, 영호(英豪)하고 현덕(賢德)한 무리라도 작급(爵級)에 얽매어 발탁할 수 없으면 혹 낮은 벼슬에 침체하여 있게 하는 것은 사람을 등용하는 말단입니다. 신들이 이른바 네 가지 말단이라는 것은 위망(危亡)의 조짐이고 네 가지 근본이라는 것은 치안(治安)의 근원이니, 감히 심학(心學)·납간(納諫)·학교(學校)·용인(用人)의 네 가지 일을 전하를 위하여 조목별로 아룁니다. 바라옵건대, 성명(聖明)은 유의하소서. 안으로 백관(百官)과 밖으로는 만민(萬民)이 본뜨는 것은 군주의 한 몸입니다. 몸이 베풀고 조치하는 것은 하루에도 천만 가지에 이르는데 이를 주재(主

宰)하는 형상이 없는 것이 마음입니다. 마음이라는 것은 그 체(體)는 지극히 허(虛)하고 그 용(用)은 지극히 묘(妙)하여 잠시 사이에도 변화하는 것을 헤아릴 수 없고 출입이 일정하지 않으니, 진실로 지켜서 그 고요함을 기르고 살펴서 그 움직임을 삼가지 않으면, 칠정(七情)이 어그러지고 백행(百行)이 거꾸러져서 당연의 법칙에 벗어나 몸이 닦아질 수 없을 것입니다. 몸이 닦아지지 않고서 국가를 다스릴 수 있는 자가 있겠습니까.

마음을 다스리는 법은 학문보다 요긴한 것이 없습니다. 사물을 연구하여 지식을 극진히 하고 뜻을 성실히 하여 마음을 바루는 것은 증씨(曾氏)의 글[79]에 이미 그 단서가 있고, 경(敬)을 지키고 자기 사욕을 이기는 방도와 글을 읽고 이치를 연구하는 공부는 경전(經傳)에 갖추어 있어, 성현(聖賢)의 가르침이 거의 남김이 없습니다. 진실로 깊이 생각하고 힘껏 실천하여 잘 길러지기를 바라서, 고요하여 움직이지 않을 때에 지극히 허한 데에서 주재하는 청명(淸明)하고 순일(純一)한 것이 조금도 간단 없게 하고, 느껴서 드디어 통달한 뒤에 지극히 묘한 데에서 나타나는 조리(條理)와 절문(節文)이 터럭만큼도 어그러지지 않을 수 있다면, 만기(萬機)가 올 때에 일에 따라 이치를 따르는 것이 빈 거울처럼 비추어서 곱고 추한 것이 구별되고 평평한 저울처럼 달아서 가볍고 무거운 것이 판별되므로, 응대하는 것이 많은 것을 싫어하지 않고 처리하는 것이 다 바른 데로 돌아가서, 치평(治平)의 도리가 성대하여 여유가 있을 것입니다. 요(堯)·순(舜)·우(禹)·탕(湯)이 천하를 주고 받을 때에 모두 마음으로 전한 것이 이뿐인데 성학(聖學)이 밝지 않아서, 후세의 제왕이 학문을 좋아하는 것은 널리 보고 잘 기억하는 것에 지나지 않아서 마음과 글이 둘이 되니, 나라를 다스리는 데에 있어서 생각을 다하여 애쓰고 밤낮을 다하여 부지런하며 종신토록 노고하여도 치평을 보지 못한 것은 다 같습니다. 한(漢)·당(唐) 가운데에서 이보다 나은 경우를 따져보면 경리(經理)를 강론하고 한밤에야 잔 이로는 광무제(光武帝) 같은 이가 있고, 삼로(三老)·오경(五更)[80]을 스승으로 섬기고 친히 수업(受業)한 이로는 현종(顯宗)같은 이가 있고, 경술(經術)에 뜻을 기울여 해가 기울고 밤이 새도록 토론을 게을리하지 않은 이로는 당 태종(唐太宗) 같은 이가 있으나, 다 아래에서는 장구(章句)로만 진강(進講)하고 위에서는 입과 귀로 받았을 뿐이니, 심신(心神)의 용(用)에 무슨 도움이 되었겠습니까.

정자(程子)가 송 신종(宋神宗)에게 말하기를 '경연(經筵)의 관원이 엄연히 벌여서서 모시고 몇 줄을 강독(講讀)하고 물러가는데, 이것으로써 보양(補養)의 공(功)을 바라기는 또한 어렵

---

79 증씨(曾氏)의 글 : 《대학(大學)》을 말함.
80 삼로(三老)·오경(五更) : 천자가 부형(父兄)의 예(禮)로 공양하는 원로(元老). 그 수에 대하여는 두 설이 있다. 《예기(禮記)》 문왕세자(文王世子)에 보이는 삼로·오경의 주(注)에는 "삼로와 오경은 각각 한 사람이며, 다 나이 늙고 경험 많고 벼슬에서 물러간 사람인데, 천자가 부형으로 공양하여 천하의 효제(孝悌)를 보이는 것이다. 삼(三)·오(五)로 이름한 것은, 하늘이 이것으로 천하를 비추어 밝히는 삼신(三辰:해·달·별)과 오성(五星)에서 딴 것이다." 하였고, 그 소(疏)에는 "채옹(蔡邕)은 '경(更)은 늙은이를 말하는 것이며 삼로는 세 사람이고 오경은 다섯 사람이다.' 했다." 하였다.

지 않겠습니까.' 하였습니다. 경연에서 귀하게 여기는 것은 사유(師儒)를 영접하여 도리를 갈고 닦으려는 것이고 정사를 보살피는 유가 아니니, 마땅히 한가로이 이야기하고 조용히 살피며 물으며 과정(科程)을 세우지 말며 시간을 한정하지 말고 정의(情意)가 서로 맞고 사기(詞氣)를 펼 수 있게 해야, 성명(性命)의 정미(精微)한 것을 토론할 수 있고 시사(時事)의 득실을 아뢸 수 있을 것입니다. 강(講)이 파하고 궁(宮)에 들어간 뒤에 있어서도 혹 일이 없을 때나 고요한 밤에 홀로 생각하면 반드시 일이 있을 것인데, 사심(邪心)을 막고 성심을 간직하며 분노를 참고 욕심을 억제하여 사물을 응대하는 바탕이 청명하고 환히 트인다면, 천하의 큰 근본이 있을 것이니 나라를 다스리는 데 무슨 어려움이 있겠습니까.

아, 체험하여 아는 공부가 외는 것보다 낫고 마음에 간직하는 보람이 강설(講說) 보다 큽니다. 이제 눈앞에 모인 육조(六曹)와 팔도(八道)의 일이 감당할 수 없이 복잡하다면, 타고난 성지(聖智)가 모든 일에 상세히 통달하시더라도, 정신의 활용에는 한정이 있고 사물이 모여드는 것은 끝이 없으니, 어느 겨를에 깊이 생각하여 스스로 터득하며 항상 정성껏 지켜 잠시도 잊지 않겠습니까. 바라건대, 이제부터는 대정(大政)을 총괄하고 세무(細務)를 생각하고서 학문에 전념하여 함양(涵養)하는 바탕을 삼으소서. 그러면 더 없이 다행하겠습니다. 한 개인의 소견에는 한정이 있으므로 상지(上智)라도 일실(一失)이 없을 수 없고 뭇사람의 선(善)은 끝이 없으므로 하우(下愚)라도 반드시 일득(一得)이 있는 것이니, 옛날의 성왕(聖王)은 뭇사람의 선을 거두어들여서 자기의 소견을 넓히려 하여 빈사(賓師)와 경사(卿士)가 서로 가부를 토론할 뿐더러, 소경으로 하여금 시(詩)를 외어 아뢰게 하고 백공(百工)으로 하여금 직분에 따라서 간(諫)하게 하고 서인(庶人)으로 하여금 말을 전하게 하면서도 오히려 미진할까 염려하였습니다. 진선정(進善旌)·비방목(誹謗木)·등문고(登聞鼓) 등이 없는 때와 없는 곳이 없었으나 경계하는 바탕이 되지 못하므로, 경계하는 말을 날마다 위에 아뢰어 천하의 실정(實情)에 어두워서 환히 알지 못하는 것이 없었으니, 이 때문에 덕을 높이고 도를 즐겨서 지치(至治)의 공을 이루었습니다.

삼대(三代)의 법은 이미 멀어지고 신하가 충언(忠言)을 올리는 길은 간관(諫官)만이 있을 뿐이므로, 옛날의 경사·소경·백공·서인이 아뢰어야 할 것을 모두 간관에게 위임하여 말하게 하니, 그 직임이 이미 무겁지 않습니까. 지성(至誠)하고 측달(惻怛)하며 정충(精忠)하고 강개(慷慨)하여 죽음을 무릅쓰고 천둥 같은 임금의 위엄을 범하면서도 스스로 그만두지 못하는 자가 상등입니다. 명예를 돌아보고 의리를 생각하며 어려운 일을 하도록 요구하는 말을 애써 하며 비방을 임금에게 돌리고 이리저리 적응하여 책무를 메꾸는 자는 버금입니다. 아첨하고 뜻을 맞추며 기뻐하면 아뢰고 노하면 잠잠하여 총애받으려 꾀하고 나라를 그르치는 자는 하등입니다. 작은 몸이 높다란 위에 있어 땅은 만리나 멀고 문은 구중(九重)으로 깊은데, 늘 함께 거처하는 자는 환관(宦官)·궁첩(宮妾)에 지나지 않으니, 사방의 이목(耳目)을 통하여 가리우지 않게 하는 자는 대간(臺諫)뿐입니다. 전하께서는 지성하고 측달하여 알면 말하지 않는 것이 없는 자를 얻으려 하십니까, 애써 어려운 일을 요구하되 마음속에 들락날락할 것을 생각하는 자를 얻으려 하십니까, 빌붙고 뜻을 맞추며 이랬다 저랬다 하면서 항심(恒心)이 없는 자를 얻으려 하십니까?

상등을 얻으면 경탄(敬憚)하고, 버금을 얻으면 고식(姑息)하고, 하등을 얻으면 업신여기게 될 것입니다. 멀리하고 꺼리는 것은 늘 경탄에서 생기고, 버릇없이 가까이하는 것은 늘 업신여기는 데에서 생깁니다. 자신이 성인(聖人)처럼 자타(自他)의 뜻을 죄다 알고 사정(邪正)의 분별을 밝게 하지 않는다면 누가 충직(忠直)은 나를 사랑하는 것이 되는 줄 알아서 기뻐하며 간녕(奸佞)은 나를 빠뜨리는 것이 되는 줄 알아서 미워할 수 있겠습니까. 그러므로 군주가 명철하면 간(諫)하고서 상을 받고 군주가 혼암(昏暗)하면 간하고서 죽음을 당하는 것이니, 역대의 전감(前鑑)이 분명합니다. 간신(諫臣)의 직분으로서는 차라리 지나치게 거스를지언정 지나치게 공순하지 않아야 하며, 차라리 숨은 잘못을 폭로하는 잘못에 빠질지언정 아첨하는 잘못에 빠져서는 안 됩니다. 순(舜) 같은 대성(大聖)에게도 우(禹)가 '단주(丹朱)처럼 오만하지 마소서.' 하였고, 성왕(成王) 같은 대현(大賢)에게도 주공(周公)이 '은왕(殷王) 수(受)처럼 혼미하고 문란하지 마소서.' 하였습니다. 성신(聖臣)으로서 성군(聖君)에게 간하는 것이 오히려 이러하였으나 후세의 충언(忠言)하는 인사는 감히 말하지 못하는 것이니, 고급의 군주들이 간언을 받아들이는 높낮이를 이 일로도 알 수 있습니다.

아, 오동 잎을 자른 것은 작은 잘못인데도 주공이 희롱이 없어야 한다고 경계하였고[81] 버들가지를 꺾는 것은 보통일인데도 정자(程子)가 물건을 상해하는 것을 경계하였는데 어리석은 군주라면 어찌 또한 번거롭게 여겨서 소외시키지 않았겠습니까. 할말을 다하지 못하면 구준(寇準)은 황제의 옷자락을 당겼고[82] 명이 행할 수 없는 것이면 왕단(王旦)은 내조(內詔)를 불살랐는데[83] 진실로 송(宋)나라 군주가 어질고 밝지 않았다면 어찌 대불경(大不敬)

---

81 오동 잎을 자른 것은 작은 잘못인데도 주공이 희롱이 없어야 한다고 경계하였고, : 주 성왕(周成王)이 어려서 숙우(叔虞)와 한가히 놀 때에 오동 잎을 잘라 규(珪:제후가 갖는 서옥(瑞玉))의 모양으로 만들어 "이것으로 너를 봉(封)한다." 하였는데, 주공(周公)이 "천자에게는 농담이 없다." 하여 드디어 숙우를 당(唐)에 봉하였다.《여씨춘추(氏呂春秋)》중언(重言).

82 구준(寇準)은 황제의 옷자락을 당겼고, : 구준은 송(宋)나라 태종(太宗)·진종(眞宗) 때의 명신(名臣). 태종 때에 전중(殿中)에서 일을 아뢰는데 말들이 맞지 않으므로 임금이 노하여 일어서니, 구준이 임금의 옷을 끌어 당겨 다시 앉게 하고 일이 결정되고서야 물러갔다. 이 때문에 임금이 칭찬하여 "내가 구준을 얻은 것은 문황(文皇:당 태종)이 위징(魏徵)을 얻은 것과 같다." 하였다.《송사(宋史)》권 281 구준전(寇準傳).

83 왕단(王旦)은 내조(內詔)를 불살랐는데, : 왕단은 송나라 태조·진종 때의 명신. 진종 때에 일자(日者:점장이)가 상서하여 궁금(宮禁)의 일을 말하였다가 처형되었다. 그 가산(家産)을 몰수할 때에 조사(朝士)들이 가서 점친 글이 나왔으므로 임금이 노하여 어사(御史)에게 넘겨 정상을 신문하게 하려 하였는데, 왕단이 "이것은 사람의 상정(常情)이고 말이 조정(朝廷)의 일에 미치지 않았으니 죄를 줄 것은 없습니다." 하였으나, 임금의 노여움이 풀리지 않았다. 왕단이 자신의 점친 글을 가져다가 바치고 "신(臣)도 젊고 미천할 때에는 이 짓을 면치 못하였으니 반드시 죄를 주시려면 신도 아울러

의 주살(誅殺)을 면할 수 있었겠습니까.

간언을 받아들이는 도리는 낯빛을 부드럽게 하고 자기를 굽혀 마음을 열고 정성을 보이며, 독단(獨斷)으로써 스스로 성명(聖明)인 체하지 말고 지존(至尊)이라 하여 아래를 누르지 말고 거스르는 것을 미워하지 않고 참소하여 이간하는 것을 의심하지 말며, 이미 들었으면 면전에서 따를 뿐만 아니라 반드시 명하여 시행하며, 혹 과격한 인물이 맹랑한 말을 함부로 아뢰어도 용서하여 버려두어야, 한 나라의 뜻이 통하여 뭇 선(善)이 모이는 것을 이루 다 말할 수 없을 것입니다. 이렇게 하고서도 지치(至治)가 회복되지 않는 일은 없습니다. 바라옵건대, 성명(聖明)께서는 깊이 음미하소서.

형법으로 악을 징계할 수 있으나 그 악한 짓하는 것을 부끄러워하게 할 수는 없고 정령(政令)으로 백성에게 선을 권장할 수 있으나 백성을 선에 감동되게 할 수는 없습니다. 그러므로 삼대(三代)의 정치가 모두 학교를 앞세웠던 것은 성정(性情)으로 인도하여 그 양심을 느껴 일으키게 하고 그 오랜 악을 사라지게 하기 위한 것이니, 그것은 스스로 그렇게 된 까닭을 모르고 그렇게 되는 일이 있기 때문입니다. 옛사람이 태학(太學)을 수선(首善)하는 곳으로 삼았으니, 어찌 백성이 많더라도 가르치는 것은 반드시 여기에서부터 비롯해야 한다고 생각한 것이 아니겠습니까. 인재를 육성하고 풍속을 도야(陶冶)하는 데에 이것을 버리고 본받을 만한 것이 없는 까닭은 무엇 때문이겠습니까? 천하의 성(性)이 같으면 천하의 마음도 한 가지일 것이니, 먼저 가르치는 것을 깊이 하고 이어서 보고 듣는 것을 멀리 하여 마음으로 마음을 느끼고 성으로 성을 다스려서 천하에 교화하기 어려운 사람은 없기 때문입니다.

지금 학교를 세워 선비를 모으고 벼슬을 두어서 수업하는 중외(中外)의 학교의 제도는 삼대(三代)의 유법(遺法)에 가까우나 가르치는 일을 맡는 자는 늘 마땅한 사람을 얻지 못하여, 훈고(訓詁)를 외는 것을 경서(經書)에 통달하는 것으로 여기고, 해묵은 문장을 짜 맞추는 것을 글을 잘 짓는 것으로 여기며, 과거(科擧)의 이익도 따라서 그 뜻을 앗아가므로, 가르치는 자는 근본이 없고 가르침을 받는 자는 쓸 데가 없습니다. 공명(功名)·부귀(富貴)의 생각만 굳어지고 효제(孝悌)·충신(忠信)은 아무 것도 아닌 것으로 여기며, 요행을 바라고 속이는 버릇은 익숙하고 예의(禮義)·염치(廉恥)는 생각 밖에 두니, 가르치는 법이 무너진 것이 지금보다 극도에 이를 수 없습니다. 인재가 나오지 않고 풍속이 아름답지 않은 것은 오로지 이로 말미암아서 근원이 된 것입니다. 전하께서 새로 보위(寶位)에 올라 한 세대의 기업(基業)을 세우시는데 서정(庶政)을 정돈할 것이 허다하나, 먼저 해야 할 큰 문제에 있어

옥(獄)에 넘기소서." 하니 임금이 "이 일은 이미 발각되었는데 어찌 사면할 수 있겠는가." 하자, 왕단이 "신은 재상(宰相)으로서 국법을 집행하는데, 어찌 스스로 하고도 발각되지 않은 것을 다행히 여기고 남을 죄줄 수 있겠습니까." 하니 임금의 마음이 풀렸으므로, 중서(中書)에 가서 찾아낸 글을 죄다 불살랐다. 《송사(宋史)》 권282 왕단전(王旦傳).

서는 학교만한 것이 없습니다. 이제 만약에 완고한 풍습을 엄격히 고치고 폐습을 바로잡아 자신을 수양하는 학문으로 이끌되 진실로 현명한 스승을 얻어서 이끌지 못한다면, 날마다 삼대의 법을 외고 집집이 육예(六藝)의 글을 말하더라도 훈도(薰陶)하여 변화하는 데에 무슨 도움이 되겠습니까. 더구나 예관(禮官)의 번거로운 의식과 말단의 절차가 어찌 넉넉히 학문을 권장하는 공효(功效)를 거둘 수 있겠습니까. 반드시 학문이 일찍이 성취되고 명망과 실상이 본디 드러나서 선비들이 따르게 할 만한 자가 있어야 태학의 어른 자리에 두고, 그 나머지는 죄다 이와 견줄 자를 얻지 못하더라도 마땅히 문학과 덕행이 우수한 자를 가려야 할 것입니다.

심상하고 천박한 사람만을 그 자리에 구차히 채우지 말고 시종(侍從)하는 신하도 관학(館學)의 벼슬을 겸임시켜 그 직임을 중하게 하고 서로 격려하게 하면, 착하게 유도하는 아래에 반드시 고무(鼓舞)되는 선비가 있을 것이니, 풍성(風聲)이 미치는 데에 어찌 본받는 사람이 없겠습니까. 참된 천성이 애연(藹然)하여 그칠 수 없어서 어질고 재능 있는 사람이 천거되고 착한 풍속이 만들어지는 것이 예전과 같이 아름다울 수 있을 것입니다. 바라옵건대, 전하께서는 널리 물어 반드시 마땅한 사람을 얻어서 위임하여 성취를 요구하소서. 그러면 격앙(激昂)하고 유도하는 일이 절로 그 손안에 있어, 한 해나 몇 달 사이에 반드시 조금은 효험을 볼 것이고, 몇 해 뒤에는 큰 성취를 바랄 수 있을 것입니다. 바라옵건대, 전하께서는 유념하소서. 나라를 다스리는 길은 어진 사람을 쓰는 데에 있고, 어진 사람을 찾는 길은 재상을 맡기는 데에 있습니다. 대개 온갖 일의 복잡한 것과 온갖 관사(官司)의 번다한 일은 성인의 총명으로도 혼자 운영할 수 없으니, 반드시 당대의 인재를 얻어 뭇 벼슬을 나누어 주되, 위로는 육경(六卿)부터 아래로는 백집사(百執事)까지 그 재능에 따라서 쓸 곳을 잘 살펴야만 조정에는 요행히 자리를 차지하는 자가 없고 관직에는 폐기되는 일이 없을 것입니다. 지금 사람을 등용하는 데에 있어서는 과거(科擧)를 성대히 하나, 그 사이에서 뛰어난 인재가 나오는 것은 거의 없고 조금 있을 뿐인데, 더구나 문음(門蔭)이나 보거(保擧)[84] 의 하치않은 것이겠습니까. 뽑아 쓰는 길이 이처럼 좁으면 향리(鄉里)의 선량(善良)과 산림(山林)의 유일(遺逸)이 어느 계제에 조정의 높은 벼슬에 나아가겠습니까.

임금은 구중(九重)의 깊은 곳에 있으니 아랫사람들의 선악을 두루 알아서 쓰고 버릴 수 없으나 재상은 위로 지존(至尊)을 가까이하고 아래로 뭇 사람의 뜻에 통하므로 친히 듣고 보아 널리 찾아서 쉽게 논하여 천거할 수 있습니다. 그러므로, 어진 사람을 찾는 것이 반드시 재상에게 있어야 당시의 등용을 빠짐없이 할 것인데 그 자리에 있는 자가 세상을 다스리고 사물을 주관할 마음을 먹지 않고 지위만 차지하고 총애만 유지하려고 생각하여 마땅한

---

84 보거(保擧) : 보증하여 천거함. 또, 그 천거에 따라 등용하는 것. 이를테면, 과거에 급제하여 벼슬길에 오른 사람 외에 임금이 어느 직품(職品) 이상의 관원에게 명하여 벼슬시킬 만한 사람을 천거하게 하여 그 중에서 가려서 서용하는 것.

사람이 있는 것을 알아도 천거하려 하지 않으면, 진실로 그의 죄입니다.

그러나, 도탑게 믿지 않고 오로지 맡기지 않아서, 재상이 위로는 군주가 의심할 것을 두려워하고 아래로는 물의에 어그러질 것을 근심하여 걸핏하면 염려를 품어서 감히 진언하지 못하는 자도 혹 있습니다. 지금 재상은 어진 사람을 천거하는 사람이 없고, 전형하는 중대한 임무를 이조에 일임하여, 다만 자급(資級)이 오래고 오래지 않은 것과 사무가 한가하고 바쁜 것에 따라 옮겨서 서로 바꾸어 빈자리를 채울 뿐이고, 큰 재능이 있거나 큰 덕이 있는 사람을 천거하여 뽑는 일은 그것이 옳은 줄 익히 생각하면서도 조금도 손을 쓰려 하지 않으므로, 경쟁하고 기만하는 무리는 문득 차례를 뛰어넘고 바르고 단정한 선비는 흔히 침체되니, 다스린 보람이 나타나지 않는 것은 바로 이 때문입니다.

참으로 조정 대신과 상의하여 등용하는 법을 널리 강구하되 한결같이 선왕이 덕을 높이고 도를 즐긴 뜻에 따르고 후세에서 상습에 따르는 정사에 견제되지 말아서, 자문하면 반드시 그 실상을 구하고, 비교하여 헤아리되 그 재능에 잘못 쓰지 않아야 합니다. 불행히 명예를 팔고 외모를 꾸미며 결탁하여 명예를 구하는 사람이 함부로 그사이에 끼어 있으면, 대간(臺諫)이 탄핵하고 논박하는 것을 받아들여서, 공도(公道)가 분명히 행해지고 벼슬길이 맑고 바르게 해야 합니다. 그러면 조정에 나오기를 바라는 충현(忠賢)하고 준걸(俊傑)한 사람들을 이루 등용할 수 없게 될 것입니다. 공자(孔子)가 말하기를 '열 집이 있는 고을에는 반드시 충신(忠信)한 사람이 있다.' 하였고, 정자(程子)가 말하기를 '하늘이 한 세대의 사람을 내었으므로 절로 한 세대의 일을 하기에 넉넉한데, 다만 그 재능을 남김없이 쓰지 못하므로 잘 다스려지지 못한다.' 하고, 또 '잔달게 상례만 지키고 자격에 따라서만 사람을 임용하고도 잘 다스려질 수 있겠는가.' 하였습니다. 바라옵건대, 성명(聖明)은 유의하소서.

삼대(三代)의 사람을 뽑는 법은 이미 멀어졌으나 한(漢)나라의 초기에는 오히려 끼친 뜻이 남아 있어서 선거의 과목을 흔히 현량(賢良)·방정(方正)이라 이름하였고 위(魏)·진(晉) 때의 구품 중정(九品中正)의 법도 실용할 인재를 찾는 것이었는데, 수(隋)·당(唐) 때에 이르러서는 오로지 문사(文詞)로 선비를 뽑고 어진 사람을 찾는 일은 모두 폐지하고 다시 회복되지 않았습니다. 얼마 전 기묘년에 있었던 천거과(薦擧科)[85]는 참으로 옛사람의 뜻을 본뜬 것이어서 애초부터 거짓되고 외람된 허물이 없으므로, 유사(有司)에서 많이 모아 시험하여 조

---

85 천거과(薦擧科) : 조광조(趙光祖) 등의 건의에 따라 중외(中外)에서 천거된 1백 20인 중에서 예조(禮曹)가 분별하여 의정부(議政府)에 신보(申報)하여 결정된 사람들(58인 또는 80인이라는 말이 있으나 자세치 않음)을 중종 14년(1519) 4월 13일에 근정전(勤政殿) 뜰에서 임금이 친히 나아가 책시(策試)하여 김식(金湜) 등 28인을 뽑은 과거. 흔히 현량과(賢良科)라 하나, 《중종실록》 14년 4월 13일의 기사에도 "임금이 근정전에 나아가 천거된 선비를 책시하였다." 하였고, 《인종실록》 원년 4월 17일의 기사에도 "특진관(特進官) 정만종(鄭萬鍾)이 아뢰기를 '……기묘년 천거과 때에 신은 이미 출신하였으므로 그 일을 대강 아는데, 그때에는 현량이라는 이름이 없었으나 그 뒤에 기모(譏侮)하는 자가 이 이름을 만들었습니다……' 하였다." 하였으니, 천거과라 하는 것이 옳을 듯하다.

금 나은 것을 견주어서 얻은 자보다 훨씬 나았는데, 까닭없이 폐기하였습니다. 또 이제까지 30년이 되어가는 동안에 어진 인재가 숨어 없어지고 유식한 사람이 슬퍼하고 분개하여 오랫동안 임금의 흠이 되어 왔습니다.

예로부터 지금까지 죄가 대역(大逆)에 이르더라도 그 과거(科擧)를 삭탈한 자는 없었는데, 연산(燕山) 때에 율시(律詩)로 사람을 뽑은 것은 매우 말이 안 되는 일이므로 선왕께서 반정(反正)한 초기에 의논하여 그 과거를 삭탈하셨으나 오래지 않아 도로 주셨습니다. 이제 선비를 시책(試策)[86]으로 뽑고 천거과라 이름한 것이 무슨 안 될 것이 있기에 홀로 억울하게 삭탈당해야 합니까. 그러므로 정광필(鄭光弼)이 삭탈해서는 안 된다는 뜻을 힘껏 아뢰었고, 대행 대왕(大行大王)께서도 도로 주기로 의논을 모으셨으나, 대신(大臣)이 순종하지 않아서 미처 제대로 되지 못하였으므로, 사림(士林)의 한탄이 또한 극심합니다. 신정(新政)의 처음에 탕척하여 바로잡는 도리를 마땅히 먼저 보여야 할 것이니, 그 과거를 회복시켜 주어 사람을 등용하는 길을 넓히시면 더 없이 다행하겠습니다.

신들은 언책(言責)이 있는 벼슬에 있으므로, 진실로 들은 것이 있으면 잠자코 있을 수 없습니다. 천하를 다스리는 것은 집안을 다스리는 데에서 비롯합니다. 전하를 뵙건대, 성성(聖性)을 타고나셨으므로 자기를 단속하고 안을 다스리는 일에 지극하지 않은 것이 없으시겠습니다마는, 여러 빈원(嬪媛)과 내척(內戚)·외척(外戚)이 연줄 따라 드나드는 형세와 빌붙고 아첨하는 태도에 혹 예전 버릇을 아주 바로잡지 못하고 조금 은정(恩情)을 주신다면, 마음을 현혹하는 병폐가 헤아리지 못할 데에 숨어 있어서 정치에 누를 끼치는 우환이 뉘우쳐도 미치지 못하게 될 것입니다. 자수궁(慈壽宮)에 옮겨 사는 선왕의 후궁이 이제는 이미 없는데 종으로 부리던 나머지 무리가 아직도 그 안에 살며 무리를 맺어 오래도록 소굴로 삼아서 요사한 말과 괴이한 행동을 하는 것을 나라 사람이 환히 압니다. 즉위하신 처음에 먼저 탕척하여 청명한 교화를 보여야 할 것인데, 그렇지 않을 뿐만 아니라 도리어 몰래 그 궁을 나가서 머리를 깎으려는 자가 있다 합니다. 과연 사람들의 말과 같다면, 어찌 이것이 성정(聖政)의 큰 흠이 되고 뭇 신하를 실망시키지 않겠습니까.

조광조(趙光祖)의 직첩(職牒)을 도로 주기를 청하는 것은 대신(大臣)·대간(臺諫)·시종(侍從)·유생(儒生)의 말로 온 나라가 뜻을 같이하는 것을 알 수 있고, 전하께서도 그 학술이 바른 것을 일컬으셨는데, 결단하지 않고 지체하여 하루하루 미루어 가시므로, 간사한 자들은 기를 펴고 바른 사람들은 낙담하여 사습(士習)의 향배(向背)하는 기틀이 정해질 길이 없습니다. 전하께서 번번이 억울한 일을 씻어주려고 생각하시나 신리(伸理)하는 은혜가 유독 조광조에게만 미치지 않으니, 임금에게 충성하고 나라를 사랑하는 뜻이 소인들에게 무함받

---

86 시책(試策) : 책(策)으로 시험함. 임금이 경서(經書)의 뜻이나 정치의 문제를 내어 응시자에게 의견을 묻는 것을 책문(策問)이라 하고, 책문에 대하여 글을 지어 대답하는 것을 대책(對策)이라 한다.

아 지하의 원귀(冤鬼)가 된 것이 보통 필부(匹夫)의 억울한 정도가 아닙니다. 전하께서는 학문을 좋아하고 선(善)을 즐기며 깊은 인자함으로 은택을 베푸는 것이 전대(前代)보다 훨씬 뛰어나신데도 온 나라의 뜻을 어기고 이 사람에 대해서만 치우치게 고집하시니, 신들의 의혹이 더욱 심합니다. 전하께서 춘궁(春宮)[87]에서 덕(德)을 기르실 때에는 인성(仁聖)하시다는 명성이 사람들의 귀에 두루 미쳤고, 즉위하셔서는 정령(政令)을 내어 인혜(仁惠)를 베푸는 것이 현격히 뛰어나게 다르므로, 모든 신하가 잘 다스려진 정치를 바라고 속마음을 드러내어 상소하는 자가 잇달아 궐하(闕下)에 이르러 시사(時事)를 지적하여 아뢰어 성심(聖心)을 깨우치는 것이 많지 않다고 할 수 없는데, 전하께서 답하시기는 아름답다 하거나 유념하겠다 하여 너그러이 용납하는 분부를 받기는 하나 시행하는 실상은 듣지 못하였으니, 말한 자는 부끄러운 마음을 품고 듣는 자는 실망하고 있습니다. 진실로 이렇게 하고 만다면, 사람마다 글을 올리고 집집마다 글을 올리더라도 쓸 데 없는 겉치레에 무슨 도움이 되겠습니까.

전대의 군주를 보건대, 매우 쇠퇴한 세대일지라도 구언(求言)하는 일이 없던 적이 없으나 받아들여서 실행한 것은 듣지 못하였습니다. 바라옵건대, 전하께서는 뭇 신하의 말이 있으면 나의 잘못을 바로잡는 것으로 생각하고 내 잘못을 나타내는 것으로 생각하지 마시며, 나를 사랑하는 것으로 생각하고 나를 업신여기는 것으로 생각하지 마시며, 유생의 상소는 천하여 쓸 수가 없다 하거나 시종의 상소는 으레 옛일에 따른 것이고 대간의 상소는 직분이 늘 그렇게 하는 것이라 하지 마시고, 보면 반드시 살피고 시행하면 반드시 극진히 하소서. 그러면 종사(宗社)가 다행하겠습니다.” 하였는데, 답하기를, “이제 상소의 사연을 보니, 매우 내 뜻에 맞는다. 네 가지 근본을 행하고 싶다. 어찌 그 말단은 행하고 싶겠는가. 학문은 경연(經筵)에서 잘 강구해야 할 것이다. 학교의 관원은 정하게 가려서 제수해야 하겠고, 간언(諫言)을 받아들이는 도리는 충직한 말을 너그러이 용납해야 하겠고, 사람을 등용하는 방법은 빠뜨려서 침체되어 있는 사람을 찾아내야 하겠다. 조광조의 벼슬을 회복시키고 현량과(賢良科)를 쓰는 것은 어찌 공론이 한결같이 이토록 극진한 것을 생각하지 않겠는가마는, 우리 부왕(父王)께서 다만 죄가 없다고 하셨을 뿐이고 끝내 은혜를 베풀지 않으셨으니 반드시 그 뜻이 있었을 것이다. 이 때문에 윤허하지 않는다. 또, 시종하는 관원이 학교의 직임을 겸임하여도 무방하겠으나, 관제(官制)에 없는 것이니, 대신에게 의논하여 정하라. 또, 자수궁(慈壽宮)은 이미 엄히 금하게 하였으나 선왕의 후궁도 장차 살 것이니, 다시 더 더욱 밝혀서 시행하라.”

---

87 춘궁(春宮) : 세자궁.

제13대 명종(1545~1567)

사간원 사간 김여부 등이 올린 거승 위건에 관한 상소문

명종실록 22권, 명종 12년 5월 11일 계해 6번째기사

1557년 명 가정(嘉靖) 36년

사간원 사간 김여부(金汝孚) 등이 상소를 올리기를, "삼가 생각하건대 국가가 흥성하려면 반드시 상서(祥瑞)가 있는 것이고 쇠하려면 반드시 요얼(妖孼)이 있는 것입니다. 상서가 많은 것은 복을 받을 징조이고 재변이 많은 것은 화가 생길 징조입니다. 춘추(春秋) 시대 2백42년 간에 해·별·얼음·서리의 변고와 물·불·조수·벌레의 재이를 삼가 자세히 기록한 것은 하늘과 사람의 관계가 매우 두렵다는 것을 보인 것이고, 또 천심은 임금을 사랑하기 때문에 경계시켜 고칠 줄 알게 함으로써 멸망이 이르지 않게 하려는 것입니다. 삼가 생각하건대 주상 전하께서는 즉위한 이래 안으로는 성색(聲色)의 오락을 끊고 밖으로는 사냥하는 즐거움도 없이 밤 늦게 자고 아침 일찍 일어나 정사에 임하여 잘 다스려지기를 바란 지가 이제 13년이 되었습니다. 그런데도 백성들은 덕을 보지 못하고 나랏일은 날로 잘못되어 망망한 바다 위에 낡은 배를 타고 있는 것 같아서 함께 함몰될 지경이니 어찌 한심스럽지 않습니까. 일식·월식에 혜성이 나타나고 한 겨울에도 천둥이 치고 초여름에 서리가 내렸으니, 이는 하늘의 견책입니다. 냇물이 마르고 조수가 넘치고 산이 무너지고 물이 솟구치는가 하면 심지어는 서울에 지진까지 발생하였으니, 이는 땅의 경고입니다. 소가 괴이한 송아지를 낳았는데 머리가 둘에 발굽이 여덟이었으며, 암탉이 변하여 수탉이 되고 암탉이 새벽에 울기도 하였으니 이는 물괴(物怪)입니다. 지난 역사를 살펴보면 이러한 재변 가운데 하나만 있어도 모두 멸망하는 화가 이르렀는데, 더구나 수년 내에 계속해서 나타나는데도 뉘우침이 없는 데이겠습니까. 재변의 발생이 무슨 일에 대한 조응인지 분명히 알 수는 없으나 사람의 좋아함과 싫어함이 극도에 이르면 천지와 함께 유통하여 왕래하면서 교감(交感)하게 되는 것이니, 어찌 부른 이유가 없이 이렇게 극심한 데에 이를 수 있겠습니까. 근년 이래 가뭄과 장마의 재변이 들고 바람과 서리의 해가 발생하여 곡식이 익지 않은 관계로 기근이 잇달았으니 불쌍한 우리 백성들이 지쳐 쓰러져도 하소연할 데가 없어 원한을 머금은 채 조석(朝夕)을 보전하기도 어려운 형편입니다. 거기다가 왜구의 노략질로 변방이 조용하지 못하므로 수자리를 위해 징발하는 부역(賦役)이 전일의 열배 백배나 됩니다. 그

리하여 부역에 나가는 자는 노고에 시달리고 집에 있는 자는 노자를 장만하여 보내고 있으니 왜구를 제거하기도 전에 뿌리가 먼저 상하게 되어 있습니다. 이와 같이 하기를 마지 않으면 수년 후에는 반드시 복심(腹心)이 무너지는 걱정이 있게 될 것이니, 깊이 생각해서 보양할 방법을 생각하지 않을 수 있겠습니까. 수령은 백성을 가까이 하는 관리로 임금의 뜻을 받들어 덕화를 선양하는 자입니다. 그런데 지금 군현의 책임을 맡은 자들은 자질구레한 인척(姻戚)이 아니면 반드시 재물만을 탐내는 무리들로서 호랑이가 갓을 쓴 것과 같은데 이들이 고을을 맡아 서로 바라보면서 백성의 살을 저미고 골수를 우려내어 윗사람에게 아부하면서 사욕을 채우는 것으로 일삼고 있으니, 백성들이 어찌 원망하고 괴로워하지 않을 수 있겠습니까. 변방 지역에 이르러서는 오로지 무부(武夫)에게만 맡겼으므로 농기구를 녹여 병기를 만들고 농사일을 폐기하고 성에 오르게 하며 항오(行伍)의 대열에 몰아 넣는가 하면 기고(旗鼓)를 익히는 데도 불러내는데 호령이 성화(星火)같고 호랑이보다 사나워서 백성들로 하여금 안고 업고 끌면서 떠돌아 흩어지게 하니 또한 슬픈 일이 아닙니까. 이는 국가에서 방비를 무부에게 책임지우고 무부들 또한 이것을 자임하기 때문에 그렇게 된 것입니다. 변방 지역은 그렇다 하더라도 방어가 긴절하지 않은 내지에도 이들을 많이 차임하여 백성들을 서운하게 하는 것은 무엇 때문입니까? 한 방면의 현불초에 대한 출척(黜陟)의 책임은 오로지 감사(監司)에게 달려 있으니 감사의 포폄이 그 실상에 합당하게 되면 간사하고 탐오스런 관리들이 두려워하게 되어 감히 방종하지 못하게 되는 것입니다. 그런데 오늘날 감사가 된 자들은 전최(殿最)를 할 즈음에 이리저리 눈치를 보며 은혜를 팔기 때문에 시비(是非)가 뒤바뀌고 현우(賢愚)가 도치되니 어떻게 여러 고을의 마음을 열복시켜 권계(勸戒)할 수가 있겠습니까. 그러나 이것은 감사만의 허물은 아닙니다. 조정은 감사의 근본입니다. 그런데 공경 대신의 자리에 앉은 자들이 혹 일가라고 부탁하고 혹 친구라고 부탁해서 감사들로 하여금 어떻게 손을 쓸 수가 없게 만드니, 그들의 상벌이 근엄하지 못함을 어떻게 허물할 수 있겠습니까.【갓난 아이가 어미가 없어 죽게 되었는데도 도척(盜蹠)과 장교(莊蹻) 같은 도둑에게 돌보는 책임을 맡겨놓고 소복되기를 기다린다면 곤란한 일이다. 감사는 음보(蔭保)로 반부(攀附)하여 발탁된 유가 아닌데도 멀리 권귀(權貴)에게 제재당하여 스스로 고과(考課)를 정하지 못하니 그들이 공문(公門)을 저버린 것이 너무 심하다. 공도(公道)가 조정에서 행해지지 않아 뇌물이 주문(朱門)0에 몰려듦에 따라 기강은 날로 퇴폐해지고 백성은 날로 초췌해졌다.】

내직에 있는 백사(百司)의 관원도 뛰어난 인물이 아니면 양과(兩科)를 먼저 하고 문음(門蔭)을 뒤에 하는 것이 정체(政體)에 당연한 것입니다. 그런데 문음을 먼저하고 무과를 뒤에 하는 것이 이미 폐습이 되었고 근래에는 도리어 문음을 문과보다도 앞에 하는 지경에까지 이르렀으므로 자급의 승진과 관료의 선발에서 문사(文士)들이 등용되지 못하는 경우가 있으니 과거를 설치하여 사문(斯文)을 높인다는 뜻이 어디에 있습니까. 혹 외직에 있는 자를 체직시켜 내직으로 들어오게 하여 언관에 임명하는 것은 언관의 자리를 중하게 여겨서인데, 언관의 자리에 있는 사람을 도리어 외지의 하찮은 무관직으로 내보내는 것은 정체로 헤아려 보건대 경중이 합당하지 않고 뒷폐단 또한 클 것이니 어찌 식자(識者)들의 탄식이 없겠습니까. 장수(將帥)에 이르러서는 삼군(三軍)의 명(命)을 맡고 있어 국가의 안위(安危)가 위임의 득실에 달려 있는 것입니다. 따라서 적격자가 아니면 군사를 잃고 패배하는 흉사가 있을 뿐만이 아니라 반드시 땅을 잃고 성이 함락되는 화가 있게 되는 것이니 사정(私情)에 끌려 사사로이 제수해서는 안 된다는 것이 분명합니다. 지금 장수가 되어 열진(列鎭)을 호령하는 자 가운데는 양의 바탕에 호랑이 가죽을 한 무리가 태반인데 요새를 지키면서 적을 물리치는 재능이 있는 것을 볼 수가 없으니, 급한 일이 있을 때 어떻게 기이한 계교를 내어 변에 대응해서 백전 백승의 공을 세울 수 있겠습니까. 전일 달량(達梁)의 변이 있을 적에 실패한 전철이 또한 귀감이 될 것입니다. 이것이 모두 사정이 성하고 공도가 없어진 탓이 아니겠습니까.【여부의 말이 그럴 듯하다. 그러나 뒤에 어리석은 심뇌(沈鐳)가 부형 덕분에 청홍 수사(淸洪水使)에 제수되었는데도 한마디의 논계는커녕 도리어 심뇌의 첩의 집에 가서 전송하기까지 했다. 뇌는 심통원(沈通源)의 아들이다.】아, 기풍은 습관에 의해 변하고 풍속은 교화에 의해 이루어지는 것인데 교화가 밝지 못하고 탐욕이 풍속을 이룬 지가 오래입니다. 어려서 익힌 것을 어른되어 행하는 것인데, 그것이 모두 벼슬이나 구하고 몸이나 이롭게 하는 것에 불과하니 세도(世道)가 이지경에 이른 것이 괴이할 것도 없습니다. 귀족과 인척들의 집은 나라의 후한 은택을 받아 총리(寵利)가 이미 극진하니 마땅히 가득차면 넘친다는 것을 두려워해야 하는데도 오히려 끝없는 욕심을 품어서 크게는 바다와 작게는 하천까지 차지하지 않은 것이 없어서 물고기를 잡지 못하게 하고 소금을 굽거나 미역을 따지 못하게 하니, 이것이 어찌 옛 성왕들이 택량(澤梁)을 금하지 않고 백성과 공유한 뜻에 맞는 처사이겠습니까. 사치가 극도에 이르러 아름다운 의복을 뽐내어 사족(士族)의 집안에 연회(宴會)가 있게 되면 휘황한 비단옷 때문에 집안이 찬란해지는데, 심지어는 하루 안에 의복을 여러 번 바꾸어 입음으로써 사치스러움을 과시하는가 하면 얼첩(孼妾)이나 창우(倡優)들도 왕후의 복장을 꾸미고 있습니다. 아, 하늘이 물건을 생산하는 데는 일정한 수가 있는 것인데 저울 눈금 하나까지 따져 거두어 들여서는 진흙처럼 마구 씁니다. 열 사람이 길쌈해도 한 사람을 입히기에 부족하고 한 사람이 농사지으면 열 사람이 모여서 먹으니, 백성들이 곤궁해져서 구렁에 죽어 쌓이는 것이 마땅하지 않습니까. 국가를 유지시켜 장구히 이어가게 하는 것은 기강이 있기 때문입니다. 그런데 금해도 중지되지 않고 명령해도 시행되지 않아 온갖 폐단이 한꺼번에 생겨 구제할 방법이 없습니다. 나라가 혼란스러워지는 것을 염려하는 선비들은 위로 하늘의 변을 살피고 아래로 사람의 일을 관찰하면서 천정을 우러러 탄식하면서 팔뚝을 걷어붙이며 흥분하지 않는 이가 없으니 패망하는 화란이 곧 닥칠까 두렵습니다. 신들은 잘 모르겠습니다만 전하께서도 이 점에 대해 유념하여 두려워하고 계십니까? 백관들이 직분을 제대로 수행하지 못하여 태만함이 습관으로 굳어지니, 상께서 자주 내신(內臣)을 보내어 제사(諸司)를 독려하는 것은 참으로 기강을 진작시키기 위해 부득이하여 하시는 것이긴 합니다. 그러나 임금의 도는 인재를 구하는 데에는 수고로우나 어진 사람에게 맡긴 뒤에는 편한 것입니다. 만약 잘못을 지적하는 것으로 신하들을 격려하려 한다면 그저 교사스럽게 구차히 면하려는 풍조만 자라게 할 뿐으로 도리어 정치의 대체에 해가 되는 것입니다.《서경(書經)》에 '원수(元首)가 잗달게 간섭하면 신하들이 태만해져서 모든 일이 실추된다.' 했으니 어찌 후세 임금들이 명심해야 할 일이 아니겠습니까. 또 거둥은 임금의 대절(大節)이므로 삼가지 않을 수 없습니다. 더구나 재변이 중첩되는 때를 당해서는 진실로 조용히 거처하면서 수성(修省)하여 하늘의 마음에 보답하기를 생각해야 하는 것인데, 어찌 태평 무사한 때처럼 전혀 두려워하는 마음이 없이 자주 거둥할 수가 있겠습니까. 습진(習陣)과 열무(閱武)는 이것이 비록 편안할 때 위태로움을 잊지 않는 뜻이라고는 하지만, 어찌 한 달에 두 번씩이나 교외(郊外)에 친림할 필요가 있겠습니까. 더구나 고경 대신(孤卿大臣)까지【이상(二相) 이준경을 가리킨 것이다.】함께 활쏘는 무부의 대열에 참여시켜 인재를 장려하였으니, 대신을 예우하는 의리에 있어 어떠합니까? 비록 거둥은 위에서 짐작하여 한다고 하셨지만 참으로 예에 맞지 않는 것이라면 신하가 임금을 인도하는 정성에 있어 앉아서 보기만 하고 간쟁하지 않을 수 있겠습니까?【친열(親閱)할 때 양사(兩司)가 중지하기를 간쟁하였으나 상이 엄한 말로 답했기 때문에 하는 말이다.】예부터 정치를 해치는 것 가운데 가장 큰 것은 이단(異端)보다 더한 것이 없었습니다. 철저하게 막고 통렬하게 끊어도 오히려 밝은 시대의 요물이 될까 두려운데, 하물며 일국의 공론을 돌아보지도 않고 비호하는 데이겠습니까? 양종(兩宗)을 회복시킨 이래 모든 사찰(寺刹)에 관계된 일은 온 조정이 간쟁을 하여도 하나도 따르지 않으셨습니다. 거승 위전의 세에 이르러서는 이미 백관들의 직전(職田)과 같은 예로 하였으니 이제 모든 것을 감축하는 때를 당하여 그대로 줄 수 없다는 것은 의심할 나위가 없습니다. 대간(臺諫)이 철이 바뀌도록 논집하였는데도 전하께서 전혀 마음을 돌리지 않는 것은 무엇 때문입니까? 임금의 덕은 간언을 따르는 것보다 더 훌륭한 것이 없고 병통은 자기 마음대로 하는 것보다 더 큰 것이 없습니다. 간언을 따르면 성스러워지고 마음대로 하면 옹졸해지는 것이니, 그 득실의 차이가 크지 않습니까? 임금이 신하에 대해 얼굴빛을 부드럽게 하여 유도함은 물론 그 말을 써주고 그 몸을 존귀하게 해주더라도 오히려 겁내고 꺼리어 할 말을 다 못하는 법인데, 하물며 말을 받아들이지 않는 성색(聲色)을 보이면 누가 면전에서 듣기 싫은 말을 하면서 뇌정(雷霆) 같은 위엄을 범하려 하겠습니까. 말이 귀에 거슬리지 않으면 간언이 되지 않는 것인데, 전하께서는 어찌 도에서 구하여 자기 생각을 버리고 남의 의견을 따름으로써 말을 다할 수 있는 길을 열어놓지 않으십니까. 참으로 언로(言路)를 활짝 열어 아름다운 말이 숨어 있지 않게 된다면 아래에서는 숨기는 마음이 없고 위에서는 잘못된 거조가 없게 될 것이니 재변이 닥치더라도 하늘이 나를 인애(仁愛)하여 하는 것이 될 뿐 성대한 정치의 누가 되지는 않을 것입니다. 그러나 천하의 일을 전이(轉移)시키는 기틀은 실상 임금의 한몸에 달려 있는 것이요, 한 몸의 주장은 한마음에 달려 있는 것입니다. 그러므로 임금의 마음이 한번 바르게 되면 천하의 일이 바르게 되지 않는 것이 없고 임금의 마음이 한번 비뚤어지게 되면 천하의 일이 비뚤어지지 않는 것이 없으니, 푯대가 단정하면 그림자도 곧고 근원이 흐리면 하류도 더러운 것과 같습니다. 《역경(易經)》에 '그 근본을 바로잡으면 만사가 잘 다스려지게 된다.' 한 것과 선유(先儒)들이 '한번 마음을 바로잡으면 사방과 원근이 모두 바로잡아진다.'고 한 것은 바로 이를 두고 한 말입니다. 전하께서는 항상 조용히 있을 때에 이러한 본원(本源)을 밝혀서 정사와 호령하는 사이에 베풂에 있어 공론을 거역하지 않고 인정에 합치되게 할 것을 생각하면, 백성의 눈과 귀를 통하여 보고 듣는 하늘이 어찌 마음을 돌리지 않겠습니까. 이것이 실상 재변을 전이시켜 상서로 만드는 기틀이요, 전하께서 마땅히 힘써야 할 것입니다. 삼가 바라건대 전하께서는 이 점을 유념하여 주소서. 신들은 간절한 마음을 견디지 못하여 삼가 죽음을 무릅쓰고 아룁니다." 사신은 논한다. 당시 국가의 형세가 큰 병을 앓는 사람과 같아서 천 가지 처방과 만 가지 약이 하나도 효험을 보이지 않아 원기가 날로 쇠해져 거의 지탱할 수 없는 지경에 이르렀으니, 어찌 한심스러운 일이 아니겠는가. 간원의 상소에 시폐(時弊)를 극진히 진달하였으니 한 마디가 한 가지 약이라고 할 만하다. 그러나 신단(神丹)같은 묘제(妙劑)는 화타(華佗)가 아니면 쓸 수가 없는 것이다. 더구나 언관의 책임이 있는 자가 또한 으레 구차스럽게 책임만 모면하려 하니, 애석한 일이다. 하였는데, 답하기를, "내가 용렬한 자질로 외람되이 어렵고도 큰 왕업을 이어받았으므로 아침 저녁으로 깊은 못에 임한 듯 조심하였건만 재변이 날로 심하여 간다. 상소에서 거론한 폐단은 갑자기 고칠 수 없는 것이니, 이는 모두 내가 부덕한 탓이라 반성하고 자탄할 따름이다. 이제 곧은 말을 들으니 매우 가상하다. 그러나 유장(儒將)들의 시사(試射)에 고경(孤卿)도 아울러 참여시켰던 것은 예우하지 않아서가 아니라 그저 한번 힘과 재기를 보려고 한 일이었다. 내관을 자주 보내어 적간(摘奸)한 것은 오늘날 시작된 것이 아니라 예부터 해 오던 것이다. 거둥의 부득이함과 위전의 세에 대해서는 따를 수 없다는 것을 근래에 이미 다 효유하였으니 다시 번거롭게 논할 것이 뭐 있겠는가. 마땅히 유념하겠다." 하고, 정원에 전교하기를, "간원의 상소를 대신과 해조에 보여주고 고칠 수 있는 폐단은 통쾌하게 개혁하도록 힘쓰라."

명종실록 31권, 명종 20년 10월 19일 임오 1번째기사 1565년 명 가정(嘉靖) 44년

인재 등용에 관하여 정청에 전교하다

명종실록 31권, 명종 20년 10월 19일 임오 1번째기사

1565년 명 가정(嘉靖) 44년

정청(政廳)에 전교하였다. "국가가 인재를 등용함은 가장 중요한 일이다. 청탁에 얽매이지 말고 백집사들을 다시 더 정선하되, 효행이 있는 사람을 먼저 발탁해 쓰고 곡물을 납부한 사람도 전폐하지 말라. 수령될 인물은 자상한 사람으로 십분 가려서 주의(注擬)하고 시종(侍從)이나 감찰(監察)이 될 간원들은 더욱 별도로 택해 주의해야 한다. 또 외방 수령 중에 명망이 있어 쓸 만한 사람이나 문신 및 청현직(清顯職)을 역임했던 사람으로서 하자가 없는 자라면 아울러 청반(清班)에 주의하라."

제14대 선조(1567~1608)

천재 지변·공법·군정(軍政)·인재 등용·분경 등에 관한 사헌부의 상소문

선조실록 193권, 선조 38년 11월 8일 무인 3번째기사

1605년 명 만력(萬曆) 33년

행 대사헌 박승종(朴承宗), 집의 이덕형(李德泂), 장령 이덕온(李德溫), 지평 민덕남(閔德男) 등이 아뢰기를, "삼가 생각건대, 신들은 모두 무상(無狀)한 사람으로 풍헌(風憲)에 대죄하고 있는데 하늘이 위에서 진노하여도 나아가서 규계하지 못하고 백성들이 밑에서 원망하여도 사전에 폐단을 구제하지 못한 채 그저 구차하게 대열을 수행하면서 입을 다물고 세월만 보냈으니 신들의 죄를 어찌 다 처벌할 수 있겠습니까. 다행히 성상의 옥체 강녕하시어 경연(經筵)에 나아가 날마다 잘 다스리기 위하여 정신을 가다듬고 계시니, 이는 실로 영원한 천명을 기도하며 태평을 누리는 나라를 일으킬 기회입니다. 삼가 살피건대 근년 이래 성수(星宿)가 궤도를 어기고 우양(雨暘)이 제때를 잃고 있습니다. 지난 가을 풍수(風水)의 재변이 산을 진동하고 들이 물에 잠겼는가 하면 겨울날 천둥 번개의 발작이 여름철과 같으니, 이것은 모두 말세의 괴변으로서 성명의 세대에 집중된 것입니다. 천도(天道)는 아득하여 헤아릴 수 없는 것이라서 무슨 일로 인하여 생기는 것이라고 지적할 수는 없으나 하늘과 사람은 이치가 한 가지라서 털끝만큼도 어김이 없습니다. 그러므로 선악의 보답은 메아리나 그림자보다 빠릅니다. 진실로 재변을 만나더라도 두려워할 줄 안다면 그 재변을 상서로 만들 수 있거니와, 재변을 만나 경계할 줄 모르면 하늘의 노여움이 더욱 격렬하여지고 그 화도 더욱 혹심해지는 것입니다. 그러므로 길흉의 기미는 계구(戒懼)와 방사(放肆)의 여하에 달려 있을 뿐입니다. 오늘날의 천재와 지변이 우리의 성상을 격려하여 나라의 근본을 견고하게 하려는 것이 아닌 줄 그 누가 알겠습니까. 옛사람의 말에 '상서로움이 많은 나라는 그 나라가 결국 위태로와지고 이변이 많은 나라는 그 나라가 결국 태평해진다.'고 하였는데, 이것이 어찌 옳은 말이 아니겠습니까. 신들은 이 때문에 재변이 많이 생기는 것을 걱정하지 않고 오히려 성상의 경계심이 지극하지 않을까 염려합니다.

삼가 살피건대, 성상께서는 양구(陽九)의 액운을 당하여 판탕(板蕩)의 어려움을 제도하시고 묘모(廟貌)를 초창하는 때라서 궁실을 지을 겨를이 없고 변어(邊圉)의 경보가 자주 이는 때라서 밤낮을 편히 지내지 못하고 있습니다. 불우한 이를 사랑하는 혜정(惠政)이 매양 팔도

의 먼 변방까지 내리고 와신상담의 굳은 의지를 구중 궁궐에서도 게을리하지 아니합니다. 깊은 궁중의 사생활에 있어서도 항상 검소와 절약을 힘쓰시어 은총이 인척에게 치우치지 않고 국법이 측근에 의하여 흔들리지 않습니다. 그리고 무망(誣妄)의 고발을 물리치며 장오(贓汚)의 법률을 엄격히 하였습니다. 우리 임금께서 경외하시는 실상이 이와 같은데도 하늘의 견책이 자주 이르고 민생이 안정하지 못하고 있습니다. 그 원인을 추구하면 어찌 이유가 없겠습니까. 아, 우리를 통해 보는 하늘의 살피심이 밝아 시정(時政)의 실수가 또한 재변을 부르게 되었습니다. 지금 고폐(痼弊)를 제거하지 못함과 습속이 바르지 못함과 공법(貢法)의 어지러움과 군정(軍政)의 폐추를 우선 강구하여 조처해야 합니다. 방납(防納)의 폐단은 조종조로부터 엄히 금지 조항을 세워 법령으로 제정하였는데 난이 지난 이후부터 그 폐단이 날로 심해집니다. 처음에는 모리배의 소민들이 하더니 지금은 유식한 사대부 또한 이를 하고 있고 처음에는 해사(該司)의 공물(貢物)만 들였는데 지금은 어전에 관계되는 방물(方物)까지 들이지 않는 것이 없습니다. 인정(人情)과 화소(花銷)를 받는 침탈의 폐단이 이미 말할 수 없어 본색(本色)이 1분이면 수가(收價)는 10배나 됩니다. 자모법(子母法)으로 징대(徵貸)하여 고혈을 빨아내니 민생이 어찌 곤고하지 않을 것이며 방본(邦本)이 어찌 쓰러지지 않을 수 있겠습니까. 사대부로서 신분을 바꾸고 영리를 탐내는 자를 지적하기는 어려우나 추한 비난의 소리가 여항(閭巷)에 파다하니 이 어찌 밝은 조정의 치욕이 아니겠습니까. 옛사람은 정원의 아욱을 뽑아 버리고 베짜던 아내를 내쫓기까지 하였는데 지금 세상의 선비는 소민과 더불어 태연히 재리를 다툽니다. 궁가(宮家)의 친인들도 형세를 끼고 횡행하여 중외에 해를 끼치는 것을 어찌 다 책할 수 있겠습니까. 이는 염치는 전연 없고 사치만을 서로 숭상하는 데에서 기인한 것입니다. 근일 염근(廉謹)한 자를 선임한 것은 탐관오리를 반성시키고자 해서인 것으로 성의(聖意)의 미친 바가 실로 우연한 것이 아니었습니다. 그런데 조정 사이에는 금전을 애호함이 하나의 풍조가 되었습니다. 취서(醉瑞)에서 깨자 목요(木妖)가 갑자기 일어나 임금은 행궁(行宮)에 계시면서 수라를 10분에 8~9분이나 감하는데, 신하들에 있어서는 제택(第宅)이 지나치게 사치하고 복식이 제도에 지나쳐 교여(轎輿)의 참람함이 처첩의 분별이 없고 성악(聲樂)의 놀이가 외방에 더욱 방탕한 것은 이 무슨 마음에서입니까. 은(銀)을 거절하는 무부(武夫)를 도리어 비웃고 있으니 투미한 세상 풍습이 실로 한심합니다. 시속의 오륭(汚隆)은 치도(治道)에 달린 것이어서, 상께서 정학(正學)을 숭상하여 몸소 솔선하며 급급한 마음으로 어진이를 구하여 흉금을 터놓고 말은 받아들이니, 분발하고 힘쓰는 방법이 지극하다 하겠습니다. 그러나 선비들의 습성이 날로 저하하여 추향이 부정한 탓으로 스승을 찾아 학문하는 것을 대수롭지 않게 여기고 벼슬을 하여 녹을 도모하는 것을 훌륭한 계책으로 삼습니다. 그러므로 댕기머리를 면하자마자 음재(蔭才)를 강구하게 되고 과장(科場)의 엄함에도 불구하고 차작(借作)을 많이 하게 됩니다. 교양이 이와 같으니 그 효과를 어떻게 기대할 수 있겠습니까. 청렴한 마음으로 자수(自守)

하는 자를 교격(矯激)하다 하고 공도를 행하고자 하는 자를 가리켜 일을 만드는 사람이라 합니다. 옥송(獄訟)을 하는 곳에는 뇌물이 범람하고 관리를 주의(注擬)하는 곳에는 분경(奔競)이 저자와 같습니다. 그리하여 사의(事意)가 맞지 않고 형적이 서로 어긋나, 시비가 엇갈리고 규각이 생기게 됩니다. 이러고서도 화협의 미덕을 기대할 수 있겠습니까. 그 지역에 알맞은 생산을 살펴서 백성의 부세를 제정하는 것이 왕정(王政)에 있어 먼저 할 일인데, 한 차례의 병화를 겪은 후 문적이 모두 탕실되었는데도 혹심한 가렴 주구의 명목이 고슴도치의 털같이 잡다합니다. 아, 가련한 우리 백성들이 누구를 의지하며 누구에게 호소하겠습니까. 성상께서 생민의 곤고하심을 진념하시어 바로 유사(有司)를 명하여 공제(貢制)를 의정하게 하셨으니, 문왕(文王)의 지혜라도 이보다 나을 수는 없습니다. 그럼에도 유사(有司)들이 성상의 덕의를 본받지 아니하고 수년 동안을 무심하게 지내면서 이를 완성하지 못하였습니다. 토지에 생산 유무를 분별하지 않아 혹은 생산되지 않는 것을 규정해 놓기도 하고, 혹은 옛날에 감면한 것을 증가하기도 합니다. 또 고을은 큰데 비해 공물이 적은 곳이 있고 백성은 적은데 비해 부세가 과중한 곳도 있어 민정(民情)의 불편을 일으킴으로써 국계(國計)가 충실하지 못합니다. 상정(詳定)한 의도가 과연 어디에 있습니까. 기전(畿甸)의 폐단이 외방보다 극심합니다. 또 삼공(蔘貢)의 해가 백성들의 큰 폐단이 되는데도 탁지(度支)의 관원은 아직 정리하여 바로잡지 못하고 있습니다. 일찍이 성명(聖明)의 세대에 이와 같이 백성을 해치는 행정이 있었다고 생각하십니까.

또 군정(軍政) 정비 여부에 국가의 안위(安危)가 달려 있습니다. 큰 난리를 겪은 후라서 의당 약간의 분발이라도 있을 것 같은데, 장수는 용잡하고 사졸은 태만하여 기율이 해이하여졌으니 군대가 없는 나라라고 일러도 되겠습니다. 한정(閑丁)은 절반이 세노(勢奴)를 가탁하여 군액(軍額)은 날로 구적(舊籍)에서 감축됩니다. 이를 충정(充定)하는 법이 엄하지 않은 것은 아니지만 수령의 무리가 구차히 목전의 미봉만을 강구하여 고용인이나 걸인들을 모아 세초(歲抄)를 정합니다. 그러므로 이들이 군적에 오르자마자 도망하니 군정을 뽑는다 하더라도 실은 모두가 빈 장부뿐입니다. 바다를 지키는 주사(舟師)에 있어서도 공장(工匠)을 독역(督役)하는 등의 박해가 점차 극심해지며, 북방에 수자리사는 정병(精兵)들도 궁시(弓矢)를 전매하는 등 피폐가 이미 극심합니다. 이와 같은 군사로 어떻게 적을 막아낼 수 있겠습니까. 장령(將領)이 된 자도 평소에 이미 관작이 높으니 난리에 임하여 어떻게 목숨을 다할 것을 책할 수 있겠습니까. 지난번 변경에서 급변의 격서가 왕래하자 중진(重鎭)의 책임을 맡은 자들이 배회하면서 모면하기를 엿보았습니다. 장수들이 교만스런 조짐에 대해 식자들이 모두 걱정하고 있습니다. 옛날의 임금이 한 사람의 사상(使相)을 참수(斬首)한 것이 어찌 의미가 없겠습니까. 손흠(孫歆)이 죽자 영신(靈神)이 자주 보였고 마속(馬謖)이 패전에 복죄하였단 말을 듣지 못하였습니다. 허풍의 말을 스스로 기책(奇策)이라 자랑하고 전공도 없는 무리들이 태평하게 작록을 누리고 있으니 변방 신하 중에 인재가 없고 기율

(紀律)이 엄하지 못한 것은 따라서 알 수 있습니다. 아, 간략함으로 법을 세워도 그 폐단이 오히려 탐하는 데로 흐르는 것인데 하물며 처음부터 탐하는 것으로 하는 데야 말해 뭐하겠습니까. 이 유신(維新)의 시기를 당하여 어찌 경장(更張)하는 방법이 없겠습니까. 방납(防納)의 폐단은 감사·병사에게 하서하여 엄책함으로써 그들로 하여금 일체 직납(直納)하게 하소서. 만약 연줄을 통해 간청하는 자가 있거든 발각되는 대로 계문하여 율에 따라 엄중 문책해야 합니다. 사습(士習)의 바름은 오로지 교도에 있는 것이니, 학문이 높은 노성한 자를 발탁하여 좨주(祭酒)의 직을 제수하여 구임(久任)시켜 효과를 책임지우게 되면 훌륭한 선비가 많이 배출될 것입니다. 나라의 부세를 공평히 하고 군사들의 기강을 세우는 일은 성상께서 유사들을 책려하여 한 번 일신시키는 사이에 달려 있습니다. 경서(經書)에 '어김이 없고 잊지 않고 옛 제도를 따른다.'고 하였으니, 진실로 크게 이해 관계가 없는 것은 조종의 옛제도를 함부로 고치지 말아야 합니다. 우선 심한 것을 들어 말하면, 번신(藩臣)의 솔권(率眷)은 폐단만 끼칠 뿐이니 필요의 여부를 생각하여 우선적으로 혁파해야 할 일입니다. 그러나 말단 일에 대하여 연연하고 호령 사이에 급급할 뿐이니, 어떻게 하늘의 노여움을 돌려 재변을 상서로 만들 수 있겠습니까.

아, 임금의 마음은 만화(萬化)의 근본이고 인재는 보치(補治)의 좋은 기구입니다. 진실로 공평히 조종하여 천리에 대응하며 충직한 자에게 위임하여 의심치 마소서. 이것으로 하늘을 섬기면 천심이 감격할 것이요, 이것으로 정치에 반영하면 교화가 펴질 것입니다. 삼가 바라건대 성명께서는 유념하소서. 처분을 기다리겠습니다." 하니, 답하기를, "차자를 보았다. 모두가 바른 말이니 참으로 가상하다. 근래 재변이 예사롭지 않아 두려움에 항상 몸둘 바를 모르겠다. 차자의 내용은 다시 살펴보겠다. 또 대간은 말을 책무로 삼고 있으니, 사대부의 탐오나 습속의 퇴폐에 대해 말해야 할 것은 수시로 규명 탄핵하여 조정의 기강을 바로 잡아야 한다."

당파를 초월한 인재 등용과 폐정의 혁신을 진달한 병조 판서 이이의 상소문

선조수정실록 17권, 선조 16년 4월 1일 임자 6번째기사
1583년 명 만력(萬曆) 11년

병조 판서 이이(李珥)가 상소하여 시사(時事)를 극진하게 진달하였다. 그 상소에, "삼가 아뢰옵니다. 흥망은 조짐이 있고 치란은 기미가 있는 것입니다. 그러나 일이 닥치기 전에 말을 하면 흔히 신임을 받지 못하고 일이 닥친 뒤에 말을 하면 구제하려고 해도 할 수 없습니다. 신이 예전 역사를 읽다가 장구령(張九齡)과 성충(成忠)[88]의 이야기에 대해서 매양 책을 덮

고 깊이 탄식하면서 마음을 잡지 못하였습니다. 백제(百濟) 의자왕(義慈王)의 어둡고 용렬한 것이야 본래 말할 것도 없지만 당나라 현종(玄宗)처럼 명철한 지혜로서도 선견지명에는 어두웠으니, 의자왕이 성충의 말을 쓰지 않은데 대해 후회한 것이나 현종이 곡강공(曲江公)[89]에게 제사를 지내준 것이 난망(亂亡)에 무슨 도움이 되겠습니까. 예로부터 어지러워져 망하게 되는 나라는 혹은 음란하고 포학한 탓으로 천명을 함부로 끊어버리기도 하고, 혹은 오랜 기간 쇠퇴함으로 말미암아 시들어 진작되지 못하기도 하는데, 장(牆)·곡(穀)은 비록 다르나 그 양(羊)을 잃은 것은 마찬가지입니다.[90] 그러나 음란하고 잔학한 병폐는 일시에 갑자기 발생한 것이므로 현명한 임금이 그를 대신하게 된다면 옛것을 고찰하여 쉽게 부흥시킬 수가 있으나 오래도록 쇠퇴한 증세는 여러 대를 두고 빚어진 것이므로 아무리 명철한 임금이 그를 이어받아 그 노력을 배나 기울인다 하더라도 떨치고 일어나기가 어려운 법입니다.

우리 나라는 인덕(仁德)을 오래 쌓아서 뿌리가 굳고 깊었으나, 1백여 년 이래로 준걸들이 그 재능을 펴지 못한 채 혼란한 정사만이 날로 백성에게 더해지고 있습니다. 연산군(燕山君)이 전형(典刑)을 전복시킨 뒤로부터 이를 다스려 바로잡는 사람이 없어서 조정과 백성이 서로 잊어버린 지가 정말 오래 되었습니다. 근심에 쌓인 백성들이 항상 도탄 속에 빠져 아무리 호소해도 위에는 알려지지 않으니, 외적의 침입이 없다 하더라도 진실로 이미 위태로운 형편에 이르렀다 하겠습니다. 더구나 지금은 북쪽 오랑캐와 틈이 벌어져 병화가 잇달아 일어나고 있는데 구원하자니 나라의 병력이 모자라고 군량을 대자니 창고에 쌓아둔 저축이 없으며, 늦추어주면 해이해져 단결되지 않고 다그치면 흩어져서 도둑이 됩니다. 이렇게 난망의 조짐이 눈앞에 환하게 나타나고 있으니, 이는 일이 닥치기 전에 말을 하는 것이 아니라, 바로 구제하려고 해도 할 수 없는 것과 가까운 것이 아니겠습니까. 아, 이 얼마나 위태롭고 위태롭습니까. 그렇다고는 하나 어찌 어쩔 수 없다고 내버려 두고서 속수 무책으로 망하기를 기다리고만 있을 수야 있겠습니까. 삼가 생각하건대 천하의 일에는 근본이 있고 말단이 있습니다. 먼저 그 근본을 다스리는 것은 오활한 듯하나 성과가 있고, 말단만을 일삼는 것은 절실한 것같으면서도 해가 됩니다. 오늘날의 일로써 말한다면 조정을 화합

---

88 성충(成忠) : 백제 의자왕 때의 충신. 의자왕이 주색에 빠져 정사를 돌보지 않는 것을 막으려다가 투옥되었다. 옥중에서 죽을 때에 왕에게 글을 올려 앞으로 외적의 침략이 있을 것을 말하고 대비책을 건의하고 죽었으나 왕은 듣지 아니하였다. 당(唐)나라 군사의 침략으로 멸망하게 되자 그때서야 '성충의 말을 듣지 않아서 이 지경에 이르렀다.'고 후회하였다. 《삼국사기(三國史記)》 권28 백제본기(百濟本紀) 의자왕(義慈王) 18년·20년조.

89 곡강공(曲江公) : 장구령(張九齡)의 별칭.

90 장(牆)·곡(穀)은 비록 다르나 그 양(羊)을 잃은 것은 마찬가지입니다. : 원인은 다르나 결과가 같다는 뜻으로 쓰이는 말이다. 장(牆)과 곡(穀)이라는 두 사람의 하인이 양(羊)을 먹이다가 둘 다 양을 잃어버렸다. 그 이유를 물어보니, 장은 책을 읽다가 양을 잃어버렸고, 곡은 도박을 하다가 양을 잃어버렸다고 하였다. 《장자(莊子)》.

시키고 옳지 못한 정사를 고치는 것이 근본이고, 병력과 식량을 조달하여 방비를 튼튼히 하는 것은 말단입니다. 말단도 실로 거행해야 하겠지만 더욱 먼저 해야 할 것은 근본입니다. 옛날 추(鄒)나라와 노(魯)나라가 싸울 적에 추나라의 백성들은 그들의 관원이 죽는 것을 흘겨보기만 하고 구원해 주지 않았습니다. 이에 추나라 목공(穆公)이 맹자에게 대책을 묻자, 맹자는 군령을 엄숙하게 하는 것으로 말해 주지 않고 인정(仁政)을 행하라고 권했습니다.[91] 그런데 인정이란 하루아침에 갑자기 이루어질 수 있는 것이 아닙니다. 양쪽 군대가 진을 치고 서로 대치하여 화살과 돌이 오가는 상황에서 인정을 행하려고 한들 되지 않을 것입니다. 그러니 상정(常情)으로 말하면 그 누가 오활하고 막연한 것이라고 비웃지 않겠습니까. 그러나 이미 교양의 본 바탕이 없는데 갑자기 백성을 버리는 형벌을 가한다면, 결과적으로 반드시 패망하고 말 것입니다. 그렇다면 차라리 물러나서 정사를 닦아 후일의 계획을 세워야 할 것이니, 근본을 따라야 한다는 맹자의 논의를 어찌 오활하다고 할 수 있겠습니까. 오늘날의 사세(事勢)가 실상 이와 같은데, 전하께서는 또한 근본으로 돌아가서 생각해 보셔야 하지 않겠습니까.

이른바 '조정을 화합시키고 옳지 못한 정사를 고친다.'는 것은 무엇이겠습니까. 예로부터 정치를 잘하는 임금은 반드시 자신의 마음부터 먼저 바르게 하여 조정을 바르게 했습니다. 그리하여 조정이 일단 바르게 되어 사류(士類)가 화합된 다음에 용모와 기운이 화평해져 천지의 화평이 응하는 것입니다. 오늘날 조정이 화합하지 못하고 재변이 거듭 이른 것에 대해서는 누가 그 책임을 져야 하겠습니까. 아마도 전하께서 정심(正心)·성의(誠意)하는 학문에 지극하지 못한 바가 있고 인재를 등용하고 버림에 합당하지 못해서 그러한 것이 아니겠습니까. 삼가 바라건대, 자신에게 돌이켜 살피셔서 가깝고 작은 일에 구애받지 마시고 반드시 성왕(聖王)을 따르는 것으로 뜻을 삼으소서. 이것은 성상께서 학문에 종사하고 힘써 실천하는 여하에 달려 있는 것이니, 지금 감히 많은 말로 아뢰지는 않겠습니다.

오늘날의 조정에 대해서는 전하께서는 어떻게 생각하십니까. 동(東)·서(西)로 분류된 뒤로 당파의 색목이 이미 형성되고 나서는 왕왕 당류가 같고 다름에 따라 좋아하고 미워하게 됨을 면치 못하여, 말을 만들어내고 일을 꾸며내는 자가 서로 얽혀가며 끝없이 모함하고 있습니다. 여론을 주도하는 벼슬아치들 대부분이 동인(東人)으로서 그들의 견해에 편벽됨이 없지 않은데, 결과적으로 그러한 폐단은 어질고 어리석음 재주가 있고 없음을 막론하고 오직 동·서의 당류를 따지는 것만을 힘쓰기에 이르렀습니다. 그래서 동인이 아닌 사람은 억제하고 서인(西人)을 배척하는 사람을 찬양하여 그것으로써 시론(時論)을 정하고 있습니다. 그러자 조정에 처음 진출하여 빨리 출신하기를 바라는 사류가 서인을 공격하면 출세의

---

91 맹자는 군령을 엄숙하게 하는 것으로 말해 주지 않고 인정(仁政)을 행하라고 권했습니다. : 이 말은 《맹자(孟子)》 양혜왕(梁惠王) 하에서 인용한 것인데, 맹자는 그러한 원인은 정치를 잘못하여 인심을 얻지 못한 데서 비롯된 것이니, 근본 대책은 인정(仁政)을 행하는 데 있다고 하였다.

길이 열린다는 것을 알고는 다투어 일어나 부회하며 인재를 숭상하고 선비의 풍습을 무너뜨리고 있는데도 이를 금하지 못하고 있습니다. 아, 동·서란 두 글자는 본래 민간의 속어에서 나온 것입니다. 그래서 신이 일찍이 황당무계한 것이라고 웃었었는데, 어찌 오늘날에 이르러서 이렇게 엄청난 근심거리가 될 줄이야 생각이나 했겠습니까. 사람을 관찰하는 방법은 다만 간사함과 정직함을 분간하는 것뿐인데, 어찌 동과 서를 구분할 것이 있겠습니까. 신과 같은 경우도 애초에 사류에 죄를 얻는 것이 아니었습니다. 그저 양쪽 사이를 조화시켜 나라 일을 함께 해 나가려고 했을 뿐인데, 그 의도를 알지 못하는 사류들은 오해하고서 서인을 옹호하고 동인을 억제한다고 지목하였습니다. 이렇게 한 번 점이 찍히고 난 뒤로는 점점 의혹을 품고 저지하여 온갖 비방이 따라 일어나게 되었는데, 마침내는 성균관과 사학의 유생들까지도 혹 저를 업신여기기에 이르렀습니다. 신의 분수와 의리를 생각한다면 진실로 사퇴를 청하고 두문불출하며 허물을 반성해야 마땅할 것이나, 은총을 탐내고 연연해하면서 아직까지 결단을 내려 떠나지 못하고 있습니다. 한편 생각하건대 진정 사류의 실수가 있기는 하나 대부분 식견의 차이에서 나온 것이지 꼭 사심을 품고 일을 그르치려는 것은 아닙니다. 따라서 하루아침에 깨닫게 되면 그 중에 진실로 쓸 만한 인재도 있고, 또 그 가운데 한두 사람은 신의 본 마음을 알고 있습니다. 이 때문에 애써 머뭇거리고 있으면서 반드시 그들과 함께 공경하고 서로 협력하는 지경에 나아가려고 하는 것입니다. 아, 새나 짐승과는 함께 무리지어 살 수가 없는 것인데 신이 사류를 버리고 장차 누구와 일을 이루어 나가겠습니까. 신은 마음쓰기가 매우 어려운데 그 정상을 생각하면 신세가 처량하기만 합니다. 신이 지금 할 말을 다하는 것이 진실로 시론에 더욱 거슬리는 것임을 알고 있습니다. 그러나 마음에 있는 것을 이렇게 다 말씀드리는 것은 전하께서 겉으로 드러난 형상만을 대강 보시고 실상을 규명하지 못하실까 하는 점 때문입니다. 근일 의견을 말씀드린 자 중에는 혹 조정의 관료들이 편당한다고 공척하는 자도 있었습니다. 만약 전하께서 통촉하지 못하시고 마침내 신료들을 의심하여 다 붕당으로 여기신다면 아마도 사림의 무궁한 폐단이 될 듯싶습니다. 그래서 반드시 분명하게 분변하여 다 말하고 폐단을 구제하는 대책을 말씀드린 다음에야 사림이 편안해지고 공론이 행해질 수 있을 것입니다. 예로부터 소인들은 본래 붕당이 있어 왔지만 군자들도 동류끼리 모였습니다. 따라서 만약 간사함과 올바름을 따지지 않고 당(黨)이라고 하여 미워하기만 한다면 마음과 덕을 같이하는 선비들까지 조정에 용납받지 못하게 되지 않겠습니까. 그러므로 예로부터 붕당의 폐단은 단지 벼슬아치들의 병폐에 불과했지만 붕당을 미워하여 제거하려고 했던 자는 나라를 망치는 데에 이르지 않은 자가 없었습니다. 동경(東京)의 당고(黨錮)의 변[92]과 백마역(白馬驛)의 청

---

92 동경(東京)의 당고(黨錮)의 변 : 동경(東京)은 동한(東漢)의 서울 낙양(洛陽)으로서 서한(西漢)의 서울
인 장안(長安)에서 보면 동쪽에 위치하였으므로 동한의 별칭으로 쓰인다. 동한 말엽에 환관(宦官)이
정권을 장악하였으므로, 환제(桓帝) 때에 진번(陳蕃)·이응(李膺) 등이 이를 미워하여 공박했는데, 환

류(淸流)의 화[93]를 깊이 경계하지 않을 수 있겠습니까. 오늘의 벼슬아치들 중에 어찌 한두 사람 편당하는 풍습이 없겠습니까마는 그렇다고 해서 여러 신하들을 다 의심할 수는 없는 것입니다. 아, 위 아래가 서로 믿지 못해 벼슬아치가 화목하지 못하고 국시가 정해지지 않으므로써 뜬 의논만 마구 퍼지고 있습니다. 이와 같은 상황에서 난을 진정시키고 치안을 이룩했다는 말은 일찍이 들어 보지 못했습니다. 성상께서 위에 계실 때에는 사림의 화가 없다손치더라도 뒷날 예측할 수 없는 변고의 씨앗이 실제로 오늘날 싹트고 있는지 어찌 알겠습니까. 남곤(南袞)·심정(沈貞)[94] 같은 자가 어찌 종자가 따로 있겠습니까. 지금 사류가 하는 대로 내버려 두는 것도 진실로 옳지 않지만, 사류를 그르다고 하여 공격을 한다면 이는 더욱 옳지 못한 일입니다. 삼가 바라건대 전하께서는 대신과 대시(臺侍)들을 널리 불러 탑전(榻前)에서 사대(賜對)하여 성상의 뜻을 분명하게 유시하소서. 그리하여 동인·서인을 구분하는 습관을 고치게 하여 선인을 등용하고 악인을 벌하여 한결같이 공도(公道)를 따르게 하는 한편 불신과 의혹을 말끔히 씻어버리고 진정시켜 조화되도록 하소서. 만약 고집을 부리며 깨닫지 못하는 자가 있으면 이를 억제하시고, 사심을 품고서 억지 변명을 하는 자가 있으면 멀리 배척하소서. 이렇게 해서 반드시 인심이 공감하는 공시(公是)와 공비(公非)가 한 시대의 공론이 되게 한다면, 사림에 더할 수 없는 다행이 되겠습니다. 신이 이런 말을 하는 것이 어찌 감히 스스로 옳다고 여겨서이겠습니까. 오직 전하께서 마음 속으로 결단을 내리고 묘당에 자문하신 뒤 신의 말이 옳으면 곧 명하여 시행하시고 옳지 못하면 즉시 물리치시어 국시가 귀일되고 시비가 모호해지는 잘못이 없게 하소서. 그러면 그 다행스러움이 더욱 클 것입니다. 그리고 성의를 미루어 아랫사람을 접하고 간언을 받아들여 허물을 고치소서. 그리하여 성상의 마음이 이미 바르게 되고 조정이 화목해지면 인재를 얻어서 폐단을 고치는 일에 대해 의논할 수 있을 것입니다. 대체로 인재를 얻는 데 대해서는 진실로 노유(老儒)들이 늘상 이야기하고 있지만, 실제의 일로써 헤아려 보면 다시 별다른 방책이 없습니다. 공자(孔子)가 이른바 '정치는 사람에게 달려 있다'라고 한 것이 어찌 우리를 속인 말이겠습니까. 하지만 인재는 다른 시대에서 빌려올 수 없는 것이고 현

관들은 도리어 당인(黨人)이라고 지목하여 종신토록 금고(禁錮)하였다. 이를 당고(黨錮)의 변이라 한다. 《후한서(後漢書)》 권67 당고열전(黨錮列傳).

93 백마역(白馬驛)의 청류(淸流)의 화 : 당(唐)나라 애제(哀帝) 때에 권신(權臣) 주전충(朱全忠)이 배추(裵樞) 등 조사(朝士) 30여 명을 백마역에 집결시켜 하루 저녁에 다 죽이고 그 시체를 황하(黃河)에 던져 넣은 사건을 말한다. 당초 주전충의 좌리(佐吏)였던 이진(李振)이 진사시(進士試)에 여러 번 응시하였으나 합격하지 못하자 조사들을 매우 미워하여 주전충에게 말하기를 "이 조사들은 늘 스스로 청류(淸流)라고 하니, 황하(黃河)에 던져넣어서 영원히 탁류(濁流)가 되게 하시오" 하니, 전충이 그 말을 따랐다. 청류는 덕행이 고결한 선비를 뜻한 것인데, 황하는 흐리므로 탁류라 한 것이다. 《당서(唐書)》 권240 배추전(裵樞傳), 《통감절요(通鑑節要)》 권48 당기(唐紀) 소선제(昭宣帝).

94 남곤(南袞)·심정(沈貞) : 이 두 사람은 조선조 중종 때 홍경주와 함께 기묘사화를 일으킨 장본인들이다. 이 사화로 조광조 등의 사류들이 사사되고 유배되었다.

시대의 인물을 어떻게 이용하느냐에 달려 있는 것입니다. 백리해(百里奚)가 우(虞)나라에 있었어도 우나라가 망하였고[95] 자사(子思)가 노(魯)나라에 있었어도 노나라가 침탈을 당했습니다.[96] 현인이 있어도 쓰지 않는다면 현인이 없는 것과 무엇이 다르겠습니까. 요즈음 의논하는 이들은 사람을 얻기가 어려운 것을 핑계하여 매양 변통의 논의를 막고 있습니다. 그러나 만약 반드시 옛날 성현과 같은 인재를 얻어야만 나라를 보전할 수 있고, 그런 성현을 얻지 못할 경우엔 차라리 위태롭거나 망하거나 그대로 내버려 둘 수 밖에 없다고 한다면, 인재를 얻어야 한다는 말이 도리어 고질병이 될 것이니, 그렇게 되면 이 세상에서 그 나라를 잃지 않는 자가 거의 드물 것입니다.

한(漢)나라 고조(高祖)의 소하(蕭何)[97]와 당(唐)나라 태종(太宗)의 위징(魏徵)[98]과 송(宋)나라 태조(太祖)의 조보(趙普) 같은 이가 어찌 이윤(伊尹)·부열(傅說)·여상(呂尙)·제갈양(諸葛亮) 같은 인물들과 비할 수 있겠습니까. 다만 그 시대의 특출했던 자들을 얻은 데에 지나지 않습니다. 가령 이 세 임금이 그 사람을 버려두고 쓰지 않고서 반드시 이윤·부열·여상·제갈양 같은 이를 기다린 다음에야 비로소 나라를 다스리고자 하였다면, 이윤·부열·여상·제갈양 같은 이를 마침내 얻을 수가 없어 한나라 4백 년의 기업과 정관(貞觀)의 치세(治世)와 천하의 평정을 함께 시작할 자가 없었을 것입니다. 오늘날의 인물은 한·당에 비하여도 훨씬 뒤떨어지는데 더구나 삼대(三代) 때와 같은 인재를 구할 수가 있겠습니까. 그러나 만약에 한 시대의 특출한 자를 취하고자 한다면 어느 시대인들 사람이 없겠습니까. 그것은 전하께서 위임을 어떻게 하느냐에 달려 있을 뿐입니다.

삼가 생각하건대 우리 세종 대왕은 동방의 성주이십니다. 사람을 쓰되 자기 몸과 같이 하고 법을 만들어 치세(治世)를 도모하며 후손에게 복을 물려 주어 큰 터전을 마련하였습니다. 인물을 쓴 규모를 보건대 현인과 재능 있는 자라면 그 출신 성분을 따지지 않았으며,

---

95 ʾ백리해(百里奚)가 우(虞)나라에 있었어도 우나라가 망하였고 : 백리해는 진(秦)나라 목공(穆公)을 도와 패업(霸業)을 이룬 인물이다. 처음 우(虞)나라의 대부(大夫)로 있을 적에, 진(晉)나라가 우나라의 길을 빌어 괵(虢)을 치려고 할 적에, 궁지기(宮之奇)는 길을 빌려줄 수 없다고 간(諫)하였으나 백리해는 간해 봐도 소용이 없음을 알고 간하지 않았다. 결국 우나라가 진나라에게 망하게 되자 진나라 목공이 초빙하여 패업(霸業)을 이루었다. 《맹자(孟子)》 만장(萬章) 상.

96 자사(子思)가 노(魯)나라에 있었어도 노나라가 침탈을 당했습니다. : 전국 시대(戰國時代) 때 순우곤(淳于髡)이란 변사(辯士)가 맹자(孟子)에게 "노(魯)나라 목공(穆公) 때, 공의자(公儀子)가 정치를 하고 자유(子柳)·자사(子思)가 신하로 있었으나 노나라가 침탈당함이 더욱 심하였으니, 현자가 나라에 무슨 도움이 있단 말인가." 하니, 맹자가 '우나라는 백리해를 쓰지 않아 망하였고, 진 목공은 그를 써서 패업을 이루었다. 현자를 쓰지 않으면 망하는 것이니, 어찌 침탈만 당할 뿐이겠는가." 하였다. 《맹자(孟子)》 만장(萬章) 상.

97 소하(蕭何) : 한 고조(漢高祖)를 도와 천하를 평정하였고, 한나라의 법령과 제도를 만든 명재상이다. 《한서(漢書)》 권39.

98 위징(魏徵) : 당 태종(唐太宗) 때의 명 재상으로서 직간(直諫)으로 유명하였으며 태평 정치를 이룬 정치가이다. 《당서(唐書)》 권97 위징전(魏徵傳).

임용을 직접 전담하셨으므로 참소와 이간이 들어갈 수가 없었습니다. 남지(南智)는 문음(門蔭) 출신이었으나 젊은 나이에 삼공(三公)에 제수되었고, 김종서(金宗瑞)는 탄핵을 드러나게 받았으나 자기 의견을 관철하여 육진을 개척하였습니다. 초천(超遷)이 빠른 사람은 으레 경상(卿相)의 지위에 이를 것으로 생각되지만 재능이 그 자리에 합당하면 종신토록 바꾸지 않았고, 여러 해 동안 구임(久任)된 사람은 벼슬이 거기에 그칠 것으로 여겨지게 마련이지만 하루아침에 승진 발탁시키는 데 있어서 계급에 구애받지 아니하였으니, 이는 참으로 옛날 성제(聖帝)와 명왕(明王)이 현인을 임용하고 재능이 있는 이를 부리는 규모와 같았습니다. 그러나 어찌 세종 대왕만이 그렇게 했겠습니까. 조종(祖宗)께서도 대부분 성헌(成憲)에 따라 과거를 실시하였으나, 과거를 거치지 않은 인재들도 경상(卿相)에 이른 이가 많았습니다. 그런데도 당시에 이를 괴이하게 여기지 아니하였고 후세에서도 아름다운 일로 일컬었으니, 문음 출신의 벼슬길을 막아 관직을 제한시켰다는 말은 듣지 못하였습니다. 문음 출신도 벼슬길을 막을 수 없는데, 더구나 도를 지키며 뜻을 숭상하는 선비로서 과거를 달갑게 여기지 않는 자일 경우 어떻게 과거에 합격한 선비보다 푸대접할 수가 있겠습니까. 지난 해에 전하께서 조종조 때에 사람 쓰던 법을 되살리도록 명하시어 과거 출신이 아닌 자도 헌관(憲官)에 임용될 수 있게 하는 한편, 선발할 때 반드시 당시 인망이 있는 이를 취하게 하여 풍채가 볼 만한 사람이 많았으므로 청의(淸議)가 매우 흡족하게 여겼는데, 세속의 견해는 그것을 의심하기도 했습니다. 그런데 전하께서 뜻밖에도 도리어 세속을 따르라는 명을 내리시어 조종의 훌륭한 법과 아름다운 뜻이 이미 시행되다가 도리어 폐지되게 하셨으니, 전하께서 어찌하여 조종의 훌륭한 법을 가볍게 고치시고 도리어 세속의 견해를 따르시는지 모르겠습니다. 사류(士類)가 실망하고 인재가 나오지 않는 것이 이로부터 비롯될 것이니, 이를 말함에 있어 어찌 탄식만 나올 뿐이겠습니까.

근일 기대정(奇大鼎)의 말이 성상의 마음을 격동시켜 곤혹스럽게 해서 그러시는 것입니까? 대체로 정신(廷臣)들이 일찍이 신덕 왕후(神德王后)를 태조(太祖)의 사당[廟]에 합부(合祔)해야 한다는 말로 전하에게 아뢴 지가 오래되지 않은 것이 아니었습니다. 그런데 결코 성상의 마음을 돌이킬 수 없음을 스스로 헤아리고 난 다음에, 제각(祭閣)을 세우고 제관(祭官)을 두자는 말로 바꾼 것이 부득이한 형편에서 나온 것이지 그 본심은 아니었습니다. 그러나 조정의 의논이 이미 그러한 이상 어찌 한 사람이 말한다고 해서 곧바로 지금까지 해 오던 주장을 고칠 수 있겠습니까. 기대정(奇大鼎)이 만약 자기의 의견이 대중의 의논을 돌이킬 수 없고 또 대중의 의견에 자기의 의사를 굽히고 싶지 않았다면 애당초 병을 구실로 나오지 않음으로써 소요가 일어나지 않도록 했어야 마땅합니다. 그런데 감히 툭 튀어나와 독단을 내리고서 온 조정이 자기를 따르게끔 하려 하였으니, 그 또한 자신의 분수를 헤아리지 못한 것이라 하겠습니다. 그러다가 함께 조정을 물러난 다음에는 이미 독계(獨啓)를 허용하지 않았고 또 다시 도모할 수 없게 된 이상 병으로 사퇴하는 길 밖에는 다른 계책이 없었으니, 이는 형편상 당연한 것이었습니다. 따라서 그를 억세고 고집스럽다고 한다면 모르지만, 그를 간교하다고 지목한다면, 이는 사실 그의 본정이 아닙니다. 옥당의 해명도 명백하지 못한 듯합니다만 전하께서 지나치게 의심하시는 것도 깊이 통촉하시지 못한 듯합니다. 어찌 이 한 가지 일로 인하여 성급하게 버려두고 쓰지 않을 수가 있겠으며, 또한 어찌 이 한 사람으로 인하여 한 시대의 인재를 다 폐기할 수 있겠습니까. 목이 메인다고 해서 먹는 것을 그만둘 수 없고 발꿈치 자르는 것을 보고 신발을 버릴 수 없다는 것이야말로 고금의 공통된 경계인데, 전하께서는 이 점을 생각하지 못하셨습니까. 아, 세태를 관망하면서 진출하려고 자기의 재능을 자랑하며 쓰이기를 구하되 그 되고 안 되는 것을 시관(試官) 한 사람의 결단에 의지함으로써 녹봉을 구하는 자료로 삼는 자에 대해서는 전하께서 귀하게 여기시고, 세상에 나서지 않고 스스로를 지키며 능력이 있으면서도 때를 기다리면서 작록(爵祿)을 영광으로 여기지 않고 반드시 그 의리를 잃지 않으려고 하는 자에 대해서는 전하께서 천하게 여기고 계십니다. 그러나 만약 이윤·부열·여상·제갈양 같은 이가 오늘날 다시 나오게 된다면, 잘 모르겠습니다만 앞에 일컬은 자 중에서 나오겠습니까, 아니면 뒤에 일컬은 자 중에서 나오겠습니까? 죽은 말을 사들이니 천리마를 얻게 되었고 곽외(郭隗)를 스승으로 삼으니 국사(國士)가 모여들게 되었는데, 선(善)을 좋아하는 효과는 그림자나 메아리보다 더 빠른 것입니다.

현재 나라의 형세가 결딴이 나서 기상이 참담해졌으니 세상에 보기 드문 훌륭한 인재를 얻는다고 하더라도 제대로 부지할 수가 없을 듯합니다. 그런데도 전하께서는 그만 옛 관습만 지키는 구태의연한 신하들과 관례대로 강론할 뿐, 한 가지 폐단도 고치지 못하고 한 가지 기발한 대책도 내놓지 못하고 있으면서 한 시대의 선비들을 경시하여 그들이 돌아보지도 않고 떠나가버리게 하고 있습니다. 이러고서도 변방의 근심이 진정되고 백성의 마음이 안정되기를 기대한다면, 이는 뒷걸음치면서 앞으로 나가기를 바라는 것과 근사한 것이 아니겠습니까. 삼가 바라건대 전하께서는 과거의 견해를 속히 돌리시고 다시 옛법을 따르셔서 해와 달처럼 밝은 예지가 다시 회복된 것을 우러러보게 하소서. 그리하여 자리를 비워놓고 어진 이를 구하며 정성과 예를 다하여 이르지 않은 이는 반드시 이르게 하고 이미 이른 이는 반드시 쓰임이 있도록 한다면, 국가에 더할 수 없는 다행이겠습니다. 오늘날 위아래가 모두 경원(慶源)의 문제로 근심하면서 반드시 적임자를 얻으려고 여러 차례나 선택을 하였으니 그 계책이 지극하다 하겠습니다. 그런데 온 나라의 위태로운 상황이 경원과 다를 것이 없다는 데 대해서는 깊이 생각하고 원대한 염려를 했다는 말을 듣지 못하였습니다. 조정의 대관(大官)과 대시(臺侍)의 직책을 신중하게 여기지 않아 인원 수나 채우고 결원이나 메꾸고 있으므로 아침에 제수하고 저녁에 다시 임명하여 앉았던 자리가 따뜻해질 겨를도 없이 바뀌며, 그저 노닥거리며 세월만 보내기 때문에 온갖 법도가 모두 해이해지고 있습니다. 어찌 경원이 온 나라보다 중하며 변장이 육경과 대시보다 더 중하겠습니까. 어찌 경원을 근심하는 것처럼 나라를 근심하지 않으십니까. 순(舜)의 제왕 정치는 구관(九官)의 임명에 불과하였고 진(晉)나라 도공(悼公)의 패도 정치는 육경(六卿)의 선발에 지나지 않았습니다. 만약 구관이 자주 바뀌고 육경이 자주 갈린다면 아무리 순 같은 성제(聖帝)와 진나라 도공 같은 현군이라도 끝내 그들과 함께 공을 이룰 수 없었을 것입니다. 삼가 바라건대 전하께서는 대신들과 대간(臺諫)을 구임시킬 대책을 강구하시는 한편, 사람에게 관직을 임명할 적에도 반드시 일을 잘할 수 있는 사람을 널리 물어서 사람의 자격과 직무가 서로 걸맞도록 힘쓰고 완전히 위임하여 성공을 책임지우며 의심도 말고 흠도 잡지 말아서 기어이 공을 이루도록 하소서. 그러면 더욱 큰 다행이겠습니다. 폐정(弊政)을 혁신하는 문제에 대하여 신이 전부터 간청한 바는 공안(貢案)을 개정하고, 군적(軍籍)을 고치고, 주현(州縣)을 병합하고, 감사(監司)를 구임(久任)시키는 4조항이었을 뿐입니다. 군적을 고치는 일에 대해서는 윤허를 받았으나 신이 감히 일을 착수하지 못한 것은 다음과 같은 이유에서입니다. 신의 당초 의도는, 군졸의 설치 목적이 어디까지나 방어에 있는 만큼 군졸이 공물을 진상하는 역(役)을 감소시켜 전결(田結)에 이전시켜서 그들로 하여금 여유를 갖고 힘을 기르며 훈련에만 전념하여 위급함에 대비케 하고자 하는 데 있었습니다. 그런데 공안을 고치지 말도록 명하셨으니, 군적을 고치더라도 양병(養兵)하는 계책은 반드시 실효를 거두지 못할 것입니다. 옛말에 '이익이 10배가 되지 않으면 옛것을 고치지 않는다.'라고 하였습니다. 따라서 만약 경장(更張)한다는 헛 소문만 있고 변통하는 실리를 얻지 못한다면 차라리 옛날 그대로 두는 것이 나을 것입니다.

아, 공안을 고치지 않으면 백성의 힘이 끝내 펴질 수가 없고 나라의 쓰임이 넉넉해질 수가 없습니다. 지금 변방 사태가 점점 심각해져서 안정될 기약이 없으니, 우선 시급한 것은 군사인데 식량이 모자랍니다. 그렇다고 부세를 더 징수하게 되면 백성이 더욱 곤궁해질 것이고 더 징수하지 않으면 국고(國庫)가 반드시 바닥날 것입니다. 더구나 군기(軍器)를 별도로 만들고 금군(禁軍)을 더 설치하는 등의 일 모두가 불가피한 것으로서 경비 이외에 조달할 곳이 매우 많은데, 어떤 특별한 계책을 내어 경비의 용도를 보충해야 될지 모르겠습니다. 주현 병합 계획은 본래 성상께서 생각해내신 것으로서 시행하기도 어렵지 않고 이해관계도 분명합니다. 전하께서는 매양 연혁(沿革)이라는 것을 중대하게 생각하십니다만, 옛날부터 연혁해 온 것도 꼭 대단하게 변통시킨 것이 아닌 것입니다. 나누기도 하고 합하기도 하며 어느 시대를 막론하고 기록에 끊이지 않고 있는데, 이것이 어찌 중대하고 어려운 일이겠습니까. 소읍(小邑)의 쇠잔한 백성이 많은 역사(役事)에 시달리고 있는데, 만약 하루아침에 몇 고을을 병합하여 하나로 만들 경우 그 백성들은 마치 거꾸로 매달렸다가 풀려난 것처럼 기뻐할 것입니다. 지금 한 가지 일만 보아도 그 효과를 알 수 있습니다. 황주 판관(黃州判官)을 혁파하자 관리와 백성이 뛰고 춤추며 서로들 경하하였는데, 두 고을을 하나로 병합하는 일도 판관을 혁파할 때의 경우와 다름이 없으리라는 것은 알기가 어렵지 않습니다. 이 백성들의 괴로움이 조금이라도 편안해질 수가 있는데, 전하께서는 어찌하여 한번 혜택을 베풀어 주려 하지 않으십니까. 감사를 구임시키는 일에 대해서는 신이 전일에 이미 다 아뢰었습니다. 그러나 더욱 서둘러야 할 것은 병영(兵營)을 큰 고을에 설치하여 병사(兵使)로 하여금 수령을 겸임하게 하는 것이니, 이것이야말로 오늘날 군졸을 되살릴 수 있는 가장 훌륭한 계책입니다. 그러나 먼저 감사를 구임시킨 뒤에야 병사에게 가족을 데리고가게 할 수 있는 것입니다. 그래서 신의 간절한 소망이 여기에 있었던 것이니, 어찌 그것이 신의 한 몸을 위한 계책이겠습니까. 오늘날의 계책은 변방을 방비하는 데에 중점을 두고 있으므로, 오늘은 여러 고을의 간사한 관리를 적발하고 이튿날은 두 도(道)의 승군(僧軍)을 조발하는가 하면, 호족(豪族)을 초록(抄錄)하게 하고 금군(禁軍)을 모집하여 증가시키고 무사(武士)를 널리 뽑기도 하는데 이런 일은 모두 지엽적인 것이지 근본적인 계책은 아닙니다. 아, 재해(災害)가 날로 겹쳐 일어나고 있으므로 인심이 놀라고 두려워하여 아침 저녁 사이도 보장하지 못할 형편입니다. 그런데 조정에서 시행하고 조처하는 것을 보면, 하늘의 견책에 답하고 화근의 싹을 사라지게 하고 민심을 위로하여 기쁘게 하고 나라의 근본을 공고히 하는 일은 전혀 없고 다만 중외(中外)가 시끄럽게 되어 유언 비어만 사방에서 들끓게 하고 있습니다. 신이 성의를 다하여 번거롭게 아뢴 것이 한두 번이 아닌데도 전하께서는 새로 고치는 것을 어렵게 여긴 나머지 지금까지 의아심을 가지고 미루어 오셨습니다. 이로 인하여 백성의 힘이 더욱 쇠잔해지고, 나라의 계책이 더욱 고갈되고, 변방의 사태가 더욱 심각하게 될 터이니 고난을 견딜 수 없는 백성들이 일어나 도둑이 되어 사방에 퍼지게 되면 아무리 왕좌(王佐)의 재능을 갖춘 인물이 나온다 하더라도 널리 구제할 방법이 없을 것입니다. 그렇게 된 다음에 비로소 신의 말을 쓰지 않은 것을 뉘우쳐 본들 무슨 소용이 있겠습니까.

오늘날의 형세를 비유하건대 오랫동안 병에 걸린 사람이 원기(元氣)가 다 없어져서 걸핏하면 병이 생기는 것과 같습니다. 냉(冷)을 다스리면 열(熱)이 일어나고 열을 다스리면 냉이 발생하니 외부의 사기(邪氣)도 막아야 하겠지만 우선 원기를 보양(補養)해야 하는 것이니, 원기가 회복되어 근본이 튼튼해진 다음이라야 사기를 다스리는 약이 효과를 거둘 수가 있습니다. 만약에 원기는 돌보지 않고 공격하는 약제(藥劑)만 복용하게 되면 오래지 아니하여 목숨이 다할 것입니다. 지금 신이 반드시 변통해야 한다고 청하는 것은 원기를 보양하는 약제이고, 군사의 조련과 식량의 운반을 청하면서 변통을 돌아보지 않는 것은 공격만을 일삼는 약제입니다. 의논하는 사람들은 혹 소요를 일으키지나 않을까 근심하여 변통하려고 하지 않습니다. 그러나 이는 크게 그렇지 않습니다. 공안을 고치고 군적을 고치고 주현을 병합하는 등의 일은 모두가 조정에서 상의하여 결정하면 되는 일일뿐 백성에게는 한 되의 쌀이나 한 자의 베의 비용도 들지 않는데, 백성들과 무슨 관계가 있기에 소요할 근심이 있단 말입니까. 양전(量田)[99]과 같은 경우는 백성에게 약간의 동요가 없을 수 없으므로 반드시 풍년이 들 때를 기다려 시행해야 합니다. 그리고 '공안의 개정은 반드시 양전한 뒤에 해야 한다.'고 하는데 그것 역시 그렇지 않습니다. 공안은 전결(田結)의 다과(多寡)로써 고르게 정하는 것이 진실로 당연합니다. 그러나 양전한다고 해서 전결의 증감이 어찌 크게 차이가 나기야 하겠습니까. 따라서 공안부터 먼저 고치고나서 뒤따라 양전한다 해도 무슨 방해가 되겠습니까. 그리고 전결에 면적이 차고 모자라는 약간의 차이가 있다고 한들 어찌 오늘날의 공안처럼 전결의 다과를 따지지 않고 멋대로 잘못 정한 것과 같기야 하겠습니까. 대체로 세속의 인정은 그대로 두기를 좋아하고 새로 고치기를 꺼리기 때문에 자신이 의사와 지혜가 없으므로 다른 사람들도 다 그러하리라고 여기고 있습니다. 그래서 위태로운 상태를 보고서도 부지시킬 방법은 생각하지 않고 도리어 어떻게 해보려고 하는 것을 소요로 여기면서 무모(無謀)함을 진정시키는 방책으로 삼고 있으니, 이는 마치 사람이 약을 먹지 못하도록 하여 병을 지닌 채 죽기를 기다리게 하는 것과 같습니다. 이런 것은 진실로 구신(具臣)[100] 들의 일상적인 태도이니 깊이 책망할 것도 못됩니다. 다만 한스러운 것은 전하께서 명철하신 식견을 가지시고도 분발하지 않고 앉아서 망하는 것을 기다리면서 새로운 대책을 세우지 않는 점입니다. 만약 전하께서 신의 계책을 다 써서 변치 않고 굳게 지키며 3년 동안 시행한 다음에도, 백성의 생활이 불안하고 나라의 용도가 부족하며 병력 양성이 뜻대로 되지 않는다면, 신에게 어떠한 형벌을 가하더라도 신은 진실로 마음 속으로 달갑게 여기겠습니다. 삼가 바라건대 전하께서는 사람이 변변치 않다고 하여 그 말까지 폐기하지 마시고 다시 깊이 생각하소서. 이른바 '군사와 양식을 조도(調度)하여 방비를 튼튼하게 한다.'는 것이 말단에 속하는 일이라 하더라도 이를 미루어놓고 거행하지 않아서는 안 됩니다. 백성을 동원하여 군사로 삼고 둔전을 실시하여 곡식을 축적하는 것은 묘당의 계책이 이미 시행되고 있으니 그 일의 성사여부와 이해에 관해서는 미리 예측할 수가 없습니다. 그러나 만약 경원(慶源)의 하찮은 오랑캐들이 끝내 잘못을 뉘우치지 않고 다른 진영의 번호들까지 기회를 틈타 부추김을 받고 난을 일으킨다면 함경도의 병력만으로는 결코 지탱할 수가 없을 것입니다. 그렇다고 해서 지금 구원병을 보내자니 훈련도 안 된 백성을 몰아넣기가 어려운 형편이고 식량을 실어보내자니 2천 리의 먼 길에 양식을 모으기가 어려운 형편입니다. 이러한 때에 일상적인 규정에만 얽매인다면 잠깐 사이에 일을 그르치고 말 것입니다. 신의 계책은 전에 이미 발의되었다가 다시 중지되었는데, 지금 와서도 더욱 별다른 대책이 없습니다. 따라서 신의 말을 쓰신다면 서얼(庶孼)과 공천(公賤)·사천(私賤) 중에서 무재(武才)가 있는 자를 모집하여 스스로 식량을 준비해서 남도(南道)와 북도(北道)에 들어가 방수하게 하되, 북도는 1년, 남도는 20개월을 기한으로 하여 응모자가 많도록

---

99 양전(量田) : 농지 측량.
100 구신(具臣) : 제대로 하는 것도 없이 관원의 수만 채운 신하.

하는 한편 병조에서 시재(試才)한 뒤 보내게 하소서. 그리하여 서얼은 벼슬길을 허통하고 천례(賤隷)는 면천(免賤)하여 양인(良人)이 되게 하며, 사천인 경우에는 반드시 본주인이 병조에 단자를 올린 다음에 시재(試才)를 허락하여 주인을 배반하는 종이 없게 하고, 그 댓가는 자원(自願)에 따라 골라 주도록 하소서. 그리고 만약 무재가 없는 경우에는 남·북도에 곡식을 바치게 하되 멀고 가까운 거리에 따라 그 많고 적은 수를 정하고, 벼슬길을 허통하고 양인이 되게 하는 것도 무사(武士)와 같게 하소서. 그러면 군사와 양식이 조금은 방어에 대비할 수 있게 될 것입니다.

옛날 이시애(李施愛)의 반란 때에, 군기(軍器)를 운반한 천인(賤人)은 모두 양인이 되게 하였고 종군한 서얼들은 과거에 응시하게 하였는데, 이는 세조 대왕께서 권도로써 이미 시행하신 규정입니다. 신은 진실로 이 계책이 반드시 사람들의 논의에 부합되지 않을 줄 알고 있습니다만 그 방법 외에는 다른 좋은 대책이 없으므로 다시 말씀 드리지 않을 수 없습니다. 삼가 바라건대 전하께서는 깊이 생각하고 익히 계획하시어 단행하소서.

아, 비도(匪徒)의 난리는 방비가 없는 데에서 일어나고 승패와 안위는 숨 한 번 쉬는 사이에 결정되는 것입니다. 그런데 의논하는 자들은 오히려 조용히 담소하며 서서히 옛 규정이나 상고할 뿐인데, 게다가 중론이 분분하게 일어나서 절충될 기약이 없으니, 만약 조정의 의논이 결정되기를 기다린다면 변방의 성은 이미 함락 되고 말 것입니다. '모의하는 사람이 너무 많아 일이 성취되지 않는다.[謀夫孔多 是用不集]'고 한 것은 이를 두고 한 말입니다.

아, 형편없고 어리석은 신이 성명(聖明)을 만나 은총을 믿고는 조금도 숨김없이 망령된 말을 전후 여러 차례에 걸쳐 말씀드렸습니다마는, 계책이 소루하여 열에 하나도 시행되지 않으니, 외로운 처지에서 심정만 쓸쓸할 따름입니다. 임금이 근심하면 신하는 욕을 받아 마땅한 것이므로 밤낮으로 슬퍼하고 탄식하며 머리털이 하얗게 되고 마음이 녹아내리는 지경인데도 수고롭기만 할 뿐 유익함이 없습니다. '힘껏 직무를 수행하다가 능력이 없으면 그만둔다.' 라고 하였으니, 의리상 물러나 자신의 분수를 지키는 것이 마땅하나, 간담을 헤치고 심혈을 기울여 지금까지 슬피 부르짖으며 그칠 줄을 모르는 것은, 진실로 국가의 후한 은혜를 받았으니 몸이 가루가 되더라도 다 보답하기가 어렵기 때문입니다. 나뭇더미에 불이 붙는 것을 환히 보면서 감히 제몸만 돌보는 생각을 품을 수가 있겠습니까. 신이 다시 말하지 않는다면 신에게 그 허물이 있는 것입니다. 삼가 바라건대, 성상께서는 가엾게 살피시어 받아들여 주소서." 하였는데, 답하기를, "내가 우연히 연전에 경이 올린 상소를 보던 중이었는데 이번에 올린 경의 상소가 마침 들어왔다. 전후에 걸쳐 정성스런 상소를 보건대 용렬한 임금을 잊지 않는 경의 고충(孤忠)이 정말 아름답게 여겨진다. 나라 일은 훌륭한 대신들에게 맡겨야 마땅하다. 남행(南行)을 대간(臺諫)으로 삼았던 것은 이미 지나간 일로 후회해도 돌이킬 수가 없다. 한 번 실수한 것도 이미 충분한데 어찌 차마 두 번씩이야 잘못할 수 있겠는가. 공안에 관한 일은, 조정에 의논하게 하였는데 그 논의가 일치하지 않으로 감히 다시 고치지 못한 것이다. 설혹 고친다고 하더라도 이렇게 일이 많은 때를 당하여 아울러 거행하기는 어려울 듯하다. 군적에 관한 일은 본조에서 이미 명을 받았으니, 경이 어떻게 시행하느냐에 달렸을 뿐이다. 주현을 병합하는 문제는 과연 나의 밝지 못하고 얕은 생각에서 나온 것이다. 그러나 다른 폐단을 끼치게 될까 하여 감히 스스로 옳다고 여겨 변경하지 못하였는데, 경이 지극히 청하여 마지 않으니 한 번 시험해 봐야 하겠다. 감사를 구임시키는 일은 새로 제도를 만들기 어려워 지금까지 미루어왔으나, 그것도 경의 계책을 따라 먼저 양남(兩南)에서 시험하도록 하겠다. 서얼과 공천·사천을 허통해 주는 일은, 처음 사변이 일어났을 적에 경의 헌책(獻策)으로 인하여 즉시 시행하도록 명했으나, 언관(言官)이 논박하고 있으니 다시 비변사에 물어서 상의하여 거행하도록 하겠다."

제15대 광해군(1608~1623)

사헌부에서 임금의 진강·인재 등용·백성 진휼 등에 대해 아뢰다

광해군일기[정초본] 102권, 광해 8년 4월 9일 무신 1번째기사
1616년 명 만력(萬曆) 44년

사헌부가 차자를 올려 아뢰기를, "우리 성조(聖朝)에서는 조강(朝講)·주강(晝講)·석강(夕講)이 있고 또 야대(夜對)·윤대(輪對)가 있었는데, 전하께서 즉위하신 이래로 진강의 예를 오랫동안 거행하지 않으셔서 진학할 기약이 없으니 뭇 신하의 심정이 답답하게 막혀 있습니다. 성상께서 정신쏟는 것은 오로지 국옥(鞫獄)과 형법일 뿐입니다. 원컨대 전하께서는 날마다 대유(大儒)를 인접하시어 치도(治道)를 강구하소서. 빠뜨린 인재를 거두어 등용해야 합니다. 조종조(祖宗朝)에서는 대대로 초야의 어진 인사를 찾아 발탁하는 거조가 있었습니다. 선왕(先王)께서 정사에 임하셨을 적에도 경에 밝은 자[經明]·행실을 닦은 자[行修]·차서에 구애없이 발탁하여 등용할 자[不次擢用]·재주가 수령을 감당할 만한 자[才堪守令] 등의 조목을 설치하셨습니다. 전하께서는 널리 인재를 맞아들이는 길을 열어 은거하고 있는 선비들을 두루 초치하소서. 굶주린 백성들을 진휼해야 합니다. 살펴보건대, 혹독한 가뭄이 든 나머지 민생이 크게 곤궁해져 호남·영남 지역과 바닷가 고을에는 이리저리 떠돌다 쓰러져 굶어 죽은 시체가 널려 있습니다. 전하께서는 불쌍히 여기는 마음과 두려운 생각을 갖고 특별히 유사에게 명하여 부세와 요역을 덜어주고 곡식을 옮겨주고 창고를 여는 등의 일을 행하되, 그 실질을 다하기를 힘쓰고 허식을 따르지 마소서. 쓸데없는 비용을 줄여야 합니다. 현재 아래에는 굶주림에 허덕이는 백성이 있고 로는 한 해를 마칠 만한 저축이 없는데도, 급하지 않은 일과 법도에 없는 설비(設備)가 끝이 없습니다. 전하께서는 빨리 유사에게 명하시어 이해(利害)를 잘 헤아려서 재용을 허비하는 일들은 일체 줄이도록 하소서. 국옥을 속히 완결지어야 합니다. 나라의 운이 불행하여 역변이 거듭 일어나고 있습니다. 큰 옥사가 끝나가는 즈음에 잇달아 고발을 하여 서로 돌아가며 끌어들이니 옥에 갇혀 있는 자가 아직도 많아 기상이 처참합니다. 원통한 울부짖음이 하늘에 미치니 어찌 치세의 누가 되지 않겠습니까. 전하께서는 특별히 용단을 내리셔서 죄의 유무에 따라 시원스레 상법을 시행하시고 허위를 꾸며대는 역적들은 정률(正律)로서 다스리소서. 현재 권세가(權勢家)들이 이익을 제멋대로 하여 원근에서 뇌물을 받아들이고 있으며, 어질지 못한 수령과

빚을 진 변방의 원이 군민(軍民)들을 각박하게 침탈하고 관아의 재물을 고갈시키는 상황에 대해서는 대간의 탄핵과 상신(相臣)의 소장에서 대략 그 한두 가지를 진달하였습니다. 그런데도 전하께서는 한결같이 너그러이 용서해주고 법으로 다스리지 않으시니, 이는 도적을 상주고 승냥이와 이리를 풀어놓는 것에 가깝지 않겠습니까. 전하께서는 귀하고 세도있는 이라 하여 법을 굽히거나 개인적인 정 때문에 공의를 해치지 마시고 나라의 법을 진작시켜 엄숙히 해서 죄가 드러나는 대로 통렬히 다스리소서. 대신(臺臣)은 백관을 규찰하고 감사(監司)는 한 도(道)를 살피는 것입니다. 대신이 논핵한 것을 감사가 도리어 조사하니, 이는 대신이 감사만도 못하게 되어 감사에게 제재를 받아서 백관을 규찰하여 바로잡는 일에는 오히려 손도 대지 못하는 것입니다. 내직은 가벼워지고 외직이 중해지는 폐단을 더욱 고려하지 않아서는 안 됩니다. 대각의 풍모가 추락함에 따라 법도가 날로 무너지고 인심은 날로 더욱 방종하게 되니 장차 나라가 나라답지 못한 데 이르게 될 것입니다. 전하께서는 이를 재량하시고 감사에게 조사시키지 마소서. 기축년 정여립의 역변 후에 이발(李潑)·이길(李洁)이 교유를 삼가지 않았다는 이유로 끝내 형륙을 당하였고, 백유양(白惟讓)·정개청(鄭介淸)은 모두 편지와 저서의 일로 연좌되었는데, 별로 역모를 한 정적이 없습니다. 전하께서는 선조(先朝)에 있었던 일이라 하여 어렵게 여기지 마시고 억울함을 깨끗이 설욕해는 은전을 시원스레 베푸소서. 가만히 요즘 상황을 살펴보건대, 대의(大義)가 막히고 천리가 끊어져, 로 공경으로부터 아래로 선비들에 이르기까지 각기 개인적인 문호를 세우고 상대를 모함하여 쓰러뜨리기를 일삼고 있습니다. 그리하여 임금을 무용지물로 보아 더러는 무고(巫蠱)를 허위라고 우기고 심지어 폐비(廢妃)의 설을 꾸며내서 중외에 전파하여 뭇사람들의 마음을 미혹시켜서, 훗날 사류(士類)를 유린하고 사사로운 원한을 보복할 소지를 마련함으로써 성상으로 하여금 끝내 후세의 악명을 벗어나지 못하게 하고 있습니다. 전하께서는 쾌히 강경하게 결단하시고 엄히 대의를 밝혀서 《춘추》의 정명(正名)으로 주벌하는 법을 속히 행하여 불령(不逞)한 무리들을 통렬히 징계하소서. 어진 재상을 돌보아 만류하셔야 합니다. 도성에 관사를 마련해주고 만종(萬鍾)의 녹으로 봉양하는 것이 현인을 대우하는 정성이 아니요, 푸줏간에서 고기를 계속 대주고 창고지기가 곡식을 계속 대주게 하는 것이 현인을 대우하는 정성이 아닙니다. 전하께서는 비단이나 옥같은 예물로 현인에 대한 대우가 구비되었다 여기지 마시고, 모름지기 그의 말을 채택하고 도를 행하는 것으로 현인을 대우하는 실질을 삼으소서."

광해군일기[정초본] 45권, 광해 3년 9월 21일 정사 2번째기사 1611년 명 만력(萬曆) 39년

사간원이 성균관 원점의 계산·인재 등용·과장의 폐단 제거 등에 대한 일로 아뢰다

광해군일기[정초본] 45권, 광해 3년 9월 21일 정사 2번째기사

1611년 명 만력(萬曆) 39년

사간원이 아뢰기를, "모든 일이 차질없이 진행되는 것은 관리들에게 달려 있고 백성들이 잘지내고 못지내는 것은 수령에게 달려 있는 법인데, 난리를 겪은 뒤로 요행의 문이 크게 열리어 벼슬길에 갈림길이 많고, 조급하게 경쟁을 하는 것이 풍조처럼 되어, 잡기(雜技)와 용품(庸品)이 도리어 관반(官班)에 끼이고 숙유(宿儒)와 선류(善類)는 궁곡(窮谷)에서 늙어 죽습니다. 그래서 명기(名器)가 나날이 문란해지고 민생이 갈수록 어려워지고 있습니다. 말이 이에 이르니 진정 한심한 노릇입니다. 효행이 두드러져 향리에서 추천된 자와, 학술이 통명하여 재주가 수령이 될 만한 자와, 충현(忠賢)·청백(淸白)의 부류로서 마땅히 신록(申錄)해야 될 대상에 포함된 자들을 만약 해조로 하여금 별도로 가려 뽑게 하여 그 재주에 따라 각기 그 직임을 제수하되, 혹은 백집사를 삼기도 하고 혹은 열읍의 수령을 삼는다면, 거의 풍속을 맑게 하고 권장하는 길이 있을 것입니다. 이에 앞서 대관이 비록 더러 진계를 하여 윤허를 받아서 으레 해조에 내리기는 하였어도, 해조가 심드렁하게 여기고서 전혀 거행하지 않고 있습니다. 청컨대 이제부터는 분명히 신칙하여 착실하게 거행하도록 명하소서. 생원·진사의 원점(圓點)이 만3백 점인 자를 관시(館試)에 응시하도록 허락하고 있는데, 전부터 원점을 계산할 때 더러 모람하는 폐단이 있어 왔습니다. 그러던 것이 오늘날에 와서는 폐습이 더욱 심해져, 장무관(掌務官)이 하재(下齋)로 하여금 원점을 회계하도록 할 때에, 하재들이 멋대로 늘리거나 줄이어, 절반의 원점도 채우지 못한 자를 3백 점에 준하는 수로 논하기까지 하니 시법(試法)이 점점 무너지고 바깥의 의논이 비등하고 있습니다. 청컨대 관관(館官)으로 하여금 일일이 조사를 해내도록 하고 만일 거짓으로 늘린 자가 있으면 적발하여 중하게 다스리소서. 인재는 곧 국가의 근본인데, 생원·진사는 인재를 시양(試養)하는 도구입니다. 유학(幼學)으로서 준수한 선비 가운데 장래에 나랏일을 도와 다스릴 책임이 있는 자는, 다들 이를 말미암아 선발되니, 이것이 조종조에 그를 설립한 본의입니다. 그런데 난리 후로 선비들의 풍습이 불미하여 생원시에 시문(詩文)을 베껴 적는 버릇이 나날이 더욱 심해졌습니다. 그러던 것이 오늘날에 와서는 그 폐해가 극에 달하여 오경(五經)의 의(義)는 선비들이 평소부터 팽개친 채 익히지 아니하여 오래 전에 형식적인 것이 되어 버렸고, 사서(四書)의 의(疑)는 선비 중에 사서에 통한 자가 매우 적습니다. 그러기 때문에 그 가운데 사서의(四書疑)의 모양을 조금 이해한 자를 '의심판(疑心板)'이라 명명하고

서, 과시(科試)를 치루는 날이 되면 거자들이 서로 저희들끼리 '아무개 접(接)이 의심판이 있다.'고 말해 주면서, 과거장이 어수선하게 들썩이어 시끄러운 저자나 다름이 없습니다. 심지어 두들겨 패고서 빼앗아 가는 꼴이 겁탈하는 것과 똑같을 정도입니다. 고관이 아무리 금지하고자 한들 몇 명 안 되는 군졸로서는 어떻게 그 많은 사람을 붙잡아다 다스릴 수 있겠습니까. 뿐만 아니라, 한 사람이 지으면 1백 사람이 베껴 쓰니, 과거장이 이와 같은 꼴이어서 거의 다 부화 뇌동하는 자들입니다. 만약 일일이 조사하기로 들면, 장차 그 액수를 맞출 수가 없게 됩니다. 이번에 그 규정을 바꾸지 아니한 채 고관을 신칙하여 그들로 하여금 엄히 금하게나 할 뿐 별달리 해낼 길이 없다고 하였다 하니 이야말로 그 근본을 헤아리지 아니한 채 그 끝만 가지런히 맞추는 셈입니다. 조정이 병무를 다스리고 인재를 기르는 일에 있어 진실로 일시의 편리함이 있을 경우, 법외(法外)의 규정을 변통하지 않는 때가 없습니다. 그런데 유독 이 인재를 육성하고 사습(士習)을 변화시키는 일만은 어쩔 도리가 없는 것으로 돌리면서 담당하고 건백(建白)하려 드는 자가 아무도 없으니, 선비들의 마음을 어느 때에 고칠 수가 있겠습니까. 전일에 아뢴 말을 예관이 그 본의를 이해하지 못하고서 단지 조사하여 밝혀내자는 한 가지 일만을 범연히 회계하였으니, 이 어찌 폭넓게 상의하여 선처하는 방법이겠습니까.

선유(先儒)가 이르기를 '학문에는 반드시 근본이 있는 법인데 《소학(小學)》이 학문의 근본이다.' 하였고, 또 이르기를 '《소학》에 대해 익히지 아니하면 《대학(大學)》의 근본을 배울 수가 없게 된다.'고 하였습니다. 법전(法典) 내에 생원·진사의 복시 때에 《소학》·《가례(家禮)》를 강(講)하여 녹명(錄名)한다고 하였으니, 지금 만약 10년 기한으로 의(疑)·의(義)를 정파(停罷)하고 시(詩)·부(賦) 및 다른 글로써 생원·진사시를 나누어 시험하되 복시하여 녹명할 때 따로 시관을 정하여 양사(兩司)로써 감독하게 하고 사서 가운데 자원(自願)하는 일서(一書) 및 《소학》 내편(內篇)을 모두 배강(背講)하고 《소학》 외편(外篇) 및 《가례》도 아울러 임문(臨文)하여 강하도록 해서 뽑되, 그 입격(入格)만을 따르고 액수가 차기를 요구하지 않는다면, 선비들의 마음을 고칠 수 있고 폐습 또한 바로잡을 수 있을 뿐만 아니라, 경학(經學)과 사장(詞章)을 한꺼번에 취할 수 있을 것이니, 묘당과 관각에 널리 물어 좋은 쪽으로 시행하도록 명하소서." 하니 모두 아뢴 대로 하라고 답하였다. 의시(疑試)를 변통하려는 일은 끝내 시행되지 않았다.

진사 윤선도의 상소문

광해군일기[중초본] 110권, 광해 8년 12월 21일 정사 2번째기사

1616년 명 만력(萬曆) 44년

진사(進士) 윤선도(尹善道)가 상소하기를, "삼가 아룁니다. 신이 들은 바에 의하면, 임금이 아랫사람들을 통제하는 방도로는 권강(權綱)을 모두 쥐고 있는 것보다 더 중요한 것은 없습니다. 그러므로《서경(書經)》에도 이르기를 '오직 임금만이 상도 줄 수가 있고 벌도 줄 수가 있다.'고 하였으며, 송(宋)나라의 진덕수(眞德秀)도 말하기를 '임금된 자가 어찌 하루라도 권위의 칼자루를 놓을 수가 있겠는가.'라고 하였습니다. 이것은 참으로 뜻깊은 말입니다. 신하된 자가 참으로 나라의 권세를 오로지 쥐게 되면 자기의 복심(腹心)을 요직에 포열(布列)시켜 상과 벌[威福]을 자기에게서 나오게 합니다. 설령 어진 자가 이렇게 해도 안 될 일인데, 만약 어질지 못한 자가 이와 같이 한다면 나라가 또한 위태하지 않겠습니까. 지금 훌륭하신 상께서 위에 계시어 임금과 신하가 각기 자신의 직분을 다하고 있으니 이러한 자가 없어야 마땅하겠습니다만, 신이 삼가 예조 판서 이이첨(李爾瞻)의 하는 짓을 보니 불행히도 이에 가까우므로 신은 삼가 괴이하게 생각합니다. 신은 하찮은 일개 유자(儒者)로서 어리석고 천박하여, 비록 도성 안에 살지만 외방에 사는 몽매한 백성과 다를 바가 없으니, 조정의 일에 대해서는 백 가지 가운데 한 가지도 알지를 못하지만, 단지 눈으로 보고 귀로 들은 것을 가지고 성상께 우러러 진달합니다. 삼가 바라건대 성상께서는 유념해 주소서. 신이 삼가 보건대, 근래의 고굉(股肱)·이목(耳目)·후설(喉舌)을 맡은 관원들과 논사(論思)·풍헌(風憲)·전선(銓選)을 담당하고 있는 관원들은 이이첨의 복심이 아닌 자가 없습니다. 간혹 그들의 무리가 아니면서 한두 사람 그 사이에 섞여 있는 자들은, 반드시 그 사람됨이 무르고 행실이 줏대가 없으며 시세를 살펴 아첨이나 하며 세상 되는 대로 따라 사는 자들입니다. 그러므로 무릇 대각의 계사에 대해서 전하께서는 반드시 대각에서 나온 것이라고 여기시지만 사실은 이이첨에게서 나온 것이며, 옥당의 차자를 전하께서는 반드시 옥당에서 나온 것이라고 여기시지만 사실은 이이첨에게서 나온 것이며, 전조(銓曹)의 주의(注擬)를 전하께서는 반드시 전조에서 나온 것이라고 여기시지만 사실은 이이첨에게서 나온 것입니다. 풍지(風旨)를 받들어 그렇게 하기도 하고 그의 지휘를 받아서 그렇게 하기도 합니다. 비록 옳은 일이라고 하더라도 반드시 그에게 물어본 뒤에 시행합니다. 관학 유생(館學儒生)에 이르러서도 그의 파당이 아닌 자가 없습니다. 그러므로 관학의 소장(疏章)이 또한 겉으로는 곧고 격렬하지만 속은 실제로 아첨하며 빌붙는 내용이 아닌 것이 없습니다. 이와 같기 때문에 자기 편이 아닌 자는 비록 사람들의 중망을 받고 있는 자라도 반드시 배척하고,

자기와 뜻이 같은 자는 사람들이 비루하게 여기는 자라도 반드시 등용합니다. 모든 일을 이렇게 하고 있는데, 비록 하나하나 거론하기는 어렵습니다만, 미루어 보면 다 알 수가 있습니다. 그러니 그가 권세를 멋대로 부리고 있는 것이 또한 극도에 이르렀다고 하겠습니다. 그가 비록 보필(輔弼)의 임무를 맡은 지위에 있지는 않으나 전하께서 믿고 맡기셨다면, 그는 마땅히 나라에 충성을 다하기를 당(唐)나라의 이필(李泌)이나 육지(陸贄)와 같이 해야 하는데, 도리어 나라를 저버리기를 이렇게 하니, 신은 매우 통분스럽게 생각합니다. 성상께서는 깊은 궁궐에서 지내기 때문에 그가 이토록 권세를 마음대로 휘두르고 있다는 것을 모르고 계십니까? 아니면 그가 마음대로 권세를 휘두르고 있다는 사실을 알면서도 그를 어질다고 여겨서 맡겨 의심을 하지 않고 계시는 것입니까? 만약 어질다고 여겨서 의심을 하지 않으신다면, 신이 비록 어리석으나 분변을 해 드리겠습니다. 신이 들으니, 임금은 어진이가 없으면 정치를 할 수가 없다고 하였습니다. 비록 훌륭한 임금이 위에 있더라도 임용된 신하가 불초한 사람이면 정치를 제대로 할 수가 없습니다. 그러므로 요(堯)가 임금으로 있는데도 곤(鯀)의 치수(治水)가 공적을 이루지 못하였습니다. 그러니, 나라가 제대로 다스려지면 임용된 신하가 어질다는 것을 알 수가 있고, 나라가 혼란스러우면 임용된 신하가 불초하다는 것을 알 수가 있습니다. 전하께서는 오늘날을 잘 다스려지는 때라고 보십니까, 혼란한 때라고 보십니까?

지난번에 해의 이변이 거듭 나타나고 지진이 누차 발생하였으며 겨울 안개가 사방에 가득했었으니, 이는 모두 재변 가운데에서도 큰 재변이었습니다. 옛 사람이 이르기를 '그 형체가 보이지 않으면 그 그림자를 살펴야 한다.'고 하였습니다. 신은 이런 재변이 오늘날의 그림자라고 생각합니다. 태양은 모든 양(陽)의 종주(宗主)로서 임금의 표상이기 때문에, 일식(日食)이 하늘 운행의 상도(常度)인데도《춘추(春秋)》에 일식이 있을 때마다 반드시 기록하였고, 전(傳)에는 '첩부(妾婦)가 그 지아비를 누르거나 신하가 임금을 저버리거나 정권(政權)이 신하에게 있거나 오랑캐가 중국을 침범하는 형상이니, 모두가 음(陰)이 왕성하고 양(陽)이 미약한 증거이다.'라고 하였습니다. 더구나 흰무지개가 해를 꿰뚫는 참혹함은 일식에 견줄 바가 아닙니다. 재변은 까닭없이 생기지 않는 것이니, 어찌 그 이유가 없겠습니까. 진덕수(眞德秀)가《대학연의(大學衍義)》에서 '충신의 마음은 오히려 임금이 재변을 두려워하지 않을까를 염려하는 것이니 위상(魏相)이 역적(逆賊)의 발생과 풍우(風雨)의 재변을 한 선제(漢宣帝)에게 고한 것이 이것이고, 간신의 마음은 오히려 임금이 재변을 두려워할까를 염려하는 것이니 양국충(楊國忠)이 장맛비가 농사에 피해를 주지 않는다고 하여 당(唐) 명황(明皇)을 속인 것이 이것이다. 대개 임금이 하늘의 재변을 두렵게 여기면 반드시 자신의 허물을 찾아보고 반드시 폐정(弊政)을 반성하여 고치며 반드시 소인을 제거하니 이것은 충신에게는 즐거운 일이고 간신에게는 불편한 일이다. 그러므로 그 마음씀이 이렇게 다른 것이다. 근래에 왕안석(王安石)이 드디어 하늘의 재변을 두려워할 것이 없다는 말을 하였다.'라고 하였습니다. 가령 이이첨이 충신이라면 그만이거니와, 만약 이이첨이 간신이라면 오늘날의 재변을 혹 다른 나라에 전가시키거나 혹 다른 일의 증험이라고 하거나 혹은 두려워할 것이 없는 일이라고 곧바로 말할 것입니다. 신도 또한 높고 멀어 알기 어려운 일을 가지고 그에게 책임을 돌리기는 어렵기 때문에 신은 많은 말을 하지 않겠습니다. 다만 오늘날 변방의 방비가 허술한 점이 많아 나라의 형세가 매우 위태롭고 아랫백성들이 원망을 품어 방본(邦本)이 튼튼하지 못합니다. 그리고 인심이 매우 투박해져서 세도(世道)가 날로 떨어지고 풍속이 아주 무너져 염치가 전혀 없게 되었습니다. 위로는 벼슬을 하는 사람들로부터 아래로 시정배에 이르기까지 신은 그들이 무슨 일을 하는지 잘 모르겠습니다만, 선비들에 대해서는 신이 함께 지내며 함께 만나는 자들이니 신이 어찌 모르겠습니까. 책과 붓을 가지고 공부를 하러 다니는 자들이 한갓 이록(利祿)이 있다는 것만 알 뿐이고 인의(仁義)가 있다는 것은 알지 못합니다. 과거(科擧)는 선비들이 처음으로 벼슬에 나가는 길인데, 모두들 빨리 진출할 마음을 품고 서로들 구차하게 합격할 꾀를 씁니다. 차술(借述)을 하여 권세있는 자에게 빌붙고 주사(主司)에 교통하였다는 말을 사람들이 모두 공공연하게 꺼리지 않고 하고들 있습니다. 아비는 아들을 가르치고 형은 동생을 면려하며 친구들끼리 서로 불러다가 온통 이렇게 하고들 있으면서 돌이킬 줄을 모릅니다. 간혹 백 명 가운데에 한두 명이 이와 반대로 하면 도리어 비웃고 비난을 합니다. 심지어는 자기와 다르게 한다고 화를 내어 욕하고 헐뜯는 자도 있습니다. 아, 사기(士氣)는 나라의 원기(元氣)인데 이 지경이 되었으니, 통탄스러움을 이길 수 있겠습니까. 처음 임금을 뵐 때에 이와 같다면 뒷날 조정에 벼슬을 하게 되었을 때에 벼슬을 얻고자 근심하고 그 벼슬을 잃을까 근심하는 마음이 어떠하겠습니까. 신은 삼가 생각건대, 아비와 임금을 시해하는 역적이 없다면 그만이거니와 있다면 반드시 이 무리에게서 나올 것이며, 자신을 버리고 나라에 몸바칠 신하가 없다면 그만이거니와 있다면 반드시 이 무리에게서는 나오지 않을 것이라고 봅니다. 선유(先儒)의 시에 이르기를 '이런 사람을 등용하고 이런 도를 시행하니 어느날 태평의 시대가 올지 알지 못하겠구나.[所用是人行是道 不知何日可昇平]'라고 하였습니다. 신은 일찍이 이 시를 읊으며 천장을 쳐다보고 탄식을 하였습니다. 이이첨이 임금의 총애를 저토록 오로지 차지하고 있고 나라의 정치를 저토록 오래도록 맡고 있는데도 불구하고 재변이 저러하고 나라의 형세가 저러하고 백성들의 원성이 저러하고 풍속이 저러하고 선비들의 습속이 저러하니, 이자가 과연 어진 자입니까, 어질지 못한 자입니까? 옛날 한 원제(漢元帝) 때에 석현(石顯)이 권세를 멋대로 휘둘렀는데 경방(京房)이 한가한 여가에 원제를 뵙고 묻기를 '유왕(幽王)과 여왕(厲王)은 왜 위태해졌으며 등용한 사람은 어떤 자들이었습니까?' 하니, 상이 이르기를 '임금이 밝지 못하였고 등용한 자들은 간교한 아첨꾼들이었다.' 하였습니다. 경방이 묻기를 '간교한 아첨꾼인 줄을 알고서 등용하였습니까, 아니면 어질다고 여긴 것이었습니까?' 하니, 상이 이르기를 '어질다고 여긴 것이다.' 하였는데, 경방이 묻기를, '그렇다면 오늘날 어떻게 그들이 어질지 못했었다는 것을 알 수 있습니까?' 하니, 상이 이르기를 '나라가 혼란스럽고 임금이 위태했었던 것을 가지고 알 수가 있다.' 하였습니다. 경방이 아뢰기를 '그렇다면 어진이를 임용하면 반드시 잘 다스려지고 어질지 못한 이를 등용하면 반드시 혼란이 오는 것은 필연적인 이치입니다. 유왕과 여왕이 어찌하여 이를 깨닫고서 다시 어진이를 구하지 아니했으며 어찌하여 끝내 불초한 사람을 임용하여 이 지경에 이르렀습니까?' 하니, 상이 이르기를, '어지러운 시대의 임금은 자기의 신하를 모두 어질다고 여긴다. 만약 모두 깨닫는다면 천하에 어찌 망하는 임금이 있겠는가.' 하자, 경방이 아뢰기를, '제 환공(齊桓公)과 진 이세(秦二世)도 또한 일찍이 이런 임금에 대해서 듣고는 비난하고 비웃었습니다. 그렇다면 수조(竪刁)와 조고(趙高)에게 정치를 맡겨 정치가 날로 어지러워졌는데도 어찌하여 유왕과 여왕의 경우를 가지고 헤아려서 깨닫지를 못하였습니까?' 하니, 상이 이르기를 '오직 도(道)가 있는 자라야 지난 일을 가지고 앞날의 일을 알 수가 있는 것이다.' 하였습니다. 경방이 인하여 관(冠)을 벗고 머리를 조아리며, 그 당시의 재변에 대한 일 및 도적을 금하지 않고 있는 일과 형벌받은 사람이 시장에 가득한 일 등을 모두 말하고, 아뢰기를 '폐하께서 보시기에 오늘날이 다스려지는 시대입니까, 혼란한 시대입니까?' 하니, 상이 이르기를 '매우 혼란한 때이다.' 하자, 경방이 아뢰기를 '현재 임용한 자가 누구입니까?' 하니, 상이 이르기를 '그러나 다행히 저 시대보다는 낫다. 또한 이 사람 때문이라고는 여기지 않는다.' 하였는데, 경방이 아뢰기를 '지난 시대의 임금들도 또한 모두들 그렇게 생각하였습니다. 아마도 뒷시대에서 오늘날을 보는 것도 오늘날 옛 시대를 보는 것과 같을 것입니다.' 하였습니다. 지금 우리 전하께서도 또한 '다행히 저 시대보다는 낫다. 또한 이 사람 때문이라고는 생각하지 않는다.'라고 하실 것입니까? 신은 밝으신 전하께서는 반드시 한 원제의 소견과 같지는 않을 것이라고 봅니다. 그가 이미 불초하기가 이와 같고 권세를 독차지하고 멋대로 휘두른 것이 저러하니 말류의 폐단은 이루 말로 할 수가 없을 것입니다. 그 화란이 이를 바를 신은 감히 점치지 못하겠습니다. 과거가 공정하지 못하다는 말은 오늘날 피할 수 없는 일상적인 이야기거리입니다. 그런데도 이이첨이 또한 감히 변명을 하고 있으니 신은 삼가 통분스럽게 생각합니다. 자표(字標)로 서로 호응하였다거나 시권(試券)에 표식을 하였다거나 장옥(場屋)에 두사(頭辭)를 통하였다거나 시험의 제목을 미리 누출하였다는 등의 말이 파다하게 나돌고 있습니다. 사람들의 말을 어찌 다 믿을 수야 있겠습니까. 그러나 지난해 식년시의 강경(講經) 시험에는 높은 점수를 받은 자가 매우 많았는데 심지어 10획을 넘고도 과거에 떨어진 자까지 있었습니다. 전하께서는 이러한 때를 보신 적이 있습니까? 지난 시대에 공부를 하던 자들은 힘을 다하지 않는 때가 없었는데도, 높은 점수를 받은 자가 이렇게 많은 때가 있었다는 것은 들어보지 못하였습니다. 오늘날은 선비들의 습속이 옛날과 달라서 사람들이 열심히 글을 읽는 때가 적은데도 도리어 이와 같으니, 어찌 이런 이치가 있겠습니까. 그렇다면 자표로 서로 호응하였다는 일은 반드시 없었으리라고 보장할 수가 없습니다. 올해의 별시 전시(別試殿試)의 급제자 가운데에는 고관(考官)의 형제와 아들과 조카 및 그들의 족속으로서 참방한 자가 10여 명이나 된다고 합니다. 전시가 비록 상피하는 법규가 없다고는 하나 예로부터 어찌 한 과방 안에 상피 관계에 있는 사람으로서 합격한 자가 이렇게 많은 때가 있었겠습니까. 신의 생각으로는, 이이첨과 황정필(黃廷弼)이 비록 말을 잘한다고는 하나, 상피 관계에 있는 사람들이 이토록 많이 급제한 경우를 찾아서 증거를 댈 수는 없을 것이라고 봅니다. 그렇다면 시권에 표식을 했거나 장옥에 두사를 통한 일이 또한 반드시 없었으리라고 보장할 수가 없습니다.

반궁(泮宮)의 시험은 정해진 시각이 있어서 성화와 같이 급하므로, 예로부터 비록 재능이 출중하고 공부를 가장 많이 하여 물이 솟구치고 산이 솟아나는듯이 글을 지어 마치 누군가 도와주는 자가 있는듯이 빠른 자라고 하더라도 으레 대부분은 한 편의 글을 간신히 지어내고, 혹 친구들의 도움을 받아서 마무리를 하기도 합니다. 그러므로 당대에 재능이 있다는 이름을 독차지하고 한 과방의 장원이 되는 자라고 하더라도 그가 지은 작품은 사람들의 마음에 차지 않으며 혹 염(簾)을 어긴 구절도 많고 혹 지우고 고친 글자가 많기도 합니다. 그런데 신이 금년의 반시(泮試)를 보니, 글제를 내걸었다가 금방 파하였는데도 명지(名紙)에 즉시 글을 지은 자가 매우 많았습니다. 오늘날의 시험장에 일찍이 예전에 없었던 이토록 탁월한 인재들이 있다는 것은 참으로 듣지 못하였으며, 설령 밖에서 때에 임하여 지어서 들여왔다면, 귀신이 도와주었다고 하더라도 반드시 이렇게 민첩할 수는 없었을 것입니다. 더구나 그 뒤에 들으니, 그 작품들이 자못 훌륭하여 논란을 할 수 없는 것도 있었다고 하였습니다. 이치로 헤아려 보건대 참으로 알 수가 없는 일입니다. 그렇다면 글제를 미리 유출시켜 집에서 지어오게 하였다는 말이 또한 근거가 있는 것입니다. 진사 민심(閔*)은 바로 신의 아비와 같이 급제한 사람의 아들인데, 이이첨의 당류이며 신은 한 번도 만난 적이 없는 자입니다. 반시(泮試)가 있기 며칠 전에 신의 친구 전 첨지(僉知) 송희업(宋熙業)의 편지를 가지고 와서는 신의 《사문유취(事文類聚)》를 빌려보고자 하였습니다. 신이 전체를 빌려주고 싶지가 않아서 몇째 권을 보고자 하는지를 물었더니, 청명절(淸明節)이 들어 있는 권이었습니다. 그 권이 마침 신의 서실(書室)에 있었기 때문에 갖다가 주었습니다. 민심이 말하기를 '다른 권도 보고자 합니다. 전질을 빌려 주시기 바랍니다.' 하기에 신이 그 보고자 하는 것이 무엇인지를 굳이 물었더니, 민심이 말하기를 '등촉부(燈燭部)입니다.'라고 하였습니다. 신이 '그것이 들어 있는 권은 친가(親家)에 있으니 어떻게 합니까?' 하였더니, 민심이 '사람을 시켜서 갖다 주십시오.' 하였는데, 신이 '찾으러 보낼 사람이 없습니다.'고 하자, 민심이 '제가 가서 찾아 오겠습니다.' 하였습니다. 신이 '안방에 보관되어 있어서 외부 사람이 찾을 수가 없습니다.'고 하니, 민심이 말하기를 '그렇다면 그대가 내 말을 타고 가서 가져오는 것이 어떻겠습니까?' 하였는데, 신이 '지금 다른 손님을 대하고 있으므로 갈 수가 없습니다.'고 하였더니, 민심이 이에 망연자실하여 일어나서 가려고 하지를 않더니 오랜 뒤에 어찌할 수가 없자 단지 그 권만 가지고 돌아갔습니다. 시험장에 들어가기 전에 간신히 가져올 수가 있었는데, 뒷날 반궁의 시험장에 들어갔더니, 바로 유류화(楡柳火)라는 제목이 걸려 있었습니다. 《사문유취》에서 찾아보니 이것은 청명절에 하사하는 것이었습니다. 또 등촉부에도 볼 만한 글이 많이 있었습니다. 신이 비로소 이상하게 여기며 마음 속으로 말하기를 '성상께서 친림하시어 임금의 위엄이 지척에 있는데도 감히 미리 유출했던 제목을 출제하였으니, 임금을 무시하는 마음이 드러난 것이다. 이이첨이 이렇게 까지 되었단 말인가.' 하였습니다.

시험장에 들른 일이 있은 뒤에 신이 신의 7촌 아저씨인 유학(幼學) 윤유겸(尹唯謙)을 만났는데 민심의 일에 대한 말이 나오니, 유겸이 말하기를 '반시를 시행하기 며칠 전에 어떤 친구가 나에게서 이 두 권을 빌려 갔다.'고 하였습니다. 그 성명을 물어 보았더니, 역시 이이첨의 당류였습니다. 신은 성품이 소루하고 게을러 교유(交遊)를 끊고 출입을 삼가고 있으므로 세간의 일에 대해서 귀머거리나 장님과 같은데도 신이 들어서 아는 바가 이와 같고 보면, 모르겠습니다만, 다른 사람들은 얼마나 많은 일들을 보았겠습니까. 그리고 이 한 가지 일을 가지고 미루어 본다면 길에 나도는 말들이 또한 근거가 있는 말일 듯합니다. 이이첨의 네 아들이 모두 미리 시험 문제를 알아내거나 차작(借作)을 하여 과거에 오른 일에 대해서, 온 나라의 사람들이 모두 말을 하고 있습니다. 대개 그 네 아들이 혹은 많은 사람들에게 알려진 재주와 명망이 없는데도 잇따라 장원을 차지하기도 하였고 혹은 전혀 문장을 짓는 실력이 없는데도 과거에 너무 쉽게 오르기도 하였기 때문입니다. 그러나 이이첨의 도당들이 이미 과거를 자신들의 소유물로 삼았다면, 이이첨의 아들들에 대한 일은 많은 말로 논변할 것도 없기 때문에 신은 다시 운운하지 않겠습니다.

신이 이런 말을 하는 것이 인정상 박절함을 면치 못하고 또한 잗단 일이라는 것을 압니다만, 과거가 이토록 공정치 못한 것은 국가에 관계되는 바가 매우 크기 때문에, 이런 것들은 돌아볼 겨를이 없습니다. 이이첨이 관작(官爵)으로써 벼슬아치들을 끌어모으고 과거로써 유생들을 거두어들여 권세가 하늘을 찌를 듯하므로 온 세상이 그에게로 쏠려들어가고 있습니다. 가만히 생각해 보면 사람의 간담을 서늘하게 합니다. 옛날에 제(齊)나라의 전씨(田氏)가 큰 덕(德)은 없어도 백성들에게 혜택을 베푸는 일이 있자[101] 안자(晏子)가 경공(景公)

---

101 옛날에 제(齊)나라의 전씨(田氏)가 큰 덕(德)은 없어도 백성들에게 혜택을 베푸는 일이 있자 : 제나라 때에 이자(釐子) 전걸(田乞)이 제 경공을 섬겨 대부가 되었는데, 백성들에게서 세금을 거둘 때에는 작은 말[斗]을 사용하고 창고의 곡식을 백성들에게 나누어줄 때에는 큰 말을 사용하여 백성들에게 덕(德)을 베풀어 민심을 얻었다. 안자(晏子)가 그렇게 내버려 두어서는 안 된다고 누차 간하였으나 경공은 따르지 않았다. 마침내 제나라는 전씨 집안의 후손인 전화(田和)라는 사람에게 정권을 빼앗기고 나라를 잃었다. 《사기(史記)》 권46 전경중완세가(田敬仲完世家), 《좌전(左傳)》 소공(昭公) 26년.

에게 간하기를 '대부의 집안에서 베푸는 혜택은 나라 전체에 미쳐서는 안 되고, 대부는 군주의 이익을 자신이 취하지 않는 법입니다.'라고 하였습니다.

관작과 과거를 가지고 혜택을 베푸는 것이 어찌 쌀을 나누어주며 혜택을 베푸는 것과 같겠으며, 벼슬아치와 유사(儒士)들이 귀의하는 것이 어찌 일반 백성들이 귀의하는 것과 같겠습니까. 진덕수(眞德秀)가 《대학연의》에서 말하기를 '전씨의 화근은 경공의 시대에는 그래도 막을 수가 있었지만 이미 세월이 오래 지나게 되어서는 막을 수가 없었다. 분변해야 옳은 일을 어찌 일찍 분변하지 않아서야 되겠는가.'라고 하였습니다. 아, 어찌 이것뿐이겠습니까.

이원익(李元翼)은 우리 나라의 사마광(司馬光)이며, 이덕형(李德馨)은 한결같은 마음으로 나라에 몸바친 사람이며, 심희수(沈喜壽)는 비록 대단한 재능과 덕망은 없습니다만 우뚝하게 소신을 가지고 굽히지 않은 사람이니 또한 종묘 사직에 공로가 있는 사람입니다. 그런데 이이첨이 모두 삼사(三司)를 사주하여 끊임없이 논집해서 잇따라 귀양을 보내고 내쫓게 하였습니다. 다행히 성상께서 온전하게 돌보아 주시어 금부에 내리려던 계책을 이루지 못하였을 뿐입니다.

유희분(柳希奮)과 박승종(朴承宗)은 집안을 단속하지 못하고 몸가짐을 엄하게 하지 않으니 참으로 하찮고 용렬한 자들입니다. 이이첨이 나라를 위태롭게 하고 있는 것을 보고서도, 바른 말로 논계하여 죽음을 무릅쓰고 쟁집하지 아니하니, 참으로 겁많고 나약한 자들입니다. 그러나 모두 나라의 훈척(勳戚) 중신(重臣)으로서 국가와 휴척(休戚)을 함께하고 안위(安危)를 함께할 자들입니다. 그런데 이이첨이 원수처럼 보고서 반드시 중상(中傷)을 하려고 하니, 그 의도가 흉참합니다. 그가 겉으로 화호(和好)를 하면서 혼인을 맺고자 하는 것은 어째서입니까. 그가 박승종과는 본디 혼인(婚姻)한 집안인데도 서로 잘 지내지 못하니 어찌 이익이 없다는 것을 모르겠습니까. 대개 유희분의 마음을 누그러뜨리기 위하여 도모하고 있는 것입니다. 그리고 사람들에게 자기는 권세가 없어서 유희분을 두렵게 여기고 있는 것처럼 하여 우호를 맺으려는 태도를 보이려는 것입니다. 그 계책이 참으로 교묘합니다. 옛날에 나라의 권세를 오로지 쥐려고 하는 자는 반드시 먼저 세신(世臣)과 공족(公族) 및 재능과 공덕(功德)이 자기보다 나은 자를 제거한 뒤에 감히 자기 마음대로 권세를 부렸습니다. 전항(田恒)과 조고(趙高)와 이임보(李林甫) 및 기타 소인들의 일에서 분명하게 상고할 수가 있습니다.

김제남은 반역을 한 정상이 분명하여 덮어 가릴 수가 없었으니, 하늘과 땅과 귀신과 사람이 모두 함께 죽인 자입니다. 이원익 등이 풍병이 들어 정신이 나간 사람이 아니라면 무슨 마음으로 역적을 비호하고 우리 성상을 저버리겠습니까. 이이첨 등이 호역(護逆)이라는 두 글자로 하나의 큰 그물을 만들어서, 나라에 충성하고 임금을 사랑하며 그들과 더불어 함께 악행을 저지르지 않는 자가 있는 것을 보면 이것을 가지고 때려잡았습니다. 이 이름이 한

번 더해지면 해명할 말이 없으며 벗어날 계책이 없게 됩니다. 소인(小人)이 선류(善類)를 함정에 밀어넣는 것은 그 계책을 씀이 대개 이와 같습니다. 아, 두려운 일입니다. 홍무적(洪茂績)·정택뢰(鄭澤雷)·김효성(金孝誠) 등도 이 그물에 걸려 세상에 큰 누(累)가 되었고 영원히 언로(言路)가 막혔습니다. 원이곤(元以坤)은 어떠한 사람인지는 모르겠으나, 한 세상의 기휘(忌諱)를 범하면서 남들이 함부로 말하지 못하는 것을 감히 말한 자입니다. 그러나 신이 그 상소의 사연을 보았더니, 그의 말이 처음부터 끝까지 두려움에 차 있었고 패기도 없고 정신도 나약하여, 강직한 자의 손에서 나온 것이 아닌 듯하였습니다. 더구나 '명예를 훔친 낙양의 소년'이라는 말은 길에 흘러다니는 말인데, 성상께 진달하기까지 하였으니, 그것이 이이첨이 말을 꾸며 스스로 해명을 할 기화가 된 것이 마땅합니다. 그러나 시사를 말한 초야의 사람이 형장을 받기까지 한다면 뒷날 위망이 눈앞에 닥치는 일이 있더라도 누가 목숨을 버려가면서 말을 하려고 하겠습니까. 이 때문에 언자(言者)에게 비록 광망(狂妄)한 잘못이 있더라도 성인(聖人)은 죄를 다스리지 않는 것입니다. 그런데 은대(銀臺)의 계사와 대간의 논열이 마침내 형구를 씌워 옥에 가두고 고문을 하여 형장을 받게까지 하였으니, 이것이 이임보(李林甫)가 어사(御史)에게 넌지시 일러 봉장(奉璋)을 죽이게 한 것[102]과 무엇이 다르겠습니까. 신이 이른바 후설과 이목을 맡은 관원이 모두 그의 복심이라고 한 것을 이것을 가지고 알 수가 있습니다.

그가 복심을 요직에 포진시킨 것은 어떤 방법으로 하였겠습니까. 우리 나라의 옛 전례에 당하관의 청망(淸望)은 모두 전랑(銓郎)의 손에서 나오며, 당상관의 청망도 완전히 전랑의 손에서 나오는 것은 아니더라도 전랑이 막으면 의망할 수가 없습니다. 전랑의 직임이 역시 중요하지 않습니까. 이와 같기 때문에 반드시 널리 공론을 모아서, 한 시대의 명류(名流)로서 명망과 실상을 함께 갖춘 자를 힘써 얻어서 전랑을 삼는 것입니다. 그렇게 하면 사람들이 아무도 사사로움을 부릴 수가 없는 것입니다. 그런데 박홍도(朴弘道)와 박정길(朴鼎吉)은 이이첨에게는 골육과 같은 자들이고 대엽(大燁)에게는 천륜(天倫)을 함께한 형제와 같은 자들인데, 이이첨이 이 두 사람을 전랑에 배치하였습니다. 박홍도는 조금이라도 자기의 뜻에 맞지 않으면 곧바로 물리쳤습니다. 또 그의 아들 대엽과 익엽(益燁)을 잇따라 전랑에 들어가게 하였습니다. 전랑의 중요성은 앞에서 진달한 바와 같은데, 참으로 이이첨의 골육과 같은 자 및 진짜 골육이 아니면 들어갈 수가 없습니다. 이것을 가지고 미루어 본다면 전후의 전랑들은 반드시 모두 그의 골육과 같은 자들이었을 것입니다.

박홍도와 박정길이 골육과 같고 형제와 같은데 전랑에 배치하였다는 말은 신이 지어낸 말

---

102 봉장(奉璋)을 죽이게 한 것 : 당 현종(唐玄宗) 때에 함녕 태수(咸寧太守) 조봉장(趙奉璋)이 간신 이임보의 숨겨진 악행 20조목을 찾아내어 현종에게 아뢰려고 하였는데, 이임보가 어사(御史)에게 넌지시 일러, 조봉장을 체포하여 옥에 가두고 요망한 말을 한다고 탄핵해서 죽음에 이르게 하였다. 《당서(唐書)》 권223 간신전(姦臣傳).

이 아닙니다. 이대엽이 집의로 있을 때에 올린 계사 가운데에 이러한 말이 있었으니 이는 성상께서도 보신 바입니다. 전랑들이 모두 그의 골육과 같은 자들이거나 진짜 골육이라면 전조(銓曹)가 주의(注擬)한 사람들이 모두 그의 복심이라는 것은 알기가 어렵지 않습니다. 이것을 가지고 미루어 보건대, 무릇 과거의 고관(考官)들도 또한 모두 자기의 복심으로 임 명하였을 것입니다. 관학의 유생들이 모두 그의 도당이 된 것은 어째서 그렇겠습니까. 과 거로 그들을 수합하였기 때문입니다. 황정필(黃廷弼)의 상소의 사연은 한(漢)나라 사람들이 왕망(王莽)의 공덕을 찬양한 것과 다름이 없을 듯합니다. 신은 차마 보지 못하겠습니다. 아, 이이첨의 도당이 날로 아래에서 번성하고 전하의 형세는 날로 위에서 고립되고 있으 니, 어찌 참으로 위태하지 않겠습니까. 그러나 전하를 위하여 말을 하는 자가 없습니다. 아, 우리 나라의 3백여 개의 군(郡)에 의로운 선비가 한 사람 도 없단 말입니까. 유희분과 박승종과 같은 자들은 의리상 휴척을 함께해야 하는데도 오로지 몸을 온전히 하고 처자를 보호할 마음으로, 임금의 위망을 먼 산 보듯이 보며 구제하지 아니하니, 그들이 임금을 잊 고 나라를 저버린 죄가 큽니다. 다른 사람들에게야 무엇을 기대하겠습니까. 삼가 바라건대 성상께서는 어리석은 신이 앞뒤로 올린 글을 자세히 살피시고 더욱 깊이 생각하시어, 먼저 이이첨이 위복을 멋대로 농단한 죄를 다스리시고 다음에 유희분과 박승종이 임금을 잊고 나라를 저버린 죄를 다스리소서. 그 나머지 이이첨의 복심과 도당들에 대해서는, 혹 당여 를 모조리 제거하는 율법을 시용하기도 하고 혹 위협에 못이겨 따른 자들을 용서하는 율 법을 시용하기도 하소서. 그러면 종묘 사직에 매우 다행이겠습니다. 그러나 《춘추》 전(傳) 에 이르기를 '만연되면 제거하기 어렵다.'고 하였는데, 지금 이미 만연되었으니 제거하기 가 참으로 어렵습니다. 원하건대 전하께서는 조심하고 조심하소서. 신이 비록 어리석으나 흰색과 검은 색도 분변 못하는 자는 아니니, 어찌 이런 말을 하면 앙화가 뒤따른다는 것을 모르겠습니까. 더구나 홍무적(洪茂績) 등은 이이첨의 죄상을 조금도 지적하지 않았는데도 바다 밖으로 귀양을 갔고, 원이곤(元以坤)은 과거가 공정하지 못하다고 조금 진달하였다가 화를 당하여 옥에 갇혔습니다. 신이 말한 것은 모두 선배들이 말하지 않았던 것으로서 온 나라에서 한 사람도 감히 말하지 않은 것이니, 신이 당할 앙화의 경중은 앉아서 알 수가 있습니다.

진덕수가 《대학연의》에서 말하기를 '간신(奸臣)이 나라의 권세를 독차지하려고 할 때에는 반드시 먼저 언로(言路)를 막아서 임금으로 하여금 위에서 고립되어 밖의 일을 보지 못하 게 한 뒤에 그 욕망을 멋대로 부리는 것이다. 그래서 크게는 나라를 찬탈하고 작게는 권세 를 잡고 정치를 멋대로 하여 못하는 짓이 없게 되는 것이다. 그러므로 정선(正先)이 죽자 조고(趙高)가 정치를 멋대로 하였고[103] 왕장(王章)이 죽음을 당하자 왕봉(王鳳)의 권세가 더

---

103 정선(正先)이 죽자 조고(趙高)가 정치를 멋대로 하였고 : 《한서(漢書)》 권75 경방전(京房傳)에 "정선

욱 치성해졌으며[104] 두진(杜璡)이 쫓겨나자 이임보(李林甫)가 전횡을 하였다.'[105] 라고 하였습니다. 이것은 또한 신이 평소 알고 있던 바입니다. 옛날에 일을 말하는 사람에 대해서 임금이 용납을 하고 죄를 주지 않으면 간신이 반드시 간교한 꾀로 모함을 하여, 혹 다른 일을 가지고 몰래 중상을 하여 죽이기도 하고 혹 귀양을 보내놓고는 그곳 수령을 시켜서 죽이기도 하였습니다. 이것 또한 신이 평소 염려하던 바입니다. 성인(聖人)께서 말을 공손하게 하라는 경계를 하셨고 몸을 보전하는 방도를 일렀으니, 이 뜻을 신이 또한 조금은 들었습니다. 그런데도 위태한 말을 이렇게 하는 것은 어째서이겠습니까?

신의 집안은 3대 동안 국가의 녹을 먹었고 나라의 두터운 은혜를 받았으니, 만약 나라에 위급한 일이 일어나면 국난(國難)에 달려나가 죽지 않을 수가 없습니다. 그리고 생각건대, 간신이 나라를 그르치는 것이 이러하고 나라가 위태롭기가 이러한데, 남쪽과 북쪽의 오랑캐들이 이런 틈을 타서 침입해 온다면, 비록 난리를 피하여 구차스럽게 살고자 하더라도 또한 좋은 방책이 없을 것이며 꼼짝없이 어디 도망갈 곳도 없을 것입니다. 그러니 아무 보탬도 없는 곳에서 죽는 것보다는 차라리 오늘날 전하를 위해서 죽는 것이 낫지 않겠습니까. 전하께서 신의 말을 옳게 여기신다면 종묘 사직의 복이요 백성들의 다행일 것이며, 비록 옳지 않다고 여기시어 신이 죽게 되더라도 사책(史冊)에는 빛이 나게 될 것입니다. 신은 깊이 생각하였습니다. 다만 신에게는 노쇠하고 병든 늙은 아비가 있는데, 이 상소를 올리는 신을 민망하게 여겨서 온갖 말로 중지시키려고 하였습니다. 신이, 죽기는 마찬가지라는 이치를 위에서 말한 바와 같이 자세히 말씀을 드리고 또한 임금과 신하 사이의 큰 의리에 대해서 말씀을 드렸습니다. 신의 아비는 금지시키고자 하면 나라를 저버리게 될까 염려되고 그대로 들어주자니 아들이 죽음으로 나아가는 것이 불쌍하여 우두커니 앉아서 아무 말도 하지 않았습니다. 신이 상소를 올림에 미쳐서는 신의 손을 잡고 눈물을 흘리며 오열하였습니다. 신이 비록 용감하게 결단을 내리기는 하였으나 이러한 지경에 이르고 보니 어찌 마음이 아프지 않겠습니까. 삼가 바라건대 인자하신 성상께서는 비록 신에게는 무거운 벌을 내리시더라도 신의 늙은 아비에게까지는 미치지 않도록 하시어, 길이 천하 후세의 충신과 효자들의 귀감이 되게 하소서. 참으로 피눈물을 흘리며 간절하게 바라는

(正先)은 진(秦)나라 때의 박사(博士)로서 조고(趙高)의 전횡을 비판하다가 죽었다."고 하였다.

104 왕장(王章)이 죽음을 당하자 왕봉(王鳳)의 권세가 더욱 치성해졌으며 : 《한서(漢書)》 권76 왕장전(王章傳)에 "경조윤(京兆尹) 왕장(王章)은 성품이 강직하고 바른 말을 잘하였는데, 왕봉(王鳳)의 전횡을 비판하며 글을 올려, '일식(日食)의 재변은 왕봉이 정권을 독차지하고 임금의 이목을 가리고 있기 때문에 일어난 것이다.'라고 하였다가, 결국 왕봉에 의해 역적으로 몰려 옥중에서 죽었다."고 하였다.

105 두진(杜璡)이 쫓겨나자 이임보(李林甫)가 전횡을 하였다.' : 《당서(唐書)》 권223 열전(列傳) 간신(姦臣)에 "이임보(李林甫)가 전횡을 할 때에 보궐(補闕) 두진(杜璡)이 거듭 글을 올려 정치에 대해서 간쟁하였는데, 곧바로 이임보에 의하여 지방관으로 좌천되었다. 이로부터 간쟁하는 일이 끊기게 되었다."고 하였다. 이런 내용들은 모두 《대학연의》에 편집되어 있다.

바입니다. 신이 진달할 말은 이것뿐만이 아니나 글로는 뜻을 다 말씀드리지 못하여 만분의 일이나마 아뢰는 바입니다. 전하께서 왕좌에 계시면서 조용한 시간에 《대학연의》의 변인재(辨人才) 등의 조항을 가져다가 마음을 비우고 자세히 읽어보시면 군자와 소인의 정상에 대해서 더욱 분명하게 아실 수 있을 것입니다. 신이 조정의 격례(格例)를 알지 못하여 말이 대부분 차서가 없으니 황공하여 몸둘 바를 모르겠습니다. 삼가 죽음을 무릅쓰고 아룁니다."하였다. 그 뒤에 양사의 합계에 대하여 전교하기를, "윤선도를 외딴 섬에 안치(安置)하라. 윤유기(尹惟幾)는 윤선도와는 전혀 다르니 단지 관작을 삭탈하기만 하여 시골로 내려보내라."

제16대 인조(1623~1649)

대신으로 하여금 인재를 천거하게 하다

인조실록 10권, 인조 3년 9월 26일 신미 2번째기사
1625년 명 천계(天啓) 5년

상이 하교하였다. "어진 이를 구할 때는 수고롭지만 인재에게 관직을 맡긴 다음에는 편안하다는 말이 있고, 또 대신은 인재를 추천하여 임금을 섬기는 사람이라는 말도 있으니, 대신의 직책이 어찌 준걸스럽고 어진 인재를 등용하는 데 있지 않겠으며 나라를 다스리는 방법이 어찌 선인과 간인을 변별하는 데 있지 않겠는가. 내가 용렬한 자질로 지식이 없어서 사람을 진퇴시키고 취사할 즈음에 일마다 사의(事宜)에 어긋나는 것을 면치 못하고 있으니 국사가 날로 그릇되고 창생이 곤핍해지는 이유가 진실로 여기에 있다. 대신으로 하여금 다소에 구애되지 말고 각자 재능과 덕망이 있는 선비를 천거하여 등용시킴으로써 시대의 어려움을 구제토록 하라."

예조 판서 조익이 인재 등용에 대해 아뢰다

인조실록 29권, 인조 12년 1월 23일 경술 1번째기사
1634년 명 숭정(崇禎) 7년

예조 판서 조익(趙翼)이 상차하기를, "신은 듣건대 나라를 다스리는 도리는 인재를 얻는 것이 중요하다고 합니다. 비록 요·순 같은 성인도 지치를 이룩할 수 있었던 것은 오직 많은 현재가 반열에 있었기 때문일 뿐입니다. 옛날에는 선비를 교육시키는 법이 매우 갖추어져서 천하의 선비들로 하여금 모두 학교에 나아가 배우게 하였는데, 거기에서 가르치는 것은 육덕(六德)·육행(六行)·육례(六禮)와 궁리(窮理)·정심(正心)·수기(修己)·치인(治人)하는 도리였습니다. 그러므로 당시의 선비들은 배우지 않은 사람이 없었고, 배운 자들은 모두가 의리에 대해서 환히 알고 있으며, 그 의리를 실행하는 데에 돈독하였습니다. 후세에는 선왕(先王)이 인재를 교육시키던 정사를 행하지 않았지만, 옛 성현이 교육시키고 학문하던 법

이 그래도 남아 있으니, 바로 사서 오경이 그것입니다. 그렇다면 성현의 사업에 뜻을 갖는 자들은 의당 이것을 배워 성현의 마음과 의리의 진실을 알아야 하고, 또한 반드시 자신에 돌이켜 실천의 효과를 구해야 합니다. 만일 그 문장만을 외우고 그 뜻을 생각하지 않는다 면 이것은 구하는 것이 단지 구두(口頭)일 뿐으로, 어떻게 의리에 대해서 알 수 있으며 몸 소 실행하는 데에 얻는 것이 있겠습니까. 국가에서 선비를 뽑는 법에 있어서 사서 삼경으 로 규정을 삼고 있어 선비로서 과거에 응시하는 자들이 모두 힘껏 외워 익히고 있으니, 이 선발에 합격한 자들은 경서의 뜻에 대해서 환히 알고 있어야 합니다. 그러나 현재 강경 (講經)으로 과거에 급제한 자들을 보건대, 대부분 용렬하고 비루하여 오히려 사장(詞章)으 로 급제한 자들보다 못하니, 이것은 무엇 때문이겠습니까. 과거 보일 때 강경하는 데 있어 서 배강(背講)하는 것으로 규칙을 삼고 있는데, 외우는 자들이 한 자라도 잘못 외우거나 토와 해석이 현재의 인본(印本)과 틀리는 것이 있으면 모두 낙제시킵니다. 대체로 글이란 뜻이 중요한 것이고 글자는 중요치 않은 것으로서, 진정 그 뜻을 환히 알고 있으면 글자에 대해 기억하고 있는 것이 더러 틀리는 데가 있더라도 해로울 것이 없습니다. 그런데 지금 은 그렇지 않아, 힘을 다하여 익히는 자들이 단지 음(音)이나 토만을 입에 익숙하게 하려고 할 뿐이어서 항상 글자 하나, 토 한 구절이 틀리는 데가 있을까 염려하고 있으니, 그들이 어떻게 의미를 알 수 있겠습니까. 선비들이 익히고 있는 것이 이러하니 세상에 인재가 없 는 것이 당연하고, 국가에서 인재를 뽑는 것이 이와 같으니 선치(善治)의 시대가 되기 어려 운 것이 당연합니다. 지금 경술(經術)이 흥행되고 인재가 많이 나오게 하려면 이러한 과거 의 법을 변경하여야 합니다.

신은 삼가 생각하건대, 대소과(大小科)의 시험에는 모두 강경하게 하고 정시(庭試)와 알성 시(謁聖試) 및 불시에 약간 명을 뽑는 경우에는 간혹 강경을 제외하며, 그 밖의 별시(別試)· 증광시(增廣試) 같은 것은 모두 강경을 두고, 강하는 서책은 모두 임강(臨講)하되, 오로지 읽는 데에 서툴고 익숙한 것을 살피고 그 뜻의 소재를 물어보아 익숙하게 읽고 뜻을 환히 통한 자들을 뽑고, 토와 해석에 있어서는 현재 사용하고 있는 인본(印本)과 틀리는 것이 더러 있더라도 문리(文理)만 통하면 모두 배척하지 말아야 한다고 여깁니다. 이처럼 하면 선비들이 모두가 경학(經學)으로 선비가 되고 경학을 하는 자들은 반드시 그 뜻을 알려고 할 것입니다. 그리고 후대의 서책으로는《근사록(近思錄)》만이 가장 순수하고 바른 것으로 서 초학자들로 하여금 학문의 방향을 알게 하는 것이 이 책보다 더 절실한 것은 없습니다. 그러므로 신은 사서 삼경 이외에 이 책을 추가해서 시험보이는 것이 좋다고 여겨집니다. 신은 전에도 우리 나라 인재들이 배강하는 법에 얽매여 경전의 뜻에 대해서 연구하는 마 음을 갖지 못하고, 성현의 학문이 세상에 밝혀지지 못하는 것에 대해서 탄식하며, 늘 변통 하고자 하는 마음을 가졌습니다. 그런데 지금 예관(禮官)의 자리에 있게 되었으므로 감히 어리석은 소견을 진달합니다." 하니, 답하기를, "차자를 보고 잘 알았다. 차자로 진달한 일은 대신들과 의논하여 처리하겠다." 하였다. 대신이 아뢰기를, "국조(國朝)에서 배강하는 법을 설치한 것이 그 유래가 오래 되었습니다. 그리고 경서를 환히 알고 행실을 수련한 선비들도 대부분 이것으로 말미암아 나왔습니다. 그렇다면 법을 설치한 본의가 어찌 구두만을 외우고 문장의 뜻을 모르게 하려는 것이겠습니까. 지금 조익이 그 폐단을 바로잡으려 하여 임강(臨講)하는 법을 시행하기를 청했는데, 그가 선비를 조성하는 방도에 있어 그 요점을 깊이 알고 있다고 할 만합니다. 그러나 임강하는 데 있어서는 정해진 법이 없고 또 정해진 형식도 없습니다. 더구나 말세에는 사사로움이 우세하고 말이 많은데, 유사들이 멋대로 생(栍)을 높이거나 낮추어서 자기들이 좋아하고 싫어하는 것에 따라서 뽑는다면, 그 폐단을 바로잡으려던 것이 다만 훗날의 끝없는 폐단을 열어놓게 될 뿐입니다. 그리고 사서 삼경을 시험보이는 것도 과다하다고 염려되는데, 《근사록》을 추가해서 시험보이는 것은 어려운 일인 듯합니다. 신의 생각으로는 배강하는 규례를 그대로 두고 문장의 뜻을 환히 통한 자들을 뽑는다면 오늘날의 폐단을 구제할 수 있고 선왕(先王)의 법에 위배되지 않을 듯싶습니다."

제17대 효종(1649~1659)

치국과 시폐에 대한 정언 이경억의 상소문

효종실록 12권, 효종 5년 6월 14일 임신 5번째기사 1654년 청 순치(順治) 11년

정언 이경억(李慶億)이 상소하였는데, 그 대략에, "아, 전하께서 좋은 정치를 할 수 있는 자질로 어렵고 큰 왕업(王業)을 계승하여 밤낮 걱정하고 애쓰면서 정신을 가다듬어 다스리기를 꾀한 지 이제 6년이 되었습니다. 따라서 당연히 정사는 이루어지고 다스림은 훌륭하여 국가에는 공고한 세력이 있고 백성은 편안한 즐거움이 있어야 할 것입니다. 그런데 어찌하여 한결같이 거조(舉措)는 사람들의 마음에 만족스럽지 못하고 시행하는 일은 걸핏하면 견제를 당합니까. 기강이 퇴폐하면 전하께서 엄한 형벌로 진작시키려 해도 법령이 오히려 행해지지 않기도 하고, 조정이 갈라지면 전하께서 언성과 노여운 빛으로 제지하려 해도 붕당(朋黨)을 끝내 깨뜨리지 못할 것입니다. 현준(賢俊)을 부르시면서도 통제할 뜻만 두실 뿐 정성과 예우에 부족한 점이 있고 뭇 관원을 경계하여 권장할 때에도 일을 미리 억측하여 정지(情志)가 매번 미덥지 않은 걱정이 있습니다. 상을 주고 형벌을 가하는 것은 임금이 하늘을 법으로 삼아 세상을 격려하는 것인데, 전하께서는 간혹 한 때의 기쁨과 노여움으로 상벌 사이에 사정(私情)을 두십니다. 대간이 '죄를 줘야 한다.'고 하는데도 전하께서는 반드시 법을 굽혀 용서해 주며, 좌우의 대부들이 모두 '불가하다.'고 하는데도 전하께서는 반드시 죄를 주니, 이와 같은 기상은 자못 대성인의 중화(中和)가 되는 덕이 아닙니다. 학문이 귀한 것은 곧 기질을 바로잡고 덕성을 함양하여 뜻은 성실하고 마음은 바르게 하도록 하려는 것인데, 전하의 강학(講學)은 일찍이 성심으로 도(道)를 구하여 신심(身心)에 체험하지 않고 단지 넘치게 섭렵하려는 것이었을 뿐입니다. 연신(筵臣)이 진강하는 것도 장구(章句)의 구두를 떼는 데 지나지 않았을 따름입니다. 이러므로 사업에 시행한 것이 거의 대부분 형식적인 것이 되어 규모가 정해지지 않고 요령이 잡히지 않으니, 다스리기를 꾀함이 더욱 간절해질수록 효과를 얻기는 더욱 멀어지는 것입니다. 우선 요즈음의 일로써 말하겠습니다. 전하께서 학교를 흥기시키고자 교수(敎授)를 두었던 것인데, 해조(該曹)의 절목(節目)은 합당하지 못한 것이 많고 교양(敎養)하는 관원을 다 알맞은 사람으로 고르지 못하였으며, 유생(儒生)이 재사(齋舍)를 지키는 것은 한 해에 겨우 한 번으로 명부를 조사하여 번(番)을 나누어 하니 입역(立役)하는 것과 동일하게 되었습니다. 인재를 만드는 데에 근본이 망하여 일이 겉치레로 돌아갔으니 실효를 바라기 어렵습니다. 군대를 다스리는 것은 일이

닥치기 전에 미리 대비하기 위해서인데, 군제(軍制)는 엉성하고 폐습은 깊은 고질이 되어 지방의 속오(束伍)에 대하여 잡역(雜役)을 면제하고 보인(保人)을 지급하는 규정이 없어서 아침에 편성해도 저녁에는 흩어져버리는 걱정이 있습니다. 지방의 군대를 다스리는 직임은 반드시 적임자가 아니고 훈련하는 방법은 전혀 착실함이 없으니, 만일 위급함이 있어도 전혀 힘을 얻을 수가 없습니다. 아, 문무(文武)의 도야말로 국가를 경륜하여 영원히 오랫동안 편안하게 할 수 있는 방법입니다. 그러나 형식적으로 아무리 부지런히 하더라도 실제 효과가 전혀 없다면 교화가 무엇으로부터 일어날 것이며 국세(國勢)가 무엇을 의지하여 떨치겠습니까. 또 생각하건대 시대에는 편안하고 위태로운 때가 있으며 일에는 느슨하고 급한 것이 있는데, 군정(軍政)은 오늘날 더욱 급한 일입니다. 지금의 이변이 어떤 일의 보응인지는 모르겠습니다마는 옛부터 음한(陰寒)의 재이(災異)가 내리는 것은 대부분 전쟁의 조짐이었습니다. 그런데 무비(武備)가 허술한 점은 제도(諸道)가 똑같고 간성(干城)을 부탁할 사람이 내외에 없으니, 이는 식자만이 섬뜩하여 한심스럽게 여기는 것이 아닙니다. 신처럼 보잘것없는 서생이야 군대의 일을 알지 못해 그 폐단을 바루는 대책을 실상 깜깜하게 모릅니다마는, 그 본말(本末)의 차례를 미루어 보면 병세(兵勢)를 경장(更張)하는 일을 가장 먼저 해야 할 것입니다. 바라건대 성상께서는 빨리 묘당으로 하여금 널리 의논하고 익히 강구하여 형편대로 변통할 계책을 구하게 하소서. 충성스런 사람을 구하여 보필하게 하고 어진 이를 천거하여 보좌하게 하는 것이야말로 나라를 다스리는 자가 가장 먼저 해야 할 일입니다. 더구나 재이(災異)를 만나 수성(修省)해야 할 때를 당하여 준량(俊良)한 인재를 높이 등용하고 함께 어려움을 구제하는 일을 어찌 조금이라도 늦출 수 있겠습니까. 하늘이 한 시대의 인재를 내어 스스로 한 시대의 일을 충분히 감당케 하는 것이니, 재야(在野)에 어찌 재주와 덕을 가지고서 시대의 수용(需用)을 기다리는 사람이 없겠습니까. 전하께서 진실로 큰뜻을 굳게 정하여 지성으로 널리 구하면 필시 나와서 세상의 쓰임이 되어 쌓은 것을 펼칠 사람이 있을 것입니다. 전년의 천거하는 법은 애초에 범연한 것이 아니었는데 용잡(冗雜)한 자가 많이 끼어들어 곧바로 다시 중지해버려 끝내 허문(虛文)으로 돌아감을 면하지 못하였으니, 어찌 애석한 마음을 금할 수 있겠습니까. 바라건대 성상께서는 특별히 묘당과 전조(銓曹)로 하여금 함께 의논하여 천거하게 하고 재주를 헤아려 직무를 주되 그 가운데 재덕(才德)이 출중하여 큰일을 맡길 만한 사람은 차례를 따지지 말고 벼슬을 올려주어 국사를 도모하게 하소서. 이 어찌 급급히 해야 할 일이 아니겠습니까. 한 사나이가 원한을 품어도 재이가 오는 법입니다. 중외의 옥송(獄訟)이 판결되지 않고 지연된 자와 전후 조신(朝臣)으로서 죄를 입은 자에게 특별히 큰 사면(赦免)을 내리는 은전(恩典)을 베풀어 상례(常例)에 얽매이지 말고 모두 석방하게 하면, 이 한 가지 일만으로도 화기(和氣)를 부를 수 있습니다. 바라건대 성상께서는 역시 묘당과 해부(該府)로 하여금 이리저리 의논하여 품처(稟處)하게 하소서. 그러면 거의 수신하고 반성하는 방도에 도움이 있을 것입니다. 옛말에 '사치의 해로움은 수재와 한재보다 심하다.' 하였습니다. 근래 여염(閭閻) 사이에 사치하는 풍습이 이루어져서 날마다 하루가 다르게 심해지는데, 신은 아마도 전하께서 몸소 검소한 덕을 밝혀 온 나라를 이끌지 못하여 그렇다고 생각합니다. 공주의 저택은 본래 국가에서 정한 제도가 있습니다. 그런데 새로 지은 공주의 집이 비할 데 없이 크고 화려하며 제도에 넘은 것이 너무나 심한데도 또 증건(增建)하라는 명이 있었다고 합니다. 전파되는 이야기를 다 믿을 수는 없지만 혹시라도 정말 그러하다면 자못 성명(聖明)께 바라는 바가 아닙니다. 또 옛날의 임금이 몸소 어려움을 실천하여 얼음을 끼고 불을 잡는 뜻을 가진 경우[106]도 있었는데, 그런 임금은 필시 이런 따위의 일에는 유념하지 않았을 것입니다. 신은 이에 더욱 개연(慨然)함을 금하지 못하겠습니다." 하니, 답하기를, "말이 몹시 간절하고 정직하여 매우 가상하다. 조목조목 나열한 일은 비국으로 하여금 의논하여 시행하도록 하겠다. 공주의 집에 대해서는 이 소사(疏辭)를 보고 나도 모르게 깜짝 놀랐다. 즉시 철회하도록 하겠다."

---

106 얼음을 끼고 불을 잡는 뜻을 가진 경우 : 스스로 각고(刻苦)하여 면려(勉勵)한 월(越)나라 구천(句踐)의 고사. 《오월춘추(吳越春秋)》 구천귀국외전(句踐歸國外傳).

제18대 현종(1659~1674)

왕세자가 즉위하고 팔방에 교시를 반포하다

현종실록 1권, 현종 즉위년 5월 9일 기사 3번째기사

1659년 청 순치(順治) 16년

왕세자가 면복(冕服)을 갖추고 인정문에서 즉위하였다. 백관의 하례를 받은 다음 대사면령을 내리고 이어 팔방에 교시를 반포하였다. "왕은 이르노라. 하늘이 이 큰 상사를 내려 바야흐로 혹독한 벌을 받고 있는데, 내 뭇 신하들 청에 못이겨 이 거대한 기업을 이어받기로 한 것이다. 애통한 마음 이토록 더해 가지만 울부짖은들 무슨 소용이 있겠는가. 우리 대행대왕께서는 대순(大舜) 같은 성스러움과 효도로써 문왕(文王)과 같은 큰 모훈을 이어받으셨다. 서로 전수한 것이 정일(精一)이어서 위대한 덕이 상제를 짝하기에 충분하였고, 억조창생의 추대 속에 더할 수 없는 은택이 하민들에게 골고루 미쳐 갔으며, 하늘을 공경하는 마음으로 수성(修省)의 방법을 다했기에 때맞게 비가 오고 날이 개었고, 현자를 예우하는 뜻에서 많은 인재를 등용하였기에 초야에 숨어 있는 선비가 없었다. 자리에 올라 나라를 다스리기 10년 동안에 훌륭한 삼대(三代) 시절이 다시 돌아오는가 싶었던 것이다. 하늘이 말없이 도우셔 해묵은 병환이 나아 기뻤으며, 나라 다스릴 조건이 모두 갖추어져 무엇인가 크게 이룰 뜻을 더욱 굳히기도 하였는데, 대수롭잖은 병이 다시 더쳐서 끝내 위독한 상태까지 되실 것을 어찌 알았으랴. 이 소자가 하늘의 도움을 받지 못하여 대신 죽기를 원하는 마음만 간절했을 뿐이었고, 뭇 생령들은 복이 없어 갑자기 황고를 잃은 슬픔에 휘감기고 말았도다. 허둥지둥 어디선가 찾아보려고 옥궤(玉几)를 받들어도 소용이 없고, 아련히 보이는 듯하여 유궁(遺弓)을 안아보았으나 이 몸 의지할 곳이 없도다. 이 침괴(枕塊)의 때를 당하여 어떻게 편안히 천조(踐祚)의 예를 거행하랴. 억제하기 어려운 이 벅찬 슬픔에 유모(孺慕)의 정이 더욱 깊어만 가고 있으나, 자리를 오래 비워서는 안 된다고 신민들이 놔두지 않으니 이를 어쩌랴. 이에 자전의 뜻에 따르고 또 옛 법도를 따라 이해 5월 9일을 기하여 인정문에서 즉위하였다. 그리고 자의 왕대비 조씨(趙氏)를 높이 받들어 대왕 대비로 올려 모시고 왕비 장씨(張氏)를 왕대비로 모셨으며, 빈(嬪) 김씨(金氏)를 왕비로 올려 봉하였다. 펼쳐진 욕의(縟儀)를 놀란 마음으로 바라볼 때 오늘 아침의 하례를 어찌 차마 받으랴. 문안을 드릴래야 길이 없으니 피눈물로 울부짖는다. 내 무슨 마음으로 병풍을 등지고 앉아 있

는지, 몸을 만지며 두려움만 느끼는 것이다. 아, 조종조 유업을 떨어뜨릴까 염려되니 어찌 감히 황음과 안일을 취하랴. 이 뇌우(雷雨)의 은총을 펴노니 새 출발에 모두 동참하라."

시독관 이민서가 향천은 전조가 전혀 쓰지 않은 것에 대해 아뢰다

현종실록 3권, 현종 1년 11월 11일 임술 1번째기사
1660년 청 순치(順治) 17년

상이 편전에 나아가 경연을 열었다. 시독관 이민서(李敏叙)가 아뢰기를, "인재가 어찌 중앙과 지방이 다름이 있겠습니까. 그런데도 향천(鄕薦)은 전조가 전혀 쓰지 않고, 태학(太學)의 공천(公薦)도 수망(首望)만을 쓰니 매우 마땅치 않습니다. 앞으로 대정(大政)이 멀지 않았으니 미리 분부하여 기한 안에 인재를 추천토록 하는 것이 어떻겠습니까?" 하니, 홍명하가 아뢰기를, "이것도 일률적으로 논할 수는 없습니다. 이른바 향천이란 것도 한결같이 공의만을 따른 것이 아니어서 천거된 자가 적격자가 아닌 경우가 많습니다. 그러므로 이후원(李厚源)이 전조의 장이 되었을 때 계품하여 등용하지 않은 것입니다." 하고, 민서가 아뢰기를, "선조조에는 호남과 영남 인물들이 조정에 늘어섰기 때문에 세상에서 영호남을 인재의 부고(府庫)라고들 하였는데 지금은 영호남 사람들로 조정에 있는 자가 매우 적으니 이렇게 매몰시켜서는 안 됩니다." 하니, 상이 이르기를, "수령 단독으로 추천할 것은 없고 감사가 각각 5인씩 추천하는 것이 가하다."

제19대 숙종(1674~1720)

인재 등용시 외방 관리들의 폐단에 대한 집의 권기의 상소문

숙종실록 23권, 숙종 17년 2월 22일 무인 2번째기사
1691년 청 강희(康熙) 30년

집의(執義) 권기(權愭)가 상소(上疏)하기를, "사람을 등용하는 방도에는 요행의 문이 크게 열리고, 선거(選擧)하는 법에는 사정을 따르는 것을 부끄럽게 여기지 않는데, 외방의 고을들이 더욱 심합니다. 정령(政令)·형옥(刑獄)은 사의(私意)가 아닌 것이 없어서 서리(胥吏)의 농간을 수령(守令)이 모르고, 이를 알아도 혹 사사로이 용서하며, 수령의 불법을 감사(監司)가 모르고, 이를 알아도 혹 사사로이 칭찬하는데, 대간(臺諫)이 글을 올려 탄핵하는 것은 겉치례에 지나지 않을 뿐입니다. 그렇기는 하나, 신이 크게 근심하는 것은 전하께서 출치(出治)하시는 근원에 미진한 것이 있을까 염려되는 것일 뿐입니다. 출치의 큰 근원이라는 것은 인심(仁心)·인문(仁聞)을 말하는 것에 지나지 않을 뿐인데, 전하께서 즉위하신 수십 년 동안에 조정(朝廷)에서 쟁집(爭執)한 것은 누구를 귀양보내고 누구를 극형하는 것에 지나지 않을 뿐이었습니다. 그래서 드디어 전하의 인심에 미진한 것이 있고 인문에 휴흠(虧欠)이 있게 하였다면, 이것이 어찌 지금 크게 경동(警動)하여 변화하여야 할 데가 아니겠습니까? 근래에 혹 말 때문에 매우 배척당한 자가 있는데, 신은 그 전말을 잘 모르기는 하나, 신하의 진언(進言) 때문에 갑자기 진노하시는 것은 대저 지나친 일이니, 신은 애석하게 여깁니다."

하니, 임금이 답하기를, "진언한 정성을 내가 아름답게 여긴다."

인재 등용에 신중할 것을 교시하다

숙종실록 6권, 숙종 3년 10월 19일 계해 3번째기사
1677년 청 강희(康熙) 16년

주강(晝講)에 나아갔다. 임금이 말하기를, "나라의 평안과 위태로움은 임금이 사람을 등용하는 여하에 달려 있다. 그러므로 《강목(綱目)》의 상서(上書)에서는 진(秦)나라 군사가 이목(李牧)을 만났으나, 도리어 하서(下書)에서는 조(趙)나라에서 이목을 죽였는데, 다음해 계서(繼書)에서는 조나라가 멸망하였다. 이로써 보면 나라의 평안하고 위태로움은 사람을 등용하는 데에 달려 있으니, 삼가지 않을 수 있겠는가?"

대신과 비국의 재신들을 인견하여 조정의 안정, 인재 등용 등을 논의하다

숙종실록 22권, 숙종 16년 1월 3일 을미 1번째기사
1690년 청 강희(康熙) 29년

대신(大臣)과 비국(備局)[107]의 재신(宰臣)들을 인견(引見)하였다. 임금이 신하들에게 말하기를, "두표(斗杓)[108]가 돌아 봄이 되어 물건들이 새로와지므로, 사람의 일도 이것을 몸받아 옛것을 버리고 새것을 좇아야 하는데, 임금의 한 마음은 만물이 화육(化育)되는 근원이니, 위에 있는 사람으로서 위에서 건극(建極)[109]하여 모범이 되어 뭇 신하를 이끌어야 할 것이다. 이것은 내가 염려하여야 할 것이나, 위아래가 서로 덕을 닦는 도리도 신하들에게 바라는 것이 있는데, 지난번에 비망기(備忘記)를 내린 뜻은 우연한 것이 아니니, 반드시 이 뜻을 몸받아 처음부터 끝까지 한결같이 하면, 유위(有爲)할 수 있을 것이다. 조정(朝廷)은 사방의 표준이므로, 조정이 바르고서야 백관(百官)이 바르고 백관이 바르고서야 사방이 바른 것인데, 지난번 조정의 논의가 삼분 오열(三分五裂)하여 사당(私黨)을 심는 데에만 힘써서 나라의 일이 날로 그릇되었으니, 이것은 참으로 경계하여야 할 것이다. 또 《서경(書經)》에, '백성은 나라의 근본이니, 근본이 굳어야 나라가 편안하다.'하고, 또 '여름에 덥고 비가 오면 소민(小民)이 원망하고 한탄하며, 겨울에 몹시 추워도 원망하고 한탄한다.' 하였으니, 나라를 다스리는 도리로 말하면 어찌 소민을 회유하고 보전하는 일을 소홀히 하겠는가? 이 양

---

107 비국(備局) : 비변사(備邊司)의 별칭.
108 두표(斗杓) : 북두 칠성의 제5성에서 제7성까지를 말함.
109 건극(建極) : 임금이 나라의 근본 법칙을 세워 다스림.

기(陽氣)를 나타내는 때에 풀과 나무가 모두 살아 나서 모두 기쁜 뜻이 있는데, 가엾은 우리 소민만이 혜택을 입지 못하니, 백성을 보전하는 방책이 더욱 오늘날의 급한 일이고 마땅히 강구하여야 할 것이다." 하였는데, 신하들이 각각 궁금(宮禁)을 엄하게 하고, 사경(私逕)[110]을 막고, 인재를 구하고, 수령(守令)을 가려 써야 한다는 등의 말로 대답하니, 임금이 다 받아 들였다. 병조 참판(兵曹參判) 이집(李鏶)이 말하기를, "한 번 만과(萬科)를 설행(設行)한 뒤로부터 사대부(士大夫)의 자손은 다 무업(武業)을 일삼는 것을 부끄럽게 여기니, 이때문에 무사(武士)에는 인재가 모자랍니다. 전에 유혁연(柳赫然)이 건백(建白)하여 사대부의 자제를 위하여 청(廳)을 설치하여 무업을 권하였는데, 근래의 무사 가운데에서 이름이 있는 자는 다 그때 권무 군관(勸武軍官) 가운데에 있던 사람이니, 이제 다시 청을 설치하여 각별히 무업을 권하는 곳으로 삼는 것이 좋을 듯합니다." 하니, 임금이 말하기를, "신하가 충성을 다하는 데에는 문무(文武)가 다를 것이 없는데, 근래의 무과 방목(武科榜目) 가운데에는 사대부의 자손으로서 참여된 자가 아주 없으니, 사족(士族)이 무업(武業)을 일삼지 않는 것을 여기에서 알 수 있다. 청을 두어 무업을 권하는 것이 마땅하다."

하였다. 영의정(領議政) 권대운(權大運)이 말하기를, "낙안(樂安)의 사인(士人) 이두광(李斗光)이 효종(孝宗)·현종(顯宗)·명성 왕후(明聖王后)[111]·인경 왕후(仁敬王后)[112]의 행장(行狀)·지문(誌文)을 고쳐 지어야 한다고 상소(上疏)하여, 비국(備局)에 계하(啓下)하셨는데, 송시열(宋時烈)·김석주(金錫胄)의 무필(誣筆)[113]은 그대로 둘 수 없으며, 외의(外議)도 모두 고쳐야 한다고 합니다." 하고, 좌의정(左議政) 목내선(睦來善)도 이어서 고쳐야 한다고 말하였다. 이조 판서(吏曹判書) 유명천(柳命天)은 말하기를, "행장은 진실로 고쳐야 마땅하나, 지문은 이미 능소(陵所)에 매안(埋安)하였으므로 경솔히 의논하기 어려울 듯합니다." 하고, 이조 참판(吏曹參判) 권유(權愈)는 말하기를, "그 지문을 보면 여느 지문의 체재와 크게 다르니, 그때 지은 자가 반드시 그 흉억(胸臆)을 풀려고 한 것입니다. 역적을 토벌한 일까지 실었는데, 이것이 어찌 지문에 실릴 수 있겠습니까? 그대로 둘 수가 없습니다." 하자, 임금이 말하기를, "행장은 이미 무필이므로 결코 그대로 둘 수 없으나, 지문은 능소에 매안하였으니, 어떻게 하면 마땅하겠는가?" 하였는데, 권대운이 옛 지문을 그대로 두고 새 지문을 또 묻기를 청하고, 유명천은 말하기를, "사체(事體)가 매우 중대하여 갑자기 처치할 수 없으니, 유신(儒臣)에게 물어 널리 고례(古例)를 살펴서 처치하소서." 하니, 임금이 행장은 고쳐 짓고 지문의 일은 유신에게 묻도록 명하였다. 임금이 또 말하기를, "노이익(盧以益)이 상소한 일은 어떻게 처치할 것인가?" 하였는데, 권대운이 말하기를, "사체가 중대하니, 2품(品) 이상

---

110 사경(私逕) : 사사롭게 청탁하는 길.
111 명성왕후(明聖王后) : 현종의 비(妃) 김씨(金氏).
112 인경 왕후(仁敬王后) : 숙종의 비 김씨.
113 무필(誣筆) : 거짓으로 지은 글.

과 삼사(三司)의 신하들로 하여금 모여서 의논하여 처치하게 하여야 하겠습니다." 하고, 목내선은 말하기를, "지난번에 조정에서 윤하제(尹夏濟)에게 물었더니, 또한 들었다고 하셨습니다. 그 말이 거짓말이 아님을 알 수 있는데, 이 말을 끝내 명확하게 분변(分辨)하지 않고 사책(史冊)에 그대로 둔다면, 신하의 통박(痛迫)함이 어찌 끝이 있겠습니까? 과연 있다면 고치지 않을 수 없으나, 사체가 매우 중대하니, 2품 이상과 삼사 및 외방(外方)에 있는 원임 대신(原任大臣)에게 모두 물으셔야 하겠습니다." 하니, 임금이 말하기를, "2품 이상과 삼사의 신하들을 패초(牌招)[114] 하여 수의(收議)하고, 사관(史官)을 보내어 외방에 있는 원임 대신에게 물어서 처치하라." 하였다. 형조 판서(刑曹判書) 윤이제(尹以濟)가 유두임(柳斗任)의 옥사(獄事)를 품의(稟議)하자, 임금이 말하기를, "문안(文案)을 보면 이상(李翔)처럼 지극히 흉악한 자가 없다. 그 용의(用意)가 불측한데 이상이 살게 된다면, 실형(失刑)이 클 것이다. 유두임이 승복하지 않더라도 이상은 살릴 만한 도리가 아주 없다." 하였는데, 권대운이 말하기를, "이상이 살게 되면 호서(湖西)의 인심을 잃게 될 것이니, 죽이지 않을 수 없습니다." 하니, 임금이 유두임을 금부(禁府)로 옮겨 보내어 삼성(三省)[115]에서 설국(設鞫)하도록 명하였다. 신하들이 물러가려 할 때에 임금이 머물게 하고 이어서 이르기를, "옛사람의 말에 '대비가 있으면 근심이 없다.' 하고, '안락할 때에 위태함을 생각한다.' 한 것이 있는데, 이것은 다 격언(格言)이다. 요즈음 듣건대, 태극 달자(太極㺚子)는 병세(兵勢)가 매우 크므로 몇 해 못가서 중국이 크게 어지러워질 것이라 한다. 저들이 만약 쫓긴다면 반드시 영고탑(寧古塔)으로 돌아갈 것인데, 영고탑으로 돌아가고 나면 함관(咸關) 이북은 우리의 소유가 아니니, 어찌 크게 근심할 만한 것이 아니겠는가? 이 한가한 때에 음우(陰雨)의 대비를 익히 강구하지 않을 수 없다." 하였는데, 권대운·목내선 등이 갑자기 상교(上敎)를 받고 망연하여 대답할 바를 몰라서, 다만 말하기를, "성상께서 음우(陰雨)의 대비를 염려하시니, 이는 참으로 끝없는 복입니다." 하니, 임금이 말하기를, "평시에 군사를 훈련하는 것은 나라의 급무이니, 대신들에게 반드시 생각하는 바가 있을 것이므로, 비로소 물었다. 오늘도 생각하고 내일도 생각하고, 생각하고 또 생각하여 조금도 잊고 소홀히 하지 않으면, 나라를 보전하는 도리에 마땅할 것이다." 하였는데, 병조 판서(兵曹判書) 민암(閔黯)이 말하기를, "군자(軍資)에 드는 것으로는 재물과 곡식이 큰 것이니, 미리 저축하면 갑작스러울 때의 쓰임에 대비할 수 있을 것입니다." 하였다. 임금이 말하기를, "태극 달자가 조만간에 말썽을 일으킬 걱정이 있는데, 혹 불행한 일이 있으면 어느 곳으로 가야 하겠는가?" 하자, 권대운이 말하기를, "강도(江都)[116] 만한 곳이 없습니다." 하니, 임금이 말하기를, "병자년에 남한

---

114 패초(牌招) : 승지(承旨)가 왕명을 받아 신하를 부르는 것. '명(命)' 자를 쓴 주색(朱色) 패의 한 면에 부름을 받은 신하의 성명을 기입하여 승정원의 하례(下隷)를 시켜 송달함.
115 삼성(三省) : 강상 죄인(綱常罪人)을 추국(推鞫)하는 세 아문. 곧 의정부(議政府)·사헌부(司憲府)·의금부(義禁府)를 통틀어 일컫는 말.

(南漢)으로 들어간 것은 바라는 바가 아니었으나, 적기(賊騎)가 갑자기 닥쳐서 형세가 어쩔 수 없었던 것이다. 강도가 지척에 있어도 미처 들어가지 못하였는데, 그때 군급(窘急)했던 것을 상상할 수 있으니, 이제 와서 생각하면 절로 한심하여진다." 하였다. 형조 판서 윤이제가 말하기를, "병자년에 강도로 들어가지 못한 것은 대개 배가 갖추어지지 않았기 때문이니, 이제 배를 미리 만들되 어선(御船)을 먼저 만들어야 합니다." 하니, 임금이 말하기를, "어선 이외에 또 다섯 척을 만들어야 마땅하다. 또 군량(軍糧)이 없으면 금성 탕지(金城湯池)라도 이로운 바가 없을 것이니, 병자년에 군량이 없었던 것이 또한 오늘날의 감계(鑑戒)가 될 만하다." 하였다. 목내선이 남방의 저치미(儲置米) 절반을 강도로 날라 들여가서 양향(粮餉)을 채우기를 청하니, 임금이 윤허하였다.

---

116 강도(江都) : 강화부(江華府)의 별칭.

제20대 경종(1720~1724)

경연에 자주 나아갈 것, 효도와 우애를 다할 것, 인재를 등용할 것 등을 건의한 우의정 조태구의 상소

경종실록 3권, 경종 1년 1월 3일 을축 2번째기사

1721년 청 강희(康熙) 60년

우의정(右議政) 조태구(趙泰耈)가 상소(上疏)하여 신정(新政)의 요무(要務)를 진술했는데, 그 조목이 일곱 가지였다. 이르기를, "성학(聖學)에 힘쓰시어 덕성(德性)을 기르고, 효우(孝友)에 독실(篤實)하여 궁위(宮闈)를 화락(和樂)하게 하고, 청단(聽斷)하는 데 부지런하여 만기(萬機)에 응하고, 기강을 세워 국세(國勢)를 진작시키고, 현능(賢能)한 이를 거용(擧用)하여 직사(職事)를 맡기고, 언로(言路)를 열어 총명(聰明)을 넓히고, 민은(民隱)을 구휼(救恤)하여 나라의 근본을 굳게 하소서." 하고, 이어 두루 논하기를, "전하께서는 동궁(東宮)에 계실 때부터 이미 전학(典學)[117]의 공효(功效)를 나타내셨는데, 사복(嗣服)한 초기에 더욱 이것을 급무로 삼으셔서 공제(公除)[118]가 겨우 지나자, 곧 소대(召對)의 명을 내리셨습니다. 그러나 학문의 공부는 한갓 장구(章句)나 따지는 말단에 있지 않으니, 삼가 원하건대 자주 경연(經筵)에 나가셔서 토론하고 문난(問難)하여 몸과 마음에 체득(體得)하시고, 일에 발휘하여 성덕(聖德)의 근본으로 삼으소서. 주 문왕(周文王)의 시선(視膳)의 예절[119]과 등 문공(滕文公)이 여막(廬幕)에 거처하던 때의 매우 검은 얼굴[120]을 이미 전하께서 어버이를 섬기는 지극한 효성에서 우러러 뵈었는데, 우애(友愛)란 것 또한 효도에서 미루어 가는 것입니다. 지금 전하께는 다만 한 아우만 있을 뿐이니, 더욱 친애를 도탑게 하여 구족(九族)에 미친다면, 그

---

117 전학(典學) : 학문에 힘씀.

118 공제(公除) : 임금이나 왕비가 죽은 뒤 일반 공무(公務)를 중지하고 36일 동안 조의(弔意)를 표하는 일.

119 주 문왕(周文王)의 시선(視膳)의 예절 : 주(周)나라 문왕(文王)이 세자(世子)로 있었을 때에 그 아버지 왕계(王季)를 봉양하던 일을 말함.《예기(禮記)》문왕세자편(文王世子篇)에, "식사를 올릴 때에는 반드시 차고 더운 것을 살폈고, 식사를 물리면 그 분량을 물었다."라고 하였음.

120 등 문공(滕文公)이 여막(廬幕)에 거처하던 때의 매우 검은 얼굴 : 전국 시대(戰國時代)에 등 문공(滕文公)이 그 아버지 등 정공(滕定公)의 상(喪)을 당해 효자의 예절을 극진히 한 것을 말함.《맹자(孟子)》등 문공(滕文公) 상에, "죽을 마시고 얼굴이 매우 검은 빛으로 자리에 나아가 곡(哭)한다." 하였고, "다섯 달 동안 여막(廬幕)에 거처하였다." 하였는데, 얼굴이 검다는 것은 슬픔으로 단장을 하지 않기 때문에 그렇게 된 것을 말함.

효우로 정사(政事)를 베푸는 도리에 있어 어찌 아름답지 않겠습니까? 옛날에 우리 효종(孝宗)께서 장렬 대비(莊烈大妃)를 받들어 그 효양(孝養)을 다하고 인평 대군(麟坪大君)을 대우하여 그 우애를 다하셨으니, 삼가 원하건대 반드시 효종을 본받으시어 그 효도와 우애를 다하소서. 우리 선대왕(先大王)께서는 임어(臨御)하신 지 4기(紀)동안 서정(庶政)에 우근(憂勤)하며 감히 게을리하지 아니하여 공거(公車)에 보류해 둔 소장이 없었고 궤안(几案)에는 정체된 문안(文案)이 없었으니, 영고(寧考)의 안정을 남기신 아름다움이야말로 어찌 성자(聖子)께서 마땅히 계승할 것이 아니겠습니까? 근년에 소장의 비답을 간혹 한 달이 넘도록 내리지 않기도 하십니다. 삼가 원하건대 더욱 청단(聽斷)에 부지런하시어 국사(國事)를 다 행하게 하소서. 주자(朱子)는 말하기를, '천하의 근본은 인군(人君)이 심술(心術)을 바르게 하여 기강(紀綱)을 세우는 데 달려 있다.'고 하였습니다. 우리 나라는 승평(升平)한 날이 오래 되어 대소(大小)의 인원이 나태함을 일삼아 문관과 무관이 직무를 게을리하므로, 이것이 점점 변하여서 권강(權綱)이 해이해지고 법기(法紀)에 문란해지기에 이르렀습니다. 삼가 원하건대 심술의 은미(隱微)한 데서부터 우선하여 구체적인 일의 말단에 드러내어 군공(群工)을 신칙(申飭)하고 면려(勉勵)하여 온갖 법도를 닦아 바로 세워서 국체(國體)를 높이소서. 어진이에게 맡기고 재능이 있는 이를 부리는 것이 바로 나라를 다스리는 선무(先務)입니다. 더욱이 지금은 말세(末世)라 인재가 매우 적은데다가 색목(色目)에 구애되어 폐고(廢錮)된 자가 거의 3분의 2가 되니, 성대(聖代)에서 인재를 선발하는 도리가 마땅히 이와 같아서는 안될 것입니다. 삼가 원하건대 공평하게 듣고 보아 모두 거두어 기르되 붕당(朋黨)에 구애되지 말고, 오직 어진이는 들어 쓰되 피차를 논하지 말고, 오직 유능하면 뽑아서 재언(才彦)[121] 으로 하여금 모두 나아가게 하여 직사(職事)가 실추(失墜)됨이 없게 하소서.

순(舜)은 하잘것없는 말도 살폈고 우(禹)는 도리에 합당한 말을 들으면 절하며 받아들였습니다. 성인(聖人)도 오히려 그러하거늘, 하물며 이보다 밑에 가는 경우이겠습니까? 지금 공거(公車)에 오르는 것은 거개 당동 벌이(黨同伐異)[122]하는 말이 많고, 성상께 진언(進言)하는 것은 정직한 말이 드뭅니다. 그런데도 전하께서 또한 일찍이 그 공(公)·사(私)를 감정(鑑定)하고 분별하여 그 취사(取舍)를 명백히 보이지 않으시니, 나라를 위한 아름답고도 확고한 계책은 이미 알려지지 못하고, 이를 받아들이어 시행하심도 일찍이 많이 보지 못하였습니다. 삼가 원하건대 반드시 순과 우를 모범으로 삼으소서. 나라의 흥망(興亡)은 백성의 향배(向背)에 달려 있는데 근년 이래로 백성의 곤궁함이 극도에 달하고 있습니다. 해마다 거듭 흉년이 들어 단지나 항아리에 저축한 곡식이 없는데다가 해마다 질역(疾疫)으로 사망자가 잇달아 발생하여 백성이 모두 서로 이끌고 도적이 되니, 나라의 근본을 위한 근심이 어찌

---

121 재언(才彦) : 재능이 뛰어난 사람.
122 당동 벌이(黨同伐異) : 시비(是非)와 곡직(曲直)을 가리지 않고 자기편은 무조건 동조하고 상대편은 덮어 놓고 공격하여 배척하는 것.

크지 않겠습니까? 선대왕(先大王)께서는 금품(金品)을 내어 여러 도(道)의 진휼(賑恤)에 보태시고, 배로 곡식을 운반하여 섬 백성의 기근(饑饉)을 구제하셨으므로, 깊은 인애(仁愛)와 두터운 은택(恩澤)이 사람마다 골수에 젖었습니다. 삼가 원하건대 위로 선대왕의 뜻을 본받으시고 아래로 유사(有司)에게 신칙하시어 어진 정사(政事)를 베푸시되, 반드시 환(鰥)·과(寡)에게 먼저하시고, 곤궁한 백성을 건지고 굶주린 백성을 진구(賑救)하기를 마치 불에 타고 물에 빠진 사람을 구하듯 하시어, 이것으로 인심을 결속시켜 나라의 근본으로 하여금 길이 힘입게 하소서. 돌아보건대 이제 삼남(三南)에서 겨우 양전(量田)을 행하고 양서(兩西)는 거듭 객사(客使)를 맞았으며 기전(畿甸)은 막 산릉(山陵)의 큰 역사(役事)를 겪어 여러 도(道)의 곤궁함과 초췌함이 더욱 심하니, 대동미(大同米)를 양감(量減)하고 묵은 포흠(逋欠)을 견제(蠲除)하여 눈썹을 태우는 듯한 위급함을 늦추게 하지 않을 수 없습니다. 또 크고 작은 수용(需用)을 힘써 더 절약하여 한결같이 백성을 구하는 일에 뜻을 두소서.” 하니, 임금이 우악한 비답으로 답을 내리고 아래 조항의 일은 묘당(廟堂)으로 하여금 상확(商確)하여 품처(稟處)하게 하였으며, 이어 사관(史官)을 보내어 돈유(敦諭)하였다. 이때 조태구가 교야(郊野)에 물러나 있으면서 세수(歲首)에 진계(陳戒)한 것이 당시의 병폐(病弊)를 절실히 맞추었으나, 말만 허비하고 보탬이 없었다. 대동미를 양감(量減)하는 일도 또한 상신(相臣)의 복주(覆奏)로 인해 막혀 시행되지 않았다.

제21대 영조(1724~1776)

인재의 등용·탕평의 도리에 관한 정언 윤광의의 상소문

영조실록 23권, 영조 5년 8월 29일 신미 3번째기사
1729년 청 옹정(雍正) 7년

정언 윤광의(尹光毅)가 상소하기를, "붕당(朋黨)의 앙화가 지난해 역적들의 난리에 이르러 극도에 달하였습니다. 이른바 당인(黨人)들이 문호(門戶)를 나누어 각각 명목(名目)을 내세우는데 그 수효가 넷이나 되니, 오늘날 전하의 신자(臣子)들은 이런 명목에서 벗어나는 사람이 없습니다. 당초에는 청탁(淸濁)과 사정(邪正)의 구별이 없지 않았으나, 요컨대, 모두가 임금을 기망(欺罔)하고 국가를 저버린 죄가 있습니다. 그렇다면 한 당파를 들어 군자로 지목할 자도 없고, 또 한 당파를 들어 소인으로 지목할 자도 없습니다. 전하께서는 마땅히 그 색목(色目)이 어떠한지를 묻지 마시고 각각 그 중에서 공평하고 돈후(敦厚)하여 당의(黨議)를 좋아하지 않는 사람을 뽑아내어 임용(任用)하고 이와 반대되는 사람은 배척하신다면, 갖가지 색목들이 거의 깨뜨려지고 흩어져 모두 전하의 교화(敎化) 안에 들어오게 될 것입니다." 하고, 또 아뢰기를, "일전에 내리신 처분은 중대한 관계가 있는 것이었습니다. 그러나 입시(入侍)했던 제신(諸臣) 중에는 지난해의 처분에 참섭(參涉)한 자도 있었는데, 어찌하여 똑같이 '녜녜' 하기만 하고 한 마디도 가부를 밝히는 말은 없이 단지 처분을 빨리 내리기만 앙청(仰請)하였으니, 이것이 무슨 일입니까? 지난해에도 이미 '녜녜' 하며 그대로 받들기만 하였고 오늘날에도 '녜녜' 하며 그대로 받들기만 하고, 일의 가부와 국가의 이해(利害)는 돌아보지 않은 채 으레 그대로 받들기만 마음먹었으니, 설령 다른 날 전하께서 지난친 거조(擧措)가 있으실 적에도 장차 모두 그대로 받들기에 겨를이 없을 것입니다. 이러고도 나라가 나라다워질 수 있겠습니까? 이제부터는 각기 생각하고 있는 바를 진달하여 은휘(隱諱)하는 바가 없도록 하신 다음에 좋은 것은 들어주고 부족한 것은 버려 두되, 혹시 귀에 거슬리는 말이 있더라도 반드시 먼저 최절(摧折)을 가하거나 앞질러 위노(威怒)를 보여서 군하(群下)들의 입을 막지 않도록 하소서." 하고, 또 논하기를, "대신(臺臣)은 곧 전하의 이목(耳目)인데, 일전에 처분하셨을 때 마침내 함께 입시(入侍)하도록 명하시지 않았습니다. 이는 전하께서 스스로 이목을 가리워버리신 것이니, 전하께서 대신(臺臣)을 너무 박하게 대우하시는 것이 아니겠습니까? 강필경(姜必慶)이 피혐(避嫌)한 계사(啓辭)는 비록 지

나친 데가 있으나, 그의 마음은 생각하고 있는 바를 반드시 진달하려는 뜻에서 나온 것인데, 특별히 파직하게 하였으니, 신은 그윽이 너무 과당하다고 여깁니다. 오늘날의 처분은 이미 탕평(蕩平)하려고 하시는 성의(聖意)에서 나온 것이므로, 무릇 피차(彼此)가 논의할 적에 마땅히 너무 지나친 억양(抑揚)이 없어야만 바야흐로 같지 않은 말들을 화합시키고 온 세상 사람의 마음을 감복시켜서 탕평하는 길을 만들 수 있을 것입니다." 하니, 비답하기를, "너의 상소에 논한 말들을 나는 오히려 하나의 '붕(朋)' 자를 벗어나지 못한 것이라고 생각한다. 비록 분명하게 의사(意思)를 말하지 않았으나, 불만이 이러하니, 탕평을 이룩할 수 있겠느냐? 그날 제신(諸臣)들이 각기 생각하고 있는 바를 진달했었고, 당초부터 똑같은 말로 받들기만 한 일이 없었으며, 전후에 공격하여 배척하던 제신들도 이 일을 불만스럽게 여긴 것이 아니었다. 그런데 어찌하여 모호(模糊)한 말을 가지고 도리어 소회(所懷)를 진달한 제신을 배척하여 혹은 경동(驚動)하지 않는 것으로 조정 신하들의 잘못으로 삼고, 혹은 '녜녜[唯唯]' 두 글자를 가지고 제신들을 그르게 여긴단 말인가? 나의 생각에는 심곡(心曲)을 털어놓아 세도(世道)를 조정(調停)하려고 한 것인데, 도리어 피차(彼此)의 공격하고 배척하는 한 가지 소란한 단서로 삼고 있으니, 진실로 통탄스러운 일이다. 합문(閤門)을 열어놓고 심곡을 털어놓은 것이 이제 합문을 닫고서 자책(自責)하는 것만 못하게 되어버렸다." 하고, 드디어 하교하기를, "합문을 닫아버리기를 어찌 좋아서 하겠느냐? 군신(君臣) 사이는 부자 사이와 같은 것이므로, 문을 닫고 들어앉아 자책(自責)하면 여러 아들들이 육단(肉袒)하여 개과(改過)할 것인데, 오늘날 조정의 신하들은 감동할 것은 생각하지 않고서 이로 인해 갈등을 만들려고 하고 있다. 위에 있는 나는 합문을 닫고서 자책하고 있는데, 제신(諸臣)은 오히려 이기기 좋아하는 짓을 하고 있으니, 임금 보기를 아버지처럼 한다면 어찌 감히 이렇게 하겠느냐?"

제22대 정조(1776~1800)

지방 징수 폐단과 인재 등용, 과거제, 국방 전반에 대한 윤면동의 상소문

정조실록 6권, 정조 2년 7월 20일 정미 3번째기사

1778년 청 건륭(乾隆) 43년

사직 윤면동(尹冕東)이 상소하기를, "전에 권흉(權凶)이 이리 같은 탐욕을 부리자, 온 세상이 모두 이를 본받게 되었습니다. 수십 백만의 돈을 팔로(八路)에 두루 흩어 한 구역이라도 점유할 만한 토지나 세낼 만한 전장(田庄)은 문득 반드시 값을 올려서 사들였기 때문에 값이 수배로 뛰어올라 가세가 미약하고 재산이 적은 사람들은 애당초 감히 손을 댈 수가 없었습니다. 이렇게 다투어 온 나라의 전지를 사들였기 때문에 토지는 가세가 치성한 집에 거의 다 들어가게 되었습니다. 그리고 또 혹 흉년이 든 해를 만나게 되면 향곡(鄕曲)의 부호(富豪)의 무리가 시기를 틈타 이익을 챙기기 위해 헐값으로 강제로 사들였기 때문에 민간에 남아 있던 약간의 전지마저 또한 모두 이들이 소유하게 되었습니다. 이는 진실로 겸병(兼幷)하여 이익을 독점하려는 폐해인데, 그 해가 평민에게 미치게 된 것입니다. 이밖의 폐단으로 이보다 더 극심한 것이 있는데, 궁방(宮房)의 납공(納貢), 태복시(太僕寺)의 납공, 약원(藥院)·사포서(司圃署)의 납공, 제시(諸寺)·제부(諸府) 등처의 납공은 없는 고을이 없습니다. 원세(元稅)에 견주어 여러 갑절이 될 뿐만 아니라, 비록 큰 흉년을 당해도 애당초 급재(給災)하는 법규가 없으나, 잔약한 백성들의 뼈에 사무친 원망을 공소(控訴)할 데가 없으니, 어찌 불쌍한 일이 아니겠습니까? 더구나 연분(年分)에 대해 백성들은 급재를 받지 못하고 그 이익이 탐관(貪官)에게로 돌아가며, 포흠(逋欠)을 견감하는 경우에도 백성은 감면의 혜택을 받지 못하고 그 은혜가 교활한 아전에게로 돌아갑니다. 수목이 자라 숲을 이룬 곳과 사토(沙土)가 쌓인 곳이 곳곳에 서로 바라보여도 백지 징세(白地徵稅)하여 동리(洞里)를 침탈하고 있습니다. 따라서 양전(量田)한 지 오래 된 고장과 답험법(踏驗法)[123]이 폐기된 고을에서는 해마다 비총(比摠)[124]하여 호가(豪家)의 부세를 다른 가호(家戶)에 거듭 징수하는

---

123 답험법(踏驗法) : 농사가 잘되고 못된 것을 관원이 실제로 현장에 나가서 조사하여 그 손실에 따라 조세를 매기던 법.

124 비총(比摠) : 연분을 정하는 방법의 하나로, 매년 가을에 호조에서 그해의 기후와 작황(作況)을 참고하여 상당년과 비교해 상량하여 총수를 결정하고, 급재(給災) 절차를 거쳐 세액을 결정함.

데, 경사(京司)에서 관문(關文)을 보내어 발매하게 하면, 영읍(營邑)에서는 남는 것은 가져다가 환색(換色)합니다. 두메에는 무삼 군관(貿蔘軍官)이 있고 연해(沿海)에는 물선 보인(物膳保人)이 있는데, 작은 그물을 가진 조각배, 부서진 어살[魚箭], 무너진 염분(鹽盆) 및 산등성이에 저절로 자란 보잘것없는 초목(草木)도 모두 금하지 않는 것이 없어서 또한 죄다 주인이 있습니다. 기타의 명색으로 법에서 벗어나 거두어 들이는 것을 조정에서 죄다 알고 있는 것이 아니어서 이루 다 거론하여 지적할 수가 없습니다. 이로써 살펴보면 백성들이 받는 폐해가 또한 많고도 참혹스럽습니다. 이렇게 된 이유는 오로지 겸병(兼幷)한 데 있는 것만은 아닙니다만, 오늘날을 위한 계책은 겸병하지 못한다 하더라도 백성으로 하여금 각기 전지를 소유하게 해야 합니다. 이 폐해를 제거하지 않으면 불쌍한 이 백성들이 장차 그 재산을 보전하여 살아갈 수가 없게 될 것입니다. 이런 즈음에 하늘이 성인(聖人)을 내어 묵묵한 가운데 그 마음을 계도(啓導)하여 혁혁한 노여움을 드날려 지난날 조정에서 제멋대로 위복(威福)을 부리던 원악 대대(元惡大憝)를 모두 죽이거나 형벌을 가하여 모두 깨끗이 쓸어내어 흔적조차 남겨 두지 않았으므로, 도성의 집값이 조금 싸지고 경외의 전지가 상당히 팔렸다고 들은 듯한데, 이는 이미 우리 전하께서 한 번 혁신한 효험인 것입니다. 한결같이 이렇게 하여 해이하지 마시고 더욱 위극(威克)을 가하소서. 모든 조정의 진신(縉紳)들 가운데 겸병(兼幷)하여 법제에 지나친 것에 관계되는 것은 이목관(耳目官)에게 맡겨 드러나는 대로 공척(功斥)함에 따라 감히 숨기지 못하게 하면, 한 사람에게 형벌을 가하여 천하가 두려워하게 한다는 그 기틀이 바로 여기에 있는 것입니다. 외읍(外邑)에 있는 부호(富豪)의 족속으로서 협박하여 강제로 곤궁한 백성들의 물건을 사들이는 자들 또한 방백과 어사로 하여금 맹렬히 법으로 다스리게 함으로써 원근의 사람들을 풍려(風勵)시킨다면, 겸병하는 폐해를 영구히 변혁 시킬 수 있을 것입니다. 군문(軍門)·각사(各司)·번곤(藩閫)·목수(牧守)들이 잘못을 이어받아 답습하여 백성에게 폐해를 끼치는 것 가운데 부세(賦稅)의 납입은 반드시 정세(正稅)에 의거하게 하고, 연분(年分)은 반드시 사실에 의거하여 등급을 나누게 하고, 포흠을 견감할 때에는 반드시 그 실제의 혜택이 백성들에게 닿게 해야 합니다. 백지 징세나 거듭 징수하는 데 대한 원망이 있으면 반드시 보량(步量)을 고치게 하고, 물선(物膳)의 값과 무삼(貿蔘)하는 명목을 반드시 공척해서 혁파하게 하고, 발매하거나 환색(換色)하는 무리는 반드시 과조(科條)를 어긴 데 대해 주벌(誅罰)을 가하게 하고, 부러진 어살[魚箭]과 무너진 염분 등은 반드시 죄다 면세(免稅)하도록 허락해야 하고, 상려(商旅)의 무리와 공기(工技)의 무리에 이르러서도 반드시 억울하게 세금을 징수하는 것을 금해야 합니다. 따라서 조속히 유사(攸司)의 신하에게 명하고, 도신(道臣)·수신(帥臣)과 해당 고을의 수령들에게 분부하여 위에서 열거한 여러 조항을 익히 상량하여 하나하나 강구하게 하되, 또한 반드시 급박하게 하지 않고 차분하게 하도록 기간을 한정해 주어야 할 것입니다. 그리하여 빠짐없이 수방(搜訪)하고 상세히 하는 가운데 더욱 상세히 하여 지당한 데로 귀결되도록 힘쓰되, 누적된 폐단을 죄다 제거함으로써 이 백성들로 하여금 모두 천지 같은 은덕을 입게 한다면, 번거롭게 다시 법을 만들지 않더라도 저절로 선왕의 정사와 제대로 합치될 것이니, 전하께서는 유념하소서. 우리 나라에서 사람을 기용하는 방법은 법에 정한 제도가 없는데, 이 점에 대해 식견이 있는 사람들이 가장 크게 탄식하는 것은 점진적으로 하는 법이 없이 갑자기 진출시키거나 시험하지도 않고 기용하기 때문에, 기용하는 내용이 청망(淸望)에 의거하기도 하고 혹은 허명(虛名)에 의거하기도 하고, 귀세(貴勢)에 의거하기도 하고 혹은 사사로운 친분에 의거하기도 합니다. 앞에 것의 경우를 가지고 논하여 보면 하안(何晏)·왕연(王衍)의 허탄함과 왕승달(王僧達)·사약(謝瀹)의 오만함이 나오게 된 이유이고, 뒤의 경우를 가지고 논해 보면 허백(許伯)·사고(史高)·김일제(金日磾)·장안세(張安世)의 권신(權臣)과 가(賈)·번(藩)·유(柳)·유(劉)의 친압이 나오게 된 이유인 것입니다. 황화(皇華)가 번성해지자 사조(謝藻)를 숭상하게 되었고 당의(黨議)가 일어나자 박격(搏擊)을 앞세우게 되었는데, 아첨하는 자들을 발탁하여 앞줄에 있게 하고, 조급하게 권세를 다투는 자들을 차례로 뛰어넘어 요직(要職)에 오르게 하였습니다. 간혹 이름난 공경(公卿)과 훌륭한 대부(大夫)들이 줄줄이 잇달아 나와서 기용된 경우도 있으나, 이는 일로 인하여 공을 세우거나 좋은 시절을 만나 높은 지위에 오른 것으로서, 우연히 그렇게 된 것뿐이고, 애당초 그의 행실과 재능을 고사하거나 그의 훈로(勳勞)를 점검해 보고 두루 시험하여 기용한 데 연유된 것은 아니었습니다. 이 때문에 세도(世道)가 점점 비하되고 속상(俗尙)이 더욱 그르쳐져서 본래 한미한 문벌로 평범하게 진출한 자, 홀로 붕당(朋黨)이 없는 자, 염근(恬謹)하여 교언(巧言)이 부족한 자, 정직하여 아첨하지 않는 자는 가령 세상을 다스릴 만한 학문이 있고 옛일에 달통한 식견을 지녔다고 하더라도 시골 구석에 묻혀서 가난하게 살다가 고사(枯死)하게 되는 것입니다. 이미 불러서 임용하는 규례가 없고 또 천인(薦引)하는 길이 없으므로, 요행히 과거에 급제하더라도 옛날처럼 쓰이지 못한 채 발휘할 기회를 얻지 못하고 마니 어떻게 그의 재능의 이둔(利鈍)을 알 수 있겠으며, 험준한 경우를 당하여 보지 않았으니 누가 어질고 어질지 못한지를 알 수 있겠습니까? 세상에 전관(銓官)이 된 자도 또한 인물에 대해 마음을 쓰고 조식(藻識)에 유의하지 않고 의뢰하여 정사(政事)를 하는 것은 시론(時論)에서 숭상하거나 기세(氣勢)에 눌리거나 정면(情面)이 익숙하다는 것이었으니, 비록 저 사람이 이 사람보다 낫다 하더라도 그 실상은 이 세 가지에서 벗어나지 않았습니다. 돌아보건대, 지금 산림(山林)에서 글을 읽어 도(道)를 지닌 선비를 우선 지성껏 불러다가 보도(輔導)하는 직임을 맡기어 자신을 잊고 봉상(奉上)하도록 해야 마땅합니다. 사직신(社稷臣) 또한 특이한 공로를 표창하고 사랑하여 발탁해서 중요한 임무를 맡겨야 하며, 오랫동안 침체되어 전야(田野)에 물러가 있던 사람도 차례로 불러서 현요직(顯要職)에 두어야 하는데, 이것이 급선무이고 당연한 일인 것입니다. 우리 전하께서는 지난날의 괴란(壞亂)된 폐단에 징계되어 과장(科場)의 금령을 엄중히 세워 면대하여 고사했던 자가 여러 사람이었고, 한

번의 과방(科榜)을 완전히 삭제하기도 했습니다. 그리고 시사(試事)가 번거롭고 외람되어 용렬한 무리가 분수에 넘치게 진출한 잘못에 경계되어 과거의 설행을 간결하게 하고 선발하는 액수(額數)를 줄였으므로, 사람을 모집하여 대신 글을 짓게 하고 풍문만 듣고 무릅쓰고 부시(赴試)했던 무리들이 간담이 떨어지고 발이 얼어붙어 무거(武擧)에서 간교하게 속이는 습관도 또한 감히 부리지 못하기에 이르렀으니, 이는 참으로 성인(聖人)의 작위(作爲)가 탁월하고도 광명 정대한 것입니다. 오로지 이런 마음을 흔들리지 말고 굳게 지녀 영구히 해이하지 않아야 한다는 것은 재론의 여지가 없습니다. 그러나 신이 그래도 사사롭게 근심하고 지나치게 헤아리게 되는 것은 과거의 설행을 이미 간결하게 하고 선발하는 액수도 적은데, 시권(試券)을 바치는 시한(時限)은 또 말할 수 없이 촉박한 것입니다. 삼가 생각건대, 시위(試圍)의 법식(法式)은 진실로 더욱 엄중하게 해야 마땅하겠지만, 시각은 그 한계를 조금 늦추어 줌으로써 거자(擧子)들로 하여금 끝까지 자신의 재능을 다 발휘할 수 있게하여 억울해 하는 마음을 품는 일이 없도록 해야 한다고 여깁니다. 그리고 선발하였으면반드시 면대하여 시험해서 요행을 바라고 속이는 폐단을 예방하소서. 식년과(式年科)는 완전히 혁개(革改)하기 어렵다 하더라도 그 명칭은 보존시킨 채 그 법규를 고치지 않을 수없으니, 대략 별시(別試)의 법규를 본받아 강유(講儒)와 제유(製儒)들에게 공통으로 부시하도록 허락하되, 초시(初試)는 강경(講經)으로 시험해야 합니다. 제유(製儒)는 삼경(三經) 가운데서 자원하게 하고, 사서(四書)는 추생(抽柱)하게 할 것이며, 강유(講儒)는 칠서(七書)를모두 고강하게 하여 조(粗)[125] 이상을 뽑게 하소서. 회시(會試)는 제술로 시험하되, 강유는논(論)·책(策)으로 하고 제유는 표(表)·책(策)으로 할 것이며, 반드시 시소(試所)를 나누어 각기 강은 강대로 제술은 제술대로 시험하여 스스로 서로 맞수가 되게 하고, 고하(高下)를헤아려서 33인 가운데 반씩 나누어 뽑게 하소서. 이렇게 하면 제유(製儒)들이 모두 익숙하게 글을 읽게 될 것이고, 강유(講儒)들도 모두 글에 능하게 될 것입니다. 선비가 된 사람은공부하기가 어렵겠지만, 국가에서는 양쪽이 능한 충실한 인물을 얻을 수 있고, 재능이 편중되는 탄식이 없어질 것입니다. 그 나머지 과거에도 지금 행하고 있는 간략하게 설행하고작게 뽑는 법을 준행하여 어기지 않게 하는 것이 합당할 것 같습니다. 그러나 먼 시골의인재에 대해서는 또 달리 수습하는 방도가 없어서는 안됩니다. 송(宋)나라 때에는 특별히다섯 가지 길을 만들어 사진(仕進)하는 문을 열어 놓음으로써 인심으로 하여금 매어 있는데가 있게 했으니, 이것이 지금의 급선무입니다. 병년(丙年)의 별시는 혁파하고 그 대신 서북(西北)의 예(例)에 의거하여 10년마다 팔로(八路)에 도과(道科)를 설행하게 하고, 서울로올라와서 전시(殿試)를 치르게 하고 나서 급제를 내려 주도록 하소서. 대저 무거(武擧)의일에 대해서는 신이 본래 익숙하지 못하니 또한 유사(有司)에게 명하여 대략 문과의 뜻을

---

125 조(粗) : 과거 시험에서 강서(講書)의 성적을 매길 때 등급 가운데 제일 하위인 것을 말함.

본받아 좋은 제도를 의논하여 정해서 행한다면, 먼 외방 사람들이 반드시 분발하여 흥기하는 사람이 많을 것입니다. 그런 후에 차례대로 데려다 기용하되, 데려다 기용하는 법을 또 크게 차이나게 해서는 안될 것이니, 반드시 두루 시험하여 본 다음에 기용해야 합니다. 뽑은 선비들은 갑방(甲榜)과 차방(次榜)을 물론하고 괴원(槐院)·국자(國子)의 별계(別階)인 6품을 주어 낭서(郎署)를 역임하게 한 뒤에 일체 모두 먼저 작은 고을의 수령에 제수하고, 고준(考準)하기를 기다려 드러난 치적(治績)을 보아 크게 드러나면 큰 고을로 천전(遷轉)시키고, 작게 드러나면 작은 고을에 천전시키소서. 이렇게 해서 부(府)에 천전시키고 주(州)에 천전시키되, 시종 치적에 대한 성예(聲譽)가 우뚝하게 뛰어나면 즉시 방악(方岳)에 주의(注擬)하고, 방악이 되어서도 또 뛰어나면 불가한 데가 없는 것이니, 기국(器局)에 따라 부리면 될 것입니다.

바야흐로 주군(州郡)에서의 치적을 고사할 적에는 특별히 도신에게 신칙하여 전최(殿最)[126] 예투(例套)를 따르지 말고, 여덟 글자의 제목(題目)을 간개(刊改)한 다음 반드시 아무 일은 능하고 아무 일은 능치 못하다는 공상(功狀)을 상세히 서술하게 하되, 사실에 의거하여 정직하게 기록하게 해야 합니다. 그리고 각각 상적(上籍)·하적(下籍)을 만들어 두 건의 책자를 가지고 올라오게 하여 하나는 임금에게 올려 자리 곁에 두고 대주첩(對柱帖)[127]에 대신하게 하고, 하나는 선조(選曹)에 내려 수시로 열람하게 함으로써 협대록(夾袋錄)에 대신하게 하여 전후의 치적을 고준(考準)하여 능한 점을 조사하게 해야 합니다. 재능은 전부(田賦)에 대해 능한 이도 있고, 전곡(錢穀)에 대해 능한 이도 있고, 학교(學校)에 대해 능한 이도 있고, 군정(軍政)에 대해 능한 이도 있고, 청송(聽訟)에 대해 능한 이도 있고, 백성을 진휼하는 데 능한 이도 있으며, 성품은 자인(慈仁)이 넉넉한 이도 있고, 강엄(剛嚴)이 넉넉한 이도 있고, 염백(廉白)이 넉넉한 이도 있고, 종핵(綜核)하는 데 넉넉한 사람이 있는 것이니, 각기 그 사람의 장점을 취하여 써야 될 곳에 써야 할 것입니다. 나라 안에 유입(流入)된 전법(銓法)에 이르러서는 또한 송(宋)나라 조정의 고사(故事)를 본받아 특별히 박학 굉사과(博學宏詞科)를 설치하여 3품 이하의 주현관(州縣官)은 아울러 직임을 띠고 부시하도록 허락해야 합니다. 경술(經術)로 시험하기도 하고, 문사(文辭)로 시험하기도 하고, 시무(時務)·민폐(民

126 전최(殿最) : 조선조 때 관리들의 근무 성적을 상·하로 평정하던 법. 상이면 최(最), 하이면 전(殿)이라 한 데서 나온 말로, 경관(京官)은 각 관사의 당상관(堂上官)·제조(提調)가, 외관(外官)은 관찰사(觀察使)가 매년 6월 15일과 12월 15일 두 차례에 걸쳐 등제(等第)를 매겨 계문(啓聞)하였음. 사헌부(司憲府)·사간원(司諫院)·세자 시강원(世子侍講院)의 관원은 등제가 없었음. 포폄(襃貶).
127 대주첩(對柱帖) : 수령으로서 십고 십상(十考十上)에 해당되어 포계(襃啓)된 자와 장법(贓法)에 걸린 오리(汚吏)로 죄에 저촉된 자를 구별하여 적어 첩자(帖子)를 만든 것. 이 첩자를 임금이 열람하고 수령의 후보에 장법자를 올리면 전관(銓官)을 문책하였음. 당나라 선종(宣宗)이 경양 현령(涇陽縣令)으로 도둑 몇 명을 잡아 죽인 이행언(李行言)의 이름을 침전(寢殿)의 기둥[柱]에 붙인 고사를 인용하여 숙종 34년(1708)에 그것을 본따서 첩자를 만들어 '대주첩'이라 이름하고 포계한 수령을 열록(列錄)하여 고열(考閱)하였음.

弊)로 시험하기도 하고, 직언(直言)과 극간(極諫)으로 시험하기도 하고, 그 결과에 의거하여 대각(臺閣)이나 사관(詞館)이나 묘모(廟謨)를 논의하는 자리에 각기 그 사람의 장점을 보아서 통의(通擬)하기도 하고, 수용(需用)에 대비하게 해야 합니다. 따라서 경재(卿宰)의 반열에 이르러서도 자신이 능한 것을 어기지 말게 할 것이요 능하지 못한 것을 억지로 하게 하는 일이 없도록 해야 하며, 반드시 합당한 직임을 가려서 맡겨야 합니다. 무직(武職)의 기용 또한 위의 법과 같은 식으로 한다면, 국가의 조아(爪牙)와 간성(干城)을 주머니 속에서 꺼내어 쓰는 것처럼 할 수 있습니다. 그리고 음사(蔭仕)에 대한 한 가지 사로(仕路)는 곧 옛날의 임자법(任子法)[128] 이어서 폐기시킬 수 없는 것입니다. 음사(蔭仕)와 생원(生員)·진사(進士) 가운데 합당한 사람이 있으면, 아울러 위의 법에 의거하여 입사(入仕)하게 해야 하며, 추천된 사람 또한 반드시 신중히 간선(簡選)하되, 원액(員額)을 함부로 증가시켜 도리어 문관(文官), 무관(武官)보다 많게 하지 않아야 합니다. 우리 세종 대왕(世宗大王)께서 8년(1426)에 오위(五衛)의 제도를 처음 정하시고, 살곶이[箭串]의 들판에서 강무(講武)할 때 친림(親臨)했었는데, 그때 오위의 군병이 모두 6천 6백여 명이었으며, 하나의 큰 방진(方陣)을 베풀었다가, 또 진(陣)을 바꾸고서 파하였습니다. 그러나 이는 단지 고문(古文)에 의거한 것뿐이요 조획(條劃)은 미진한 점이 있었기 때문에 문묘(文廟) 때에 이르러 광묘(光廟)께서 사저(私邸)에 있었을 적에 전교를 받들어 여러 신하들과 다시 강정(講定)했습니다. 안으로는 총관(摠管)·위장(衛將)과 밖으로는 각로(各路)의 진관(鎭管)에게 군병을 통제하게 하는데, 이를 농사에 붙여 번상(番上)하면서 숙위하게 했습니다. 이는 고려(高麗) 때 가병(家兵)의 폐단에 징계되어 옛날 부병(府兵) 제도를 본받은 것으로 은연중 주(周)나라 때의 부리 출거법(夫里出車法)[129]과 관중(管仲)의 궤향 솔군법(軌鄕率軍法)[130]에 합치가 되는 것입니다. 임진년·정유년을 겪은 뒤에 이르러서는 훈국(訓局)을 창설하고 사군(四軍)의 법제를 차례로 정리하여 그 뒤로 잇따라 정비해 왔는데, 이를 잘 운용한다면 서울에 숙위(宿衛)의 엄중함이 있어 중요한 곳에 거처하여 그렇게 중하지 않은 곳을 통제하는 도리를 얻게 될 것이며, 각로(各路)에 농사를 부치던 군사들이 있어 외적을 막고 변방을 공고하게 하는 방책도 아울러 시행되어 어긋나지 않게 될 것입니다. 유독 행군법(行軍法)은 오로지 《병학지남(兵學指南)》만을 적용하고 있는 것이 한스러운데, 이는 척계광(戚繼光)이 왜적을 막을 적에 쓰던 진법(陣法)입니다. 왜적은 보전(步戰)만 하기 때문에 이것으로 막을 수 있었지만, 호병(胡兵)이 말을 타고 올 경우에는 막을 수가 없으니, 척씨(戚氏)가 선대 총병(宣大摠兵)이 되어 거진(車陣)의 제도

---

128 임자법(任子法) : 조상의 혜택으로 관직에 임명되는 것.
129 궤향 솔군법(軌鄕率軍法) : 궤(軌)는 5가(家)이고 향(鄕)은 1만 2천 5백 가(家)인데, 행정 구역 단위별로 군병을 통솔하게 한 제도임.
130 부리 출거법(夫里出車法) : 부(夫)는 장정을 말하고 이(里)는 호구수(戶口數)를 말하는데, 장정의 숫자와 호구의 숫자에 의거하여 병거(兵車)를 내도록 되어 있는 법을 말함.

를 고쳐서 만든 것을 살펴보면 득실(得失)을 알 수가 있습니다. 이는 방영(方營)으로 겹쳐진 진(陣)으로서, 사위(四衛)가 서로 뒤섞여 각기 전면을 지키는데, 항오(行伍)를 서로 연접(連接)시켜 하나로 통합하므로, 적이 어느 한쪽을 공격해서 오면 온 진영(陣營)이 혼잡스럽게 동요되며, 진세(陣勢)가 단약(單弱)하여 무너져 흩어지기 쉬우니, 이를 주둔하여 싸우는 데 견주어 보면 서로 차이가 있습니다. 좌우에서 서로 구제하며 중첩된 가운데에도 각기 분수가 있어 한 진(陣)이 무너지더라도 나머지 진은 스스로 지킬 수 있는 법제이니, 경수(涇水)와 위수(渭水)처럼 구별할 수 있을 뿐만이 아닙니다. 그런데도 저것을 버리고 이것을 취택하였으므로, 식자(識者)들이 모두 불가하다고 하였으나, 수백 년이 내려오도록 고치지 않고 있으니, 또한 의혹스럽지 않겠습니까? 어떤 사람은 말하기를, '병법은 사변(事變)을 잘 제어하는 데 달려 있는 것이므로 진(陣)은 믿을 것이 못된다.'고 하지만, 그렇다면 척씨의 법은 또한 익힐 필요가 없는 것입니다. 만일 그렇지 않아서 진(陣)을 익히지 않을 수 없다면, 참으로 우리 나라에서 국초(國初)에 만든 법을 회복시키는 것보다 더 나은 것은 없습니다. 군제(軍制)는 변개(變改)하지 않고 진법만 변개한다면 행하기가 어렵지 않아서 소요가 계속될 염려를 없앨 수 있을 것입니다. 지금의 기계(器械)는 또한 갖추어져 있다고 할 수 있습니다. 먼 거리에서 쏘는 궁노(弓弩)와 가까운 거리에서 쓰는 검극(劍戟) 이외에 또 크고 작은 화포(火砲)의 기술이 근세에 나왔는데, 이는 진실로 우주 사이의 흉기로서, 아무리 단단해도 뚫지 못하는 것이 없고 아무리 굳세어도 깨뜨리지 못하는 것이 없으니, 아무도 대적할 수 없는 이로운 전구(戰具)가 되기에 충분합니다. 그러나 혹 태풍이나 폭우를 만나든가 초목이 우거진 숲, 짙은 안개, 연못이나 늪지대, 찌는 더위가 있는 때를 당하면, 아울러 화전(火箭)·궁노와 함께 모두 쓸 수가 없는데, 단지 검극(劍戟)만 이롭게 여겨 피차 서로 육박전을 하는 즈음에 힘도 같고 기계도 같을 경우 또한 전승(全勝)하는 방도가 아닙니다. 이럴 즈음에 승리할 수 있는 일종의 기계가 있는데, 배외갑(背嵬甲)·마찰도(麻札刀)가 그것입니다.

동위(東魏) 때 모용소종(慕容紹宗)이 말하기를, '천하에 이기기 어려운 자는 후경(侯景)만한 이가 없다.' 했는데, 후경이 모용소종과 싸울 적에 자기의 군사들에게 각기 대부(大斧)를 잡고 곧바로 적에게로 핍박하여 들어가 머리를 숙이고 말의 발을 찍게 했기 때문에, 모용소종처럼 잘 싸우는 사람으로서도 대패를 면치 못했습니다. 이 법이 유전(流傳)되어 송(宋)나라에서 배외갑과 마찰도를 만들기에 이르렀는데, 한세충(韓世忠)·유기(劉錡)가 올출(兀朮)을 격파할 적에 모두 배외군으로 하여금 예리한 도끼를 가지고 위로는 사람의 가슴을 찍게 하고 아래로는 말의 발을 찍게 하였으며, 악비(岳飛)는 5백 명의 군대로 10만의 무리를 깨뜨렸고 8백 명의 군대로 50만의 오랑캐를 무찔렀으니, 이는 모두 배외갑과 마찰도의 힘이었습니다. 배외갑은 곧 거북 등처럼 생긴 철갑(鐵甲)이고 마찰도는 곧 8척이나 되는 긴 도끼인데, 이제 그 형제(形制)에 관한 것이 영가(鈴家)의 책에 모두 기재되어 있습니다.

이는 쓰기가 매우 간편한데다가 바람 불고 비가 오거나 춥거나 덥거나 두려워할 것이 없으며, 예리한 활촉이나 큰 칼이 격파할 수 없습니다. 그리고 머리를 굽히고 앞으로 나아가기 때문에 기병(騎兵)과 싸우는 데에는 더욱 유리하여 다시 창이나 칼에 견줄 바가 아닙니다. 이제 만일 여러 군문(軍門)이 각각 5백 인의 외병(外兵)을 둔다면, 5초(哨)마다 각각 1초 씩을 두게 되어 저절로 별부(別部)를 형성하게 됩니다. 전쟁에 나아가서는 기습을 하게 하기도 하고 정면으로 공격하게 하기도 하여 방편에 따라 쓴다면, 이 또한 대적할 수 없는 이기(利器)가 될 것입니다. 가장 한심한 것은 향군(鄕軍)의 마대(馬隊)입니다. 1대(隊) 가운데 볼 수 있는 말이 한두 마리도 없으며, 점열할 때에 임해서는 빌려서 쓰고 조습(操習)할 때에 임해서는 고용(雇用)하는데, 안장에 걸터앉으면 안장이 부서지고 등자를 밟으면 등자가 끊어집니다. 또 말을 다루는 법을 익히지 않아서 말이 날뛰면 사람이 떨어져 엎어져 붙잡아 제지하지도 못하니, 어느 겨를에 손으로 재주를 부릴 수가 있겠습니까? 만일 배위갑의 제도를 행하려 한다면, 향군의 마대를 일체 아울러 바꾸어 배외대(背嵬隊)로 만들어야 합니다. 그렇게 하면 그들을 위해서는 하나의 큰 폐단을 제거하는 것이 되고 군무(軍務)를 위해서는 하나의 굳센 군대를 첨가하게 되니, 또한 해롭지 않을 듯합니다. 그리고 각 고을의 군기에 대한 폐단이 지금 같은 때가 없습니다. 해마다 조습(操習)을 정지한 채 전혀 수개(修改)하지 않았으므로, 모든 것이 썩고 손상되어 거의 형체가 없게 되었으니, 마땅히 별도로 수의(繡衣)[131]를 보내어 통틀어 함께 검열하여 대대적인 이정(釐正)을 가해야 합니다. 이 유래는 이미 오래 된 것으로서, 오늘날의 수령들 죄는 아닌데, 갑작스럽게 시행하면 또한 손상되는 사람이 많아서 각 고을이 놀라 소요하게 될까 두려우니, 이미 지난일을 모두 탕척(蕩滌)시켜야 합니다. 그리고 새로 법식을 정하여 도신과 수신(帥臣)에게 엄중히 신칙하여 각 고을에 행회(行會)해서 기한을 정하여 약속하고 순차적으로 수보(修補)하게 해야 합니다. 통고하고 난 뒤에는 사실대로 적간(摘奸)하여 계문하게 하여 상벌을 시행하되, 혹 어사를 시켜 불시에 추생(抽栍)하여 점검하게 해야 합니다. 이렇게 한 뒤에 해마다 신칙을 더하여 전과 같은 폐단이 없게 해야 하며, 이를 전최(殿最)의 한 가지 일로 만들어도 혹 옳을 것 같습니다.

그런데 그 가운데 궁시(弓矢)는 실로 걱정스러운 것이 많은 물건이니, 이는 창고에 쌓아두고 항상 사용하는 기계가 아니기 때문에, 궁각(弓角)과 전우(箭羽)를 봄에 새로 준비하여 놓았다고 하더라도 한 번 장마를 치르고 나면 전혀 완전한 물건이 없게 되어 해마다 개수해도 오히려 넉넉지 못함을 걱정하게 됩니다. 전부터 각(角)이 없는 활과 깃이 없는 화살은 정곡(正鵠)을 다투는 활쏘기에는 합당하지 않지만 적을 향하여 쏘는 데는 같고, 먼 데까지 미치도록 쏘는 데는 합당하지 않지만 가까운 데를 쏘는 데는 같으니, 뒤틀린 활과 부러진

---

131 수의(繡衣) : 암행 어사.

화살을 쓰는 것보다는 차라리 이 박실(樸實)한 물건을 쓰는 것이 낫습니다. 영갑(弇甲)을 반하(頒下)하여 각각 장수(匠手)를 모집하고 반드시 쓸 만한 기계를 만들게 해서 많이 쌓아 놓는다면 또한 하나의 도움이 될 것입니다.

수전(水戰)의 제도에 이르러서는 육군(陸軍)으로서 군포(軍布)를 바치는 군사들이 바닷가에 많이 있고 전선(戰船)의 노(櫓)를 잘 젓는 군사들은 도리어 산읍(山邑)에 있는데, 영남(嶺南)이 더욱 심합니다. 만일 뜻밖의 변이 순식간에 박두한다면, 5, 6백 리 밖에 있던 노를 잘 젓는 군사들이 어떻게 제 때에 배에 오를 수 있겠습니까? 가령 달려왔다 하더라도 일생 동안 본 적이 없는 주즙(舟楫)과 풍랑(風浪)을 대하여 또 어떻게 손발을 쓸 수 있겠습니까? 이에 관해서는 통제사(統制使)·수사(水使)·병사(兵使) 등과 해도(該道)의 도신에게 분부하여 하나씩 고치게 해야 합니다. 노를 잘 젓는 군사는 모두 바닷가로 충차(充差)하고, 군포를 걷는 군대는 산읍으로 이송(移送)해야 하는데, 새로 바꾸는 즈음에 혹 다시 첨정(簽丁)한다면, 또한 소동하여 편안하지 못할 것이 염려됩니다만, 이는 한 번 알려서 도안(都案) 가운데에서 명색(名色)을 바꾸는 것에 불과하고, 달리 구애되거나 저촉되는 단서는 없습니다. 그리고 동래 수영의 전선이 정박해 있는 곳이 외지고 물이 얕은 항만(港灣)에 있으며, 또 수세(水勢)가 변하므로 보름이나 그믐의 큰 조수(潮水)가 있을 때가 아니면, 모래밭이나 자갈 더미 위에 걸려 있게 되어 조금도 옮기기 어려우니, 만일 왜구(倭寇)가 반드시 오지 않는다면 다행이겠습니다만, 혹시라도 그들이 큰 조수가 없을 때에 나온다면 비록 백만의 대군이 있다고 하더라도 장차 뱃머리에 서서 바라보다가 왜구의 공격을 받게 될 것입니다. 일찍이 일에 대해 잘 아는 군민(軍民)들의 물의를 들어본 적이 있는데, 모두 말하기를, '수영을 울산(蔚山)이나 기장(機張) 두 고을의 포구(浦口)로 옮기는 것이 제일 나은데, 이는 예로부터 말해온 부분이다.' 했습니다. 이제 만약 이 가운데 한 곳을 취택하여 수영을 옮겨 설치하고 전선들을 옮겨 정박시킨다면, 물이 없어 출동하기 어려운 걱정이 없을 뿐만이 아닙니다. 또 저 왜선(倭船)들은 대마도(對馬島)에서 출발할 경우 반드시 동남풍을 의지하여 그 풍세(風勢)를 타고 나오는데, 곧바로 부산(釜山)이나 다대포(多大浦)나 김해(金海)의 명지도(鳴旨島) 등지에 닿게 되며, 그들이 배를 타고 풍세에 따라 나올 때를 지금의 수영에서 바라보면 실제로 역풍(逆風)이 되므로, 가령 조수가 불어나서 전선이 해로(海路)에 뜰 수 있다고 하더라도 역풍이 불어서 또한 나아가 배를 부릴 수가 없게 되니, 이것이 바로 반드시 패한다는 증거인 것입니다. 따라서 진실로 울산이나 기장으로 옮겨 설치할 수 있다면, 울산·기장에서 동래나 부산을 향할 때에도 곧 동남풍의 풍세를 의지하게 되니, 왜구가 순풍이면 곧 우리에게도 순풍이 되므로, 왜구가 순풍을 이용하여 앞으로 향하면 우리도 또한 순풍을 이용하여 그 뒤를 따르게 되니, 이는 반드시 이길 수 있는 방법인 것입니다. 이밖에 각 영읍(營邑)의 전선이 정박해 있는 곳에 대해 신이 일찍이 보고 듣지 못한 곳이라 할지라도 또한 반드시 이와 같은 걱정이 있을 것이니, 각로(各路)의 수사(水使)와 곤수(閫

帥) 및 연해에 분부하여 항구를 파거나 배를 옮겨 정박시키는 등 편의한 대로 재처(載處)하게 함으로써 뜻밖의 걱정이 없게 하는 것이 또한 마땅할 듯합니다. 대마도는 모두 본디 석산(石山)으로 되어 있어 오곡(五穀)이 생산되지 않으므로 사람들이 곡식을 배부르게 먹을 수가 없는데, 생치(生齒)는 더욱 번성하여 집 위에 집을 겹쳐서 짓기에 이르렀습니다. 왜관(倭館)에 나와서 살고 있는 자들은 단지 교역(交易)을 이롭게 여기기 때문인데, 수년 사이에 거의 시장(市場)을 폐기하기에 이르렀으니, 본국의 사정이 어떤지는 모르겠습니다만, 진실로 의뢰하고 재화를 얻을 수 있는 길이 어찌 여기에 이른 것입니까? 저들 또한 곤궁한 처지에 이르게 되면 반드시 앉아서 죽음을 기다리고 있지는 않을 것인데, 비록 수길(秀吉)처럼 흉악한 짓과 대마도의 왜노(倭奴) 같은 짓은 하지 않을지라도 다시 연해를 노략질 하는 일이 있을 경우 이것은 이상한 일이 아닌 것입니다. 가령 일단 왜구가 총을 들고 육지로 상륙하게 되면, 지금 동래·부산처럼 허술한 방어로 잘 막아낼 수 있겠습니까? 신이 일찍이 김해(金海)에서 대죄(待罪)했었기 때문에 금정 산성(金井山城)은 포기할 수 없다는 것을 상세히 알고 있습니다. 동래 평야에 있는 한 길 남짓한 성(城)은 본래 잠시 버틸 계책을 세우기에도 부족한 곳이지만, 금정 산성은 가파르고 높은 산 위에 위치하고 있어서 곧 철옹성(鐵甕城)으로 천연적인 요새지인데, 성 안이 매우 넓어서 동래부 한 고을의 백성을 모두 보전할 수 있습니다. 임진 왜란의 초기에 여기에 들어가 있었더라면, 영가(永嘉)는 격파당했을지라도 반드시 부성(府城)이 따라서 함몰되어 대령(大嶺) 이남이 잇따라 와해되는 환란은 없었을 것입니다. 지금 그곳에 성곽(城郭)이 있고 창름(倉廩)이 있으니, 마땅히 속히 수선하여 이곳에 고을을 옮긴다면, 저 왜구들이 이런 사실을 들을 경우 거꾸로 그들의 흉심(凶心)을 꺾을 수 있을 것입니다. 비록 그렇게 하지 않을 경우 특별히 수선하여 급박할 때 입보(入保)하는 장소로 삼는다면, 영가(永嘉)에 경보(警報)가 있자마자 금방 20리 사이의 사람들을 거두어 가지고 올라갈 수 있습니다. 동래의 좌측으로는 기장(機張)·울산(蔚山)·장기(長鬐)·흥해(興海)·영덕(盈德)·영해(寧海)가 모두 연변이 되는데, 왜선이 나올 때는 반드시 풍세를 의지해야 하는 것이니, 역풍이 불 때 나올 리는 없으니, 과연 수영(水營)을 울산으로 옮긴다면 나머지는 우려할 것이 없습니다. 동래로부터 우측에는 개운(開雲)·두모(豆毛)·서평(西平)·다대(多大) 등 여러 진(鎭)이 있습니다만, 모두 그 거리가 수십여 리에 불과하여서 다대를 지나면 김해(金海)·웅천(熊川)·거제(巨濟)를 지나 통영(統營)에 도착하게 됩니다. 통영 이후와 웅천·거제 등 고을에는 모두 여러 개의 진(鎭)들이 바둑알처럼 이어져 있는데, 김해는 하나도 외진(外鎭)이 없으나 유독 해문(海門)의 거방(巨防)이 되고 적로(賊路)의 초입구가 되므로, 그곳의 관장(官長)이 영장(營將)을 겸하고 있습니다. 그 성은 고려 때의 명장인 박위(朴葳)가 축조한 것으로, 지금까지 우뚝하게 서 있었는데, 연전(年前)부터 명지(鳴旨)의 염리(鹽利)를 다른 곳으로 이속(移屬)시켰기 때문에 고을의 모습이 쇠잔(衰殘)해져 고을답지 못하게 되었습니다. 이제 만약 해읍(該邑)에 그것을 대신할 만한 것을 획속(劃屬)시켜 그 물력(物力)을 넉넉하게 하고 전선이 정박할 당지(塘池)를 축조하고 수군과 육군의 군기를 다시 완비하게 하며, 밀양(密陽)의 삼랑(三浪)에 있는 조창(漕倉)은 물길이 점점 변하여져 조운(漕運)하는 선박이 통행하기 어려우니, 또한 이를 김해의 해창(海倉)에 이속시켜 그 형세를 완전하게 한다면, 마땅히 동래(東萊)와 서로 돕고 의지하는 순치(脣齒)의 관계가 형성되어 직로(直路)에서 변란에 대비함에 있어 조금이나마 걱정을 늦출 수 있을 것입니다. 또 황산(黃山)의 임경 산성(臨鏡山城)과 토천(兎遷)의 노고 산성(老姑山城)에는 모두 구첩(舊堞)이 있어 수선(修繕)할 수 있습니다. 황산의 길을 막으면 밀양(密陽)·청도(淸道)의 길이 막히고, 토천의 길을 막으면 상주(尙州)·함창(咸昌)·용궁(龍宮)·예천(醴泉)과 조령(鳥嶺)으로 향하는 길이 막힙니다. 함양(咸陽)·금산(金山)·문경(聞慶)·풍기(豊基)는 또 네 개의 대령(大嶺) 밑에 있는 요충로(要衝路)인데, 한결같이 모두 쇄잔해져 방어할 수가 없습니다. 만일 특별한 처분을 내려 가까운 고을을 떼어서 보태주어 그 형세를 배양해서 장대해지게 한다면, 엄연(儼然)히 각처의 관애(關隘)가 될 것이니, 좌병영(左兵營)을 경주(慶州)와 안동(安東) 등의 고을에 옮겨 대장이 중앙에 있으면서 먼 곳을 통제할 수 있도록 도모해야 합니다. 그리고 도신은 가산 산성(架山山城)에서 경보(警報)를 기다리게 하되 천생 산성(天生山城) 또한 수선하여 화산 산성(華山山城)·금오 산성(金鰲山城)·독용 산성(禿用山城) 등과 함께 제로(諸路)를 공제(控制)하게 한다면, 영외(營外)의 일은 대략 정비할 수 있습니다. 호남(湖南)에서는 격포(格浦) 한 곳이 가장 요해지가 되는 곳이지만, 해구(海寇)가 북쪽으로 올라오는 길목입니다. 만일 해남(海南)의 수영을 통과하게 되면 공충도(公忠道)의 보령의 수영에 이르기까지 그 사이에 각진(各鎭)이 포열되어 있지 않은 것은 아니지만, 모두 인후(咽喉)에 해당되는 요해처는 못됩니다. 유독 이 격포가 앞으로 위도(蝟島)와 마주 대하여 있는데, 배들이 왕래할 때 모두 이 두 섬의 사이를 지나야 하니, 이곳을 첨사(僉使)의 자리로 승격시켜 거진(巨鎭)을 만들고, 위도와 좌우에서 날개와 같은 형세를 이루고 고군산(古群山)과 솥의 세발처럼 서로 협력하게 하여 일로(一路)를 방어하게 한다면, 양호(兩湖)의 추유(樞紐)가 되기에 충분합니다. 육로(陸路)의 경우 병영(兵營)을 강진(康津)에 둔 것은 또한 옳은 계책이 아닙니다. 왜란이 있은 뒤 의논하여 설치할 때 처음에는 장흥(長興)으로 결정했었는데, 장흥은 사방이 산으로 둘러싸여 지금의 울산(蔚山) 병영과 같아서 방어하고 지키는 곳이 될 수 있으나, 강진은 이에 평평한 언덕과 황폐한 들에 위치하고 있어 사방에 의지할 만한 험한 곳이 없습니다. 그때의 장흥 백성들이 혹시 본읍(本邑)에 폐단이 있을까 두려워 하여 많은 은포(銀布)를 권력을 잡고 있는 사람에게 뇌물로 주었으므로, 신이 대관(臺官) 문여(文勵)와 상서(上書)하여 저지하였고, 신의 방조(傍祖)인 고 영의정 신 윤승훈(尹承勳)이 적발하여 논계(論啓)했습니다만, 문여는 국문(鞫問)받다가 죽었고, 일은 마치지 못한 채 권신(權臣)의 비위에 거슬려 폐기되었으므로, 드디어 성(城)을 장흥에 설치하지 못하고 강진에 설치하게 되었던 것이니, 설자(說者)들이 지금까지 이를 애석하게 여기고 있습니다. 지금이라도 장흥에 옮겨 설치하는 것이 좋은 것 같습니다만, 어떤 이는 또 말하기를, '장성(長城)의 입암(笠巖)과 순창(淳昌)의 복흥(福興)이 모두 천연의 요해처이고, 또 한 도의 중앙에 위치하고 있어 좌우로 굽어 살피면서 남북을 공제(控制)할 수 있으니, 여기에 곤영(閫營)을 옮긴다면 이보다 더 좋은 계책이 없다.'고 합니다. 이 두어 가지 사이에 가장 편의(便宜)한 것을 선택하여 시행한다면, 동쪽에 있는 적상(赤裳)·교룡(蛟龍)·금성(金城), 북쪽에 있는 위봉(威鳳) 등의 산성과 서로 연결되고 관통(關通)되어 또한 공고하게 하는 방도가 될 수 있습니다. 대저 우리 나라의 산천(山川)은 참으로 하늘이 만들어 놓은 오묘한 구역(區域)이어서 남을 공격하기에는 부족하지만 스스로 지키기에는 여유가 있습니다. 그러나 스스로 지키는 방도는 성벽을 공고히 하고 청야(淸野)[132] 하는 것보다 나은 것이 없습니다. 진실로 관방을 엄중히 하여 왜구가 오는 길을 끊고, 산성을 축조하여 입보(入保)할 장소를 만들고, 민병(民兵)과 약속을 정하여 보오(堡塢)를 만들고, 관창(官倉)의 것을 옮기고 사저(私儲)를 실어 나름으로써 청야하는 술책을 행한다면, 두어 달이 지나지 않아 10만의 왜구를 금방 굶어 죽게 할 수가 있습니다. 만부(灣府)는 이곳이 어떠한 곳입니까? 성 밖이 곧 압록강이고 강 밖이 곧 오랑캐 땅인데, 만일 얼음이 얼면 건장한 오랑캐들이 곧바로 성으로 침범하여 초확(鍬钁)을 사용하지 않고도 넘어 들어올 수 있습니다. 그런데 성첩(城堞)을 지키는 군사들은 모두 먼 곳에 있기 때문에 이들을 불러 오려면 자칫 시일만 허비하고, 성 안에 있는 군병도 대부분 타액(他額)이 많아 이미 명목이 다르므로, 급박할 때 임해서는 힘이 될 수 없습니다. 이는 단지 성안의 각색(各色) 군사들을 수첩군(守堞軍)으로 이름을 바꾸면, 나라를 위하는 것이 될 뿐만 아니라 각기 자기의 부모 처자를 위하여 더욱 굳게 지킬 것이니, 어찌 빈번이 성을 넘어 도망하여 돌아갈 것만을 생각하는 성 밖의 군졸들과 견줄 수 있겠습니까? 성 밖의 군졸은 각색 군대의 대신으로 이정(移定)하면 또한 거두어 모아서 쓸 수 있으니, 군정(軍政)에 있어서 조금도 손해될 것이 없습니다. 저 수영(守營)과 총영(摠營)을 합치고 심도(沁都)와 교동(喬桐)의 영(營)을 합치는 방도는 진실로 쓸모 없는 군사와 하는 일 없이 놀고 먹는 자들을 도태시켜 복심(腹心)이 되고 근본(根本)이 되게 하자는 계책에서 나온 것입니다. 이제 심도에 삼도 통어사를 둘 경우 비록 교동이 서해(西海)의 요충지라고 하더라도 하나의 수장(守將)을 두고 전대로 설치하면, 또한 손으로 가리키면서 부릴 수 있고 적을 막는 보장(保障)이 되어 통어의 소재를 삼을 수 있습니다. 수영과 총영을 폐기하는 것과 합쳐서 설치하는 것에 대한 의논에 이르러서는 그 유래가 이미 오래되었습니다만, 결단하지 못하고 있습니다. 대저 남한 산성은 곧 부도(副都)이므로, 다른 곳의 보장(保障)과는 같지 않을 뿐만이 아닌데, 수영(守營)에서 실지로 관할하고 있으니, 그 지위가 높고 권세가

---

132 청야(淸野) : 전쟁 때 적이 이용하지 못하도록 전야(田野)의 곡식을 말끔히 거두고 집들을 헐어 버리는 일.

중하여 특별한 군문이 된 후에야 경도(京都)를 진호(鎭護)할 수 있습니다. 따라서 하나의 부윤이나 수령의 아문보다 높아야 하니, 수어영을 폐기하는 것은 진실로 불가함을 알 수 있습니다. 총영(摠營)은 비록 북한 산성을 전적으로 관장하고 있다 하나, 북한 산성은 곧 경성과 한가지이니, 만약 삼군문(三軍門) 가운데에서 이속(移屬)시키면 충분합니다. 총영은 따로 설치하지 않아도 또한 관계되는 것이 없으니, 총영은 혁파하여 수영(守營)에 합치는 것을 신의 우견(愚見)에는 결단코 옳다고 여기며, 비록 그렇지만 수영에 합속(合屬)시킨 뒤에 그대로 서울에 있게 하는 것은 불가합니다. 숙위(宿衛)하는 삼군문이 이미 엄중하고도 잘 갖추어져 있는데, 향군(鄕軍)을 거느리고 한 방면의 수영을 보호하도록 한 후에 또 서울에 있게 하는 것은 무슨 뜻입니까? 반드시 나아가 남한 산성을 진수(鎭守)하면서 기보(畿輔)를 통어하는 것을 또한 심도(沁都)의 제도와 같게 한다면, 바다와 육지의 동쪽과 서쪽에 큰 관방이 서로 마주하고 있게 되어 경성(京城)의 형세가 외롭지 않게 할 수 있습니다. 또 도성의 제도는 둘레가 40리나 되게 넓고 높이가 수삼 장이나 되도록 높지만, 동쪽은 비어 있고 서쪽은 낮은데다가 참호(塹壕)나 양마성(羊馬城) 등을 지킬 만한 제도가 없으며, 성 밖에는 인가(人家)가 조밀하여 적군의 붕루(棚樓) 사용에 도움을 주기에 충분할 뿐입니다. 따라서 반드시 네 모퉁이 수백 보(步)가 되는 곳에 벽루(壁壘)를 설치해야 매우 견고해질 것인데, 벽루 하나마다 각기 1천 인이나 혹은 5, 6백 인이 지키게 하되, 정기(旌旗)를 많이 세우고 징과 북을 많이 비치하여 의병(疑兵)으로 삼고, 밤에는 밧줄을 타고 내려가기도 하고 낮에는 숨어 있기도 하고 적진 앞으로 가서 공격하기도 하고 뒤를 엄습하기도 하면, 적군이 감히 곧바로 대성(大城)을 범하지 못할 것입니다. 옛날 성을 지킬 적에 이런 예를 많이 적용했기 때문에 상고하여 보면 알 수 있습니다.

지금 우리 도성은 또한 평야(平野)에 세운 것이나 다름이 없으므로, 이처럼 지키기가 어려우니, 바로 이 방법을 써야 마땅합니다. 기영(畿營)을 홍제원(弘濟院)의 평탄한 곳으로 옮겨 설치하게 하고, 녹번현(綠磻峴)과 홍제천(弘濟川) 수구(水口)의 바위가 험준한 곳에 작은 성을 견고하게 쌓는다면, 모화현(慕華峴) 한쪽에는 성을 쌓지 않아도 또한 견고하게 할 수 있는 방도가 있게 됩니다. 총영(摠營)을 혁파하고 그 군사들은 기영에 예속시켜 한북문(漢北門)의 길과 안현(鞍峴) 및 등고현(登高峴), 우수현(禹壽峴), 동문(東門) 밖을 방어하게 하고, 왜유현(倭踰峴)·안암동(安巖洞), 봉래산(蓬萊山) 등지에 각각 하나의 작은 성을 축조하면, 모두 합쳐서 5, 6개에 지나지 않아 3리도 못되는 작은 성이지만, 높은 지형을 이용하여 요새를 만들고 백성을 모집하여 들어가서 거처하게 한 다음 각각 창고를 설치하여 칠강(七江)과 부내(部內)의 인민들이 난리를 당하였을 적에 입보(入保)할 곳으로 만들어야 합니다. 도성은 인왕산(仁王山)·북악산(北岳山)·타락산(駝駱山)·목멱산(木覓山) 등 이 네 산의 위에 각각 일대(一隊)의 군대를 주둔시키고, 정기(旌旗)를 벌여 세워 놓게 하고, 성 안의 각방(各坊)에는 시가전(市街戰)을 할 수 있는 도구를 미리 준비해 놓게 한다면, 사방의 성문을 밤새도록 활짝 열어 놓는다고 하더라도 적군도 또한 매우 위험한 것을 알기 때문에 반드시 북한 산성과 탕춘영(蕩春營)을 증축해서 강창(江倉)의 미곡(米穀)을 모두 그 안에다 실어다 놓고 온 도성의 사람들이 입보(入保)할 수 있는 장소로 만들어야 합니다. 도성 밖의 여러 작은 성이 격파되지 않는다면 도성은 범접할 수 없고, 도성이 격파되지 않는다면 탕춘·북한을 또한 감히 갑자기 범접할 수 없을 것이니, 이는 정전법(井田法) 식으로 성을 지킨다는 말과 서로 똑같은 것입니다. 파주 목사는 고을을 혜음령(惠陰嶺) 위로 옮기고 양주 목사는 고을을 홍복 산성(洪福山城)으로 옮기게 함으로써 북한 산성을 밖에서 가로막도록 하되, 기영(畿營)에서 총괄하여 통제하게 함으로써 서북쪽을 막아야 합니다. 수원(水原)의 병마(兵馬)는 수영(守營)에 예속시켜 동남쪽의 길을 막게 하고, 또 심도(沁都)의 해방(海防)과 더불어 사면을 둘러서 막게 하면서 각성(各城)이 공동으로 지키게 한다면, 인심에 동요하지 않게 되어 서울을 반드시 지켜야 할 곳으로 여기게 되고, 굳게 지키면서 버티어내어 근왕(勤王)의 군사나 의사(義士)의 군대를 기다릴 수 있게 될 것입니다.

지금 좌막(佐幕)의 부류는 팔로(八路)를 통틀어 합치면 2백 50여 과(窠)가 되는데, 그 가운데 1백 50여 과는 전대로 한산(閑散)으로 있는 사람을 데리고 감으로써 이들로 하여금 결망(缺望)하지 않게 하고, 나머지 1백 과는 금·기(禁騎)에서 각각 50인 씩을 각처에 나누어 보내어 3년을 기한으로 번곤(藩閫)의 임무를 맡긴 다음 각각 기한이 차도록 힘쓰게 하여 공로가 있은 뒤에야 차차로 입사(入仕)시키게 해야 합니다. 간혹 그 가운데 아주 뛰어난 재능이 있는 사람은 각기 그 주장(主將)으로 하여금 스스로 천주(薦主)가 되어 특별히 초계(抄啓)하게 한 다음 곧바로 승륙(陞六)시키도록 하고 우직(右職)에 서용하기도 하되, 만일 잘못 천거한 경우에는 천주에게 죄가 미치게 해야 합니다. 이렇게 하고 또 수령으로 내보내어 시험하는 것을 위에서 논한 문관(文官)의 제도와 같게 하고, 변방의 방어나 곤임(閫任)의 망(望)에도 또한 모두 전후 공을 세운 실상을 조사하여 거용한다면, 조금이나마 도움이 되는 효험이 없지 않을 것입니다.

지금 온 세상에 사치의 풍조가 만연되어 온 나라의 재화(財貨)가 바닥이 없는 골짝을 메우듯 하고 있어서 구제할 방법이 없는 지경에 이르렀습니다. 제택(第宅)을 가지고 말해 보면 조금 달관(達官)이라고 일컬어지는 자는 집을 새로 개축하며 서로 다투어 하늘에 닿을 듯이 높게 하는 것을 힘쓰지 않는 사람이 없는데, 집 한 채의 값이 혹 5, 6천 금(金)으로도 부족한 지경에 이르고 있습니다. 도성 안에는 층층이 지은 집들이 이어져 있고, 강호(江湖)에는 곳곳에 서로 바라보이는데, 합쳐서 수십 구역(區域)이 되는 데가 가끔 있습니다. 장전(庄田)으로 말하면, 이제 방금 영읍(營邑)에서 돌아온 자는 대낮에 돈을 싣고 서로 다투어 기름진 땅을 사들이는 데 힘쓰지 않는 사람이 없는데, 심지어 한 사람의 전지의 값이 혹 10만의 대금(大金)으로도 오히려 부족한 지경에 이르고 있습니다. 공인(貢人)의 이름을 겸인(傔人)으로 몰래 기록하고 경저(京邸)의 값을 노(奴)로 대신 받으며, 시리(市利)와 선고(船

雇)에 대해서도 간여하지 않는 일이 하나도 없는 경우가 가끔 있습니다. 사대부(士大夫)의 부류가 탐욕을 부리지 않는다면 사치한 풍조가 이루어질 것이 없을 것이고, 부서(府胥)와 읍리(邑吏)의 무리들이 탐욕을 부리지 않는다면 사치한 풍조를 배우지 않게 될 것입니다. 사치 때문에 창고가 텅 비어 헛된 장부(帳簿)만 가지고 있는 재결(灾結)을 헛되이 내어 점점 조세(租稅)가 줄어들게 되었습니다. 또 이른바 균청(均廳)에서 쌀을 사는 것, 혜청(惠廳)에서 둔전(屯田)을 사는 것, 각 아문에서 외방으로부터 받아들여 유치시켜 놓은 곡식 등 어느 것 하나도 공저(公儲)를 축내어 제 이익만 차지하여 국계(國計)를 은밀히 녹여 없애는 하나의 큰 좀벌레 같은 짓이 아닌 것이 없습니다. 남한 산성·심도(沁都)·송경(松京)에 저축하여 놓은 은전(銀錢)과 미곡(米穀)은 국가에서 의뢰하는 바가 어떠합니까? 그런데 열쇠의 관리는 비록 완전하다고 하더라도 빈틈으로 많이 흘러나가서 세 성(城)의 보장(保障)을 위한 저축이 이렇게 텅 비게 되었으니, 서울을 믿을 수 있겠습니까, 외영(外營)을 믿을 수 있겠습니까, 외읍(外邑)을 더욱 믿을 수 있겠습니까? 이 때문에 백관의 녹봉(祿俸)과 군병의 늠료(廩料)는 항상 반년의 수요가 모자라게 되었으므로, 강도(江都)의 쌀과 관서(關西)의 재화를 매양 옮겨다가 대여하는 거조가 많아졌는데, 만약 이렇게 된 까닭을 따져보면 그 허물이 어디에 있겠습니까? 한 마디로 지나친 사치 때문일 따름입니다.

안으로 궁액(宮掖)으로부터 밖으로 군국(軍國)에 이르기까지 한 가지 일을 행하게 되면 반드시 절약하지 않은 것이 없었다고 할 수 있으며, 한 가지 명령을 내게 되면 반드시 절약하지 않은 것이 없었다고 할 수 있겠습니까? 그리고 대저 근습(近習)과 종척(宗戚)의 사정(私情)과 달리면서 사냥하고 연회를 베푸는 즐거움에 대해서는 애당초 간언을 올리지 않아도 또한 선행(善行)을 하시는 성인(聖人)이시니 경계해야 할 만한 것이 아니었습니다만, 군민(軍民)의 일에 대해서는 태평하여 전투의 노고가 없는데도 경솔하게 상격(賞格)을 베풀게 되면 군졸들이 교만해져서 덕으로 여기지 않는 것이며, 평온한 해에 주진(賑賑)하는 정사가 없는데도 외람되게 사여(賜予)하는 것이 있게 되면 백성들이 은혜가 되는 줄을 모르는 것입니다. 대저 전하께서는 천승(千乘)의 존엄함과 팔역(八域)의 풍부함을 가지고서도 경비를 이처럼 아끼고 따라서 검약하게 하신다면 대관(大官)으로부터 그 이하로 누군들 덕의(德意)를 우러러 본받아 군공(群工)의 모범이 되지 않겠으며, 따라서 전일의 폐풍(弊風)을 다시 숭상하겠습니까? 고 상신 황희(黃喜)가 통나무집에 남루한 갓과 실띠를 매었던 검소함을 묘당(廟堂)에서부터 시작할 수는 없겠습니까? 대관이 진실로 이렇게 한다면 소관이 어떻게 감히 어길 수 있겠으며, 조정에서 진실로 이렇게 한다면 사서인(士庶人)이 어떻게 감히 어길 수 있겠으며, 서울에서 진실로 이렇게 한다면 외읍(外邑)에서 또한 마땅히 본받게 될 것입니다.

지금의 균역(均役)을 가지고 논하여 보건대, 예로부터 세금을 가혹하게 거두는 신하는 반드시 그 자신이 먼저 재물을 증식하여 자기의 집을 부유하게 하되, 사치가 외람되어 법도가 없어지는데, 그 말류(末流)의 폐해는 빼앗지 않고는 만족하지 않음으로써 국가에 흉화(凶禍)를 끼치는 지경에 이르렀습니다. 한(漢)나라 때의 상홍양(桑弘羊)[133]이 염철세(鹽鐵稅)와 주거세(舟車稅)를 만들었는데, 결국은 개장 공주(蓋長公主)·상관 걸(上官桀)과 모반(謀叛)을 꾀하였다가 멸족(滅族)을 당했습니다. 그리고 오늘날 홍계희(洪啓禧)가 어염세(魚鹽稅)와 선결세(船結稅)를 만들었는데, 이에 역적을 모의한 아들과 요망한 손자가 있어 멸종(滅種)의 화를 당하였습니다. 또 더구나 선대왕께서 평소 이에 대한 하교가 있으셨으니, 이른바 균역(均役)을 어떻게 하루인들 그대로 둘 수 있겠습니까? 그러나 그 법이 양포(良布) 1필(疋)의 대가(代價)를 충입(充入)케 한 것인데, 이제 혁파하려 한다면 반드시 따로 하나의 양산박(梁山泊)을 만든 뒤에야 할 수 있습니다. 비록 마음을 가다듬어 계교를 세우는 사람으로 하여금 있는 힘을 다해 요점을 추려서 그 대가를 충당하게 하더라도 또한 한낱 부역을 균등하게 하는 데 그칠 것이고, 또한 하나의 홍계희가 되는 데 그칠 것입니다. 난폭한 자를 다시 난폭한 자로 바꾼다면 무슨 유익함이 있겠습니까? 그대로 하자니 불가하고, 혁파하자니 할 수가 없어서 밤새도록 근심하면서 분개하여 잠을 이루지 못하였는데, 신이 마침 망령되게 생각난 것이 있으니, 그것은 털끝만큼도 백성에게 취하지 않고 하나의 물건도 백성에게 거두어 들이지 않은 채 전지(田地)가 없는 백성은 전지를 소유할 수 있게 하고, 먹을 것이 없는 백성은 먹을 것을 소유할 수 있게 하고, 백성들은 즐거움을 누리고 국가 또한 부유해질 수 있는 방법은 토지를 개간하여 농사를 권면하는 것뿐입니다. 이제 기장(記帳) 이외의 기경(起耕)할 만한 한가한 땅을 얻어서 백성들을 모집하여 농사를 짓게 하고, 공전(公田)이라고 이름을 붙여 정식(定式)하여 세금을 받아들이되, 여기에서 들어 오는 것을 헤아려 균역세(均役稅)를 견감해 준다면 1문(文)을 감하더라도 곧 균역세를 견감하는 것이 되어 백성들이 반드시 열복(悅服)할 것이며, 1푼을 고칠 수 있다고 하더라도 이는 곧 홍계희가 만든 법을 고치는 것이어서 백성들이 반드시 뛸듯이 통쾌하게 여길 것입니다. 신이 삼가 헤아려 보건대, 원장(元帳)에 붙여져 있는 수전(水田)과 한전(旱田)이 모두 1백 41만 9천 9백 90결(結)인데, 그 안에서 현재 기경(起耕)하고 있는 85만 3천 6백 80여 결(結)을 헤아려 제외하면, 남은 것은 여러 가지 면세전(免稅田)·진잡전(陳雜田)이 55만 8천 3백 11결이나 되도록 많습니다. 이 가운데에는 반드시 은루결(隱漏結)로서 숫자에 들어가지 않았지만 갈아서 농사를 지을 수 있는 땅이 있을 듯하니, 백성에게 이런 것은 진고(進告)하게 한 다음 진고한 자에게 적당히 헤아려 주도록 허락한다면 진고하는 사람이 반드시 많을 것입니다. 또 혹 제방을 쌓아서 물을 대면 많은 이익을 얻을 수 있으나, 개인의 힘으로 할 수

---

133 상홍양(桑弘羊) : 한나라 무제 때의 시중(侍中). 유명한 염철법(鹽鐵法)과 균수 평준법을 실시하여 국가의 이익을 따지는 데 있어서 백성의 아주 미세한 부분까지 하였으므로, 국가의 이익이 매우 컸음. 그러나 후세의 유학자(儒學者)들로부터 한 무제 말기에 군도(群盜)가 일어난 것은 이같은 가혹한 경제적 수탈 때문이었다고 비난을 받았음.

있는 것은 또한 관(官)에 고하게 하고, 관에서 방편에 따라 도와서 완성시키게 한다면 원하는 사람이 반드시 많을 것입니다. 또 이제 총영(摠營)을 혁파한다면 소속되었던 둔전(屯田)은 마땅히 하락(下落)해야 할 것이며, 또 다른 군문 이외에 각 아문의 둔전, 각 궁방(弓房)과 각 사찰(寺刹)의 위전(位田)·둔전(屯田)을 전부 감하거나 나누어 감해야 할 것입니다. 근래에 역가(逆家)의 토지도 그 숫자가 또한 많고, 또 각처에 절수(折受)한 산강(山岡)·포수(浦藪)와 폐기된 목장(牧場)·황장산(黃腸山)·봉산(封山)·제언(堤堰)·노초장(蘆草場)과 이생지(泥生地)가 있는데, 모두 거두어 들여 청(廳)을 설치해서 이속(移屬)시킨다면, 백성들이 모두 앞다투어 기꺼이 나아가 힘을 다해 농사를 지을 것이고, 그렇게 되면 소득이 반드시 많을 것입니다. 명칭은 목장마(牧場馬)이지만 말은 두세 필(匹)에 불과하고 완전한 한 섬과 한 들의 기름진 아까운 땅을 등한하게 여겨 포기한 것이 한두 군데에 그치지 않으며, 명칭은 봉산(封山)이지만 애당초 한 그루의 소나무도 없었고, 있었다고 하더라도 포구(浦口)와의 거리가 너무 멀고 길이 험하여 가져다 쓸 수가 없어서 백성들에게 폐단만 끼치는 것이 한두 군데에 그치지 않으며, 명칭은 황장산(黃腸山)이지만 봉산과 똑같은 한두 군데에 그치지 않으며, 노전(蘆田)이나 이생지(泥生地)는 곧 곡식을 생산해 내는 이익을 볼 수 있고 그 숫자 또한 상당히 많지만 백성들의 물건도 되지 않고 공물(公物)도 되지 않은 채 중간에서 아전들의 손으로 떨어져 들어간 것 또한 한두 군데에 그치지 않습니다. 그런데 이를 통틀어 계산해 보면 국계(國計)의 한 부분을 보충할 수 있으므로, 과연 이를 잘 수습한다면 균역세(均役稅)를 완전히 감면할 수는 없다 하더라도 절반이나 3분의 1은 반드시 헤아려 감할 수 있으니, 비록 다 개혁하지는 못할지라도 그 공이 또한 크지 않겠습니까?

경장(更張)하고 인순(因循)하는 데 관한 하교에 대하여 신이 또 우러러 아뢸 것이 있습니다. 예로부터 나라를 다스리는 방법에 있어 경장하여 환란을 부른 경우가 어찌 한정이 있겠습니까마는, 심지어 일을 만들기 좋아하는 소위(蘇威)는 백성들에게 오교가(五敎歌)를 외게 하고는 사람을 시켜 묻기를, '오품(五品)[134] 이 잘 시행되지 않는다는 것이 무엇인가?' 하니, 대답하는 사람이 잘못 말하기를, '이 고을에는 오품관(五品官)이 없다.'고 하기에 이르렀는데, 감응(感應)이 깊이 일어나기에 미쳐서는 백성들이 모두 말하기를, '다시 또 우리에게 오교가를 외게 하겠는가?' 하였습니다. 인순(因循)하여 환란을 부른 경우 또한 어찌 한정이 있었겠습니까마는, 심지어 금(金)나라 사람들이 목소리를 낮추고 말을 느릿느릿하는 것을 고아한 품격을 배양하는 것으로 여겨 적군이 침범하여 왔는데도 조당(朝堂)에 모여 읍양(揖讓)하면서 서로 미루다가 파하는 지경에 이르렀는데, 오늘도 이렇게 하고 내일도 이렇게 하면서 한가지 계책도 조처하지 못하자, 오랑캐들이 비웃어 말하기를, '너희들이 의논을 결정하기를 기다리는 동안 우리는 이미 하수(河水)를 건널 것이다.' 하기에 이르렀습니

---

134 오륜(五倫).

다. 이로써 살펴보건대 둘다 잘못된 계책이니, 개탄을 금할 수 있겠습니까? 비록 그렇지만 인순(因循)이라는 명칭에는 쇠약하고 퇴패스러운 풍속이라는 의미가 많이 들어 있으며, 경장(更張)이라는 명칭은 매양 쇄신하고 분발하여 새로움을 도모할 때 나오는 말이니, 쇄신하고 분발하는 것이 진실로 나약하고 퇴패스러운 것보다는 낫습니다.

더구나 신이 일찍이 옛 명신(名臣)의 차자(箚子) 내용을 보건대 우리 해동(海東)의 사대부들의 풍운(風韻)과 기미(氣味)를 금(金)나라 사람들이 낮은 목소리로 느릿느릿 말하는 것에 견주었는데, 지금은 또 더구나 세도(世道)와 인심(人心)은 물이 더욱 아래로 내려가듯 하여 쇠약함이 극도에 이르렀으므로, 모두 열 손가락조차 움직이려 하지 않은 채 임금이 주는 음식을 먹고 임금이 주는 옷을 입고 앉아서 처자(妻子)의 즐거움만 누리며 조석(朝夕)의 근심에 대해서는 걱정하지 않고 있으니, 옛말에 이른바 나라를 집안일처럼 걱정한다는 사람이 모르겠습니다만 몇 명이나 되겠습니까? 이런 때일수록 더욱 대대적인 쇄신과 대대적인 분발이 없을 수 없습니다. 경장(更張)해서 백성들이 기뻐하는 것은 경장하고 경장해서 백성들이 기뻐하지 않는 것은 경장하지 않아야 하며, 경장해도 소요가 일지 않으면 경장하고 경장해서 일이 많이 생기면 경장하지 않아야 합니다. 보태주어 백성을 즐겁게 하고, 이익을 주어 나아가게 하고, 해로운 것은 고하여 피하게 하고, 위태로운 것은 깨우쳐서 옮겨 가게 하며, 완만하게 하여 핍박하지 않고, 간략하게 하여 어렵지 않게 하고, 익숙하게 하여 새로 시작하는 것에 대해 놀라지 않게 하고, 점진적으로 하여 갑작스러운 것에 대해 고통스럽지 않게 하고, 묵묵한 가운데 옮겨져 가서 알지 못하게 하고, 편안히 행하게 하여 그렇게 된 이유를 모르게 해야 합니다. 이것이 경장했는데도 경장하지 않은 것 같고 경장하지 않았는데도 저절로 경장된 것이라고 할 수 있으니, 이것이 어찌 오늘날 낭묘(廊廟)의 신하들이 강구해야 될 것이 아니겠습니까?

삼사(三司)·양사(兩司)의 논계(論啓) 가운데 죄명이 가장 중하고 남은 기염(氣焰)이 두려워할 만한 자는 전일의 관위(官位)가 어떠했고 처지(處地)가 어떠했는지를 막론하고 벨 만한 자는 즉시 베고, 국문할 만한 자는 즉시 국문하고, 귀양보낼 만한 자는 즉시 귀양보냄으로써 간당(奸黨)들을 꺾어 깨뜨려 그 음모(陰謀)를 무산시켜야 하는 것이요, 역적을 배양하여 환란을 부르고 나쁜 벌레를 길러서 독(毒)을 끼치게 해서는 안됩니다. 그리고 역종(逆種)과 역얼(逆孽) 가운데 바다나 육지에 귀양가 있는 자들은 특별히 도신과 수령들에게 신칙하여 엄중히 방수(防守)하게 하고, 진섭(津涉)과 관문(關門)·교량(橋梁)을 특별히 기찰하게 하여 비록 가인(家人)이나 노복(奴僕)들의 왕래도 철저히 수색하고 점검하여 본관(本官)에 보고하게 한다면, 간사한 자가 용납될 수 없어 변란이 거의 그치기를 바랄 수 있을 것입니다. 무자년·을미년 연간에 이렇게 일찍 살피어 미리 예방하는 방도를 강구하였다면 요원의 불길처럼 하늘을 찌를듯한 지경에는 이르지 않았을 것입니다. 작년에 기왓장이 날라오고 모래가 부려지는 변이 있었을 적에 그날 밤으로 급히 서둘러 호위하지 않았다면, 천지의 백신(百神)이 또한 반드시 부호(扶護)하는 데 배나 수고로웠을 것입니다. 삼가 바라건대 속히 영단(英斷)을 베풀어 빨리 처분을 내리소서."하니, 비답하기를, "일에 대해서 말한 수만(數萬) 마디가 매우 근거있는 내용이었다. 아울러 묘당으로 하여금 품처하게 하겠다."

전 현감 심정진이 인재를 적재적소에 등용시킬 것을 아뢴 상소문

· 정조실록 12권, 정조 5년 11월 3일 신축 3번째기사

1781년 청 건륭(乾隆) 46년

전 현감(縣監) 심정진(沈定鎭)이 유지(有旨)에 응하여 상소하기를, "우리 전하(殿下)께서는 임어하신 이래 건강(乾綱)은 날로 높아지는 데 반하여 신도(臣道)는 날로 비하되었으므로, 종용히 지내는 것이 풍습을 이루어 언로(言路)가 막혀 버렸습니다. 그리하여 정사는 다급하여 각박하게 하고 문(文)이 승하여 사치한 데로 흘렀기 때문에 있지 않은 재이(災異)가 없고 따라서 민생(民生)은 날로 더욱 곤고스러워져 가고 있습니다. 단지 작은 이익만을 계교할 뿐이고 단지 비근한 공을 세우기만 힘쓸 뿐인 채 크게 진작시키고 크게 분발시키는 사업(事業)에 대해서는 아직 들어 보지 못하였습니다. 그리하여 구차스럽게 미봉책만을 일삼아 금년이 작년과 같고 작년이 재작년과 같았으니, 명년 또 그 다음 명년도 금년과 같으리라는 것을 알 수 있습니다. 이것이 어찌 진언(進言)하는 사람들만의 잘못이겠습니까? 전하께서도 스스로 반성해야 되는 것입니다. 대저 삼대(三代)의 정치는 요점을 시행하는 것보다 더 먼저 한 것이 없습니다. 요점은 무엇인가 하면, 자신을 수양하고 어진이를 얻고 사람을 벼슬자리에 앉히는 그것입니다. 자신을 수양하는 데는 방법이 있습니다. 옛날에 자신을 잘 수양한 사람은 자신의 성명(性命)과 형색(形色)이 모두 하늘과 부모가 내려 준 몸이라는 것을 알았기 때문에 항상 조심하는 마음으로 감히 스스로 사심(私心)을 쓰지 않았고 항상 성실하게 하여 감히 자신의 몸을 자신의 것으로 여기지 않아서 음식을 먹는 동안에도 하늘과 부모를 어기는 일이 없었습니다. 이렇게 성심(誠心)을 쌓고 학문(學文)을 쌓는 것이 자신을 수양하는 데로 귀일되게 하였으므로 지극한 경지에 이르러서는 유명(幽明)과 현미(顯微)를 관철하여 황극(皇極)을 감동시키는 이치가 있게 되는 것입니다. 이런 때문에 필서(匹庶)가 이로 말미암아서 자신을 수양하면 지효(至孝)라고 부르는데, 증자(曾子)가 여기에 해당되고, 제왕(帝王)이 말미암아서 자신을 수양하면 대효(大孝)라고 부르는데, 달효(達孝)인 순(舜)임금과 문왕(文王)·무왕(武王)이 여기에 해당됩니다. 전하의 효성으로 자신을 수양함에 있어 반드시 황천(皇天)과 조종(祖宗)으로 근본을 삼아서, 한결같이 황천을 생각하여 혹시라도 스스로 해이함이 없고 한결같이 조종을 생각하여 혹시라도 자만하는 일

이 없이 일상 생활에서 오직 황천과 조종만을 따르신다면, 전하의 몸은 실로 황천과 조종의 몸인 것이니, 이런 몸으로 황천과 조종의 백성을 다스린다면 백성은 나의 형제요 만물은 나와 함께 하는 생각으로 천지 자연의 화육(化育)에 참여하여 돕는다는 것이 여기에서 벗어나지 않게 되어서, 순임금과 문왕·무왕 같은 성왕(聖王)을 다시 오늘날에 보게 되는 것은 이것이 전하에게 달려 있는 것입니다. 어진이를 얻는 데는 방법이 있습니다. 옛날의 성왕(聖王)도 어진이를 얻어서 다스리지 않은 적이 없었는데, 삼대(三代) 때부터 이미 그러하였으니, 오늘날을 위하는 계책은 어진이를 얻는 것보다 더한 일이 없습니다. 무릇 문장(文章)이 아름다운 광휘를 발하여 마치 뇌정(雷霆) 같고 하한(河漢) 같다고 하더라도 진실로 올바른 적격자가 아니면 정치하는 데 모슨 보탬이 되겠으며, 입으로 성명(性命)을 말하면 그 언설(言說)이 미묘하고 두루 돌아다니다가 뒤로 물러나 서서 눈을 깜짝이며 눈썹을 치켜올린다고 해도 진실로 적격자가 아니면 정치에 무슨 보탬이 되겠으며, 관명(官名)을 바꾸고 복색(服色)을 고쳐 주(周)나라의 예(禮)를 따르고 당(唐)·우(虞)의 법을 모방한다고 하더라도 진실로 적격자가 아니면 정치에 무슨 보탬이 되겠습니까? 위에 성인(聖人)이 있으면 아래에는 반드시 현좌(賢佐)가 있기 마련인 것입니다. 전하께서 시험삼아 겸허한 마음으로 널리 방문(訪問)하는 것을 목마른 사람이 마실 것을 찾고 굶주린 사람이 밥을 찾는 것처럼 한다면, 정성(精誠)이 이르는 곳에 어찌 감통(感通)하지 않을 수 있겠습니까? 《주역(周易)》에 이르기를, '구름은 용을 따르고 바람은 호랑이를 따른다.'고 하였으니, 이는 필연의 이치입니다. 사람에게 벼슬을 주는 것에도 방법이 있습니다. 옛날 사람에게 벼슬을 줌에 있어서는 옷을 재단(裁斷)하는 것처럼 하여 옷자락과 허리, 동정과 소매끝을 알맞게 하듯이 각기 적소에 앉혔는데, 후세에 사람에게 벼슬을 줌에 있어서는 이와 반대되게 하였습니다. 때문에 한 사람의 몸으로 천관(天官)도 삼고 지관(地官)도 삼고 예조도 삼고 병조도 삼고 형조도 삼고 공조도 삼으니, 어찌 이럴 수가 있단 말입니까? 이제 무릇 농사짓는 사람에게 어찌하여 베를 짜지 않느냐고 책하고 수레 만드는 사람에게 어찌하여 배를 만들지 않느냐고 책한다면, 서로 통하지 않는 것만 많이 보게 될 뿐입니다. 전하께서 사람을 쓰는 것이 불행하게도 이와 비슷하기 때문에 사람들이 모두 말하기를, '천하의 무슨 벼슬이든 내가 할 수 있다.'고 하면서 태연히 자처하되 부끄러워할 줄을 모릅니다. 이리하여 자신의 일만을 앞세우고 국가의 일은 뒤로 하기 때문에 염치가 날로 없어지고 풍속이 날로 야박해지고 있으니, 어찌 한심스러운 일이 아니겠습니까? 지금부터는 사람에게 벼슬을 줄 때를 당하여 그가 예(禮)를 아는지 물어보고 나서 예관(禮官)에 앉히고 병무(兵務)를 아는지 물어보고 나서 병관(兵官)에 앉히며 무(武)를 묻고 문(文)을 묻고 경(經)을 묻고 예(藝)를 묻고 나서 각각 거기에 맞는 벼슬에 앉힌다면, 사람들이 반드시 스스로 자신을 다스리고 스스로 자신의 학업(學業)을 연마하여 위에서 써주기를 기다리게 될 것입니다. 비록 기용이 되지 않더라도 자신에게 반성할 뿐이고 할 수 없는 벼슬을 하려고 감히 마음먹지 못하게 된 연후에야 벼슬에는 헛되이 자리만 지키는 일이 없을 것이고 사람은 외람되이 탐내는 일이 없게 될 것입니다. 자신을 수양하는 것이 우선이고 어진이를 얻는 것이 그 다음이며 사람에게 벼슬을 주는 것이 그 다음입니다. 자신을 수양하지 않으면 어진 이를 얻을 수 없고 어진이를 얻지 못하면 사람에게 벼슬을 줄 수가 없습니다. 그러나 자신을 수양하고 어진이를 얻고 사람에게 벼슬을 주는 것은 서로 필요하여 함께 연결되어 이루어지는 것이니, 이것은 마땅히 힘써야 할 급선무인 것입니다. 삼대(三代)의 정치도 이 세 가지 속에 다 갖추어져 있는 것입니다. 대저 향약(鄕約)은 삼대의 유의(遺意)인 것입니다. 선정신(先正臣) 이이(李珥)의 향약은 대체로 여씨(呂氏)의 것을 비교 모방한 것이어서 조목(條目)이 번거롭고 조밀한 탓으로 갑자기 행하기가 쉽지 않습니다. 선정신 송시열(宋時烈), 선정신 송준길(宋浚吉)의 향약은 선정신 이이의 향약에 견주어보면 상당히 줄여서 요약해 놓은 것입니다만, 그래도 행하기가 어렵습니다. 전하께서 이를 가져다가 산절(刪節)하여 오늘날에 행할 수 있는 것을 참작하여 시행하신다면, 위에서는 법 받기가 쉽고 아래에서는 따르기 쉬울 것입니다. 이렇게 전하께서 사도(師道)를 스스로 맡고 나서시어 안으로는 대사성(大司成)을 향약청의 장(長)으로 삼고 오부(五部)의 관원을 부장(副長)으로 삼고 각부(各部)의 사대부 가운데 덕행이 있는 사람을 차장(次長)으로 삼으며, 밖으로는 팔도(八道)의 도신(道臣)을 팔도 향약의 장(長)으로 삼고 3백 60주(州)의 수재(守宰)와 각주(各州)의 사대부 가운데 덕행이 있는 사람을 내제(內制)와 똑같이 만들어 조식(條式)으로 결정하여 드러낸다면, 그 효험을 시작할 적에 점칠 수 있습니다. 2, 3년을 기다릴 필요가 뭐 있습니까? 임금이 뜻을 확립하면 천하가 잘 다스려진다고 한 것이 정자(程子)의 말이 아닙니까? 대저 지극한 정성을 다하는 일심(一心)으로 도(道)를 스스로 떠맡고 나서서, 성인(聖人)의 훈사(訓辭)는 반드시 믿을 수 있고 선왕(先王)의 정치는 반드시 행할 수 있는 것이라 여기는 것이 뜻을 확립시키는 기본(基本)인 것입니다. 정(精)과 지(志)가 순일하여 잡되지 않게 하여 활을 쏘는 사람이 달려 있는 정곡(正鵠)을 맞히지 않으면 활을 놓지 않는 것처럼 하고 달려가는 사람이 길을 달려가다가 갈림길이 나오지 않으면 정지하지 않는 것처럼 하는 이것이 뜻을 확립시키는 절도(節度)인 것입니다. 패연(沛然)히 순조롭게 걸림이 없고, 응연(凝然)히 오래도록 버티면서 빠르게 하지 않는 것을 천지(天地)가 유원(悠遠)한 것 같고 강하(江河)가 직선으로 쏟아져 내리는 것 같고 풍뢰(風雷)가 분발하는 것처럼 하는 것이 뜻을 확립시킨 데 대한 응험(應驗)인 것입니다. 그 기본이 있게 되면 이 절도(節度)가 있게 되고 그 절도가 있게 되면 이 응험이 있게 되는 것으로, 그 이치가 지극히 환히 드러나 있는 것이어서 속일 수가 없습니다. 진실로 그렇게 하지 않으면 천하의 모든 일이 허위로 끝나고 맙니다. 돌아보건대, 손을 댈 데가 어디 있겠습니까? 그러므로 삼대(三代)의 정치를 하려고 한다면 오직 뜻을 확립시키기에 달려 있는 것이니, 이것이 신이 다시 말미에 진달하게 된 이유인 것입니다." 하니, 비답하기를, "그대를 주연(冑筵)에서 책을 펴고 강론할 때 보았는데, 그대가 유지(有

닙)에 응하여 소장을 올려 세 가지 조항을 면진(勉陳)하였으니, 내가 마땅히 체찰(體察)토록 하겠다. 말단의 일은 옛것을 모방하고 지금에 편의하게 하여 폐단 없이 행하게 할 수 있는지의 여부를 청한 바에 따라 대사성으로 하여금 사리를 논하여 적확(的確)하게 품처(稟處)하게 하겠다."

국정에 대한 우참찬 정창성의 상소문

정조실록 16권, 정조 7년 7월 4일 계사 9번째기사

1783년 청 건륭(乾隆) 48년

우참찬(右參贊) 정창성(鄭昌聖)이 상소하기를, "삼가 생각하건대, 우리 전하께서 초정(初政)하여 나라를 다스릴 적에 한(漢)나라나 당(唐)나라의 중간 정도의 임금쯤으로는 스스로 되지 않으려고 하셨을텐데, 세상일은 가닥이 많게 되고 사세가 평소에 요량하신 바와 어그러지게 되었습니다. 흉악한 것들을 물리치고 내치느라 위엄스러운 결단이 혁연(赫然)하기는 했습니다만, 조정 안을 둘러볼 때에 이어받아 보좌(輔佐)할 사람은 없었고, 겨우 죄를 면하여 구차하게 용납되는 부류들과 녹(祿)을 유지하며 자리만 보존하는 무리들로 하나도 성상의 연충(淵衷)을 감동시키게 하는 것이 없었습니다. 이제는 성상께서 뜻이 후퇴하여 저지(沮止)됨을 면치 못하시어 거둥이 자연히 인순(因循)하게 되셨기에, 그렇게 계시는 10년 동안 한 가지도 말할 만한 효과가 없게 되었습니다. 이는 진실은 오늘날의 군하(群下)의 죄로서, 임금만 있고 신하는 없다는 한탄이 이때와 같을 수가 없게 되었습니다. 혹시라도 가생(賈生)이 살아 있으면서 오늘날의 세상을 보게 된다면, 어찌 단지 세 차례 눈물을 흘리고 여섯 차례 탄식만으로 말게 될 일[135]이겠습니까? 그러나 하늘이 낸 한 시대의 인재(人材)로 한 시대의 일을 해 가게 될 수 있는 법입니다. 하물며 세상에 없는 성상(聖上)께서 이처럼 일을 해 갈 수 있는 권병(權柄)을 잡고 계시니, 오직 그런 뜻이 없을까가 걱정이지, 어찌 그런 신하가 없음이 걱정이겠습니까? 다만 오늘날 전하(殿下)의 마당 안에 관대(冠帶)를 두르고 있는 사람들이 잇따르는 변을 싫증나도록 겪었기에 연미(軟媚)한 작태(作態)를 가지기에 익숙해져, 방편(方便)이 묘책(妙策)이고, 모릉(模稜)이 시양(時樣)이라 여기며 듣고 본

---

135 가생(賈生)이 살아 있으면서 오늘날의 세상을 보게 된다면, 어찌 단지 세 차례 눈물을 흘리고 여섯 차례 탄식만으로 말게 될 일이겠습니까? : 가생(賈生)은 한(漢)나라 때의 가의(賈誼)를 가리키는 말. 한 문제(漢文帝) 때에 흉노(凶奴)가 변방을 침범하고, 한편 천하가 평정된 지 얼마 안되어 제도가 허술하므로 제후왕(諸侯王)들이 참람한 짓들을 많이 하였는데, 가의가 정사에 관하여 그 상소한 가운데 통곡할 만한 것 한 가지와 눈물을 흘릴 만한 것 두 가지와 길게 탄식할 만한 것 여섯 가지를 들어 충언함으로써 바로잡도록 한 것이 많음.

것을 익히고 서로 좋아하는 사람에게 아당(阿黨)하는 짓을 하게 되어, 지론(持論)이 매양 두 가닥이 있게 되고 처신(處身)도 자연히 지위(脂韋)와 같게 되었습니다. 결국에는 병폐가 점점 더욱 나빠지게 되니, 심지어는, 징토(懲討)하는 대전(大典)에 있어서는 관계가 어떠한 것이겠습니까만, 더러는 억지로 혈성(血誠)을 토로(吐露)하는 주청(奏請)을 하면서 고명(沽名)하려는 생각을 하게 되었습니다. 제방(隄防)의 한 가지 일에 있어서도 명분(名分)과 의리가 달려 있게 되는 바인데, 처음부터 엄격하게 물리치려는 생각을 하지 않고서 멋대로 대중의 논의에 따르는 짓을 하게 될 것입니다. 풍속이 이에 이르도록 무너져 버려 진실로 마음이 아프게 되었으니, 만일에 대단하게 바로잡는 개혁을 가하여 크게 이 시점(時點)의 풍습을 고쳐 가지 않는다면, 한번 다스려지는 시기가 다시 어느 때에 있게 되겠습니까? 장래에 다가올 우려를 이루 말할 수 없게 되었습니다. 《역경(易經)》에 '궁극(窮極)에는 변경해야 하고 변경하면 통하게 되는 것이다.'라고 했거니와, 천하의 일이란 오래 되어 폐해가 없는 일이 없고, 폐단이 생겼는데 고치지 않을 수도 없는 법입니다. 오늘날의 세상에 있어서 오늘날의 도리를 변경시키지 않고서 다스려지기를 바라려고 하는 것은, 이는 마치 그림자가 지는 것을 두려워하여 물러서게 되고, 들어가기를 바라면서 문을 닫아버리는 것과 같은 일입니다. 비록 요(堯)·순(舜)이 다시 나온다 하더라도 장차 어떻게 정치를 해 가게 될 수 있겠습니까?

오직 바라건대, 전하께서 크게 뜻을 분발(奮發)하시어 상례에 구애받지 마시고, 구장(舊章)에 있어서 수명(修明)해야 할 것은 그대로 수명해 가고, 개정(改定)해야 할 것은 개정해 가되, 되도록 이 시기에 알맞게 조치하여 영구히 후손에게 유복(裕福)한 모유(謨猷)가 전해지게 하시기 바랍니다. 종핵(綜核)하여 가는 실속은 한갓 말만 하는 데에 있는 것이 아니라, 오직 굳게 작정하기에 달린 것이기에, 청컨대 신(臣)이 간략하게 진달(陳達)하겠습니다. 똑같은 한 일을 놓고도 갑(甲)에 있어서는 옳다고 하다가 을(乙)에 있어서는 그르다고 하게 되고, 똑같은 하나의 사람을 두고도 어제는 현명하다고 했다가 오늘은 우매하다고 하게 되어, 사람에 있어서도 일정한 품평(品評)이 없고 일에 있어서도 일정한 명분(名分)이 없습니다. 근거가 없는 말들은 나름대로 서로가 억측(臆測)하는 짓을 하고, 터무니없이 과장(誇張)된 말들은 단예(端倪)를 구명(究明)할 수가 없는데, 집탈(執頉)하려고 해 보면 자취가 없는데 들어보고 나면 의아스럽게만 됩니다. 삼가 바라건대, 전하께서 따로 군신(群臣)을 신칙하시되, 일에 당해서는 이해(利害)를 잘 살펴보고서 하고 경박한 의논에 동요되지 마시고, 사람을 벼슬 시킬 적에는 인재 여부를 살펴서 하고 헛소문을 취택하지 않으신다면, 반드시 등용과 버림에 실효가 있게 될 것입니다. 임금의 호령은 비유하건대 바람과 천둥 같은 것입니다. 바람이 경동(警動)시키게 되지 못하고 천둥이 격퇴(擊退)시키지 못하게 된다면, 천지의 조화(造化)와 같은 권병(權柄)이 귀중할 것이 없게 될 것입니다. 전하께서 신칙하여 깨우치는 바가 있으셨는데도 군하(群下)들이 잘 봉승(奉承)해서 하지 못하여, 구차하고 태만한 풍습을 고치지 않고 한결같이 편안하기만 도모하게 된다면, 한갓 번거롭게 회책(誨責)하려고 할 것이 아니라 오직 마땅히 율령(律令)을 가지고 종사(從事)하여, 더러는 삭직(削職)하기도 하고 더러는 견책하기도 하기를 지나친 용서가 없이 하시되, 그들이 자신(自新)하기 기다린 다음에 다시 서용(敍用)하도록 하신다면, 사람들이 두려워하고 몸을 사릴 줄 알게 되어 자연히 책려(策勵)하는 실효가 있게 될 것입니다. 관작(官爵)과 녹봉(祿俸)은 신하들을 격려하고 권면하는 큰 권병(權柄)인 것이기에, 옛적의 명철(明哲)한 제왕(帝王)들도 일찍이 경솔하게 아무에게 나주지 않았습니다. 폐고(弊栲)를 간수해 두었음과 반영(繁纓)[136]을 아끼고 있었음도 물건 그것만을 위해서가 아니었습니다. 옛적에 10년이 되도록 뽑히지 않는 사람이 있게 되고 종신토록 옮겨지지 않는 사람이 있게 된 다음에야 사람들이 각기 스스로 효력(效力)하여 자기의 재능을 다하기를 힘쓰게 되었습니다. 한 자급(資級)이나 절반의 자급이라도 족히 공로를 권면하게 되는 법이어서, 얻은 사람은 영광으로 여기게 되고 잃은 사람은 비애(悲哀)로 여기게 되어야, 바야흐로 관작과 녹봉의 실효(實效)가 있게 되는 법입니다. 이를 가지고 추구(推究)하여 가는 때마다 종핵(綜核)하여 하는 국정(國政)이 아닌 것이 없게 되고, 하는 일마다 진작(振作)하는 실효(實效)가 아닌 것이 없게 되어야 합니다. 대저 이렇게 된다면 일예(一藝)나 일능(一能)이라도 있는 사람들이 모두 능히 분발(奮發)하게 되고, 대관(大官)이나 소관(小官)이나 모두 이것저것을 하려고 생각하게 될 것입니다. 이는 성상께서 한 번 거조(擧措)를 내리시는 가운데 달린 것이니, 삼가 성명(聖明)께서 유의하시기 바랍니다.” 하니, 우악(優渥)한 비답을 내려 가납(嘉納)하였다.

---

136 반영(繁纓) : 제후(諸侯)의 말 장식.

제23대 순조(1800~1834)

《국조보감》 제3권을 강하고 나서 어진 인재 등용에 대해 논의

순조실록 9권, 순조 6년 5월 4일 신해 1번째기사
1806년 청 가경(嘉慶) 11년

소대하여 《국조보감》 제3권을 강하였다. 임금이 말하기를, "옛사람이 이르되, '어진 사람을 구하는 데에 노고하고 사람을 임용하는 데에 안일하다.'고 하였으니, 이 말이 진실로 옳다. 그러나 세상이 내려갈수록 풍속이 잘못되어 이미 어진 이를 찾는 데에 부지런하지 못하고 설혹 어진 이가 있다 하더라도 또한 우쭐하게 뽐내는 낯빛을 면하지 못하여 천리 밖에서 거절함을 당하며, 사람을 임용할 때에는 도리어 그 수고로움을 견디지 못하니, 어떻게 하면 참으로 사람을 인용하는 데에 편안할 수 있겠는가? 조종조(祖宗朝)에 어진 이를 구하는 정성은 저렇듯 독실하였으므로 인재(人材)가 대단히 많았다. 이 글에도 역시 '어진 이를 찾아서 쓰게 되면 대개 그런 사람이 많을 것이다.'라고 한 것이 있는데, 지금으로 볼 것 같으면 진실로 감히 조종조의 융성했던 때를 바랄 수 없고, 또한 한(漢)나라나 당(唐)나라의 중주가 다스리던 세대에도 미치지 못할 것 같다. 또 초선(抄選)한 가운데에도 또한 두셋의 유현(儒賢)이 있으나 성의가 지극하지 않아서 불러들이지 못하였으며, 도천(道薦)이나 수령천(守令薦) 같은 무리가 지금 또한 있는데도 그들을 수용(收用)한 실상을 보지 못하였다. 어떻게 하면 인재가 휘정(彙征)하도록 하여 유명 무실하다는 탄식을 면할 수 있겠는가? 이미 거주(擧主)[137]가 있었으면 상벌(賞罰)의 법을 세워야 하지 않겠는가?"

하니, 각신 홍 석주가 말하기를, "비록 이루 다 임용하지 못함이 있지만 거주와 전관(銓官)을 모두 그냥 놔두고 물어보지 않는다면, 어떻게 그들이 사사로움을 따르는 것을 금할 수 있겠습니까?" 하니, 임금이 말하기를, "어진 인재를 얻어서 쓴다면 비록 베개를 높이 베고 하는 일이 없더라도 가할 것이다. 그러나 어진 인재를 얻었다 하더라도 또한 모름지기 그 말을 들어 써서 일할 만한 데에 두어야 하는데, 반드시 천하의 이목(耳目)을 총명하다고 여기어 중심(衆心)을 따라서 자연히 천심(天心)에 합쳐지기를 꾀한 다음에야 나라를 다스렸다고 할 수 있다. 만약 베개만 높이 베고 하는 일이 없을 뿐이라면, 어진 자가 비록 조정

---

137 거주(擧主) : 관원의 후보자로 보증 추천한 사람.

에 널리 퍼져 있다 하더라도 어떻게 그 공효(功效)를 거둘 수 있겠는가?"

사성 이형하가 과거의 폐단을 상소하다

순조실록 21권, 순조 18년 5월 29일 병인 4번째기사
1818년 청 가경(嘉慶) 23년

이보다 앞서 사성(司成) 이형하(李瀅夏)가 상소하였는데, 대략 이르기를, "지금 나라와 백성의 폐단을 말할 만한 것이 한두 가지가 아니지만 서둘러서 기필코 고치고야 말 것은 곧 과거(科擧)의 폐단입니다. 과거의 폐단이 제거된다면 인재가 등용되고 조정이 존중받으며, 선비의 추향이 정직하게 되고 민심이 안정되며, 기강이 서고 교화(敎化)가 행하여질 것이지만, 과거의 폐단이 제거되지 않는다면 이 여섯 가지가 모조리 병들게 될 것이니, 이를 어찌 눈앞의 안일만을 도모하고 일을 무서워하면서 무너져버리도록 내버려둔단 말입니까? 만약 그 폐단의 항목을 열거한다면, 거리낌없이 남이 대신 글을 짓고 대신 써주며, 수종(隨從)들이 책을 가지고 과장에 마구 따라 들어가고, 과장에 아무나 함부로 들어가며, 시권(試券)의 제출이 분답(紛遝)하고, 바깥 장소에서 써 가지고 들어가며, 고관에 추종함이 공공연히 행하여지는 일과 이졸(吏卒)들이 얼굴을 바꾸어 드나드는 가하면 자축(字軸)을 마음대로 바꾸고 농간을 부리는 것입니다. 이외에도 수없이 많은 부정한 행위들을 다시 제가 들어 말할 수 없습니다. 이렇기 때문에, 방목(榜目)이 나오자마자 세상 사람의 비난이 들끓게 되고, 과장(科場)을 한번 치르고 나면 멀리서 온 사람들이 실망하는 광경을 자주 보게 됩니다. 여기서 한 번 바뀌어 연전에는 감시(監試)의 이소(二所)에서 과장을 폐지하는 일이 있었고, 두 번 바뀌어 작년에는 정시(庭試)가 남잡(濫雜)하여 시관(試官)을 논감(論勘)하기까지 하였으며, 세 번 바뀌어 지난 섣달의 감제(柑製)에서는 감자(柑子)를 움켜쥐는 것도 부족하여 계단을 올라와 당(堂)에서 싸움판을 벌여 거의 과장의 몰골이 아니었습니다. 그러니 후일 식년시(式年試)를 크게 설행할 때 경향(京鄕) 각지의 거자(擧子)들이 모두 모이게 되면 그 제대로 읍양(揖讓)하고 진퇴(進退)하여 위의가 정연하게 되어서 나라의 칙령(飭令)을 번거롭게 하지 않을 수 있을른지 신은 잘 모르겠습니다. 그런데 만약 시행하는 데 폐단이 없고, 시험하는 데 효과가 있으며, 명령을 내리면 아랫사람들이 믿고, 법을 제정하면 범하는 자가 없도록 하는 데는 한 가지 좋은 방법이 있습니다. 그것이 곧 면전 시험입니다. 지금 마땅히 사전에 서울과 지방에 통지하여, 각자 사는 곳에서 과거에 응시할 유생의 명단을 받은 다음 강을 받았는가 대조하는 것을 마친 사례에 따라서, 서울에서는 성균관과 사학(四學)의 교수가, 지방에서는 지방관이나 혹은 겸관(兼官)이 출제(出題)하여 면전 시험

에서 합격한 자에게는 첩문(帖文)을 만들어 주고, 따로 책자를 만들어 시소(試所)에 보내서 입문(入門)할 때의 조검(照檢)과 출방(出榜)한 뒤의 빙고(憑考)의 자료로 삼고, 회위(會闈)에 모두 모였을 때에 학례(學禮)의 봉강(捧講)하는 예에 따라 별도로 시관(試官)을 정해서 다시 출제하여 면전 시험을 치를 일입니다. 만약 거기에 문필(文筆)이 없는 자가 끼어 있다면, 그 유생은 과율(科律)로 다스리고, 당초에 면전 시험을 시행했던 사관은 현고(現告)[138]를 받아서 엄중히 처분할 일입니다. 또 회시(會試)를 출방(出榜)한 다음에 전하께서 헌함(軒檻)에 납시어 면전 시험을 하거나 혹은 관원을 임명하여 거행하되, 거기에 또 혹은 문필이 없으면서 속여 참여한 자가 있으면, 시관과 유생을 거기 해당하는 죄로 다스려야 합니다. 이와 같이 세 차례 면전 시험을 치른 다음이라야 실효를 기대할 수 있습니다. 다만 감시(監試)만 그렇게 할 것이 아니고 초시(初試)의 여러 과목도 모두 이와 같은 규례를 적용한다면, 문필이 없는 자는 저절로 물러가고 문필이 있는 자가 뜻을 펴게 될 것이며, 과장이 정숙하여져서 앞에 말한 8개 조의 고질적인 폐단이 제거하기를 기약하지 않아도 저절로 제거될 것입니다. 이를 그대로 성전(成典)으로 만들어 영구히 준행(遵行)한다면, 이로부터 집집마다 글을 읽고 사람마다 공부하여 문풍(文風)이 성대하게 일어나고 선비의 교화가 크게 천명되어서 대아 굉달(大雅宏達)한 선비가 모두 조정에 모이게 될 것입니다. 이 어찌 성대한 일이 아니겠습니까? 삼가 바라건대 신의 이 상소를 가져다가 널리 물어보시고 시행하소서." 하니, 비답하기를, "아뢴 바의 과거의 폐단은 대개 듣지 못한 것을 듣게 되었다. 선비의 풍습이 이러하다니 한심함을 견딜 수 없다. 소사(疏辭)에 대하여 묘당(廟堂)에서 예조 당상 및 성균관 당상과 함께 그 편부(便否)를 강구하여 품처(稟處)하라." 하였는데, 이때에 이르러 우의정 남공철이 아뢰기를, "나라의 기강이 점차 느슨해지자 사자(士子)들의 기풍 또한 무너져서 과장의 폐단이 세월이 갈수록 심하여 갑니다. 그러다가 작년의 정시(庭試)와 감제(柑製), 국제(菊製)의 두 시험에서는 소문이 지극히 놀라웠습니다. 그러나 세록 가문(世祿家門)의 자중하는 사람들이야 이런 난잡한 행위를 어찌 하려 하겠습니까? 이런 난잡한 짓을 하는 자는 틀림없이 모두 행검(行檢)이 없고 글을 읽지 않은 무리들로서 거짓 사자(士子)인 척하면서 절제함이 없이 함부로 들어가서 그렇게 된 것입니다. 지금 이를 위하여 법을 엄하게 해서 철저히 금하는 것은 이에 사자들을 대우하는 도리로써, 사자들은 반드시 당연히 듣고 기뻐할 것입니다. 폐단을 바로잡기 위하여 방법을 말하는 자들은 더러는 시관을 잘 가려 뽑아야 한다고 하고 더러는 면전 시험을 하여야 한다고도 합니다. 일을 주관하는 관청에서 담당관을 잘 뽑는 일이 사실 제일 중요한 일입니다. 이것은 의망(擬望)할 때 특별히 신중을 기하여 선택하고 일을 맡은 자도 또 모두 한결같은 마음을 순수하게 가져서 정성과 힘이 이르는 바에 일이 이루어지지 못하는 자가 있겠습니까? 만약 제대로 받들어 시행

---

138 현고(現告) : 현장에서 고발함.

하지 못하는 자가 있다면 나라에서 법으로 다스리는 것은 어렵지 않은 일입니다. 전에 영묘조(英廟朝) 때 잠깐 면전 시험을 실시하다가 곧 폐지하였고, 선조(先朝) 때의 과장의 엄격함에 대해서는 지금까지도 사람들이 칭찬하고 있습니다만, 면전 시험에 대해서는 일찍이 시행하지 않았으니, 두 성조(聖朝) 때의 성의(聖意)를 가만히 생각해보면, 박절(迫切)한 방법으로 사자들을 대접하고 싶지 않아서 그렇게 한 것입니다. 몇 해 전에 대신(臺臣)의 상소나 대신(大臣)의 건의가 모두 면전 시험을 시행하여야 된다고 하였는데, 그때에 신은 예조의 당상(堂上)으로 있으면서 하순(下詢)하심을 외람되이 받잡고 헌의(獻議)하였던 것입니다. 기강을 세우는 일이 근본이요 면전 시험을 하는 것은 말단입니다. 근본을 세우지 않고 말세의 절박한 방법을 먼저 쓴다면 충후(忠厚)하게 법을 제정한 본의에 어긋나므로 이것도 또한 시행할 수 없는 일입니다. 신의 생각으로는, 굳이 새로운 규정을 별도로 만들 필요 없이, 방책(方冊)에 기록되어 있는 과조(科條)만으로도 충분히 이를 방지할 수가 있다고 생각하지만, 다만 그것이 제대로 시행되지 않는 것이 걱정입니다. 그 중에서도 가장 먼저 장내와 대상(臺上)의 시끄럽고 혼잡함을 금단(禁斷)하여야 하는데, 이것은 전적으로 사자들이 많은 수종(隨從)을 데리고 들어오기 때문입니다. 전에 선조(先朝) 때에는 대조 확인의 규칙을 거듭 엄격히 밝혀서 혼잡스러운 폐단을 막았으니, 지금 만약 선조의 옛 규칙을 공경하여 따라서 더욱 이를 엄격히 밝힌다면 실질적인 효과를 기대할 수 있습니다. 별도로 시관을 뽑아서 기일에 앞서 개강하되, 구두(句讀)만을 요구하지 말고 전적으로 문의(文義)에 주안점을 두어서 글을 잘 하는지의 여부를 구별하여, 월강(越講)한 자에게는 급첩(給帖)할 것이며, 거자(擧子)가 입문할 때에는 첩자(帖子)가 없이 들어가는 자와 위첩(僞帖)을 갖고 들어가는 자는 시소(試所)의 금란소(禁亂所)에서 특별히 금단(禁斷)하고, 정권(呈券)하러 출문(出門)할 때에도 역시 금란소에서 낱낱이 검열하여야 합니다. 대저 사자들이 바삐 서두르는 것은 또 전적으로 앞다투어 정권(呈券)하려는 때문입니다. 그래서 짓는 것이나 쓰는 것이 모두 조잡하고 요직에 있는 자에 추종하는 일이 공공연히 행해지고 있는데, 이 폐습을 고치지 않는다면 나머지 온갖 폐단을 제거하기가 어려울 것입니다. 이제부터 유사(有司)를 특별히 신칙하여 늦고 빠른 것에 관계없이 한결같이 글의 우열에 따라 취사(取捨)하고, 또 기한을 넉넉히 정하여 그들의 능력을 충분히 발휘할 수 있도록 하여야 할 것입니다. 그리고 마감 시간이 넘어서 내는 시권(試券)은 일체 받지 말고, 비록 던져 넣는 자가 있더라도 모두 즉시 마감 시간이 지났다고 써서 아울러 낙방시킨다면, 한때의 장옥(場屋)에서의 약삭빠르고 더딘 것은 구별할 것이 없어서 그 결함은 적고, 사람들은 시간이 넉넉하여 누구나 실력을 충분히 발휘할 수 있으므로 이익됨이 클 것입니다. 이렇게만 한다면 허다한 폐단의 단서가 말하지 않는 가운데 저절로 사라질 것입니다. 그밖의 금지 조항들은 각 담당 관사(官司)에서 열심히 봉행(奉行)하느냐 않느냐에 달린 일이므로 각자 들어가 계문할 일입니다. 신이 막 이것을 기일에 앞서 우러러 아뢰려하던 참인데, 그때에 사성 이형하의 상소가 있어서 이를 강확(講確)하여 품처하라는 명이 있었으므로, 예조 판서 및 성균관 당상과 상의하여 방금 절목(節目)을 만들어 올려서 계하(啓下)를 기다리는 중입니다. 먼저 신이 열거한 이 조목을 한성부와 팔도 및 사도(四都)에 통지하고 또한 유생들에게도 모두 알게 하소서."

제24대 헌종(1834~1849)

어진 선비와 유생을 널리 찾아 전조에 계하하여 가려 쓰도록 하라

헌종실록 14권, 헌종 13년 5월 11일 기축 1번째기사

1847년 청 도광(道光) 27년

하교하기를, "연전에 유무(儒武)와 수령(守令)으로 별천(別薦)된 자를 간혹 수용(收用)하였으나 끝내 실효(實效)가 없었으니, 인재를 모은 본의가 과연 어디에 있는가? 더구나 유술(儒術)을 숭상하고 장려하는 것은 세교(世教)가 더러워지고 융성해지는 데에 크게 관계되고, 낮은 백성의 명맥은 오로지 수령이 잘 다스리고 못다스리는 데에 관계되는데, 전후에 걸쳐 각별히 신칙(申飭)했지만 문득 겉치레가 되었으니, 한탄스러움을 견딜 수 있겠는가? 대정(大政)이 한 달 남았고 선거하는 방도는 상례(常例)를 답습하지 말아야 하겠으니, 임하(林下)에서 글을 읽으며 자신을 닦는 데 힘쓰고 행실을 도타이하는 선비를 도백(道伯)과 거류(居留)하는 신하를 시켜 전함(前銜)이든 유생(儒生)이든 구애되지 말고 널리 찾아서 아뢰게 하고, 문관(文官)·음관(蔭官)·무관(武官) 중에서 깨끗하고 밝으며 성적을 나타낸 사람도 묘당(廟堂)에서 비국 당상(備局堂上)들과 전직·현직 번신(藩臣)에게서 천거받아 전에 천거한 것과 아울러 합초(合抄)하여 전조(銓曹)에 계하(啓下)하여 가려 쓸 바탕으로 삼게 하라."

제25대 철종(1849~1863)

우의정 조두순이 식년마다 도신에게 추천하게 하여 인재를 찾아낼 것 등을 청하다

철종실록 9권, 철종 8년 11월 20일 정유 1번째기사
1857년 청 함풍(咸豐) 7년

함인정(涵仁亭)에서 차대(次對)하였다. 우의정 조두순(趙斗淳)이 아뢰기를, "식년(式年)마다 경전(經傳)에 밝고 조행(操行)이 독실한 이재(吏才)의 추천을 별도로 여러 도신(道臣)에게 신칙하여 널리 찾아내어 명성과 실상이 상부(相孚)한 사람을 반드시 추천에 오르게 하고, 전관(銓官)의 선임(選任)에 이르러서도 역시 한갓 문벌(門閥)과 분경(奔競)에 구애하지 말고 공평한 천거를 넓히는 데 힘쓸 뜻으로 분부하기 바랍니다." 하니, 비답하기를, "문벌과 분경하는 데 구애됨이 없게 하는 것은 어찌 유독 전관의 선임만 그러하겠는가? 먼저 도천(道薦)에서 반드시 재행(才行)이 있는 자를 뽑되, 먼 곳과 가까운 곳을 골고루 하고 명성과 실상이 서로 맞도록 하는 것이 좋겠다."

하였다. 또 아뢰기를, "칙사(勅使)의 행차 때 문례관(問禮官)은 의주(儀註)를 가져다 전할 뿐입니다. 그런데 부질없이 갔다왔다하여 단지 주전(廚傳)과 역체(驛遞)의 폐단만 끼치고 있으니, 지금부터 해도(該道)에서 도내의 당하 수령(堂下守令)으로 예관의 직함(職銜)을 빌리도록 하여 달려가 거행하게 하고, 의주는 원접사(遠接使)가 가져가서 차함(借銜)한 예관에게 전해 주도록 하소서."

제26대 고종(1863~1907)

민영휘가 상소를 올려 교육을 발전시킬 것을 아뢰다

고종실록 48권, 고종 44년 1월 15일 양력 1번째기사
1907년 대한 광무(光武) 11년

표훈원 총재(表勳院總裁) 민영휘(閔泳徽)가 올린 상소의 대략에, "신은 현직에서 사퇴한 지 얼마 되지 않아 곧 또 삼가 은혜로운 명을 받들었으니, 신은 참으로 당황스럽고 두려워서 어찌할 바를 모르겠습니다. 경력이 하찮을 뿐만 아니라 염치에 부끄러운 것이 있으니, 관방(官方)에 있어서 이처럼 구차하고 곤란한 것은 없을 듯합니다. 삼가 바라건대 속히 체차(遞差)해 주소서. 시정(時政)의 급선무에 대하여 어리석은 견해를 끝에 덧붙여 외람되이 진달합니다. 우리나라의 문명(文明)한 정사는 옛날을 훨씬 능가하고 있습니다. 학교와 서당이 갖추어지지 않았다고 말할 수 없고 유생들이 학문을 연마하는 기풍도 성하지 않았다고 말할 수 없습니다. 그러나 근래에 훌륭한 제도가 무너지고 겉치레를 지향하여 점차 나라의 형세가 쇠퇴해져 가다가 오늘날에 와서는 극도에 달하였습니다. 지금 각국(各國)들은 학술이 날로 새로워지고 앞 다투어 실용적인 것을 연구하고 있습니다. 세상에서 서양(西洋) 사람들이 부강하고 뛰어난 까닭은 그 방도가 다른 데 있는 것이 아니라 오로지 백성들을 교육하여 남녀 모두가 배우지 않은 사람이 없는 데에 있습니다. 이로 말미암아 지려(智慮)가 날로 자라고 공예(工藝)가 날로 흥기하여 정치, 법률, 재정을 다스리는 것, 군대를 많이 보유하는 것 등 쇄신하여 발달하지 않는 것이 없어서 약한 것을 강하게 하고 망하는 것을 보존하게 합니다. 동양(東洋)에서는 일본(日本)이 먼저 이것을 깨닫고 부지런히 교육에 힘썼기 때문에 3, 4십년 동안에 저렇듯 갑자기 강해졌습니다. 이 사실은 근래의 일들에서 뚜렷이 볼 수 있습니다. 대체로 지구상의 모든 나라들은 각기 지역이 다르고 종족도 서로 다르며 풍토도 일치하지 않지만 인물, 풍습, 문자, 취향이 서로 같고, 땅은 서로 인접해 있으며 이웃 나라간의 관계도 친밀합니다. 그 관계가 다른 나라들과 전혀 다른 경우는 오직 우리나라와 일본, 청나라뿐입니다. 대체로 이 세 나라는 실로 서로 돕고 의지하는 입술과 이의 관계에 있으니, 연합하면 강해지고 분열되면 고립되는 것입니다. 이는 지혜로운 자를 기다리지 않고도 짐작할 수 있는 것입니다. 그렇기 때문에 먼 앞날에 대해 깊이 우려하는 자들은 세 나라가 의지하여 연맹을 맺는 것을 동양을 보전하는 대계(大計)로 여기지 않음

이 없고, 힘을 합쳐 분발하여 우리의 평화를 공고히 하려고 하는 것도 오직 교육뿐이라고 합니다. 우리 폐하께서는 천하의 대세를 통찰하는 동시에 현 상황에 적절히 대처해야 할 급선무를 깊이 진념하시고 지난번에 조령(詔令)을 내려 인재를 보호 양성하기 위한 방도에 마음을 다하였기 때문에 안으로는 경사(京師)에서부터 밖으로는 도(道)와 군(郡)에 공립과 사립학교의 설립이 점차 계속해서 일어났는데, 여기에서 인심(人心)이 감흥됨을 볼 수 있습니다. 만일 이러한 단서로 인하여 더욱더 장려하고 고무하여 떨쳐 일어나게 한다면 장차 바람 앞에 쓰러지는 풀잎 같은 교화가 북채와 북이 서로 호응하는 것보다 더 빠름을 볼 수 있을 것입니다. 어리석은 신은 온 나라 안에 학교가 흥성하게 하려면 각 국의 의무교육 제도를 모방하여 강제로 실시한 다음에야 전국(全國)에 널리 보급할 수 있을 것이라고 생각합니다. 만일 이렇게 하지 않고 전국의 학교를 모두 국고(國庫)로 세워 운영하려고 한다면 절대로 실현할 수 없을 것입니다. 마땅히 각도(各道), 각군(各郡), 각방(各坊)과 각면(各面), 시장(市場)에서 학교 구역을 획정(劃定)하여 각기 한 개의 학교를 세우게 하되, 그 지역의 크기에 따라 편리한 대로 합하거나 나누게 하고, 그 경비는 모두 해당구역 안에서 스스로 마련해서 지출하게 할 것입니다. 또 구역마다 뜻이 있고 명망 있는 사람을 공적으로 천거하여 재정 및 일반 사무의 관리를 맡게 하고, 별도로 한 개의 교육사(敎育社)를 설치하여 사원 약간 명을 선정해서 사무를 처리하게 하고, 관리는 그에 대한 감독만 하게 한다면, 이는 국고를 쓰지 않고도 교육을 널리 흥기시킬 수 있는 좋은 방법이 될 것입니다. 그리고 인재를 양성함은 장차 그들을 등용하려고 하는 것인데, 한 번 과거(科擧)가 폐지된 후로는 인재를 선발할 방법마저 없어져 졸업을 하여 학문을 이룬 자가 있다 하더라도 등용될 길이 없습니다. 그러므로 선비들이 모두 맥을 놓고 대부분이 중도에 그만두기 때문에 나라에 등용할 뛰어난 인재가 거의 없으니, 개탄스러움을 견딜 수 있겠습니까? 지금부터는 졸업하기를 기다려 해마다 도와 군에서 시험으로 우등생을 선발하여 경사로 보내어 심사하고 시취(試取)해서 모든 주임관(奏任官)과 판임관(判任官)을 재능에 따라 수용(需用)하는 것을 조목으로 삼아야 합니다. 학교졸업을 거치지 않고 다른 방법으로 벼슬에 나온 자는 직임을 맡기는 것을 불허(不許)하고, 그밖에 외국에 유학한 자는 관비생(官費生)이건 사비생(私費生)이건 따질 것 없이 그 졸업증을 상고하여 또한 의당 특별히 수용(收用)함으로써 장려하는 뜻을 보여준다면, 청년들은 총명하고 영특해서 연마하고 수양할 것이니 학업이 흥기하게 되어 몇 년 걸리지 않아서 교육의 효과가 반드시 뚜렷하게 나타날 것입니다. 이것이 바로 현재 교육을 진작시키기 위한 첫째가는 급선무입니다. 만일 지금 분발하지 않으면 아무리 세 나라와 나란히 서려고 해도 자립할 수 없게 될 것입니다. 대체로 우리나라 사람들은 총명하고 영특한데 어찌 다른 나라 사람들보다 못하겠습니까? 단지 교육이 흥성하지 못하고 지혜와 식견이 계발되지 못했기 때문에 이렇게 암둔하게 앉아 있을 뿐입니다. 발전시킬 수 있는 방법은 오직 어떻게 장려하고 이끌어주는가에 달려 있습니다. 그러므로 백성들로 하여금 유념해서 스스로 깊이 반성하게 하여 쏠리듯이 따르게 하면 10년이면 토끼가 그물에 걸리는 것을 서서 바라볼 수 있듯이 수많은 인재가 양성될 것이니, 나라를 혁신할 기초가 되는 근간이 실로 여기에 있는 것입니다.

이에 감히 좁은 소견을 진달하니, 삼가 바라건대, 황상(皇上)께서 특별히 채납(採納)하시어 학부(學部)로 하여금 아뢰어 재가를 받아 시행하게 하여, 배우지 않는 사람이 없고 배워서 이루지 못하는 사람이 없게 하여 교육의 위엄을 이룩하고 다시 회복되는 기초를 닦는다면 나라에 매우 다행일 것입니다." 하니, 비답하기를, "맡고 있는 제반 사무도 긴요하니 굳이 사직할 필요는 없겠다. 근래에 공립·사립학교의 설립이 차츰 떨쳐 일어나고 있으니 인재 가 성하게 배출됨은 기대할 수 있겠지만, 시시각각으로 서둘러서 민간의 부녀자들과 아이 들에 이르기까지 배우지 않는 사람이 없게 하여 백성들을 일신(一新)하게 함으로써 우리의 반석 같은 기초를 공고히 하려면 마땅히 또 다른 방략이 있어야 속히 계도(啓導)하여 소기 의 성과를 달성할 수 있을 것이다. 내가 밤낮으로 정사를 위해 근심하고 정신을 집중하여 관심을 두고 있는 것이 이 문제이지만, 지금 경이 상소문 끝에다 진달한 것을 보니, 조목마 다 현 상황에 적절히 대처해야 할 것에 절실하고 정확하였다. 그 연합형세(聯合形勢)와 교 육발전은 아무래도 논한 바대로 된 다음에야 나라와 백성이 모두 보전될 수 있을 것이니, 아무리 어리석어서 글을 모르는 자라 하더라도 이 말을 들으면 또한 스스로 깊이 반성하 여 두려워하고 노력해서 각자가 나라와 자신을 위한 계책에 분발하게 될 것이다. 그리고 지금부터 내직과 외직의 주임관과 판임관은 학교를 졸업한 사람이 아니면 가려 의망(擬望) 할 수 없는 것을 정식(定式)으로 삼도록 학부로 하여금 원소(原疏) 내용을 포함시켜 말을 잘 만들어 경사 및 각 해부(該府), 해군(該郡), 해방(該坊), 해곡(該曲)에 포유(布諭)하게 하여 백성들로 하여금 방향을 알아서 지향하는 바가 있게 하겠다."

제27대 순종(1907~1910)

종묘와 사직에 맹세하여 고하고 높고 낮은 백성들에게 명하다

순종실록 1권, 순종 즉위년 11월 18일 양력 1번째기사

1907년 대한 융희(隆熙) 1년

태묘(太廟)에 나아가 전알(展謁)하고 맹세하여 고하였다. 맹세하여 고한 글에 이르기를, "생각하건대, 저 소자는 외람되이도 부덕한 몸으로 부황제(父皇帝)의 명령을 받고 황제의 자리에 올랐으므로 한없이 위태롭고 두려워서 낭떠러지에 서 있는 것만 같습니다. 오랫동안 편안하고 폐단이 쌓인 나머지 나라 형편은 위험하고 민생은 도탄에 빠졌으므로 크게 개혁하는 조치가 없이는 아래로는 뭇 백성들을 편안하게 하고 위로는 종묘 사직(宗廟社稷)을 받들면서 세계 가운데 스스로 설 수 없게 되었습니다. 시대에 맞는 일을 헤아려보고 개혁하는 방도를 물어서 확연하게 모든 정사를 새롭게 하여 나라의 운명을 연장하는 것을 국시(國是)로 삼겠습니다. 시행해야 할 조목을 아래에 첨부하여 아뢰는 동시에 해당 관청의 여러 신하들로 하여금 모두 자기 직책에 근실하게 하는 바입니다. 저의 이 뜻은 해와 달에도 물어볼 만하고 쇠와 돌처럼 견고하여 결코 흔들릴 수 없으므로 삼가 맹세하는 말을 하늘에 있는 신령에게 정중히 고하는 바이니, 신령께서는 굽어보고 묵묵히 도와주소서. 만약 저 소자와 해당 관청의 여러 신하들이 조금이라도 처음 먹은 마음이 변하고 끝을 맺지 못한다면 엄한 벌을 명백히 내릴 것이니, 어찌 감히 모면하겠습니까? 삼가 고합니다.

1. 위아래가 한마음이 되고 임금과 신하가 서로 믿음으로써 나라를 개방하고 진취하는 큰 계책을 완전히 정하겠습니다.

1. 농업을 권장하고 상업과 공업을 장려하여 나라의 부(富)를 개발하여 나라를 세우는 기초를 공고히 하겠습니다.

1. 기강을 엄숙하게 세우고 쌓인 폐단을 바로잡아서 중흥의 위업을 빛내어 나라를 개방하는 큰 계책에 맞도록 하겠습니다.

1. 내부 정사를 개선하여 신하와 백성들의 행복을 증진시키고 사법 제도를 확정하여 원통하고 억울한 일이 없도록 하겠습니다.

1. 인재를 널리 찾아내어 적재 적소(適材適所)에 등용하겠습니다.

1. 교육에서는 겉치레를 버리고 실속을 취함으로써 나라의 긴요한 부문에 쓰는 길을 열겠

습니다." 이어 사직단(社稷壇)에 가서 전알하고 맹세하여 고하였다. 맹세하여 고한 글에 이르기를, "삼가 아룁니다. 백성들이 의지하는 것은 신령이고 신령이 도와주는 것은 백성이며, 신령의 명령을 받아서 이 백성들을 보호하는 자는 나라의 임금입니다. 황제의 자리를 외람되게 물려받아서 한 나라의 임금으로 앉아 있는 만큼 한 명의 백성이 살 길을 잃어도 다 임금의 탓이 됩니다. 문화 정치에서 폐단이 쌓여졌고 백성들은 우매하고 나라는 약해져서 위험하게도 조석을 지탱하지 못하게 되었습니다. 잘못된 법을 철저히 고치고 새로운 정사를 펴서 백성들의 지혜를 열어주고 나라의 근본을 굳건하게 하지 않고서는 강토를 보전하고 백성들을 편안하게 할 수 없게 되었습니다. 그러므로 단연코 '유신(維新)'이라는 두 글자를 국시로 삼고 시행해야 할 조목들을 아래에 첨부하는 바입니다. 이 뜻이 한번 정하여지면 절대로 흔들릴 수 없으며 해와 달에도 진정할만하고 쇠와 돌처럼 견고합니다. 이에 밝은 신령에게 맹세하여 고하니, 신령께서는 굽어보고 암암리에 도와주시어 백성들의 마음을 인도하고 나라의 운명을 연장시킴으로써 우리 임금과 신하들의 성의에 보답해 주소서. 혹시라도 우리 임금과 신하들이 마음을 이랬다저랬다 하면서 끝을 잘 맺지 못한다면 엄한 벌을 명백하게 내리신다 해도 감히 모면하려 하지 않겠습니다. 삼가 고합니다." 하였다. 【시행해야 할 조목들은 다음에 첨부하여 열거하였는데 종묘(宗廟)에 고한 조목들과 같다.】 환어(還御)할 때에 덕수궁(德壽宮)에 가서 만나 뵈었는데, 황태자도 배알(陪謁)하였다.

제8편

부 록

Ⅰ. 대통령직 취임사

1. 도널드 트럼프[1] 대통령

　모든 것이 바로 지금 여기서부터 바뀔 것입니다. 지금 이 순간은 바로 여러분의 순간이기 때문입니다. 이 순간은 오늘 이곳에 모인 모든 사람들과 미 전역에서 지켜보는 모든 사람들의 것입니다. 오늘은 여러분의 날이고, 여러분의 경사입니다. 그리고 이 나라, 미합중국은 여러분의 나라입니다. 진정으로 중요한 것은 어느 정당이 나라를 정부를 손에 넣느냐가 아닙니다. 국민들이 정부를 통제하는지가 중요합니다. 2017년 1월 20일은 국민이 다시 이 나라의 통치자가 된 날로 기억될 것입니다. 잊혔던 이 나라 국민들은 더이상 잊지 않을 것입니다. 이제 모든 사람들이 여러분의 의견에 귀를 기울일 것입니다. 여러분은 세상에 여지껏 없었던 역사적 운동을 일으킨 수천 만 명과 함께 하고 계십니다. 이 운동의 중심에는 아주 확고한 신념이 있습니다. 국가는 국민에게 봉사하기 위해 존재한다는 신념입니다. 미국인들은 자녀들을 위한 훌륭한 학교, 가족을 위한 안전한 이웃, 자신들을 위한 좋은 일자리를 원합니다. 이는 올바른

---

1 도널드 트럼프 (Donald Trump, Donald John Trump 1946년 6월 14일~)는 미국의 기업인이자 제45대 대통령이다. 부동산 개발업을 주목적으로 하는 트럼프기업의 대표이사 회장을 맡았으며, 트럼프 엔터테인먼트 리조트를 설립해 전 세계에 호텔과 고급 콘도미니엄 사업을 진행했다. 리얼리티 TV쇼 어프렌티스를 진행한 경력이 있으며, WWE 명예의 전당에도 입성하였다, 현재 추정재산으로 약 37억 달러(5조)원 정도의 개인 재산을 가지고 있다. 2015년 7월 미국 공화당 대선후보 경선에 출마한 후, 2016년 7월 공화당 전당대회에서 역대 가장 많은 득표로 공화당 대선 주자가 되었다. 이후 2016년 11월 8일 실시된 대통령 선거에서 민주당의 힐러리 클린턴 후보를 꺾고 대통령에 당선되었다. 그는 선거에서 62,979,879표를 얻었는데, 이는 공화당 대통령 후보 역사상 가장 많은 득표로 당선된 것이다. 이민문제, 인종문제, 종교문제 등에서 극우파에 가까운 입장을 취하고 있지만, 최근 9년 동안 민주당에서 활동하며 자금을 기부하기도 했고, LGBT 권리를 지지하였으며, 공화당의 주류 이념에 반대 되는 주장도 해왔다. 즉, 그의 성향은 극우적인 면모가 있지만, 진보나 보수라기 보다는 포퓰리즘에 가깝다는게 중론이다. 그간 민주당원이었던 트럼프가 공화당을 접수하고 이념도 정통 보수와는 괴리가 있자, 기존 공화당 정치인들은 이에 반발했다. 이렇게 그는 민주당, 공화당, 언론 모두에게 지지를 받지 못한 아웃사이더로 불렸다. 2016년 '타임'은 그를 "양당(민주당, 공화당)을 모두 공격하며 규칙을 부쉈고, 미래의 정치 문화를 제시했다"고 평가하며 '올해의 인물'에 선정하였다. : 2017. 6. 1.자 검색 부분 게재
https://ko.wikipedia.org/wiki/%EB%8F%84%EB%84%90%EB%93%9C_%ED%8A%B8%EB%9F%BC%ED%94%84

대중의 정당하고 합리적인 요구들입니다. 255그러나 너무 많은 국민들이 이와 다른 현실에 마주하고 있습니다. 어머니와 자녀들은 가난에 시달립니다. 녹슨 공장들이 우리나라 곳곳에 묘비처럼 널려 있습니다. 교육 제도는 돈만 가득할 뿐 우리 젊고 아름다운 학생들에게 지식을 제공하지 않고 있습니다. 범죄와 조직폭력단, 마약은 너무 많은 목숨을 해치며 우리나라의 미처 실현되지 못한 잠재력들을 너무나 많이 앗아갔습니다. 이 같은 미국의 대학살은 바로 지금 이곳에서 끝날 것입니다. 우리는 하나의 나라입니다. 그들의 고통은 우리의 고통입니다. 그들의 꿈은 우리의 꿈입니다. 그들의 성공은 우리의 성공이 될 것입니다. 우리는 하나의 마음, 하나의 가정, 하나의 영광된 운명을 공유합니다.

오늘 제가 한 공직 선서는 모든 미국인들에게 충성을 맹세하는 선서입니다. 지난 수십년 동안 우리는 미국 산업을 희생시키면서 외국 산업을 풍요롭게 만들었습니다. 우리 군대를 고갈시켜 가며 다른 나라 군대를 지원했습니다. 우리 국경 수호를 거부하면서 다른 나라 국경을 지켰습니다. 미국의 기간시설이 망가지고 썩어가는 동안 수조 달러의 돈을 해외에 쏟아부었습니다. 우리가 다른 나라를 부유하게 만드는 사이에 우리나라의 부와 힘, 자신감은 완전히 사라졌습니다. 공장들은 차례로 문을 닫고 미국을 떠났습니다. 남겨질 수많은 미국인 노동자들은 생각조차 않고서 말입니다. 우리 중산층의 부는 빼앗겨 전 세계로 재분배됐습니다. 그러나 이는 과거입니다. 이제 우리는 오직 앞날만을 바라봅니다. 이곳에서 우리는 세계 모든 도시, 모든 수도, 모든 권력자들이 듣게 될 새로운 신조를 발표하고자 합니다. 오늘부터 새로운 비전이 우리나라를 다스릴 것입니다. 지금 이 순간부터 그 비전은 '미국우선주의'가 될 것입니다. 무역, 세금, 이민, 외교에 관한 모든 결정은 미국 노동자와 미국 가족의 이익을 위해 내려질 것입니다. 우리는 우리 제품을 만들고, 우리 기업을 훔치고, 우리 일자리를 파괴하는 다른 나라들로부터 우리 국경을 지켜야 합니다. 저는 제 온 힘을 다해 여러분을 위해 싸우겠습니다. 절대로 여러분을 실망시키지 않을 것입니다. 미국은 다시 승리할 것입니다. 그 어느 때보다도 크게 승리할 것입니다. 우리는 일자리를 되찾을 것입니다. 국경을 되찾을 것입니다. 우리의 부를 되찾을 것입니다. 그리고 우리의 꿈을 되찾을 것입니다. 우리는 새로운 길, 고속도로, 다리, 공항, 터널, 철로를 우리 위대한 나라 전역에 건설할 것입니다. 우리는 사람들을 복지에서 끌어내어 일터로 되돌릴 것입니다. 미국인의 손과 미국인의 노동으로 우리나라를 재건할 것입니다. 우리는 두 가지의 단순한 규칙에 따를 것입니다. 미국 제품을 사는 것, 미국인을 고용하는 것이 바로 그 규칙입니다. 우리는 다른 나라들과 우호선린을 추구할 것이지만, 동시에 다른 나라들이 자국의 이익을 앞세울 권리를 갖는다는 이해를 바탕으로 할 것입니다. 우리는 우리의 생활방식을 다른 누구에게도 강요하지 않고, 다른 이들이 따르도록 스스로 모범을 보일 것입니다. 우리는 낡은 동맹을 강화하고 새로운 동맹을 형성할 것입니다. 급진적인 이슬람 테러에 맞서 문명 세계를 연합하고 급진주의 이슬람 테러를 지구상에서 박멸할 것입니다. 미합중국에 대한 완전한 충성이 우리 정치의 주춧돌입니다. 우리는 국가에 대한 충성을 통해 서로에 대한 충성도 또한 재발견할 것입니다. 애국심에 마음을 열면 편견의 여지가 사라집니다. 성경은 "보라 신을 섬기는 이들이 연합하여 동거함이 어찌 그리 선하고 아름다운가"라고 말씀하셨습니다. 우리는 마음을 열고 말해야 합니다. 서로 다른 의견은 솔직하게 토론하되 항상 연대를 추구해야 합니다. 미국이 하나가 될 때 어느 누구도 미국을 막을 수 없습니다. 두려움이 있어서는 안 됩니다. 우리는 보호받고 있고, 앞으로도 늘 보호받을 것입니다. 우리는 우리 군과 법 집행 당국의 위대한 남녀들로부터 보호받고 있습니다. 무엇보다도 우리는 하나님의 보호를 받고 있습니다. 우리는 더 큰 꿈을 꿔야 합니다. 우리 미국인은 살아남기 위해 분투하는 국가만이 비로소 생존한다는 사실을 알고 있습니다. 우리는 말만 하고 행동하지 않는 정치인, 불평만 하고 그에 대해 아무런 조치를 취하지 않는 정치인들을 더이상 용납하지 않을 것입니다. 탁상공론의 때는 지났습니다. 이제는 행동할 때입니다. 불가능하다는 말을 받아들이지 마십시오. 미국인의 정신과 투지가 대적하지 못할 과제는 없습니다. 우리는 실패하지 않을 것입니다. 우리나라는 다시 번성하고 번영할 것입니다. 우리는 새 천년의 문턱에 서 있습니다. 우주의 비밀을 풀고, 질병의 고통으로부터 지구를 해방하고, 미래의 에너지와 산업, 기술을 진보시킬 준비가 돼 있습니다. 새로운 국가적 자부심이 우리의 영혼을 일깨우고, 시야를 드높이고, 분열을 치유할 것입니다. 우리 병사들이 절대 잊지 못할 오랜 지혜를 떠올릴 때입니다. 우리 피부색이 검든지, 갈색이든지 아니면 흰색이든지 간에 우리는 모두 붉은 애국자의 피를 흘립니다. 우리는 모두 영광된 자유를 만끽하며, 모두 위대한 미국 국기에 경의를 표합니다. 아이가 디트로이트 도심 외곽에서 태어나든지 네브래스카주의 바람부는 들판에서 태어나든지 간에 그들은 모두 똑같은 밤하늘을 바라봅니다. 같은 꿈으로 가득한 그 아이들은 모두 전능한 창조자가 불어넣은 숨결로 살아 숨쉽니다. 그러므로 도시와 시골, 큰 마을과 작은 마을, 산과 바다에 사는 모든 미국인들에게 전합니다. 여러분은 두번 다시 무시당하지 않을 것입니다. 여러분의 목소리, 희망, 꿈이 우리 미국의 운명을 결정할 것입니다. 여러분의 용기와 선의, 사랑이 영원히 우리를 인도할 것입니다. 우리는 함께 미국을 다시 강하게 만들 것입니다. 우리는 미국을 다시 부유하게 만들 것입니다. 우리는 미국을 다시 자랑스럽게 만들 것입니다. 우리는 미국을 다시 안전하게 만들 것입니다. 그리고 우리는 함께 미국을 다시 위대하게 만들 것입니다. 감사합니다.

Chief Justice Roberts, President Carter, President Clinton, President Bush, President

Obama, fellow Americans and people of the world, thank you.

We, the citizens of America are now joined in a great national effort to rebuild our country and restore its promise for all of our people.

Together, we will determine the course of America and the world for many, many years to come. We will face challenges. We will confront hardships, but we will get the job done. Every four years we gather on these steps to carry out the orderly and peaceful transfer of power. And we are grateful to President Obama and First Lady Michelle Obama for their gracious aid throughout this transition. They have been magnificent. Thank you.

Today's ceremony however, has very special meaning, because today, we are not merely transferring power from one administration to another or from one party to another, but we are transferring power from Washington, DC. And giving it back to you, the people.

For too long, have reaped the rewards of government while people have borne the cost. Washington flourished, but the people did not share in its wealth. Politicians prospered period, but the jobs left and the factories closed. The establishment protected itself but not the citizens of our country. Their victories have not been your victories. Their triumphs have not been your triumphs and while they celebrated in our nation's capital, there was little to celebrate for struggling families all across our land.

That all changes starting right here and right now, because this moment is your moment. It belongs to you. It be longs to everyone gathered here today and everyone watching all across America. This is your day. This is your celebration. And this, the United States of America, is your country.

What truly matters is not what truly controls our government but whether our government is controlled by the people. January 20, 2017 will be remembered as the day the people became the rulers of this nation again. The forgotten men and women of our country will be forgotten no longer.

Everyone is listening to you now, you came by the tens of millions to become part of a historic movement, the likes of which the world has never seen before. At the center of this movement is a crucial conviction, that a nation exists to serve its citizens. Americans want great schools for their children, safe neighborhoods for their families and good jobs for themselves.

These are just and reasonable demands of righteous people and a righteous public. But for too many of our citizens, a different reality exists. Mothers and children trapped in poverty in our inner cities, rusted-out factories, scattered like tombstones across the landscape of our nation, an education system flush with cash but which leaves our young and beautiful students deprived of all knowledge. And the crime and the gangs and the drugs that have stolen too many lives and robbed our country of so much unrealized potential.

This American carnage stops right here and stops right now. We are one nation and their pain is our pain. Their dreams are our dreams and their success will be our success. We share one heart, one home and one glorious destiny. The oath of office I take today is an oath of allegiance to all Americans. For many decades, we have enriched foreign industry at the expense of American industry, subsidized the armies of other countries while allowing for the very sad depletion of our military.

We have defended other nations' borders while refusing to defend our own. And spent trillions and trillions of dollars overseas while America's infrastructure has fallen into disrepair and decay. We've made other countries rich while the wealth, strength and confidence of our country has dissipated over the horizon.

One by one, the factories shuttered and left our shores with not even a thought about the millions and millions of American workers that were left behind. The wealth of our middle class has been ripped from their homes and then redistributed all across the world. But that is the pass and now we are looking only to the future.

We assemble here today are issuing a new decree to be heard in every city in every foreign capital and in every hall of power. From this day forward, a new vision will govern our land. From this day forward, it's going to be only America first, America first. Every decision on trade, on taxes, on immigration, on foreign affairs will be made to benefit American workers and American families. We must protect our borders from the ravages of other countries making our products, stealing our companies and destroying our jobs.

Protection will lead to great prosperity and strength. I will fight for you with every breath in my body. And I will never ever let you down.

America will start winning again, winning like never before. We will bring back our jobs. We will bring back our borders. We will bring back our wealth. And we will bring back our dreams.

We will build new roads and highways and bridges and airports and tunnels and railways all across our wonderful nation. We will get our people off of welfare and back to work, rebuilding our country with American hands and American labor.

We will follow two simple rules, buy American and hire American.We will seek friendship and goodwill with the nations of the world, but we do so with the understanding that it is the right of all nations to put their own interests first. We do not seek to impose our way of life on anyone, but rather to let it shine as an example. We will shine for everyone to follow.

We will reinforce old alliances and form new wurns and reform the world against radical islamic terrorism which we will eradicate from the face of the earth. At the bedrock of our politics will be a total allegiance to the United States of America and through our loyalty to our country, we will rediscover our loyalty to each other.

When you open your heart to patriotism, there is no room for prejudice. The Bible tells us how good and pleasant it is when god's people live together in unity. We must speak our minds openly, debate our disagreements honestly, but always pursue sold art. When America is united, America is totally unstoppable.

There should be no fear. We are protected and we will always be protected. We will be protected by the great men and women of our military and law enforcement. And most importantly, we will be protected by God.

Finally, must think big and dream even bigger. In America, we understand that a nation is only living as long it is striving. We will no longer accept politicians who are all talk and no action, constantly complaining, but never doing anything about it.

The time for empty talk is over. Now arrives the hour of action. Do not allow anyone to tell you that it cannot be done. No challenge can match the heart and fight and spirit of America. We will not fail.

Our country will thrive and prosper again. We stand at the birth of a new millennium, ready to unlock the mysteries of space, to free the earth from the missries of disease and harness the energies, industries and technologies of tomorrow.

A new national pride will stir ourselves, lift our sights and heal our divisions. It's time to remember that old wisdom our soldiers will never forget, that whether we are black or brown or white, we all bleed the same red blood of patriots.

We all enjoy the same glorious freedoms. And we all salute the same great American flag. And whether a child is born in the urban sprawl of Detroit or the wind-swept plains of nebraska, they look at the same night sky. They fill their heart with the same dreams and they are infused with the breath of life by the same almighty creator.

So to all Americans in every city near and far, small and large, from mountain to mountain, from ocean to ocean, hear these words, you will never be ignored again.

Your voice, your hopes and your dreams will define our American destiny. And your courage, goodness and love will forever guide us along the way. Together, we will make america strong again. We will make america wealthy again. We will make america proud again.

We will make America safe again. And yes, together, we will make America great again. Thank you. God bless you. And god bless America. Thank you. God bless America.[2]

외교정책

"트럼프는 비간섭주의자와 국가주의자로 묘사되어 왔다. 그는 자신이 후원한 "미국이 먼저"의 외교 정책을 되풀이적으로 진술하였다. 그는 늘어나는 미국의 군사 지출을 성원하였으나 나토와 태평양 지역에 미국의 지출을 줄이는 데 호의를 가졌다. 그는 미국이 안으로 보고 국가 건설을 멈추고 국내에서 필요함에 그 수단들을 재교육해야한다고 말하였다. 그는 자신이 대통령으로서 나토의 회원국들에게 자동적으로 안정 보증들을 넓히고 동맹국에게 변화가 생기지 않는 한 자신이 나토를 떠날 것 같다고 제안하였다. 트럼프는 일본에게 거기 주둔한 미군들의 비용을 위해 내야한다고 요구하였고, 자신들을 조선민주주의인민공화국으로부터 보호하는 데 순서에서 핵무기를 개발해야 한다고 하였다. 이슬람 국가 단체에 맞서는 명령에 트럼프는 2015년 이슬람 국가 단체 점령 지역들에서 석유를 점유하고 미국의 공군력과 지상 부대를 이용하는 데 요구하였다. 2016년 트럼프는 자신이 반응한 지방에 2만명에서 3만명의 미군들을 보내는 데 주창하였다. 또한 그해에 자신이 이슬람 국가 단체가 이용하는 인간 보호물을 어떻게 다루냐고 의문이 생겼을 때 트럼프는 "당신들은 그들의 가족들을 밖으로 데려가야 합니다"라고 대답하였다. 이스라엘-팔레스타인 투쟁을 여기며 그는 가능한 협상이 있는 동안에 중립을 지키는 중요성을 진술하였다. 그는 요단강 서안 지구에 이스라엘의 정착 건설을 성원하고 있다. 2016년 미국 대통령 선거가 열리는 동안에 트럼프는 되풀이적으로 이라크 전쟁을 반대하였다고 말하였다. 2002년 자신이 이라크를 침공하는 데 성원하였다는 의문이 생기자 그는 "네, 그랬을거여요"라고 답하며 걸프 전쟁(1990~1991)에 참조에서 "난 그 일이 정확하게 해내는 데 처음이길 바란다"라고 추가하였다. 트럼프는 공동적으로 전쟁이 시작된지 1주 안에 전쟁을 혼란으로 참조하였고 2004년으로 봐서 그는 전쟁에 반대하였다. 그 이래 그는 되풀이적으로 전쟁을 비판하였다. 트럼프는 자신의 대통령 선거 운동이 있는 동안에 아프가니스

---

2 이기준 기자, "트럼프 취임사 전문으로 보는 트럼프 시대", 중앙일보, 2017. 1. 21. 전면 게재. http://news.joins.com/article/21157192

탄 전쟁은 실수였다고 진술하고, 다른 때에는 그것이 필요했다고 진술하였다. 그는 아프가니스탄에서 미국의 군사수를 계속 제한시키는 성원을 하고 있다. 트럼프는 2011년 리비아에서 일어난 군사 중재의 성원자였다. 그 이래 그는 자신의 입장을 전환시켜 2016년 2월 무암마르 알 카다피가 당장 재판에 섰으면 "우리가 더 나았을 것이다"라고 말하였다. 트럼프는 크림 반도를 러시아의 영토로 인정하고 러시아에 제재를 들어올리는 데 숙고하려 하였다. 그는 미국이 이슬람 국가 단체를 싸우는 데 러시아가 도움이 될 수 있었다고 추가하였다. 최종적으로는 중국을 견제하려는 움직임을 보이고 있으며, 북한에 대해 비판적인 태도를 취하면서 한국의 안보 강화를 거듭 강조하고 있다."[3]

2017년 1월 20일 백악관은 홈페이지에서 미국 우선 에너지 계획, 미국 우선 외교정책, 일자리 창출과 성장, 미군의 재건, 법질서의 회복, 모든 미국인을 위한 무역협정 등 트럼프 정권이 주력할 6대 분야의 우선과제를 공개했다. 트럼프가 강조해온 '미국 우선주의'에 따른 국익 중심 국정과제다. 백악관은 외교와 관련해서는 "힘을 통한 평화는 외교정책의 중심"이라며 "이 원칙은 갈등을 줄이고 공통 기반을 늘리는 안정적이고 더욱 평화적인 세계를 가능하게 할 것"이라고 밝혔다. 또 "이슬람국가(IS)와 다른 과격한 이슬람 테러단체들을 무찌르는 것이 우리의 최우선 과제"라고 밝히면서 "이들 단체를 무찌르고 파괴하기 위해서는 필요하면 우리는 공격적인 공동, 합동 군사작전을 수행할 것"이라고 말했다. 또 "미군을 재건할 것"이라며 "우리의 해군 전함은 1991년 500척 이상에서 2016년 275척으로 줄었으며의 공군은 1991년의 3분의 1 수준으로 축소됐다. 트럼프는 이런 추세를 뒤집겠다고 약속했다"고 말했다. 국방 관련해서는 '시퀘스터'(자동예산삭감 조치)를 폐지해 국방예산을 늘리고, 북한 등의 핵미사일 위협에 맞서 최첨단 미사일 방어시스템 개발 등을 추진하겠다는 것이 핵심이다. 백악관은 "우리 군대는 미국을 방어하기 위해 모든 필요한 자산을 마음대로 활용할 수 있어야 한다"면서 "우리는 다른 나라가 우리의 군사력을 능가하도록 절대 허용하지 않을 것이다. 트럼프 정부는 최고 수준의 군사적 대응태세를 추구할 것"이라고 말했다. 백악관은 특히 "우리는 또한 이란, 북한과 같은 국가들의 미사일 공격에 대비하기 위해 최첨단 미사일 방어시스템을 개발할 것"이라고 강조했다. 북한의 핵무기를 장착한 대륙간탄도미사일(ICBM) 개발에 대한 대응을 우선 과제로 설정한 것이다. 무역과 관련해서는 환태평양경제동반자협정(TPP)과 북미자유무역협정(나프타·NAFTA)

---

3 https://ko.wikipedia.org/wiki/%EB%8F%84%EB%84%90%EB%93%9C_%ED%8A%B8%EB%9F%BC%ED%94%84

탈퇴 가능성과 함께 기존 무역협정 위반사례를 조사해 정부 차원에서 단호한 조처를 취하겠다고 공언했다. 백악관은 이어 "실패한 무역협정들을 거부하고 재검토하는 것 외에, 미국은 무역협정을 위반하고, 그 추진 과정에서 미국 노동자들에게 해를 끼치는 국가들에 철퇴를 가할 것"이라고 강조했다. 그러면서 "트럼프 대통령은 '무역협정 위반사례를 전부 찾아내고 이를 시정하는 연방 정부 차원의 조처를 내리는데 모든 수단을 사용하라'는 지시를 윌버 로스 상무장관에게 내릴 것"이라고 말했다. 일자리와 관련해서는 10년 동안 2500만개의 일자리를 만들고 연 4%의 성장을 추진한다고 공언했다. 백악관은 "2008년 이후 미국에서 30만 개의 일자리가 사라졌고, 노동인구 중 미국인의 비율은 1970년대 이후 볼 수 없었던 수준으로 떨어졌으며, 국가부채는 2배가 됐고, 중산층은 위축되고 있다"면서 이같이 밝혔다. 또 개인과 기업을 위한 세제 개혁도 다짐했다. 개인 소득세와 관련해서는 (최상위 부유층을 포함해서) 모든 구간에서 세율을 낮추고 세법을 단순화하기로 했다. 일자리 창출을 위한 규제 완화도 약속했다. 법질서 확립을 위해서는 "법 집행 관리들이 자신들의 역할을 함으로써 거리에서 범죄와 폭력이 없어지도록 하겠다"고 밝혔다. 나아가 "법질서 확립은 시민들이 자신을 보호할 능력을 지원한다는 것도 의미한다"고 규정한 트럼프 정부는 "수정헌법 제2조에 규정된 미국인들의 권리를 모든 사법체계에 걸쳐 보장하겠다"고 선언했다. 미국 수정헌법 제2조는 총기 소지 권리를 규정한 것이다. 백악관은 "폭력 범죄 기록을 가진 불법이민자의 추방 역시 법질서 확립에 포함된다"며 강력한 불법 이민자 추방 정책을 예고했다. 또 "트럼프 대통령은 불법이민자를 막기 위해 국경에 장벽을 짓는 일과 폭력단체를 막는 일, 우리의 공동체로 쏟아져들어오는 마약을 막는 일에 전념할 것"이라고 공언했다. '피난처 도시'(sanctuary city)를 없애겠다는 의지도 강조했다. 백악관은 마지막으로 에너지 독립과 관련해 근로자들의 에너지 부담을 낮춰 경제를 부양하고, 적대적인 국가에 대한 에너지 의존도를 낮추며, 미국인의 건강을 지키는 에너지 정책을 추진할 계획이라고 밝혔다. 핵심은 미국에서 생산량을 늘리는 것이다. 미국 내 셰일과 원유, 천연가스를 적극적으로 시추하면 미국인의 에너지 비용을 낮추고 외국에서의 수입을 줄여나갈 수 있다는 것이다. 기후변화 대응을 위해 석탄, 석유 개발을 줄여나가고 재생 에너지 개발에 힘을 쏟던 전임 정부의 정책을 정면으로 뒤집겠다는 것이다. 백악관은 규제를 폐지해 미국내 에너지 생산을 늘리는 것만으로 향후 7년동안 300억 달러 이상의 임금 상승 효과가 있다고 주장했다.[4]

---

4 박영환, "트럼프 정부 6대 국정기조 공개.. 미국 우선 외교정책 등", 경향신문, 2017.1.21.
http://news.khan.co.kr/kh_news/khan_art_view.html?artid=201701211027001&code=970100#csidx
8e6194997c1ea3db0d8f26977374fba

2. 문재인 대통령

제19대 대통령에 당선된 문재인 대통령이 2017년 5월 10일 오전 취임선서 행사에 참석해 대통령 취임사를 낭독했다. 다음은 문 대통령의 취임사 전문이다.

국민께 드리는 말씀

존경하고 사랑하는 국민 여러분. 감사합니다. 국민 여러분의 위대한 선택에 머리 숙여 깊이 감사드립니다. 저는 오늘 대한민국 제19대 대통령으로서 새로운 대한민국을 향해 첫걸음을 내딛습니다. 지금 제 두 어깨는 국민 여러분으로부터 부여받은 막중한 소명감으로 무겁습니다. 지금 제 가슴은 한번도 경험하지 못한 나라를 만들겠다는 열정으로 뜨겁습니다. 그리고 지금 제 머리는 통합과 공존의 새로운 세상을 열어갈 청사진으로 가득 차 있습니다.

우리가 만들어가려는 새로운 대한민국은 숱한 좌절과 패배에도 불구하고 우리의 선대들이 일관되게 추구했던 나라입니다. 또 많은 희생과 헌신을 감내하며 우리 젊은 이들이 그토록 이루고 싶어 했던 나라입니다. 그런 대한민국을 만들기 위해 저는 역사와 국민 앞에 두렵지만 겸허한 마음으로 대한민국 제19대 대통령으로서의 책임과 소명을 다할 것임을 천명합니다. 함께 선거를 치른 후보들께 감사의 말씀과 함께 심심한 위로를 전합니다. 이번 선거에서는 승자도 패자도 없습니다. 우리는 새로운 대한민국을 함께 이끌어가야 할 동반자입니다. 이제 치열했던 경쟁의 순간을 뒤로하고 함께 손을 맞잡고 앞으로 전진해야 합니다. 존경하는 국민 여러분, 지난 몇 달 우리는 유례없는 정치적 격변기를 보냈습니다. 정치는 혼란스러웠지만 국민은 위대했습니다. 현직 대통령의 탄핵과 구속 앞에서도 국민들이 대한민국의 앞길을 열어주셨습니다. 우리 국민들은 좌절하지 않고 오히려 이를 전화위복으로 승화시켜 마침내 오늘 새로운 세상을 열었습니다. 대한민국의 위대함은 국민의 위대함입니다. 그리고 이번 대통령 선거에서 우리 국민들은 또 하나의 역사를 만들어주셨습니다. 전국 각지에서 골고른 지지로 새로운 대통령을 선택해주셨습니다. 오늘부터 저는 국민 모두의 대통령이 되겠습니다. 저를 지지하지 않았던 국민 한분한분도 저의 국민이고, 우리의 국민으로 섬기겠습니다. 저는 감히 약속드립니다. 2017년 5월 10일 이날은 진정한 국민 통합이 시작된 날로 역사에 기록될 것입니다.

존경하고 사랑하는 국민 여러분. 힘들었던 지난 세월 국민들은 이게 나라냐고 물었습니다. 대통령 문재인은 바로 그 질문에서 새로 시작하겠습니다. 오늘부터 나라를 나라답게 만드는 대통령이 되겠습니다. 구시대의 잘못된 관행과 과감히 결별하겠습니다. 대통령부터 새로워지겠습니다. 우선 권위적인 대통령 문화를 청산하겠습니다. 준비를 마치는 대로 지금의 청와대에서 나와 광화문 대통령 시대를 열겠습니다. 참모들과 머리와 어깨를 맞대고 토론하겠습니다. 국민과 수시로 소통하는 대통령이 되겠습니다. 주요사안은 대통령이 직접 언론에 브리핑하겠습니다. 퇴근길에는 시장에 들러 마주치는 시민들과 격이 없는 대화를 나누겠습니다. 때로는 광화문 광장에서 대토론회를 열겠습니다. 대통령의 제왕적 권력을 최대한 나누겠습니다. 권력기관은 정치로부터 완전히 독립시키겠습니다. 그 어떤 기관도 무소불위의 권력을 행사할 수 없도록 견제장치를 만들겠습니다. 낮은 자세로 일하겠습니다. 국민과 눈높이를 맞추는 대통령이 되겠습니다. 안보위기도 서둘러 해결하겠습니다. 한반도의 평화를 위해 동분서주하겠습니다. 필요하면 곧바로 워싱턴으로 날아가겠습니다. 베이징과 도쿄에도 가고 여건이 조성되면 평양에도 가겠습니다. 한반도의 평화정착을 위해서라면 제가 할 수 있는 모든 일을 다 하겠습니다. 한미동맹은 더욱 강화하겠습니다. 한편으로 사드문제 해결을 위해 미국 및 중국과 진지하게 협상하겠습니다. 튼튼한 안보는 막강한 국방력에서 비롯됩니다. 자주국방력을 강화하기 위해 노력하겠습니다. 북핵문제를 해결할 토대도 마련하겠습니다. 동북아 평화구조를 정착시킴으로써 한반도 긴장완화의 전기를 마련하겠습니다. 분열과 갈등의 정치도 바꾸겠습니다. 보수와 진보의 갈등은 끝나야 합니다. 대통령이 나서서 직접 대화하겠습니다. 야당은 국정운영의 동반자입니다. 대화를 정례화하고 수시로 만나겠습니다. 전국적으로 고르게 인사를 등용하겠습니다. 능력과 적재적소를 인사의 대원칙으로 삼겠습니다. 저에 대한 지지여부와 상관없이 유능한 인재를 삼고초려해서 이를 맡기겠습니다. 나라 안팎으로 경제가 어렵습니다. 민생도 어렵습니다. 선거과정에서 약속했듯이 무엇보다 먼저 일자리를 챙기겠습니다. 동시에 재벌개혁에도 앞장서겠습니다. 문재인 정부하에서는 정경유착이라는 낱말이 완전히 사라질 것입니다. 지역과 계층과 세대간 갈등을 해소하고 비정규직 문제도 해결의 길을 모색하겠습니다. 차별없는 세상을 만들겠습니다. 거듭 말씀드립니다. 문재인과 더불어민주당 정부에서 기회는 평등할 것입니다. 과정은 공정할 것입니다. 결과는 정의로울 것입니다. 존경하는 국민 여러분. 이번 대통령 선거는 전임 대통령의 탄핵으로 치러졌습니다. 불행한 대통령의 역사가 계속되고 있습니다. 이번 선거를 계기로 이 불행한 역사는 종식되어야 합니다. 저는 대한민국 대통령의 새로운 모범이 되겠습니다. 국민과 역사가 평가하는 성공한 대통령이 되기 위해 최선을 다하겠습니다. 그래서 지지와 성원에 보답하겠습니다. 깨끗한 대통령이 되겠습니다. 빈손으로 취임하고 빈손으로 퇴임하는 대통령이 되겠습니다. 훗날 고향으로 돌아가 평범한 시민이 되어 이웃과 정을 나눌 수 있는 대통령이겠습니다. 국민 여러분의 자랑으로 남겠습니다. 약속을 지키는 솔직한 대통령이 되겠습니다. 선거과정에서 제가 했던 약속들을 꼼꼼하게 챙기겠습니다. 대통령부터 신뢰받는 정치를 솔선수범해야 진정한 정치발전이 가능할 것입니다. 불가능한 일을 하겠다고 큰소리치지 않겠습니다. 잘못한 일은 잘못했다고 말씀드리겠습니다. 거짓으로 불리한 여론을 덮지 않겠습니다. 공정한 대통령이 되겠습니다. 특권과 반칙이 없는 세상을 만들겠습니다. 상식대로 해야 이득을 보는 세상을 만들겠습니다. 이웃의 아픔을 외면하지 않겠습니다. 소외된 국민이 없도록 노심초사하는 마음으로 항상 살피겠습니다. 국민들의 서러운 눈물을 닦아드리는 대통령이 되겠습니다. 소통하는 대통령이 되겠습니다. 낮은 사람 겸손한 권력이 되어 가장 강력한 나라를 만들겠습니다. 군림하고 통치하는 대통령이 아니라 대화하고 소통하는 대통령이 되겠습니다. 광화문 시대 대통령이 되어 국민들과 가까운 곳에 있겠습니다. 따뜻한 대통령 친구같은 대통령으로 남겠습니다. 사랑하고 존경하는 국민 여러분. 2017년 5월 10일 오늘 대한민국이 다시 시작합니다. 나라를 나라답게 만드는 대역사가 시작됩니다. 이 길에 함께해주십시오. 저의 신명을 바쳐 일하겠습니다. 감사합니다.

5.18 민주화운동 37주년 기념사

존경하는 국민 여러분! 오늘 5.18민주화운동 37주년을 맞아, 5.18묘역에 서니 감회가 매우 깊습니다. 37년 전 그날의 광주는 우리 현대사에서 가장 슬프고 아픈 장면이었습니다. 저는 먼저 80년 오월의 광주시민들을 떠올립니다. 누군가의 가족이었고 이웃이었습니다. 평범한 시민이었고 학생이었습니다. 그들은 인권과 자유를 억압받지 않는, 평범한 일상을 지키기 위해 목숨을 걸었습니다. 저는 대한민국 대통령으로서 광주 영령들 앞에 깊이 머리 숙여 감사드립니다. 오월 광주가 남긴 아픔과 상처를 간직한 채 오늘을 살고 계시는 유가족과 부상자 여러분께도 깊은 위로의 말씀을 전합니다. 1980년 오월 광주는 지금도 살아있는 현실입니다. 아직도 해결되지 않은 역사입니다. 대한민국의 민주주의는 이 비극의 역사를 딛고 섰습니다. 광주의 희생이 있었기에 우리의 민주주의는 버티고, 다시 일어설 수 있었습니다. 저는 오월 광주의 정신으로 민주주의를 지켜주신 광주시민과 전남도민 여러분께 각별한 존경의 말씀을 드립니다.

존경하는 국민여러분! 5.18은 불의한 국가권력이 국민의 생명과 인권을 유린한 우리 현대사의 비극이었습니다. 하지만 이에 맞선 시민들의 항쟁이 민주주의의 이정표를 세웠습니다. 진실은 오랜 시간 은폐되고, 왜곡되고, 탄압 받았습니다. 그러나 서슬 퍼런 독재의 어둠 속에서도 국민들은 광주의 불빛을 따라 한걸음씩 나아갔습니다. 광주의 진실을 알리는 일이 민주화운동이 되었습니다. 부산에서 변호사로 활동하던

저도 다르지 않았습니다. 저 자신도 5.18때 구속된 일이 있었지만 제가 겪은 고통은 아무 것도 아니었습니다. 광주의 진실은 저에게 외면할 수 없는 분노였고, 아픔을 함께 나누지 못했다는 크나큰 부채감이었습니다. 그 부채감이 민주화운동에 나설 용기를 주었습니다. 그 것이 저를 오늘 이 자리에 서기까지 성장시켜준 힘이 됐습니다. 마침내 오월 광주는 지난 겨울 전국을 밝힌 위대한 촛불혁명으로 부활했습니다. 불의에 타협하지 않는 분노와 정의가 그곳에 있었습니다. 나라의 주인은 국민임을 확인하는 함성이 그곳에 있었습니다. 나라를 나라답게 만들자는 치열한 열정과 하나 된 마음이 그곳에 있었습니다. 저는 이 자리에서 감히 말씀드립니다. 새롭게 출범한 문재인 정부는 광주민주화운동의 연장선 위에 서있습니다. 1987년 6월 항쟁과 국민의 정부, 참여정부의 맥을 잇고 있습니다. 저는 이 자리에서 다짐합니다. 새 정부는 5.18민주화운동과 촛불혁명의 정신을 받들어 이 땅의 민주주의를 온전히 복원할 것입니다. 광주 영령들이 마음 편히 쉬실 수 있도록 성숙한 민주주의 꽃을 피워낼 것입니다. 여전히 우리 사회의 일각에서는 오월 광주를

왜곡하고 폄훼하려는 시도가 있습니다. 용납될 수 없는 일입니다. 역사를 왜곡하고 민주주의를 부정하는 일입니다. 우리는 많은 사람들의 희생과 헌신으로 이룩된 이 땅의 민주주의의 역사에 자부심을 가져야 합니다. 새 정부는 5.18민주화운동의 진상을 규명하는 데 더욱 큰 노력을 기울일 것입니다. 헬기사격까지 포함하여 발포의 진상과 책임을 반드시 밝혀내겠습니다. 5.18 관련 자료의 폐기와 역사왜곡을 막겠습니다. 전남도청 복원 문제는 광주시와 협의하고 협력하겠습니다. 완전한 진상규명은 결코 진보와 보수의 문제가 아닙니다. 상식과 정의의 문제입니다. 우리 국민 모두가 함께 가꾸어야 할 민주주의의 가치를 보존하는 일입니다. 5.18 정신을 헌법전문에 담겠다는 저의 공약도 반드시 지키겠습니다. 광주정신을 헌법으로 계승하는 진정한 민주공화국 시대를 열겠습니다. 5.18민주화운동은 비로소 온 국민이 기억하고 배우는 자랑스러운 역사로 자리매김 될 것입니다. 5.18정신을 헌법 전문에 담아 개헌을 완료할 수 있도록 이 자리를 빌어서 국회의 협력과 국민 여러분의 동의를 정중히 요청 드립니다. 존경하는 국민여러분! '임을 위한 행진곡'은 단순한 노래가 아닙니다. 오월의 피와 혼이 응축된 상징입니다. 5.18민주화운동의 정신, 그 자체입니다. '임을 위한 행진곡'을 부르는 것은 희생자의 명예를 지키고 민주주의의 역사를 기억하겠다는 것입니다. 오늘 '임을 위한 행진곡'의 제창은 그동안 상처받은 광주정신을 다시 살리는 일이 될 것입니다. 오늘의 제창으로 불필요한 논란이 끝나기를 희망합니다.

존경하는 국민여러분!

2년 전, 진도 팽목항에 5.18의 엄마가 4.16의 엄마에게 보낸 펼침막이 있었습니다. "당신 원통함을 내가 아오. 힘내소. 쓰러지지 마시오"라는 내용이었습니다. 국민의 생

명을 짓밟은 국가와 국민의 생명을 지키지 못한 국가를 통렬히 꾸짖는 외침이었습니다. 다시는 그런 원통함이 반복되지 않도록 하겠습니다. 국민의 생명과 사람의 존엄함을 하늘처럼 존중하겠습니다. 저는 그것이 국가의 존재가치라고 믿습니다. 저는 오늘, 오월의 죽음과 광주의 아픔을 자신의 것으로 삼으며 세상에 알리려했던 많은 이들의 희생과 헌신도 함께 기리고 싶습니다. 1982년 광주교도소에서 광주진상규명을 위해 40일 간의 단식으로 옥사한 스물아홉 살, 전남대생 박관현. 1987년 '광주사태 책임자 처벌'을 외치며 분신 사망한 스물다섯 살, 노동자 표정두. 1988년 '광주학살 진상규명'을 외치며 명동성당 교육관 4층에서 투신 사망한 스물네 살, 서울대생 조성만. 1988년 '광주는 살아있다' 외치며 숭실대 학생회관 옥상에서 분신 사망한 스물다섯 살, 숭실대생 박래전. 수많은 젊음들이 5월 영령의 넋을 위로하며 자신을 던졌습니다. 책임자 처벌과 진상규명을 촉구하기 위해 목숨을 걸었습니다. 국가가 책임을 방기하고 있을 때, 마땅히 밝히고 기억해야 할 것들을 위해 자신을 바쳤습니다. 진실을 밝히려던 많은 언론인과 지식인들도 강제해직되고 투옥 당했습니다. 저는 오월의 영령들과 함께 이들의 희생과 헌신을 헛되이 하지 않고 더 이상 서러운 죽음과 고난이 없는 대한민국으로 나아가겠습니다. 참이 거짓을 이기는 대한민국으로 나아가겠습니다. 광주시민들께도 부탁드립니다. 광주정신으로 희생하며 평생을 살아온 전국의 5.18들을 함께 기억해 주십시오. 이제 차별과 배제, 총칼의 상흔이 남긴 아픔을 딛고 광주가 먼저 정의로운 국민통합에 앞장서 주십시오. 광주의 아픔이 아픔으로 머무르지 않고 국민 모두의 상처와 갈등을 품어 안을 때, 광주가 내민 손은 가장 질기고 강한 희망이 될 것입니다.

존경하는 국민여러분!

오월 광주의 시민들이 나눈 '주먹밥과 헌혈' 이야말로 우리의 자존의 역사입니다. 민주주의의 참 모습입니다. 목숨이 오가는 극한 상황에서도 절제력을 잃지 않고 민주주의를 지켜낸 광주정신은 그대로 촛불광장에서 부활했습니다. 촛불은 5.18민주화운동의 정신 위에서 국민주권시대를 열었습니다. 국민이 대한민국의 주인임을 선언했습니다. 문재인 정부는 국민의 뜻을 받드는 정부가 될 것임을 광주 영령들 앞에 천명합니다. 서로가 서로를 위하고 서로의 아픔을 어루만져주는 대한민국이 새로운 대한민국입니다. 상식과 정의 앞에 손을 내미는 사람들이 많아질수록 숭고한 5.18정신은 현실 속에서 살아숨쉬는 가치로 완성될 것입니다. 다시 한 번 삼가 5.18영령들의 명복을 빕니다. 감사합니다.[5]

5 문재인, "5.18 민주화운동 37주년 기념사", 대한민국 청와대 홈페이지, 대통령연설, 2017.5.18.자 전면 게재 ;http://www1.president.go.kr/news/speech.php?srh%5Bview_mode%5D=detail&srh%5B seq%5D=80

3. 에마뉘엘 장미셸 프레데릭 마크롱(Emmanuel Jean-Michel Frédéric Macron) 프랑스 대통령[6]

Ladies and gentlemen,

On May 7, as you have recalled, the French people chose hope and a spirit of conquest. The whole world watched our presidential election. People everywhere wondered whether the French would, in turn, decide to retreat to an illusory past, whether they would break step with the world, exit the stage of history, give in to democratic mistrust and a spirit of division and turn their backs on the Enlightenment, or whether, on the contrary, they would embrace the future, collectively create a new impetus, and reaffirm their faith in the values that have made them a great people.

On 7 May, the French people made their choice. They should now be thanked. The responsibility they entrusted me with is an honor, and I am fully aware of how serious it is.

Today, more than ever, the world and Europe need France. They need a strong France sure of its destiny. They need a France that speaks out for freedom and solidarity. They need a France capable of inventing the future. The world needs what French women and men have always taught it: the boldness of freedom, the stringency of equality, the desire for fraternity.

But for decades France has been doubting itself. It has felt threatened in its culture, its social model, its deep beliefs. It has doubted what created it. My mandate will therefore be guided by two requirements.

The first will be to give French people back that confidence in themselves which has

---

6 프랑스의 제25대 대통령이자 안도라의 영주 그리고 최연소 대통령이다. 파리정치대학과 국립행정 학교를 나온 전형적인 엘리트 관료다. 투자은행 로스차일드에서 일하다 2012년 프랑수아 올랑드 취임 후 경제수석이 되었고, 2014년 38세의 나이로 경제산업부 장관이 됐다.2016년 8월, 장관직에 서 물러나 2017년 프랑스 대통령 선거 출마를 선언했고 진영을 넘나드는 앙 마르슈!(En Marche!) [2]라는 정당을 창당했다. 2017년 5월 28일 G7 회담에서 도널드 트럼프 미국 대통령과 악수를 하 는 과정에서 서로 엄청난 힘으로 악수를 해서 화제가 되었다. 트럼프는 보통 외교석상에서 큰 체 구를 이용한 강한 악력으로 강한 외교노선을 표명했다. 그러나 젊은(39세) 마크롱은 나이든(70) 트 럼프가 손을 놓으려 하자 다시 꽉 쥐면서 기세싸움에서 우위를 유지하며 유럽중심주의를 표명했 다고 언론들은 평가했다. 그 외에도 트럼프에 악수하는 것처럼 다가서다 메르켈 독일 총리와 악수 하는 등의 모습으로 외교무대에 성공적으로 데뷔하였다.

been weakened for too long. Let me reassure you, I didn't think for a second it would be restored as if by magic on the evening of May 7. It will involve slow, demanding but essential work.

It will be up to me to persuade French women and men that our country—which today seems jeopardized by winds sometimes blowing in the opposite direction to the world—has within it all the resources to be at the forefront among nations. I shall persuade our compatriots that France's power is not in decline but that we are on the cusp of an extraordinary renaissance, because we hold in our hands all the strengths which will make up, and which make up, the great powers of the 21st century.

To this end, I shall in no way give up on the commitments made to the French people. Everything that contributes to France's robustness and prosperity will be set in motion: work will be freed up, businesses supported and initiative encouraged.

Culture and education, through which emancipation, creativity and innovation are built, will be central to my action.

French women and men who feel forgotten by this vast movement in the world will have to be better protected. Everything that makes up our national solidarity will be overhauled, reinvented and strengthened. Equality in the face of misfortune will be increased.

Everything that makes France a safe country where people can live without fear will be extended. Republican laïcité [secularism](1) will be upheld and our security forces, intelligence and armed forces strengthened.

Europe, which we need, will be overhauled and revitalized, because it protects us and enables us to promote our values in the world. Our institutions, decried by some, must regain, in French people's eyes, the effectiveness that has guaranteed their long-term survival, because I believe in the institutions of the Fifth Republic and will do everything in my power to ensure they operate in accordance with the spirit that created them. To that end, I shall ensure our country experiences a resurgence of democratic vitality. Citizens' voices will be heard, and listened to.

In this battle, I shall need everyone. All the elites—political, economic, social and religious—and all the established bodies of the French nation will be called upon to show responsibility. We can no longer take refuge behind practices and habits that are sometimes outdated. We must get back to the underlying purpose and dignity of what today unites us: working fairly and effectively for our people. France is strong only if it is prosperous. France is a model for the world only if it sets an example.

And that is my second requirement.

Because we'll have made French people excited again about the future and proud again of what they are, the whole world will listen to what France has to say. Because, together, we'll have overcome our fears and anxieties, together we'll provide the example of a people capable of asserting its values and principles, which are those of democracy and the Republic.

The efforts of my predecessors to this end have been outstanding, and I want to pay tribute to them here.

I'm thinking of General de Gaulle, who worked to put France back on its feet and restore it to its place in the concert of nations. I'm thinking of Georges Pompidou, who made our country a major industrial power. Of Valéry Giscard d'Estaing, who took France and its society into the modern era. Of François Mitterrand, who helped reconcile the French dream and the European dream. Of Jacques Chirac, who put our nation in a position to say no to warmongers' demands. Of Nicolas Sarkozy, who spared no effort to resolve the financial crisis that had struck the world so violently. And I'm thinking, of course, of François Hollande, for his pioneering work with the Paris Agreement on the climate, and protecting French people in a world hit by terrorism.

Their work, especially in recent decades, was too often hindered, amid a pernicious domestic climate, by the discouragement of French women and men considering themselves to be unfairly disadvantaged, relegated or forgotten. What France had to say to the world was sometimes weakened by a national situation paralyzed by worry and even mistrust.

Today, ladies and gentlemen, the time has come for France to rise to the occasion. The division and rifts running through our society must be overcome, be they economic, social, political or moral, because the world expects us to be strong, solid and clear-sighted.

France's mission in the world is an eminent one. We'll shoulder all our responsibilities in order to provide, whenever necessary, an appropriate response to the major crises of our time. Whether it be the migration crisis, the climate challenge, authoritarian abuses, the excesses of global capitalism or, of course, terrorism—nothing hits some people while sparing others any more. We are all interdependent. We are all neighbors. France will always ensure it stands alongside freedom and human rights, but always in order to build peace over the long term.

We have a huge role: to redress the excesses of the world and ensure that freedom is defended. That is our mission. To do it, we will need a more effective, more democratic, more political Europe, because it is the instrument of our power and sovereignty. I will strive to achieve this. Geographically, things have got remarkably smaller. But time is moving at a faster pace. We are living in a period which will determine France's destiny for the coming decades. We will be fighting not just for this generation, but for the generations to come. It is up to us, all of us, here and now, to determine the world in which these generations will live. This is perhaps our greatest responsibility.

We have to build the world our young people deserve.

I know that French women and men, at this moment, expect a great deal from me. They are right, because the mandate they have entrusted to me gives them the right to be absolutely stringent with me. I am fully aware of this.

No easy ways out will be taken or compromises made. Nothing will weaken my determination. Nothing will stop me defending France's best interests, at all times and everywhere.

At the same time, I will constantly be determined to reconcile and bring together all French people. The confidence French women and men have shown me fills me with tremendous energy. The complete certainty that together we can write one of the finest chapters in our history will drive what I do.

At those moments when everything can change dramatically, the French people have always found the energy, the judgement and the spirit of harmony to build profound change. We have reached this point. This is the task for which I shall humbly serve our people.

I know I can count on all our compatriots to successfully carry through the huge, exciting task ahead of us.

As far as I am concerned, my work starts from tonight.

Long live the Republic. Long live France!

(1) laïcité goes beyond the concept of secularism, embracing the strict neutrality of the state.

프랑스와 한국, 21세기 포괄적 동반자 관계

"한국은 아시아 국가 가운데 프랑스의 주요 파트너 국가이다. 양국 수교 130주년을 기념하기 위한 '2015-2016 한-불 상호교류의 해'를 맞이하여 프랑스와 대한민국은 모든 분야에 걸쳐 협력하는 새로운 전기를 마련하는 계기가 되었다. 양국 정치 대화는 고위급으로 강화되었다. 양국 정상들은 2016년 6월 3일 한-불 수교 130주년 기념 공동 선언을 채택하고 행동계획을 완성했다. 경제 및 무역 관계는 매우 역동적이다. 2015 년 한국은 80억 유로에 가까운 무역 규모로 아시아에서 프랑스의 네 번째 무역 파트 너이다. 프랑스는 우주항공 산업, 건강과 화학, 럭셔리 산업 등 수 많은 분야에 수출하 고 있다. 2011년 발효된 한국과 유럽연합의 자유무역협정(FTA)은 무역 발전에 많은 기여를 하고 있다. 한국에 대한 프랑스 무역 흑자는 프랑스 무역 흑자의 8위를 차지했 다. 프랑스는 한국의 주요 해외 투자국가 중 하나이며 유럽 내 두 번째 투자 국가이다. 약 200 여 개의 프랑스 자회사들이 한국에 진출해있다. 양국은 혁신과 스타트업 분야 협력에 중점을 두고 지원하기로 합의했다.

프랑스와 한국은 국제 무대에서도 양국 협력 관계를 강화하고 있다. 양국은 특히 유엔과 G20내에서 다뤄지는 테러 대응, 글로벌 거버넌스, 기후변화에 대한 대응, 개발 원조 및 지역 위기 등에 대한 지속적인 대화를 유지하고 있다. 북한 핵 문제는 특히 프랑스가 유엔 안보리 상임이사국으로서 긴밀한 협의의 대상이 되고 있다. 녹색기후 기금 사무국을 유치한 한국은 기후변화 문제에서 중요한 파트너 국가이다.

과학, 대학 및 어학 협력 강화는 양국 주요 과제 중 하나이다. 한국으로 오는 프랑 스 유학생은 1천명이며 약 6천5백명의 한국인유학생이 프랑스에서 유학 중이다. 프랑 스는 한국 유학생들이 가고 싶은 나라 7위이며, 유럽 국가 중에서는 한국 유학생이 가고 싶은 나라 1위이다. '한국 내 프랑스의 해' 행사 일환으로 2016년 10월 17일 서울 에서 첫 번째 양국 고등교육의 만남인 제1회 한불 고등교육, 연구, 혁신의 만남이 개 최되었다. 어학 협력 분야의 교류 또한 활발하게 이뤄지고 있다. 프랑스 교육기관은 2015년 9월부터 한국어를 중국어, 일본어와 마찬가지로 제 2 외국어로 지정했다. 한국 프랑코포니 진흥위원회가 2015년 9월 창설되었으며 2016년 11월 한국은 옵저버자격 으로 프랑코포니 국제기구(OIF)에 가입했다. 인적 교류 분야에서도 역동적인 모습이 드러난다. 현재 약 3천여명의 프랑스 교민들이 한국에 거주하고 있으며 최근 5년동안 2배가 증가했다. 프랑스 교민 중 3분의 1은 서울 외 지역인 특히 거제, 울산과 부산에 많은 교민이 거주하고 있다. 2015년 9월부터 2016년 8월까지 250여개의 행사가 60여 곳의 도시에서 열린 '프랑스 내 한국의 해'를 통해 프랑스 대중들은 한국의 문화를 더 깊이 이해하게 되었다. 창의력과 다양성을 주제로 2016년 3월부터 12월까지 펼쳐 진 '한국 내 프랑스의 해'는 서울과 40 여 곳의 도시에서 열렸다. 250여 개에 달하는 문화·경제·대학교육·과학·스포츠·미식·관광 행사들이 소개되었다."[7]

7 주한 프랑스 대사관 홈페이지, 2017. 6. 1.자 검색.
   https://kr.ambafrance.org/%ED%94%84%EB%9E%91%EC%8A%A4-%ED%95%9C%EA%B5%
   AD-%EA%B5%80%EA%B3%84

4. 블라디미르 푸틴(Vladimir Putin, Vladimir Vladimirovich Putin) 대통령[8]

　"존경하는 러시아 국민 여러분. 친구 여러분. 러시아 대통령으로 취임하면서 조국에 대한 모든 책임을 인식합니다. 러시아의 이익과 안보, 국민의 복지는 나에게 다른 무엇보다 높은 것이었고 앞으로도 그럴 것입니다. 국민의 신뢰에 부응하기 위해 모든 것을 다하겠습니다. 조국에 대한 봉사와 국민에 대한 헌신을 내 모든 삶의 의미이자 의무로 여기고 있습니다. 우리는 함께 길고도 어려운 길을 걸어 오면서 자신의 힘을 믿고 국가를 강하게 만들고 위대한 민족의 가치를 되찾았습니다. 세계는 부흥하는 러시아를 보았고 이는 우리 국민의 노력의 결과입니다. 오늘날 우리는 전진과 건설을 위한 모든 조건을 갖추고 있습니다. 능력 있고 발전하는 국가, 튼튼한 경제사회적 기반, 적극적이고 책임성 있는 시민사회 등이 그것입니다. 나는 이 같은 결과에서 드미트리 메드베데프의 큰 공적을 봅니다. 그는 대통령직을 수행하는 동안 국가 발전의 연속성과 지속성을 보장했으며 우리 삶의 여러 분야에 현대화라는 추가적 자극을 부여했습니다. 앞으로 그에겐 힘들고 아주 무거운 과제가 남아있습니다. 그의 성공을 빕니다. 오늘날 우리는 국가 발전의 새로운 단계로 진입하고 있습니다. 우리는 질과 양에서 전혀 다른 수준의 과제를 해결해야 합니다. 앞으로 몇 년간이 러시아의 향후 10년간의 미래 운명을 결정하게 될 것입니다. 우리 모두는 미래 세대의 삶과 국가와 민족의 역사적 전망이 오늘 우리 손에 달렸음을 인식해야 합니다. 또 러시아의 미래가 새로운 경제와 현대적 삶의 기준을 건설하는 데서의 실질적 성과와 국민을 지키고 가족을 지원하려는 우리의 노력, 발틱해에서 태평양에 이르는 광대한 러시아 영토의 건설을 위한 지속성에 달려 있음을 인식해야 합니다. 우리는 단결하고 단합된 국민이 되고 조국을 귀하게 여기고 민주주의와 헌법적 권리 및 자유를 강화하고 국가 경영과 주요 안건 결정에서 시민의 참여를 확대하면 우리의 목표를 달성할 수 있을 것입니다. 다민족국가로서의 튼튼한 문화정신적 전통의 토대와 수천년의 역사, 항상 우리 삶의 도덕적 근거가 됐던 가치 등에 기대고, 모두가 양심에 따라 조국에 대한 믿음과 사랑을 갖고 자녀들의 행복과 부모의 복지를 챙긴다면 우리는 반드시 성공을 이룰

8　2012. 05~제6대 러시아 대통령, 2008.05~2012.05 제10대 러시아 총리, 2004. 05~2008. 05 제4대 러시아 대통령, 2000. 05~2004. 05 제3대 러시아 대통령, 1999 러시아 대통령 권한대행, 1999. 08~ 2000. 05 제6대 러시아 총리, 1999.03 러시아 국가보안위원회 서기, 1998. 07~1999. 08 러시아 연방보안국 국장, 1997~1998 러시아 대통령 행정실 제1부실 실장, 1996~1997 러시아 대통령 총무실 부실장, 1990~1996 상트페테르부르크 해외위원회 위원장, 1990~1996 상트페테르부르크 대표자회의 의장 보좌관, 1975~1990 국가보안위원회

것입니다. 우리는 모두가 자유와 함께 자신의 재능과 노동, 힘을 발휘할 수 있는 공간이 있는 민주적 국가에서 살기를 원하고 또 그렇게 할 것입니다. 우리는 세계가 믿을 수 있고 개방되고 정직하며 예측가능한 파트너로 인정해 주는 성공적 러시아에서 살기를 원하고 또 그렇게 할 것입니다. 나는 우리의 목표와 이상의 힘, 국가를 발전시키려는 의지의 힘, 국민의 통합된 행동의 힘과 자유와 진리, 정의를 향한 모두의 노력을 믿습니다. 러시아에는 위대한 역사가 있고 그 못지않은 위대한 미래가 있습니다. 우리는 영혼의 믿음과 진실하고 깨끗한 생각을 갖고 일할 것입니다."[9]

---

9 연합뉴스, "푸틴 러시아 대통령 취임 연설 전문", 2012. 5. 7.자
http://www.yonhapnews.co.kr/international/2012/05/07/0606000000AKR20120507107200080.HTML

II. 대통령직 인수에 관한 법률

대통령직 인수에 관한 법률 (약칭: 대통령직인수법)

[시행 2017.3.21.] [법률 제14615호, 2017.3.21., 일부개정]

행정자치부(조직기획과) 02-2100-4416

제1조(목적) 이 법은 대통령당선인으로서의 지위와 권한을 명확히 하고 대통령직 인수를 원활하게 하는 데에 필요한 사항을 규정함으로써 국정운영의 계속성과 안정성을 도모함을 목적으로 한다.

[전문개정 2012.10.22.]

제2조(정의) 이 법에서 사용하는 용어의 뜻은 다음과 같다.

1. "대통령당선인"이란 「대한민국헌법」 제67조와 「공직선거법」 제187조에 따라 당선인으로 결정된 사람을 말한다.

2. "대통령직"이란 「대한민국헌법」에 따라 대통령에게 부여된 직무를 말한다.

[전문개정 2012.10.22.]

제3조(대통령당선인의 지위와 권한) ① 대통령당선인은 대통령당선인으로 결정된 때부터 대통령 임기 시작일 전날까지 그 지위를 갖는다.

② 대통령당선인은 이 법에서 정하는 바에 따라 대통령직 인수를 위하여 필요한 권한을 갖는다.

[전문개정 2012.10.22.]

제4조(예우) 대통령당선인과 그 배우자에 대하여는 다음 각 호에 따른 예우를 할 수 있다.

1. 대통령당선인에 대한 교통·통신 및 사무실 제공 등의 지원

2. 대통령당선인과 그 배우자에 대한 진료

3. 그 밖에 대통령당선인에 대하여 필요한 예우

[전문개정 2012.10.22.]

제5조(국무총리 후보자의 지명 등) ① 대통령당선인은 대통령 임기 시작 전에 국회의 인사청문 절차를 거치게 하기 위하여 국무총리 및 국무위원 후보자를 지명할 수 있다. 이 경우 국무위원 후보자에 대하여는 국무총리 후보자의 추천이 있어야 한다.

② 대통령당선인은 제1항에 따라 국무총리 및 국무위원 후보자를 지명한 경우에는 국회의장에게 「국회법」 제65조의2 및 「인사청문회법」에 따른 인사청문의 실시를 요청하여야 한다.

③ 대통령당선인은 제1항에 따라 국무총리 및 국무위원 후보자를 지명하기 위하여 필요한 경우에는 「국가공무원법」 제6조에 따른 중앙인사관장기관의 장에게 인사기록 및 인사관리시스템 등의 열람 또는 활용을 요청할 수 있다. 이 경우 요청을 받은 관계 중앙인사관장기관의 장은 다른 법률에 특별한 규정이 있는 경우를 제외하고는 그 요청에 따라야 한다. 〈신설 2017.3.21.〉

[전문개정 2012.10.22.]

제6조(대통령직인수위원회의 설치 및 존속기한) ① 대통령당선인을 보좌하여 대통령직 인수와 관련된 업무를 담당하기 위하여 대통령직인수위원회(이하 "위원회"라 한다)를 설치한다.

② 위원회는 대통령 임기 시작일 이후 30일의 범위에서 존속한다.

[전문개정 2012.10.22.]

제7조(업무) 위원회는 다음 각 호의 업무를 수행한다. 〈개정 2017.3.21.〉

1. 정부의 조직·기능 및 예산현황의 파악

2. 새 정부의 정책기조를 설정하기 위한 준비

3. 대통령의 취임행사 등 관련 업무의 준비

4. 대통령당선인의 요청에 따른 국무총리 및 국무위원 후보자에 대한 검증

5. 그 밖에 대통령직 인수에 필요한 사항

[전문개정 2012.10.22.]

제8조(위원회의 구성 등) ① 위원회는 위원장 1명, 부위원장 1명 및 24명 이내의 위원으로 구성한다.

② 위원장·부위원장 및 위원은 명예직으로 하고, 대통령당선인이 임명한다.

③ 위원장은 대통령당선인을 보좌하여 위원회의 업무를 총괄하며, 위원회의 직원을 지휘·감독한다.

④ 위원장이 부득이한 사유로 직무를 수행할 수 없는 경우에는 대통령당선인이 지명하는 사람이 그 직무를 대행한다.

[전문개정 2012.10.22.]

제9조(위원회의 직원) ① 위원회의 업무를 효율적으로 수행하기 위하여 위원회에 전문위원·사무직원 등 직원을 둘 수 있다.

② 위원장은 위원회의 업무 수행을 위하여 필요하다고 인정하는 경우에는 관계 기관의 직원을 소속 기관의 장의 동의를 받아 전문위원·사무직원 등 직원으로 파견

근무를 하도록 요청할 수 있으며, 요청을 받은 관계 기관의 장은 특별한 사유가 없으면 요청에 따라야 한다.

[전문개정 2012.10.22.]

제10조(위원 등의 결격사유) 「국가공무원법」 제33조 각 호의 어느 하나에 해당하는 사람은 위원회의 위원장·부위원장·위원 및 직원이 될 수 없다.

[전문개정 2012.10.22.]

제11조(위원회의 예산 및 운영 등) 이 법에 규정된 사항 외에 위원회의 예산·직원 및 운영 등에 필요한 사항은 대통령령으로 정한다.

[전문개정 2012.10.22.]

제12조(위원회 활동에 관한 협조 등) ① 행정자치부장관은 위원회가 원활하게 운영될 수 있도록 업무 지원을 하여야 한다. 〈개정 2013.3.23., 2014.11.19.〉

② 관계 기관의 장은 위원회의 효율적인 운영을 위하여 자료·정보 또는 의견의 제출, 예산의 확보 등 필요한 협조를 하여야 한다.

[전문개정 2012.10.22.]

제13조(직원의 직무 전념) 위원회의 직원은 위원회의 업무에 전념하여야 한다.

[전문개정 2012.10.22.]

제14조(비밀누설 및 직권남용의 금지) 위원회의 위원장·부위원장·위원 및 직원과 그 직(職)에 있었던 사람은 그 직무와 관련하여 알게 된 비밀을 다른 사람에게 누설하거나 대통령직 인수업무 외의 다른 목적으로 이용할 수 없으며, 직권을 남용하여서는 아니 된다.

[전문개정 2012.10.22.]

제15조(벌칙 적용 시의 공무원 의제) 위원회의 위원장·부위원장·위원 및 직원과 그 직에 있었던 사람 중 공무원이 아닌 사람은 위원회의 업무와 관련하여 「형법」이나 그 밖의 법률에 따른 벌칙을 적용할 때에는 공무원으로 본다.

[전문개정 2012.10.22.]

제16조(백서 발간) 위원회는 위원회의 활동 경과 및 예산사용 명세를 백서(白書)로 정리하여 위원회의 활동이 끝난 후 30일 이내에 공개하여야 한다.

[전문개정 2012.10.22.]

부칙 〈제14615호, 2017.3.21.〉

이 법은 공포한 날부터 시행한다.

III. 대통령 기록물 관리에 관한 법률

대통령기록물 관리에 관한 법률

[시행 2010.8.5.] [법률 제10009호, 2010.2.4., 일부개정]

행정자치부(기록제도과) 044-211-2223

제1장 총칙

제1조(목적) 이 법은 대통령기록물의 보호·보존 및 활용 등 대통령기록물의 효율적 관리와 대통령기록관의 설치·운영에 관하여 필요한 사항을 정함으로써 국정운영의 투명성과 책임성을 높이는 것을 목적으로 한다.

제2조(정의) 이 법에서 사용하는 용어의 정의는 다음과 같다. 〈개정 2010.2.4.〉

1. "대통령기록물"이란 대통령(「대한민국 헌법」 제71조에 따른 대통령권한대행과 「대한민국 헌법」 제67조 및 「공직선거법」 제187조에 따른 대통령당선인을 포함한다. 이하 같다)의 직무수행과 관련하여 다음 각 목의 기관이 생산·접수하여 보유하고 있는 기록물 및 물품을 말한다.

   가. 대통령

   나. 대통령의 보좌기관·자문기관 및 경호업무를 수행하는 기관

   다. 「대통령직인수에 관한 법률」 제6조에 따른 대통령직인수위원회(이하 "대통령직인수기관"이라 한다)

   1의2. 제1호의 기록물 및 물품이란 다음 각 목에 해당하는 것을 말한다.

   가. 「공공기록물 관리에 관한 법률」 제3조제2호에 따른 기록물(이하 "기록물"이라 한다)

   나. 국가적 보존가치가 있는 대통령상징물(대통령을 상징하는 문양이 새겨진 물품 및 행정박물 등을 말한다. 이하 같다)

   다. 대통령선물(「공직자윤리법」 제15조에 따른 선물을 말한다. 이하 같다)

2. "대통령기록관"이란 대통령기록물의 영구보존에 필요한 시설 및 장비와 이를 운영하기 위한 전문인력을 갖추고 대통령기록물을 영구적으로 관리하는 기관을 말한다.

3. "개인기록물"이란 대통령의 사적인 일기·일지 또는 개인의 정치활동과 관련된

기록물 등으로서 대통령의 직무와 관련되지 아니하거나 그 수행에 직접적인 영향을 미치지 아니하는 대통령의 사적인 기록물을 말한다.

제3조(소유권) 대통령기록물의 소유권은 국가에 있으며, 국가는 대통령기록물을 이 법으로 정하는 바에 따라 관리하여야 한다.

제4조(다른 법률과의 관계) 대통령기록물의 관리에 관하여는 다른 법률에 우선하여 이 법을 적용하되, 이 법에 규정되지 아니한 사항에 관하여는 「공공기록물 관리에 관한 법률」(이하 "공공기록물관리법"이라 한다)을 적용한다.

제2장 대통령기록관리전문위원회 〈개정 2010.2.4.〉

제5조(대통령기록관리전문위원회) ①대통령기록물의 관리에 관한 사항을 심의하기 위하여 공공기록물관리법 제15조제1항에 따른 국가기록관리위원회(이하 "국가기록관리위원회"라 한다)에 대통령기록관리전문위원회를 둔다. 〈개정 2010.2.4.〉

②제1항에 따른 대통령기록관리전문위원회(이하 "전문위원회"라 한다)는 다음 각 호의 사항을 심의한다. 〈개정 2010.2.4.〉

1. 대통령기록물의 관리 및 전직 대통령의 열람에 관한 기본정책
2. 대통령기록물의 폐기 및 이관시기 연장의 승인
3. 제17조제1항에 따른 대통령지정기록물의 보호조치 해제
4. 비밀기록물 및 비공개 대통령기록물의 재분류
5. 개별대통령기록관의 설치에 관한 사항
6. 대통령기록관의 운영에 관한 주요 사항
7. 그 밖에 대통령기록물의 관리와 관련한 사항

③전문위원회는 위원장 1인을 포함한 9인 이내의 위원으로 구성하며, 위원은 다음 각 호에 해당하는 자 중에서 국가기록관리위원회 위원장이 임명 또는 위촉한다. 다만, 위원의 2분의 1 이상은 제3호에 규정된 자 중에서 위촉하여야 한다. 〈개정 2010.2.4.〉

1. 국가기록관리위원회의 위원
2. 대통령기록관의 장
3. 대통령기록물의 관리에 관한 학식과 경험이 풍부한 자

④전문위원회의 위원장은 제3항에 따른 위원 중에서 국가기록관리위원회 위원장이 지명한다. 〈개정 2010.2.4.〉

⑤공무원이 아닌 위원의 임기는 3년으로 한다.

⑥전문위원회의 사무를 지원하기 위하여 전문위원회에 간사 1인을 두되, 간사는 대통령기록관의 소속 공무원 중에서 전문위원회의 위원장이 지명하는 자가 된

다. 〈개정 2010.2.4.〉

⑦제2항제2호부터 제4호까지, 제6호 및 제7호의 사항에 대하여 전문위원회의 심의를 거친 사항은 공공기록물관리법 제15조에 따른 국가기록관리위원회의 심의를 거친 것으로 본다. 〈개정 2010.2.4.〉

⑧전문위원회의 구성 및 운영 등에 관하여 필요한 사항은 대통령령으로 정한다. 〈개정 2010.2.4.〉

[제목개정 2010.2.4.]

제6조(위원의 정치적 중립성 유지 등) 전문위원회의 위원은 그 권한에 속하는 업무를 수행함에 있어서 정치적 중립성과 업무의 독립성 및 객관성을 유지하여야 한다. 〈개정 2010.2.4.〉

제3장 대통령기록물의 관리

제7조(생산·관리원칙) ①대통령과 제2조제1호나목 및 다목의 기관의 장은 대통령의 직무수행과 관련한 모든 과정 및 결과가 기록물로 생산·관리되도록 하여야 한다.

②공공기록물관리법 제9조에 따른 중앙기록물관리기관(이하 "중앙기록물관리기관"이라 한다)의 장은 대통령기록물을 철저하게 수집·관리하고, 충분히 공개·활용될 수 있도록 하여야 한다.

제8조(전자적 생산·관리) 제2조제1호나목 및 다목의 기관(이하 "대통령기록물생산기관"이라 한다), 대통령기록물생산기관의 기록관 및 대통령기록관의 장은 대통령기록물이 전자적으로 생산·관리되도록 하여야 하며, 전자적 형태로 생산되지 아니한 기록물에 대하여도 전자적으로 관리되도록 하여야 한다.

제9조(대통령기록물생산기관의 기록관) ①대통령기록물생산기관의 장은 대통령기록물의 체계적 관리를 위하여 대통령령으로 정하는 바에 따라 기록관을 설치·운영하여야 한다. 다만, 기록관 설치가 곤란한 대통령기록물생산기관에 대하여는 대통령보좌기관이 설치한 기록관이 제2항제1호부터 제3호까지, 제5호 및 제6호의 업무를 수행한다.

②대통령기록물생산기관의 기록관의 장은 다음 각 호의 업무를 수행한다.

1. 당해 기관의 대통령기록물 관리에 관한 기본계획의 수립·시행
2. 당해 기관의 대통령기록물 수집·관리·활용 및 폐기
3. 중앙기록물관리기관으로의 대통령기록물의 이관
4. 당해 기관의 대통령기록물에 대한 정보공개의 접수
5. 관할 대통령기록물생산기관의 대통령기록물 관리에 대한 지도·감독 및 지원
6. 그 밖에 대통령기록물의 관리에 관한 사항

제10조(생산현황의 통보) ①대통령기록물생산기관의 장은 대통령기록물의 원활한 수
집 및 이관을 위하여 매년 대통령기록물의 생산현황을 소관 기록관의 장에게 통보
하고, 소관 기록관의 장은 중앙기록물관리기관의 장에게 통보하여야 한다. 다만, 임
기가 종료되는 해와 그 전년도의 생산현황은 임기가 종료되기 전까지 통보하여야
한다.

②대통령기록물 생산현황의 통보방법 및 시기 등의 절차에 관하여 필요한 사항은
대통령령으로 정한다.

제11조(이관) ①대통령기록물생산기관의 장은 대통령령으로 정하는 기간 이내에 대통
령기록물을 소관 기록관으로 이관하여야 하며, 기록관은 대통령의 임기가 종료되
기 전까지 이관대상 대통령기록물을 중앙기록물관리기관으로 이관하여야 한다. 다
만, 대통령직인수기관의 기록물은 「대통령직인수에 관한 법률」 제6조에 따른 존속
기한이 경과되기 전까지 중앙기록물관리기관으로 이관하여야 한다.

②제1항에도 불구하고 대통령 경호업무를 수행하는 기관의 장이 대통령 경호 관련
기록물을 업무수행에 활용할 목적으로 이관시기를 연장하려는 때에는 대통령령으
로 정하는 바에 따라 중앙기록물관리기관의 장에게 이관시기의 연장을 요청할 수
있다. 이 경우 중앙기록물관리기관의 장은 대통령 경호기관의 장과 협의하여 이관
시기를 따로 정할 수 있다.

③중앙기록물관리기관의 장은 제1항 및 제2항에 따라 대통령기록물을 이관 받은
때에는 대통령기록관에서 이를 관리하게 하여야 한다.

④대통령기록물생산기관의 기록관의 장은 대통령 임기종료 6개월 전부터 이관대상
대통령기록물의 확인·목록작성 및 정리 등 이관에 필요한 조치를 강구하여야 한다.
이 경우 중앙기록물관리기관의 장은 기록물정리인력 등 대통령기록물의 이관에 관
하여 필요한 사항을 지원할 수 있다.

제12조(회수) 중앙기록물관리기관의 장은 대통령기록물이 공공기관 밖으로 유출되거
나 제11조제1항 및 제2항에 따라 이관되지 아니한 경우에는 이를 회수하거나 이관
받기 위하여 필요한 조치를 강구하여야 한다.

제13조(폐기) ①대통령기록물생산기관의 장은 보존기간이 경과된 대통령기록물을 폐
기하려는 때에는 전문위원회의 심의를 거쳐 폐기하여야 한다. 〈개정 2010.2.4.〉

②대통령기록물생산기관의 장은 제1항에 따라 대통령기록물을 폐기하려는 경우에
는 폐기대상 목록을 폐기하려는 날부터 60일 전까지 대통령기록관의 장에게 보내
야 하며, 대통령기록관의 장은 목록을 받은 날부터 50일 이내에 전문위원회의 심의
를 거쳐 그 결과를 대통령기록물생산기관의 장에게 통보하여야 한다. 이 경우 대통
령기록물 생산기관의 장은 폐기가 결정된 대통령기록물의 목록을 지체 없이 관보

또는 정보통신망에 고시하여야 한다. 〈개정 2010.2.4.〉

③대통령기록관의 장은 제11조제1항 및 제2항에 따라 이관된 대통령기록물 중 보존기간이 경과된 대통령기록물을 폐기하려는 경우에는 전문위원회의 심의를 거쳐야 한다. 이 경우 대통령기록관의 장은 전문위원회의 심의를 거쳐 폐기가 결정된 대통령기록물의 목록을 지체 없이 관보 또는 정보통신망에 고시하여야 한다. 〈개정 2010.2.4.〉

④대통령기록물의 폐기 절차 등에 관하여 필요한 사항은 대통령령으로 정한다.

제14조(무단파기·반출 등의 금지) 누구든지 무단으로 대통령기록물을 파기·손상·은닉·멸실 또는 유출하거나 국외로 반출하여서는 아니 된다.

제15조(보안 및 재난대책) 대통령기록물생산기관의 장 및 대통령기록관의 장은 소관 대통령기록물의 보호 및 안전한 관리를 위하여 대통령령으로 정하는 바에 따라 대통령기록물에 대한 보안 및 재난대책을 수립·시행하여야 한다.

제4장 대통령기록물의 공개·열람

제16조(공개) ①대통령기록물은 공개함을 원칙으로 한다. 다만,「공공기관의 정보공개에 관한 법률」제9조제1항에 해당하는 정보를 포함하고 있는 경우에는 이를 공개하지 아니할 수 있다.

②대통령기록물생산기관의 장은 소관 기록관으로 대통령기록물을 이관하려는 때에는 당해 대통령기록물의 공개 여부를 분류하여 이관하여야 한다.

③대통령기록관의 장은 비공개로 분류된 대통령기록물에 대하여는 이관된 날부터 5년이 경과한 후 1년 내에 공개 여부를 재분류하고, 그 첫 번째 재분류 시행 후 매 2년마다 전문위원회의 심의를 거쳐 공개 여부를 재분류하여야 한다. 〈개정 2010.2.4.〉

④비공개 대통령기록물은 생산연도 종료 후 30년이 경과하면 공개함을 원칙으로 한다.

⑤제4항에도 불구하고 대통령기록관의 장은 공개될 경우 국가안전보장에 중대한 지장을 초래할 것이 예상되는 대통령기록물에 대하여는 전문위원회의 심의를 거쳐 당해 대통령기록물을 공개하지 아니할 수 있다. 이 경우 제2조제1호나목의 기관의 장의 의견을 들을 수 있다. 〈개정 2010.2.4.〉

제17조(대통령지정기록물의 보호) ①대통령은 다음 각 호의 어느 하나에 해당하는 대통령기록물(이하 "대통령지정기록물"이라 한다)에 대하여 열람·사본제작 등을 허용하지 아니하거나 자료제출의 요구에 응하지 아니할 수 있는 기간(이하 "보호기간"이라 한다)을 따로 정할 수 있다.

1. 법령에 따른 군사·외교·통일에 관한 비밀기록물로서 공개될 경우 국가안전보장

에 중대한 위험을 초래할 수 있는 기록물

2. 대내외 경제정책이나 무역거래 및 재정에 관한 기록물로서 공개될 경우 국민경제의 안정을 저해할 수 있는 기록물

3. 정무직공무원 등의 인사에 관한 기록물

4. 개인의 사생활에 관한 기록물로서 공개될 경우 개인 및 관계인의 생명·신체·재산 및 명예에 침해가 발생할 우려가 있는 기록물

5. 대통령과 대통령의 보좌기관 및 자문기관 사이, 대통령의 보좌기관과 자문기관 사이, 대통령의 보좌기관 사이 또는 대통령의 자문기관 사이에 생산된 의사소통 기록물로서 공개가 부적절한 기록물

6. 대통령의 정치적 견해나 입장을 표현한 기록물로서 공개될 경우 정치적 혼란을 불러일으킬 우려가 있는 기록물

②보호기간의 지정은 각 기록물별로 하되, 중앙기록물관리기관으로 이관하기 전에 하여야 하며, 지정 절차 등에 관하여 필요한 사항은 대통령령으로 정한다.

③보호기간은 15년의 범위 이내에서 정할 수 있다. 다만, 개인의 사생활과 관련된 기록물의 보호기간은 30년의 범위 이내로 할 수 있다.

④보호기간 중에는 다음 각 호의 어느 하나에 해당하는 경우에 한하여 최소한의 범위 내에서 열람, 사본제작 및 자료제출을 허용하며, 다른 법률에 따른 자료제출의 요구 대상에 포함되지 아니한다.

1. 국회재적의원 3분의 2 이상의 찬성의결이 이루어진 경우

2. 관할 고등법원장이 해당 대통령지정기록물이 중요한 증거에 해당한다고 판단하여 발부한 영장이 제시된 경우. 다만, 관할 고등법원장은 열람, 사본제작 및 자료제출이 국가안전보장에 중대한 위험을 초래하거나 외교관계 및 국민경제의 안정을 심대하게 저해할 우려가 있다고 판단하는 경우 등에는 영장을 발부하여서는 아니 된다.

3. 대통령기록관 직원이 기록관리 업무수행상 필요에 따라 대통령기록관의 장의 사전 승인을 받은 경우

⑤대통령기록관의 장은 전직 대통령 또는 전직 대통령이 지정한 대리인이 제18조에 따라 열람한 내용 중 비밀이 아닌 내용을 출판물 또는 언론매체 등을 통하여 공표함으로 인하여 사실상 보호의 필요성이 없어졌다고 인정되는 대통령지정기록물에 대하여는 전문위원회의 심의를 거쳐 보호조치를 해제할 수 있다. 〈개정 2010.2.4.〉

⑥제4항에 따른 열람, 사본제작 및 자료제출의 방법과 절차 등에 관하여 필요한 사항은 대통령령으로 정한다.

제18조(전직 대통령에 의한 열람) ①대통령기록관의 장은 제17조제4항에도 불구하고 전직 대통령이 재임 시 생산한 대통령기록물에 대하여 열람하려는 경우에는 열람에 필요한 편의를 제공하는 등 이에 적극 협조하여야 하며, 편의 제공에 관한 협의 진행상황 및 편의 제공의 내용 등을 문서로 기록하여 별도로 관리하여야 한다. 〈개정 2010.2.4.〉

② 제1항에 따른 열람을 위하여 전직 대통령은 「전직대통령 예우에 관한 법률」 제6조제1항에 따른 비서관 중 1명을 포함하여 필요한 범위에서 대리인을 지정할 수 있다. 〈신설 2010.2.4.〉

③ 대통령기록관의 장은 제1항에 따라 대통령지정기록물 및 비밀기록물을 제외한 기록물에 대하여 「정보통신망 이용촉진 및 정보보호 등에 관한 법률」 제2조제1항제1호에 따른 정보통신망을 이용한 열람(이하 "온라인 열람"이라 한다)을 위한 편의를 제공할 수 있다. 〈신설 2010.2.4.〉

④ 제1항부터 제3항까지의 규정에 따른 전직 대통령과 대리인의 열람 방법·절차 및 온라인 열람에 대한 보안대책 등에 관하여 필요한 사항은 대통령령으로 정한다. 〈신설 2010.2.4.〉

제19조(대통령지정기록물의 누설 등의 금지) 대통령기록물 관리업무를 담당하거나 담당하였던 자 또는 대통령기록물에 접근·열람하였던 자는 그 과정에서 알게 된 비밀 및 보호기간 중인 대통령지정기록물에 포함되어 있는 내용을 누설하여서는 아니 된다. 다만, 전직 대통령 또는 전직 대통령이 지정한 대리인이 제18조에 따라 열람한 대통령지정기록물에 포함되어 있는 내용 중 비밀이 아닌 사실에 대하여는 그러하지 아니하다.

제20조(비밀기록물의 재분류) ①대통령기록관의 장은 보존 중인 비밀기록물에 대하여 비밀을 해제하거나 보호기간 등을 연장하려는 경우에는 대통령령으로 정하는 바에 따라 전문위원회의 심의를 거쳐 재분류를 실시하여야 한다. 이 경우 관계 기관의 의견을 들을 수 있다. 〈개정 2010.2.4.〉

②제1항의 경우에 그 대통령지정기록물이 비밀기록물인 경우에는 그 보호기간이 종료된 후에 재분류를 실시하여야 한다.

제5장 대통령기록관의 설치·운영

제21조(대통령기록관의 설치) 대통령기록물의 효율적 보존·열람 및 활용을 위하여 중앙기록물관리기관의 장은 그 소속에 대통령기록관을 설치하여야 한다.

제22조(대통령기록관의 기능) 대통령기록관은 다음 각 호의 업무를 수행한다.

1. 대통령기록물의 관리에 관한 기본계획의 수립·시행

2. 대통령기록물의 수집·분류·평가·기술(記述)·보존·폐기 및 관련 통계의 작성·관리

3. 비밀기록물 및 비공개 대통령기록물의 재분류

4. 대통령지정기록물의 보호조치 해제

5. 대통령기록물의 공개열람·전시·교육 및 홍보

6. 대통령기록물 관련 연구 활동의 지원

7. 제26조에 따른 개인기록물의 수집·관리

8. 그 밖에 대통령기록물의 관리에 관하여 필요한 사항

제23조(대통령기록관의 장) ①대통령기록관의 장은 대통령기록물의 관리 및 대통령기록관의 운영과 관련한 제반 사무를 통할하고, 소속 직원을 지휘·감독한다.

②대통령기록관의 장의 임기는 5년으로 한다.

제24조(대통령기록관의 운영) ①대통령기록관의 장은 대통령기록관의 운영에 관한 주요 사항을 결정하려는 경우에는 전문위원회의 심의를 거쳐야 하며, 전문위원회의 심의 결과를 존중하여야 한다. 〈개정 2010.2.4.〉

②대통령기록관의 장은 대통령기록물에 대한 효율적 활용 및 홍보를 위하여 필요한 때에는 대통령기록관에 전시관·도서관 및 연구지원센터 등을 둘 수 있다.

③그 밖에 대통령기록관의 운영에 관한 사항은 대통령령으로 정한다.

제25조(개별대통령기록관의 설치 등) ①중앙기록물관리기관의 장은 특정 대통령의 기록물을 관리하기 위하여 필요한 경우에는 개별대통령기록관을 설치할 수 있다.

②개인 또는 단체가 대통령령으로 정하는 기준에 따라 특정 대통령의 기록물을 관리하기 위한 시설을 건립하여 「국유재산법」 제13조에 따라 국가에 기부채납하는 경우에는 전문위원회의 심의를 거쳐 이를 제1항에 따라 설치한 개별대통령기록관으로 본다. 〈개정 2009.1.30., 2010.2.4.〉

③중앙기록물관리기관의 장은 개인 또는 단체가 국가에 기부채납할 목적으로 특정 대통령의 기록물을 관리하기 위한 시설을 건립하고자 하는 경우에는 전문위원회의 심의를 거쳐 필요한 경비의 일부를 예산의 범위 안에서 지원할 수 있다. 〈개정 2010.2.4.〉

④제1항 및 제2항에 따른 개별대통령기록관의 장은 당해 대통령기록물에 대하여 제22조제2호부터 제8호까지의 규정에 따른 업무를 수행한다.

⑤제2항에 따라 개별대통령기록관을 설치하는 경우에 해당 전직 대통령은 그 개별대통령기록관의 장의 임명을 추천할 수 있다.

제6장 보칙

제26조(개인기록물의 수집·관리) ①대통령기록관의 장은 역대 대통령(제25조에 따른

개별대통령기록관의 경우에는 당해 전직 대통령을 말한다)이 재임 전·후 및 재임 당시에 생산한 개인기록물에 대하여도 국가적으로 보존할 가치가 있다고 인정되는 경우에는 당해 대통령 및 해당 기록물 소유자의 동의를 받아 이를 수집·관리할 수 있다.

②대통령기록관의 장은 제1항의 개인기록물을 수집하는 때에는 대통령 및 이해관계인과 해당 기록물의 소유권·공개 및 자료제출 여부 등 관리조건에 관한 구체적 사항을 협의하여 정하여야 한다.

③대통령기록관의 장은 제1항의 개인기록물을 수집하기 위하여 필요한 경우에는 보상을 할 수 있으며, 보상 금액 및 절차 등에 관하여 필요한 사항은 대통령령으로 정한다.

제27조 삭제 〈2010.2.4.〉

제28조(연구활동 등 지원) 중앙기록물관리기관의 장은 전문위원회의 심의를 거쳐 대통령기록물의 연구를 수행하는 교육연구기관 등에 대하여 연구비용의 일부를 예산의 범위 안에서 지원할 수 있다. 〈개정 2010.2.4.〉

제29조(벌칙 적용에서의 공무원 의제) 전문위원회의 위원 중 공무원이 아닌 위원은 「형법」제129조부터 제132조까지의 규정에 따른 벌칙의 적용에서는 공무원으로 본다. 〈개정 2010.2.4.〉

제7장 벌칙

제30조(벌칙) ①다음 각 호의 어느 하나에 해당하는 자는 10년 이하의 징역 또는 3천만원 이하의 벌금에 처한다.

1. 제14조를 위반하여 대통령기록물을 무단으로 파기한 자
2. 제14조를 위반하여 대통령기록물을 무단으로 국외로 반출한 자

②다음 각 호의 어느 하나에 해당하는 자는 7년 이하의 징역 또는 2천만원 이하의 벌금에 처한다.

1. 제14조를 위반하여 대통령기록물을 무단으로 은닉 또는 유출한 자
2. 제14조를 위반하여 대통령기록물을 무단으로 손상 또는 멸실시킨 자

③제19조에 따른 비밀누설의 금지 등을 위반한 자는 3년 이하의 징역이나 금고 또는 7년 이하의 자격정지에 처한다.

④중대한 과실로 대통령기록물을 멸실하거나 일부 내용이 파악되지 못하도록 손상시킨 자는 1천만원 이하의 벌금에 처한다.

부칙 〈제10009호, 2010.2.4.〉

①(시행일) 이 법은 공포한 날부터 시행한다. 다만, 제18조의 개정규정은 공포 후 6개월이 경과한 날부터 시행한다.

②(대통령기록관리위원회 명칭 변경에 따른 위원 구성에 관한 경과조치) 이 법 시행 당시 종전의 규정에 따라 임명 또는 위촉된 대통령기록관리위원회의 위원은 이 법에 따라 임명 또는 위촉된 대통령기록관리전문위원회의 위원으로 본다.

Ⅳ. 대통령 등 경호에 관한 법률

대통령 등의 경호에 관한 법률 (약칭: 대통령경호법)

[시행 2013.12.12.] [법률 제11530호, 2012.12.11., 타법개정]

대통령경호실(기획관리실) 02-770-0011

제1조(목적) 이 법은 대통령 등에 대한 경호를 효율적으로 수행하기 위하여 경호의 조직·직무범위와 그 밖에 필요한 사항을 규정함을 목적으로 한다. 〈개정 2008.2.29.〉
[전문개정 2005.3.10.]

제2조(정의) 이 법에서 사용하는 용어의 뜻은 다음과 같다. 〈개정 2012.2.2., 2013.3.23.〉

1. "경호"란 경호 대상자의 생명과 재산을 보호하기 위하여 신체에 가하여지는 위해(危害)를 방지하거나 제거하고, 특정 지역을 경계·순찰 및 방비하는 등의 모든 안전 활동을 말한다.
2. "경호구역"이란 소속공무원과 관계기관의 공무원으로서 경호업무를 지원하는 사람이 경호활동을 할 수 있는 구역을 말한다.
3. "소속공무원"이란 대통령경호실(이하 "경호실"이라 한다) 직원과 경호실에 파견된 사람을 말한다.
4. "관계기관"이란 경호실이 경호업무를 수행함에 있어 필요한 지원과 협조를 요청하는 국가기관, 지방자치단체 등을 말한다.

[전문개정 2011.4.28.]

제3조(대통령경호실장 등) ① 대통령경호실장(이하 "실장"이라 한다)은 대통령이 임명하고, 경호실의 업무를 총괄하며 소속공무원을 지휘·감독한다.

② 경호실에 차장 1명을 둔다.

③ 차장은 정무직·1급 경호공무원 또는 고위공무원단에 속하는 별정직 국가공무원으로 보하며, 실장을 보좌한다.

[전문개정 2013.3.23.]

제4조(경호대상) ① 경호실의 경호대상은 다음과 같다. 〈개정 2013.3.23., 2013.8.13.〉

1. 대통령과 그 가족
2. 대통령 당선인과 그 가족

3. 본인의 의사에 반하지 아니하는 경우에 한정하여 퇴임 후 10년 이내의 전직 대통령과 그 배우자. 다만, 대통령이 임기 만료 전에 퇴임한 경우와 재직 중 사망한 경우의 경호 기간은 그로부터 5년으로 하고, 퇴임 후 사망한 경우의 경호 기간은 퇴임일부터 기산(起算)하여 10년을 넘지 아니하는 범위에서 사망 후 5년으로 한다.

4. 대통령권한대행과 그 배우자

5. 대한민국을 방문하는 외국의 국가 원수 또는 행정수반(行政首班)과 그 배우자

6. 그 밖에 실장이 경호가 필요하다고 인정하는 국내외 요인(要人)

② 제1항제1호 또는 제2호에 따른 가족의 범위는 대통령령으로 정한다.

③ 제1항제3호에도 불구하고 전직 대통령 또는 그 배우자의 요청에 따라 실장이 고령 등의 사유로 필요하다고 인정하는 경우에는 5년의 범위에서 같은 호에 규정된 기간을 넘어 경호할 수 있다. 〈신설 2013.8.13.〉

[전문개정 2011.4.28.]

제5조(경호구역의 지정 등) ① 실장은 경호업무의 수행에 필요하다고 판단되는 경우 경호구역을 지정할 수 있다. 〈개정 2012.2.2., 2013.3.23.〉

② 제1항에 따른 경호구역의 지정은 경호 목적 달성을 위한 최소한의 범위로 한정되어야 한다.

③ 소속공무원과 관계기관의 공무원으로서 경호업무를 지원하는 사람은 경호 목적상 불가피하다고 인정되는 상당한 이유가 있는 경우에만 경호구역에서 질서유지, 교통관리, 검문·검색, 출입통제, 위험물 탐지 및 안전조치 등 위해 방지에 필요한 안전 활동을 할 수 있다. 〈개정 2012.2.2.〉

④ 삭제 〈2013.3.23.〉

[전문개정 2011.4.28.]

제5조의2(다자간 정상회의의 경호 및 안전관리) ① 대한민국에서 개최되는 다자간 정상회의에 참석하는 외국의 국가원수 또는 행정수반과 국제기구 대표의 신변(身邊)보호 및 행사장의 안전관리 등을 효율적으로 수행하기 위하여 대통령 소속으로 경호·안전 대책기구를 둘 수 있다.

② 경호·안전 대책기구의 장은 실장이 된다. 〈개정 2013.3.23.〉

③ 경호·안전 대책기구는 소속공무원 및 관계기관의 공무원으로 구성한다.

④ 제1항에 따른 경호·안전 대책기구의 구성시기, 구성 및 운영 절차, 그 밖에 필요한 사항은 대통령령으로 정한다.

⑤ 경호·안전 대책기구의 장은 다자간 정상회의의 경호 및 안전관리를 위하여 필요하면 관계기관의 장과 협의하여 「통합방위법」 제2조제13호에 따른 국가중요시설과 불특정 다수인이 이용하는 시설에 대한 안전관리를 위하여 필요한 인력을 배치

하고 장비를 운용할 수 있다.

[본조신설 2012.2.2.]

제6조(직원) ① 경호실에 특정직 국가공무원인 1급부터 9급까지의 경호공무원과 일반직 국가공무원을 둔다. 다만, 필요하다고 인정할 때에는 경호공무원의 정원 중 일부를 일반직 국가공무원 또는 별정직 국가공무원으로 보할 수 있다. 〈개정 2012.12.11., 2013.3.23.〉

② 경호공무원 각 계급의 직무의 종류별 명칭은 대통령령으로 정한다.

[전문개정 2011.4.28.]

제7조(임용권자) ① 5급 이상 경호공무원과 5급 상당 이상 별정직 국가공무원은 실장의 제청으로 대통령이 임용한다. 다만, 전보·휴직·겸임·파견·직위해제·정직(停職) 및 복직에 관한 사항은 실장이 행한다. 〈개정 2013.3.23.〉

② 실장은 경호공무원 및 별정직 국가공무원에 대하여 제1항 외의 모든 임용권을 가진다.

③ 삭제 〈2013.3.23.〉

④ 고위공무원단에 속하는 별정직공무원의 신규채용에 관하여는 「국가공무원법」 제28조의6제3항을 준용한다.

[전문개정 2011.4.28.]

제8조(직원의 임용 자격 및 결격사유) ① 경호실 직원은 신체 건강하고 사상이 건전하며 품행이 바른 사람 중에서 임용한다. 〈개정 2013.3.23.〉

② 다음 각 호의 어느 하나에 해당하는 사람은 직원으로 임용될 수 없다.

1. 대한민국의 국적을 가지지 아니한 사람

2. 「국가공무원법」 제33조 각 호의 어느 하나에 해당하는 사람

③ 제2항 각 호(「국가공무원법」 제33조제5호는 제외한다)의 어느 하나에 해당하는 직원은 당연히 퇴직한다.

[전문개정 2011.4.28.]

제9조(비밀의 엄수) ① 소속공무원[퇴직한 사람과 원(原) 소속 기관에 복귀한 사람을 포함한다. 이하 이 조에서 같다]은 직무상 알게 된 비밀을 누설하여서는 아니 된다.

② 소속공무원은 경호실의 직무와 관련된 사항을 발간하거나 그 밖의 방법으로 공표하려면 미리 실장의 허가를 받아야 한다. 〈개정 2013.3.23.〉

[전문개정 2011.4.28.]

제10조(직권면직) ① 임용권자는 직원(별정직 국가공무원은 제외한다. 이하 이 조에서 같다)이 다음 각 호의 어느 하나에 해당하면 직권으로 면직할 수 있다.

1. 신체적·정신적 이상으로 6개월 이상 직무를 수행하지 못할 만한 지장이 있을 때

2. 직무 수행 능력이 현저하게 부족하거나 근무태도가 극히 불량하여 직원으로서 부적합하다고 인정될 때

3. 직제와 정원의 개폐(改廢) 또는 예산의 감소 등에 의하여 폐직(廢職) 또는 과원(過員)이 된 때

4. 휴직 기간이 끝나거나 휴직 사유가 소멸된 후에도 정당한 이유 없이 직무에 복귀하지 아니하거나 직무를 수행할 수 없을 때

5. 직무 수행 능력이 부족하거나 근무성적이 극히 불량하여 대통령령으로 정하는 바에 따라 대기 명령을 받은 사람이 그 기간 중 능력 또는 근무성적의 향상을 기대하기 어렵다고 인정될 때

6. 해당 직급에서 직무를 수행하는 데에 필요한 자격증의 효력이 상실되거나 면허가 취소되어 담당 직무를 수행할 수 없게 되었을 때

② 제1항제2호·제5호에 해당하여 면직하는 경우에는 대통령령으로 정하는 바에 따라 고등징계위원회의 동의를 받아야 한다.

③ 제1항제3호에 해당하여 면직하는 경우에는 임용 형태, 업무실적, 직무 수행 능력, 징계처분 사실 등을 고려하여 면직 기준을 정하여야 한다. 이 경우 면직된 직원은 결원이 생기면 우선하여 재임용할 수 있다.

④ 제3항의 면직 기준을 정하거나 제1항제3호에 따라 면직 대상자를 결정할 때에는 대통령령으로 정하는 바에 따라 인사위원회의 심의·의결을 거쳐야 한다.

[전문개정 2011.4.28.]

제11조(정년) ① 경호공무원의 정년은 다음의 구분에 따른다. 〈개정 2013.8.13.〉

1. 연령정년
   가. 5급 이상: 58세
   나. 6급 이하: 55세

2. 계급정년
   가. 2급: 4년
   나. 3급: 7년
   다. 4급: 12년
   라. 5급: 16년

② 경호공무원이 강임(降任)된 경우에는 제1항제2호에 따른 계급정년의 경력을 산정할 때에 강임되기 전의 상위계급으로 근무한 경력은 강임된 계급으로 근무한 경력에 포함한다.

③ 경호공무원은 그 정년이 된 날이 1월부터 6월 사이에 있는 경우에는 6월 30일에, 7월부터 12월 사이에 있는 경우에는 12월 31일에 각각 당연히 퇴직한다.

④ 삭제 〈2013.8.13.〉

⑤ 삭제 〈2013.8.13.〉

[전문개정 2011.4.28.]

제12조(징계) ① 직원의 징계에 관한 사항을 심사·의결하기 위하여 경호실에 고등징계위원회와 보통징계위원회를 둔다. 〈개정 2013.3.23.〉

② 각 징계위원회는 위원장 1명과 4명 이상 6명 이하의 위원으로 구성한다.

③ 직원의 징계는 징계위원회의 의결을 거쳐 실장이 한다. 다만, 5급 이상 직원의 파면 및 해임은 고등징계위원회의 의결을 거쳐 실장의 제청으로 대통령이 한다.

④ 징계위원회의 구성 및 운영 등에 필요한 사항은 대통령령으로 정한다.

[전문개정 2011.4.28.]

제13조(보상) 직원으로서 제4조제1항 각 호의 경호대상에 대한 경호업무 수행 또는 그와 관련하여 상이(傷痍)를 입고 퇴직한 사람과 그 가족 및 사망(상이로 인하여 사망한 경우를 포함한다)한 사람의 유족에 대하여는 대통령령으로 정하는 바에 따라 「국가유공자 등 예우 및 지원에 관한 법률」 또는 「보훈보상대상자 지원에 관한 법률」에 따른 보상을 한다. 〈개정 2011.9.15.〉

[전문개정 2011.4.28.]

제14조(「국가공무원법」과의 관계 등) ① 직원의 신규채용, 시험의 실시, 승진, 근무성적평정, 보수 및 교육훈련에 관한 사항은 대통령령으로 정한다.

② 직원에 대하여는 이 법에 특별한 규정이 있는 경우를 제외하고는 「국가공무원법」을 준용한다.

③ 직원에 대하여는 「국가공무원법」 제17조 및 제18조를 적용하지 아니한다.

[전문개정 2011.4.28.]

제15조(국가기관 등에 대한 협조 요청) 실장은 직무상 필요하다고 인정할 때에는 국가기관, 지방자치단체, 그 밖의 공공단체의 장에게 그 공무원 또는 직원의 파견이나 그 밖에 필요한 협조를 요청할 수 있다. 〈개정 2012.2.2., 2013.3.23.〉

[전문개정 2011.4.28.]

제16조(대통령경호안전대책위원회) ① 제4조제1항 각 호의 경호대상에 대한 경호업무를 수행할 때에는 관계기관의 책임을 명확하게 하고, 협조를 원활하게 하기 위하여 경호실에 대통령경호안전대책위원회(이하 "위원회"라 한다)를 둔다. 〈개정 2012.2.2., 2013.3.23.〉

② 위원회는 위원장과 부위원장 각 1명을 포함한 20명 이내의 위원으로 구성한다.

③ 위원장은 실장이 되고, 부위원장은 차장이 되며, 위원은 대통령령으로 정하는 관계기관의 공무원이 된다. 〈개정 2012.2.2., 2013.3.23.〉

④ 위원회는 다음 각 호의 사항을 관장한다.

1. 대통령 경호에 필요한 안전대책과 관련된 업무의 협의

2. 대통령 경호와 관련된 첩보·정보의 교환 및 분석

3. 그 밖에 제4조제1항 각 호의 경호대상에 대한 경호에 필요하다고 인정되는 업무

⑤ 위원회의 구성 및 운영에 필요한 사항은 대통령령으로 정한다.

[전문개정 2011.4.28.]

제17조(경호공무원의 사법경찰권) ① 경호공무원(실장의 제청으로 서울중앙지방검찰청 검사장이 지명한 경호공무원을 말한다. 이하 이 조에서 같다)은 제4조제1항 각 호의 경호대상에 대한 경호업무 수행 중 인지한 그 소관에 속하는 범죄에 대하여 직무상 또는 수사상 긴급을 요하는 한도 내에서 사법경찰관리(司法警察官吏)의 직무를 수행할 수 있다. 〈개정 2013.3.23.〉

② 제1항의 경우 7급 이상 경호공무원은 사법경찰관의 직무를 수행하고, 8급 이하 경호공무원은 사법경찰리(司法警察吏)의 직무를 수행한다.

[전문개정 2011.4.28.]

제18조(직권 남용 금지 등) ① 소속공무원은 직권을 남용하여서는 아니 된다.

② 경호실에 파견된 경찰공무원은 이 법에 규정된 임무 외의 경찰공무원의 직무를 수행할 수 없다. 〈개정 2013.3.23.〉

[전문개정 2011.4.28.]

제19조(무기의 휴대 및 사용) ① 실장은 직무를 수행하기 위하여 필요하다고 인정할 때에는 소속공무원에게 무기를 휴대하게 할 수 있다. 〈개정 2013.3.23.〉

② 제1항에 따라 무기를 휴대하는 사람은 그 직무를 수행할 때 필요하다고 인정하는 상당한 이유가 있을 경우 그 사태에 대응하여 부득이하다고 판단되는 한도 내에서 무기를 사용할 수 있다. 다만, 다음 각 호의 어느 하나에 해당할 때를 제외하고는 사람에게 위해를 끼쳐서는 아니 된다.

1. 「형법」 제21조 및 제22조에 따른 정당방위와 긴급피난에 해당할 때

2. 제4조제1항 각 호의 경호대상에 대한 경호업무 수행 중 인지한 그 소관에 속하는 범죄로 사형, 무기 또는 장기 3년 이상의 징역 또는 금고에 해당하는 죄를 범하거나 범하였다고 의심할 만한 충분한 이유가 있는 사람이 소속공무원의 직무집행에 대하여 항거하거나 도피하려고 할 때 또는 제3자가 그를 도피시키려고 소속공무원에게 항거할 때에 이를 방지하거나 체포하기 위하여 무기를 사용하지 아니하고는 다른 수단이 없다고 인정되는 상당한 이유가 있을 때

3. 야간이나 집단을 이루거나 흉기나 그 밖의 위험한 물건을 휴대하여 경호업무를 방해하기 위하여 소속공무원에게 항거할 경우에 이를 방지하거나 체포하기 위

하여 무기를 사용하지 아니하고는 다른 수단이 없다고 인정되는 상당한 이유가 있을 때

[전문개정 2011.4.28.]

제20조 삭제 〈2011.4.28.〉

제21조(벌칙) ① 제9조제1항, 제18조 또는 제19조제2항을 위반한 사람은 5년 이하의 징역이나 금고 또는 1천만원 이하의 벌금에 처한다.

② 제9조제2항을 위반한 사람은 2년 이하의 징역·금고 또는 500만원 이하의 벌금에 처한다.

[전문개정 2011.4.28.]

Ⅴ. 지방분권 및 지방행정체제개편에 관한 특별법

지방분권 및 지방행정체제개편에 관한 특별법 (약칭: 지방분권법)

[시행 2014.11.19.] [법률 제12844호, 2014.11.19., 타법개정]

행정자치부(자치제도과) 02-2100-3818

제1장 총칙

제1조(목적) 이 법은 지방분권과 지방행정체제 개편을 종합적·체계적·계획적으로 추진하기 위하여 기본원칙·추진과제·추진체제 등을 규정함으로써 성숙한 지방자치를 구현하고 지방의 발전과 국가의 경쟁력 향상을 도모하며 궁극적으로는 국민의 삶의 질을 제고하는 것을 목적으로 한다.

제2조(정의) 이 법에서 사용하는 용어의 뜻은 다음과 같다.

1. "지방분권"이란 국가 및 지방자치단체의 권한과 책임을 합리적으로 배분함으로써 국가 및 지방자치단체의 기능이 서로 조화를 이루도록 하는 것을 말한다.

2. "지방행정체제"란 지방자치 및 지방행정의 계층구조, 지방자치단체의 관할구역, 특별시·광역시·도와 시·군·구 간의 기능배분 등과 관련한 일련의 체제를 말한다.

3. "지방자치단체의 통합"이란 「지방자치법」 제2조제1항제2호에서 정한 지방자치단체 중에서 2개 이상의 지방자치단체가 통합하여 새로운 지방자치단체를 설치하는 것을 말한다.

4. "통합 지방자치단체"란 「지방자치법」 제2조제1항제2호에서 정한 지방자치단체 중에서 2개 이상의 지방자치단체가 통합하여 설치된 지방자치단체를 말한다.

제3조(국가와 지방자치단체의 책무) ① 국가는 지방자치단체와 「지방자치법」 제165조에 따른 지방자치단체의 장 등의 협의체 및 각계각층의 의견을 수렴하여 지방분권 및 지방행정체제 개편에 필요한 법적·제도적인 조치를 마련하여야 하며, 지방분권정책을 수행하기 위한 법적 조치를 마련하는 때에는 포괄적·일괄적으로 하여야 한다.

② 지방자치단체는 국가가 추진하는 지방분권정책에 부응하여 행정 및 재정의 책임성과 효율성을 높이는 등의 개선조치를 마련하여야 한다.

③ 지방자치단체는 국가가 추진하는 지방행정체제 개편에 적극 협조하여야 한다.

제4조(다른 법률과의 관계) 지방분권과 지방행정체제 개편 등에 관하여 이 법에 규정이

있는 경우에는 다른 법률에 우선하여 적용한다.

제5조(지방자치발전 종합계획의 수립) ① 제44조에 따른 지방자치발전위원회(이하 "위원회"라 한다)는 지방분권 및 지방행정체제 개편을 효과적으로 추진하기 위하여 관계 중앙행정기관의 장과 협의하고 지방자치단체의 의견을 수렴하여 지방자치발전 종합계획을 수립하여야 한다.

② 지방자치발전 종합계획은 다음 각 호의 사항을 포함하여야 한다.

1. 지방분권 및 지방행정체제 개편에 관한 기본방향과 추진목표

2. 주요 추진과제 및 추진방법

3. 재원조달방안

4. 그 밖에 지방분권 및 지방행정체제 개편을 위하여 필요한 사항

③ 지방자치발전 종합계획은 국무회의의 심의를 거쳐 대통령에게 보고하여야 한다. 이미 수립된 지방자치발전 종합계획을 변경할 때에도 또한 같다.

④ 위원회는 수립된 지방자치발전 종합계획을 국회에 보고하여야 한다.

제6조(연도별 시행계획의 수립·시행) 위원회는 제5조에 따른 지방자치발전 종합계획을 시행하기 위하여 관계 중앙행정기관의 장과 협의를 거쳐 매년 지방자치발전 시행계획을 수립·시행하여야 한다.

제2장 지방분권
제1절 지방분권의 기본원칙

제7조(지방분권의 기본이념) 지방분권은 주민의 자발적 참여를 통하여 지방자치단체가 그 지역에 관한 정책을 자율적으로 결정하고 자기의 책임하에 집행하도록 하며, 국가와 지방자치단체 간 또는 지방자치단체 상호간의 역할을 합리적으로 분담하도록 함으로써 지방의 창의성 및 다양성이 존중되는 내실 있는 지방자치를 실현함을 그 기본이념으로 한다.

제8조(지방자치와 관련되는 법령의 제정·개정) ① 중앙행정기관의 장은 지방자치와 관련되는 법령을 제정 또는 개정하는 경우에는 지방분권의 기본이념에 적합하도록 하여야 하며, 관련 현행 법령을 조속히 정비하여야 한다.

② 중앙행정기관의 장은 지방자치와 관련되는 법령을 제정하거나 개정하려는 경우 미리 위원회에 통지하여야 한다.

③ 위원회는 제2항에 따라 중앙행정기관의 장으로부터 통지를 받은 법령에 대하여 지방자치발전을 위하여 필요하다고 인정하는 경우 중앙행정기관의 장에게 의견을 제출할 수 있다.

제9조(사무배분의 원칙) ① 국가는 지방자치단체가 행정을 종합적·자율적으로 수행할

수 있도록 국가와 지방자치단체 간 또는 지방자치단체 상호간의 사무를 주민의 편익증진, 집행의 효과 등을 고려하여 서로 중복되지 아니하도록 배분하여야 한다.

② 국가는 제1항에 따라 사무를 배분하는 경우 지역주민생활과 밀접한 관련이 있는 사무는 원칙적으로 시·군 및 자치구(이하 "시·군·구"라 한다)의 사무로, 시·군·구가 처리하기 어려운 사무는 특별시·광역시·특별자치시·도 및 특별자치도(이하 "시·도"라 한다)의 사무로, 시·도가 처리하기 어려운 사무는 국가의 사무로 각각 배분하여야 한다.

③ 국가가 지방자치단체에 사무를 배분하거나 지방자치단체가 사무를 다른 지방자치단체에 재배분하는 때에는 사무를 배분 또는 재배분 받는 지방자치단체가 그 사무를 자기의 책임하에 종합적으로 처리할 수 있도록 관련 사무를 포괄적으로 배분하여야 한다.

④ 국가 및 지방자치단체는 제1항부터 제3항까지의 규정에 따라 사무를 배분하는 때에는 민간부문의 자율성을 존중하여 국가 또는 지방자치단체의 관여를 최소화하여야 하며, 민간의 행정참여기회를 확대하여야 한다.

제10조(지방분권정책의 시범실시) 국가는 지방분권정책을 추진함에 있어서 필요한 때에는 그 지방자치단체의 실정에 맞게 시범적·차등적으로 실시할 수 있다.

제2절 지방분권의 추진과제

제11조(권한이양 및 사무구분체계의 정비 등) ① 국가는 제9조에 따른 사무배분의 원칙에 따라 그 권한 및 사무를 적극적으로 지방자치단체에 이양하여야 하며, 그 과정에서 국가사무 또는 시·도의 사무로서 시·도 또는 시·군·구의 장에게 위임된 사무는 원칙적으로 폐지하고 자치사무와 국가사무로 이분화하여야 한다.

② 국가는 권한 및 사무를 지방자치단체에 포괄적·일괄적으로 이양하기 위하여 필요한 법적 조치를 마련하여야 한다.

③ 국가는 지방자치단체에 이양한 사무가 원활히 처리될 수 있도록 행정적·재정적 지원을 병행하여야 한다.

제12조(특별지방행정기관의 정비 등) ① 국가는 「정부조직법」 제3조에 따른 특별지방행정기관이 수행하고 있는 사무 중 지방자치단체가 수행하는 것이 더 효율적인 사무는 지방자치단체가 담당하도록 하여야 하며, 새로운 특별지방행정기관을 설치하고자 하는 때에는 그 기능이 지방자치단체가 수행하고 있는 기능과 유사하거나 중복되지 아니하도록 하여야 한다.

② 국가는 교육자치와 지방자치의 통합을 위하여 노력하여야 한다.

③ 국가는 지방행정과 치안행정의 연계성을 확보하고 지역특성에 적합한 치안서비

스를 제공하기 위하여 자치경찰제도를 도입하여야 한다.

④ 교육자치와 자치경찰제도의 실시에 관하여는 따로 법률로 정한다.

제13조(지방재정의 확충 및 건전성 강화) ① 국가는 지방세의 비율을 확대하도록 국세를 지방세로 전환하기 위한 새로운 세목을 확보하여야 하며, 낙후지역에 대한 재정조정책임을 강화하여야 한다.

② 지방자치단체는 자치사무를 원활히 수행할 수 있도록 자체세입을 확충하여 지방재정의 안정성을 도모하고 예산지출의 합리성을 확보하기 위하여 노력하여야 하며, 예산·회계제도를 합리적으로 개선하여 건전성을 강화하는 등 지방재정의 발전방안을 마련하여야 한다.

제14조(지방의회의 활성화와 지방선거제도의 개선) ① 국가는 지방자치단체의 자치입법권을 강화하기 위하여 조례제정범위를 확대하는 등 필요한 법적 조치를 하여야 한다.

② 국가 및 지방자치단체는 지방자치단체의 주요 정책사항에 관한 지방의회의 심의·의결권을 확대하는 등 지방의회의 권한을 강화하는 방안을 마련하여야 한다.

③ 국가 및 지방자치단체는 지방의회의원의 전문성을 높이고 지방의회 의장의 지방의회 소속 공무원 인사에 관한 독립적인 권한을 강화하도록 하는 방안을 마련하여야 한다.

④ 국가 및 지방자치단체는 지방자치단체의 장과 지방의회의원의 선출방법을 개선하고, 선거구를 합리적으로 조정하며, 선거공영제를 확대하는 등 지방선거제도의 개선방안을 마련하여야 한다.

제15조(주민참여의 확대) ① 국가 및 지방자치단체는 주민참여를 활성화하기 위하여 주민투표제도·주민소환제도·주민소송제도·주민발의제도를 보완하는 등 주민직접참여제도를 강화하여야 한다.

② 국가 및 지방자치단체는 주민의 자원봉사활동 등을 장려하고 지원함으로써 주민의 참여 의식을 높일 수 있는 방안을 마련하여야 한다.

제16조(자치행정역량의 강화) ① 지방자치단체는 행정의 공정성과 투명성을 확보하고 책임성과 효율성을 강화하여 행정서비스의 질을 제고하는 등 필요한 조치를 하여야 한다.

② 국가는 국정의 통일성과 지방행정의 책임성을 확보하기 위하여 지방자치단체의 행정 및 재정의 운영에 관한 합리적 평가기준을 마련하고 이에 따라 진단·평가를 실시할 수 있다.

③ 국가 및 지방자치단체는 지방공무원의 전문성을 높이고 역량을 강화하기 위하여 국가와 지방자치단체 간 또는 지방자치단체 상호간의 공무원 인사교류를 활성화하고 교육훈련제도를 개선하는 등의 필요한 조치를 하여야 한다.

제17조(국가와 지방자치단체의 협력체제 정립) ① 국가는 지방자치단체와의 상호협력관계를 공고히 하기 위하여 협의체의 운영을 적극 지원하여야 하며, 협의체와 관련 지방자치단체의 의견이 국정에 적극 반영될 수 있도록 한다.

② 국가 및 지방자치단체는 국가와 지방자치단체 간 또는 지방자치단체 상호간에 발생하는 분쟁을 효율적으로 해결하기 위하여 분쟁조정기구의 기능을 활성화하고, 분쟁조정체계를 정비하는 등 분쟁조정기능을 강화하여야 한다.

③ 국가 및 지방자치단체는 지방행정에 관한 제반 여건의 급격한 변화에 적극적으로 대응하고 지방자치를 다양한 형태로 구현하기 위하여 특별지방자치단체제도를 도입·활용하도록 노력하여야 한다.

제3장 지방행정체제 개편
제1절 지방행정체제 개편의 기준과 과제

제18조(지방행정체제 개편의 기본방향) 지방행정체제 개편은 주민의 편익증진, 국가 및 지방의 경쟁력 강화를 위하여 다음 각 호의 사항이 반영되도록 추진하여야 한다.

1. 지방자치 및 지방행정계층의 적정화
2. 주민생활 편익증진을 위한 자치구역의 조정
3. 지방자치단체의 규모와 자치역량에 부합하는 역할과 기능의 부여
4. 주거단위의 근린자치 활성화

제19조(과소 구의 통합) 특별시 및 광역시는 지방자치단체로서 존치하되, 특별시 및 광역시의 관할구역 안에 두고 있는 구 중에서 인구 또는 면적이 과소한 구는 적정 규모로 통합한다.

제20조(특별시 및 광역시 관할구역 안에 두고 있는 구와 군의 지위 등) 위원회는 특별시 및 광역시의 관할구역 안에 두고 있는 구와 군의 지위, 기능 등에 관한 개편방안을 마련하여야 한다.

제21조(도의 지위 및 기능 재정립) ① 도는 지방자치단체로서 존치하되, 위원회는 이 법에 따른 시·군의 통합 등과 관련하여 도의 지위 및 기능 재정립 등을 포함한 도의 개편방안을 마련하여야 한다.

② 도의 지위 및 기능 재정립에 관하여는 따로 법률로 정한다.

제22조(시·군·구의 개편) ① 국가는 시·군·구의 인구, 지리적 여건, 생활권·경제권, 발전가능성, 지역의 특수성, 역사적·문화적 동질성 등을 종합적으로 고려하여 통합이 필요한 지역에 대하여는 지방자치단체 간 통합을 지원하여야 한다.

② 제1항에 따른 시·군·구의 통합에 있어서는 시·도 및 시·군·구 관할구역의 경계에 제한을 받지 아니한다.

제23조(통합 지방자치단체의 설치) ① 통합 지방자치단체는 「지방자치법」 제2조제1항 제2호에서 정한 지방자치단체로 설치한다.

② 통합 지방자치단체는 통합으로 인하여 폐지되는 지방자치단체의 구역에 관계 법령으로 정하는 바에 따라 자치구가 아닌 구 또는 출장소 등을 둘 수 있다.

③ 통합 지방자치단체에는 도시의 형태를 갖춘 지역에는 동을 두고, 그 밖의 지역에는 읍·면을 두되, 「지방자치법」 제3조제3항에도 불구하고 자치구가 아닌 구에 읍·면·동을 둘 수 있다

제24조(시·군·구의 통합절차) ① 위원회는 시·군·구의 통합을 위한 기준에 따라 통합 대상 지방자치단체를 발굴한다.

② 대통령령으로 정하는 바에 따라 지방자치단체의 장, 지방의회 또는 「주민투표법」 제5조에 따른 주민투표권자 총수의 100분의 1 이상 50분의 1 이하의 범위에서 대통령령으로 정하는 일정 수 이상의 주민은 인근 지방자치단체와의 통합을 위원회에 건의할 수 있다.

③ 위원회는 시·군·구 통합방안을 마련하되, 제2항에 따른 건의가 있는 경우에는 이를 참고하여야 한다.

④ 행정자치부장관은 제3항에 따른 시·군·구 통합방안에 따라 지방자치단체 간 통합을 해당 지방자치단체의 장에게 권고할 수 있다. 〈개정 2014.11.19.〉

⑤ 행정자치부장관은 제4항에 따른 지방자치단체 간 통합 권고안에 관하여 해당 지방의회의 의견을 들어야 한다. 다만, 「주민투표법」 제8조에 따라 행정자치부장관이 필요하다고 인정하여 해당 지방자치단체의 장에게 주민투표를 요구하여 실시한 경우에는 그러하지 아니하다. 〈개정 2014.11.19.〉

⑥ 지방자치단체의 장은 이 법에 따른 시·군·구 통합과 관련하여 주민투표의 실시 요구를 받은 때에는 「주민투표법」 제8조제2항·제3항 및 제13조제1항제1호에도 불구하고 지체 없이 이를 공표하고 주민투표를 실시하여야 한다.

⑦ 제5항에 따른 주민투표에 관하여 이 법에서 규정한 사항을 제외하고는 「주민투표법」을 적용한다.

제25조(통합추진공동위원회) ① 제24조에 따른 지방의회 의견청취 또는 주민투표 등을 통하여 지방자치단체의 통합의사가 확인되면 관계 지방자치단체의 장은 명칭, 청사 소재지, 지방자치단체의 사무 등 통합에 관한 세부사항을 심의하기 위하여 공동으로 통합추진공동위원회를 설치하여야 한다.

② 제1항에 따른 통합추진공동위원회의 위원은 관계 지방자치단체의 장 및 그 지방의회가 추천하는 자로 구성하고, 위원은 관계 지방자치단체 간에 동수로 구성한다.

③ 위원은 관계 지방자치단체의 장이 공동으로 위촉하고, 위원장은 위원 중에서 호

선한다.

④ 통합추진공동위원회는 사무를 처리하기 위하여 사무기구를 둘 수 있다.

⑤ 통합추진공동위원회의 구성, 심의사항, 운영 및 사무기구 등 필요한 사항은 대통령령으로 정한다.

제26조(통합 지방자치단체의 명칭 등) ① 제25조에 따른 통합추진공동위원회는 구성된 날부터 60일 이내에 통합 지방자치단체의 명칭 및 청사 소재지를 심의·의결하고 이를 행정자치부장관에게 제출하여야 한다. 〈개정 2014.11.19.〉

② 통합추진공동위원회가 제1항에 따른 기간 내에 통합 지방자치단체의 명칭 및 청사 소재지를 의결하지 못할 경우 위원회는 이에 관한 권고안을 해당 통합추진공동위원회에 제시할 수 있다.

③ 제2항에 따라 통합추진공동위원회가 권고안을 제시받은 날부터 30일 이내에 통합 지방자치단체의 명칭 및 청사 소재지를 의결하지 못할 경우 위원회는 대통령령으로 정하는 기준에 따라 이를 조정할 수 있다.

④ 위원회의 권고와 조정의 기준 및 절차 등 필요한 사항은 대통령령으로 정한다.

제27조(주민자치회의 설치) 풀뿌리자치의 활성화와 민주적 참여의식 고양을 위하여 읍·면·동에 해당 행정구역의 주민으로 구성되는 주민자치회를 둘 수 있다.

제28조(주민자치회의 기능) ① 제27조에 따라 주민자치회가 설치되는 경우 관계 법령, 조례 또는 규칙으로 정하는 바에 따라 지방자치단체 사무의 일부를 주민자치회에 위임 또는 위탁할 수 있다.

② 주민자치회는 다음 각 호의 업무를 수행한다.

1. 주민자치회 구역 내의 주민화합 및 발전을 위한 사항

2. 지방자치단체가 위임 또는 위탁하는 사무의 처리에 관한 사항

3. 그 밖에 관계 법령, 조례 또는 규칙으로 위임 또는 위탁한 사항

제29조(주민자치회의 구성 등) ① 주민자치회의 위원은 조례로 정하는 바에 따라 지방자치단체의 장이 위촉한다.

② 제1항에 따라 위촉된 위원은 그 직무를 수행할 때에는 지역사회에 대한 봉사자로서 정치적 중립을 지켜야하며 권한을 남용하여서는 아니 된다.

③ 주민자치회의 설치 시기, 구성, 재정 등 주민자치회의 설치 및 운영에 필요한 사항은 따로 법률로 정한다.

④ 행정자치부장관은 주민자치회의 설치 및 운영에 참고하기 위하여 주민자치회를 시범적으로 설치·운영할 수 있으며, 이를 위한 행정적·재정적 지원을 할 수 있다. 〈개정 2014.11.19.〉

제2절 통합 지방자치단체에 대한 특례

제30조(불이익배제의 원칙) 지방자치단체의 통합으로 인하여 종전의 지방자치단체 또는 특정 지역의 행정상·재정상 이익이 상실되거나 그 지역 주민에게 새로운 부담이 추가되어서는 아니 된다.

제31조(공무원에 대한 공정한 처우보장) ① 지방자치단체의 통합으로 초과되는 공무원 정원에 대하여는 정원 외로 인정하되, 지방자치단체는 이의 조속한 해소를 위하여 적극 노력하여야 한다.

② 통합 지방자치단체는 폐지되는 지방자치단체 소속 공무원에 대하여 인사상 동등하게 처우하여야 한다.

제32조(예산에 관한 지원 및 특례) ① 국가는 지방자치단체의 통합에 직접 사용된 비용을 예산의 범위에서 통합 추진 과정에 있는 지방자치단체 또는 통합 지방자치단체에 지원할 수 있다.

② 국가는 지방자치단체의 통합에 따라 절감되는 운영경비 등(국가가 부담하는 예산에 한한다)의 일부를 통합 지방자치단체에 지원할 수 있다.

③ 통합 지방자치단체의 최초의 예산은 종전의 지방자치단체가 각각 편성·의결하여 성립한 예산을 회계별·예산항목별로 합친 것으로 한다.

제33조(통합 지방자치단체에 대한 특별지원) ① 중앙행정기관의 장 및 특별시장·광역시장·도지사(이하 "시·도지사"라 한다)는 대통령령으로 정하는 바에 따라 통합 지방자치단체에 대하여 보조금의 지급, 재정투·융자 등 재정상 특별한 지원을 할 수 있다.

② 중앙행정기관의 장은 「지역균형개발 및 지방중소기업 육성에 관한 법률」에 따른 개발촉진지구 및 「신발전지역 육성을 위한 투자촉진 특별법」에 따른 신발전지역발전촉진지구 및 신발전지역투자촉진지구 등 특정 지역의 개발을 위한 지구·지역 등의 지정에 있어서 통합 지방자치단체 또는 그 관할구역 안의 일부 지역을 대통령령으로 정하는 바에 따라 우선적으로 지정할 수 있다.

③ 중앙행정기관의 장 및 시·도지사는 각종 시책사업 등을 시행하는 경우 통합 지방자치단체를 대통령령으로 정하는 바에 따라 우선적으로 지원할 수 있다.

제34조(지방교부세 산정에 관한 특례) ① 통합 지방자치단체에 교부하는 보통교부세는 「지방교부세법」 제7조에도 불구하고 통합 지방자치단체가 설치된 해의 폐지되는 각 지방자치단체의 재정부족액(「지방교부세법」에 따라 산정한 기준재정수입액이 기준재정수요액에 미달하는 금액을 말한다)을 합한 금액보다 통합 지방자치단체의 재정부족액이 적을 때에는 그 차액을 통합 지방자치단체가 설치된 후 최초로 개시되는 회계연도(통합 지방자치단체가 1월 1일에 설치되는 경우에는 다음 연도를 말한다)부터 4년 동안 통합 지방자치단체의 기준재정수요액에 매년 보정할 수 있다.

② 제1항에 따른 기준재정수요액 보정의 요건·기간·기준과 그 밖에 필요한 사항은 행정자치부령으로 정한다. 〈개정 2014.11.19.〉

제35조(통합 지방자치단체에 대한 재정지원) 국가는 「지방교부세법」 제4조제2항제1호에 따른 보통교부세액과 별도로 통합 지방자치단체가 설치된 해의 직전 연도의 폐지되는 각 지방자치단체의 보통교부세 총액의 100분의 6을 대통령령으로 정하는 바에 따라 10년간 매년 통합 지방자치단체에 추가로 지원하여야 한다.

제36조(예산에 관한 특례) 통합 지방자치단체는 통합 지방자치단체가 설치된 날부터 대통령령으로 정하는 일정 기간 동안 폐지되는 각 지방자치단체 간의 세출예산의 비율이 유지되도록 노력하여야 한다.

제37조(지방의회의 부의장 정수 등에 관한 특례) ① 통합 지방자치단체를 설치하는 경우에는 해당 지방자치단체가 설치된 후 최초로 실시하는 임기만료에 의한 선거에 의하여 새로운 지방의회가 구성될 때까지 「지방자치법」 제48조제1항에도 불구하고 해당 지방의회에 의장 1명과 폐지 지방자치단체의 수만큼의 부의장을 무기명투표로 선거하여야 한다. 이 경우 부의장은 폐지 지방자치단체의 지방의회의원 중에서 폐지 지방자치단체별로 각 1명을 선출하여야 한다.

② 제1항에 따라 선출된 최초의 의장 및 부의장의 임기는 폐지 지방자치단체의 지방의회 의장 및 부의장의 남은 임기로 한다.

제38조(의원정수에 관한 특례) 통합 지방자치단체의 의회를 구성하기 위한 최초 선거에서 지역선거구를 획정함에 있어 폐지되는 각 지방자치단체의 관할구역에서 선출할 의원정수는 인구의 등가성이 반영될 수 있도록 정하여야 한다.

제39조(「여객자동차 운수사업법」에 관한 특례) ① 통합 지방자치단체의 여객자동차운송사업에 대하여 적용할 「여객자동차 운수사업법」 제8조에 따른 운임과 요금에 대한 기준 및 요율은 폐지 지방자치단체의 여객자동차운송사업에 대하여 적용한 기준 및 요율에 따른다. 다만, 통합 지방자치단체가 설치된 날부터 1년 이내에 이를 조정하여야 한다.

② 제1항에도 불구하고 통합 지방자치단체의 택시운송사업에 있어서 통합 전의 지방자치단체 간에 적용되던 시계외 할증요금은 통합 지방자치단체가 설치된 날부터 이를 폐지한다.

③ 폐지 지방자치단체의 군 지역에서 「여객자동차 운수사업법」 제4조에 따라 면허를 받거나 등록을 한 여객자동차운송사업자에 대하여 적용할 같은 법 제5조에 따른 면허 또는 등록의 기준은 통합 지방자치단체가 설치된 후에도 군 지역에 적용되는 기준으로 한다.

④ 통합 지방자치단체가 설치되기 전에 「여객자동차 운수사업법」 제4조에 따라 여

객자동차운송사업의 면허를 받은 자가 통합 지방자치단체의 설치로 인하여 여객자동차운송사업의 세부업종을 변경하여야 하는 경우에는 같은 법 제7조에도 불구하고 통합 지방자치단체가 설치된 날에 그 업종이 변경된 것으로 본다. 이 경우 관할 관청은 통합 지방자치단체가 설치된 날부터 1개월 이내에 해당 여객자동차운송사업자에게 새로운 면허증을 교부하여야 한다.

제3절 대도시에 대한 특례

제40조(대도시에 대한 사무특례) ① 특별시와 광역시가 아닌 인구 50만 이상 대도시 및 100만 이상 대도시의 행정·재정 운영 및 지도·감독에 대하여는 그 특성을 고려하여 관계 법률에서 정하는 바에 따라 특례를 둘 수 있다. 다만, 인구 30만 이상인 지방자치단체로서 면적이 1천제곱킬로미터 이상인 경우 이를 인구 50만 이상 대도시로 본다.

② 위원회는 제1항에 따른 특례를 발굴하고 그 이행방안을 마련하여야 한다.

제41조(인구 100만 이상 대도시의 사무특례) 특별시와 광역시가 아닌 인구 100만 이상 대도시의 장은 관계 법률의 규정에도 불구하고 다음 각 호의 사무를 처리할 수 있다.

1. 「지방공기업법」 제19조제2항에 따른 지역개발채권의 발행. 이 경우 미리 지방의회의 승인을 받아야 한다.
2. 「건축법」 제11조제2항제1호에 따른 건축물에 대한 허가. 다만, 다음 각 목의 어느 하나에 해당하는 건축물의 경우에는 미리 도지사의 승인을 받아야 한다.
   가. 51층 이상인 건축물(연면적의 100분의 30 이상을 증축하여 층수가 51층 이상이 되는 경우를 포함한다)
   나. 연면적 합계가 20만제곱미터 이상인 건축물(연면적의 100분의 30 이상을 증축하여 연면적 합계가 20만제곱미터 이상이 되는 경우를 포함한다)
3. 「택지개발촉진법」 제3조제1항에 따른 택지개발지구의 지정(도지사가 지정하는 경우에 한한다). 이 경우 미리 관할 도지사와 협의하여야 한다.
4. 「도시재정비 촉진을 위한 특별법」 제4조 및 제12조에 따른 재정비촉진지구의 지정 및 재정비촉진계획의 결정
5. 「박물관 및 미술관 진흥법」 제18조에 따른 사립 박물관 및 사립 미술관 설립 계획의 승인
6. 「소방기본법」 제3조 및 제6조에 따른 화재 예방·경계·진압 및 조사와 화재, 재난·재해, 그 밖의 위급한 상황에서의 구조·구급 등의 업무
7. 도지사를 경유하지 아니하고 「농지법」 제34조에 따른 농지전용허가 신청서의 제출
8. 「지방자치법」 제112조에 따라 지방자치단체별 정원의 범위에서 정하는 5급 이하

직급별·기관별 정원의 책정

9. 도지사를 경유하지 아니하고 「개발제한구역의 지정 및 관리에 관한 특별조치법」 제4조에 따른 개발제한구역의 지정 및 해제에 관한 도시·군관리계획 변경 결정 요청. 이 경우 미리 관할 도지사와 협의하여야 한다.

제42조(인구 100만 이상 대도시의 보조기관 등) ① 「지방자치법」 제110조제1항에도 불구하고 인구 100만 이상 대도시의 부시장은 2명으로 한다. 이 경우 부시장 1명은 「지방자치법」 제110조제4항에도 불구하고 일반직, 별정직 또는 임기제 지방공무원으로 보(補)할 수 있다.

② 제1항에 따라 부시장 2명을 두는 경우에 명칭은 각각 제1부시장 및 제2부시장으로 하고, 그 사무 분장은 해당 지방자치단체의 조례로 정한다.

③ 「지방자치법」 제59조, 제90조 및 제112조에도 불구하고 인구 100만 이상 대도시의 행정기구 및 정원은 인구, 도시 특성, 면적 등을 고려하여 대통령령으로 정할 수 있다.

제43조(대도시에 대한 재정특례) ① 도지사는 「지방재정법」 제29조에 따라 배분되는 재정보전금과 별도로 제40조제1항에 따른 대도시의 경우에는 해당 시에서 징수하는 도세(원자력발전에 대한 지역자원시설세, 특정부동산에 대한 지역자원시설세 및 지방교육세는 제외한다) 중 100분의 10 이하의 범위에서 일정 비율을 추가로 확보하여 해당 시에 직접 교부하여야 한다.

② 제1항에 따라 대도시에 추가로 교부하는 도세의 비율은 사무이양 규모 및 내용 등을 고려하여 대통령령으로 정한다.

③ 인구 100만 이상 대도시의 경우 「지방세법」 제11장에 따라 소방시설에 충당하는 지역자원시설세는 「지방세기본법」 제8조제2항제2호가목에도 불구하고 시세로 한다.

제4장 추진기구 및 추진절차

제44조(지방자치발전위원회의 설치) 지방분권 및 지방행정체제 개편을 추진하기 위하여 대통령 소속으로 지방자치발전위원회를 둔다.

제45조(기능) 위원회는 다음 각 호의 사항을 심의·의결한다.

1. 지방자치발전 종합계획 및 연도별 시행계획 수립에 관한 사항
2. 제11조부터 제17조까지의 규정에 따른 과제의 추진에 관한 사항
3. 제1호 및 제2호에 규정된 사항의 점검 및 평가에 관한 사항
4. 지방자치단체 통합을 위한 기준·통합방안·조정에 관한 사항
5. 통합 지방자치단체에 대한 국가의 지원 및 특례에 관한 사항

6. 지방행정체제 개편 관련 지방자치단체 및 주민의 의견수렴에 관한 사항

7. 읍·면·동의 주민자치기구의 설치, 기능 및 운영에 관한 사항

8. 제8조에 따른 중앙행정기관의 장의 법령 제정 또는 개정 시 의견제출에 관한 사항

9. 그 밖에 지방분권 및 지방행정체제 개편 등 지방자치발전을 위하여 필요하다고 위원장이 인정하는 사항

제46조(위원회의 구성·운영) ① 위원회는 위원장 1명과 부위원장 2명을 포함한 27명의 위원으로 구성하며, 위원은 당연직위원과 위촉위원으로 구성한다.

② 당연직위원은 기획재정부장관, 행정자치부장관, 국무조정실장으로 한다. 〈개정 2014.11.19.〉

③ 위촉위원은 학식과 경험이 풍부하고 국민의 신망이 두터운 사람 중에서 대통령이 추천하는 6명, 국회의장이 추천하는 10명 및 「지방자치법」 제165조에 따른 지방자치단체의 장 등의 협의체의 대표자가 각각 2명씩 추천하는 8명으로 하되, 대통령이 위촉한다.

④ 위원장 및 부위원장 1명은 위촉위원 중에서 대통령이 위촉하고, 부위원장 중 1명은 행정자치부장관으로 한다. 〈개정 2014.11.19.〉

⑤ 위촉위원의 임기는 2년으로 하며 연임할 수 있다. 다만, 위원의 사임 등으로 인하여 새로 위촉된 위원의 임기는 전임위원 임기의 남은 기간으로 한다.

⑥ 위원회의 업무를 효율적으로 심의하기 위하여 위원회에 분과위원회를 둘 수 있다.

⑦ 위원회의 사무를 전문적으로 지원하기 위하여 위원회에 전문요원을 둘 수 있다.

⑧ 위원회의 회의, 분과위원회의 구성과 운영 등 위원회의 구성 및 운영에 필요한 사항은 대통령령으로 정한다.

제47조(지방자치발전위원회의 사무기구) ① 위원회의 사무를 효율적으로 처리하기 위하여 위원회에 사무기구를 둘 수 있다.

② 제1항에 따른 사무기구의 구성 및 운영에 필요한 사항은 대통령령으로 정한다.

제48조(추진상황의 보고 등) ① 위원회는 제45조에 따라 심의·의결한 사항과 지방분권 및 지방행정체제 개편과 관련된 정책의 추진사항에 관하여 정기적으로 대통령에게 보고하여야 한다.

② 위원회는 제1항에 따라 보고를 마친 때에는 관계 중앙행정기관의 장과 지방자치단체의 장에게 보고 내용을 지체 없이 통보하여야 한다.

③ 제2항에 따라 통보를 받은 관계 중앙행정기관의 장 및 지방자치단체의 장은 신속히 실천계획을 수립하여 위원회에 제출하고, 관련 법령을 제정 또는 개정하는 등 필요한 조치를 하여야 한다.

제49조(이행상황의 점검·평가 등) ① 위원회는 제48조제3항에 따라 수립한 실천계획이 차질 없이 이행될 수 있도록 관계 중앙행정기관 및 지방자치단체의 추진상황을 점검·평가하여 그 결과를 국무회의의 심의를 거쳐 대통령에게 보고하여야 한다.

② 위원회는 제1항에 따른 평가결과에 따라 관계 중앙행정기관 및 지방자치단체의 장에게 필요한 조치를 권고할 수 있다. 다만, 제11조 및 제45조에 따라 위원회가 의결한 중앙행정기관의 권한이양이 지연되었다고 판단되는 경우 기한을 정하여 필요한 조치를 권고할 수 있다.

③ 제2항 후단에 따라 권고를 받은 중앙행정기관의 장은 위원회가 정한 기한 내에 관계 법령 개정 등 필요한 조치를 취하여야 하며, 그 처리결과를 위원회에 통보하여야 한다.

제50조(지방자치단체 등과의 협조) ① 위원회는 그 업무를 수행하기 위하여 필요하면 해당 지방자치단체, 지역주민 등의 의견을 청취하거나, 관계 기관·법인·단체 등에 대하여 자료 및 의견의 제출 등 필요한 협조를 요청할 수 있다.

②「지방자치법」제165조에 따른 지방자치단체의 장 등의 협의체의 대표자 또는 지방자치단체의 장은 위원회 회의에 참석하여 의견을 개진하거나 서면으로 의견을 제출할 수 있다.

③ 위원회는 위원회의 업무를 수행하는 데 필요한 전문적 지식 또는 경험을 가지고 있다고 인정되는 사람에게 출석을 요구하여 그 진술을 들을 수 있다.

④ 제1항에 따른 의견청취, 자료제출 요구 등 협조요청을 받은 기관·법인·단체 등은 지체 없이 이에 응하여야 한다.

제51조(국회의 입법조치) 국회는 종전의「지방행정체제 개편에 관한 특별법」제9조에 따라 제출된 기본계획 및 제5조제4항에 따라 보고된 지방자치발전 종합계획을 토대로 관계 법률을 제정 또는 개정하되, 이 경우 위원회의 의견을 존중하여야 한다.

제52조(위원회의 존속기한) 위원회는 이 법 시행일부터 5년간 존속한다.

부칙 〈제12844호, 2014.11.19.〉(정부조직법)

제1조(시행일) 이 법은 공포한 날부터 시행한다. 다만, 부칙 제6조에 따라 개정되는 법률 중 이 법 시행 전에 공포되었으나 시행일이 도래하지 아니한 법률을 개정한 부분은 각각 해당 법률의 시행일부터 시행한다.

제2조부터 제5조까지 생략

제6조(다른 법률의 개정) ①부터 〈105〉까지 생략

〈106〉 지방분권 및 지방행정체제개편에 관한 특별법 일부를 다음과 같이 개정한다.

제24조제4항, 같은 조 제5항 본문·단서, 제26조제1항, 제29조제4항 및 제46조제2항·

제4항 중 "안전행정부장관"을 각각 "행정자치부장관"으로 한다.

제34조제2항 중 "안전행정부령"을 "행정자치부령"으로 한다.

〈107〉부터 〈258〉까지 생략

제7조 생략

VI. 헌법재판소법

헌법재판소법

[시행 2015.7.1.] [법률 제12897호, 2014.12.30., 일부개정]

헌법재판소(법제연구과) 02-2075-2233

제1장 총칙 〈개정 2011.4.5.〉

제1조(목적) 이 법은 헌법재판소의 조직 및 운영과 그 심판절차에 관하여 필요한 사항을 정함을 목적으로 한다.

[전문개정 2011.4.5.]

제2조(관장사항) 헌법재판소는 다음 각 호의 사항을 관장한다.

1. 법원의 제청(提請)에 의한 법률의 위헌(違憲) 여부 심판

2. 탄핵(彈劾)의 심판

3. 정당의 해산심판

4. 국가기관 상호간, 국가기관과 지방자치단체 간 및 지방자치단체 상호간의 권한쟁의(權限爭議)에 관한 심판

5. 헌법소원(憲法訴願)에 관한 심판

[전문개정 2011.4.5.]

제3조(구성) 헌법재판소는 9명의 재판관으로 구성한다.

[전문개정 2011.4.5.]

제4조(재판관의 독립) 재판관은 헌법과 법률에 의하여 양심에 따라 독립하여 심판한다.

[전문개정 2011.4.5.]

제5조(재판관의 자격) ① 재판관은 다음 각 호의 어느 하나에 해당하는 직(職)에 15년 이상 있던 40세 이상인 사람 중에서 임명한다. 다만, 다음 각 호 중 둘 이상의 직에 있던 사람의 재직기간은 합산한다.

1. 판사, 검사, 변호사

2. 변호사 자격이 있는 사람으로서 국가기관, 국영·공영 기업체, 「공공기관의 운영에 관한 법률」 제4조에 따른 공공기관 또는 그 밖의 법인에서 법률에 관한 사무에 종사한 사람

3. 변호사 자격이 있는 사람으로서 공인된 대학의 법률학 조교수 이상의 직에 있던 사람

② 다음 각 호의 어느 하나에 해당하는 사람은 재판관으로 임명할 수 없다.

1. 다른 법령에 따라 공무원으로 임용하지 못하는 사람

2. 금고 이상의 형을 선고받은 사람

3. 탄핵에 의하여 파면된 후 5년이 지나지 아니한 사람

[전문개정 2011.4.5.]

제6조(재판관의 임명) ① 재판관은 대통령이 임명한다. 이 경우 재판관 중 3명은 국회에서 선출하는 사람을, 3명은 대법원장이 지명하는 사람을 임명한다.

② 재판관은 국회의 인사청문을 거쳐 임명·선출 또는 지명하여야 한다. 이 경우 대통령은 재판관(국회에서 선출하거나 대법원장이 지명하는 사람은 제외한다)을 임명하기 전에, 대법원장은 재판관을 지명하기 전에 인사청문을 요청한다.

③ 재판관의 임기가 만료되거나 정년이 도래하는 경우에는 임기만료일 또는 정년도래일까지 후임자를 임명하여야 한다.

④ 임기 중 재판관이 결원된 경우에는 결원된 날부터 30일 이내에 후임자를 임명하여야 한다.

⑤ 제3항 및 제4항에도 불구하고 국회에서 선출한 재판관이 국회의 폐회 또는 휴회 중에 그 임기가 만료되거나 정년이 도래한 경우 또는 결원된 경우에는 국회는 다음 집회가 개시된 후 30일 이내에 후임자를 선출하여야 한다.

[전문개정 2011.4.5.]

제7조(재판관의 임기) ① 재판관의 임기는 6년으로 하며, 연임할 수 있다.

② 재판관의 정년은 70세로 한다. 〈개정 2014.12.30.〉

[전문개정 2011.4.5.]

제8조(재판관의 신분 보장) 재판관은 다음 각 호의 어느 하나에 해당하는 경우가 아니면 그 의사에 반하여 해임되지 아니한다.

1. 탄핵결정이 된 경우

2. 금고 이상의 형을 선고받은 경우

[전문개정 2011.4.5.]

제9조(재판관의 정치 관여 금지) 재판관은 정당에 가입하거나 정치에 관여할 수 없다.

[전문개정 2011.4.5.]

제10조(규칙 제정권) ① 헌법재판소는 이 법과 다른 법률에 저촉되지 아니하는 범위에서 심판에 관한 절차, 내부 규율과 사무처리에 관한 규칙을 제정할 수 있다.

② 헌법재판소규칙은 관보에 게재하여 공포한다.

[전문개정 2011.4.5.]

제10조의2(입법 의견의 제출) 헌법재판소장은 헌법재판소의 조직, 인사, 운영, 심판절차와 그 밖에 헌법재판소의 업무와 관련된 법률의 제정 또는 개정이 필요하다고 인정하는 경우에는 국회에 서면으로 그 의견을 제출할 수 있다.

[전문개정 2011.4.5.]

제11조(경비) ① 헌법재판소의 경비는 독립하여 국가의 예산에 계상(計上)하여야 한다.

② 제1항의 경비 중에는 예비금을 둔다.

[전문개정 2011.4.5.]

제2장 조직 〈개정 2011.4.5.〉

제12조(헌법재판소장) ① 헌법재판소에 헌법재판소장을 둔다.

② 헌법재판소장은 국회의 동의를 받아 재판관 중에서 대통령이 임명한다.

③ 헌법재판소장은 헌법재판소를 대표하고, 헌법재판소의 사무를 총괄하며, 소속 공무원을 지휘·감독한다.

④ 헌법재판소장이 궐위(闕位)되거나 부득이한 사유로 직무를 수행할 수 없을 때에는 다른 재판관이 헌법재판소규칙으로 정하는 순서에 따라 그 권한을 대행한다.

[전문개정 2011.4.5.]

제13조 삭제 〈1991.11.30.〉

제14조(재판관의 겸직 금지) 재판관은 다음 각 호의 어느 하나에 해당하는 직을 겸하거나 영리를 목적으로 하는 사업을 할 수 없다.

1. 국회 또는 지방의회의 의원의 직

2. 국회·정부 또는 법원의 공무원의 직

3. 법인·단체 등의 고문·임원 또는 직원의 직

[전문개정 2011.4.5.]

제15조(헌법재판소장 등의 대우) 헌법재판소장의 대우와 보수는 대법원장의 예에 따르며, 재판관은 정무직(政務職)으로 하고 그 대우와 보수는 대법관의 예에 따른다.

[전문개정 2011.4.5.]

제16조(재판관회의) ① 재판관회의는 재판관 전원으로 구성하며, 헌법재판소장이 의장이 된다.

② 재판관회의는 재판관 7명 이상의 출석과 출석인원 과반수의 찬성으로 의결한다.

③ 의장은 의결에서 표결권을 가진다.

④ 다음 각 호의 사항은 재판관회의의 의결을 거쳐야 한다.

1. 헌법재판소규칙의 제정과 개정, 제10조의2에 따른 입법 의견의 제출에 관한 사항

2. 예산 요구, 예비금 지출과 결산에 관한 사항

3. 사무처장, 사무차장, 헌법재판연구원장, 헌법연구관 및 3급 이상 공무원의 임면 (任免)에 관한 사항

4. 특히 중요하다고 인정되는 사항으로서 헌법재판소장이 재판관회의에 부치는 사항

⑤ 재판관회의의 운영에 필요한 사항은 헌법재판소규칙으로 정한다.

[전문개정 2011.4.5.]

제17조(사무처) ① 헌법재판소의 행정사무를 처리하기 위하여 헌법재판소에 사무처를 둔다.

② 사무처에 사무처장과 사무차장을 둔다.

③ 사무처장은 헌법재판소장의 지휘를 받아 사무처의 사무를 관장하며, 소속 공무원을 지휘·감독한다.

④ 사무처장은 국회 또는 국무회의에 출석하여 헌법재판소의 행정에 관하여 발언할 수 있다.

⑤ 헌법재판소장이 한 처분에 대한 행정소송의 피고는 헌법재판소 사무처장으로 한다.

⑥ 사무차장은 사무처장을 보좌하며, 사무처장이 부득이한 사유로 직무를 수행할 수 없을 때에는 그 직무를 대행한다.

⑦ 사무처에 실, 국, 과를 둔다.

⑧ 실에는 실장, 국에는 국장, 과에는 과장을 두며, 사무처장·사무차장·실장 또는 국장 밑에 정책의 기획, 계획의 입안, 연구·조사, 심사·평가 및 홍보업무를 보좌하는 심의관 또는 담당관을 둘 수 있다.

⑨ 이 법에 규정되지 아니한 사항으로서 사무처의 조직, 직무 범위, 사무처에 두는 공무원의 정원, 그 밖에 필요한 사항은 헌법재판소규칙으로 정한다.

[전문개정 2011.4.5.]

제18조(사무처 공무원) ① 사무처장은 정무직으로 하고, 보수는 국무위원의 보수와 같은 금액으로 한다.

② 사무차장은 정무직으로 하고, 보수는 차관의 보수와 같은 금액으로 한다.

③ 실장은 1급 또는 2급, 국장은 2급 또는 3급, 심의관 및 담당관은 2급부터 4급까지, 과장은 3급 또는 4급의 일반직국가공무원으로 임명한다. 다만, 담당관 중 1명은 3급 상당 또는 4급 상당의 별정직국가공무원으로 임명할 수 있다.

④ 사무처 공무원은 헌법재판소장이 임면한다. 다만, 3급 이상의 공무원의 경우에는 재판관회의의 의결을 거쳐야 한다.

⑤ 헌법재판소장은 다른 국가기관에 대하여 그 소속 공무원을 사무처 공무원으로

근무하게 하기 위하여 헌법재판소에의 파견근무를 요청할 수 있다.

[전문개정 2011.4.5.]

제19조(헌법연구관) ① 헌법재판소에 헌법재판소규칙으로 정하는 수의 헌법연구관을 둔다. 〈개정 2011.4.5.〉

② 헌법연구관은 특정직국가공무원으로 한다. 〈개정 2011.4.5.〉

③ 헌법연구관은 헌법재판소장의 명을 받아 사건의 심리(審理) 및 심판에 관한 조사·연구에 종사한다. 〈개정 2011.4.5.〉

④ 헌법연구관은 다음 각 호의 어느 하나에 해당하는 사람 중에서 헌법재판소장이 재판관회의의 의결을 거쳐 임용한다. 〈개정 2011.4.5.〉

1. 판사·검사 또는 변호사의 자격이 있는 사람

2. 공인된 대학의 법률학 조교수 이상의 직에 있던 사람

3. 국회, 정부 또는 법원 등 국가기관에서 4급 이상의 공무원으로서 5년 이상 법률에 관한 사무에 종사한 사람

4. 법률학에 관한 박사학위 소지자로서 국회, 정부, 법원 또는 헌법재판소 등 국가기관에서 5년 이상 법률에 관한 사무에 종사한 사람

5. 법률학에 관한 박사학위 소지자로서 헌법재판소규칙으로 정하는 대학 등 공인된 연구기관에서 5년 이상 법률에 관한 사무에 종사한 사람

⑤ 삭제 〈2003.3.12.〉

⑥ 다음 각 호의 어느 하나에 해당하는 사람은 헌법연구관으로 임용될 수 없다. 〈개정 2011.4.5.〉

1. 「국가공무원법」 제33조 각 호의 어느 하나에 해당하는 사람

2. 금고 이상의 형을 선고받은 사람

3. 탄핵결정에 의하여 파면된 후 5년이 지나지 아니한 사람

⑦ 헌법연구관의 임기는 10년으로 하되, 연임할 수 있고, 정년은 60세로 한다. 〈개정 2011.4.5.〉

⑧ 헌법연구관이 제6항 각 호의 어느 하나에 해당할 때에는 당연히 퇴직한다. 다만, 「국가공무원법」 제33조제5호에 해당할 때에는 그러하지 아니하다. 〈개정 2011.4.5.〉

⑨ 헌법재판소장은 다른 국가기관에 대하여 그 소속 공무원을 헌법연구관으로 근무하게 하기 위하여 헌법재판소에의 파견근무를 요청할 수 있다. 〈개정 2011.4.5.〉

⑩ 사무차장은 헌법연구관의 직을 겸할 수 있다. 〈개정 2011.4.5.〉

⑪ 헌법재판소장은 헌법연구관을 사건의 심리 및 심판에 관한 조사·연구업무 외의 직에 임명하거나 그 직을 겸임하게 할 수 있다. 이 경우 헌법연구관의 수는 헌법재판소규칙으로 정하며, 보수는 그 중 고액의 것을 지급한다. 〈개정 2011.4.5., 2014.12.30.〉

[제목개정 2011.4.5.]

제19조의2(헌법연구관보) ① 헌법연구관을 신규임용하는 경우에는 3년간 헌법연구관보(憲法硏究官補)로 임용하여 근무하게 한 후 그 근무성적을 고려하여 헌법연구관으로 임용한다. 다만, 경력 및 업무능력 등을 고려하여 헌법재판소규칙으로 정하는 바에 따라 헌법연구관보 임용을 면제하거나 그 기간을 단축할 수 있다.

② 헌법연구관보는 헌법재판소장이 재판관회의의 의결을 거쳐 임용한다.

③ 헌법연구관보는 별정직국가공무원으로 하고, 그 보수와 승급기준은 헌법연구관의 예에 따른다.

④ 헌법연구관보가 근무성적이 불량한 경우에는 재판관회의의 의결을 거쳐 면직시킬 수 있다.

⑤ 헌법연구관보의 근무기간은 이 법 및 다른 법령에 규정된 헌법연구관의 재직기간에 산입한다.

[전문개정 2011.4.5.]

제19조의3(헌법연구위원) ① 헌법재판소에 헌법연구위원을 둘 수 있다. 헌법연구위원은 사건의 심리 및 심판에 관한 전문적인 조사·연구에 종사한다.

② 헌법연구위원은 3년 이내의 범위에서 기간을 정하여 임명한다.

③ 헌법연구위원은 2급 또는 3급 상당의 별정직공무원이나 「국가공무원법」 제26조의5에 따른 임기제공무원으로 하고, 그 직제 및 자격 등에 관하여는 헌법재판소규칙으로 정한다. 〈개정 2012.12.11.〉

[본조신설 2007.12.21.]

제19조의4(헌법재판연구원) ① 헌법 및 헌법재판 연구와 헌법연구관, 사무처 공무원 등의 교육을 위하여 헌법재판소에 헌법재판연구원을 둔다.

② 헌법재판연구원의 정원은 원장 1명을 포함하여 40명 이내로 하고, 원장 밑에 부장, 팀장, 연구관 및 연구원을 둔다. 〈개정 2014.12.30.〉

③ 원장은 헌법재판소장이 재판관회의의 의결을 거쳐 헌법연구관으로 보하거나 1급인 일반직국가공무원으로 임명한다. 〈신설 2014.12.30.〉

④ 부장은 헌법연구관이나 2급 또는 3급 일반직공무원으로, 팀장은 헌법연구관이나 3급 또는 4급 일반직공무원으로 임명하고, 연구관 및 연구원은 헌법연구관 또는 일반직공무원으로 임명한다. 〈개정 2014.12.30.〉

⑤ 연구관 및 연구원은 다음 각 호의 어느 하나에 해당하는 사람 중에서 헌법재판소장이 보하거나 헌법재판연구원장의 제청을 받아 헌법재판소장이 임명한다. 〈신설 2014.12.30.〉

1. 헌법연구관

2. 변호사의 자격이 있는 사람(외국의 변호사 자격을 포함한다)

3. 학사 또는 석사학위를 취득한 사람으로서 헌법재판소규칙으로 정하는 실적 또는 경력이 있는 사람

4. 박사학위를 취득한 사람

⑥ 그 밖에 헌법재판연구원의 조직과 운영에 필요한 사항은 헌법재판소규칙으로 정한다. 〈신설 2014.12.30.〉

[전문개정 2011.4.5.]

제20조(헌법재판소장 비서실 등) ① 헌법재판소에 헌법재판소장 비서실을 둔다.

② 헌법재판소장 비서실에 비서실장 1명을 두되, 비서실장은 1급 상당의 별정직국가공무원으로 임명하고, 헌법재판소장의 명을 받아 기밀에 관한 사무를 관장한다.

③ 제2항에 규정되지 아니한 사항으로서 헌법재판소장 비서실의 조직과 운영에 필요한 사항은 헌법재판소규칙으로 정한다.

④ 헌법재판소에 재판관 비서관을 둔다.

⑤ 재판관 비서관은 4급의 일반직국가공무원 또는 4급 상당의 별정직국가공무원으로 임명하며, 재판관의 명을 받아 기밀에 관한 사무를 관장한다.

[전문개정 2011.4.5.]

제21조(서기 및 정리) ① 헌법재판소에 서기(書記) 및 정리(廷吏)를 둔다.

② 헌법재판소장은 사무처 직원 중에서 서기 및 정리를 지명한다.

③ 서기는 재판장의 명을 받아 사건에 관한 서류의 작성·보관 또는 송달에 관한 사무를 담당한다.

④ 정리는 심판정(審判廷)의 질서유지와 그 밖에 재판장이 명하는 사무를 집행한다.

[전문개정 2011.4.5.]

제3장 일반심판절차 〈개정 2011.4.5.〉

제22조(재판부) ① 이 법에 특별한 규정이 있는 경우를 제외하고는 헌법재판소의 심판은 재판관 전원으로 구성되는 재판부에서 관장한다.

② 재판부의 재판장은 헌법재판소장이 된다.

[전문개정 2011.4.5.]

제23조(심판정족수) ① 재판부는 재판관 7명 이상의 출석으로 사건을 심리한다.

② 재판부는 종국심리(終局審理)에 관여한 재판관 과반수의 찬성으로 사건에 관한 결정을 한다. 다만, 다음 각 호의 어느 하나에 해당하는 경우에는 재판관 6명 이상의 찬성이 있어야 한다.

1. 법률의 위헌결정, 탄핵의 결정, 정당해산의 결정 또는 헌법소원에 관한 인용결정

(認容決定)을 하는 경우

2. 종전에 헌법재판소가 판시한 헌법 또는 법률의 해석 적용에 관한 의견을 변경하는 경우

[전문개정 2011.4.5.]

제24조(제척·기피 및 회피) ① 재판관이 다음 각 호의 어느 하나에 해당하는 경우에는 그 직무집행에서 제척(除斥)된다.

1. 재판관이 당사자이거나 당사자의 배우자 또는 배우자였던 경우

2. 재판관과 당사자가 친족관계이거나 친족관계였던 경우

3. 재판관이 사건에 관하여 증언이나 감정(鑑定)을 하는 경우

4. 재판관이 사건에 관하여 당사자의 대리인이 되거나 되었던 경우

5. 그 밖에 재판관이 헌법재판소 외에서 직무상 또는 직업상의 이유로 사건에 관여한 경우

② 재판부는 직권 또는 당사자의 신청에 의하여 제척의 결정을 한다.

③ 재판관에게 공정한 심판을 기대하기 어려운 사정이 있는 경우 당사자는 기피(忌避)신청을 할 수 있다. 다만, 변론기일(辯論期日)에 출석하여 본안(本案)에 관한 진술을 한 때에는 그러하지 아니하다.

④ 당사자는 동일한 사건에 대하여 2명 이상의 재판관을 기피할 수 없다.

⑤ 재판관은 제1항 또는 제3항의 사유가 있는 경우에는 재판장의 허가를 받아 회피(回避)할 수 있다.

⑥ 당사자의 제척 및 기피신청에 관한 심판에는 「민사소송법」 제44조, 제45조, 제46조제1항·제2항 및 제48조를 준용한다.

[전문개정 2011.4.5.]

제25조(대표자·대리인) ① 각종 심판절차에서 정부가 당사자(참가인을 포함한다. 이하 같다)인 경우에는 법무부장관이 이를 대표한다.

② 각종 심판절차에서 당사자인 국가기관 또는 지방자치단체는 변호사 또는 변호사의 자격이 있는 소속 직원을 대리인으로 선임하여 심판을 수행하게 할 수 있다.

③ 각종 심판절차에서 당사자인 사인(私人)은 변호사를 대리인으로 선임하지 아니하면 심판청구를 하거나 심판 수행을 하지 못한다. 다만, 그가 변호사의 자격이 있는 경우에는 그러하지 아니하다.

[전문개정 2011.4.5.]

제26조(심판청구의 방식) ① 헌법재판소에의 심판청구는 심판절차별로 정하여진 청구서를 헌법재판소에 제출함으로써 한다. 다만, 위헌법률심판에서는 법원의 제청서, 탄핵심판에서는 국회의 소추의결서(訴追議決書)의 정본(正本)으로 청구서를 갈음

한다.

② 청구서에는 필요한 증거서류 또는 참고자료를 첨부할 수 있다.

[전문개정 2011.4.5.]

제27조(청구서의 송달) ① 헌법재판소가 청구서를 접수한 때에는 지체 없이 그 등본을 피청구기관 또는 피청구인(이하 "피청구인"이라 한다)에게 송달하여야 한다.

② 위헌법률심판의 제청이 있으면 법무부장관 및 당해 소송사건의 당사자에게 그 제청서의 등본을 송달한다.

[전문개정 2011.4.5.]

제28조(심판청구의 보정) ① 재판장은 심판청구가 부적법하나 보정(補正)할 수 있다고 인정되는 경우에는 상당한 기간을 정하여 보정을 요구하여야 한다.

② 제1항에 따른 보정 서면에 관하여는 제27조제1항을 준용한다.

③ 제1항에 따른 보정이 있는 경우에는 처음부터 적법한 심판청구가 있은 것으로 본다.

④ 제1항에 따른 보정기간은 제38조의 심판기간에 산입하지 아니한다.

⑤ 재판장은 필요하다고 인정하는 경우에는 재판관 중 1명에게 제1항의 보정요구를 할 수 있는 권한을 부여할 수 있다.

[전문개정 2011.4.5.]

제29조(답변서의 제출) ① 청구서 또는 보정 서면을 송달받은 피청구인은 헌법재판소에 답변서를 제출할 수 있다.

② 답변서에는 심판청구의 취지와 이유에 대응하는 답변을 적는다.

[전문개정 2011.4.5.]

제30조(심리의 방식) ① 탄핵의 심판, 정당해산의 심판 및 권한쟁의의 심판은 구두변론에 의한다.

② 위헌법률의 심판과 헌법소원에 관한 심판은 서면심리에 의한다. 다만, 재판부는 필요하다고 인정하는 경우에는 변론을 열어 당사자, 이해관계인, 그 밖의 참고인의 진술을 들을 수 있다.

③ 재판부가 변론을 열 때에는 기일을 정하여 당사자와 관계인을 소환하여야 한다.

[전문개정 2011.4.5.]

제31조(증거조사) ① 재판부는 사건의 심리를 위하여 필요하다고 인정하는 경우에는 직권 또는 당사자의 신청에 의하여 다음 각 호의 증거조사를 할 수 있다.

1. 당사자 또는 증인을 신문(訊問)하는 일
2. 당사자 또는 관계인이 소지하는 문서·장부·물건 또는 그 밖의 증거자료의 제출을 요구하고 영치(領置)하는 일

3. 특별한 학식과 경험을 가진 자에게 감정을 명하는 일

4. 필요한 물건·사람·장소 또는 그 밖의 사물의 성상(性狀)이나 상황을 검증하는 일

② 재판장은 필요하다고 인정하는 경우에는 재판관 중 1명을 지정하여 제1항의 증거조사를 하게 할 수 있다.

[전문개정 2011.4.5.]

제32조(자료제출 요구 등) 재판부는 결정으로 다른 국가기관 또는 공공단체의 기관에 심판에 필요한 사실을 조회하거나, 기록의 송부나 자료의 제출을 요구할 수 있다. 다만, 재판·소추 또는 범죄수사가 진행 중인 사건의 기록에 대하여는 송부를 요구할 수 없다.

[전문개정 2011.4.5.]

제33조(심판의 장소) 심판의 변론과 종국결정의 선고는 심판정에서 한다. 다만, 헌법재판소장이 필요하다고 인정하는 경우에는 심판정 외의 장소에서 변론 또는 종국결정의 선고를 할 수 있다.

[전문개정 2011.4.5.]

제34조(심판의 공개) ① 심판의 변론과 결정의 선고는 공개한다. 다만, 서면심리와 평의(評議)는 공개하지 아니한다.

② 헌법재판소의 심판에 관하여는「법원조직법」제57조제1항 단서와 같은 조 제2항 및 제3항을 준용한다.

[전문개정 2011.4.5.]

제35조(심판의 지휘와 법정경찰권) ① 재판장은 심판정의 질서와 변론의 지휘 및 평의의 정리(整理)를 담당한다.

② 헌법재판소 심판정의 질서유지와 용어의 사용에 관하여는「법원조직법」제58조부터 제63조까지의 규정을 준용한다.

[전문개정 2011.4.5.]

제36조(종국결정) ① 재판부가 심리를 마쳤을 때에는 종국결정을 한다.

② 종국결정을 할 때에는 다음 각 호의 사항을 적은 결정서를 작성하고 심판에 관여한 재판관 전원이 이에 서명날인하여야 한다.

1. 사건번호와 사건명

2. 당사자와 심판수행자 또는 대리인의 표시

3. 주문(主文)

4. 이유

5. 결정일

③ 심판에 관여한 재판관은 결정서에 의견을 표시하여야 한다.

④ 종국결정이 선고되면 서기는 지체 없이 결정서 정본을 작성하여 당사자에게 송달하여야 한다.

⑤ 종국결정은 헌법재판소규칙으로 정하는 바에 따라 관보에 게재하거나 그 밖의 방법으로 공시한다.

[전문개정 2011.4.5.]

제37조(심판비용 등) ① 헌법재판소의 심판비용은 국가부담으로 한다. 다만, 당사자의 신청에 의한 증거조사의 비용은 헌법재판소규칙으로 정하는 바에 따라 그 신청인에게 부담시킬 수 있다.

② 헌법재판소는 헌법소원심판의 청구인에 대하여 헌법재판소규칙으로 정하는 공탁금의 납부를 명할 수 있다.

③ 헌법재판소는 다음 각 호의 어느 하나에 해당하는 경우에는 헌법재판소규칙으로 정하는 바에 따라 공탁금의 전부 또는 일부의 국고 귀속을 명할 수 있다.

1. 헌법소원의 심판청구를 각하하는 경우

2. 헌법소원의 심판청구를 기각하는 경우에 그 심판청구가 권리의 남용이라고 인정되는 경우

[전문개정 2011.4.5.]

제38조(심판기간) 헌법재판소는 심판사건을 접수한 날부터 180일 이내에 종국결정의 선고를 하여야 한다. 다만, 재판관의 궐위로 7명의 출석이 불가능한 경우에는 그 궐위된 기간은 심판기간에 산입하지 아니한다.

[전문개정 2011.4.5.]

제39조(일사부재리) 헌법재판소는 이미 심판을 거친 동일한 사건에 대하여는 다시 심판할 수 없다.

[전문개정 2011.4.5.]

제39조의2(심판확정기록의 열람·복사) ① 누구든지 권리구제, 학술연구 또는 공익 목적으로 심판이 확정된 사건기록의 열람 또는 복사를 신청할 수 있다. 다만, 헌법재판소장은 다음 각 호의 어느 하나에 해당하는 경우에는 사건기록을 열람하거나 복사하는 것을 제한할 수 있다.

1. 변론이 비공개로 진행된 경우

2. 사건기록의 공개로 인하여 국가의 안전보장, 선량한 풍속, 공공의 질서유지나 공공복리를 현저히 침해할 우려가 있는 경우

3. 사건기록의 공개로 인하여 관계인의 명예, 사생활의 비밀, 영업비밀(「부정경쟁방지 및 영업비밀보호에 관한 법률」 제2조제2호에 규정된 영업비밀을 말한다) 또는 생명·신체의 안전이나 생활의 평온을 현저히 침해할 우려가 있는 경우

② 헌법재판소장은 제1항 단서에 따라 사건기록의 열람 또는 복사를 제한하는 경우에는 신청인에게 그 사유를 명시하여 통지하여야 한다.

③ 제1항에 따른 사건기록의 열람 또는 복사 등에 관하여 필요한 사항은 헌법재판소규칙으로 정한다.

④ 사건기록을 열람하거나 복사한 자는 열람 또는 복사를 통하여 알게 된 사항을 이용하여 공공의 질서 또는 선량한 풍속을 침해하거나 관계인의 명예 또는 생활의 평온을 훼손하는 행위를 하여서는 아니 된다.

[전문개정 2011.4.5.]

제40조(준용규정) ① 헌법재판소의 심판절차에 관하여는 이 법에 특별한 규정이 있는 경우를 제외하고는 헌법재판의 성질에 반하지 아니하는 한도에서 민사소송에 관한 법령을 준용한다. 이 경우 탄핵심판의 경우에는 형사소송에 관한 법령을 준용하고, 권한쟁의심판 및 헌법소원심판의 경우에는 「행정소송법」을 함께 준용한다.

② 제1항 후단의 경우에 형사소송에 관한 법령 또는 「행정소송법」이 민사소송에 관한 법령에 저촉될 때에는 민사소송에 관한 법령은 준용하지 아니한다.

[전문개정 2011.4.5.]

제4장 특별심판절차 〈개정 2011.4.5.〉

제1절 위헌법률심판 〈개정 2011.4.5.〉

제41조(위헌 여부 심판의 제청) ① 법률이 헌법에 위반되는지 여부가 재판의 전제가 된 경우에는 당해 사건을 담당하는 법원(군사법원을 포함한다. 이하 같다)은 직권 또는 당사자의 신청에 의한 결정으로 헌법재판소에 위헌 여부 심판을 제청한다.

② 제1항의 당사자의 신청은 제43조제2호부터 제4호까지의 사항을 적은 서면으로 한다.

③ 제2항의 신청서면의 심사에 관하여는 「민사소송법」 제254조를 준용한다.

④ 위헌 여부 심판의 제청에 관한 결정에 대하여는 항고할 수 없다.

⑤ 대법원 외의 법원이 제1항의 제청을 할 때에는 대법원을 거쳐야 한다.

[전문개정 2011.4.5.]

제42조(재판의 정지 등) ① 법원이 법률의 위헌 여부 심판을 헌법재판소에 제청한 때에는 당해 소송사건의 재판은 헌법재판소의 위헌 여부의 결정이 있을 때까지 정지된다. 다만, 법원이 긴급하다고 인정하는 경우에는 종국재판 외의 소송절차를 진행할 수 있다.

② 제1항 본문에 따른 재판정지기간은 「형사소송법」 제92조제1항·제2항 및 「군사법원법」 제132조제1항·제2항의 구속기간과 「민사소송법」 제199조의 판결 선고기

간에 산입하지 아니한다.

[전문개정 2011.4.5.]

제43조(제청서의 기재사항) 법원이 법률의 위헌 여부 심판을 헌법재판소에 제청할 때에는 제청서에 다음 각 호의 사항을 적어야 한다.

1. 제청법원의 표시

2. 사건 및 당사자의 표시

3. 위헌이라고 해석되는 법률 또는 법률의 조항

4. 위헌이라고 해석되는 이유

5. 그 밖에 필요한 사항

[전문개정 2011.4.5.]

제44조(소송사건 당사자 등의 의견) 당해 소송사건의 당사자 및 법무부장관은 헌법재판소에 법률의 위헌 여부에 대한 의견서를 제출할 수 있다.

[전문개정 2011.4.5.]

제45조(위헌결정) 헌법재판소는 제청된 법률 또는 법률 조항의 위헌 여부만을 결정한다. 다만, 법률 조항의 위헌결정으로 인하여 해당 법률 전부를 시행할 수 없다고 인정될 때에는 그 전부에 대하여 위헌결정을 할 수 있다.

[전문개정 2011.4.5.]

제46조(결정서의 송달) 헌법재판소는 결정일부터 14일 이내에 결정서 정본을 제청한 법원에 송달한다. 이 경우 제청한 법원이 대법원이 아닌 경우에는 대법원을 거쳐야 한다.

[전문개정 2011.4.5.]

제47조(위헌결정의 효력) ① 법률의 위헌결정은 법원과 그 밖의 국가기관 및 지방자치단체를 기속(羈束)한다.

② 위헌으로 결정된 법률 또는 법률의 조항은 그 결정이 있는 날부터 효력을 상실한다. 〈개정 2014.5.20.〉

③ 제2항에도 불구하고 형벌에 관한 법률 또는 법률의 조항은 소급하여 그 효력을 상실한다. 다만, 해당 법률 또는 법률의 조항에 대하여 종전에 합헌으로 결정한 사건이 있는 경우에는 그 결정이 있는 날의 다음 날로 소급하여 효력을 상실한다. 〈신설 2014.5.20.〉

④ 제3항의 경우에 위헌으로 결정된 법률 또는 법률의 조항에 근거한 유죄의 확정판결에 대하여는 재심을 청구할 수 있다. 〈개정 2014.5.20.〉

⑤ 제4항의 재심에 대하여는 「형사소송법」을 준용한다. 〈개정 2014.5.20.〉

[전문개정 2011.4.5.]

제2절 탄핵심판 〈개정 2011.4.5.〉

제48조(탄핵소추) 다음 각 호의 어느 하나에 해당하는 공무원이 그 직무집행에서 헌법이나 법률을 위반한 경우에는 국회는 헌법 및 「국회법」에 따라 탄핵의 소추를 의결할 수 있다.

1. 대통령, 국무총리, 국무위원 및 행정각부(行政各部)의 장
2. 헌법재판소 재판관, 법관 및 중앙선거관리위원회 위원
3. 감사원장 및 감사위원
4. 그 밖에 법률에서 정한 공무원

[전문개정 2011.4.5.]

제49조(소추위원) ① 탄핵심판에서는 국회 법제사법위원회의 위원장이 소추위원이 된다.

② 소추위원은 헌법재판소에 소추의결서의 정본을 제출하여 탄핵심판을 청구하며, 심판의 변론에서 피청구인을 신문할 수 있다.

[전문개정 2011.4.5.]

제50조(권한 행사의 정지) 탄핵소추의 의결을 받은 사람은 헌법재판소의 심판이 있을 때까지 그 권한 행사가 정지된다.

[전문개정 2011.4.5.]

제51조(심판절차의 정지) 피청구인에 대한 탄핵심판 청구와 동일한 사유로 형사소송이 진행되고 있는 경우에는 재판부는 심판절차를 정지할 수 있다.

[전문개정 2011.4.5.]

제52조(당사자의 불출석) ① 당사자가 변론기일에 출석하지 아니하면 다시 기일을 정하여야 한다.

② 다시 정한 기일에도 당사자가 출석하지 아니하면 그의 출석 없이 심리할 수 있다.

[전문개정 2011.4.5.]

제53조(결정의 내용) ① 탄핵심판 청구가 이유 있는 경우에는 헌법재판소는 피청구인을 해당 공직에서 파면하는 결정을 선고한다.

② 피청구인이 결정 선고 전에 해당 공직에서 파면되었을 때에는 헌법재판소는 심판청구를 기각하여야 한다.

[전문개정 2011.4.5.]

제54조(결정의 효력) ① 탄핵결정은 피청구인의 민사상 또는 형사상의 책임을 면제하지 아니한다.

② 탄핵결정에 의하여 파면된 사람은 결정 선고가 있은 날부터 5년이 지나지 아니하면 공무원이 될 수 없다.

[전문개정 2011.4.5.]

제3절 정당해산심판 〈개정 2011.4.5.〉

제55조(정당해산심판의 청구) 정당의 목적이나 활동이 민주적 기본질서에 위배될 때에
는 정부는 국무회의의 심의를 거쳐 헌법재판소에 정당해산심판을 청구할 수 있다.

[전문개정 2011.4.5.]

제56조(청구서의 기재사항) 정당해산심판의 청구서에는 다음 각 호의 사항을 적어야
한다.

1. 해산을 요구하는 정당의 표시
2. 청구 이유

[전문개정 2011.4.5.]

제57조(가처분) 헌법재판소는 정당해산심판의 청구를 받은 때에는 직권 또는 청구인
의 신청에 의하여 종국결정의 선고 시까지 피청구인의 활동을 정지하는 결정을 할
수 있다.

[전문개정 2011.4.5.]

제58조(청구 등의 통지) ① 헌법재판소장은 정당해산심판의 청구가 있는 때, 가처
분결정을 한 때 및 그 심판이 종료한 때에는 그 사실을 국회와 중앙선거관리위원회에
통지하여야 한다.

② 정당해산을 명하는 결정서는 피청구인 외에 국회, 정부 및 중앙선거관리위원회
에도 송달하여야 한다.

[전문개정 2011.4.5.]

제59조(결정의 효력) 정당의 해산을 명하는 결정이 선고된 때에는 그 정당은 해산된다.

[전문개정 2011.4.5.]

제60조(결정의 집행) 정당의 해산을 명하는 헌법재판소의 결정은 중앙선거관리위원회
가 「정당법」에 따라 집행한다.

[전문개정 2011.4.5.]

제4절 권한쟁의심판 〈개정 2011.4.5.〉

제61조(청구 사유) ① 국가기관 상호간, 국가기관과 지방자치단체 간 및 지방자치단체
상호간에 권한의 유무 또는 범위에 관하여 다툼이 있을 때에는 해당 국가기관 또는
지방자치단체는 헌법재판소에 권한쟁의심판을 청구할 수 있다.

② 제1항의 심판청구는 피청구인의 처분 또는 부작위(不作爲)가 헌법 또는 법률에
의하여 부여받은 청구인의 권한을 침해하였거나 침해할 현저한 위험이 있는 경우에

만 할 수 있다.

[전문개정 2011.4.5.]

제62조(권한쟁의심판의 종류) ① 권한쟁의심판의 종류는 다음 각 호와 같다.

1. 국가기관 상호간의 권한쟁의심판

   국회, 정부, 법원 및 중앙선거관리위원회 상호간의 권한쟁의심판

2. 국가기관과 지방자치단체 간의 권한쟁의심판

   가. 정부와 특별시·광역시·도 또는 특별자치도 간의 권한쟁의심판

   나. 정부와 시·군 또는 지방자치단체인 구(이하 "자치구"라 한다) 간의 권한쟁의심판

3. 지방자치단체 상호간의 권한쟁의심판

   가. 특별시·광역시·도 또는 특별자치도 상호간의 권한쟁의심판

   나. 시·군 또는 자치구 상호간의 권한쟁의심판

   다. 특별시·광역시·도 또는 특별자치도와 시·군 또는 자치구 간의 권한쟁의심판

② 권한쟁의가 「지방교육자치에 관한 법률」 제2조에 따른 교육·학예에 관한 지방자치단체의 사무에 관한 것인 경우에는 교육감이 제1항제2호 및 제3호의 당사자가 된다.

[전문개정 2011.4.5.]

제63조(청구기간) ① 권한쟁의의 심판은 그 사유가 있음을 안 날부터 60일 이내에, 그 사유가 있은 날부터 180일 이내에 청구하여야 한다.

② 제1항의 기간은 불변기간으로 한다.

[전문개정 2011.4.5.]

제64조(청구서의 기재사항) 권한쟁의심판의 청구서에는 다음 각 호의 사항을 적어야 한다.

1. 청구인 또는 청구인이 속한 기관 및 심판수행자 또는 대리인의 표시

2. 피청구인의 표시

3. 심판 대상이 되는 피청구인의 처분 또는 부작위

4. 청구 이유

5. 그 밖에 필요한 사항

[전문개정 2011.4.5.]

제65조(가처분) 헌법재판소가 권한쟁의심판의 청구를 받았을 때에는 직권 또는 청구인의 신청에 의하여 종국결정의 선고 시까지 심판 대상이 된 피청구인의 처분의 효력을 정지하는 결정을 할 수 있다.

[전문개정 2011.4.5.]

제66조(결정의 내용) ① 헌법재판소는 심판의 대상이 된 국가기관 또는 지방자치단체의 권한의 유무 또는 범위에 관하여 판단한다.

② 제1항의 경우에 헌법재판소는 권한침해의 원인이 된 피청구인의 처분을 취소하거나 그 무효를 확인할 수 있고, 헌법재판소가 부작위에 대한 심판청구를 인용하는 결정을 한 때에는 피청구인은 결정 취지에 따른 처분을 하여야 한다.

[전문개정 2011.4.5.]

제67조(결정의 효력) ① 헌법재판소의 권한쟁의심판의 결정은 모든 국가기관과 지방자치단체를 기속한다.

② 국가기관 또는 지방자치단체의 처분을 취소하는 결정은 그 처분의 상대방에 대하여 이미 생긴 효력에 영향을 미치지 아니한다.

[전문개정 2011.4.5.]

제5절 헌법소원심판 〈개정 2011.4.5.〉

제68조(청구 사유) ① 공권력의 행사 또는 불행사(不行使)로 인하여 헌법상 보장된 기본권을 침해받은 자는 법원의 재판을 제외하고는 헌법재판소에 헌법소원심판을 청구할 수 있다. 다만, 다른 법률에 구제절차가 있는 경우에는 그 절차를 모두 거친 후에 청구할 수 있다.

② 제41조제1항에 따른 법률의 위헌 여부 심판의 제청신청이 기각된 때에는 그 신청을 한 당사자는 헌법재판소에 헌법소원심판을 청구할 수 있다. 이 경우 그 당사자는 당해 사건의 소송절차에서 동일한 사유를 이유로 다시 위헌 여부 심판의 제청을 신청할 수 없다.

[전문개정 2011.4.5.]

[한정위헌, 2016헌마33, 2016. 4. 28., 헌법재판소법(2011. 4. 5. 법률 제10546호로 개정된 것) 제68조 제1항 본문 중 "법원의 재판을 제외하고는" 부분은, 헌법재판소가 위헌으로 결정한 법령을 적용함으로써 국민의 기본권을 침해한 재판이 포함되는 것으로 해석하는 한 헌법에 위반된다.]

제69조(청구기간) ① 제68조제1항에 따른 헌법소원의 심판은 그 사유가 있음을 안 날부터 90일 이내에, 그 사유가 있는 날부터 1년 이내에 청구하여야 한다. 다만, 다른 법률에 따른 구제절차를 거친 헌법소원의 심판은 그 최종결정을 통지받은 날부터 30일 이내에 청구하여야 한다.

② 제68조제2항에 따른 헌법소원심판은 위헌 여부 심판의 제청신청을 기각하는 결정을 통지받은 날부터 30일 이내에 청구하여야 한다.

[전문개정 2011.4.5.]

제70조(국선대리인) ① 헌법소원심판을 청구하려는 자가 변호사를 대리인으로 선임할 자력(資力)이 없는 경우에는 헌법재판소에 국선대리인을 선임하여 줄 것을 신청할 수 있다. 이 경우 제69조에 따른 청구기간은 국선대리인의 선임신청이 있는 날을 기준으로 정한다.

② 제1항에도 불구하고 헌법재판소가 공익상 필요하다고 인정할 때에는 국선대리인을 선임할 수 있다.

③ 헌법재판소는 제1항의 신청이 있는 경우 또는 제2항의 경우에는 헌법재판소규칙으로 정하는 바에 따라 변호사 중에서 국선대리인을 선정한다. 다만, 그 심판청구가 명백히 부적법하거나 이유 없는 경우 또는 권리의 남용이라고 인정되는 경우에는 국선대리인을 선정하지 아니할 수 있다.

④ 헌법재판소가 국선대리인을 선정하지 아니한다는 결정을 한 때에는 지체 없이 그 사실을 신청인에게 통지하여야 한다. 이 경우 신청인이 선임신청을 한 날부터 그 통지를 받은 날까지의 기간은 제69조의 청구기간에 산입하지 아니한다.

⑤ 제3항에 따라 선정된 국선대리인은 선정된 날부터 60일 이내에 제71조에 규정된 사항을 적은 심판청구서를 헌법재판소에 제출하여야 한다.

⑥ 제3항에 따라 선정한 국선대리인에게는 헌법재판소규칙으로 정하는 바에 따라 국고에서 그 보수를 지급한다.

[전문개정 2011.4.5.]

제71조(청구서의 기재사항) ① 제68조제1항에 따른 헌법소원의 심판청구서에는 다음 각 호의 사항을 적어야 한다.

1. 청구인 및 대리인의 표시
2. 침해된 권리
3. 침해의 원인이 되는 공권력의 행사 또는 불행사
4. 청구 이유
5. 그 밖에 필요한 사항

② 제68조제2항에 따른 헌법소원의 심판청구서의 기재사항에 관하여는 제43조를 준용한다. 이 경우 제43조제1호 중 "제청법원의 표시"는 "청구인 및 대리인의 표시"로 본다.

③ 헌법소원의 심판청구서에는 대리인의 선임을 증명하는 서류 또는 국선대리인 선임통지서를 첨부하여야 한다.

[전문개정 2011.4.5.]

제72조(사전심사) ① 헌법재판소장은 헌법재판소에 재판관 3명으로 구성되는 지정재판부를 두어 헌법소원심판의 사전심사를 담당하게 할 수 있다. 〈개정 2011.4.5.〉

② 삭제 〈1991.11.30.〉

③ 지정재판부는 다음 각 호의 어느 하나에 해당되는 경우에는 지정재판부 재판관 전원의 일치된 의견에 의한 결정으로 헌법소원의 심판청구를 각하한다. 〈개정 2011.4.5.〉

1. 다른 법률에 따른 구제절차가 있는 경우 그 절차를 모두 거치지 아니하거나 또는 법원의 재판에 대하여 헌법소원의 심판이 청구된 경우

2. 제69조의 청구기간이 지난 후 헌법소원심판이 청구된 경우

3. 제25조에 따른 대리인의 선임 없이 청구된 경우

4. 그 밖에 헌법소원심판의 청구가 부적법하고 그 흠결을 보정할 수 없는 경우

④ 지정재판부는 전원의 일치된 의견으로 제3항의 각하결정을 하지 아니하는 경우에는 결정으로 헌법소원을 재판부의 심판에 회부하여야 한다. 헌법소원심판의 청구 후 30일이 지날 때까지 각하결정이 없는 때에는 심판에 회부하는 결정(이하 "심판회부결정"이라 한다)이 있는 것으로 본다. 〈개정 2011.4.5.〉

⑤ 지정재판부의 심리에 관하여는 제28조, 제31조, 제32조 및 제35조를 준용한다. 〈개정 2011.4.5.〉

⑥ 지정재판부의 구성과 운영에 필요한 사항은 헌법재판소규칙으로 정한다. 〈개정 2011.4.5.〉

[제목개정 2011.4.5.]

제73조(각하 및 심판회부 결정의 통지) ① 지정재판부는 헌법소원을 각하하거나 심판회부결정을 한 때에는 그 결정일부터 14일 이내에 청구인 또는 그 대리인 및 피청구인에게 그 사실을 통지하여야 한다. 제72조제4항 후단의 경우에도 또한 같다.

② 헌법재판소장은 헌법소원이 제72조제4항에 따라 재판부의 심판에 회부된 때에는 다음 각 호의 자에게 지체 없이 그 사실을 통지하여야 한다.

1. 법무부장관

2. 제68조제2항에 따른 헌법소원심판에서는 청구인이 아닌 당해 사건의 당사자

[전문개정 2011.4.5.]

제74조(이해관계기관 등의 의견 제출) ① 헌법소원의 심판에 이해관계가 있는 국가기관 또는 공공단체와 법무부장관은 헌법재판소에 그 심판에 관한 의견서를 제출할 수 있다.

② 제68조제2항에 따른 헌법소원이 재판부에 심판 회부된 경우에는 제27조제2항 및 제44조를 준용한다.

[전문개정 2011.4.5.]

제75조(인용결정) ① 헌법소원의 인용결정은 모든 국가기관과 지방자치단체를 기속한다.

② 제68조제1항에 따른 헌법소원을 인용할 때에는 인용결정서의 주문에 침해된 기본권과 침해의 원인이 된 공권력의 행사 또는 불행사를 특정하여야 한다.

③ 제2항의 경우에 헌법재판소는 기본권 침해의 원인이 된 공권력의 행사를 취소하거나 그 불행사가 위헌임을 확인할 수 있다.

④ 헌법재판소가 공권력의 불행사에 대한 헌법소원을 인용하는 결정을 한 때에는 피청구인은 결정 취지에 따라 새로운 처분을 하여야 한다.

⑤ 제2항의 경우에 헌법재판소는 공권력의 행사 또는 불행사가 위헌인 법률 또는 법률의 조항에 기인한 것이라고 인정될 때에는 인용결정에서 해당 법률 또는 법률의 조항이 위헌임을 선고할 수 있다.

⑥ 제5항의 경우 및 제68조제2항에 따른 헌법소원을 인용하는 경우에는 제45조 및 제47조를 준용한다.

⑦ 제68조제2항에 따른 헌법소원이 인용된 경우에 해당 헌법소원과 관련된 소송사건이 이미 확정된 때에는 당사자는 재심을 청구할 수 있다.

⑧ 제7항에 따른 재심에서 형사사건에 대하여는「형사소송법」을 준용하고, 그 외의 사건에 대하여는「민사소송법」을 준용한다.

[전문개정 2011.4.5.]

제5장 전자정보처리조직을 통한 심판절차의 수행 〈신설 2009.12.29.〉

제76조(전자문서의 접수) ① 각종 심판절차의 당사자나 관계인은 청구서 또는 이 법에 따라 제출할 그 밖의 서면을 전자문서(컴퓨터 등 정보처리능력을 갖춘 장치에 의하여 전자적인 형태로 작성되어 송수신되거나 저장된 정보를 말한다. 이하 같다)화하고 이를 정보통신망을 이용하여 헌법재판소에서 지정·운영하는 전자정보처리조직(심판절차에 필요한 전자문서를 작성·제출·송달하는 데에 필요한 정보처리능력을 갖춘 전자적 장치를 말한다. 이하 같다)을 통하여 제출할 수 있다.

② 제1항에 따라 제출된 전자문서는 이 법에 따라 제출된 서면과 같은 효력을 가진다.

③ 전자정보처리조직을 이용하여 제출된 전자문서는 전자정보처리조직에 전자적으로 기록된 때에 접수된 것으로 본다.

④ 제3항에 따라 전자문서가 접수된 경우에 헌법재판소는 헌법재판소규칙으로 정하는 바에 따라 당사자나 관계인에게 전자적 방식으로 그 접수 사실을 즉시 알려야 한다.

[전문개정 2011.4.5.]

제77조(전자서명 등) ① 당사자나 관계인은 헌법재판소에 제출하는 전자문서에 헌법재판소규칙으로 정하는 바에 따라 본인임을 확인할 수 있는 전자서명을 하여야 한다.

② 재판관이나 서기는 심판사건에 관한 서류를 전자문서로 작성하는 경우에「전자정부법」제2조제6호에 따른 행정전자서명(이하 "행정전자서명"이라 한다)을 하여야 한다.

③ 제1항의 전자서명과 제2항의 행정전자서명은 헌법재판소의 심판절차에 관한 법령에서 정하는 서명·서명날인 또는 기명날인으로 본다.

[본조신설 2009.12.29.]

제78조(전자적 송달 등) ① 헌법재판소는 당사자나 관계인에게 전자정보처리조직과 그와 연계된 정보통신망을 이용하여 결정서나 이 법에 따른 각종 서류를 송달할 수 있다. 다만, 당사자나 관계인이 동의하지 아니하는 경우에는 그러하지 아니하다.

② 헌법재판소는 당사자나 관계인에게 송달하여야 할 결정서 등의 서류를 전자정보처리조직에 입력하여 등재한 다음 그 등재 사실을 헌법재판소규칙으로 정하는 바에 따라 전자적 방식으로 알려야 한다.

③ 제1항에 따른 전자정보처리조직을 이용한 서류 송달은 서면으로 한 것과 같은 효력을 가진다.

④ 제2항의 경우 송달받을 자가 등재된 전자문서를 헌법재판소규칙으로 정하는 바에 따라 확인한 때에 송달된 것으로 본다. 다만, 그 등재 사실을 통지한 날부터 2주 이내에 확인하지 아니하였을 때에는 등재 사실을 통지한 날부터 2주가 지난 날에 송달된 것으로 본다.

⑤ 제1항에도 불구하고 전자정보처리조직의 장애로 인하여 전자적 송달이 불가능하거나 그 밖에 헌법재판소규칙으로 정하는 사유가 있는 경우에는「민사소송법」에 따라 송달할 수 있다.

[전문개정 2011.4.5.]

제6장 벌칙 〈개정 2011.4.5.〉

제79조(벌칙) 다음 각 호의 어느 하나에 해당하는 자는 1년 이하의 징역 또는 100만원 이하의 벌금에 처한다.

1. 헌법재판소로부터 증인, 감정인, 통역인 또는 번역인으로서 소환 또는 위촉을 받고 정당한 사유 없이 출석하지 아니한 자
2. 헌법재판소로부터 증거물의 제출요구 또는 제출명령을 받고 정당한 사유 없이 이를 제출하지 아니한 자
3. 헌법재판소의 조사 또는 검사를 정당한 사유 없이 거부·방해 또는 기피한 자

[전문개정 2011.4.5.]

부칙 〈제12897호, 2014.12.30.〉

이 법은 공포 후 6개월이 경과한 날부터 시행한다. 다만, 제7조제2항의 개정규정은
공포한 날부터 시행한다.

VII. 정부조직법

정부조직법

[시행 2016.1.1.] [법률 제13593호, 2015.12.22., 일부개정]

행정자치부(조직기획과) 02-2100-4411

제1장 총칙

제1조(목적) 이 법은 국가행정사무의 체계적이고 능률적인 수행을 위하여 국가행정기관의 설치·조직과 직무범위의 대강을 정함을 목적으로 한다.

제2조(중앙행정기관의 설치와 조직 등) ① 중앙행정기관의 설치와 직무범위는 법률로 정한다.

② 중앙행정기관은 이 법과 다른 법률에 특별한 규정이 있는 경우를 제외하고는 부·처 및 청으로 한다.

③ 중앙행정기관의 보조기관은 이 법과 다른 법률에 특별한 규정이 있는 경우를 제외하고는 차관·차장·실장·국장 및 과장으로 한다. 다만, 실장·국장 및 과장의 명칭은 대통령령으로 정하는 바에 따라 본부장·단장·부장·팀장 등으로 달리 정할 수 있으며, 실장·국장 및 과장의 명칭을 달리 정한 보조기관은 이 법을 적용할 때 실장·국장 및 과장으로 본다.

④ 제3항에 따른 보조기관의 설치와 사무분장은 법률로 정한 것을 제외하고는 대통령령으로 정한다. 다만, 과의 설치와 사무분장은 총리령 또는 부령으로 정할 수 있다.

⑤ 행정각부에는 장관이 특히 지시하는 사항에 관하여 장관과 차관을 직접 보좌하기 위하여 차관보를 둘 수 있으며, 중앙행정기관에는 그 기관의 장, 차관·차장·실장·국장 밑에 정책의 기획, 계획의 입안, 연구·조사, 심사·평가 및 홍보 등을 통하여 그를 보좌하는 보좌기관을 대통령령으로 정하는 바에 따라 둘 수 있다. 다만, 과에 상당하는 보좌기관은 총리령 또는 부령으로 정할 수 있다.

⑥ 중앙행정기관의 차관보·실장·국장 및 이에 상당하는 보좌기관은 고위공무원단에 속하는 일반직공무원 또는 별정직공무원으로 보(補)하되, 특정직공무원으로만 보할 수 있는 직위의 경우에는 해당 법률에서 고위공무원단에 속하는 공무원으로

보할 수 있도록 규정하고 있는 경우로 한정하며, 별정직공무원으로 보하는 국장은 중앙행정기관마다 1명을 초과할 수 없다. 또한, 과장 및 이에 상당하는 보좌기관의 직급은 대통령령으로 정하는 바에 따른다. 〈개정 2013.12.24.〉

⑦ 제6항에도 불구하고 대통령령으로 정하는 바에 따라 교육부의 보조기관 및 차관보·보좌기관은 교육공무원으로, 외교부의 보조기관 및 차관보·보좌기관은 외무공무원으로, 법무부의 보조기관 및 보좌기관은 검사로, 국방부의 보조기관 및 차관보·보좌기관과 병무청 및 방위사업청의 보조기관 및 보좌기관은 현역군인으로, 국민안전처의 보조기관 및 보좌기관은 특정직공무원으로, 경찰청의 보조기관 및 보좌기관은 경찰공무원으로 보할 수 있다. 〈개정 2014.11.19.〉

⑧ 제6항 및 제7항에 따라 일반직공무원 또는 특정직공무원으로 보하는 직위 중 그 소관업무의 성질상 전문성이 특히 필요하다고 인정되는 경우 중앙행정기관별로 100분의 20 범위에서 대통령령으로 정하는 직위는 근무기간을 정하여 임용하는 공무원으로도보할 수 있다. 〈개정 2013.12.24.〉

⑨ 중앙행정기관이 아닌 행정기관의 보조기관 및 보좌기관과 행정기관의 파견직위(파견된 공무원으로 보하는 직위를 말한다) 중 제6항 전단에 규정된 직위에 상당하는 직위는 이를 고위공무원단에 속하는 공무원으로 보한다.

⑩ 이 법에 따른 중앙행정기관과 중앙행정기관이 아닌 행정기관의 차관보·보조기관 및 보좌기관에 대하여는 각각 적정한 직급 또는 직무등급을 배정하여야 한다.

제3조(특별지방행정기관의 설치) ① 중앙행정기관에는 소관사무를 수행하기 위하여 필요한 때에는 특히 법률로 정한 경우를 제외하고는 대통령령으로 정하는 바에 따라 지방행정기관을 둘 수 있다.

② 제1항의 지방행정기관은 업무의 관련성이나 지역적인 특수성에 따라 통합하여 수행함이 효율적이라고 인정되는 경우에는 대통령령으로 정하는 바에 따라 관련되는 다른 중앙행정기관의 소관사무를 통합하여 수행할 수 있다.

제4조(부속기관의 설치) 행정기관에는 그 소관사무의 범위에서 필요한 때에는 대통령령으로 정하는 바에 따라 시험연구기관·교육훈련기관·문화기관·의료기관·제조기관 및 자문기관 등을 둘 수 있다.

제5조(합의제행정기관의 설치) 행정기관에는 그 소관사무의 일부를 독립하여 수행할 필요가 있는 때에는 법률로 정하는 바에 따라 행정위원회 등 합의제행정기관을 둘 수 있다.

제6조(권한의 위임 또는 위탁) ① 행정기관은 법령으로 정하는 바에 따라 그 소관사무의 일부를 보조기관 또는 하급행정기관에 위임하거나 다른 행정기관·지방자치단체 또는 그 기관에 위탁 또는 위임할 수 있다. 이 경우 위임 또는 위탁을 받은 기관은

특히 필요한 경우에는 법령으로 정하는 바에 따라 위임 또는 위탁을 받은 사무의 일부를 보조기관 또는 하급행정기관에 재위임할 수 있다.

② 보조기관은 제1항에 따라 위임받은 사항에 대하여는 그 범위에서 행정기관으로서 그 사무를 수행한다.

③ 행정기관은 법령으로 정하는 바에 따라 그 소관사무 중 조사·검사·검정·관리업무 등 국민의 권리·의무와 직접 관계되지 아니하는 사무를 지방자치단체가 아닌 법인·단체 또는 그 기관이나 개인에게 위탁할 수 있다.

제7조(행정기관의 장의 직무권한) ① 각 행정기관의 장은 소관사무를 통할하고 소속공무원을 지휘·감독한다.

② 차관(제22조의2제3항에 따라 국민안전처에 두는 본부장을 포함한다. 이하 이 조에서 같다) 또는 차장(국무조정실 차장을 포함한다. 이하 이 조에서 같다)은 그 기관의 장을 보좌하여 소관사무를 처리하고 소속공무원을 지휘·감독하며, 그 기관의 장이 사고로 직무를 수행할 수 없으면 그 직무를 대행한다. 다만, 차관 또는 차장이 2명 이상인 기관의 장이 사고로 직무를 수행할 수 없으면 대통령령으로 정하는 순서에 따라 그 직무를 대행한다. 〈개정 2014.11.19.〉

③ 각 행정기관의 보조기관은 그 기관의 장, 차관 또는 차장을 보좌하여 소관사무를 처리하고 소속공무원을 지휘·감독한다.

④ 제1항과 제2항의 경우에 소속청에 대하여는 중요정책수립에 관하여 그 청의 장을 직접 지휘할 수 있다.

⑤ 부·처의 장은 그 소관사무의 효율적 추진을 위하여 필요한 경우에는 국무총리에게 소관사무와 관련되는 다른 행정기관의 사무에 대한 조정을 요청할 수 있다.

제8조(공무원의 정원 등) ① 각 행정기관에 배치할 공무원의 종류와 정원, 고위공무원단에 속하는 공무원으로 보하는 직위와 고위공무원단에 속하는 공무원의 정원, 공무원배치의 기준 및 절차 그 밖에 필요한 사항은 대통령령으로 정한다. 다만, 각 행정기관에 배치하는 정무직공무원(대통령비서실 및 국가안보실에 배치하는 정무직공무원은 제외한다)의 경우에는 법률로 정한다.

② 제1항의 경우 직무의 성질상 2개 이상의 행정기관의 정원을 통합하여 관리하는 것이 효율적이라고 인정되는 경우에는 그 정원을 통합하여 정할 수 있다.

제9조(예산조치와의 병행) 행정기관 또는 소속기관을 설치하거나 공무원의 정원을 증원할 때에는 반드시 예산상의 조치가 병행되어야 한다.

제10조(정부위원) 국무조정실의 실장 및 차장, 부·처·청의 처장·차관·청장·차장·실장·국장 및 차관보와 제22조의2제3항에 따라 국민안전처에 두는 본부장은 정부위원이 된다. 〈개정 2014.11.19.〉

제2장 대통령

제11조(대통령의 행정감독권) ① 대통령은 정부의 수반으로서 법령에 따라 모든 중앙 행정기관의 장을 지휘·감독한다.

② 대통령은 국무총리와 중앙행정기관의 장의 명령이나 처분이 위법 또는 부당하다고 인정하면 이를 중지 또는 취소할 수 있다.

제12조(국무회의) ① 대통령은 국무회의 의장으로서 회의를 소집하고 이를 주재한다.

② 의장이 사고로 직무를 수행할 수 없는 경우에는 부의장인 국무총리가 그 직무를 대행하고, 의장과 부의장이 모두 사고로 직무를 수행할 수 없는 경우에는 기획재정부장관이 겸임하는 부총리, 교육부장관이 겸임하는 부총리 및 제26조제1항에 규정된 순서에 따라 국무위원이 그 직무를 대행한다. 〈개정 2014.11.19.〉

③ 국무위원은 정무직으로 하며 의장에게 의안을 제출하고 국무회의의 소집을 요구할 수 있다.

④ 국무회의의 운영에 관하여 필요한 사항은 대통령령으로 정한다.

제13조(국무회의의 출석권 및 의안제출) ① 국무조정실장·인사혁신처장·법제처장·국가보훈처장·식품의약품안전처장 그 밖에 법률로 정하는 공무원은 필요한 경우 국무회의에 출석하여 발언할 수 있다. 〈개정 2014.11.19.〉

② 제1항에 규정된 공무원은 소관사무에 관하여 국무총리에게 의안의 제출을 건의할 수 있다.

제14조(대통령비서실) ① 대통령의 직무를 보좌하기 위하여 대통령비서실을 둔다.

② 대통령비서실에 실장 1명을 두되, 실장은 정무직으로 한다.

제15조(국가안보실) ① 국가안보에 관한 대통령의 직무를 보좌하기 위하여 국가안보실을 둔다.

② 국가안보실에 실장 1명을 두되, 실장은 정무직으로 한다.

제16조(대통령경호실) ① 대통령 등의 경호를 담당하기 위하여 대통령경호실을 둔다.

② 대통령경호실에 실장 1명을 두되, 실장은 정무직으로 한다.

③ 대통령경호실의 조직·직무범위 그 밖에 필요한 사항은 따로 법률로 정한다.

제17조(국가정보원) ① 국가안전보장에 관련되는 정보·보안 및 범죄수사에 관한 사무를 담당하기 위하여 대통령 소속으로 국가정보원을 둔다.

② 국가정보원의 조직·직무범위 그 밖에 필요한 사항은 따로 법률로 정한다.

제3장 국무총리

제18조(국무총리의 행정감독권) ① 국무총리는 대통령의 명을 받아 각 중앙행정기관의 장을 지휘·감독한다.

② 국무총리는 중앙행정기관의 장의 명령이나 처분이 위법 또는 부당하다고 인정될 경우에는 대통령의 승인을 받아 이를 중지 또는 취소할 수 있다.

제19조(부총리) ① 국무총리가 특별히 위임하는 사무를 수행하기 위하여 부총리 2명을 둔다. 〈개정 2014.11.19.〉

② 부총리는 국무위원으로 보한다.

③ 부총리는 기획재정부장관과 교육부장관이 각각 겸임한다. 〈개정 2014.11.19.〉

④ 기획재정부장관은 경제정책에 관하여 국무총리의 명을 받아 관계 중앙행정기관을 총괄·조정한다. 〈신설 2014.11.19.〉

⑤ 교육부장관은 교육·사회 및 문화 정책에 관하여 국무총리의 명을 받아 관계 중앙행정기관을 총괄·조정한다. 〈신설 2014.11.19.〉

제20조(국무조정실) ① 각 중앙행정기관의 행정의 지휘·감독, 정책 조정 및 사회위험·갈등의 관리, 정부업무평가 및 규제개혁에 관하여 국무총리를 보좌하기 위하여 국무조정실을 둔다.

② 국무조정실에 실장 1명을 두되, 실장은 정무직으로 한다.

③ 국무조정실에 차장 2명을 두되, 차장은 정무직으로 한다.

제21조(국무총리비서실) ① 국무총리의 직무를 보좌하기 위하여 국무총리비서실을 둔다.

② 국무총리비서실에 실장 1명을 두되, 실장은 정무직으로 한다.

제22조(국무총리의 직무대행) 국무총리가 사고로 직무를 수행할 수 없는 경우에는 기획재정부장관이 겸임하는 부총리, 교육부장관이 겸임하는 부총리의 순으로 직무를 대행하고, 국무총리와 부총리가 모두 사고로 직무를 수행할 수 없는 경우에는 대통령의 지명이 있으면 그 지명을 받은 국무위원이, 지명이 없는 경우에는 제26조제1항에 규정된 순서에 따른 국무위원이 그 직무를 대행한다. 〈개정 2014.11.19.〉

제22조의2(국민안전처) ① 안전 및 재난에 관한 정책의 수립·운영 및 총괄·조정, 비상대비, 민방위, 방재, 소방, 해양에서의 경비·안전·오염방제 및 해상에서 발생한 사건의 수사에 관한 사무를 관장하기 위하여 국무총리 소속으로 국민안전처를 둔다.

② 국민안전처에 장관 1명과 차관 1명을 두되, 장관은 국무위원으로 보하고, 차관은 정무직으로 한다.

③ 국민안전처에 소방사무를 담당하는 본부장을 두되 소방총감인 소방공무원으로 보하고, 해양에서의 경비·안전·오염방제 및 해상에서 발생한 사건의 수사에 관한 사무를 담당하는 본부장을 두되 치안총감인 경찰공무원으로 보한다.

④ 제3항에 따른 본부장은 각각의 소관사무에 관하여 국민안전처장관의 지휘아래 인사 및 예산에 대한 독자적인 권한을 수행한다.

⑤ 국민안전처장관은 안전 및 재난에 관하여 국무총리의 명을 받아 관계 중앙행정

기관을 총괄·조정한다.

⑥ 국민안전처장관은 소관사무에 관하여 지방행정의 장을 지휘·감독한다.

[본조신설 2014.11.19.]

제22조의3(인사혁신처) ① 공무원의 인사·윤리·복무 및 연금에 관한 사무를 관장하기 위하여 국무총리 소속으로 인사혁신처를 둔다.

② 인사혁신처에 처장 1명과 차장 1명을 두되, 처장은 정무직으로 하고, 차장은 고위공무원단에 속하는 일반직공무원으로 보한다.

[본조신설 2014.11.19.]

제23조(법제처) ① 국무회의에 상정될 법령안·조약안과 총리령안 및 부령안의 심사와 그 밖에 법제에 관한 사무를 전문적으로 관장하기 위하여 국무총리 소속으로 법제처를 둔다.

② 법제처에 처장 1명과 차장 1명을 두되, 처장은 정무직으로 하고, 차장은 고위공무원단에 속하는 일반직공무원으로 보한다. 〈개정 2013.12.24.〉

제24조(국가보훈처) ① 국가유공자 및 그 유족에 대한 보훈, 제대군인의 보상·보호 및 보훈선양에 관한 사무를 관장하기 위하여 국무총리 소속으로 국가보훈처를 둔다.

② 국가보훈처에 처장 1명과 차장 1명을 두되, 처장은 정무직으로 하고, 차장은 고위공무원단에 속하는 일반직공무원으로 보한다. 〈개정 2013.12.24.〉

제25조(식품의약품안전처) ① 식품 및 의약품의 안전에 관한 사무를 관장하기 위하여 국무총리 소속으로 식품의약품안전처를 둔다.

② 식품의약품안전처에 처장 1명과 차장 1명을 두되, 처장은 정무직으로 하고, 차장은 고위공무원단에 속하는 일반직공무원으로 보한다. 〈개정 2013.12.24.〉

제4장 행정각부

제26조(행정각부) ① 대통령의 통할하에 다음의 행정각부를 둔다. 〈개정 2014.11.19.〉

1. 기획재정부
2. 교육부
3. 미래창조과학부
4. 외교부
5. 통일부
6. 법무부
7. 국방부
8. 행정자치부
9. 문화체육관광부

10. 농림축산식품부

11. 산업통상자원부

12. 보건복지부

13. 환경부

14. 고용노동부

15. 여성가족부

16. 국토교통부

17. 해양수산부

② 행정각부에 장관 1명과 차관 1명을 두되, 장관은 국무위원으로 보하고, 차관은 정무직으로 한다. 다만, 기획재정부·미래창조과학부·외교부·문화체육관광부·산업통상자원부·국토교통부에는 차관 2명을 둔다. 〈개정 2014.11.19.〉

③ 장관은 소관사무에 관하여 지방행정의 장을 지휘·감독한다.

제27조(기획재정부) ① 기획재정부장관은 중장기 국가발전전략수립, 경제·재정정책의 수립·총괄·조정, 예산·기금의 편성·집행·성과관리, 화폐·외환·국고·정부회계·내국세제·관세·국제금융, 공공기관 관리, 경제협력·국유재산·민간투자 및 국가채무에 관한 사무를 관장한다.

② 기획재정부에 차관보 1명을 둘 수 있다.

③ 내국세의 부과·감면 및 징수에 관한 사무를 관장하기 위하여 기획재정부장관 소속으로 국세청을 둔다.

④ 국세청에 청장 1명과 차장 1명을 두되, 청장은 정무직으로 하고, 차장은 고위공무원단에 속하는 일반직공무원으로 보한다. 〈개정 2013.12.24.〉

⑤ 관세의 부과·감면 및 징수와 수출입물품의 통관 및 밀수출입단속에 관한 사무를 관장하기 위하여 기획재정부장관 소속으로 관세청을 둔다.

⑥ 관세청에 청장 1명과 차장 1명을 두되, 청장은 정무직으로 하고, 차장은 고위공무원단에 속하는 일반직공무원으로 보한다. 〈개정 2013.12.24.〉

⑦ 정부가 행하는 물자(군수품을 제외한다)의 구매·공급 및 관리에 관한 사무와 정부의 주요시설공사계약에 관한 사무를 관장하기 위하여 기획재정부장관 소속으로 조달청을 둔다.

⑧ 조달청에 청장 1명과 차장 1명을 두되, 청장은 정무직으로 하고, 차장은 고위공무원단에 속하는 일반직공무원으로 보한다. 〈개정 2013.12.24.〉

⑨ 통계의 기준설정과 인구조사 및 각종 통계에 관한 사무를 관장하기 위하여 기획재정부장관 소속으로 통계청을 둔다.

⑩ 통계청에 청장 1명과 차장 1명을 두되, 청장은 정무직으로 하고, 차장은 고위공

무원단에 속하는 일반직공무원으로 보한다. 〈개정 2013.12.24.〉

제28조(교육부) ① 교육부장관은 인적자원개발정책, 학교교육·평생교육, 학술에 관한 사무를 관장한다.

② 교육부에 차관보 1명을 둘 수 있다.

[제29조에서 이동, 종전 제28조는 제29조로 이동 〈2014.11.19.〉]

제29조(미래창조과학부) 미래창조과학부장관은 과학기술정책의 수립·총괄·조정·평가, 과학기술의 연구개발·협력·진흥, 과학기술인력 양성, 원자력 연구·개발·생산·이용, 국가정보화 기획·정보보호·정보문화, 방송·통신의 융합·진흥 및 전파관리, 정보통신산업, 우편·우편환 및 우편대체에 관한 사무를 관장한다.

[제28조에서 이동, 종전 제29조는 제28조로 이동 〈2014.11.19.〉]

제30조(외교부) ① 외교부장관은 외교, 경제외교 및 국제경제협력외교, 국제관계 업무에 관한 조정, 조약 기타 국제협정, 재외국민의 보호·지원, 재외동포정책의 수립, 국제정세의 조사·분석에 관한 사무를 관장한다.

② 외교부에 차관보 1명을 둘 수 있다.

제31조(통일부) 통일부장관은 통일 및 남북대화·교류·협력에 관한 정책의 수립, 통일교육, 그 밖에 통일에 관한 사무를 관장한다.

제32조(법무부) ① 법무부장관은 검찰·행형·인권옹호·출입국관리 그 밖에 법무에 관한 사무를 관장한다.

② 검사에 관한 사무를 관장하기 위하여 법무부장관 소속으로 검찰청을 둔다.

③ 검찰청의 조직·직무범위 그 밖에 필요한 사항은 따로 법률로 정한다.

제33조(국방부) ① 국방부장관은 국방에 관련된 군정 및 군령과 그 밖에 군사에 관한 사무를 관장한다.

② 국방부에 차관보 1명을 둘 수 있다.

③ 징집·소집 그 밖에 병무행정에 관한 사무를 관장하기 위하여 국방부장관 소속으로 병무청을 둔다.

④ 병무청에 청장 1명과 차장 1명을 두되, 청장은 정무직으로 하고, 차장은 고위공무원단에 속하는 일반직공무원으로 보한다. 〈개정 2013.12.24.〉

⑤ 방위력 개선사업, 군수물자 조달 및 방위산업 육성에 관한 사무를 관장하기 위하여 국방부장관 소속으로 방위사업청을 둔다.

⑥ 방위사업청에 청장 1명과 차장 1명을 두되, 청장은 정무직으로 하고, 차장은 고위공무원단에 속하는 일반직공무원으로 보한다. 〈개정 2013.12.24.〉

제34조(행정자치부) ① 행정자치부장관은 국무회의의 서무, 법령 및 조약의 공포, 정부조직과 정원, 상훈, 정부혁신, 행정능률, 전자정부, 개인정보보호, 정부청사의 관리,

지방자치제도, 지방자치단체의 사무지원·재정·세제, 낙후지역 등 지원, 지방자치단체간 분쟁조정 및 선거·국민투표의 지원에 관한 사무를 관장한다. 〈개정 2014.11.19.〉

② 국가의 행정사무로서 다른 중앙행정기관의 소관에 속하지 아니하는 사무는 행정자치부장관이 이를 처리한다. 〈개정 2014.11.19.〉

③ 행정자치부에 차관보 1명을 둘 수 있다. 〈개정 2014.11.19.〉

④ 치안에 관한 사무를 관장하기 위하여 행정자치부장관 소속으로 경찰청을 둔다. 〈개정 2014.11.19.〉

⑤ 경찰청의 조직·직무범위 그 밖에 필요한 사항은 따로 법률로 정한다.

⑥ 삭제 〈2014.11.19.〉

⑦ 삭제 〈2014.11.19.〉

[제목개정 2014.11.19.]

제35조(문화체육관광부) ① 문화체육관광부장관은 문화·예술·영상·광고·출판·간행물·체육·관광, 국정에 대한 홍보 및 정부발표에 관한 사무를 관장한다.

② 문화체육관광부에 차관보 1명을 둘 수 있다.

③ 문화재에 관한 사무를 관장하기 위하여 문화체육관광부장관 소속으로 문화재청을 둔다.

④ 문화재청에 청장 1명과 차장 1명을 두되, 청장은 정무직으로 하고, 차장은 고위공무원단에 속하는 일반직공무원으로 보한다. 〈개정 2013.12.24.〉

제36조(농림축산식품부) ① 농림축산식품부장관은 농산·축산, 식량·농지·수리, 식품산업진흥, 농촌개발 및 농산물 유통에 관한 사무를 관장한다.

② 농림축산식품부에 차관보 1명을 둘 수 있다.

③ 농촌진흥에 관한 사무를 관장하기 위하여 농림축산식품부장관 소속으로 농촌진흥청을 둔다.

④ 농촌진흥청에 청장 1명과 차장 1명을 두되, 청장은 정무직으로 하고, 차장은 고위공무원단에 속하는 일반직공무원으로 보한다. 〈개정 2013.12.24.〉

⑤ 산림에 관한 사무를 관장하기 위하여 농림축산식품부장관 소속으로 산림청을 둔다.

⑥ 산림청에 청장 1명과 차장 1명을 두되, 청장은 정무직으로 하고, 차장은 고위공무원단에 속하는 일반직공무원으로 보한다. 〈개정 2013.12.24.〉

제37조(산업통상자원부) ① 산업통상자원부장관은 상업·무역·공업·통상, 통상교섭 및 통상교섭에 관한 총괄·조정, 외국인 투자, 산업기술 연구개발정책 및 에너지·지하자원에 관한 사무를 관장한다.

② 산업통상자원부에 차관보 1명을 둘 수 있다.

③ 중소 및 중견기업에 관한 사무를 관장하기 위하여 산업통상자원부장관 소속으로 중소기업청을 둔다.

④ 중소기업청에 청장 1명과 차장 1명을 두되, 청장은 정무직으로 하고, 차장은 고위공무원단에 속하는 일반직공무원으로 보한다. 〈개정 2013.12.24.〉

⑤ 특허·실용신안·디자인 및 상표에 관한 사무와 이에 대한 심사·심판사무를 관장하기 위하여 산업통상자원부장관 소속으로 특허청을 둔다.

⑥ 특허청에 청장 1명과 차장 1명을 두되, 청장은 정무직으로 하고, 차장은 고위공무원단에 속하는 일반직공무원으로 보한다. 〈개정 2013.12.24.〉

제38조(보건복지부) ①보건복지부장관은 보건위생·방역·의정(醫政)·약정(藥政)·생활보호·자활지원·사회보장·아동(영·유아 보육을 포함한다)·노인 및 장애인에 관한 사무를 관장한다. 〈개정 2015.12.22.〉

② 보건복지부장관의 소관사무 중 감염병 및 각종 질병에 관한 방역·조사·검역·시험·연구 및 장기이식관리에 관한 사무를 분장하기 위하여 보건복지부장관 소속으로 질병관리본부를 둔다. 〈신설 2015.12.22.〉

③ 질병관리본부에 본부장 1명을 두되, 본부장은 정무직으로 한다. 〈신설 2015.12.22.〉

제39조(환경부) ① 환경부장관은 자연환경, 생활환경의 보전 및 환경오염방지에 관한 사무를 관장한다.

② 기상에 관한 사무를 관장하기 위하여 환경부장관 소속으로 기상청을 둔다.

③ 기상청에 청장 1명과 차장 1명을 두되, 청장은 정무직으로 하고, 차장은 고위공무원단에 속하는 일반직공무원으로 보한다. 〈개정 2013.12.24.〉

제40조(고용노동부) 고용노동부장관은 고용정책의 총괄, 고용보험, 직업능력개발훈련, 근로조건의 기준, 근로자의 복지후생, 노사관계의 조정, 산업안전보건, 산업재해보상보험과 그 밖에 고용과 노동에 관한 사무를 관장한다.

제41조(여성가족부) 여성가족부장관은 여성정책의 기획·종합, 여성의 권익증진 등 지위향상, 청소년 및 가족(다문화가족과 건강가정사업을 위한 아동업무를 포함한다)에 관한 사무를 관장한다.

제42조(국토교통부) ① 국토교통부장관은 국토종합계획의 수립·조정, 국토 및 수자원의 보전·이용 및 개발, 도시·도로 및 주택의 건설, 해안·하천 및 간척, 육운·철도 및 항공에 관한 사무를 관장한다.

② 국토교통부에 차관보 1명을 둘 수 있다.

제43조(해양수산부) ① 해양수산부장관은 해양정책, 수산, 어촌개발 및 수산물 유통, 해운·항만, 해양환경, 해양조사, 해양자원개발, 해양과학기술연구·개발 및 해양안전심판에 관한 사무를 관장한다.

② 삭제 〈2014.11.19.〉

③ 삭제 〈2014.11.19.〉

부칙 〈제13593호, 2015.12.22.〉

이 법은 2016년 1월 1일부터 시행한다.

Ⅷ. 박근혜 정부의 최순실 등 민간인에 의한 국정농단 의혹 사건 규명을 위한 특별검사의 임명 등에 관한 법률

박근혜 정부의 최순실 등 민간인에 의한 국정농단 의혹 사건 규명을 위한
특별검사의 임명 등에 관한 법률

[시행 2016.11.22.] [법률 제14276호, 2016.11.22., 제정]

법무부(법무심의관실) 02-2110-3164

제1조(목적) 이 법은 제2조에 따른 사건의 진상규명을 위하여 독립적인 지위를 가지는 특별검사의 임명과 직무 등에 관하여 필요한 사항을 규정함을 목적으로 한다.

제2조(특별검사의 수사대상) 이 법에 따른 특별검사의 수사대상은 다음 각 호의 사건 및 그와 관련된 사건에 한정한다.

1. 이재만·정호성·안봉근 등 청와대 관계인이 민간인 최순실(최서원)과 최순득·장시호 등 그의 친척이나 차은택·고영태 등 그와 친분이 있는 주변인 등[이하 "최순실(최서원) 등"이라 한다]에게 청와대 문건을 유출하거나 외교·안보상 국가기밀 등을 누설하였다는 의혹사건

2. 최순실(최서원) 등이 대한민국 정부 상징 개편 등 정부의 주요 정책결정과 사업에 개입하고, 정부부처·공공기관 및 공기업·사기업의 인사에 불법적인 방법으로 개입하는 등 일련의 관련 의혹사건

3. 최순실(최서원) 등, 안종범 전 청와대 정책조정수석비서관 등 청와대 관계인이 재단법인 미르와 재단법인 케이스포츠를 설립하여 기업들로 하여금 출연금과 기부금 출연을 강요하였다거나, 노동개혁법안 통과 또는 재벌 총수에 대한 사면·복권 또는 기업의 현안 해결 등을 대가로 출연을 받았다는 의혹사건

4. 최순실(최서원) 등이 재단법인 미르와 재단법인 케이스포츠로부터 사업을 수주하는 방법 등으로 국내외로 자금을 유출하였다는 의혹사건

5. 최순실(최서원) 등이 자신들이 설립하거나 자신들과 관련이 있는 법인이나 단체의 운영과정에서 불법적인 방법으로 정부부처·공공기관 및 공기업·사기업으로부터 사업 등을 수주하고 씨제이그룹의 연예·문화사업에 대하여 장악을 시도하는 등 이권에 개입하고 그와 관련된 재산을 은닉하였다는 의혹사건

6. 정유라의 청담고등학교 및 이화여자대학교 입학, 선화예술중학교·청담고등학교·이화여자대학교 재학 중의 학사관리 등에 있어서의 특혜 및 각 학교와 승마협회 등에 대한 외압 등 불법·편법 의혹사건

7. 삼성 등 각 기업과 승마협회 등이 정유라를 위하여 최순실(최서원) 등이 설립하거나 관련 있는 법인에 금원을 송금하고, 정유라의 독일 및 국내에서의 승마훈련을 지원하고 기업의 현안을 해결하려 하였다는 의혹사건

8. 제5호부터 제7호까지의 사건과 관련하여 안종범 전 청와대 정책조정수석비서관, 김상률 전 청와대 교육문화수석비서관, 이재만·정호성·안봉근 전 비서관 등 청와대 관계인, 김종덕 전 문화체육관광부장관, 김종 전 문화체육관광부차관, 송성각 전 한국콘텐츠진흥원장 등 공무원과 공공기관 종사자들이 최순실(최서원) 등을 위하여 불법적인 방법으로 개입하고 관련 공무원을 불법적으로 인사조치하였다는 의혹사건

9. 제1호부터 제8호까지의 사건과 관련하여 우병우 전 청와대 민정수석비서관이 민정비서관 및 민정수석비서관 재임기간 중 최순실(최서원) 등의 비리행위 등에 대하여 제대로 감찰·예방하지 못한 직무유기 또는 그 비리행위에 직접 관여하거나 이를 방조 또는 비호하였다는 의혹사건

10. 이석수 특별감찰관이 재단법인 미르와 재단법인 케이스포츠의 모금 및 최순실(최서원) 등의 비리행위 등을 내사하는 과정에서 우병우 전 청와대 민정수석비서관이 영향력을 행사하여 해임되도록 하였다는 의혹사건

11. 최순실(최서원) 등과 안종범 전 청와대 정책조정수석비서관, 이재만·정호성·안봉근 전 비서관, 재단법인 미르와 재단법인 케이스포츠, 전국경제인연합·기업 등이 조직적인 증거인멸을 시도하거나 이를 교사하였다는 의혹사건

12. 최순실(최서원)과 그 일가가 불법적으로 재산을 형성하고 은닉하였다는 의혹사건

13. 최순실(최서원) 등이 청와대 뉴미디어정책실에 야당의원들의 SNS 불법사찰 등 부당한 업무지시를 하였다는 의혹사건

14. 대통령해외순방에 동행한 성형외과 원장의 서울대병원 강남센터 외래교수 위촉과정 및 해외 진출 지원 등에 청와대와 비서실의 개입과 특혜가 있었다는 의혹사건

15. 제1호부터 제14호까지의 사건의 수사과정에서 인지된 관련 사건

제3조(특별검사의 임명) ① 국회의장은 제2조 각 호의 사건을 수사하기 위하여 이 법 시행일부터 3일 이내에 1명의 특별검사를 임명할 것을 대통령에게 서면으로 요청하여야 한다.

② 대통령은 제1항에 따른 요청서를 받은 날부터 3일 이내에 1명의 특별검사를 임

명하기 위한 후보자추천을 원내교섭단체 중 더불어민주당 및 국민의당에 서면으로 의뢰하여야 한다.

③ 제2항의 더불어민주당 및 국민의당은 제2항에 따른 특별검사후보자추천의뢰서를 받은 때에는 의뢰서를 받은 날부터 5일 이내에 15년 이상 판사 또는 검사의 직에 있었던 변호사 중에서 더불어민주당 및 국민의당이 합의한 2명의 특별검사후보자를 대통령에게 서면으로 추천하여야 한다.

④ 대통령은 제3항에 따른 특별검사후보자추천서를 받은 때에는 추천서를 받은 날부터 3일 이내에 추천후보 중 1명을 특별검사로 임명하여야 한다.

제4조(특별검사의 결격사유) 다음 각 호의 어느 하나에 해당하는 자는 특별검사로 임명할 수 없다.

1. 대한민국 국민이 아닌 자

2. 「국가공무원법」 제2조 또는 「지방공무원법」 제2조에 따른 공무원

3. 특별검사 임명일 전 1년 이내에 제2호의 직에 있었던 자

4. 정당의 당적을 가진 자이거나 가졌던 자

5. 「공직선거법」에 따라 실시하는 선거에 후보자(예비후보자를 포함한다)로 등록한 사람

6. 「국가공무원법」 제33조 각 호의 어느 하나에 해당하는 자

제5조(특별검사의 정치적 중립 및 직무상 독립) 특별검사는 정치적으로 중립을 지켜야 하며, 독립하여 그 직무를 수행한다.

제6조(특별검사의 직무범위와 권한 등) ① 특별검사의 직무범위는 다음 각 호와 같다.

1. 제2조 각 호의 사건에 관한 수사와 공소제기 여부의 결정 및 공소유지

2. 제7조에 따라 임명된 특별검사보 및 특별수사관과 관계 기관으로부터 파견받은 공무원에 대한 지휘·감독

② 특별검사는 직무의 범위를 이탈하여 제2조 각 호의 사건과 관련되지 아니하는 자를 소환·조사할 수 없다.

③ 특별검사는 그 직무를 수행함에 있어서 필요한 경우에는 대검찰청, 경찰청 등 관계 기관의 장에게 제2조 각 호의 사건과 관련된 사건의 수사기록 및 증거 등 자료의 제출과 수사 활동의 지원 등 수사협조를 요청할 수 있다.

④ 특별검사는 그 직무를 수행함에 있어서 필요한 경우에는 대검찰청, 경찰청 등 관계 기관의 장에게 소속 공무원의 파견근무와 이에 관련되는 지원을 요청할 수 있다. 다만, 파견검사의 수는 20명, 파견검사를 제외한 파견공무원의 수는 40명 이내로 한다.

⑤ 제3항 및 제4항의 요청을 받은 관계 기관의 장은 반드시 이에 응하여야 한다.

관계 기관의 장이 이에 불응할 경우 특별검사는 징계의결요구권자에게 관계 기관의 장에 대한 징계절차를 개시할 것을 요청할 수 있다.

⑥ 「형사소송법」, 「검찰청법」, 「군사법원법」과 그 밖의 법령 중 검사와 군검찰관의 권한에 관한 규정은 이 법의 규정에 반하지 아니하는 한 특별검사의 경우에 준용한다.

제7조(특별검사보와 특별수사관) ① 특별검사는 7년 이상 「법원조직법」 제42조제1항제1호의 직에 있던 변호사 중에서 8명의 특별검사보후보자를 선정하여 대통령에게 특별검사보로 임명할 것을 요청할 수 있다. 이 경우 대통령은 3일 이내에 그 후보자 중에서 4명을 특별검사보로 임명하여야 한다.

② 특별검사보는 특별검사의 지휘·감독에 따라 제2조 각 호의 사건과 관련된 수사 및 공소제기된 사건의 공소유지를 담당하고 특별수사관 및 관계 기관으로부터 파견받은 공무원에 대한 지휘·감독을 한다.

③ 특별검사는 그 직무를 수행함에 있어서 필요한 경우에는 40명 이내의 특별수사관을 임명할 수 있다.

④ 특별수사관은 제2조 각 호의 사건수사의 범위에서 사법경찰관의 직무를 수행한다.

⑤ 특별검사보와 특별수사관의 결격사유에 관하여는 제4조를, 특별검사보의 권한에 관하여는 제6조제6항을 각각 준용한다.

⑥ 특별검사는 수사완료 후 공소유지를 위한 경우에는 특별검사보, 특별수사관 등 특별검사의 업무를 보조하는 인원을 최소한의 범위로 유지하여야 한다.

제8조(특별검사등의 의무) ① 특별검사, 특별검사보 및 특별수사관(이하 "특별검사등"이라 한다)과 제6조제4항에 따라 파견된 공무원 및 특별검사의 직무보조를 위하여 채용된 자는 직무상 알게 된 비밀을 재직 중과 퇴직 후에 누설하여서는 아니 된다.

② 특별검사등과 제6조제4항에 따라 파견된 공무원 및 특별검사의 직무보조를 위하여 채용된 자는 제9조제3항·제4항 및 제11조에 따른 경우를 제외하고는 수사내용을 공표하거나 누설하여서는 아니 된다.

③ 제6조제4항에 따라 파견된 공무원은 파견되어 직무를 수행하는 가운데 지득한 정보를 소속 기관에 보고하여서는 아니 된다.

④ 특별검사등은 영리를 목적으로 하는 업무에 종사할 수 없으며 다른 직무를 겸할 수 없다.

⑤ 「형사소송법」, 「검찰청법」, 「군사법원법」, 그 밖의 법령 중 검사의 의무에 관한 규정은 이 법에 반하지 아니하는 한 특별검사와 특별검사보에 준용한다.

제9조(수사기간 등) ① 특별검사는 임명된 날부터 20일 동안 수사에 필요한 시설의 확보, 특별검사보의 임명요청 등 직무수행에 필요한 준비를 할 수 있다.

② 특별검사는 제1항에 따른 준비기간이 만료된 날의 다음 날부터 70일 이내에 제2

조 각 호의 사건에 대한 수사를 완료하고 공소제기 여부를 결정하여야 한다.

③ 특별검사는 제2항의 기간 이내에 수사를 완료하지 못하거나 공소제기 여부를 결정하기 어려운 경우에는 대통령에게 그 사유를 보고하고, 대통령의 승인을 받아 1회에 한정하여 수사기간을 30일 연장할 수 있다.

④ 제3항에 따른 보고 및 승인요청은 수사기간 만료 3일 전에 행하여져야 하고, 대통령은 수사기간 만료 전에 승인 여부를 특별검사에게 통지하여야 한다.

⑤ 특별검사는 수사기간 이내에 수사를 완료하지 못하거나 공소제기 여부를 결정하지 못한 경우 수사기간 만료일부터 3일 이내에 사건을 관할 지방검찰청 검사장에게 인계하여야 한다. 이 경우 비용지출 및 활동내역 등에 대한 보고에 관하여는 제17조를 준용하되, 그 보고기간의 기산일은 사건인계일로 한다.

⑥ 제5항에 따라 사건을 인계받은 관할 지방검찰청 검사장은 신속하게 수사를 완료하여 공소제기 여부를 결정하고 공소제기된 사건의 공소유지를 담당한다. 이 경우 사건의 처리보고에 관하여는 제11조를 준용한다.

제10조(재판기간 등) ① 특별검사가 공소제기한 사건의 재판은 다른 재판에 우선하여 신속히 하여야 하며, 그 판결의 선고는 제1심에서는 공소제기일부터 3개월 이내에, 제2심 및 제3심에서는 전심의 판결선고일부터 각각 2개월 이내에 하여야 한다.

② 제1항의 경우 「형사소송법」 제361조, 제361조의3제1항·제3항, 제377조 및 제379조제1항·제4항의 기간은 각각 7일로 한다.

제11조(사건의 처리보고) 특별검사는 제2조 각 호의 사건에 대하여 공소를 제기하지 아니하는 결정을 하였을 경우와 공소를 제기하였을 경우 및 해당 사건의 판결이 확정되었을 경우에는 각각 10일 이내에 이를 대통령과 국회에 서면으로 보고하여야 한다.

제12조(사건의 대국민보고) 특별검사 또는 특별검사의 명을 받은 특별검사보는 제2조 각 호의 사건에 대하여 국민의 알권리 보장을 위하여 피의사실 외의 수사과정에 대하여 언론브리핑을 실시할 수 있다.

제13조(보수 등) ① 특별검사의 보수와 대우는 고등검사장의 예에 준한다.

② 특별검사보의 보수와 대우는 검사장의 예에 준한다.

③ 특별수사관의 보수와 대우는 3급부터 5급까지 상당의 별정직 국가공무원의 예에 준한다.

④ 정부는 예비비에서 특별검사의 퇴직 시까지 특별검사등의 직무수행에 필요한 경비를 지급한다.

⑤ 특별검사는 특별검사등의 직무수행에 필요한 사무실과 통신시설 등 장비의 제공을 국가 또는 공공기관에 요청할 수 있다. 이 경우 요청을 받은 기관은 정당한

사유가 없는 한 이에 따라야 한다.

제14조(퇴직 등) ① 특별검사는 정당한 사유가 없는 한 퇴직할 수 없으며, 퇴직하고자 하는 경우에는 서면에 의하여야 한다.

② 대통령은 특별검사가 사망하거나 제1항에 따라 사퇴서를 제출하는 경우에는 지체 없이 이를 국회에 통보하여야 하고, 제3조제2항부터 제4항까지의 규정에 따른 임명절차에 따라 후임 특별검사를 임명하여야 한다. 이 경우 후임 특별검사는 전임 특별검사의 직무를 승계한다.

③ 제2항에 따라 후임 특별검사를 임명하는 경우 제9조의 수사기간 산정에 있어서 는 전임·후임 특별검사의 수사기간을 합산하되, 특별검사가 사퇴서를 제출한 날부 터 후임 특별검사가 임명되는 날까지의 기간은 수사기간에 산입하지 아니한다.

④ 특별검사등은 제11조에 따라 공소를 제기하지 아니하는 결정을 하거나 판결이 확정되어 보고서를 제출한 때에 당연히 퇴직한다.

제15조(해임 등) ① 대통령은 다음 각 호의 어느 하나에 해당하는 경우를 제외하고는 특별검사 또는 특별검사보를 해임할 수 없다.

1. 제4조 각 호에 따른 결격사유가 발견된 경우
2. 직무수행이 현저히 곤란한 신체적·정신적 질환이 있다고 인정되는 경우
3. 특별검사가 그 직무수행을 위하여 또는 제7조제6항에 따라 필요하다고 인정하여 대통령에게 특별검사보의 해임을 요청하는 경우
4. 제8조제5항을 위반한 경우

② 대통령은 특별검사를 해임한 경우에는 지체 없이 이를 국회에 통보하고 제3조 제2항부터 제4항까지의 규정에 따른 임명절차에 따라 후임 특별검사를 임명하여야 한다. 이 경우 직무승계에 관하여는 제14조제2항 후단을, 수사기간의 산정에 관하 여는 같은 조 제3항을 각각 준용한다.

③ 대통령은 특별검사보가 사망하거나 특별검사보를 해임한 경우에는 지체 없이 제7조제1항에 따라 후임 특별검사보를 임명하여야 한다.

④ 특별검사는 그 직무수행을 위하여 필요한 때에는 특별수사관을 해임하거나 파 견공무원에 대하여 소속 기관의 장에게 교체를 요청할 수 있다.

제16조(신분보장) 특별검사와 특별검사보는 탄핵 또는 금고 이상의 형을 선고받지 아 니하고는 파면되지 아니한다.

제17조(회계보고 등) 특별검사는 공소를 제기하지 아니하는 결정을 하였을 경우와 공 소를 제기한 사건의 판결이 확정되었을 경우에는 10일 이내에 비용지출 및 활동내 역 등에 관한 사항을 대통령에게 서면으로 보고하고, 보관하고 있는 업무 관련 서 류 등을 검찰총장에게 인계하여야 한다. 다만, 공소를 제기한 경우에는 그 공소제

기일까지의 비용지출 및 활동내역 등에 관한 사항을 10일 이내에 대통령에게 서면으로 중간보고하여야 한다.

제18조(재판관할) 제2조 각 호의 사건에 관한 제1심 재판은 서울중앙지방법원 합의부의 전속관할로 한다.

제19조(이의신청) ① 제2조 각 호의 사건의 수사대상이 된 자 또는 그 배우자, 직계존속·비속, 동거인, 변호인은 제6조제2항을 위반한 경우 등 특별검사의 직무범위 이탈에 대하여 서울고등법원에 이의신청을 할 수 있다.

② 제1항에 따른 이의신청은 이유를 기재한 서면으로 하되, 특별검사를 경유하여야 한다.

③ 제2항에 따라 이의신청서를 접수한 특별검사는 다음 각 호의 구분에 따라 이를 처리한다.

1. 신청이 이유 있는 것으로 인정한 때에는 신청내용에 따라 즉시 시정하고, 이를 서울고등법원과 이의신청인에게 서면으로 통지하여야 한다.

2. 신청이 이유 없는 것으로 인정한 때에는 신청서를 접수한 때부터 24시간 이내에 신청서에 의견서를 첨부하여 서울고등법원에 이를 송부하여야 한다.

④ 제3항제2호에 따라 송부된 신청서를 접수한 서울고등법원은 접수한 때부터 48시간 이내에 다음 각 호의 구분에 따라 이를 결정하여야 한다. 이 경우 법원은 필요한 때에는 수사기록의 열람 등 증거조사를 할 수 있다.

1. 신청이 이유 없는 것으로 인정한 때에는 신청을 기각한다.

2. 신청이 이유 있는 것으로 인정한 때에는 신청대상 조사내용이 특별검사의 직무범위를 이탈하였음을 인용한다.

⑤ 제4항제2호에 따른 인용결정이 있는 경우에는 특별검사는 해당 결정의 취지에 반하는 수사 활동을 하여서는 아니 된다.

⑥ 제4항의 결정에 대하여는 항고할 수 없다.

⑦ 제1항에 따른 이의신청에도 불구하고 특별검사의 수사활동은 정지되지 아니한다.

⑧ 제1항에 따른 이의신청인은 이의신청과 동시에 또는 그와 별도로 이유를 소명한 서면으로 서울고등법원에 해당 처분 등의 효력이나 그 집행 또는 절차의 속행의 전부 또는 일부 정지를 신청할 수 있고, 법원은 지체 없이 이에 대하여 결정하여야 한다.

⑨ 서울고등법원이 제4항 또는 제8항의 결정을 한 때에는 이의신청인과 특별검사에게 서면으로 통지하여야 한다.

제20조(벌칙) 위계 또는 위력으로써 특별검사등의 직무수행을 방해한 자는 5년 이하의 징역에 처한다.

제21조(벌칙) ① 특별검사등이나 제6조제4항에 따라 파견된 공무원 또는 특별검사의 직무보조를 위하여 채용된 자가 제8조제1항을 위반하여 직무상 알게 된 비밀을 누설한 때에는 3년 이하의 징역, 5년 이하의 자격정지 또는 3천만원 이하의 벌금에 처한다.

② 특별검사등이나 제6조제4항에 따라 파견된 공무원 또는 특별검사의 직무보조를 위하여 채용된 자가 제8조제2항을 위반하여 수사내용을 공표하거나 누설한 때에는 3년 이하의 징역, 5년 이하의 자격정지 또는 3천만원 이하의 벌금에 처한다.

③ 제6조제4항에 따라 파견된 공무원이 제8조제3항을 위반하여 직무수행 중 지득한 정보를 소속 기관에 보고한 때에는 3년 이하의 징역, 5년 이하의 자격정지 또는 3천만원 이하의 벌금에 처한다.

제22조(벌칙 적용에서 공무원 의제) 특별검사등 및 특별검사의 직무보조를 위하여 채용된 자는 「형법」이나 그 밖의 법률에 따른 벌칙을 적용할 때에는 이를 공무원으로 본다.

부칙 〈제14276호, 2016.11.22.〉

제1조(시행일) 이 법은 공포한 날부터 시행한다.

제2조(유효기간) 이 법은 제14조제4항에 따라 특별검사가 퇴직하는 날까지 그 효력을 가진다. 다만, 제9조제6항은 관할 지방검찰청 검사장이 보고서를 제출하는 날까지 그 효력을 가진다.

제3조(실효의 효과에 대한 특례) 이 법의 실효는 제20조, 제21조 및 제22조에 따른 벌칙에 영향을 미치지 아니한다.

IX. 특별감찰관법

특별감찰관법

[시행 2014.6.19.] [법률 제12422호, 2014.3.18., 제정]

법무부(형사법제과) 02-2110-3307~8

제1장 총칙

제1조(목적) 이 법은 대통령의 친인척 등 대통령과 특수한 관계에 있는 사람의 비위행위에 대한 감찰을 담당하는 특별감찰관의 임명과 직무 등에 관하여 필요한 사항을 규정함을 목적으로 한다.

제2조(비위행위) 이 법에서 사용하는 "비위행위"란 다음 각 호의 어느 하나에 해당하는 행위를 말한다.

1. 실명(實名)이 아닌 명의로 계약을 하거나 알선·중개하는 등으로 개입하는 행위
2. 공기업이나 공직 유관 단체와 수의계약하거나 알선·중개하는 등으로 개입하는 행위
3. 인사 관련 등 부정한 청탁을 하는 행위
4. 부당하게 금품·향응을 주고 받는 행위
5. 공금을 횡령·유용하는 행위

제3조(지위) ① 특별감찰관은 대통령 소속으로 하되, 직무에 관하여는 독립의 지위를 가진다.

② 특별감찰관은 감찰의 개시와 종료 즉시 그 결과를 대통령에게 보고한다.

제4조(정치적 중립) 특별감찰관은 직무를 수행함에 있어 정치적 중립을 지킨다.

제5조(감찰대상자) 이 법에 따른 특별감찰관의 감찰대상자는 다음 각 호에 해당하는 사람으로 한다.

1. 대통령의 배우자 및 4촌 이내 친족
2. 대통령비서실의 수석비서관 이상의 공무원

제6조(감찰개시) ① 특별감찰관은 제5조에서 규정한 사람의 제2조의 비위행위를 조사하는 방법으로 감찰을 행한다.

② 특별감찰관은 제5조에서 규정한 사람의 비위행위에 관한 정보가 신빙성이 있고

구체적으로 특정되는 경우 감찰에 착수한다. 다만, 그 비위행위는 제5조에 규정한 신분관계가 발생한 이후의 것에 한정한다.

③ 제1항에 따른 감찰에 착수하는 경우 1개월 이내에 감찰을 종료하여야 한다. 다만, 감찰을 계속할 필요가 있는 경우 대통령의 허가를 받아 1개월 단위로 감찰기간을 연장할 수 있다.

④ 제1항에 따른 감찰을 하려는 경우 다음 각 호의 어느 하나에 해당하는 사항은 감찰할 수 없다.

1. 국무총리로부터 국가기밀에 속한다는 소명이 있는 사항

2. 국방부장관으로부터 군기밀이거나 작전상 지장이 있다는 소명이 있는 사항

제2장 임명과 신분보장

제7조(특별감찰관의 임명) ① 국회는 15년 이상 「법원조직법」 제42조제1항제1호의 직에 있던 변호사 중에서 3명의 특별감찰관 후보자를 대통령에게 서면으로 추천한다.

② 대통령은 제1항에 따른 특별감찰관 후보자 추천서를 받은 때에는 추천서를 받은 날부터 3일 이내에 추천후보자 중에서 1명을 특별감찰관으로 지명하고, 국회의 인사청문을 거쳐 임명하여야 한다.

제8조(특별감찰관의 임기) ① 특별감찰관의 임기는 3년으로 하고, 중임할 수 없다.

② 특별감찰관이 결원된 때에는 결원된 날부터 30일 이내에 후임자를 임명하여야 한다.

제9조(특별감찰관보와 감찰담당관) 특별감찰관은 그 직무수행에 필요한 범위에서 1명의 특별감찰관보와 10명 이내의 감찰담당관을 임명할 수 있다.

제10조(공무원 파견요청 등) ① 특별감찰관은 그 직무수행을 위하여 필요한 때에는 감사원, 대검찰청, 경찰청, 국세청 등 관계 기관의 장에게 소속 공무원의 파견 근무와 이에 관련되는 지원을 요청할 수 있다. 다만, 파견공무원의 수는 20명 이내로 한다.

② 파견공무원의 파견 기간은 3년을 초과할 수 없고, 소속 기관으로 복귀한 사람은 다시 파견할 수 없다.

제11조(특별감찰관의 직무권한) ① 특별감찰관은 감찰사무를 통할하고 특별감찰관보를 지휘·감독한다.

② 특별감찰관보는 특별감찰관을 보좌하여 소관 사무를 처리하고 감찰담당관, 제10조에 따라 파견받은 공무원을 지휘·감독하며 특별감찰관이 사고로 직무를 수행할 수 없으면 대통령령으로 정하는 순서에 따라 그 직무를 대행한다.

제12조(보수와 대우 등) ① 특별감찰관은 정무직공무원으로 하고, 특별감찰관보와 감찰담당관은 별정직공무원으로 한다.

② 특별감찰관의 정년은 65세로 한다.

③ 특별감찰관, 특별감찰관보와 감찰담당관(이하 "특별감찰관 등"이라 한다)의 보수와 대우에 대하여는 대통령령으로 정한다.

제13조(결격사유) 다음 각 호의 어느 하나에 해당하는 사람은 특별감찰관 등이 될 수 없다.

1. 대한민국 국민이 아닌 사람

2. 「국가공무원법」 제33조 각 호의 어느 하나에 해당하는 사람

3. 금고 이상의 형의 선고를 받은 사람

4. 탄핵결정에 의하여 파면된 후 5년을 경과하지 아니한 사람

제14조(해임 등) ① 대통령은 다음 각 호의 어느 하나에 해당하는 경우를 제외하고는 특별감찰관을 해임할 수 없다.

1. 제13조 각 호에 따른 결격사유가 발견된 경우

2. 직무수행이 현저히 곤란한 신체적·정신적 질환이 있다고 인정되는 경우

② 대통령은 특별감찰관을 해임한 경우에는 지체 없이 이를 국회에 통보하고 제7조에서 정한 임명절차에 따라 후임 특별감찰관을 임명하여야 한다.

③ 특별감찰관은 특별감찰관보나 감찰담당관을 해임하거나 파견 받은 공무원에 대하여 소속 기관의 장에게 교체를 요청할 수 있다.

제15조(공직 등 임명 제한) 특별감찰관은 면직, 해임 또는 퇴직 후 그 특별감찰관을 임명한 대통령의 임기 중에는 제5조제2호에서 정하는 특정 공직자, 차관급 이상 공직자 및 「공직자윤리법」 제3조의2에 따른 공직유관단체의 임원에 임명될 수 없다.

제3장 권한과 의무

제16조(관계 기관의 협조) 특별감찰관은 감찰대상자의 비위행위 여부를 확인하기 위하여 필요한 경우 국가 또는 지방자치단체, 그 밖의 공공기관의 장에게 협조와 지원을 요청할 수 있고, 필요한 자료 등의 제출이나 사실 조회를 요구할 수 있다.

제17조(출석·답변 및 자료제출 요구) 특별감찰관은 감찰에 필요하면 감찰대상자에게 다음 각 호의 조치를 할 수 있다.

1. 출석·답변의 요구(「정보통신망 이용촉진 및 정보보호 등에 관한 법률」에 따른 정보통신망을 이용한 요구를 포함한다. 이하 같다)

2. 증명서, 소명서, 그 밖의 관계 문서 및 장부, 물품 등의 제출 요구

제18조(감찰대상자 이외의 자에 대한 협조요구) ① 감찰대상자의 비위행위를 감찰하기 위하여 필요한 경우에는 제17조에 따라 감찰대상자 이외의 자에 대하여 자료의 제출이나 출석·답변을 요구할 수 있다.

② 제1항의 요구는 협조의 내용, 이유 및 출석장소, 시간 등을 명시하여 요구대상자에게 서면으로 통지함을 원칙으로 한다. 다만, 긴급한 경우에는 전화 등의 방법으로 통지할 수 있다.

③ 출석·답변한 자에 대하여는 관계 규정에 따라 여비 등을 지급하여야 한다.

제19조(고발 등) 특별감찰관은 감찰결과 감찰대상자의 행위가 다음 각 호에 해당하는 경우 다음 각 호와 같은 조치를 하여야 한다.

1. 범죄혐의가 명백하여 형사처벌이 필요하다고 인정한 때: 검찰총장에게 고발

2. 범죄행위에 해당한다고 믿을 만한 상당한 이유가 있고 도주 또는 증거인멸 등을 방지하거나 증거확보를 위하여 필요하다고 인정한 때: 검찰총장에게 수사의뢰

제20조(불기소처분에 대한 불복) 특별감찰관이 고발한 사건 중 처분이 이루어지지 아니하고 90일이 경과하거나 불기소처분이 이루어진 경우 「검찰청법」 제10조에 따라 항고를 제기할 수 있다.

제21조(국회 출석 및 의견진술) ① 제20조에 따라 항고한 사건에 대하여 다시 불기소처분이 이루어져 법제사법위원회 의결로 특별감찰관의 출석을 요구하는 경우 특별감찰관은 법제사법위원회에 출석하여 의견을 진술하여야 한다.

② 제1항에 따른 절차는 비공개로 진행한다.

제22조(감찰 착수 사실 등 누설 금지) 특별감찰관 등과 파견공무원은 감찰 착수 및 종료 사실, 감찰 내용을 공표하거나 누설하여서는 아니 된다.

제23조(감찰권한의 남용금지) ① 특별감찰관 등과 파견공무원은 법령에 위반되거나 강제처분에 의하지 아니하는 방법으로 이 법의 시행을 위하여 필요한 최소한의 범위에서 감찰을 행하여야 하며, 다른 목적 등을 위하여 감찰권을 남용하여서는 아니 된다.

② 특별감찰관 등과 파견공무원은 그 직권을 남용하여 법률에 따른 절차를 거치지 아니하고 다른 기관·단체 또는 사람으로 하여금 의무 없는 일을 하게 하거나 사람의 권리 행사를 방해하여서는 아니 된다.

제24조(위임) 그 밖에 이 법률에 규정되지 아니한 특별감찰관의 조직, 운영, 감찰방법 및 절차 등 이 법 시행에 필요한 사항은 대통령령으로 정한다.

제4장 벌칙

제25조(벌칙) ① 위계 또는 위력으로써 특별감찰관 등 또는 파견공무원의 직무수행을 방해한 사람은 5년 이하의 징역에 처한다.

② 제22조를 위반한 사람은 5년 이하의 징역 또는 5년 이하의 자격정지에 처한다.

③ 제23조를 위반하여 법령에 위반되거나 강제처분에 의하는 방법으로 감찰을 행

하거나 다른 기관·단체 또는 사람으로 하여금 의무 없는 일을 하게 하거나 사람의 권리 행사를 방해한 사람은 5년 이하의 징역과 5년 이하의 자격정지에 처한다.

부칙 〈제12422호, 2014.3.18.〉

제1조(시행일) 이 법은 공포 후 3개월이 경과한 날부터 시행한다.

제2조(다른 법률의 개정) ① 국회법 일부를 다음과 같이 개정한다.

제65조의2제2항제1호 중 "합동참모의장 또는 한국은행 총재"를 "합동참모의장·한국은행 총재 또는 특별감찰관"으로 한다.

② 인사청문회법 일부를 다음과 같이 개정한다.

제6조제3항 중 "합동참모의장 또는 한국은행 총재"를 "합동참모의장·한국은행 총재 또는 특별감찰관"으로 한다.

참고문헌

I. 국문문헌

1. 단행본

강봉균, 『열린세상 유연한경제』, 한국개발연구원, 2001.

강창희, 『열정의 시대』, 중앙북스, 2009.

고기석, 김부겸, 『캠페인 전쟁 2012』, 폴리테이아, 2011.

고승덕, 『고승덕의 ABCD 성공법』, 개미들출판사, 2011.

고하승, 『박근혜 조용한 혁명』, 프런티어, 2012.

_____, 『왜 박근혜인가』, 시민일보, 2008.

곽병선, 『교육과정 및 교수학습 이론과 실제』, 학지사, 2009.

_____, 『디지털시대와 인간 존엄성』, 나남, 2001.

_____, 『한국교육의 쟁점과 전망』, 한국학중앙연구원, 1992.

구광모, 『대통령론 : 지도자의 개성과 유형』, 고려원, 1984.

구본학 외, 『세계외교정책론』, 을유문화사, 1995.

국회사무처, 『의정자료집』, 국회사무처, 2002.

권영세, 『통일독일 동구제국 몰수재산 처리 개관』, 1994.

권용립, 『미국 대외정책사』, 민음사, 1997.

김광웅, 『발전행정론』, 박영사, 1980.

김비환, 『포스트모던 시대의 정치와 문화』, 박영사, 2005.

김석준, 『현대 대통령 연구1』, 대영문화사, 2002.

김성주, 『나는 한국의 아름다운 왕따이고 싶다』, 랜덤하우스코리아, 2000.

김영선, 『위기의 중심에서 바라본 금융산업의 미래』, 에프케이아이미디어, 2011.

_____, 『첨단 한국으로 가는 행진곡』, 이진출판사, 2005.

김용호, 『21세기 새로운 의회정치의 모색 : 분점정부 운영방안』, 박영사, 2002.

_____, 『한국 정당정치의 이해』, 나남출판, 2003.

김인수, 『새시대정신과 대통령 리더십』, 신원문화사, 2005.

_____, 『시대정신과 대통령 리더십』, 신원문화사, 2003.

김정길, 『대통령의 정책관리 스타일』, 조선일보사, 1992.

김종인, 『지금 왜 경제민주화인가(한국 경제의 미래를 위하여)』, 동화출판사, 2011.

김진웅, 『냉전의 역사』, 비봉출판사, 1999.

김철수, 『현대헌법론1』, 박영사, 1977.

김충남, 『성공한 대통령 실패한 대통령』, 전원, 2002.

김형오, 『길 위에서 띄운 희망편지』, 생각의나무, 2009.

_____, 『사랑할 수 밖에 없는 이 아름다운 나라』, 생각의나무, 2010.

_____, 『술탄과 황제』, 21세기북스, 2012.

김호진, 『한국의 대통령과 리더십』, 청림출판, 2006.

_____, 『한국의 도전과 선택』, 나남출판사, 1997.

_____, 『한국정치체제론』, 박영사, 1997.

대통령 총무비서실, 『대통령비서실편람』, 1997.

맹형규, 『도시 비타민 M』, 나무와숲, 2006.

목영준, 『상사중재법』, 박영사, 2011.

미국정치연구회 편, 『부시 재집권과 미국의 분열: 2004년 미국대통령선거』, 오름, 2005.

박근혜, 『결국 한 줌 결국 한 점』, 부산일보출판국, 1998.

_____, 『나의 어머니 육영수』, 사람과사람, 2000.

_____, 『절망은 나를 단련시키고 희망은 나를 움직인다』, 위즈덤하우스, 2007.

박동서·함성득·정광호, 『장관론』, 나남출판, 2003.

박병석, 『이 기사를 조간에 꼭 실어야겠는데요』, 지원미디어, 1999.

박선규, 『미국 왜 강한가 내가 본 미국인, 미국 의회』, 미다스북스, 2003.

_____, 『박선규 대변인 희망과 맞팔하다』, 미다스북스, 2012.

_____, 『선생님 당신이 희망입니다』, 미다스북스, 2009.

박세일 외, 『대통령의 성공조건』, 나남출판, 2002.

박영선, 『자신만의 역사를 만들어라』, 마음의숲, 2012.

박종준, 『박종준이 열어가는 도전의 길, 섬김의 꿈』, 2012.

박준영, 『평화의 길』, 에쎈에스, 2003.

박중훈, 『대통령비서실의 조직과 기능』, 한국행정연구원, 1999.

박찬욱 외 2인, 『미래 한국의 정치적 리더십』, 미래인력연구센터, 1997.

박찬표, 『한국의회정치와 민주주의(비교의회론의 시각)』, 오름, 2002.

박치정, 『현대정치학』, 삼경사, 1995.

박효종, 『국가와 권위』, 서울대학교출판문화원, 2005.

_____, 『아들에게 건네주는 인생의 나침반』, 아라그네, 2003.

_____, 『한국 민주정치와 삼권분립』, 자유기업센터, 1998

서승환, 『미시경제학』, 홍문사, 2011.

서청원, 『카리스마의 시대는 끝났다』, 답게, 1998.

_____, 『쿼바디스 코리아』, 답게, 2002.

서현진·손병권·신유섭·이현우·임성호·정진민, 『미국 의회선거의 변화와 지속성: 2002년 중간선거 분석』, 오름, 2002.

손병권, 『미국 정치의 분열과 통합(엘리트·유권자·이슈·양극화와 정치과정)』, 오름, 2003.

_____, 『부시 재집권과 미국의 분열: 2004 미국 대통령선거』, 오름, 2005.

_____, 『한국의 의회정치와 민주주의(비교의회론의 시각)』, 오름, 2002.

송의달, 『세계를 움직이는 미국 의회』, 서울, 2000.

심지연 외, 『현대 정당정치의 이해』, 백산서당, 2004.

심지연, 『한국정치제도의 진화경로』, 백산서당, 2006.

_____, 『한국현대정당론』, 창비, 1984.

안병만, 『한국정부론』, 다산출판사, 1999.

안병진, 『마이크로소프틱스』, 동방미디어, 2001.

안철수, 『안철수의 생각』, 김영사, 2012.

안해균, 『한국행정체제론』, 서울대출판부, 1988.

양동안, 『국가상황과 리더십』, 서울대출판부, 1994.

양성철, 『한국정부론』, 박영사, 1994.

오성삼, 『그치지 않는 비는 없다』, 두레, 2009.

_____, 『메타분석의 이론과 실제』, 건국대학교출판부, 2002.

오성삼·권순달, 『핵심 교육평가』, 쿠북, 2010.

옥동석 외, 『한국의 공공부문 현황과 과제』, 한국경제연구원, 2007.

옥동석·백웅기·김필헌·이종욱, 『지속성장을 위한 정부 역할의 재조명』, 한국경제연구원, 2010.

우윤근, 『한국정치와 새로운 헌법질서』, 리북, 2009.

유기현, 『조직행동론』, 무역경영사, 2001.

유민봉, 『인사행정론』, 박영사, 2012.

_____, 『한국 행정학』, 박영사, 2012.

유승민 외, 『한국 기업의 운명을 바꿀 21세기 미래경영』, 김영사, 2000.

유승민, 『과연 위기의 주범인가』, 비봉출판사, 2000.

유일호·안종범·박기백·손원익, 『건강한 복지를 꿈꾼다』, 열린아트, 2012.

유호열, 『북한의 사회주의 건설과 좌절』, 생각의 나무, 2004.

윤상현, 『국민은 나를 움직인다』, 도서출판이부키, 2012.

_____, 『윤상현의 세상읽기』, 길컴, 2007.

윤재옥, 『첫 번째 펭귄은 어디로 갔을까』, 큰곰, 2011.

윤창중, 『국민이 정치를 망친다』, 해맞이미디어, 2012.

_____, 『만취한 권력』, 해맞이, 2007.

_____, 『윤창중의 촌철』, 해맞이, 2009.

_____, 『정치 통탄한다』, 해맞이, 2010.

_____, 『청와대 뒷산에 다시올라가라』, 해맞이, 2008.

윤홍희, 『현대 미국대통령선거론 수정증보판』, 청림, 2005.

_____, 『현대 미국정치론』, 청림, 2006.

이건희, 『생각 좀 하며 세상을 보자』, 동아일보사, 1997.

이남영, 『21세기의 새로운 정치지도자상』, 한국정치학회 한국정치포럼, 1996.

_____, 『전두환, 노태우 정권의 성격과 리더십』, 한국정신문화연구원, 1995.

_____, 『전환시대의 행정가 : 한국형 지도자론』, 나남출판, 1997.

이삼성, 『세계와 미국: 20세기의 반성과 21세기의 전망』, 한길사, 2001.

_____, 『현대 미국외교와 국제정치』, 한길사, 1993.

이상돈, 『대통령제』, 대학출판사, 1989.

이송호, 『대통령과 보좌관』, 박영사, 2002.

이승종, 『정부의 국제지원사업의 운영개선 방향에 관한 연구』, 한국행정연구원, 2003.

_____, 『지방자치론』, 박영사, 2005.

이승종·강명구·강철구·금재덕·김익식, 『지방정부의 역량과 정책혁신이론과 실제』, 박영사, 2003.

이완구, 『약속을 지키는 사람』, 조선앤북, 2011.

이우영, 『미국 연방민사절차 (I)』, 경인문화사, 2007.

_____, 『해외법률문헌조사방법』, 서울대학교출판원, 2005.

이인제, 『출발선에 다시 서서』, 따뜻한손, 2003.

_____, 『한라에서 백두를 보네』, 시사미디어, 2007.

이재술, 『최고의 정치컨설턴트가 말하는 선거전략의 법칙』, 서우, 2010.

이정현, 『진심이면 통합니다』, 크리에이티브 창인, 2011.

이종범, 『전환시대의 행정가 : 한국형 지도자론』, 나남출판, 1997.

이학재 외 공저, 『청년지도자의 현실과 꿈 "우리는 알고 싶다"』, 2012.

이학재, 『햇님은 코 자는데 아빠는 또 나가?』, 2012.

이한구, 『21세기 한국국부론』, 매일경제신문사, 1993.

_____, 『세계를 보고 뛰어라』, 동아일보사, 1994.

이해영, 『정책균형이론』, 영남대학교 출판부, 2008.

_____, 『정치지도자의 정책리더십』, 집문당, 2003.

임우순·소영일, 『경영관리론』, 박영사, 1997.

임종훈, 『한국입법과정론』, 박영사, 2012.

_____, 『한국헌법요론』, 홍익대학교 출판부, 2008.

장 훈, 『한국 정당정치 연구방법론』, 박영사, 2012.

장 훈·이숙종, 『세계화 제2막(한국형 세계화의 새 구상)』, 동아시아연구원, 2011.

전성철, 『청와대가 보인다 대통령이 보인다』, 조선일보사, 2001.

정관용·윤여준·이해찬·김종인·남재희, 『문제는 리더다』, 메디치미디어, 2010.

정만희, 『헌법과 통치구조』, 법문사, 2003.

정윤재, 『김대통령의 개혁 리더십의 정치적 성격연구, 문민정부와 정치개혁』, 한국정
    치학회 편, 1993.

정정길, 『대통령의 경제리더십』한국경제신문사, 1994.

정진민, 『후기 산업사회 정당정치와 한국의 정당발전』, 한울아카데미, 1998.

제18대 대통령선거 새누리당 정책공약, 『세상을 바꾸는 약속 책임 있는 변화』, 2012,
    2018면.

조윤선, 『문화가 답이다』, 미호, 2011.

_____, 『미술관에서 오페라를 만나다』, 시공사, 2007.

조지형, 『헌법에 비친 역사』, 도서출판 푸른역사, 1999.

진 념, 『경제 살리기 나라 살리기』, 에디터, 2002.

최 명·백창재, 『현대 미국정치의 이해』, 서울대학교출판부, 2000.

최 진, 『대통령 리더십 총론』, 법문사, 2008.

최경환, 『NATO정권 내버려진 경제』, 20

최영보 외 공저. 『미국현대외교사』, 비봉출판사, 1998.

최외출, 『세계의 지역개발』, 영남대학교 출판부, 1995.

최장집, 『시민사회의 도전 : 한국의 민주화와 국가자본 노동』, 나남출판, 1993.

_____, 『유럽민주주의와 노동정치』, 법문사, 1997.

_____, 『한국 민주주의의 조건과 전망』, 나남출판, 1996.

최장집·임현진 공편, 『한국사회와 민주주의: 한국 민주화 10년의 평가와 반성』, 나
    남출판, 1997.

최진욱, 『통일한국의 권력구조』, 민족통일연구원, 1994.

최평길, 『대통령학』, 박영사, 2002.

추미애, 『중산층 빅뱅』, 플래닛, 2011.

_____, 『한국의 내일을 말하다』, 매일경제신문사, 2008.

한광옥, 『곧은 길에 미래가 있다』, 중앙 M&B, 2002.

한광옥, 『선택(포용과 결단의 리더십)』, 우진애드, 2010.

한승조, 『리더십이론과 한국정치』, 민족지성사, 1988.

_____, 『한국의 정치지도자들』, 대정진, 1992.

_____, 『한국정치의 지도이념』, 서향각, 1977.

한승주 편, 『리더십과 한국정치』, 서울대출판부, 1994.

한태연, 『헌법과 정치체제』, 법문사, 1987.

함성득, 『대통령학』, 나남출판, 2003.

홍문종, 『조선에서 일본 식민지 교육정책(1910-1945)』, 학지사, 2003.

_____, 『투명거울』, 기역, 2011.

_____, 『한국 다문화사회의 쟁점과 진단』, 역락, 2011.

홍사덕, 『나의 꿈 나의 도전』, 삼여재, 2003.

_____, 『지금 잠이 옵니까?』, 베스트셀러, 1996.

황우여, 『지혜의 일곱 기둥』, 한국기독교정치연구소, 2005.

EU연구센터, 유럽민주주의와 노동정치, 법문사, 1997.

2. 논문

강명세, "미 중간선거와 부시 행정부의 국내정책", 『정세와 정책』(12월호), 2006.

강문구, "한국의 민주적 공고화와 개혁의 한계", 『21세기 정치학회보』(12권), 2002.

강병익, "김영삼, 김대중 그리고 노무현의 리더십", 미래공방, 2008.

강승식, "국가적 안정성 관점에서 바라본 대통령제", 『중앙법학』(제6집 제3호), 중앙
    법학회, 2004.

_____, "대통령제에 관한 연구", 『법과 정책연구』(제4집 제1호), 한국법정책학회,
    2004.

_____, "대통령제를 위한 변론", 『세계헌법연구』(제11권 제1호), 2005.

강원택, "김영삼 정부시기의 정당정치와 개혁의 한계: 집권연합내의 변화를 중심으
    로", 『국가전략』(제8권), 1998.

_____, "방향 감각의 상실과 표류", 『황해문화』, 2008.

구세진, "한국 대통령의 대중호소 전략: 제왕적 대통령제의 쇠퇴와 대중적 리더십의
    부상에 관한 제도적 접근" 서울대학교 대학원 논문, 2006.

권영성, "새 정부하의 국회와 행정부 간의 관계모색 : 권력분립의 원리의 구현을 위
    한 제언", 『국회보』, 2002.

김종철, "정치의 사법화'와 의의와 한계", 『공법연구』(제33집 제3호), 2005.

김주리·남궁곤, "미국 중동정책에서 의회의 역할: 중동평화촉진법(1993) 제정과정
    을 중심으로", 『한국정치외교사논총』(제29권 제2호), 2008.

김남균, "미국 대통령 선거제도와 선거문화: 1948년과 2004년 대통령 선거 비교", 『미
    국사연구』(제22집), 2005.

김병문, "김영삼 대통령의 개혁리더십에 관한 고찰", 2001년도 한국정치학회 하계학
    술회의, 2001년.

_____, "개혁의 성패요인 분석-김영삼 대통령 리더십을 중심으로-", 『한국행정논
    집』(제17권 제4호), 2005.

김봉중, "탈냉전, 세계화, 그리고 미국의 외교", 『미국사연구』(제23집), 2008.

김비환, "김대중 정권 과연 좌파인가?", 『개혁시대』(제1권 제4호), 2002.

_____, "한국 민주주의의 진로와 자유주의", 『한국의 전망』(제1호, 봄), 2006.

김용철, 박정희의 정치적 리더쉽, 『한국정치과정론』, 윤형섭·신명순 외, 서울, 법문사, 1988.

김용호, "새 대통령, 새 국회 정당개혁의 방향", 『국회보』(1월호)2003.

김일영, "한국에서 국무총리의 제도적 위상과 정치적 위상간의 괴리: 역대 국무총리와 대통령, 국회, 집권당 사이의 관계를 중심으로", 『한국정치외교사논총』(제24집 제3호), 2006.

김일영, "한국에서 보수와 진보의 의미 변화와 현상: '뉴라이트', '뉴레프트' 그리고 자유주의", 『철학연구』(제100집), 2006.

_____, "한국 대통령제의 성공과 헌법의 권력구조 조항 수정", 『세계헌법연구』(제14권 제1호), 2008.

김정배, "부시 행정부의 대외정책: 지구 위에 '언덕 위의 도시' 건설", 『미국사연구』(제18집), 2003.

김종림, "대통령의 정치역할론", 한국행정학회 춘계학술 심포지움, 1992. 4. 16.

김종환, "의회중심에서 대통령중심으로 미국정치제도의 변천", 세종연구소, 1999.

김충남, "예비선거를 통해 본 미국 대통령선거 전망", 외교안보연구원, 1996.

김 혁, "대통령의 리더십과 비서실 조직구조에 관한 연구", 『한국행정학보』(제35권 제3호), 2001.

_____, "대외 정책에서의 대통령 정책의제설정에 대한 연구: 연두교서에서 표출된 미 대통령의 대외정책 의제설정 양태를 중심으로", 『세계지역연구논총』(제25권 제1호), 2008.

김호균, "장관의 역할에 관한 연구: 전두환-김대중 정부를 중심으로", 서울대학교 박사학위논문, 2001.

남궁곤, "신보수주의 연속성 관점에서 본 부시 재집권", 미국정치연구회 편, 『부시 재집권과 미국의 분열: 2004년 미국대통령선거』, 오름, 2005.

마인섭, "왜 민주화 이후 한국 민주주의는 위기에 처하게 되었나? :민주화 이후의 민주주의 : 한국 민주주의의 보수적 기원과 위기", 최장집 著 <書評> 評『한국정치학회보』(제36집 제4호), 2002.

_____, "국회의원 선거와 후보선출제도 개혁방안", 『한국정당학회보』(제3권 제1호), 2004.

박경효, "김영삼 정부의 장·차관(급) 충원정책", 『한국행정학보』(제29권 제2호), 1995.

박대식, "정부조직개편에 대한 제도-선택적 분석", 『한국행정학보』(제35권 제3호), 2001.

박대식, "제도적 대통령에 관한 비교분석: 미국과 한국을 중심으로", 『한국행정학보』 (제41권 제4호), 2007.

박명림, "헌법, 헌법주의, 그리고 한국 민주주의", 『한국정치학회보』, 2005.

_____, "헌법개혁, 민주주의, 그리고 한국 국가관리의 비전", 연세대학교 국가관리연구원 춘계학술회의, 2008.

박병석, "통일한국의 정당체제와 선거제도", "통일한국의 새로운 이념과 질서의 모색", 『한국정치학회』, 1993.

_____, "권력분산의 민주주의−협의제 민주주의의 한국적 수용에 관한 연구", 『성균관대 사회과학』 (제37권 제1호), 1998.

박인숙, "미국역사가들과 '아이젠하워 수정주의(Eisenhower Revisionism)'", 『대구사학』 (제77집), 2004.

박일경, "대통령제국가의 국가원수", 『한태연박사회갑기념논문집』, 1999.

박종민, "한국에서의 장관선택의 기초: 변화와 연속성", 『행정과 정책』, 1996.

_____, "행정부의 입법부 지배: 변화와 지속", 『의정연구』 (제4권 제2호), 1998.

박종민·배병룡·유재원·최승범·최흥석, "한국 지방정치의 특징", 『한국행정학보』 (33권 제2호), 1999.

박찬욱, "미국과 영국의회의 정책집행 감독 활동", 『한국정치학회보』 (제29권 제3호), 1995.

_____, "한국 통치구조의 변경에 관한 논의: 대통령제의 정상적 작동을 위하여", 『한국정치연구』 (제13집 1호), 2004.

박찬욱·원시연, "한국행정 60년: 입법부−행정부 관계", 『국회입법조사처』 (국회보통권 제498호), 2008.

박천오, "기존 장관임면 관행의 정책 행정상 폐단과 시정방안", 『한국행정학보』 (제29권 제4호), 1995.

배정훈, "대통령비서실 개편과 구성에 관한 연구", 중앙대학교 박사학위논문, 1999.

백종국, "김영삼 개혁 연합의 선택", 『사회비평』 (제14권), 1996.

서기준, "한국의 정치권력구조 개편에 관한 재고찰", 『한국정치학회보』, 30(2), 1996.

서현진, "클린턴 대통령의 개인적 자질에 대한 평가가 2000년 대선에서 후보자 선택에 미친 영향", 『미국학논집』 (제39권제2호), 2007.

선학태, "세계화와 한국정치개혁의 제도화", 『한국정치학회보』, 30(2), 1996.

손병권, "부시(George W. Bush) 대통령의 정당편향적 의회전략: 유권자 성향과 개인적 리더쉽 스타일을 중심으로", 경남대학교 극동문제연구소, 『한국과 국제정치』, 23권, 1호, 2007.

손호철, "문민정부와 정치개혁", 손호철, 『해방 50년의 한국정치』, 샛길, 1995.

신유섭, "양대 정당의 선거공약과 국내정책 비교", 미국정치연구회 편, 『부시 재집권

과 미국의 분열: 2004년 미국대통령선거』, 오름, 2005.

안병만, "역대 통치자의 자질과 정책성향 연구", 『한국 행정학회 춘계학술 심포지엄』, 1992.

_____, "역대 통치자의 리더십 연구", 한국 행정학회세미나, 1998.

안병진, 2006, "보수적 포퓰리즘의 부분적 성공과 자유주의의 새로운 민주주의 모델 정립의 실패", 『노무현 정부의 국가관리 중간평가와 전망』, 연세대학교 국가관리연구원.

안청시, "한국정치문화의 특성과 변화", 『한국정치문화』(서울대학교 한국정치 연구소), 1991.

안병영, "노태우 대통령 지도력의 세가지 특징", 『신동아』, 1991. 4.

안병진, "미국 2004년 대선을 둘러싼 5가지 쟁점에 대한 단상", 『진보평론』(제22호), 2004.

_____, "미국 일방주의 Go? Stop?", 『주간동아』(제460호) 2004. 11. 18.

_____, "민주당의 특성과 전망", 미국정치연구회 편, 『부시 재집권과 미국의 분열: 2004년 미국대통령선거』, 오름, 2005.

_____, "보수적 포퓰리즘의 부분적 성공과 자유주의의 새로운 민주주의 모델 정립의 실패", 『노무현 정부의 국가관리 중간평가와 전망』, 연세대학교 국가관리연구원, 2006.

안순철·가상준, "조지 W. 부시 대통령의 지지율을 통해 본 미국정치의 양극화", 『세계지역연구논총』(제24권 제3호), 2006.

양 건, "정부형태론－대통령제냐 의원내각제냐", 『헌법연구』, 법문사, 1995.

양승태, "똘레랑스, 차이성과 정체성, 민족 정체성, 그리고 21세기 한국의 민족주의", 『정치사상연구』(제13집 제1호), 2007.

_____, "대통령이란 무엇인가? 한 공직의 실체에 대한 새로운 접근을 위한 시론", 『한국정치학회보』(제42집 제1호), 2008.

양재진, "대통령제, 이원적 정통성, 그리고 행정부의 입법부 통제와 지배: 한국행정 국가화 현상에 대한 함의를 중심으로", 『한국행정연구』(제11권 제1호), 2000.

오승용, "한국 분점정부의 대통령－의회관계 연구－입법과정을 중심으로－", 전남대학교 정치학박사학위논문, 2003.

윤영오, "국회개혁에 관한 연구", 『한국정치학회보』(제29권 제4호), 1995.

윤영찬, "이상주의와 현실정치", 『신동아』(9월호), 1996.

이강노, "대통령제와 제14대 대통령 선거의 전망 : 대통령의 지도력과 정책결정요인의 비교: 박정희·전두환·노태우 대통령과 비서실", 『한국정치학회 선거와 한국정치』, 1992.

이강혁, "미합중국대통령의 지위와 권한", 『미국헌법연구』(제8호), 1997.

이명남, "한국에서 대통령제의 적실성", 『한국정치학회보』, 1997.

이선우·박중훈, "장관의 역할과 직위수행에 관한 연구", 한국행정학회 하계학술대회 발표논문, 2000.

이시원, "우리나라 역대정부의 장관임용 실태분석", 한국행정학회 하계기획세미나 발표논문, 2002.

이종범, "김영삼 대통령의 리더십 특성과 국정관리 유형 : 문민정부 1년의 정책평가", 『한국행정학보』, 1995.

이종선, "미국대통령제의 한국헌법에의 수용", 『미국헌법연구』(제2호), 1991.

이헌환, "미국대통령의 권한과 그 한계", 『세계헌법연구』(제9권), 2004.

이현우, "미국선거의 이해", 서현진·손병권·신유섭·이현우·임성호·정진민, 『미국 의회선거의 변화와 지속: 2002년 중간선거 분석』, 오름, 2002.

임성호, "민주주의와 관료제: 관료제의 비대화 및 병폐의 정치적 원인", 『한국과 국제정치』(제14권 제2호), 1998.

_____, "국회 활성화와 정치개혁: 상호모순의 패러독스와 개혁과정의 중요성." 『평화논총』(3권 제1호), 1999.

_____, "'이익집성적' 권력모델의 한계와 '이익통합적' 모델의 모색", 『한국정치연구』(제4집), 1999.

_____, "의회와 거버넌스: 거버넌스의 저해 및 촉진 기제로서의 의회", 거버넌스연구회, 『거버넌스의 정치학』, 법문사, 2002.

_____, "원내정당화와 정치개혁" 한국의회발전연구회 제44차 의정연구논단, 2003.

_____, "부시의 전략적 극단주의: 정당양극화, 선거전략 수렴의 부재", 미국정치연구회 편, 『부시 재집권과 미국의 분열: 2004년 미국대통령선거』, 오름, 2005.

임혁백, "지연되고 있는 민주주의의 공고화", 최장집·임현진 공편, 『한국사회와 민주주의: 한국 민주화 10년의 평가와 반성』, 나남출판, 1997.

장석권, "미국 의회의 국가에 있어서의 대통령제와 그 문제점, 현대 행정과 공법이론", 『서원우교수 화갑기념논문집』, 1991.

_____, "한국의 대통령제와 그 문제점에 관한 소고", 『서주실화갑기념논문집』, 1992.

_____, "현행헌법상 의원내각제적 요소에 대한 비판적 고찰", "현대법의 이론과 실제", 『금랑김철수교수화갑기념논문집』, 1993.

_____, "정부형태와 정당기능의 상이에 관한 연구", 『공법연구』(24권 제4호), 1996.

_____, "미국정당제도의 특수성", 『미국헌법연구』(8호), 1997.

장선희 외, "행정부와 의회간 재정권한의 배분에 관한 외국 입법례 연구", 한국법제연구원, 2006.

장용근, "바람직한 정부형태개정방향에 대한 연구", 『세계헌법연구』(제14권 제1호), 2008.

정만희, "미국헌법상 권력분립의 원리", 『미국헌법연구』(제4호), 1993.

정민의, "미국헌법의 현실과 통치구조의 분석, 『미국헌법연구』(제8호), 1997.

정성화, "미국의 대소 핵정책: 트루먼, 아이젠하워 시대" 『미국사연구』(제9집), 1995. 5.

정윤재, "노태우 대통령의 정치적 리더십에 관한 연구", 한국정치학회 편, 『선거와 한국정치』, 2002.

_____, "김대통령의 개혁 리더십의 정치적 성격연구", 월간 『사회평론 길』(제93권 12호), 1993.

정진민, "정당개혁의 방향: 정당구조의 변화를 중심으로", 한국정당학회, 2003.

_____, "생산적 국회운영을 위한 대통령−국회 관계와 정당", 『한국정당학회보』(제7권 제1호), 2008.

정창화, "한국 대통령비서실과 독일 연방수상실의 조직 및 기능에 관한 비교분석", 『한국사회와 행정연구』(제14권 제3호), 2003.

조현연·조희연, "한국 민주주의의 이행", 조희연 편, 『한국 민주주의와 사회운동의 동학』, 나눔의 집, 2001.

지영환, "대통령의 Leadership과 대(對) 의회관계에 관한 연구−민주화 이후를 중심으로−" 고려대학교 대학원 석사학위논문, 2004.

주성수, "한국시민사회의 특성: 서비스, 사회자본, 권익주창," 주성수 편, 『한국시민사회지표: CIVICUS 국제공동연구 한국보고서』, 아르케, 2006.

차상철. "아이젠하워, 이승만, 그리고 1950년대의 한미관계", 『미국사연구』(제13집), 2001. 5.

최대권, "헌법개정논의−정부형태를 중심으로", 『공법연구』(제26권 제3호), 1998.

최장집, "김영삼 정부 초기 개혁과 한국민주주의의 성격", 『한국민주주의의 조건과 전망』, 나남출판, 1996.

_____, "한국 민주주의 공고화와 새로운 지도자상", 『한국정치학회』(1997년도 충청지회 학술회의), 1997.

최평길·박석희, "대통령 비서실의 조직, 정책, 관리기능 비교연구", 『한국행정학보』(제28권 제4호), 1994.

함성득, "대통령학의 이론적 고찰과 우리의 연구과제", 『한국행정학보』(제31권 제1호), 1997.

_____, "대통령학의 이론적 고찰과 우리의 연구과제", 『한국행정학보』(제31권 1호), 1998.

_____, "의회, 정당, 대통령의 새로운 관계", 『의정연구』(제4권 제1호), 1998.

_____, "노무현 대통령의 집권 전반기 리더십 평가", 『서울대 행정논총』(제43권, 2호), 2005.

함성득·김동욱, "생산성을 기준으로 인식한 국회의 현실", 『의정연구』, 2000.

홍성욱, "의원내각제의 기본 이론에 관한 비판적 연구", 한국외국어대학교 석사학위
논문, 1990.

II. 외국문헌

1. 단행본

Agranoff, Robert. ed. The New Style in Election. Boston: Holbrook Press, 1972.

Agresto, John. 1984. The Supreme Court and Constitutional Democracy. Ithaca: Cornell Univ. Press.

Bacevich, Andrew J. 2002. American Empire. Cambridge: Harvard University Press.

Bailey, Thomas A. 1966. Presidential Greatness: The Image and the Man from George Washington to the Present. New York: Appleton-Century.

Barnard, Chester Irving. 1971. The Functions of the Executive. Cambridge: Harvard University Press.

Bender, Thomas. 2002. Rethinking American History in a Global Age. Berkeley: University of California Press.

Brands, H. W. 1993. The Devil We Knew: Americans and the Cold War. New York: Oxford University Press.

Burke, John p.2000. The Institutional Presidency: Organizing and Managing the White House from FDR to Clinton. Baltimore: The Johns Hopkins University Press.

Burns, James M. 1956. Roosevelt: The Lion and Fox. New York: Harcourt, Brace.

Burns, James M. 1973. Presidential Government: The Crucible Of Leadership. Cambridge, England: Houghton Mifflin.

Burns, James M. 1979. Leadership.New York: Harper & Row Publishers.

Burns, James M. 1984. The Power to Lead: The Crisis of The American Presidency. New York: Simon and Schuster.

Bush, George W. & Mike Gerson. 2001. Our Mission and Our Moment: President George W. Bush's Address to The Nation Before a Joint Session of Congress, September 20, 2001. New York: Newmarket Press.

Caldicott, Helen. 2004. The New Nuclear Danger: George W. Bush's Military-Industrial Complex. New York: The New Press.

Campbell, Colin. 1986. Managing the Presidency: Carter, Reagan, and the Search for Executive Harmony. Pittsburgh, Pennsylvania: The University of Pittsburgh Press.

Campbell, Colin, and Bert A. Rockman. 1991. The Bush Presidency: First Appraisals.

New York: Chatham House.

Campbell, Colin, Bert A. Rockman and Andrew Rudaleviege. eds. 2008. The George W. Bush Legacy. Washington D. C.: CQ Press.

Chernow, Ron. 2004. Alexander Hamilton. New York: The Penguin Press.

Clinton, Bill. 2004. My Life: the Presidential Years. New York: Vintage Books.

Cohen, Jeffrey E. 2001. "The Polls: Change and Stability in Public Assessments of Personal Traits, Bill Clinton, 1993−1999." Presidential Studies Quarterly 31. December.

Collins, Jim. Good to Great: Why Some Companies Make the Leap and Others Don't. Colorado: Collins, 2001.

Cook, Rhodes. 2000. Race for the Presidency: Winning the 2000 Nomination. Washington, D.C.: Congressional Quarterly Press.

Corvey, Stephen R. The 7 Habits of Highly Effective People. New York: Free Press, 1994.

Crossman, R.H.S., The Myths of Cabinet Government. Harvard University Press, 1972.

Democratic Platform Committee. 2004 Democratic Party Platform: Strong At Home, Respected in the World. Boston.

Diamond, Jared M. 1997. Guns, Germs, and Steel: The Fates of Human Societies. New York: W. W. Norton.

Dyer, Gwynne. 2004. Future: Tense: The Coming World Order. Toronto: McClelland & Stewart Ltd.

Edwards III, George C. and Stephen J. Wayne. 2003. Presidential Leadership: Politics and Policy Making. Belmont, C.A.: Wadsworth/Thompson.

Ehrman, John. 1995. The Rise of Neoconservatism: Intellectuals and Foreign Affairs, 1945−1994. New Haven: Yale University Press.

Evans, Peter. 1995. Embedded Autonomy: States & Industrial Transformation. Princeton: Princeton University Press.

Fiedler, Fred E. 1969. A Theory of Leadership Effectiveness. McGraw−Hill Com.

Fiorina, Morris. 1995. Divided Government. 2nd ed. Wesley Pub. Co.

Freud, S. 1998. The Ego and the Mechanism of Defence. New York: International Univ. Press.

Gardner, John W. 1990. On Leadership.New York: Free Press.

Gellert, Michael. 2001. The Fate of America: An Inquiry into National Character. Washington, D.C.: Brassey's.

Gerson, Mark. 1997. The Neoconservative Vision: From the Cold War to the Culture

Wars. Lanham: Madison Books.

Ghiselli, E. E. 1971. Explorations in Management Talent. Santa Monica, Cal.: Goodyear.

Greenstein, Fred I. ed. 2003. The George W. Bush Presidency: An Early Assessment. Baltimore: Johns Hopkins University Press.

Greider, William. 1997. One World, Ready or Not: The Manic Logic of Capitalism. New York: Simon & Schuster.

Hahm, Sung Deuk and Chris Plein. 1997. After Development: The Transformation of the Korean Presidency and Bureaucracy. Washington, DC: Georgetown University Press.

Halper, Stefan and Simon, Jonathan Clarke. 2004. America Alone: The Neo−Conservatives and the Global Order. Cambridge: Cambridge University Press.

Hardin, Charles M. 1974. Presidential Power and Accountability: Toward a New Constitution. University of Chicago Press.

Hardin, Charles M. 1989. Constitutional Reform in America. Iowa State University Press.

Hart, John. ed. 1987. The Presidential Branch. New York: Pergamon Press.

Hazlitt, Henry. 1974. A New Constitution Now. Arlington House.

Herring, Pendleton. 1940. Presidential Leadership: The Political Relations of Congress and the Chief Executive. New York: Farrar and Rinehart.

Hersey, p.& K. H Blanchard. 1993. Management of Organizational Behavior: Utilizing Human Resources. 6th ed. Englewood Cliffs: Prenticehall.

Hollander, E. p.1964. Leaders, Groups, and Influence. New York.

Hyland, William G. 1999. Clinton's World: Remaking American Foreign Policy. New York: Praeger.

Jamieson, Kathleen Hall. 1996. Packaging the Presidency. New York: Oxford University Press.

Janowitz, Morris, 1964. The Military in The Political Development of New State: An Essay in Comparative Analysis. Chicago & London: The University of Chicago Press.

Johnson, Richard Tanner. 1974. Managing the White House: An Intimate Study of the Presidency. New York: Harper & Row, Publishers.

Jung, Carl. 1979. Psychological Types. London and Herley: Routledge & Kegan Paul.

Karoubi, Mohammad Taghi. 2004. Just or Unjust War? Tehran Universities, Iran: Ashgate Publishing Ltd.

Kellerman, Barbara. ed. 1996. Political Leadership: A Source Book. Pitsburg: University of Pittsburgh Press.

Kim, Young Rae, Hochul Lee & In-Sub Mah. 2002. Redefining Korean Politics: Lost Paradigm and New Vision. Seoul: Oreum.

Kissinger, Henry. 2001. Does America Need Foreign Policy? New York: Simon and Schuster.

Knott, Jack H. and Miller, Gary J. 1987. Reforming Bureaucracy: The Politics of Institutional Choice. Englewood Cliffs, N.J.: Prentice-Hall, Inc.

Koontz, H. & C. O'Donnell. 1980. Management. 7th eds. New York: McGraw-Hill.

Kristol, Irving. 1995. Neoconservativism: The Autobiography of an Idea. Chicago. Elephant Paperbacks.

Landy, Marc and Sidney M. Milkis. 2000. Presidential Greatness. Kansas: University Press of Kansas.

Lane, Jan-Erik. 1996. Constitutions and Political Theory. Manchester: Manchester Univ. Press.

Laski, Harold, J. 1940. The American Presidency: An Interpretation. New York: Harper & Brothers.

Light, Paul C. 1982. The Presidents Agenda. Baltimore: The Johns Hopkins University Press.

Linz, Juan J. & Alfred Stepan. 1978. The Breakdown of Democratic Regimes. Baltimore: Hopkins University Press.

Lipset, Seymour M. 1960. Political Man: The Social Bases of Politics. Garden City, New York: Doubleday.

Löwenstein, Karl. 1965. Political Power and the Governmental Process. Chicago University of Chicago Press.

Macedo, Stephen. 1999. Deliberative Politics. Oxford: Oxford University Press.

Mann, Thomas E. and Norman J. Ornstein. 2006. The Broken Branch: How Congress Is Failing America and How to Get It Back on Track. New York: Oxford University Press.

Mansfield, Jr. Harvey C. 1989. Taming the Prince: The Ambivalence of Modern Executive Power. New York: Free Press.

Mayhew, David R. 1992. Divided We Govern: Party, Control, Lawmaking, and Investigations, 1946~1990. Yale University Press.

Maxwell, John. 1998. The 21 Irrefutable Laws of Leadership.Tennessee: Thomas Nelson.

McDonald, Forrest 1994. The American Presidency: An Intellectual History. Lawrence: Uni. Presss of Kansas.

Mclaurin, Ann M. and Williaam D. Pederson. 1987. The Rating Game in American Politics: An Interdisciplinary Approach. New York: Peter Lang.

Moe, Terry. 1990. The Politics of Structural Choice: Toward a Theory of Public Bureaucracy. Williamson, Oliver. ed. Organization Theory: From Chester Barnard to the Present and Beyond. New York: Oxford University Press.

Moe, Terry. 1990. Political Institutions: The Neglected Side of the Story. Journal of Law, Economics, and Organization, 6.

Moe, Terry. 1991. Politics and the Theory of Organization. Journal of Law, Economics, and Organization, 7.

National Commission on Terrorist Attacks Upon the United States. 2004. The 9/11 Commission Report: Final Report of the National Commission on Terrorist Attacks Upon the United States. New York: W.W. Norton, 2004.

Newhouse, John. 2003. Imperial America: The Bush Assault on the World Order. New York: Alfred A. Knopf.

O'Donnell, G. A. 1973. Modernization and Bureaucratic-Authoritarianism. Berkeley: University of California.

Paige, Glenn D. 1977. The Scientific Study of Political Leadership.New York: The Free Press.

Pious, Richard M. 1979. The American Presidency. New York: Basic Books.

Polsbly, Nelson. 1983. Consequences of Party Reform. New York: Oxford University Press.

Przeworski, Adam. 1991. Democracy and the Market: Political and Economic Reforms in Eastern Europe and Latin America. Cambridge: Cambridge University Press.

Putnam, Robert. 1993. Making Democracy Work. Princeton, NJ: Princeton University Press.

Putnam, Robert. 2000. Bowling Alone: The Collapse and Revival of American Community. New York: Simon and Schuster.

Ranney, Austin. 1984. Curing the Mischiefs of Faction: Party Reform in America. Berkeley: University of California Press.

Republican Platform Committee. 2004. Republican Party Platform: A Safer World and a More Hopeful America. New York.

Robinson, Donald. 1985. ed. Reforming American Government: The Bicentennial Papers of the Committee on the Constitutional System. Westview.

Rockman, Bert A. ed. 2000. The Clinton Legacy. New York: Chatham House.

Rubin, Irene and Irene S. Rubin. 2000. The Politics of Public Budgeting: Getting and Spending, Borrowing and Balancing. 4th ed. Seven Bridges Press, LLC.

Rubinstein, Alvin Z. et al, eds. 2000. The Clinton Foreign Policy Reader: Presidential Speeches with Commentary. Armonk, N.Y.: M.E. Sharpe.

Sartori, Giovanni. 1976. Parties and Party Systems: A Framework for Analysis. Cambridge: Cambridge University Press.

Schier, Steven E. ed. 2004. High Risk and Big Ambition: The Presidency of George W. Bush. Pittsburgh: University of Pittsburgh Press.

Schlesinger, Arthur M. Jr. The Imperial Presidency. Boston: Houghton Mifflin, 1973.

Schmitt, Carl 1985. The Crisis of Parliamentary Democracy. Ellen Kennedy trans. Cambridge: MIT Press.

Sellers, M. N. 1994. American Republicanism. New York: New York U. Press.

Skowronek, Stephen. 1993. The Politics Presidents Make: Leadership from John Adams to George Bush. Cambridge: Belknap Press.

Small, Melvin. 1996. Democracy and Diplomacy. Baltimore: Johns Hopkins University Press.

Stogdill, R. M. 1974. Handbook of Readership : A Survey of Theory And Research. New York: Free Press.

Strong, Frank R. 1997. Judicial Function in Constitutional Limitation of Governmental Power. Durham: Carolina Academic Press.

Sundquist, James L. 1992. Constitutional Reform and Effective Government rev.ed. Brookings Institution Press.

Sweet, Alec Stone. 2000. Governing With Judiges: Constitutiomal Politics in Europe. Oxford: Oxford Univ. Press.

Syrett, Harold C. ed. The Papers of Alexander Hamilton, Vol. 4. New York: Columbia University Press, 1962.

Todd, Emmanuel. 2003. After the Empire: The Breakdown of the American Order. New York: Columbia University Press.

Tucker, Robert C. 1981. Politics as Leadership.Columbia: University of Missouri Press.

Walcott, Charles E. and Hult, Karen M. 1995. Governing the White House: From Hoover Through LBJ. Lawrence, Kansas: University Press of Kansas.

Weko, Thomas J. 1995. The Politicizing Presidency: The White House Personnel Office, 1948~1994. Lawrence, Kansas: The University Press of Kansas.

William J. Ridings, Jr., and Stuart B. McIver, 1997. Rating the Presidents. Secaucus.,

NJ: Citadel Press.

Yukl, Gary A., Leadership in Organization. 4th edition, Englewood Cliffs, New Jersey: Prentice-Hall. 1998.

2. 논문

Abramson, Paul R., John H. Aldrich, Philip Paolinep, and David W. Rohde. 2000. "Challenge to the American Two Party System: Evidence from the 1968, 1980, 1992, and 1996 Presidential Elections." Political Research Quarterly 53: 3.

Barber, James D. 1972. "Passive-Positve to Active-Negative, The Style and Character of President", in Joseph R Fiszman, Gene S Poschman. eds. The Political Arena. 3rd ed. Boston little, Brown and Company.

Barber, James D. 1975. "The Interplay of Presidential Character and. Style: A Paradigm and Five Illustrations." in Aaron Wildavsky, ed. Perspectives on the Presidency. Boston: Little Brown.

Barber, James D. 1979. "Analyzing Presidents: From Passive Positive Taft to Active-Negative Nixon," The Washington Monthly 1. October.

Berman, Larry and Emily Goldman. 1996. "Clinton's Foreign Policy at Midterm." Colin Campbell and Bert Rockman. eds. The Clinton Presidency: First Appraisals. Chatham, N.J.: Chatham House.

Boot, Max. 2004. "Neocons." Foreign Policy. January/February.

Bunce, Valerie. 2000. "Comparative Democratization: Big and Bounded Generalizations." Comparative Political Studies 33 (Aug/Sep).

Chung, Chung-kil, "Presidential Decision Making and Bureaucratic Expertise in Korea." Governance: An International Journal of Policy and Administration 2(3).

Cook, Charles E. 2005. "Did 2004 Transform U.S. Politics." Washington Quarterly 28:2. Spring.

Dansereau, Fred, Francis J. Yammarino, and Steven E. Markham. 1995. "Leadership: The Multi-Level Approaches." Leadership Quarterly. 6(2).

Diamond, Larry. 1992. "Promoting Democracy." Foreign Policy. Summer.

Dickinson, Matthew J. 2005. "The Executive Office of the President: The Paradox of Politicization." in Joel D. Aberbach and Mark A. Peterson. eds. Institutions of American Democracy: The Executive Branch. New York: Oxford University Press.

Dion, Léeon. 1968. "The Concept of Political Leadership: An Analysis," Canadian Journal of Political Science. Vol. 1, No. 1. Mar.

Etzioni, Amitai. 1965. "Dual Leadership in Complex Organization." American

Sociological Review Vol. 30, No. 5.

Fleishman, E. A. 1973. "Twenty years of Consideration and Structure", in E. A. Fleishman, and J. G. Hunt. eds. Current Development in the Study of Leadership.Southern Illinois University.

Gibson, Frederick, W., Fred E. Fiedler, and Kelley M. Barrett, "Stress, Babble, and the Utilization of the Leader's Intellectual Abilities." Leadership Quarterly. 4, 1993.

Hahm, Sung Deuk. 2001. "Presidential Politics in South Korea: An Interim Assessment for the Kim Dae Jung Presidency and Prospects for the Next Presidential Election." Korea Review of International Studies 4(1).

Hahm, Sung Deuk and Chris Plein. 1996. "Institutions and Technological Development in Korea: The Role of the President." Comparative Politics 27.

Hetherington, Marc J. and Michael Nelson. 2003. "Anatomy of a Rally Effect: George W. Bush and the War on Terrorism." PS: Political Science and Politics, Vol. 36, No. 1. Jan.

Highton, Benjamin. 2002. "Bill Clinton, Newt Gingrich, and the 1998 House Elections," The Public Opinion Quarterly, Vol. 66, No. 1. Spring.

Horowitz, Donald L. 1990, "Comparing Democratic Systems", Journal of Democracy. Vol. 1. No. 4.

Howell, J. M. and B. J. Avolio. 1992. "The Ethics of Charismatic Leadership: Submission or Liberation?", Academy of Manegement Exective.

Ikenberry, G. John. 1998/99. "Institutions, Strategic Restraint of American's Postwar Order," International Security 23. Winter.

Jacobson, Gary. 1999. "Impeachment Politics in the 1998 Congressional Elections," Political Science Quarterly 114(1).

Janda, Kenneth F. 1960. "Toward the Explication of the Concept of Leadership in Terms of the Concept of Power." Human Relations. Vol. 13, No. 4.

Kettle, Donald F. 2005. "Reforming the Executive Branch of the U.S. Government." in Joel D. Aberbach and Mark A. Peterson. eds. Institutions of American Democracy: The Executive Branch. New York: Oxford University Press.

Kristol, Irving. 1995. "American Conservatism 1945–1995." The Public Interest. Fall.

Linz, Juan J. 1990. "The Perils of Presidentialism," Journal of Democracy. Vol. 1, No. 1.

Lippit Ronald, Ralph K. White. 1958. "An Experimental Study of Leadership and Group Life", in Eleanor E. Maccoby, et al. Reading in Social Psychology. New York : Holt.

Lott, Eric. 2003. "The First Boomer: Bill Clinton, George W., and Fictions of State."

Representations. No. 84, In Memory of Michael Rogin. Autumn.

Magee, Christopher S. p.2003. "Third Party Candidates and the 2000 Presidential Election." Social Science Quarterly 84:3.

Moe, Terry. 1985. "The Politicized Presidency." in John E. Chubb and Paul E. Peterson. eds. The New Direction in American Politics. Washington, D.C.: The Brookings Institution.

Moe, Terry. 1989. "The Politics of Bureaucratic Structure." in Chubb, John E. and Peterson, Paul E. eds. Can the Government Govern? Washington, D.C.: The Brookings Institution.

Moe, Terry. 1993. "Presidents, Institutions, and Theory." Edwards III, George C., Kessel, John H., and Rockman, Bert A. eds. Researching the Presidency. Pittsburgh: University of Pittsburgh Press.

Moe, Terry, and Caldwell, Michael. 1994. "The Institutional Foundation of Democratic Government: A Comparison of Presidential and Parliamentary Systems." Journal of Institutional and Theoretical Economics (JITE). 150/1.

Moore, James, and Wayne Slater. 2003. Bush's Brain: How Karl Rove Made George W. Bush Presidential. New York: Wiley.

Morrison, Toni. 1998. "Talk of the Town." New Yorker. 5 October.

Nelson, Michael. ed. 2002. Guide to the Presidency. Washington, D.C.: A Division of Congressional Quarterly Inc.

Nelson, Michael. 2005. "The Psychological Presidency", in The Presidency and The Political System. 8th Edition. Washington, D.C.: CQ Press.

Newman, Brian. 2002. "Bill Clinton's Approval Ratings: The More Things Change, the More They Stay the Same," Political Research Quarterly. Vol. 55, No. 4. Dec.

Norm, Moisés. 1998. "Clinton's Foreign Policy: A Victim of Globalization?" Foreign Policy. Winter.

Pew Research Center, "The 2004 Political Landscape: Evenly divided and Increasingly Polarized," Nov. 5, 2003.

Pomper, Gerald M. 2001. "The 2000 Presidential Election: Why Gore Lost," Political Science Quarterly 116. Summer.

Ra, Jong Yil. "The Politics of Caesarism: Modern Korean Politics Since 1948-The Conflict Between Caesarist Rule and Parliamentary Democracy", Paper Presented at Research Workshop on 'Towards a Theory of Governance and Democracy in Asia : Indicators and Criteria for Research'(Brussels), November 11-13, Organized by European Institute for Asian Studies(EIAS), 1999.

Schmitter, Philippe C., and Terry Lynn Karl. 1991. "What Democracy Is...and Is Not." Journal of Democracy 2(3).

Shugart, Matthew Soberg. 2004. "Elections: The American Process of Selecting a President: A Comparative Perspective." Presidential Studies Quarterly 34:3.

Shugart, Matthew Soberg. 1995. "The Electoral Cycle and Institutional Sources of Divided Presidential Government." American Political Science Review. 89(2), June.

Sonner, Molly W. and Clyde Wilcox. 1999. "Forgiving and Forgetting: Public Support for Bill Clinton during the Lewinsky Scandal," PS: Political Science and Politics. Vol. 32, No. 3. Sep.

Tannenbaum, R. & W. H. Schmidt. 1958. "How to Choose a Leadership Pattern." Harvard Business Review Vol. 36, No. 2. March–April.

Tulis, Jeffrey. 1984. "The Two Constitutional Presidencies", in The Presidency And The Political System. Michael Nelson ed. Washington D.C.: Congressional Quarterly Inc.

Wade, Robert. 1992. "East Asia's Economic Success: Conflicting Perspectives, Partial Insights, Shaky Evidence." World Politics 45(2).

Wayne, Stephen J. 1983. "An Introduction to Research in the Presidency." George C. Edwards III and Stephen J. Wayne. ed. Presidential Leadership: Politics and Policy Making. Knowville: The University of Tennessess Press.

Willner, Ann Ruth. 1986. "Charismatic Leadership." Barbara Kellerman. ed. Political Leadership: A Source Book. Political Leadership: A Source Book. Pittsburgh: University of Pittsburgh Press.

Wolfson, Adam. 2004. "Conservatives and Neoconservatives." Public Interest. Winter.

Zaller, John R. 1998. "Monica Lewinsky's Contribution to Political Science." PS: Political Science and Politics 31 June.

Zarefsky, David. 2002. "The Presidency Has Always Been a Place for Rhetorical Leadership." in Leroy G. Dorsey. ed., The Presidency and Rhetorical Leadership.College Station: Texas A&M University Press.

III. 번역자료

Burns, James MacGregor. 1965. Presidential Government: The Crucible of Leadership. Boston: Houghton Mifflin Company; 권영성 외 역, 『미국형대통령제: 리더쉽의 위기를 중심으로』, 법문사, 1983.

Burns, James MacGregor, J. W. Peltason, Thomas E. Cronin, David B. Magleby. 1996. State and Local Politics: Government by the People. 8th edition. Prentice Hall; 김진호·강영훈·이현출·한석지·고경민 공역, 『미국지방정치론』, 대왕사, 2001.

Dougherty, James E. and Robert L. Pfaltzgraff, Jr. 1986. American Foreign Policy: FDR to Reagan. New York: Harper & Row; 이수형 역, 『미국외교정책사: 루스벨트에서 레이건까지』, 한울 아카데미, 1997.

Gergen, David. 2000. Eyewitness to Power: The Essence of Leadership Nixon to Clinton. New York: Simon & Schuster; 서율택 역, 『CEO 대통령의 7가지 리더십』, 스테디북, 2002.

Sartori, Giovanni. 1989. Neither Presidentialism nor Parliamentarianism; 신명순·조정관 공역, 『내각제와 대통령제』, 나남출판, 1995.

아렌트 레이파트, 조해경 譯, 『내각제 대 대통령제』, 이진출판, 1999.

찰스 F. 파버 l 리처드 B. 파버, 김형곤 옮김, 『대통령의 성적표』, 혜안, 2003.

IV. 기타자료

1. 신문
김일주. "이승만의 평화선 선포일, 국가 행사로 기념을", 『조선일보』 2013. 1. 16 A33면.
『매일경제』 2009. 2. 13.
동아일보사, 『동아연감』, 2003.
동아일보 인물정보 검색사이트. www.donga.com.
중앙일보, 일간신문기사, 2003.
"강준만 "이해찬의 독설은 킹메이커 전략""『데일리 서프라이즈』, 2005. 6. 21.
"노무현 전 대통령 서거", 『한겨레21』 2009. 5. 25.
New York Times.
Washington Post.

2. 인터넷검색
<www.whitehouse.gov/news/releases/2002/01/20020129-11.html>.
<us.cnn.com/Election/2004/Special/presidenr/campaignads>.
<www.fec.gov/pubrec/2000presgeresults.htm>.
<www.mytholyoke.edu/acad/intrel/bush/wspeech.htm>.
<www.lewrockwell.com/north180.html>.
<www.whitehouse.gov/news/releases/2001/09/20010920-8.html>.

\<www.hankyung.com/news/app/newsview.php?aid=2009021144031\>.

\<www.whitehouse.gov/news/releases/2002/01/20020129-11.html\>.

\<us.cnn.com/Election/2004/Special/presidenr/campaignads\>.

\<www.fec.gov/pubrec/2000presgeresults.htm\>.

\<www.mytholyoke.edu/acad/intrel/bush/wspeech.htm\>.

\<www.lewrockwell.com/north180.html\>.

\<www.whitehouse.gov/news/releases/2001/09/20010920-8.html\>.

\<www.pressian.com/article/article.asp?article_num=40060512135631&Section=02\>, 프레시안, 2006. 5. 12. 검색일: 2009. 5. 23.

\<www.pressian.com/article/article.asp?article_num=400607l0114011&Section=02\>, 프레시안, 2006. 7. 10. 검색일: 2009. 5. 23.

"6개국 리더십 집중분석: 국가적 혼란 어떻게 푸나", 『동아일보』 2001. 8. 13~8. 27. \<www.kssline.pe.kr/book%28other%29/6%B0%B3%B1%B9%2%B8%AE%B4% F5%BD%CA%20%C1%FD%C1%DF%BA%D0%BC% AE.hwp\>, 검색일: 2007년 4월 1일.

강원택, "노무현 이래서 실패했다…그럼, 이명박은?", 프레시안, 2008. 02. 24. \<www.pressian.com/scripts/section/article.asp?article_num=60080224152 256\>, 검색일: 2008. 2. 25.

김호기, "제왕적 대통령제의 권위주의 극복이 과제", 『경향신문』, 2009. 4. 30. \<news.khan.co.kr/kh_news/khan_art_view.html?artid=200904301805095&code=940702\>, 검색일: 2009. 5. 10.

안병진, "노무현 대통령의 리더십 특성: 토플러주의와 포퓰리즘의 모순적 공존", 관훈포럼, \<www.kwanhun.com/upload/%BE%C8%BA%B4%C1%F8.hwp\>, 검색일: 2009. 5. 2.

손혁재, "6월 항쟁 이후 한국사회의 변화와 경기지역 시민사회운동의 진로-반성과 미래", 6월 항쟁 20주년 기념 경기지역 시민토론회, 2007. 5. 2. \<civilforum.org/file/forum/6%BF%F9%C7%D7%C0%EF%2020%C1%D6%B3%E2%20%C5%E4% B7%D0%C8%B8%20%C0%DA%B7%E1%C1%FD%20070502.hwp\>, 검색일: 2009. 5. 31.

안병진, "오바마의 '의회제일주의'와 MB의 '의회무시주의'", 2009. 06. 26. \<www.pressian.com/article/article.asp?article_num=40090626161751 &section=05\>, 검색일: 2009. 6. 29.

정세현, "남북관계의 현재과 전망", 경남대학교 극동문제연구소, \<ifes.kyungnam.ac.kr/admin/education/woman/uploadfiles/1%C1%D6%C2%F7%2 0%B0%AD%C0%C7%BE%C8%20-%20%B3%B2%BA%CF%B0%FC%B0%E8%C0

%C7%20%C7%F6%C8%B2%B0%FA%20%C0%FC%B8%C1%28%C1%A4%BC%B
C%C7%F6%29.hwp>, 검색일: 2009. 6. 7.

장 훈, "2004 미국 대선과 한반도", 동아시아연구원. EAI 외교안보센터: 국가안보
　　패널 정책보고서, <www.eai.or.kr/korean/upfile/project/pjbbs/NSP_ Report_5_1.pdf>,
　　검색일: 2009. 5. 2.

　　"Obama's Bipartisan Mentors: F.D.R. and Reagan," New York Times, 2009년 2월
　　24일자. <100days.blogs.nytimes.com/2009/02/24/obamas-bipartisan-mentors-fdr-and-
　　reagan>, 검색일: 2009. 6. 29.

George W. Bush, Statement by the President in His Address to the Nation, September
　　11, 2001. <www.whitehouse.gov/news/releases/2001/09/20010911-16.html>. George
　　W. Bush, State of Union Address. 2002. January 28.
　　<www.whitehouse.gov/ news/releases/2002/01/20020129-11.html>.

3. 기타자료

노무현, 2007, "참여정부 4년 평가와 21세기 국가발전전략: 2007년 연두교서", 『오마
　　이뉴스』.

Federal Reserve Board of Governors. Bureau of Economic Analysis and Economic Policy
　　Institute.

강승식, "大統領制를 위한 辯論", 『세계헌법연구』 제11권, 139-166, 2006.

박찬욱, "한국 통치구조의 변경에 관한 논의: 대통령제의 정상적 작동을 위하여", 『한국
　　정치연구』 제13집 1호, 83-126, 2004.

양승태, "똘레랑스, 차이성과 정체성, 민족 정체성, 그리고 21세기 한국의 민족주의",
　　『정치사상연구』 13집 1호, 53~77, 2007.

한태연, 『憲法學』, 서울: 법문사, 1983.

함성득, 『대통령학』, 서울: 나남, 2003.

허 영, 『한국헌법론』, 서울: 박영사, 2005.

Kant, Immanuel 1968. der Kritik der praktischen Vernunft. Werkausgabe VII
　　Frankfurt: Suhrkamp.

Laski, Harold, J. 1940. The American Presidency: An Interpretation. New York:
　　Harper & Brothers.

Mansfield, Jr. Harvey C. 1989. Taming the Prince: The Ambivalence of Modern
　　Executive Power. New York: Free Press.

McDonald, Forrest 1994. The American Presidency: An Intellectual History. Lawrence:
　　Uni. Presss of Kansas.

Meinecke, Friedich 1990. Die Idee der Staatsraeson in der neueren Geschichte, 이광주 옮김, 『국가권력의이념사』, 서울: 민음사.

Schmitt, Carl 1985. The Crisis of Parliamentary Democracy. Ellen Kennedy trans. Cambridge: MIT Press.

Schmitt, Carl. 1985. Politische Theologie: Vier Kapitel zur Lehre von der Souveränität. Berlin: Uncker & Humblot.

Sellers, M. N. 1994. American Republicanism. New York: New York U. Press.

박병종(朴炳淙)

- 고흥군 군수(민선 4기~6기 현재)
- 전남대학교 경영대학원 수료
- 2018년 마리안느와 마가렛 노벨평화상 범국민추천위원회 위원
- 고흥군 지방분과협의회 위원
- 전국 시장·군수·구청장협의회 대변인
- 전남 시장·군수협의회 회장
- 광주전남지역발전위원회 이사
- 한국지방세연구원 전)부이사장
- 지방분권개헌전남회의 공동의장
- 전남인재육성재단 이사
- 공저 『감찰론』 등
- 한국한센총연합회 '21015 대한민국 한센인상' 등 다수

평정(平靜) 지영환(池榮鋐)

지은이는 중앙대학교 심리서비스대학원 겸임교수, 제주대학교 법학전문대학원 법학과 겸임교수로 재직 중이며, 중앙대학교 행정대학원 행정학과 석사과정 시간강사를 4년째 하고 있다. 입법·사법·행정부 교육기관, 광역자치단체, 국가공무원인재개발원 고위과정 등에 "국가의 정신 철학 윤리 및 정의의 재정립(再正立), 이 시대를 살아가는 올바른 삶"이라는 주제로 철학 강연을 하며 공직에 있다.

고흥군(高興郡) 팔영산국립공원 자락에서 태어나 경희대학교 법과대학 졸업, 고려대학교 대학원 수석졸업 행정학석사, 미국 조지워싱턴대학교 대학원 연수, 경희대학교 일반대학원 박사학위과정을 수료했다. 논문「公務員犯罪 統制를 위한 刑事立法論的 硏究 ―高位公務員 腐敗犯罪를 중심으로」로 2007년 法學博士 학위를 받았다. 또한 성균관대학교 일반대학원 박사학위 과정을 수료했으며 논문「大統領의 對 議會關係에 관한 연구 ―현대 미국과 한국 대통령의 정치적 Leadership의 상황변수를 중심으로」로 2009년 政治學博士 학위를 받았다. 2005년 고려대학

교 정책대학원 연구과정 1년 수료, 2017년 서울대학교 환경대학원 도시·환경 미래전략과정 1년 수료, 서울대학교 행정대학원 국가정책과정(ACAD)수료, 2018년 서울대학교 보건대학원 의료정책 최고위과정(HPM)을 수료했다. 해군신병훈련소·해군종합학교를 수석 수료하고, 병역의 의무를 마친 후 경찰대학 교육담당, 경기경찰청 감찰관, 경찰청 대변인실 소통담당, 대통령 소속 친일반민족행위자재산조사위 조사관 3년 동안 1,700억 조사개시 결정, 631억 원에 달하는 친일재산을 국가에 귀속했다.

2018년 마리안느와 마가렛 노벨평화상 범국민추천위원회 위원, 고흥군 지방분권협의회 위원, 2017년 평창동계올림픽 성공적 개최를 기원하는 韓·中·日 최고정상급 시인대회 한국시인협회 회원으로 참여, 韓·中국제영화제 윤리위원장, 2003년 서울신문 자문위원, 2014년 한국행정학회 학술정보위원회 이사, 한국정치학회·한국공법학회 연구위원, 한국경찰학회 이사, 한국범죄피해자중앙지원센터 자문위원, 한국범죄심리학회 이사, 경희대학교 법학연구소 연구원·등재지 심사위원, 국가중요무형문화재 제76호 택견 5동, 태권도·아이기도 공인 각 7단, 유도·합기도·검도 고단, 국가공인·민간자격증 130여종, 특허·상표출원을 다수 등록했다.

2000년 한국일보 고운문화상, 2004년 고려대학교 총장상, 국무총리상, 2003년 美육군 범죄수사사령관상, 2005년 서울시장상, 2007년 금융감독위원회위원장상, 2009년 친일반민족행위자재산조사위원회위원장상 등을 수상했다.

2004년 《시와시학》 신춘문예 당선으로 등단했고, 시집으로 2006년 『날마다 한강을 건너는 이유』(민음사), 2018년 『별처럼 사랑을 배치하고 싶다』(민음사), 소설로 2010년 『조광조 별』(형설), 저서로 1999년 『국가와 도청』(그린), 2005년 『국가 수사권 입법론』(진리탐구), 2007년 『금융범죄론』(진리탐구), 2010년 『공무원범죄학』(형설), 2012년 『경찰 직무스트레스 이해와 치료』(학지사), 『외침』(형설라이프), 2013년 『학교폭력학』(그린), 『대통령 對 의회』(경인문화사), 2014년 『위기탈출 인적재난』(형설라이프), 『WOW 위기탈출 안전스쿨』(형설아이), 2015년 『생존 매뉴얼 365』(모아북스), 2016년 『감찰론』(경인문화사), 『김영란法 사랑』(형설아카데미), 2018년 『대통령학』(경인문화사) 등이 있으며, 학술등재지 논문 "SNS 명예훼손의 형사책임" 40여편, 조선일보·중앙일보 등에 칼럼·기고·인터뷰 500여편을 게재했다.

대통령학

초판 인쇄 │ 2018년 3월 15일
초판 발행 │ 2018년 3월 20일

지 은 이   박병종·지영환

발 행 인   한정희
발 행 처   경인문화사
총 괄 이 사   김환기
편   집   김지선 박수진 한명진 유지혜
마 케 팅   김선규 하재일 유인순
출 판 번 호   406-1973-000003호
주   소   파주시 회동길 445-1 경인빌딩 B동 4층
전   화   031-955-9300 팩 스   031-955-9310
홈 페 이 지   www.kyunginp.co.kr
이 메 일   kyungin@kyunginp.co.kr

ISBN 978-89-499-4725-9 93340
값 80,000원